Fehlzeiten-Report 2013

Bernhard Badura
Antje Ducki
Helmut Schröder
Joachim Klose
Markus Meyer (Hrsg.)

Fehlzeiten-Report 2013

Verdammt zum Erfolg – die süchtige Arbeitsgesellschaft?

Zahlen, Daten, Analysen aus allen Branchen der Wirtschaft

Mit Beiträgen von

J. Abeler, F. Achilles, G. Bartsch, K. Busch, S. David, A. Ducki,
I. Freigang-Bauer, I. Glushanok, C. Gravert, B. Greiner, F. Gröben,
G. Gusia, J. Hapkemeyer, R. Hathaway, R. Holzbach, G. Hüther,
C. Jaehrling, A. Janecke, K. Jüngling, J. Köhler, H. Kowalski,
D. Kunze, J. Künzel, T. Lampert, J. Lindenmeyer, L. Matthey,
B. Mäulen, C. Merfert-Diete, M. Meyer, P. Mpairaktari,
T. Pfeiffer-Gerschel, S. Poppelreuter, N. Scheibner, A. Schmidt,
B. Schneider, S. Seele, H. Spode, M. Steppan, K.-L. Täschner,
K. Tielking, M. Wallroth, A. Wartmann, E. Wienemann, J. Wohlfeil,
K. Zok

Herausgeber

Prof. Dr. Bernhard Badura
Universität Bielefeld
Fakultät Gesundheitswissenschaften
Universitätsstr. 25, 33615 Bielefeld

Prof. Dr. Antje Ducki
Beuth Hochschule für Technik Berlin
Luxemburger Straße 10, 13353 Berlin

Helmut Schröder

Joachim Klose

Markus Meyer
Wissenschaftliches Institut der AOK (WIdO) Berlin
Rosenthaler Straße 31, 10178 Berlin

ISBN-13 978-3-642-37116-5   ISBN 978-3-642-37117-2 (eBook)
DOI 10.1007/ 978-3-642-37117-2

Die Deutsche Nationalbibliothek verzeichnet diese Publikation in der Deutschen Nationalbibliografie; detaillierte bibliografische Daten sind im Internet über http://dnb.d-nb.de abrufbar.

Springer Medizin
© Springer-Verlag Berlin Heidelberg 2013
Dieses Werk ist urheberrechtlich geschützt. Die dadurch begründeten Rechte, insbesondere die der Übersetzung, des Nachdrucks, des Vortrags, der Entnahme von Abbildungen und Tabellen, der Funksendung, der Mikroverfilmung oder der Vervielfältigung auf anderen Wegen und der Speicherung in Datenverarbeitungsanlagen, bleiben, auch bei nur auszugsweiser Verwertung, vorbehalten. Eine Vervielfältigung dieses Werkes oder von Teilen dieses Werkes ist auch im Einzelfall nur in den Grenzen der gesetzlichen Bestimmungen des Urheberrechtsgesetzes der Bundesrepublik Deutschland vom 9. September 1965 in der jeweils geltenden Fassung zulässig. Sie ist grundsätzlich vergütungspflichtig. Zuwiderhandlungen unterliegen den Strafbestimmungen des Urheberrechtsgesetzes.

Produkthaftung: Für Angaben über Dosierungsanweisungen und Applikationsformen kann vom Verlag keine Gewähr übernommen werden. Derartige Angaben müssen vom jeweiligen Anwender im Einzelfall anhand anderer Literaturstellen auf ihre Richtigkeit überprüft werden.

Die Wiedergabe von Gebrauchsnamen, Warenbezeichnungen usw. in diesem Werk berechtigt auch ohne besondere Kennzeichnung nicht zu der Annahme, dass solche Namen im Sinne der Warenzeichen- und Markenschutzgesetzgebung als frei zu betrachten wären und daher von jedermann benutzt werden dürfen.

Planung: Dr. Fritz Kraemer, Heidelberg
Projektmanagement: Hiltrud Wilbertz, Heidelberg
Lektorat: Elke Fortkamp, Wiesenbach
Projektkoordination: Michael Barton, Heidelberg
Umschlaggestaltung: deblik Berlin
Fotonachweis Umschlag: © Blend / Image Source
Satz: Fotosatz-Service Köhler GmbH – Reinhold Schöberl, Würzburg

Gedruckt auf säurefreiem und chlorfrei gebleichtem Papier

Springer Medizin ist Teil der Fachverlagsgruppe Springer Science+Business Media
www.springer.com

Vorwort

Suchtprobleme durch den Konsum von Alkohol, Medikamenten, Nikotin oder illegalen Drogen dürfen in ihrer Bedeutung für die Gesundheit der Beschäftigten in Unternehmen nicht unterschätzt werden. Das hohe Arbeitstempo der modernen und hochtechnisierten Arbeitswelt, kombiniert mit ständigen Veränderungsprozessen in den Unternehmen, setzen hohe Maßstäbe an die Leistungsfähigkeit der Beschäftigten. Nicht jeder kann in allen Lebensphasen diesem Anforderungsniveau gerecht werden – erst recht nicht, wenn schlechte Arbeitsbedingungen und soziale Probleme hinzukommen. Um potenzielle Defizite auszugleichen und auch in persönlichen Krisensituationen beruflich leistungsfähig zu bleiben, greifen viele Arbeitnehmer zu den oben genannten Drogen und leistungssteigernden Mitteln. Die Gefahr der Abhängigkeit wird dabei von den Konsumenten häufig unterschätzt.

Es ist unumstritten, dass Abhängigkeitserkrankungen auch als Reaktion auf ein problematisches soziokulturelles Umfeld verstanden werden können. Insofern ist es legitim, in diesem Zusammenhang auch die Bedeutung der Arbeitswelt näher zu beleuchten. Angesichts der gesellschaftlichen und technologischen Veränderungen ist zu fragen, ob die dadurch hervorgerufenen Arbeitsbedingungen nicht als potenzielle Verstärker einer Suchterkrankung wirken können. Beschleunigung und Intensivierung sind maßgebliche Treiber der Arbeitswelt geworden. Vielfältige Anforderungen an die Beschäftigten sind die Folge: das steigende Arbeitstempo, die hohe Verantwortung, Multitasking, die ständige Erreichbarkeit im Job, häufige Tätigkeitswechsel und hohe Mobilitätsanforderungen sind hier zu nennen. Die daraus entstehenden psychischen Belastungen können das Auftreten von Suchterkrankungen begünstigen, denn nicht jeder verfügt über die notwendigen Ressourcen und Abgrenzungsstrategien, um allen Anforderungen gerecht werden zu können. Diese individuellen Strategien sind auch nicht naturgegeben, sondern müssen von den Beschäftigten erlernt und erarbeitet werden. Der Wandel der Arbeitswelt, aber auch die konkreten Arbeitsbedingungen sind vor diesem Hintergrund neu zu betrachten und zu bewerten.

Dass die dichotome Einteilung in stoffgebundene und stoffungebundene Süchte sinnvoll ist, hat sich in den letzten Jahren gezeigt. Denn neben den allgemein bekannten stoffgebundenen Suchterkrankungen wie Tabak-, Alkohol- und Drogenabhängigkeit treten heute vermehrt auch Verhaltensabhängigkeiten wie die Medien- oder Arbeitssucht auf. Das Phänomen der Arbeitssucht tritt zunehmend in den Fokus der öffentlichen Diskussion, insbesondere auch deshalb, weil ein Zusammenhang mit Burnout-Erkrankungen kaum zu übersehen ist. Die Arbeitssucht zeigt wie keine andere Suchterkrankung, dass eine kritische Reflexion der Arbeitssituation der Erwerbstätigen dringend geboten ist.

Ebenso muss allerdings betont werden, dass viele Veränderungen in der Arbeitswelt auch Chancen beinhalten. Ausschlaggebend ist, dass die adaptiven Fähigkeiten der Erwerbstätigen gefördert werden. Es ist Aufgabe der betrieblichen Gesundheitsförderung, hier die notwendigen Bedingungen zu schaffen. Ihr obliegt es, branchen- und unternehmensspezifische Lösungen im Hinblick auf die Suchtproblematik aufzuzeigen und die Erwerbstätigen mit den erforderlichen Ressourcen auszustatten, damit diese den arbeitsweltlichen Strukturwandel ohne Gesundheitseinbußen bewältigen können.

Der vorliegende Fehlzeiten-Report widmet sich ausführlich der Suchtproblematik im arbeitsweltlichen Kontext, um die Suchtthematik und die Handlungsfelder der betrieblichen Suchtprävention in detaillierter und gebündelter Form zu präsentieren. Beiträge von Vertretern unterschiedlicher wissenschaftlicher Professionen und beruflicher Tätigkeitsfelder beleuchten das Themengebiet aus verschiedenen Blickwinkeln.

Neben den Beiträgen zum Schwerpunktthema liefert der Fehlzeiten-Report wie in jedem Jahr aktuelle Daten und Analysen zu den krankheitsbedingten Fehlzeiten in der deutschen Wirtschaft. Er stellt detailliert die Entwicklung in den einzelnen Wirtschaftszweigen dar und bietet einen schnellen und umfassenden Überblick über das branchenspezifische Krankheitsgeschehen. Neben ausführlichen Beschreibungen der krankheitsbedingten Fehlzeiten der 11 Millionen AOK-versicherten Beschäftigten in rund 1,2 Millionen Betrieben im Jahr 2012 informiert er ausführlich über die Krankenstandsentwicklung aller gesetzlich krankenversicherten Arbeitnehmer wie auch der Bundesverwaltung.

Aus Gründen der besseren Lesbarkeit wird innerhalb der Beiträge in der Regel die männliche Schreibweise verwendet. Wir möchten deshalb darauf hinweisen, dass diese ausschließliche Verwendung der männlichen Form explizit als geschlechtsunabhängig verstanden werden soll.

Herzlich bedanken möchten wir uns bei allen, die zum Gelingen des Fehlzeiten-Reports 2013 beigetragen haben.

Zunächst gilt unser Dank den Autorinnen und Autoren, die trotz ihrer vielfältigen Verpflichtungen das Engagement und die Zeit gefunden haben, uns aktuelle und interessante Beiträge zur Verfügung zu stellen.

Danken möchten wir auch allen Kolleginnen und Kollegen im WIdO, die an der Buchproduktion beteiligt waren. Zu nennen sind hier vor allem Paskalia Mpairaktari, Irina Glushanok, Miriam Höltgen und Henriette Weirauch, die uns bei der Aufbereitung und Auswertung der Daten und bei der redaktionellen Arbeit vorzüglich unterstützt haben.

Unser Dank geht weiterhin an Ulla Mielke für die gelungene Erstellung des Layouts und der Abbildungen sowie an Susanne Sollmann für das ausgezeichnete Lektorat.

Ebenfalls gilt unser Dank den Mitarbeiterinnen und Mitarbeitern des Springer-Verlags für ihre hervorragende verlegerische Betreuung.

Berlin und Bielefeld, im Juni 2013

Inhaltsverzeichnis

Einführung/Problemaufriss

1 Verdammt zum Erfolg – die süchtige Arbeitsgesellschaft? ... 3
A. Ducki
1.1 Warum dieses Schwerpunktthema? ... 3
1.2 Merkmale von Sucht und Suchtformen ... 3
1.3 Grenzenlose Arbeitswelt als Suchtproduzent ... 5
1.4 Suchtfolgen in der Arbeitswelt ... 5
1.5 Arbeitswelt als Ort der Prävention und Genesung ... 5
1.6 Die Beiträge im Überblick ... 6
1.7 Ausblick ... 8
Literatur ... 9

2 Sucht aus historisch-soziologischer Sicht ... 11
H. Spode
2.1 Einleitung ... 11
2.2 Welt ohne Sucht ... 11
2.3 Die Geburt des Suchtmodells ... 12
2.4 Die Latenzzeit der Sucht ... 13
2.5 Der Sieg des Suchtparadigmas ... 13
2.6 Biologisierung der Sucht ... 14
2.7 Das »klassische« Modell ... 15
2.8 Suchtinflation ... 15
2.9 Das »klassische« Modell in der Kritik ... 16
2.10 Erfindung oder Entdeckung? ... 17
2.11 Fazit: »Nobody's perfect« ... 18
Literatur ... 18

3 Warum werden Menschen süchtig? Psychologische Erklärungsmodelle ... 21
J. Lindenmeyer
3.1 Einleitung ... 21
3.2 Was versteht man unter einer Suchtmittelabhängigkeit? ... 21
3.3 Häufige Vorurteile über die Ursachen einer Suchtmittelabhängigkeit ... 22
3.4 Das biopsychosoziale Modell der Sucht ... 23
3.5 Abgeleitete Interventionsmöglichkeiten bei Suchtproblemen am Arbeitsplatz ... 25
3.6 Fazit ... 26
Literatur ... 26

4 Neuroenhancement – Gehirndoping am Arbeitsplatz ... 27
H. Kowalski
4.1 Der Wunsch nach mehr Leistungsfähigkeit ... 27
4.2 Studienlage ... 28
4.3 Nationale Strategie zur Drogen- und Suchtpolitik ... 31
4.4 Die Position der Deutschen Hauptstelle für Suchtfragen e. V. (DHS) ... 32
4.5 Revelanz des Neuroenhancement für die Arbeitswelt ... 32
4.6 Herausforderung für die Betriebliche Gesundheitsförderung (BGF) ... 33
Literatur ... 34

5	**Neurobiologische Hintergründe der Herausbildung von Suchterkrankungen**	35
	Sucht als gebahnte Ersatzbefriedigungsstrategie für ungestillte Bedürfnisse?	
	G. Hüther	
	Literatur	39
6	**Daten zur Behandlungsprävalenz von Suchterkrankungen**	41
	T. Pfeiffer-Gerschel, M. Steppan, J. Künzel	
6.1	Einführung	41
6.2	Daten aus psychiatrischen Kliniken	42
6.3	Deutsche Suchthilfestatistik (DSHS)	42
6.4	Merkmale der behandelten Personen	43
6.5	Alkohol	43
6.6	Opioide	44
6.7	Cannabis	44
6.8	Stimulanzien	44
6.9	Kokain	45
6.10	Pathologisches Glücksspiel	45
6.11	Arbeitslosigkeit und Erwerbstätigkeit unter ambulant betreuten Alkoholpatienten	46
6.12	Berufliche Integration über alle diagnostischen Gruppen hinweg	47
6.13	Schlussbemerkung	47
	Literatur	50
7	**Wenn die Arbeit krank macht: Zusammenhänge zwischen Arbeitssucht und gesundheitlichen Beschwerden**	53
	K. Zok, C. Jaehrling	
7.1	Einleitung	53
7.2	Einstellungen zu Gesundheit und Gesundheitsrisiken	54
7.3	Kategorisierung von Arbeitstypen	56
7.4	Charakterisierung der Arbeitstypen	60
7.5	Zusammenhänge zwischen Arbeitstypen und gesundheitlichen Beschwerden und Risiken	60
7.6	Fazit	64
	Literatur	64

Formen der Sucht

8	**Alkoholabhängigkeit und riskanter Alkoholkonsum**	67
	G. Bartsch, C. Merfert-Diete	
8.1	Einleitung	67
8.2	Konsum, Konsummuster und Prävalenzen	67
8.3	Morbidität und Mortalität	69
8.4	Die volkswirtschaftlichen Kosten des Alkohols	70
8.5	Folgen für die Betroffenen	70
8.6	Alkohol im Betrieb	70
	Literatur	72
9	**Medikamentenabhängigkeit und Arbeit**	75
	R. Holzbach	
9.1	Einleitung	75
9.2	Medikament ist nicht gleich Medikament	75

9.3	Neuroenhancement – Hirndoping	76
9.4	Medikamente gegen Stress und Überforderung	77
9.5	Psychopharmaka, die nicht abhängig machen	79
9.6	Fazit	80
	Literatur	80

10 Tabakkonsum – Aktuelle Verbreitung, zeitliche Entwicklung und soziale Differenzierung ... 83
T. Lampert

10.1	Einleitung	83
10.2	Gesundheitsrisiko Rauchen	84
10.3	Aktuelle Verbreitung des Rauchens	84
10.4	Statusspezifische Unterschiede im Rauchverhalten	86
10.5	Arbeitsweltbezogene Einflüsse auf den Tabakkonsum	87
10.6	Zeitliche Entwicklungen und Trends	89
10.7	Internationaler Vergleich	90
10.8	Diskussion	90
	Literatur	92

11 Illegale Drogen – Herkunft, Verwendung, Verbreitung und Gefahren ... 93
K.-L. Täschner

11.1	Cannabis	93
11.2	Halluzinogene: LSD, Ecstasy und Pilze	95
11.3	Weckmittel	96
11.4	Kokain und Crack	97
11.5	Morphin und Heroin	98
	Literatur	99

12 Kann denn Arbeit Sünde sein? – Von Überstunden und Überallstunden in der modernen Arbeitswelt ... 101
S. Poppelreuter

12.1	Einleitung	101
12.2	Die Geschichte der Arbeitssucht – und ihre Definition	102
12.3	Wie kann man Arbeitssucht erkennen?	105
12.4	Wie viele sind betroffen? Das Problem der Prävalenzaussage bei Arbeitssucht	107
12.5	Wer ist betroffen? Und wer ist gefährdet?	109
12.6	Warum Arbeitssucht den Unternehmen schadet	110
12.7	Was kann ein Unternehmen gegen Arbeitssucht tun?	110
12.8	Was kann der Einzelne gegen Arbeitssucht tun?	111
	Literatur	112

13 Sucht und Sehnsucht im digitalen Raum: Digitaler Arbeitsschutz aus medienwissenschaftlicher Perspektive ... 115
S. David

13.1	Einleitung	115
13.2	Mediensucht	115
13.3	Sehnsucht: Was treibt die Menschen ins Netz?	116
13.4	Lösungskonzepte: Das Interaktionsmodell des digitalen Arbeitsschutzes (IDA)	118
13.5	Fazit	120
	Literatur	120

Folgen der Sucht

14 Ökonomische Aspekte der betrieblichen Suchtprävention 125
   K. Tielking
14.1 Einleitung 125
14.2 Definition der betrieblichen Suchtprävention (BSP) – Ziele, Inhalte
   und Qualitätsstandards 126
14.3 Kosten- und Nutzenbewertung in der betrieblichen Suchtprävention 127
14.4 Ermittlung betriebswirtschaftlicher Kosten am Beispiel der Alkoholabhängigkeit . . 128
14.5 Bewertung der betrieblichen Suchtprävention in der Praxis 128
14.6 Wirtschaftlichkeitsaspekte 130
14.7 Betriebliche Suchtprävention: Ein Gewinn für alle! 131
   Literatur 132

**15 Rehabilitation und verminderte Erwerbsfähigkeit bei psychischen
   und Verhaltensstörungen durch psychotrope Substanzen** 135
   J. Köhler
15.1 Rehabilitation 135
15.2 Nachsorge 137
15.3 Berentungen 137
15.4 Fazit 139
   Literatur 140

Sucht in verschiedenen Kontexten

16 Sucht unter Ärzten 143
   B. Mäulen
16.1 Einleitung 143
16.2 Arbeitsbedingungen von Ärzten und ihre Rolle bei der Suchtentwicklung 144
16.3 Zu welchen Suchtmitteln greifen Ärzte? 144
16.4 Veränderungen im Arbeitsverhalten suchtkranker Ärzte 145
16.5 Zugang zur Therapie 146
16.6 Hilfe statt Strafe – die Initiativen der Ärztekammern 146
16.7 Besonderheiten der Therapie suchtkranker Ärzte 147
16.8 Was können wir noch tun? 148
   Literatur 149

17 Sucht unter Pflegekräften 151
   J. Abeler
17.1 Veränderungen der Rahmenbedingungen für die Pflegeberufe 151
17.2 Die berufsspezifischen Belastungen der Pflege- und Gesundheitsberufe 153
17.3 Die Auswirkungen der psychischen Belastung von Krankenpflegekräften
   auf den Alkohol- und Suchtmittelmissbrauch 156
17.4 Ausgleichsversuche mit Suchtmitteln zum Belastungsabbau 158
17.5 Ausblick und Empfehlungen zur Prävention für Gesundheits- und Pflegeberufe . . . 159
   Literatur 160

18 Arbeitssucht unter Journalisten – Wenn der Kopf nie Redaktionsschluss hat 161
   L. Matthey
18.1 Einleitung 161
18.2 Wann wird Arbeit Sucht? 161
18.3 Methode und Sample 161

18.4	Journalisten besonders betroffen	164
18.5	Arbeitsverhalten der Süchtigen	164
18.6	Ursachen der Arbeitssucht bei Journalisten	165
18.7	Folgen der Arbeitssucht	168
18.8	Diskussion	169
	Literatur	170

19	**Sucht bei Fach- und Führungskräften**	**173**
	A. Wartmann, E. Wienemann	
19.1	Daten zum riskanten Alkoholkonsum von Frauen	173
19.2	Berufliche Anforderungen und Stressbewältigung	174
19.3	Gesellschaftlich bedingte Belastungen weiblicher Fach- und Führungskräfte	175
19.4	Ressourcen und Bewältigungskapazitäten von Fach- und Führungsfrauen	177
19.5	Die Rolle des Alkohol-konsums für Fach- und Führungsfrauen	178
19.6	Ansatzpunkte für die betriebliche Prävention	180
19.7	Zusammenfassung	180
	Literatur	181

20	**Burnout und Sucht in sozialen Berufen**	**183**
	D. Kunze	
20.1	Einleitung	183
20.2	Begriffsbestimmung	183
20.3	Symptomatik	183
20.4	Ursachen	184
20.5	Burnout und Sucht	185
20.6	Anwendungsbeispiel: Personalentwicklung und Gesundheitsmanagement in der Humandienstleistung	185
20.7	Diskussion und Fazit	188
	Literatur	189

21	**Suchtprobleme am Arbeitsplatz aus juristischer Sicht**	**191**
	F. Achilles	
21.1	Suchtprävention	191
21.2	Reaktion auf Sucht am Arbeitsplatz	193
21.3	Repression	195
21.4	Das Arbeitsrecht als Hilfsmittel zur Suchtbekämpfung	196
	Literatur	197

Maßnahmen

22	**Betriebliche Suchtprävention und Suchthilfe – Maßnahmen, Herausforderungen und Chancen**	**201**
	M. Wallroth, B. Schneider	
22.1	Einleitung	201
22.2	Begründung suchtpräventiver Maßnahmen	202
22.3	Gegenstand von Maßnahmen der Suchtprävention und Suchthilfe	203
22.4	Begrenzungen, Herausforderungen und Chancen der betrieblichen Suchtprävention und Suchthilfe	203
22.5	Betriebliche Suchtprävention und Suchthilfe als Teil der Unternehmenskultur und Personalführung	206
22.6	Fazit	207
	Literatur	207

23	**Betriebsgeheimnis Sucht – Eine Expertise für das Bundesministerium für Gesundheit zur Situation in Kleinst- und Kleinunternehmen**	209
	G. Gusia, I. Freigang-Bauer, F. Gröben	
23.1	Einleitung	209
23.2	Ausgangspunkt und Methoden	210
23.3	Ergebnisse	211
23.4	Empfehlungen	214
23.5	Fazit	215
	Literatur	216
24	**Betriebliche Tabakprävention für Beschäftigte in der Gastronomie – Im Spannungsfeld zwischen öffentlicher und betrieblicher Gesundheit**	217
	B. Greiner	
24.1	Passivrauchen und gesundheitliche Risiken für Arbeitnehmer	217
24.2	Beschäftigte in der Gastronomie als besonders betroffene Gruppe	218
24.3	Betriebliche Tabakprävention durch Rauchverbote in der Gastronomie?	218
24.4	Epidemiologische Studien zur Wirksamkeit von Arbeitsplatz-Rauchverboten im Gaststättengewerbe	219
24.5	Arbeitsbedingungen von Beschäftigten in Gaststätten	219
24.6	Diskussion	220
	Literatur	220
25	**Prävention von Suchtmittelmissbrauch am Arbeitsplatz – Das Bundesmodellprojekt *Prev*@WORK der Fachstelle für Suchtprävention im Land Berlin**	223
	J. Hapkemeyer, N. Scheibner, K. Jüngling, A. Schmidt	
25.1	Einführung	223
25.2	Auslöser von Suchtmittelmissbrauch bei Auszubildenden	224
25.3	Merkmale erfolgreicher Suchtprävention für Auszubildende	224
25.4	Suchtprävention in Unternehmen lohnt sich	226
25.5	Das Bundesmodellprojekt *Prev*@WORK	226
25.6	Evaluation des Programms *Prev*@WORK	227
25.7	Fazit	230
	Literatur	230
26	**Raucherentwöhnung bei der Firma Moll Marzipan GmbH – ein Erfahrungsbericht**	233
	J. Wohlfeil	
26.1	Tabakkonsum als Herausforderung für die gesetzliche Krankenversicherung (GKV)	233
26.2	Das Unternehmen Moll Marzipan GmbH in veränderten Zeiten	233
26.3	Die betrieblichen Rahmenbedingungen	234
26.4	Das Gesamtprojekt im Betrieb	234
26.5	Das Teilprojekt Nichtrauchen	235
26.6	Die Ergebnisse	238
26.7	Fazit/Erfolgsfaktoren	239
	Literatur	240

Unternehmensbeispiele

27 Suchtprävention in Verkehrsunternehmen am Beispiel der Deutschen Bahn 243
C. Gravert
27.1 Zur Notwendigkeit einer betrieblichen Präventionsstrategie 243
27.2 Prävention durch Information und Schulung 246
27.3 Betriebliche Hilfsangebote für gefährdete Mitarbeiter und deren Angehörige 247
27.4 Umgang mit Drogen- und Alkoholkontrollen im internationalen Vergleich 249
27.5 Fazit 250
Literatur 250

28 Betriebliche Suchtprävention bei der Berliner Stadtreinigung 251
S. Seele, A. Janecke
28.1 Das Unternehmen 251
28.2 Dienstvereinbarung und 6-Stufenplan 253
28.3 Die Rolle der Arbeitsmedizin in der betrieblichen Suchtprävention 257
28.4 Fazit 259
Literatur 259

Daten und Analysen

29 Krankheitsbedingte Fehlzeiten in der deutschen Wirtschaft im Jahr 2012 263
M. Meyer, P. Mpairaktari, I. Glushanok
29.1 Überblick über die krankheitsbedingten Fehlzeiten im Jahr 2012 263
Literatur 312
29.2 Banken und Versicherungen 313
29.3 Baugewerbe 323
29.4 Dienstleistungen 334
29.5 Energie, Wasser, Entsorgung und Bergbau 349
29.6 Erziehung und Unterricht 361
29.7 Handel 373
29.8 Land- und Forstwirtschaft 384
29.9 Metallindustrie 394
29.10 Öffentliche Verwaltung 407
29.11 Verarbeitendes Gewerbe 418
29.12 Verkehr und Transport 435

30 Die Arbeitsunfähigkeit in der Statistik der GKV 447
K. Busch
30.1 Arbeitsunfähigkeitsstatistiken der Krankenkassen 447
30.2 Erfassung von Arbeitsunfähigkeit 448
30.3 Entwicklung des Krankenstandes 449
30.4 Entwicklung der Arbeitsunfähigkeitsfälle 450
30.5 Dauer der Arbeitsunfähigkeit 452
30.6 Altersabhängigkeit der Arbeitsunfähigkeit 452
30.7 Arbeitsunfähigkeit nach Krankheitsarten 457

31 Betriebliches Gesundheitsmanagement und krankheitsbedingte Fehlzeiten in der Bundesverwaltung ... 459
R. Hathaway
31.1 Einleitung ... 459
31.2 Herausforderungen an ein Betriebliches Gesundheitsmanagement in der Bundesverwaltung ... 459
31.3 Überblick über die krankheitsbedingten Fehlzeiten im Jahr 2011 ... 461
31.4 Fazit ... 467
Literatur ... 468

Anhang

Anhang 1
Internationale Statistische Klassifikation der Krankheiten und verwandter Gesundheitsprobleme (10. Revision, Version 2012, German Modification) ... 471

Anhang 2
Branchen in der deutschen Wirtschaft basierend auf der Klassifikation der Wirtschaftszweige (Ausgabe 2008/NACE) ... 479

Die Autorinnen und Autoren ... 483

Stichwortverzeichnis ... 499

Einführung/ Problemaufriss

Kapitel 1 Verdammt zum Erfolg – die süchtige Arbeitsgesellschaft? – 3
A. Ducki

Kapitel 2 Sucht aus historisch-soziologischer Sicht – 11
H. Spode

Kapitel 3 Warum werden Menschen süchtig? Psychologische Erklärungsmodelle – 21
J. Lindenmeyer

Kapitel 4 Neuroenhancement – Gehirndoping am Arbeitsplatz – 27
H. Kowalski

Kapitel 5 Neurobiologische Hintergründe der Herausbildung von Suchterkrankungen – 35
G. Hüther

Kapitel 6 Daten zur Behandlungsprävalenz von Suchterkrankungen – 41
T. Pfeiffer-Gerschel, J. Künzel, M. Steppan

Kapitel 7 Wenn die Arbeit krank macht: Zusammenhänge zwischen Arbeitssucht und gesundheitlichen Beschwerden – 53
K. Zok, C. Jaehrling

Verdammt zum Erfolg – die süchtige Arbeitsgesellschaft?

A. Ducki

B. Badura et al. (Hrsg.) *Fehlzeiten-Report 2013*,
DOI 10.1007/978-3-642-37117-2_1, © Springer Verlag Berlin Heidelberg 2013

1.1 Warum dieses Schwerpunktthema?

Mit diesem Fehlzeiten-Report setzen wir das Thema des letzten Fehlzeiten-Reports fort und vertiefen die Frage, welche Rolle eine hochflexible und erfolgsorientierte Arbeitswelt bei der Entstehung von Suchterkrankungen spielt. Der Titel des diesjährigen Fehlzeiten-Reports lautet »Verdammt zum Erfolg – die süchtige Arbeitsgesellschaft?«. Behandelt werden unterschiedliche Facetten des Zusammenhangs von Arbeit und Sucht. Allein die Alkoholsucht belastet laut *Bartsch und Merfert-Diete* (in diesem Band) die Volkswirtschaft mit 26,7 Mrd. € jährlich, wobei der Anteil indirekter Kosten z. B. durch Arbeitsunfähigkeit, Frühberentung, Produktionsausfälle und durch Rehabilitation besonders hoch ist.

Die Gründe, warum sich eine Sucht- oder Abhängigkeitserkrankung entwickelt, sind vielfältig. Sie reichen von belastenden Lebens- und Arbeitssituationen, hohen Leistungsstandards über Konsumsitten und -rituale bis hin zu familiären Prägungen und individuellen Persönlichkeitseigenschaften. Sicherlich ist die Art, *wie* wir arbeiten und *wie* wir Arbeit organisieren, ein Auslöser, zumindest aber Mitverursacher von Suchterkrankungen: Leistungs- und Erfolgsdruck, Arbeitsverdichtung, Erwartungen an Schnelligkeit und Dauererreichbarkeit treiben, so unsere Ausgangsannahme, viele Menschen in ungesunde Bewältigungsmechanismen, die in einer Sucht enden können. Die Arbeitswelt ist aber nicht nur Mitverursacher, sie ist auch Ort der Prävention und Heilung: Die Wiederherstellung der Arbeitsfähigkeit und der Wiedereinstieg in das Arbeitsleben ist für Erkrankte, die sich aus der Sucht befreien wollen, ein wichtiger Motivator und unterstützt die Genesung.

Folgende Fragen werden in den einzelnen Beiträgen beantwortet:

– Was macht Sucht aus?
– Welche Suchtformen gibt es, wie verbreitet sind sie?
– Welche Sucht- und Abhängigkeitserkrankungen sind in unserer Arbeits- und Leistungsgesellschaft besonders verbreitet?
– Welche Rolle spielt die Arbeitswelt als Mitverursacher?
– Welche Folgen der Sucht sind in der Arbeitswelt spürbar?
– Ist Sucht grundlegend mit den Prinzipien der Leistungsgesellschaft verbunden?
– Gibt es Branchen, in denen bestimmte Suchtformen vorherrschen?
– Hat die Digitalsierung der Lebens- und der Arbeitswelt Folgen für die Suchtentwicklung?
– Welche Maßnahmen zur Prävention und Behandlung von Suchterkrankten gibt es?
– Welche gesundheitsfördernde und stabilisierende Funktion kann Arbeit in der Behandlung von Suchterkrankungen einnehmen?

1.2 Merkmale von Sucht und Suchtformen

Sucht wird im internationalen Klassifikationssystem der Krankheiten (International Classification of Diseases – ICD-10) in stoffgebundene und stoffungebundene Suchtformen unterschieden. Stoffgebunde Süchte sind im Abschnitt »Psychische Störungen durch psychotrope Substanzen (F10–F19) als Abhängigkeitssyndrom klassifiziert, stoffungebundene Süchte wie Arbeits- oder Spielsucht werden dem Abschnitt F 63 »Abnorme Gewohnheiten und Störungen der Impulskontrolle« zugeordnet und zählen damit nicht zu den Abhängigkeitserkrankungen.

Bei den stoffgebunden Süchten besteht die Gemeinsamkeit im Gebrauch einer oder mehrerer psychotroper Substanzen, der zu Gesundheitsschädigungen (schädlicher Gebrauch) und/oder zu Abhängigkeit (Abhängigkeitssyndrom) führt. Abhängigkeit zeigt sich in dem starken Wunsch, die Substanz einzunehmen, in Schwierigkeiten, den Konsum zu kontrollieren, einer Toleranzerhöhung, fortschreitender Vernachlässigung anderer Interessen oder Vergnügungen und manchmal in körperlichen Entzugssyndromen (ICD-10, 2009, S. 176). Abhängigkeit kann durch Konsum von Alkohol, Medikamenten, illegalen Drogen, Tabak oder auch flüchtigen Lösungsmitteln, teilweise auch in Kombination (multipler Substanzgebrauch) entwickelt werden.

In der Arbeitswelt kommen alle stoffgebundenen Süchte und Missbrauchsformen vor, am stärksten verbreitet sind jedoch Alkohol- und Nikotinmissbrauch. Nach *Bartsch und Merfert-Diete* praktizieren 6,4 Prozent der Männer und 1,2 Prozent der Frauen in Deutschland einen gefährlichen Alkoholmissbrauch, 3,4 Prozent der Männer und 1,4 Prozent der Frauen haben eine diagnostizierte Alkoholabhängigkeit. Jährlich sind in Deutschland ca. 74.000 alkoholbedingte Todesfälle zu verzeichnen, entweder durch Alkoholkonsum allein oder durch kombinierten Alkohol- und Tabakkonsum (ebd.). Aber auch andere Suchterkrankungen wie die Einnahme von Stimulanzien oder Cannabis haben an Bedeutung gewonnen. So wertet *Kowalski* (ebenfalls in diesem Band) Studien aus, die belegen, dass in der erwerbsfähigen Bevölkerung die Bereitschaft zum Einsatz leistungssteigernder Mittel in Belastungsspitzenzeiten zunimmt. Auch die repräsentative Befragung, die *Zok und Jaehrling* durchgeführt haben, zeigt, dass besonders bei jüngeren Erwerbstätigen diese Bereitschaft steigt.

Zu den stoffungebundenen Süchten zählen Verhaltensweisen, »die ohne vernünftige Motivation erfolgen, nicht kontrolliert werden können und die meist die Interessen der betroffenen Person oder anderer Menschen schädigen« (ICD 10, 2009, S. 209). Die Kriterien der Abhängigkeit treffen hier nicht zu bzw. sind durch die fehlende Stofflichkeit nicht (eindeutig) bestimmbar. Im Kontext der Arbeitswelt sind von den stoffungebundenen Süchten besonders die Arbeitssucht und die Internetsucht von Bedeutung. Beide Süchte sind zwar umgangssprachlich weit verbreitet, wissenschaftlich definitorisch aber schwer bestimmbar, wie die verschiedenen Beiträge zu diesem Thema in diesem Band deutlich machen.

Stresstheoretisch kann Sucht als das Resultat einer fehlgeleiteten Stressbewältigung verstanden werden. Der Konsum leistungssteigernder Mittel dient zunächst dazu, trotz aufgebrauchter Energiereserven leistungsfähig zu bleiben, um ein Projekt, eine Aufgabe oder einen Einsatz bis zum Ende durchzuhalten. Beruhigungsmittel kommen zum Einsatz, wenn Körper und Geist nach zu langer Anspannung nicht mehr von allein aus der Aktivierung in den Ruhezustand wechseln können. In beiden Fällen ist das Ziel des Konsums, leistungsfähig zu bleiben, um (Arbeits-)Anforderungen zu erfüllen. Anders ist es mit Verhaltensweisen, die darauf abzielen, vor nicht erfüllbar scheinenden Anforderungen einer schwierigen, unüberschaubaren oder unangenehmen Wirklichkeit zu fliehen. Spiele oder eine Dauerpräsenz auf einschlägigen Internetseiten bieten solche Fluchtmöglichkeiten in eine Welt, in der Kontrolle und Einflussnahme wieder möglich scheinen.

Was stoffgebundene und ungebundene Süchte eint, ist die Schwierigkeit, das eigene Verhalten in angemessener Weise zu kontrollieren. Alle Erkrankungsformen sind durch ein Verhalten geprägt, in dem die »Grenzen der guten Mitte« überschritten werden. Suchterkrankte können das eigene Verhalten nicht beherrschen – das Übermaß, das Nichtaufhören-Können ist das Prägende der Erkrankung. Kaum eine andere Krankheit ist so stark mit individuellem Versagen und Schuldgefühlen verbunden wie die Sucht. Scham und Schuldgefühle führen in Einsamkeit. Betroffene reden aufgrund der Scham lange Zeit nicht über ihre Krankheit. Sie versuchen, sie vor sich selbst und anderen zu verbergen und zu verheimlichen. Das macht es schwer, den Einzelfall *frühzeitig* zu diagnostizieren und zu behandeln.

Gleichzeitig ist die Fähigkeit sich selbst zu beherrschen in einer grenzenlos gewordenen Arbeitswelt zunehmend wichtig. Dort, wo von außen Grenzen aufgelöst werden, bleibt nur der eigene innere Wille, der Grenzen setzt. *Spode* hat in diesem Band in sehr anregender Weise die »kulturellen Konstruktionsprinzipien« der Sucht am Beispiel des Alkoholismus entschlüsselt. Er zeigt, dass das heute vorherrschende Krankheitsbild des Alkoholismus eng verbunden ist mit dem protestantischen Arbeitsethos und einer Rationalisierung der Lebensführung, die ihren Ursprung im 17./18. Jahrhundert nehmen und mit einem »Zwang zum Selbstzwang« korrespondieren. In dem Maße, in dem Informations- und Kommunikationstechnologien und mobile Anwendungen einen 24-Stunden-Dauer- und Stand-by-Betrieb ermöglichen, geht jeder Zwang von außen zur Ruhe und »Enthaltsamkeit« verloren. Innere Mäßigung und Maß halten werden vor diesem Hintergrund heute zu echten Herausforderungen. Wer sich selbst nicht ab- und ausschalten kann, kann auf Dauer in einer Welt der medialen Informationsflut und Dauerbefeuerung nicht überleben.

1.3 Grenzenlose Arbeitswelt als Suchtproduzent

Wo produzieren und befördern Arbeitsverhältnisse und Arbeitsbedingungen süchtiges Verhalten? Bei der Betrachtung der Suchtentwicklung wird das Thema Maß- und Grenzenlosigkeit zum zentralen Problem. Die Anforderungen an Erwerbstätige werden immer komplexer, was der aktuelle Stressreport der Bundesanstalt für Arbeitsschutz und Arbeitsmedizin (Lohmann-Haislah 2013) belegt. Indirekte Steuerungsmechanismen und damit einhergehende Phänomene wie die interessierte Selbstgefährdung (Krause et al. 2012) verlagern die Verantwortung für den Erhalt der Arbeitsfähigkeit immer stärker auf das Individuum. In Abschnitt 4 dieses Fehlzeiten-Reports wird das Thema Sucht in verschiedenen Arbeitskontexten behandelt. Am Beispiel der freien Journalisten wird deutlich, wie Arbeitsverhältnisse, die von permanenter existentieller Unsicherheit geprägt sind, ein Arbeitsverhalten erzwingen, das unter der diagnostischen Brille eines Klinikers zwar die Kriterien der Arbeitssucht als »abnormes Verhalten oder Störungen der Impulskontrolle« erfüllen mag. Der Beitrag zeigt aber ebenso deutlich, dass hier die Klärung der Frage nach dem Zusammenspiel von Verhalten und Verhältnissen viel wichtiger ist. Was ist abnorm: Das Verhalten der Betroffenen oder die Bedingungen, unter denen sie arbeiten müssen?

Andere Beiträge machen deutlich, dass es Arbeitsbedingungen gibt, die so hochbelastend sind, dass sie mit einer durchschnittlichen psycho-physischen Grundausstattung kaum mehr bewältigt werden können. Überlange Arbeitszeiten, 24-Stunden-Schichten, hohe Arbeitsverdichtung, dauerhaft hohe Konzentrationsanforderungen, Unternehmenskulturen, in denen erwartet wird, »immer locker und gut drauf zu sein« haben in vielen Betrieben das »gesunde Maß« überschritten. Solche Bedingungen können auf lange Sicht von immer weniger Menschen gesund bewältigt werden. Erschwerend kommt ein allgemeiner Lifestyle hinzu, der durch konsumorientierte Betriebsamkeit und Ablenkung geprägt ist und damit ebenfalls der Maßlosigkeit Vorschub leistet. Der Titel des Dokumentarfilms von Klosmann über unsere moderne Arbeitswelt »Work Hard – Play Hard« bringt es auf den Punkt. Ruhe, Kontemplation und Sinnfindung müssen in Zeiten, in denen shoppen eine relevante Freizeitbeschäftigung geworden ist, vom Einzelnen neu errungen und bewusst hergestellt werden.

1.4 Suchtfolgen in der Arbeitswelt

Die Arbeitswelt ist aber nicht nur (Co-)Produzent von Sucht, sondern gleichzeitig auch »Opfer« von Suchtkrankungen. Wo Sucht herrscht, ist Arbeiten gestört: Nach *Bartsch und Merfert-Diete* fehlen Alkoholkranke zwei- bis viermal häufiger als die Gesamtbelegschaft. Die Kollegen müssen diese Fehlzeiten auffangen und kompensieren. Fast alle Suchterkrankten versuchen, so lange wie möglich den Schein der »Normalität« aufrechtzuerhalten und im Arbeitsprozess zu verbleiben. Während ihrer Anwesenheit kommt es aber schon zu einer erheblichen Leistungsminderung, risikoreichem Verhalten, Fehler und Unfallgefahren nehmen zu. Konflikte im unmittelbaren Teamumfeld nehmen ebenfalls zu und eskalieren. Dort, wo es keine Kenntnis darüber gibt, wie Suchterkrankungen erkannt und behandelt werden können, entwickeln sich häufig Verhältnisse der Co-Abhängigkeit. Eingeschränkte Leistungsfähigkeit der Suchterkrankten wird von den unmittelbaren Kollegen lange Zeit mitgetragen und gedeckt, aufgrund der Schamproblematik und aufgrund von Unsicherheit wird vermieden, das Problem anzusprechen. Das Nichtthematisieren der arbeitsbezogenen Folgen der Sucht verlängert jedoch die Krankheit und belastet auf lange Sicht die Leistungsfähigkeit der gesamten Arbeitsgruppe oder des gesamten Unternehmens. Die Produktivitätsverluste durch alkoholbedingten Präsentismus sind doppelt so hoch wie die durch Absentismus (ebd.). Schon aus diesem Grund sollten Unternehmen ein großes Interesse haben, präventiv so viel wie möglich zu tun, um Sucht gar nicht erst entstehen zu lassen und dort, wo sie auftaucht, alle Verantwortlichen so zu qualifizieren, dass sie angemessen damit umgehen können.

1.5 Arbeitswelt als Ort der Prävention und Genesung

Damit ist die letzte Facette des Zusammenhangs von Arbeit und Sucht angesprochen: Betroffene, die sich aus der Suchtspirale befreien wollen, können in und durch die Erwerbsarbeit Unterstützung im Prozess der Genesung erhalten. Durch betriebliche Programme können Auswege, Hilfestellungen, Behandlungsangebote aufgezeigt werden. Suchtbehandlungen verlaufen bei den Erkrankten erfolgreicher, die eine Arbeitsaufgabe haben, die ihnen (eigentlich) Freude bereitet und die sie nicht verlieren wollen.

Im Abschnitt 5 »Maßnahmen« werden Beispiele guter betrieblicher Präventions- und Behandlungspraxis aufgezeigt. Mittlerweile liegt umfangreiches Erfahrungswissen aus jahrzehntelanger betrieblicher Suchtpräventionsarbeit vor, wie die Überblicksbeiträge in diesem Band zeigen. Großbetriebe wie die Deutsche Bahn oder die Berliner Stadtreinigung verfügen über ein umfassendes betriebliches Präventionsprogramm, das durch eine Dienstvereinbarung die Verantwortlichkeiten und die Abfolge von Schritten im Umgang mit Sucht klar regelt. Informationen über Symptome und Folgen von Sucht, Kompetenzvermittlung zum Führen von Gesprächen mit Suchterkrankten sowie der Einsatz von Selbsthilfegruppen und Suchthelfern werden in einem abgestimmten System miteinander verbunden.

Die Grenzen betrieblicher Suchtprävention sind dort erreicht, wo Menschen in befristeten Arbeitsverhältnissen als Solo-Selbständige, als Projekt-Nomaden oder als sogenannte »Freie« unterwegs sind. Sie müssen ihr Arbeits- und Stressbewältigungsverhalten von Anfang an allein und eigenverantwortlich »gesund« regulieren, für eine ausreichende Work-Life-Balance sorgen und im Fall erster Missbrauchstendenzen selbständig Hilfe suchen. Wo betriebliche Hilfe nicht greift, werden Selbsthilfegruppen wie die Anonymen Alkoholiker, Anonymus Narcotics oder andere als Anlaufstellen in der unmittelbaren Nachbarschaft immer wichtiger.

1.6 Die Beiträge im Überblick

- **Abschnitt 1: Problemaufriss**

Spode entschlüsselt die kulturellen Konstruktionsprinzipien des heute gültigen Suchtmodells, indem er die Leser von der Antike bis in die heutige Zeit führt. Dabei wird deutlich, dass Nüchternheit erst im 17./18. Jahrhundert zur »Normallage des Menschen« wurde und in einem engen Zusammenhang mit einer Rationalisierung der Lebensführung und einem wachsenden »Zwang zum Selbstzwang« steht.

Lindenmeyer schildert in seinem Überblicksbeitrag, warum Menschen süchtig werden und räumt dabei mit zahlreichen Vorurteilen auf, wonach Abhängigkeit eine Charakterfrage ist, vererbt wird oder durch besonders schwere (frühkindliche) Schicksalsschläge ausgelöst wird. Er plädiert für ein biopsychosoziales Erklärungsmodell, das eher den Prozess der Suchtentwicklung vom unproblematischen Konsum bis zur schweren Abhängigkeit thematisiert.

Kowalski gibt einen Überblick über den internationalen Forschungsstand zum Thema »Neuroenhancement«. Er zeigt, dass zwar der aktuelle Gebrauch leistungssteigernder Mittel in der erwerbsfähigen Bevölkerung eher gering ist, jedoch die Bereitschaft, sie in Belastungsspitzenzeiten zu nutzen, anzusteigen scheint. Jetzt scheint der richtige Zeitpunkt gegeben, durch vorzeitige Aufklärung insbesondere bei jungen Menschen dafür zu sorgen, dass nicht aus Bereitschaft tatsächliches Verhalten resultiert.

Hüther erklärt die Entstehung psychischer Abhängigkeiten und die Herausbildung von Suchterkrankungen als Folge von Bahnungsprozessen neuronaler Verschaltungsmuster im Gehirn. Ursache dieser Bahnungsprozesse ist der wiederholte Einsatz individueller Bewältigungsstrategien zur ersatzweisen Stillung der Grundbedürfnisse nach Zugehörigkeit oder Autonomie und Freiheit.

Pfeiffer-Gerschel, Künzel und Steppan geben einen Überblick über Suchtbehandlungen, die in ambulanten und stationären Einrichtungen der Suchtkrankenhilfe im Jahr 2011 durchgeführt und im Rahmen der Deutschen Suchthilfestatistik (DSHS) dokumentiert wurden. Die drei größten Hauptdiagnosegruppen sind Störungen aufgrund des Konsums von Alkohol, Opioiden und Cannabis.

Zok und Jaehrling beschäftigen sich mit Zusammenhängen zwischen Arbeitssucht und gesundheitlichen Beschwerden. Die Analysen weisen darüber hinaus auf Beziehungen zwischen der Arbeitssucht und Präsentismus sowie dem Konsum leistungssteigernder Arzneimittel hin.

- **Abschnitt 2: Formen der Sucht**

Bartsch und Merfert-Diete schildern Verbreitung, Bedingungen, Folgen und betriebliche Handlungsmöglichkeiten bei riskantem Alkoholkonsum und Alkoholabhängigkeit und weisen auf die Probleme des Co-Alkoholismus in den Betrieben hin.

Holzbach gibt einen Überblick über die unterschiedlichen Varianten des Medikamentenmissbrauchs. Er unterscheidet Missbrauch von Wachmachern, die der Steigerung von Aufmerksamkeit, Konzentration und Motivation dienen, und Missbrauch von Beruhigungsmedikamenten. Eine besondere Gefährdung ergibt sich für medizinische Berufe durch die »Griffnähe« und für Menschen mit Wechselschicht (Schlafstörungen).

Der Beitrag von *Lampert* liefert aktuelle Zahlen zur Verbreitung des Rauchens in Deutschland sowie zu den damit verbundenen Gesundheitsgefährdungen. Er zeigt, dass sich die höchsten Rauchquoten bei Angehörigen von Berufsgruppen mit geringer beruflicher Qualifikation und hohen Arbeitsbelastungen finden.

Der Beitrag von *Täschner* vermittelt Grundkenntnisse zu verschiedenen illegalen Drogen hinsichtlich ihrer Herkunft, Verwendung und Verbreitung, Wirkungen und Gefahren. Gerade leistungssteigernde

Amphetamine haben in den letzten Jahrzehnten an Bedeutung zugenommen.

Poppelreuter fasst die wissenschaftlichen Erkenntnisse und Ergebnisse zum Phänomen der Arbeitssucht zusammen. Obwohl die wissenschaftliche Erforschung der Arbeitssuchtproblematik noch in den Kinderschuhen steckt, gibt es erste Erfolg versprechende Ansätze zur Diagnose, Prävention und Behandlung.

David analysiert Chancen und Risiken des digitalen Lebens und Arbeitens. Sie macht deutlich, dass Menschen, die nicht gelernt haben, verantwortlich und souverän medial zu agieren, ein gesundheitsgefährdendes Nutzungsverhalten zeigen, das nicht nur negative Auswirkungen auf die eigene Gesundheit hat, sondern auch auf das Klima und die Leistungsfähigkeit von Unternehmen. Das Konzept »Slow Media« liefert Hinweise, wie Menschen maß- und sinnvoll mit den neuen Medien umgehen können.

- **Abschnitt 3: Folgen der Sucht**

Tielking stellt inhaltliche Anforderungen an betriebliche Suchtprävention in einen ökonomischen Kontext und zeigt, dass differenzierte Kosten-Nutzen-Analysen für die betriebliche Suchtprävention ausstehen. Hier besteht Handlungsbedarf.

Köhler liefert einen aktuellen Überblick über die Entwicklung der Rehabilitation von Abhängigkeitserkrankungen seit 2004. Der aktuelle Stand der Nachsorge wird beschrieben.

- **Abschnitt 4: Sucht in verschiedenen Kontexten**

Mäulen gibt einen Überblick über den Forschungsstand zu Sucht unter Ärzten (hier vor allem Alkohol, Nikotin und Medikamentenabhängigkeit) und weist darauf hin, dass ein frühzeitiges Aufzeigen möglicher Suchtgefahren in der Ausbildung sowie in Fortbildungen von Personalverantwortlichen in Krankenhäusern Suchtprobleme in dieser Berufsgruppe deutlich reduzieren könnten.

Abeler beschreibt die veränderten Rahmen- und Arbeitsbedingungen von Pflegekräften in ihrer Bedeutung für die Entstehung von Suchterkrankungen. Er macht deutlich, dass nicht nur die leichtere Zugänglichkeit von Tabletten eine Suchtkrankheit befördern kann, sondern dass auch Arbeitsbelastungen wie der 24-Stunden-Schichtdienst, Überstunden, eine hohe Arbeitsverdichtung in Kombination mit hohen psychischen und physischen Belastungen auf Dauer ein Risikopotenzial für Suchterkrankungen darstellen. Die Suchtgefahr in Pflegeberufen kann daher ausdrücklich durch eine gesundheitsförderliche Arbeitsgestaltung und eine gesundheitsgerechte Mitarbeiterführung reduziert werden.

Matthey schildert die Ergebnisse einer empirischen Untersuchung zur Arbeitssucht bei Journalisten und macht deutlich, dass befristete und unsichere Arbeitsverhältnisse, unregelmäßige Arbeitszeiten, hohe Flexibilitätsanforderungen und eine daraus resultierende unausgewogene Work-Life-Balance die zentralen Mitverursacher »arbeitssüchtigen« Verhaltens sind.

Wartmann und Wienemann weisen in ihrem Beitrag auf die besondere Belastungsproblematik weiblicher Fach- und Führungskräfte hin, die sich aus der Kombination der allgemeinen anforderungsreichen Situation von Führungskräften mit hohen arbeitszeitlichen Belastungen und mit speziellen Erwartungen, die sich aus den Geschlechterstereotypien ergeben, zusammensetzt.

Kunze macht deutlich, dass Sucht und Burnout eng miteinander verwoben sind und zu hohe Arbeitsbelastungen Burnout und Suchtverhalten fördern können. An einem betrieblichen Beispiel in der Humandienstleistung beschreibt sie, wie in einem langjährigen Projekt durch komplexe Analysen nachhaltige Burnout- und Suchtprävention verankert werden kann.

Achilles gibt einen Überblick über die rechtlichen Grundlagen der betrieblichen Suchtprävention und zeigt Möglichkeiten bei der Wiederherstellung der Arbeitsfähigkeit auf. Er betont die besondere Verantwortung und Verpflichtung der Führungskräfte, bei Alkohol- und Drogenmissbrauch tätig zu werden.

- **Abschnitt 5: Maßnahmen**

Wallroth und Schneider beschreiben, wie betriebliche Suchtprävention und Suchthilfe und ein umfassendes BGM voneinander lernen und sich miteinander weiterentwickeln können. Die Autoren machen deutlich, dass im Themenfeld Sucht die Primärprävention sowohl auf der Verhältnis- als auch auf der Verhaltensebene bislang zu kurz gekommen sind.

Gusia, Freigang-Bauer und Gröben haben den aktuellen Stand betrieblicher Suchtprävention in Kleinst- und Kleinunternehmen untersucht. Als wichtige Ansatzpunkte zur Verbesserung betrieblicher Suchtprävention nennen sie, dass Sucht und Suchtprävention stärker in der Erstausbildung thematisiert werden sollten und entsprechende regionale und branchenspezifische Angebote für Unternehmen verstärkt werden müssen.

Der Beitrag von *Greiner* befasst sich mit der Tabakprävention im Gastronomiebereich, dessen Beschäftigte bislang wegen hoher Aktiv- *und* Passivrauchraten als Hochrisikogruppe galten. Sie hebt hervor, dass es zu einer wirkungsvollen Tabakprävention gehören sollte, sich mit kulturellen und sozialen Entspannungsritualen in öffentlichen Räumen auseinanderzusetzen.

Hapkemeyer, Scheibner, Jüngling und Schmidt stellen das Suchtpräventionsprogramm Prev@WORK für junge Auszubildene in der Berufsorientierung, -vorbereitung und -ausbildung vor, das Wissen über Suchtgefahren vermittelt und die Selbstreflexion steigern soll. Die Autorinnen heben hervor, dass nachhaltige Suchtprävention in Unternehmen in das betriebliche Gesundheitsmanagement integriert sein muss.

Der Beitrag von *Wohlfeil* beschreibt den erfolgreichen Einsatz eines multidimensionalen Zehn-Schritte-Gruppenprogramms zur Raucherentwöhnung bei der Firma Moll Marzipan, bei dem über 90 Prozent der Teilnehmer auch fast zwei Jahre nach Start des Programms noch immer rauchfrei sind.

- **Abschnitt 6: Unternehmensbeispiele**

Gravert zeigt am Beispiel der Deutschen Bahn eine gestufte Interventionskette auf, die ausgehend von umfassenden Präventionsmaßnahmen durch Information und Schulung über anonymisierte Beratungsangebote bis hin zu einem Stufenplan reicht, der einzelnen alkoholerkrankten Mitarbeitern Wege aus der Sucht aufzeigt, aber auch personalrechtliche Konsequenzen bei Nichthandlung einschließt.

Seele und Janecke stellen ebenfalls Wege und Möglichkeiten vor, wie durch eine konsequente Umsetzung der Dienstvereinbarung »Sucht« und dem dort festgelegten Stufenplan erkrankte Mitarbeiter beim Ausstieg aus der Abhängigkeit unterstützt werden können. Besonders interessant ist der gendersensible Blick auf das Thema und die Einbettung der Suchtprävention in ein umfassendes betriebliches Gesundheitsmanagement.

- **Abschnitt 7: Daten und Analysen**

Meyer, Mpairaktari und Glushanok liefern umfassende und differenzierte Daten zu den krankheitsbedingten Fehlzeiten in der deutschen Wirtschaft im Jahr 2012. Datenbasis sind die Arbeitsunfähigkeitsmeldungen der 11 Millionen erwerbstätigen AOK-Mitglieder in Deutschland.

Busch gibt anhand der Statistiken des Bundesministeriums für Gesundheit (BMG) einen Überblick über die Arbeitsunfähigkeitsdaten der gesetzlichen Krankenkassen (GKV).

Der Gesundheitsförderungsbericht der unmittelbaren Bundesverwaltung von 2011 wird von *Hathaway* zusammengefasst. Es werden hierbei auch Handlungsmöglichkeiten aufgezeigt, wie sich die Bundesverwaltung aus Sicht des betrieblichen Gesundheitsmanagements den Herausforderungen des demografischen Wandels stellen kann.

1.7 Ausblick

Dieser Fehlzeiten-Report macht deutlich, dass die Auseinandersetzung mit dem Thema Sucht in Zukunft eher zu- als abnehmen wird. Medikamentensucht und Cannabiskonsum werden die Arbeitswelt in einigen Jahren stärker betreffen als heute, wenn die derzeit bei Jugendlichen erkennbaren Konsumgewohnheiten und -neigungen nicht präventiv angegangen werden. Besondere Herausforderungen bestehen in der »Verwobenheit« von Lifestyle-bedingten und arbeitsweltlichen Ursachen. Unternehmen stehen vor der Herausforderung, die Anforderungen an ihre Beschäftigten maßvoll zu gestalten und sich stärker als bisher mit der Frage auseinanderzusetzen, was erfolgreiches Arbeitshandeln eigentlich ausmacht. Führungskräfte haben die besondere Verantwortung, solche Fragen anzustoßen, einen betrieblichen Konsens herzustellen und Unternehmensleitlinien daran anzupassen. Der Einzelne wird sich viel stärker mit der Frage befassen müssen, wie ein gesundes, genussvolles Leben im »Mittelmaß« gestaltet werden kann, ohne dass es zu Langeweile oder zu »innerer Dauerdisziplinierung« kommt. Dies kann er allein oder auch gemeinsam mit anderen tun. Bewegungen wie Slow Media oder auch Slow Food bieten hier neue Foren des Austauschs und der Verständigung.

Aristoteles wusste, dass Verstandes- und Charaktertugenden ausgebildet werden müssen, die einen maßvollen Umgang mit Begierden und Emotionen einschließen, um ein gutes Leben zu erreichen und glücklich zu sein. Dieses Wissen wird heute unter dem Begriff »Achtsamkeit« nicht nur von Stressforschern, Resilienzberatern und Therapeuten aktualisiert, sondern auch von Historikern und Ökonomen aufgegriffen. In der Publikation »Wie viel Wachstum ist genug? Vom Wachstumswahn zu einer Ökonomie des guten Lebens« (Skidelsky u. Skidelsky 2013) wird unsere wirtschaftliche Wachstumslogik in Frage gestellt. Eine Ethik der Mäßigung, der Aufmerksamkeit und der tiefen Beziehungen wird uns helfen, der Falle der Grenzenlosigkeit und Beschleunigung zu entkommen.

Literatur

http://www.slow-media.net/manifest. Das Slow Media Manifest. Gesehen 26 Mai 2013

Internationale statistische Klassifikation der Krankheiten und verwandter Gesundheitsprobleme, 10. Revision. Systematisches Verzeichnis Version 2009. Deutsches Institut für medizinische Dokumentation und Information DIMDI

Krause A, Dorsemagen C, Stadliner J und Baerswyl S (2012) Indirekte Steuerung und interessierte Selbstgefährdung: Ergebnisse aus Befragungen und Fallstudien. Konsequenzen für das betriebliche Gesundheitsmanagement. In: Badura B, Ducki A, Schröder H, Klose J, Meyer M (Hrsg) Fehlzeiten-Report 2012. Gesundheit in der flexiblen Arbeitswelt: Chancen nutzen – Risiken minimieren. Springer, Berlin Heidelberg New York, S 191–202

Lohmann-Haislah A (2013) Stressreport Deutschland 2012. Psychische Anforderungen, Ressourcen und Befinden. Bundesanstalt für Arbeitsschutz und Arbeitsmedizin (BauA), Dortmund

Skidelsky R, Skidelsky E (2013) Wie viel Wachstum ist genug? Vom Wachstumswahn zu einer Ökonomie des guten Lebens. Kunstmann Verlag, München

Sucht aus historisch-soziologischer Sicht

H. Spode

B. Badura et al. (Hrsg.) *Fehlzeiten-Report 2013*,
DOI 10.1007/978-3-642-37117-2_2, © Springer Verlag Berlin Heidelberg 2013

Zusammenfassung *Der Beitrag untersucht die Struktur und Entwicklung des Suchtmodells. Gemeinhin galt der Säufer als Sünder. Erst um 1800 kommt die Vorstellung auf, dass er an einer »Krankheit des Willens« leidet: der »Trunksucht«. Lange eine ärztliche Mindermeinung, setzt sich diese Sichtweise um 1900 durch. Durch Jellinek wird sie dann als »Krankheitsmodell des Alkoholismus« neu formuliert und prägt in dieser Form unser Alltagswissen. In der Forschung hingegen findet das »klassische« Modell kaum noch Anhänger; einigen gilt die Sucht sogar generell als ein »Mythos«. Und doch nimmt der Einfluss dieses empirisch und theoretisch weithin obsoleten Modells sogar noch zu, indem es unkritisch auf andere Substanzen und Verhaltensmuster übertragen wird, zumal seit die WHO den Suchtbegriff durch einen vagen Abhängigkeitsbegriff ersetzte. Diese hoch moralische »Suchtinflation« zeitigt nicht-intendierte Negativfolgen. Daher wird hier abschließend für eine Rückkehr zu einem strengen Suchtbegriff plädiert.*

2.1 Einleitung

Die neuseeländische Ermittlungsbehörde für unklare Todesfälle – der im angelsächsischen Rechtssystem übliche *Coroner* – fordert, koffeinhaltige Soft-Drinks mit einem Warnaufdruck zu versehen. Anlass war der Tod einer Dreißigjährigen, die »süchtig nach Coca-Cola« gewesen sei und täglich bis zu zehn Liter dieser Brause konsumiert habe[1]. Der *Coroner* unterliegt einer peinlichen Fehleinschätzung hinsichtlich des Koffeins[2] und es ist nicht ausgemacht, ob seine Forderung umgesetzt wird, doch der Fall steht exemplarisch für den Siegeszug eines Erklärungsmodells exzessiven Verhaltens: des Suchtmodells.

Uns ist es selbstverständlich, dass die Sucht ein Faktum ist. Es gibt süchtiges Verhalten und suchtbildende Substanzen, die einen Menschen – wenn nicht sogar ganze Gesellschaften – ruinieren können. Sucht nennen wir eine Erkrankung, die in einem Kontrollverlust besteht: Das Handeln des Süchtigen entzieht sich seinem Willen. Die kulturelle Selbstverständlichkeit des Suchtmodells macht freilich zweierlei vergessen: Erstens verbergen sich hinter der scheinbaren Evidenz des Modells ungelöste Fragen und Widersprüche, die in der Forschung höchst kontrovers diskutiert werden. Zweitens lässt uns die Selbstverständlichkeit der Sucht vergessen, dass sie historisch noch recht jungen Datums ist. Die allermeiste Zeit kam die Menschheit ohne sie aus.

Man hüte sich, unsere Altvordern, die in einer Welt ohne Sucht lebten, für Ignoranten zu halten; es gab und gibt gute Gründe für ganz andere Sichtweisen als die derzeit herrschenden. Ein tieferes Verständnis des Suchtmodells setzt voraus, dessen kulturelle Konstruktionsprinzipien zu entschlüsseln. Hier soll dieser Ansatz verfolgt werden, wobei der Schwerpunkt auf den Alkoholismus gelegt wird, da er als »Modellsucht« für alle anderen Süchte – vom Opium bis zum Internet – fungierte.

2.2 Welt ohne Sucht

Der Alkohol ist der menschlichen Spezies seit der Steinzeit bekannt, nicht jedoch der Alkoholismus. Wohl sind die antiken Annalen voll von Berichten über maßlose Säufer wie Alexander der Große, der im Rausch seinen Gefährten Kleitos erschlug – abschreckende Beispiele für einen Verstoß gegen das generelle ethische Gebot

---

1 Spiegel online vom 12.2.2013 (13.3.2013).
2 Der Koffeingehalt von 10 l Cola entspricht 9 Tassen Kaffee. Letal dürfte vielmehr die anhaltend hohe Flüssigkeitsaufnahme gewirkt haben, ein sehr seltenes Phänomen, das zu Ödemen und Herzinsuffizienz führt (Trinksucht, Polydipsie, Potomanie).

der »rechten Mitte« (*temperantia*). Hingegen fehlte die Vorstellung, dass es eine Krankheit gibt, die darin besteht, trinken zu müssen. Einige Gelehrte meinten zwar, der Wein steigere den »Durst« anstatt ihn zu stillen, doch an einen perennierenden Trinkzwang wurde nicht gedacht. Vielmehr war der Mensch gehalten, sich für Ge- oder Missbrauch (*usus et abusus*) zu entscheiden, wobei die konkreten Grenzen sehr unterschiedlich ausfielen; Einigkeit herrschte aber, dass sowohl häufige Trunkenheit als auch beständige Abstinenz dem Ideal der *temperantia* widerstreben.

Diese Maxime galt auch im Mittelalter (Jaeger 2005–2012; Spode 1993; Gros 1996; Hengartner u. Merki 2001)[3]. Wein und Bier hatten einen enormen Stellenwert im Leben. Zum einen war das »archaische Gelage«, die kollektive ritualisierte Berauschung am Festtag, ein zentrales Element des sozialen Gefüges. Zum anderen waren vergorene Getränke ein fester Bestandteil der Ernährung im Alltag. Sie stillten, wenn irgend möglich, den gesamten Flüssigkeitsbedarf. Üblich war es, täglich etwa einen Liter Wein oder zwei bis drei Liter Bier zu trinken; auch doppelt so hohe Quantitäten galten nicht als unmäßig. Anders gesagt: Nach heutigen Kriterien wären die meisten Menschen[4] alkoholsüchtig gewesen. Diese Kriterien aber gab es nicht.

Erst in der Frühen Neuzeit wurden hierfür die Voraussetzungen geschaffen. Den Auftakt machte die Reformation. Indem der Protestantismus die Heilswirkung der »guten Werke« verwirft, verlangt er von den Gläubigen eine lückenlos beständige Selbstprüfung und -kontrolle, was besonders im Calvinismus zur »innerweltlichen Askese« (M. Weber) systematisiert wurde. Dies musste auch den Umgang mit berauschenden Getränken verändern. Eine breite Kampagne gegen den Missbrauch von Wein und Bier erfasste die protestantischen Länder (Spode 1993; 1995). Calvin ließ in Genf die Wirtshäuser in »Abteien« umwandeln, Martin Luther predigte wortgewaltig gegen den »Saufteufel«, d. h. die Institution des Trinkgelages, und etliche Obrigkeiten stellten die Teilnahme daran unter Strafe. Der hohe, täglich nutritive Konsum stand hingegen nicht zur Disposition. Die Kampagne gegen den »Saufteufel« scheiterte Ende des 16. Jahrhunderts. Doch eine »kleine Eiszeit« führte zur Verarmung breiter Schichten: Der durchschnittliche Alkoholverbrauch ging daher zwischen 1500 und 1800 kontinuierlich zurück, um schließlich grosso modo das heutige Niveau zu erreichen.

2.3 Die Geburt des Suchtmodells

In Adel und Bürgertum setzte sich zudem eine Revolution der Drogenkultur durch: Tabak, Kaffee und Tee treten an die Seite, teils an die Stelle des Alkohols; die Nüchternheit wird zur Normallage des Menschen (ebd.). Dies korrespondierte mit einer »Rationalisierung der Lebensführung« (M. Weber); wer sich dem wachsenden »Zwang zum Selbstzwang« (N. Elias) verweigert, wird pathologisiert und medikalisiert (Conrad u. Schneider 1980; Legnaro 1996) – aus der Trunkenheit konnte die Trunksucht werden.

Im ärztlichen Diskurs taucht das Suchtmodell erstmals im 17. Jahrhundert, dem Zeitalter des Rationalismus, auf (Spode 2005). In Italien erklärt der Rechtsmediziner Paolo Zacchia beständige hochgradige Trunkenheit zur Geisteskrankheit, nämlich zu einer Manie, die durch ein inneres Säfteungleichgewicht (Dyskrasie) bedingt sei. Dagegen macht in Holland der Arzt Cornelius Bontekoe hierfür ein »feines Oel« – also den Alkohol – verantwortlich, dessen stete Zufuhr zu einer Notwendigkeit werden könne, ohne die man nicht mehr leben könne. Diese beiden konträren Wege zur Erklärung des Vieltrinkens sollten in der Suchtdiskussion des 20. Jahrhunderts noch eine tragende Rolle spielen, nämlich als »Körper-« und als »Drogenansatz«. Zunächst stießen sie freilich auf Unverständnis und gerieten für über ein Jahrhundert nahezu in Vergessenheit. Häufige Trunkenheit galt weiterhin als ein Laster. So mokierte sich Zedlers *Universallexicon* über diese Theorien zwanghaften Trinkens: Trunkliebende Personen hätten dann wohl einen »Igel im Magen, welcher zu stechen pflegt, wenn er nicht schwimmen kann« – sich vollzutrinken oder nicht stehe in der Gewalt eines jeden Menschen.

Um 1800 wird dann der Gedanke des zwanghaften Trinkens erneut aufgegriffen (Levine 1996; Valverde 1998; Wiesemann 2000; Spode 1993 u. 2005; Schabdach 2009). Ein mitleidiger Blick fällt auf den Trinker: Er wird vom Sünder zum Opfer seines Getränks. Die Idee, dass Alkoholika – zunächst der Branntwein – eine »Krankheit des Willens« verursachen können, findet sich 1784 bei dem amerikanischen Arzt und Politiker Benjamin Rush; wer einmal dem Schnaps verfallen sei, müsse ihn künftig unbedingt meiden. Ähnlich sah der schottische Marinearzt Thomas Trotter die exzessive Trinkbegierde als eine Folge der chemischen

---

[3] Jeweils mit weiterer Literatur. Unberücksichtigt bleiben hier Arbeiten, die sich ohne Zitatnachweis bei Spode bedienen; diesbezüglich ist ein Plagiatsverfahren anhängig.
[4] Die verfügbaren Zahlen beziehen sich i. d. R. auf Städte, Höfe, Klöster etc.; die hörige Landbevölkerung dürfte weniger konsumiert haben, zumindest war hier der Verbrauch saisonal stark schwankend, da Alkoholika meist wenig haltbar waren.

Natur geistiger Getränke an. In Kenntnis dieser Arbeiten stellte dann 1802 der Leibarzt des preußischen Königs, Christoph Wilhelm Hufeland, die These auf, Branntwein sei ein »schleichendes Gift«, das die »Organisation« von Gehirn und Nerven zerstöre und damit die Fähigkeit zur Selbstkontrolle. Ist der Trinker erst einmal mit diesem Gift »infiziert«, führe dies über mehrere Stadien unausweichlich zu Siechtum und Tod.

Zu einem stringenten Krankheitsbild wird dies durch einen Arzt ausgebaut, der in Königsberg promoviert hatte und sich in Moskau niederließ: Constantin von Brühl-Cramer. 1819 publiziert er eine umfangreiche Studie *Ueber die Trunksucht*. Damit hatte dieses Leiden einen Namen bekommen[5] – eine Grundvoraussetzung für ärztliches Handeln. Brühl-Cramer betont, dass die Trunksucht »nicht in einer Verletzung der Moralität, wie man gewöhnlich zu glauben geneigt ist, begründet« sei; vielmehr handle es sich um eine seelische Erkrankung. Diese bestehe »in einem heftigen (…) Verlangen zum Genuss geistiger Getränke«, das – wie ihm Betroffene versichert hätten – »äußerste Quaal (bereite), wenn es nicht befridiget würde«. Typologisch unterschied er »anhaltende« und »periodische«[6] Formen, die er, wie schon Hufeland, in progrediente Verlaufsphasen unterteilte. Wie Trotter schrieb Brühl-Cramer aber nicht allein dem Branntwein, sondern sämtlichen Alkoholika die potenzielle Macht zu, eine Trunksucht auszulösen – und dieses Phänomen gelte sinngemäß auch für das unstillbare Verlangen nach Kaffee oder nach bestimmten Speisen. Damit hatte Brühl-Cramer die Sucht zu einem medizinischen Paradigma erhoben, einem *generellen* Deutungsmuster, das exzessive Verhaltensweisen als Geisteskrankheit deutet und in den Zuständigkeitsbereich der Medizin überführt.

2.4 Die Latenzzeit der Sucht

1829 wandte Hufeland dieses Deutungsmuster auf Opiumkonsumenten an (Wiesemann 2000), doch das Suchtparadigma brauchte eine lange Latenzzeit, bis es in der Medizin anerkannt wurde (Spode 1993; 2005). Zum einen galten Alkoholika als bewährte Heil- und Stärkungsmittel, zum anderen aber warf das Suchtparadigma logische Probleme auf: Wieso erkranken nur wenige an Trunksucht, obschon doch fast alle Menschen Alkoholika konsumieren? Und wie passt es zur Stadientheorie, dass viele Säufer irgendwann ihren Konsum wieder reduzieren? Diese Fragen sind bis heute nicht abschließend beantwortet. Zunächst führten sie dazu, dass die meisten Mediziner der Existenz einer Geisteskrankheit namens Trunksucht ablehnend gegenüberstanden (allenfalls ein krass ausgeprägtes »periodisches« Saufen, die Dipsomanie, wurde bisweilen als eine – sehr seltene – Erkrankung angesehen). Stattdessen obsiegte das Konzept der »habituellen Trunkenheit«, die eher dem Laster als der Krankheit zugeordnet war und in deren *Folge* zahlreiche Organschäden auftreten konnten.

Für das Nervensystem wurden diese Folgen von dem schwedischen Medizinalprofessor Magnus Huss 1849 als *alcoholismus chronicus* bezeichnet, analog zur bekannten Nervenschädigung durch Bleivergiftung, dem *plumbismus chronicus*. Der Huss'sche Begriff wurde in der Medizin rasch populär. Er bezeichnete eben nicht (wie häufig zu lesen), was wir heute unter Alkoholismus verstehen, also ein zwanghaftes Trinkverhalten, sondern die neurologischen Konsequenzen des Vieltrinkens – und dieses blieb für Huss ein verwerfliches Laster. Er zitierte zwar die Fallbeschreibungen, die Brühl-Cramer aufgezeichnet hatte, und doch war es ihm unmöglich, den Trinker mit denselben Augen zu sehen: Sein traditionelles Alkoholwissen konstruierte eine andere, »unmittelbare Erfahrung« (T. Kuhn), war »inkommensurabel« (P. Feyerabend) mit dem neuen Alkoholwissen (Spode 1993). Damit war die Fachmedizin auch blind gegenüber laienmedizinischen Erfahrungen. Schon länger waren Hausmittel in Gebrauch, die Branntweinsäufern ihren Schnaps vergällen sollten; und zur selben Zeit, da Huss seine gefeierte Arbeit publizierte, bildeten sich protestantische Selbsthilfegruppen und Vereine zur »Trinkererrettung« (Spode 2012). Offenbar litten etliche Menschen an ihrem Trinkverhalten, doch es fehlte an einem legitimen Vokabular, das ihr Leid hätte ausdrücken können (Levine 1996).

2.5 Der Sieg des Suchtparadigmas

Erst im Zuge einer globalen »Thematisierungskonjunktur« (H. Spode) des Alkohols setzte sich um 1900 das Paradigma der Trunksucht durch (Courtwright et al. 2005; Blocker et al. 2003; Spode 1993). Die Terminologie war dabei schwankend und uneinheitlich. Unklarheit herrschte auch über die Zahl der Süchte: Gab es neben der Trunksucht noch andere Süchte, wie die nach Morphium, Scopolamin oder gar, wie die amerikanische Anti-Tabakbewegung meinte, Nikotin? Oder waren sie nur die Manifestation bzw. das Symptom

---

[5] Er war analog zur seinerzeit viel diskutierten »Lesesucht« gebildet, der unmäßig-krankhaften Begierde zu lesen (Spode 1997).
[6] In seinem Vorwort spricht Hufeland hier von Dipsomanie, später auch Polydipsie oder Quartalssaufen genannt.

eines einzigen Typus von Geisteskrankheit, wie das Konzept der »Narkomanie«[7] meinte? Fest stand jedoch: Der Trunksüchtige – für den auch der Fachausdruck Alkoholist oder Alkoholiker aufkam – gehört in die Hände des Arztes. Trinkerheilstätten, die eine »Entwöhnungskur« anboten (bisweilen auch für »Morphinisten«), erlebten einen wahren Boom und es wurde eine halbstaatliche »Trinkerfürsorge« aufgebaut (Spode 2012). Dies schlug sich auch in der Gesetzgebung nieder: Das Bürgerliche Gesetzbuch eröffnete die Möglichkeit der Zwangstherapie (§ 6) und 1915 wurde die Trunksucht in die Reichsversicherungsordnung aufgenommen (§ 182).[8] Die Trunksüchtigen, hieß es in einer Abhandlung 1901, haben »nicht mehr gesündigt als Schwindsüchtige«; ihre Krankheit bestehe lediglich darin, »dass sie nicht mäßig trinken können«. Eine moralische Verurteilung sei daher unangemessen und überdies völlig zwecklos; was ihnen helfe, sei einzig völlige Abstinenz (Spode 1993).

Doch damit endete der Konsens. Symptomatologie, Nosologie und die zentrale Frage der Ätiologie dieser Krankheit blieben ganz und gar strittig. Sahen die einen – in Nachfolge Bontekoes – die Trunksucht durch den Alkohol hervorgerufen, so glaubten andere – in Nachfolge Zacchias – ihre Ursache in inneren Störungen gefunden zu haben, wieder andere wähnten Umweltfaktoren am Werk, wobei mal das Elend, mal der Wohlstand verantwortlich sein sollte. Die Bandbreite der möglichen Erklärungen der Sucht im Dreieck »Droge-Umwelt-Individuum«, mit denen wir noch heute hantieren, war damit im Prinzip abgedeckt.

2.6 Biologisierung der Sucht

Die frühe Alkoholforschung war ein interdisziplinäres Projekt. Nach der Jahrhundertwende allerdings begann *eine* Wissenschaft den Diskurs zu dominieren: die Biologie. Zunächst war die »Alkoholfrage« als Teil der »Sozialen Frage« gesehen worden. Ausgangspunkt der deutschen Mäßigkeitsbewegung war die Komplexität der Fabrikarbeit im Zuge der Industrialisierung gewesen: Der Alkohol (anfangs nur der Branntwein) sollte aus den Betrieben verbannt werden, was in vielen Branchen auch gelang (Spode 1993). Nun aber wurde die »Alkoholfrage« von einem sozialen zu einem »Rassenproblem«. Alkoholismus wurde strikt somatisch erklärt, und zwar im Kontext der aufstrebenden Eugenik bzw. Rassenhygiene, die die Speerspitze des allenthalben triumphierenden Sozialdarwinismus bildete (ebd.). Dazu entwickelte ein Kreis um den Schweizer Psychiater August Forel eine stringente Theorie, die auf der plausiblen (gleichwohl falschen) Annahme gründete, Alkoholkonsum führe zu einer Schädigung des Erbguts, wobei Forel eine irreversible und eine reversible Form (»Rauschzeugung«) unterschied. In beiden Fällen zeuge der Trinker »degenerierte« Nachkommen, nämlich Irre, Verbrecher und Säufer, die ihr degeneriertes »Keimplasma« wiederum weitervererbten. Alkoholkonsum führe somit nach dem Schneeballprinzip in die »Entartung« und das letztendliche Aussterben ganzer Völkerschaften (wobei die größte Gefahr vom »mäßigen« Trinker ausgehe, da er noch lange zeugungsfähig bleibe, wogegen die Trunksüchtigen der segensreichen »Alkoholausjäte« zum Opfer fielen). Um dieses Schicksal abzuwenden, helfe nur zweierlei: erstens eine Alkoholprohibition, da die alte Unterscheidung in Ge- und Missbrauch wissenschaftlich widerlegt sei. Und zweitens die »Ausmerze« des »minderwertigen Erbguts« durch Zwangssterilisierung und/oder »Asylierung«.

Forel unternahm Versuche mit der Sterilisierung von Geisteskranken, doch bis zum Ersten Weltkrieg blieb die Alkoholismus-Entartungs-Hypothese ein bloßes Gedankengebäude. Dies änderte sich seit den 1920er Jahren: In vielen Ländern wurde nun die rassenhygienische Forschung und Programmatik forciert. Führend waren Nordamerika und Skandinavien, also protestantisch geprägte »Temperenzkulturen« (H. Levine), die zugleich eine Prohibition oder prohibitionsähnliche Maßnahmen einführten. 1929 erließ dann Dänemark erstmals ein landesweites Gesetz zur Zwangssterilisierung. Zehn Jahre später waren solche Gesetze in über zwei Dutzend Ländern gültig, d. h. fast der Hälfte aller souveränen Staaten. Dazu zählte selbstredend auch das »Dritte Reich«. Allein hier wurden rund 30.000 Alkoholiker zwangssterilisiert; hohe Quoten wiesen auch Norwegen, Schweden und einige US-Bundesstaaten auf.[9] Die Gesamtzahl der Trinker, die den rassenhygienischen Wahnvorstellungen zum Opfer fielen, ist nicht bekannt.

Das Suchtparadigma hatte den Trinker moralisch entlasten sollen. Doch die Medikalisierung der Trunkenheit hatte nur vordergründig zu einer Entmorali-

---

7 Der Begriff setzte sich dann nur in Russland durch; in Deutschland wurde in den 1930er Jahren das ähnliche Konzept der »Süchtigkeit« entwickelt. (Courtwright et al. 2005).

8 1968 wurde die Pflicht zur Kostenübernahme vom Bundessozialgericht bekräftigt und ausgeweitet (BSGE 28, 114 ff), nachdem dies in der Nachkriegszeit nahezu in Vergessenheit geraten war.

9 Nur die Nazis gingen so weit, »lebensunwertes Leben« auch systematisch zu ermorden.

sierung geführt, vielmehr waren Wissenschaft und Moral eine hochbrisante Liaison eingegangen: Schuldlos schuldig wurde der Trinker zum Ziel von Zwangsmaßnahmen, die auf unabweisbaren wissenschaftlichen Erkenntnissen basierten, die wiederum auf einer »neuen Ethik« basierten, die nicht länger auf das Wohl des einzelnen zielte, sondern auf die Rasse bzw. das Gemeinwohl.

2.7 Das »klassische« Modell

Erst in den 1960er Jahren wurde die Degenerationstheorie und mit ihr die Alkoholismus-Entartungs-Hypothese zu den Akten gelegt (Schweden und Finnland praktizierten die Zwangssterilisation allerdings bis in die 1970er Jahre). Das Bild des Alkoholismus wird seitdem von einem Deutungsmuster geprägt, das zuvor in den USA entwickelt wurde (Keller 1976; Roizen 1991): Als 1933 die Prohibition gescheitert war, suchte man nach Erklärungen des Vieltrinkens, die die Ursache des Übels statt in der Droge im Körper lokalisierten – sie sollten in eine Gesellschaft passen, in der Alkohol wieder legal ist. Eine solche Erklärung, die gleichsam die Position Zacchias fortschrieb, bot dann ein 1952 in Yale publizierter Aufsatz über die »Phasen der Alkoholsucht«; Autor war ein Mann von zweifelhafter Qualifikation[10], aber hoher konzeptioneller Begabung: Elvin Morton Jellinek. Als er zur WHO nach Genf ging, floss sein Ansatz einerseits in eine Definition von Drogensucht ein: chronischer Verlauf, Zwanghaftigkeit, Dosissteigerung, zerstörerische individuelle und soziale Auswirkungen. Anderseits wurde es bezüglich des Alkoholismus weiter ausgebaut, die Essentials lauten: Kontrollverlust und Entzugssyndrom (»Craving«); fünf Trinkertypen von Alpha bis Epsilon; progredienter Verlauf in drei Phasen mit Toleranz- und Dosissteigerung (»Trinkerkarriere«); Rettung erst in der letzten, »kritischen« Phase bzw. am »Tiefpunkt« mithilfe therapeutischer Intervention und schließlich die Notwendigkeit lebenslanger Abstinenz, da eine Heilung der Suchtdisposition unmöglich sei. Über die WHO erlangte Jellineks Konzept weltweite Verbreitung und stieg zum quasi-amtlichen Alkoholismusmodell auf.

Entstanden war es in Anlehnung an die Welt der Anonymen Alkoholiker, die 1935 aus einer protestantischen Sekte hervorgegangen waren. Deren Hypothese, nur bestimmte Menschen wären dazu prädisponiert, dem Alkohol zu verfallen (»Allergie«), ist freilich schon um 1900 diskutiert worden (»Intoleranz«), ein Abstinenzgebot für Branntweinsäufer hatte schon Rush aufgestellt und die Vorstellung vom unabwendbar progredienten Verlauf, nebst entsprechenden Stadien und Typen, findet sich bereits bei Hufeland und Brühl-Cramer.

Dessen ungeachtet gilt Jellinek gemeinhin als Vater der Suchttheorie[11]; sein 1960 erschienenes Hauptwerk *The Disease Concept of Alcoholism* avancierte zur Bibel der Fachleute und prägt bis heute das Laienwissen. Kliniken, Selbsthilfegruppen, Gutachter und Helfer arbeiten bevorzugt »nach Jellinek« und sämtliche Medien verbreiten die Botschaft des »Krankheitskonzepts« – ein grandioses Curriculum. Kein Jahr vergeht, in dem die großen Magazine nicht eine Titelstory über den Alkoholismus bringen, in denen Betroffene ihre Leidens- und Heilsgeschichte erzählen (Keller 2003).

2.8 Suchtinflation

Dazu wird ein entsprechender Selbsttest geliefert: Haben Sie im letzten Monat einmal mehr als zwei Gläser Wein (Frauen) bzw. drei kleine Flaschen Bier (Männer) getrunken? Wird dieses Item bejaht, warnt die gelb unterlegte Auswertung: »Risiko!« – es besteht erhöhte Gefahr »von Alkohol abhängig zu werden« (Psychologie heute 5/2009). Für Starktrinker und Abstinente haben solche Tests wenig Neuigkeitswert; sie zielen auf die Mehrheit der »Mäßigen«, deren Trinkverhalten es zu problematisieren bzw. denormalisieren gilt.

Dabei ist eine deutliche Verschärfung der Kriterien des »Normalen« zu verzeichnen. Eine Rehabilitierung des totgeglaubten Abstinenzideals, wonach Alkoholkonsum *per se* »nicht mehr normal« sei (vgl. Spode 1993), verkehrt freilich die Grundintention Jellineks in ihr Gegenteil: Wie die Anonymen Alkoholiker war er von dem Mysterium ausgegangen, dass Viele trinken, aber nur Wenige süchtig werden. Die Lösung dieses Rätsels hatte er schlicht vertagt (»X-Faktor«) und stattdessen ein deskriptives Klassifikationsmodell entwickelt, das Betroffenen und Helfern Orientierungswissen an die Hand geben sollte.

Wird aber der Raum des Pathologischen ausgeweitet, diffundiert die Spezifität der Sucht; das Leiden der Betroffenen, ihre »äußerste Quaal« wird verunklart und entwertet. Eine solche Ausweitung war bereits bei Brühl-Cramer angelegt und im Konzept der Narkomanie ausformuliert worden. Seit den 1920er Jahren waren in diesem Sinne die »Rauschgifte« auf Betreiben der USA in den meisten Staaten geächtet worden (Holzer

---

10 Er hatte sich als promovierter Biostatistiker ausgegeben, besaß aber keinen Hochschulabschluss.

11 Z. B. Wikipedia: »einer der ersten Forscher, der den Krankheitscharakter des Alkoholismus erkannte« (10.2.2013).

2007; Hoffmann 2012; Spode 1997; 2005). Nach 1945 wurde die Drogensucht von der jungen WHO definitorisch festgeschrieben und 1965 erweiterte sie die Palette, indem sie eine Liste mit sieben Klassen von Stoffen aufstellte, deren Konsum abhängig mache[12]; mit dem Terminus »Abhängigkeit« anstelle von Sucht war der Krankheitsbegriff bereits verwässert. In den 1970er Jahren setzt dann eine wahre Suchtinflation ein. Den Auftakt machte die von Therapeutenkreisen als Kontrapunkt zur grassierenden »Rauschgiftwelle« entfachte Debatte um einen »Flächenbrand« sogenannter »neuer«, d. h. stoffungebundener Süchte, wie die zeitweilig heiß diskutierte »Fernsehsucht«. Zehn Jahre später erklärte die WHO das Rauchen recht abrupt zur Sucht und seitdem gab es kein Halten mehr. Sport, Fastfood, Computer und Internet, Sex, Zucker, Salz, Arbeit, Karotten – die Suchtinflation reizt zum Spott[13], doch den Akteuren ist es bitterernst. Hand in Hand arbeiten Medien und Experten an der Fabrikation einer kontrolliert nüchternen und doch unstillbar süchtigen Gesellschaft, die einen uferlosen Therapie- und Regelungsbedarf hat. Und so wie die Automobilindustrie »Plattformen« baut, die sie modifiziert als unterschiedliche Modelle auf den Markt bringt, so basieren dabei die Süchte des Therapiemarkts auf der »Plattform« des von Jellinek entworfenen Designs. Dieses aber war ausdrücklich auf streng definierte Gruppen bezogen. Der Meister kann sich gegen diese Vereinnahmung nicht mehr wehren.

2.9 Das »klassische« Modell in der Kritik

Der Erfolg des »klassischen« Suchtkonzepts gründet medientheoretisch gesehen in seinem Erfolg: Je mehr es kommuniziert wurde, desto plausibler wurde es und je plausibler es war, desto mehr wurde es kommuniziert; es setzte eine »Schweigespirale« ein (vgl. Noelle-Neumann 1980), die konkurrierende Ansätze marginalisierte. Dies ist aber nur die eine Seite. Die andere liegt in den inhaltlichen Qualitäten des Konzepts, die jene »Schweigespirale« erst ermöglichten, nämlich erstens seine Anschlussfähigkeit an das christliche Narrativ der »Trinkererrettung«, zweitens seine Stringenz und Konsistenz und drittens seine leichte Handhabbarkeit.

---

12 Morphin-, Barbiturat/Alkohol-, Kokain-, Cannabis-, Amphetamin-, Khat- und Halluzinogen-Typ; inzwischen wurde die Liste erweitert, so zählt die ICD-10 auch Nikotin, Koffein und Verhaltensabgängigkeiten dazu.
13 Vgl. wahrheitueberwahrheit.blogspot.de vom 5.9.2012 (»Droge Schlaf«) (10.2.2013).

Was nicht zu den Vorzügen des »klassischen« Modells zählt, ist sein wissenschaftlicher Gehalt – hier tut sich zwischen der hohen Akzeptanz in der Praxis und dem Kenntnisstand in der Forschung ein breiter Graben auf (z. B. Keller 1976; Room 1983; Fingarette 1989; Petry 1998). Bereits in den 1960er Jahren wurde der »Mythos vom Kontrollverlust« attackiert. Seither hat die Forschung praktisch alle Essentials des »klassischen« Modells zerpflückt, voran den Kontrollverlust und die Zwangsläufigkeit eines stadienartig progredienten Verlaufs, der der therapeutischen Intervention bedarf.

»Suchtkarrieren«, die diesem Muster folgen, lassen sich durchaus finden; sie prägen das Selbstbild der Betroffenen zutiefst, doch sie sind weitaus seltener als medial suggeriert wird – und vor allem: Es bleibt unklar, inwieweit hierbei ein Etikettierungseffekt (H. Becker) bzw. eine sich selbsterfüllende Prophezeiung (R. K. Merton) wirksam ist. Dass Menschen die ihnen zugeschriebenen Eigenschaften übernehmen und verinnerlichen bzw. dass Prognosen das Ereignis erst produzieren, das sie voraussagen, gehört in der Soziologie zu den besterforschten Gebieten. Die Suchtforschung hat dazu noch wenig gearbeitet (vgl. Dollinger u. Schmidt-Semisch 2007), aber sie zeigt eindrücklich, wie vielfältig die Vorgeschichten und Verläufe ausfallen, wie häufig starke Trinker (weniger Trinkerinnen) ihren Alltag meistern und wie fließend entsprechend die Grenzen zwischen »pathologischen« und »normalen« Trinkmustern sind (z. B. Vaillant 1995). Wohl scheint es einen *point of no return* zu geben, doch viele reduzieren irgendwann ihren Konsum oder werden abstinent, ohne dass interveniert worden wäre. Die Zahlen dazu gehen freilich weit auseinander. Anhänger des »klassischen« Modells sprechen hier in Anlehnung an die Krebsforschung von eher seltenen »Spontanremissionen« – eine Wortwahl, die das Modell gegen unpassende Daten immunisieren soll. Andere modifizieren es stark, indem sie den »natürlichen Verlauf« weit positiver einschätzen: Alkoholismus habe im Ganzen eine gute Prognose und Therapien verbesserten sie allenfalls geringfügig (ebd.). Wieder andere gehen noch weiter und sehen das Krankheitskonzept durch die vielen »Spontanremissionen« als widerlegt an (z. B. Heyman 2009).

In dieser Frage – wie auch in der ähnlich gelagerten Debatte um das »kontrollierte Trinken« von Alkoholikern – zeichnet sich kein Konsens ab; deutlich wird aber, dass das »klassische« Modell wissenschaftlich obsolet ist. Dabei steht aber nicht nur das »klassische« Modell zur Disposition. Fundamentaler wird das gesamte Suchtparadigma durch eine Grundlagenforschung erschüttert, die gleichsam von außen auf die Sucht und die Suchtforschung blickt. Demnach sei die

Sucht eine »soziale Konstruktion«, eine »Erfindung« oder gar ein bloßer »Mythos« (z. B. Fingarette 1989; Mulford 1994). Solche Ansätze können einen überraschenden Kronzeugen anführen. Nämlich Jellinek selbst, der freimütig einräumte, eine Krankheit sei das, was die Medizin als solche anerkenne.

2.10 Erfindung oder Entdeckung?

1966, drei Jahre nach Jellineks Tod, war die berühmte Studie von Berger und Luckmann über die »gesellschaftliche Konstruktion der Wirklichkeit« erschienen. Konstruktivistische Ansätze reichen aber viel weiter zurück (vgl. Spode 1999), wenn etwa Friedrich Schiller meinte, die Geschichte werde erst im Kopf des Historikers erschaffen, der aus den Daten auswählt und sie zu einem »System« anordnet. Hundert Jahre später erkannte Max Weber, dass die »unendliche Mannigfaltigkeit« der Welt stets nur »Partialerkenntnis« erlaubt, die durch die »Kulturbedeutungen« und »Wertideen« strukturiert ist. 1963 sprach dann Michel Foucault vom »ärztlichen Blick« als einem »stummen« Ordnungssystem, das ein jeweils epochentypisches »Wissen« generiert. Jellinek war sich völlig klar über den erkenntnistheoretischen Status seines Suchtmodells als eines gedanklichen »Systems« im Sinne Schillers, als eines »Blicks« im Sinne Foucaults.

Dies ist bemerkenswert, tut sich doch die medizinisch-epidemiologische Forschung immer noch schwer damit zu begreifen, dass sie nicht schlicht »die Fakten« ans Licht bringen kann, sondern sie zum Gutteil durch ihren strukturierenden »Blick« erst erschafft. Und damit erschafft sie eine neue Wirklichkeit, eine Realität zweiter Ordnung, frei nach dem 1928 aufgestellten Thomas-Theorem: »If men define situations as real, they are real in their consequences.« Dies gilt für Religionen und Ideologien genauso wie für Wissenschaften. Im Gegensatz zur Medizin hat die Physik das längst erkannt. Wer nun das Resultat seiner Untersuchungen dahingehend bilanziert, dass die Sucht »keine ›anthropologische Konstante‹, sondern eine ›gesellschaftlich konstruierte Wirklichkeit‹« sei (Spode 1993), trifft im Lichte des Gesagten eine unspektakuläre, geradezu banale Feststellung.

Ein vorwurfsvolles Die-Sucht-ist-ja-nur-eine-Erfindung (z. B. Mulford 1994) erübrigt sich allerdings. Nahezu alles, was ein Mensch denkt und tut, ist historisch, d. h. es beruht auf »Erfindungen« bzw. »Konstruktionen«. Die Kultur ist nun einmal die »zweite Natur« des Menschen (z. B. Jüttemann 2013). Damit ist zugleich gesagt, dass er auch eine »erste Natur« besitzt, einen Körper, der durch kulturelle Einschreibungen nur begrenzt modifiziert wird. So betrachtet, sind einige der Wirkungen des Alkohols (und anderer psychotroper Substanzen) ahistorisch, etwa die Verstoffwechselung des Ethanols oder das generelle Phänomen einer psychischen Alteration: Die Trunkenheit stellt sozusagen eine biologische Kompetenz dar, deren konkrete Performanz dann kulturell unterschiedlich ausgestaltet wird. Gleiches gilt für die Sucht: Wie jedes andere Verhalten hat sie selbstredend ihr Korrelat im Somatischen (z. B. Singer et al. 2010). Angesichts einschlägiger Tier- und Menschenversuche und der langen Liste berühmter Säufer in der Geschichte spricht alles dafür, dass in physiologisch-neurologischer Hinsicht auch das Phänomen, das wir seit 1819 Trunksucht nennen, weitgehend ahistorisch ist.[14]

Insoweit ist es also angebracht, von einer »Entdeckung« der Sucht zu sprechen. Da sich die biologische Suchtkompetenz beim Menschen, im Gegensatz zu Ratten und Mäusen, aber nur vermittels einer kulturell strukturierten Performanz realisiert, ist es ebenso angebracht, von einer »Konstruktion« der Sucht zu sprechen.

Es ist paradox: Die Sucht hat es in der menschlichen Geschichte schon sehr lange gegeben und zugleich nicht gegeben. Eine Frage der Sichtweise. Die Sucht hat mithin eine »Doppelnatur«, vergleichbar mit dem Welle-Teilchen-Dualismus des Lichts. Und wie in der Physik scheint eine »vereinheitlichte« Theorie in weiter Ferne. Es wäre schon viel gewonnen, wenn sich die Suchtforschung an der Physik ein Beispiel nehmen würde, indem sie ihren Leib-Seele-Dualismus anerkennt und aufzulösen trachtet; Voraussetzung dafür wäre, den »Blick« der jeweils eigenen Forschungsrichtung zu relativieren und den der jeweils anderen zur Kenntnis zu nehmen[15]: Die kulturalistische Tendenz, die Physiologie der Sucht zu ignorieren, gleicht der Behauptung, das Licht sei »in Wirklichkeit« eine Welle, wie umgekehrt die biologistische Sicht der Behauptung gleicht, das Licht bestehe »in Wirklichkeit« aus Photonen. Und so fahnden die einen nach genetischen Markern einer Krankheit, die andere für ein Ammenmärchen halten.

---

14 Zumindest seit die ersten Hochkulturen eine kontinuierliche Versorgung mit Alkoholika sicherstellen konnten (Hengartner u. Merki 2001).

15 Angesichts ihrer systembedingt hohen Selbstreferenz und ihrer kapitalen Irrtümer in der Vergangenheit hat hier die naturwissenschaftliche Richtung die größere Bringschuld als die sozialwissenschaftliche.

2.11 Fazit: »Nobody's perfect«[16]

Die Bilanz von zwei Jahrhunderten Suchtforschung fällt ernüchternd aus. Trotz einer Unzahl von »neuesten« empirischen Studien und wertvollen Einzelerkenntnissen sind die grundlegenden Fragen, die einst Brühl-Cramer aufgeworfen hatte, noch immer unbeantwortet. Wir wissen nicht, ob Sucht durch Suchtmittel hervorgerufen wird oder ob sie ein »Symptom« ist, von dem wir wiederum nicht wissen, wovon es ein Symptom ist; wir wissen nicht einmal, ob es nur eine Sucht gibt oder unendlich viele. Manche meinen daher, dass es gar keine Sucht gibt: ein Mythos, den es zu entsorgen gilt wie andere Mythen. Doch dies ignoriert die somatische Seite des Phänomens; Schwerstabhängige als Menschen mit »schlechten Angewohnheiten« zu bezeichnen ist ungewollt zynisch. Überdies ist die Sucht ein integraler Bestandteil unser soziokulturellen Umwelt geworden, der sich nicht *par ordre du mufti* abschaffen lässt.

Ist die Sucht eine Erfindung? Das ist sie kulturell zweifellos; dieser Punkt ist weithin geklärt. Die spannende Frage lautet heute vielmehr: Ist sie eine nützliche Erfindung, und wenn ja: für wen? Zunächst einmal nützt die Sucht den Süchtigen, indem sie sie moralisch entlastet, ihnen ein sinnstiftendes Vokabular an die Hand gibt und Hilfen ermöglicht (z. B. Feuerlein 2008). Auf einem ganz anderen Blatt steht die Überdehnung des Suchtbegriffs, die in einem schwammigen Abhängigkeitsbegriff kumuliert: Die Suchtinflation nützt der »Suchtindustrie« (z. B. Mulford 1994), d. h. den »moralischen Unternehmern« (H. Becker) in den Therapieeinrichtungen, Verbänden und Amtsstuben. Anderen schadet sie: den Süchtigen, deren Leid entwertet wird, und den Nicht-Süchtigen, deren vielleicht risikobehafteter aber keineswegs krankhafter Lebensstil stigmatisiert wird.

Als hätte es das doppelte Desaster von Prohibition und Rassenhygiene nie gegeben, als wären die »Kriege gegen Drogen« nicht grandios gescheitert, arbeiten Experten am Grünen Tisch erneut an ihrer Utopie einer »sauberen« Gesellschaft (Engs 2000). Wer sich ihren Idealen (vermeintlich) rationaler Lebensführung verweigert, wird pathologisiert. Erneut tarnt sich Moral mit Wissenschaft (Brandt u. Rozin 1997; Uhl 2007): Am eindrucksvollsten zeigt sich dies derzeit beim Kampf der WHO für eine »tabakfreie Welt«, dem sich die EU-Kommission anschloss. Praktisch über Nacht wurde so ein Drittel der Europäer zu Suchtkranken gemacht. Viele nehmen dieses Etikett bußfertig an und der Therapiemarkt boomt.[17] Alle Süchte zusammengenommen, die die jeweils zuständigen Experten beklagen, ergäben wohl eine Suchtprävalenz von nahe hundert Prozent – ein gewaltiges Missionswerk der Erziehung zur Unmündigkeit, dessen ganze Absurdität wohl erst rückblickend deutlich werden wird. Jellinek würde sich im Grabe umdrehen. Die allermeisten medizinischen Praktiker, die Haus-, Betriebs- und Klinikärzte, wissen allerdings noch, dass der Mensch nicht perfekt ist. Ob es hingegen dem eingangs erwähnten *Coroner* gelingt, Cola zur suchtbildenden Droge zu machen? Da die Frau, die sich damit zu Tode trank, offenkundig an Potomanie litt, müssten dann jedenfalls auch Mineralwasserflaschen einen Warnaufdruck tragen.

Es liegt auf der Hand, dass die Versüchtelung der Gesellschaft sich irgendwann selbst zerstört: Wenn alle süchtig sind, ist es keiner mehr. Bis dahin aber gilt es, den Suchtbegriff vor seinen allzu emsigen Protagonisten und Profiteuren zu retten und ihn wieder auf seinen Kern zu reduzieren: ein medizinisches Deutungs- und Hilfsangebot für Menschen, die eine hochgradige, sehr spezifische neurologisch-psychische Störung entwickelt haben und darunter schwer leiden. Andere bedürfen der fürsorglichen Belagerung durch selbsternannte Missionare nicht – gesund sind nur die Götter, wussten schon die alten Römer.

Literatur

Blocker JS et al (eds) (2003) Alcohol and Temperance in Modern History. ABC-Clio, Santa Barbara
Brandt AM, Rozin P (eds) (1997) Morality and Health. Routledge, New York
Brühl-Cramer C v (1819) Ueber die Trunksucht und eine rationale Heilmethode derselben. Nicolai, Berlin
Conrad P, Schneider JP (1980) Deviance and Medicalisation: from Badness to Sickness. Mosby, St. Louis
Courtwright DT et al (2005) ADHS Forum: »Mr. ATOD's Wilde Ride«. Soc Hist Alc Drugs 20:105–140
Dollinger B, Schmidt-Semisch H (Hrsg) (2007) Sozialwissenschaftliche Suchtforschung. VS, Wiesbaden
Engs R (2000) Clean Living Movements. Praeger, Westport
Feuerlein W et al (2008) Alkoholismus – Missbrauch und Abhängigkeit. 6. Aufl. Thieme, Stuttgart
Fingarette H (1989) Heavy Drinking. The Myth of Alcoholism as a Disease. UC Press, Berkeley
Gros H (Hrsg) (1996) Rausch und Realität. Eine Kulturgeschichte der Drogen. Klett, Stuttgart

---

16 Schlusssatz in Some Like It Hot (1959).

17 Das Thema »Nikotinabhängigkeit« lag bei den Arbeitskreisen des 21. Kongresses der Dt. Gesellschaft für Suchtmedizin an zweiter Stelle, gleichauf mit Alkoholismus (n. Suchttherapie 13(2012)).

Literatur

Hengartner T, Merki CM (Hrsg) (2001) Genussmittel. Eine Kulturgeschichte. Insel, Frankfurt

Heyman GM (2009) Addiction: A Disorder of Choice. HU Press, Cambridge, MA

Hoffmann A (2012) Drogenkonsum und -kontrolle. VS, Wiesbaden

Holzer T (2007) Die Geburt der Drogenpolitik aus dem Geist der Rassenhygiene. s. n., Norderstedt

Jaeger F (Hrsg) (2005–2012) Enzyklopädie der Neuzeit. 16 Bde. Metzler, Stuttgart

Jellinek EM (1960) The Disease Concept of Alcoholism. CU Press, New Haven

Jüttemann G (Hrsg) (2013) Die Entwicklung der Psyche in der Geschichte der Menschheit. Pabst, Lengerich

Keller M (1976) The Disease Concept of Alcoholism Revisited. J Stud Alc 37:1494–1717

Keller U (2003) Bilder vom Alkohol. Vokus 13:46–84

Legnaro A (1996) Alkoholkonsum und Verhaltenskontrolle. In: Gros H (Hrsg) Rausch und Realität. Eine Kulturgeschichte der Drogen I. Klett, Stuttgart, S 64–77

Levine HG (1996) Die Entdeckung der Sucht. In: Gros H (Hrsg) Rausch und Realität. Eine Kulturgeschichte der Drogen. Klett, Stuttgart, S 111–118

Mulford HA (1994) What if alcoholism had not been invented? Addiction 89:517–520

Noelle-Neumann E (1980) Die Schweigespirale. Langen-Müller, München

Petry J (1998) Alkoholismus. Neuland, Geesthacht

Roizen R (1991) The American Discovery of Addiction. Diss Ann Arbor

Room R (1983) Sociological Aspects of the Disease Concept of Alcoholism. Res Adv Alc Drug Problems 7:47–91

Schabdach M (2009) Soziale Konstruktion des Drogenkonsums und Soziale Arbeit. VS, Wiesbaden

Singer MV et al (Hrsg) (2010) Alkohol und Tabak. Grundlagen und Folgeerkrankungen. Thieme, Stuttgart

Spode H (1993) Die Macht der Trunkenheit. Leske & Budrich, Opladen

Spode H (1995) The First Step toward Sobriety: the »Boozing Devil« in 16th Century Germany. Cont Drug Problems 21: 453–483

Spode H (1997) Fernseh-Sucht. In: Barlösius E et al (Hrsg) Distanzierte Verstrickungen. Sigma, Berlin, S 295–312

Spode H (1999) Was ist Mentalitätsgeschichte? In: Hahn H (Hrsg) Kulturunterschiede. IKO, Frankfurt, S 9–62

Spode H (2005) Was ist Alkoholismus? In: Dollinger B, Schneider W (Hrsg) Sucht als Prozess. VWB, Berlin, S 89–122

Spode H (2012) Die Anfänge der Suchthilfe im 19. Jahrhundert. Suchttherapie 13:155–161

Uhl A (2007) How to Camouflage Ethical Questions in Addiction Research. In: Fountain J, Korf DJ (Hrsg) Drugs and Society, Radcliffe, Abingdon

Vaillant, GE (1995) The natural history of alcoholism revisited. HU Press, Cambridge, MA

Valverde M (1998) Diseases of the Will. CU Press, Cambridge, MA

Wiesemann C (2000) Die heimliche Krankheit. Eine Geschichte des Suchtbegriffs. Frommann, Stuttgart

Warum werden Menschen süchtig? Psychologische Erklärungsmodelle

J. Lindenmeyer

B. Badura et al. (Hrsg.) *Fehlzeiten-Report 2013*,
DOI 10.1007/978-3-642-37117-2_3, © Springer Verlag Berlin Heidelberg 2013

Zusammenfassung *Der Beitrag verdeutlicht anhand eines biopsychosozialen Modells der Sucht, wie sich Suchtprobleme schleichend entwickeln und welche Möglichkeiten zu ihrer Vorbeugung bzw. erfolgreichen Überwindung innerhalb der Arbeitswelt gegeben sind.*

3.1 Einleitung

Suchtprobleme sind sehr häufig Ursache für Fehlzeiten am Arbeitsplatz und besonders häufig Ursache für Arbeitsunfälle bzw. Minderleistung. Etwa 9 Prozent aller Arbeitnehmer nehmen regelmäßig am Arbeitsplatz Alkohol und 1 Prozent andere Drogen zu sich, etwa 5 Prozent stehen zu Arbeitsbeginn noch unter der Wirkung von Alkohol bzw. 2 Prozent von Cannabis oder anderen Drogen. Entsprechend sind etwa 25 Prozent aller Arbeitsunfälle suchtmittelbedingt, Suchtmittelabhängige fehlen circa siebenmal häufiger am Arbeitsplatz.

Andererseits werden Suchtprobleme trotz ihrer negativen Auswirkungen am Arbeitsplatz sehr oft über viele Jahre nicht entdeckt. Vielmehr gelingt es den Betroffenen durch immer geschicktere Vermeidungsstrategien, Ausreden oder kurzfristige Versprechungen das wahre Ausmaß ihrer Suchtproblematik vor sich selbst und vor anderen herunterzuspielen. Wenn die Betroffenen dann schließlich doch wegen ihres Suchtmittelkonsums zur Rechenschaft gezogen werden, dann befinden sie sich in der Regel in einem sehr fortgeschrittenen Stadium einer Suchtmittelabhängigkeit. Jetzt werden sie von Kollegen und Vorgesetzten als vom Normalbürger klar abgrenzbarer Süchtiger erlebt, der mit einem normalen Menschen keine Gemeinsamkeiten mehr hat. Der Fachmann soll dann eine möglichst präzise Angabe darüber machen, worin die Ursache für diese Fehlentwicklung liegt, vor allem aber, ob und wie der Betroffene möglichst schnell geheilt werden kann.

Insbesondere wird hierbei eine klare Aussage dahingehend erwartet, inwieweit der Betroffene Verantwortung für seinen Zustand, vor allem aber für die Folgen seiner Suchtmittelabhängigkeit trägt. Denn auch wenn hierzulande die Suchtmittelabhängigkeit seit 1968 gesetzlich als Krankheit anerkannt ist, ist das Bild von Suchtkranken in der Bevölkerung bis heute eher negativ. Entsprechend werden auch die Erfolgsaussichten einer Suchtbehandlung gemeinhin erheblich unterschätzt.

3.2 Was versteht man unter einer Suchtmittelabhängigkeit?

Während die meisten Menschen eine dichotome Vorstellung von Suchtproblemen haben (normaler Konsum versus Abhängigkeit), gibt es tatsächlich eine Vielzahl individuell ausgeprägter Suchtprobleme, die zu ganz unterschiedlichen sozialen und psychischen Folgeschäden führen können:

- **Konsummuster:** Häufige Räusche bzw. Konsumexzesse, Toleranzsteigerung, Toleranzminderung, Suchtmittelvergiftung, morgendlicher Konsum, Umsteigen auf härtere Substanzen, heimlicher Konsum, Konsum in Gesellschaft unter Niveau, erfolglose Abstinenzversuche
- **Körperliche Folgeschäden:** Entzugserscheinungen, Krampfanfälle, Krebs, verstärkte Infektanfälligkeit, sexuelle Funktionsstörungen, Gelenkschmerzen, Pankreatitis, Kardiomyopathie, Bluthochdruck, Polyneuropathie, Leberschaden, Mangelernährung, Anämie, Gastritis, Knochenbrüche bzw. anderweitige Verletzungen durch substanzbedingte Unfälle/Stürze

- **Soziale Folgeschäden:** Partnerschaftskonflikte, Trennung/Scheidung, Schulden, Konflikte am Arbeitsplatz, Arbeitsplatzverlust, Verlust der Fahrerlaubnis, konsumbedingte Straftaten, Wohnungsverlust, Verwahrlosung, Rückzug von Freunden
- **Psychische Folgeschäden:** Aggressive Entgleisungen, verringertes Selbstwertgefühl, Distanzlosigkeit, Gefühlsschwankungen, Konzentrationsschwierigkeiten, Gedächtnisstörungen, Depression, Delirium tremens, Suizidalität, soziale Ängste, Panikanfälle, chronische Eifersucht

In Deutschland werden Suchtmittelprobleme substanzübergreifend nach ICD-10 in Abhängigkeit, schädlichen Konsum und riskanten Konsum unterteilt.

- **Abhängigkeit**

Mindestens drei der folgenden Kriterien müssen während der letzten zwölf Monate wiederholt aufgetreten sein:
1. **Craving** (starkes Verlangen oder eine Art Zwang zu konsumieren)
2. **Kontrollverlust** bezüglich Beginn oder Menge des Konsums
3. **Körperliches Entzugssyndrom** bei Reduzierung der Suchtmittelmenge
4. **Toleranzentwicklung** gegenüber der Suchtmittelwirkung
5. **Einengung auf den Suchtmittelkonsum** und dadurch Vernachlässigung anderer Interessen
6. **Anhaltender Suchtmittelkonsum** trotz eindeutiger schädlicher Folgen (gesundheitlich, psychisch oder sozial)

- **Schädlicher Konsum**

Nach ICD-10 liegt ein schädlicher Konsum vor, wenn suchtmittelbedingte Schäden auf psychischem oder körperlichem Gebiet nachweisbar sind, aber keine Hinweise für eine Abhängigkeit gefunden werden können. Hierbei reicht allerdings die Ablehnung des Konsums durch andere Personen ebenso wenig aus wie etwaige negative soziale Folgen (z. B. Inhaftierung, Arbeitsplatzverlust oder Eheprobleme). Um im arbeitsplatzbezogenen Kontext Personen mit einem behandlungsbedürftigen Suchtmittelproblem unterhalb einer Abhängigkeit frühzeitig zu identifizieren, sind die ausführlicheren und präziseren diagnostischen Kriterien des DSM-IV der American Psychiatric Association vorzuziehen:
1. Der Konsum führt in klinisch bedeutsamer Weise zu Beeinträchtigungen oder Leiden, wobei sich mindestens eines der folgenden Kriterien innerhalb desselben Zwölf-Monats-Zeitraums manifestiert:
   - Wiederholter Konsum, der zu einem Versagen bei der Erfüllung wichtiger Verpflichtungen bei der Arbeit, in der Schule oder zu Hause führt (z. B. wiederholtes Fernbleiben von der Arbeit oder schlechte Arbeitsleistungen, Vernachlässigung von Kindern und Haushalt).
   - Wiederholter Konsum in Situationen, in denen es aufgrund des Konsums zu einer körperlichen Gefährdung kommen kann (z. B. Teilnahme am Straßenverkehr oder das Bedienen von Maschinen unter Suchtmitteleinfluss).
   - Wiederkehrende Konflikte mit dem Gesetz in Zusammenhang mit Suchtmittelkonsum.
   - Fortgesetzter Suchtmittelkonsum trotz ständiger oder wiederholter sozialer oder zwischenmenschlicher Probleme, die durch den Suchtmittelkonsum verursacht oder verstärkt werden (z. B. Streit mit dem Ehepartner über die Folgen der Intoxikation, körperliche Auseinandersetzungen).
2. Die Symptome haben niemals die Kriterien für eine Abhängigkeit erfüllt.

- **Riskanter Konsum**

In diesem Fall sind durch den Suchtmittelkonsum noch keine gravierenden Schäden aufgetreten, das Problem besteht vielmehr in dem erhöhten Risiko von einschneidenden negativen Folgen. Hierbei kann es sowohl um gesundheitliche Risiken aufgrund eines überhöhten Konsums gehen, wie erhöhte Unfallgefahr durch Suchtmittelkonsum am Arbeitsplatz, als auch um strafrechtliche Risiken beim Konsum illegaler Substanzen.

3.3 Häufige Vorurteile über die Ursachen einer Suchtmittelabhängigkeit

Aus dem bislang Gesagten wird deutlich, dass eine Suchtmittelabhängigkeit nicht von einem Moment auf den anderen entsteht. Sie entwickelt sich vielmehr in der Regel im Laufe mehrerer Jahre so schleichend, dass sie dem Betroffenen und seinen Bezugspersonen lange Zeit nicht richtig bewusst wird. Von daher ist es auch nicht immer möglich, genau festzustellen, ab welchem Moment ein Betroffener nun »wirklich« abhängig ist.

Im Folgenden soll zunächst zu einer Reihe von häufig geäußerten Vorurteilen über die angebliche Ursache einer Suchtmittelabhängigkeit Stellung genommen werden.

- **Persönlichkeit**

Es trifft nicht zu, dass Suchtmittelabhängige, wie häufig behauptet, besonders labile, willensschwache oder unbeherrschte Personen sind. Abhängigkeit ist keine Charakterfrage. Eine Vielzahl wissenschaftlicher Untersuchungen hat vielmehr ergeben, dass Suchtpatienten keine typische Persönlichkeit haben, sondern dass es unter ihnen ebenso viele unterschiedliche Menschen und Typen gibt wie unter Nichtabhängigen auch. Viele herausragende Führungspersönlichkeiten, Wissenschaftler oder Künstler litten unter einem Suchtmittelproblem, ebenso wie es natürlich auch viele Suchtmittelabhängige unter Obdachlosen, Langzeitarbeitslosen oder Psychiatriepatienten gibt.

- **Vererbung**

Die manchmal in den Medien als Sensation verbreiteten Forschungsergebnisse auf diesem Gebiet führen zu einer falschen Bewertung der Erblichkeit von Suchtproblemen. Tatsächlich gibt es genetisch bedingte Unterschiede, wie unser Körper auf Suchtmittel reagiert. Diese Unterschiede können die Entwicklung einer Suchtmittelabhängigkeit aber nur dann begünstigen, wenn die Betroffenen über einen langen Zeitraum erhebliche Mengen eines Suchtmittels konsumieren – und dies ist eindeutig nicht erblich bedingt. Insofern sind weder die Kinder von Suchtmittelabhängigen dazu verdammt, ebenfalls süchtig zu werden, noch sind Menschen allein deswegen vor einer Suchtmittelabhängigkeit gefeit, weil in ihrer Herkunftsfamilie noch nie ein Suchtproblem aufgetreten ist.

- **Schwere Kindheit/Schicksalsschläge/ Überlastung**

Man kann nicht sagen, dass das Leben von Suchtmittelabhängigen zwangsläufig schwieriger oder unglücklicher verlaufen sein muss als das anderer Menschen. Beispielsweise brachte ein Vergleich von Lebensläufen von Abhängigen und Nichtabhängigen keine eindeutigen Unterschiede zu Tage. Natürlich kann ein Betroffener wegen psychischer Probleme, eines traumatischen Ereignisses oder aufgrund von Arbeitsüberlastung in eine Sucht geraten sein, oft sind aber die Probleme und Schicksalsschläge, die von Betroffenen und Angehörigen zur Erklärung der Abhängigkeit angeführt werden, bereits selbst Folgen des überhöhten Suchtmittelkonsums.

Der Fehler in all diesen Ursachenvermutungen besteht in der prinzipiell falschen Vorstellung von einem plötzlichen Eintreten einer Suchtmittelabhängigkeit nach dem Motto: »Alles lief normal, dann kam die Ursache X und er wurde zum Süchtigen.« In Wirklichkeit stellt die Entstehung einer Suchtmittelabhängigkeit eine schleichende, über Jahre hinweg individuell verlaufende Entwicklung dar, die je nach Zeitpunkt durch ein ganzes Bündel von unterschiedlichen Faktoren beeinflusst werden kann.

3.4 Das biopsychosoziale Modell der Sucht

Bis heute existiert kein einheitliches Störungsmodell für die Entstehung einer Suchtmittelabhängigkeit. Viele Suchttheorien haben als einfaches Modell mit großem Geltungsbereich begonnen. Im Verlauf jahrzehntelanger Forschungstätigkeit mussten die Paradigmen dann aber durch immer mehr Zusatzannahmen erweitert und ihr Geltungsbereich immer mehr im Sinne sogenannter Minitheorien eingeschränkt werden. Insofern erscheint ein biopsychosoziales Modell derzeit am ehesten geeignet, um zu beschreiben, wie Suchtmittelabhängigkeit entsteht und aufrechterhalten wird (◘ Abb. 3.1). Danach verläuft die Entwicklung einer Suchtmittelabhängigkeit typischerweise über folgende drei Schritte:

- **1. Das erste Mal**

Kinder haben eine grundsätzliche Abneigung gegenüber allen Suchtmitteln. Für den ersten Konsum von Suchtmitteln spielt daher Modelllernen und soziale Verstärkung eine große Bedeutung. Beispielsweise beginnen Kinder etwa ab dem 3. Lebensjahr, durch die Beobachtung von Erwachsenen erste Erfahrungen über die Wirkung und den situativen Kontext von Alkohol zu machen. Sie lernen, welch angenehme Wirkung Alkohol bei Erwachsenen hat (»Mit ein bisschen Alkohol fühlt man sich besser«) und bei welchen Gelegenheiten der Konsum von Alkohol offenbar angemessen ist (»Alkohol gehört zum Erwachsensein«). Die ersten eigenen Erfahrungen mit Suchtmitteln machen Jugendliche dann allerdings in der Regel im Kreis von Gleichaltrigen ohne Aufsicht von Erwachsenen. Sie erleben hierbei, dass der Konsum von Suchtmitteln sie in angenehmer Weise enthemmt und zu sozialer Anerkennung unter Gleichaltrigen führt. Entsprechend kommt es häufig zu einem Anstieg des Suchtmittelkonsums, wenn Jugendliche erstmals das Elternhaus für längere Zeit verlassen (z. B. Bundeswehr, Lehre, Studium) und mit den verschiedensten Aspekten des Erwachsenseins (z. B. Sex, Rauchen, Alkohol oder andere Drogen) experimentieren. Das Risiko für exzessiven

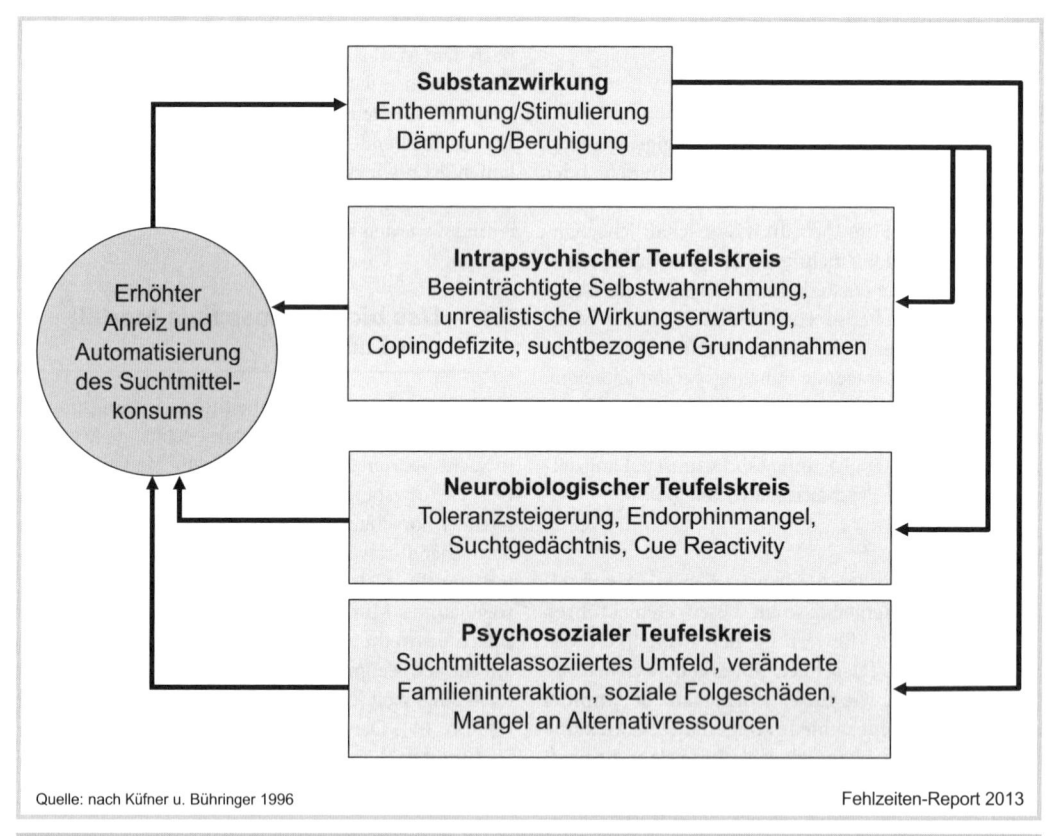

Abb. 3.1 Das biopsychosoziale Modell der Sucht (Modifiziert nach Küfner u. Bühringer 1996, mit freundlicher Genehmigung)

Suchtmittelkonsum ist hierbei umso größer, je weniger sozial angepasst der Freundeskreis des Betroffenen ist, je risikofreudiger, frustrationsintoleranter oder impulsiver ein Jugendlicher ist und je weniger stark die Aufsicht und Kontrolle durch das Elternhaus ist.

- **2. Gewohnheit**

Mit der Zeit kann der Suchtmittelkonsum in bestimmten Situationen unmerklich zur festen Gewohnheit werden: Es wird »normal« zu konsumieren und eher merkwürdig, in bestimmten Situationen auf das Suchtmittel zu verzichten. Beispielsweise erlebt jeder, der einmal für eine bestimmte Zeit aus gesundheitlichen Gründen auf jeglichen Alkohol verzichten muss, wie ungewohnt und unbequem plötzlich viele Alltagssituationen werden können, in denen man normalerweise Alkohol trinkt. Das fängt schon mit den lästigen Fragen oder Frotzeleien von Freunden oder Bekannten an. Da ist der Umstand, dass man häufig nicht weiß, was man eigentlich statt Alkohol trinken soll. Und schließlich spielt einem das Unbewusste immer wieder einen Streich nach dem Motto: »Ich möchte ein Bier ... äh ... einen Apfelsaft.« Nicht, dass man mit ein wenig Selbstbeherrschung und festem Willen nicht trotzdem abstinent leben könnte. Entscheidend ist aber, dass die Bildung jeder Gewohnheit automatisch dazu führt, dass alternative Verhaltensweisen seltener und damit immer ungewohnter und unangenehmer werden. Gleichzeitig kann sich auch der Körper im Sinne einer sogenannten Toleranzsteigerung an ein Suchtmittel gewöhnen, sodass der Betroffene scheinbar immer größere Mengen ohne gravierende negative Auswirkungen verträgt. Und schließlich entwickelt der Betroffene in seinen Konsumsituationen keine entsprechenden Sozialkompetenzen ohne Suchtmittel, sodass er mit der Zeit immer stärker auf die angenehme Wirkung und Unterstützung seines Suchtmittels angewiesen ist.

- **3. Abhängigkeit**

Zwei Faktoren können aus der Gewohnheit, Suchtmittel zu konsumieren, mit der Zeit eine Suchtmittel-

abhängigkeit werden lassen, ohne dass weitere psychosoziale Bedingungen hinzukommen müssen.
- Alle Suchtmittel weisen eine 2-Phasen-Wirkung im sogenannten Belohnungszentrum unseres Gehirns dergestalt auf, dass im Anschluss an die erwünschte angenehme Hauptwirkung eine entgegengesetzte, unangenehme Nachwirkung einsetzt. Diese ist zwar geringer ausgeprägt, hält aber viel länger an. Durch die wiederholte Einnahme eines Suchtmittels kann es zu einer allmählichen Auftürmung der unangenehmen Nachwirkungen kommen, die irgendwann die Form von sogenannten Entzugserscheinungen (Zittern, Schwitzen, Erbrechen) annehmen können. Letztere »zwingen« dann den Betroffenen zu erneutem Suchtmittelkonsum, um überhaupt noch körperlich und psychisch normal im Alltag funktionieren zu können. Gleichzeitig kann durch den fortgesetzten Suchtmittelkonsum eine Veränderung in verschiedenen neuronalen Transmittersystemen eintreten, die schließlich ihren Niederschlag in einer mangelnden Selbstaktivierung des Belohnungssystems findet und erst durch die erneute Suchtmitteleinnahme ausgeglichen werden kann. Je nach Einzelfall stehen hierbei subjektiv intrapsychische Veränderungen (z. B. negatives Selbstbild, Copingdefizite, Resignation nach einem Rückfall), somatische Veränderungen (z. B. Entzugserscheinungen) oder negative psychosoziale Auswirkungen (z. B. Konflikte) des Suchtmittelkonsums im Vordergrund.
- Zum anderen kann sich im Laufe der Zeit ein sogenanntes Suchtgedächtnis entwickeln, das den Betroffenen immer automatischer in bestimmten Situationen (z. B. Örtlichkeiten, Situationen, Tageszeiten, Personen, Erinnerungen oder Stimmungen) zu seinem Suchtmittel greifen lässt, obwohl er längst um dessen Nachteile weiß (psychische Suchtentwicklung). Der Suchtmechanismus besteht nun nicht mehr darin, dass der Betroffene aufgrund einer psychosozialen Problematik oder neurophysiologischer Veränderungen nur schwer auf die pharmakologisch angenehme Wirkung seines Suchtmittels verzichten kann (Paradigma der Verstärkung), sondern dass sich die neuronalen Aktivitäten in seinem Belohnungszentrum auf jene Stimuli hin konzentrieren, die Belohnung ankündigen. Eine Suchtmittelabhängigkeit wird somit als ein antizipatorischer Lerneffekt verstanden, der nur schwer zu überwinden bzw. zu vergessen ist. Da es sich bei der Anreizfunktion um unterschwellige Wahrnehmungs-, Assoziations- und Annäherungstendenzen handelt, haben die Betroffenen mitunter wenig Bewusstheit darüber, warum sie ihr Suchtmittel konsumieren. Manche geben an, dass sie einen Drang oder starkes Verlangen nach ihrem Suchtmittel verspüren, andere wiederum, dass sie »einfach so« bzw. »automatisch« konsumieren.

Bildlich gesprochen verschiebt sich durch diese beiden neurophysiologischen Suchtmechanismen allmählich das Machtverhältnis weg von bewusst-rationalen Steuerungsprozessen im Großhirn hin zu automatischen Reaktionstendenzen im Zwischenhirn. Dadurch wird erklärlich, warum ein gemäßigter, kontrollierter Suchtmittelkonsum für die Betroffenen trotz bester Absicht immer unwahrscheinlicher und schließlich unmöglich wird und gleichzeitig die Rückfallgefahr zumindest im ersten Jahr nach einer erfolgreichen Suchtbehandlung hoch ist.

Zusätzlich können sich mit der Zeit die beiden Teufelskreise noch dadurch verfestigen, dass der Betroffene immer mehr Schuldgefühle wegen der Folgen seines Suchtmittelkonsums entwickelt, der weitere Suchtmittelkonsum aber die einzige Möglichkeit wird, wenigstens kurzfristig Erleichterung zu bekommen. Außerdem verschlechtert sich im Verlauf der Suchtentwicklung immer mehr das Verhältnis der Verfügbarkeit über das Suchtmittel im Vergleich zur Verfügbarkeit über andere Ressourcen (z. B. Partnerschaft, soziale Kontakte, beruflicher Erfolg). Entscheidend ist hierbei neben dem Umstand, in welchem Umfang eine Person über alternative Ressourcen anstelle von Suchtmitteln verfügt, auch die zeitliche Nähe dieser Verfügbarkeit. Während Suchtmittel in der Regel sofort verfügbar sind, stehen alternative Ressourcen oft erst mit erheblicher zeitlicher Verzögerung zur Verfügung. Insofern finden Betroffene nunmehr nur noch schwer aus ihrer Sucht heraus, da die Vorteile von Abstinenz entweder gering bzw. unsicher oder ausschließlich langfristig sind.

3.5 Abgeleitete Interventionsmöglichkeiten bei Suchtproblemen am Arbeitsplatz

Entsprechend der schleichenden Entwicklung von Suchtmittelproblemen lassen sich verschiedene Ebenen unterscheiden, um auf betrieblicher Ebene wirksam einzugreifen.

- **Primäre Ebene:
Kultur des risikoarmen Konsums**

Hierunter fallen alle Regelungen und betrieblichen Vereinbarungen, die den Konsum jeglicher Suchtmittel am Arbeitsplatz untersagen. Je nach Suchtmittel steht hierbei der Arbeitsschutz (z. B. bei Alkohol, illegalen Drogen, Beruhigungsmitteln) oder der Nichtraucherschutz (bei Nikotin) im Vordergrund. Hierbei ist es aber nicht mit Verboten getan – es kommt vielmehr darauf an, Mitarbeiter auch in ihrer Freizeit für einen risikoarmen Konsum von Suchtmitteln zu sensibilisieren. Nur so kann im Betrieb eine normative, gesundheits- und verantwortungsorientierte Haltung unter Mitarbeitern erzeugt werden, die eine konsequente Einhaltung von suchtmittelbezogenen Regeln am Arbeitsplatz ermöglicht und ungünstigen Gruppenprozessen im Umgang mit Suchtmitteln vor allem unter jungen Mitarbeitern bzw. Auszubildenden entgegenwirkt.

- **Sekundäre Ebene: Kultur des Ansprechens**

Für die erfolgreiche Überwindung von Suchtmittelproblemen von Arbeitnehmern ist von entscheidender Bedeutung, wie früh ein Betroffener mit einem Suchtmittelproblem am Arbeitsplatz auffällt und vor allem wie früh und auf welche Weise er hierauf durch Arbeitskollegen bzw. Vorgesetzte angesprochen wird. Durch geeignete Betriebsvereinbarungen im Umgang mit suchtmittelbelasteten Mitarbeitern, insbesondere aber durch entsprechende Schulungen vor allem von Führungskräften, ist der häufigen Tendenz entgegenzuwirken, Betroffene zunächst über einen längeren Zeitraum »zu decken«, bis schließlich aufgrund gravierender Vorfälle eine disziplinarische Entlassung unausweichlich ist. Auch hier ist es nicht mit einmaligen Regelungen getan, sondern alle Verantwortlichen müssen sich ständig bemühen, eine Kultur des Ansprechens von Suchtproblemen im Betrieb zu »leben«. Hier hat sich insbesondere der Einsatz von speziell ausgebildeten sogenannten »innerbetrieblichen Suchtkrankenhelfern« bewährt, die (häufig als ehemals selbst Betroffene) glaubwürdig und außerhalb jeder betrieblicher Hierarchien den Kontakt zu Betroffenen aufnehmen können.

- **Tertiäre Ebene:
Kultur der Wiedereingliederung**

Hat sich ein suchtmittelabhängiger Arbeitnehmer schließlich in Behandlung begeben, so bedarf seine Rückkehr an den Arbeitsplatz in der Regel besonderer betrieblicher Fürsorge. Denn häufig ist sein Verhältnis zu seinen Arbeitskollegen und Vorgesetzten aufgrund suchtbedingter Fehlzeiten oder Verfehlungen belastet. Außerdem herrscht oft erhebliches Misstrauen hinsichtlich eines möglichen Rückfalls sowie Verunsicherung im gegenseitigen Umgang. Hier bewährt sich ein betriebliches Wiedereingliederungsmanagement, das einerseits den Betroffenen vor Überforderung schützt, andererseits aber auch übertriebener Schonung bzw. Ausgliederung im Betrieb entgegenwirkt.

3.6 Fazit

Auch wenn es im gesellschaftlichen Diskurs zur beliebten Gewohnheit geworden ist, die von ständiger Verfügbarkeit, Gratifikationskrise und gestiegener psychischer Belastung gekennzeichnete Arbeitswelt mit einem Anstieg von Suchtproblemen in Verbindung zu bringen, so muss doch darauf hingewiesen werden, dass es bei aller Plausibilität keinerlei wissenschaftlich haltbare Belege dafür gibt, dass ein kausaler Zusammenhang besteht. Stattdessen ist eine Suchtproblematik im Einzelfall als individueller, schleichender Fehlentwicklungsprozess zu verstehen, mit einer Vielzahl von internen und externen Einflussfaktoren. Dieser Prozess ist allerdings durch geeignete Präventions- und Hilfsmaßnahmen am Arbeitsplatz möglichst früh zu unterbrechen.

Literatur

Bühringer G, Behrendt S (2011) Störungen durch Substanzkonsum: Ein Einführung. In: Wittchen U, Hoyer J (Hrsg) Klinische Psychologie und Psychotherapie. Berlin, Springer, S 697–714

Küfner H, Bühringer G (1996) Alkoholismus. In: Hahlweg K, Ehlers A (Hrsg) Psychische Störungen und ihre Behandlung. Enzyklopädie der Psychologie. Göttingen, Hogrefe, S 437–523

Küfner H, Metzner C (2011) Drogenmissbrauch und -abhängigkeit. In: Wittchen U, Hoyer J (Hrsg) Klinische Psychologie und Psychotherapie. Berlin, Springer, S 715–742

Lindenmeyer J (2010) Lieber schlau als blau. Entstehung und Behandlung von Alkohol- und Medikamentenabhängigkeit. Weinheim, PVU

Lindenmeyer J (2011) Alkoholmissbrauch und -abhängigkeit. In: Wittchen U, Hoyer J (Hrsg) Klinische Psychologie und Psychotherapie. Berlin, Springer, S 743–765

Rehwald R, Reineke G, Wienemann E, Zinke E (2012) Betriebliche Suchtprävention und Suchthilfe. Ein Ratgeber. Frankfurt, Bund-Verlag

Rummel M, Rainer L, Fuchs R (2004) Alkohol im Unternehmen. Prävention und Intervention. Praxis der Personalpsychologie, Band 7. Göttingen, Hogrefe

Neuroenhancement – Gehirndoping am Arbeitsplatz

H. Kowalski

B. Badura et al. (Hrsg.) *Fehlzeiten-Report 2013*,
DOI 10.1007/978-3-642-37117-2_4, © Springer Verlag Berlin Heidelberg 2013

Zusammenfassung *Nachdem Doping im Sport seit Jahrzehnten ein öffentliches Thema ist, wird das Phänomen »Doping am Arbeitsplatz« erst seit etwa zehn Jahren in der Fachöffentlichkeit diskutiert und wurde dann auch von den öffentlichen Medien aufgegriffen. Unter dem populären Begriff reicht das Spektrum der Betrachtung von leistungssteigernden Mitteln bis hin zum pharmakologischen Neuroenhancement. Enhancement steht für Steigerung und Verbesserung. Während zunächst Studenten im Mittelpunkt der Untersuchungen standen, haben sich weitere Studien mit dem Konsum leistungsfördernder Mittel am Arbeitsplatz befasst. Die Häufigkeit der Einnahme von Neuroenhancern unter den Beschäftigten wurde mit nur etwa 1,5 Prozent angegeben. Allerdings konnte gleichzeitig eine wesentlich höhere potenzielle Bereitschaft zum Konsum von Mitteln gegen gestiegene Leistungsanforderungen festgestellt werden, so dass damit gerechnet wird, dass die Problematik zunimmt. Auf Präventionsmöglichkeiten wird verwiesen.*

4.1 Der Wunsch nach mehr Leistungsfähigkeit

Der Wunsch, die eigene Leistungsfähigkeit zu steigern, ist uralt. Auf natürlichem Wege gelingt das durch regelmäßiges Training von Körper und Geist. Schon immer gab es Menschen, denen das nicht schnell genug oder nicht weit genug ging. Sie halfen durch die Einnahme diverser Wirkstoffe, Substanzen oder Präparate nach. Kaffee und Alkohol wird zum Beispiel eine leistungssteigernde Wirkung nachgesagt, die zudem gesellschaftlich ebenso verbreitet wie akzeptiert ist. Aber es werden nicht nur Mittel eingenommen, um leistungsfähiger zu werden, sondern auch, um den Wachzustand zu beeinflussen, die Lernfähigkeit zu erhöhen, die Gedächtnisfähigkeiten zu verbessern, Prüfungsängste zu reduzieren oder Glücksgefühle zu erzeugen.

In früheren Jahrhunderten wurden die Mittel mangels Alternativen aus der Natur gewonnen, wie das weit verbreitete und als Stimmungsaufheller bekannte Johanniskraut *(Hypericum perforatum)* oder sogar der toxische Fliegenpilz *(Amanita muscaria)*, dessen Inhaltsstoffe als Rauschmittel genutzt wurden, weshalb der Fliegenpilz noch heute als »Glückssymbol« gilt. Neue Möglichkeiten, die geistige Leistungsfähigkeit zu beeinflussen, wurden durch die Entwicklung von sogenannten Psychostimulanzien wie den Amphetaminen in den 1930er Jahren, den Antidepressiva in den 1950er Jahren oder von Modafinil und Mitteln gegen Demenz in den 1990er Jahren eröffnet (Franke u. Lieb 2010). Inzwischen sind Medikamente auf dem Markt, die ein erhebliches Rausch- und Suchtpotenzial besitzen. Medikamentenmissbrauch ist nach Tabak- und Alkoholsucht das drittgrößte Missbrauchsproblem in Deutschland (Gaßmann et al. 2013).

Mittel, die von Gesunden zum Zweck der geistigen Leistungssteigerung eingesetzt werden können, werden als Neuroenhancer (engl. Enhancement für Steigerung, Verbesserung) bezeichnet. Dazu zählen frei verkäufliche Substanzen ebenso wie verschreibungspflichtige Arzneimittel und illegale Substanzen (Lieb 2010). Mit dem Begriff »Hirndoping« wird die missbräuchliche Einnahme verschreibungspflichtiger Medikamente und illegaler Drogen durch Gesunde zum Zwecke der geistigen Leistungssteigerung und/oder der affektiven Verbesserung beschrieben. Der Hirndopingbegriff lehnt sich damit an den Begriff des Dopings im Sport an, der die Anwendung »verbotener Substanzen« beschreibt, hier allerdings zur körperlichen Leistungssteigerung (Franke u. Lieb 2013).

4.2 Studienlage

Erst seit dem Jahr 2008 wird das Thema Neuroenhancement in der Fachöffentlichkeit und in den Medien intensiver behandelt. Anlass war u. a. ein kleiner Artikel in der US-amerikanischen Zeitschrift Nature über eine internationale Befragung zur Einnahme von Medikamenten zur Steigerung von Konzentration und Gedächtnisleistung ohne medizinische Gründe (Maher 2008). Rund 20 Prozent der Befragten aus 60 Ländern gaben an, solche Mittel genommen zu haben. Zuvor hatte es lediglich Befragungen und Analysen zu Doping im Freizeit- und Breitensport gegeben, speziell auch zum Gebrauch bzw. Missbrauch leistungssteigernder Substanzen in Fitnessstudios in Deutschland (z. B. Boos et al. 1998).

Die Studien verwenden in Teilen unterschiedliche Begrifflichkeiten, was die Vergleichbarkeit erschwert. Das Spektrum reicht von »leistungssteigernden Mitteln« (wozu z. B. auch Traubenzucker gezählt wird) über »Hirndoping« bis zum »pharmakologischen Neuroenhancement«. Eine klare Begriffsdefinition und -abgrenzung wäre wünschenswert. Die Begriffsverwirrung wird noch durch die Medien verstärkt, die z. B. von »Viagra fürs Gehirn«, »Happy Pills« oder »Smart Drugs« sprechen.

4.2.1 DAK-Gesundheitsreport 2009

In Deutschland hat die Deutsche Angestellten-Krankenkassen (DAK) 2009 das Thema in ihrem jährlichen Gesundheitsreport aufgegriffen und auf den Bereich »Doping am Arbeitsplatz« fokussiert (DAK 2009). Das mit einer Experten- und Onlinebefragung beauftragte IGES-Institut befragte 3.017 Beschäftigte im Alter zwischen 20 und 50 Jahren. Außerdem antworteten zehn Experten aus den Fachbereichen Psychologische Medizin, Psychiatrie, Medizinethik, Suchtmedizin und Versorgungsforschung. Die Fragestellungen der Studie waren:
- Wie verbreitet ist die Einnahme von leistungssteigernden und stimmungsaufhellenden Medikamenten bei gesunden Berufstätigen?
- Ist die Verordnung von Psycho- und Neuropharmaka sinnvolle Therapie oder Doping?
- Was sind Auslöser und verstärkende Faktoren von »Doping am Arbeitsplatz«?

Die Ergebnisse der Bevölkerungsbefragung waren:
- 43,5 Prozent war bekannt, dass Medikamente zur Therapie von Alzheimer, Depressionen etc. auch bei Gesunden wirken können.
- 20,3 Prozent meinten, dass für Gesunde die Risiken im Vergleich zum Nutzen vertretbar sind.
- 21,4 Prozent hatten bereits die Erfahrung gemacht, dass ihnen ohne medizinisch triftige Gründe Arzneimittel zur Verbesserung der geistigen Leistungsfähigkeit oder Stimmung empfohlen wurden (davon – bei Mehrfachnennung – 49,9 Prozent von Kollegen, Bekannten usw., 28,3 Prozent vom Arzt und 10,7 Prozent von der Apotheke).
- 4,9 Prozent hatten selbst bereits ohne medizinische Notwendigkeit Medikamente zur Steigerung der geistigen Leistungsfähigkeit oder psychischen Befindlichkeit eingenommen.
- 10,5 Prozent kannten *eine* Person und 8,5 Prozent kannten *mehrere* Personen, die als Gesunde ohne Therapienotwendigkeit derartige Medikamente einnehmen bzw. eingenommen haben.
- Der Anteil der Erwerbstätigen im Alter von 20 bis 50 Jahren, die »potente Wirkstoffe« ohne medizinische Notwendigkeit einnehmen, betrug etwa 1 bis 1,9 Prozent.

Weitere Ergebnisse waren, dass Frauen häufiger täglich »dopen« und dass Männer anders »dopen« als Frauen. So gaben 50,1 Prozent der Frauen an, Medikamente gegen depressive Verstimmungen einzunehmen, während das bei den Männern nur 14,0 Prozent als Grund nannten. Ein besonderes Schlaglicht warf das Ergebnis auf Fitnessstudionutzer. Während 22,8 Prozent der Männer, die im Fitnessstudio Sport treiben, angaben, leistungsbeeinflussende Mittel zu verwenden, traf dies auf lediglich 7,3 Prozent der Männer zu, die nicht im Fitnessstudio trainieren.

Neben der Befragung wurden Arzneiverordnungen von berufstätigen DAK-Versicherten ausgewertet, wobei der Abgleich der Diagnosedaten mit folgenden Wirkstoffen zur Steigerung der kognitiven Leistungsfähigkeit durchgeführt wurde:
- Methylphenidat (z. B. Ritalin®), verbessert Aufmerksamkeit und Konzentration
- Modafinil (z. B. Vigil®), erhöht die Vigilanz (Daueraufmerksamkeit), ohne den Nachtschlaf zu beeinträchtigen
- Piracetam (z. B. Nootrop®), verbessert den Hirnstoffwechsel bei hirnorganisch bedingten Leistungsstörungen wie z. B. Demenz

Außerdem für Wirkstoffe zur Verbesserung und Kompensation emotionaler und körperlicher Befindlichkeiten
- Fluoxetin (z. B. Fluctin®), wirkt bei Depressionen stimmungsaufhellend bzw. antriebssteigernd

4.2 · Studienlage

– Metoprolol (z. B. MetoHEXAL®), dämpft den stimulierenden Effekt des Sympathikus auf das Herz z. B. bei Bluthochdruck

Bei der Auswertung stellten die Forscher zunächst erhebliche höhere Verordnungen gegenüber dem Vorjahr fest. Immerhin passten Therapie und Diagnose zumeist zueinander.

Im Rahmen des Gesundheitsreports, der sich alljährlich mit den Wirkungen der Arbeit auf die Gesundheit befasst, stand die Frage nach Auslösern und verstärkenden Faktoren von Doping am Arbeitsplatz naturgemäß im Mittelpunkt der Betrachtung. 29,0 Prozent der befragten Beschäftigten, deren Arbeit meist durch hohen Stress etc. geprägt war, hielten die Medikamenteneinnahme zur Steigerung der geistigen Leistungsfähigkeit für vertretbar, um Gedächtnis und Konzentration im Beruf allgemein zu steigern. Die Medikamenteneinnahme zur Aufhellung der Stimmung war für 21,6 Prozent dieser Beschäftigtengruppe vertretbar, um Stress am Arbeitsplatz besser ertragen zu können. 7,4 Prozent nannten Nervosität und Lampenfieber als vertretbaren Grund. Beschäftigtengruppen, die angaben, ihre Arbeit überwiegend angenehm und gut zu schaffen, hatten jeweils deutlich niedrigere Zustimmungswerte.

Die befragten Experten nannten als auslösende Faktoren u. a.:
– Mobilität und Anforderungen an Flexibilität und Unabhängigkeit führen zu Fehlanpassungen, die mit Medikamenten kompensiert werden.
– Unzureichender Wechsel zwischen An- und Entspannung wirkt sich nachteilig auf die Erfüllung psychischer, kognitiver Anforderungen am Arbeitsplatz aus.

Als verstärkende Faktoren ergab die Expertenbefragung:
– Weitgehend freier Verkehr der Ware »Arzneimittel« auf einem globalen Markt durch Internet- und Versandhandel
– Pharmakologischer Fortschritt, womit die Möglichkeit, z. B. Lern- und Aufmerksamkeitsleistungen zu beeinflussen, eher zu- als abnehmen wird und im Zuge dessen »Enhancement« künftig selbstverständlicher werden dürfte

4.2.2 KOLIBRI-Studie des RKI

Offenbar angeregt durch die Diskussionen um den DAK-Gesundheitsreport erhielt das Robert Koch-Institut den Auftrag, eine Studie zum »Konsum leistungsbeeinflussender Mittel in Alltag und Freizeit« (KOLIBRI) durchzuführen. Die Daten wurden zwischen März 2010 und Juli 2010 erhoben. Ziel der Studie war es, die Häufigkeit der Anwendung leistungssteigernder Mittel in der Allgemeinbevölkerung zu ermitteln. Konkret ging es um den »Konsum von (Arznei-)Mitteln zur Förderung der Leistungsfähigkeit, der vom medizinischen Standpunkt nicht erforderlich ist, also nicht der Behandlung einer oder mehrerer Krankheiten dient.« Einbezogen wurden folgende Mittelgruppen:
– Frei verkäufliche Mittel, deren Anwendung im Zusammenhang mit der Ausübung von Sport diskutiert wird und die mindestens zweimal im Monat innerhalb der letzten zwölf Monate ohne medizinische Notwendigkeit eingesetzt wurden
– (Arznei-)Mittel, die durch die gesetzliche Verschreibungspflicht in ihrer Zugänglichkeit beschränkt sind und ohne medizinische Notwendigkeit mindestens einmal in den letzten zwölf Monaten verwendet wurden
– Dopingmittel, die einem Verbot durch die World Anti-Doping Agency (WADA) im Zusammenhang mit dem Wettkampf- und Leistungssport unterliegen und ohne medizinische Notwendigkeit mindestens einmal in den letzten zwölf Monaten verwendet wurden

Insgesamt 6.142 Personen im Alter von 19 bis 97 Jahren gaben dazu detailliert Auskunft. Während in der DAK-Studie ausschließlich verschreibungspflichtige Mittel (Hirndoping) berücksichtigt wurden, erweiterte KOLIBRI die Neuroenhancement-Definition sowohl auf Medikamente wie Psycho- und Neuropharmaka als auch auf illegale Drogen wie Amphetamin oder Kokain sowie auf natürliche und in der Regel frei verkäufliche Substanzen und Präparate wie beispielsweise Gingko, Nikotin, Koffein, Taurin (das meist zusammen mit Koffein Hauptbestandteil von Energydrinks ist) und Alkohol.

Im Ergebnis gaben die Befragten die Verwendung leistungsbeeinflussender Mittel ohne medizinische Notwendigkeit in den letzten 12 Monaten an (◘ Tab. 4.1):

Tab. 4.1 Verwendung leistungsbeeinflussender Mittel ohne medizinische Notwendigkeit

Gesamt	9,5 Prozent
Frei verkäufliche Mittel	3,7 Prozent
Verschreibungspflichtige Mittel	5,6 Prozent
Dopingmittel	0,9 Prozent
	Fehlzeiten-Report 2013

Die Auswertung differenzierte im Einzelnen u. a. nach Geschlecht, Alter und Bildung sowie Ort und Häufigkeit sportlicher Aktivitäten. Bei der Mittelverwendung wurden fünf Anwendergruppen gebildet:
1. Frei verkäufliche Schmerzmittel
2. Schlankmacher
3. Muskelaufbau
4. Beruhigungs- und Schlafmittel
5. Rezeptpflichtige Schmerzmittel

Innerhalb dieser Cluster ging es weit gefasst um 21 verschiedene Mittelgruppen, angefangen von Anabolika über Appetitzügler, Betablocker, Modafinil, potenzsteigernde Mittel, Proteine, Taurin, Traubenzucker bis hin zu Wachstumshormonen.

Reduziert auf die Verwendung von pharmakologischen Neuroenhancern, also verschreibungspflichtigen Psycho- und Neuropharmaka, jedoch ohne medizinische Notwendigkeit, ergab die KOLIBRI-Studie eine Gesamtprävalenz von lediglich 1,5 Prozent (1,8 Prozent bei Frauen, 1,3 Prozent bei Männern), davon allein 1,0 Prozent durch Mittel gegen Depressionen. 0,5 Prozent der Männer und Frauen gaben an, chemisch-synthetische Stimulanzien wie Amphetamine zu konsumieren. Die Studie offenbarte insbesondere bei Frauen und bei Menschen im Alter von 18 bis 44 Jahren sowie bei Erwerbstätigen mit einer durchschnittlichen Wochenarbeitszeit von mehr als 40 Stunden ein erhöhtes Risiko, pharmakologische Neuroenhancer einzusetzen. Frauen und Männer mit einer subjektiv empfundenen schlechten Gesundheit unterliegen gemäß der Studie ebenfalls einem erhöhten Risiko.

Ebenso wie die DAK-Studie kommt auch die KOLIBRI-Studie zu dem Ergebnis, dass der Gebrauch von verschreibungspflichtigen Psycho- und Neuropharmaka ohne medizinische Notwendigkeit in der Bevölkerung eher gering ist.

Anlässlich des Weltdrogentages am 26. Juni 2012 widmete sich das Robert Koch-Institut in seiner GBE-kompakt-Ausgabe (Schilling et al. 2012) nochmals dem pharmakologischen Neuroenhancement und gab die wesentlichen Erkenntnisse der KOLIBRI-Studie wieder. Nach wie vor wurde angesichts der Studienlage konstatiert, es gebe derzeit noch keine wissenschaftliche Evidenz dafür, dass Hirndoping von einem größeren Teil der Menschen in Deutschland betrieben wird. Allerdings wird darauf hingewiesen, dass es einen Zusammenhang zwischen Neuroenhancement und (psychosozialen) Arbeitsbedingungen zu geben scheint.

4.2.3 HISBUS-Befragung bei Studierenden

Weil Studierende offenbar generell im Verdacht stehen, eher als andere Bevölkerungsgruppen zu leistungssteigernden Mitteln zu greifen, hat das Bundesministerium für Gesundheit das HIS-Institut für Hochschulforschung beauftragt, Studierende an Universitäten und Fachhochschulen zu Formen der Stresskompensation und Leistungssteigerung zu befragen. Die Daten wurden im Rahmen einer Online-Befragung des HISBUS-Panels von Dezember 2010 bis Januar 2011 erhoben. Knapp 8.000 Studierende machten verwertbare Angaben zum Kernthema des Projekts »Stresskompensation und Leistungssteigerung in Form von Hirndoping«. Hirndoping wurde als Einnahme von verschreibungspflichtigen Medikamenten, Schmerzmitteln, Beruhigungsmitteln, Psychostimulanzien oder Aufputschmitteln definiert. Die Studie wurde Anfang 2012 veröffentlicht (Middendorff et al. 2012).

Die meisten Studierenden (84 Prozent) gaben zwar an, schon einmal davon gehört zu haben, dass Substanzen mit dem Ziel der geistigen Leistungssteigerung eingenommen werden, 70 Prozent kannten jedoch selbst niemanden persönlich, der/die entsprechende Mittel eingenommen hat. Die Studierenden, die Personen kennen, die ihr Gehirn dopen, ordneten allerdings diese deutlich häufiger dem Hochschulbereich zu als dem Freundes- oder Familienkreis (23 Prozent vs. 13 Prozent). Erfreulich war, dass die große Mehrheit (88 Prozent) keine eigenen Erfahrungen mit Hirndoping hatte. Das HIS versah deshalb die Pressemitteilung zu den Untersuchungsergebnissen mit der Überschrift »Die Ritalin-Legende« und hob als zentrales Ergebnis hervor, dass Hirndoping unter Studierenden keineswegs so verbreitet sei, wie es die mediale Aufmerksamkeit für das Thema suggeriere.

Immerhin zwölf Prozent der Studierenden hatten jedoch nach eigenen Angaben seit Beginn des Studiums eine oder mehrere Substanzen eingenommen, um die Studienanforderungen besser bewältigen zu können. Gegenüber den 1,5 Prozent aus der KOLIBRI-Studie sind diese 12 Prozent ganz erheblich mehr, wobei jedoch die Definition, was zum Hirndoping gezählt wurde, in den verschiedenen Studien offensichtlich nicht genau abgrenzbar und eine Vergleichbarkeit der Werte damit nur schwer möglich ist.

Die HISBUS-Studie stellte allerdings fest, dass etwa 5 Prozent aller Studierenden pharmakologisches Hirndoping betreiben, was immer noch deutlich über den 1,5 Prozent aus der KOLIBRI-Studie liegt. In der HISBUS-Studie wurden weitere 5 Prozent der Studierenden zu sogenannten Soft-Enhancern gezählt, die ihre Leistungen durch Vitaminpräparate, homöopathische und pflanzliche Substanzen, Koffein o. ä. zu optimieren versuchen. Bei den Frauen war der Anteil der Soft-Enhancer doppelt so hoch wie bei den Männern (6,9 Prozent vs. 3,4 Prozent).

Mit zunehmender Studiendauer wächst der Anteil der Hirndopenden unter den Studierenden, was dadurch bestätigt wird, dass die 28- bis 29-jährigen mit 12 Prozent überproportional häufig zum Hirndoping neigten. Am häufigsten wurden leistungssteigernde Mittel zur Prüfungsvorbereitung eingesetzt. Genereller Stress wurde als zweithäufigster Grund genannt. Zwischen dem im Studium verspürten Leistungsdruck und der Einnahme von leistungssteigernden Mitteln zeigte die Studie einen eindeutigen Zusammenhang auf. Außerdem beschrieben sich Hirndopende vergleichsweise selten als »ruhig und gelassen«, dafür überdurchschnittlich als »entmutigt und traurig« bzw. als »gestresst und überfordert«.

Die Befragung hatte neben Hirndoping und Soft-Enhancement auch den generellen Umgang mit Leistungsdruck und Gesundheitsverhalten zum Inhalt. Als häufigste Formen des Ausgleichs von Leistungsdruck nannten die Studierenden das Treffen mit Freunden (69 Prozent) und mediale Unterhaltung (67 Prozent). Nicht-dopende Studierende zeigten sich zudem wesentlich zuversichtlicher in Bezug auf ihren Studienerfolg, die berufliche Zukunft, das persönliche Wohlergehen und das materielle Auskommen als ihre hirndopenden Kommilitonen. Der Anteil derjenigen mit (sehr) starker Zuversicht war bei den Nicht-Anwendern anderthalb mal so hoch wie bei den Hirndopenden.

4.2.4 Weitere Studien

In den USA sind in den letzten zehn Jahren mehrere Studien zur Verbreitung des nichtmedizinischen bzw. gesetzwidrigen Konsums verschreibungspflichtiger Stimulanzien erschienen (Überblick bei Schleim 2013). Zum Teil nutzen deutsche Medien statistische Ausreißer aus diesen Studien für reißerische Schlagzeilen: »Für 25 Prozent der amerikanischen Studenten gehören Mittel wie Ritalin zur Prüfungsvorbereitung« (»Panorama«, ARD, 17.04.2008). Tatsächlich hatte die Untersuchung bei 119 Colleges und Universitäten einen Mittelwert von 6,9 Prozent für den einmaligen Konsum im Leben ergeben (McCabe et al. 2005). Die Häufigkeit an den verschiedenen Hochschulen schwankte von 0 Prozent (21 Hochschulen) bis 25 Prozent (eine Hochschule). Eine Untersuchung in der Gesamtbevölkerung hatte eine Prävalenz von 1,4 Prozent (mindestens eine Einnahme im Vorjahr) ergeben (Kroutil et al. 2006), lag also nahe beim Neuroenhancer-Ergebnis in der deutschen KOLIBRI-Studie.

Eine weitere deutsche Studie unter 1.500 Schülern und Studierenden (Franke et al. 2011) zeigte, dass 81 Prozent der Befragten bereits von der Möglichkeit gehört hatten, Substanzen zur geistigen Leistungssteigerung einzusetzen. Dieses Wissen betraf allerdings vor allem koffeinhaltige Substanzen (88,1 Prozent), während die Möglichkeit des Hirndopings durch verschreibungspflichtige Stimulanzien (39,8 Prozent) oder illegale Drogen (58,1 Prozent) deutlich weniger bekannt war.

4.3 Nationale Strategie zur Drogen- und Suchtpolitik

Am 15.02.2012 verabschiedete das Bundeskabinett die aktuelle »Nationale Strategie zur Drogen- und Suchtpolitik«. Danach sind 1,4 Millionen Menschen von Medikamenten abhängig und damit mehr als von Alkohol mit 1,3 Millionen. 4 bis 5 Prozent der häufig verordneten Medikamente wird ein Suchtpotenzial zugeschrieben (Glaeske 2011). Ohne Neuroenhancement konkret anzusprechen, konstatiert die Nationale Strategie, dass ein Medikamentenmissbrauch im Zusammenhang mit einer gezielten Leistungssteigerung gesunder Personen vor allem im Breitensport und zur Steigerung geistiger Leistungsfähigkeit diskutiert wird. Auf die KOLIBRI-Studie und deren Ergebnisse wird kurz eingegangen. Außerdem wurde auf die HISBUS-Studie bei Studierenden hingewiesen, deren Ergebnisse in der Strategie aber noch nicht berücksichtigt werden konnten.

Aufbauend auf den vorliegenden bzw. erwarteten Ergebnissen der Studien setzt sich die Bundesregierung in ihrer Strategie das Ziel, »die Notwendigkeit weiterer Initiativen zu diskutieren«. Als Maßnahme wird festgeschrieben: »Klärung des Problemumfangs ‚Medikamentenmissbrauch zur Steigerung kognitiver Fähigkeiten und Verbesserung des psychischen Wohlbefindens' sowie die Förderung der Entwicklung zielgruppenspezifischer Präventionsaktivitäten im Bereich des Kraftsports.«

Zu den klärenden Fragen wird auch zählen müssen, ob und wie weit Gehirndoping bzw. Neuroenhancement zur Sucht führen kann.

4.4 Die Position der Deutschen Hauptstelle für Suchtfragen e. V. (DHS)

In ihrer Position vom Mai 2011 sieht die DHS zumindest bei den im Zusammenhang mit Hirndoping genannten stimulierenden Wirkstoffen Methylphenidat und Modafinil ein hohes psychisches Abhängigkeitspotenzial (Suchtrisiko). Bei anderen im Zusammenhang mit Hirndoping erwähnten Wirkstoffen sind dagegen bisher keine Abhängigkeitsphänomene festgestellt worden. Allerdings warnt die DHS z. B. vor Problemen beim Absetzen von Antidepressiva nach längerer, nicht medizinisch indizierter Einnahme, die sich durch Schlafprobleme und Unruhezustände äußern können.

Die DHS sieht im Zusammenhang mit Hirndoping nicht die Gefahr eines physischen Abhängigkeits- und Missbrauchspotenzials, wohl aber einer psychischen Abhängigkeit. Diese sei durch das dominierende Verlangen gekennzeichnet, die durch die Einnahme der Stoffe hervorgerufenen, subjektiv als angenehm und entlastend empfundenen Effekte erneut erleben und erfahren zu wollen (neurobiologische Mechanismen des sogenannten Belohnungssystems).

Unabhängig von der Suchtfrage befasst sich die DHS mit der Wirksamkeit bzw. Nicht-Wirksamkeit von sogenannten Hirndoping-Substanzen. Zunächst wird darauf verwiesen, dass alle neueren wissenschaftlich anerkannten Studien zur Wirksamkeit von Antidepressiva belegen, dass derartige Medikamente die Stimmung von gesunden Menschen im Vergleich zur Gabe von Plazebos nicht verbessern. Anderen Substanzen wird bei Gesunden nicht selten eine Verschlechterung psychischer Eigenschaften zugesprochen. Antidepressiva tragen nach der Studienlage bei Gesunden weder zur gewünschten Stimmungsaufhellung noch zu einer Verbesserung der Leistungsfähigkeit bei. Auch Studien zur Wirksamkeit von Antidementiva fanden keine Belege dafür, dass die Substanzen die Gedächtnisleistung Gesunder verbessern. Als ähnlich wirkungslos erwiesen sich bei Gesunden andere Mittel. Zum Teil zeigten sie sogar kontraproduktive Wirkungen. Zu vergleichbaren negativen Ergebnissen der Wirksamkeit von Hirndopingmitteln kommt auch Renate Schepker in einer aktuellen Übersicht (Schepker 2013).

Die Deutsche Hauptstelle für Suchtgefahren rät in ihrem Resümee grundsätzlich von der nicht induzierten Einnahme verschreibungspflichtiger Substanzen ab. Wie bei der DHS üblich werden im Positionspapier aber auch Alternativen zum Hirndoping aufgelistet. Eine Auswahl:

- ausreichend Schlaf
- Entspannungsmethoden
- Denksport und Gedächtnistrainings
- gutes Zeitmanagement
- regelmäßige kurze Pausen während intensiver Arbeitsphasen
- eine gute Organisation des Arbeitsplatzes
- Selbstwahrnehmungstrainings
- regelmäßiger Sport
- kurze Spaziergänge
- ausgewogene Ernährung
- weitgehender Verzicht auf Alkohol und Nikotin
- Gespräche mit Familienmitgliedern, Freunden oder Arbeitskollegen in Zeiten hoher Arbeitsbelastung
- Aufbau positiver Aktivitäten wie z. B. Kinobesuche oder Treffen mit Freunden
- bei langwierigen Arbeitsbelastungen ggf. einen Coach hinzuziehen

4.5 Revelanz des Neuroenhancement für die Arbeitswelt

Die geringe Prävalenz der Einnahme von Hirndoping bzw. Neuroenhancern in der Bevölkerung, die nach den vorliegenden Studien im niedrigen einstelligen Prozentbereich liegt, lässt aktuell den Schluss zu, dass Hirndoping weit davon entfernt ist, ein flächendeckendes Phänomen in der Gesellschaft und in der Arbeitswelt zu sein (Henkel 2013). 1,5 Prozent bei rund 40 Millionen Beschäftigten sind jedoch immerhin bereits 600.000 betroffene Menschen.

Experten sehen zudem einen Trend zu einer verstärkten Einnahme leistungssteigernder Mittel. So weist die Deutsche Hauptstelle für Suchtfragen (Glaeske et al. 2013) darauf hin, dass die Arbeitswelt durch die zunehmende Technisierung und Globalisierung immer komplexer werde und neben einer anspruchsvollen Ausbildung vor allem örtliche und zeitliche Flexibilität, kontinuierliche Verfügbarkeit, Aktivität und Kreativität verlange sowie emotionale Ausgeglichenheit und soziales Anpassungsvermögen erwarte. Derartige Anforderungen führten bei Arbeitnehmern nicht selten zu erheblichen mentalen Belastungen. Eine Strategie, um derartige Belastungen besser entsprechen und gleichzeitig an Aktivitäten außerhalb des arbeits- und lernbezogenen Kontextes teilnehmen zu können, scheint nach Beobachtungen der DHS darin zu liegen, die eigene Leistungsfähigkeit und emotionale Verfassung durch die Einnahme von Medikamenten (möglichst unbemerkt von anderen) zu steigern. In Analogie zum Doping im Sport, bei dem mithilfe der Einnahme bestimmter Substanzen – zumeist bekannte Arzneimittel – Erfolge und Höchstleistungen erzielt werden könnten, wird somit nach Meinung der DHS das Doping im Alltag eingesetzt, um die vermeintlichen oder tatsächlichen Anforderungen der Lebens- und Arbeitswelt erfüllen zu können.

Auch Dieter Henkel (2013) weist auf die veränderten Anforderungen in der Arbeitswelt hin und verweist auf Erhebungen des Wissenschaftlichen Instituts der AOK (WIdO), wonach bereits 30,1 Prozent immer bzw. häufig unter »Müdigkeit, Mattigkeit, Erschöpfung« leiden, 23,4 Prozent Schlafstörungen hatten und rund 22 Prozent über Stresssymptome wie Nervosität, Unruhe, Reizbarkeit und Lustlosigkeit (»Burnout«) klagten (Zok 2010). Als Ursachen werden ständige Aufmerksamkeit/Konzentration, Termin- und Leistungsdruck, Störungen und Unterbrechungen bei der Arbeit, hohes Arbeitstempo, hohe Verantwortung und große Arbeitsmenge genannt. Zudem wird von jedem Vierten das Risiko des Arbeitsplatzverlustes als belastend empfunden.

Als weiteres Indiz für das größere Risiko bei Beschäftigten wird u. a. auf die höhere Prävalenz bei Schichtarbeitern und LKW-Fahrern hingewiesen. Die KOLIBRI-Studie hatte bei der Prävalenz nach Arbeitszeitdauer unterschieden: Etwa 2,6 Prozent der Männer, die mehr als 40 Stunden pro Woche erwerbstätig sind, setzten Medikamente oder illegale Mittel zum Neuroenhancement ein. Dagegen lag der Anteil bei Männern, die nicht mehr als 40 Stunden arbeiten, nur bei 0,7 Prozent. Bedenklich sind vor allem die hohen Zahlen bei der potenziellen Konsumbereitschaft. In der DAK-Studie hielt es bis zu 25 Prozent der befragten Erwerbstätigen für sich selbst vertretbar, Neuroenhancer zu nutzen, wenn sie gut wirken und nebenwirkungsarm sind. Die Akzeptanzwerte stiegen nach dieser Studie bei denjenigen nochmals an, deren Arbeitssituation von hohen Anforderungen und hohem Stress gekennzeichnet war.

Sorge bereitet den Experten die Reaktion der Pharmaindustrie auf die »Marktentwicklung«. Glaeske und Merchlewicz (2013) sehen voraus, dass das Interesse der Pharmafirmen steigen und umso mehr verstärkt werden wird, je mehr das Bedürfnis und der Bedarf nach solchen Mitteln wächst. Sie verweisen dabei u. a. auf die verstärkte Werbung für das Mittel Ritalin. Dieter Henkel (2013) befürchtet, dass die Verbreitung des Hirndopings unter den Beschäftigten zunehmen wird, sobald immer mehr wirksame und nebenwirkungsarme Mittel zur Verfügung stehen: »Und die Pharmakonzerne werden aller Voraussicht nach die Entwicklung entsprechender Arzneimittel vorantreiben und sie massiv bewerben, da sie mit einem expandierenden und lukrativen Marktsegment rechnen können.«

Angesichts aller Prognosen zur Zukunft der Arbeit muss davon ausgegangen werden, dass die psychischen Anforderungen und Belastungen nicht nachlassen, sondern weiter steigen werden. Immer mehr Arbeitnehmer dürften dann angesichts der oben beschriebenen potenziellen Konsumbereitschaft – besonders bei nachfolgenden Generationen – im Hirndoping eine Lösung suchen.

4.6 Herausforderung für die Betriebliche Gesundheitsförderung (BGF)

BGF ist eine Pflichtleistung der Krankenkassen. Nach § 20a SGB V haben sie Leistungen zur Gesundheitsförderung in Betrieben zu erbringen, um für den Betrieb die gesundheitliche Situation einschließlich ihrer Risiken und Potenziale zu erheben und Vorschläge zur ihrer Verbesserung sowie zur Stärkung der gesundheitlichen Ressourcen und Fähigkeiten zu entwickeln und deren Umsetzung zu unterstützen. Diese Vorschrift enthält genug Präventionspotenzial, um sich dem neuen Thema Hirndoping/Neuroenhancement zu widmen. Allerdings müssen sich die Krankenkassen dabei an einen von ihrem Spitzenverband beschlossenen Leitfaden halten, der zwar als eines der prioritären Handlungsfelder die Sucht festlegt, dabei aber vorrangig Nikotin und Alkohol im Fokus hat. Medikamentenmissbrauch und Drogen werden nur am Rande angesprochen und die möglichen Risiken durch Hirndoping bzw. Neuroenhancement kommen im Leitfaden nicht zu Sprache.

In der BGF-Praxis haben nur wenige Firmen einen Bedarf an Präventionsmaßnahmen gegen Neuroenhancement-Risiken geäußert. Dennoch sprachen Personaler und Betriebsmediziner in den letzten Jahren das Thema zunehmend an. Im Zusammenhang mit Stressvermeidung bzw. Stressreduktion konnte das Thema gegenüber Führungskräften und Betriebs- bzw. Personalräten thematisiert werden. Angesichts des oben beschriebenen Trends sollten die Kassen im Rahmen der BGF verstärkt Aufklärungsarbeit zur Thematik leisten. Entscheidend ist stets, ob die Rahmenbedingungen im Betrieb einen wirksamen Einfluss auf die Stressursachen zulassen. Sofern das nicht möglich ist, bleibt aber immer noch die Möglichkeit, die psychische Widerstandskraft der Beschäftigten zu stärken. Das Kölner BGF-Institut der AOK hat diesen Weg u. a. mit dem Leitspruch »Resilienz statt Ritalin« beworben.

Helfen dürfte die (fach-)öffentliche Diskussion, die das noch verhältnismäßig junge Phänomen des Hirndopings inzwischen stärker aufgegriffen hat und nach einer Phase, in der die Verbreitung und die Analyse der Ursachen im Vordergrund standen, nun stärker auf die Präventionsmöglichkeiten eingehen sollte. Hier besteht weiterer Forschungsbedarf.

Literatur

Boos C et al (1998) Medikamentenmissbrauch beim Freizeitsportler im Fitnessbereich. Deutsches Ärzteblatt 16:C 708–712

DAK Deutsche Angestellten-Krankenkasse (Hrsg) (2009) Gesundheitsreport 2009. Hamburg, http://www.presse.dak.de/ps.nsf/Show/A9C1DFD99A0104BAC1257551005472DE/$File/DAK_Gesundheitsreport_2009.pdf. Gesehen 28 Dez 2012

Die Drogenbeauftragte der Bundesregierung (2012) Nationale Strategie zur Drogen- und Suchtpolitik, http://drogenbeauftragte.de/fileadmin/dateien-dba/Presse/Downloads/Nationale_Strategie_Druckfassung-Dt.pdf. Gesehen 28 Dez 2012

Franke et al (2011) Non-Medical Use of Prescription Stimulants and Illicit Use of Stimulants for Cognitive Enhancement in Pupils and Students in Germany. Pharmacopsychiatry 44(2):60–66

Franke A, Lieb K (2010) Pharmakologisches Neuroenhancement und Hirndoping – Chancen und Risiken. Bundesgesundheitsblatt-Gesundheitsforschung-Gesundheitsschutz 53(8):853–859

Franke A, Lieb K (2013) Möglichkeiten und Risiken des pharmakologischen Neuro-Enhancements. In: Gaßmann R et al (Hrsg) Hirndoping – Der große Schwindel. Beltz Juventa, Weinheim und Basel, S 13–23

Gaßmann R, Merchlewicz M, Koeppe A (Hrsg) (2013) Hirndoping – Der große Schwindel. Beltz Juventa, Weinheim und Basel

GKV-Spitzenverband (2010) Leitfaden Prävention in der Fassung vom 27. August 2010, http://www.gkvspitzenverband.de/media/dokumente/presse/publikationen/GKV_Leitfaden_Praevention_RZ_web4_2011_15702.pdf. Gesehen 28 Dez 2012

Glaeske G (2011) Medikamente – Psychotrope und andere Arzneimittel mit Missbrauchs- und Abhängigkeitspotential. In: Jahrbuch Sucht 2011 der DHS, S 73–96

Glaeske G, Merchlewicz M (2013) Mit Hirndoping zum besseren Ich? Zwischen Hoffnungen, Risiken und Irrtümern. In: Gaßmann R et al (Hrsg) Hirndoping – Der große Schwindel. Beltz Juventa, Weinheim und Basel, S 24–39

Glaeske G, Merchlewicz M, Schepker R et al (2013) Hirndoping – Die Position der Deutschen Hauptstelle für Suchtfragen e.V. In: Gaßmann R, Merchlewicz M, Koeppe A (Hrsg) Hirndoping – Der große Schwindel. Beltz Juventa, Weinheim und Basel, S 169–179

Henkel D (2013) Pharmakologisches Neuro-Enhancement in der Arbeitswelt: Verbreitung und Prävention. In: Gaßmann et al. (Hrsg) Hirndoping – Der große Schwindel. Beltz Juventa, Weinheim und Basel, S 63–75

Kroutil L et al (2006) Nonmedical use of prescription stimulants in the United States. Drug Alcohol Depend, 84 (2):135–143.

Lieb K (2010) Hirndoping – Warum wir nicht alles schlucken sollten. Artemis und Winkler Verlag, Düsseldorf

Maher B (2008) Poll results: look who's doping. Nature 452: 674–675

McCabe S et al. (2005) Non-medical use of prescription stimulants among US college students: prevalence and correlates from a national survey. Addiction 100 (1):96–106.

Middendorff E, Poskowsky J, Isserstedt W (2012) Formen der Stresskompensation und Leistungssteigerung bei Studierenden. HIS Hochschul-Informations-System, Hannover, http://www.his.de/pdf/pub_fh/fh-201201.pdf. Gesehen 28 Dez 2012

RKI Robert Koch-Institut (2011) KOLIBRI Studie zum Konsum leistungsbeeinflussender Mittel in Alltag und Freizeit. Ergebnisbericht. Berlin, http://www.rki.de/DE/Content/Gesundheitsmonitoring/Studien/Weitere_Studien/Kolibri/kolibri.pdf;jsessionid=2FB6926A9BF74BBD4F917D410EA44327.2_cid241?__blob=publicationFile. Gesehen 28 Dez 2012

Schepker R (2013) Hirndoping in Lern- und Lebenswelten junger Menschen. In: Gaßmann R et al (Hrsg) Hirndoping – Der große Schwindel. Beltz Juventa, Weinheim und Basel, S 53–62

Schilling R, Hoebel J, Müters S, Lange C (2012) Pharmakologisches Neuroenhancement. Hrsg Robert Koch-Institut Berlin, GBE kompakt 3 (3)

Schleim S (2013) Eine Perspektive auf Hirndoping in Nordamerika. In: Gaßmann R et al (Hrsg) Hirndoping – Der große Schwindel. Beltz Juventa, Weinheim und Basel, S 76–84

Zok K (2010) Gesundheitliche Beschwerden und Belastungen am Arbeitsplatz. Ergebnisse aus Beschäftigtenbefragungen. Hrsg Wissenschaftliches Institut der AOK (WIdO). KomPart Verlagsgesellschaft, Berlin

Neurobiologische Hintergründe der Herausbildung von Suchterkrankungen

Sucht als gebahnte Ersatzbefriedigungsstrategie für ungestillte Bedürfnisse?

G. Hüther

B. Badura et al. (Hrsg.) *Fehlzeiten-Report 2013*,
DOI 10.1007/978-3-642-37117-2_5, © Springer Verlag Berlin Heidelberg 2013

Zusammenfassung *Die Entstehung psychischer Abhängigkeiten und die Herausbildung von Suchterkrankungen werden in diesem Beitrag als Folge von Bahnungsprozessen neuronaler Verschaltungsmuster im Gehirn beschrieben. Ursache dieser Bahnungsprozesse ist der wiederholte Einsatz von individuell gefundenen Bewältigungsstrategien zur ersatzweisen Stillung der beiden Grundbedürfnisse nach entweder Zugehörigkeit und Verbundenheit oder Autonomie und Freiheit. Auflösen lassen sich solche bis zur Abhängigkeit gebahnten Bewältigungsstrategien nur durch neue, günstigere Erfahrungen, also durch die Schaffung einer von wechselseitigem Vertrauen, von individueller Wertschätzung und Anerkennung geprägten Unternehmenskultur.*

Alles, was lebt, will auch etwas: zumindest am Leben bleiben und sich fortpflanzen. Wenn Menschen etwas wollen, spricht man von Bedürfnissen. Neben körperlichen Bedürfnissen haben Menschen aber auch noch andere Intentionen – geistige, emotionale, soziale. Mit solchen seelischen Bedürfnissen kommt jedes Kind bereits auf die Welt. Sie sind Ausdruck von zwei wesentlichen, bereits im Mutterleib gemachten und vorgeburtlich im Gehirn verankerten Erfahrungen: Einerseits Verbundenheit – daraus erwächst die Erwartungshaltung, das Bedürfnis und später die Sehnsucht nach Nähe und Geborgenheit. Und andererseits eigenes Wachstum und Potenzialentfaltung, daraus erwächst das zweite Grundbedürfnis nach Entfaltung, Autonomie, Freiheit. Wenn im späteren Leben eines dieser beiden Bedürfnisse nicht oder nicht ausreichend gestillt werden kann, leidet das betreffende Kind genauso wie jeder Heranwachsende oder Erwachsene. Umgangssprachlich nennt man das »seelische Pein« (Kross et al 2011).

Die Versuchung steigt, den Schmerz zu betäuben, den Konflikten durch Ablenkung zu entfliehen, die innere Leere durch Ersatzbefriedigungen zu füllen. Weil die betreffenden Personen nicht das bekommen, was sie brauchen, nehmen sie das, was sie finden können oder was ihnen als Ersatzbefriedigung angeboten wird. Das grundlegende Bedürfnis des Menschen, etwas gestalten zu wollen, sich mit seiner Intentionalität als Ausdruck einer aktiven Persönlichkeit zu erleben, kann aber mit keiner Droge oder Ersatzbefriedigung auch nur annähernd gestillt werden. So wird Ohnmacht zur vorherrschenden Erfahrung, und die führt in eine geistige, emotionale und soziale Passivität, die zum größten Hindernis für den Patienten und seine Begleiter wird, den Weg zurück in eine aktive Lebensgestaltung zu finden.

Schmerz, Hilflosigkeit und innere Leere gehen einher mit der Aktivierung der neuroendokrinen Angst- und Stress-Reaktion. Durch Ersatzbefriedigungen und die damit verbundene kurzzeitige Aktivierung des sogenannten Belohnungssystems kann das negative Befinden vorübergehend unterdrückt werden. Im Folgenden wird dargestellt, wie der erfolgreiche Einsatz derartiger Ersatzbefriedigungsstrategien über Bahnungsprozesse im Gehirn dazu führt, dass sich entsprechende Suchtnetzwerke ausbilden und stoffgebundene oder nicht-stoffgebundene Abhängigkeiten entstehen.

Der genetische Determinismus, der die Hirnforschung selbst wie auch die neurobiologisch orientierte Psychiatrie und Psychologie jahrzehntelang beherrscht hatte, hat in den letzten zehn Jahren erheblich an Attraktivität und Erklärungswert verloren. Zu verdanken ist dieser Umstand auch einigen neueren, unerwarteten Erkenntnissen der molekularbiologischen Forschung: Das menschliche Genom erwies sich mit ca. 30.000 Genen als nicht viel reichhaltiger ausgestattet als das von Fadenwürmern und Fruchtfliegen. Auch der genetische Unterschied zu unseren nächsten Verwandten, den Menschenaffen, ist mit 0,5 % eher dürftig. Ausgehend von der Feststellung, dass sich seit ca. 100.000 Jahren nichts Entscheidendes mehr an der genetischen Ausstattung des Menschen geändert hat, stellt sich die Frage, was all das hervorgebracht hat, was unser Hirn heute leistet, angefangen vom Gebrauch der Sprache bis zur Nutzung der Atomenergie.

»Erfahrungs- und nutzungsabhängige Plastizität« und »transgenerationale Weitergabe von Erfahrungen« heißen die Schlüsselbegriffe, mit denen die Hirnforscher seit einigen Jahren recht erfolgreich zu erklären versuchen, wie aus den im Genpool des Menschen verankerten genetischen Potenzen allmählich das komplexe Gebilde herausgeformt werden konnte, mit dessen Hilfe wir heute all das zu leisten imstande sind, wovon unsere Vorfahren vor wenigen Generationen noch nicht einmal träumen konnten. Die Erklärung dieses Phänomens ist im Grunde recht einfach: Keine andere Spezies kommt mit einem derartig offenen, lernfähigen und durch eigene Erfahrungen in seiner weiteren Entwicklung und strukturellen Ausreifung formbaren Gehirn zur Welt wie der Mensch. Nirgendwo im Tierreich sind die Nachkommen beim Erlernen dessen, was für ihr Überleben wichtig ist, so sehr und über einen derartig langen Zeitraum auf Fürsorge und Schutz, Unterstützung und Lenkung durch die Eltern angewiesen und bei keiner anderen Art ist die Hirnentwicklung in solch hohem Ausmaß von der emotionalen, sozialen und intellektuellen Kompetenz dieser erwachsenen Bezugspersonen abhängig wie beim Menschen. Da diese Fähigkeiten bei den für die Gestaltung der Entwicklungsbedingungen eines Kindes maßgeblichen Erwachsenen unterschiedlich gut entwickelt sind, können die vorhandenen Potenziale zur Herausformung hochkomplexer, vielseitig vernetzter Verschaltungen im Gehirn der betreffenden Kinder nicht immer in vollem Umfang entfaltet werden. Die Auswirkungen derartiger suboptimaler Entwicklungsbedingungen werden allerdings meist erst dann sichtbar, wenn ein so aufgewachsenes Kind später als Erwachsener seine emotionale, soziale und intellektuelle Kompetenz bei der Gestaltung der Entwicklungsbedingungen seiner eigenen Nachkommen unter Beweis stellen muss. Als Grundregel für die Gestaltung dieser Rahmenbedingungen gilt: Alles, was die Beziehungsfähigkeit von Menschen (zu sich selbst, zu anderen, zur Natur, zur Kultur etc.) stärkt, verbessert die Konnektivität neuronaler Strukturen im Gehirn und damit die Offenheit und die Gestaltungsmöglichkeiten der betreffenden Personen. Umgekehrt führt alles, was die Beziehungsfähigkeit von Kindern, Jugendlichen oder Erwachsenen behindert, zu einer unzureichenden Ausschöpfung der im Gehirn angelegten Verknüpfungsmöglichkeiten. Solche Menschen verlieren ihre Offenheit, ihre Entdeckerfreude und ihre Gestaltungslust (Hüther 2011). Sie werden allzu leicht Opfer ihrer Ängste, sind leicht manipulierbar und fremdbestimmt. Als in dieser Weise besonders leicht irritierbare, schwache und in sich zerrissene (dysconnected) Persönlichkeiten entwickeln sie allzu leicht die eine oder andere Form psychischer Abhängigkeiten (Hofmann-Asmus 2010).

Nicht nur unser Fühlen, Denken und Handeln, sondern auch die diesen Reaktionen zugrunde liegenden neuronalen Verschaltungen werden ganz entscheidend durch die Erfahrungen geprägt, die wir in unseren Beziehungen zu anderen Menschen und der uns umgebenden Welt machen. Die engsten Beziehungen zu einem anderen Menschen entwickeln wir immer dann, wenn wir in dieser Beziehung Sicherheit und Geborgenheit, Mut, Selbstvertrauen und Zuversicht finden, wenn uns diese Beziehung also hilft, unser emotionales Gleichgewicht zu finden und zu bewahren. Dazu muss diese Bezugsperson in ihren Grundzügen berechenbar und in ihrem Verhalten authentisch sein. Geht uns diese psychosoziale Unterstützung verloren oder bestand nie wirklich die Chance, eine solche Unterstützung zu erfahren, so verlieren wir auch diese emotionale Balance. Das Gehirn reagiert auf diese Störung ebenso wie auf jede andere Störung, nämlich mit der Aktivierung einer Notfallreaktion, die dazu beitragen soll, entweder das alte Gleichgewicht wiederherzustellen oder – wenn das nicht geht – ein neues zu finden. Ersteres nennen wir kontrollierbare, letzteres unkontrollierbare Stressreaktion. Wird die aufgetretene Störung des emotionalen Gleichgewichts als kontrollierbar bewertet, so kommt es nur zu einer kurzzeitigen Aktivierung neuronaler und neuroendokriner Systeme. Sie hat einen stabilisierenden und bahnenden Einfluss auf die zur Angstbewältigung erfolgreich eingesetzten neuronalen Verschaltungen. Bleibt die Störung unbewältigbar und sieht eine Person keine Möglichkeit, ihr inneres Gleichgewicht wiederzufinden, wie es bei Konflikten im Bindungssystem leicht geschieht, so kann es im Verlauf der dann einsetzenden langanhaltenden, unkontrollierbaren Stressreaktion zu tiefgreifenden Destabilisierungsprozessen bisher entwickelter, aber unbrauchbar gewordener neuronaler Verschaltungen kommen (Hüther 1997).

Die Gefahr der Bahnung sehr einseitiger, das Denken, Fühlen und Handeln eines Menschen bestimmender neuronaler Verschaltungsmuster ist umso größer, je häufiger ein Mensch ganz bestimmte Strategien der Angstbewältigung im Lauf seiner Entwicklung immer wieder einsetzt und subjektiv als besonders erfolgreich bewertet. Beispiele für derartige, bis zur psychischen Abhängigkeit gebahnte Bewältigungsstrategien sind Karrieresucht, Erfolgssucht, Geltungssucht, Streitsucht, Prunksucht, Vergnügungs-(Ablenkungs-)sucht, Spiel-(Aufregungs-)sucht etc. Häufig werden auch bestimmte, durch die Nahrungsaufnahme ausgelöste zentralnervöse Effekte zur Angstbewältigung genutzt und bis zur Abhängigkeit gebahnt (Esssucht, Magersucht). Das gleiche gilt für die Einnahme von Drogen und Medikamenten, die aufgrund ihrer anxiolytischen, sedierenden oder euphorisierenden Wirkungen zur Angstbewältigung benutzt werden können (Medikamentensucht, Drogensucht). Je beschränkter das Spektrum an Bewältigungsstrategien ist, das sich eine Person im Laufe ihres bisherigen Lebens anzueignen imstande war, desto größer wird die Wahrscheinlichkeit, angesichts neuartiger psychosozialer Konflikte und seelischer Belastungen zu scheitern. Solche Menschen sind oft außerstande, adäquate Lösungsstrategien für neuartige Herausforderungen zu finden. Selbst kleinste Veränderungen oder an die Personen gestellte Anforderungen werden nicht als Herausforderung, sondern als angstbesetzte Bedrohung wahrgenommen. Aus diesem Grunde neigen sie dazu, ihre Ängste und die damit einhergehende unkontrollierbare Stressreaktion durch Rückgriff auf die einmal von ihnen entwickelten selbstmanipulativen Bewältigungsstrategien kontrollierbar zu machen.

Die Chancen, eine unkontrollierbare Angst- und Stressreaktion mit Hilfe derartiger gebahnter und nun unbewusst aktivierter Bewältigungsstrategien tatsächlich kontrollieren zu können, sind jedoch normalerweise nur sehr gering. Aus diesem Grund versuchen Drogenabhängige immer wieder, ganz bestimmte Situationen herbeizuführen, die sie mit Hilfe ihrer »alten« Bewältigungsstrategien zu kontrollieren imstande sind. Welche konkreten Situationen eine bestimmte Person durch ihr eigenes Verhalten heraufbeschwört, um sich selbst immer wieder zu bestätigen, dass sie daran scheitert (und deshalb die Droge nehmen muss), ist von den Erfahrungen abhängig, die sie bisher bei der Bewältigung von Angst und Stress gemacht hat. Manche Menschen inszenieren Situationen, in denen sie die Hilfsbereitschaft anderer wecken, andere verfolgen mit ihren Inszenierungen das Ziel, ganz bestimmte eigene Kompetenzen erneut unter Beweis stellen zu können (z. B. wie viel Alkohol man trinken kann, ohne umzufallen). Manche versuchen aber auch, sich selbst mit Hilfe solcher Inszenierungen immer wieder zu beweisen, dass es ihnen nichts ausmacht und dass sie damit umgehen können, dass es also für sie kontrollierbar ist, von liebgewonnenen, Sicherheit bietenden Bezugspersonen abgelehnt zu werden oder eine erneute Bestätigung ihrer eigenen Inkompetenz zu erfahren (um dann wieder zu Drogen greifen zu können).

Die mit einer Störung des emotionalen Gleichgewichts einhergehende Aktivierung emotionaler Zentren lässt sich am effektivsten (und am befriedigendsten) dadurch unterdrücken, dass man das Problem löst, das diese Störung ausgelöst hat. Wenn das nicht mit Hilfe eigener Kompetenzen, durch Suche nach psychosozialer Unterstützung oder durch innere Überzeugungen (Glaube, Vertrauen, Sinnorientierung) möglich ist, liegt die Versuchung nahe, die übermäßige Erregung der emotionalen Zentren durch die Einnahme von Substanzen abzubauen, die die Arbeitsweise des Gehirns so verändern, dass das Gefühl der Verunsicherung und inneren Unruhe verschwindet. Auf welche Substanzen dabei zurückgegriffen wird, hängt von den zur Verfügung stehenden (und beschaffbaren) Angeboten und den bereits mit bestimmten Substanzen gemachten Erfahrung ab.

Patienten, die von der regelmäßigen Zufuhr eines Stoffes abhängig geworden sind, der die Arbeitsweise des Gehirns so verändert, dass innere, emotionale Unruhezustände gedämpft, nicht mehr wahrgenommen oder überdeckt werden, haben ein doppeltes Problem.

Erstens verfügen sie nach wie vor nur über ein unzureichend entwickeltes Spektrum an verschiedenartigen Bewältigungsstrategien (zu wenig eigene Kompetenzen, zu schwache Sicherheit bietende Bindungen, unzureichend entwickelte innere Sicherheit bietende Orientierungen). Im Verlauf der Suchterkrankung werden diese Ressourcen und die dafür verantwortlichen komplexen neuronalen Verschaltungen weiter destabilisiert und immer schlechter nutzbar.

Zweitens führt die regelmäßige, durch den Suchtstoff ausgelöste Veränderung der Arbeitsweise des Gehirns zu einer fortschreitenden adaptiven Modifikation der in ihrer Aktivität und ihrem Zusammenwirken durch den jeweiligen Wirkstoff veränderten neuronalen Netzwerke und Regelkreise. Die Suchtstoff-induzierte Unterdrückung von sich ausbreitenden Erregungsmustern hat daher zwangsläufig zur Folge, dass die Erregbarkeit dieser Verschaltungen verstärkt wird. Die fortgesetzte »Harmonisierung« zwischen limbischen (emotionalen) und kortikalen (assoziativ-kognitiven) Netzwerken durch einen Suchtstoff führt zur adaptiven Verstärkung der sich in den emotionalen Zentren ausbreitenden Erregungsmuster und der dabei aktivierten Verschaltungen (»Belohnungssystem«).

Diese adaptiven Veränderungen der inneren Organisation und Arbeitsweise des Gehirns gehen mit entsprechenden nutzungsabhängigen strukturellen Anpassungen einher und sind daher nur sehr schwer wieder auflösbar. Sie bilden das neurobiologische Substrat für die nach dem Entzug fortbestehende psychische Abhängigkeit. Je stärker diese Veränderungen ausgeprägt sind, desto größer ist die »Rückfallgefahr«. Dieses sogenannte »Suchtgedächtnis« kann nur in einem meist langwierigen Reorganisationsprozess aufgelöst werden. Dieser Prozess gelingt umso besser, je stärker er mit einer Aktivierung emotionaler Zentren einhergeht, die von dem Patienten als bewältigbar (Bestätigung) und positiv (Freude) bewertet wird.

Wenig sinnvoll erscheinen Versuche, dieses »Suchtgedächtnis« durch pharmakologische oder gar neurochirurgische Eingriffe auflösen zu wollen. Auf diese Weise lässt sich bestenfalls erreichen, dass der bisher eingesetzte Suchtstoff »nicht mehr wirkt« – entweder, weil die Rezeptoren, an denen er angreift, durch einen Antagonisten besetzt sind oder weil die neuronalen Schaltkreise, an denen der Suchtstoff angreift und deren Aktivität er verändert, unterbrochen oder ausgeschaltet sind. Da das Grundproblem des Suchtpatienten – sein Mangel an Ressourcen zur Lebens- und Problembewältigung – damit nicht behoben ist, wird er über kurz oder lang versuchen, das »Gegenmittel« wieder abzusetzen oder nach einem anderen Suchtstoff zu suchen, der die immer wieder aufflackernde emotionale Unruhe, Verunsicherung und Angst auf andere Weise und über einen anderen Mechanismus behebt (Fava 2009).

So bleibt zunächst nur die Möglichkeit, dem jeweiligen suchtkranken Patienten individuell bei der Überwindung seiner defizitär ausgebildeten Bewältigungsstrategien behilflich zu sein (Stärkung von Ressourcen). Die dafür erforderlichen langwierigen Behandlungen verursachen enorme Kosten, die sich nur verringern lassen, wenn es langfristig gelingt, Präventionsprogramme zu installieren, die den betroffenen Personen helfen, genau die Ressourcen zu entwickeln, deren Mangel sie später in die Sucht treibt: umfangreiche eigene Kompetenzen, sichere Bindungen und Sicherheit bietende innere Leitbilder und Orientierungen.

Alles, was lebt, will auch etwas. Jeder Mensch will sein Leben gestalten, kreativ und mit Lust am Entdecken und Erfinden in seiner Welt unterwegs sein. Und er will von den anderen gesehen, mit anderen Menschen verbunden sein. Die durch therapeutische Interventionen erlernten Strategien zur Bewältigung der Suchtproblematik und der Alltagskonflikte stellen zwar ein notwendiges Werkzeug für diesen Weg dar. Wird dem Patienten aber keine Gelegenheit gegeben, diese beiden Grundbedürfnisse zu stillen und seine Fähigkeiten, aktiv für Verbundenheit einerseits und für eigenes Wachstum andererseits zu sorgen, behutsam weiterzuentwickeln, ist eine dauerhafte Heilung von der Abhängigkeitsproblematik nicht zu erwarten. Nur die regelmäßig erlebte Bedeutsamkeit der eigenen Person im sozialen Kontext und die Erfahrung aktiv gelebter Individualität versetzen einen Menschen in die Lage, auch in belastenden Lebensabschnitten und Krisen als selbstbestimmte und handlungskompetente Persönlichkeit auftreten zu können.

Sich als bedeutsam im sozialen Kontext erleben zu können setzt aber voraus, dass einer Person genügend Gelegenheit geboten wird, ihre Grundbedürfnisse zu stillen. In einer überwiegend auf Leistung und Effizienzsteigerung ausgerichteten Kultur besteht leider die Gefahr, dass sich immer mehr Menschen als Konkurrenten erleben und einander keine Wertschätzung und Achtsamkeit mehr entgegenbringen. Je größer dieser Druck wird, desto größer wird auch die Gefahr, dass immer mehr Menschen nach einem Ersatz für das suchen, was sie in ihrer jeweiligen Lebenswelt nicht finden, nämlich andere Menschen, mit denen sie sich verbunden, in deren Gemeinschaft sie sich sicher und wertgeschätzt fühlen. Und Aufgaben, an denen sie wachsen, über sich hinauswachsen können.

Die Lösung für die Suchtproblematik besteht deshalb nur vordergründig in der frühzeitigen Erkennung der Problematik und Therapie der betreffenden Personen. Langfristig erfolgreich werden die Bemühungen der Betrieblichen Gesundheitsvorsorge um eine Verringerung von »suchtbedingten Ausfällen« nur dann sein, wenn es innerhalb eines Unternehmens gelingt, die bisherige Beziehungs-, Arbeits- und Führungskultur umzugestalten. Und zwar so, dass alle Mitarbeiter die Erfahrung machen, dass es auf jeden einzelnen ankommt und dass jeder dazugehört und mit seinen besonderen Fähigkeiten gebraucht wird, damit das, was alle gemeinsam anstreben, auch erreicht werden kann.

Es gibt mehr Unternehmen als man vermutet, in denen ein solcher Kulturwandel gelungen ist und es gibt sehr unterschiedliche Wege, um diesen Kulturwandel in Gang zu setzen (vgl. www.kulturwandel.org). Wer in einem Unternehmen arbeitet, in dem ein so positives Betriebsklima herrscht, in dem er spürt, dass er gebraucht wird und Anerkennung findet, in dem er sich eingebunden fühlt und zeigen kann, was er zu leisten vermag, wird nicht so leicht krank und wird auch kaum eine Suchtproblematik entwickeln.

Belegen lässt sich das anhand des Vergleichs der krankheitsbedingten Fehlzeiten und der Häufigkeit von Suchterkrankungen der Mitarbeiter beispielsweise der dm-Drogeriemarktkette und derjenigen, die in den inzwischen aufgelösten Schlecker-Drogeriemärkten beschäftigt waren. Hier konkurrierten zwei Unternehmen mit unterschiedlichen Unternehmenskulturen unter ansonsten ähnlichen Voraussetzungen um einen gemeinsamen Markt. Die in der dm-Drogeriemärkten gepflegte Beziehungs-, Führungs- und Arbeitskultur führte langfristig nicht nur zu einer deutlich besseren Mitarbeiterzufriedenheit, zu mehr persönlichem Engagement und überlegenen Betriebsergebnissen, sondern auch zu weniger Ausfällen durch Suchterkrankungen (pers. Mitteilung von Götz Werner, dem Gründer und langjährigen Leiter von dm, wo er diese Unternehmenskultur aufgebaut hat).

Es fehlt gegenwärtig an belastbaren und öffentlich zugänglichen Daten über die Häufigkeit von Suchterkrankungen in einzelnen Unternehmen. Es ist sehr wahrscheinlich, dass sich anhand solchen Datenmaterials ein linearer Zusammenhang zwischen der Häufigkeit von Suchterkrankungen und einem Betriebsklima, das die beiden Grundbedürfnisse der Mitarbeiter nach Zugehörigkeit und Autonomie erfüllt, auch statistisch nachweisen lässt.

Literatur

Hofmann-Asmus M (2010) Persönlichkeitsstörungen und Sucht. Neurotransmitter 10:26–28

Hüther G (1997) Biologie der Angst. Vandenhoeck & Ruprecht, Göttingen

Hüther G (2011) Was wir sind und was wir sein könnten. S. Fischer, Frankfurt

Fava GA (2009) The decline of pharmaceutical psychiatry and the increasing rote of psychological medicine. Psychotherapy and Psychosomatics 78:200–227

Kross E, Berman MC, Mischel W, Smith ES, Wager TD (2011) Social repection shares somatosensory representations with physical pain. PNAS 108:6270–6275

Daten zur Behandlungsprävalenz von Suchterkrankungen

T. Pfeiffer-Gerschel, M. Steppan, J. Künzel

B. Badura et al. (Hrsg.) *Fehlzeiten-Report 2013*,
DOI 10.1007/978-3-642-37117-2_6, © Springer Verlag Berlin Heidelberg 2013

Zusammenfassung *Der vorliegende Beitrag gibt einen Überblick über Betreuungen und Behandlungen, die in ambulanten und stationären Einrichtungen der Suchtkrankenhilfe im Jahr 2011 durchgeführt und im Rahmen der Deutschen Suchthilfestatistik (DSHS) dokumentiert wurden. Dargestellt werden die Verteilungen der substanzbezogenen Diagnosen und die Merkmale der jeweiligen Klientel wie Altersstruktur, Bildung, Lebensumstände sowie einige ausgewählte Parameter ihrer Behandlung. Am häufigsten sind Behandlungen wegen einer Alkohol,- Opioid- oder Cannabisproblematik. Die Merkmale der Behandelten variieren zum Teil erheblich in Abhängigkeit von der zugrunde liegenden Diagnose. So sind z. B. Patienten, die wegen einer Alkoholproblematik behandelt werden, im Durchschnitt erheblich älter als Patienten, die wegen ihres Cannabis- oder Opioidkonsums in Behandlung sind. Der höchste Anteil erwerbsloser Personen findet sich unter den betreuten Opioidkonsumenten (fast zwei Drittel), gefolgt von Patienten mit primären Alkohol- oder Kokainproblemen (ca. ein Drittel bis etwa die Hälfte). Insgesamt lässt sich feststellen, dass Personen, die wegen einer Suchtproblematik behandelt wurden, zu einem hohen Anteil in eher prekären Verhältnissen leben, unter zusätzlichen Erkrankungen leiden und nach der Behandlung nur schwer wieder in geregelte Beschäftigungsverhältnisse vermittelt werden können.*

6.1 Einführung

Für Menschen, die ihre Probleme aufgrund des Konsums von psychotropen Substanzen mit professioneller Unterstützung überwinden wollen, stehen in Deutschland zahlreiche Ausstiegshilfen und eine Vielzahl therapeutischer Angebote zur Verfügung. Für die ambulant betreuten und behandelten Personen stellt insbesondere die Deutsche Suchthilfestatistik (DSHS) umfangreiche Daten von ambulanten Einrichtungen, die mit Landes- und kommunalen Mitteln gefördert werden, zur Verfügung (Steppan et al. 2012). Für den stationären Behandlungssektor gibt es neben der DSHS, die die Daten zahlreicher Fachkliniken abbildet, noch weitere Datenquellen. Die Daten vieler größerer, insbesondere psychiatrischer Kliniken, die ebenfalls suchtspezifische Behandlungen anbieten, sind nicht in der DSHS vertreten. Um diese Lücken soweit wie möglich zu füllen, können Daten aus der Krankenhausdiagnosestatistik des Statistischen Bundesamtes sowie aus der Statistik der Deutschen Rentenversicherung (DRV) herangezogen werden. Die Krankenhausdiagnosestatistik erfasst die Entlassdiagnosen aller Patienten stationärer Einrichtungen und deckt damit inhaltlich vor allem Informationen zu Akutbehandlungen (Intoxikationen) und Entgiftungen ab, die im Zusammenhang mit Substanzkonsum entstehen können. Die Statistik der DRV beinhaltet Informationen zu Rehabilitationsbehandlungen, die der langfristigen Entwöhnung und der Wiederherstellung der Arbeitsfähigkeit dienen. Die Verteilungen dieser beiden Statistiken nach Hauptdiagnosen entsprechen sich weitgehend. Informationen über Substitutionsbehandlungen bei Opiatabhängigen werden in Deutschland seit dem 01. Juli 2002 im Substitutionsregister gesammelt, das eingerichtet wurde, um Doppelverschreibungen von Substitutionsmitteln zu verhindern und sicherzustellen, dass Mindestanforderungen an die suchttherapeutische Qualifikation der substituierenden Ärzte erfüllt werden[1]. Über das Substitutionsregister sind jedoch keine Informationen verfügbar, die über die Anzahl der behandelten Patienten, der behandelnden Ärzte und die zum Einsatz kommende Medikation hinausgehen.

---

[1] http://www.bfarm.de/DE/Bundesopiumstelle/BtM/substitReg/substitreg-node.html

6.2 Daten aus psychiatrischen Kliniken

Die suchtpsychiatrischen Einrichtungen der psychiatrischen Fachkliniken oder der psychiatrischen Abteilungen an Allgemeinkrankenhäusern und Universitätskliniken stellen neben den Einrichtungen für Beratung und Rehabilitation die zweite große Säule der Suchtkrankenversorgung in Deutschland dar. Neben der niedrigschwelligen qualifizierten Entzugsbehandlung führen sie unter anderem Notfallbehandlungen, Kriseninterventionen und die Komplexbehandlung bei Komorbidität durch. Informationen über die in den psychiatrischen Einrichtungen versorgten Suchtpatienten liefert eine im Jahr 2011 vom Suchtausschuss der Bundesdirektorenkonferenz initiierte Erhebung »Basisdatensatz Suchtpsychiatrie« an psychiatrischen Fachkrankenhäusern, Abteilungspsychiatrien und Universitätskliniken. Zusammenfassend lässt sich feststellen, dass die suchtpsychiatrischen Einrichtungen eine zentrale ambulante und stationäre Versorgungsstruktur für Suchtkranke darstellen. Insgesamt 75 Kliniken beteiligten sich an der Umfrage, das entspricht rund 19 Prozent der Kliniken mit psychiatrischen Planbetten. Die teilnehmenden Kliniken halten 28 Prozent der psychiatrischen Planbetten in Deutschland vor. Hochrechnungen zeigen, dass im Jahr 2010 ca. 300.000 stationäre Suchtbehandlungen in psychiatrischen Kliniken stattfanden. Dazu kommen rund 300.000 Quartalsbehandlungen, die in den psychiatrischen Institutsambulanzen der Kliniken durchgeführt wurden. Hieraus ergibt sich, dass es sich bei 31 Prozent der stationären und 14 Prozent der ambulanten psychiatrischen Fälle um Suchtpatienten handelt. Im Vergleich dazu wurden laut Gesundheitsberichterstattung des Bundes in Einrichtungen der Inneren Medizin nur ca. 150.000 Behandlungen wegen Alkohol- oder Drogenerkrankungen durchgeführt. Die meisten Suchtpatienten waren primär alkoholabhängig (ca. 70 Prozent). Bei jeweils ca. 10 bis 13 Prozent waren Störungen durch Opioidkonsum oder einen multiplen Substanzgebrauch Anlass für eine stationäre Behandlung. In der ambulanten Therapie wurde ebenfalls bei ca. 10 Prozent der Patienten der Konsum anderer Substanzen zu einem behandlungsrelevanten Problem. Im stationären Bereich wurden bei etwa 40 Prozent der Patienten weitere psychiatrische Störungen diagnostiziert, im ambulanten Bereich bei ungefähr 60 Prozent. Eine affektive Störung war die häufigste Nebendiagnose (Internationale Klassifikation psychischer Störungen (ICD-10) der Weltgesundheitsorganisation WHO) (Dilling et al. 2009: Kapitel F3: 20 bis 25 Prozent). Darauf folgten neurotische, Belastungs- und somatoforme Störungen (ICD-10 F4). Sie fanden sich bei etwa 10 Prozent der Patienten. Im selben Ausmaß lagen Persönlichkeits- und Verhaltensstörungen vor (ICD-10 F6). Ambulant behandelte Patienten wiesen zudem – ebenfalls zu ca. 10 Prozent – auch schizophrene Störungen auf (ICD-10 F2). Nennenswerte Unterschiede zwischen den verschiedenen Kliniktypen in Bezug auf die behandelten Patienten oder regionale Unterschiede wurden nicht festgestellt (zitiert nach: Die Drogenbeauftragte der Bundesregierung 2012). Weitergehende Informationen zu den behandelten Patienten wie z. B. Angaben zur Berufstätigkeit oder weitere soziodemografische Daten liegen aus den Kliniken nicht vor.

6.3 Deutsche Suchthilfestatistik (DSHS)

Schwerpunkt dieses Beitrags sind Angaben zu Suchtbehandlungen aus der Deutschen Suchthilfestatistik (DSHS), die umfassende Informationen zu den in Einrichtungen der Suchthilfe behandelten Personen beinhaltet. Die Daten der DSHS werden seit den 1980er Jahren bundesweit von ambulanten und stationären Einrichtungen der Suchtkrankenhilfe erhoben. Die Daten werden mithilfe des von der Deutschen Hauptstelle für Suchtfragen e. V. (DHS) veröffentlichten »Deutschen Kerndatensatzes zur Dokumentation im Bereich der Suchtkrankenhilfe (KDS)« (DHS 2008) erhoben und dokumentiert. Im Rahmen des KDS werden sowohl Daten zur jeweiligen Einrichtung (z. B. Art der Angebote, Mitarbeiterstruktur) als auch Informationen zu den betreuten Patienten erfasst, wie z. B. soziodemografische Merkmale, anamnestische Daten, Diagnosen sowie Informationen zu Behandlungsverlauf und -ergebnissen. Für eine ausführliche Darstellung der Erhebungsmethodik der DSHS wird auf Bauer und Kollegen (2009) verwiesen. Bei der aktuell zugrunde liegenden Stichprobe handelt es sich um eine Gelegenheitsstichprobe aller Einrichtungen in Deutschland, die sich 2011 an der bundesweiten Auswertung für die DSHS beteiligt haben. 2011 haben 778 ambulante und 166 stationäre Einrichtungen an der DSHS teilgenommen, die insgesamt Daten von etwa 350.000 Betreuungen und Behandlungen zur Verfügung gestellt haben. Die Daten bilden einen umfangreichen, aber nicht vollständigen Ausschnitt des Suchthilfesystems in Deutschland. Es kann angenommen werden, dass ≥ 70,0 Prozent der ambulanten und ≥ 45 Prozent der stationären Facheinrichtungen in die Auswertung eingegangen sind.

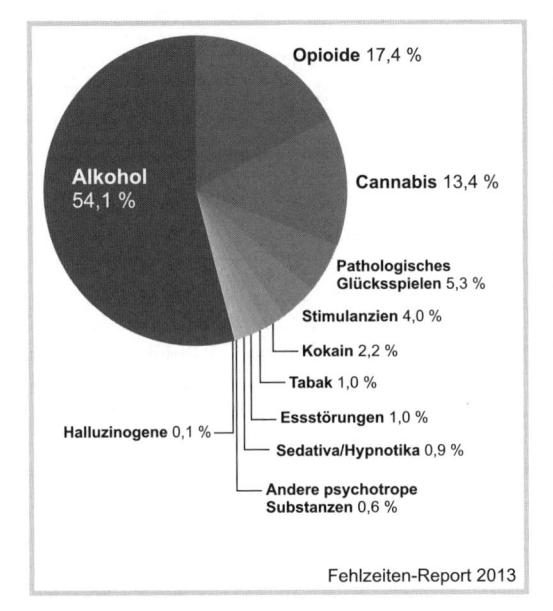

Abb. 6.1 Verteilung der Hauptdiagnosen in der Deutschen Suchthilfestatistik (DSHS) – ambulant

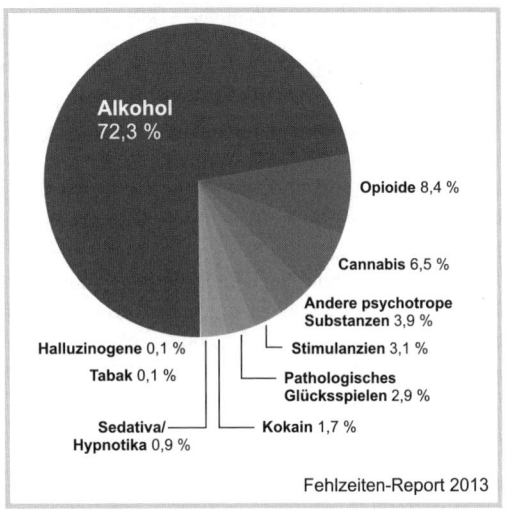

Abb. 6.2 Verteilung der Hauptdiagnosen in der Deutschen Suchthilfestatistik (DSHS) – stationär

6.4 Merkmale der behandelten Personen

Die diagnostischen Informationen aus der DSHS zu den in den Einrichtungen behandelten Patienten beruhen auf der Internationalen Klassifikation psychischer Störungen (ICD-10; Dilling et al. 2009). Die Hauptdiagnose orientiert sich an dem für den jeweiligen Patienten und den jeweiligen Betreuungsfall primären Problem. Darüber hinaus erlaubt der KDS die Vergabe weiterer Diagnosen, um Komorbiditäten oder polyvalente Konsummuster abzubilden (◘ Abb. 6.1).

Ähnlich wie in den Vorjahren stellen sowohl im ambulanten als auch im stationären Bereich Patienten mit Störungen aufgrund des Konsums von Alkohol, Opioiden und Cannabis die drei größten Hauptdiagnosegruppen (Steppan et al. 2011a, b; Pfeiffer-Gerschel et al. 2010; Hildebrand et al. 2009). Dabei sind Störungen aufgrund des Konsums von Alkohol die häufigste Hauptdiagnose (ambulant: 54 Prozent, stationär: 72 Prozent), gefolgt von Opioiden (17 Prozent; 8 Prozent) und Cannabis (13 Prozent; 7 Prozent). Weitere häufige Hauptdiagnosen sind Probleme aufgrund des Konsums von Kokain (bzw. Crack) und Stimulanzien (MDMA[2] und verwandte Substanzen, Amphetamine, Ephedrin, Ritalin etc.), die jeweils bei zwei bis vier Prozent der behandelten Patienten primärer Betreuungsanlass waren. Pathologisches Glücksspielen (PG) stellt den sechsten großen Hauptdiagnosebereich dar (5 Prozent; 3 Prozent) (◘ Abb. 6.2).

Während der letzten fünf Jahre sind zum Teil deutliche Veränderungen bei der Verteilung der Hauptdiagnosen zu beobachten. Der größte relative Zuwachs ist bei Personen zu beobachten, die wegen pathologischen Glücksspiels betreut werden: Ihr Anteil hat sich sowohl im ambulanten als auch im stationären Bereich nahezu verdoppelt. Auch Betreuungs- und Behandlungsfälle wegen Störungen im Zusammenhang mit dem Konsum von Stimulanzien und Cannabis haben an Bedeutung gewonnen. Die »klassischen« Substanzen Kokain und Opiate (v. a. Heroin) haben hingegen in den letzten Jahren unter den dokumentierten Fällen relativ an Bedeutung verloren.

6.5 Alkohol

Mit über 100.000 dokumentierten Betreuungs- und Behandlungsfällen in ambulanten und stationären Einrichtungen ist Alkohol in der DSHS mit großem Abstand die zahlenmäßig wichtigste Substanz. Mit einem Verhältnis von etwa 3:1 gibt es in ambulanten und stationären Einrichtungen mehr Männer mit alkoholbezogenen Störungen als Frauen. Die Patientengruppe mit der behandlungsleitenden Diagnose Alkohol ist im Mittel die älteste unter den in der DSHS dokumentierten Suchtpatienten (44 bis 45 Jahre). Die Hauptdiagnose

---

2 MDMA: 3,4-Methylendioxy-methamphetamin

Alkohol geht häufig mit abhängigem oder schädlichem Gebrauch von Tabak (ambulant: 28 Prozent, stationär: 66 Prozent) und gelegentlich von Cannabis als zusätzlicher Einzeldiagnose einher (7 Prozent; 13 Prozent). Deutlich über ein Drittel der betreuten und behandelten Betroffenen ist erwerbslos (36 Prozent; 45 Prozent). Patienten mit alkoholbezogenen Störungen befinden sich im Vergleich zu Personen mit anderen Substanzstörungen häufiger in festen Beziehungen (48 Prozent; 44 Prozent). Hinsichtlich des Behandlungserfolgs finden sich bei Patienten mit alkoholbezogenen Störungen unter allen Substanzen die besten Ergebnisse: 65 Prozent der ambulanten und 84 Prozent der stationären Patienten beendeten die Behandlung planmäßig.

6.6 Opioide

Mit 29.415 dokumentierten Betreuungen und Behandlungen stellen Personen mit einer primären Problematik aufgrund des Konsums von Opioiden die zweitgrößte Gruppe in der DSHS. Mit einem Geschlechterverhältnis von 3:1 gibt es wie schon bei den Alkoholpatienten auch in dieser Gruppe wesentlich mehr Männer. Ergänzend zu der behandlungsleitenden Diagnose aufgrund des Opiatkonsums werden bei dieser Personengruppe am häufigsten weitere substanzbezogene Diagnosen vergeben. Dies sind vor allem der schädliche Gebrauch oder die Abhängigkeit von Tabak (ambulant: 37 Prozent, stationär: 88 Prozent), Alkohol (27 Prozent; 57 Prozent), Amphetaminen (9 Prozent; 30 Prozent), Kokain (22 Prozent; 50 Prozent), Benzodiazepinen (14 Prozent; 30 Prozent), MDMA (5 Prozent; 17 Prozent) und LSD[3] (3 Prozent; 13 Prozent). Opioidpatienten gehören im Mittel zu den jüngeren (34 bis 35 Jahre), hier bestehen jedoch durchaus Unterschiede zwischen den seit Jahren substituierten – und nach wie vor psychosozial betreuten – Patienten und den neu dokumentierten Patienten. Störungen im Zusammenhang mit Opioiden gehen in fast zwei Dritteln der Fälle mit Erwerbslosigkeit einher (60 Prozent; 65 Prozent) und die Betroffenen leben im Vergleich mit anderen Patientengruppen selten in festen Beziehungen (35 Prozent; 40 Prozent). Hinzu kommen zahlreiche weitere somatische Belastungen, die im Vergleich zu anderen Patientengruppen deutlich verbreiteter sind (z. B. Infektionserkrankungen). Hinsichtlich der Behandlungsdauer rangieren Patienten mit einer Opioidproblematik im oberen Bereich: Im ambulanten Bereich sind die Opioid-Behandlungen die längsten (im Mittel 354 Tage), im stationären Bereich liegen die Opioid-Behandlungen mit 97 Tagen Durchschnittsdauer im mittleren Bereich. Opioidbezogene Störungen weisen den geringsten Erfolg auf: Nur 51 Prozent der ambulanten und 56 Prozent der stationären Patienten beenden ihre Behandlung planmäßig.

6.7 Cannabis

Mit etwa 22.000 Patienten in ambulanten und stationären Einrichtungen sind Cannabispatienten die drittgrößte Gruppe unter den in der DSHS dokumentierten Patienten. Mit einem Verhältnis von 6:1 ist Cannabis die Substanz mit dem größten Männeranteil (in ambulanten und stationären Einrichtungen) und die Cannabispatienten sind im Mittel die jüngsten unter den Suchtpatienten (25 bis 27 Jahre). Personen, die primär wegen ihrer Probleme im Zusammenhang mit dem Konsum von Cannabis betreut und behandelt werden, weisen häufig zahlreiche weitere substanzbezogene Diagnosen (schädlicher Gebrauch/Abhängigkeit) auf. Dies sind vor allem Störungen aufgrund des Konsums von Tabak (ambulant: 36 Prozent, stationär: 84 Prozent), Alkohol (27 Prozent; 62 Prozent), Amphetaminen (19 Prozent; 51 Prozent), Kokain (9 Prozent; 33 Prozent) und MDMA (6 Prozent; 24 Prozent). Störungen im Zusammenhang mit Cannabis gehen häufig mit Erwerbslosigkeit einher (34 Prozent; 57 Prozent). Im Vergleich zu den anderen Patientengruppen befinden sich Patienten mit cannabisbezogenen Störungen selten in festen Beziehungen (weniger als ein Drittel der betreuten und behandelten Personen). Im ambulanten Sektor zählen die Cannabis-Behandlungen zu den kürzesten (im Mittel 180 Tage), während im stationären Bereich Cannabis-Behandlungen im Mittel die zweitlängsten sind (im Mittel 99 Tage). Dieser Unterschied spiegelt sich auch im Behandlungserfolg wider: Cannabisbezogene Störungen weisen einen relativ guten Behandlungserfolg im ambulanten Bereich auf: 61 Prozent der ambulanten Patienten beenden die Behandlung planmäßig, während im stationären Bereich das planmäßige Behandlungsende von 56 Prozent deutlich hinter den Ergebnissen im Zusammenhang mit Alkohol und pathologischem Glücksspiel zurückbleibt und in etwa vergleichbar mit den niedrigen Vergleichswerten bei Opioiden (56 Prozent) und Kokain (69 Prozent) ist.

6.8 Stimulanzien

In der DSHS wurden 2011 7.228 Patienten dokumentiert, die primär aufgrund ihrer Probleme im Zusam-

---

3 LSD: Lysergsäurediethylamid

menhang mit Stimulanzien in ambulanten und stationären Einrichtungen betreut und behandelt wurden. Damit hat diese Personengruppe hinsichtlich ihrer Größe die Gruppe der primären Kokainkonsumenten mittlerweile überholt. Mit einem Verhältnis von etwa 3:1 gibt es auch unter den Stimulanzienpatienten mehr Männer als Frauen (in ambulanten und stationären Einrichtungen). Im Vergleich mit den anderen Patientengruppen gehören die Stimulanzienpatienten mit durchschnittlich 27 bis 28 Jahren zu den jüngsten betreuten und behandelten Personen. Auch diese Personengruppe weist neben der Hauptdiagnose relativ häufig weitere substanzbezogene Diagnosen auf, die vor allem im Zusammenhang mit dem Konsum von Cannabis (ambulant: 49 Prozent, stationär: 74 Prozent), Alkohol (29 Prozent; 60 Prozent), Tabak (28 Prozent; 89 Prozent), LSD (5 Prozent; 19 Prozent) und Heroin (4 Prozent; 13 Prozent) stehen. Wie auch bei den zuvor berichteten diagnostischen Gruppen gehen auch Störungen im Zusammenhang mit Stimulanzien häufig mit Erwerbslosigkeit einher (43 Prozent; 61 Prozent). Patienten mit stimulanzienbezogenen Störungen sind im Vergleich mit anderen Substanzstörungen seltener in festen Beziehungen (31 Prozent; 37 Prozent). Die Betreuungen und Behandlungen wegen stimulanzienbezogener Störungen weisen relativ hohe Erfolgsraten auf: 56 Prozent der ambulanten und 68 Prozent der stationären Patienten beenden ihre Behandlung planmäßig.

6.9 Kokain

2011 wurden im Rahmen der DSHS die Daten von 3.995 Betreuungen und Behandlungen von Patienten mit der Hauptdiagnose Kokainmissbrauch oder -abhängigkeit in ambulanten und stationären Einrichtungen dokumentiert. Mit einem Verhältnis von 6:1 gibt es auch in dieser Gruppe wesentlich mehr Männer als Frauen in den ambulanten und stationären Einrichtungen. Insbesondere im Vergleich zu den primären Cannabis- und Stimulanzienkonsumenten sind die Kokainpatienten im Mittel deutlich älter (32 bis 33 Jahre). Auch Patienten mit einer Hauptdiagnose aufgrund des Konsums von Kokain erhalten häufig weitere substanzbezogene Diagnosen, die primär auf dem schädlichen Gebrauch oder einer Abhängigkeit von folgenden Substanzen basieren: Cannabis (ambulant: 45 Prozent, stationär: 62 Prozent), Alkohol (40 Prozent; 59 Prozent), Tabak (33 Prozent; 81 Prozent), Amphetamine (20 Prozent; 39 Prozent) und LSD (4 Prozent, 10 Prozent). Auch Störungen im Zusammenhang mit Kokain gehen häufig mit Erwerbslosigkeit einher (38 Prozent; 53 Prozent). Patienten mit kokainbezogenen Störungen leben im Vergleich zu Patienten mit anderen Substanzstörungen häufiger in festen Beziehungen (48 Prozent; 43 Prozent), vergleichbare Werte sind nur noch bei Patienten mit primär alkoholbezogenen Störungen zu beobachten. Im ambulanten Sektor liegt die Behandlungsdauer im mittleren Bereich (durchschnittlich 242 Tage), im stationären Bereich sind die Kokain-Behandlungen mit 98 Tagen mittlerer Dauer die zweitlängsten nach den Stimulanzien-Behandlungen. Betreuungen und Behandlungen aufgrund kokainbezogener Störungen weisen relativ hohe Erfolgsraten auf: 61 Prozent der ambulanten und 69 Prozent der stationären Patienten beenden ihre Behandlung planmäßig.

6.10 Pathologisches Glücksspiel

Mit 9.025 dokumentierten Betreuungen und Behandlungen werden mittlerweile mehr pathologische Glücksspieler in ambulanten und stationären Einrichtungen versorgt als Patienten mit Problemen im Zusammenhang mit dem Konsum von Kokain oder Stimulanzien. Ausgehend von den dokumentierten Fallzahlen rangiert pathologisches Glücksspielen hinter Alkohol, Opioiden und Cannabis auf Platz vier der am häufigsten in den Facheinrichtungen und -kliniken behandelten Störungen. Mit einem Verhältnis von 8:1 ist der Anteil der betreuten und behandelten Männer nochmals deutlich höher als bei allen anderen (substanzbezogenen) Störungen. Auch pathologische Glücksspieler erhalten häufig weitere substanzbezogene Diagnosen. Diese bestehen vor allem in einem schädlichen Gebrauch oder einer Abhängigkeit von Alkohol (ambulant: 10 Prozent, stationär: 29 Prozent), Tabak (23 Prozent; 70 Prozent), Cannabis (5 Prozent; 14 Prozent) und (in einem geringen Umfang) Kokain (1 Prozent; 5 Prozent). Pathologische Glücksspieler gehören zu den älteren von Sucht betroffenen Patienten (im Mittel 35 bis 37 Jahre). Störungen im Zusammenhang mit pathologischem Glücksspiel gehen im Vergleich zu den stoffgebundenen Störungen seltener mit Erwerbslosigkeit einher (24 Prozent; 39 Prozent). Patienten mit glücksspielbezogenen Störungen leben im Vergleich zu den betreuten und behandelten Personen mit Substanzstörungen häufiger in festen Beziehungen (53 Prozent; 45 Prozent). Pathologisches Glücksspielen weist im Vergleich zu den substanzgebundenen Störungsbildern stringent die kürzeste Behandlungsdauer auf: Sowohl im ambulanten (176 Tage) als auch im stationären Bereich (75 Tage) sind die Behandlungen des pathologischen Glücksspielens im Mittel am kürzesten. Die Erfolgsraten der Interventionen unterscheiden sich in Abhängigkeit vom jeweiligen Setting (ambulant vs. stationär): Während im ambulanten Bereich das planmäßige Ende der Behandlung bei relativ niedrigen 57 Prozent liegt, weist pathologisches Glücksspielen im stationären Bereich mit 89 Prozent den höchsten Anteil planmäßiger Beendigungen auf.

6.11 Arbeitslosigkeit und Erwerbstätigkeit unter ambulant betreuten Alkoholpatienten

Vor Kurzem wurden in einer Sonderauswertung die Daten der DSHS (Datenjahr 2009) getrennt nach Erwerbstätigen und Arbeitslosen (nach Sozialgesetzbuch – SGB) analysiert, um einen Eindruck davon zu gewinnen, ob diese beiden Gruppen der betreuten und behandelten Personen sich hinsichtlich relevanter Parameter unterscheiden. Diese Sonderauswertungen liegen für alle im Rahmen der DSHS erhobenen Hauptdiagnosen vor, werden aus Gründen der Übersichtlichkeit an dieser Stelle aber ausschließlich für die Personengruppe dargestellt, die wegen einer primären Problematik im Zusammenhang mit Alkohol in ambulanter Betreuung war, da es sich um die quantitativ mit Abstand größte Personengruppe in den betrachteten Einrichtungen handelt. Es ist davon auszugehen, dass sich ähnliche Muster auch bei anderen Hauptdiagnosen zeigen. Im stationären Bereich weist ein erheblich größerer Anteil der Patienten deutlich prekärere soziodemografische und Konsummerkmale auf – und damit auch deutlich höhere Erwerbslosenanteile. In aller Regel geht einer stationären Behandlung in einer Fachklinik aber eine ambulante Intervention voraus. Es besteht daher Anlass zu der Vermutung, dass sich Unterschiede, die sich zwischen erwerbstätigen und arbeitslosen Personen bereits im ambulanten Bereich abzeichnen, im stationären Versorgungssegment eher noch polarisieren.

Vergleicht man ausgewählte Charakteristika erwerbstätiger Alkoholpatienten in ambulanter Betreuung mit ihren bei Aufnahme arbeitslosen Mitpatienten, lassen sich zahlreiche Unterschiede feststellen. Erwerbstätige Alkoholpatienten sind in über einem Drittel der Fälle verheiratet und leben mit ihrem Partner zusammen, etwa jeder fünfte ist geschieden und unter 40 Prozent sind ledig. Der Anteil der arbeitslosen, verheirateten und mit dem Partner zusammenlebenden Alkoholpatienten ist im Gegensatz dazu deutlich niedriger, über ein Viertel ist geschieden und mehr als jeder zweite ist ledig (◘ Tab. 6.1). Knapp 60 Prozent der erwerbstätigen Patienten leben bei Betreuungsbeginn in stabilen Beziehungen und knapp unter 40 Prozent sind alleinstehend, während sich diese Verteilung für die arbeitslosen Patienten exakt umgekehrt darstellt.

◘ **Tab. 6.1** Vergleich erwerbstätiger und arbeitsloser ambulant betreuter Personen mit einer primären Alkoholproblematik (Quelle: Eigene Darstellung)

	Erwerbs-tätig	Arbeits-los
Familienstand		
Ledig	36,9	51,3
Verheiratet, zusammenlebend	36,5	13,9
Geschieden	17,6	28,8
Partnerbeziehung		
Feste Beziehung	58,0	36,3
Alleinstehend	36,8	56,3
Höchster erreichter Schulabschluss, Berufsausbildung		
Ohne Schulabschluss oder mit Sonderschulabschluss	3,8	11,5
Realschul-, (Fach-)Hochschulreife, Abitur	53,1	38,3
Keine Hochschul- oder Berufsausbildung abgeschlossen	10,5	29,5
Prekäre oder instabile Wohnverhältnisse*	3,6	9,2
Schulden von 10.000 € oder mehr	21,1	39,3
Konsumtage im letzten Monat vor Betreuungsbeginn	17	19,5
Ausgewählte weitere substanzbezogene Diagnosen		
Heroin	0,9	2,1
Amphetamine	1,4	2,4
Kokain	1,5	2,5
Cannabinoide	4,7	7,9
Tabak	27,5	34,2
Alter bei Störungsbeginn in Jahren	27,9	24,4
Art der Beendigung		
Regulär nach Beratung/Behandlungsplan	52,6	37,3
Vorzeitig, Abbruch durch Klient	25,9	38,9
Problematik am Tag nach Betreuungsende		
Erfolgreich	37,7	22,2
Gebessert	37,1	34,2
Unverändert	22,8	39,8
Verschlechtert	2,4	3,9

* (Fach-)Klinik, Rehabilitationseinrichtung, Wohn-/Übergangsheim, JVA, Maßregelvollzug, Sicherheitsverwahrung, Notunterkunft/Übernachtungsstelle, ohne Wohnung

Fehlzeiten-Report 2013

Betrachtet man die Schulbildung der Alkoholpatienten, lässt sich feststellen, dass mehr als jeder zehnte der arbeitslosen Personen die Schule ohne Abschluss verlassen hat oder einen Sonderschulabschluss aufweist, wohingegen dies bei der Vergleichsgruppe deutlich seltener der Fall ist. Auch sind bei den arbeitslosen Patienten die Anteile mit Realschulabschluss oder höherer Schuldbildung deutlich geringer als bei den erwerbstätigen Alkoholpatienten, von denen mehr als jeder zweite einen entsprechenden Abschluss aufweist. Konsequenterweise hat nahezu ein Drittel der Arbeitslosen auch keine Berufsausbildung abgeschlossen, während dies nur auf etwa jeden zehnten erwerbstätigen Alkoholpatienten zutrifft. Betrachtet man die Wohnverhältnisse der betroffenen Gruppen, zeigt sich, dass etwa jeder zehnte arbeitslose Alkoholpatient in prekären Verhältnissen lebt (Notunterkünfte, JVA, Übergangseinrichtungen, Kliniken etc.), während dies nur für einen sehr kleinen Teil der erwerbstätigen Vergleichsgruppe zutrifft. Auch ist der Anteil aller arbeitslosen Patienten, die Schulden in Höhe von 10.000 € oder mehr aufweisen, etwa doppelt so hoch wie bei den erwerbstätigen Personen.

Auch bei den störungsrelevanten Parametern lassen sich Unterschiede feststellen. So weisen die arbeitslosen Alkoholpatienten im Zeitraum vor Aufnahme der Betreuung mehr Konsumtage auf und auch die Belastung durch weitere substanzbezogene Diagnosen ist durchweg höher. Damit korrespondierend liegt der durchschnittliche Beginn einer im diagnostischen Sinne relevanten Störung aufgrund des Konsums von Alkohol (schädlicher Gebrauch oder Abhängigkeit) bei den arbeitslosen Betroffenen im Mittel auch fast vier Jahre vor dem Vergleichswert der erwerbstätigen Patienten. Diese insgesamt ungünstigen Voraussetzungen machen sich auch am Betreuungsende bemerkbar und führen zu Unterschieden zwischen den beiden Gruppen zu Lasten der arbeitslosen Patienten: Während mehr als jeder zweite erwerbstätige Alkoholpatient die Betreuung planmäßig beendet, ist dies nur bei weniger als 40 Prozent der erwerbslosen Vergleichsgruppe der Fall. Auch der Anteil der Therapieabbrüche durch die Patienten liegt bei den Arbeitslosen deutlich über dem Vergleichswert der erwerbstätigen Alkoholpatienten. In der Konsequenz werden etwa 40 Prozent der Erwerbstätigen am Ende der Betreuung durch die Behandelnden als »erfolgreich« eingeschätzt, während dies nur bei etwas mehr als jedem fünften arbeitslosen Alkoholpatienten der Fall ist. Dieses Ergebnis stimmt auch mit der Analyse rückfallbeeinflussender Bedingungen bei arbeitslosen Alkoholabhängigen überein (ARA-Studie; Henkel et al. 2005), die ebenfalls zu dem Ergebnis kam, dass die Gruppe der Erwerbslosen in den Bereichen Lebenszufriedenheit, Coping, Selbstwirksamkeit und Selbstsicherheit nicht das Entlassniveau der erwerbstätigen Klienten erreicht.

6.12 Berufliche Integration über alle diagnostischen Gruppen hinweg

In Verbindung mit anderen Indikatoren wie z. B. den Informationen zum Beziehungsstatus liefert die berufliche Integration ergänzende Hinweise zum Grad der sozialen Exklusion der behandelten Personengruppen (◘ Tab. 6.2 und ◘ Tab. 6.3).

Der höchste Anteil erwerbsloser Personen findet sich unter den betreuten Opioidkonsumenten (fast zwei Drittel), gefolgt von Patienten mit primären Alkohol- oder Kokainproblemen (ca. ein Drittel bis etwa die Hälfte). Unter den betreuten Konsumenten mit einem primären Problem im Zusammenhang mit dem Konsum von Stimulanzien und Cannabis sind die Vergleichswerte etwas geringer, wobei diese Angaben mit dem Alter der Betroffenen im Zusammenhang zu sehen sind. So sind die Anteile der Schüler unter den Cannabis- und Stimulanzienkonsumenten höher als in den anderen Hauptdiagnosegruppen. Die niedrigste Quote Erwerbsloser findet sich in der Gruppe der pathologischen Glücksspieler.

Im zeitlichen Verlauf der letzten fünf Jahre ist der sehr hohe Anteil der Erwerbslosen zum Teil noch deutlich gestiegen, besonders bei pathologischen Glücksspielern (ambulant: +12 Prozent, stationär: +5 Prozent), Stimulanzien (ambulant: +10 Prozent, stationär: +29 Prozent), Kokain (ambulant: +5 Prozent, stationär: +10 Prozent), Cannabis (ambulant und stationär: +6 Prozent) und Opioiden (ambulant: +4 Prozent, stationär: +12 Prozent). Lediglich bei alkoholbezogenen Störungen ist der Anstieg der Erwerbslosen seit 2007 etwas geringer und im ambulanten Bereich ist ihre Anzahl sogar rückläufig (ambulant: –7 Prozent, stationär: +1 Prozent).

6.13 Schlussbemerkung

Auch wenn die ausschließlich deskriptive Darstellung von Unterschieden zwischen den Populationen der bei Maßnahmenbeginn erwerbstätigen und arbeitslosen Patientengruppen keine kausalen Schlüsse erlaubt, lassen sich einige Aussagen machen, die mit den beobachtbaren Unterschieden in Übereinstimmung stehen:
— Schulausbildung ist ein wichtiger Prädiktor für spätere berufliche Integration.

Tab. 6.2 Berufliche Integration im ambulanten Bereich (Quelle: Eigene Darstellung)

Berufliche Integration	Alkohol			Opioide			Cannabis			Kokain			Stimulanzien			PG		
	G	M	F	G	M	F	G	M	F	G	M	F	G	M	F	G	M	F
	69.642	50.841	18.549	20.336	15.743	4.655	16.297	14.020	2.240	2.292	2.011	270	5.177	3.734	1425	6.461	5.680	718
Erwerbstätige	44,60 %	45,40 %	42,40 %	22,00 %	23,90 %	16,80 %	37,00 %	38,90 %	25,70 %	40,50 %	41,00 %	35,90 %	39,70 %	43,00 %	30,90 %	61,20 %	62,60 %	50,00 %
Auszubildende	2,40 %	2,90 %	1,10 %	2,30 %	2,20 %	2,50 %	12,30 %	12,90 %	8,50 %	3,40 %	3,00 %	5,90 %	9,90 %	9,60 %	10,50 %	6,90 %	7,30 %	4,00 %
Arbeitsplatz vorhanden	42,20 %	42,50 %	41,30 %	19,70 %	21,70 %	14,30 %	24,70 %	26,00 %	17,20 %	37,20 %	38,00 %	30,00 %	29,80 %	33,40 %	20,40 %	54,20 %	55,30 %	46,00 %
Erwerbslose	36,40 %	38,40 %	31,00 %	59,90 %	58,20 %	64,70 %	33,70 %	32,40 %	42,20 %	37,70 %	36,60 %	46,70 %	42,70 %	39,70 %	50,90 %	24,10 %	23,70 %	27,30 %
Arbeitslos nach SGB II[a] (ALG I[b])	5,20 %	5,50 %	4,30 %	4,70 %	5,00 %	3,70 %	3,40 %	3,50 %	2,70 %	3,60 %	3,80 %	2,20 %	5,30 %	5,70 %	3,90 %	5,20 %	5,20 %	4,00 %
Arbeitslos nach SGB II[a] (ALG II[b])	31,20 %	33,00 %	26,70 %	55,10 %	53,20 %	61,00 %	30,40 %	28,90 %	39,50 %	34,10 %	32,80 %	44,40 %	37,50 %	34,10 %	47,00 %	19,00 %	18,50 %	23,30 %
Nichterwerbspersonen	18,30 %	15,50 %	26,00 %	17,50 %	17,20 %	18,00 %	28,30 %	27,90 %	30,70 %	20,60 %	21,20 %	16,30 %	16,70 %	16,40 %	17,40 %	13,70 %	12,80 %	21,40 %
Schüler/Student	2,40 %	2,40 %	2,10 %	1,10 %	0,90 %	1,80 %	18,10 %	17,30 %	22,90 %	2,70 %	2,20 %	5,60 %	5,50 %	4,40 %	8,30 %	4,70 %	5,00 %	2,40 %
Hausfrau/Hausmann	2,60 %	0,40 %	8,70 %	0,80 %	0,20 %	2,80 %	0,40 %	0,20 %	2,00 %	0,50 %	0,20 %	3,00 %	0,50 %	0,00 %	1,70 %	0,90 %	0,10 %	6,50 %
Rentner/Pensionär	9,50 %	8,40 %	12,50 %	2,30 %	2,10 %	3,00 %	0,70 %	0,70 %	0,70 %	0,60 %	0,50 %	1,10 %	0,80 %	0,70 %	1,00 %	4,40 %	3,80 %	8,60 %
Sonstige Nichterwerbsperson (z. B. SGB XII[a])	3,80 %	4,30 %	2,70 %	13,20 %	14,00 %	10,30 %	9,10 %	9,80 %	5,00 %	16,80 %	18,30 %	6,70 %	10,00 %	11,40 %	6,50 %	3,80 %	3,80 %	3,90 %
In beruflicher Rehabilitation	0,70 %	0,70 %	0,60 %	0,70 %	0,70 %	0,60 %	0,90 %	0,80 %	1,40 %	1,20 %	1,20 %	1,10 %	0,90 %	0,90 %	0,80 %	1,00 %	0,90 %	1,30 %

Angaben in %. n = 614 ambulante Einrichtungen (unbekannt: 7,5 %); Bezug: Zugänge; PG = Pathologisches Glücksspielen; G = Gesamt; M = Männer; F = Frauen

[a] SGB = Sozialgesetzbuch
[b] ALG = Arbeitslosengeld

Fehlzeiten-Report 2013

6.13 · Schlussbemerkung

Tab. 6.3 Berufliche Integration im stationären Bereich (Quelle: Eigene Darstellung)

Berufliche Integration	Alkohol			Opioide			Cannabis			Kokain			Stimulanzien			PG		
	G	M	F	G	M	F	G	M	F	G	M	F	G	M	F	G	M	F
	21.296	15.527	5.769	2.435	1.966	469	1.896	1.635	261	476	412	64	928	704	224	897	828	69
Erwerbstätige	39,90 %	40,10 %	39,40 %	13,70 %	13,60 %	14,30 %	21,60 %	21,50 %	22,20 %	22,30 %	23,50 %	14,10 %	20,70 %	21,40 %	18,30 %	49,70 %	50,80 %	36,20 %
Auszubildende	0,80 %	0,80 %	0,70 %	0,70 %	0,70 %	0,60 %	5,40 %	5,40 %	5,70 %	1,10 %	0,20 %	6,30 %	4,20 %	4,30 %	4,00 %	2,60 %	2,70 %	1,40 %
Arbeitsplatz vorhanden	39,20 %	39,40 %	38,70 %	13,00 %	12,90 %	13,60 %	16,20 %	16,10 %	16,50 %	21,20 %	23,30 %	7,80 %	16,50 %	17,20 %	14,30 %	47,20 %	48,20 %	34,80 %
Erwerbslose	45,00 %	48,00 %	36,80 %	64,70 %	64,30 %	66,30 %	57,30 %	55,90 %	65,90 %	53,20 %	51,00 %	67,20 %	60,60 %	57,70 %	69,60 %	38,50 %	38,00 %	43,50 %
Arbeitslos nach SGB III[a] (ALG I[b])	8,90 %	9,50 %	7,50 %	5,20 %	5,50 %	3,60 %	8,50 %	8,40 %	9,20 %	6,90 %	7,30 %	4,70 %	8,20 %	8,80 %	6,30 %	10,60 %	11,20 %	2,90 %
Arbeitslos nach SGB II[a] (ALG II[b])	36,00 %	38,50 %	29,30 %	59,50 %	58,70 %	62,70 %	48,80 %	47,50 %	56,70 %	46,20 %	43,70 %	62,50 %	52,40 %	48,90 %	63,40 %	27,90 %	26,80 %	40,60 %
Nichterwerbspersonen	14,70 %	11,50 %	23,50 %	21,40 %	22,00 %	19,00 %	20,80 %	22,30 %	11,50 %	23,90 %	24,80 %	18,80 %	18,20 %	20,30 %	11,60 %	11,40 %	10,60 %	20,30 %
Schüler/Student	0,40 %	0,30 %	0,60 %	0,50 %	0,60 %	0,20 %	2,00 %	2,00 %	1,50 %	0,60 %	0,70 %	0,00 %	0,90 %	0,70 %	1,30 %	1,30 %	1,40 %	0,00 %
Hausfrau/Hausmann	2,70 %	0,30 %	9,00 %	0,90 %	0,10 %	4,30 %	0,10 %	0,10 %	0,00 %	0,20 %	0,00 %	1,60 %	0,30 %	0,10 %	0,90 %	0,00 %	0,00 %	0,00 %
Rentner/Pensionär	8,50 %	7,50 %	11,10 %	2,10 %	1,80 %	3,60 %	1,20 %	1,00 %	2,70 %	0,80 %	0,50 %	3,10 %	0,50 %	0,60 %	0,40 %	6,20 %	5,10 %	20,30 %
Sonstige Nichterwerbsperson (z. B. SGB XII[a])	3,20 %	3,30 %	2,80 %	17,90 %	19,60 %	10,90 %	17,50 %	19,10 %	7,30 %	22,30 %	23,50 %	14,10 %	16,50 %	18,90 %	8,90 %	3,80 %	4,10 %	0,00 %
In beruflicher Rehabilitation	0,40 %	0,40 %	0,30 %	0,20 %	0,20 %	0,40 %	0,30 %	0,30 %	0,40 %	0,60 %	0,70 %	0,00 %	0,50 %	0,50 %	0,40 %	0,40 %	0,50 %	0,00 %

Angaben in %. n = 158 stationäre Einrichtungen (unbekannt: 2,5 %); Bezug: Zugänge; PG = Pathologisches Glücksspielen; G = Gesamt; M = Männer; F = Frauen

[a] SGB = Sozialgesetzbuch
[b] ALG = Arbeitslosengeld

Fehlzeiten-Report 2013

- Arbeitslosigkeit geht unter den behandelten (Alkohol-)Patienten auch mit einer Reihe weiterer Belastungsfaktoren einher.
- Bei den arbeitslosen Patienten handelt es sich um eine insgesamt stärker belastete Personengruppe – sowohl in sozialer als auch störungsspezifischer Hinsicht.

Das Ergebnis einer Reanalyse der Daten der DSHS von 2000–2009 war, dass über alle Hauptdiagnosen hinweg fast jeder zweite Klient in ambulanten Suchthilfeeinrichtungen arbeits- oder erwerbslos war (Kipke et al. 2011). Dabei scheint Erwerbstätigkeit sowohl ein protektiver Faktor zu sein, der mit einem verzögerten Beginn der Entwicklung einer diagnostisch relevanten Störung assoziiert ist, als auch ein stabilisierendes Element bei einer bereits bestehenden substanzbezogenen Störung. In der Regel handelt es sich bei den arbeitslosen Patienten um Personen, bei denen – bei einer hohen Interdependenz der einzelnen Faktoren – die Arbeitslosigkeit nur einen Belastungsfaktor neben vielen anderen darstellt. Insgesamt ist das Leben vieler Suchtkranker – ob arbeitslos oder erwerbstätig – nach wie vor im Vergleich zur Allgemeinbevölkerung überdurchschnittlich stark von Wohnungslosigkeit, fehlender regulärer Arbeit und geringem Einkommen, nicht zuletzt aufgrund eines im Mittel geringeren Bildungsniveaus, geprägt.

Verschiedene regionale Modellprojekte setzen insbesondere am Problem der Arbeitslosigkeit an und fördern Kooperationen zwischen Suchthilfe, Rehabilitationskliniken und den Arbeitsagenturen (ARGEn), um arbeitslose Abhängige frühzeitig in Therapie zu vermitteln und die (Wieder-)Eingliederung ins Erwerbsleben zu fördern.

So hat z. B. das Ministerium für Arbeit und Sozialordnung, Familie, Frauen und Senioren in Baden-Württemberg das Konzept »Gute und sichere Arbeit« entwickelt. Dieses ist u. a. auf die Zielgruppe der Langzeitarbeitslosen mit multiplen Vermittlungshemmnissen ausgerichtet und soll deren Beschäftigungsfähigkeit verbessern und durch intensive Begleitung eine nachhaltige Integration sichern. Mit dem Baustein Landesprogramm »Sozialer Arbeitsmarkt/Passiv-Aktiv-Transfer« wird modellhaft ein systemübergreifender Ansatz erprobt: Zum einen wird die unzureichende Förderung von Arbeitsverhältnissen auf der Grundlage des SGB II mit weiteren notwendigen Elementen (Begleitung, Anreiz für Arbeitgeber) versehen und über den Passiv-Aktiv-Tausch finanziert. Zum anderen kann sich im Rahmen des Modellprojekts zeigen, dass bei einem Teil der Projektteilnehmer eine nicht nur vorübergehende Minderleistung vorliegt, mithin das SGB-II-System eine – entsprechend dem Modell der Integrationsunternehmen für Menschen mit Behinderung – Weiterentwicklung erfahren sollte. Dieser Baustein kann in lokaler Verantwortung vor Ort auch für Konsumenten von Suchtmitteln angewandt werden.

Ein weiteres Beispiel stellt der von der Bundesanstalt für Arbeit Regionaldirektion Sachsen-Anhalt-Thüringen (BA RD SAT) 2011 veröffentlichte »Handlungsleitfaden zur Umsetzung der Kooperationsvereinbarung (zwischen der Deutschen Rentenversicherung Mitteldeutschland und der BA RD SAT) – Betreuung suchtkranker Hilfebedürftiger« dar, eine Handreichung für alle Jobcenter zum Erkennen von und fachgerechtem Intervenieren bei arbeitslosen Menschen mit Suchtproblemen im Wirkungsbereich des SGB II.

Missel und Koch (2011) weisen insbesondere für die stationär behandelten Patienten auf die hohe Komorbidität der behandelten Patienten hin. Darüber hinaus besteht hinsichtlich anderer Merkmale (vor allem Integration in den Arbeitsmarkt) eine weitere erhebliche Problembelastung. Basierend auf einer detaillierten Analyse der im Rahmen der DSHS erhobenen Daten zur stationären Behandlung von Menschen mit suchtbezogenen Störungen sehen die Autoren einen Optimierungsbedarf unter anderem bei der Entwicklung spezifischer Zielgruppenkonzepte für komorbide Patienten und im Bereich der medizinisch-beruflich orientierten Rehabilitation. Im gesamten Bereich der professionellen Suchtkrankenhilfe stellt die hohe Arbeitslosenquote der betreuten und behandelten Personen neben der unmittelbaren Behandlung der substanzbezogenen Störungen eine der größten Herausforderungen für das Hilfesystem dar.

Literatur

Bauer C, Sonntag D, Hildebrand A, Bühringer G, Kraus L (2009) Studiendesign und Methodik der Suchthilfestatistik 2007. Sucht 55 (Sonderheft 1):6–14

Deutsche Hauptstelle für Suchtfragen (Hrsg) (2008) Deutscher Kerndatensatz zur Dokumentation im Bereich der Suchtkrankenhilfe (KDS). Definitionen und Erläuterungen zum Gebrauch. DHS, Hamm. Verfügbar unter: http://www.dhs.de/fileadmin/user_upload/pdf/Arbeitsfeld_Statistik/KDS_Manual_10_2010.pdf. Gesehen 16 Aug 2012

Die Drogenbeauftragte der Bundesregierung (2012) Drogen- und Suchtbericht. Mai 2012. Die Drogenbeauftragte der Bundesregierung, Berlin

Dilling H, Mombour W, Schmidt MH (Hrsg) (2009) Internationale Klassifikation psychischer Störungen. ICD-10 Kapitel V (F) Klinisch diagnostische Leitlinien. Hans Huber, Bern

Henkel D, Dornbusch P, Zemlin U (2005) Prädiktoren der Alkoholrückfälligkeit bei Arbeitslosen 6 Monate nach der Be-

Literatur

handlung: Empirische Ergebnisse und Schlussfolgerungen für die Suchtrehabilitation. Suchttherapie 6:165–175

Hildebrand A, Sonntag D, Bauer C, Bühringer C (2009) Versorgung Suchtkranker in Deutschland: Ergebnisse der Suchthilfestatistik 2007. Sucht 55 (Sonderheft 1):15–34

Kipke I, Steppan M, Pfeiffer-Gerschel T (2011) Cannabis-bezogene Störungen – epidemiologische und soziodemographische Daten aus den ambulanten Suchthilfeeinrichtungen in Deutschland 2000–2009. Sucht 57 (6):439–450

Missel P, Koch A (2011) Die stationäre Suchtkrankenhilfe – Daten aus der medizinischen Rehabilitation im Überblick. Sucht 57 (6):451–468

Pfeiffer-Gerschel T, Steppan M, Hildebrand A, Wegmann L (2010) Jahresstatistik 2008 der professionellen Suchtkrankenhilfe. Deutsche Hauptstelle für Suchtfragen e V (DHS) (Hrsg) Jahrbuch Sucht 10. Neuland, Geesthacht, S 165–188

Steppan M, Künzel J, Pfeiffer-Gerschel T (2011a) Suchtkrankenhilfe in Deutschland 2009. Jahresbericht der Deutschen Suchthilfestatistik (DSHS). Verfügbar unter www.suchthilfestatistik.de

Steppan M, Künzel J, Pfeiffer-Gerschel T (2011b) Suchtkrankenhilfe in Deutschland 2010. Jahresbericht der Deutschen Suchthilfestatistik. Verfügbar unter www.suchhilfestatistik.de

Steppan M, Künzel J, Pfeiffer-Gerschel T (2012) Suchtkrankenhilfe in Deutschland 2011. Jahresbericht der Deutschen Suchthilfestatistik. Verfügbar unter www.suchhilfestatistik.de

Wenn die Arbeit krank macht: Zusammenhänge zwischen Arbeitssucht und gesundheitlichen Beschwerden

K. Zok, C. Jaehrling

B. Badura et al. (Hrsg.) *Fehlzeiten-Report 2013*,
DOI 10.1007/978-3-642-37117-2_7, © Springer Verlag Berlin Heidelberg 2013

Zusammenfassung *Der Beitrag beschäftigt sich mit Zusammenhängen zwischen Arbeitssucht und gesundheitlichen Beschwerden bzw. Risiken. Arbeitssucht wird dabei als pathologische Fixierung auf die Arbeit definiert, die der Symptomatik und den Folgen anderer Süchte stark ähnelt. Während die Mehrheit der Beschäftigten in einer repräsentativen Befragung mit ihrer Arbeit und ihrer Gesundheit überwiegend zufrieden ist, zeigen sich Arbeitssüchtige verhältnismäßig unglücklich und auffallend häufig von gesundheitlichen Beschwerden betroffen. Die statistischen Analysen weisen darüber hinaus auf Beziehungen zwischen Arbeitssucht und Präsentismus sowie dem Konsum leistungssteigernder Arzneimittel hin.*

7.1 Einleitung

Die moderne Arbeitswelt hat sich in den vergangenen Jahrzehnten von vielen verkrusteten Strukturen befreit: die Arbeitszeit wurde flexibilisiert, Hierarchien wurden abgeflacht und Führung delegiert. Teamarbeit wird groß geschrieben, qualifizierte Mitarbeiter tragen heute mehr Verantwortung und arbeiten vergleichsweise unabhängig von der Betriebsleitung. Arbeitszeit wird durch Zielorientierung ersetzt, Autonomie und Selbstbestimmung gelten als neues Credo für anspruchsvolle, moderne Erwerbsarbeit. Viele Arbeitnehmer arbeiten motivierter (und machen eher Überstunden), wenn sie sich frei fühlen und selbst entscheiden können.

Die gleichzeitig zunehmende Unübersichtlichkeit, Deregulierung und Beschleunigung der modernen Arbeitsgesellschaft scheinen dabei auf der anderen Seite die Ausbreitung einer Anfälligkeit für die Ausbildung einer Sucht zu fördern. Die Grenze zwischen tüchtig und süchtig ist dabei schnell überschritten. Die Droge der Selbstbestätigung treibt den Mitarbeiter immer weiter an, bis er zum Workaholic (engl. für Arbeitssüchtiger) wird.

Die Gesellschaft fördert Arbeitssucht indirekt durch das Paradigma, dass Leistung Voraussetzung für soziale Anerkennung ist (»Ohne Fleiß kein Preis«). Ein Vielarbeiter gilt gleichzeitig auch immer als guter Arbeiter (siehe Beitrag Poppelreuter in diesem Band). Schon im 19. Jahrhundert beschrieb der Schriftsteller Paul Lafargue die maßlos übertriebene Liebe zur Arbeit, die rasende Arbeitssucht als schlimmstes Übel der damaligen Zeit, als Ursache geistigen Verfalls und körperlicher Verunstaltung. In seinem Text »Das Recht auf Faulheit« (1883) kritisierte er die bürgerliche Arbeitsmoral und die Folgen der Überproduktion. Seit den 1960er Jahren gibt es die Bezeichnung Manager-Krankheit für nervöse Störungen und Herzinfarkt bei Menschen, die viel und lange in verantwortlichen Positionen arbeiten. Im Jahr 1971 prägte der US-amerikanische Psychologe Wayne Oates erstmals den Begriff Workaholism in Anlehnung an den Ausdruck alcoholism.[1] Seit Ende der 1990er Jahre ist immer häufiger von Burnout im Zusammenhang mit Arbeit die Rede.

Arbeitssucht ist als Krankheitsbild nicht offiziell anerkannt, eine einheitliche wissenschaftliche Einschätzung existiert bislang nicht. Eine vorläufige Definition lautet: »Arbeitssucht ist eine fortschreitende pathologische Fixierung auf Arbeit bzw. das Arbeiten, zu der wesentlich Kontrollverlust und Entzugserschei-

---

1 Im deutschsprachigen Raum wurde der Begriff der *Arbeitssucht* von Gerhard Mentzel im Jahr 1979 erstmals verwendet. Er verglich die Arbeitssucht insbesondere mit der Alkoholsucht und erkannte dabei viele Parallelen.

nungen gehören« (Heide 2010). Arbeitssucht ist eine stoffungebundene Sucht, bei der eine zwanghafte Haltung zu Leistung und Arbeit entwickelt wird. Auch wenn die Betroffenen keine schädigenden Substanzen zu sich nehmen, ähneln sich die Symptome und Folgen stark denen einer Sucht – der Arbeitsprozess wird als Droge konsumiert (Bühler u. Schneider 2002). Konkurrenzkampf und Kreativitätsdruck, ständige Erreichbarkeit sowie Nachtarbeit gehören zu den Begleitumständen. Für einen Arbeitssüchtigen haben Familie und private soziale Kontakte untergeordnete Bedeutung. Er lebt in erster Linie für seine Arbeit.

In diesem Beitrag soll der Zusammenhang zwischen Arbeitssucht und gesundheitlichen Beschwerden untersucht werden. Als empirische Basis dient eine bundesweit repräsentative Telefonumfrage unter 2.005 Erwerbstätigen zwischen 16 und 65 Jahren, die im Januar/Februar 2013 durchgeführt wurde. Das Instrument besteht aus getesteten Fragen und Skalen zu Belastungen und Beschwerden am Arbeitsplatz sowie Einstellungen und Umgang mit der eigenen Gesundheit. Darüber hinaus wurde die *Dutch Work Addiction Scale* zur Messung von Arbeitseifer und innerer Getriebenheit verwendet, die als valides Instrument zur Erfassung von Arbeitssucht gilt.

7.2 Einstellungen zu Gesundheit und Gesundheitsrisiken

Die Mehrheit der befragten Erwerbstätigen zwischen 16 und 65 Jahren ist mit ihrer Gesundheit insgesamt zufrieden bzw. sehr zufrieden (60,0 Prozent). Männer äußern sich häufiger zufrieden (63,3 Prozent) als Frauen (56,8 Prozent), jüngere Erwachsene (< 30 Jahre) deutlich häufiger (67,8 Prozent) als Ältere. In der Altersgruppe der 50- bis 65-Jährigen ist nur noch jeder Zweite mit seiner Gesundheit (51,6 Prozent) zufrieden.

Fast ein Drittel der Befragten (30,7 Prozent) gibt an, unter einer chronischen Erkrankung zu leiden, die regelmäßiger oder wiederkehrender ärztlicher Behandlung bedarf. Die Angaben nehmen mit dem Alter erwartungsgemäß zu, Frauen zeigen sich deutlich mehr von chronischen Erkrankungen betroffen (34,6 Prozent) als Männer (26,5 Prozent). Mehr als ein Drittel der Erwerbstätigen (35,5 Prozent) gab zum Befragungszeitpunkt an, vom Arzt verordnete Medikamente einzunehmen. Jeder Fünfte (19,5 Prozent) konsumiert selbst gekaufte rezeptfreie Arzneimittel. Auch hier sind die Anteile bei den Frauen deutlich höher (39,2 Prozent mit verordneten; 24,5 Prozent mit selbstgekauften Arzneimitteln) als bei den Männern (31,5 Prozent; 14,0 Prozent). Im Durchschnitt wurde die Einnahme von 0,9 Präparaten angegeben. Bei allen drei Variablen zum Arzneimittelkonsum zeigt sich zudem ein deutlicher Alterseffekt.

Gesundheitliche Beschwerden halten viele Arbeitnehmer nicht davon ab, weiter ihrer Arbeit nachzugehen. Die Anwesenheit am Arbeitsplatz trotz Krankheit bzw. eingeschränkter Arbeitsfähigkeit wird als Präsentismus bezeichnet. Einen Beleg für den Umgang mit Krankheit im Arbeitsalltag liefern die Aussagen der befragten Erwerbstätigen über ihr individuelles Verhalten im Krankheitsfall. So ist es bei mehr als der Hälfte der Befragten (54,8 Prozent) im letzten Jahr vorgekommen, dass sie zur Arbeit gegangen sind, obwohl sie sich richtig krank gefühlt haben. Mehr als ein Fünftel (22,2 Prozent) gibt an, sogar gegen ärztlichen Rat weiter arbeiten gegangen zu sein. Kritisch im Umgang mit Krankheit und Arbeit zu werten ist ferner, wenn das Auskurieren von Erkrankungen in die Freizeit verlagert wird. Jeder Zweite (54,4 Prozent) hat im letzten Jahr das Wochenende genutzt, um sich zu erholen, jeder Zehnte (10,2 Prozent) hat zur Genesung extra Urlaub genommen. Die Auswertung nach Alter und Geschlecht zeigt höhere Prozentanteile unterlassener Krankmeldungen bei Frauen und bei jüngeren Erwerbstätigen.

Die Angaben der Erwerbstätigen zum Krankmeldeverhalten erscheinen nicht nur im gesundheitlichen, sondern auch im ökonomischen Sinne problematisch, da eine Verschleppung von Krankheiten, ein Hinauszögern notwendiger ärztlicher Behandlung mittel- und langfristig zu einem problematischeren Krankheitsverlauf und damit zu höheren Fehlzeiten und Behandlungskosten führt.

Bei den Angaben zum Vorliegen einzelner akuter gesundheitlicher Probleme nennen die Befragten am häufigsten muskuloskelettale Beschwerden (◘ Tab. 7.1). An erster Stelle stehen Rücken- oder Gelenkbeschwerden – fast ein Drittel (30,1 Prozent) der befragten Beschäftigten leidet »immer« bzw. »häufig« darunter. An zweiter Stelle rangiert eine Reihe von psychovegetativen Beschwerden. Am häufigsten werden hier Symptome wie Erschöpfung (20,5 Prozent) und Schlafstörungen (16,0 Prozent) genannt. In diesen Zusammenhang gehören auch die von fast einem Viertel der Befragten angegebenen ständigen bzw. häufigen Stresssymptome wie Lustlosigkeit und ausgebrannt sein (15,4 Prozent) sowie Nervosität und Reizbarkeit (13,7 Prozent). Mehr als jeder Zehnte beklagt häufige oder ständige Kopfschmerzen (11,7 Prozent). Ständige oder häufige Konzentrationsstörungen, Magen-Darm-Probleme, Infektionserkrankungen und Beschwerden des Herz-Kreislauf-Systems werden deutlich seltener genannt.

Mit zunehmendem Alter geben die Beschäftigten viele der gesundheitlichen Beschwerden häufiger an.

7.2 · Einstellungen zu Gesundheit und Gesundheitsrisiken

◘ **Tab. 7.1** Gesundheitliche Beschwerden, die auf die Tätigkeit oder den Arbeitsplatz zurückgeführt werden (Quelle: Eigene Erhebung)

	Anteil »immer«/»häufig« in %	davon im Zusammenhang mit dem Arbeitsplatz
Rücken- oder Gelenkbeschwerden	30,1	81,3
Erschöpfung	20,5	89,2
Schlafstörungen	16,0	75,7
Lustlosigkeit, ausgebrannt sein	15,4	89,0
Nervosität und Reizbarkeit	13,7	85,9
Kopfschmerzen	11,7	66,9
Konzentrationsprobleme	6,6	78,8
Magen-Darm-Beschwerden	6,5	61,8
Infektionserkrankungen	5,6	61,9
Herz-Kreislauf-Beschwerden	4,4	76,4

Fehlzeiten-Report 2013

Insbesondere muskuloskelettale Beschwerden, Schlafstörungen, ferner Infektionserkrankungen und Herz-Kreislauf-Probleme werden mit steigendem Alter deutlich häufiger benannt. Auffällig ist aber auch, dass bereits in der Altersgruppe der unter 30-Jährigen mehr als jeder Fünfte Rückenprobleme (22,3 Prozent) angibt.

Stresssymptome wie Erschöpfung, sich ausgebrannt fühlen, Nervosität und Reizbarkeit sowie Magen-Darmprobleme sind über alle Altersgruppen gleich verteilt.

Kopfschmerzen hingegen werden von Beschäftigten zwischen 30 und unter 50 überdurchschnittlich häufig angegeben (13,4 Prozent) und nehmen mit dem Alter wieder ab. Konzentrationsprobleme geben am häufigsten jüngere Erwerbstätige an (9,6 Prozent).

Frauen sind durchweg von allen Beschwerdearten eher häufiger betroffen als Männer. Besonders große Differenzen im Antwortverhalten zeigen sich bei der Benennung von Rücken- oder Gelenkbeschwerden, Erschöpfung und Kopfschmerzen.

Auffällig ist das Ausmaß, in dem Beschäftigte subjektiv Zusammenhänge zwischen ihren Beschwerden und dem Arbeitsplatz sehen. Insbesondere bei muskuloskelettalen Beschwerden wie Verspannungen und Rückenschmerzen sowie bei Stresssymptomen und Befindlichkeitsstörungen wie Reizbarkeit, Nervosität und Unruhe spielen aus Sicht der Befragten arbeitsbedingte Einflüsse eine Rolle. Aus ◘ Tab. 7.1 ist ersichtlich, dass die genannten gesundheitlichen Probleme von mindestens jedem zweiten Befragten in Zusammenhang mit dem Arbeitsplatz gebracht werden. Dies trifft insbesondere auf diejenigen zu, die immer oder häufig von diesen Beschwerden betroffen sind.

Nahezu jeder Dritte der befragten Erwerbstätigen gibt an, regelmäßig oder gelegentlich zu rauchen (32,8 Prozent). Der Anteil der Raucher ist bei jüngeren Erwachsenen am höchsten (< 30 Jahre: 44,4 Prozent), bei älteren ist das Rauchen dagegen deutlich weniger verbreitet (◘ Tab. 7.2).

Neben Tabak- gilt auch Alkoholkonsum als Risikofaktor für die Gesundheit. Auf die Frage: »Wenn Sie an die letzte Woche denken: An wie vielen Tagen haben Sie ein alkoholisches Getränk, also z. B. ein Glas Wein, Bier, Mixgetränke, Schnaps oder Likör, zu sich genommen?« geben die Befragten im Durchschnitt 1,7 Tage an (◘ Tab. 7.2). Dabei liegt der Durchschnittswert bei Männern (2,1 Tage) deutlich höher als bei Frauen (1,3 Tage). Insgesamt haben 5,3 Prozent der befragten Erwerbstätigen im genannten Zeitraum täglich Alkohol konsumiert. Bei den Männern gab fast jeder Zehnte (8,9 Prozent) an, im genannten Zeitraum täglich Alkohol zu sich genommen zu haben; der Anteil ist mehr als viermal so hoch wie bei den Frauen (2,0 Prozent). Sie waren für den befragten Zeitraum deutlich häufiger abstinent (42,6 Prozent) als Männer (27,6 Prozent). Die Frequenz nimmt mit dem Alter der Befragten deutlich zu. Bei den jüngeren Erwachsenen (< 30 Jahre) geben 1,9 Prozent an, in der letzten Woche täglich alkoholische Getränke konsumiert zu haben, in der Gruppe der 50- bis 65-Jährigen ist der Anteil fünfmal so hoch (9,6 Prozent).

Zur Einschätzung des Trinkverhaltens wurde eine weitere Frage gestellt, und zwar: »Wie oft trinken Sie sechs oder mehr alkoholische Getränke bei einer Gelegenheit?« Dabei geben 42,9 Prozent an, dies nie zu tun. Aber fast jeder Zehnte (9,1 Prozent) trinkt mindestens einmal in der Woche die gefragte Menge. Während bei den Frauen jede Zweite (50,9 Prozent) angibt, nie sechs oder mehr alkoholische Getränke zu trinken, ist es bei den Männern nur jeder Dritte (34,2 Prozent). Ein Blick auf die Altersgruppen zeigt, dass die jüngeren Erwachsenen (< 30 Jahre) eher dazu neigen, riskante Alkoholmengen zu konsumieren.

Tab. 7.2 Konsum stoffgebundener Suchtmittel (in %) (Quelle: Eigene Erhebung)

		Erwerbstätige insg.	Geschlecht		Altersgruppen		
			Männer	Frauen	< 30	30 bis < 50	50 bis 65
Anzahl Befragte		2.005	958	1.047	261	1.069	668
Anteil Raucher	regelmäßig/gelegentlich	32,8	33,3	32,4	44,4	31,4	30,6
Häufigkeit Alkoholkonsum in der letzten Woche	Anzahl Tage (MW)	1,7	2,1	1,3	1,4	1,5	2,1
	0 Tage	35,4	27,6	42,6	38,3	37,6	30,4
	7 Tage	5,3	8,9	2,0	1,9	3,5	9,6
Häufigkeit 6 oder mehr alkoholische Getränke bei einer Gelegenheit	nie	42,9	34,2	50,9	32,2	42,2	48,1
	seltener als 1-mal pro Monat	29,4	31,7	27,3	28,0	32,1	25,7
	1-mal pro Monat	17,4	21,6	13,6	28,0	17,0	14,1
	1-mal pro Woche	9,1	10,8	7,5	11,9	7,6	10,5
	täglich oder fast täglich	0,7	1,0	0,4	–	0,7	1,0
In den letzten 12 Monaten Medikamente zur Leistungssteigerung bei der Arbeit eingenommen		5,0	4,0	6,0	8,0	3,7	6,0

Fehlzeiten-Report 2013

Die Frage nach dem Konsum leistungssteigernder Medikamente lautete: »Haben Sie selbst in den letzten 12 Monaten Medikamente zur Beruhigung oder Leistungssteigerung eingenommen, um bei der Arbeit leistungsfähiger zu sein oder um Ihre Aufgaben besser zu erledigen? Ich meine damit nicht allgemeine Schmerzmittel oder Aspirin.« Hier antworteten 5,0 Prozent der befragen Erwerbstätigen mit »ja«. Auffällig hoch ist der Anteil bei jüngeren Erwerbstätigen (< 30 Jahre) mit 8,0 Prozent Zustimmung. Überdurchschnittlich hoch ist der Konsum leistungssteigernder Mittel ferner bei Befragten, die häufig Stressoren wie wenig Arbeitsfreude angeben (8,0 Prozent) oder berufliche Nachteile bei Krankmeldungen befürchten (7,8 Prozent).

7.3 Kategorisierung von Arbeitstypen

Zur Unterscheidung von Arbeitstypen wurde auf die *Dutch Work Addiction Scale* (DUWAS) zurückgegriffen, die von Schaufeli et al. (2006 und 2009) vorgeschlagen und in den Niederlanden, in Japan sowie in Spanien (Del Líbano et al. 2010) validiert wurde. Mithilfe von insgesamt zehn Aussagen wurden zwei Dimensionen der Arbeitssucht gemessen: der Arbeitseifer und die innere Getriebenheit der Befragten (◘ Tab. 7.3). Die Teilnehmer wurden gebeten anzugeben, wie oft die Aussagen jeweils auf sie zutreffen. Dabei konnten sie zwischen »nie« (1), »selten« (2), »ab und zu« (3), »häufig« (4) und »immer« (5) differenzieren.

In der Auswertung wurden die Personenmittelwerte über die jeweils fünf Angaben für beide Dimensionen separat berechnet. Trafen z. B. für einen Befragten alle Aussagen hinsichtlich der inneren Getriebenheit »immer« zu, erhielt er auf dieser Skala einen Wert von 5,0 und wäre demzufolge ständig zwanghaft zum Arbeiten getrieben, während etwa ein anderer Teilnehmer mit einem Mittelwert von 1,0 zu keiner Zeit eine innere Getriebenheit zum Arbeiten empfände. Ein Mittelwert von 3,0 wurde als Schwellenwert festgelegt, der Personen mit relativ geringer innerer Getriebenheit (bis einschließlich 3,0) von jenen mit relativ starker Getriebenheit (größer als 3,0) trennt und somit zwei Gruppen bildet: schwach Getriebene und stark Getriebene – wobei etwa 85 Prozent der Befragten ersteren zugeordnet werden (◘ Abb. 7.1[2], rechts). Zwi-

---

[2] In dieser Darstellung sind nur Befragte berücksichtigt, die auf alle fünf Items einer Dimension geantwortet haben, weil die Abstände zwischen den möglichen Personenmittelwerten anderenfalls nicht 0,2 betragen. Für die Dimension Arbeitseifer bleiben 1.949 und für Getriebenheit 1.972 Personen. Für die Konstruktion der Skalen sind fehlende Werte unproblematisch. Die berechneten Personenmittelwerte werden nur über die gültigen Angaben gebildet. Lediglich eine Person hat weniger als vier Items (nämlich drei) einer Dimension beantwortet. Auch hier konnte ein gültiger Mittelwert gebildet werden.

7.3 · Kategorisierung von Arbeitstypen

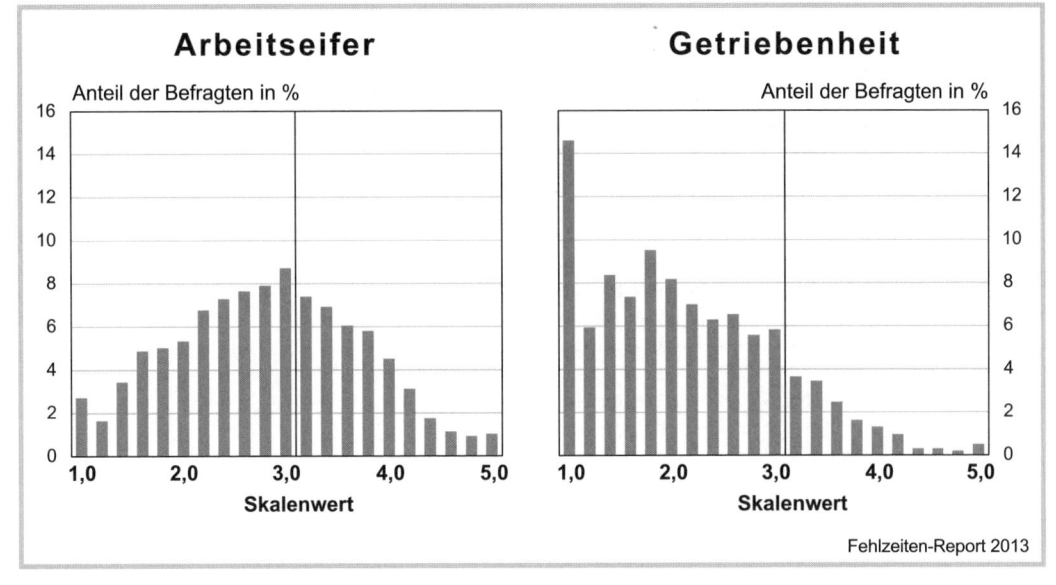

Abb. 7.1 Verteilung der Befragten auf den Skalen Arbeitseifer (links) und Getriebenheit (rechts)

schen beiden Gruppen weicht vor allem die Anzahl an Krankheitstagen auffällig ab: So gaben die stark Getriebenen im vergangenen Jahr mit durchschnittlich 13,4 Fehltagen fast fünf Tage mehr an als ihre Vergleichsgruppe (8,5 Krankheitstage).

Für die zweite Dimension, Arbeitseifer, wurde analog vorgegangen. Auch hier wurden zwei Gruppen von Beschäftigten gebildet: eine mit vergleichsweise niedrigem Arbeitseifer (ebenfalls bis einschließlich 3,0), der etwa 60 Prozent der Befragten zugeordnet wurden, und eine mit relativ hohem Arbeitseifer (Abb. 7.1, links). Kennzeichnend für beide Gruppen ist vor allem die unterschiedliche Wochenarbeitszeit. Arbeitseifrige Personen arbeiteten in der letzten berichteten Woche im Schnitt 41,8 Stunden und verbrachten damit durchschnittlich knapp sieben Stunden mehr an ihrem Arbeitsplatz als Beschäftigte, die dieser Gruppe nicht zuzuordnen sind (34,7 Stunden).

Für die Klassifizierung der Arbeitstypen werden die Gruppen miteinander kombiniert. Mit Bezug auf eine häufig zitierte Publikation der amerikanischen Psychologinnen Janet T. Spence und Ann S. Robbins (1992) entstehen daraus vier Arbeitsprofile: Entspannte, Enthusiasten, Desillusionierte und Arbeitssüchtige (Abb. 7.2).

Als *Arbeitssüchtige* gelten demnach Befragte, die überaus arbeitseifrig sind und sich innerlich stark zum Arbeiten getrieben fühlen. Bei *Entspannten* sind Arbeitseifer und innere Getriebenheit vergleichsweise gering ausgeprägt. *Enthusiasten* sind überdurch-

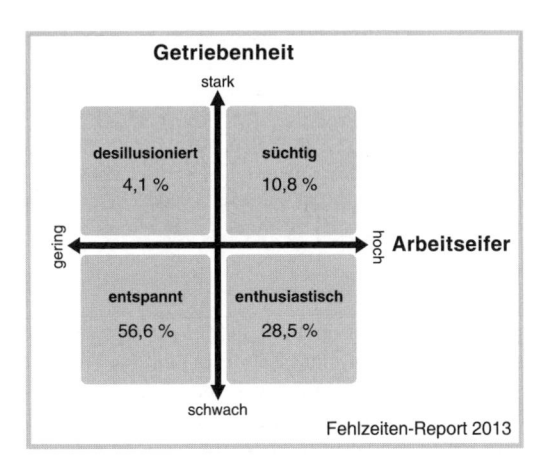

Abb. 7.2 Arbeitstypen und ihre relativen Häufigkeiten

schnittlich arbeitseifrig, aber weniger innerlich getrieben. Bei *Desillusionierten* ist es umgekehrt.

In Tab. 7.3 sind die zehn Items ausgeführt, mit denen die vier Arbeitsprofile gebildet werden. Die Übersicht zeigt auch, wie stark sich die einzelnen Aussagen auf die Typen auswirken. Die Stärke des Zusammenhangs wurde mit Hilfe eines Korrelationskoeffizienten für ordinale Daten (Spearmans Rho: rs) gemessen. »++« bzw. »+« geben an, dass es einen bedeutenden bzw. schwachen positiven Einfluss einer Aussage auf eine bestimmte Gruppe gibt. Die Wahrscheinlichkeit, dieser Gruppe zugewiesen zu werden, hängt demnach

Tab. 7.3 Einfluss der DUWAS-Aussagen auf Arbeitstypen (Quelle: Eigene Erhebung)

		entspannt	enthusiastisch	desillusioniert	arbeitssüchtig
Arbeitseifer	1. Ich fühle mich unter Zeitdruck und arbeite im Wettlauf gegen die Zeit.	--	++	0	++
	2. Ich arbeite weiter, auch wenn meine Kollegen längst nach Hause gegangen sind.	--	++	0	+
	3. Ich bin viel beschäftigt und sorge dafür, dass ich beruflich mehrere Eisen im Feuer habe.	--	++	0	+
	4. Ich verbringe mehr Zeit mit Arbeiten als damit, meine Freunde zu treffen oder meinen Hobbies oder anderen Freizeitaktivitäten nachzugehen.	--	++	0	++
	5. Ich mache zwei oder drei Dinge gleichzeitig – etwa: Ich esse zu Mittag oder notiere etwas, während ich telefoniere.	--	++	0	+
Getriebenheit	6. Für mich ist es wichtig, hart zu arbeiten, auch wenn die Arbeit keinen Spaß macht.	--	0	+	++
	7. Ich fühle mich innerlich zu hartem Arbeiten getrieben.	--	+	+	++
	8. Ich fühle mich verpflichtet, hart zu arbeiten, auch wenn es mir keinen Spaß macht.	--	0	+	++
	9. Ich fühle mich schuldig, wenn ich freinehme.	--	0	+	++
	10. Es fällt mir schwer, mich zu entspannen, wenn ich nicht arbeite.	--	0	+	++

++ deutlich positiver Einfluss (Korr. $r_s > 0{,}3$)
+   schwach positiver Einfluss ($0{,}1 <$ Korr. $r_s < 0{,}3$)
o   kein Einfluss ($-0{,}1 <$ Korr. $r_s < 0{,}1$)
-   schwach negativer Einfluss ($-0{,}3 <$ Korr. $r_s < -0{,}1$)
-- deutlich negativer Einfluss (Korr. $r_s < -0{,}3$)

Fehlzeiten-Report 2013

positiv von der Zustimmung zu der Aussage ab. Wer sich z. B. »immer« unter Zeitdruck und im Wettlauf gegen die Zeit fühlt (Aussage 1), hat eine relativ hohe Wahrscheinlichkeit, entweder der Gruppe der *Enthusiasten* oder der *Arbeitssüchtigen* (beide »++«) zugewiesen zu werden – weil *Enthusiasten* und *Arbeitssüchtige* (Arbeitseifrige) dieser Aussage in der Regel eher zustimmen. *Entspannte* lehnen sie überwiegend ab (»--«). *Desillusionierte* sind eher unentschlossen (»0«).

Die meiste Zustimmung (bei allen Befragten) erfährt die Botschaft »Ich mache zwei oder drei Dinge gleichzeitig – etwa: Ich esse zu Mittag oder notiere etwas, während ich telefoniere.« Für 48,6 Prozent trifft das »häufig« oder »immer« zu. Ständiges oder häufiges Multitasking kommt selbst bei drei von zehn *Entspannten* vor. Auch verbringt fast die Hälfte aller Befragten (47,2 Prozent) – und immerhin ein Viertel der *Entspannten* (26,4 Prozent) – oft mehr Zeit mit der Arbeit als mit anderen Tätigkeiten. Aber allein deshalb gilt man noch nicht als *arbeitssüchtig*.

Wer jedoch alltäglich noch tief in der Arbeit steckt, wenn die Kollegen längst nach Hause gegangen sind, weil er sich innerlich zu hartem Arbeiten getrieben fühlt (selbst wenn die Arbeit keinen Spaß macht) und schuldig, wenn er freinimmt, wer sich stets im Wettlauf gegen die Zeit arbeiten sieht und nach der Arbeit nicht mehr entspannen kann, der wird in der vorgestellten Typologisierung den *Arbeitssüchtigen* zugeordnet.

Entsprechend dem beschriebenen Verfahren werden Befragte dann als *arbeitssüchtig* klassifiziert, wenn sie den Aussagen mehrheitlich zustimmen. Deshalb ist es unmittelbar nachzuvollziehen, dass es einen positiven Einfluss aller Aussagen auf die Gruppe der Arbeitssüchtigen gibt. Ebenso naheliegend ist, dass unter den *Arbeitssüchtigen* die relativen Häufigkeiten der Antwortmöglichkeiten »immer« und »häufig« sehr hoch ausfallen (Abb. 7.3).

7.3 · Kategorisierung von Arbeitstypen

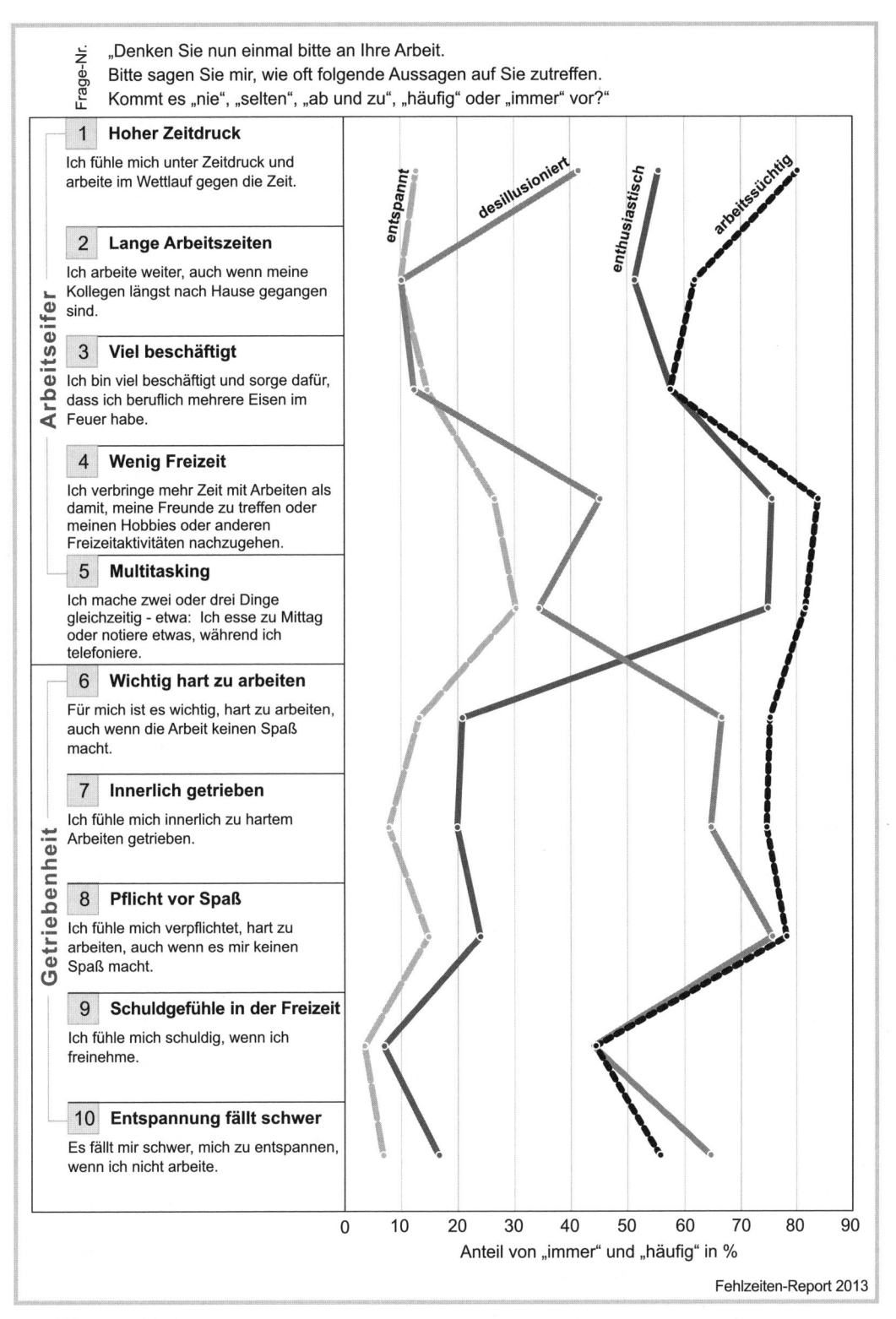

Frage-Nr.			
	"Denken Sie nun einmal bitte an Ihre Arbeit.		
	Bitte sagen Sie mir, wie oft folgende Aussagen auf Sie zutreffen.		
	Kommt es „nie", „selten", „ab und zu", „häufig" oder „immer" vor?"		

Arbeitseifer

1 Hoher Zeitdruck
Ich fühle mich unter Zeitdruck und arbeite im Wettlauf gegen die Zeit.

2 Lange Arbeitszeiten
Ich arbeite weiter, auch wenn meine Kollegen längst nach Hause gegangen sind.

3 Viel beschäftigt
Ich bin viel beschäftigt und sorge dafür, dass ich beruflich mehrere Eisen im Feuer habe.

4 Wenig Freizeit
Ich verbringe mehr Zeit mit Arbeiten als damit, meine Freunde zu treffen oder meinen Hobbies oder anderen Freizeitaktivitäten nachzugehen.

5 Multitasking
Ich mache zwei oder drei Dinge gleichzeitig - etwa: Ich esse zu Mittag oder notiere etwas, während ich telefoniere.

6 Wichtig hart zu arbeiten
Für mich ist es wichtig, hart zu arbeiten, auch wenn die Arbeit keinen Spaß macht.

Getriebenheit

7 Innerlich getrieben
Ich fühle mich innerlich zu hartem Arbeiten getrieben.

8 Pflicht vor Spaß
Ich fühle mich verpflichtet, hart zu arbeiten, auch wenn es mir keinen Spaß macht.

9 Schuldgefühle in der Freizeit
Ich fühle mich schuldig, wenn ich freinehme.

10 Entspannung fällt schwer
Es fällt mir schwer, mich zu entspannen, wenn ich nicht arbeite.

Anteil von „immer" und „häufig" in %

(Linien: entspannt, desillusioniert, enthusiastisch, arbeitssüchtig)

Fehlzeiten-Report 2013

◘ **Abb. 7.3** Einfluss der DUWAS-Aussagen auf Arbeitstypen

7.4 Charakterisierung der Arbeitstypen

Interessanterweise weisen die verschiedenen Arbeitstypen keine signifikanten Unterschiede hinsichtlich der Merkmale Alter und Geschlecht auf. Für die folgenden Charakterisierungen wurden logistische Regressionen durchgeführt (wobei ausschließlich signifikante Zusammenhänge aufgeführt sind).[3]

Rund 56,6 Prozent der Befragten werden den *Entspannten* zugeordnet (◘ Abb. 7.2). Im Schnitt leisten sie seltener Überstunden und leiden weniger unter Stress und Zeitdruck. Verglichen mit anderen Arbeitstypen sind sie deutlich zufriedener mit ihrer Freizeit und Gesundheit. Von den zehn gesundheitlichen Beschwerden (◘ Tab. 7.1) nennen sie im Schnitt nur 0,8, die häufig oder sehr häufig auftreten.

Mehr als ein Viertel der Arbeitsbevölkerung (28,5 Prozent) gelten – der Typologie entsprechend – als *Enthusiasten*. Sie zeichnen sich vor allem durch hohen Arbeitseifer und häufige Überstunden aus. Die Mehrheit dieses Typs verbringt die meiste Zeit mit Arbeiten (75,5 Prozent) und erledigt dabei häufig zwei oder drei Dinge gleichzeitig (74,8 Prozent). Sie sind überdurchschnittlich zufrieden mit ihrer Arbeit, jedoch eher unglücklich mit ihrer Freizeit. Nicht selten fühlen sie sich deshalb auch erschöpft.

4,1 Prozent der Beschäftigten lassen sich der Gruppe der *Desillusionierten* zuordnen. Die meisten von ihnen fühlen sich verpflichtet, hart zu arbeiten, auch wenn es keinen Spaß macht (75,6 Prozent) und haben nach Feierabend Schwierigkeiten, sich zu entspannen (64,6 Prozent). Bei der Arbeit haben viele oft Angst, Fehler zu machen und fürchten berufliche Nachteile bei Krankmeldungen. Dies scheint nicht unbegründet, da sie nach eigenen Angaben im vergangenen Jahr durchschnittlich 6,4 Tage mehr an ihrem Arbeitsplatz fehlten als andere Beschäftigte. Überdies nehmen sie überdurchschnittlich viele Medikamente (1,3 Medikamente täglich; Mittelwert ist 0,9).

Etwa jeder neunte Erwerbstätige (10,8 Prozent) gilt gemäß der obigen Definition als *arbeitssüchtig*. *Arbeitssüchtige* verbringen überdurchschnittlich viel Zeit am Arbeitsplatz. Ihr Job bereitet ihnen (im Schnitt) seltener Freude und sie fühlen sich häufiger gestresst als andere Beschäftigte. Für viele ist es wichtig, hart zu arbeiten, auch wenn die Arbeit keinen Spaß macht (75,2 Prozent). Sie fühlen sich innerlich dazu getrieben (74,6 Prozent). Ähnlich wie die Desillusionierten fürchten sich viele von ihnen vor Fehlern bei der Arbeit und beruflichen Nachteilen im Krankheitsfall. Auch sie weisen relativ viele Arbeitsunfähigkeitstage (12,7 im letzten Jahr; Durchschnitt ist 9,2) und einen erhöhten Arzneimittelkonsum (1,2 Medikamente täglich) auf. Verglichen mit allen anderen Gruppen sind sie am wenigsten zufrieden mit ihrer Freizeit und ihrer Gesundheit. Während die *entspannten* Arbeitstypen durchschnittlich 0,8 häufige Beschwerden nennen, sind es bei den *Arbeitssüchtigen* im Mittel 3,1 (von zehn möglichen).

7.5 Zusammenhänge zwischen Arbeitstypen und gesundheitlichen Beschwerden und Risiken

Bei der Analyse der gesundheitlichen Beschwerden fällt auf, dass *Arbeitssüchtige* von nahezu allen Beschwerden am stärksten betroffen sind – vor allem von muskuloskelettalen und psychosomatischen Problemen (◘ Abb. 7.4). Umgerechnet in Schulnoten bewerten sie ihre Belastungen in Form von Rücken- oder Gelenkbeschwerden mit 3,0 und die psychosomatischen mit 2,8.[4] Der Durchschnitt aller Erwerbstätigen bewertet letztere mit 2,0. Das bedeutet, dass *Arbeitssüchtige* überdurchschnittlich oft unter psychosomatischen Beschwerden leiden.

Betrachtet man die psychosomatischen Beschwerden im Detail, fällt auf, dass insbesondere Indikatoren für Burnout problematisch für *Arbeitssüchtige* sind (◘ Abb. 7.5). So bewerten sie Beschwerden durch Erschöpfung im Durchschnitt mit 3,3 und Lustlosigkeit/ausgebrannt sein mit 3,2. *Entspannte* geben hier Mittelwerte von 2,0 (Erschöpfung) bzw. 1,8 (ausgebrannt sein) an und selbst *Desillusionierte* fühlen sich hier weitaus weniger belastet (Schulnoten 2,9 bzw. 2,6). Ähnlich betroffen scheinen *Desillusionierte* und *Arbeitssüchtige* aber von Schlafstörungen zu sein. Beide Gruppen bewerten ihre Beschwerden hier mit 2,8. *Enthusiasten* (2,0) und *Entspannte* (1,7) erleben dies deutlich seltener.

---

3 Die Ergebnisse der logistischen Regressionen (Modellparameter, Regressionskoeffizienten, Test- und Signifikanzwerte) können gerne bei den Autoren angefordert werden.

4 Die konkrete Frage lautete »Wie oft haben Sie die folgenden gesundheitlichen Beschwerden?«, wobei die Antwortmöglichkeiten »nie« (1), »selten« (2), »ab und zu« (3), »häufig« (4) und »immer« (5) waren, welche als Schulnoten interpretiert werden können. Ein Wert von 2,0 für ein bestimmtes Item (etwa Infektionserkrankungen) wäre gleichbedeutend damit, dass die Beschwerden für die Befragten einer Gruppe (etwa Arbeitssüchtige) im Durchschnitt »selten« auftauchen und der mittlere Belastungszustand der Gruppe daher als »gut« bewertet werden kann.

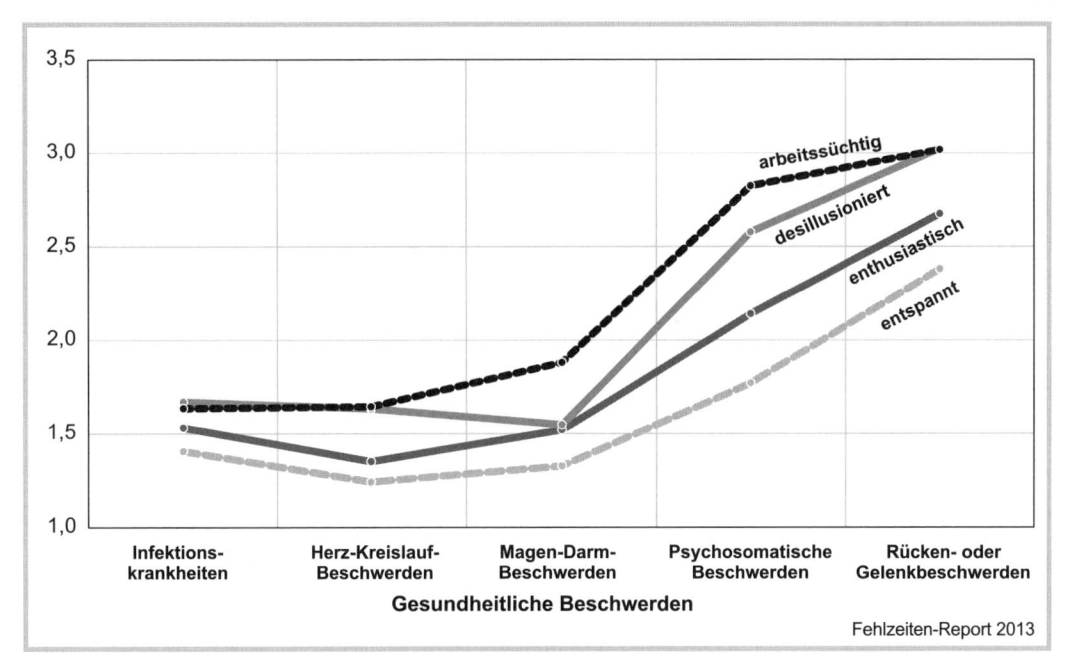

7.5 · Zusammenhänge zwischen Arbeitstypen und gesundheitlichen Beschwerden

Abb. 7.4 Bewertung von gesundheitlichen Beschwerden nach Arbeitstypen (Mittelwerte nach Schulnoten)

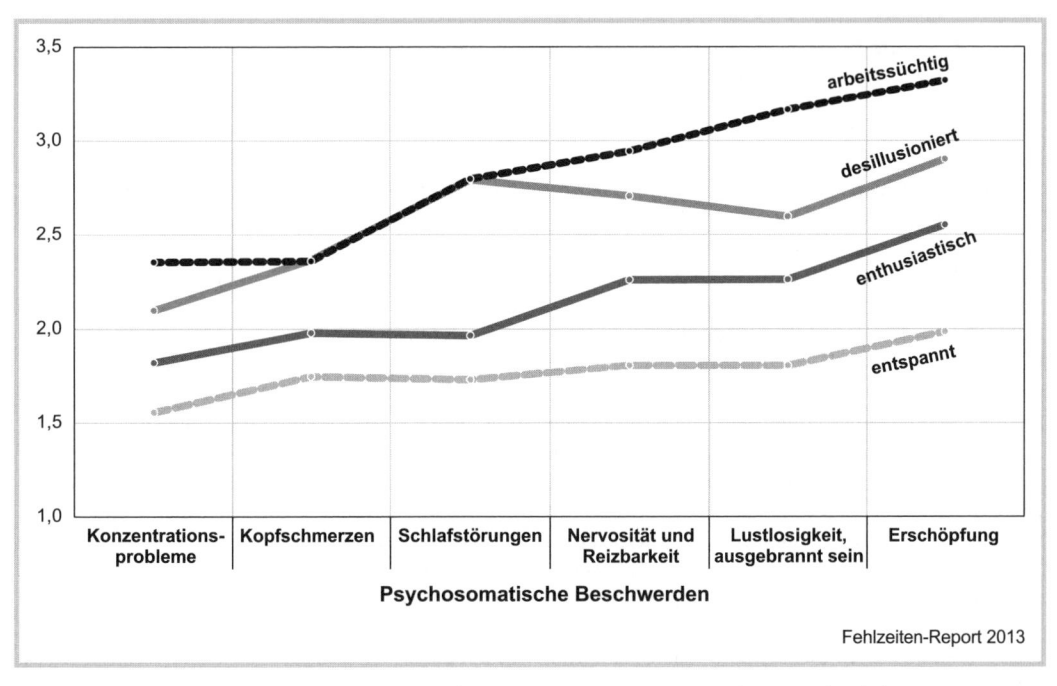

Abb. 7.5 Bewertung von psychosomatischen Beschwerden nach Arbeitstypen (Mittelwerte nach Schulnoten)

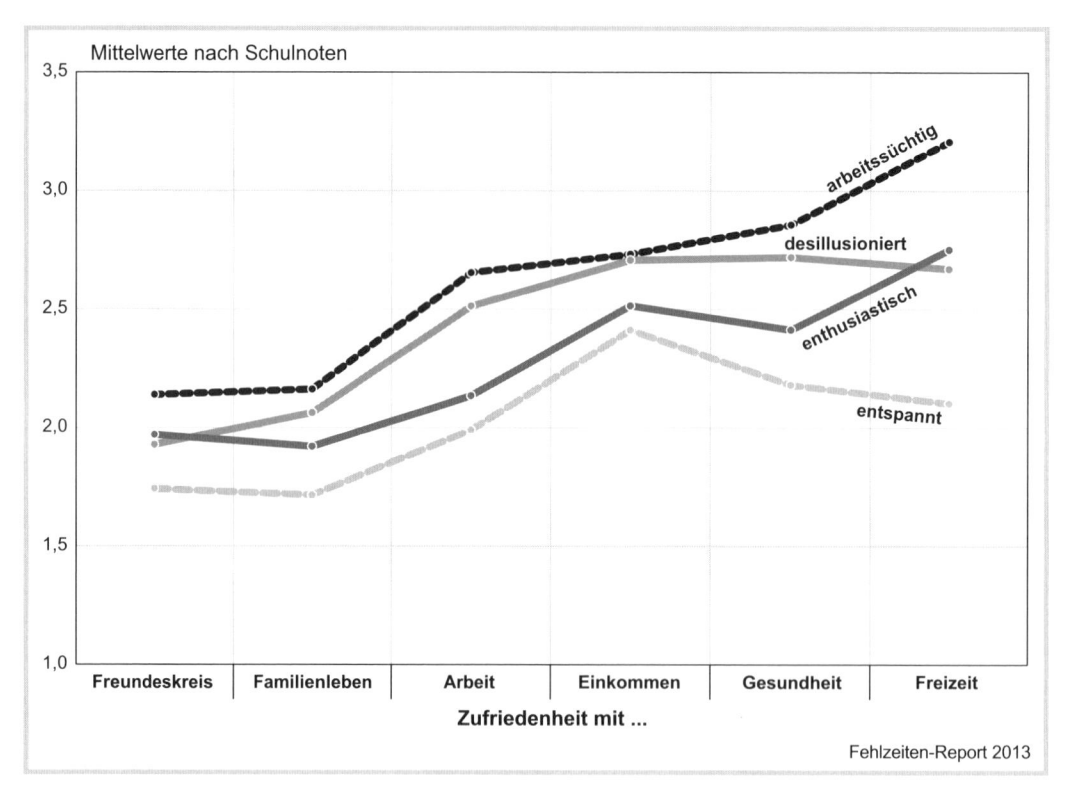

◘ **Abb. 7.6** Zufriedenheit mit Lebensbereichen nach Arbeitstypen (Mittelwerte nach Schulnoten)

Arbeitssüchtige sind nicht nur mit ihrer Gesundheit deutlich unzufriedener als andere Gruppen. Besonders unzufrieden sind sie auch mit ihrer Freizeit. Auf einer Schulnotenskala von 1 bis 5 bewerten sie diese im Schnitt mit 3,2 (◘ Abb. 7.6).[5] Überdurchschnittlich zufrieden äußern sich hier *Entspannte* (2,1), was auch unmittelbar plausibel erscheint. Schließlich verbrachten *entspannte* (wie auch *desillusionierte*) Arbeitstypen allein in der letzten berichteten Woche rund sieben Stunden weniger Zeit mit Erwerbsarbeit als *Arbeitssüchtige* und *Enthusiasten*. *Enthusiasten* wiederum äußern sich trotz der längeren Arbeitszeiten ähnlich zufrieden (bzw. unzufrieden) mit ihrer Freizeit wie *Desillusionierte* (Mittelwert 2,7). *Arbeitssüchtige* und *Desillusionierte* – also Personen, die sich innerlich zum Arbeiten getrieben fühlen – sind überdies weitaus unzufriedener mit ihrer Arbeit als andere Beschäftigte.

Arbeitssucht steht im engen Zusammenhang mit Präsentismus, der Anwesenheit am Arbeitsplatz trotz Krankheit. So geben 80,6 Prozent der *Arbeitssüchtigen* an, dass sie im letzten Jahr mindestens einmal krank zur Arbeit gegangen sind (◘ Tab. 7.4). Dies trifft auch für knapp 70 Prozent der *Desillusionierten* zu. Das ist einerseits bemerkenswert, denn die Betroffenen tun dies nicht, weil ihnen ihre Arbeit Freude bereitet. Auf der anderen Seite erklärt die innere Getriebenheit die zwanghafte Einstellung, auch bei Krankheit zur Arbeit zu gehen. Doch auch *Enthusiasten* gehen überdurchschnittlich häufig (61,7 Prozent) zur Arbeit, obwohl sie sich richtig krank fühlen. Somit scheint neben der Getriebenheit auch der Arbeitseifer einen Einfluss auf Präsentismus zu haben. Das begründet, warum *Arbeitssüchtige* davon besonders betroffen sind.

Diese Zusammenhänge zeigen sich auch in den weiteren Fragen. 77 Prozent der *Arbeitssüchtigen* geben an, im vergangenen Jahr einmal bis zum Wochenende gewartet haben, um zu genesen, und 23 Prozent von ihnen haben zur Genesung Urlaub genommen. Fast jeder Zweite von ihnen ist sogar gegen ärztlichen Rat arbeiten gegangen. Unter *Enthusiasten* und *Desillusionierten* gingen immerhin rund 28 Prozent zur Arbeit, obwohl ihnen ihr Arzt davon abgeraten hatte. Von den *Entspannten* tat dies nur jeder Siebte (14,3 Prozent).

---

5 Hier lautete die Frage: »Wie zufrieden sind Sie gegenwärtig mit den folgenden Bereichen Ihres Lebens?«, wobei von 1 (»sehr zufrieden«) bis 5 (»sehr unzufrieden«) differenziert werden konnte.

Tab. 7.4 Präsentismus nach Arbeitstypen (Quelle: Eigene Erhebung)

Ist es im letzten Jahr mal vorgekommen, dass...	ja-Angaben in %				
	insgesamt	entspannt	enthusiastisch	desillusioniert	arbeitssüchtig
Anzahl Befragte	2.005	1.134	572	82	217
... Sie zur Arbeit gegangen sind, obwohl Sie sich richtig krank gefühlt haben?	54,8	45,3	61,7	69,5	80,6
... Sie zur Genesung bis zum Wochenende gewartet haben?	54,0	44,1	62,2	72,0	77,4
... Sie zur Genesung Urlaub genommen haben?	10,2	7,1	11,0	14,6	23,0
... Sie Ihrer Arbeit nachgegangen sind, obwohl der Arzt davon abgeraten hat?	22,2	14,3	28,3	28,0	45,6

Fehlzeiten-Report 2013

Verglichen mit den *Entspannten* ist es daher für *Arbeitssüchtige* fünfmal so wahrscheinlich, dass sie zur Arbeit gehen, obwohl sie sich richtig krank fühlen oder der Arzt ihnen davon abrät.

Überdurchschnittlich viele *Arbeitssüchtige* (22,6 Prozent) zeigen Verständnis dafür, dass jemand in einer schwierigen beruflichen Stresssituation ohne ärztlichen Rat Medikamente, wie etwa Psychopharmaka, einnimmt (**Tab. 7.5**). In allen anderen Gruppen stimmen dieser Aussage im Schnitt nur 15,3 Prozent der Beschäftigten zu.

Von den *Arbeitssüchtigen* kennt fast jeder Vierte (22,6 Prozent) jemanden, der als Gesunder Medikamente eingenommen hat, um leistungsfähiger zu sein oder seine Aufgaben besser erledigen zu können. Auch überdurchschnittlich viele *Enthusiasten* (20,1 Prozent) kennen solche Kollegen.

Im Durchschnitt gibt jeder 20. Erwerbstätige zu, im vergangenen Jahr selbst leistungssteigernde Medikamente konsumiert zu haben. Unter den *Arbeitssüchtigen* gibt dies jeder Neunte (10,6 Prozent) zu. Im Vergleich zu den *Entspannten* (3,4 Prozent) ist die Wahrscheinlichkeit bzw. das Risiko, zu Psychopharmaka zu greifen, für *Arbeitssüchtige* mehr als dreimal so hoch. Unter den *Desillusionierten* gibt sogar jeder Siebte (14,6 Prozent) den Konsum von Psychopharmaka im letzten Jahr zu.

Statistische Unterschiede der Arbeitstypen im Hinblick auf den Konsum von Tabak und Alkohol zeigen sich in der Untersuchung hingegen kaum. Unabhängig vom Arbeitstyp gibt jeder dritte Befragte (32,8 Prozent) an zu rauchen (**Tab. 7.6**). Unter den *Entspannten* (30,4 Prozent) ist der Raucheranteil etwas geringer als unter den anderen Typen. Die Anzahl der Tage pro Woche, an denen Alkohol konsumiert wird, unterscheidet sich nicht signifikant zwischen den Gruppen und schwankt um den Mittelwert von 1,7. Die Angaben, wie häufig sechs oder mehr alkoholische Getränke konsumiert wurden, weichen ebenfalls nicht nennenswert voneinander ab.

Tab. 7.5 Neuroenhancement nach Arbeitstypen (Quelle: Eigene Erhebung)

	ja-Angaben in %				
	insgesamt	entspannt	enthusiastisch	desillusioniert	arbeitssüchtig
Anzahl Befragte	2.005	1.134	572	82	217
Haben Sie Verständnis dafür, dass jemand Psychopharmaka einnimmt?	16,1	15,9	14,2	14,6	22,6
Kennen Sie jemanden, der Medikamente eingenommen hat, um leistungsfähiger zu sein?	15,5	12,2	20,1	11,0	22,6
Haben Sie selbst Medikamente eingenommen, um leistungsfähiger zu sein?	5,0	3,4	4,7	14,6	10,6

Fehlzeiten-Report 2013

Tab. 7.6 Konsum von Tabak und Alkohol nach Arbeitstypen (in % bzw. Mittelwert) (Quelle: Eigene Erhebung)

		insgesamt	entspannt	enthusiastisch	desillusioniert	arbeitssüchtig
Anzahl Befragte		2.003	1.132	572	82	217
Anteil Raucher	regelmäßig/gelegentlich	32,8	30,4	35,1	36,6	37,8
Häufigkeit von Alkoholkonsum in der letzten Woche	Anzahl Tage (Mittelwert)	1,7	1,6	1,7	1,5	1,7
	0 Tage	35,5	34,8	34	50	37,8
	7 Tage	5,3	5,1	5,3	6,1	6
Häufigkeit von 6 oder mehr alkoholischen Getränken bei einer Gelegenheit	nie	42,9	42,2	42,5	42,7	48,4
	seltener als 1-mal pro Monat	29,4	30,3	28,1	29,3	28,1
	1-mal pro Monat	17,4	17,5	17,8	18,3	15,7
	1-mal pro Woche	9,1	8,8	10,7	8,5	6,5
	täglich oder fast täglich	0,7	0,7	0,5	0	1,4

Fehlzeiten-Report 2013

7.6 Fazit

Der Workaholic droht vom bewunderten Vielarbeiter zum Patienten zu werden. Dabei weist Arbeitssucht Symptome auf, die von Mitmenschen und Kollegen zunächst wohlwollend zur Kenntnis genommen werden. Mal eben den hohen Bürostapel zu Hause abgearbeitet, dann die Mittagspause durchgemacht, Überstunden geleistet. Aber irgendwann rebellieren Körper und Geist: Schlafstörungen, Lustlosigkeit und Erschöpfung sind die Folgen.

Der Missbrauch von Arbeit führt zu körperlichen Verschleißerscheinungen und seelischen Störungen. Um weiter arbeiten zu können, wird auch zu Aufputschmitteln gegriffen. Hält dieser Zustand lange an, kommt es schließlich zum Zusammenbruch, zu geistigem oder körperlichem Stillstand: Burnout. Auch wenn Diagnose und Behandlung von Arbeitssucht komplex und therapeutische Interventionen schwierig sind, wäre es für die Betroffenen sicherlich sinnvoll, als erstes über ihr Verhältnis und eine angemessene Beziehung zur Arbeit nachzudenken.

Arbeitssucht schadet aber nicht nur den Betroffenen, sondern auch den Unternehmen (Fehlzeiten, Konflikt- und Interaktionsverhalten). Die Betriebe sollten ein Interesse daran haben, arbeitssüchtige Verhaltensmuster bei ihren Mitarbeitern frühzeitig zu erkennen und entsprechende Gegenmaßnahmen zu ergreifen (z. B. ähnlich den Betriebs- bzw. Dienstvereinbarungen zum Alkoholismus). Arbeitssucht als ernstzunehmende Erkrankung zu akzeptieren würde nicht nur eine Therapie erleichtern, sondern auch gezielte Präventionsmaßnahmen ermöglichen.

Literatur

Bühler KE, Schneider C (2002) Arbeitssucht (Workaholism). Schweizer Archiv für Neurologie und Psychiatrie 5:245–250

Del Líbano M, Llorens S, Salanova M, Schaufeli W (2010) Validity of a brief workaholism scale. Psicothema 22 (1):143–150

Heide H (2010) Ursachen und Konsequenzen von Arbeitssucht. In: Badura B, Schröder, H, Klose J, Macco K (Hrsg) Fehlzeiten-Report 2009. Arbeit und Psyche: Belastungen reduzieren – Wohlbefinden fördern. Springer, Berlin, S 83–91

Lafargue P (1883) Le droit à la paresse. H. Oriol

Oates WE (1971) Confessions of a Workaholic. Abingdon Press

Schaufeli WB, Taris TW, Bakker A (2006) Dr. Jekyll and Mr. Hide: On the differences between work engagement and workaholism. In: Burke R (Hrsg): Research companion to working time and work addiction. Edward Elgar, S 193–217

Schaufeli WB, Shimazu A, Taris TW (2009) Driven to work excessively hard: The evaluation of a two-factor measure of workaholism in the Netherlands and Japan. Cross-Cultural Research 43:320–348

Spence JT, Robbins AS (1992) Workaholism: definition, measurement, and preliminary results. Journal of Personal Assessment 58:160–178

Formen der Sucht

Kapitel 8	**Alkoholabhängigkeit und riskanter Alkoholkonsum** – 67	

G. Bartsch, C. Merfert-Diete

Kapitel 9 **Medikamentenabhängigkeit und Arbeit** – 75
R. Holzbach

Kapitel 10 **Tabakkonsum – Aktuelle Verbreitung, zeitliche Entwicklung und soziale Differenzierung** – 83
T. Lampert

Kapitel 11 **Illegale Drogen – Herkunft, Verwendung, Verbreitung und Gefahren** – 93
K.-L. Täschner

Kapitel 12 **Kann denn Arbeit Sünde sein? – Von Überstunden und Überallstunden in der modernen Arbeitswelt** – 101
S. Poppelreuter

Kapitel 13 **Sucht und Sehnsucht im digitalen Raum: Digitaler Arbeitsschutz aus medienwissenschaftlicher Perspektive** – 115
S. David

Alkoholabhängigkeit und riskanter Alkoholkonsum

G. Bartsch, C. Merfert-Diete

B. Badura et al. (Hrsg.) *Fehlzeiten-Report 2013*,
DOI 10.1007/978-3-642-37117-2_8, © Springer Verlag Berlin Heidelberg 2013

Zusammenfassung *Die Bedingungen und Folgen riskanten Alkoholkonsums und der Alkoholabhängigkeit Einzelner werden durch die Lebens- und Arbeitsbedingungen bestimmt und spiegeln sich in allen Lebensbereichen wieder. Der Pro-Kopf-Verbrauch reinen Alkohols hat sich seit Jahrzenten auf einem hohen Niveau eingependelt (2012: 9,6 l). 97,1 Prozent der erwachsenden Bevölkerung in Deutschland (ca. 48,6 Mio.) zwischen 18 und 65 Jahren, dem Zeitraum der Erwerbstätigkeit, trinken Alkohol. Eine diagnostizierte Alkoholabhängigkeit nach DSM IV haben 3,4 Prozent der Männer und 1,4 Prozent der Frauen in Deutschland, insgesamt etwa 1,3 Mio. Menschen. Hinzu kommen 2 Mio. Alkoholmissbrauchende (6,4 Prozent der Männer und 1,2 Prozent der Frauen). Je höher der Bildungsstand, desto größer ist die Wahrscheinlichkeit eines regelmäßigen Alkoholkonsums. Die indirekten Kosten wie Mortalitätsverluste bewerteter Arbeitszeit und bewerteter Nichtmarkttätigkeit, Arbeitsunfähigkeit, Frühberentung und Produktionsausfälle durch Rehabilitation u. a. machen ca. 16,6 Mrd. € aus. Und über 1 Mrd. € betragen Sachschäden alkoholbedingter Arbeitsunfälle in Betrieben. Bei jedem vierten bis fünften Arbeitsunfall ist Alkohol im Spiel. Alkoholkranke fehlen zwei- bis viermal häufiger als die Gesamtbelegschaft. Alkoholbezogene Risiken können durch Suchtprävention und Suchthilfe im Betrieb gemindert werden. Die betriebliche Gesundheitsförderung, die Arbeitsplatzgestaltung und Produktionsabläufe sowie der Umgang mit Alkohol im Betrieb sind auf dieses Ziel auszurichten.*

8.1 Einleitung

Über lange Zeit galt das Interesse von Suchtmedizin und -forschung in erster Linie den Kranken mit chronischen Alkoholstörungen, bei denen jahrzehntelanger und exzessiver Alkoholkonsum zu Abhängigkeit und schweren organischen Schädigungen geführt hat. Inzwischen stehen jedoch immer häufiger die riskanten Konsummuster im Fokus sowohl der Medizin als auch der Prävention. Grund hierfür ist die stärkere Verankerung der Public-Health-Perspektive in Medizin, Forschung, Politik und in der Suchthilfe. Forschungsergebnisse belegen nicht nur einen Zusammenhang zwischen individuellem Verhalten und der Entwicklung einer Alkoholproblematik, sondern zeigen auch den Einfluss des Umfelds und der Gesellschaft bei der Entstehung der Störungen. Auch hinsichtlich der Folgen des Alkoholkonsums richtet sich der Blick nicht nur auf das Individuum, sondern insbesondere auch auf die Schäden für die Gesellschaft. Die Erkenntnis setzt sich durch, dass alkoholbedingte Folgeschäden zum größeren Teil auf den weniger schweren Störungsformen *vieler* und nicht auf den schweren Störungen *weniger* beruhen. Darüber hinaus finden die Auswirkungen des Alkoholkonsums auf unbeteiligte Dritte, zum Beispiel im Verkehr, in der Familie und im Arbeitsleben, größere Beachtung.

8.2 Konsum, Konsummuster und Prävalenzen

Der Pro-Kopf-Konsum reinen Alkohols stieg während des Wirtschaftswunders im Nachkriegsdeutschland von 3,2 l im Jahr 1950 auf 11,2 l im Jahre 1970. Nach dem Höhepunkt des Konsums im Jahre 1980 mit 12,9 l sank der Pro-Kopf-Konsum langsam auf den heutigen Stand von 9,6 l (Gaertner et al. 2012). Im internationalen Vergleich steht Deutschland damit jedoch immer noch auf einem Spitzenplatz. Auch der Anteil der Menschen in der Bevölkerung, die Alkohol konsumieren, ist europaweit einer der höchsten: Nur in Luxemburg ist die Abstinenzrate (12-Monats-Prävalenz) noch niedriger als in Deutschland. Selbst Weinanbauländer

Tab. 8.1 Prävalenz des Alkoholkonsums (Quelle: Kraus u. Pabst 2010)

Konsumprävalenz[1]	Gesamt %	Männer %	Frauen %
Lebenslang abstinent	2,9	2,2	3,6
letzte 12 Monate abstinent	7,3	6,1	8,5
letzte 30 Tage abstinent	13,4	9,2	17,9
Riskanter Konsum	16,5	18,5	14,3

[1] Riskanter Konsum: > 12/24 g Reinalkohol pro Tag in den letzten 30 Tagen für Frauen und Männer

Fehlzeiten-Report 2013

wie Italien, Spanien, Portugal oder die Schweiz weisen wesentlich höhere Raten abstinent lebendender Menschen auf (Anderson u. Baumberg 2006).

Die stetige geringfügige Reduzierung des Pro-Kopf-Alkoholkonsums ist auf einen leichten Abfall des durchschnittlichen täglichen Alkoholkonsums sowie auf den Rückgang des Rauschtrinkens zurückzuführen (Gaertner et al. 2012). Dies gilt jedoch nicht für alle Altersstufen gleichermaßen: Einzig bei den ganz jungen Menschen zwischen 12 und 15 Jahren ist ein nachhaltiges Sinken des Rauschtrinkens belegt. Bei Jugendlichen zwischen 16 und 17 Jahren sowie bei den jungen Erwachsenen ist der Trend nicht eindeutig. Vor allem bei den jungen Erwachsenen bis 25 Jahren nimmt das Rauschtrinken seit 2010 wieder zu (Bundeszentrale für gesundheitliche Aufklärung 2012).

Riskanter Alkoholkonsum, insbesondere das Binge Drinking (fünf oder mehr Gläser bei einer Gelegenheit), ist trotz des Eindrucks, der durch die Medienberichterstattung erweckt wird, kein Alleinstellungsmerkmal des Jugendalters. Ca. 8,5 Mio. Erwachsene in Deutschland zwischen 18 und 64 Jahren (16,5 Prozent) konsumieren Alkohol in riskanter Weise (Kraus u. Pabst 2010).

Insgesamt sind die Anteile der verschiedenen Trinkmuster in den vergangenen 15 Jahren relativ stabil geblieben. 97,1 Prozent der erwachsenen Bevölkerung in Deutschland (ca. 48,6 Mio.) zwischen 18 und 64 Jahren trinken Alkohol. 13,4 Prozent verhielten sich in den letzten 30 Tagen abstinent. Eine diagnostizierte Alkoholabhängigkeit nach DSM IV haben 3,4 Prozent der Männer und 1,4 Prozent der Frauen in Deutschland. Dies sind ca. 1,3 Mio. Menschen. Hinzu kommen ca. 2 Mio. Alkoholmissbrauchende – 6,4 Prozent der Männer und der 1,2 Prozent Frauen (Lehner u. Kepp 2012). Erst im Alter nimmt der Alkoholkonsum wieder ab. Auch das Vorkommen von Alkoholkrankheit nimmt im Alter ab. Dies ist u. a. darauf zurückzuführen, dass Alkoholkranke seltener ein Alter von 65 Jahren und mehr erreichen als Gesunde (Deutscher Bundestag 2002).

Weitaus mehr Männer als Frauen trinken Alkohol und dies auch in schädlicherer Weise (◘ Tab. 8.1). Auch beim problematischen Alkoholkonsum liegen die Männer mit 32,4 Prozent vor den Frauen mit 8,9 Prozent. Das männliche Rollenklischee »erfordert« nach wie vor, Männlichkeit durch das Trinken großer Mengen Alkohol unter Beweis zu stellen. Die Folgen spiegeln sich nicht nur in den Prävalenzen wider, sondern auch in den Zahlen der Ratsuchenden in den Alkoholberatungs- und Behandlungsstellen sowie in den Daten der Deutschen Rentenversicherung hinsichtlich der Inanspruchnahme von Alkoholrehabilitationen. Hier beträgt das Verhältnis zwischen Männern und Frauen ca. 3:1 bzw. 4:1 (Steppan et al. 2012; Beckmann u. Baumann 2012).

Hinsichtlich der sozialen Ungleichheiten bezüglich des Alkoholkonsums zeigt sich ein stark divergierendes Bild im Vergleich zum Tabakkonsum. Europaweit wurde festgestellt (Anderson u. Baumberg 2006):

1. Menschen mit einem niedrigen sozioökonomischen Status (SoS) leben eher alkoholabstinent als diejenigen mit einem höheren SoS.
2. Ein höherer SoS ist mit häufigerem Alkoholkonsum verbunden, insbesondere bei Frauen.
3. Männer mit höherer Bildung sind mit größerer Wahrscheinlichkeit keine starken Trinker[1], bei Frauen wurde ein entgegengesetzter Effekt gefunden.
4. Trunkenheit wie auch Entwicklung einer Abhängigkeit sind dagegen wahrscheinlicher bei den Menschen mit einem niedrigeren SoS.

Diese Ergebnisse werden von deutschen Studien bestätigt. So zeigt eine Veröffentlichung von 2012: Je höher der Bildungsstand, desto größer ist die Wahrscheinlichkeit eines regelmäßigen Alkoholkonsums (Schneider u. Schneider 2012). Zudem kommen die Autoren zu dem Ergebnis, dass Frauen, die über längere Zeit einem starken beruflichen Stress ausgesetzt sind, verstärkt zu Tabak- und Alkoholkonsum neigen. Auch ist

---

1 Heavy drinking/starkes Trinken: Ein Trinkmuster, das über ein moderates Maß hinausgeht. Es wird häufig folgendermaßen definiert: mehr als täglich drei alkoholische Getränke oder mindestens einmal pro Woche mehr als fünf Getränke bei einer Gelegenheit (WHO 2005).

8.3 Morbidität und Mortalität

Alkoholkonsum ist nach Nikotinkonsum und Bluthochdruck das dritthöchste Risiko für Krankheit und vorzeitigen Tod in Europa (Anderson u. Baumberg 2006). Jährlich sind in Deutschland ca. 74.000 alkoholbedingte Todesfälle zu verzeichnen, entweder durch Alkoholkonsum allein oder durch kombinierten Alkohol- und Tabakkonsum (John u. Hanke 2002). Dies entspricht den Einwohnerzahlen von Lüneburg oder Bayreuth.

Auch in der Krankenhausstatistik ragen die alkoholbezogenen Behandlungen heraus: Allein die Diagnose »Psychische und Verhaltensstörungen durch Alkohol« ist die dritthäufigste – bei Männern sogar die häufigste – Diagnose der vollstationär behandelten Patienten (Bundesministerium für Gesundheit 2012). Dazu müssen weitere typische Erkrankungen gerechnet werden, wie alkoholbedingte Leberzirrhosen, Bauchspeicheldrüsenentzündungen und Krebserkrankungen sowie alkoholbedingte Unfälle, Verletzungen und Suizide.

Darüber hinaus stieg innerhalb von elf Jahren die Gesamtzahl der Alkoholvergiftungen in der Bevölkerung um 173,2 Prozent (2000 bis 2010). Obwohl sich die Zahl bei den 10- bis 15-Jährigen und 15- bis 20-Jährigen 2010 leicht verringert hat, ist sie gegenüber dem Jahr 2000 immer noch zweimal bzw. dreimal so hoch (Statistisches Bundesamt 2011).

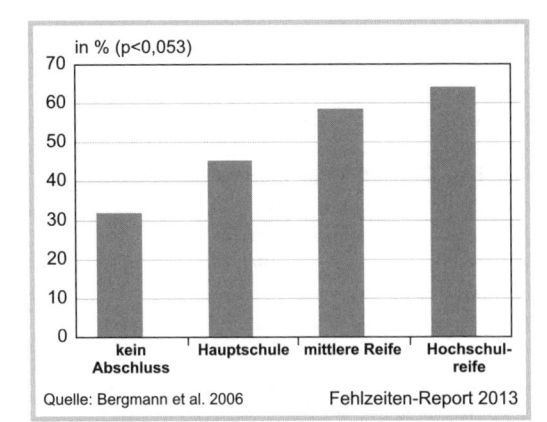

Abb. 8.1 Anteil der Frauen, die in der Schwangerschaft Alkohol konsumieren, in Abhängigkeit von der formalen Bildung (Aus Bergmann et al. 2006, mit freundlicher Genehmigung)

belegt, dass Frauen mit Hochschulreife häufiger während der Schwangerschaft Alkohol konsumieren als Hauptschulabsolventinnen oder Frauen ohne Schulabschluss (Bergmann et al. 2006) (Abb. 8.1).

Eine befriedigende Interpretation dieser Ergebnisse gibt es (noch) nicht. Schneider u. Schneider erklären ihre Forschungsresultate in einer Presseinformation folgendermaßen: »Es erscheint wenig plausibel, dass Menschen mit einer weit überdurchschnittlichen Ausbildung ausgerechnet in puncto Alkohol schlecht informiert sind. Näher liegt die Annahme, dass das Wissen um die Risiken der ›Volksdroge Alkohol‹ durch die gesellschaftliche Akzeptanz verdrängt wird« (Universität Bayreuth 2012). Untersuchungen, die diese Hypothese unterstützen, gibt es derzeit nicht. Die Annahme erscheint jedoch vor dem Hintergrund der medialen Darstellung des Alkoholkonsums überzeugend. Alkoholika, insbesondere Wein, werden meist in Verbindung gesetzt mit Genuss, Kennertum und modernem Lifestyle/mediterraner Küche etc. und nicht mit gesundheitlichen Risiken.

Alkoholbedingte Gesundheitsgefahren für Neugeborene
- 10.000 Neugeborene leiden an den gesundheitlichen Folgen des Alkoholkonsums ihrer Mütter während der Schwangerschaft (NACOA o. J.).
- Ca. 2.200 Babys mit fetalem Alkoholsyndrom, auch Alkoholembryopathie genannt, werden jährlich in Deutschland geboren (Löser 1995).

Alkoholbedingte Gesundheitsgefahren
- Alkohol ist ein Zellgift, das Körperorgane und Nervenzellen schädigen kann (Babor et al. 2005).
- Alkoholkonsum ist nach Nikotinkonsum und Bluthochdruck das dritthöchste Risiko für Krankheit und vorzeitigen Tod in Europa (Anderson u. Baumberg 2006).
- Jeder vierte Mann in Deutschland, der im Alter von 35 bis 65 Jahren stirbt, stirbt an den Folgen von Alkoholkonsum (John u. Hanke 2002).
- Für Personen mit chronischem Alkoholmissbrauch verkürzt sich die Lebenserwartung um durchschnittlich 23 Jahre (Statistisches Bundesamt 1998).
- Die Diagnoseklasse F10 (ICD-10) »Psychische und Verhaltensstörungen durch Alkohol« ist bei Männern der häufigste Behandlungsanlass in Krankenhäusern (Bundesministerium für Gesundheit 2012).

▼

- Abhängig vom Schweregrad einer alkoholbedingten Leberzirrhose sterben im Zeitraum von fünf Jahren nach Diagnosestellung zwischen 40 und 80 Prozent der Betroffenen (Statistisches Bundesamt 1998).
- Alkohol gehört zu den TOP 10 der krebsauslösenden Substanzen (Seitz u. Stickel 2007). Bei Männern in mittlerem Alter steigt das Risiko an Krebs zu erkranken (Rachen-, Kehlkopf-, Speiseröhren- und Leberkrebs) von 14 pro 100.000 bei abstinent lebenden auf 50 pro 100.000 bei denjenigen, die 40 g täglich trinken. Frauen sind dagegen vor allem von Brustkrebs betroffen (Anderson u. Baumberg 2006).

8.4 Die volkswirtschaftlichen Kosten des Alkohols

Studien zur Berechnung der alkoholbedingten volkswirtschaftlichen Kosten sind rar. Die aktuellsten Kalkulationen belaufen sich insgesamt auf 26,7 Mrd. € jährlich (Adams u. Effertz 2011, Zahlen für 2007). Dabei entfallen 7,4 Mrd. € auf die direkten Kosten nach Gesundheitsberichterstattung plus weitere 2,6 Mrd. €, die durch Sachbeschädigungen, Straftatbestände, Verkehrsunfälle sowie vorbeugende und betreuende Maßnahmen entstehen. Für alkoholbedingte Arbeitsunfälle mit Sachschäden im Betrieb kommt die gesetzliche Unfallversicherung nicht auf. Diese Sachschäden betragen allein über 1 Mrd. €. Die indirekten Kosten, wie Mortalitätsverluste bewerteter Arbeitszeit und bewerteter Nichtmarkttätigkeit, Arbeitsunfähigkeit, Frühberentung und Produktionsausfälle durch Rehabilitation u. a. machen ca. 16,6 Mrd. € aus.

8.5 Folgen für die Betroffenen

Kein anderes Rauschmittel ist in Deutschland derart gebräuchlich und von einer breiten Mehrheit akzeptiert wie der Alkohol. Sein Konsum ist jedoch grundsätzlich mit Risiken verbunden. Allerdings sind diese Risiken bei jedem Menschen individuell und für jedes körperliche Organ unterschiedlich ausgeprägt. Um einer Schädigung des Gesamtorganismus vorzubeugen, wird geraten, das Quantum, bei dem das alkoholsensibelste Organ empfindlich reagiert, nicht zu überschreiten. Dies bedeutet in der Regel, dass Männer täglich nicht mehr als 20–24 g reinen Alkohols und Frauen nicht mehr als 10–12 g zu sich nehmen sollten. Dieser Grenzwert gilt nur für gesunde Erwachsene. Überdies sollten zwei alkoholfreie Tage pro Woche eingelegt werden, um eine Gewöhnung zu verhindern. Konsum, der über diese Schwellendosis hinausgeht, erhöht das Risiko, alkoholbedingt zu erkranken und wird als riskant bezeichnet (Seitz u. Bühringer 2009).

Riskanter Alkoholkonsum kann alle Organe des Menschen schädigen und ist für eine Vielzahl von Krankheiten mitverantwortlich. Hierzu gehören insbesondere Erkrankungen des Verdauungstraktes wie Leberzirrhose oder Bauchspeicheldrüsenentzündungen, jedoch auch Herz-Kreislauf-Erkrankungen und Krebs. Bei Frauen erhöht bereits moderater Alkoholkonsum das Risiko für Brustkrebs (DHS 2011).

Akute Störungen wie Trunkenheit und chronische Störungen wie Herz-Kreislauf-Erkrankungen, alkoholbedingte Depressionen sowie Missbrauch und Abhängigkeit bringen darüber hinaus eine Reihe negativer sozialer Folgen mit sich. Diese reichen vom Verlust der Fahrerlaubnis über familiäre Probleme bis hin zu Arbeitsplatzverlust. Alkoholkonsum erhöht überdies das Risiko, Opfer oder Täter von Gewalt oder sexuellen Übergriffen zu werden. Ebenfalls erhöht ist riskantes Sexualverhalten und damit einhergehend die Ansteckungsgefahr für sexuell übertragbare Krankheiten und das Risiko ungewollter Schwangerschaften.

8.6 Alkohol im Betrieb

Vor dem Hintergrund der weiten Verbreitung des riskanten Alkoholkonsums in der Bevölkerung wie auch des Missbrauchs und der Abhängigkeit ist davon auszugehen, dass die Problematik Alkohol auch in der Arbeitswelt auftritt. Tatsächlich schätzen Fachleute, dass jeder fünfte bis zehnte Mitarbeiter in Unternehmen Alkohol in einer riskanten oder gar schädlichen Weise konsumiert.

Die Veränderungen der Arbeitswelt durch die elektronischen Medien, die Erwartungshaltung von Arbeitgebern und Kunden an die Beschäftigten, immer und überall erreichbar sein zu müssen, sowie hohe Arbeitsintensität und Leistungsanforderungen bei gleichzeitig niedriger Gratifikation verstärken den Stress bei der Arbeit. Die Gefahr, Alkohol und andere Substanzen als Entspannungs- oder »leistungsverstärkende« Mittel einzusetzen, ist daher groß. Dabei ist zu berücksichtigen, dass ernste Probleme für betroffene Beschäftigte und Arbeitgeber nicht erst dann entstehen, wenn eine Abhängigkeitserkrankung vorliegt. Auch riskanter und gesundheitsgefährdender Konsum wirkt sich auf Gesundheit, Verhalten, Leistungsfähigkeit und Betriebsklima aus.

8.6 · Alkohol im Betrieb

> **Auswirkungen des Alkoholmissbrauchs im Betrieb**
> - Fachleute schätzen, dass jeder fünfte bis zehnte Mitarbeiter in Unternehmen Alkohol in riskanter oder gar schädlicher Weise konsumiert.
> - Alkoholkranke Mitarbeiter fehlen zwei- bis viermal häufiger als die Gesamtbelegschaft (Petschler u. Fuchs 2000).
> - Die alkoholbedingten volkswirtschaftlichen Kosten belaufen sich insgesamt auf 26,7 Mrd. € jährlich. Die betrieblichen Sachkosten alkoholbedingter Arbeitsunfälle werden mit über 1 Mrd. € ausgewiesen (Adams u. Effertz 2011).

8.6.1 Alkoholverursachte Schäden im Betrieb

Die Bundesanstalt für Arbeitsschutz und Arbeitsmedizin (BAuA) geht davon aus, dass im Jahr 2010 Arbeitsunfähigkeit zu einem Produktionsausfall von 39 Mrd. € bzw. zu einem Ausfall an Bruttowertschöpfung von 68 Mrd. € führte (BAuA 2012).

Studien aus Schweden und Norwegen (Norström 2006; Norström u. Moan 2009), die die Entwicklung des Pro-Kopf-Konsums der 15-jährigen und älteren Bevölkerung den krankheitsbedingten Fehlzeiten gegenüberstellten, zeigen, dass ein Anstieg des Pro-Kopf-Konsums um 1 l mit einem Anstieg der krankheitsbedingten Fehlzeiten bei Männern um 13 Prozent assoziiert war ($P < 0.05$). Eine deutsche Studie aus dem Jahr 2000 kommt zu dem Ergebnis, dass Alkoholkranke zwei- bis viermal häufiger fehlen als die Gesamtbelegschaft (Petschler u. Fuchs 2000). Weitere internationale Studie belegen, dass bei jedem vierten bis fünften Arbeitsunfall Alkohol mit im Spiel ist (Leggat u. Smith 2009; WHO 2004)

Weniger bekannt sind die Produktivitätsverluste durch Präsentismus, das Erscheinen am Arbeitsplatz trotz Krankheit oder »Hangover«. Ursachen der verminderten Produktivität sind dabei:
- verminderte Leistungsfähigkeit
- verminderte Konzentrationsfähigkeit und Aufmerksamkeit
- erhöhte Unfallgefahr
- Gefahr der Verschleppung und Chronifizierung von Krankheiten

Schultz und Edington (2007) untersuchten 37 Studien, die sich mit Präsentismus befassen. Fazit: Die Produktivitätsverluste durch Präsentismus sind doppelt so hoch wie die durch Absentismus. Fissler und Krause (2010) bestätigen diese Ergebnisse. Danach sind Produktivitätsverluste gegenüber Absentismus im Verhältnis 65 zu 35 Prozent zu erwarten.

8.6.2 Ergebnisse einer alkoholbezogenen Befragung in fünf Betrieben in Deutschland

Im Rahmen des EU-Projektes »European Workplace and Alcohol – EWA« führte die Deutsche Hauptstelle für Suchtfragen e.V. (DHS) eine Befragung in fünf kleinen und mittleren Betrieben bzw. Betriebsabteilungen durch, um den Konsum, die Einstellung zu Alkohol im Betrieb und die Kenntnisse über die betriebliche Suchtprävention und -hilfe zu erheben. Die Ergebnisse zeigen, dass die Beschäftigten über ein lückenhaftes Wissen hinsichtlich der gesundheitlichen Auswirkungen des Alkoholkonsums verfügen. Zwar stimmt die Mehrzahl der Befragten zu, dass Alkoholkonsum das Risiko für Lebererkrankungen oder Verletzungen durch Unfälle steigert, in Bezug auf Krebserkrankungen oder Schädigungen des Kindes im Mutterleib sind jedoch keine angemessenen Kenntnisse vorhanden. Alkoholkonsum während der Arbeitszeit oder bei betrieblichen Veranstaltungen während der Arbeitszeit wird mehrheitlich nicht akzeptiert, in der Freizeit wird jedoch häufig regelmäßig Alkohol konsumiert. Auffällig ist, dass die Beschäftigten wenig über die bestehenden suchtpräventiven Maßnahmen und auch suchtbezogene Unterstützungsleistungen ihres Unternehmens informiert sind (DHS, unveröffentlichte Zwischenergebnisse des Projekts).

8.6.3 Handlungsmöglichkeiten in Betrieben

Angesichts des Ausmaßes der Problematik sowohl für die betroffenen Mitarbeiter als auch für die Unternehmen lohnt es sich für jeden, den eigenen Alkoholkonsum aufmerksam und vorbehaltslos zu betrachten. Insbesondere Führungskräfte stehen in der Verantwortung, sowohl über betriebliche Gesundheitsförderung und Suchtprävention als auch über den Arbeitsschutz nachzudenken, denn nicht nur Alkoholtrinkende sind gefährdet, sondern auch unbeteiligte Kollegen. Schon niedrige Promillegrenzen, z. B. durch Restalkohol, vermindern die Konzentration und erhöhen das Risiko für Arbeitsunfälle. Während bei älteren Beschäftigten eher Probleme im Sinne einer Abhängigkeit bestehen, überwiegen bei den jungen Mitarbeitern akute Probleme mit Alkohol wie Kater, Müdigkeit und Unkonzentriertheit (DHS 2013). Darüber hinaus führt riskanter Konsum von Suchtmitteln nicht nur zu Störungen am Arbeitsplatz, sondern erhöht auch das Risiko für die Entwicklung einer Abhängigkeitserkrankung.

Erschwerend kommt hinzu, dass Alkoholprobleme im Betrieb oftmals lange nicht wahrgenommen, verdrängt oder totgeschwiegen werden. Den betroffenen Personen hilft das Stillhalten von Kollegen und Vorgesetzten wenig. Meist ist das Festhalten am »Status quo« zwar für alle unbefriedigend, doch eine Veränderung anzustreben wird häufig als zu große Kraftanstrengung betrachtet. Darüber hinaus möchte niemand »schuld« daran sein, wenn Sanktionen des Arbeitgebers hart ausfallen.

Durch Suchtprävention und Suchthilfe am Arbeitsplatz besteht die Chance, den alkoholbezogenen Risiken vorzubeugen. Dabei sollten unter Prävention nicht allein verhaltenspräventive Maßnahmen im Sinne gesundheitlicher Aufklärung und individueller Unterstützung in Krisensituationen verstanden werden. Die betriebsbedingten Rahmenbedingungen spielen eine tragende Rolle für Prävention und Gesundheitsförderung, gerade in Hinsicht auf Stresserzeugung und -abbau sowie für den kollegialen Umgang und das Betriebsklima. Auch die Betriebskultur in Bezug auf den Umgang mit Alkohol erleichtert oder erschwert gesundes Verhalten: Wird in der Kantine Alkohol ausgeschenkt? Ist es Usus, Geburtstage und Jubiläen mit Alkohol zu »begießen«? Gilt Alkoholkonsum während der Arbeitszeit als Kavaliersdelikt? Gelten für Beschäftigte und Chefetage unterschiedliche Regeln? Hier können Unternehmen durch klare und verbindliche Grundsätze Änderungen der Verhaltensmuster initiieren. Da der problematische Umgang mit Alkohol weitestgehend ein männliches Problem ist, sind alkoholbezogene Betriebsvereinbarungen gerade in den Branchen besonders zielführend, in denen ein hoher Anteil männlicher Beschäftigter arbeitet.

Das Thema anzusprechen und im Sinne einer Lösung aktiv zu werden ist die Aufgabe der Unternehmensleitung bzw. der Vorgesetzten. Standards für die betriebliche Suchtprävention und Suchthilfe sind erarbeitet und stehen zur Verfügung (Wienemann u. Schumann 2006). Darin werden detailliert Interventionskonzepte sowie die Möglichkeiten der strukturellen Einbindung dargestellt.

Literatur

Adams M, Effertz T (2011) Volkswirtschaftliche Kosten des Alkohol- und Tabakkonsums. In: Singer MV, Batra A, Mann K (Hrsg) Alkohol und Tabak – Grundlagen und Folgeerkrankungen. Thieme, Stuttgart, New York, S 57–62

Anderson P, Baumberg B (2006) Alcohol in Europe. A Public Health Perspective. Institute of Alcohol Studies, London

Babor T et al (2005) Alkohol – Kein gewöhnliches Konsumgut. Hogrefe, Göttingen, Bern, Wien

Beckmann U, Baumann B (2012) Suchtrehabilitation durch die Rentenversicherung. In: Deutsche Hauptstelle für Suchtfragen (Hrsg) Jahrbuch Sucht 2012. Pabst, Lengerich, S 241–256

Bergmann RL, Spohr H-L, Dudenhausen JW (Hrsg) (2006) Alkohol in der Schwangerschaft. Häufigkeit und Folgen. Urban & Vogel, München

Bundesanstalt für Arbeitsschutz und Arbeitsmedizin (BAuA) (2012) Volkswirtschaftliche Kosten durch Arbeitsunfähigkeit 2010. Dortmund. http://www.baua.de/de/Informationen-fuer-die-Praxis/Statistiken/Arbeitsunfaehigkeit/Kosten.html;jsessionid=DF517BEA45FB0E918D518D56B777CD2E.1_cid253

Bundesministerium für Gesundheit (2012) Daten des Gesundheitswesen 2011. Berlin

Bundeszentrale für gesundheitliche Aufklärung (BZgA) (2012) Die Drogenaffinität Jugendlicher in der Bundesrepublik Deutschland 2011. Teilband Alkohol. Köln. http://www.bzga.de/forschung/studien-untersuchungen/studien/suchtpraevention/

Deutscher Bundestag (2002) 4. Bericht zur Lage der älteren Generation. Drucksache 14/8822 vom 18.04.2002

Deutsche Hauptstelle für Suchtfragen (DHS) (Hrsg) (2011) Alkohol und Gesundheit – Weniger ist besser! Hamm. http://www.dhs.de/fileadmin/user_upload/pdf/Broschueren/AlkoGesundheit_01.pdf

Deutsche Hauptstelle für Suchtfragen (DHS) (Hrsg) (2013) Alkohol am Arbeitsplatz. Hamm. http://www.dhs.de/fileadmin/user_upload/pdf/Broschueren/Flyer_Alkohol_am_Arbeitsplatz.pdf

Fissler EF, Krause R (2010) Absentismus, Präsentismus und Produktivität. In: Badura B, Walter U, Hehlmann T (Hrsg) Betriebliche Gesundheitspolitik – Der Weg zur gesunden Organisation, 2. Aufl, Springer, Berlin, S 411–425

Gaertner B, Freyer-Adam J, Meyer C et al (2012) Alkohol – Zahlen und Fakten zum Konsum. In: Deutsche Hauptstelle für Suchtfragen (Hrsg) Jahrbuch Sucht 2012. Pabst, Lengerich, S 38–63

John U, Hanke M (2002) Alcohol-attributable mortality in a high per capita consumption country – Germany. Alcohol & Alcoholism, 37 (6):581–585

Kraus L, Pabst A (Hrsg) (2010) Epidemiologischer Suchtsurvey 2009. Sucht 56 (5):309–384

Leggat PA, Smith DR (2009) Alcohol-Related Absenteeism: The Need to Analyse Consumption Patterns in Order to Target Screening and Brief Interventions in the Workplace. Industrial Health 47 (4):345–347

Literatur

Lehner B, Kepp J (2012) Daten, Zahlen und Fakten In: Deutsche Hauptstelle für Suchtfragen (Hrsg) Jahrbuch Sucht 2012. Pabst, Lengerich, S 9–37

Löser H (1995) Alkoholembryopathie und Alkoholeffekte. G. Fischer, Stuttgart, Jena, New York

NACOA Deutschland – Interessenvertretung für Kinder aus Suchtfamilien e.V. (o. J.) www.nakoa.de

Norström T, Moan IS (2009) Per capita alcohol consumption and sickness absence in Norway. Eur J Public Health 19 (4):383–388

Norström T (2006) Per capita alcohol consumption and sickness absence. Addiction 101 (10):1421–1427

Petschler T, Fuchs R (2000) Betriebswirtschaftliche Kosten- und Nutzenaspekte innerbetrieblicher Alkoholprobleme. Sucht aktuell 7 (1):14–18

Schneider BS, Schneider U (2012) Health Behaviour and Health Assessment: Evidence from German Microdata. Economics Research International, 2012, Article ID 135630, DOI:10.1155/2012/135630

Schultz AB, Edington DW (2007) Employee Health and Presenteeism: A Systematic Review. J OccupRehabil 17 (3):547–579

Seitz, H, Bühringer, G (2009) Empfehlung des wissenschaftlichen Kuratoriums der DHS zu Grenzwerten für den Konsum alkoholischer Getränke. Hamm. http://www.dhs.de/fileadmin/user_upload/pdf/dhs_stellungnahmen/Grenzwerte_Alkoholkonsum_Jul10.pdf

Seitz HK, Stickel F (2007) Molecular Mecanisms of Alcohol-Mediated Carcinogenesis. Nature Review Cancer 7 (8):599–612

Statistisches Bundesamt (1998) Gesundheitsbericht für Deutschland. Wiesbaden

Statistisches Bundesamt (2011) Krankenhausdiagnosestatistik. F10.0 Psychische und Verhaltensstörungen durch Alkohol – Akute Intoxikationen (akuter Rausch). Wiesbaden

Statistisches Bundesamt (2012) Krankenhausstatistik 2010, Wiesbaden

Steppan M, Künzel J, Pfeiffer-Gerschel T (2012) Jahresstatistik 2010 der professionellen Suchtkrankenhilfe. In: Deutsche Hauptstelle für Suchtfragen (Hrsg) Jahrbuch Sucht 2012. Pabst, Lengerich, S 209–240

Universität Bayreuth (2012) Alkohol- und Tabakkonsum, abhängig von Bildung und Einkommen? Medienmitteilung Nr. 137/2012/ 5. März 2012

Wienemann E, Schumann G (2006) Qualitätsstandards in der betrieblichen Suchtprävention und Suchthilfe. Hamm. (Informationen zur Suchtkrankenhilfe, hrsg. von der Deutschen Hauptstelle für Suchtfragen (DHS); 1/2006)

World Health Organization (WHO) (2004) Global Status Report on Alcohol. Geneva

World Health Organization (WHO) (2005) Lexicon of alcohol and drug terms. Geneva. http://www.who.int/substance_abuse/terminology/who_lexicon/en/

Medikamentenabhängigkeit und Arbeit

R. Holzbach

B. Badura et al. (Hrsg.) *Fehlzeiten-Report 2013*,
DOI 10.1007/978-3-642-37117-2_9, © Springer Verlag Berlin Heidelberg 2013

Zusammenfassung Medikamente, Medikamentenmissbrauch und -abhängigkeit haben eine hohe Wechselwirkung mit der Arbeitsfähigkeit. Die überwiegende Mehrzahl der Psychopharmaka – Medikamente zur Behandlung gestörter emotionaler und kognitiver Vorgänge – hat nur einen geringen negativen Einfluss auf die Berufsausübung; im Gegenteil, sie »beseitigt« eine der Hauptursachen von Fehlzeiten, die psychischen Erkrankungen. Problematisch sind Medikamente aus der Gruppe der Schlaf- und Beruhigungsmittel, da sie ähnliche negative Veränderungen der Arbeitsleistung hervorrufen wie der übermäßige Gebrauch von Alkohol. Gefährdet sind hier vor allem medizinische Berufe (»Griffnähe«) und Menschen mit Wechselschicht (Schlafstörungen). Eine neue, zunehmende Gefahr stellt der Gebrauch von leistungssteigernden Substanzen für die Hirnleistung dar (»Hirndoping« bzw. Neuroenhancement). Manche dieser Mittel werden gerade von »fahrenden Berufen« allerdings schon lange als »Wachmacher« missbräuchlich genutzt.

9.1 Einleitung

Medikamente können die Arbeitsfähigkeit erhalten, sie können aber auch einen negativen Einfluss auf die Arbeitsfähigkeit ausüben. Einige Medikamente (4–5 Prozent), die zur Behandlung psychischer oder körperlicher Erkrankungen eingesetzt werden, können eine körperliche Abhängigkeit hervorrufen. Im Falle von Schafmitteln versucht der Körper beispielsweise, die dämpfende Wirkung auszugleichen, indem er gegen die Dämpfung arbeitet. Das Mittel wirkt nicht mehr so gut, es muss mehr davon genommen werden. Dies führt dazu, dass es im Verlauf nicht mehr ohne das Medikament geht, da die betroffene Person sonst durch die Gegensteuerung des Körpers übererregt wäre.

Während bei allen anderen Suchtmitteln ein erkannter Konsum vor oder während der Arbeitszeit per se als negativ eingestuft wird, können Laien dies bei Medikamenten meist nicht beurteilen. Hinzu kommt, dass der Konsum von Medikamenten in der Regel schwerer nachzuweisen ist als zum Beispiel der von Alkohol oder THC. Zudem sind die Zahl der Medikamente und ihre Wirkung kaum überschaubar. Die in diesem Zusammenhang relevanteste Gruppe der Psychopharmaka (Medikamente, die zur Normalisierung gestörter psychischer Funktionen eingesetzt werden) sind ebenfalls eine sehr heterogene Gruppe. Hier stellt sich zusätzlich die Frage: Was sind Symptome der psychischen Erkrankung, aufgrund derer diese Substanzen genommen werden und was sind negative Folgen der (falschen) Medikamentenanwendung?

9.2 Medikament ist nicht gleich Medikament

Medikamente werden zur Vorbeugung oder zur Behandlung von körperlichen Erkrankungen, von psychischen Erkrankungen, gegen Überforderung und Stress und ggf. zur Leistungssteigerung eingenommen. Bei jeder Medikamenteneinnahme gilt es unabhängig von der Bedeutung für die Arbeitsfähigkeit zwischen den Folgen der Nichtbehandlung einer Erkrankung und den Nebenwirkungen der Behandlung abzuwägen. Blutdrucksenkende Medikamente können zum Beispiel Müdigkeit auslösen, verhindern aber schwerwiegende Folgeerkrankungen. Antibiotika können depressive Zustandsbilder auslösen und Mittel gegen epileptische Anfälle dämpfen unter Umständen psycho-motorische Funktionen. Besonders schwierig ist die Einstufung von Vor- und Nachteilen bei Schmerzmitteln, die aufgrund körperlicher Erkrankungen eingenommen werden.

Auch Medikamente zur Behandlung von psychischen Störungen können Nebenwirkungen haben, die sich auf die Arbeitsfähigkeit auswirken. So verursachen manche Antidepressiva Müdigkeit, während Neuroleptika eine Denkverlangsamung auslösen können.

9.3 Neuroenhancement – Hirndoping

9.3.1 Neuroenhancement und Zeitgeist

Für »Hirndoping« gibt es viele Begrifflichkeiten wie *brain doping, performance enhancement, cognitive enhancement*. Zu den Ursachen von »Hirndoping« gibt es verschiedene Erklärungsmodelle. Da sind zum einen der »Wettbewerb ab dem Kindergarten«, aber auch Themen wie Arbeitsverdichtung, Zeitdruck bei der Arbeit, häufig verbunden mit Arbeitsplatzunsicherheit zu nennen. Aber auch persönliche Faktoren wie Veranlagung, Persönlichkeit und private Belastungen können eine Rolle spielen. Nicht zu vergessen ist auch die Einstellung in der Gesellschaft zu diesem Thema, »der Zeitgeist«. Als Beispiel dafür sei die Werbung für Schmerzmittel im Fernsehen aufgegriffen. Besonders pikant ist dabei, dass diese Werbefilme in einer Zeit liefen, als es eine besonders intensive Diskussion um Doping im (Rad-)Sport gab. Die eine Werbung zeigte eine gestresste Börsenmaklerin, die ihrem Kollegen zu verstehen gab, sie habe Kopfschmerzen. Er warf ihr daraufhin eine Packung Kopfschmerztabletten zu, woraufhin sie ihm in der nächsten Einstellung signalisierte, dass sie jetzt wieder topfit sei. Es war sicherlich kein Zufall, dass als Kopfschmerzbetroffene eine Frau in einem als sehr stressig geltenden Beruf gezeigt wurde. Eine andere Werbestaffel begann damit, dass ein Angestellter vor einem wichtigen Meeting seinem Kollegen sagte, er habe Kopfschmerzen. Danach wurde er im Meeting gezeigt, um am Schluss von seinem Kollegen gefragt zu werden, wie er es trotz Kopfschmerzen geschafft habe, ein so gutes Meeting abzuhalten. Daraufhin der Betroffene: »Ich habe ja auch A….. plus C«. Im folgenden Werbefilm »dopte« sich eine junge Frau mit Kopfschmerzen, um abends noch weggehen zu können und im dritten Werbefilm nahm eine Frau nach Besteigung eines Turmes das Präparat wegen Muskelschmerzen. Obwohl es gerade für den letzten Werbespot leicht gewesen wäre, eine Parallele zum Doping im Sport zu ziehen, gab es keinen gesellschaftlichen Aufschrei und die Spots liefen über geraume Zeit.

9.3.2 Wirkweise von Neuroenhancement

»Hirndoping« ist als Versuch der Leistungssteigerung in den Bereichen Aufmerksamkeit, Vigilanz, Konzentration, Lernen, Gedächtnis (Motivation, Emotionalität) durch die Einnahme verschreibungspflichtiger Substanzen ohne therapeutische Indikation definiert (Definition in Anlehnung an die WADA-Definition von 2008 und Lieb 2010). Wie kann das Gehirn, das zwei Prozent unseres Körpergewichts ausmacht, 20 Prozent des Sauerstoffs verbraucht, aus 100.000.000.000 Zellen besteht, 5.800.000 km Nervenbahnen enthält und bis zu 30.000 Verbindungen zwischen zwei einzelnen Zellen hat, in seiner Leistung gesteigert werden? Dabei muss unterschieden werden zwischen Steigerung der Lernleistung und Steigerung der neurokognitiven Performance (allgemeine Steigerung der Leistung und Ausdauer).

Um den Einfluss von Medikamenten auf Lernvorgänge zu verstehen, muss zunächst erläutert werden, dass Lernvorgänge über veränderte Übertragungsstärken von Synapsen (Verbindungsstellen zwischen zwei Nervenzellen) durch wiederholte Aktivierung bis hin zur Neubildung von Synapsen im Gehirn verankert werden. Mögliche pharmakologische Angriffspunkte sind damit Rezeptoren (Bindungsstellen für Botenstoffe), Enzyme und Ionenkanäle. Dementsprechend kommt eine Vielzahl von Substanzen in Frage, seien es Medikamente, die für andere Zwecke bereits eingeführt sind (Antidepressiva, Antidementiva, Narkolepsiemittel, ADHS-Medikamente), aber auch für diese Zwecke neu entwickelte bzw. neu erforschte Substanzen. So gibt es zum Beispiel für Phosphodiesterase-Hemmer tierexperimentelle Studien, bei denen Fruchtfliegen statt zehn nur noch einen Lerndurchgang brauchen (Tully et al. 2003) und auch für Mäuse gibt es ähnliche Befunde (Barad et al. 1998). Solche Mittel können aber auch für psychotherapeutische Zwecke eingesetzt werden. So hat zum Beispiel der Einsatz eines (sonst zur Tuberkulosebehandlung eingesetzten) Antibiotikums ergeben, dass sich bei Höhenphobikern nach einmaliger Gabe vor einer Expositionsübung noch nach Monaten signifikant bessere Ergebnisse zeigten als in der Plazebo-Gruppe (Ressler et al. 2004).

Um die Leistungsfähigkeit zu steigern, werden in der Regel Substanzen eingenommen, die wacher machen. Neben dem ubiquitär in Büros vorkommenden Koffein im Kaffee, haben Kombinationsschmerzmittel, die neben einer schmerzstillenden Substanz auch Koffein enthalten, ein besonderes Suchtpotenzial. Die weitaus größte Gruppe stellen die Phenylethylaminderivate, zu denen zum Beispiel die Amphetamine und Methamphetamine gehören. Zu dieser Gruppe gehört auch das Methylphenidat, das durch das Medikament Ritalin® zur Behandlung des ADHS weithin bekannt und sehr weit verbreitet ist. Neben der Unterdrückung der Müdigkeit bewirkt es auch eine bessere Fokussierung auf eine Aufgabe. Je nach Art der Aufgabe kann dies aber hinderlich sein, da Assoziationen und das

Querdenken schlechter werden (Elliott et al. 1997; Turner et al. 2003).

Auch pflanzliche Präparate wie Ginkgo Biloba werden zum Hirndoping eingesetzt. Aufgrund seiner antioxidierenden Wirkung wird es als Therapeutikum bei Demenzerkrankungen eingesetzt, obwohl es sich als wirkungslos erwiesen hat (Übersicht bei Birks et al. 2007). Plazebokontrollierte Studien mit sechswöchiger Einnahme bei Gesunden ergaben ebenfalls keinen positiven Effekt (Solomon et al. 2002). Trotzdem wird mit diesen Präparaten in den USA ein Umsatz von ca. einer Milliarde US-Dollar pro Jahr gemacht und auch in Deutschland werden rund fünf Millionen Packungen jährlich verkauft – was zeigt, wie groß das Bedürfnis ist, sich über Medikamente leistungsfähiger zu machen.

9.3.3 Wer hat Interesse an Neuroenhancement, wer ist gefährdet?

Besonders häufig findet sich der Einsatz von entsprechenden Medikamenten bei Studierenden, Nachtarbeitern bzw. Schichtarbeitern, Selbstständigen, Beschäftigten im Gesundheitsbereich und bei Piloten, Zugführern und Berufskraftfahrern. Eine Online-Befragung aus dem Jahr 2000 ergab, dass von 3.000 Erwerbstätigen 24 Prozent mindestens einmal ein Arzneimittel zur Leistungssteigerung von ihrem Umfeld empfohlen bekommen hatten, 5 Prozent Medikamente ohne medizinischen Grund genommen hatten, um leistungsfähiger zu sein und 50 Prozent, um »besser drauf zu sein«. 1–2 Prozent der Befragten tun dies öfter; hochgerechnet auf die Bundesrepublik Deutschland bedeutet dies ca. eine halbe Million Personen. Am häufigsten wurde dabei mit 28 Prozent Methylphenidat verwendet (DAK-Gesundheitsreport 2009). Befragungen bei Schülern und Studenten in Deutschland ergaben eine Quote von 1–2 Prozent Nutzern leistungssteigernder Mittel (Franke et al. 2011). Für US-amerikanische Studierende wird eine Quote von 5,4 Prozent angegeben (Übersicht bei Normann et al. 2010).

9.3.4 Folgen von »Hirndoping« – für das Individuum, für die Gesellschaft

Wird über leistungssteigernde Medikamente eine höhere Effizienz erzielt, so stellt sich die Frage, ob dies zu mehr Freizeit oder einem höheren Arbeitspensum führt. Mit dem steigenden Arbeitspensum verschiebt sich aber der Maßstab dessen, was »leistbar« ist. Letztendlich bedeutet diese Anpassung an Ansprüche anderer auch immer eine Überforderung. Darüber hinaus stellt sich die Frage, ob bei »mühelosem Lernen« nicht die Auseinandersetzung mit den Lerninhalten zu kurz kommt. Auch führt ein »Glück ohne Umwege« genauso zu einer Verschiebung dessen, was als normal betrachtet wird.

Mit dem Einsatz von leistungssteigernden Mitteln werden auch ethische Fragen aufgeworfen. Wie steht es um die Chancengleichheit bei Prüfungen? Wer schützt »Doper« vor der Selbstausbeutung und wie kann eine vernünftige Nutzen-Risiko-Abwägung erfolgen? In einem kontrovers diskutierten Nature-Artikel aus dem Jahr 2008 plädierten Greely und seine Mitautoren für die Erlaubnis des Gebrauchs von »cognitive-enhancing drugs by the healthy« und für die Bereitstellung solcher Mittel, um die Chancengleichheit für optimale Lernbedingungen zu gewähren (Greely et al. 2008).

Das bei Weitem wichtigste, aber weniger spektakuläre Thema im Bereich von Medikamenten und Arbeit ist der »medikamentöse Umgang« mit Überforderung und Stress.

9.4 Medikamente gegen Stress und Überforderung

9.4.1 Das Drei-Phasen-Modell der Medikamentenabhängigkeit

Um nach einem anstrengendem Arbeitstag zur Ruhe zu kommen, um die Anspannung und das Gefühl der Überforderung zu dämpfen oder auch um bei Wechselschicht schlafen zu können, bieten sich Schlaf- und Beruhigungsmittel aus der Gruppe der Benzodiazepine oder deren verwandte Substanzen Zolpidem und Zopiclon (Z-Drugs) an. Ihre Wirkung ist vergleichbar mit der des Alkohols. Geringe Dosierungen machen einen entspannter und offener, höhere Dosierungen führen zu einer Beruhigung bis hin zu einer schlafanstoßenden Wirkung. Allerdings führt diese Art von Medikamenten zu einer sehr raschen Gewöhnung. Hinzu kommt, dass viele dieser Mittel nur sehr langsam abgebaut werden, sodass am nächsten Morgen noch ein relevanter Medikamentenspiegel im Blut und damit auch eine relevante Wirkung gegeben ist. Im Gegensatz zum Alkohol bekommt man von diesen Präparaten aber keine »Fahne«, sodass zwar die resultierenden Veränderungen vom Umfeld am Arbeitsplatz beobachtet werden können, nicht aber deren Ursache.

Direkte Untersuchungen zu den Zusammenhängen zwischen Arbeit(-sbelastung) und Medikamenteneinnahme fehlen. Allerdings ergab eine eigene Untersuchung bei Entzugspatienten, dass Überforderung (20 Prozent), Erschöpfung (11 Prozent) und Schlafstörungen (36 Prozent) – Beschwerden, die mit Arbeitsbelastungen einhergehen – als primäre Gründe für die Einnahme genannt wurden.

Auch wenn es nicht Aufgabe betrieblicher Suchthilfe oder eines Vorgesetzten ist, Diagnosen zu stellen, so ist es in diesem Zusammenhang doch durchaus von Interesse, die Folgen der häufigsten Form des problematischen Medikamenten-Langzeitgebrauchs zu kennen. Oft wird dabei einseitig auf die letzte Phase eines dreistufigen Verlaufs – der Suchtphase – abgehoben. Aber Benzodiazepine (Gruppe von chemisch ähnlich aufgebauten Schlaf- und Beruhigungsmittel) und Z-Drugs (reine Schlafmittel, Vertreter dieser Gruppe: Zolpidem und Zopiclon) verursachen bereits vor Eintritt einer Abhängigkeit Nebenwirkungen (Drei-Phasen-Modell nach Holzbach 2009).

Typischerweise empfinden sich Betroffene nicht als abhängig, da sie die Medikamente regelhaft über einen längeren Zeitraum von nur einem Arzt verordnet bekommen. So tritt eine relevante Dosissteigerung zumeist erst dann auf, wenn auch noch andere Ärzte aufgesucht oder andere Beschaffungswege, zum Beispiel via Internet ohne Rezept, genutzt werden. Bereits nach wenigen Wochen der regelmäßigen Einnahme, auch von niedrigen Dosierungen, tritt ein Gewöhnungseffekt ein. Bei diesem Gewöhnungseffekt handelt es sich um eine Gegenregulation des Körpers, um die dämpfende Wirkung der Medikamente auszugleichen. Je länger die Präparate eingenommen werden, umso besser steuert der Körper gegen. Da aber typischerweise die Dosis nicht gesteigert wird (da nur ein Arzt als Verordner zur Verfügung steht), überwiegt mit der Zeit die Gegenregulation und die Betroffenen leiden unter einer Wirkumkehr. Dadurch tritt letztendlich der gegenteilige Effekt der Medikamentenwirkung ein, das heißt, es stellen sich Unruhe, Ängstlichkeit, Stimmungsschwankungen und Schlafstörungen ein. Wenn Betroffene nun denken »mein Medikament wirkt nicht mehr richtig, dann kann ich es auch gleich weglassen«, werden sie bei einem Auslassversuch feststellen, dass die Symptome noch stärker werden. In der Regel werden Betroffene dies als Fortbestehen der Grunderkrankung deuten und das Medikament weiter nehmen. In Wirklichkeit handelt es sich bereits um Entzugserscheinungen, zu deren Verhinderung die Medikation nun eingenommen wird (Phase 1, Wirkumkehr). Steigern die Betroffenen im Laufe der Zeit die Dosis, so stellen sich die Symptome der Apathiephase ein (Phase 2): Sie stumpfen emotional ab, können sich nicht mehr richtig freuen, nicht mehr traurig sein. Die Gedächtnisleistung und die Fähigkeit Problemlösestrategien anzuwenden sinkt, ebenso wie die körperliche Energie. Auch in dieser Phase der Erkrankung zeigt sich kein typisch süchtiges Verhalten; zumeist werden die Medikamente noch von einem Arzt verschrieben und die Betroffenen empfinden sich selbst noch nicht als abhängig. Erst wenn weitere Ärzte die Medikation verschreiben und damit die Dosis »nach Belieben« gesteigert wird, sind auch die Abhängigkeitskriterien erfüllt (Phase 3, Sucht-Phase). Betroffene können mit Hilfe des Lippstädter Benzo-Check selbst prüfen, wie wahrscheinlich es ist, dass bei ihnen bereits Nebenwirkungen dieser Art eingetreten sind (www.lwl.org/klinik_warstein_bilder/pdf/BenzoCheck.pdf).

Das Drei-Phasen-Modell macht deutlich, dass Schlaf- und Beruhigungsmittel bereits lange vor Ausprägung einer Suchterkrankung im engeren Sinne durch Unkonzentriertheit, reduziertes Reaktionsvermögen, Müdigkeit, fehlende körperliche Energie und Stimmungsschwankungen, die zu Interaktionsstörungen beitragen, zu erheblichen Einschränkungen der Arbeitsfähigkeit führen.

9.4.2 Zahl der Betroffenen versus Zahl der Hilfesuchenden

Verschiedene Untersuchungen haben ergeben, dass es in Deutschland bis zu 1,9 Millionen Medikamentenabhängige gibt. Die größte Zahl sind Langzeitanwender von Benzodiazepinen und Z-Drugs mit ca. 1,2 Millionen. Die meisten anderen Medikamentenabhängigen sind von Schmerzmitteln abhängig (Soyka et al. 2005). Zwei Drittel aller Langzeitanwender von suchterzeugenden Medikamenten sind Frauen (Holzbach et al. 2010). Zwei Hauptgründe für den Geschlechterunterschied dürften sein, dass Männer bei seelischen Problemen eher zu Alkohol greifen und Frauen häufiger zum Arzt gehen als Männer.

Aufgrund der »Griffnähe« und des pharmakologischen Wissens sind Gesundheitsberufe besonders gefährdet (Übersicht bei Poser u. Poser 1996). Aufgrund des Risikos für Schlafstörungen sind Menschen mit Schichtarbeit ebenfalls besonders gefährdet, Schlafmittel verschrieben zu bekommen und diese dann auch langfristig zu nehmen.

Weil auch viele Ärzte die Folgen der Langzeiteinnahme von Schlaf- und Beruhigungsmitteln nicht erkennen, kommt jährlich nur ein sehr kleiner Teil der Patienten in die stationäre Entzugsbehandlung (unter 10.000). In eine klassische Entwöhnungstherapie gehen pro Jahr weniger als 500 Personen mit reiner Medikamentenabhängigkeit. Es besteht somit eine hohe

Diskrepanz zwischen der Häufigkeit der Erkrankung und der Inanspruchnahme adäquater Hilfen. Dies liegt zum einen daran, dass Betroffene sich nicht als betroffen, also als abhängig erleben, zum anderen, dass die Schwierigkeit des Entzuges überschätzt wird.

9.4.3 Entzug von Benzodiazepinen und Z-Drugs

Schlaf- und Beruhigungsmittel dürfen niemals schlagartig abgesetzt werden, sondern sollten mit einem darin erfahrenen Arzt schrittweise ambulant oder stationär abdosiert werden. Eines der führenden Symptome im Entzug sind Schlafstörungen, aber auch Stimmungsschwankungen, körperliche Abgeschlagenheit und durch eine sehr intensive Wahrnehmung eine ausgesprochene Dünnhäutigkeit. Wie belastend ein Entzug erlebt wird, ist individuell verschieden. Auch bei Menschen jenseits des Erwerbsalters ist durchaus ein ambulanter Entzug möglich. Je höher die eingenommene Dosis und je schwerer die zugrunde liegende psychische Erkrankung ist, umso mehr sollte jedoch an einen stationären Entzug gedacht werden.

Nach einem Entzug von diesen Medikamenten können die Patienten in der Regel wieder deutlich besser schlafen und die Stimmung sowie die Leistungsfähigkeit sind deutlich verbessert (Holzbach 2012).

9.5 Psychopharmaka, die nicht abhängig machen

Die Mehrzahl an Psychopharmaka führt nicht zu einer Abhängigkeit.

Sie lassen sich einteilen in die Gruppen der Antidepressiva, Neuroleptika, Medikamente zur Phasenprophylaxe, Antidementiva, Schlaf- und Beruhigungsmittel sowie Medikamente gegen Suchtdruck (Anti-Craving-Mittel).

9.5.1 Antidepressiva, Neuroleptika, Phasenprophylaktika und Antidementiva

Die Antidepressiva werden zum einen nach ihrer biochemischen Struktur (tri- und tetrazyklische Antidepressiva) und zum anderen nach dem Wirkprinzip bzw. dem Botenstoffsystem, über das sie ihre Wirkung entfalten, eingeteilt. Die tri- und tetrazyklischen Antidepressiva werden auch als klassische Antidepressiva bezeichnet (wobei zum Teil auch neuere Substanzen diese chemischen Strukturen aufweisen). Die größte Gruppe, die anhand ihres gemeinsamen Wirkprinzips definiert ist, ist die Gruppe der Selektiven Serotonin-Wiederaufnahme-Hemmer (SSRI). Andere Medikamente wirken über das noradrenerge System, als Monoaminooxidasehemmer oder bewirken eine Veränderung in mehreren Neurotransmittersystemen. Antidepressiva werden bei Depressionen (inklusive Burnout), Ängsten, posttraumatischen Belastungsstörungen und Zwängen eingesetzt. Im Vergleich zur Häufigkeit dieser Erkrankungen in der Bevölkerung werden diese Mittel eher zu selten eingesetzt. In der Regel empfiehlt man ab einer mittelschweren Erkrankung, eine Kombination aus Psychotherapie und Psychopharmakon zu nutzen. Es ist davon auszugehen, dass diese Medikamente nur dann gegeben werden, wenn sie mehr Vorteile als Nachteile haben. Allerdings können unter Umständen in der Einstellungsphase auf diese Mittel Nebenwirkungen zu einer kurzfristigen Verschlechterung des Befindens führen. Die verschreibungspflichtigen Antidepressiva werden nur selten missbräuchlich eingesetzt. Zum einen nutzen Drogenabhängige die eher dämpfenden klassischen Antidepressiva zur Steigerung von dämpfenden Drogen, zum anderen wurde beschrieben, dass gesunde Menschen Serotonin-Wiederaufnahme-Hemmer einnehmen, um ihre Stimmung zu verbessern. Vor allem in den USA gab es eine Welle des Missbrauchs mit Fluoxetin (»Talking to Prozac®«). Allerdings gibt es keine überzeugenden wissenschaftlichen Studien, die belegen, dass Gesunde davon profitieren.

Neuroleptika werden einerseits nach hochpotenten, mittelpotenten und niederpotenten Neuroleptika, andererseits nach Typika und Atypika unterschieden. Hochpotente Neuroleptika werden vor allem bei Wahn und Halluzinationen eingesetzt, niederpotente zur Dämpfung von Unruhe und Ängsten. Die Unterscheidung nach typischen und atypischen Neuroleptika bezieht sich auf die Nebenwirkungen der typischen Neuroleptika, die unter anderem ein parkinsonähnliches Bild hervorrufen können, was die Atypischen selten auslösen. In der Regel werden Neuroleptika nicht missbräuchlich eingesetzt. Die Nebenwirkungen von Neuroleptika können einen deutlichen Einfluss auf die Arbeitsfähigkeit haben; die zugrunde liegenden Erkrankungen, bei denen diese Substanzen eingesetzt werden, werden bei Nichtbehandlung allerdings in der Regel eher zu einer Arbeitsunfähigkeit führen als die Nebenwirkungen einer Behandlung.

Bei rezidivierenden depressiven Störungen, manisch-depressiven Erkrankungen und schizoaffektiven Erkrankungen werden sogenannte Phasenprophylaktika eingesetzt. Diese verhindern, dass eine neue

Krankheitsphase auftritt und werden in der Regel gut vertragen. Gut darauf eingestellte Patienten haben keine Einschränkungen im Hinblick auf ihre Arbeitsfähigkeit.

Antidementiva werden zur Behandlung von demenziellen Entwicklungen eingesetzt. Zum Teil werden sie auch zum »Hirndoping« missbraucht (▶ Abschn. 9.3). Antidementiva werden fachgerecht erst dann eingesetzt, wenn sich eine demenzielle Entwicklung abzeichnet. Da eine Demenz auch schon sehr früh beginnen kann, können Antidementiva auch bereits im Erwerbsalter zum Einsatz kommen. Bei fachgerecht gestellter Indikation für eine Behandlung ist aber im Hinblick auf die Arbeitsfähigkeit nicht das Antidementivum das Problem, sondern die demenzielle Entwicklung.

Die Gruppe der Schlaf- und Beruhigungsmittel wurden bereits in ▶ Abschn. 9.4 dargestellt.

9.5.2 Medikamente zum Schutz vor Rückfälligkeit bei Alkoholabhängigkeit

Seit einigen Jahren wird die Alkoholabhängigkeit auch medikamentös behandelt. Die Gabe von Medikamente bei Süchtigen ruft in der Regel Skepsis hervor, ist aber durchaus gerechtfertigt.

In Deutschland gibt es derzeit zwei Medikamente für abstinente Alkoholabhängige, die die Gefahr eines Rückfalls senken: Acamprosat (zum Beispiel Campral®) und Naltrexon (zum Beispiel Adepend®). Da diese Medikamente die Abstinenzquote in plazebokontrollierten Studien verdoppeln, ist ihre Anwendung ausdrücklich zu empfehlen, insbesondere da sie in der Regel keine die Arbeitsfähigkeit einschränkenden Nebenwirkungen entfalten. Ob im Einzelfall einer klassischen Entwöhnungstherapie oder diesem medikamentösen Rückfallschutz der Vorzug gegeben werden sollte, muss genauso wie eine Kombination beider Maßnahmen im Einzelfall entschieden werden.

9.6 Fazit

Medikamente sind aufgrund ihrer Vielzahl und der je nach Indikation und Dosis unterschiedlichen Wirkung für Laien nur schwer zu bewerten.

Die große Mehrzahl der Psychopharmaka macht nicht abhängig. Auch wenn einzelne Präparate Nebenwirkungen hervorrufen, die die Arbeitsfähigkeit beeinträchtigen, verhindern oder verkürzen diese Mittel Arbeitsunfähigkeitszeiten.

Als eindeutig problematisch ist die Gruppe der Schlaf- und Beruhigungsmittel anzusehen. Hier ist vor allem bei den Benzodiazepinen und Z-Drugs zu bedenken, dass sich bereits lange vor einer Abhängigkeit erhebliche andere Nebenwirkungen entwickeln, die zu einer unter Umständen erheblichen Minderung der Arbeitsfähigkeit führen, weil sie die Konzentrations- und Merkfähigkeit sowie das Reaktionsvermögen senken, Müdigkeit auslösen und dazu führen, dass die körperliche Energie abnimmt.

Die gesellschaftliche Diskussion über »Hirndoping« (Neuroenhancement) hat noch nicht richtig begonnen. Eine sinkende Hemmschwelle und neue Substanzen werden zu einer immer weiteren Verbreitung in Ausbildung und Beruf führen. Die Nicht-Akzeptanz eigener Grenzen ist aus psychiatrischer Sicht als sehr problematisch anzusehen. Beschäftigte, die mit Hilfe solcher Mittel über ihre eigenen Grenzen gehen, werden je nach Ausmaß des Raubbaus am eigenen Körper früher oder später »zusammenbrechen« – sei es aus körperlicher oder aus psychischer Erschöpfung.

Literatur

Barad M, Bourtchouladze R, Winder DG, Golan H, Kandel ER (1998) Rolipram, a type IV-specific Phosphodiesterase Inhibitor, facilitates the establishment of long-lasting long-term potentiation and improves memory. Proc Natl Acad Sci USA 95:15020–15025

Birks J, Grimley Evans J (2007) Ginkgo biloba for cognitive impairment and dementia. Cochrane Database SystRev: CD003120

DAK-Gesundheitsreport 2009, www.dak.de/content/dakprfirmenservice/dakgesundheitsreports.html

Elliott R, Sahakian BJ, Matthews K et al (1997) Effects of methylphenidate on spatial working memory and planning in healthy young adults. Psychopharmacology 131:196–206

Franke AG, Hildt E, Lieb K (2011) Muster des Missbrauchs von (Psycho-)Stimulanzien zum pharmakologischen Neuroenhancement bei Studierenden. Suchttherapie 12:167–172

Greely H, Sahakian B, Harris J, Kessler RC et al (2008) Towards responsible use of cognitive-enhancing drugs by the healthy. Nature 456:702–705

Holzbach R (2009) Jahrelange Einnahme von Benzodiazepinen. Wann ein Entzug notwendig ist und wie er gelingt. MMW-Fortschr Med 21:36–39

Holzbach R (2012) Die Problematik des Benzodiazepin-Langzeitgebrauchs bei älteren Menschen. Psychotherapie im Alter 9 (2):229–242

Holzbach R, Martens M, Kalke J, Raschke P (2010) Zusammenhang zwischen Verschreibungsverhalten der Ärzte und Medikamentenabhängigkeit ihrer Patienten. Bundesgesundheitsblatt 53:319–325

Lieb K (2010) Hirndoping. Warum wir nicht alles schlucken sollten. Artemis & Winkler, Mannheim

Literatur

Normann C, Boldt J, Maio G, Berger M (2010) Möglichkeiten und Grenzen des pharmakologischen Neuroenhancements. Nervenarzt 81:66–74

Poser W, Poser S (1996) Medikamente – Missbrauch und Abhängigkeit. Thieme, Stuttgart, P15

Ressler KJ, Rothbaum BO, Tannenbaum L et al (2004) Cognitive enhancers asadjunets to psychotherapy: use of D-cycloserine in phobic individuals to facilitate extinetion of fear. Arch Gen Psychiatry 61:1136–1144

Solomon PR, Adams F, SilverA et al (2002) Ginkgo for memory enhancement: a randomized controlled trial. JAMA 288:835–840

Soyka M, Queri S, Küfner, H, Rösner S (2005) Wo verstecken sich 1,9 Millionen Medikamentenabhängige? Nervenarzt 76:72–77

Tully I, Bourtchouladze R, Scott R et al (2003)Targeting the CREB pathway for memory enhancers. Nat Rev Drug Discov 2:267–277

Turner DC, Robbins TW, Clark Letal (2003) Relative lack of cognitive effects of methylphenidate in elderly male volunteers. Psychopharmacology 168:455–464

WADA World-Anti-Doping-Agency (Hrsg) (2008) International Standard for Therapeutic Use Exemptions. Montreal

Tabakkonsum – Aktuelle Verbreitung, zeitliche Entwicklung und soziale Differenzierung

T. Lampert

B. Badura et al. (Hrsg.) *Fehlzeiten-Report 2013*,
DOI 10.1007/978-3-642-37117-2_10, © Springer Verlag Berlin Heidelberg 2013

Zusammenfassung *Das Rauchen ist nach wie vor weit verbreitet und stellt eine erhebliche Gefährdung für die Gesundheit der Bevölkerung dar. Am häufigsten geraucht wird im jungen Erwachsenenalter, aber auch im mittleren Lebensalter greifen viele Männer und Frauen regelmäßig zur Zigarette oder einem anderen Tabakprodukt. Mit Blick auf die Arbeitswelt ist auf Unterschiede im Rauchverhalten nach dem sozialen Status und der beruflichen Tätigkeit zu verweisen. Die höchsten Rauchquoten finden sich bei Angehörigen von Berufsgruppen mit geringer beruflicher Qualifikation und hoher Arbeitsbelastung. Bei der Planung und Umsetzung von Maßnahmen zur Verringerung des Rauchens und zum Schutz vor Passivrauchbelastungen sollte die Bedeutung der Arbeitswelt und des ausgeübten Berufs mit berücksichtigt werden.*

10.1 Einleitung

Das Rauchen ist in den Industrienationen das bedeutendste einzelne Gesundheitsrisiko und die führende Ursache vorzeitiger Sterblichkeit. Zu den Erkrankungen, die bei Rauchern vermehrt auftreten, gehören z. B. Herz-Kreislauf-, Atemwegs- und Krebserkrankungen. Außerdem wirkt sich das Rauchen negativ auf den Stoffwechsel, das Skelett, den Zahnhalteapparat, die Augen und die Fruchtbarkeit aus (IARC 2004; USDHHS 2006). An den Folgen des Rauchens sterben allein in Deutschland jedes Jahres zwischen 100.000 und 120.000 Menschen (DKFZ 2009; Mons 2011). Zu berücksichtigen sind auch Erkrankungen und Gesundheitsbeschwerden sowie vorzeitige Todesfälle, die durch eine regelmäßige Passivrauchexposition verursacht werden (DKFZ 2010). Die Kosten für die Versorgung von Krankheiten und Gesundheitsproblemen, die auf das Rauchen zurückgehen, belaufen sich Schätzungen zufolge auf 7,5 Mrd. Euro jährlich. Unter Einbeziehung von Erwerbsunfähigkeit, Frühberentung und Todesfällen ist sogar von gesamtwirtschaftlichen Kosten in Höhe von 21 Mrd. pro Jahr auszugehen (Neubauer et al. 2006).

Vor diesem Hintergrund stellt die nachhaltige Verringerung des Tabakkonsums ein wichtiges Ziel der Gesundheitspolitik dar. Dies spiegelt sich unter anderem in den Empfehlungen des Drogen- und Suchtrates, den Jahresberichten der Drogenbeauftragten der Bundesregierung und dem nationalen Gesundheitszieleprozess wider (Drogenbeauftragte der Bundesregierung 2012; GVG 2011). Eine wesentliche Voraussetzung für die Planung und Umsetzung von Maßnahmen zur Eindämmung des Tabakkonsums und Verbesserung des Nichtraucherschutzes ist eine regelmäßige Berichterstattung, die aktuelle Entwicklungen und Trends frühzeitig kenntlich macht. In Deutschland kann hierzu auf eine breite Datengrundlage zurückgegriffen werden. Mit Blick auf die Erwachsenenbevölkerung ist unter anderem auf die Gesundheitssurveys des Robert Koch-Instituts, den Epidemiologischen Suchtsurvey des Instituts für Therapieforschung, den Mikrozensus des Statistischen Bundesamtes und das Sozio-oekonomische Panel des Deutschen Instituts für Wirtschaftsforschung zu verweisen (Lampert 2012).

Im Folgenden werden diese Daten genutzt, um die Verbreitung des Rauchens in der 18-jährigen und älteren Bevölkerung zu beschreiben. Neben alters- und geschlechtsspezifischen Unterschieden wird auf Variationen mit dem sozialen Status eingegangen, der anhand von Angaben zur Bildung, beruflichen Stellung und Einkommenssituation gemessen wird. Ein besonderes Augenmerk gilt der Bedeutung der Arbeitswelt für das Rauchverhalten. Deshalb werden auch berufsgruppenspezifische Unterschiede im Rauchverhalten dargestellt. Abschließend werden zeitliche Entwicklungen und Trends in Bezug auf den Tabakkonsum untersucht und die Situation in Deutschland im europäischen Vergleich erörtert.

10.2 Gesundheitsrisiko Rauchen

Die gesundheitsschädigenden Inhaltsstoffe im Tabakrauch sind in erster Linie das Kohlenmonoxid, die Bestandteile des Kondensats und das Nikotin. Das Kohlenmonoxid schädigt die Gefäße und leistet dadurch Durchblutungsstörungen, Arteriosklerose und Herz-Kreislauf-Erkrankungen Vorschub, während die Kondensatbestandteile vor allem bei der Entstehung von Krebserkrankungen eine Rolle spielen. Das im Tabakrauch enthaltene Nikotin wirkt auf das Herz-Kreislauf-System, erhöht z. B. die Herzfrequenz und den Blutdruck und vermindert darüber hinaus das Hungergefühl. Für die körperliche und psychische Abhängigkeit vom Rauchen ist zuvorderst die psychotrope Wirkung des Nikotins verantwortlich, die sich über zentralnervöse Aktivierungen entfaltet. Zu den als positiv empfundenen und damit abhängigkeitsfördernden Effekten gehören eine erhöhte Konzentrationsfähigkeit und Entspannungsgefühle, die durch Stimulierung bestimmter Hirnbereiche, z. B. eine Steigerung der Dopaminübertragung, ausgelöst werden. Eine Nikotinabhängigkeit bildet sich Schätzungen zufolge bei 70–80 Prozent der Raucher heraus (Batra u. Fagerström 1997).

Neben Herz-Kreislauf-, Atemwegs- und Krebserkrankungen kommen auch bestimmte Stoffwechselstörungen bei Rauchern vermehrt vor. Darüber hinaus schädigt Rauchen die Augen, den Zahnhalteapparat, das Skelett und schränkt die Fruchtbarkeit ein. Das Rauchen der Mutter während der Schwangerschaft schadet dem ungeborenen Kind mit zum Teil erheblichen Auswirkungen auf die gesundheitliche Entwicklung im weiteren Lebenslauf (◘ Tab. 10.1).

Das Rauchen ist oftmals ein fester Bestandteil der individuellen Lebensführung und der Bewältigung alltäglicher Anforderungen und Belastungen, außerdem vielfach verwendetes Mittel der Kommunikation, der sozialen Repräsentation sowie der Stressbewältigung. Im beruflichen Alltag ist das Rauchen zudem oftmals ein strukturierendes Element des Tagesablaufs (»Raucherpause«). Um sich das Rauchen abzugewöhnen, muss daher nicht nur die körperliche und psychische Abhängigkeit überwunden werden, sondern zugleich muss das Selbstbild sowie die Alltags- und Freizeitgestaltung verändert werden.

◘ **Tab. 10.1** Erkrankungen und Beschwerden, deren Risiko durch das Rauchen erhöht ist (Quelle: DKFZ 2009, modifizierte Darstellung)

Krebserkrankungen	Lungenkrebs
	Mundhöhlenkrebs
	Kehlkopfkrebs
	Speiseröhrenkrebs
	Magenkrebs
	Bauchspeicheldrüsenkrebs
	Harnleiterkrebs
	Blasenkrebs
	Nierenkrebs
	Leukämie
Herz-Kreislauf-Erkrankungen	Arteriosklerose
	Herzinfarkt
	Schlaganfall
	Bauchaortenaneurisma
	Gefäßverschlüsse (Raucherbein)
Stoffwechselstörungen	Diabetes
Atemwegserkrankungen	Chronisch-obstruktive Lungenerkrankung
	Lungenentzündung
	Bronchitis
	Asthma
Augenerkrankungen	Grauer Star
Zahnerkrankungen	Paradontitis
Männerspezifische Komplikationen	Impotenz
Frauenspezifische Komplikationen	Unfruchtbarkeit
	Schwangerschaftskomplikationen
	Osteoporose (nach der Menopause)
	Gebärmutterhalskrebs
	Brustkrebs
Komplikationen bei Neugeborenen	Geringe Größe
	Geringes Geburtsgewicht
	Kleinerer Kopfumfang
	Geburtsdefekte
	Plötzlicher Kindstod
	Fehlzeiten-Report 2013

10.3 Aktuelle Verbreitung des Rauchens

Nach den Daten der GEDA-Studie 2009 rauchen 29,9 Prozent der 18-jährigen und älteren Bevölkerung: 23,5 Prozent rauchen täglich und 6,4 Prozent greifen zumindest gelegentlich zur Zigarette oder einem anderen Tabakprodukt. Weitere 25,9 Prozent der Erwachse-

10.3 · Aktuelle Verbreitung des Rauchens

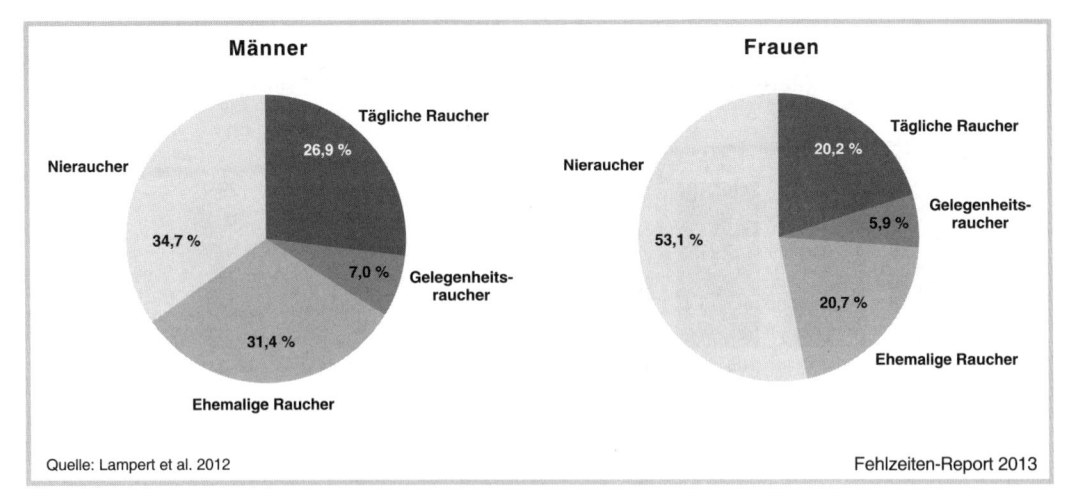

Männer
- Tägliche Raucher: 26,9 %
- Gelegenheitsraucher: 7,0 %
- Ehemalige Raucher: 31,4 %
- Nieraucher: 34,7 %

Frauen
- Tägliche Raucher: 20,2 %
- Gelegenheitsraucher: 5,9 %
- Ehemalige Raucher: 20,7 %
- Nieraucher: 53,1 %

Quelle: Lampert et al. 2012   Fehlzeiten-Report 2013

Abb. 10.1 Rauchverhalten von 18-jährigen und älteren Männern und Frauen

nen haben früher geraucht, inzwischen aber das Rauchen wieder aufgegeben. Dass sie nie geraucht haben, trifft auf 44,2 Prozent der Erwachsenen zu. Damit beläuft sich die Zahl der Erwachsenen in Deutschland, die aktuell rauchen, auf etwa 20 Millionen. Die Zahl der Erwachsenen, die jemals geraucht haben, kann mit 38 Millionen beziffert werden (❏ Abb. 10.1).

Männer rauchen zu 33,9 Prozent und damit häufiger als Frauen, die zu 26,1 Prozent rauchen. Dieser geschlechtsspezifische Unterschied tritt beim täglichen Tabakkonsum noch deutlicher hervor als beim Gelegenheitsrauchen. Aus ❏ Abb. 10.1 ist außerdem ersichtlich, dass von den heutigen Erwachsenen fast die Hälfte der Frauen und sogar zwei Drittel der Männer jemals geraucht haben.

Die meisten Raucher konsumieren Zigaretten. 82,8 Prozent der Männer und 75,5 Prozent der Frauen, die rauchen, greifen ausschließlich oder vorzugsweise zu fabrikfertigen Zigaretten. Selbstgedrehte oder selbstgestopfte Zigaretten werden von 26,0 Prozent der Raucher und 23,8 Prozent der Raucherinnen konsumiert. Andere Tabakwaren haben eine weitaus geringere Verbreitung. So werden Zigarren und Zigarillos von 10,5 Prozent der Raucher und 1,8 Prozent der Raucherinnen geraucht. Dass sie Pfeife rauchen, trifft auf 4,1 Prozent der Raucher und 0,2 Prozent der Raucherinnen zu. Eine stärkere Verbreitung erfahren diese Tabakwaren lediglich bei 65-jährigen und älteren Männern, die – sofern sie zu den Rauchern zählen – zu 18,0 Prozent Zigarren und Zigarillos und zu 12,5 Prozent Pfeife rauchen (Lampert 2011).

Am stärksten verbreitet ist das Rauchen im jungen Erwachsenenalter. In der Gruppe der 18- bis 29-Jährigen rauchen 43,2 Prozent der Männer und 37,9 Prozent der Frauen. Im mittleren Lebensabschnitt liegen die Prävalenzen aber nur geringfügig niedriger. Erst ab einem Alter von 65 Jahren lässt sich ein deutlicher Rückgang beobachten (❏ Abb. 10.2). Dieser ist nicht allein auf einen freiwilligen Ausstieg aus dem Tabakkonsum zurückzuführen, sondern auch vor dem Hintergrund der Zunahme tabakbedingter Erkrankungen und Todesfälle zu sehen. Bei Frauen ist außerdem ein Kohorteneffekt zu berücksichtigen, da in den älteren Geburtsjahrgängen ein vergleichsweise geringer Anteil der Frauen mit dem Rauchen angefangen hat (Lampert u. Burger 2004).

Das Risiko für die Gesundheit nimmt nicht nur mit der Dauer, sondern auch mit der Intensität des Tabakkonsums zu. In der GEDA-Studie wurden deshalb die Zigarettenraucher auch danach gefragt, wie viele Zigaretten am Tag sie zurzeit durchschnittlich rauchen. Dass sie weniger als 10 Zigaretten täglich konsumieren, trifft auf 36,6 Prozent der Raucher zu. 39,4 Prozent rauchen zwischen 10 und 19 Zigaretten und 24,0 Prozent sogar 20 und mehr Zigaretten täglich. Bezogen auf letztere Gruppe wird in Anlehnung an eine Definition der Weltgesundheitsorganisation (WHO) auch von starken Rauchern gesprochen. Die Prävalenz des starken Rauchens in der gesamten Bevölkerung ab 18 Jahren kann nach den GEDA-Daten mit 6,8 Prozent beziffert werden. Bei Männern liegt dieser Wert mit 9,0 Prozent deutlich höher als bei Frauen mit 4,7 Prozent. Am weitesten verbreitet ist das starke Rauchen im mittleren Lebensalter. Betrachtet man die Altersgruppe der 30- bis 64-Jährigen, dann rauchen etwa 12 Prozent der Männer und 7 Prozent der Frauen 20 oder mehr Zigaretten am Tag (Lampert 2011).

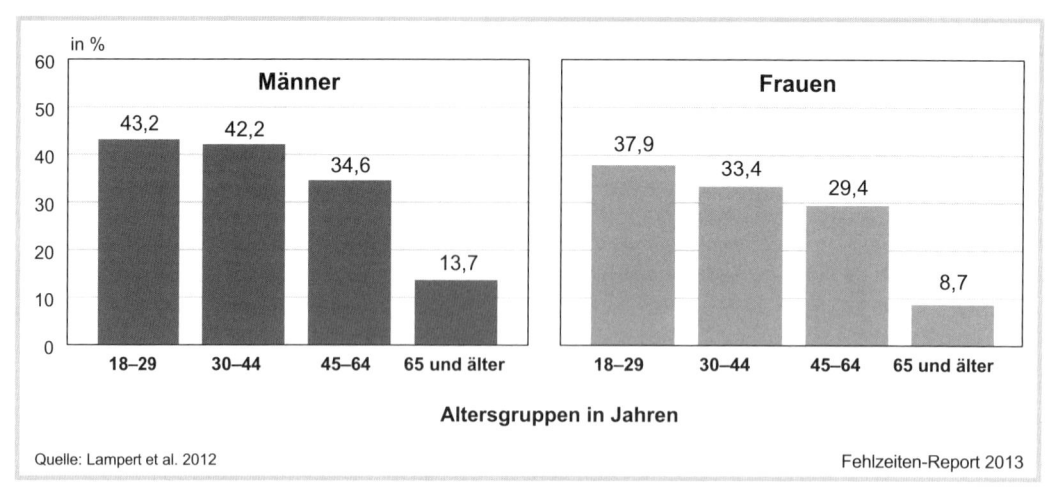

Abb. 10.2 Anteil der Männer und Frauen in verschiedenen Altersgruppen, die täglich oder gelegentlich rauchen

Für die Auswirkungen auf die Gesundheit ist darüber hinaus relevant, ob und wann mit dem Rauchen wieder aufgehört wird. Auskunft hierüber erteilt die sogenannte Aufhörquote, die den Anteil der ehemaligen Raucher und Raucherinnen an allen Männern bzw. Frauen wiedergibt, die jemals mit dem Rauchen begonnen haben. ◘ Abb. 10.3 verdeutlicht, dass bereits von den 18- bis 29-jährigen Männern und Frauen, die jemals geraucht haben, etwa ein Viertel das Rauchen wieder aufgegeben hat. Dieser Anteil nimmt mit steigendem Alter sukzessive zu, bis auf 78,3 Prozent bei den 65-jährigen und älteren Männern und 67,7 Prozent bei den gleichaltrigen Frauen.

10.4 Statusspezifische Unterschiede im Rauchverhalten

Für die Tabakprävention und Tabakkontrollpolitik ist es von großer Bedeutung, in welchen Bevölkerungsgruppen das Rauchen am stärksten verbreitet ist. Anhaltspunkte hierzu liefern Analysen, die auf Zusammenhänge mit dem sozialen Status hinweisen. Der soziale Status wird dabei in der Regel anhand von Angaben zum Bildungsniveau, zur beruflichen Stellung und zur Einkommenssituation ermittelt (Lampert u. Kroll 2009).

Mit den Daten der GEDA-Studie 2009 kann gezeigt werden, dass Männer und Frauen mit niedrigem

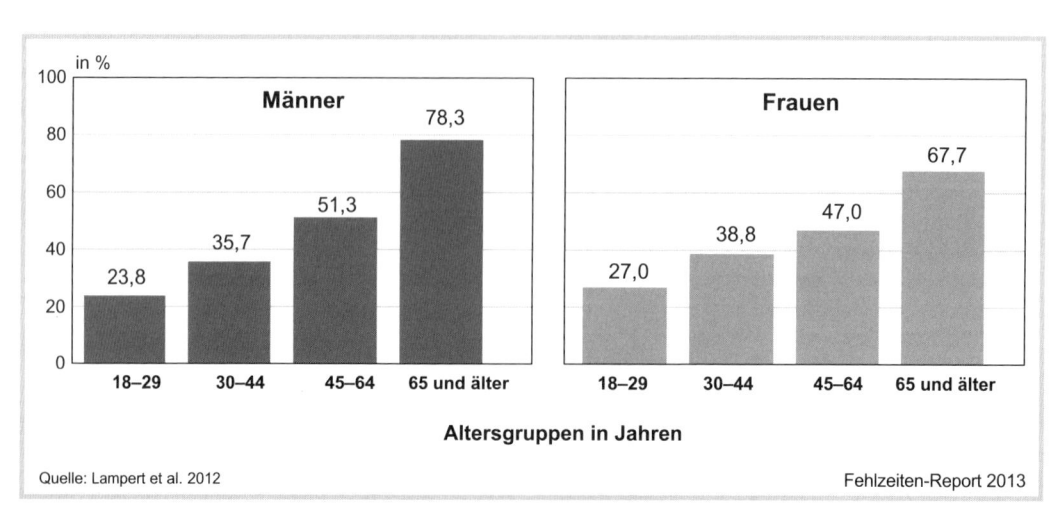

Abb. 10.3 Aufhörquote nach Geschlecht in verschiedenen Altersgruppen

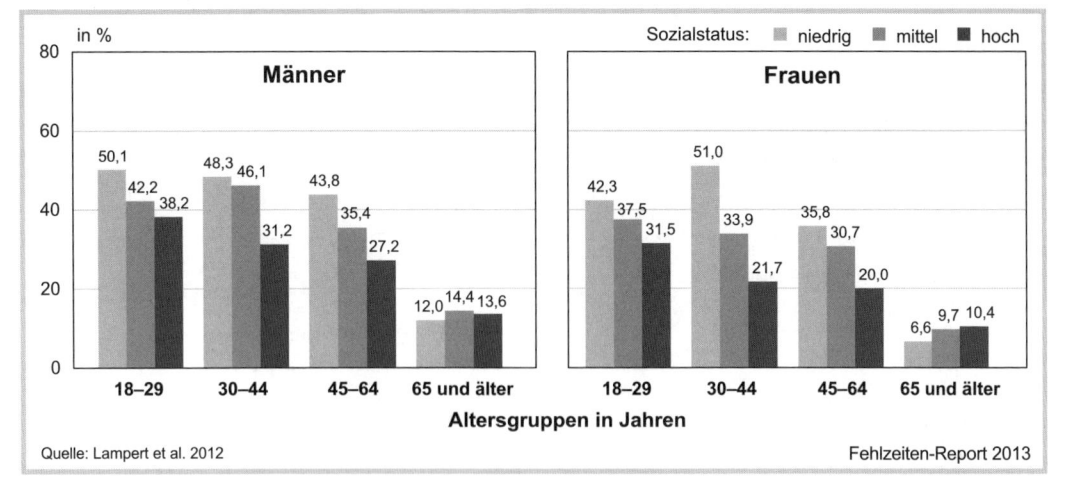

Abb. 10.4 Anteil der Raucher in verschiedenen Altersgruppen nach Sozialstatus

sozialen Status häufiger rauchen als diejenigen mit mittlerem und insbesondere als diejenigen mit hohem Sozialstatus. Dies gilt zumindest für Erwachsene im jungen und mittleren Lebensalter (Abb. 10.4). Mit Bezug auf die gesamte Altersspanne ab 18 Jahren und unter Berücksichtigung der unterschiedlichen Alterszusammensetzung der Statusgruppen kann die Aussage getroffen werden, dass das Risiko zu rauchen bei Männern und Frauen mit niedrigem Sozialstatus im Verhältnis zu denjenigen mit hohem Sozialstatus um fast das Doppelte erhöht ist (Lampert et al. 2012).

Die Angehörigen der niedrigen Statusgruppen rauchen aber nicht nur häufiger, sie gehören zudem vermehrt zu den starken Rauchern. Auch wenn nur die Raucher betrachtet werden, ergibt sich nach den GEDA-Daten aus dem Jahr 2009 für Männer und Frauen aus der niedrigen im Vergleich zu denen aus der hohen Statusgruppe ein 1,5- bis 2-fach erhöhtes Risiko, 20 oder mehr Zigaretten am Tag zu konsumieren.

Weiterführende Untersuchungen weisen darauf hin, dass die statusspezifischen Unterschiede im Rauchverhalten eher auf das Ausstiegs- als auf das Einstiegsverhalten zurückzuführen sind. Wird der Anteil der Personen betrachtet, die jemals mit dem Rauchen begonnen haben, zeigen sich kaum Unterschiede zwischen den Statusgruppen. Der Anteil derjenigen, die mit dem Rauchen wieder aufhören, ist aber in der niedrigen im Vergleich zur hohen Statusgruppe deutlich geringer (Lampert u. Burger 2004).

10.5 Arbeitsweltbezogene Einflüsse auf den Tabakkonsum

Der Arbeitswelt kommt für den Tabakkonsum große Bedeutung zu. Erwerbstätige verbringen einen Großteil ihres Alltags am Arbeitsplatz und sind dort verschiedensten Herausforderungen und Belastungen ausgesetzt, die oftmals mit Stressreaktionen einhergehen und das Risiko zu rauchen erhöhen. Wird der Fokus auf die erwerbsfähige Bevölkerung im Alter von 18 bis 64 Jahre eingestellt, dann lassen sich mit Bezug auf die zuvor betrachteten Aspekte des Rauchverhaltens folgende Aussagen treffen:

- In der 18- bis 64-jährigen Bevölkerung rauchen 39,2 Prozent der Männer und 32,7 Prozent der Frauen.
- Der Anteil der starken Raucher beträgt in dieser Altersgruppe 11,3 Prozent bzw. 6,7 Prozent.
- Von Männern und Frauen, die jemals mit dem Rauchen angefangen haben, haben 40,4 Prozent der Männer und 39,9 Prozent der Frauen wieder aufgehört.
- Das Risiko zu rauchen ist bei Männern und Frauen aus der niedrigen im Verhältnis zu denen aus der hohen Statusgruppe um den Faktor 1,7 bzw. 1,8 erhöht.

Darüber hinaus sollte die Berufsgruppenzugehörigkeit betrachtet werden, zumal diese Rückschlüsse auf berufsspezifische Belastungen und Milieus erlaubt. Ein empirischer Zugang eröffnet sich über den Mikrozensus, in dem die Berufsgruppenzugehörigkeit gemäß der Klassifikation der Berufe des Statistischen

Tab. 10.2 Rauchquoten bei 18- bis 64-jährigen vollzeitbeschäftigten Männern und Frauen in ausgewählten Berufsgruppen

Männer		Frauen	
Tätigkeit (KldB-92)	Raucherquote	Tätigkeit (KldB-92)	Raucherquote
Grund-, Haupt-, Real-, Sonderschullehrer	3,7 %	Architektinnen, Raumplanerinnen, a.n.g.	2,1 %
Zahnärzte	5,3 %	Zahnärztinnen	3,5 %
Gymnasiallehrer	5,4 %	Apothekerinnen	3,7 %
Ärzte	7,0 %	Rechtsvertreter-, Rechtsberaterinnen	4,1 %
Masseure, Medizinische Bademeister, Krankengymnasten	7,2 %	Ärztinnen	4,4 %
Hochschullehrer und verwandte Berufe	8,1 %	Wirtschaftswissenschaftlerinnen, a.n.g.	4,5 %
Bankfachleute	8,4 %	Verwaltungsfachleute (höherer Dienst), a.n.g.	4,9 %
Wirtschaftswissenschaftler	8,4 %	Unternehmensberaterinnen und verwandte Berufe	4,9 %
Richter, Staatsanwälte	8,4 %	Gymnasiallehrerinnen	5,5 %
Wirtschaftsprüfer, Steuerberater und verwandte Berufe	8,8 %	Hochschullehrerinnen und verwandte Berufe	5,6 %
Rechtsvertreter, Rechtsberater	9,7 %	Wirtschaftsprüferinnen, Steuerberaterinnen und verwandte Berufe	7,1 %
Geistliche	10,1 %	Geschäftsbereichsleiterinnen, Direktionsassistentinnen, a.n.g.	7,5 %
Chemiker, Chemie- Verfahrensingenieure	10,1 %	Publizistinnen	8,5 %
Physiker, Physikingenieure, Mathematiker	10,6 %	Psychologinnen	9,2 %
Publizisten	11,3 %	Bankfachleute	9,4 %
...	...	...	...
Fleischer	41,6 %	Krankenschwestern, -pflegerinnen, Hebammen/Entbindungshelferinnen	24,0 %
Glaser	42,8 %	Sekretärinnen	24,4 %
Schweißer, Brennschneider	44,3 %	Sprechstundenhelferinnen	27,3 %
Klempner	45,3 %	Berufe im Funk- und Fernsprechverkehr	27,6 %
Fahrzeugreiniger, Fahrzeugpfleger	45,8 %	Kinderpflegerinnen	28,5 %
Maurer, Feuerungs- und Schornsteinbauer	47,0 %	Textilreinigerinnen, Textilpflegerinnen	28,6 %
Städtereiniger, Entsorger	49,6 %	Gebäudereinigerinnen, Raumpflegerinnen	28,9 %
Stukkateure	50,6 %	Restaurantfachleute, Stewardessen	29,0 %
Maler und Lackierer o.n.A.	51,0 %	Kosmetikerinnen	29,5 %
Dachdecker	51,5 %	Hotel- und Gaststättenkaufleute, a.n.g.	29,6 %
Beton- und Stahlbauer	53,3 %	Hauswirtschaftliche Gehilfinnen und Helferinnen	30,1 %
Hochbauberufe	54,0 %	Nahrungs- und Genussmittelverkäuferinnen	32,9 %
Straßenbauer	55,6 %	Kassenfachleute	33,4 %
Isolierer, Abdichter	57,3 %	Altenpflegerinnen	34,0 %
Gerüstbauer	58,8 %	Friseurinnen	35,9 %

KldB-92: Klassifikation der Berufe des Statistischen Bundesamtes aus dem Jahr 1992
a.n.g. = anderweitig nicht genannt; o.n.A. = ohne nähere Angabe

Fehlzeiten-Report 2013

Bundesamtes (KldB-92) ermittelt wird (Lampert 2010). In ◘ Tab. 10.2 sind auf Basis der Daten aus dem Jahr 2009 für vollzeitbeschäftigte Männer und Frauen im Alter von 18 bis 64 Jahren ausgewählte Berufsgruppen mit besonders niedrigen bzw. hohen Rauchquoten dargestellt.

Bei Männern finden sich die höchsten Rauchquoten in manuellen Berufen: Gerüstbauer, Straßenbauer, Beton- und Stahlbauer gehören zu den Berufsgruppen, in denen 50 Prozent bis 60 Prozent der Beschäftigten rauchen. Ähnlich hohe Rauchquoten finden sich bei Klempnern, Dachdeckern und Glasern sowie bei Reinigungsberufen. Vergleichsweise selten wird in akademischen Berufen geraucht. Beispielsweise rauchen weniger als 10 Prozent der Grund-, Haupt-, Real- und Sonderschullehrer sowie der Gymnasial- und Hochschullehrer. Auch Ärzte und Zahnärzte, Richter und Staatsanwälte sowie die Angehörigen wirtschafts- und naturwissenschaftlicher Berufe rauchen nur zu einem geringen Anteil. Bei Frauen fallen die hohen Rauchquoten bei Friseurinnen und Kosmetikerinnen auf. Daneben ist das Rauchen in Gastronomie-, Verkaufs- und Pflegeberufen stark verbreitet, mit Rauchquoten die zum Teil über 30 Prozent liegen. Die niedrigsten Rauchquoten sind wie bei Männern in akademischen Berufen festzustellen. In einigen Berufsgruppen, wie z. B. Architektinnen, Ärztinnen, Zahnärztinnen und Apothekerinnen, rauchen mittlerweile weniger als 5 Prozent der Frauen. Auffällig ist dabei, dass Männer wie Frauen in Berufen mit niedrigem sozialem Prestige und geringen Verdienstmöglichkeiten vermehrt rauchen, während in statushohen Berufen nur noch ein geringer Anteil der Männer und Frauen raucht.

10.6 Zeitliche Entwicklungen und Trends

Um Aussagen über zeitliche Entwicklungen und Trends beim Rauchen treffen zu können, werden die Ergebnisse der GEDA-Studie 2009 mit denen früherer Gesundheitssurveys des Robert Koch-Instituts verglichen, die in den Jahren 1990 bis 1992, 1998 und 2003 durchgeführt wurden. Damit erstreckt sich der Beobachtungszeitraum über annähernd 20 Jahre. Da für die Jahre 1990 bis 1992 nur Daten für die 25- bis 69-jährige Bevölkerung zur Verfügung stehen, muss die Analyse der langfristigen Entwicklung auf dieses Altersspektrum eingegrenzt werden.

Anfang der 1990er Jahre haben 39,5 Prozent der 25- bis 69-jährigen Männer und 26,7 Prozent der gleichaltrigen Frauen geraucht (◘ Abb. 10.5). In den Folgejahren ist der Anteil der Raucher weitgehend konstant geblieben, während der Anteil der Raucherinnen sukzessive zugenommen hat. Infolgedessen hat sich der vormals große Unterschied zwischen Männern und Frauen bis zum Jahr 2003 deutlich verringert. Im Zeitraum von 2003 bis 2009 hat die Prävalenz des Rauchens bei beiden Geschlechtern abgenommen, was insbesondere bei Frauen als Trendwende beschrieben werden kann.

Bezüglich des starken Rauchens kann für die 25- bis 69-jährige Bevölkerung bereits für den Zeitraum

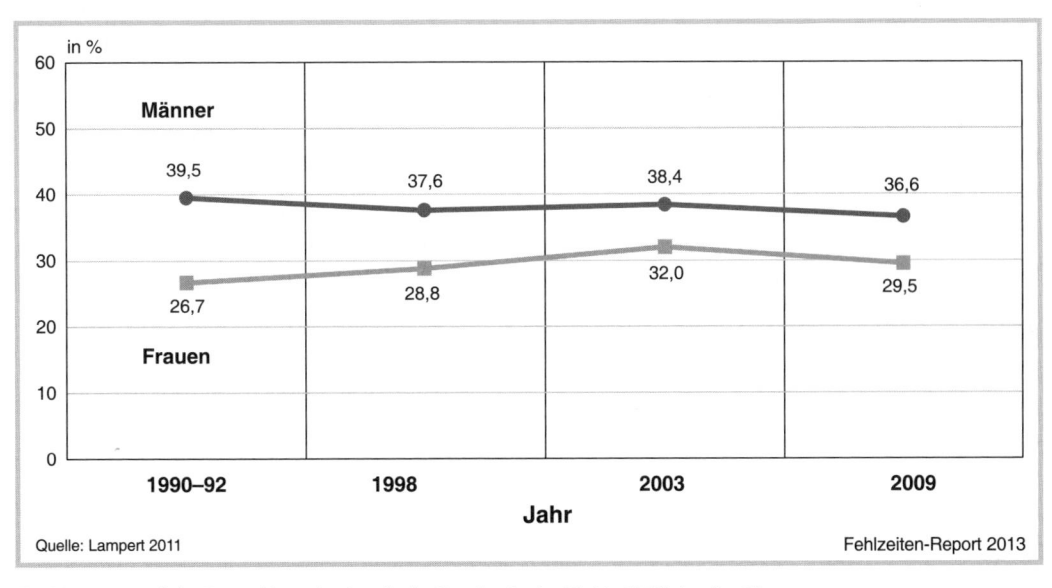

Jahr	Männer	Frauen
1990–92	39,5	26,7
1998	37,6	28,8
2003	38,4	32,0
2009	36,6	29,5

Quelle: Lampert 2011   Fehlzeiten-Report 2013

◘ Abb. 10.5 Zeitliche Entwicklung des Anteils der Raucher in der 25- bis 69-jährige Bevölkerung

1998 bis 2003 ein Rückgang beobachtet werden, und zwar insbesondere bei Männern. Bis zum Jahr 2009 hat sich diese Entwicklung weiter fortgesetzt. Ausgehend von 1990 bis 1992 entspricht der Rückgang von 20,0 Prozent auf 11,0 Prozent fast einer Halbierung des Anteils der starken Raucher. Der Anteil der starken Raucherinnen hat in diesem Zeitraum von 9,1 Prozent auf 6,2 Prozent abgenommen (Lampert 2011).

Besonders auffällig ist, dass sich der Rückgang vor allem in den jüngeren Altersgruppen zeigt. Eine Studie, die den Zeitraum von 2003 bis 2009 betrachtet, ergab, dass bei 18- bis 29-jährigen Männern und Frauen die Rauchquoten um 8,3 bzw. 11,3 Prozentpunkte zurückgegangen sind. Auch in der Gruppe der 30- bis 44-Jährigen konnte eine rückläufige Entwicklung beobachtet werden, nicht jedoch in der Bevölkerung ab 45 Jahren. Bei Männern oberhalb dieser Altersgrenze war sogar eine leichte Zunahme festzustellen, wenngleich diese statistisch nicht signifikant war. Auch in Bezug auf das starke Rauchen lässt sich vor allem in den jüngeren Altersgruppen eine rückläufige Entwicklung beobachten (Lampert 2011).

Tab. 10.3 Rauchquoten bei 15-jährigen und älteren Erwachsenen in ausgewählten europäischen Ländern (EU-15) (in %) (Quelle: Eurobarometer 2012 – European Commission 2012)

Land	2009	2012	Differenz
Griechenland	42	40	-2
Spanien	35	33	-2
Österreich	34	33	-1
Irland	31	29	-2
Frankreich	33	28	-5
Belgien	30	27	-3
Großbritannien	28	27	-1
Luxemburg	25	27	2
Dänemark	29	26	-3
Deutschland	25	26	1
Finnland	21	25	4
Italien	26	24	-2
Niederlande	24	24	0
Portugal	23	23	0
Schweden	16	13	-3

Fehlzeiten-Report 2013

10.7 Internationaler Vergleich

Mit Daten des Eurobarometers, der zuletzt im Jahr 2012 durchgeführt wurde, sind Aussagen zur Verbreitung des Rauchens in den Mitgliedsstaaten der Europäischen Union möglich (European Commission 2012). In Deutschland rauchen demnach rund 26 Prozent der 15-jährigen und älteren Männer und Frauen und damit ein geringerer Anteil als in den meisten anderen Ländern. Betrachtet man die EU-15, also die Länder, die bereits vor der Osterweiterung der Europäischen Union angehörten, dann findet sich nur in Schweden mit 13 Prozent eine deutlich geringere Rauchquote. Am häufigsten wird in Griechenland mit 40 Prozent, Spanien mit 33 Prozent und Österreich mit ebenfalls 33 Prozent geraucht. Der Vergleich mit den Daten aus dem Jahr 2009 belegt für viele Länder einen Rückgang des Rauchens. In Deutschland ist dies nicht der Fall, nachdem im Zeitraum von 2006 bis 2009 ein deutlicher Rückgang von 30 Prozent auf 25 Prozent zu beobachten war (◘ Tab. 10.3) (European Commission 2010).

10.8 Diskussion

In Deutschland kann auf eine breite Datengrundlage zurückgegriffen werden, um Aussagen über die aktuelle Verbreitung, zeitliche Entwicklung und soziale Differenzierung des Tabakkonsums zu treffen. Mit Daten der Gesundheitssurveys des Robert Koch-Instituts wurde im vorliegenden Beitrag gezeigt, dass das Rauchen in der Erwachsenenbevölkerung noch immer stark verbreitet ist, zumindest aber für den Zeitraum von 2003 bis 2009 ein Rückgang beobachtet werden kann. Dieser Rückgang zeichnet sich bei Männern und Frauen vor allem im jungen Erwachsenenalter ab, während im mittleren und höheren Lebensalter keine wesentlichen Veränderungen des Rauchverhaltens festzustellen sind. Eine ähnliche Entwicklung lässt sich mit den Daten des Mikrozensus und anderer bevölkerungsrepräsentativer Erhebungen, die im vorliegenden Beitrag nicht ausführlich dargestellt werden konnten, z. B. Epidemiologischer Suchtsurvey und Sozio-oekonomisches Panel, belegen. Aufgrund von Unterschieden in der Stichprobenkonstruktion und der Erhebungsinstrumente variieren zwar die Angaben zur Verbreitung des Rauchens in der Bevölkerung, bezüglich des rückläufigen Trends in den jüngeren Bevölkerungsgruppen stimmen die Ergebnisse aber weitgehend überein (Lampert 2012).

Darüber hinaus weisen die vorgestellten Ergebnisse auf zum Teil beträchtliche bevölkerungsgruppenspezifische Unterschiede hin. Besonders auffällig ist, dass im jungen Erwachsenenalter am häufigsten geraucht wird und erst nach dem 65. Lebensjahr die Prävalenzen deutlich geringer ausfallen. Außerdem rauchen Männer nach wie vor häufiger als Frauen, wenngleich sich die Unterschiede etwas verringert haben,

10.8 · Diskussion

weil der Anteil der Raucher in den 1990er und auch in den 1980er Jahren weitgehend konstant geblieben ist, während der Anteil der Raucherinnen sukzessive zugenommen hat. Mit Blick auf die Arbeitswelt sind deutliche soziale Unterschiede zu konstatieren. In diesem Zusammenhang ist zum einen auf die Unterschiede im Rauchverhalten nach dem sozialen Status zu verweisen, der anhand von Angaben zu den berufsnahen Dimensionen schulische und berufliche Ausbildung, berufliche Stellung sowie Einkommenssituation ermittelt wurde. Zum anderen, und vielleicht noch eindrücklicher, weisen die berufsgruppenspezifischen Unterschiede im Rauchverhalten – mit den höchsten Rauchquoten in Berufen mit niedrigem Prestige und hohen Belastungen – auf die Bedeutung der Arbeitswelt und des ausgeübten Berufs für den Tabakkonsum hin (Lampert 2010; Helmert u. Borgers 1998).

Die Gründe für die bevölkerungsgruppenspezifischen Unterschiede sind vielfältig. Die alters- und geschlechtsspezifischen Unterschiede sind vor dem Hintergrund der Lebensbedingungen und Anforderungen in den jeweiligen Lebensphasen zu sehen (Lampert u. Burger 2004; RKI 2005). Beispielsweise gehört für viele junge Erwachsene das Rauchen zum Ausgehen mit Freunden und Bekannten dazu und ist trotz der zunehmenden Rauchverbote noch immer an vielen Orten möglich. Im mittleren Lebensalter wird etwas weniger geraucht, was zumindest bei einigen Männern und Frauen mit der Rücksicht auf die Kinder (Risiko der Passivrauchexposition, Vorbildfunktion etc.) zu erklären ist. Gleichzeitig nimmt aber der Anteil der starken Raucher zu, da mit der Dauer des Tabakkonsums das Risiko einer Nikotinabhängigkeit steigt. Für den Rückgang im höheren Lebensalter sind zum einen Änderungen in der Lebensweise und der sozialen Teilhabe verantwortlich. Zum anderen sind die bereits angesprochenen Selektionseffekte infolge von Krankheits- und vorzeitigen Sterbefällen sowie Kohortenunterschiede im Rauchverhalten zu beachten.

Für die Erklärung der sozialen Unterschiede im Tabakkonsum ergeben sich ebenfalls mehrere Ansatzpunkte. Eine Rolle dürften statusspezifisch geprägte Einstellungen zur Gesundheit und zum Suchtmittelgebrauch spielen. Ebenso sind Unterschiede in der Stresswahrnehmung und -bewältigung zu berücksichtigen, da der Tabakkonsum oftmals im Zusammenhang mit stressauslösenden Belastungen steht. Dass auch Unterschiede im Wissen um die mit dem Rauchen verbundenen Gefahren sowie in den individuellen Handlungskompetenzen eine Rolle spielen dürften, wird unter anderem dadurch nahegelegt, dass Männer und Frauen mit hohem Sozialstatus deutlich häufiger mit dem Rauchen wieder aufhören (Lampert u. Burger 2004). Nicht zuletzt ist auf den Wandel gesellschaftlicher Normen zu verweisen, der sich oftmals in den höheren Statusgruppen früher und schneller vollzieht. So deutet vieles darauf hin, dass der soziale Druck zum Nichtrauchen in den höheren Statusgruppen stärker zugenommen hat als in den unteren Statusgruppen (DKFZ 2009, 2010).

Die vorgestellten empirischen Ergebnisse sind vor dem Hintergrund der politischen Bemühungen um eine Verringerung des Tabakkonsums zu sehen, die in Deutschland erst in den letzten zehn Jahren und damit später als in vielen anderen Ländern intensiviert wurden. Zu verweisen ist unter anderem auf die mehrstufige Tabaksteuererhebung in den Jahren 2002 bis 2005 und die neuerlichen Tabaksteuererhöhungen in den Jahren 2012 und 2013. Auch die im Jahr 2007 umgesetzte Mehrwertsteueranhebung von 16 Prozent auf 19 Prozent hat zu einer Verteuerung von Tabakprodukten geführt. Neben den Steuererhöhungen können die Heraufsetzung der Altersgrenze für den Kauf und Konsum von Tabakwaren im Jahr 2008, die Einschränkung von Tabakwerbung entsprechend dem seit 2003 geltenden EU-Recht sowie die seit 2007 erlassenen Nichtraucherschutzgesetze des Bundes und der Länder, die sich auf öffentliche Gebäude und Verkehrsmittel, Schulen und Krankenhäuser sowie auf gastronomische Betrieben beziehen, als wichtige Komponenten der Tabakkontrollpolitik angesehen werden. Mit Blick auf die Arbeitswelt ist zudem auf die bereits im Jahr 2002 umgesetzte Novellierung der Arbeitsstättenordnung zu verweisen, die Unternehmen und Betriebe anhält, ihre Mitarbeiter vor Passivrauchbelastungen am Arbeitsplatz zu schützen (ArbStättV § 5 Abs. 1 Satz 2).

Ein unmittelbarer Zusammenhang zwischen den ergriffenen politischen Maßnahmen und dem Rückgang des Rauchens lässt sich nicht herstellen. Auffällig ist aber, dass sich der Rückgang vor allem in dem Zeitraum vollzog, in dem die politischen Bemühungen intensiviert und verschiedene Maßnahmen gleichzeitig implementiert wurden. Dass sich der Rückgang des Rauchens vor allem in den jüngeren Altersgruppen abzeichnet, deutet auf Veränderungen in Bezug auf den Einstieg in das Rauchen hin. Dies wird auch durch die Ergebnisse der regelmäßig durchgeführten Repräsentativerhebungen der Bundeszentrale für gesundheitliche Aufklärung unterstützt, wonach immer weniger Jugendliche mit dem Rauchen anfangen (BZgA 2012). Für Veränderungen in Bezug auf das Ausstiegsverhalten im mittleren und höheren Lebensalter finden sich hingegen keine Anhaltspunkte.

Um den Tabakkonsum weiter einzudämmen, müssen die politischen Bemühungen fortgesetzt werden.

Darüber hinaus erscheint es erforderlich, die Maßnahmen der Tabakprävention und der Raucherentwöhnung zielgruppenorientiert umzusetzen. Die vorgestellten Ergebnisse weisen die sozial Benachteiligten als eine wichtige Zielgruppe aus, da sie häufiger rauchen und seltener das Rauchen wieder aufgeben. Eingeschlossen sind dabei die Angehörigen von Berufsgruppen, die eine geringe berufliche Qualifikation aufweisen und oftmals hohen Belastungen ausgesetzt sind. Da dadurch das Rauchen begünstigt wird, sollte ihnen im Rahmen der betrieblichen Gesundheitsförderung und der Umsetzung des Nichtraucherschutzes am Arbeitsplatz besondere Aufmerksamkeit entgegengebracht werden.

Literatur

Batra A, Fagerström KO (1997) Neue Aspekte der Nikotinabhängigkeit und Raucherentwöhnung. Sucht 43:277–282

BZgA – Bundeszentrale für gesundheitliche Aufklärung (BZgA) (2012) Die Drogenaffinität Jugendlicher in der Bundesrepublik Deutschland 2011. Der Konsum von Alkohol, Tabak und illegalen Drogen: aktuelle Verbreitung und Trends. http://www.bzga.de/forschung/studien-untersuchungen/studien/suchtpraevention/. Gesehen 23 Nov 2012

DKFZ – Deutsches Krebsforschungszentrum (Hrsg) (2009) Tabakatlas Deutschland 2009. http://www.tabakkontrolle.de/pdf/Tabakatlas_2009.pdf. Gesehen 23 Nov 2012

DKFZ – Deutsches Krebsforschungszentrum (Hrsg) (2010) Schutz der Familie vor Tabakrauch. http://www.dkfz.de/de/tabakkontrolle/download/Publikationen/RoteReihe/Band_14_Schutz_der_Familie_vor_Tabakrauch.pdf. Gesehen 23 Nov 2012

Drogenbeauftragte der Bundesregierung (2012) Drogen- und Suchtbericht 2012. http://drogenbeauftragte.de/fileadmin/dateien-dba/Service/Publikationen/Drogen_und_Suchtbericht_2011_110517_Drogenbeauftragte.pdf. Gesehen 23 Nov 2012

European Commission (2010) Tobacco. Special Eurobarometer 332/Wave 72.3. Internet: http://ec.europa.eu/public_opinion/archives/ebs/ebs_332_en.pdf. Gesehen 23 Nov 2012

European Commission (2012) Tobacco. Special Eurobarometer 385. http://ec.europa.eu/public_opinion/archives/ebs/ebs_385_en.pdf. Gesehen 23 Nov 2012

GVG – Gesellschaft für Versicherungswissenschaft und -gestaltung (GVG) (2011) gesundheitsziele.de, Forum Gesundheitsziele Deutschland. http://www.gesundheitsziele.de/. Gesehen 23 Nov 2012

Helmert U, Borgers D (1998) Rauchen und Beruf – Eine Analyse von 100.000 Befragten des Mikrozensus 1995. Bundesgesundheitsblatt 41:102–107

IARC – International Agency for Research on Cancer (Hrsg) (2004) IARC Monographs on the Evaluation of the Carcinogenic Risks to Humans. Tobacco Smoke and Involuntary Smoking. Lyon

Lampert T (2010) Soziale Determinanten des Tabakkonsums von Erwachsenen in Deutschland. Bundesgesundheitsblatt – Gesundheitsforschung – Gesundheitsschutz 53(2/3):108–116

Lampert T (2011) Rauchen – Aktuelle Entwicklungen und Trends bei Erwachsenen. http://edoc.rki.de/series/gbe-kompakt/2011-9/PDF/9.pdf. Gesehen 23 Nov 2012

Lampert T (2012) Tabak – Zahlen und Fakten zum Konsum. In: Deutsche Hauptstelle für Suchtfragen (Hrsg) Jahrbuch Sucht 2012. Pabst, Lengerich, S 64–89

Lampert T, Burger M (2004) Rauchgewohnheiten in Deutschland – Ergebnisse des telefonischen Bundes-Gesundheitssurveys 2003. Das Gesundheitswesen 66:511–517

Lampert T, Kroll LE (2009) Messung des sozioökonomischen Status in sozialepidemiologischen Studien Gesundheitliche Ungleichheit – Theorien, Konzepte und Methoden (2., überarbeitete Auflage). VS Verlag für Sozialwissenschaften, Wiesbaden, S 309–334

Lampert T, Kroll LE, Müters S, Stolzenberg H (2012) Messung des sozioökonomischen Status in der Studie »Gesundheit in Deutschland aktuell«. Bundesgesundheitsblatt – Gesundheitsforschung – Gesundheitsschutz 56(1):131–143

Mons U (2011) Tabakattributable Mortalität in Deutschland und in den deutschen Bundesländern – Berechnungen mit Daten des Mikrozensus und der Todesursachenstatistik. Gesundheitswesen 73:238–246

Neubauer S, Welte R, Beiche A, König HH, Büsch K, Leidl R (2006) Mortality, morbidity and costs attributable to smoking in Germany: update and a 10-year comparison. Tobbaco Control 15(6):464–471

RKI – Robert Koch-Institut (Hrsg) (2005) Gesundheit von Frauen und Männern im mittleren Lebensalter. Schwerpunktbericht der Gesundheitsberichterstattung des Bundes. RKI, Berlin

USDHHS – U.S. Department of Health and Human Services (Hrsg) (2006) The health consequences of involuntary exposure to tobacco smoke: a report of the Surgeon General. http://www.surgeongeneral.gov/library/secondhandsmoke/report/index.html. Gesehen 23 Nov 2012

Illegale Drogen – Herkunft, Verwendung, Verbreitung und Gefahren

K.-L. Täschner

B. Badura et al. (Hrsg.) *Fehlzeiten-Report 2013*,
DOI 10.1007/978-3-642-37117-2_11, © Springer Verlag Berlin Heidelberg 2013

Zusammenfassung *Der Beitrag beschreibt die in der Drogenszene am häufigsten verbreiteten illegalen Rauschdrogen. Dabei handelt es sich um Cannabis (Haschisch, Marihuana), die Halluzinogene (LSD, Ecstasy, Pilze), Amphetamin und seine Abkömmlinge, Kokain und schließlich Heroin als das wesentliche Opioid. Um einen verständlichen Überblick zu schaffen, werden für jede der vorstehend genannten Drogengruppen deren Herkunft, Geschichte, Verwendung, Wirkungen (Rausch, Intoxikation, Abhängigkeit), die Verbreitung in Deutschland und die vom Konsum ausgehenden Gefahren beschrieben.*

11.1 Cannabis

11.1.1 Herkunft und Geschichte

Die Rauschdroge Cannabis liegt als **Marihuana** (»Gras«) oder als **Haschisch** vor. Es handelt sich im einen Fall um Blatt-, Stengel- und Blütenteile, im anderen um das Harz der Hanfpflanze *Cannabis sativa*, die als eine der ältesten Nutz- und Heilpflanzen gilt. Der chinesische Kaiser Shen-Nung empfahl sie bereits 2007 v. Chr. gegen Gicht, Malaria, Rheuma und »Geistesabwesenheit«. Als Rauschmittel kennen wir ihre Inhaltsstoffe seit dem 12. Jahrhundert, seinerzeit wurde sie im Orient zu diesem Zweck benutzt. Es gibt Hinweise, dass Cannabis auch den Assyrern schon im 1. Jahrtausend v. Chr. als Heilmittel bekannt war. Auch in den Erzählungen aus 1001 Nacht spielt das Cannabis eine Rolle. Mitte des 19. Jahrhunderts gelangte die Droge schließlich auf dem Umweg über Ägypten nach Frankreich, wo ein Klub von Literaten und Künstlern Cannabis zu konsumieren pflegte. In Deutschland war das Cannabis in den 30er Jahren des letzten Jahrhunderts wegen seiner Psychosen auslösenden Potenz ein wissenschaftliches Thema (Stringaris 1933; 1939). Seit Ende der 60er Jahre ist Cannabis zum Wegbereiter einer Drogenwelle geworden, die aus den USA kam und zu einer massenhaften Verbreitung von Rauschdrogen verschiedener Art in Deutschland führte, mit der wir uns im Grunde immer noch zu beschäftigen haben.

11.1.2 Verwendung

In Deutschland lässt sich das Wissen über die Kulturpflanze Hanf bis ins Mittelalter zurückverfolgen. Allerdings wurde sie vor allem wegen ihres Fasergehalts vielfältig verwendet. Man kann daraus Gewebe aller Art, Seile, Netze, Pressspanplatten, Dichtungsmittel (Werg) herstellen. Aus den Samen der Pflanze lässt sich Öl gewinnen, das Verwendung in der Kosmetik, als Firnis und zur Herstellung von Farben fand, die Samen selbst können als Vogelfutter dienen. Während der NS-Zeit wurde der Anbau von Hanf zur Fasergewinnung auch aus rüstungstechnischer Sicht gefördert. Die Wiedereinführung des Hanfanbaus in Deutschland kann mittlerweile als gescheitert angesehen werden.

Stattdessen ist Cannabis die am meisten verbreitete Rauschdroge bei der jüngeren wie bei der älteren Generation geworden (DHS 2012). Weltweit handelt es sich nach dem Alkohol um die am häufigsten konsumierte Rauschdroge. Cannabis wird meist geraucht, oft mit Tabak vermischt, aber gelegentlich auch gegessen (mit Jogurt oder in Plätzchen). In der Drogenszene kostet das Gramm zwischen 4,00 und 10,00 Euro, je nach Marktlage, Qualität und Abnahmemenge. Das Kilogramm kostet 2.000,00 bis 3.000,00 Euro. Wie erwähnt wird Cannabis als Marihuana in Gestalt einer teeartigen Pflanzenzubereitung gehandelt oder in Form von grünen oder schwarzen Platten, die meist in Leinensäckchen eingebracht sind. Das Gewicht einer Platte bewegt sich im Pfundbereich. Beim Rauchen müssen zwischen 6 und 50 mg THC (Tetrahydrocannabinol, der wirksamste Inhaltsstoff) zugeführt werden. Entsprechend dem jeweiligen THC-Gehalt sind u. U. mehrere Gramm Haschisch/Marihuana zu konsumieren, um einen Rauschzustand herbeizuführen. THC lässt sich nach einmaligem Konsum 24 bis 36 Stunden lang, bei sporadischem Konsum 3 bis 5 Tage, bei täglichem starkem Konsum 10 Tage und bei chronischem Konsum bis zu 20 Tage und länger nachweisen.

11.1.3 Wirkungen

Beim einmaligen Konsum von Cannabis kommt es in der Regel zu einem Rauschzustand. Die Wirkung des Cannabis hängt indessen von verschiedenen Faktoren ab (Abb. 11.1). Darunter spielen Persönlichkeit, Vorerfahrung, Grundeinstellung, aber auch der körperliche Zustand des Konsumenten eine Rolle. In der Regel treten bei einem typischen Rausch psychische Veränderungen auf, die in Abb. 11.2 aufgeführt sind, darunter vor allem Euphorie, Antriebsminderung, Passivität, Apathie, Denk- und Wahrnehmungsstörungen, Störungen der Kritikfähigkeit, des Gedächtnisses und des Ausdrucksverhaltens. Bei länger dauerndem – häufigem – Konsum von Cannabis kommt es zu einer (vor allem psychischen) Abhängigkeit vom Cannabis, die die WHO speziell als Amotivationales Syndrom (AMS) definiert hat und mit Denkstörungen und Entzugserscheinungen beim Absetzen der Substanz einhergeht. Nicht selten treten Cannabis-Psychosen in Schizophrenie-ähnlicher Form auf.

11.1.4 Verbreitung

Nach der Erhebung der Bundeszentrale für gesundheitliche Aufklärung vom Mai 2011 über den Cannabiskonsum Jugendlicher und junger Erwachsener (BZgA 2011) ergibt sich eine Lebenszeitprävalenz bei den 12- bis 17-Jährigen von 9,6 Prozent und bei den 18- bis 25-Jährigen von 41 Prozent, jeweils mit deutlicher Betonung des männlichen Geschlechts. Die 12-Monats-Prävalenz liegt hingegen bei 5,0 bzw. 12,7 Prozent, die 30-Tage-Prävalenz bei 1,7 bzw. 5,3 Prozent. Regelmäßiger Konsum (mehr als zehnmal in den letzten zwölf Monaten) wird bei den Jüngeren mit 0,6 Prozent, bei den 18- bis 25-Jährigen mit 3,2 Prozent angegeben. Zwischen 1973 und 2010 ist die Lebenszeitprävalenz von 30 auf 41 Prozent bei den männlichen und von 16 auf 29 Prozent bei den weiblichen Jugendlichen angestiegen, wobei in den letzten

▶ Dosis
▶ Konsumart
▶ Individuelle Situation des Konsumenten
▶ Persönlichkeitskonsumenten
▶ Konsumvorerfahrung
▶ Grundeinstellung
▶ Konsum zusätzlicher Stoffe
▶ Körperliche Situation (z. B. Ermüdung)

Fehlzeiten-Report 2013

Abb. 11.1 Wovon hängt die Wirkung von Cannabis ab?

▶ Gehobene Stimmung/Euphorie
▶ Verminderter Antrieb/Passivität/Apathie/Lethargie
▶ Denkstörungen
▶ Konzentrations- und Aufmerksamkeitsstörungen, erhöhte Ablenkbarkeit, abnorme Fokussierung der Wahrnehmung
▶ Halluzinationen bzw. abnorme Gedankenverknüpfung
▶ Gedächtnis- und Erinnerungsstörungen, Körperschemastörung, Störungen der Konzentrationsfähigkeit

Fehlzeiten-Report 2013

Abb. 11.2 Wirkungsspektrum des Cannabis

Jahren seit 2004 ein rückläufiger Trend festzustellen ist. Zwischen 2001 und 2011 hat sich der Anteil der Konsumenten im letzten Jahr vor der Befragung von 9,2 Prozent auf 4,6 Prozent reduziert. Bei den 18- bis 25-Jährigen blieb der Anteil hingegen im gleichen Zeitraum stabil (2001: 13,8 Prozent, 2011: 13,5 Prozent, Angaben aus dem Drogenbericht der Drogenbeauftragten der Bundesregierung 2012).

11.1.5 Gefahren

Insgesamt erweist sich der Cannabiskonsum als das zahlenmäßig am stärksten ausgeprägte Problem im Bereich des illegalen Drogenkonsums, das sich vor allem in der Gruppe der 18- bis 25-Jährigen stabilisiert hat. Ein ansehnlicher Teil der Konsumenten wird abhängig. Bei chronischem Konsum entstehen möglicherweise dauerhafte Denk- und Wahrnehmungsstörungen. Bei jungen Konsumenten kommt es nicht selten zu Reifungs- und Entwicklungsstörungen. Die Verbreitung Cannabis-induzierter Schizophrenie-ähnlicher Psychosen wächst weltweit und stellt eine wesentliche Gefahr dar.

Aus der derzeitigen Situation ist der Schluss zu ziehen, dass wir mehr kompetente präventive und therapeutische Angebote für Cannabis-Konsumenten benötigen. Es gibt keine rationale Begründung für Liberalisierungs- und Legalisierungsbestrebungen, da an der Gefährlichkeit des Cannabiskonsums bei einer vorurteilsfreien wissenschaftlichen Betrachtung des Problems kein Zweifel bestehen kann.

11.2 Halluzinogene: LSD, Ecstasy und Pilze

11.2.1 Herkunft und Geschichte

Aus der großen Gruppe der meist in der Natur vorkommenden Rauschdrogen mit halluzinogenen Wirkungen greifen wir exemplarisch die bekanntesten heraus. **LSD** (Lysergsäurediethylamid) wird aus der Lysergsäure synthetisiert, die aus den sogenannten Mutterkornalkaloiden stammt, die ein Pilz bei entsprechendem Befall auf Getreidekörnern produziert. Die Wirkung von LSD wurde 1943 zufällig von Albert Hofmann in Basel entdeckt (Hofmann 1979). Dass einige Pilze unterschiedliche Inhaltsstoffe besitzen, die zu Rauschzuständen führen können, ist lange bekannt. Während die europäische Volksmedizin dem Fliegenpilz zu Recht solche Wirkungen zuschreibt, wurden in den letzten Jahrzehnten vor allem exotische, meist mexikanische Pilze konsumiert, die in der Regel Psilocybin enthalten.

Ecstasy ist eine Weiterentwicklung des Amphetamins (MDMA), das bereits seit 1912 bekannt ist, aber erst seit den 80er Jahren des letzten Jahrhunderts aufgrund seiner aufputschenden Wirkung als Techno- oder Partydroge Eingang in die Drogenszene fand (▶ Abschn. 11.2.4). Während die Entdeckung des LSD ein zufälliger Vorgang war (s. hierzu Hofmann 1979), wurde Ecstasy synthetisch hergestellt, um ein Mittel zu finden, das die Wirkung von Amphetamin übertrifft. Wegen seiner starken Nebenwirkungen kam das Interesse an dem Stoff indessen zum Erliegen, bis in der internationalen Drogenszene gerade die Nebenwirkungen in den Fokus der Aufmerksamkeit gelangten.

Dies gilt in ähnlicher Weise auch für die verschiedenen Psilocybin-haltigen **Pilze**, die sich nach wie vor großer Beliebtheit erfreuen, weil sie Halluzinationen und andere Erlebnisveränderungen hervorrufen.

11.2.2 Verwendung

Eine medizinische Verwendung gibt es bei allen drei genannten Stoffen nicht. Sie dienen ausschließlich der Rauscherzeugung. Ihre Verwendung soll von der Realität ablenken und vor allem für Jugendliche neue Erlebniswelten erschließen, die eine kritische Beurteilung und Auseinandersetzung mit der Wirklichkeit, der Berufs- und Arbeitswelt und den Anforderungen des Alltags allgemein überflüssig machen.

11.2.3 Wirkungen

Die Einnahme aller drei hier genannten Substanzen führt zu angenehm empfundener geistiger und körperlicher Entspannung. Bei höheren Dosen gelingt die Abgrenzung der Person und des eigenen Ichs nur noch teilweise, es tritt eine sogenannte »Bewusstseinserweiterung« ein, optische, auch akustische Halluzinationen treten hinzu und es kommt vor allem beim LSD zu ausgeprägten Farbsinnstörungen. Das Erleben von Zeit, Raum und eigener Körperlichkeit erleidet erhebliche Veränderungen, die Aufmerksamkeit wird abnorm ausgerichtet. Die sonst gewohnte Wichtigkeitshierarchie der Erlebnisse wird verändert und es kommt zu Verzerrungen der Wahrnehmung, im Verlauf zu Sedierung, Benommenheit und Schläfrigkeit. Beim Ecstasy steht die erregende, antriebssteigernde Wirkung mehr im Vordergrund, von daher rührt auch die verharmlosende Verzeichnung »Partydroge«. Rausch, Intoxikation und psychische Abhängigkeit stimmen von ihrer Gestalt her im Wesentlichen überein. Bei der Gesamtgruppe der Halluzinogene können Euphorie, Anregung, Sedierung, Sinnes- und Wahrnehmungstäuschungen, aber auch Angst und Wahn auftreten (◻ Abb. 11.3).

▶ Euphorie
▶ Geistige und körperliche Entspannung
▶ Aufhebung der Grenzen des Individuums ("Bewusstseinserweiterung")
▶ Halluzinationen (optisch, akustisch)
▶ Farbsinnstörungen
▶ Abnorme Fokussierung der Aufmerksamkeit
▶ Sedierung, Stimulierung des Antriebs
▶ Angst/Wahn

Fehlzeiten-Report 2013

◻ **Abb. 11.3** Wirkungsspektrum von Halluzinogenen

11.2.4 Verbreitung

Nach neuesten Erhebungen nahmen Jugendliche zwischen 12 und 17 Jahren im letzten Jahr vor der Befragung (12-Monats-Prävalenz) zu 0,2 Prozent Ecstasy, 0,1 Prozent LSD und zu 0,4 Prozent Pilze ein. Bei der Großgruppe zwischen 18 und 64 Jahren sind es 0,4 Prozent bei Ecstasy, 0,1 Prozent bei LSD und 0,2 Prozent bei den rauscherzeugenden Pilzen (DHS 2012). Die sichergestellten Mengen von Pilzen und LSD bestätigen, dass das Konsumproblem bei diesen beiden Drogen relativ gering ist. Beim Ecstasy wurden hingegen größere Mengen sichergestellt, dies weist auf eine weitere Verbreitung (Nachfrage) dieser Drogen hin (Drogenbeauftragte der Bundesregierung 2012; BKA 2011).

11.2.5 Gefahren

Bei wiederholtem Konsum halluzinogener Drogen kann es zur Toleranzbildung gegen eine Reihe von Wirkungen und zu einer Gewöhnung und Dosissteigerung kommen. Nicht selten tritt eine psychische Abhängigkeit auf und dann kann die Droge die konsummotivierende Funktion als rauscherzeugendes, die Realität und Erlebniswahrnehmung modifizierendes, vom Alltag ablenkendes Mittel nicht mehr erfüllen. Es kommt zum Überstieg auf stärker wirkende Stoffe und u. U. zur Eröffnung einer Drogenkarriere mit Polytoxikomanie.

11.3 Weckmittel

11.3.1 Herkunft und Geschichte

Amphetamin ist chemisch ein Verwandter des Adrenalins, eines körpereigenen Überträgerstoffes an den Nervenverbindungen. Es handelt sich um eine synthetisch hergestellte Substanz. Es ist als weißes Pulver im Handel, das vom Magen-Darm-Trakt rasch aufgenommen wird. In der Medizin wird es in verschiedenen chemischen Variationen eingesetzt, vor allem als sogenanntes Weckmittel und in den letzten Jahren auch gegen das ADHS (Aufmerksamkeitsdefizit- und Hyperaktivitäts-Syndrom) bei Kindern und Jugendlichen. Die Spätfolgen dieser möglicherweise nicht ausreichend wissenschaftlich begründeten Therapieform werden derzeit untersucht.

Das Amphetamin-haltige Medikament Pervitin wurde erstmals 1938 in Deutschland auf den Markt gebracht. Die Substanz fand schnell weltweite Verbreitung. Kurze Zeit später wurden in der wissenschaftlichen Literatur Fälle von Abhängigkeit beschrieben. Gleichwohl setzte man das Mittel während des Krieges bei Piloten der Luftwaffe ein, um sie bei lang dauernden Einsätzen wachzuhalten. Das Mittel wurde bald dem Betäubungsmittelgesetz unterstellt.

11.3.2 Verwendung

Amphetamin und seine Abkömmlinge werden heute mit veränderter Indikation angewandt, z. B. als Appetitzügler im Rahmen des Wunsches vieler Menschen, vor allem von Frauen, nach einem schlanken Körper. Auch zur Bekämpfung von Müdigkeit bei besonderer geistiger Anspannung und Dauerbelastung dienen Amphetamine, und sie sind auch das klassische Dopingmittel bei Sportlern. Heute sind sie allerdings wegen der relativ leichten Nachweisbarkeit aus der Mode und durch schwerer erkennbare Mittel ersetzt worden. Amphetamine erfreuen sich zudem neben dem Kokain großer Beliebtheit als stimmungsmodulierende Substanz, die die Wahrnehmung – auch im erotisch-sexuellen Erleben – intensiviert.

Amphetamine wirken auch als Mittel zur Blutdrucksteigerung und Bronchodilatation (beim Asthma), werden aber heute kaum mehr hierzu genutzt. Ganz im Vordergrund steht heute die schon erwähnte Anwendung beim ADHS, vor allem bei Jugendlichen und Kindern, und der Einsatz als Appetitzügler (◻ Abb. 11.4).

11.3.3 Wirkungen

Amphetamine wirken durch Freisetzung von Noradrenalin aus dem Speicher und stimulieren auf diese Weise – ganz allgemein gesprochen – das Zentralnervensystem. Das bedeutet, dass sie schlafhemmend wirken,

---

▶ Appetitzügelung, Abmagerung
▶ Aktivierung, Müdigkeitsbekämpfung
▶ Leistungssteigerung bei Sportlern
▶ Stimmungshebung, Intensivierung der allgemeinen Wahrnehmung
▶ Steigerung und Verlängerung des erotisch-sexuellen Erlebens

Fehlzeiten-Report 2013

◻ **Abb. 11.4** Motivation zum Konsum von Amphetaminen

die Ermüdung bekämpfen und sowohl die körperliche als auch die geistige Leistungsfähigkeit des Organismus erhöhen. Dies gilt für die objektive, aber auch die subjektive Seite des Leistungspotenzials. Monotone, stark und schnell ermüdende Tätigkeiten können unter der Wirkung des Mittels länger und ausdauernder durchgehalten werden. Auch der Antrieb wird positiv beeinflusst. Aktivität, Tatendrang, Unternehmenslust und Spontaneität werden erhöht. Der innere Motor des Menschen wird beschleunigt. Bei häufiger, chronischer Einnahme solcher Mittel kommt es freilich auch zu einer gehobenen Stimmungslage und Euphorie, die verrinnende Zeit wird verkürzt erlebt, ausgefüllt, Langeweile verfliegt und wird nicht mehr wahrgenommen. In der Wirkung bestehen Ähnlichkeiten zum Kokain. Auch Intoxikationen durch beide Stoffe, übrigens auch durch Ephedrin, sehen demgemäß klinisch ähnlich aus.

11.3.4 Verbreitung

Die Verbreitung des Amphetaminkonsums liegt bei einer Stichprobe 18- bis 64-Jähriger bei 0,7 Prozent (DHS 2012) und damit etwa in der Größenordnung des Kokains (0,8 Prozent), aber weit unterhalb des Cannabis (4,8 Prozent). Gefragt wurde nach der 12-Monats-Prävalenz, also ob im vergangenen Jahr die Droge konsumiert wurde. Bei Jugendlichen zwischen 12 und 17 Jahren erfreut sich das Amphetamin größerer Beliebtheit als das Kokain (0,4 Prozent gegen 0,2 Prozent, Jahrbuch 2012). Männliche Konsumenten übertreffen die weiblichen deutlich (1,1 Prozent bzw. 0,4 Prozent der Stichprobe).

11.3.5 Gefahren

Die Gefährlichkeit des Konsums von Weckaminen ist u. a. durch die abhängigkeitserzeugende Wirkung begründet. Im Vordergrund steht dabei die starke psychische Abhängigkeit bei weitgehendem Fehlen körperlicher Abhängigkeit und entsprechend auch körperlichen Abstinenzerscheinungen beim Absetzen der Substanz. Zudem ist immer wieder darauf hingewiesen worden, dass die Gefahr des Amphetaminkonsums darin liegt, dass er den Übergang von sogenannten weichen auf harte Drogen bahnt, also vom Cannabis- zum Heroinkonsum. Amphetamine nehmen hier in vielen Suchtkarrieren eine Art Brückenfunktion ein. Nicht zu unterschätzen ist überdies die Gefahr, dass bei entsprechend prädisponierten Menschen Psychosen ausgelöst werden. Solche Krankheitsbilder sehen aus wie schizophrene Psychosen und sind von ihnen oftmals schwer abzugrenzen, allenfalls dann, wenn deliräähnliche Symptome hinzutreten oder wenn es zu sogenannten Mikrohalluzinationen kommt, wenn also kleine lebende Objekte auf oder unter der Haut halluziniert werden. Auch hier gibt es gewisse Ähnlichkeiten zum Kokain.

11.4 Kokain und Crack

11.4.1 Herkunft und Herstellung

Kokain ist in den Blättern des Kokastrauchs enthalten, der natürlicherweise an den Osthängen der Anden in Südamerika wächst. Der Wirkstoff kann durch intensives Kauen der Blätter freigesetzt und vom Organismus aufgenommen werden. Wegen ihrer vielfältigen anregenden und stimulierenden Wirkungen war die Droge schon zu Inkazeiten in Südamerika bekannt. Der Dauerkonsum von Kokain setzt Körperkräfte für schwere Arbeiten und Strapazen frei und lässt Müdigkeit und Schlafbedürfnis schwinden. Aus den Blättern lässt sich die reine Substanz Kokain gewinnen, das als weißes Pulver seit etwa 150 Jahren in Europa im Handel ist.

Die Herstellung der Reinsubstanz ist einfach. Das Kokain wird entweder durch Extraktion aus der Pflanze in illegalen Laboren gewonnen, um als Rauschmittel auf dem Schwarzmarkt vertrieben zu werden, oder auch vollsynthetisch zur medizinischen Anwendung hergestellt. In der Medizin spielt der Stoff aber seit langem nicht mehr die therapeutische Rolle, die er Ende des 19. Jahrhunderts als lokal betäubendes Mittel vor allem in der Augenheilkunde innehatte.

Bei **Crack** handelt es sich um eine basische Zubereitungsform des Kokains, die durch Erhitzen leicht in einen gasförmigen Zustand versetzt und so eingeatmet werden kann. Crack wirkt schlagartig und führt zu einem extremen Hochgefühl. Crack hat in Deutschland nie eine bedeutende Verbreitung gefunden.

11.4.2 Verwendung/Wirkungen

Während Kokain in der Medizin – wie oben beschrieben – heute keine Bedeutung mehr hat, ist die Substanz als rauscherzeugende Droge nach wie vor sehr beliebt. Beim Schnupfen wird die Droge über die Nasenschleimhaut resorbiert und es kommt zu stark euphorisch gefärbten Rauschzuständen mit gehobener Stimmung und fröhlich-ausgelassenem Rededrang, mit Beschleunigung der Denkvorgänge und mit vermehrter Kontaktfähigkeit bis hin zur Distanzlosigkeit. Wohlbefinden und Glück kennzeichnen den ersten Abschnitt eines Kokainrauschs, der nach einiger Zeit in ein zweites Stadium mit mehr paranoid-wahnhaften Erlebnisveränderungen und Angstzuständen übergeht. Im dritten Stadium können Depressionen und Suizidgedanken sowie Verfolgungsängste auftreten. Die beiden unlustbetonten Rauschabschnitte sind im Grunde nur durch erneuten Konsum einer entsprechenden Dosis zu überwinden.

Häufiger Konsum von Kokain führt zu psychischer Abhängigkeit mit oft enormen Dosissteigerungen und der daraus resultierenden Beschaffungsnotwendigkeit. Kokainvergiftungen sind nicht selten, vor allem wenn zusätzlich andere Drogen konsumiert werden.

11.4.3 Verbreitung

Bei der Gruppe der Jugendlichen konsumierten 0,2 Prozent im letzten Jahr vor der Befragung Kokain, Erwachsene zu 0,8 Prozent; diese Anteile sind in den letzten 20 Jahren in etwa gleich geblieben (DHS 2012). Drogentote gehen nur in geringem Umfang zu Lasten von Kokainkonsum. 2010 wurden 1.940 kg Kokain sichergestellt, 2011 über 3.000 kg, ohne dass hieraus ein stabiler Trend abzulesen wäre. Insgesamt hat der Kokainkonsum in Deutschland in den letzten zehn Jahren jedoch offenbar zugenommen (BKA 2011).

11.4.4 Gefahren

Unter den Gefahren des Kokainkonsums ist die Auslösung von Psychosen an erster Stelle zu nennen, die Schizophrenie-ähnlich verlaufen. An zweiter Stelle rangieren die depressiven Zustände im ausklingenden Kokainrausch, die zu Suizidhandlungen führen können. Die Abhängigkeit vom Kokain ist ein eigenes Gefahrenmoment, zwar handelt es sich dabei »nur« um psychische Abhängigkeit, diese ist aber dafür umso stärker ausgeprägt und umso schwerer therapeutisch behandelbar.

11.5 Morphin und Heroin

11.5.1 Herkunft und Geschichte

Beim **Morphin** handelt es sich um einen wesentlichen Inhaltsstoff der Mohnpflanze, die im Altertum aus Kleinasien über Persien nach Indien und China wanderte. Ihr Hauptanbaugebiet ist heute Afghanistan. Opium ist der eingedickte Saft der Mohnkapsel mit einem Morphingehalt von 10–12 Prozent. Opium wird im Orient zur Erzielung der typischen Rauschwirkungen gegessen und geraucht. Morphin wurde 1806 durch Friedrich Sertürner entdeckt, es handelt sich um ein wasserlösliches weißes Pulver, das in einer Dosierung von 10–30 mg als Schmerzmittel eingesetzt wird.

Heroin unterscheidet sich chemisch nur geringfügig vom Morphin, entfaltet aber ein Vielfaches der analgetischen wie auch der euphorisierenden, rauscherzeugenden Potenz des Morphins. Heroin wird in illegalen Laboren der Anbauländer hergestellt, seine Wirkungen sind seit ca. 100 Jahren bekannt. Wegen seiner starken Abhängigkeit erzeugenden Potenz wird es seit langem nicht mehr in der Medizin angewandt.

11.5.2 Verwendung

Morphin spielt in der Drogenszene als Rauschmittel keine nennenswerte Rolle. An seine Stelle ist seit den 60er Jahren des letzten Jahrhunderts Heroin getreten. Heroin wird geschnupft, inhaliert und vor allem intravenös gespritzt. Die Dosis beträgt 50–500 mg, je nach Wirkstoffgehalt der jeweiligen Handelsware. Der Preis liegt zwischen 10 und 50 Euro pro Gramm, je nach Qualität und Abnahmemenge. Die Konsummenge eines Süchtigen beträgt 1–3 g/Tag.

11.5.3 Wirkungen

Heroin ist ein starkes Schmerzmittel. Zugleich erzeugt es einen Zustand der Euphorie, also des glückhaften Wohlbefindens. Es baut innere Spannungen ab, beseitigt Unruhe und Getriebenheit, schirmt gegen Stress ab und vermindert die geistige Aktivität des Menschen. Bei intravenöser Injektion wird der Wirkstoff in einem einzigen Moment von der Blutbahn aufgenommen und im Gehirn angeflutet. Dieser Umstand führt zu einer Überwältigung der Gefühls- und Erlebniswelt und zu einem überbordenden Glücksgefühl, das nur mit dem Orgasmus zu vergleichen ist. Diesen Zustand bezeichnen die Konsumenten als »High« oder »Kick«. Bei wiederholtem Konsum bildet sich eine Abhängigkeit aus, die vor allem von einem Abbau von Interesse, Motivation und sozialem Empfinden begleitet ist. Es kommt allmählich zur Entdifferenzierung der Persönlichkeit (◘ Abb. 11.5).

Die Abhängigkeit ist sowohl körperlich als auch psychisch stark ausgeprägt. Es gelingt nur in einem Teil der Fälle, durch therapeutische Einwirkung die Abhängigkeit zu überwinden. Deshalb werden auch sogenann-

> Abhängigkeit mit suizidaler Gleichgültigkeit
> Abbau sozialen Empfindens
> Verlust von Interesse und Motivation
> Schwerer Persönlichkeitswandel
> Entdifferenzierung

Fehlzeiten-Report 2013

Abb. 11.5 Wirkungen des Heroins bei wiederholtem Konsum

> Hepatitis-/HIV-Infektion mit Leberschädigung
> Karies (Ernährung/Analgesie)
> Pneumonie (Lungenentzündung, Infektion mit seltenen Keimen)
> Lungenödem
> Sepsis (Blutvergiftung)
> Embolien
> Atemlähmung bei Intoxikation

Fehlzeiten-Report 2013

Abb. 11.6 Symptome körperlicher Verelendung bei Heroinsüchtigen

te Substitutionsverfahren bei Heroinsüchtigen eingesetzt, die auf eine Abstinenz verzichten und Lebenserhaltung in den Vordergrund stellen. Die Sucht als solche wird gewissermaßen als therapieresistent belassen.

11.5.4 Verbreitung

Nach der Drogenaffinitätsstudie 2011 (BZgA 2012) bzw. dem Jahrbuch 2012 (DHS 2012) hatten nur männliche Jugendliche zu 0,1 Prozent Erfahrung mit Heroin, bei den Erwachsenen waren es 0,1 Prozent, zzgl. 0,2 Prozent mit anderen Opioiden. Daraus kann einerseits geschlossen werden, dass die Verbreitung der Droge allgemein zwar nur gering ist. Jeder einzelne Fall ist aber deshalb von besonderem Gewicht, weil die Heroinsucht relativ schnell eintritt und meist zu schwersten körperlichen, geistigen und sozialen Veränderungen führt und weil die therapeutischen Möglichkeiten zwar vorhanden, aber nur in einem Teil der Fälle wirksam sind. So stellen die 100.000 bis 200.000 Heroinsüchtigen in Deutschland anteilsmäßig ein relativ geringes, bei der schlechten Krankheitsprognose indessen in jedem Einzelfall ein schweres Problem dar, denn ein großer Teil der Heroinsüchtigen kann nicht oder nur teilweise in die sozialen Bezüge und speziell in die Arbeitswelt integriert werden und führt ein Leben am Rande der Gesellschaft.

11.5.5 Gefahren

Die Hauptgefahr des Heroinkonsums ist die meist schnell eintretende körperliche und psychische Abhängigkeit, die zu Gleichgültigkeit, Abbau des sozialen Verantwortungsgefühls, Verlust von Interessen und allgemeiner Motivationslosigkeit führt und meist einen schweren Persönlichkeitswandel mit Entdifferenzierung der individuellen Merkmale und Ausprägungen nach sich zieht, mithin zur Depravation (suchtspe-

> Motivation
> Entgiftung
> Entwöhnung
> Ersatz der Therapie durch Substitution (Polamidon, Methadon, Subutex)
> Ersatz der Therapie durch Versorgung mit Heroin

Fehlzeiten-Report 2013

Abb. 11.7 Therapiemöglichkeiten bei Heroinsucht

zifische Persönlichkeitsveränderung) führt (Abb. 11.5). In körperlicher Hinsicht tritt eine Vielzahl von Folgeerkrankungen ein (Abb. 11.6). Die am Schluss der Abbildung genannte Atemlähmung tritt meist ungewollt bei Überdosierung der Substanz ein und ist eine der häufigsten Todesursachen bei Heroinsüchtigen. Die verschiedenen therapeutischen Ansätze (Abb. 11.7) führen in den seltensten Fällen zu einer Rückgewinnung sozialer Kompetenz und zur Möglichkeit einer sozialen Eingliederung.

Literatur

Bundeskriminalamt (BKA) (2011) Rauschgift-Jahreskurzlage 2010. Wiesbaden
Bundeszentrale für gesundheitliche Aufklärung (BZgA) (2011) Der Cannabiskonsum Jugendlicher und junger Erwachsener in Deutschland 2012. Köln (Cannabisaffinitätsbericht)
Bundeszentrale für gesundheitliche Aufklärung (BZgA) (2012) Die Drogenaffinität Jugendlicher in der Bundesrepublik Deutschland 2011. Köln (Drogenaffinitätsbericht)
Deutsche Hauptstelle für Suchtfragen (DHS) (2012) Jahrbuch Sucht 2012. Pabst, Lengerich

Die Drogenbeauftragte der Bundesregierung (2012) Drogen- und Suchtbericht Mai 2012

Hofmann A (1979) LSD – mein Sorgenkind. Klett-Cotta, Stuttgart

Stringaris A (1933) Zur Klinik der Haschischpsychosen. Archiv für Psychiatrie und Nervenkrankheiten 100:523–532

Stringaris MG (1939) Die Haschischsucht. 2. Aufl 1972. Springer, Berlin

Täschner KL (1980) Rausch und Psychose – Psychopathologische Untersuchungen an Drogenkonsumenten. Kohlhammer, Stuttgart

Täschner KL (1997) Harte Drogen – weiche Drogen? Trias, Stuttgart

Täschner (2002) Rauschmittel – Drogen, Medikamente, Alkohol. 6. Aufl Georg-Thieme Verlag, Stuttgart

Täschner KL (2005) Cannabis – Biologie, Konsum und Wirkung. 4. Aufl Deutscher Ärzteverlag, Köln

Täschner KL, Richtberg W (1988) Koka- und Kokain-Konsum und Wirkung. 2. Aufl Deutscher Ärzteverlag, Köln

Kann denn Arbeit Sünde sein? – Von Überstunden und Überallstunden in der modernen Arbeitswelt

S. Poppelreuter[1]

B. Badura et al. (Hrsg.) *Fehlzeiten-Report 2013*,
DOI 10.1007/978-3-642-37117-2_12, © Springer Verlag Berlin Heidelberg 2013

Zusammenfassung *Der Beitrag fasst die wissenschaftlichen Erkenntnisse und Ergebnisse zum Phänomen der Arbeitssucht zusammen. Bei der Arbeitssucht handelt es sich um eine individuell wie gesamtgesellschaftlich zunehmend bedeutsam werdende Problematik, die aufgrund ihrer – teilweise fatalen – Auswirkungen auf die Betroffenen, aber auch auf deren näheres und weiteres Umfeld besonderer Aufmerksamkeit bedarf. Die wissenschaftliche Erforschung der Arbeitssuchtproblematik steckt zwar noch in den Kinderschuhen, aber es gibt erste Erfolg versprechende Ansätze zur Diagnose, Prävention und Behandlung.*

12.1 Einleitung

Wenn auch der alte deutsche Schlager von Zarah Leander die Liebe und nicht die Arbeit als unschuldiges und niemals falsches Handeln und Fühlen beschreibt, so ist in der modernen Arbeitswelt die Frage nicht nur erlaubt, sondern zunehmend zwingend notwendig: Kann man zu viel arbeiten? Kann es ein Problem darstellen – für den Arbeitenden selbst, für sein privates oder berufliches Umfeld, für die gesamte Gesellschaft –, wenn man zu viel arbeitet, wenn zu viel gearbeitet wird? War es doch Sigmund Freud selbst, der einst auf die Frage, was ein Mensch denn können müsse, um ein »ganzer Mensch« zu sein, antwortete: Lieben und Arbeiten. Hätten Zarah Leander und Sigmund Freud im Duett gesungen, wären sie wahrscheinlich zu dem Ergebnis gekommen, dass beides – Lieben und Arbeiten – den Menschen auszeichnet. Und dass beides niemals falsch sein kann.

Doch sehen die Ergebnisse zahlreicher Studien der jüngsten Vergangenheit, aber auch die Statistiken der Krankenkassen, die Erfahrungsberichte der Betriebsärzte und die Eindrücke der betrieblichen Gesundheitsmanager anders aus: Es wird angeblich zu viel gearbeitet. Und zu viele Überstunden machen krank.

Die Zahl der psychischen Erkrankungen am Arbeitsplatz nimmt zu. Burnout ist zur Modeerkrankung der Neuzeit geworden.

So kommt der DGB-Index Gute Arbeit (2012) auf der Grundlage einer repräsentativen Befragung von 6.083 abhängig Beschäftigten zum Thema »Arbeitshetze – Arbeitsintensivierung – Entgrenzung« zu alarmierenden Ergebnissen: Bundesweit fühlt sich jeder zweite Beschäftigte bei der Arbeit sehr häufig oder oft gehetzt, wobei Arbeitnehmerinnen in besonderem Maße von dieser Hetze betroffen sind. 63 Prozent der Beschäftigten machen die Erfahrung, dass sie seit Jahren in der gleichen Zeit immer mehr leisten müssen. 27 Prozent der Arbeitnehmerinnen und Arbeitnehmer müssen sehr häufig und oft auch außerhalb ihrer Arbeitszeit für betriebliche Belange erreichbar sein. Die moderne Kommunikationstechnologie macht es möglich: Aus Überstunden können schnell Überallstunden werden, denn ich kann letztlich immer und überall erreichbar sein, mich einloggen, Daten herunterladen, Mails schreiben und Videokonferenzen abhalten.

15 Prozent der Beschäftigten erledigen sehr häufig oder oft auch außerhalb ihrer Arbeitszeit Aufgaben für ihren Betrieb. Mehr als einem Drittel (34 Prozent) der Arbeitnehmer fällt es schwer, nach der Arbeit abzuschalten. Darüber klagen insbesondere die Beschäftigten, die lange Arbeitszeiten aufweisen. Ebenso können Frauen schlechter abschalten als Männer, Ältere schlechter als Jüngere. Arbeitsbezogene Probleme und

---

[1] Herzlichen Dank an Frau Ulrike Klöss für ihre kritische Durchsicht, Kommentierung und Unterstützung bei der Erstellung des Beitrags.

Schwierigkeiten begleiten 37 Prozent der Beschäftigten auch nach Hause, bei den gehetzten Befragten berichten dies sogar 53 Prozent. Jeder fünfte Befragte (20 Prozent) leistet zehn oder mehr Überstunden pro Woche, wobei hierbei generell auch gilt: Je mehr Überstunden absolviert werden, desto größer ist die Arbeitshetze. Schließlich sind 49 Prozent der Beschäftigten wiederholt auch dann zur Arbeit gegangen, wenn sie sich »richtig krank fühlten«. Diese Quote ist besonders hoch bei denjenigen, die von Arbeitshetze und Leistungsverdichtung betroffen sind.

Eine aktuelle britisch-finnische Langzeitstudie – als Beispiel für eine Vielzahl ähnlich gelagerter Studien mit ähnlichen Ergebnissen –, an der 1.626 männliche und 497 weibliche Angestellte britischer Behörden teilnahmen, zeigt zudem, dass eine regelmäßige Mehrarbeit von drei bis vier Stunden täglich das Risiko einer schweren Depression erheblich erhöht (Virtanen et al. 2012). Böse Stimmen mögen zwar äußern, dass das Arbeiten in der öffentlichen Verwaltung auch ohne Überstunden schon zu Depressionen führen kann, aber es wird deutlich, dass es eine zunehmende Sensibilität und Aufmerksamkeit sowohl bei Experten als auch bei Betroffenen und auch in der Öffentlichkeit für die steigenden Belastungen und Beanspruchungen in Arbeit und Beruf – und hier vor allem im psychischen Bereich – gibt.

Als eine der Ursachen für die Zunahme der Belastungen wird gerne auf die gestiegene Dynaxität unserer (Arbeits-)Welt verwiesen (Kastner 2005). Dynaxität ist ein Kunstwort, zusammengesetzt aus den Begriffen Dynamik und Komplexität. Produkte, Dienstleistungen, Prozesse und Organisationen verändern sich in Richtung und Intensität immer schneller (Dynamik) und werden komplexer, d. h. die Anzahl, die Vielfalt der Systemelemente und deren Vernetzungsgrad steigen (Komplexität). Diese Kombination aus Dynamik und Komplexität (Dynaxität) stellt vor allem hinsichtlich der zunehmenden Eigendynamiken der Systeme, die kaum noch durch den Menschen beherrschbar sind, die zentrale Herausforderung für uns dar. Hier liegen nach Auffassung vieler Arbeitsexperten wesentliche Gründe für Scheitern, psychosoziale Störungen und verminderte Lebensqualität.

Doch bedeutet das automatisch, dass letztlich alle Arbeitnehmer immer selbstausbeuterischer werden müssen, dass es letztlich so etwas wie einen kollektiven »Arbeitswahn« in den westlichen Industrienationen gibt, ja zwangsläufig geben muss? Solche kulturkritischen Stimmen gab es schon in den 80er Jahren des vergangenen Jahrhunderts (Wacker 1987) und sie haben sich auch in das neue Jahrtausend gerettet. Holger Heide bezeichnet schon im Titel seines 2003 erschienenen Buches die Arbeitssucht als ein Massenphänomen (Heide 2003). Aber ist ein immer exzessiveres, süchtiges Arbeiten tatsächlich ein Massenphänomen? Ein unausweichlicher Kollateralschaden der globalisierten Welt? Oder handelt es sich nicht vielmehr um ein individuelles Problem, das sich aus dem Zusammenspiel von Person, Situation und der Arbeit als solcher ergibt? Was genau ist Arbeitssucht überhaupt? Wie lässt sie sich definieren? Und wie diagnostizieren? Was wissen wir über Prävalenz, Prävention und Intervention?

12.2 Die Geschichte der Arbeitssucht – und ihre Definition

Das Phänomen der Arbeitssucht wird in der Wissenschaft erst seit den 1970er Jahren diskutiert. Dabei nahmen sich zunächst vor allem Psychologen und Soziologen der Problematik an. Im Jahre 1968 »outete« sich der amerikanische Psychologe Wayne Oates – er war Professor für Religionspsychologie – als arbeitssüchtig und entwarf in starker Anlehnung an die Abhängigkeitsstörung des Alkoholismus den für das Phänomen der Arbeitssucht berühmten Fachterminus: Workaholism. Im deutschen Sprachraum sprach Mentzel im Jahre 1979 von der »Droge Arbeit« (S. 115). Sowohl Oates (1971) als auch Mentzel (1979) sehen enge Parallelen zwischen Arbeitssucht und Alkoholismus, wobei Oates (1971) Ähnlichkeiten in Ätiologie und Symptomatik betont und Mentzel (1979) das abweichende Verhalten sowie die langfristigen Folgen für die Betroffenen und deren Umfeld hervorhebt. Allerdings wurde im deutschsprachigen Raum Arbeitssucht bereits früher durch Autoren wie z. B. Gebsattel (1954) und Laubenthal (1964) thematisiert, die hierfür die Bezeichnung Arbeitswut benutzten.

Obwohl sich die Arbeitssucht-Problematik seit der ersten offiziellen Erwähnung durch Oates im Jahr 1968 zunehmender Popularität in den Medien erfreute, fand eine intensivere wissenschaftliche Auseinandersetzung erst in den 1990er Jahren (Wehner 2006) durch die Forschungsarbeiten von Spence und Robbins (1992) im englischen Sprachraum und Poppelreuter (1996) im deutschen Sprachraum statt. Der aktuelle Wissensstand ist allerdings noch immer als gering einzuschätzen (Poppelreuter 2010).

Die Arbeitssucht teilt das gleiche Schicksal wie eine Vielzahl anderer stoffungebundener Süchte (Kaufsucht, Spielsucht, Online-Sucht, Sexsucht u. a. m.), denn während die verschiedenen Formen der stoffgebundenen Abhängigkeit (Alkohol, Drogen, Medikamente) klassifiziert und ihre klinischen Erscheinungsbilder genau beschrieben sind, gibt es bisher weder entsprechende Ausführungen noch eine einheitliche Definition des Störungsbildes der Arbeitssucht (Grüsser u. Thalemann 2006). »Formal betrachtet gibt es Arbeitssucht also gar nicht.« (Poppelreuter u. Windholz 2001, S. 63). Auf gesellschaftlicher Ebene wird Arbeitssucht mitunter auch nicht als psychische Störung verstanden, sondern als Tugend glorifiziert (Poppelreuter 1997; Schneider 2001). Dies liegt unter anderem daran, dass der Begriff Sucht von vielen Menschen vorwiegend mit Substanzabhängigkeiten assoziiert und im Zusammenhang mit Arbeit als inkompatibel empfunden wird (Poppelreuter 1997). Die Menschen erwarten nicht, dass Tugenden wie z. B. Fleiß und Tüchtigkeit Symptome einer psychischen Störung sein können (Poppelreuter u. Windholz 2005).

Über das allgemeine Definitionsmerkmal hinaus, dass arbeitssüchtige Menschen in einem exzessiven Ausmaß arbeiten und andere Lebensbereiche vernachlässigen, gibt es bisher keine einheitliche Bestimmung von Arbeitssucht (Poppelreuter u. Evers 2000). McMillan et al. (2003) nennen als kennzeichnende Merkmale der Arbeitssucht die Unfähigkeit, sich von seiner Arbeit zu lösen, ein starkes Verlangen zu arbeiten, ein hohes Vergnügen an der Arbeit und eine im Vergleich zu nicht-arbeitssüchtigen Menschen andere Art, Freizeit zu verbringen. Für Robinson (2000) sind diese Aspekte für das Verständnis von Arbeitssucht ebenfalls zumindest teilweise bedeutsam, denn Arbeitssucht ist für ihn »eine zwanghafte Störung, deren Kennzeichen sind: selbst auferlegte hohe Anforderungen, die Unfähigkeit, Gewohnheiten am Arbeitsplatz zu regulieren und ein Übermaß an Arbeit, verbunden mit dem Verzicht auf die meisten anderen Aktivitäten des Lebens« (Robinson 2000, S. 19).

Ob jemand arbeitssüchtig ist oder nicht, hängt nach der Auffassung vieler – insbesondere Laien – jedoch einzig und allein von der Zahl der Stunden ab, die jemand pro Woche arbeitet. Dass diese Einschätzung irreführend ist, ist in wissenschaftlichen Studien zwar immer wieder betont worden (z. B. Poppelreuter 1996; 1997), hat sich aber noch nicht in der kollektiven Wahrnehmung durchsetzen können.

Im Gegensatz zu anderen Suchtformen kann bei Arbeitssucht nicht aus der Intensität des Missbrauchs auf den Grad der Sucht geschlossen werden (Mentzel 1979; Schneider 2001). Bei Arbeitssucht handelt es sich vielmehr um eine spezifische Geisteshaltung (Poppelreuter 1997), die sich als »Ich arbeite, also bin ich« (Robinson 2000, S. 102) verstehen lässt. Süchtiges Arbeitsverhalten zeigt sich insbesondere in den negativen gesundheitlichen Folgen, den Beeinträchtigungen im sozialen Bereich und den Einschränkungen im Wohlbefinden des Betroffenen (Schneider 2001).

12.2.1 Definitionen und Symptome

Ein definitorischer Abgrenzungsversuch könnte wie folgt aussehen:

» Arbeitssucht ist eine Form pathologischen Arbeitsverhaltens und kann definiert werden als ein unkontrollierbarer, innerer Zwang, in der Arbeitswelt, aber auch in der Freizeit und im Privatleben tätig zu werden, während gleichzeitig andere Verhaltensmöglichkeiten dem Arbeiten untergeordnet und den stoffgebundenen Abhängigkeiten ähnliche Suchtverhaltensweisen gezeigt werden (Städele 2008; Wehner 2006).

Bei einer bestehenden Arbeitssucht handelt sich demnach um eine starke psychische Abhängigkeit vom Arbeitsprozess, sodass der Betroffene aus einem Zwang heraus übermäßig viel arbeitet und sogar unter Schuldgefühlen leidet, wenn er einmal nicht arbeitet (Cherrington 1980; Schneider 2001). Vom problematischen Arbeitssüchtigen ist also der »motivierte Vielarbeiter« abzugrenzen als derjenige, der die Kontrolle über sein Arbeitsverhalten behält. Der zwar viel arbeitet, dies aber nicht oder nur selten als Ballast erlebt. Der Ausgleich zur Arbeit, die Entspannung kommen nicht zu kurz. Der extensiven Anstrengung und Belastung folgen auch Phasen der Erholung. Der Wert der Pause am Tag, in der Woche, im Monat, im Jahr wird gesehen und kultiviert. Letztlich sind solche Beschäftigten diejenigen, die die aus dem Hochleistungssport bekannten Erkenntnisse beherzigen, dass ein guter Trainingsplan zur Höchstleistung immer auch Pausen und Regeneration beinhaltet. Arbeitssüchtige hingegen sind Getriebene ihrer Arbeit, Hamster im Rad, die den Ausweg nicht finden können oder wollen. Sie arbeiten nicht, sie werden gearbeitet.

Poppelreuter und Evers (2000) halten aufgrund der dünnen Forschungslage lediglich eine operationale Definition der Arbeitssucht für möglich, die sich an den allgemeinen Indikatoren nicht-stoffgebundener Süchte orientiert. Die Vielfalt unterschiedlicher Arbeitssucht-Typen, die Vielgestaltigkeit der Symptome und die zahlreichen Folgen erschweren die Entwicklung eines einheitlichen Symptomkataloges (Poppelreuter 2010). Dennoch lässt sich die Arbeitssuchtsymptomatik nach Poppelreuter und Evers (2000) wie folgt zusammenfassen (◘ Tab. 12.1):

Der Arbeitssüchtige verfällt sowohl psychisch als auch physisch seiner Arbeit. Er kann sein Arbeitsverhalten nicht mehr kontrollieren (Kontrollverlust). Er arbeitet länger, als er sich vorgenommen hat oder auch in Situationen, in denen er eigentlich nicht arbeiten kann oder sollte, z. B. bei Krankheit oder in sozialen

Tab. 12.1 Merkmale von Arbeitssüchtigen (Eigene Darstelllung in Anlehnung an Poppelreuter und Evers 2000)

Verfall an das Arbeitsverhalten	Der gesamte Vorstellungs- und Denkraum zentriert sich auf die Arbeit. Das Denken und Handeln des Betroffenen sind völlig auf die Arbeit ausgerichtet.
Kontrollverlust	Der Arbeitssüchtige kann weder den Umfang noch die Dauer des Arbeitsverhaltens selbst bestimmen. Er arbeitet aus einem inneren Zwang heraus.
Abstinenzunfähigkeit	Der Betroffenen empfindet es als unmöglich, für eine bestimmte Zeit nicht zu arbeiten.
Entzugserscheinungen	Bei gewolltem oder erzwungenem Nicht-Arbeiten treten Entzugserscheinungen und eventuell vegetative Symptome auf. Nach Rohrlich (1984, S. 143) zählen hierzu »starke Angst (oft verbunden mit Atemnot, Zittrigkeit, Schwitzen, kalten, feuchten Händen und Appetitlosigkeit), Depression (Gefühle der Hoffnungslosigkeit, Verzweiflung, Verlust des Lebenswillens, intensive Schuldgefühle, Appetitlosigkeit und das Schwinden aller Interessen – auch am Sex), psychosomatische Erkrankungen (Migräne, Darmentzündungen, Asthma, Zwölffingerdarmgeschwüre) oder sogar ausgesprochene Psychosen (Verlust der Fähigkeit, Wirklichkeit von Phantasie zu unterscheiden, wie sie bei Wahnvorstellungen, Halluzinationen und unzusammenhängenden Reden zu beobachten ist).«
Toleranzentwicklung u. Dosissteigerung	Da der Betroffene eine gewisse Toleranz gegenüber der Arbeitsmenge entwickelt, muss er quantitativ immer mehr arbeiten, um die gewünschten Gefühlslage bzw. den angestrebten Bewusstseinszustand zu erreichen.
Psychosoziale u. psychoreaktive Störungen	Es ergeben sich Probleme im sozialen und gesundheitlichen Bereich.

Fehlzeiten-Report 2013

Situationen außerhalb des Arbeitsplatzes. Es ist ihm unmöglich, nicht zu arbeiten (Abstinenzunfähigkeit), sodass er beim Nicht-Arbeiten unter Entzugserscheinungen leidet. Arbeitssüchtige berichten, dass sie in solchen Situationen Druck- und Engegefühle, tiefe Traurigkeit oder massive Zustände innerer Unruhe erleben. Aber auch körperliche Symptome können in Zeiten des Nicht-Arbeitens auftreten, z. B. Übelkeit, Erbrechen, Kopfschmerzen oder Schlafstörungen. Aufgrund der Toleranzentwicklung muss der Arbeitssüchtige immer mehr arbeiten, um die gewünschten Effekte (z. B. ein Gefühl der Leistungserbringung, ein Gefühl der Daseinsberechtigung, die Verdrängung von Angst- oder Unlustgefühlen) zu erzielen (Dosissteigerung). Dabei wird das Arbeitsverhalten nicht nur quantitativ ausgedehnt (mehr Arbeitsstunden), auch qualitativ kommt es zu Veränderungen des Arbeitsverhaltens. So neigen viele Arbeitssüchtige dazu, sich auch um Arbeiten zu kümmern, für die sie gar nicht oder auch zu gut qualifiziert sind. Es treten weiterhin psychosoziale und/oder psychoreaktive Störungen auf.

12.2.2 Arbeitssucht – ein Phasenmodell

Gerhard Mentzel (1979) hat in Anlehnung an Erkenntnisse der Alkoholismusforschung ein Phasenmodell der Arbeitssucht entwickelt. Dieses Phasenmodell ist weniger als ein empirisch abgesicherter und daher wissenschaftlich fundierter Verlauf einer Arbeitssuchtproblematik zu begreifen, sondern dient eher illustrativen Zwecken, um die Entwicklung und die Konsequenzen der Problematik zu verdeutlichen. Mentzels Phasenmodell der Arbeitssucht aus dem Jahr 1979 besteht aus drei Abschnitten (Einleitungsphase oder psychovegetatives Stadium, kritische Phase oder psychosomatisches Stadium, chronische Phase), später fügte Mentzel (1987) noch als vierte Phase die Endphase hinzu.

Die anfangs auftretenden Begleiterscheinungen der Arbeitssucht (»Einleitungsphase/psychovegetatives Stadium«) sind nach Mentzel (1979) beispielsweise Erschöpfungsgefühle, leichte depressive Verstimmungen, Konzentrationsstörungen und unbegründbare Ängste im psychischen Bereich, während als physische Beschwerden Kopf- oder Magenschmerzen und Herz-Kreislauf-Beschwerden beispielhaft zu nennen sind. Wegen ihrer Unspezifität werden diese Beschwerden häufig überspielt und oft sogar durch vermehrten Arbeitseinsatz wettgemacht. In der Regel ist das Bewusstsein der Betroffenen hinsichtlich ihres problematischen Arbeitsstils in dieser frühen Phase noch nicht besonders entwickelt. Sie nehmen an, dass sie lediglich »ein bisschen überarbeitet« sind und nach einer kurzen Phase der Entspannung wieder zur alten Leistungsstärke zurückfinden werden.

Die zweite Phase (»kritische Phase/psychosomatisches Stadium«) ist durch massive psychische und/oder physische Beeinträchtigungen gekennzeichnet. Es kommt zu deutlichen Depressionen, die die Karriere unter- oder gar abbrechen können. Im körperlichen Bereich treten schwerwiegende Probleme wie Bluthochdruck, Herzinfarkt oder Magengeschwüre auf. Aufgrund ihrer Schwere können diese Symptome nicht überspielt werden und müssen intensiv behandelt werden. Die eigentliche Ursache der Erkrankung – der problematische Arbeitsstil – wird jedoch häufig nicht erkannt und entsprechend auch nicht behandelt, was zu einer Chronifizierung des Leidens führen kann.

Allerdings ist nach Mentzel (1979) auch eine andere Entwicklung denkbar, denn an die Stelle einer körperlichen Erkrankung kann auch eine Suchtverschiebung treten, d. h. zur Wahrung des inneren Gleichgewichts können auch süchtiges Rauchen, vermehrter Alkoholkonsum und exzessives Essen auftreten. Natürlich ergeben sich aus diesen Verhaltensweisen wiederum Risikofaktoren für die Gesundheit.

Was den Arbeitsstil angeht, so findet in der zweiten Phase eine zunehmende psychische Bindung an die Arbeit statt. Arbeit dient dazu, vor Konflikten zu fliehen oder unangenehme Situationen zu meiden. Die Arbeitssüchtigen verlieren zunehmend die Kontrolle über ihr Arbeitsverhalten, d. h. sie arbeiten auch dann weiter, wenn sie eigentlich zu erschöpft sind. Es zeigt sich eine massive Erhöhung der Arbeitsstundenzahl, die schnell 70 bis 80 und mehr Stunden erreichen kann. Arbeitssüchtige glauben, dass ihrer Arbeits- und Leistungsfähigkeit keine Grenzen gesetzt sind. Unter völliger Missachtung ihrer körperlichen und geistigen Bedürfnisse treten sie immer stärker in den Kreislauf von Arbeiten bis zur Erschöpfung und kurzfristigem Regenerieren ein.

In der dritten Phase (chronische Phase) schließlich hat die Arbeit den Arbeitssüchtigen vollständig unter Kontrolle. Es treten Entzugserscheinungen auf, wenn nicht gearbeitet wird, in physischer Hinsicht zum Beispiel Schweißausbrüche oder Herzjagen, in psychischer Hinsicht starke emotionale Stimmungsschwankungen und Angstattacken. Das soziale Leben des Arbeitssüchtigen schränkt sich mehr und mehr ein, diesbezügliche Verpflichtungen nimmt er nicht mehr wahr. Es wird nur noch, quasi rund um die Uhr, gearbeitet – abends, an Wochenenden, an Feiertagen, im Urlaub.

Im Endstadium schließlich kommt es zu in der Regel irreparablen Minderungen der Leistungsfähigkeit sowohl in körperlicher als auch in geistig-seelischer Hinsicht. Mentzel (1987) verweist auf deutliche Konzentrationsschwächen, eine verlangsamte Wahrnehmungs- und Denkfähigkeit sowie chronische Depressionen bis hin zum vorzeitigen (Frei-)Tod als Konsequenzen der ständigen Überforderungen durch das arbeitssüchtige Verhalten.

12.2.3 Zur Rolle des Leidensdrucks

Bisher ist ungeklärt, wie viele der Indikatoren in welchem Ausmaß über welchen Zeitraum gegeben sein müssen, um Arbeitssucht zu diagnostizieren (Poppelreuter u. Evers 2000). Wie bei allen Suchtformen sieht der Betroffene zumindest im Anfangsstadium der Problematik nicht ein, dass bei ihm eine Störung vorliegt, sondern leugnet diese oder prahlt mit seinem unermüdlichen Fleiß und Erfolg (Breitsameter u. Reiners-Kröncke 1997). Demnach ist Arbeitssucht eine ichsyntone Störung, bei der die »Devianzmuster aus der Eigenperspektive zunächst eher selten als störend oder abweichend erlebt werden« (Davison et al. 2002, S. 454). Eine Einsicht in die Störung ergibt sich erst durch den zunehmenden Leidensdruck. Allerdings ist die Ich-Syntonie nicht in einem absoluten Sinne zu verstehen, weil der Betroffene die zunehmenden zwischenmenschlichen Schwierigkeiten oder körperlichen Probleme erkennt; er kann diese jedoch nicht auf die vorhandene psychische Störung zurückführen (Fiedler 2007). Insofern bedarf der Arbeitssüchtige insbesondere im Anfangsstadium seiner Symptomatik eines deutlichen Feedbacks aus seinem Umfeld, dass mit seinem Arbeitsverhalten etwas nicht in Ordnung ist. Hier sind in erster Linie Partnerin und Partner, Freunde, Verwandte und Familienmitglieder gefordert. Kollegen und Vorgesetzte haben aber ebenso eine wichtige Funktion bei der Früherkennung und Behandlung von Arbeitssucht. Die Erfahrung lehrt allerdings, dass es häufig zunächst zu schwerwiegenderen körperlichen, psychischen oder auch sozialen Problemen kommen muss, bevor der Betroffene eine Einsicht entwickelt, dass etwas an seinen Einstellungen und seinem Verhalten änderungsbedürftig ist. Hier unterscheiden sich Arbeitssüchtige kaum von beispielsweise Alkoholabhängigen. Erst wenn der Leidensdruck stark genug wird, entsteht auch eine Bereitschaft aufseiten des Betroffenen, sich mit dem Problem auseinanderzusetzen.

12.3 Wie kann man Arbeitssucht erkennen?

Bislang gibt es noch keine einheitlichen Kriterien oder Fragenkataloge, die zu einer eindeutigen Diagnose von

Fragebogen Arbeitssucht

	ja	nein
1. Arbeiten Sie heimlich (z. B. in der Freizeit, im Urlaub)?	○	○
2. Denken Sie häufig an Ihre Arbeit (z. B. wenn Sie nicht schlafen können)?	○	○
3. Arbeiten Sie hastig?	○	○
4. Haben Sie wegen Ihrer Arbeit Schuldgefühle?	○	○
5. Vermeiden Sie in Gesprächen Anspielungen auf Ihre Überarbeitung?	○	○
6. Haben Sie mit Beginn der Arbeit ein unwiderstehliches Verlangen weiterzuarbeiten?	○	○
7. Gebrauchen Sie Ausreden, warum Sie arbeiten?	○	○
8. Zeigen Sie ein besonders unduldsames, aggressives Verhalten gegenüber Ihrer Umwelt?	○	○
9. Versuchen Sie, periodenweise nicht zu arbeiten?	○	○
10. Neigen Sie zu innerer Zerknirschung und dauernden Schuldgefühlen wegen des Arbeitens?	○	○
11. Versuchen Sie, sich an ein Arbeitssystem zu halten (z. B. zu bestimmten Zeiten nicht zu arbeiten)?	○	○
12. Haben Sie häufiger den Arbeitsplatz oder das Arbeitsgebiet gewechselt?	○	○
13. Richten Sie Ihren gesamten Lebensstil auf die Arbeit aus?	○	○
14. Haben Sie bemerkt, dass Sie sich außer für die Arbeit für nichts mehr interessieren?	○	○
15. Zeigen Sie auffallendes Selbstmitleid?	○	○
16. Haben sich Veränderungen in Ihrem Familienleben ergeben?	○	○
17. Neigen Sie dazu, sich einen Vorrat an Arbeit zu sichern?	○	○
18. Vernachlässigen Sie Ihre Ernährung?	○	○
19. Arbeiten Sie regelmäßig am Abend?	○	○
20. Haben Sie mitunter Tage und Nächte durchgearbeitet?	○	○
21. Beobachten Sie einen moralischen Abbau an sich selber?	○	○
22. Führen Sie Arbeiten aus, die eigentlich unter Ihrem Niveau sind?	○	○
23. Wurde Ihre Arbeitsleistung geringer?	○	○
24. Wurde Ihnen das Arbeiten zum Zwang?	○	○
25. Wurden Sie wegen der Folgen Ihres Arbeitsstils schon einmal medizinisch und/oder psychologisch behandelt?	○	○

Quelle: Mentzel 1979

Fehlzeiten-Report 2013

Abb. 12.1 Fragebogen zur Arbeitssucht

Arbeitssucht herangezogen werden können. Es kann aber auf einige Screening-Instrumente verwiesen werden, d. h. auf Fragebögen, die dabei helfen können, eine möglicherweise vorliegende Arbeitssuchtproblematik bei sich oder anderen besser erkennen zu können. Zwei dieser Instrumente sollen hier kurz vorgestellt werden. Zum einen handelt es sich um den Fragebogen zur Arbeitssucht von Mentzel (1979) (◘ Abb. 12.1). Zum anderen hat sich als Screening-Verfahren auch der Risikotest zur Arbeitssucht von Robinson (2000) bewährt (◘ Abb. 12.2).

Dieser Fragebogen basiert auf einem diagnostischen Instrument zur Erfassung von Alkoholproblemen. Nach Auffassung des Autors (Mentzel 1979) deuten fünf Ja-Antworten auf eine Arbeitssuchtgefährdung hin. Bei zehn oder mehr Ja-Antworten liegt eine Arbeitssuchtproblematik vor. Der diagnostische Aussagegehalt dieses Fragebogens ist jedoch nicht wissenschaftlich überprüft. Daher sollte das Instrument eher als Anregung zur Reflexion bestimmter Verhaltensmuster denn als hartes diagnostisches Messverfahren begriffen werden.

Um herauszufinden, ob Sie ein Workaholic sind, bewerten Sie die folgenden Aussagen mit 1 für »trifft nie zu«, 2 für »trifft manchmal zu«, 3 für »trifft oft zu« und 4 für »trifft immer zu«. Schreiben Sie die Zahl, die Ihre Arbeitsgewohnheiten am besten beschreibt, links vor die einzelnen Aussagen, und zählen Sie diese Punkte zusammen.

Die Auswertung des Risikotests zur Arbeitssucht (Robinson 2000) sieht vor, dass das Erreichen eines Wertes zwischen 67 und 100 Punkten als Indikator für das Vorliegen einer ausgeprägten Arbeitssucht gilt. Ein Wert zwischen 57 und 66 Punkten kennzeichnet nach Robinson (2000) den »gemäßigten Workaholic«. Unterhalb des Punktwertes von 57 Punkten gilt man nicht als arbeitssüchtig.

Nochmals sei betont, dass solche Fragebögen eher einen anregenden, zur Selbstreflexion animierenden Charakter haben und keineswegs als belastbare diagnostische Instrumente betrachtet werden sollten.

12.4 Wie viele sind betroffen? Das Problem der Prävalenzaussage bei Arbeitssucht

Eine der beliebtesten – und auch berechtigten – Fragen, wenn man über Krankheiten, psychische Auffälligkeiten oder Abweichungen spricht, ist die nach der Häufigkeit des Vorkommens. Wie viele Menschen sind betroffen, z. B. von Krebserkrankungen, von Gedächtnisproblemen und eben auch von Symptomatiken wie der Arbeitssucht? Dabei gilt eine Auffälligkeit als umso gravierender, je mehr Menschen damit zu tun haben. Eine genaue Bestimmung der Prävalenz von Arbeitssucht in der deutschen Bevölkerung wird durch ihre unterschiedlichen Operationalisierungen, die verschiedenen definitorischen Merkmale und die uneinheitlich verwendeten Messinstrumente erschwert (Grüsser u. Thalemann 2006). Wie soll man aber angeben, wie viele Menschen von einer Problematik betroffen sind, wenn man sich noch nicht einmal darüber einig ist, wodurch sich die Problematik genau kennzeichnen und feststellen lässt?

Über die Prävalenz der Arbeitssucht kann angesichts der defizitären Forschungslage bislang also nur spekuliert werden. Angaben aus US-amerikanischen Studien, wonach 5 Prozent (Machlowitz 1981) bzw. 10 Prozent (Cherrington 1980; Naughton 1987) der berufs- bzw. erwerbstätigen Bevölkerung von Arbeitssucht betroffen sind, müssen nach gegenwärtigem Forschungsstand allerdings als übertrieben betrachtet werden. Diese Einschätzung wird auch nicht durch die Tatsache verändert, dass Doerfler und Kammer (1986) in einer Stichprobe von Ärzten, Rechtsanwälten und Psychiatern/Therapeuten einen Anteil von 23 Prozent Arbeitssüchtigen ausmachten. Kanai et al. (1996) ermittelten in einer großen Stichprobe von japanischen Managern 21 Prozent Arbeitssüchtige. Erst recht überzogen muss eine von Burke (1999) genannte Zahl gelten: Er geht davon aus, dass bis zu 49 Prozent (!) der US-amerikanischen Bevölkerung am Syndrom der Arbeitssucht leiden. Eine Studie von Windholz (1997; siehe auch Poppelreuter u. Windholz 2001) kommt zu dem Ergebnis, dass – legt man die von Poppelreuter (1996; 1997) definierten Kriterien zur Diagnose von Arbeitssucht an – ca. 13 Prozent der untersuchten Mitarbeiter (N = 185) zweier großer deutscher Industrieunternehmen als zumindest arbeitssuchtgefährdet gelten können. Dies würde bedeuten, dass ungefähr jeder siebte Mitarbeiter von der Arbeitssuchtproblematik betroffen oder zumindest gefährdet ist, eine solche Problematik zu entwickeln. Wolf und Meins (2004) stellten im Rahmen ihrer Studie im Großraum Bremen fest, dass deutliche Hinweise auf die Existenz von Arbeitssucht insbesondere auf den höheren Hierarchieebenen in Betrieben vorliegen und dass die Verbreitung der Arbeitssucht vereinzelte Fälle deutlich übersteigt.

Insgesamt jedoch ist die empirische Basis zur Häufigkeit von Arbeitssucht immer noch sehr dünn. Auch die oben erwähnten Studien des DGB (DGB-Index Gute Arbeit 2012; Virtanen et al. 2012) eignen sich nur sehr bedingt dazu, Aussagen zum Ausmaß der Arbeitssucht zu machen. Sie tragen nämlich nicht dazu bei, die

Fragebogen Workaholic

Bewerten Sie die folgenden Aussagen mit:

[1] für „trifft nie zu", [2] für „trifft manchmal zu", [3] für „trifft oft zu" und [4] für „trifft immer zu"

- 1. Ich mache lieber alles selbst, anstatt um Hilfe zu bitten.
- 2. Ich werde ungeduldig, wenn ich auf andere warten muss oder etwas zu lange dauert.
- 3. Ich habe es eilig und renne gegen die Uhr.
- 4. Ich werde gereizt, wenn man mich mitten bei der Arbeit unterbricht.
- 5. Ich bin immer beschäftigt und habe viele Eisen im Feuer.
- 6. Ich erledige zwei oder drei Dinge auf einmal (Beispiel: Ich esse, schreibe ein Memo und telefoniere).
- 7. Ich übernehme mehr Arbeit als ich verkrafte.
- 8. Ich habe ein schlechtes Gewissen, wenn ich mal nicht arbeite.
- 9. Wenn ich eine Arbeit erledigt habe, will ich konkrete Ergebnisse sehen.
- 10. Ich bin mehr am Endergebnis meiner Arbeit als an der Arbeit selbst interessiert.
- 11. Es geht mir nie schnell genug.
- 12. Ich werde wütend, wenn etwas nicht nach meinem Kopf geht.
- 13. Ich stelle immer wieder die gleiche Frage, ohne zu merken, dass ich die Antwort bereits bekommen habe.
- 14. Ich verbringe viel Zeit damit Zukunftspläne zu schmieden und vergesse dabei das Hier und Jetzt.
- 15. Ich arbeite länger als meine Kollegen.
- 16. Ich werde wütend, wenn andere nicht meinen hohen Anforderungen entsprechen.
- 17. Ich werde nervös, wenn ich eine Situation nicht im Griff habe.
- 18. Ich setze mich oft mit knappen Terminen unter Druck.
- 19. Wenn ich nicht arbeite, fällt es mir schwer mich zu entspannen.
- 20. Ich verbringe mehr Zeit mit meiner Arbeit als mit Freunden, Hobbys oder Erholung.
- 21. Ich stürze mich auf ein Projekt, um einen Vorsprung zu haben, auch wenn noch nicht alle Phasen beendet sind.
- 22. Ich ärgere mich selbst über die kleinsten Fehler, die ich mache.
- 23. Ich opfere mehr Zeit und Energie für meine Arbeit als für meine Beziehungen.
- 24. Ich vergesse oder ignoriere Geburtstage, Familientreffen, Jahrestage oder Feiertage und finde sie unwichtig.
- 25. Ich treffe wichtige Entscheidungen, bevor ich alle Fakten kenne und durchdacht habe.

Quelle: Robinson 2000

Fehlzeiten-Report 2013

Abb. 12.2 Risikotest zur Arbeitssucht

unterschiedlichen Definitionen und diagnostischen Kriterien zur Differenzierung von Arbeitssüchtigen und Nicht-Arbeitssüchtigen zu vereinheitlichen. Zahlreiche Studien fokussieren eher auf Arbeitsbelastungen als auf das (immer noch eher randständige) Phänomen des exzessiven Arbeitens aus innerer Getriebenheit. Solange es jedoch keine einheitliche Auffassung darüber gibt, was Arbeitssucht ist und was sie kennzeichnet, wird eine zuverlässige Schätzung der Häufigkeit des Phänomens schwierig bleiben.

12.5 Wer ist betroffen? Und wer ist gefährdet?

Arbeitssucht wurde (und wird auch immer noch) gerne als ein »Leiden der Leitenden« (Hofstetter 1988) betrachtet, als typische »Managerkrankheit«. So verwundert es auch nicht, dass gerade in den einschlägigen Managementzeitschriften das Thema nach wie vor große Popularität besitzt. Die empirischen Erkenntnisse hierzu sehen allerdings anders aus. Poppelreuter (1996; 1997) kam zu dem Ergebnis, dass sowohl Männer als auch Frauen, leitende Angestellte, Selbstständige und einfache Arbeiter, jüngere wie ältere Menschen und selbst Nicht-Berufstätige im klassischen Sinne wie beispielsweise Hausfrauen, Rentner oder Studenten arbeitssüchtig sein können (s. dazu auch Heide 2000). Die Arbeitssucht ist mithin ein universelles Phänomen, das letztlich jeden betreffen kann, der in irgendeiner Form produktiv tätig ist (oder sein möchte), unabhängig von Alter, Geschlecht und Beruf. Hier ist die Arbeitssucht durchaus vergleichbar mit anderen Abhängigkeitsformen, beispielsweise der Alkoholabhängigkeit. Auch sie ist ein universelles Phänomen. Zahlreiche Versuche nachzuweisen, dass bestimmte Berufsgruppen (wie z. B. Seeleute, Wirte oder Außendienstmitarbeiter) signifikant häufiger von Alkoholproblemen belastet sind als andere, schlugen ebenso fehl wie die oftmals angestrebte Definition einer »Suchtpersönlichkeit« (s. dazu auch Hobi 1982). Hier wurde davon ausgegangen, dass Personen mit bestimmten Persönlichkeitsmerkmalen (z. B. geringe Frustrationstoleranz, hohes Anspruchsniveau an die eigene Leistungsfähigkeit) eher dazu neigen, Sucht- und Abhängigkeitsprobleme zu entwickeln als andere, was sich aber nicht bestätigen ließ.

Es lässt sich also nicht sagen, dass bestimmte Berufsgruppen oder Menschen mit speziellen Persönlichkeitscharakteristika als besonders arbeitssuchtgefährdet betrachtet werden können. Heide (2000) geht aufgrund seiner Studien zum Thema »Arbeitssucht« allerdings davon aus, dass die an Arbeitssucht erkrankten Personen in drei Gruppen eingeteilt werden können. Zunächst sind da die Erwerbstätigen, die einer relativ selbstständigen Arbeit nachgehen (Ärzte, Handwerker, Bauern, Politiker, Manager) oder die sich in einem sozialen Berufsfeld bewegen (Seelsorger, Sozialarbeiter, Lehrer). Die individuelle Identität dieses Personenkreises hängt sehr stark mit ihrer Erwerbsarbeit zusammen – oft wird auch von Berufung zur Arbeit gesprochen. Als zweite Gruppe identifiziert Heide (2000) die abhängig Beschäftigten, die ihren oftmals geringen Entscheidungsspielraum und die Unselbstständigkeit der eigenen Arbeit kompensieren wollen, indem sie besonders viel arbeiten. Durch neue Arbeitsformen (Teamarbeit, »flache Hierarchien«, Heimarbeitsplätze) etabliert sich aber auch bei den abhängig Beschäftigten eine neue Selbstständigkeit – nicht zuletzt auch gefördert durch flexible Arbeitszeiten und mehr Verantwortung hinsichtlich des Unternehmensgewinns (Bohmeyer 2002). Diese neuen Arbeitsformen können auf einer ersten Stufe die persönliche Arbeitsmotivation und -zufriedenheit durchaus fördern. Sie können aber in zweiter Konsequenz auch – bei entsprechend disponierten Personen – arbeitssüchtige Neigungen verstärken und manifestieren. Die dritte Gruppe umfasst nach Heide (2000) Personen außerhalb des Erwerbslebens, wie Hausfrauen und Rentner. Besonders am Beispiel der Rentner lässt sich die hohe Bedeutung der Arbeit für die soziale Anerkennung und die damit verbundene Selbstachtung verdeutlichen (Bohmeyer 2002).

Heide (2000) und Bohmeyer (2002) weisen in ihren Ausführungen darauf hin, dass bei der Entstehung und Behandlung der Arbeitssucht – und das sowohl auf individueller als auch auf gesamtgesellschaftlicher Ebene – immer auch wirtschaftliche und soziale Rahmenbedingungen beachtet werden müssen. So sind bestimmte organisationsstrukturelle Maßnahmen, die eine interne Konkurrenz fördern, beispielsweise dazu angetan, arbeitssüchtiges Verhalten zu fördern. Auch können neue Technologien, die das Arbeiten ortsunabhängiger machen, das Problem entsprechend verschärfen. Zudem ist interessant zu beobachten, dass substanzielle Forschung zur Arbeitssucht bislang so gut wie ausschließlich in den westlichen Industrienationen stattfindet. Dies mag ein Hinweis darauf sein, dass das Phänomen der Arbeitssucht auch an »systemimmanente« Faktoren, hier beispielsweise das Leistungsprinzip, aber auch das »freie Spiel der Kräfte« und den Individualismus gekoppelt ist.

12.6 Warum Arbeitssucht den Unternehmen schadet

Bislang wurde implizit angenommen, dass es sinnvoll und notwendig ist, etwas gegen das exzessive Vielarbeiten zu unternehmen. Diese Annahme erscheint angesichts der aktuellen Situation überraschend, denn Überstunden und Mehrarbeit belegen es: Vielarbeit ist »in«. In Zeiten, wo wegen hoher Personalnebenkosten mit immer weniger Arbeitskräften immer mehr Produktivität erzielt werden soll, ist es nicht verwunderlich, dass die Unternehmen und Organisationen bislang für das Thema »Arbeitssucht« kaum sensibilisiert sind. Generell ist das Bewusstsein für die Arbeitssuchtproblematik in der Mehrzahl der Unternehmen noch sehr gering (Wolf u. Meins 2003). Vielmehr erscheint es angesichts der zunehmenden Dynaxität (Kastner 2005) geradezu unausweichlich, dass (viel) mehr und (viel) intensiver gearbeitet wird als in der Vergangenheit.

Viele Unternehmen sind nicht nur unsensibel gegenüber der Arbeitssucht, vielmehr scheint offensichtlich immer noch der Glaube vorzuherrschen, dass der Vielarbeiter *gleichzeitig* immer auch ein guter Arbeiter ist. Dass dies keineswegs generell angenommen werden kann, haben zahlreiche psychologische Forschungsarbeiten eindrucksvoll unter Beweis stellen können. Arbeitszeit und Arbeitsoutput stehen eben nicht in einem linearen Verhältnis zueinander – und schon gar nicht in einem exponentiellen, wie manche Arbeitssüchtige eigenen Angaben zufolge manchmal zu denken geneigt sind. Arbeitssucht schadet nicht nur dem Betroffenen, sondern auch und gerade dem Unternehmen, für das er arbeitet (z. B. durch Fehlzeiten oder Konflikte am Arbeitsplatz). Arbeitssucht kann aber auch in anderer Hinsicht für ein Unternehmen problematisch werden. Galperin und Burke (2006) beispielsweise wiesen erstmals einen Zusammenhang zwischen Arbeitssucht und deviantem Verhalten am Arbeitsplatz nach: Manche Arbeitssuchttypen zeigen gehäufter Verhaltensweisen, die dem Unternehmen sowohl direkt (z. B. Diebstahl) als auch indirekt (z. B. keine kreativen, innovativen Problemlösungen) schaden. Unternehmen täten also gut daran, arbeitssüchtige Verhaltensmuster ihrer Mitarbeiter frühzeitig zu erkennen und entsprechende Gegenmaßnahmen zu ergreifen. So sind die Gründe dafür, eine arbeitssüchtige Belegschaft zu vermeiden, vielfältig (vgl. Steinmann et al. 1984):

- Arbeitssucht hat einen negativen Einfluss auf die Aufgabenerfüllung (betroffene Mitarbeiter halten sich nicht an Arbeitsteilung und Kompetenzzuweisung, sie mischen sich in alles ein, glauben, alles besser zu können)
- Arbeitssucht hat einen negativen Einfluss auf das Interaktionsverhalten (betroffene Mitarbeiter werden zunehmend kommunikationsunfähig, sie ziehen sich zurück, als Vorgesetzte überfordern sie ihre Mitarbeiter, sie delegieren nicht)
- Arbeitssucht hat einen negativen Einfluss auf die individuelle Leistungsfähigkeit (der problematische Arbeitsstil führt mit fortschreitender Zeit zu physischen und psychischen Auffälligkeiten, die krankheitsbedingte Abwesenheit nimmt zu, längere Arbeitsunfähigkeit und/oder Frühinvalidität drohen)

Meißner (2005) gibt in ihrer Studie einen umfassenden Überblick auf die durch Arbeitssucht entstehenden personal- und betriebswirtschaftlichen Risiken, wie z. B. Engpass-, Austritts-, Anpassungs- und Motivationsrisiken. Diese Aspekte betreffen insbesondere die Effizienz arbeitssüchtiger Arbeitnehmer, die nur auf den ersten Blick hoch ist.

12.7 Was kann ein Unternehmen gegen Arbeitssucht tun?

Ziel aller Maßnahmen zur Vermeidung oder Bewältigung einer Arbeitssuchtproblematik ist immer, eine ausgeglichene Work-Life-Balance beizubehalten oder (wieder-)herzustellen. Darunter versteht man ein ausgewogenes Verhältnis der Belastungen und Beanspruchungen aus dem Arbeitsleben einerseits (Arbeitsinhalte, Rhythmus, Ausmaß der Arbeit etc.) und der sonstigen Verantwortungs- und Lebensbereiche (Familie, sozialer Kontakt, Hobbies etc.) andererseits. Hinter dem Gedanken der Work-Life-Balance steht die Erkenntnis, dass auch die privaten Lebensverhältnisse des Mitarbeiters im Interesse des Unternehmens stärker berücksichtigt werden müssen. Dabei geht es nicht nur darum, dem Mitarbeiter mehr Freizeit einzuräumen. Ziel ist vielmehr, dass die Mitarbeiter durch eine ausgewogene Lebensgestaltung eine persönliche Zufriedenheit und Leistungsstärke erreichen, in der alle bedeutsamen Lebensbereiche gleichermaßen Berücksichtigung und Anerkennung finden. Eine ausgewogene Work-Life-Balance ist daher nicht nur im Rahmen der Prävention und Behandlung von Arbeitssucht wichtig, sondern ein generelles Ziel im Bemühen darum, eine humane Arbeitswelt zu etablieren.

Was aber können Unternehmen konkret tun, um arbeitssüchtige Verhaltensmuster im eigenen Haus gar nicht erst entstehen zu lassen oder bei vorliegender Arbeitssucht Schaden von dem betroffenen Mitarbeiter, von Kollegen, aber auch vom Gesamtunternehmen abzuwenden? Zunächst sollten Unternehmen ihre Personalauswahlverfahren und ihre Anforderungsprofile bei Stellenbesetzungen überdenken, um zu vermeiden, dass eine Organisationsumgebung entsteht, die arbeitssüchtiges Verhalten fördert. Es ist durchaus mit Skepsis zu betrachten, wenn Unternehmen in Stellenanzeigen nach »hochmotivierten Workaholics« fragen. Dies käme einer Brauerei gleich, die einen »trinkfesten Geschäftsführer« sucht. Zusätzlich sollten die Anreizsysteme, aber auch Arbeitszeit-, Pausen- und Urlaubsregelungen im Hinblick auf suchtfördernde Aspekte untersucht werden. Die zugesagten Urlaubstage sollten beispielsweise auch tatsächlich genommen und nicht ausbezahlt werden. Schließlich sollten Unternehmen sich bemühen, Arbeitssüchtige in ihrer Organisation zu identifizieren, die Mitarbeiter insgesamt für die Problematik zu sensibilisieren und geeignete Maßnahmen zur Prävention und Rehabilitation bei Arbeitssucht zu realisieren.

Weitere auf Unternehmensseite denkbare Maßnahmen können z. B. darauf abzielen, Aufgaben anforderungs- und leistungsgerecht zu strukturieren und zu verteilen, die Partizipation und das Arbeiten in Gruppen stärker zu betonen, sinnvolle Karriereentwicklungsprogramme einzurichten und das Arbeitsumfeld sinnvoll zu gestalten. Durch Maßnahmen wie Rollenanalysen, Zielvereinbarungen, soziale Unterstützung und Teamentwicklung können zudem die sozialen Beziehungen am Arbeitsplatz verbessert werden. Schließlich können Mitarbeiter z. B. mit Hilfe von Stressbewältigungsprogrammen, einer individuellen Gestaltung der persönlichen Arbeitsumgebung sowie Maßnahmen zur Lebensstilplanung darin unterstützt werden, Arbeitsanforderungen und persönliche Bedürfnisse besser zu koordinieren. Entspannungstrainings, körperliche Übungen und Coaching sind ebenfalls denkbar. Wichtig ist, dass organisationale Maßnahmen nur dann Erfolg haben werden, wenn auch der Arbeitssuchtgefährdete oder -betroffene prinzipiell bereit ist, die Problematik aktiv zu bewältigen.

- **Ein Beispiel**

Wie kann konkret im Rahmen des Betrieblichen Gesundheitsmanagements arbeitssüchtiges Verhalten erkannt und vermieden werden? Hierzu führte ein mittelständisches Unternehmen (Produktionsbereich) zunächst eine Arbeits- und Organisationsanalyse durch, um arbeitssuchtförderliche Rahmenbedingungen der Arbeit zu entdecken. In Schulungen und Coachings wurden Führungskräfte zudem zur eigenen psychischen Gesundheit und zum Umgang mit psychisch belasteten Mitarbeitern trainiert. Dadurch wurde der Fokus der Maßnahmen deutlich über die Arbeitssucht hinaus erweitert. In den einzelnen Trainingsmodulen wurde der Umgang mit der eigenen Gesundheit und dem eigenen Stressverhalten sowie der Umgang mit der Gesundheit der Mitarbeiter thematisiert. Auch Stressbewältigung und Ressourcenmanagement waren fester Bestandteil der Schulungen. Zu Beginn wurde mithilfe einer Arbeitsunfähigkeitsanalyse der Handlungsbedarf ermittelt und in dem extra eingerichteten Arbeitskreis Gesundheit eine Strategie hierzu entwickelt. In einer Voranalyse mittels evaluierter Fragebögen wurden die Handlungsschwerpunkte festgelegt und in einem Workshop mit Vertretern aus der Geschäftsführung, dem Personalbereich, der Arbeitnehmervertretung und dem Bereich Arbeitsmedizin/Arbeitsschutz die entsprechenden Inhalte für zwei Seminare abgeleitet. Themen der beiden Seminare waren »Persönliches Stress- und Ressourcenmanagement« und »Umgang mit psychisch belasteten Mitarbeitern«. Mithilfe von Zwischen- und Posttests durch Fragebögen und Einzelgespräche zur Wissensvermittlung und dem Umgang mit Stress wurden weitere Handlungsempfehlungen gegeben. So ließ sich in einem ersten Schritt eine erhöhte Problemsensibilisierung aufseiten der Vorgesetzten, aber auch aufseiten der Geschäftsleitung erzielen. Organisationsstrukturelle Maßnahmen wie beispielsweise Regelungen zur Arbeitszeit, zu Urlaubszeiten oder aber auch zur Erreichbarkeit/Verfügbarkeit außerhalb der Arbeitszeit waren weitere Schritte in Richtung einer Prävention arbeitssüchtigen Verhaltens.

12.8 Was kann der Einzelne gegen Arbeitssucht tun?

Ohne eine gewisse reflektierende Einsicht in die Problemhaftigkeit des eigenen Arbeitsverhaltens kann die Arbeitssucht nicht erfolgreich überwunden werden. Ist jedoch eine erste Einsicht entstanden, dass mit dem eigenen Arbeitsverhalten »etwas nicht stimmt« und man »etwas tun« möchte, so sind gute Voraussetzungen gegeben, um das Problem zu beheben. Bei der Behandlung von Arbeitssucht erweist es sich als besonders schwierig, dass eine völlige Abstinenz vom Suchtmittel (wie z. B. bei der Alkoholismustherapie) unmöglich ist (Voigt 2006) und stattdessen eine angemessene Beziehung zur Arbeit gelernt werden muss (Meißner 2005). Bislang gibt es keine spezifischen therapeutischen Interventionen oder gar spezielle Trainings zur Überwindung einer Arbeitssuchtproblematik. Die Aufnahme einer individual- oder gruppentherapeutischen Maßnahme oder auch der Besuch einer Selbsthilfegruppe für Personen mit Arbeitsstörungen dürfte jedoch in jedem Fall hilfreich und in den allermeisten Fällen auch unumgänglich sein, um sich der persönlichen Arbeitssuchtproblematik und insbesondere den dahinter stehenden Gründen und Ursachen anzunähern. Erst darauf aufbauend wird es dem einzelnen Betroffenen gelingen, zu einer Einstellungs- und Verhaltensänderung zu gelangen. Unterschiedliche therapeutische Schulen gehen dabei unterschiedlich vor. Letztlich gilt es wie bei jeder Therapiemaßnahme individuell und selbstverantwortlich zu prüfen, ob der Betroffene eigene Wünsche, Bedürfnisse und Zielsetzungen realisieren kann oder nicht. Die zunehmende Zahl von Selbsthilfegruppen für Arbeitssüchtige, aber auch die Spezialisierung von ambulant tätigen Psychotherapeuten und stationär arbeitenden Kliniken verdeutlichen, dass es offensichtlich sowohl eine Nachfrage nach solchen Leistungen gibt, als auch eine verstärkte Professionalisierung bei der Bewältigung der Arbeitssuchtproblematik zu verzeichnen ist.

Literatur

Bohmeyer A (2002) Arbeitssucht als soziale Pathologie der Erwerbsarbeitsgesellschaft. Frankfurter Arbeitspapiere zur gesellschaftlichen und sozialwissenschaftlichen Forschung, Nr 34. Nell-Breuning-Institut, Frankfurt

Breitsameter J, Reiners-Kröncke W (1997) Arbeitssucht – ein umstrittenes Phänomen. Asgard Verlag, Sankt Augustin

Burke RJ (1999) Workaholism in organizations: measurement validation and replication. International Journal of Stress Management 6:45–55

Cherrington DJ (1980) The work ethic: working values that work. Amacon, New York

Davison GC, Neale JM, Hautzinger M (2002) Klinische Psychologie – Ein Lehrbuch, 6. Aufl Beltz PVU, Weinheim

DGB Index Gute Arbeit (2012) Arbeitshetze – Arbeitsintensivierung – Entgrenzung. DGB, Berlin

Doerfler MC, Kammer PP (1986) Workaholism: sex and sex role stereotyping among female professionals. Sex Roles. 14:551–560

Fiedler P (2007) Persönlichkeitsstörungen, 6. vollst überarb Aufl Beltz PVU, Basel

Galperin BL, Burke RJ (2006) Uncovering the relationship between workaholism and workplace destructive and constructive deviance: an exploratory study. International Journal of Human Resource Management, 17 (2):331–347

Gebsattel VE Frhr v (1954) Prolegomena einer medizinischen Anthropologie. Springer, Berlin

Grüsser SM, Thalemann CN (2006) Verhaltenssucht – Diagnostik, Therapie, Forschung. Verlag Hans Huber, Bern

Heide H (2000) Arbeitssucht – individuelle und sozialökonomische Dimensionen. Vortrag gehalten auf der Fachtagung »Sucht 2000« der Deutschen Hauptstelle gegen Suchtgefahren. Karlsruhe, 13.–15. November 2000

Heide H (2003) Arbeitsgesellschaft und Arbeitssucht – Die Abschaffung der Muße und ihre Wiederaneignung. In: Heide H (Hrsg) Massenphänomen Arbeitssucht, 2. Aufl. Atlantik Verlag, Bremen, S 19–54

Hobi V (1982) Gibt es eine spezielle Suchtpersönlichkeit? Therapeutische Umschau 39:579–585

Hofstetter H (1988) Die Leiden der Leitenden. Datakontext Verlag, Köln

Kanai A, Wakabayashi M, Fling S (1996) Workaholism among employees in Japanese corporations: An examination based on the Japanese version of the Workaholism scales. Japanese Psychological Research 38:192–203

Kastner M (2005) Magersucht beim Personal ist ungesund. http://www.netzeitung.de/arbeitundberuf/326584.html. Gesehen 17 Nov 2012

Laubenthal F (1964) Allgemeine Probleme um Missbrauch, Süchtigkeit und Sucht. In: Laubenthal F (Hrsg) Sucht und Missbrauch. Thieme, Stuttgart, S 1–32

Machlowitz M (1981) Arbeiten Sie auch zuviel? Arbeitssucht und wie man damit leben kann. mvgVerlag, Landsberg

McMillan LHW, O'Driscoll MP, Burke RL (2003) Workaholism: A review of theory, research, and future directions. In: Cooper CL, Robertson IT (eds) International Review of Industrial and Organizational Psychology. Wiley, Chichester, pp 167–189

Meißner UE (2005) Die »Droge« Arbeit – Unternehmen als »Dealer« und als Risikoträger – Personalwirtschaftliche Risiken der Arbeitssucht. Peter Lang GmbH Europäischer Verlag der Wissenschaften, Frankfurt

Mentzel G (1979) Über die Arbeitssucht. Zeitschrift für Psychosomatische Medizin und Psychoanalyse 25:115–127

Mentzel G (1987) Politisch Tätige als arbeitssüchtige Patienten. Die Neue Gesellschaft – Frankfurter Hefte 34:261–264

Naughton TJ (1987) A conceptual view of workaholism and implications for career counseling and research. Career Development Quarterly 35:180–187

Oates WE (1968) On Being a »Workaholic« (a serious jest). Pastoral Psychology 19:16–20

Oates WE (1971) Confessions of a workaholic. Abingdon, New York

Poppelreuter S (1996) Arbeitssucht – Integrative Analyse bisheriger Forschungsansätze und Ergebnisse einer empirischen Untersuchung zur Symptomatik. Verlag M Wehle, Witterschlick/Bonn

Poppelreuter S (1997) Arbeitssucht. Beltz/Psychologie Verlags Union, Weinheim

Poppelreuter S (2010) Arbeitssucht – Ätiologie, Diagnostik und Therapie. InFo Neurologie & Psychiatrie 9:31–37

Poppelreuter S, Evers C (2000) Arbeitssucht – Theorie und Empirie. In: Poppelreuter S, Gross W (Hrsg) Nicht nur Drogen machen süchtig. Belz, Weinheim, S 73–91

Poppelreuter S, Windholz C (2001) Arbeitssucht in Unternehmen – Formen, Folgen, Vorkehrungen. Wirtschaftspsychologie 4:62–69

Poppelreuter S, Windholz C (2005) Wer arbeitet, sündigt nicht? Arbeitssucht in Unternehmen erkennen, behandeln, vermeiden. In: Gross W (Hrsg) Karriere(n) 2010 – Chancen, seelische Kosten und Risiken des beruflichen Aufstiegs im neuen Jahrtausend. Deutscher Psychologen Verlag, Bonn, S 113–129

Rohrlich J (1984) Arbeit und Liebe (2. Auflage) Fischer, Frankfurt

Robinson BE (2000) Wenn der Job zur Droge wird. Walter, Düsseldorf

Schneider C (2001) Skala für Arbeitssucht. Dissertation, Bayerische Julius-Maximilians-Universität, Würzburg. http://deposit.ddb.de/cgi-bin/dokserv?idn=964433443. Gesehen 12 Nov 2007

Spence JT, Robbins AS (1992) Workaholism: definition, measurement, and preliminary results. Journal of Personality Assessment 58:160–178

Städele M (2008) Die zwanghafte/anankastische Persönlichkeitsstörung und ihr Zusammenhang mit der Arbeitssucht. Unveröffentlichte Diplomarbeit, Rheinische Friedrich-Wilhelms-Universität, Bonn

Steinmann H, Richter B, Großmann S (1984) Arbeitssucht im Unternehmen. Diskussionsbeiträge des Lehrstuhls für Allgemeine BWL und Unternehmensführung an der Universität Erlangen-Nürnberg. Universität Erlangen-Nürnberg.

Virtanen M, Stansfeld SA, Fuhrer R et al (2012) Overtime Work as a Predictor of Major Depressive Episode: A 5-Year Follow-Up of the Whitehall II Study. PLoS ONE 7(1):e30719. DOI:10.371/journal.pone.0030719

Voigt C (2006) Arbeitssucht. Persönlichkeitsmerkmale von Arbeitssüchtigen und prägende Rollenmodelle. VDM Verlag Dr Müller, Saarbrücken

Wacker A (1987) Economic Animals – Zur Psychologie der Arbeitssucht. Störfaktor 1:49–64

Wehner I (2006) »Arbeitssucht«, »Arbeitsphobie« und »leisure sickness« – eine Kritik an arbeitspsychologischen Pop-Konzepten. In: Leidig S, Limbacher K, Zielke M (Hrsg) Stress im Erwerbsleben: Perspektiven eines integrativen Gesundheitsmanagements. Pabst Science Publishers, Lengerich, S 222–248

Windholz C (1997) Arbbeitssucht – Theoretische Analyse und empirisch-psychologische Untersuchung unter besonderer Berücksichtigung von Selbstkonzept und Sozialer Erwünschtheit. Unveröffentlichte Diplomarbeit, Universität Tübingen

Wolf S, Meins S (2003) Betriebliche Konsequenzen der Arbeitssucht. Arbeitspapier 72, Hans Böckler-Stiftung, Düsseldorf

Wolf S, Meins S (2004) Stress und Arbeitssucht – Erste Einblicke in die betriebliche Realität aus der Region Bremen. In: Heide H, Washner R (Hrsg) Forschungsberichte Nr. 1. SEARI Institut für sozialökonomische Handlungsforschung, Bremen

Sucht und Sehnsucht im digitalen Raum: Digitaler Arbeitsschutz aus medienwissenschaftlicher Perspektive

S. David

B. Badura et al. (Hrsg.) *Fehlzeiten-Report 2013*,
DOI 10.1007/978-3-642-37117-2_13, © Springer Verlag Berlin Heidelberg 2013

Zusammenfassung Der Beitrag beleuchtet die Chancen und Risiken des digital getriebenen Medienwandels und analysiert die nährenden und verzehrenden Aspekte digitalen Lebens und Arbeitens. Die rasante technologische Entwicklung des letzten Jahrzehnts fordert die Entwicklung neuer Kulturtechniken der Nutzung und einen neuen Typus von Nutzer, der in besonderem Maße in der Lage ist, verantwortlich und souverän medial zu agieren. Wer diesen Anforderungen wie medial eskaliertem Revierstress nicht gewachsen ist, neigt zu gesundheitsgefährdendem Nutzungsverhalten, was mit negativen Auswirkungen auf das mediale Klima von Unternehmen und die Leistungsfähigkeit einhergeht. Die immer größer werdende Lücke der Mediennutzungskompetenz gilt es mit gezielten Maßnahmen zum digitalen Arbeitsschutz zu schließen. Für die Gesundheit in Unternehmen und das betriebliche Gesundheitsmanagement hat es sich als besonders wichtig erwiesen, die Wechselwirkungen zwischen den Ebenen des Einzelnen, der Teams und der Führung zu beachten und Präventionsmaßnahmen darauf auszurichten. Das auf Basis des Slow-Media-Ansatzes entwickelte Interaktionsmodell Digitaler Arbeitsschutz (IDA) ist ein Lösungskonzept aus medienwissenschaftlicher Perspektive und verbindet Verhaltens- und Verhältnisprävention.

13.1 Einleitung

Internetsucht, Cyber-Mobbing, digitale Demenz – es besteht eine gewisse Bereitschaft, digitale Medien im Zusammenhang mit Sucht, Abhängigkeit, Fehlverhalten, also mit negativen, destruktiven Auswirkungen zu sehen. Die dabei angelegten Kriterien sind oft unpräzise. Nach welchen Parametern definiert man Internetsucht? Nach Dauer der Nutzung? Nach den Auswirkungen auf die bisherigen Lebensgewohnheiten? Oder nach dem Ausmaß des Kontrollverlusts? Pauschal negativ zu urteilen hieße, das Kind mit dem Bade auszuschütten und mit den digitalen Gefahren auch die Potenziale des Digitalen zu verbannen. Als zukunftszugewandte Gesellschaft können wir uns das nicht leisten. Es gilt, sich mit den Fragen der gesundheitsschädlichen Auswirkungen digitaler Mediennutzung vorurteilsfrei und konstruktiv zu befassen.

13.2 Mediensucht

Für ihre Studie zur »Prävalenz der Internetabhängigkeit« (Rumpf et al. 2011) verwenden die Autoren der vom Bundesministerium für Gesundheit in Auftrag gegebenen Untersuchung die Compulsive Internet Use Scale (CIUS) (Meerkerk et al. 2009), ein Fragebogenverfahren zur Erfassung von Merkmalen der Internetabhängigkeit. Eine der hier erfassten Fragen lautet »Wie oft freuen Sie sich bereits auf Ihre nächste Internetsitzung?«. Die Frage offenbart ein grundlegendes Missverständnis der digitalen Kultur: dass es sich bei Internetnutzung um eine zeitlich abgeschlossene, für sich allein stehende Tätigkeit handele. Das Netz aber ist für seine Ureinwohner, die sogenannten »Digital Natives«, ein Lebensraum, in dem viele verschiedene Dinge getan werden, in dem gesprochen, eingekauft, Musik gehört, recherchiert und Arbeit verrichtet wird. Der digitale Raum gliedert sich nicht in »Internetsitzungen«. Es gibt über Stunden keinen Anfang und kein Ende. Und dennoch muss dies mit Internet- oder Mediensucht nichts zu tun haben. Manche brauchen die

Onlineverbindung zur Welt und zur Nachrichtenlage als tägliches Rüstzeug. Bei nicht wenigen Menschen läuft während des gesamten Arbeitstages das Internet im Hintergrund – jederzeit bereit, auf Wissen zuzugreifen, Auskunft zu geben, Zerstreuung zu bieten und Kontakte herzustellen. Das Internet ist ein beruflicher und sozialer Interaktionsraum. Entscheidend für die gesundheitsschädliche Wirkung der Internetnutzung ist weniger die Dauer als die Art der Nutzung.

Ein weiteres Missverständnis ist es, Internetnutzung mit Onlinespielen gleichzusetzen. Computer-/Onlinespielsucht lässt sich nicht 1:1 mit Internet- und Mediensucht gleichsetzen. Zwischen einem Spielsüchtigen, der ins Casino geht, und einem Spielsüchtigen, der seiner Sucht online frönt, gibt es mehr Gemeinsamkeiten als zwischen einem Onlinespielsüchtigen und jemandem, der einfach nur täglich online ist. Auch die Autoren der PINTA-Studie merken »methodische Probleme« im Stand der Forschung an (Rumpf et al. 2011, S. 4). Zudem komme hinzu, »dass derzeit keine einheitliche Definition von Internetabhängigkeit« vorliege (ebd.). Die Studie selbst kommt zu dem Ergebnis, dass etwa 1 % der 14- bis 64-Jährigen in Deutschland als »internetabhängig« einzustufen ist. Das Ergebnis liegt, wie die Autoren differenziert bemerken, unter den bisher zur Verfügung stehenden Zahlen (S. 17). In der am 26. September 2011 veröffentlichten Pressemeldung der Drogenbeauftragten der Bundesregierung fand bei der Vorstellung der Studie die Zahl 560.000 Eingang in den Titel: »560.000 Menschen in Deutschland sind internetsüchtig« (Die Drogenbeauftragte 2011). Medien griffen die Zahl dankbar und mit einer gewissen Sensationslust auf. Die Untersuchung machte daraufhin bereits am nächsten Tag als sogenannte »Schockstudie« Karriere: Der Express titelte am 27. September 2011: »Sind Sie schon internetsüchtig? Schockzahlen: 560.000 Deutsche sind schon abhängig« (Express 2011). Der Aufmacher der Hamburger Morgenpost lautete: »Schockstudie: So süchtig macht das Internet« (MoPo 2011).

Dieses Beispiel der Medienrezeption zeigt, wie nah sich das Thema Mediensucht am Rande des Alarmismus bewegt. Eine differenzierte Debatte scheint in der Öffentlichkeit zu dem Thema kaum möglich.

Alarmismus aber bringt uns nicht weiter. Das Thema verlangt einen differenzierten Blick und ein fundamentales Verständnis der digitalen Kultur. Nur so lassen sich die nährenden und die verzehrenden Aspekte digitalen Lebens und Arbeitens sauber voneinander trennen und adäquate Konsequenzen daraus ziehen.

13.3 Sehnsucht: Was treibt die Menschen ins Netz?

Das Internet ging aus dem 1969 geschaffenen Arpanet hervor. Doch erst seit Tim Berners-Lee 1989 an der Forschungseinrichtung CERN das World Wide Web zum kollegialen Datenaustausch erfand, hat es eine beispiellose Akzeptanz und Verbreitung in nahezu allen Bevölkerungsschichten erfahren (Berners-Lee). Nur 14 Jahre liegen wiederum zwischen der Erfindung des World Wide Web und der Marktreife des ersten wirklich massentauglichen Smartphones, des iPhone, im Jahr 2007. Seither kann jeder das World Wide Web und damit die ganze Welt in seiner Jackentasche mit sich herumtragen und es dauerte nur wenige weitere Jahre, bis zum 3. Quartal des Jahres 2012, bis eine Milliarde Menschen weltweit dies auch aktiv taten (Lunden 2012).

Ein erster Schritt zu einem differenzierten Blick ist es, diesen offenbar starken Impuls, der Menschen zu digitalen Medien greifen lässt, nachzuvollziehen und ernst zu nehmen. Was bringt eine Milliarde Menschen in der ganzen Welt dazu, sich mit einem kleinen mobilen Gerät in die Weiten der digitalen Welt einzuwählen?

13.3.1 Die Sehnsucht nach Kontaktaufnahme

Ein einfaches und zutiefst menschliches Bedürfnis, das die Menschen digitale Medien nutzen lässt, ist der Wunsch nach Kontaktaufnahme und Austausch. Immer schon haben Menschen Kontakt zueinander aufgenommen, sich mitgeteilt, ausgetauscht, die Nähe von Mitmenschen gesucht – ob am Lagerfeuer oder auf dem Marktplatz, mit Buschtrommeln oder Schriftrollen. Auch die Weitergabe von Wissen war seit jeher von Bedeutung. Tim Berners-Lees Wunsch, mit seinen Kollegen auf einfache Art und Weise Forschungsergebnisse auszutauschen, folgte demselben Ziel wie zuvor der rituelle Vortrag kulturstiftender Sagen und Gesänge: dem Ziel, Wissen auszutauschen, zu vermehren und weiterzugeben.

Besonders faszinierend ist dabei offenbar die Kontaktaufnahme über Distanzen hinweg. So erklärt sich der Reflex von Zuschauern, bei Fernseh-Live-Übertragungen in die Kamera zu winken und bei Samstagabendshows die Großmutter zu grüßen. Oder die Faszination, die davon ausgeht, wenn ein Astronaut von seinem Weltraumspaziergang aus größter Distanz in die Kamera winkt und die Menschen auf der Erde grüßt. Er sagt damit: Ich bin hier und du bist da, so weit weg und doch können wir uns zuwinken.

Ein ähnlicher Impuls ist es, der Menschen zu digitalen Medien greifen lässt. Gerade in einer Welt, in der zunehmend Bezug und Bindung verloren gehen, in der Menschen sich als entfremdet empfinden, können digitale Medien Nähe wiederherstellen und helfen, Distanzen zu überwinden: Eine Besprechung mit Kollegen in China und USA, als wären wir in einem Raum. Mit dem Enkel skypen, der ein Austauschjahr in Australien macht. Über soziale Medien wie Facebook oder Twitter an den alltäglichen Belanglosigkeiten von Freunden teilhaben, als säßen sie mit am Tisch: Es ist (neben allen rein sachlichen Vorteilen) die Freude an der Überwindung von Distanzen, die uns dazu antreibt. Die Freude darüber, dass die Kontaktaufnahme gelingt, trotz allem, was zwischen uns liegt. Dass Nähe trotz Distanz hergestellt werden kann, hat etwas Tröstliches. Die Welt, wie sie sich uns derzeit darstellt, ist der Nährboden für das Bedürfnis, über digitale Medien Nähe wiederherzustellen. Wer sich leichtfertig über den Freundschaftsbegriff in Zeiten von Facebook amüsiert, sollte dies bedenken.

Ähnliches geschieht bei dem Phänomen der Flashmobs: Über die digitale Infrastruktur verabreden sich Hunderte, gar Tausende wildfremder Menschen, um im öffentlichen Raum etwas gemeinsam zu tun – zu singen, zu tanzen, in die Luft zu schauen oder eine Kissenschlacht zu machen. Der Medientheoretiker Marshall McLuhan (1962, S. 7) prägte, sich auf Karl Popper beziehend, den Begriff der »Retribalisierung«, die er vom elektronischen Zeitalter erwartete. Nach dem Gutenberg-Zeitalter der distanzierten Schriftkultur werden nun die tribalen Elemente einer oralen Kultur, das unmittelbare Miteinandersein, wiederbelebt. Man kann es sich als Lagerfeuer vorstellen, an dem sich die Menschen über digitale Medien wieder zusammenfinden.

Gleichwohl sind die Konsequenzen natürlich oft ernüchternd. Zwar kann über digitale und vor allem soziale Medien echte, auch im realen Leben tragfähige Nähe zwischen Menschen hergestellt und in einer Grundschwingung von Vertrautheit aufrechterhalten werden. Aber das gelingt – wie auch im echten Leben – nicht immer. Denn so leicht ist echte Nähe doch nicht herzustellen und zu halten. Die Kollegen in China oder den USA *scheinen* zwar nah, aber ihr Biorhythmus hat eine völlig andere Tageszeit und es liegen dennoch interkulturelle Gräben zwischen ihnen und uns. Die Suche nach Antwort, Aufmerksamkeit und Bestätigung kann im digitalen Raum auch ohne Resonanz verhallen. Oft wird eben doch nur der *Eindruck* von Nähe vermittelt, was einen dann noch leerer zurücklässt. Der Versuch, diese Leere mit immer exzessiverer Mediennutzung zu füllen, wird vergeblich sein.

13.3.2 Revierstress: Wunsch oder Notwendigkeit, das Revier zu verteidigen

Wenn der digitale Raum einmal eröffnet ist, kommt ein weiterer Impuls hinzu, der Menschen zu digitalen Medien greifen lässt. Es ist das Bedürfnis, den eigenen sozialen und beruflichen Interaktionsradius unter Kontrolle zu halten. Auch dieses Bedürfnis ist nicht neu und war schon lange vor der Erfindung digitaler Medien fest im menschlichen Verhalten verankert: Wer seinem Revier zu lange den Rücken kehrt, weiß nicht, was ihn bei seiner Rückkehr erwartet. Aus diesem Grunde wagen es nach wie vor wenige berufstätige Männer, sich für die Betreuung ihrer Kinder eine nennenswert lange berufliche Auszeit zu nehmen. Im Arbeitsumfeld ist das vor allem in Unternehmen mit einer ausgeprägten Präsenzkultur der Fall. Arbeitnehmer sind darauf geprägt, ihr relevantes Interaktionsfeld zu bewachen, die Kollegen im Auge behalten, die Nähe der Vorgesetzten zu suchen und Präsenz und Einsatzbereitschaft zu demonstrieren.

Überträgt man eine solche Präsenzkultur 1:1 in das digitale Zeitalter, steigt der Druck exponentiell. Während bisher selbst nach langen Überstunden irgendwann einmal das Revier bestellt war, hat sich das berufliche Revier nun mittels digitaler Möglichkeiten in ungeahntem Maße ausgedehnt: zeitlich auf 24 Stunden an sieben Tagen der Woche. Und räumlich auf nahezu überall. Diese Kombination aus Präsenzkultur und digitaler Verfügbarkeit ist eine für Arbeitnehmer höchst riskante und belastende Konstellation. Wie digitale Medien in der Lage sind, eine Grundschwingung von Kommunikation und Vertrautheit herzustellen, sind sie ebenso dazu geeignet, eine Grundschwingung von Alarm herzustellen und zu halten. Latenter Daueralarm aber belastet die Gesundheit. Wer den Anspruch an sich hat, sein digitales Revier rund um die Uhr zu bewachen, wird daran scheitern.

Für dieses Phänomen hat die Verfasserin den Begriff »Revierstress« eingeführt. Auch Revierstress basiert auf einem schon in vordigitaler Zeit verbreiteten Mechanismus. Das Berufsleben war nie frei von Revierverhalten. Und auch Jugendliche haben sich immer schon darum gesorgt, was ihre Freunde von ihnen halten, was als angesagt gilt, wo man sich trifft, wenn man »dabei« sein will. Durch die digitalen Technologien werden diese Mechanismen nun medial befeuert, sie eskalieren die Anforderungen.

Was digitale Medien an Potenzialen zur Verfügung stellen, kann so vom Segen zum Fluch werden: Die natürlichen Rückzugsräume und Filter fehlen. Die Konkurrenz schläft nicht. Sobald man sich einen Augenblick abwendet, ist das Revier unbewacht. Es entsteht ein Druck, dem selbstsichere, in sich ruhende Menschen souverän gewachsen sind, weil sie sich gelassen dem entstehenden Sog entziehen können. Kinder und Jugendliche, die ihre eigene Rolle ja gerade in der Hinwendung zu Gleichaltrigen suchen, haben diesem Druck aber oft ebenso wenig entgegenzusetzen wie Arbeitnehmer, die sich inmitten globalen Konkurrenzdrucks als ständig zur Disposition stehend erleben. Wem es hier an Souveränität und Selbstsicherheit in der eigenen Rolle als Heranwachsender, Arbeitnehmer und Mediennutzer fehlt, für den wird der digital erweiterte soziale Radius zur echten Belastung. Die Mediennutzung ist von Getriebenheit geprägt, Betroffene müssen immer doch noch mal die Aktivitäten der Freunde auf Facebook im Auge behalten oder am Wochenende auf dienstliche E-Mails antworten, obwohl es fachlich nicht nötig wäre. Nicht-Abschalten-Können, ständige Verfügbarkeit und Erreichbarkeit – die Ursachen für die Zunahme der langen Ausfallzeiten sind mit Sicherheit auch im digital eskalierten Revierstress zu suchen. Sich entziehen zu können und verpassen zu lernen sind deshalb die zentralen Lektionen, die es im Umgang mit digitalen Medien zu erlernen gilt.

13.4 Lösungskonzepte: Das Interaktionsmodell des digitalen Arbeitsschutzes (IDA)

Die rasche Entwicklung und Verbreitung der digitalen Technologien können bestehende soziale Mechanismen eskalieren und fordern neue Kulturtechniken des Umgangs. Ein sinnvolles Lösungskonzept muss diesen Mechanismen Rechnung tragen, muss die Potenziale des digitalen Lebens und Arbeitens schätzen und nutzen und zugleich ein konkretes und im Unternehmen realisierbares gesundes neues Nutzungsverhalten etablieren. Bisherige Weiterbildungs- und Schulungsempfehlungen zu Stressvermeidung und Work-Life-Balance müssen im Zuge des digitalen Fortschritts in neuem Licht betrachtet und neu justiert werden. Die medienwissenschaftliche Perspektive für Burnout-Präventionskonzepte gewinnt damit zunehmend an Bedeutung. Grundlage ist nicht Mediensucht im engeren Sinne, sondern eine in der Arbeitswelt immer weiter verbreitete empfundene oder tatsächliche Notwendigkeit, Medien auf gesundheitsgefährdende Art zu nutzen.

13.4.1 Slow-Media-Ansatz als Basis

Der Slow-Media-Ansatz ist ein theoretisches Modell, das die Wirkmechanismen des digitalen Wandels beschreibt und auf zugrundeliegende gesellschaftliche Entwicklungen und Bedürfnisse zurückführt. Ursprung dieses Ansatzes ist das von Blumtritt, David und Köhler publizierte Slow Media Manifest (Blumtritt et al. 2010), in dem die Autoren zunächst medienübergreifende Qualitätskriterien für Medien, Journalismus, Kommunikation, Buch- und Verlagswesen definierten. Der Slow-Media-Ansatz formuliert einen dritten Weg zwischen Alarmismus und Apologetik im Diskurs über digitale Medien. Er bejaht die technologischen Möglichkeiten und propagiert ihre bewusste und verantwortliche Nutzung, auch die ihrer Schnelligkeit.

Das Manifest markiert einen bevorstehenden und notwendigen qualitativen Wechsel nach den rasanten technologischen Entwicklungen im ersten Jahrzehnt des Jahrtausends. Die Präambel formuliert diese Wende als notwendigen Prozess der Transformation und Integration:

»Im zweiten Jahrzehnt wird es weniger darum gehen, neue Technologien zu finden, die das Produzieren von Inhalten noch leichter, schneller und kostengünstiger gestalten. Stattdessen wird es darum gehen, angemessene Reaktionen auf diese Medienrevolution zu entwickeln – sie politisch, kulturell und gesellschaftlich zu integrieren und konstruktiv zu nutzen« (Blumtritt et al. 2010).

Die im Slow Media Manifest definierten Kriterien beschreiben zugleich die zugrunde liegenden Kräfte und Bedürfnisse, die den derzeitigen Medienwandel antreiben:

- die Reoralisierung unserer Kultur, die sich in Verstärkung von Diskursivität und quasimündlichen Medienformaten zeigt,
- das Bedürfnis nach Bindung, Bezug und Kontaktaufnahme, das sich in der Bildung neuer digital verknüpfter Gemeinschaften und im Erfolg sozialer Medien ausdrückt,
- die Auflösung der Grenzen zwischen Sender und Empfänger, die auch hinter dem Phänomen des Prosumenten steht,
- eine Kultur des Teilens, Tauschens und Mitteilens,
- die Betonung des Narrativen und Prozesshaften, wie sie sich z. B. im Permanent-Beta- Gedanken der Open-Source-Kultur zeigt,
- die zunehmende Notwendigkeit, Informationsrauschen und Zerstreuung durch Versenkung, Fokussiertheit und Konzentration zu begegnen (Monotasking) sowie

13.4 · Lösungskonzepte: Das Interaktionsmodell des digitalen Arbeitsschutzes (IDA)

- die steigende Notwendigkeit, medial verantwortlich zu handeln.

Das Slow Media Manifest wurde in zahlreiche Sprachen übersetzt und hat eine starke Resonanz in weltweit 30 vorwiegend technologisch hochentwickelten Ländern und den verschiedensten Disziplinen hervorgerufen (Rauch 2011). Der Ansatz lässt sich auf alle gesellschaftlichen Bereiche übertragen, die von der technologischen Entwicklung der vergangenen Jahre beeinflusst werden, insbesondere auf den Bereich der Arbeitswelt.

Auf betriebliches Gesundheitsmanagement angewendet bedeuten die Kriterien:
- eine reflektierte statt reflexhafte Nutzung digitaler Möglichkeiten,
- Adäquatheit in der Mediennutzung,
- die eigene Rolle als Mediennutzer zu hinterfragen und verantwortlich handeln zu können,
- für sich und andere das Rauschen zu reduzieren und als Filter agieren zu können,
- sich medial entziehen und innehalten zu können,
- Möglichkeiten konzentrierten Arbeitens zu schaffen.

Darauf aufbauend wurde ein Lösungskonzept aus medienwissenschaftlicher Perspektive entwickelt, das die verantwortliche und gesundheitsschützende Nutzung digitaler Medien im Arbeitsumfeld fördert. Der Slow-Media-Ansatz zeigt sich dabei als geeignetes diagnostisches Werkzeug und Handlungsinstrument, sodass Gefährdungen realistisch eingeschätzt und konkrete Handlungsempfehlungen gegeben werden können.

13.4.2 Interaktionsmodell Digitaler Arbeitsschutz (IDA)

Das mediale Klima von Unternehmen wird von mehreren Seiten geprägt, die sich wechselseitig beeinflussen. Entsprechend der ganzheitlichen Perspektive des Slow-Media-Ansatzes berücksichtigen und nutzen die Maßnahmen zum digitalen Arbeitsschutz diese Wechselwirkungen und verbinden Verhaltens- mit Verhältnisprävention.

Digitaler Arbeitsschutz setzt an drei Ebenen an:

Erste Ebene: Individuelle Nutzung Das Nutzungsverhalten des Einzelnen steht im Fokus der digitalen Arbeitsschutzmaßnahmen auf individueller Ebene. Im Sinne des Slow-Media-Ansatzes wird der Mediennutzer nicht nur als Medien-Rezipient aufgefasst, sondern zugleich auch als Produzent, als jemand, der Informationen hervorbringt und an Kollegen weiterleitet. Der technologische Fortschritt verlangt in besonderem Maße verantwortliche und bewusste Nutzerentscheidungen. E-Mails, Diensthandys, soziale Medien verdichten sich in den meisten Unternehmen und Institutionen zu einem undurchdringlichen medialen Kommunikationsdickicht. Unterbrechungen am Arbeitsplatz haben stark zugenommen, konzentriertes Arbeiten ist mancherorts kaum noch – oder nur am Wochenende – möglich. Ein Perspektivwechsel ermöglicht es auf individueller Ebene, die eigene Nutzerrolle zu hinterfragen und den neuen Erfordernissen der technologischen Entwicklung anzupassen. Eine Veränderung der Haltung wird möglich und somit auch eine Veränderung des Verhaltens. Wer sich selbst als Empfänger und Sender von Informationen verstehen kann, ist in der Lage, diese Aufgabe im Hinblick auf die Auswirkung auf das mediale Klima des gesamten Unternehmens mit der gebotenen Verantwortung zu übernehmen. Viele der Maßnahmen in diesem Bereich kann der Einzelne nach entsprechender Meinungsbildung für sich beschließen und allein umsetzen. Eine Reihe von positiven Veränderungen aber müssen Arbeitnehmer mit ihren Kollegen und Vorgesetzten absprechen und vereinbaren, um sie realisieren und auf lange Sicht in ihrem Arbeitsumfeld etablieren zu können.

Zweite Ebene: Team-/Arbeitsstruktur Die zweite Ebene des digitalen Arbeitsschutzes ist die der Teams. Die Organisation der Arbeitsabläufe ist ein wichtiges Feld, in dem präventiv agiert werden kann. Ein Beispiel ist das im Slow-Media-Ansatz zentrale Element des Monotaskings, der Möglichkeit, sich ganz und gar auf eine Sache konzentrieren zu können. Der Arbeitsalltag der meisten Menschen ist von vielen Unterbrechungen bestimmt, von denen viele medialer Natur sind. Eintreffende E-Mails und Telefonate zwingen Arbeitende immer wieder, zwischen verschiedenen Tätigkeiten hin- und herzuspringen. Eine Lösung kann sein, sich bewusst Zeiten für konzentriertes Arbeiten zu schaffen und E-Mails in dieser Zeit nicht abzurufen. Eine solche Maßnahme verlangt den Einsatz und die Entscheidung des Einzelnen (Ebene 1). Aber um dieses Vorhaben auch realisieren zu können, braucht der Einzelne die Kommunikation mit seinen Teamkollegen (Ebene 2) sowie die Rückendeckung der Führung (Ebene 3). Das Verhalten des Einzelnen trifft dann auf einen entsprechenden Nährboden im Unternehmen, der die Verhaltensänderung trägt. Je mehr dieser drei Ebenen eine mediale Entschleunigungsmaßnahme im Unternehmen tragen, umso erfolgreicher ist der Transfer in den Arbeitsalltag und umso tiefer ist sie in der Unternehmenskultur verwurzelt.

Dritte Ebene: Führung/Unternehmen Wenn Unternehmen und Führung entsprechende Rahmenbedingungen schaffen, haben sie großen Einfluss auf das mediale Klima im Unternehmen und damit auch auf das tatsächliche Verhalten der Mitarbeiter (Badura et al. 2011). Für das positive Leistungsklima eines Unternehmens ist es wichtig, dass sich Arbeitnehmer nicht medial verausgaben und in der Lage sind, fokussiert zu arbeiten. »Das liegt doch in der Verantwortung des Einzelnen!« ist eine häufig von Führungsseite geäußerte Position. Sie ist zutreffend, greift aber dennoch zu kurz. Denn die Frage, die sich hieran für die Führung anschließt, ist diese: Was braucht der Einzelne für Rahmenbedingungen, um seine Verantwortung auch übernehmen zu können? Wenn diese Rahmenbedingungen bestehen, dann trifft die Verhaltensänderung der Mitarbeiter auf einen Resonanzraum, der verantwortliches und medial gesundes Verhalten fördert.

Um zu tragfähigen Ergebnissen jenseits rein persönlicher Verhaltensänderungen zu kommen, ist es notwendig, digitalen Arbeitsschutz als ein Geflecht aus Wechselwirkungen zwischen diesen Ebenen zu verstehen. Alle drei Ebenen sollten aktiv in den Prozess des digitalen Arbeitsschutzes einbezogen werden, sonst läuft er ins Leere. Ein klassisches Szenario hierfür ist, wenn die Führung das Thema zu einer Frage der rein persönlichen Mitarbeiter-Verantwortung erklärt und die Mitarbeiter wiederum für sich reklamieren, ohnehin nichts ändern zu können, solange sich im Unternehmen nichts ändert. Beides ist wenig konstruktiv, denn jede Seite delegiert die Verantwortung für das mediale Klima des Unternehmens an die andere Ebene und verhindert so, dass sich die Lage verbessert. So wie sich die Führung fragen muss, welche Rahmenbedingungen Mitarbeiter brauchen, um gesund medial agieren und kommunizieren zu können, so muss sich auch der einzelne Mitarbeiter fragen: »Was kann ich dazu beitragen, das mediale Klima meines Unternehmens zu verbessern?«

Der Begriff des »Revierstress« lässt sich dabei sowohl für Verhaltens- wie für Verhältnisprävention anwenden: Eine lediglich persönlich gefühlte Notwendigkeit, sich im Arbeitsumfeld medial zu verausgaben, lässt sich mit Interventionen, die das individuelle Nutzungsverhalten im Fokus haben, positiv beeinflussen. Einer im Regelwerk des beruflichen »Reviers« verankerten Kultur, medial ständig zur Verfügung zu stehen, muss auch mit Verhältnisprävention begegnet werden. Wenn die drei relevanten Ebenen im Unternehmen aber kooperieren, stützen sie den digitalen Arbeitsschutz gemeinsam, ermöglichen eine langfristige positive Veränderung des medialen Klimas und fördern die Leistungsfähigkeit und Gesundheit im Unternehmen.

13.5 Fazit

Die Schilderungen zeigen, dass die rasante Entwicklung der digitalen Techniken einen neuen Typus des Mediennutzers einfordert: einen in besonderem Maße verantwortlichen, mündigen, überlegten und souverän agierenden Mediennutzer, der in sich ruht und sich auch medial entziehen kann. Insbesondere junge Menschen in Identitätsorientierungsphasen und Arbeitnehmer, die sich als zur Disposition stehend empfinden, haben es schwer, diesen Anforderungen gerecht zu werden. Dieser medial eskalierte Revierstress kann zu Getriebenheit in der Mediennutzung und zu gesundheitsschädlichem medialem Dauerstress führen. Ziel muss es also sein, Mediennutzer in diesem Sinne zu stärken und zur mündigen und verantwortlichen Mediennutzung anzuregen.

Durch den technologischen Fortschritt sind wir gefordert, Verantwortung zu übernehmen und unsere menschlichen Kultur-Anwendungstechniken zügig weiterzuentwickeln, um angemessen reagieren und handeln zu können. Für die Gesundheit in Unternehmen und das betriebliche Gesundheitsmanagement hat es sich als besonders wichtig erwiesen, die drei Ebenen, an denen digitaler Arbeitsschutz ansetzt, als ein Geflecht von Wechselwirkungen zu verstehen, die Maßnahmen zum digitalen Arbeitsschutz darauf auszurichten und Verhaltens- und Verhältnisprävention zu verbinden. Der Mensch im digitalen Zeitalter muss lernen, sich zu entziehen, muss Rückzugsräume schaffen und lernen, die Technik zu beherrschen anstatt sich von ihr beherrschen zu lassen. Unternehmen sind bei dieser Aufgabe der heutigen Zeit ebenso gefordert wie Gesundheitsinstitutionen, Bildungseinrichtungen und Elternhäuser.

Literatur

Badura B, Ducki A, Schröder H, Klose J, Macco M (Hrsg) (2011) Fehlzeiten-Report 2011, Schwerpunktthema: Führung und Gesundheit. Springer, Berlin Heidelberg New York

Berners-Lee T. Biography. http://www.w3.org/People/Berners-Lee/. Gesehen 25 Feb 2013

Blumtritt J, David S, Köhler B (2010) Slow Media Manifest. http://www.slow-media.net/manifest (deutsch) http://en.slow-media.net/manifesto (englisch) Gesehen 25 Feb 2013. Rezensionen und Resonanzen unter http://www.slow-media.net/resonanz

Die Drogenbeauftragte der Bundesregierung (2011) Pressemeldung vom 26.09.2011. http://www.drogenbeauftragte.de/fileadmin/dateien-dba/Presse/Pressemitteilungen/Pressemitteilungen_2011/11-09-26_PM_PK_PINTA-STUDIE.pdf. Gesehen 07 Mai 2013

Literatur

Express (2011) Großer Test: Sind Sie (oder Ihre Kinder) internetsüchtig? Ausgabe vom 27.09.2011. http://paper.meedia.de/titelgallery_drupal/bigview.php?url=http://paper.meedia.de/titelgallery_drupal/%3Fq%3Dgallery/%26g2_view%3Dcore.DownloadItem%26g2_itemId%3D176755. Gesehen 07 Mai 2013

Hamburger Morgenpost (2011) Schockstudie: So süchtig macht das Internet. Ausgabe vom 27.09.2011. http://paper.meedia.de/titelgallery_drupal/bigview.php?url=http://paper.meedia.de/titelgallery_drupal/%3Fq%3Dgallery/%26g2_view%3Dcore.DownloadItem%26g2_itemId%3D176746. Gesehen 07 Mai 2013

Lunden I (2012) Mobile Milestone: The Number Of Smartphones In Use Passed 1 Billion In Q3, Says Strategy Analytics. TechCrunch, 16. Oktober. http://techcrunch.com/2012/10/16/mobile-milestone-the-number-of-smartphones-in-use-passed-1-billion-in-q3-says-strategy-analytics/. Gesehen 25 Feb 2013

McLuhan M (1962) The Gutenberg Galaxy. University of Toronto Press, Toronto.

Meerkerk GJ, Van Den Eijnden R, Vermulst AA, Garretsen HFL (2009) The Compulsive Internet Use Scale (CIUS): Some Psychometric Properties. Cyberpsychology & Behavior 12:1–6

Rauch J (2011) The Origin of Slow Media: Early Diffusion of a Cultural Innovation through Popular and Press Discourse, 2002–2010. Transformations 20 – Slow Media (Australien). ISSN 1444-3775. http://transformationsjournal.org/journal/issue_20/article_01.shtml. Gesehen 07 Mai 2013

Rumpf HJ, Meyer C, Kreuzer A, John U (2011) Prävalenz der Internetabhängigkeit (PINTA). Studie und Bericht an das Bundesministerium für Gesundheit. http://www.drogenbeauftragte.de/fileadmin/dateien-dba/DrogenundSucht/Computerspiele_Internetsucht/Downloads/PINTA-Bericht-Endfassung_280611.pdf. Gesehen 07 Mai 2013

Folgen der Sucht

Kapitel 14   Ökonomische Aspekte der betrieblichen
              Suchtprävention   – 125
              K. Tielking

Kapitel 15   Rehabilitation und verminderte Erwerbsfähigkeit
              bei psychischen und Verhaltensstörungen durch
              psychotrope Substanzen   – 135
              J. Köhler

Ökonomische Aspekte der betrieblichen Suchtprävention

K. Tielking

B. Badura et al. (Hrsg.) *Fehlzeiten-Report 2013*,
DOI 10.1007/978-3-642-37117-2_14, © Springer Verlag Berlin Heidelberg 2013

Zusammenfassung Unternehmer sind wie andere Menschen auch Nutzenmaximierer – und das bedeutet mehr als Gewinnmaximierung in Geldeinheiten. Auf der Basis des Verständnisses des »homo oeconomicus« werden in diesem Beitrag betriebliche Suchtprävention als wichtiger Baustein im betrieblichen Gesundheitsmanagement eingeordnet und inhaltliche Anforderungen an betriebliche Suchtprävention in einen ökonomischen Kontext gestellt, um praktische Ansätze zur Analyse von ökonomischen Effekten der betrieblichen Suchtprävention aufzuzeigen. Es soll verdeutlicht werden, dass ökonomische Analysen zur betrieblichen Suchtprävention einer Suchtexpertise bedürfen. Da Qualitätsstandards in diesem Arbeitsfeld erst 2011 veröffentlicht wurden und für Unternehmen noch weiter konkretisiert werden müssen, sind differenzierte Kosten-Nutzen-Analysen eine aktuelle Herausforderung an Wissenschaft und Praxis. Die hier vorliegende Zusammenstellung soll als Annäherung an eine grundlegende Systematisierung fachlich geleiteter ökonomischer Analysen verstanden werden.

14.1 Einleitung

Gesundheit und Krankheit am Arbeitsplatz finden in den letzten Jahren in Praxis und Forschung zunehmend Beachtung (Badura et al. 2012; Baumanns 2009; Jähnig 2010; Uhle u. Treier 2011). Haben heute viele Unternehmen erkannt, dass es eines ganzheitlichen betrieblichen Gesundheitsmanagements (BGM) bedarf (Jähnig 2010), ist es gerade der betrieblichen Suchtprävention (BSP) in den 1990er Jahren zu verdanken (Wienemann 2000), dass bereits grundlegende Fragen zu Inhalten und Strukturen von Angeboten der BSP ausgearbeitet wurden. Dabei fanden auch Fragen zu betriebswirtschaftlichen Aspekten wie Effektivität und Effizienz Berücksichtigung. Die Ansätze können auf das BGM übertragen werden und umgekehrt können die Weiterentwicklungen durch das BGM für die BSP genutzt werden. Dabei sind Arbeitssicherheit, Produktivität, Qualität der Arbeitsabläufe, Betriebsklima, Führung und Zusammenarbeit wichtige Themen, zu denen betriebliche Regelungen gefunden werden müssen, betreffen sie doch die Gesundheit aller betrieblichen Akteure und wirken sich auf den Unternehmenserfolg aus. Hinsichtlich der Qualität von Programmen der BSP sind sowohl programmatische als auch ökonomische Fragen zu klären. Zumal nach wie vor Unternehmensleitungen und Forschungsvertreter das BGM wie auch den integralen Baustein der BSP als bisher häufig nicht professionalisiert bewerten und ihm ein »Schattendasein« bescheinigen (Baumanns 2009).

Ist der Fokus zunächst auf betriebswirtschaftliche Grundlagen und Realitäten in der Praxis gerichtet, darf Unternehmensleitungen unterstellt werden, dass sie wie ein »homo oeconomicus« wirtschaftlich denken und handeln. Letzterer hat den Vorteil, dass ihm vollständige Informationen über die Bedingungen, Möglichkeiten und Folgen des Handelns vorliegen, was in der Unternehmenspraxis eher nicht der Fall ist. Somit werden von Unternehmern Entscheidungen verlangt, die auf einer unsicheren oder doch zumindest unvollkommenen Informationsbasis zu treffen sind (Wöhe u. Döring 2010). Dabei wird das Ziel verfolgt, den eigenen Nutzen zu maximieren – ganz gleich, ob am Minimum- oder Maximum-Prinzip als leitendem ökonomischem Prinzip ausgerichtet. Zu beachten ist, dass die Nutzenmaximierung nicht eindimensional mit der Maximierung des finanziellen Gewinns verwechselt werden sollte. George Bernard Shaw drückte dies treffend aus: »Ökonomie bedeutet, das Beste aus seinem Leben zu machen.« (zit. n. Beck 2006)

Das ökonomische Kalkül liegt schließlich darin, zu kalkulieren, welche Alternative den Nutzen maximiert. Der »homo oeconomicus« denkt hierbei grundsätzlich wirtschaftlich, das heißt, er reagiert auf Anreize und strebt nach Nutzen (Wöhe u. Döring 2010). Kosten-Nutzen-Analysen setzen hier an (Badura et al. 2009), stellen häufig aber finanzielle Effekte von Gesundheitsprogrammen in der Arbeitswelt in den Fokus, z. B. durch die Berechnung von Rentabilitäten, wie die Kapitalrentabilität oder die Gesamtrentabilität (ROI). Gesundheitliche Effekte werden in diesem Zusammenhang von Kapitalgebern und Unternehmern, die gewinnorientiert agieren, nur als »nachgeordnetes Ziel gegenüber der Rentabilität ihres Investments« (Gloede 2011) gesehen. Diesem Verständnis folgend sind Wirtschaftlichkeitsberechnungen zu Maßnahmen im BGM wie auch in der BSP zunächst hinsichtlich ihrer ökonomischen Effekte zu analysieren, sollten hierauf aber nicht beschränkt bleiben. Sind eben diese ökonomischen Analysen bei Kosten-Analysen und Kosten-Effektivitäts-Analysen von primärem Interesse, werden in Kosten-Nutzwert-Analysen gerade die Folgewirkungen von Gesundheitsprogrammen unter nicht-monetären Wertgrößen (Nutzwerten) zugeordnet (Gloede 2011). Insgesamt wird der Erkenntnisstand zur Berechnung der Wirtschaftlichkeit betrieblicher Gesundheitsförderung aufgrund von bisher ungelösten Defiziten in der Bewertungsmethodik und in den Bewertungsregeln als unbefriedigend angesehen und als Ansatz für die Unternehmenspraxis eine schrittweise Förderung der Kostentransparenz, speziell auch zu Gesundheitsförderungsprogrammen empfohlen (Gloede 2011). Gleiches gilt erst recht für den weniger entwickelten Bereich der BSP.

Bezieht man die generellen Probleme zu Wirtschaftlichkeitsberechnungen im BGM ein und die skizzierten Merkmale des »homo oeconomicus« auf den Themenkontext der Suchtprobleme im betrieblichen Setting ein, werden individuelle, soziale und ökonomische Zusammenhänge und Handlungsnotwendigkeiten offensichtlich. Die Drogenbeauftragte der Bundesregierung benennt die aktuelle Problematik wie folgt und hebt dabei die legalen Substanzen Alkohol und Nikotin hervor: »Suchtprobleme durch den Konsum von Nikotin, Alkohol, Medikamenten oder illegalen Drogen spielen in der Arbeitswelt eine größere Rolle als oft angenommen. Schätzungen gehen davon aus, dass bis zu 10 Prozent aller Beschäftigten Suchtmittel in missbräuchlicher Weise konsumieren – vor allem Alkohol oder Medikamente. Die Konsequenzen, etwa Fehlzeiten oder ein steigendes Sicherheitsrisiko, sind für die Betriebe zum Teil gravierend. Die größte Bedeutung kommt in der betrieblichen Suchtprävention Alkohol und Nikotin wegen ihrer großen Verbreitung zu. Es ist zum Beispiel davon auszugehen, dass bis zu jeder dritte Arbeitsunfall alkoholbedingt ist.« (Die Bundesdrogenbeauftragte 2012).

Neben der Suchtproblematik selbst sollte im betrieblichen Kontext die Aufmerksamkeit auf die damit im Zusammenhang stehenden Fehlzeiten, Sicherheitsrisiken und Arbeitsunfälle als betriebswirtschaftliche Faktoren gerichtet werden. Die damit verbundenen Kosten können allgemein differenziert werden, z. B. in Kurzfehlzeiten und krankheitsbedingte Ausfälle, Personalersatz während solcher Ausfälle, quantitative und qualitative Minderleistung sowie Schädigung Dritter durch Fehlhandlungen (Badura et al. 2009) oder eben differenzierter im Zusammenhang mit Suchtproblemen am Arbeitsplatz. Ebenso sollten neben den Problemen betriebliche Ressourcen Beachtung finden, z. B. die positiven Auswirkungen sozialer Unterstützung auf die Reduktion von Fehlzeiten (Pieck 2010). Derartige Ressourcen spielen zugleich im Zusammenhang mit Suchtproblemen eine wichtige Rolle: Sucht ist als Beziehungskrankheit zu verstehen (Schneider 2011), sodass beziehungsfördernde betriebliche Maßnahmen (z. B. Kommunikationstraining) sich auf das Betriebsklima und zugleich auch suchtpräventiv auswirken können.

Im Weiteren werden ökonomische Aspekte in den Mittelpunkt gestellt, um inhaltlich überzeugenden Programmen der BSP (Rehwald et al. 2008) zusätzlich betriebswirtschaftliche Argumente an die Seite zu stellen und die BSP ökonomisch zu untermauern. Dabei stehen praxisorientierte Belange im Mittelpunkt, denen theoretisch noch auszuarbeitende, betriebswirtschaftlich fundierte Berechnungsansätze folgen müssen. Damit sollen Entscheidungsträger dabei unterstützt werden, die Entscheidung für BSP im Rahmen eines ganzheitlichen BGM zu treffen und sich auf die damit verbundenen qualitätsfördernden Prozesse einzulassen und so ökonomische Vorteile zu erzielen.

14.2 Definition der betrieblichen Suchtprävention (BSP) – Ziele, Inhalte und Qualitätsstandards

BSP basiert wie auch das BGM auf international anerkannten Grundlagen. Wesentlich sind insbesondere die Ottawa-Charta, das Rahmenkonzept »Gesundheit für alle« für die europäische Region der World Health Organization (WHO) sowie im europäischen Kontext die Aalborg-Charta mit der Lokalen Agenda 21, der Lissabonner Aktionsplan und die Luxemburger Deklaration des Europäischen Netzwerkes für Betriebliche Gesundheitsförderung (Kern 2008). BSP umfasst alle Aktivitäten, die im Setting »Betrieb« vorbeugend, beratend oder behandelnd und nachsorgend im Zusammenhang mit Missbrauch und Abhängigkeit – stoffgebunden oder nicht-stoffgebunden – stattfinden. Im klassischen Sinn reichen die Präventionsansätze von der Primär- über die Sekundär- bis zur Tertiärprävention oder im moderneren Verständnis von der universellen über die selektive bis zur indizierten Prävention. In Abgrenzung zur betrieblichen Gesundheitsförderung zielt die BSP nicht allgemein auf das Erreichen einer besseren Gesundheit, sondern spezifischer darauf, die Entstehung und Aufrechterhaltung einer Sucht zu verhindern (Kern 2008; Rehwald et al. 2008). In diesem Sinne ist BSP als Baustein eines ganzheitlichen BGM zu sehen und betrieblich ebenso zu organisieren. BSP ist dabei in den Kanon des BGM einzuordnen. Übliche Elemente sind hierbei u. a. die Aufgaben der Führungskräfte, ein Steuerungskreis Gesundheitsmanagement, ein Koordinator Gesundheitsmanagement, Arbeitsschutzmanagement, Krisenmanagement, Fehlzeitenmanagement, Personalmanagement oder die Gesundheitsberichterstattung.

Bevor über Kosten und Nutzen der BSP befunden werden kann, sind ihre Inhalte und Qualitätsanforderungen zu klären. Eine strukturgebende Rolle kommt den Dimensionen der Struktur-, Prozess- und Ergebnisqualität zu. Die Deutsche Hauptstelle für Suchtfragen (DHS) hat im Jahr 2011 Qualitätsstandards veröffentlicht (Wienemann et al. 2011). Sie tragen dazu bei, betriebsrelevante Aspekte der BSP zu benennen, zu organisieren und zu analysieren und schließlich auf einer fachlichen Basis die Effekte der BSP zu ermitteln. Will man die ökonomische Sinnhaftigkeit der BSP fundieren, ist es wichtig, neben der Zufriedenheit und der gesellschaftlichen und betrieblichen Verantwortung auch die Kosten-Nutzen-Relationen zu klären. In den Qualitätsstandards der DHS werden als Standardelemente der BSP genannt (Wienemann et al. 2011):

a. Vorbeugung von riskantem Konsum und Suchtgefährdungen im Betrieb
b. Intervention bei Auffälligkeiten und Qualifizierung der Personalverantwortlichen
c. Interne und externe Beratungsangebote, betriebliches Unterstützungssystem
d. Organisatorischer Rahmen und strukturelle Einbindung
e. Marketing und Qualitätssicherung

14.3 Kosten- und Nutzenbewertung in der betrieblichen Suchtprävention

Psychische Störungen haben nicht nur in der Arbeitswelt allgemein wie auch als Grund für Frühverrentung in den letzten Jahren gravierend zugenommen – psychische und Verhaltensstörungen durch psychotrope Substanzen (F10–F19) spielen in dieser Diagnosegruppe eine besondere Rolle: 2010 entfielen 6,5 Prozent der gemeldeten Arbeitsunfähigkeitstage (AU-Tage) auf diese Gruppe. Hier dominiert wiederum mit 80,1 Prozent der Alkoholmissbrauch. Spielten bei Frauen Suchterkrankungen bisher eine geringere Rolle, ist in jüngerer Zeit eine starke Zunahme festzustellen (Zoike et al. 2011).

Betrachtet man die internationale Studienlage, sind die Einschätzungen zur betrieblichen Suchtproblematik vielfältig (Telser et al. 2010). Für Nordamerika gibt es eine größere Zahl an Kosten-Nutzen-Analysen von Programmen und Interventionen. Es existiert allerdings keine zusammenfassende und vollständige Wirkungsforschung. Zwei ältere Übersichtsarbeiten von Kurtz et al. (1984; umfasst 11 Studien zwischen 1950 und 1984) und Colantonio (1989; 13 Studien seit 1975) zur Effektivität und Effizienz von Alkoholpräventionsprogrammen belegten schon vor mehr als 20 Jahren, dass durch betriebsbezogene Betreuungsprogramme deutliche Kosteneinsparungen erzielt werden konnten (Rey-Riek et al. 2003). Für die Schweiz wurde festgestellt, dass bis ins 21. Jahrhundert hinein betriebliche Suchtpräventionsprogramme in der Regel nicht evaluiert wurden (Telser et al. 2010). Ein Überblick zeigte als besonders interessantes Ergebnis der Fall-Kontroll-Studie von Mühlemann über einen Zehnjahreszeitraum folgende Ergebnisse (Fallgruppe Alkoholiker n = 64; Kontrollgruppe n = 192): Die Fallgruppe wies im Vergleich zur Kontrollgruppe

- 2,6-mal mehr Abwesenheitstage infolge von Krankheit oder Unfall,
- 1,9-mal mehr Abwesenheitstage infolge von Kurzfehlzeiten (bis drei Tage),
- 30 Tage Fehlzeiten im Jahr (Kontrollgruppe 12 Tage) und
- 1.525 € »alkoholbedingten« Mehraufwand pro Person und Jahr auf (Rey-Riek et al. 2003).

Auch für Deutschland wurden bis ins 21. Jahrhundert hinein betriebliche Suchtpräventionsprogramme in der Regel nicht evaluiert (Kern 2008; Telser et al. 2010). »Negative Effekte auf Fehlzeiten, Produktivität und Arbeitsunfälle sind beinahe überall in der Literatur nachgewiesen. Einzig über die Größenordnungen der Effekte sind kaum Aussagen möglich.« (Telser et al. 2010) Schon die Überblicksarbeit von Petschler u. Fuchs (2000) weist anhand der zusammengestellten Studien aus, dass durch BSP-Programme – hier auf alkoholbedingte Fehlzeiten bezogen – Fehlzeiten reduziert werden konnten und ein wirtschaftlicher Nutzen durch Interventionsmaßnahmen festzustellen ist. Die Ergebnisse werden in jüngerer Zeit grundsätzlich bestätigt (Telser et al. 2010). Auch in anderen Studien zeigt sich die zentrale Bedeutung der Fehlzeiten; betrachtet man das Fehlzeitengeschehen nach Geschlecht, ist allein für die Arbeitsunfähigkeitszeiten im Zusammenhang mit psychotropen Substanzen (u. a. Alkohol, Tabak) festzustellen, dass diese bei den Frauen 6,1 Prozent und bei den Männern sogar 22,4 Prozent ausmachen (Meyer et al. 2011). Standen lange die durch Fehlzeiten verursachten Kosten im Blickpunkt der Analysen, werden in neueren Studien auch andere Faktoren wie die suchtbedingten Folgen (u. a. Fehlentscheidungen, Fehlerquoten) und die daraus resultierenden Kosten stärker berücksichtigt (Telser et al. 2010).

14.4 Ermittlung betriebswirtschaftlicher Kosten am Beispiel der Alkoholabhängigkeit

Zur Berechnung der betriebswirtschaftlichen Kosten von Suchterkrankungen im Betrieb liegen unterschiedliche Berechnungsansätze und -beispiele vor. Polli hat die alkoholbedingten Kosten für einen Betrieb mit 100 Beschäftigten auf der Basis von Studien aus den USA, der Schweiz und Deutschland wie folgt berechnet (Rey-Riek et al. 2003): Einem Anteil von 4,3 Prozent Alkoholabhängigen in der Gesamtbelegschaft (aktuell geht man in Deutschland von ca. 5 Prozent aus; DHS 2012) und einem Drittel Leistungseinbußen bei Alkoholabhängigen stehen ca. 2.000 € Kosten für ein Betreuungsprogramm gegenüber. Auf dieser Grundlage wurde ein Gesamtschaden von 2.140 € pro Mitarbeiter und Jahr ermittelt, dem ca. 2.000 € Kosten pro Mitarbeiter und Jahr im Betreuungsprogramm gegenüberstanden. Das Erreichen der »Nutzschwelle« wurde bei 4,3 Jahren ermittelt. Ein anderes Beispiel liefert die Faustformel des Stanford Research Institute (SRI) zur Berechnung der betrieblichen Gesamtkosten durch alkoholbedingte Fehlzeiten, Arbeitsunfähigkeit und Arbeitsunfälle (Rey-Riek et al. 2003), die nach wie vor ihre Gültigkeit hat (◘ Abb. 14.1).

Hier geht man davon aus, dass fünf Prozent der Mitarbeiter eines Betriebes riskant Alkohol konsumieren und der durchschnittliche Leistungsausfall einer suchtgefährdeten Person bei 25 Prozent liegt. Die Formel bietet die Möglichkeit, für Betriebe jeglicher Größe den konkreten wirtschaftlichen Schaden zu berechnen und damit ökonomische Anhaltspunkte zu erhalten,

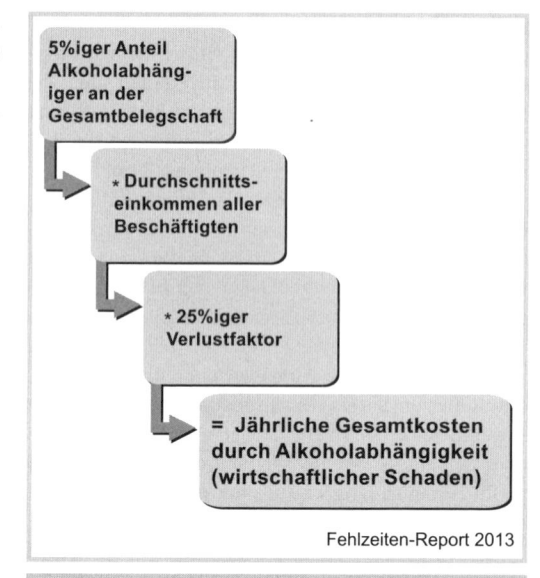

◘ **Abb. 14.1** Faustformel des Stanford Research Institutes (SRI) zur Berechnung der betrieblichen Gesamtkosten durch alkoholbedingte Fehlzeiten, Arbeitsunfähigkeit und Arbeitsunfälle

die eine Kalkulation betriebswirtschaftlich sinnvoller Maßnahmen ermöglicht (Schweizerische Fachstelle für Alkohol- und andere Drogenprobleme 2005).

14.5 Bewertung der betrieblichen Suchtprävention in der Praxis

14.5.1 Ermittlung der Maßnahmenkosten

Die Qualitätsstandards der DHS (▶ Abschn. 14.2) können helfen, Kostenstellen der BSP herauszuarbeiten, die Kosten zu ermitteln und für Kosten-Nutzen-Analysen auszuwerten. Eine Differenzierung von Kosten erfolgt z. B. anhand folgender Konkretisierungen und Maßnahmen, die dann in einem nächsten Schritt in Kostenstellen überführt werden können:

— Beschreibung von Angeboten und deren Häufigkeit unter Berücksichtigung personeller Ressourcen (u. a. Kursleitung, Anzahl der TeilnehmerInnen)
— Qualifizierungsmaßnahmen für Personalverantwortliche
— Einsatz haupt- und nebenamtlicher Beratungskräfte und Ansprechpersonen
— Einsatz externer Dienstleister

- Bildung und Arbeit einer Steuerungsgruppe (Arbeitskreis Suchtprävention/Gesundheit)
- Programmverantwortlicher für die Koordination von Aktivitäten und Maßnahmen
- Beteiligung an fachlichen Netzwerken, u. a. Regionale Arbeitskreis Suchtprävention
- ...

Die Kosten sind schließlich in Abhängigkeit von Betriebsgröße, Betriebsstruktur und -kultur sowie von der Kompetenz und dem Engagement der beteiligten Fachkräfte und Gremien zu sehen und variieren entsprechend (Wienemann et al. 2011).

14.5.2 Nutzenbewertung

Ebenso variiert der Nutzen der BSP wie einzelner Maßnahmen im Betrieb. Leitend für die Nutzenbewertung sind die formulierten Ziele jeglicher Maßnahmen. Im Zusammenhang mit dem Beratungserfolg im Kontext der BSP sei das Vorgehen hier anhand ausgewählter Grundprämissen in Anlehnung an Schumann (2005) verdeutlicht:
- Was wird unter »Beratungserfolg« verstanden?
- Gibt es einen verallgemeinerbaren »Beratungserfolg« oder ist dieser in jedem Einzelfall neu zu definieren?
- Wer definiert den allgemeinen »Beratungserfolg« bzw. den »einzelfallbezogenen Beratungserfolg«?
- Darf sich die Definition des »Beratungserfolges« während des Beratungsprozesses verändern?
- Zu welchem Zeitpunkt wird über das Erreichen des »Beratungserfolges« entschieden?
- Wer entscheidet, ob die Beratung erfolgreich war/ist?

Sind die Grundprämissen geklärt, können die Kriterien zur Bewertung des Beratungserfolges genauer definiert werden, wie z. B.:
- Wiederherstellung der Arbeits-/Leistungsfähigkeit
- Beendigung der arbeits-/dienstrechtlichen Auffälligkeiten
- Individuelle Konsumreduktion
- Sucht(mittel)abstinenz
- Stärkung des gesundheitsförderlichen Verhaltens
- Erhöhung der Lebenszufriedenheit

Ist der Nutzen auf die einzelnen Maßnahmen der BSP bestimmt, kann er entsprechend in Kosten-Nutzen-Berechnungen einfließen. Als Leitfrage zur BSP dient die folgende: »Wer profitiert wie von der BSP?«

Hierbei ist in Anlehnung an das Bielefelder Unternehmensmodell nach »Treibern« (u. a. Führungskapital, fachliche Kompetenz, Arbeitsbedingungen), betriebswirtschaftlichen Spätindikatoren (u. a. Fehlzeiten, Qualität der Arbeitsleistungen) sowie gesundheitlichen Frühindikatoren (u. a. psychisches Befinden, physisches Befinden, Work-Life-Balance) zu unterscheiden (Walter u. Münch 2009). Der Zusammenhang von Arbeit, Gesundheit und Leistung umfasst sowohl die gesundheitsfördernden und damit auch suchtpräventiven Arbeitsbedingungen, wie auch die Ressourcen der Mitarbeiter. Je besser die Arbeitsbedingungen und je höher die Ressourcen der Mitarbeiter, desto mehr Leistungspotenzial (u. a. Leistungsbereitschaft, Motivation, Teamgeist). Aus diesen Merkmalen lässt sich die ökonomische Gleichung für BGM und damit auch für die BSP ziehen: Je mehr Leistungspotenzial bei den Beschäftigten = je mehr Unternehmenserfolg! (Landesvereinigung für Gesundheit u. Akademie für Sozialmedizin Niedersachsen 2009). Der Unternehmenserfolg richtet sich nach den spezifischen Unternehmenszielen. Allen Unternehmen gemein ist dabei die Ausrichtung des BGM wie auch der BSP auf eine bestmögliche Qualität und Produktivität. Spezifischer auf den Ursache-Wirkungs-Zusammenhang in der BSP bezogen hat Kern (2008) dies im Fokus der Wirtschaftlichkeit in folgenden Kontext gestellt:

Zeigen die Berechnungsbeispiele Möglichkeiten auf, betriebsspezifisch suchtbedingte Kostendimensionen zu ermitteln, stellt sich für Betriebe des Weiteren die Frage, ob durch Maßnahmen tatsächlich Kosten eingespart werden können. »Es gibt belegte Hinweise, dass hauptamtlich besetzte Einrichtungen der internen Beratung in größeren Betrieben ein Kosten einsparender Faktor sind. Das Gleiche dürfte für externe Beratungsdienstleister zutreffen, die auch in kleineren und mittleren Betrieben tätig sind.« (Wienemann et al. 2011) Orientierung bieten die Analysen zum Employee Assistance Program (EAP) (Petschler u. Fuchs 2000). Grundlage hierbei waren die Kosten der Krankenkassen und der Abwesenheit vom Arbeitsplatz. Es zeigte sich im Hinblick auf das Kosten-Nutzen-Verhältnis, dass zwei Jahre nach Einführung des EAP das Verhältnis vom Nutzen zum Aufwand bei 3:1 und nach drei Jahren bei 4:1 lag und damit der Nutzen den Aufwand deutlich überstieg. Weitere Ansätze und Beispiele zur Berechnung von Kosten-Nutzen-Relationen wurden für das BGM speziell im Fehlzeiten-Report 2008 (Badura et al. 2009) und für die BSP in einzelnen Veröffentlichungen (Baumanns 2009; Kern 2008; Telser et al. 2010) vorgestellt. Hier wird sichtbar, dass die Berechnungsmöglichkeiten vielfältig sind und unterschiedliche Ansätze zur Verfügung stehen, wie der

Tab. 14.1 Kosten-Nutzen-Faktoren der verschiedenen Umfeldbereiche (eigene Darstellung)

Kostenfaktoren	Nutzenfaktoren
MitarbeiterInnen	
– Selbstbehalt des Therapie-/Betreuungsprogramms – Befindensbeeinträchtigungen durch Behandlungsmaßnahmen, z. B. Entzug – Lohn-/Gehaltseinbußen durch die Durchführung des Programms	– Förderung der psychischen und physischen Gesundheit – Steigerung der Leistungsfähigkeit – Verbesserung der Arbeitsqualität – Verbesserung der sozialen Kompetenz – Verbesserung der Lebensqualität – Verminderung der Selbstbehalte
Unternehmen	
– Kosten der Durchführung der Maßnahmen BSP	– Erhalt und Steigerung der Wettbewerbsfähigkeit und Produktivität – Verminderung der Fluktuation – Senkung der Arbeitsunfälle – Verringerung der Krankenstände – Steigerung der Produktivität – Steigerung der Personalverfügbarkeit – Optimierung betrieblicher Prozesse – Gute Auswirkung durch »gesunde« Unternehmenskultur – Positives Betriebs- und Sozialklima – Förderung der nachhaltigen Unternehmensentwicklung – Verbesserung innerbetrieblicher Kommunikationsstrukturen – Erhöhung der Motivation
Gesellschaft	
– Subventionsgelder, Sponsoringgelder	– Verringerung allgemeiner Krankheitskosten – Vermeidung oder Verschiebung von Erwerbsunfähigkeit und Todesfällen – Verringerung der Arbeitslosigkeit – Erhöhung des gesamtwirtschaftlichen Wohlstandes – Förderung der Entwicklung des sozialen Systems

Fehlzeiten-Report 2013

Sozialkapitalansatz, der EFQM-Ansatz oder die Humankapitalbewertung. Entscheidend sind die betrieblichen Bedingungen – hier auch die Nutzung möglicher Datenquellen (zum Führungsverhalten, zu Mitarbeitern, zu Kennzahlen des ökonomischen Erfolges) – und die Bestimmung des Evaluationsgegenstandes. Ist es doch ein erheblicher Unterschied, die Kosten-Nutzen-Relation eines ganzheitlichen BGM, eines Gesundheitsförderungsprogrammes oder eben eines BSP-Bausteins im BGM oder eines Anti-Rauchprogrammes zu untersuchen.

14.6 Wirtschaftlichkeitsaspekte

Vor dem beschriebenen Hintergrund ist der Frage nach Kosten und Nutzen speziell im Zusammenhang mit BSP weiter nachzugehen. Während zum BGM mittlerweile vielfältige ökonomische Analysen durchgeführt wurden, sind die Bemühungen hinsichtlich der Effektmessung zur BSP vernachlässigt worden (Telser et al. 2010). Gleichwohl gibt es natürlich Überschneidungen, sodass die BSP von den Erkenntnissen aus anderen Elementen des BGM profitieren kann (Badura et al. 2009).

Zunächst geht es im Hinblick auf die Kosten-Nutzen-Evaluation um die Dokumentation und Bewertung der BSP. Kosten-Nutzen-Analysen sind ein Instrument zur Bestimmung der Wirtschaftlichkeit. Sie sollen die Entscheidungsfindung zur Durchführung betrieblicher Maßnahmen unterstützen, zu einer effizienteren Allokation vorhandener Ressourcen beitragen und Ressourcenpotenziale aufdecken. Ihr Ziel ist ein höheres Maß an Wirtschaftlichkeit (Kern 2008). Letzteres zielt auf die Bewertung von Mitteleinsatz und Handlungsergebnis mit Hilfe von Geldbeträgen (z. B. Verrechnungs- oder Marktpreise) und ist von der Produktivität zu unterscheiden, die die mengenmäßige Ergiebigkeit der Leistungserbringung widerspiegelt (Wöhe u. Döring 2010).

In dem Sinne geht es darum, in Ergänzung der bereits aufgeführten inhaltlichen Aspekte der BSP kostenrelevante Faktoren im Zusammenhang mit Suchterkrankungen zu ermitteln. Dies können z. B. folgende kostenwirksame Aspekte sein (Schumann 2005):
- (Erhöhte) Kurzfehlzeiten
- Krankheitsbedingte Ausfälle

- Kurz- und längerfristiger Personalersatz
- Quantitative und qualitative Minderleistung
- Material- und Maschinenschäden
- Kosten durch Arbeits- und Wegeunfälle
- Imageverlust gegenüber Kunden/Öffentlichkeit
- Schädigung Dritter durch Fehlhandlungen
- Vorzeitiges Ausscheiden wegen Frühverrentung

Die Wirtschaftlichkeit eines Unternehmens hängt somit auch vom wirtschaftlichen Gleichgewicht in der BSP ab. Diese hat zwei Seiten:
1. eine soziale Seite: u. a. mitarbeiterzentrierte Personalführung,
2. eine wirtschaftliche Seite: u. a. ausgeglichene Kosten-Nutzen-Bilanz.

Erweitert man die betriebliche Perspektive im Rahmen einer Umfeldanalyse, liegt der Nutzen der BSP in einer dreifachen »Win-Situation«, nämlich für die Mitarbeiter, das Unternehmen und die Gesellschaft (Kern 2008). In der Gegenüberstellung der Kosten-Nutzen-Faktoren der drei genannten Umfeldbereiche konkretisieren sich ökonomische wie auch weitergehende Auswirkungen auf die Arbeits- und Lebensqualität (◘ Tab. 14.1).

Eine Umfeldanalyse entlang der aufgeführten Kosten- und Nutzenfaktoren im Kontext der BSP führt im Ergebnis zu einer positiven Kosten-Nutzen-Relation in allen Stakeholder-Bereichen (Kern 2008). Zur Übertragung in den betrieblichen Alltag können zu den einzelnen Faktoren für den jeweiligen Betrieb entsprechende Zahlen ermittelt und in eine Gesamtkosten-Nutzen-Rechnung überführt werden. Als Auftrag an Wissenschaft und Praxis ist die Operationalisierung der genannten Faktoren zu sehen, um in Zukunft betriebswirtschaftliche Berechnungsmodelle und -ansätze für Unternehmen anzubieten. Hierzu sind insbesondere Erhebungsprobleme im Sinne einer Messbarkeit der Faktoren zu lösen. Um die positiven Effekte der BSP erreichen zu können, ist darüber hinaus im Sinne der Qualitätsstandards zur BSP (Wienemann et al. 2011) eine hinreichende personelle Ausstattung Voraussetzung, damit die definierten Aufgaben zur Suchtprävention und Suchthilfe im betrieblichen Setting angemessen wahrgenommen und die bestmögliche Qualität gewährleistet werden. Zur Orientierung seien die Ergebnisse von Schumann (2005) für eine »Kostenstelle BSP« aufgeführt:
- Nach Einschätzung der Gewerkschaft rechnet sich die Einstellung einer qualifizierten hauptamtlichen Kraft schon bei einer Mitarbeiterzahl von 500.
- Die Einstellung einer qualifizierten Fachkraft lohnt sich bei Betrieben ab 1.000 Mitarbeiter.

- Die Rentabilitätsgrenze liegt bei 2.000 bis 3.000 Mitarbeitern pro hauptamtlichen Berater.
- Für nebenamtliche Suchtkrankenhelfer ergeben sich aus der Literatur keine konkreten Zahlen. Als Bemessungsgrundlage wäre neben der Anzahl der Beschäftigten der Umfang der Freistellung wichtig.

14.7 Betriebliche Suchtprävention: Ein Gewinn für alle!

In den Ausführungen wurden ökonomische Aspekte der BSP thematisiert. Unter Berücksichtigung inhaltlich geklärter Anforderungen an BSP wurden grundsätzliche Ansätze zur Kosten-Nutzen-Bewertung der BSP vorgestellt und damit Möglichkeiten aufgezeigt, betriebsspezifische Kosten-Nutzen-Analysen vorzubereiten. Der aktuelle Forschungsstand macht deutlich, dass der Nutzen die Kosten der BSP übersteigen kann. Die aktuelle Situation in der BSP ist in Anlehnung an die Situation im BGM wie folgt zu beurteilen:
- BSP hat eine hohe Bedeutung (Kern 2008; Telser et al. 2010; Wienemann et al. 2011).
- Betriebsbedingte Kosten und Fehlzeiten sind zu hoch (Badura et al. 2012; Telser et al. 2010).
- Große Unternehmen setzen BGM um, klein- und mittelständische Unternehmen (KMU) ziehen erst langsam nach (Badura et al. 2011; Ulrich u. Wülser 2009). Ähnliches gilt für die BSP (Telser et al. 2010).

Im Betrieb können große Gruppen von Menschen erreicht werden. Mitarbeiter können systematisch und verbindlich angesprochen werden. Der Arbeitsplatz stellt eine wichtige materielle und soziale Ressource für Menschen mit Suchtproblemen dar. Erfolgreich behandelte Mitarbeiter sind häufig besonders loyal und einsatzbereit. BSP kann als Baustein der Gesundheitsförderung die Produktivität des Unternehmens steigern. Demnach ist BSP effektiv und effizient. Damit würde ein wirtschaftlich denkender und handelnder Mensch im Sinne des »homo oeconomicus« BSP in jedem Fall in seinem Unternehmen – gleich welcher Größe – einführen und umsetzen. Dass sowohl die Angebote der BSP wie auch die wirtschaftlichen Folgen unternehmensspezifisch ausfallen, liegt auf der Hand. Dabei gibt es aber grundsätzliche Vorteile des BSP wie auch grundsätzliche Aspekte, die zu beachten sind. Dies sind insbesondere Erkenntnisse zu Widerständen, die Unternehmen überwunden werden müssen. Hier gilt in Anlehnung an Meyer und Tirpitz (2008) Folgendes:
- Die Arbeitskraft der Mitarbeiter ist die größte Ressource im Unternehmen!

- Es braucht zielgerichtete und zielgruppenspezifische Informationsangebote.
- Maßnahmen und Konzepte der BSP brauchen Praxisnähe.
- Es braucht unternehmensspezifische Angebote.
- Die Dauer einzelner Maßnahmen und Projekte ist zu ermitteln und zu benennen.
- Der Umfang der Inanspruchnahme einzelner Mitarbeiter ist zu beziffern.
- Bei Bedarf sollte externe Beratung hinzugezogen werden.
- Kosten und Nutzen von BGM/Suchtpräventionsmaßnahmen müssen berechnet werden. Dazu werden Kennzahlen zu Kosten und Nutzen von Maßnahmen benötigt.

Grundsätzlich konnte durch Studien belegt werden: BSP ebenso wie BGM kann Kosten senken, Geld einsparen und sich damit wirtschaftlich positiv auswirken. Die BSP kann sich dabei auch auf grundlegende Erkenntnisse zum BGM berufen, in Zukunft sollten aber für den Baustein BSP im BGM verstärkt Erfolgsnachweise geführt werden. Dabei ist in Anlehnung an Schumann (2005) zu beachten:

- Evaluation und Controlling eines Suchtpräventionsprogramms sind ein bedeutender Teil des professionellen Handelns im Rahmen sozialer Dienstleistungen.
- Diese Verfahren schaffen eine Basis für die Weiterentwicklung und die Qualitätsentwicklung von Suchtpräventionsprogrammen.
- Mit der Berichterstattung zur Evaluation und zum Controlling schaffen die Akteure der betrieblichen Suchtprävention ein Stück betrieblicher Transparenz und Reflexion.
- Diese betriebliche Offenheit kann ein wichtiger Faktor für den Fortbestand der internen Einrichtung zur Suchtberatung und Suchthilfe sein.

Zu ergänzen ist, dass die Erfolgsnachweise ausdrücklich auch ökonomischer Analysen bedürfen. Hier gibt es Nachholbedarf, sodass in Anlehnung an Kosten-Nutzen-Analysen zum BGM vermehrt Kosten-Nutzen-Analysen zur BSP durchgeführt werden sollten. Auf entsprechende ökonomische Ansätze zur BSP ist hingewiesen worden.

Zu berücksichtigen ist, dass Suchtprobleme bis ins 21. Jahrhundert häufig noch tabuisiert werden, negativ besetzt sind und die Inanspruchnahme von Hilfen schambesetzt oder erst in einem späten Stadium der Suchterkrankung erfolgt (Schneider 2011). Diese negativen Aspekte wirken sich auf die Wahrnehmung suchtpräventiver Angebote wie auch auf Suchthilfeangebote im Betrieb aus. Es zeigt sich, dass ein gesundheitsbezogener Zugang zu den Betroffenen gegenüber einem suchtspezifischen Zugang von Vorteil sein kann. BSP und BGM sollten somit inhaltlich im Zusammenhang gesehen werden. Gleiches gilt für ökonomische Analysen. Vieles von dem, was für Kosten-Nutzen-Analysen zum BGM entwickelt wurde (Badura et al. 2009), lässt sich auf die Analyse der BSP übertragen. Aufgrund der fachlichen Standards der BSP und der spezifischen Kosten und Nutzen gilt es für den BGM-Baustein BSP im Sinne einer eigenen Kostenstelle ökonomisch »suchtspezifische« Ergebnisse zu produzieren, um auf der Basis der Effektivitäts- und Effizienznachweise die Angebote der BSP weiterzuentwickeln. Dazu werden detaillierte Wirtschaftlichkeitsberechnungen zur BSP wie auch zum BGM benötigt. Im Zuge der Standardisierung der BSP (Wienemann et al. 2011) ist zu erhoffen und einzufordern, dass in Zukunft eine Angleichung der Studiendesigns auf der Basis dieser Qualitätsstandards erfolgen kann, um die tatsächlichen Effekte der BSP besser abzubilden.

Literatur

Badura B, Ducki A, Schröder H, Klose J, Meyer M (Hrsg) (2012) Fehlzeiten-Report 2012. Gesundheit in der flexiblen Arbeitswelt: Chancen nutzen – Risiken minimieren. Zahlen, Daten, Analysen aus allen Branchen der Wirtschaft. Springer, Berlin Heidelberg New York

Badura B, Ducki A, Schröder H, Klose J, Macco K (Hrsg) (2011) Fehlzeiten-Report 2011. Führung und Gesundheit. Zahlen, Daten, Analysen aus allen Branchen der Wirtschaft. Springer, Berlin Heidelberg New York

Badura, B, Schröder, H, Klose J, Macco K (Hrsg) (2010) Fehlzeiten-Report 2010. Vielfalt managen: Gesundheit fördern – Potenziale nutzen. Zahlen, Daten, Analysen aus allen Branchen der Wirtschaft. Springer, Berlin Heidelberg New York

Badura B, Schröder H, Vetter C (Hrsg) (2009) Fehlzeiten-Report 2008. Betriebliches Gesundheitsmanagement: Kosten und Nutzen. Zahlen, Daten, Analysen aus allen Branchen der Wirtschaft. Springer, Berlin Heidelberg New York

Baumanns R (2009) Unternehmenserfolg durch betriebliches Gesundheitsmanagement. Nutzen für Unternehmer und Mitarbeiter. Eine Evaluation. Ibidem-Verlag, Stuttgart

Beck H (2006) Der Alltagsökonom. Warum Warteschlangen effizient sind? Und wie man das Beste aus seinem Leben macht. Deutscher Taschenbuchverlag, München

Colantonio A (1989) Assessing the effects of employee assistance programs: a review of em- ployee assistance program evaluations. The Yale Journal of Biology and Medicine 62(1):13–22

Deutsche Hauptstelle für Suchtfragen (DHS) (Hrsg) (2012) Jahrbuch Sucht 2012. Pabst Science Publishers, Lengerich

Die Drogenbeauftragte der Bundesregierung, Bundesministerium für Gesundheit (Hrsg) (2012) Drogen- und Suchtbericht. Mai 2012. Berlin

Literatur

Ennenbach M, Gass B, Reinecker H, Soyka M (2009) Wirksamkeit betrieblicher Suchtprävention. Nervenarzt 80, Springer Verlag, Berlin Heidelberg, S 305–314
Gloede D (2011) Betriebswirtschaftliche Evaluationsmethoden. In: Bamberg E, Ducki A, Metz A-M (Hrsg) Gesundheitsförderung und Gesundheitsmanagement in der Arbeitswelt. Ein Handbuch. Hogrefe, Göttingen Bern Wien Paris Oxford Prag Toronto Cambridge Amsterdam Kopenhagen Stockholm, S 235–255
Jähnig M (Hrsg) (2010) Kompendium Betriebliches Gesundheitsmanagement 2011. Konzepte, Strategien und Lösungen für die Unternehmenspraxis. F.A.Z.-Institut für Management-, Markt- und Medieninformationen GmbH, Frankfurt am Main
Kern M (2008) Betriebliche Suchtprävention. Analyse der Auswirkungen auf die Unternehmenskultur – Kosten-Nutzen-Analyse. VDM Verlag Dr. Müller, Saarbrücken
Kurtz NR, Googins B, Howard WC (1984): Measuring the success of occupational alcoholism programs. Journal of Studies of Alcohol 45 (1):33-45
Landesvereinigung für Gesundheit, Akademie für Sozialmedizin Niedersachsen e. V. (Hrsg) (2009) Betriebliches Gesundheitsmanagement in öffentlichen Verwaltungen. Ein Leitfaden für die Praxis. Hannover
Meyer M, Stallauke M, Weirauch H (2011) Krankheitsbedingte Fehlzeiten in der deutschen Wirtschaft im Jahr 2010. In: Badura B, Ducki A, Schröder H et al (Hrsg) Fehlzeiten-Report 2011. Führung und Gesundheit. Zahlen, Daten, Analysen aus allen Branchen der Wirtschaft. Springer, Berlin Heidelberg New York, S 223–384
Meyer JA, Tirpitz A (2008) Betriebliches Gesundheitsmanagement in KMU: Widerstände und deren Überwindung. Verlag Joseph Eul, Lohmar
Petschler T, Fuchs R (2000) Betriebswirtschaftliche Kosten-Nutzen-Aspekte innerbetrieblicher Alkoholprobleme. Sucht Aktuell 1:14–18
Pieck N (2010) Qualifizierung von Prozessbegleiter/innen im Gesundheitsmanagement der Polizei Niedersachsen. Leibnitz Universität Hannover, Hannover
Rehwald R, Reineke G, Winemann E et al (2008) Betriebliche Suchtprävention und Suchthilfe. Bund-Verlag, Frankfurt am Main
Rey-Rieck S, Güttinger F, Rehm J (2003): Lohnt sich betriebliche Suchtprävention? Zu Effektivität und Effizienz betrieblicher Alkoholpräventionen. In: Suchttherapie 2003. 4. Aufl, Georg Thieme Verlag, Stuttgart New York, S 12–17
Schneider R (2011) Wie Abhängigkeit entsteht und wie man sich daraus befreit. Informationen für Betroffene, Angehörige und Interessierte. 16. Aufl, Schneider Verlag, Hohengehren
Schumann G (2005) Handbuch zu Qualitätsstandards in der betrieblichen Suchtprävention. Oldenburg
Schweizerische Fachstelle für Alkohol- und andere Drogenprobleme (2005) Alkohol und andere Drogen im Unternehmen: Probleme, die im betrieblichen Alltag zu lösen sind. Lausanne
Sockoll I, Kramer I, Bödeker W (2008) Wirksamkeit und Nutzen betrieblicher Gesundheitsförderung und Prävention. Zusammenstellung der wissenschaftlichen Evidenz 2000 bis 2006. Iga-Report 13, Essen Dresden Bonn Siegburg
Telser H, Hauck A, Fischer B (2010) Alkoholbedingte Kosten am Arbeitsplatz. Schlussbericht für das Bundesamt für Gesundheit BAG und die Schweizerische Unfallversicherungsanstalt (SUVA). Olten
Uhle T, Treier M (2011) Betriebliches Gesundheitsmanagement. Gesundheitsförderung in der Arbeitswelt – Mitarbeiter einbinden, Prozesse gestalten, Erfolge messen. Springer Verlag, Berlin Heidelberg New York
Ulrich E, Wülser M (2009) Gesundheitsmanagement in Unternehmen. 3. Aufl, Gabler, Wiesbaden
Walter U, Münch E (2009) Die Bedeutung von Fehlzeitenstatistiken für die Unternehmensdiagnostik. In: Badura B, Schröder H, Vetter C (Hrsg) Fehlzeiten-Report 2009. Betriebliches Gesundheitsmanagement: Kosten und Nutzen. Zahlen, Daten, Analysen aus allen Branchen der Wirtschaft. Springer, Berlin Heidelberg New York, S 139–154
Wienemann E (2000) Vom Alkoholverbot zum Gesundheitsmanagement. Entwicklung der betrieblichen Suchtprävention von 1800–2000. ibidem-Verlag, Stuttgart
Wienemann E, Schumann G, Wartmann A (2011) Qualitätsstandards in der betrieblichen Suchtprävention und Suchthilfe der Deutschen Hauptstelle für Suchtfragen (DHS). Ein Leitfaden für die Praxis. Hamm
Wöhe G, Döring U (2010) Einführung in die Allgemeine Betriebswirtschaftslehre. 24. Aufl, Vahlen, München
Zoike E, Bungard S, Ganske V et al (2011) BKK Gesundheitsreport 2011. Zukunft der Arbeit. Statistik und Analyse. Essen

Rehabilitation und verminderte Erwerbsfähigkeit bei psychischen und Verhaltensstörungen durch psychotrope Substanzen

J. Köhler

B. Badura et al. (Hrsg.) *Fehlzeiten-Report 2013*,
DOI 10.1007/978-3-642-37117-2_15, © Springer Verlag Berlin Heidelberg 2013

Zusammenfassung *Die Entwicklung der Rehabilitation von Abhängigkeitserkrankungen seit 2004 wird anhand der Anträge, Bewilligungen und durchgeführten Maßnahmen, der Reha-Dauer, des Durchschnittsalters und der Hauptsuchtmittel im Verlauf dargestellt. Der aktuelle Stand der Nachsorge wird beschrieben. Bei den Berentungen wegen verminderter Erwerbsfähigkeit zeigt sich eine Zunahme der psychischen Erkrankungen und der Suchterkrankungen, wobei bei den Abhängigkeitserkrankungen ein Großteil der vorzeitigen Berentungen auf Begleit- oder Folgeerkrankungen zurückzuführen ist, die statistisch jedoch schwer einzuordnen sind.*

15.1 Rehabilitation

Die Deutsche Rentenversicherung (DRV) führt bei psychischen und Verhaltensstörungen durch psychotrope Substanzen auf der Grundlage des Sozialgesetzbuchs VI Entwöhnungsbehandlungen durch. Eine Indikation für eine Entwöhnungsbehandlung wird insbesondere dann gestellt, wenn ein Abhängigkeitssyndrom vorliegt.

Rehabilitationen für Abhängigkeitskranke werden vorwiegend stationär durchgeführt. Bei Alkohol- und Medikamentenabhängigkeit werden sie in der Regel für 8 bis 15 Wochen, bei Drogenabhängigkeit für 12 bis 26 Wochen bewilligt. Im Mittelpunkt der Behandlung stehen psychotherapeutische Gruppen- und Einzelgespräche. Diese werden ergänzt durch indikative Gruppen, angehörigenorientierte Interventionen, arbeitsbezogene Maßnahmen, Sozialarbeit, Sport- und Bewegungstherapie, Entspannungstraining, Gesundheitstraining, Ergotherapie, Freizeitgestaltung, Tabakentwöhnung und Ernährungsschulung. Die Zahl der Anträge, der Bewilligungen und der durchgeführten Rehabilitationen ist nach einer deutlichen Steigerung in den 90er Jahren des letzten Jahrhunderts seit 2004 relativ konstant (◘ Abb. 15.1).

In den letzten Jahren ist es sogar zu einem leichten Rückgang gekommen.

Die Unterschiede zwischen den bewilligten und den tatsächlich durchgeführten Maßnahmen begründen sich darin, dass Versicherte die Maßnahmen nicht antreten; die Nichtantrittsquote ist insbesondere bei Drogenabhängigen erhöht.

Nach den Regelungen des § 51 SGB V können die Krankenkassen Versicherte, deren Erwerbsfähigkeit nach ärztlichem Gutachten erheblich gefährdet oder gemindert ist, auffordern, einen Antrag auf Leistungen zur medizinischen Rehabilitation zu stellen. Versicherte, die diesen Antrag innerhalb einer Frist von zehn Wochen nicht stellen, verlieren den Anspruch auf Kranken-

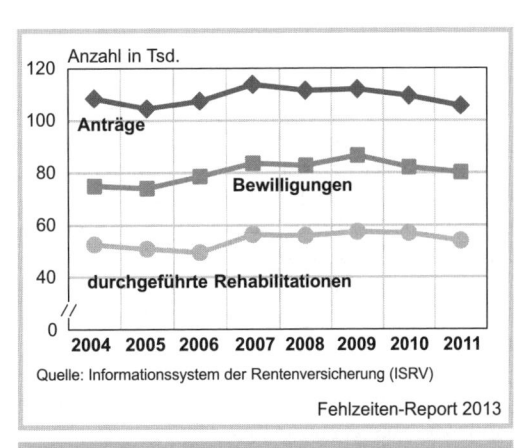

◘ **Abb. 15.1** Anträge, Bewilligungen und durchgeführte Rehabilitationen für Entwöhnungsbehandlungen, DRV gesamt (Quelle: Informationssystem der Rentenversicherung)

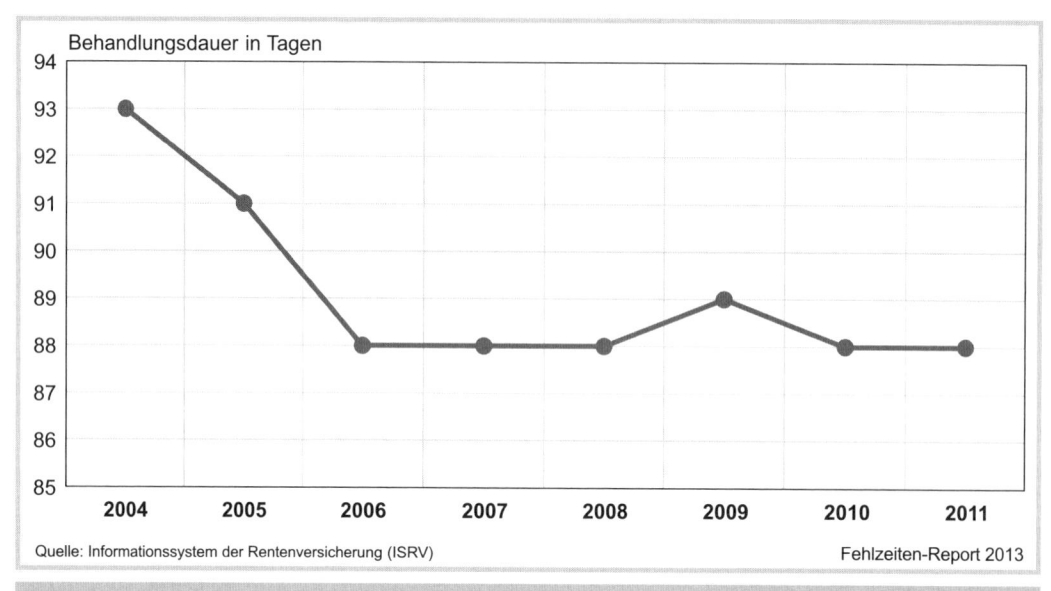

Abb. 15.2 Behandlungsdauer stationäre Entwöhnungsbehandlungen, DRV gesamt (Quelle: Informationssystem der Rentenversicherung)

geld. Die Zahl der Rehabilitationsanträge auf Entwöhnungsbehandlungen nach § 51 SGB V, die Anfang des Jahrtausends jährlich bei über 2.500 bzw. 3 Prozent aller Entwöhnungsanträge lag, ist in den letzten Jahren kontinuierlich gefallen und lag im Jahr 2012 bei nur noch 608 Anträgen, was 0,6 Prozent aller Entwöhnungsanträge entspricht. Es ist schwierig, diese Entwicklung genau zu begründen, da die Krankenkassen ihr Arbeitsunfähigkeitsmanagement in den letzten Jahren eher ausgebaut haben. Eventuell hängt diese Entwicklung jedoch mit verkürzten Bearbeitungszeiten bei der Rentenversicherung zusammen, sodass entsprechende Aufforderungen der Krankenkassen nur noch selten erfolgen.

Die Behandlungsdauer der stationären Entwöhnungsbehandlungen wurde bis 2006 schrittweise reduziert, was mit angepassten Behandlungskonzepten und einer zunehmenden Flexibilisierung der Rehabilitationsdauer in Verbindung zu bringen ist. Die meisten Einrichtungen und Rehabilitationsträger vereinbaren ein festes Budget, das den Reha-Einrichtungen überlässt, welche Patienten individuell länger und welche kürzer behandelt werden. Die Behandlungsdauer war in den letzten fünf Jahren mit durchschnittlich 88 Tagen bei den stationären Entwöhnungsbehandlungen relativ konstant (◘ Abb. 15.2).

Auch beim Durchschnittsalter der Rehabilitanden hat es in den letzten Jahren keine auffälligen Veränderungen gegeben (◘ Abb. 15.3). In die Gesamtstatistik gehen die eher jüngeren, vorwiegend männlichen Dro-

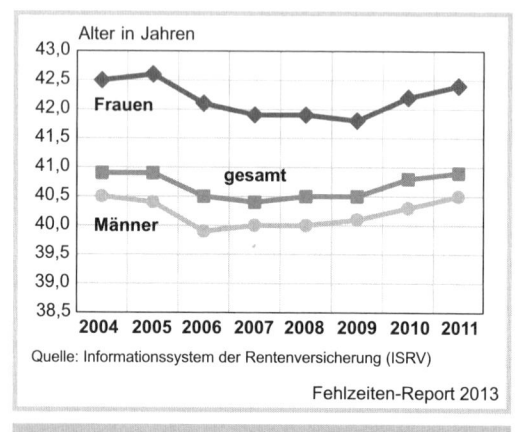

Abb. 15.3 Durchschnittsalter der Rehabilitanden Entwöhnungsbehandlungen, DRV gesamt (Quelle: Informationssystem der Rentenversicherung)

genabhängigen mit ein, was bei den Männern zu jüngeren Durchschnittsaltern als bei den Frauen führt. Die durchschnittliche Abhängigkeitsdauer beträgt nach den Statistiken der Rehabilitationseinrichtungen bei Störungen durch Alkohol 14,8 Jahre und bei Drogenabhängigkeit 11,8 Jahre (Bachmeier et al. 2012).

Der Anteil der ambulanten Entwöhnungsbehandlungen liegt bei knapp 20 Prozent der Gesamtbehandlungen, im stationären Bereich sind die vorherrschenden Suchtmittel zu zwei Dritteln Alkohol, zu einem

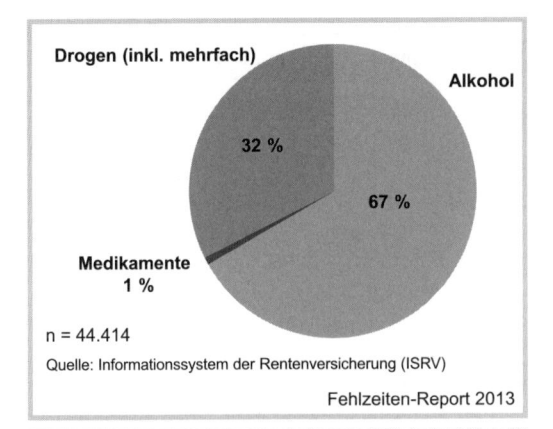

Drittel Drogen (inkl. Mehrfachabhängigkeit) und lediglich bei 1 Prozent Medikamente (◘ Abb. 15.4).

Im ambulanten Bereich ist die Dominanz des Alkohols noch stärker: Hier ist das Hauptsuchtmittel bei fünf Sechstel der Rehabilitanden Alkohol, bei einem Sechstel Drogen und bei 1 Prozent sind es Medikamente (◘ Abb. 15.5).

◘ Abb. 15.4 Hauptsuchtmittel bei Entwöhnungsbehandlungen 2011 stationär (Quelle: Informationssystem der Rentenversicherung)

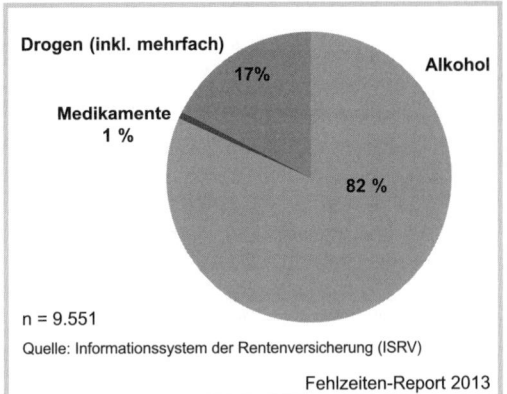

◘ Abb. 15.5 Hauptsuchtmittel bei Entwöhnungsbehandlungen 2011 ambulant (Quelle: Informationssystem der Rentenversicherung)

15.2 Nachsorge

Nach der stationären Rehabilitation werden von der Rentenversicherung auch Leistungen zur Nachsorge erbracht, wenn das Rehabilitationsziel schon erreicht ist und damit die erworbenen Verhaltensweisen und Einstellungen erprobt, nachhaltig gesichert und weiter gefestigt werden sollen. Auch sollen die Betroffenen im Rahmen der Nachsorge dabei unterstützt werden, mit einer Rückfallgefahr verbundene Krisen durch erlernte Kompetenzen angemessen zu bewältigen.

Nachsorgeleistungen umfassen in der Regel 20 Gruppen- und Einzelgespräche und zwei Angehörigengespräche im Zeitraum von sechs Monaten nach der Rehabilitation und können bei Bedarf noch um weitere 20 + 2 Therapieeinheiten für weitere sechs Monate verlängert werden. Bei den Gesprächen treten die therapeutischen Elemente der Rehabilitation zurück, stattdessen werden soziale Kontakte und eigene Aktivitäten der Abhängigkeitskranken stärker gefördert.

Die Durchführung der Nachsorge ist regional noch unterschiedlich konzipiert, es gibt aktuell jedoch ein gemeinsames Rahmenkonzept der Deutschen Rentenversicherung und der Gesetzlichen Krankenversicherung, das zum 1.1.2013 in Kraft getreten und mit den Suchtverbänden abgestimmt worden ist. Damit sollen die unterschiedlichen Vorgehensweisen angeglichen werden.

Statistische Daten über einen längeren Zeitraum bezüglich der Nachsorge bei Abhängigkeitserkrankungen sind für die Routinestatistik der Deutschen Rentenversicherung wegen der unterschiedlichen Vorgehensweisen nur schwer zu erheben. Zumindest kann für die letzten Jahre angegeben werden, dass die Zahl der bewilligten Nachsorgeleistungen für Abhängigkeitskranke durch die Rentenversicherung kontinuierlich zugenommen hat. So waren es 2009 15.532, 2010 16.617, 2011 17.270 und 2012 17.560 Bewilligungen.

15.3 Berentungen

Die Zahl der vorzeitigen Berentungen wegen verminderter Erwerbsfähigkeit ist insgesamt nach einem deutlichen Rückgang zwischen 1996 und 2006 seit 2007 wieder leicht angestiegen, wobei es 2011 zu einem Rückgang gekommen ist (◘ Abb. 15.6). Gründe für den Zuwachs in den letzten Jahren sind unter anderem, dass die geburtenstarken Jahrgänge (»Baby-Boomer«) in die für Erwerbsminderung besonders relevanten Altersgruppen zwischen dem 50. und 60. Lebensjahr gekommen sind bzw. durch die positive Beschäftigungsentwicklung der anspruchsberechtigte Versichertenkreis erweitert wurde. Auch wirtschaftliche Faktoren und der Arbeitsmarkt haben Auswirkungen.

Bei einer Aufteilung in wichtige Diagnosegruppen zeigt sich über die letzten Jahre ein deutlicher Rückgang bei den muskuloskelettalen Erkrankungen, was mit dem Wandel der Arbeitswelt in Verbindung ge-

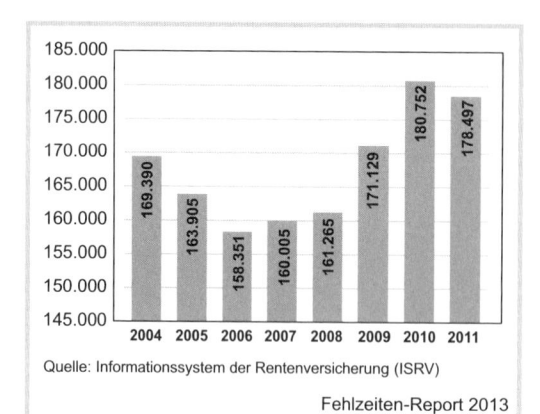

Abb. 15.6 Berentungen wegen verminderter Erwerbsfähigkeit (Quelle: Informationssystem der Rentenversicherung)

bracht werden kann. Auch bei den Neubildungen und den Kreislauferkrankungen kommt es zu leichten Rückgängen. Seit 2007 ist die Zahl der vorzeitigen Berentungen wegen Erwerbsminderung bei den psychischen Erkrankungen jedoch deutlich angestiegen. Dabei dominieren bei beiden Geschlechtern die affektiven Störungen. Die Ursachen für diesen deutlichen Anstieg können nicht eindeutig geklärt werden. Es spricht einiges dafür, dass hierbei eine verbesserte Diagnostik und Identifizierung im Rentenantragsverfahren, aber auch die gestiegene Akzeptanz psychischer Erkrankungen in der Bevölkerung eine Rolle spielen. Die Zahl der vorzeitigen Berentungen durch psychische und Verhaltensstörungen durch psychotrope Substanzen als Erstdiagnose ist seit 2004 deutlich gestiegen und lag im Jahr 2011 bei 8.548 Berentungen (◘ Abb. 15.7).

Bei 16 Prozent der 8.565 vorzeitigen Berentungen aufgrund von verminderter Erwerbsfähigkeit bei psychischen und Verhaltensstörungen durch psychotrope Substanzen im Jahr 2011 handelt es sich um umgedeutete Rehabilitationsanträge: Bei nicht mehr vorhandener Rehabilitationsfähigkeit oder wenn keine positive Rehabilitationsprognose gestellt werden kann, wird der Rehabilitationsantrag als Rentenantrag bearbeitet. Bei 64 Prozent dieser vorzeitig berenteten Personen wurde in den letzten fünf Jahren vor dem aktuellen Rentenbeginn keine Rehabilitation durchgeführt – dieser Prozentsatz liegt eindeutig höher als bei den psychischen Erkrankungen (57 Prozent) bzw. bei allen Erkrankungen (56 Prozent). Sucherkrankte nehmen also vor der Rente deutlich seltener eine Rehabilitation in Anspruch; die Ursache könnte sein, dass Rehabilitationsanträge nicht ausreichend oder zu spät gestellt werden.

Bei Männern sind die psychischen und Verhaltensstörungen durch psychotrope Substanzen häufiger ein

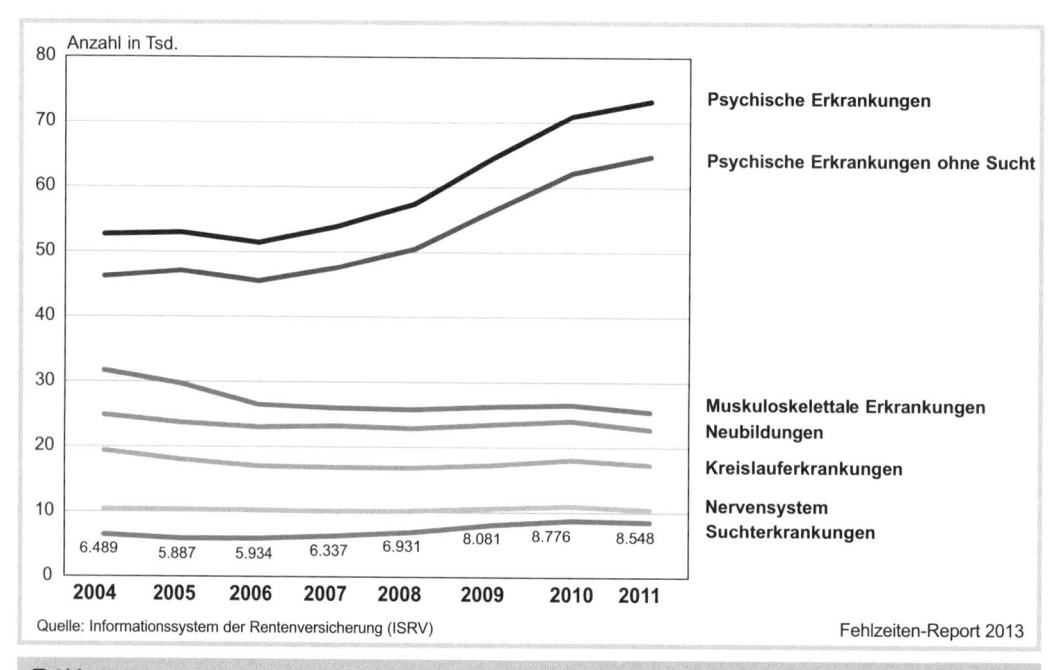

Abb. 15.7 Berentungen wegen verminderter Erwerbsfähigkeit, einzelne Diagnosegruppen (Quelle: Informationssystem der Rentenversicherung)

Grund zur Berentung und machten 2011 7,1 Prozent aller vorzeitigen Berentungen aus, bei Frauen waren es lediglich 2,3 Prozent. Ein Großteil dieser Berentungen (2011: 84 Prozent bei den Männern und 80 Prozent bei den Frauen) sind auf Alkohol zurückzuführen (ICD-10: F10), in der Regel liegt ein Alkohol-Abhängigkeitssyndrom vor. Weitere Substanzen sind in der Reihenfolge der Häufigkeit: multipler Substanzgebrauch, Opioide, Cannabinoide, Sedativa oder Hypnotika, Kokain, Stimulanzien, Halluzinogene und Lösungsmittel.

In diesem Zusammenhang muss jedoch darauf hingewiesen werden, dass die diagnosebezogenen Statistiken der Rentenversicherung wegen verminderter Erwerbsfähigkeit sich auf die Erstdiagnose beziehen. Bei den psychischen und Verhaltensstörungen durch psychotrope Substanzen sind aber häufig nicht die Suchterkrankungen selbst, sondern deren Begleit- und Folgeerkrankungen verantwortlich für die Einschränkung bzw. Aufhebung der Erwerbsfähigkeit.

Eine typische Folgeerkrankung der Alkoholabhängigkeit ist z. B. das amnestische Syndrom (auch Korsakow-Syndrom) mit Kurzzeitgedächtnisstörungen, Störungen des Zeitgefühls und des Zeitgitters, Lernschwierigkeiten und Konfabulationen.

Es gibt Diagnosen in der ICD-10, denen eindeutig eine Ursache durch eine psychotrope Substanz zugeordnet ist, wie z. B. die alkoholische Leberkrankheit (ICD-10: K70), die alkoholinduzierte chronische Pankreatitis (ICD-10: K86.0) oder die Alkohol-Polyneuropathie (ICD-10: G62.1). Dies würde für 2011 die Zahl der vorzeitigen Berentungen durch Suchterkrankungen um knapp 1.200 Fälle erhöhen.

Neben diesen direkt zuordenbaren Begleit- und Folgeerkrankungen gibt es noch eine längere Liste weiterer körperlicher und psychischer Erkrankungen, die typischerweise bei Suchterkrankungen vorkommen und zu einer vorzeitigen Berentung führen können. In der Rentenstatistik können sie jedoch nicht eindeutig den Suchterkrankungen zugeordnet werden, da diese nur eine mögliche Ursache oder Begleiterkrankung neben anderen Möglichkeiten sind. Im Einzelnen handelt es sich bei den körperlichen Erkrankungen z. B. um den nicht primär insulinabhängigen Diabetes mellitus, Adipositas, Störungen des Lipoproteinstoffwechsels und sonstige Lipidämien, Störungen des Purin- und Pyrimidinstoffwechsels, sonstige Polyneuropathien, essentielle Hypertonie und Rückenschmerzen. Bei den psychischen Erkrankungen sind es z. B. depressive Episoden, rezidivierende depressive Störungen, phobische Störungen, andere Angststörungen, Reaktionen auf schwere Belastungen und Anpassungsstörungen, dissoziative Störungen, somatoforme Störungen, andere neurotische Störungen, Essstörungen

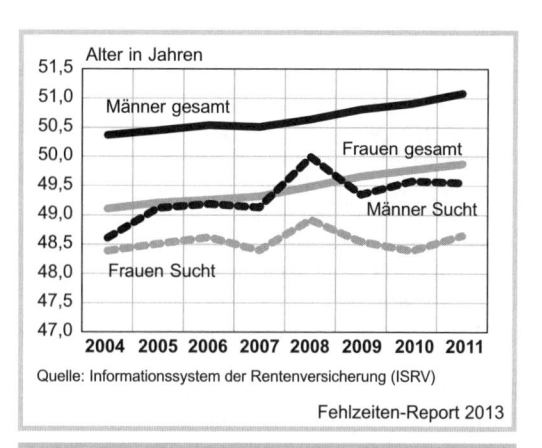

Abb. 15.8 Durchschnittsalter bei Berentungen wegen verminderter Erwerbsfähigkeit (Quelle: Informationssystem der Rentenversicherung)

und Persönlichkeitsstörungen. Diese Diagnosen machen ca. 20.000 vorzeitige Berentungen aus, es fällt jedoch schwer, den Anteil der Suchterkrankungen bei diesen Diagnosen auch nur ansatzweise zu schätzen.

Bei einer Betrachtung des Durchschnittsalters bei Berentungen wegen verminderter Erwerbsfähigkeit zeigt sich in den letzten Jahren ein kontinuierlicher Anstieg bei Männern und Frauen über alle Diagnosen (Abb. 15.8). Dieser Anstieg stellt sich deutlich auch bei den Suchterkrankungen der Männer dar, bei den Frauen ist ein solcher Anstieg nicht zu erkennen. Insbesondere Männer, aber auch Frauen, werden wegen einer Suchterkrankung deutlich früher vorzeitig berentet als wegen anderer Erkrankungen.

Die Gründe für die Zunahme des Durchschnittsalters bei der Berentung wegen verminderter Erwerbsfähigkeit sind nur schwer eindeutig festzulegen. Diese Entwicklung könnte sich in einer allgemeinen Zunahme der Erwerbstätigenquote bei Älteren, der längeren Lebensarbeitszeit, den verminderten Arbeitslosenzahlen und evtl. auch besser genutzten Behandlungsmöglichkeiten begründen. Das jüngere Alter bei Berentung wegen Abhängigkeitserkrankungen erklärt sich aus dem frühzeitigen Krankheitsbeginn.

15.4 Fazit

Zusammenfassend kann festgestellt werden, dass die Zahl der durchgeführten Suchtrehabilitationen nach deutlichen Zuwächsen bis 2004 zuletzt stagniert bzw. leicht zurückgegangen ist.

Angesichts der geschätzten epidemiologischen Zahlen von 1,3 Millionen Alkoholabhängigen (Pabst

2008), ca. 1,4 bis 1,5 Millionen Medikamentenabhängigen (Glaeske 2012), 220.000 Cannabisabhängigen und 645.000 Konsumenten anderer illegaler Drogen (Kraus 2008) kommt nur ein geringer Anteil dieser Abhängigkeitskranken in eine Entwöhnungsbehandlung. Die Dauer der Erkrankung bei Suchtrehabilitanden ist relativ lang und in der Regel ist es zu weitreichenden körperlichen, psychischen und sozialen Folgebeeinträchtigungen gekommen, die eine intensive und langwierige Behandlung erforderlich machen.

Ein in den letzten Jahren steigender Anteil dieser Abhängigkeitskranken muss wegen der Suchterkrankung selbst bzw. wegen körperlicher oder psychischer Begleit- und Folgeerkrankungen und verminderter Erwerbsfähigkeit vorzeitig berentet werden. Suchtkranke werden in jüngerem Alter berentet als Versicherte mit anderen Erkrankungen.

Insofern hat die Rentenversicherung ein Interesse daran, psychische und Verhaltensstörungen durch psychotrope Substanzen rechtzeitig zu erkennen und zu diagnostizieren. Auch Frühinterventionen in den Bereichen des Gesundheitssystems, bei denen Kontakt zu Suchtkranken besteht (insbesondere bei niedergelassenen Ärzten), und eine frühere Einleitung von weiteren Maßnahmen (Kontakt zu Suchtberatungsstellen und Selbsthilfegruppen, Beantragung von Entwöhnungsbehandlungen) sind im Sinne der Rentenversicherung.

Bei der Verursachung von Abhängigkeitserkrankungen kann die Arbeitswelt eine Rolle spielen. Im Stressreport 2012 (Lohmann-Haislah 2012) wurden
- bei jungen Arbeitnehmern Planungsunsicherheit durch befristete Verträge und ungünstige Arbeitszeiten, die Familie und Beruf schwer vereinbaren lassen,
- bei Arbeitnehmern in mittlerem Alter Multitasking und
- bei älteren Arbeitnehmern monotone Arbeit als Stressoren beschrieben.

Aus Untersuchungen ist jedoch auch bekannt, dass Arbeitslose gehäuft abhängigkeitskrank werden bzw. Abhängigkeitskranke wegen ihrer Erkrankung häufiger ihren Arbeitsplatz verlieren (Henkel 2008). Es gibt auch Häufungen von Abhängigkeitserkrankungen in bestimmten Berufen (Alkoholverarbeitung, Alkoholvertrieb, Gastronomie, Baugewerbe) bzw. Berufskonstellationen (Selbständige, Außenmitarbeiter). Arbeitsbezogene Maßnahmen sind deshalb bei der Rehabilitation von Abhängigkeitserkrankungen wichtiger Bestandteil des therapeutischen Konzepts.

Bei der Prävention von Abhängigkeitserkrankungen sind die Maßnahmen, die den Alkoholkonsum einschränken könnten, wissenschaftlich evaluiert und bekannt (Babor et al. 2005). Es gibt hocheffektive Maßnahmen, die nur geringe Kosten (Altersgrenzen bei der Abgabe, Preis) oder mittlere Kosten (Atem-Alkoholkontrolle im Verkehr, Hinweise auf Alkoholkonsum in der Arztpraxis) verursachen und weitere effektive, kostengünstige Maßnahmen (Einschränkung der Verkaufsstellen und der Verkaufszeiten für Alkohol). Dagegen konnte für Aufklärungsmaßnahmen in der Schule oder die Promotion von alkoholfreien Events bei hohen Kosten bisher keine überzeugende Wirksamkeit nachgewiesen werden. Es gibt also kein Erkenntnis-, sondern ein Umsetzungsdefizit.

Betriebliche Maßnahmen wie Punktnüchternheit, Betriebsvereinbarungen Sucht, Seminare für Führungskräfte, eine betriebliche Sozial- und Suchtberatung mit Vernetzung zum Suchthilfesystem bzw. überbetriebliche Angebote für kleine und mittlere Betriebe können zur Prävention und frühzeitigen Erkennung einer Suchterkrankung und Einleitung einer Behandlung beitragen.

Literatur

Babor T, Caetano R, Casswell S, Edwards G, Giesbrecht N, Graham K, Grube J, Gruenewald P, Hill L, Holder H, Homel R, Österberg E, Rehm J, Room R, Rossow I (2005) Alkohol – Kein gewöhnliches Konsumgut: Forschung und Alkoholpolitik. Hogrefe, Göttingen

Bachmeier R, Bick S, Funke W, Garbe D, Herder F, Kersting S, Lange N, Medenwaldt J, Missel P, Schneider B, Verstege R, Weissinger V (2012) Basisdokumentation 2011. Ausgewählte Daten zur Entwöhnungsbehandlung im Fachverband Sucht e.V. Bonn

Deutsche Rentenversicherung (2005–2011) Statistikbände Rehabilitation und Rentenzugang

Glaeske G (2012) Medikamente – Psychotrope und andere Arzneimittel mit Missbrauchs- und Abhängigkeitspotenzial. In: Deutsche Hauptstelle für Suchtfragen (Hrsg) Jahrbuch Sucht 2012. Neuland, Lengerich, S 90–111

Henkel D, Zemlin U (2008) Arbeitslosigkeit und Sucht. Fachhochschulverlag, Frankfurt am Main

Kraus L, Pfeiffer-Gerschel T, Pabst A (2008) Cannabis und andere illegale Drogen: Prävalenz, Konsummuster und Trends. Ergebnisse des Epidemiologischen Suchtsurveys 2006. Sucht 54 (Sonderheft 1):16–25

Lohmann-Haislah (2012) Stressreport Deutschland 2012. Psychische Anforderungen, Ressourcen und Befinden. Bundesanstalt für Arbeitsschutz und Arbeitsmedizin, Dortmund

Pabst A, Kraus L (2008) Alkoholkonsum, alkoholbezogene Störungen und Trends. Ergebnisse des Epidemiologischen Suchtsurveys 2006. Sucht 54 (Sonderheft 1):36–46

Verband Deutscher Rentenversicherungsträger (2004) VDR Statistik Rehabilitation und Rentenzugang

Sucht in verschiedenen Kontexten

Kapitel 16	Sucht unter Ärzten – 143	
	B. Mäulen	
Kapitel 17	Sucht unter Pflegekräften – 151	
	J. Abeler	
Kapitel 18	Arbeitssucht unter Journalisten – Wenn der Kopf nie Redaktionsschluss hat – 161	
	L. Matthey	
Kapitel 19	Sucht bei Fach- und Führungskräften – 173	
	A. Wartmann, E. Wienemann	
Kapitel 20	Sucht und Burnout in der Pflege – 183	
	D. Kunze	
Kapitel 21	Suchtprobleme am Arbeitsplatz aus juristischer Sicht – 191	
	F. Achilles	

Sucht unter Ärzten

B. Mäulen

B. Badura et al. (Hrsg.) *Fehlzeiten-Report 2013*,
DOI 10.1007/978-3-642-37117-2_16, © Springer Verlag Berlin Heidelberg 2013

Zusammenfassung Suchterkrankungen bei Ärzten sind ein unterschätztes Problem der Ärzteschaft. Unter den enorm verdichteten und von Fremdinteressen gesteuerten Verhältnissen im Gesundheitswesen kommt es zu einem Maß an Belastung, das Suchtentstehung und Ausbreitung begünstigt. Suchtkranke Ärzte nehmen Alkohol als häufigste Substanz, gefolgt von Tabletten. Betäubungsmittel spielen eine geringere Rolle. Daneben gibt es die nicht stoffgebundene Abhängigkeit wie Arbeitssucht (häufig) und Internetsucht (eher selten). Abhängige Ärzte verleugnen ihre Erkrankung, sie suchen selten von sich aus Hilfe. Bewährt haben sich gezielte Interventionen, wie sie von diversen Landesärztekammern eingesetzt werden (Prinzip Hilfe statt Strafe). Durch spezielle Behandlungskonzepte inklusive Nachsorge werden Abstinenzraten von ca. 70 Prozent Ein-Jahres-Abstinenz in Bezug auf Alkohol erreicht. Mit besserer Prävention, mehr Gesundheitsfürsorge für Mitarbeiter im Krankenhaus, mehr suchtbezogener Fortbildung und deutlich mehr unterstützender Konfrontation innerhalb der Ärzteschaft würden abhängige Ärzte früher entdeckt und effizienter behandelt. Hier besteht Nachholbedarf.

16.1 Einleitung

> »Immer wieder hört man in den Selbsthilfegruppen der AA von denen, die durch ihr Trinken alles verloren haben. … Ich dagegen habe im letzten Jahr meines Trinkens mehr Geld verdient als je zuvor, meine Frau hat nie gedroht mich zu verlassen, alles, was ich anfing war erfolgreich… mich hat mein Weg in die Gosse des Erfolgs gebracht. Der Platz, wo sich die alkoholkranken Penner einer Stadt treffen, ist meist ein Ort der Verzweiflung. Die Gosse des Erfolges fühlt sich letztlich genauso verzweifelt an.« (Earl 1989)

Wie andere Berufsgruppen auch sind Ärzte durch ihr berufliches Wissen nicht vor eigenen Erkrankungen – etwa Substanzabhängigkeit – geschützt. Im Gegenteil, manche Suchtmittel sind für sie zum Greifen nah, was in einer erhöhten Prävalenz von Abhängigkeit resultiert. Allerdings können Ärzte die Einnahme von abhängig machenden Mitteln oft besser tarnen, Kontrollversuche aushebeln und anderen (so wie sich selbst) vormachen, alles sei in Ordnung.

Das berufliche und private Umfeld mag vermuten, dass sich bei einem bestimmten Arzt eine Sucht entwickelt hat, es tut sich gemeinhin aber schwer, wirksame Maßnahmen zu ergreifen. Demgegenüber stehen die Auswirkungen einer Suchterkrankung von Ärzten auf die Qualität von Diagnostik und Therapie, die Erreichbarkeit im Dienst, mögliche Behandlungsfehler, auf Gedächtnis und Konzentration, auf das ärztliche und pflegerische Behandlungsteam, auf die Öffentlichkeit. Dazu kommen noch wirtschaftliche Auswirkungen wie erhöhte Ausfallzeiten, Fehlzeiten durch mehrwöchige Behandlungen und nicht selten auch ein Verlust produktiver Arztjahre durch verfrühtes Ausscheiden aus dem Beruf.

Erfreulicherweise ist in den letzten 25 Jahren gerade auch in Deutschland viel über Sucht unter Ärzten geforscht worden. Ausgehend von den Pionieren Feuerlein, Gottschaldt, Mäulen und Mundle wurden wissenschaftliche Grundlagen zur Erforschung der Gesundheit von Ärzten gelegt; spezialisierte Behandlungseinrichtungen wie die Oberbergkliniken haben ca. 5.000 abhängige Mediziner behandelt; Organe der ärztlichen Körperschaften haben wirksame Beschlüsse gefasst und Hilfssysteme entwickelt (Hoppe 2010); Arbeits- und Betriebsmediziner haben Interventions- und Präventionsmaßnahmen erarbeitet; Fachbücher zum Thema Ärztegesundheit wurden sowohl in den USA (AMA 1973) wie in der BRD (Mäulen 2006) publiziert. Auch ärztliche Arbeitskreise Sucht sowie überregionale Selbsthilfegruppen für abhängige Ärzte existieren seit vielen Jahren und treffen sich regelmäßig.

16.2 Arbeitsbedingungen von Ärzten und ihre Rolle bei der Suchtentwicklung

Die letzten zehn Jahre haben ganz wesentliche Veränderungen der Arbeitsbedingungen für Ärzte bewirkt: enorme Arbeitsverdichtung, Verschlechterung der Effort-Reward-Balance, zunehmender Verlust ärztlicher Entscheidungsunabhängigkeit, der Zwang ökonomische Faktoren verstärkt in ärztliche Entscheidungen einzubeziehen. Zu Recht stellen Angerer und Schwartz (2010) fest: Mediziner leiden unter den Folgen ihrer beruflichen Belastungen mit vielfältigen Konsequenzen: Arbeitsunzufriedenheit, beeinträchtigte Lebensqualität, verminderte Motivation, Burnout, Depression, **Alkoholmissbrauch** (Hervorhebung durch den Autor). Es gibt einen wissenschaftlich gut nachgewiesenen Zusammenhang zwischen den Arbeitsbedingungen im Gesundheitswesen und der Ärztegesundheit. Zu viel Stress, zu viel externe Bestimmung/Gängelung, zu wenig Anerkennung bei zu hohem Druck führen Ärzte häufig in einen inneren Zustand, in dem eine schon vorher bestehende Anlage und der schädliche Umgang mit Suchtmitteln zu einer ausgeprägten Abhängigkeit eskalieren.

16.3 Zu welchen Suchtmitteln greifen Ärzte?

Die Bandbreite des Konsums von Suchtsubstanzen umfasst bei Ärzten Alkohol, Medikamente, Nikotin, BTM-Präparate (stark dependenzerzeugende Substanzen aus dem Bereich der Opiatabkömmlinge bzw. andere Verbindungen, die sich an Opiatrezeptoren anlagern, ferner Rauschmittel wie LSD, Kokain u. a). Zu den gewählten Suchtmitteln gehören ebenso die nichtstofflichen Formen wie Internetsucht, Sexsucht oder Arbeitssucht, wobei letztere als geradezu typisch für den Medizinerberuf gilt (Fengler 1994).

Alkohol Die Missbrauchs-/Abhängigkeitsmuster folgen denen der Allgemeinbevölkerung mit bestimmten Ausnahmen (z. B. für Anästhesisten), das heißt, häufigstes Suchtmittel bei Ärzten ist in Deutschland der Alkohol. Eine umfangreiche Fragebogenaktion des kanadischen Gesundheitsministeriums von 1986 ergab ebenfalls eine Prävalenz in Bezug auf Alkoholmissbrauch/-abhängigkeit von 6 Prozent bei Ärzten (Brewster 1986). Dieselbe Größenordnung, eine Lebenszeitprävalenz von 6 Prozent für Alkoholmissbrauch-/abhängigkeit, fand die American Medical Association (AMA) bei 9.600 befragten Ärzten in den USA (AMA 1973). Wissenschaftlich fundierte Prävalenzstudien für Deutschland gibt es nicht (Kunstmann 2011). Fachleute gehen von etwa 4 bis 5 Prozent Lebenszeitprävalenz aus (Mäulen 2004; Kunstmann 2011). Bei einer klinischen Studie zeigte sich für Deutschland, dass in einem Behandlungskollektiv von 315 Ärzten mit gesicherter Abhängigkeit bei 55 Prozent Alkohol die einzige Suchtsubstanz war (Mäulen u. Gottschaldt 1992). Insofern besteht Übereinstimmung dahingehend, dass Alkohol das häufigste Suchtmittel für Ärzte ist.

Medikamente Keine Frage, verschreibungspflichtige Medikamente sind für Ärzte in überdurchschnittlichem Maße zum Greifen nah. Es gibt gehäufte Hinweise, dass Ärzte eine erhöhte Rate an Medikamentenabhängigkeit aufweisen. In der oben genannten AMA-Studie gaben 13,6 Prozent der 9.600 befragten US-Mediziner an, in den letzten 12 Monaten Selbstmedikation mit Benzodiazepinen (Medikamente mit ausgeprägter Dämpfung von Angstgefühlen, z. B. das Präparat Valium) betrieben zu haben. Eine Fragebogenaktion bei 466 Schweizer Ärzten durch Domenighetti (1991) erbrachte, dass 11,1 Prozent stimmungsverändernde Mittel einnahmen – deutlich mehr als in der Allgemeinbevölkerung (6,8 Prozent). In Behandlungskollektiven von Ärzten litten 16,5 Prozent der US-Kollegen (Talbott et al. 1987) sowie 20 Prozent der deutschen ärztlichen Patienten unter einer Medikamentenabhängigkeit (Mäulen u. Gottschaldt 1992). Der Missbrauch/die Abhängigkeit von Medikamenten ist die dritthäufigste substanzbezogene Sucht bei Ärzten nach Alkohol- und Nikotinmissbrauch/-abhängigkeit. Mit hoher Wahrscheinlichkeit ist die Medikamentenabhängigkeit von Ärzten höher als die in der Allgemeinbevölkerung.

BTM-Substanzen Nur ein kleiner Teil der deutschen Ärzte nimmt BTM-Substanzen ein; geschätzt werden ca. 0,7 Prozent der Ärzte. Das sind deutlich weniger als in den USA, wo etwa 3,7 Prozent opiatabhängig sind (Kunstmann 2011). Jedoch vollzieht sich bei den betroffenen Kollegen die Suchtentwicklung vergleichsweise schnell, verbunden mit dem Aufkommen von beruflichen Problemen. Meist werden sie auffällig, indem sie z. B. im Aufwachraum vor dem OP Opioide entwenden. Fachspezifisch handelt es sich gehäuft um Angehörige der Gruppe der Anästhesisten, die jeden Tag mit diesen Substanzen umgehen und insofern hochgradig exponiert sind (Soukup u. Schmale 2009). Es kommen sowohl oraler wie intravenöser Missbrauch vor, meist im Zusammenhang mit der Arbeit. Entsprechend entstehen hier sehr schnell disziplinarische und juristische Probleme. Eine US-Studie wies für die Anästhesisten gegenüber Internisten eine erhöhte

Todesfallrate im Zusammenhang mit der Einnahme von Drogen nach (Berry u. Fleisher 2000).

Nikotin Nikotin ist für Ärzte nach Alkohol der zweithäufigste Suchtstoff, obwohl auch hier die Folgeerkrankungen jedem Arzt bewusst sind. Die kognitive Dissonanz, gleichzeitig Arzt und Raucher zu sein, also zu wissen, welch ernste gesundheitsschädliche Auswirkungen das Rauchen hat und doch weiter zu rauchen, ist nicht nur Sache des individuellen Arztes. Sie betrifft wesentlich auch seine professionelle Arbeit. So sind Ärzte, die selber gesund leben, deutlich glaubwürdiger und sie motivieren auch eher ihre Patienten, schädliche Noxen aufzugeben. 1997 veröffentlichte Fowler (1997) eine vergleichende Studie zum Zigarettenkonsum durch gesellschaftliche Vorbilder. Danach rauchen ca. 26 Prozent der deutschen Ärzte. Auch nach Angaben der Deutschen Gesellschaft für Nikotinforschung raucht in Deutschland jeder fünfte Arzt (ÄZ 2001). Eine Studie des Statistischen Bundesamtes zum Thema Rauchen ermittelte für die Gruppe der Ärzte einen Anteil von 18 Prozent, ebenso viel wie bei Apothekern (ÄZ 2001). In einer vergleichenden Studie von Ärzten und Anwälten fand Kaiser (2000) für beide Berufsgruppen eine ähnliche Prävalenz von 20 Prozent. Mit diesen Zahlen liegen wir in Deutschland gegenüber dem, was im Ausland in Bezug auf Rauchen und Ärztegesundheit erreicht wurde, zurück. Die geringsten Prävalenzquoten finden sich in den USA, wo nur etwa 3 Prozent der Ärzte rauchen. Auch die britischen Ärzte verhalten sich zurückhaltender – bei ihnen rauchen ca. 10 bis 11 Prozent der Kollegen (Fowler 1997). Trotzdem raucht die deutsche Ärzteschaft insgesamt mit 20 Prozent Prävalenz deutlich weniger als die Gesamtgesellschaft der BRD (38 Prozent).

Ärzte greifen also substanzbezogen am häufigsten zu Alkohol und haben hier eine Prävalenz von mindestens 5 Prozent, also so viel wie die Allgemeinbevölkerung. Beim Nikotin liegen Ärzte mit 20 Prozent Prävalenz deutlich unter der Raucherquote in der Allgemeinbevölkerung, während sie bei der Medikamentenabhängigkeit eine erhöhte Prävalenzrate von ca. 10 bis 12 Prozent aufweisen. Bezüglich BTM-Substanzen findet sich in Deutschland bei Ärzten eine niedrige Prävalenzrate von unter 1 Prozent gegenüber den USA mit 3 bis 4 Prozent der Kollegen (◘ Abb. 16.1).

16.4 Veränderungen im Arbeitsverhalten suchtkranker Ärzte

Entgegen allgemeiner Erwartungen treten Veränderungen im Arbeitsverhalten suchtkranker Ärzte meist

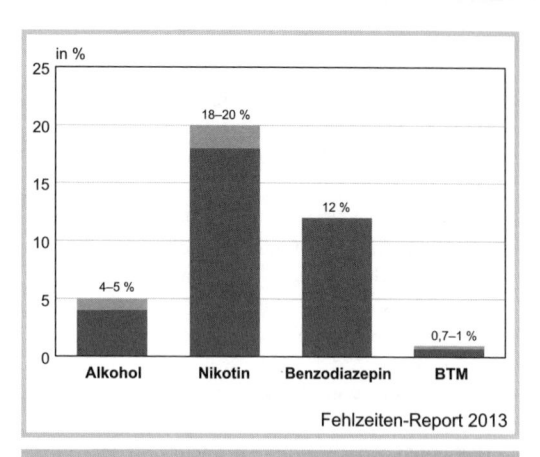

◘ **Abb. 16.1** Prävalenzraten für Abhängigkeit deutscher Ärzte

spät – wenn überhaupt – auf. Während sich deutliche Störungen im Privatleben wie Rückzug, Verlust an Freizeitaktivitäten oder emotionale Reizbarkeit bei geringen Anlässen schon früher zeigen, verläuft das professionelle Leben vergleichsweise störungsarm. Immer wieder ist es erstaunlich, wie ein hohes Arbeitspensum, schwierige Operationen und volle Praxistermine parallel zu einem Alkoholkonsum mit einer Dosis von z. B. einer Flasche Wodka am Tag bewältigt werden (Gottschaldt 1997; Earl 1989). Gerade weil die betroffenen Mediziner wissen, dass ihre Karriere/Approbation oder Kassenzulassung auf dem Spiel steht, mobilisieren sie äußerste Kräfte, um nicht aufzufallen. Trotzdem wird bei progredientem Suchtverlauf früher oder später eine Veränderung im Arbeitsverhalten, in der Persönlichkeit, der Kommunikation oder im Umgang mit Patienten auftreten.

In der Praxis kann es kommen zu
- Unpünktlichkeit, kurzfristigen Terminverschiebungen,
- misstrauisch-reizbarem oder sonst unerklärbarem Verhalten gegenüber Mitarbeitern und Patienten,
- vermehrter Anforderung von medikamentösem Praxisbedarf, oft mit dem Wunsch nach sofortiger Lieferung,
- Beschwerden von Patienten gegenüber dem Personal,
- unerklärlichen Abwesenheiten während üblicher Sprechzeiten.

In der Klinik kann es kommen zu
- Unpünktlichkeit, verspäteter Durchführung von Visiten,

- nachlassender Qualität von konkretem Fachwissen oder von Routinefertigkeiten,
- misstrauisch-reizbarem Verhalten gegenüber Mitarbeitern und Patienten,
- Verschreibung falscher, falsch dosierter Medikamente,
- Hinweisen der Pforte über Nichterreichbarkeit des Arztes im Dienst oder bei Notfallanrufen,
- zunehmenden Gerüchten, dass mit Dr. X. »irgendetwas nicht stimmt«,
- Visiten mit »Alkoholfahne« oder verwaschener Sprache,
- Entwendung von Medikamenten, widerrechtliche Einnahme von BTM-Substanzen, die für Patienten gedacht sind (Aufwachraum der Anästhesie, Intensivstation).

Viele der oben genannten Veränderungen werden von den Betroffenen bagatellisiert und zum Teil mit völliger Übermüdung und der Modediagnose »Burnout« entschuldigt. Das ganze Ausmaß der suchtbedingten Veränderungen bekommen in der Regel nur die engsten Mitarbeiter mit, und diese beteiligen sich koabhängig oft eher am Vertuschen (Soukop u. Schmale 2009). Es gibt große individuelle Unterschiede in der Art und Weise, wie Veränderungen bei suchtkranken Ärzten auftreten; manche halten jahrzehntelang durch oder wechseln einfach den Arbeitsplatz. Die schnellsten Veränderungen werden beim BTM-Substanzmissbrauch beobachtet. Dem Autor sind mehrere Fälle bekannt, bei denen Kollegen mit der Nadel im Arm aufgefunden und zum Teil notfallmäßig in der eigenen Klinik behandelt wurden. In solchen Fällen wird eher nicht weggeschaut, sondern die Leitungsebene der jeweiligen Klinik drängt auf schnelle Sanktionen (Maier u. Leqclerc-Springer 2012).

16.5 Zugang zur Therapie

Einen substanzabhängigen Arzt zur Therapie zu bewegen ist ausgesprochen schwierig. Massive psychische Abwehr, große Ängste vor Bloßstellung sowie vor beruflichen und wirtschaftlichen Nachteilen erschweren einen vernunftgesteuerten Zugang. Dabei gilt: Substanzabhängigkeit kann heute mit gutem Erfolg behandelt werden, wenn die Therapie zustande kommt. Es gibt in Deutschland Tausende von Kollegen, die abstinent leben und nach einer Therapie ungehindert und erfolgreich weiterarbeiten. Und doch wehren sich abhängige Ärzte meist mit »Händen und Füßen« gegen eine stationäre Therapie. Insofern muss Druck aufgebaut werden. In den USA vollzieht sich dies durch Anzeigen bei den Fachgesellschaften und Approbationsorganen, die dann meist eine sogenannte »Intervention« anstreben (Angres et al. 2012). Dabei konfrontieren besonders geschulte Fachkräfte, meist Ärzte, die selber suchtkrank waren und abstinent leben, die noch in der sucht-typischen Verleugnung verhafteten Kollegen. Ausgerüstet mit Informationen besorgter Angehöriger, Kollegen oder Personalverantwortlicher versuchen sie die Mauer der Verleugnung (wall of denial) zu durchbrechen. Ziel ist es, dass die Betroffenen in eine Entgiftungs-/Entwöhnungsbehandlung einwilligen oder zu einer Evaluation durch einen Facharzt, der oft besondere Erfahrung im Umgang mit abhängigen Kollegen hat, bereit sind.

16.6 Hilfe statt Strafe – die Initiativen der Ärztekammern

Wegen der geringen Spontanbereitschaft suchtkranker Ärzte, von sich aus Hilfe anzunehmen, haben die Ärztekammern in vielen Bundesländern schon seit längerem Interventionsprogramme gestartet. Das älteste Programm wurde vor ca. 20 Jahren von der Ärztekammer Hamburg zusammen mit der Oberbergklinik entwickelt (Mäulen et al. 1995). Das Programm hat drei Phasen:

a. **Klärung:** Eine ca. 1- bis 4-wöchige Informations- und Motivationsphase, in der das Ausmaß der Suchterkrankung und die Behandlungsnotwendigkeit festgestellt werden
b. **Therapie:** Die ca. 2 Monate dauernde Therapiephase beinhaltet die Entgiftung und Entwöhnung in einer Fachklinik; die Ärztekammer spricht mit der zuständigen Ärzteversorgung über eine anteilige Kostenübernahme und hilft gegebenenfalls bei der Suche nach einem Praxisvertreter.
c. **Nachsorge:** Die 24 Monate dauernde Nachsorgephase beinhaltet suchtbezogene Psychotherapie, Zufallsscreenings, gutachterliche Untersuchungen und auch direkte Gespräche mit den betroffenen Kollegen.

Mit dieser Kette von Maßnahmen schaffen 75 Prozent der Programmteilnehmer die Abstinenz (Kieckbusch 2012). Leitgedanke dieser Maßnahmen der Ärztekammer ist das Prinzip »Hilfe statt Strafe«, also nicht primär zu bedrohen, sondern auf Einsicht und Hilfe zu setzen. Selbstverständlich braucht es auch die Bereitschaft, völlig uneinsichtige Kollegen nötigenfalls auch mit Maßnahmen zu belegen, wenn keine Kooperation erreichbar ist. Sehr hilfreich hat sich auch die Einbeziehung trockener Ärzte erwiesen. Diese nun »trocken« lebenden Kollegen wissen, wie verzweifelt sich alkoholkranke Ärzte fühlen, wie sie voller Ohnmacht erleben, dass sie wider besseres Wissen nicht aufhören können, ihr Suchtmittel einzunehmen. Wie der Protagonist dieser Bewegung, Prof. Matthias Gottschaldt, zeigte, können Ärzte lernen, dass es einen Ausweg gibt, dass der Weg nach einer Therapie besser, gesünder ist und dass man weiterhin als Arzt erfolgreich sein kann (Gottschaldt 1997). Der Autor hat zahlreiche Ärzte in der Nachsorge behandelt. Die Erfahrungen zeigen, dass die ersten Monate der Abstinenz oft schwierig sind durch

— erhebliche Ängste vor der Reaktion von Patienten und Mitarbeitern,
— Scham über die Konfrontation mit den suchtbedingten Auffälligkeiten, die nach und nach herauskommen,
— Bewältigung des Verdienstausfalls in der Praxis und sonstige finanzielle Verwicklungen,
— Probleme mit Verkehrsbehörden in Sachen Führerschein, MPU,
— Schwierigkeiten im Familienleben, wenn wieder mehr Mitsprache vom »trockenen Arzt« eingefordert wird,
— spürbares Misstrauen der Kollegen, ob und wie lange die Abstinenz durchgehalten wird.

Das sind erhebliche Herausforderungen! Heftige Gefühle von Ärger, Enttäuschung, Niedergeschlagenheit u. a. sind fast immer vorhanden. Wer trotzdem im Programm bleibt, sich nicht allzu sehr unter Erfolgsdruck setzt und gemäß den zwölf Schritten der Anonymen Alkoholikern jeden Tag für sich nimmt (Motto: gute 24 Stunden), der kommt vorwärts. Die Umstellung auf die abstinente Lebensweise wird zur neuen Gewohnheit, das Misstrauen verschwindet, dafür wird den Betroffenen oft Hochachtung entgegengebracht (Earl 1989). Nach bitteren Monaten kommen wieder Lebensfreude und ein gefühlter Friede auf. Und irgendwann reift die Erkenntnis, dass man schon Jahre früher in dem Suchtverhalten hätte gestoppt werden können und sollen. Was in Deutschland insofern noch deutlich verbessert werden muss, ist die Aufmerksamkeit nicht suchtkranker Ärzte für die abhängigen Kollegen (Yancey u. McKinnon 2010). Hier wird noch viel zu oft weggeschaut, vertuscht, die Konfrontation vermieden, statt – sowohl zum Schutz der Patienten wie auch der erkrankten Ärzte – früher die Intervention der zuständigen Ärztekammer einzufordern (Maier 2010).

16.7 Besonderheiten der Therapie suchtkranker Ärzte

Ärzte sind keine leichten Patienten – dies gilt umso mehr für suchtkranke Ärzte. Sie zu therapieren stellt erhöhte Anforderungen an ein Behandlungsteam. Insofern wundert es nicht, dass die Standardprogramme für Suchtkranke sowohl in Deutschland wie in den USA und Spanien nur mäßige Erfolge bei Ärzten zeigen (Talbott et al. 1987; Gottschaldt 1997; Mäulen 2002; Lusilla 2011). So haben sich – meist fußend auf der eigenen Betroffenheit der Klinikgründer – Spezialeinrichtungen wie das Talbott Recovery Center, Atlanta, die Oberbergkliniken (Schwarzwald, Weser-Bergland, Brandenburg) und die spanische Galatea Foundation (Barcelona) herausgebildet, die mit fokussierten Ansätzen Mediziner mit sehr gutem Erfolg behandeln. Die Grundlagen sind die moderner Suchttherapie: qualifizierte Entgiftung, Erarbeitung des persönlichen Krankheitsverständnisses der Kollegen, Verständnis für die Funktion des Suchtmittels, Einsicht in gegebenenfalls vorhandene familiäre und genetische Wurzeln, Auslöser von Rückfällen und entsprechende rückfallpräventive Schritte. Das alles haben Standardprogramme und Arztprogramme gemeinsam. Besonderheiten der Therapie suchtkranker Ärzte zeigt folgende Aufstellung:

■ **Besonderheiten der Therapie suchtkranker Ärzte**
— Diskrete und kompetente Behandlung in 6–8 Wochen
— Behandlung zusammen mit vielen anderen Arztpatienten
— Hilfe bei der Kostenübernahme durch Kombination von Ärzteversorgung, Krankenversicherung und anderen Versicherungen
— Behandlung vorzugsweise durch Ärzte, wenn möglich mit der Erfahrung eigener Abhängigkeit
— Bearbeitung der Doppelrolle Arzt und Patient und von Insuffizienzgefühlen, Scham, Versagensängsten, Ohnmachtsgefühlen
— Aufdeckung von arbeitsplatzbezogenen Suchtauslösern (Überarbeitung, Stress, ständige Wut, mangelnde Abgrenzung etc.)
— Analyse berufsbedingter Rückfallauslöser
— Hilfe bei Schwierigkeiten mit Ärztekammer, Approbationsbehörde, Staatsanwaltschaft
— Heranführen an Selbsthilfegruppen mit ausschließlicher oder hoher Ärzteteilnahme (Ärzte in AA, Caduceus Club, Oberberggruppen)

— Finden einer Sprachregelung für den Arbeitsplatz Klinik/Praxis, die einerseits ehrlich ist und andererseits die Stigmatisierung Suchtkranker verhindert

Werden die o. g. Punkte konsequent umgesetzt, haben abhängige Ärzte eine Ein-Jahres-Abstinenzrate von über 70 Prozent (Mundle et al. 2007).

Komorbidität Oft zeigt sich in der Therapie, dass die behandelten Ärzte nicht nur unter einer Suchterkrankung leiden, sondern zusätzlich unter einem Burnout, einer Angststörung oder einer Depression (Angres et al. 2012). Dadurch ergeben sich wichtige Konsequenzen für die Therapie. Bei affektiven Erkrankungen bringt eine genaue Anamnese, die Befragung der Angehörigen, die Frage nach Symptomen in abstinenten Intervallen gegebenenfalls nähere Erkenntnisse. Nicht wenige Ärzte trinken, um eigene Ängste zu unterdrücken, um ein zunehmendes Gefühl von Traurigkeit oder Leere bzw. eine tiefe Erschöpfung weniger spüren zu müssen. Andersherum sind aber auch viele Suchtpatienten depressiv, niedergeschlagen oder angstbetont. Die Frage, was die Haupterkrankung darstellt, ist meist nicht leicht zu beantworten. In der Therapie hat sich bewährt, in der ersten Phase zunächst eine Entgiftung und Entwöhnung von allen Suchtmitteln anzustreben und in der zweiten Phase die komorbide Störung therapeutisch und pharmakologisch zu behandeln. Die Suchtmittelabstinenz verbessert den psychophysischen Zustand erheblich. Falls dennoch signifikante psychopathologische Symptome bestehen, sollte kompetente psychiatrische Mitbehandlung erfolgen. Üblicherweise wird bei Suchtpatienten aus Gründen möglichen Missbrauchs eine vollständige Medikamentenfreiheit angestrebt; bei komorbiden Erkrankungen ist aber oft die Gabe von Psychopharmaka wie SSRI, d. h. modernen antidepressiven Medikamenten, die den Serotoninspiegel beeinflussen, oder von Neuroleptika wichtig für den dauerhaften Behandlungserfolg. Auf jeden Fall müssen der abhängige Arzt und die Familienangehörigen über das Vorliegen der Zweiterkrankung sowie über die Wirkung und Nebenwirkung der Medikamente informiert werden.

Selbstberichte suchtkranker Ärzte – Biografien
Es gibt zahlreiche Selbstberichte suchtkranker Ärzte. Sie versuchen den Lesern (und vielleicht auch den Autoren selbst) das innere Drama zu schildern:
▼

---

1. »Was zwang mich, immer wieder zu trinken, obwohl ich es nicht wollte und deutlich die drohenden Folgen, lange vor der Pensionierung und dem Zerfall meiner Familie, vor Augen hatte?« (Gottschaldt 1997)
2. »Die Injektion des Demerols® war wie zusätzlicher Brennstoff für das Feuer meiner Abhängigkeit. Schon bald war mein Grad an ärztlichem Funktionieren gefährlich nah an der Inkompetenz … und trotzdem behandelte ich Patienten, führte größere Operationen an Hunderten von menschlichen Wesen durch.« (Scheiner 2012)
3. »Meine medizinische Laufbahn begann und blühte auf, während ich gleichzeitig mein schreckliches Geheimnis um die zunehmende Alkoholabhängigkeit versteckte. … Ich war rundum angesehen, mein Einkommen war weit überdurchschnittlich, ich hatte eine liebevolle Familie – und doch war mein Leben dabei sich aufzulösen. Meine Krankheit verschlimmerte sich, meine Frau und ich wurden durch mein Trinken körperlich und emotional immer distanzierter, meine Kinder wirkten immer verlorener; … nur wenn ich trank, konnte ich so etwas wie einen inneren Frieden erleben.« (Talbott et al. 2012)

16.8 Was können wir noch tun?

Zunächst wären die Arbeitsbedingungen für Beschäftigte im Gesundheitswesen insofern zu verändern, als eine bessere Gesundheitsförderung im Sinne von Verhältnisprävention gewährleistet ist: mehr Anerkennung, mehr Ruhe- und Auszeiten, eine positivere Gestaltung von Arbeitsabläufen, deutlich mehr Mitbestimmung der nachgeordneten Mitarbeiter, Erhöhung der Aufgabentransparenz, Förderung gesünderer Kommunikations- und Teamstrukturen, Schulung von Führungskräften in motivationsfördernder Mitarbeiterführung, Arbeitskreise Gesundheit von Beschäftigten im Krankenhaus, Balintgruppen/Supervisionsangebote auch in somatischen Krankenhäusern, deutlich gesünderes Krankenhausessen etc. Dies würde in vielen Bereichen in einer Umkehrung der bisherigen Hierarchie mit der damit verbundenen Überforderung der Mitarbeiter resultieren und braucht entsprechend einen sehr langen Atem und nachhaltiges Engagement.

Ärzte mit Abhängigkeitserkrankungen finden heute ambulante sowie stationäre Behandlungsmöglichkeiten durch Spezialisten, Ärztekammern betreiben erfolgreiche Hilfsprogramme, berufliche Nachsorgeprogramme sorgen für hohe Abstinenzraten von ca. 70 Prozent, die Ärzteversorgungen übernehmen oft anteilige Behandlungskosten, eine eigene Internetplattform hält rund um die Uhr und kostenfrei vielfältige Informationen über suchtkranke Ärzte und Ärztegesundheit vor (www.aerztegesundheit.de). Zusammengenommen stellt all dies einen enormen Fortschritt dar, der in den letzten 25 Jahren erreicht wurde.

Und doch ist die Frage angemessen: Was können wir für abhängigkeitskranke Ärzte noch tun? Eine Reihe von Maßnahmen kommt in den Sinn:

a. In der Ausbildung junger Mediziner sollte das Thema Ärztegesundheit stärkere Berücksichtigung finden. Dazu gehören Aspekte wie die Burnoutgefahr im Medizinerberuf, eine überdurchschnittliche hohe Gefährdung für Suizid und eben das Risiko einer Abhängigkeitserkrankung inklusive geeigneter ärzte- und suchtspezifischer Maßnahmen.
b. In der Ausbildung aller Ärzte, die mit Suchtkranken arbeiten (Zusatzbezeichnung Fachkunde Sucht), sollte wenigstens eine Unterrichtsstunde dem Thema abhängige Kollegen gewidmet werden. Dies wird u. a. von der ÄK Baden-Württemberg seit Jahren erfolgreich umgesetzt. (ÄK Baden-Württemberg 2013)
c. In den wenigen Bundesländern, in denen es noch kein offizielles Hilfsprogramm der Landesärztekammer für suchtkranke Ärzte gibt, sollte dieses eingeführt werden.
d. Die großen ärztlichen Berufsverbände sollten von sich aus auf ihren Fachtagungen die Verbandsmitglieder für das Thema suchtkranke Kollegen sensibilisieren. Erfreuliche Maßnahmen hierzu hat u. a. der Verband deutscher Anästhesisten und Intensivmediziner vorgeführt. Hierzu gehören die Veröffentlichung von Fachartikeln über die spezielle Gefährdung der jeweiligen Facharztgruppe (Soukup u. Schmale 2009), Fallberichte betroffener Facharztkollegen (Maier u. Leclerc-Springer 2012), die Gründung von Arbeitsgruppen sowie die Erarbeitung eines Hilfsprogramms auf Vorstandsebene.
e. In den Krankenhäusern sollten dringend Fortbildungsmaßnahmen für Personalverantwortliche angeboten werden, gegebenenfalls auch national über den deutschen Krankenhausverband, weil die bisherige Erfahrung leider zeigt, dass die üblichen Vereinbarungen zum Umgang mit suchtkranken Mitarbeitern zwar das technische, administrative und pflegerische Personal erreichen, aber nur unzureichend die angestellten Ärzte. So schrieb erst kürzlich ein Chefarzt eines großen universitätsangegliederten Klinikums: »In vielen Krankenhäusern würde ein erhöhter Eigenverbrauch von Propofol oder Ketamin praktisch nicht realisiert« (Maier u. Scherbaum 2009). Hier sind Schutzmaßnahmen gefordert. Die Praxis mancher Personalverantwortlicher (ganz gleich, ob Chefarzt oder Verwaltungsdirektor eines Klinikums), einem Kollegen mit Hinweisen auf ein Suchtproblem nach einem Vorfall still im »gegenseitigen Einvernehmen« zu kündigen, sollte obsolet sein. Dies gefährdet nicht nur Leben und Gesundheit des betroffenen kranken Kollegen, es nimmt billigend die potenzielle Schädigung von Patienten am nächsten ärztlichen Arbeitsplatz in Kauf. Insofern stellt es ein Organisationsverschulden der verantwortlichen Einrichtung dar (Maier u. Leclerc-Springer 2012). Es ist sehr wohl möglich, einen suchtkranken Kollegen – auch mit Führungsverantwortung – weiter zu beschäftigen, aber eben nur mit professioneller Behandlung, mit regelmäßigen Kontrollen im Sinne eines Drug Monitoring und gegebenenfalls mit weiteren Auflagen.

Literatur

Angerer P, Schwartz W (2010) Einführung. In:Fuchs C, Kurth BM, Scriba PC (Hrsg) Report Versorgungsforschung. Deutscher Ärzte Verlag, Köln
Angres D, Talbott D, Bettinardi-Angres K (2012) Healing the Healer – The Addicted Physician. Creative Space Publ
AMA – American Medical Association (1973) The sick physician. JAMA 233:684–687
ÄK Baden-Württemberg (2013) Akademie Fort- und Weiterbildung Südbaden. Zusatzbezeichnung Suchtmedizin
ÄZ (2001) Ärzte qualmen mit am wenigsten. Ergebnisse der Mikrozensus-Umfrage des Statistischen Bundesamtes Wiesbaden
Berry A, Fleisher L (2000) Cause specific mortality of anaesthesiologists. Anesthesiology 93:919–921
Brewster J (1986) Prevalence of alcohol and other drug problems among physicians. JAMA 255:2939–2944
Dilts S, Gendel M (2000) Substance use disorders. In: Goldman L, Myers M, Dickstein L (Hrsg) The Handbook of Physician Health. American Medical Association, Chicago
Domenighetti G (1991) Psychoactive drug use among medical doctors is higher than in general population. Soc Sci Med 33:269–274
Earl M (1989) Physician heal thyself! CompCare Publ, Minneapolis
Fengler Jörg (1994) Süchtige und Tüchtige. Pfeiffer, München

Feuerlein W (1986) Suchtprobleme des Arztes. Münch Med Wschr 128:385–388

Fowler G (1997) In: Bollinger CT, Fagerstrom KO (Hrsg) The Tobacco epidemic. Progress in Respiratory Research, Bd 28, S 168–177

Gottschaldt M (1997) Alkohol und Medikamente – Wege aus der Abhängigkeit. Trias, Stuttgart

Hoppe (2010) Nur ein gesunder Arzt kann helfen. VdBw aktuell, Interview Juli 2010, S 6–7

Kaiser P (2000) Hausärztinnen und Hausärzte als Gesundheitsvorbilder. ZFA 81:419–422

Kiekbusch D (2012) Suchtinterventionen bei Ärzten – ein schmaler Grat. Deutsches Ärzteblatt 109:A 2151–2152

Kunstmann W (2005) Suchterkrankungen bei Ärzten – Bei Therapie gute Aussicht auf Heilung. Deutsches Ärzteblatt 102:A 1941–1944

Kunstmann W (2011) Substance abuse among doctors in Germany – problem size and interventions. Conference of the European Association of Physician Health, Salzburg

Lusilla P (2011) Psychiatrists treating doctors. Conference of the European Association of Physician Health, Salzburg

Mäulen B (2002) Suchtkranke Ärzte – ein aktueller Überblick. In: Hofmann (Hrsg) Arbeitsmedizin im Gesundheitsdienst. Band 15, FFAS, Freiburg, S 252–262

Mäulen B (2004) Abhängigkeit bei Ärztinnen und Ärzten. In: Psychosomatische Gynäkologie und Geburtshilfe. Wollmann-Wohlleben V et al (Hrsg), S 47–53

Mäulen B (2006) Ärztegesundheit. Urban & Vogel, München

Mäulen B (2009) Burnout, Depression und Sucht bei Chirurgen. Chirurgische Allgemeine CHAZ 10 JG. Heft 4:239–244

Mäulen B, Gottschaldt M (1992) Abhängige Ärzte – Eine klinische Studie zu Betroffenen in Deutschland. Fortschritte der Neurologie, Psychiatrie 60:182–183

Mäulen B, Gottschaldt M, Damm K (1995) Hilfsmöglichkeiten für abhängige Ärzte – Unterstützung durch die Ärztekammern. Dtsch Ärzteblatt 92:3305–3306

Maier C (2010) Umgang mit abhängigkeitskranken Mitarbeitern im Krankenhaus. Anästh Intensivmedizin 51:719–721

Maier C, Scherbaum N (2009) Vorwort zum Beitrag »Das Suchtrisiko bei Medizinern« Anästh Intensivmedizin 50:283-284

Maier C, Leclerc-Springer J (2012) Lebensbedrohliche Fentanyl- und Propofolabhängigkeit. Der Anaesthesist 61:801–807

Mundle G (2005) Depression und Burnout bei Ärzten. Ärzteblatt BaWü, 2005, 5

Mundle G, Gottschaldt E (2008) Abhängigkeitserkrankungen bei Ärztinnen und Ärzten. Spezifische Angebote ermöglichen eine erfolgreiche Therapie. Dtsch Med Wochenschr 133:17–20

Mundle G, Jurkat HB, Reimer C, Beelmann K, Kaufmann M, Cimander KF (2007) Suchttherapie bei abhängigen Medizinern. Psychotherapeut:273–279

Scheiner J (2012) The Janus Doctor – a nightmare of drugs and deceit. Amazon Distribution

Soukup J, Schmale M (2009) Das Suchtrisiko bei Medizinern – Sind wir Anästhesisten besonders gefährdet? Anästh Intensivmedizin 50:286–295

Talbott D, Gallegos K, Wilson P (1987) The Medical Association of Georgia's impaired physicians program- review of the first 1000 physicians. JAMA 25:2927–2930

Yancey J, McKinnon H (2010) Reaching out to an impaired physician. Effectively addressing a colleague's impairment requires care, planning and courage. Fam Pract Manag 17:27–31

Sucht unter Pflegekräften

J. Abeler

B. Badura et al. (Hrsg.) *Fehlzeiten-Report 2013*,
DOI 10.1007/978-3-642-37117-2_17, © Springer Verlag Berlin Heidelberg 2013

Zusammenfassung *Die Berufe in der Gesundheits- und Krankenpflege sind seit vielen Jahren die gesundheitlich mit am stärksten belastete und beeinträchtigste Berufsgruppe in Deutschland. Gründe hierfür finden sich in den Arbeitsbedingungen und in den für diese Berufsgruppe typischen physischen und psychischen Belastungen, im 24-Stunden-Schichtbetrieb sowie in den Belastungen durch Umgebungsgefahren. Auch organisationsbedingte Belastungen spielen eine große Rolle. Besonders die Umstrukturierungen in der deutschen Krankenhauslandschaft und die damit einhergehenden Arbeitsverdichtungen durch einen starken Personalabbau und stetig steigende Patientenzahlen führen zu immer höheren gesundheitlichen Belastungen. Die körperlichen und psychischen Belastungen werden regelmäßig in Krankenpflege-Reports und im Pflege-Thermometer untersucht. Es ist zu beobachten, dass bei bestimmten Bedingungen in den Pflegeberufen die Zahl der psychischen Erkrankungen und der Alkohol- und Suchtmittelabhängigkeit sehr stark über einem schon hohen Durchschnitt an Suchterkrankungen liegt. Der Beitrag stellt Präventionsmöglichkeiten im Rahmen einer gesundheitsbewahrenden Personalplanung für Gesundheits- und Pflegeberufe und zur Suchtprävention im Krankenhaus vor.*

17.1 Veränderungen der Rahmenbedingungen für die Pflegeberufe

In der bundesdeutschen Krankenhauslandschaft sowie den Pflegeeinrichtungen hat sich in den letzten zehn Jahren ein tief greifender Strukturwandel vollzogen. Als Auswirkung von diversen großen Gesundheitsreformen haben sich die Bedingungen für die Beschäftigten in den Pflege- und Krankenpflegeberufen gravierend verändert.

17.1.1 Die Bedingungen für die Krankenpflege

Viele kommunale und städtische Krankenhäuser wurden in den letzten 20 Jahren dereguliert. Nach und nach wurden sie – oftmals vorab schon teilsaniert – an meist große Krankenhausbetreiber verkauft. Gab es 1992 gerade 369 private Krankenhäuser, so waren es im Jahr 2011 schon 677 private und privatisierte Krankenhäuser (Statistisches Bundesamt). Um hier den politischen und gesetzlichen Anforderungen an eine medizinische Grundversorgung gerecht zu werden und teilweise auch noch »Dividende« für den privaten Betreiber abzuwerfen, erlebten die Beschäftigten und besonders die Pflegekräfte eine massive Veränderung der Rahmenbedingungen ihres Arbeitsfeldes. So sank die Zahl der Krankenhäuser bundesweit seit 1992 von 2.381 auf 2.041 im Jahr 2011 (Statistisches Bundesamt). Voraussichtlich werden weitere Krankenhäuser schließen müssen (RWI 2012). Bundesweit wird dabei auch ein starker Abbau der Krankenhausbetten verzeichnet. Wurden 1992 noch 646.995 Krankenhausbetten vorgehalten, so gab es 2011 nur noch 502.029 Betten (Statistisches Bundesamt) (◘ Abb. 17.1).

Diese Entwicklung wurde begleitet durch einen massiven Personalabbau, der mit weiteren organisatorischen und strukturellen Veränderungen in den Krankenhäusern einhergeht. So sank die Beschäftigung von Pflegekräften seit 1992 von 331.301 Personen (Vollzeitäquivalent) auf nur noch 310.484 Personen im Jahr 2011, was einem Rückgang um 20.817 Pflegekräfte entspricht (Statistisches Bundesamt).

Seit der Einführung der Fallpauschalen, den DRGs (Diagnosis Related Groups, gelten in den Krankenhäusern verpflichtend seit 2004) durch das Gesundheitsreformgesetz 2000 (§ 17b KHG) wurde eine immer kürzere Liegezeit der Patienten und ein noch weiterer Personalabbau verzeichnet. Die Folge ist, dass die Pflegeintensität deutlich zugenommen hat. Dies belastet das Pflegepersonal nachhaltig. Auch das Ar-

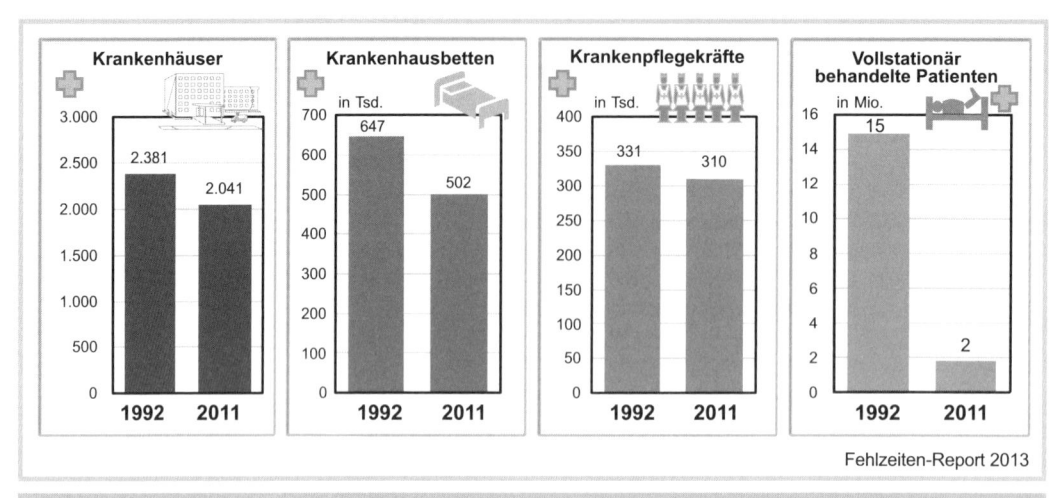

Abb. 17.1 Die Rahmenbedingungen der Krankenpflege 1992 und 2011

(Krankenhäuser: 2.381 (1992), 2.041 (2011); Krankenhausbetten in Tsd.: 647 (1992), 502 (2011); Krankenpflegekräfte in Tsd.: 331 (1992), 310 (2011); Vollstationär behandelte Patienten in Mio.: 15 (1992), 2 (2011); Fehlzeiten-Report 2013)

beitstempo steigt und körperlich schwere Arbeiten nehmen zu. Zusätzlich weitet sich der Dokumentations- und Verwaltungsaufwand für die Pflegekräfte drastisch aus. Für den Krankenhausbetreiber wird jedoch durch die Einführung von Qualitätsstandards eine bessere Steuerung der Erlöse erreicht.

Als Ergebnis dieser Umstrukturierung sind bei sinkenden Krankenhaus- und Personalzahlen immer höhere Patientenzahlen zu registrieren: Im Jahr 1992 versorgten die bundesdeutschen Krankenhäuser 14,9 Mio. vollstationär behandelte Patienten mit einer durchschnittlichen Verweildauer von 13,9 Tagen. Dagegen wurden im Jahr 2011 insgesamt 18,3 Mio. Patienten in 340 Kliniken weniger und 144.966 Krankenhausbetten weniger von 20.817 Pflegekräften weniger vollstationär versorgt, die durchschnittliche Verweildauer betrug nur noch 7,7 Tage. Das bedeutet, dass die zu bewältigende Arbeitsleistung für jede Pflegekraft stetig steigt: von 48 Behandlungsfällen im Jahr 1997 auf 59 Behandlungsfälle im Jahr 2010 (Statistisches Bundesamt). In den privatisierten Kliniken sind gegenüber den öffentlich oder freigemeinnützig geführten Krankenhäusern noch höhere Belastungszahlen auszumachen. So stieg die zu bewältigende Arbeitsleistung für jede Pflegekraft stetig von 56 Behandlungsfällen im Jahr 2000 auf 61 Behandlungsfälle im Jahr 2010 gegenüber dem Durchschnitt aller Pflegekräfte (Statistisches Bundesamt).

17.1.2 Die Bedingungen der stationären Pflege

Vor dem Hintergrund insgesamt sinkender Bevölkerungszahlen in Deutschland steigt der Anteil an älteren Menschen an der Gesamtbevölkerung. So lag der Anteil der über 60-Jährigen im Jahr 2000 bei 23,6 Prozent. Dieser Anteil stieg bis zum Jahr 2011 auf 26,6 Prozent (Statistisches Bundesamt 2009). Es wird davon ausgegangen, dass bis zum Jahr 2030 der Anteil über 60-jähriger Menschen in Deutschland bei ca. einem Drittel der Gesamtbevölkerung liegen wird (AOK-Bundesverband 2011). Entsprechend werden sich auch die Zahlen der pflegebedürftigen Menschen verändern. So lag im Jahr 1999 der Anteil an Pflegebedürftigen mit Leistungen im Rahmen der Pflegeversicherung bei 573.211 Personen. Darunter nahmen 554.217 Menschen eine vollstationäre Pflege in Anspruch. 2009 nahmen dann 714.490 Menschen eine vollstationäre Pflege in Anspruch (Statistisches Bundesamt 2009). Im Jahr 2010 bezogen bereits 2,37 Mio. Menschen Leistungen im Rahmen der Pflegeversicherung. Davon wurden im selben Jahr 740.000 stationär gepflegt (AOK-Bundesverband 2011). Für die Pflegeeinrichtungen vollzog sich seit 1999 eine der Krankenhauslandschaft gegenläufige Entwicklung (◘ Abb. 17.2).

So gab es 1999 in Deutschland 8.900 Pflegeheime mit 646.000 Pflegeplätzen. Die Zahl der Pflegeeinrichtungen stieg bis 2009 auf 11.634 Pflegeheime mit jetzt 845.000 Pflegeplätzen. Die Zahl der Beschäftigten in den Pflegeheimen stieg dabei von 440.940 Personen im Jahr 1999 auf 621.392 Personen im Jahr 2009. Der Anteil an Fachkräften (für Pflege und Betreuung inkl.

17.2 · Die berufsspezifischen Belastungen der Pflege- und Gesundheitsberufe

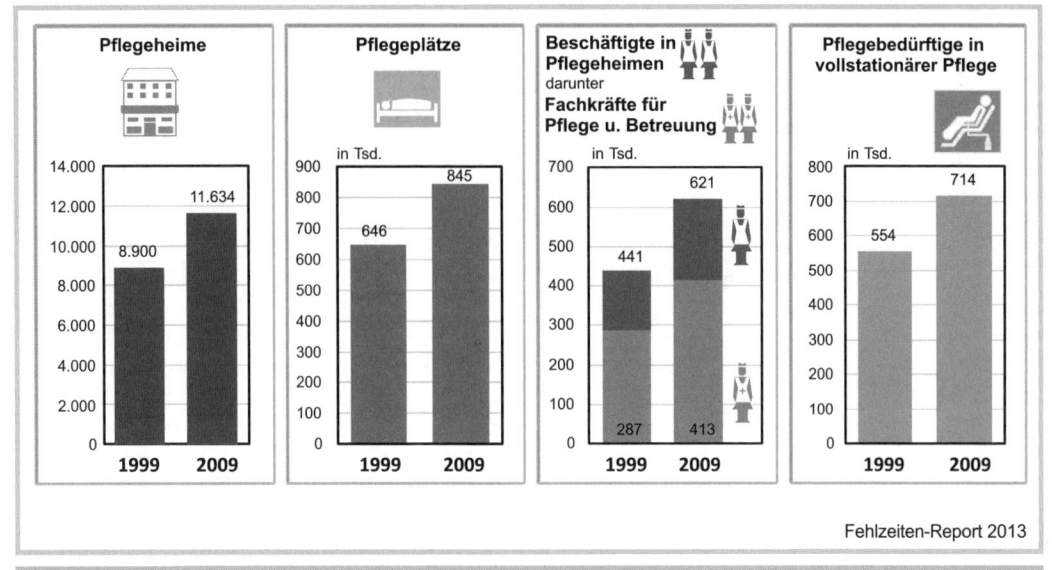

Abb. 17.2 Die Rahmenbedingungen für die stationäre Pflege 1999 und 2009 (Fehlzeiten-Report 2013)

Altenpfleger) betrug 1999 287.267 Personen und lag schon 2009 bei 413.128 Personen (Statistisches Bundesamt 2009).

17.2 Die berufsspezifischen Belastungen der Pflege- und Gesundheitsberufe

17.2.1 Belastungsfaktoren in den Gesundheits- und Krankenpflegeberufen

Die wesentlichen Belastungsfaktoren der Gesundheitspflege sind neben der Arbeitszeit die physischen und psychischen Belastungen sowie Belastungen durch Umgebungsgefahren. Auch organisationsbedingte Belastungen spielen hier eine große Rolle (Glaser u. Höge 2005). Steigende Patientenzahlen und Verkürzungen der Verweildauer in den Krankenhäusern führen bei gleichzeitigem Abbau des Pflegepersonals zu einer Arbeitsverdichtung (Statistisches Bundesamt 2009). Verglichen mit einem Krankenstand von 3,2 Prozent aller Versicherten lag dieser in den Pflegeberufen mit 4,8 Prozent im Jahr 1998 deutlich höher. 2011 liegt der Krankenstand im Gesundheitswesen immer noch mit 4,1 Prozent deutlich höher als der Durchschnitt mit 3,6 Prozent am Gesamtkrankenstand im Gesundheitswesen (Kordt 2012). Dies entspricht für die Pflege 15 Tagen je AU-Fall für 1998 und immer noch 12,6 AU-Tagen für 2011 (Nolting u. Kordt 2000; Kordt 2012). In den Jahren 2000 bis 2010 erkrankten insgesamt 27.271 Menschen in den Gesundheitsdienstberufen aus beruflich verursachten Gründen. Dabei lag der Anteil der betroffenen Frauen mit 24.139 besonders hoch (BAuA 2010).

Gesundheitsreporte und Pflege-Thermometer zeigen Belastungen auf

Die spezifischen Belastungen in den Gesundheitsberufen, speziell der Beschäftigten in Krankenhäusern, werden seit Jahren erforscht. Genannt sei hier eine deutschlandweite Studie zu den »Auswirkungen der psychischen Belastung von Ärzten und Krankenpflegekräften auf den Alkohol- und Suchtmittelmissbrauch«. Neben der psychosozialen Belastung des Krankenpflegepersonals wurden hier auch die Hauptprobleme am Arbeitsplatz und die Belastungsfaktoren ermittelt. Berücksichtigung fand auch die Frage, ob die Art und Größe des Krankenhauses mit der Belastung zusammenhängt und ob sich die Belastungen in onkologischen und nichtonkologischen Abteilungen unterscheiden (Herschbach 1992).

Der Krankenpflegereport der DAK und der Berufsgenossenschaft für Gesundheitsdienst und Wohlfahrtspflege (BGW) von 2000 und 2005 sowie das Pflege-Thermometer des Deutschen Instituts für angewandte Pflegeforschung (dip) schreiben die Befunde von 1991 bezüglich der Belastungen in der Pflege teilweise fort. Am Beispiel des von DAK und BGW vorgelegten Krankenpflegereports 2000 wurden für die Pflegeberufe hohe Krankenstände, zahlreiche Arbeitsunfälle sowie eine überdurchschnittliche Zahl von Beschäftigten, die den erlernten Pflegeberuf aufgeben, dokumentiert. Schon damals belegte der Report, dass Pflegekräfte besonders oft an stressbedingten psychischen Krankheiten erkrankten. Die beiden häufigsten psychiatrischen Diagnosen, Neurosen und depressive Zustandsbilder, verursachten über 30 Prozent mehr Fehltage als im DAK-Durchschnitt festgestellt. Häufig unter Zeitdruck standen 88 Prozent der Pflegekräfte, 65 Prozent mussten oft oder sehr oft eine begonnene Tätigkeit unterbrechen.

Der Krankenpflegereport 2005 von DAK und BGW wies darauf hin, dass besonders Pflegende stark vom Veränderungsdruck betroffen sind. Viele der Befragten hatten in ihrem Krankenhaus und auf der eigenen Station Rationalisierungs- und Umstrukturierungsprozesse erfahren. So berichteten 63 Prozent von Personalabbau und 29 Prozent von Zusammenlegungen ihrer Station mit anderen Abteilungen. Einen Wechsel des Trägers erlebten 27 Prozent und einen Bettenabbau 21 Prozent. Auch die deutliche Verkürzung der Verweildauer von Patienten machte sich bemerkbar. Die Folge war eine Zunahme der Pflegeintensität. Das Arbeitstempo stieg und körperlich schwere Arbeiten nahmen zu.

Im aktuellen Pflege-Thermometer 2012 wird auf die besorgniserregende Situation auf den Intensivstationen in Deutschland hingewiesen. Neben steigenden Fallzahlen wird eine Zunahme an intensivmedizinischer und komplexer Behandlung verzeichnet. Dabei wird eine Konzentration der Intensivtherapie auf weniger Krankenhäuser beobachtet. Die Zahl der Behandlungsfälle stieg seit 2002 um 148.989 auf insgesamt 2.049.888 Behandlungsfälle im Jahr 2010. Es wird ein Anstieg schwerstkranker Personen ausgemacht, die während der Behandlung auf der Intensivstation beatmet werden müssen. Im Jahr 2010 wurden 359.300 Patienten in Deutschland während der Aufenthaltsdauer auf einer Intensivstation auch beatmungstherapeutisch behandelt. 2010 wurden insgesamt 76.000 Patienten mehr beatmungspflichtig als noch im Jahr 2002.

Im Krankenhaus besteht ein 24-Stunden-Schichtbetrieb

In erster Linie gelten bei den Arbeitszeiten die Schicht- und Nachtdienste als erhebliche Belastungsfaktoren. Hinzu kommen die oft langen Bereitschaftsdienste. Tarifliche Regelungen, das Arbeitszeitgesetz und die EU-Arbeitsrichtlinie sowie Urteile des Europäischen Gerichtshofs geben die Arbeitszeiten für Pflegeberufe vor. Trotzdem können – aus meist organisatorischen Gründen wie plötzliche Personalengpässe – die vorgeschriebenen Ruhezeiten und die täglichen und wöchentlichen Höchstarbeitszeiten oft nicht eingehalten werden. Besonders in den Intensivabteilungen der Allgemeinkrankenhäuser und Universitätskliniken kommen die Auswirkungen der Belastungen des Schichtbetriebes zum Tragen (Isfort u. Weidner 2012).

Physische Belastungen

Der pflegerische Tätigkeitsbereich ist vielmals geprägt von erheblicher körperlicher Belastung, beispielsweise beim Heben und Lagern von Patienten. Oftmals wird von den Pflegekräften – etwa bei bewegungsunfähigen Patienten – spontanes körperliches Eingreifen gefordert. Die Folgen sind dann manchmal verheerend für die eigene Gesundheit. Massive Wirbelsäulenerkrankungen sowie Nacken- und Rückenbeschwerden liegen bei den Erkrankungen der Pflegekräfte ganz vorn. Über Kreuz- und Rückenschmerzen klagten 1998 insgesamt 76 Prozent und im Krankenpflegereport 2003 immer noch 73,9 Prozent der Krankenpflegekräfte. 1998 gaben 67,2 Prozent der Krankenpflege Nacken- und Schulterschmerzen an, im Jahr 2003 stieg dieser Wert auf 69,1 Prozent (Nolting u. Kordt 2000; 2005).

Psychische Belastungen

Die psychischen Belastungen ergeben sich aus der ständigen Konfrontation mit dem Leiden der Patienten: den schweren Verletzungen, den unheilbaren Krankheiten und auch der Auseinandersetzung mit dem Tod. Weiter stellt die mit hoher Konzentration auszuübende Tätigkeit im pflegerischen Handeln einen wichtigen Belastungsfaktor dar. Durch die Anforderungen der Patienten und deren Angehörigen, der Ärzte und der Pflegeleitung werden schnelle Entscheidungen erwartet. Diese häufigen »Irritationen« behindern teilweise den Pflegeablauf. Hier zeigt sich auch deutlich eine mangelnde Kooperation zwischen den Berufsgruppen.

Organisatorische Probleme im Klinikalltag beanspruchen die Pflegekräfte ebenfalls. Häufig fallen Kollegen wegen Krankheit aus (oder Frei-/Überstunden müssen abgebaut werden). Aus der Freizeit oder sogar aus dem Urlaub herausgerufen zu werden sowie häufige Nacharbeit stellen dauerhafte Belastungen für das Privatleben der Pflegekräfte dar. 1998/1999 gaben 49,3 Prozent der befragten Erwerbstätigen an, häufig unter Termin- und Leistungsdruck zu leiden. In den Jahren 2005/2006 waren es in der Befragung schon 53,5 Prozent (BIBB u. BAuA 2006). Dagegen gaben im Krankenpflegereport 2000 55,4 Prozent der Befragten an, sehr oft unter Zeitdruck zu leiden. Die Zahlen für 2003 lagen mit 38 Prozent noch immer sehr hoch (Nolting u. Kordt 2000; 2005).Und 2007 klagten 33,2 Prozent der Pflegekräfte über Zeitdruck und Arbeitsüberlastung (Statistisches Bundesamt 2009).

Durchschnittlich leisteten 26,9 Prozent der Pflegekräfte 1998 mehr als zehn Überstunden im Monat, 2003 waren es 25,2 Prozent. Und im Jahr 2008 gaben 40 Prozent der Befragten zum Pflege-Thermometer 2009 an, im Zeitraum der letzten sechs Monate zwischen 46 und 70 Überstunden geleistet zu haben. Hochgerechnet auf alle Gesundheits- und Krankenpflegenden in Krankenhäusern in Deutschland wurden damit Überstunden für rund 15.000 Vollzeitkräfte in Deutschland geleistet (Isfort u. Weidner 2009). Im Jahr 2003 beklagten sich 29 Prozent der Pflegekräfte darüber, keine Pausen machen zu können (Nolting u. Kordt 2005), im Jahr 2008 waren es schon 30,8 Prozent in der Krankenpflege (Isfort u. Weidner 2009).

Eine hohe Arbeitsintensität hat sich als entscheidender Risikofaktor für die Erholungsfähigkeit der Menschen in Krankenpflegeberufen erwiesen. Ebenso sind ein hoher Grad an Erschöpfungszuständen und die Entstehung von Bluthochdruck bis hin zu depressiven Störungen bekundet. Zusätzlich ist gerade bei den Pflege- und Heilberufen ein klassisches Helfersyndrom weit verbreitet. Pflegende haben oft sehr hohe moralische Leistungsansprüche an sich selbst. Ihrem überhöhten Ich-Ideal des Helfens können sie aber unter bestimmten Voraussetzungen auf Dauer nicht gerecht werden. Das führt dann zu einer permanenten Überlastung. Treten dazu noch als bedrohlich empfundene persönliche Konfliktsituationen auf, kann dies zu einem Burnout-Syndrom führen, auf das im Jahr 2012 für die Krankenpflegeberufe allein 32,5 AU-Tage je Fall in der Diagnosegruppe Z73 entfielen (▶ Meyer et al. in diesem Band).

Dies wird dann nicht selten von einer Suchtproblematik begleitet. Das Ungleichgewicht zwischen Verausgabung und Anerkennung ist in der Pflegearbeit stärker ausgeprägt als in allen anderen Berufen (Hien 2009). Dieses Ungleichgewicht gehört daher zu den arbeitsbedingten gesundheitlichen Gefährdungen, für deren Behebung oder Verminderung nach dem Arbeitsschutzgesetz von 1996 der Arbeitgeber verantwortlich ist.

Weitere Gesundheitsgefahren für Pflegeberufe

Eine weitere Gesundheitsgefahr besteht im regelmäßigen Umgang bzw. Kontakt mit Chemikalien und radiologischen Geräten. Auch der Umgang mit Körperflüssigkeiten bei gleichzeitig hohem Risiko von Stich- und Schnittverletzungen mit der Gefahr, sich Virusinfektionen, unter anderen auch Hepatitis B und C oder sogar HIV, zuzuziehen, sind ein ständiges Gesundheitsrisiko. Bei den Arbeitsunfällen in Krankenhäusern liegt der Anteil des Pflegepersonals in Allgemeinkrankenhäusern im Jahr 2003 mit 57 Prozent an der Spitze. Gegenüber 1998 stieg der Anteil um 11 Prozent. Der Anteil an allen Arbeitsunfällen in den Fachkrankenhäusern war dagegen mit 41 Prozent gegenüber 1998 um 10 Prozent rückläufig.

Durch Einführung hoher Sicherheitsstandards ist bei den meldepflichtigen Arbeitsunfällen der Anteil der Unfallauslöser »Behandlungsgeräte und Spritzen« sogar von 1998 bis 2003 zurückgegangen. In den Allgemeinkrankenhäusern lag der Anteil der Unfallursachen Behandlungsgeräte und Spritzen mit 181 Fällen bei 5 Prozent aller Unfallmeldungen und verzeichnete einen Rückgang von 22 Prozent dieser Arbeitsunfälle seit 1998. In den Fachkrankenhäusern lag der Anteil der Behandlungsgeräte und Spritzen als Unfallverursacher mit nur 21 Fällen bei 2 Prozent, bei einem Rückgang von 47 Prozent seit 1998 bis zum Jahr 2003 (◘ Abb. 17.3). In der Berufsgruppe Krankenpflege lag der Anteil der Unfallmeldungen durch Behandlungsgeräte und Spritzen im Jahr 2003 mit 160 Fällen bei 7 Prozent (Grabbe et al. 2005).

Hauterkrankungen sind jedoch bei den anerkannten Berufserkrankungen auf dem Vormarsch. Der Anteil der anerkannten Berufserkrankungen an den Infektionskrankheiten lag bei Beschäftigten in den Allgemeinkrankenhäusern 2004 bei 13 Prozent. Der Anteil der Hauterkrankungen lag mit 71 Prozent allerdings an der Spitze der Berufserkrankungen. Bei den Beschäftigten in Fachkrankenhäusern lag der Anteil der Hauterkrankungen 2004 mit 72 Prozent etwas höher, der Anteil der Infektionskrankheiten mit 12 Prozent aber

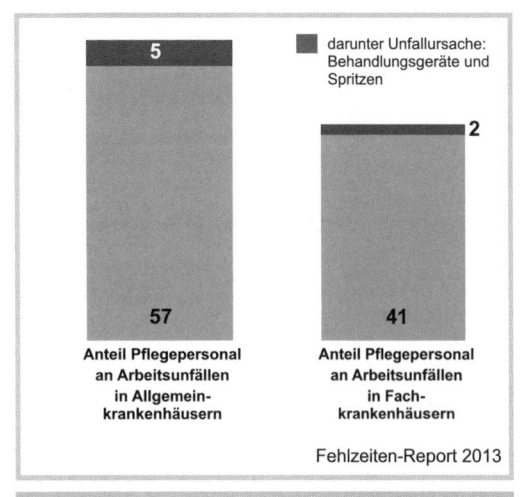

◘ Abb. 17.3 Arbeitsunfälle in der Krankenpflege 2003

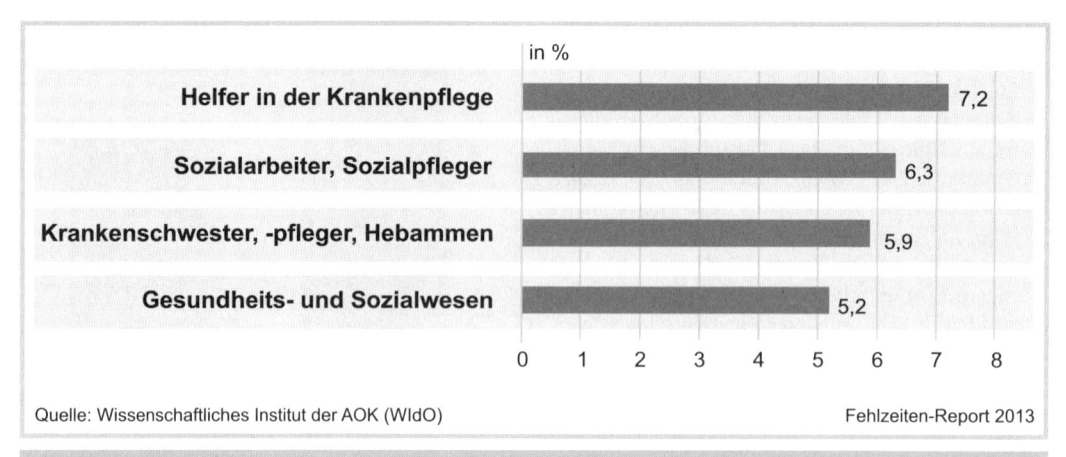

Abb. 17.4 Krankenstand nach Berufsgruppen in der Pflegebranche, AOK-Mitglieder 2010 (Quelle: Wissenschaftliches Institut der AOK)

etwas niedriger (Grabbe et al. 2005). Leider sind hierzu keine vergleichbaren aktuelleren Daten verfügbar.

17.2.2 Belastungsfaktoren in den Alten- und Pflegeeinrichtungen bei den Kranken- und Altenpflegeberufen

Die Belastungen in den Pflegeeinrichtungen sind in vielen Teilen mit denen in der Krankenpflege vergleichbar (▶ Abschn. 17.2.1). Die Arbeit im Pflegebereich geht häufig mit hohen körperlichen und emotionalen Belastungen einher. Zu den Tätigkeiten gehört etwa das Heben und Tragen von bettlägerigen oder eingeschränkt mobilen Menschen. Außerdem geht die Tätigkeit im Pflegebereich mit hohen psychischen Belastungen durch den Umgang mit und die Verantwortung für Menschen einher. Hinzu kommen nicht selten problematische Arbeitsbedingungen wie Leistungs- und Zeitdruck und fehlende Pausenzeiten (AOK-Bundesverband 2011). Der Krankenstand bei den Beschäftigten in den Alten- und Pflegeheimen lag 2010 mit 6,3 Prozent deutlich höher als der bundesweite Durchschnitt von 4,8 Prozent. Die Ausfallzeiten bei den Beschäftigten in Altenheimen lagen mit 22 AU-Tagen höher als der Durchschnitt im Gesundheits- und Sozialwesen von 18 AU-Tagen (◘ Abb. 17.4). Die psychischen Erkrankungen haben dabei mit 14,2 AU-Tagen in Pflegeheimen und 14,8 AU-Tagen in Altenheimen einen deutlich höheren Anteil als im Durchschnitt der Beschäftigten (AOK-Bundesverband 2011) (◘ Abb. 17.5).

Die Merkmale der psychischen Belastungen bei Beschäftigten in stationären Pflegeeinrichtungen sind ähnlich wie in der Krankenpflege. An oberster Stelle der Angaben zu psychischen Stressoren steht der Druck durch »hohe Verantwortung« und die starke Beanspruchung durch »ständige Aufmerksamkeit und Konzentration« sowie »Termin- beziehungsweise Leistungsdruck«. Mehr als ein Drittel der befragten Pflegekräfte fühlt sich durch diese Faktoren bei der Arbeit stark belastet. Dabei geben die Befragten an, dass insbesondere bei muskuloskelettalen Beschwerden wie Verspannungen und Rückenschmerzen sowie bei Stresssymptomen und Befindlichkeitsstörungen wie Reizbarkeit, Nervosität und Unruhe aus ihrer Sicht arbeitsbedingte Einflüsse eine Rolle spielen. Die Mehrheit derjenigen, die immer oder häufig von diesen Beschwerden betroffen sind, sieht hier Zusammenhänge mit dem Arbeitsplatz (AOK-Bundesverband 2011).

17.3 Die Auswirkungen der psychischen Belastung von Krankenpflegekräften auf den Alkohol- und Suchtmittelmissbrauch

Leider sind Studien zu diesem Thema in Deutschland nur vereinzelt zu finden und nicht sehr aktuell. Studien aus einigen Bundesländern zeigen zwar durchweg die psychischen Belastungen für das Pflegepersonal auf, gehen aber nicht explizit auf einen Suchtmittelmissbrauch ein (Hien et al. 2010; Recken 2012). Gerade weil sich in der deutschen Krankenhauslandschaft und den Pflegeeinrichtungen viel verändert hat, wären aktuelle Studien sowohl zu den Pflegeberufen als auch zu den Heilberufen sehr hilfreich. Studien zu diesem Thema

17.3 · Die Auswirkungen der psychischen Belastung von Krankenpflegekräften

	AU-Tage in %				AU-Fälle in %				
	Pflegeheim	Altenheim	Soziale Betreuuung	Bund	Pflegeheim	Altenheim	Soziale Betreuuung	Bund	
Sonstige	31,0	30,6	30,8	29,3	33,8	33,9	33,8	31,7	
Verdauung	5,1	5,3	5,1	5,8	9,9	9,8	9,6	10,5	
Herz-Kreislauf	5,9	5,9	5,3	6,6	4,2	4,3	4,0	4,2	
Verletzungen	8,7	8,5	9,7	12,9	6,8	6,8	7,6	9,3	
Psyche	14,2	14,8	14,7	9,3	6,9	7,2	7,3	4,7	
Atemwege	10,9	10,9	11,4	12,0	21,6	21,4	22,1	22,1	
Muskel-Skelett	24,3	24,1	22,9	24,2	16,8	16,7	15,7	17,4	

Quelle: Wissenschaftliches Institut der AOK (WIdO) Fehlzeiten-Report 2013

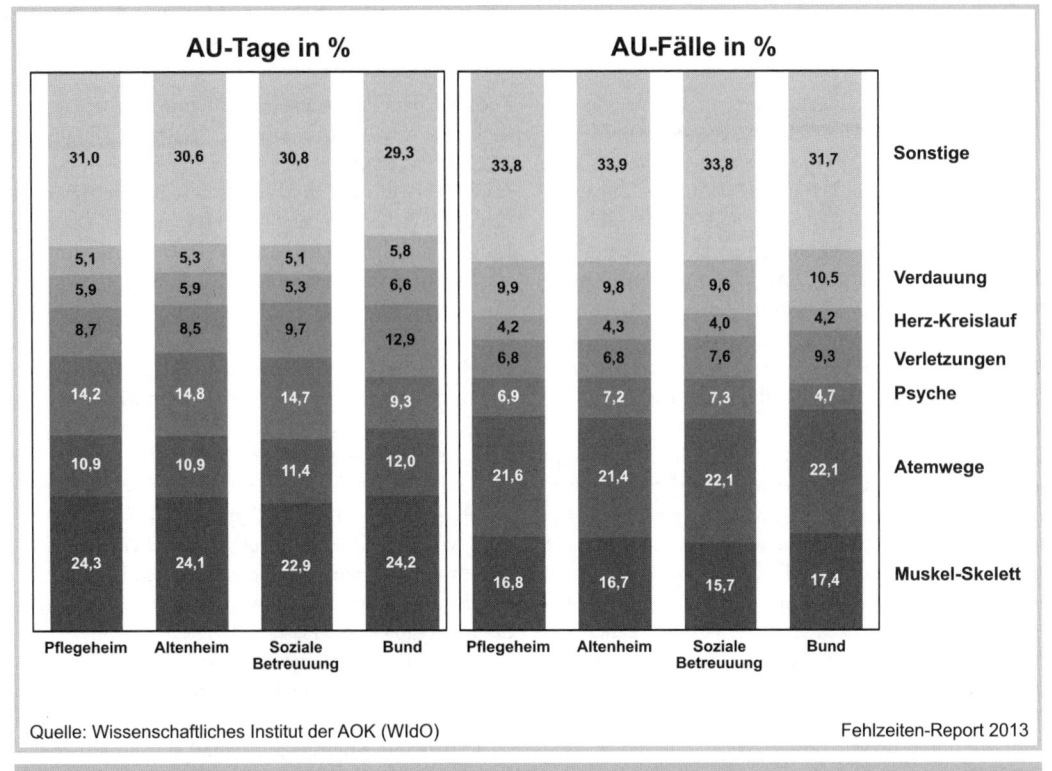

Abb. 17.5 Arbeitsunfähigkeitstage und -fälle nach Krankheitsart und Branche, AOK-Mitglieder 2010 (Quelle: Wissenschaftliches Institut der AOK)

aus anderen europäischen Ländern und aus Übersee sind aufgrund der unterschiedlichen Gesundheitssysteme und deren Auswirkungen für die Pflegekräfte nur sehr begrenzt vergleichbar. Zudem weisen diese Studien unterschiedliche Studiendesigns auf.

In einer Studie von Peter Herschbach aus dem Jahr 1992 wurden Belastungsgruppen und die Risikogruppe ermittelt. An der Studie beteiligten sich 54 Kliniken oder Fachabteilungen. Die Studie wurde in besonders belasteten Fachabteilungen oder Kliniken durchgeführt, die mindestens zu 30 Prozent mit Krebspatienten belegt waren. Kleinere Krankenhäuser unter 350 Betten wurden nicht berücksichtigt, da der Anteil der Krebspatienten auf den Stationen unter 30 Prozent lag. Um ein klares Bild über die tatsächlich belasteten Personenkreise zu erhalten, wurde das Krankenpflegepersonal in vier homogene Untergruppen aufgeteilt, die sich in sieben Belastungsbereichen unterschieden.

Die vierte Gruppe war die Risikogruppe: Diese Gruppe setzte sich aus besonders jungen und im Beruf unerfahrenen Personen zusammen, die meist in Großkliniken und häufig in den Inneren Abteilungen arbeiteten. Die Hauptprobleme waren die Konfrontation mit Schwerkranken, Zeitdruck und Hetze auf der Station, verbunden mit mangelnder Entlastung im Privatleben. Auch die körperliche Belastung und die Unterbezahlung wurden als Probleme gesehen. Diese Pflegekräfte machten die meisten Überstunden und hatten die wenigsten freien Wochenenden. Die Hauptschichtform (bei 60 Prozent der Pflegekräfte dieser Gruppe) war der Dreischichtwechseldienst, es waren die meisten Betten zu betreuen und es stand die kürzeste Zeit für tägliche Pausen (29,9 Min.) zur Verfügung. Auch die Zeit für die Patientenbetreuung war mit 222 Min. die kürzeste. Unter den Patienten waren besonders viele moribunde Patienten und die Patientenliegezeit lag mit 6,3 Wochen deutlich über dem Durchschnitt. 15,5 Prozent der Pflegekräfte in dieser Gruppe hatten ein Alkoholproblem gegenüber 6,7 Prozent in der Gesamtstichprobe (Herschbach 1992).

Ein Beispiel aus der Praxis in der betrieblichen Suchtberatung im Krankenhaus soll die Brisanz dieses Themas für die Krankenhäuser verdeutlichen. Immer wieder zeigt sich bei der Beratung von Suchtauffälligen eine verminderte Resilienzfähigkeit. Diese Menschen haben keine anderen Möglichkeiten zur

Entlastung und Entspannung gefunden, als ihr Suchtmittel zu konsumieren (s. auch Faust 1999; Geißler et al. 2007).

Eine Krankenschwester, nennen wir sie Martha, hat ihren Beruf aus Überzeugung gewählt. Mit Idealismus und Empathie für die Patienten arbeitet sie viele Jahre sehr zufrieden auf ihrer Station. Sie engagiert sich sehr und wird stellvertretende Stationsleitung. Später, nach vielen Schulungen, wird sie selbst Stationsleitung. Sie heiratet und bekommt zwei Kinder und organisiert auch die Familie. Am Arbeitsplatz und im Heim möchte sie allen gerecht werden. Ihre eigenen Bedürfnisse stellt sie immer mehr in den Hintergrund. Sie entspannt nach Feierabend und der Hausarbeit inzwischen gern bei einigen Gläsern Wein.

Doch der stetig steigende Druck auf der Station und die vielfältigen Veränderungen fordern sie immer mehr. Dazu kommt die Ungewissheit, ob sie nach organisatorischen Veränderungen (Vergrößerung der Stationen auf 30–32 Betten) noch selbst eine Station leiten wird, da plötzlich Leitungsfunktionen wegfallen sollen. Als Krankenschwester erlebt sie täglich die wohltuende und beruhigende Wirkung von Medikamenten am Patienten. Sie empfindet ein starkes Erholungsbedürfnis. Sie bedient sich am Medikamentenschrank mit Tramadol (einem vollsynthetischen Arzneistoff aus der Gruppe der Opioide, der üblicherweise nicht im »Giftschrank« auf der Station aufbewahrt wird). Tramadol wird zur Behandlung mäßig starker bis starker Schmerzen verwendet. Es hat aber eine für sie angenehme Nebenwirkung: Es wirkt antidepressiv und vermindert Angstzustände – alles wirkt gedämpft, man fühlt sich wie in Watte gepackt.

So hat Martha inzwischen ihren Alkoholkonsum sehr eingeschränkt, auch aus Angst vor einer Kreuztoleranz. Sie fällt bei ihren Kollegen also zunächst nicht mit einer Alkoholfahne auf. Aber im Laufe einiger Jahre der missbräuchlichen Einnahme des Opioids spürt sie, dass ihr Reaktionsvermögen stark herabgesetzt ist und prekäre Situationen am Patientenbett provoziert werden. Letztendlich sprechen langjährige Kollegen und der Stationsarzt sie auf ihre schläfrig wirkende Art und ihre stark verlangsamte Arbeitsweise an. Sie fand den Weg zur betrieblichen Suchtberatung und hat die empfohlenen, auf ihre Bedürfnisse abgestimmten Hilfsangebote angenommen und umgesetzt. Im Nachhinein ist sie froh, dass kein Patient zu Schaden gekommen ist. Ihre Tätigkeit als Stationsleitung hat sie nach einer betrieblichen Wiedereingliederung im Rahmen des Betrieblichen Eingliederungsmanagements (BEM), aufgegeben und ihre Arbeitszeit auf einen Sechs-Stunden-Tag reduziert (weitere Beispiele s. Nolte 2007).

17.4 Ausgleichsversuche mit Suchtmitteln zum Belastungsabbau

Die nach dem Personalabbau zunehmende Arbeitsverdichtung sowie durch kürzere Liegezeiten bedingte häufige Patientenwechsel, der Schichtdienst und der ständige Zeitdruck machen es den Beschäftigten in Gesundheitsberufen nicht leichter, aus der Überlastungsspirale herauszukommen. Diverse Suchtmittel, im zunehmenden Maße auch Medikamente, werden als Bewältigungsstrategie eingenommen und missbraucht. Das Suchtmittel bewirkt zunächst kurzfristig eine Erleichterung. Aus einer aktuellen Studie zur Prävalenz des Alkohol- und Drogenkonsums in der Hamburger Erwachsenenbevölkerung – unter besonderer Berücksichtigung der beruflichen Stellung – können Rückschlüsse auf das Konsumverhalten des Pflegepersonals gezogen werden. In den für die Hamburger Erwachsenenbevölkerung im Alter zwischen 18 und 64 Jahren repräsentativ erhobenen Studiendaten wurde jeweils die berufliche Stellung der Untersuchungsteilnehmer empirisch erfasst.

So zeigt eine 30-Tages-Prävalenz der Beschäftigten aus der Gruppe Angestellte 1 (vergleichbar mit der Beschäftigungsgruppe der Krankenpflegekräfte), dass 77,4 Prozent der Befragten Alkohol konsumiert zu haben. Hiervon gaben 16,3 Prozent an, einen problematischen Alkoholkonsum zu haben und 9,5 Prozent hatten sogar einen riskanten Alkoholkonsum. Und eine 12-Monats-Prävalenz zur Einnahme von Suchtmitteln ergab für die Befragten der Berufsgruppe Angestellte 1 Folgendes: 75,7 Prozent nahmen Schmerzmittel ein, 8,9 Prozent schluckten Schlafmittel und 7,1 Prozent Beruhigungsmittel. 7,1 Prozent der Befragten aus dieser Gruppe nahmen Antidepressiva ein. 4,9 Prozent griffen in diesem Zeitraum zu Cannabisprodukte und 2,2 Prozent zu illegalen Drogen (Baumgärtner 2012).

Medikamente entspannen, beruhigen und helfen bei Schlafproblemen. Und die eigene Bedürftigkeit wird vom Suchtmittel überdeckt. »Ständig über die eigenen Grenzen gehen und nicht für sich selbst sorgen, das ist das klassische Thema von süchtigem Verhalten«, sagt dazu beispielsweise Suchtforscher Prof. Götz Mundle, ärztlicher Geschäftsführer der Oberbergkliniken. Er hat den Zusammenhang von Sucht, Burnout- und Helfer-Syndrom umrissen. »Wir gehen davon aus, dass bis zu 8 Prozent der Ärzte und des Pflegepersonals Suchtprobleme haben«. »Der Anteil Medikamentenabhängiger liegt bei Ärzten und Pflegenden aufgrund der Griffnähe allerdings deutlich höher als in der Normalbevölkerung«, betont Prof. Mundle. Häufig ist in diesen Berufen eine Mehrfachabhängigkeit, eine Kombination von Alkohol und Medikamenten, anzutreffen (Nolte 2007).

17.5 Ausblick und Empfehlungen zur Prävention für Gesundheits- und Pflegeberufe

Grundsätzlich sollte für Entlastungsmaßnahmen zunächst gelten, dass Lösungsstrategien abhängig sind von der Persönlichkeitsstruktur der Betroffenen, den Umständen und Bedingungen sowie dem Ausmaß der Belastungssituation. Es sollten auch hier berufsgruppen- und arbeitsplatzspezifische Lösungsansätze gesucht werden. Für das Krankenpflegepersonal ist eine Suchtmittelgefährdung durch Stress abhängig von persönlichen Faktoren: Welche Verhaltensweisen gibt es, um mit den Belastungen fertig zu werden? Als vorhersehbare Belastungen sind anzunehmen: Arbeitsdruck, fordernde Patienten, Arbeitsplatzunsicherheit, emotionsbezogene Bewältigungsstrategien. Hier ist die soziale Unterstützung am Arbeitsplatz durch Vorgesetzte (Stationsleitungen und Abteilungsleitung des Krankenhauses) ein wichtiger Baustein der Entlastung (Geißler et al. 2007). Des Weiteren ist es vorteilhaft, wenn es Gesprächsgruppen zum Thema Kommunikation und Kooperation im Team gibt (Supervision und Teamsupervision). Als letzte Möglichkeit ist zu untersuchen, ob Belastungen auch durch arbeitsorganisatorische und gesundheitspolitische Strukturveränderungen abgebaut werden können.

Demografische Veränderungen sind auf betrieblicher Ebene zu beobachten. Die mittleren Jahrgänge (»Baby-Boomer«) sind heute besonders stark vertreten. Ein Verlust von Erfahrungswissen droht, wenn diese Altersgruppe in 10 bis 15 Jahren in Rente geht. 2020 sind 40 Prozent der Erwerbspersonen zwischen 50 und 65 Jahre alt (Recken 2012). Zunächst sind bessere Arbeitsbedingungen gefordert, sonst nutzen die schönsten Imagekampagnen nichts. Hierzu gehört ein Gesundheitsmanagement, um gesundheitsbedingte Frühverrentungen und Arbeitsunfähigkeiten so weit wie möglich zu vermeiden. Zusätzlich sollten aber auch flexiblere Arbeitszeitmodelle, eine Entlastung von pflegefremden Tätigkeiten sowie verbesserte Personalschlüssel und transparente Personalbemessungssysteme ausgearbeitet werden.

Zudem muss die Vereinbarkeit von Familie und Beruf verbessert werden. Aufgrund des geforderten Schichtbetriebes im Krankenhaus scheitert sehr oft die Beziehungspflege der Beschäftigten. Zur Attraktivitätssteigerung gehört eine Entlohnung, die mit der allgemeinen Entwicklung Schritt hält. Niedrige Löhne in der Pflege verschärfen nur noch den Fachkräftemangel. Nicht zuletzt deshalb ist eine attraktive und angemessene Vergütungsstruktur für die Pflege zu entwickeln.

Der Beruf muss an die Erfordernisse der Zukunft angepasst werden. Die Ausbildung und Arbeit der Pflegefachkräfte muss frühzeitig auf die Neudefinition von Pflegebedürftigkeit ausgerichtet werden. Auch der veränderte Versorgungsbedarf und neue Anforderungen an die Pflege müssen frühzeitig berücksichtigt werden.

17.5.1 Betriebliche Gesundheitsförderung und Suchtprävention im Krankenhaus

Bei gut organisierten und gestalteten Arbeitsplätzen der Pflegeberufe und einem Betriebsklima, das das körperliche und seelische Wohlbefinden fördert, lassen sich die modernen Herausforderungen leichter bewältigen und das Wohlbefinden bzw. die Gesundheit von Mitarbeitern und deren Angehörigen erhalten. Von motivierten, kreativen und gesunden Beschäftigten der Kranken- und Gesundheitsberufe profitieren auch die Unternehmen. Geringere Krankheits- und Leistungsausfälle tragen zu einem Erhalt von Wettbewerbsfähigkeit bei. »Betriebliche Gesundheitsförderung (BGF) ist sowohl auf die Stärkung von Gesundheitspotenzialen im Krankenhausbetrieb als auch auf die Stärkung von gesundheitsbewusstem Verhalten der Beschäftigten ausgerichtet.« (MDS 2006)

Hier sind die Krankenkassen der GKV Partner der Kliniken für eine betriebliche Gesundheitsförderung. Vier von sechs Präventionsfeldern der arbeitsweltbezogenen Prävention und Gesundheitsförderung werden im »Leitfaden Prävention« des GKV-Spitzenverbandes zur Verhütung psychischer Störungen (einschließlich Suchterkrankungen) und zur Stärkung der psychischen Gesundheit bei der Arbeit genannt:
- Förderung individueller Kompetenzen zur Stressbewältigung am Arbeitsplatz (Stressmanagement)
- Gesundheitsgerechte Mitarbeiterführung
- Rauchfrei im Betrieb
- »Punktnüchternheit« (null Promille) bei der Arbeit

Die Kliniken können Dienst- oder Betriebsvereinbarungen zum Umgang mit suchtmittelauffälligen und -abhängigen Mitarbeitern – auch zum Schutz der Patienten – ausarbeiten. Diese Vereinbarungen basieren auf der Grundannahme, dass suchtauffällige Mitarbeiter häufig krank sind. Mit ihnen ist zunächst auf der Grundlage der Fürsorgepflicht gegenüber betroffenen Mitarbeitern zu verfahren (ArbSchG § 3: Grundpflichten des Arbeitgebers, BGB § 618: Fürsorgepflicht des Arbeitgebers und Sorgfaltspflicht des Arbeitnehmers).

Eine Betriebs- oder Dienstvereinbarung Sucht am Arbeitsplatz im Krankenhaus sollte beinhalten:
- Schweigepflicht und Datenschutz für eine haupt- oder nebenamtliche Suchtberatung
- Leitfaden für eine systematische Ansprache sowie Hilfsangebote für Betroffene bei Suchtgefährdung
- Interventionsleitfaden und Interventionsstufenplan für planmäßiges Vorgehen sowie Festlegung der verantwortlichen Funktionsträger
- Case Management – Fallbegleitung und Fallabstimmung
- Wiedereingliederung von Betroffenen in den Krankenhausalltag nach erfolgreicher Therapie
- Umgang bei Rückfällen, Evaluation und Berichtslegung der Suchtprävention und -beratung

Im Rahmen eines Interventionsstufenplans werden Handlungsanleitungen für Personalgespräche bei Auffälligkeiten gegeben. Fürsorge- und Klärungsgespräche ermöglichen eine frühzeitige Intervention bei Auffälligkeiten und präventives Handeln. Bei riskantem Suchtmittelgebrauch oder suchtbedingten Verhaltensweisen werden betriebliche Sanktionen mit Hilfsangeboten kombiniert (Wienemann u. Schumann 2011).

Das Ziel ist Punktnüchternheit am Krankenhaus-Arbeitsplatz. Aufgabe einer betrieblichen Suchtberatung sollte neben der Beratung und Betreuung von betroffenen Suchtauffälligen und -abhängigen auch die Beratung von Personalverantwortlichen bei Suchtauffälligkeiten sein. Die Suchtprävention beinhaltet neben der Information zur Suchtproblematik im Krankenhaus für alle Mitarbeiter auch Schulungsangebote für Personalverantwortliche, beispielsweise zur Gesprächsführung bei Mitarbeitern mit Suchtproblemen. Auch Informationsveranstaltungen für Auszubildende in Gesundheitsberufen zur Suchtprävention sollten angeboten werden. Die Zusammenarbeit und Vernetzung mit Akteuren der betrieblichen Gesundheitsförderung im Krankenhaus stellt einen wichtigen Baustein für eine erfolgversprechende Suchtprävention im Krankenhaus dar.

Literatur

AOK-Bundesverband (Hrsg) (2011) Report Pflege. Betriebliche Gesundheitsförderung. Analysen Ergebnisse Empfehlungen. Berlin
Badura B, Ducki A, Schröder H, Klose J, Meyer M (2012) Fehlzeiten-Report 2012. Gesundheit in der flexiblen Arbeitswelt. Chancen nutzen – Risiken minimieren. Springer, Berlin
Baumgärtner T (2012) Büro für Suchtprävention Hamburg. Prävalenz des Alkohol- und Drogenkonsums in der Hamburger Erwachsenenbevölkerung unter besonderer Berücksichtigung der beruflichen Stellung
Bundesanstalt für Arbeitsschutz und Arbeitsmedizin (BAuA) (2010) Sicherheit und Gesundheit bei der Arbeit 2010 – Unfallverhütungsbericht Arbeit
Bundesinstitut für Berufsbildung (BIBB) und Bundesanstalt für Arbeitsschutz und Arbeitsmedizin (BAuA) (2006) Erwerbstätigenbefragung 2006
Bundesministerium für Arbeit und Soziales (BMAS) (2010) Sicherheit und Gesundheit bei der Arbeit. Unfallverhütungsbericht
Deutscher Bundestag (2012) Antwort der Bundesregierung zur Anfrage psychische Belastungen in der Arbeitswelt. Drucksache 17/9478
Faust V (1999) Seelische Störungen heute. C. H. Beck, München
Geißler H et al (2007) Faktor Anerkennung. Betriebliche Erfahrungen mit wertschätzenden Dialogen. Frankfurt am Main
Glaser J, Höge T (2005) Probleme und Lösungen in der Pflege aus Sicht der Arbeits- und Gesundheitswissenschaften
Grabbe Y, Nolting H, Loos S (2005) DAK-BGW Gesundheitsreport 2005 – Stationäre Krankenpflege)
Herschbach P (1992) Psychische Belastung von Ärzten und Krankenpflegekräften. VCH edition medizin
Hien W (2009) Pflegen bis 67? Die gesundheitliche Situation älterer Pflegekräfte. Mabuse, Frankfurt am Main
Hien W, Kapp S, Gonnermann A (2010) Gute Krankenpflege in Bremen auf dem Prüfstand. Gutachten
Isfort M, Weidner F (2009) Pflege-Thermometer 2009. Deutsches Institut für angewandte Pflegeforschung e.V. (dip), Köln
Isfort M, Weidner F (2012) Pflege-Thermometer 2012. Deutsches Institut für angewandte Pflegeforschung e.V. (dip), Köln
Kordt M (2012) DAK-Gesundheitsreport 2012. DAK-Gesundheit
Medizinischer Dienst der Spitzenverbände der Krankenkassen e.V. (MDS) (2006) Präventionsbericht 2007. Leistungen der gesetzlichen Krankenversicherung in der Primärprävention und betrieblichen Gesundheitsförderung
Nolte A (2007) Sucht – Gefahr für Pflegende. Heilberufe 6/2007
Nolting H, Kordt M (2000) DAK-GEK Krankenpflegereport 2000. DAK-Gesundheit
Nolting H, Kordt M (2005) DAK-GEK Krankenpflegereport 2005. DAK-Gesundheit
Recken H (2012) Herausforderungen des Pflegedienstes in deutschen Krankenhäusern. Frankfurt am Main
Rheinisch-Westfälisches Institut für Wirtschaftsforschung (RWI) (2012) Krankenhaus Rating Report 2012
Statistisches Bundesamt, Fachserie 12 Reihe 6.1.1, Gesundheit – Grunddaten der Krankenhäuser
Statistisches Bundesamt (2009) Krankenpflege – Berufsbelastung und Arbeitsbedingungen
Wienemann E, Schumann G (2011) Qualitätsstandards in der betrieblichen Suchtprävention und Suchthilfe (DHS)

Arbeitssucht unter Journalisten – Wenn der Kopf nie Redaktionsschluss hat

L. Matthey

B. Badura et al. (Hrsg.) *Fehlzeiten-Report 2013*,
DOI 10.1007/978-3-642-37117-2_18, © Springer Verlag Berlin Heidelberg 2013

Zusammenfassung Ist Arbeitssucht unter Journalisten in besonderem Maße verbreitet? Dieser Fragestellung geht der folgende Beitrag anhand der Ergebnisse einer empirischen Untersuchung nach (Matthey 2011). Als Messinstrument diente der Studie die »Skala für Arbeitssucht« von Schneider (2001), die Arbeitssucht als eine »hohe Arbeitseinbezogenheit, die alle anderen Lebensbereiche dominiert, einhergehend mit einem Kontrollverlust über die Arbeitsmenge« operationalisiert. Die Ergebnisse der nicht repräsentativen standardisierten schriftlichen Online-Befragung unter 231 Journalisten bestätigen die Grundannahme, dass diese Berufsgruppe überdurchschnittlich stark von Arbeitssucht betroffen ist. Dabei konnte die Studie als Ursachen für die Sucht vor allem Zusammenhänge mit externen Einflussfaktoren wie den Arbeitsbedingungen nachweisen.

18.1 Einleitung

Das Bild vom Journalisten als kettenrauchendem Alkoholiker, der versucht, mit Rauschmitteln seinen stressigen Arbeitsalltag zu bewältigen, stimmt trotz hartnäckiger Klischees nicht. Journalisten greifen im Schnitt sogar seltener zu Alkohol, Zigaretten und Medikamenten als die Gesamtbevölkerung (Pfeuffer 2007). Stattdessen machen sie sich ihre Arbeit selbst zur Droge. Das Gefühl, wichtig und permanent gefragt zu sein, ist für viele berauschender Kick und alleiniger Lebensinhalt zugleich. In unserer Gesellschaft und insbesondere im Journalismus scheint »Workaholic« zu sein fast schon eine Norm, eine Art Grundvoraussetzung für jemanden, der es ernst meint mit seinem Beruf. So schrieb bei einer Befragung unter Printjournalisten einer: »Acht – falls sie gut sind – von zehn Journalisten sind Workaholics« (Pfeuffer 2007). Doch Arbeitssucht ist weder eine Auszeichnung für Journalisten noch ein Gewinn für Medienunternehmen. Sie ist eine ernstzunehmende Verhaltenssucht, die massive psychische und körperliche Schäden und negative soziale Folgen mit sich bringen kann. Sie bleibt nicht ein individuelles Problem des einzelnen Journalisten – arbeitssüchtiges Verhalten wirkt sich auch auf das direkte Arbeitsumfeld aus und hat letztlich negative Konsequenzen für Medienunternehmen und den Journalismus an sich. Deshalb wird in diesem Beitrag anhand der Ergebnisse einer empirischen Untersuchung (Matthey 2011) dargestellt, wie stark Arbeitssucht unter Journalisten verbreitet ist, wie sie sich äußert und welche Faktoren ursächlich für die Sucht sein könnten. Zudem sollen auch präventive Maßnahmen für Redaktionen abgeleitet werden.

18.2 Wann wird Arbeit Sucht?

Das kennzeichnende Merkmal der Arbeitssucht ist der Mangel an Wahlfähigkeit und Willensfreiheit. Das gesamte Denken und Handeln eines Arbeitssüchtigen kreist mehr oder minder ständig um die Arbeit und selbst wenn er will – sein innerer Zwang lässt ihn nicht aufhören zu arbeiten (Poppelreuter 2004). Wenn ein Mensch nachts anstatt zu schlafen in Gedanken weiterarbeitet, wenn er beim Essen, beim Lesen oder beim Reden mit Freunden gedanklich im Job hängt, offenbart er, was er nicht kann. Er kann nicht aufhören zu arbeiten, selbst wenn er es möchte (Rohrlich 1984).

18.3 Methode und Sample

Wie stark Journalisten der Arbeitssucht verfallen sind, das hat die Studie mittels einer standardisierten Online-Befragung im Mai 2011 ermittelt. Dafür nutzte die

Autorin E-Mail-Verteiler, in denen sich explizit Journalisten befinden. Im Anschreiben wurden die Untersuchungsteilnehmer zudem darum gebeten, den Fragebogen an ihnen bekannte hauptberufliche Journalisten weiterzuleiten. Um eine möglichst heterogene Stichprobe zu erhalten, schrieb die Autorin zudem gezielt einzelne Journalisten und Redaktionen an. Insgesamt umfasst die Stichprobe 231 Journalisten, 133 Frauen (57,8 Prozent) und 97 Männer (42,2 Prozent). Der durchschnittliche Studienteilnehmer ist 38 Jahre alt und arbeitet seit 11,67 Jahren im Journalismus. 55 Prozent sind freiberufliche Journalisten (n = 127), während auf die Festangestellten 45 Prozent (n = 104) entfallen. Fast drei Viertel der Journalisten mit festem Arbeitsverhältnis sind unbefristet angestellt (74 Prozent, n = 77). Dagegen hat rund ein Viertel lediglich einen zeitlich befristeten Vertrag (26 Prozent, n = 27). Unter den selbstständigen Journalisten im Sample machen den größten Anteil hingegen die völlig Freien aus, die keine pauschalen Arbeitstage in Redaktionen haben (52 Prozent, n = 66). Lediglich 15 Prozent sind feste Freie (n = 19) und rund jeder dritte selbstständige Journalist aus dem Sample bestreitet sein Einkommen aus einer Mischform von pauschalen Tagen und völlig freier Tätigkeit (33 Prozent, n = 42). Die Printjournalisten sind im Sample am stärksten vertreten (45,9 Prozent, n = 106), gefolgt von Fernseh- und Hörfunkjournalisten (je 16 Prozent, n = je 37). 12,6 Prozent der Stichprobe arbeiten für Nachrichtenagenturen (n = 15) und 6,5 Prozent für Online-Medien (n = 29). Die meisten der Printjournalisten werden hauptsächlich von Tageszeitungen beschäftigt (27,3 Prozent, n = 63). 31 der Befragten verdienen ihr Geld vor allem bei Zeitschriften (13,4 Prozent), 29 bei Online-Medien (12,6 Prozent), 15 bei Nachrichtenagenturen (6,5 Prozent) und fünf bei Wochenzeitungen (2,2 Prozent). Von den Fernseh- und Hörfunkjournalisten ist der Großteil hauptsächlich bei öffentlich-rechtlichen Anstalten beschäftigt (85,3 Prozent, n = 64). In erster Linie für privat-kommerzielle Sender arbeiten lediglich neun der befragten Rundfunkjournalisten (12 Prozent). Betrachtet man die Hierarchieebenen, auf denen sich die befragten Journalisten befinden, so machen den größten Teil die Redakteure beziehungsweise freien Journalisten mit Redakteurstätigkeiten aus. Dieser Gruppe gehören 188 Befragte im Sample an (82,5 Prozent). 27 sind Ressortleiter oder Chefs vom Dienst (11,8 Prozent), sieben machen ein Volontariat (3,1 Prozent) und sechs der Befragten haben die Position eines Chefredakteurs, Programmdirektors oder deren Stellvertretung inne (2,6 Prozent). Die meisten Journalisten der Stichprobe haben ein Studium absolviert (84,7 Prozent, n = 194). Insgesamt kann die Stichprobe als heterogen bezeichnet werden. Zwar befinden sich in ihr mehr Frauen und freiberufliche Journalisten als in der Grundgesamtheit, allerdings weist sie in fast allen anderen Bereichen große Ähnlichkeiten zur 2005 ermittelten Grundgesamtheit der Journalisten in Deutschland (Weischenberg et al. 2006) auf. Somit kann das Sample zwar nicht als repräsentativ gelten, bildet aber dennoch einen guten und realitätsnahen Querschnitt der deutschen Journalisten ab.

In den Einladungstexten zur Studie wurde angegeben, dass der Arbeitsdruck, die Arbeitseinstellung und die Motivation von Journalisten untersucht werden sollen sowie ganz allgemein das Verhältnis, das Journalisten zu ihrer Arbeit haben. Erst am Ende der Befragung gab es einen Hinweis darauf, dass die Studie auf das Thema Arbeitssucht abzielt. Grund dafür ist die starke emotionale Besetzung des Sucht-Begriffes. Es sollte verhindert werden, dass diese das Antwortverhalten der Teilnehmer in irgendeine Richtung beeinflusst und verzerrt. Grundlage für die Erhebung von Arbeitssucht war die »Skala für Arbeitssucht«, die Schneider (2001) für seine Dissertation an der Universität Würzburg entwickelt hat. Diese Skala wurde gänzlich in den Fragebogen integriert und besteht aus 20 dichotomen (ja-/nein-)Items, wobei jede »ja«-Antwort eines Probanden als Indikator für Arbeitssucht mit einem Punkt bewertet wird (◘ Abb. 18.1). Indem alle »ja«-Antworten summiert werden, kann somit nach Beantwortung aller 20 Items für jede Befragungsperson ein Arbeitssucht-Wert ermittelt werden. Die Skala für Arbeitssucht kann als valide angesehen werden und weist eine gute Reliabilität auf. Sie umfasst die Items, die sich bei einer repräsentativen Befragung in der deutschen Allgemeinbevölkerung von ursprünglich 174 Items als die trennschärfsten herausgestellt haben. Sie liefert Normwerte für die Beantwortung der Skala durch die Gesamtbevölkerung, die es ermöglichten, einen Vergleich mit dem Antwortverhalten und somit den Arbeitssuchtwerten der befragten Journalisten zu ziehen. Allerdings gibt die Skala keinen exakten Wert vor, anhand dessen man Arbeitssucht diagnostizieren beziehungsweise normales von arbeitssüchtigem Verhalten abgrenzen könnte. Somit ließ sich auch innerhalb der Journalisten-Stichprobe nur ein relativer beziehungsweise verhältnismäßiger Vergleich ziehen zwischen Journalisten mit niedrigen und solchen mit hohen Werten auf der Skala für Arbeitssucht. Um die aufgestellten Hypothesen diesbezüglich überprüfen zu können, wurde die Stichprobe in Quartile unterteilt. Anhand dieser künstlichen Einteilung in Extremgruppen ließen sich Vergleiche ziehen zwischen den Journalisten, die die höchsten Werte auf der Skala für Arbeitssucht aufweisen (und somit dem oberen Quartil

18.3 · Methode und Sample

Wie erleben Sie Ihre Arbeit? – Fragebogen zur Arbeitssucht bei Journalisten

Bitte klicken Sie hinter jeder der folgenden Aussagen an, ob Sie dieser zustimmen *(JA)* oder nicht *(NEIN)*. Wenn es Ihnen schwer fällt, eine Aussage zu beantworten, kreuzen Sie bitte trotzdem immer eine Antwort an, die am ehesten auf Sie zutrifft. Sie sollten nicht zu lange über die Aussagen nachdenken, sondern die Antwort ankreuzen, die Ihnen als erstes in den Sinn kommt.

	JA	NEIN
Ich habe Mühe, mich zu entspannen und nichts zu tun.	○	○
Um beruflich akzeptiert zu sein, bin ich bereit, viel zu arbeiten.	○	○
Wenn ich untätig bin, habe ich ein Gefühl der Leere in mir.	○	○
Es fällt mir schwer, von meiner Arbeit abzuschalten.	○	○
Ich habe das Bedürfnis, am Tag so viel zu schaffen, wie nur geht.	○	○
Es ist wichtig für mich, eine Aufgabe besser als andere zu erfüllen.	○	○
Ich denke sehr häufig an meine Arbeit (z. B. beim Einschlafen, Essen...).	○	○
	JA	**NEIN**
Ich übernehme zusätzliche Arbeit, weil ich Angst habe, dass sie sonst nicht getan wird.	○	○
ich verkürze meine Mittagspause, um länger arbeiten zu können.	○	○
Mein ganzer Lebenslauf orientiert sich an meiner Arbeit.		
Ich arbeite auch, wenn ich eigentlich entspannen könnte.	○	○
Ich habe Angst, ein Versager zu sein, wenn ich nicht hart genug arbeite.	○	○
Manchmal betrachte ich mich selbst als arbeitssüchtig.	○	○
Mein Partner/meine Partnerin (bzw. eine andere, mir nahestehende Person) sagt, ich opfere mich zu sehr für meinen Beruf auf.	○	○
	JA	**NEIN**
Ich bin innerlich fast immer mit meiner Arbeit beschäftigt.	○	○
Ich möchte beruflich mehr als meine Kollegen leisten.	○	○
Ich wache nachts auf und mache mir Gedanken über Probleme, die meine Arbeit betreffen.	○	○
Ich habe Gewissensbisse, wenn ich nicht arbeite.	○	○
Ich investiere mehr Energie, Zeit und Denken in meine Arbeit als in meine Familie und Freunde.	○	○
Ich werde oft ungeduldig, weil meine Kollegen zu langsam arbeiten.	○	○

Quelle: Matthey 2011 Fehlzeiten-Report 2013

◘ **Abb. 18.1** Fragebogen zur Arbeitssucht bei Journalisten

der stärker von Arbeitssucht Betroffenen zugeordnet wurden) und denjenigen, die die niedrigsten Werte auf der Skala für Arbeitssucht aufweisen (und somit dem unteren Quartil der Nicht-Arbeitssüchtigen zugeordnet wurden). Um Aussagen über mögliche Ursachen und Begleiterscheinungen der Arbeitssucht im Journalismus treffen zu können, wurden zudem Fragen zur Motivation, dem Rollenselbstbild, dem sozialen Umfeld, dem Arbeitsverhältnis und der Arbeitssituation gestellt. Dabei wurde, wenn vorhanden, auf bereits empirisch bewährte Items zurückgegriffen. Für die Zwecke der vorliegenden Studie kombinierte die Autorin diese und ergänzte sie notfalls auch mit selbst entwickelten Items, die zum Großteil auf einem Experteninterview mit dem Psychologen und Arbeitssuchtexperten Peter Berger beruhen.

18.4 Journalisten besonders betroffen

Die Daten der Befragung zeigen, dass Journalisten überdurchschnittlich stark von Arbeitssucht betroffen sind. Sie weisen mit 8,9 »ja«-Antworten auf der »Skala für Arbeitssucht« deutlich höhere Arbeitssuchtwerte auf als die bundesdeutsche Allgemeinbevölkerung (5,8). Zudem haben 70 Prozent der befragten Journalisten zumindest überdurchschnittliche Arbeitssuchtwerte. Je jünger die Befragten sind und je weniger Berufserfahrung sie haben, desto stärker ist ihre Sucht nach Arbeit. Eine Erklärung könnte dabei eine noch sehr ausgeprägte Motivation und Anstrengungsbereitschaft sein. Möglicherweise liegt die Ursache jedoch auch darin begründet, dass junge Journalisten beruflich noch nicht so etabliert sind und sich somit äußere Faktoren, wie Konkurrenz und unsichere Arbeitsverhältnisse, negativ auswirken und zur Entwicklung von Arbeitssucht beitragen. Außerdem weisen besonders die Frauen und die Freiberufler im Sample häufiger arbeitssüchtige Verhaltensweisen auf, wenn auch nicht signifikant. Fast jede vierte Journalistin gehörte zur Gruppe mit extrem hohen Arbeitssuchtwerten, hingegen nur jeder sechste Mann. Und während unter den Festangestellten rund jeder Sechste stärker von Arbeitssucht betroffen ist, ist es unter den Freiberuflern sogar jeder Vierte. Die höchsten Arbeitssuchtwerte haben die Rundfunkjournalisten, dicht gefolgt von den Printjournalisten. Am wenigsten von Arbeitssucht betroffen sind hingegen diejenigen Journalisten, die hauptsächlich für Nachrichtenagenturen oder Online-Medien arbeiten.

Bei den dargestellten Ergebnissen muss beachtet werden, dass die Stichprobe nicht repräsentativ ist. Dadurch, dass überproportional viele Frauen und Journalisten mit unsicheren Arbeitsverhältnissen, wie Freiberufler und Angestellte mit Zeitverträgen, Teil des Samples sind, kann es zudem zu Verzerrungen gekommen sein. Schließlich weisen diese Gruppen erhöhte Arbeitssuchtwerte auf und haben somit unter anderem wohl die durchschnittlichen Arbeitssuchtwerte der gesamten Stichprobe beeinflusst. Möglicherweise wären bei einer perfekt repräsentativ verteilten Stichprobe die Arbeitssuchtwerte der Journalisten etwas geringer. Insofern beweist diese Studie keine kausalen und auf die Grundgesamtheit verallgemeinerbaren Ursache-Wirkung-Zusammenhänge in Bezug auf Arbeitssucht. Dennoch schafft sie einen ersten Überblick und gibt deutliche Hinweise auf Zusammenhänge zwischen dem Auftreten von Arbeitssucht bei Journalisten und ihren Arbeitsbedingungen, Einstellungen, Verhaltensweisen und ihrem sozialen Umfeld.

18.5 Arbeitsverhalten der Süchtigen

Es lässt sich eine geringe, jedoch hochsignifikante positive Korrelation zwischen der Arbeitszeit und den Arbeitssuchtwerten von Journalisten feststellen (rs = .345).

Je höher die Arbeitssuchtwerte, desto mehr wird gearbeitet. Besonders bei den arbeitssüchtigen Männern zeigt sich ihre Abstinenzunfähigkeit in Vielarbeit. 43,8 Prozent der männlichen Journalisten mit hohen Arbeitssuchtwerten wenden durchschnittlich 56 bis 80 Stunden pro Woche für ihren Beruf auf. Von den Frauen mit hohen Arbeitssuchtwerten gehört hingegen nur rund jede Achte zu diesen intensiven Vielarbeitern (12,5 Prozent). Dass 15,7 Prozent der Journalistinnen mit hohen Arbeitssuchtwerten sogar »nur« 20 bis 35 Stunden pro Woche für Berufsarbeit aufwenden, zeigt jedoch, dass sich auch im Journalismus Arbeitssucht nicht zwangsläufig in Vielarbeit äußern muss. Die Ergebnisse lassen vielmehr vermuten, dass gerade Frauen (immer noch) stärker einer Mehrfachbelastung durch die journalistische Berufsarbeit, Kindererziehung und Haushalt ausgesetzt sind, deren Kombination selbst dann ein Nährboden für Arbeitssucht sein kann, wenn die Arbeitszeit für den Beruf unterm Strich gering ist. Eine weitere Erklärung könnte sein, dass Arbeitssucht bei Journalistinnen sich eher darin zeigt, dass sie die Arbeit in Gedanken nicht loslassen, als darin, dass sie tatsächlich physisch nicht von ihr lassen können. Sich gedanklich nicht von der Arbeit lösen zu können wird vor allem durch die modernen Kommunikationsmittel verstärkt. Handy, PC und Smartphone sorgen dafür, dass die Arbeit sich immer stärker auch im Privatleben

18.6 · Ursachen der Arbeitssucht bei Journalisten

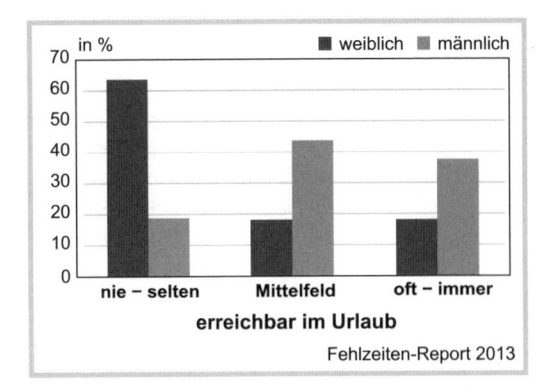

Abb. 18.2 Erreichbarkeit im Urlaub der stärker von Arbeitssucht Betroffenen nach Geschlecht

breit macht (BKK 2010). Das nährt auch das Suchtpotenzial, denn bei jeder Nachricht, reagiert der Mensch emotional, fühlt sich gefragt, gebraucht und unabkömmlich. Die neuen Kommunikationsmittel ermöglichen, sich diesen Kick überall zu holen. Durch sie ist man körperlich zwar anwesend, geistig jedoch nahezu immer beim Job (Groll 2010). Somit zeigt sich auch bei Journalisten die Abstinenzunfähigkeit vor allem darin, dass sie sich in ihrer Freizeit ständig für berufliche Belange erreichbar halten – insbesondere bei den Männern mit hohen Arbeitssuchtwerten. 94 Prozent von ihnen sind nach Feierabend und mehr als jeder Dritte sogar im Urlaub oft oder immer für Kollegen und Auftraggeber verfügbar (Abb. 18.2). Eine der befragten freien Online-Journalistinnen fasst das Verhalten arbeitssüchtiger Kollegen folgendermaßen zusammen: »Sie trennen nicht zwischen Beruf und ihrem Privatleben. Sie formen ihr Leben in Themen, packen Erlebtes sofort in Schlagzeilen, überlegen, wie sie Urlaubs- und Freizeiterlebnisse vermarkten können und planen bei jedem (privaten) Foto eine mögliche berufliche Nutzung ein. Sie sind Nachrichtenjunkies, die keinen Tag ohne Fernsehen und Internet aushalten – auch nicht am Wochenende oder im Urlaub. […] Sie halten es für ein Muss, immer erreichbar zu sein.«

18.6 Ursachen der Arbeitssucht bei Journalisten

Die Gründe, warum Journalisten arbeitssüchtig werden, sind vielfältig. In Anlehnung an das Suchtdreieck von Gross (2003) und den Erkenntnissen anderer Autoren (z.B. Poppelreuter 1996; Fassel 1991) müsste man die Ursachen der Arbeitssucht von Journalisten als ein Zusammenspiel betrachten aus systemimmanenten Faktoren (ausgehend z.B. von Arbeitsbedingungen, gesellschaftlichem Druck), persönlichkeitsbezogenen Faktoren (z.B. der Flucht vor innerer Leere, Ehrgeiz, Sucht nach Anerkennung, idealistischen Berufszielen) und der Prägung durch die Kindheit und das soziale Umfeld. Als Ursachenkomplexe für die Arbeitssucht von Journalisten ließen sich in der Untersuchung dieser Berufsgruppe jedoch die systemimmanenten Faktoren der Arbeitsbedingungen und ein Zusammenhang mit dem sozialen Umfeld wesentlich eindeutiger nachweisen als persönlichkeitsbezogene Faktoren.

18.6.1 Ursachen in den Arbeitsbedingungen

Wenn Journalisten eine Arbeitssucht entwickeln, spielen ihre Arbeitsbedingungen dabei eine große Rolle. So sind unter den festangestellten Journalisten vor allem diejenigen mit befristetem Vertrag am stärksten von der Sucht nach Arbeit betroffen. Außerdem gaben die stärker von Arbeitssucht betroffenen Journalisten signifikant häufiger an, dass ihre Arbeitssituation durch eine große berufliche Unsicherheit geprägt ist (Abb. 18.3). Journalisten, die zur Arbeitssucht neigen, sind also nicht nur einem inneren Zwang ausgesetzt, sondern nehmen in deutlich stärkerem Maße als Nicht-Arbeitssüchtige auch einen äußeren Druck in ihrer Arbeitssituation wahr. So fühlen sie sich deutlich stärker als die Nicht-Arbeitssüchtigen von ihrer Arbeitssituation belastet. Sie sehen sich einem hohen zeitlichen Druck ausgesetzt, haben das Gefühl, dass oft zu viel von ihnen erwartet wird und sind signifikant stärker von der Verantwortung belastet, die sich aus ihrer Arbeit ergibt. Der Beruf des Journalisten setzt voraus, für

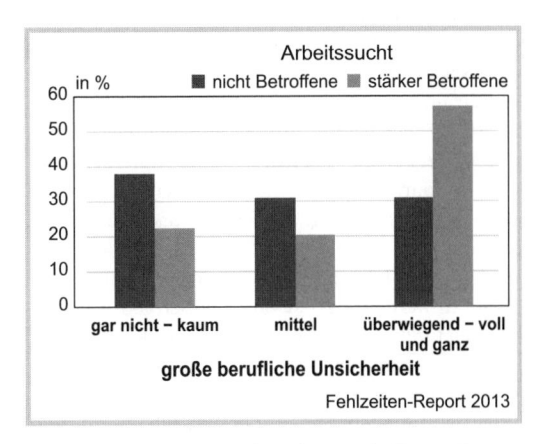

Abb. 18.3 Zustimmung der Arbeitssucht-Kategorien zu: »Ich habe eine große berufliche Unsicherheit«

Themen sensibel zu sein und die eigene Umwelt mehr oder weniger ständig und bewusst nach relevanten Geschichten abzusuchen – eine Tatsache, die in Bezug auf Arbeitssucht eine besonders fatale Dynamik zu entwickeln scheint. Denn drei Viertel der Journalisten mit hohen Arbeitssuchtwerten empfinden sich einem starken Druck ausgesetzt, immer neue und interessante Themen finden zu müssen. Dieser Umstand verstärkt das gedankliche Kreisen um die Arbeit und führt dazu, dass arbeitssüchtige Journalisten auch in ihrer freien Zeit jede Begebenheit und Information auf ihre Thementauglichkeit hin überprüfen.

Journalismus als arbeitssuchtfördernde Organisation

Der Journalismus mit seinen Arbeitsbedingungen scheint zumindest in Teilen ein System darzustellen, das Fassel (1991) als eine arbeitssuchtfördernde Organisation bezeichnet. Mehr als drei Viertel der Journalisten mit hohen Arbeitssuchtwerten geben an, unregelmäßige Arbeitszeiten zu haben und zeitlich sehr flexibel sein zu müssen. Signifikant mehr als von den Nicht-Arbeitssüchtigen, von denen das auf nur etwas mehr als jeden Zweiten zutrifft. Deutlich wird auch, dass die stärker von Arbeitssucht Betroffenen wenig Zeit für ihr Privatleben haben. Mehr als die Hälfte von ihnen meint, dass ihnen kaum oder überhaupt nicht genügend Zeit für Privates bleibt. Bei den Nicht-Arbeitssüchtigen lässt der Job bei gerade mal sieben Prozent so wenig Zeit fürs Privatleben. Dabei deuten die Ergebnisse darauf hin, dass die stärker von Arbeitssucht Betroffenen nicht etwa nur deshalb zu wenig Zeit für Privates haben, weil sie sich diese nicht nehmen (wollen), sondern weil tatsächlich äußere Bedingungen Ursache dafür sind. Schließlich gibt mehr als die Hälfte von ihnen an, dass es kaum oder gar nicht zutrifft, dass Kollegen oder Auftraggeber Verständnis dafür haben, wenn sie aus privaten Gründen Aufgaben nicht schaffen. Diese Erfahrung machen vor allem die Frauen unter ihnen – vermutlich, weil sie in einem Spagat zwischen Beruf und Familie häufiger auf ein solches Verständnis angewiesen sind. Außerdem werden die Journalisten mit hohen Arbeitssuchtwerten auch signifikant häufiger in Pausen, nach Feierabend oder am Wochenende von Auftraggebern oder Kollegen kontaktiert. Es scheint als selbstverständlich angesehen zu werden, dass sie auch außerhalb ihrer Arbeitszeit für ihren Beruf verfügbar sind. »Journalismus ist eine der wenigen Branchen, in denen kaum über Arbeitszeit gesprochen wird. Wochenend- und Abendarbeit wird hingenommen. Und als Freie wird diese Arbeit nicht einmal extra entlohnt«, berichtet eine der befragten selbstständigen Journalistinnen, die in starkem Maße von Arbeitssucht betroffen ist. Ein festangestellter Studienteilnehmer sieht vor allem im Aktualitätsdruck eine Hauptursache für Arbeitssucht: »Man kann seine Themen oft nicht unterbringen, steht aber gleichwohl unter dem Druck, bei diesen Themen immer auf dem Laufenden zu sein, damit man, wenn ein Thema heiß wird, sofort loslegen und über neue Entwicklungen exklusiv berichten kann. Durch die elektronischen Medien hat sich die Zahl der Informationsquellen dramatisch erhöht, die man alle nutzen will, um nichts zu verpassen. Ich kenne Kollegen, bei denen das so weit führt, dass sie abends nach Redaktionsschluss noch Stunden am Computer verbringen, um Mails und andere Quellen zu checken.« Dass im Journalismus oft Konkurrenz geschürt wird zwischen Medien, Redaktionskollegen und Freiberuflern, wirkt sich offensichtlich ebenfalls auf die Entwicklung von Arbeitssucht aus. Mehr als jeder zweite Journalist mit hohen Arbeitssuchtwerten empfindet Konkurrenz mit Arbeitskollegen – signifikant mehr als die Journalisten mit gesundem Arbeitsverhalten (14,1 Prozent).

Risiko: Solo-Selbstständigkeit

Sogenannte Solo-Selbstständige, die ohne Angestellte ihrem Beruf nachgehen, sind besonders davon bedroht, sich selbst auszubeuten und in die Arbeitssucht abzugleiten. Das liegt zum einen daran, dass sie sich oft stark mit ihrer Arbeit identifizieren, aber auch an dem hohen finanziellen Druck, unter dem sie stehen. Schließlich sind sie im wahrsten Sinne des Wortes die Unternehmer ihrer eigenen Arbeitskraft und bekommen die finanziellen Konsequenzen von zu wenig Leistung direkt zu spüren. Bei ihnen kann es somit schneller dazu kommen, dass sie aus Existenzängsten heraus alle Aufträge annehmen, die sie bekommen können, 15-Stunden-Tage plötzlich die Regel werden und sie arbeitssüchtige Verhaltensweisen entwickeln (Gross 2003). Gerade dann, wenn, wie im Journalismus, Freiberuflichkeit meist Hand in Hand mit prekären Einkommensverhältnissen geht (Hirschler 2009), ergibt sich aus der Solo-Selbstständigkeit eine erhebliche psychische Anspannung, die ein Journalist in einem Tiefeninterview folgendermaßen beschreibt: »Man überlegt sich immerzu, wo man sich noch bewerben kann. […] Welches Thema könnte ich umsetzen? Wenn ich Zeitung lese oder fernsehe, habe ich das eigentlich immer im Hinterkopf. […] Der Beruf ist immerzu präsent. Als Freier musst Du treten ohne Ende« (Meyen u. Springer 2009). Mit den modernen Kommunikationsmitteln ist solo-selbstständiges Arbeiten deutlich einfacher und scheinbar populärer geworden. Denn durch das Internet ist man örtlich unabhängig und unter dem Schlagwort »digitale Bohème« werden die dadurch eröffneten neuen Möglichkeiten (auch des Vertriebs der eigenen Produkte und der eigenen Arbeit) als Lösung gefeiert, selbstbestimmt leben und arbeiten zu können (Friebe u. Lobo 2006). Doch die Möglichkeit, die eigene Arbeitszeit frei einzuteilen, nutzen zumindest unter Journalisten die wenigsten (Pelizäus-Hoffmeister 2001). Die Tatsache, dass sie nicht wissen, wann der nächste Auftrag kommt, dass sie fortlaufend Themen suchen und sich selbst vermarkten müssen, bewirkt oft statt einer bewussten und freien Zeiteinteilung vielmehr das Gegenteil. Ihnen fehlen eben gerade die festen Strukturen wie Redaktionsschlüsse, Arbeitszeiten, an die sie sich halten könnten und Kollegen, die dazu auffordern, jetzt auch mal Feierabend zu machen. Statt einer selbstbestimmten Zeiteinteilung ist ein Ausufern der Arbeitszeit bei ihnen wesentlich wahrscheinlicher. Wenn Freie von zu Hause aus arbeiten, wie es bei den meisten der Fall ist (Pfeuffer 2007), geht zusätzlich auch noch die räumliche Distanz verloren und die Grenzen zwischen Beruflichem und Privatem verschwimmen vollends. So sieht auch eine der befragten freien Journalistinnen in der Entgrenzung ihrer Arbeit die Hauptursache für Arbeitssucht: »[...] man kann ja eigentlich Tag und Nacht recherchieren, sich treffen und Berichte schreiben.« Somit sind selbstständige Journalisten tatsächlich stärker von Arbeitssucht betroffen als die Festangestellten, wenn auch nicht signifikant. Dabei zeigen die gänzlich freiberuflichen Journalisten deutlich höhere Arbeitssuchtwerte als diejenigen, die durch pauschale Einsatztage bei Auftraggebern etwas mehr Planbarkeit und Absicherung genießen. Am höchsten ist die Arbeitssucht interessanterweise bei denjenigen Journalisten, die ihr Geld in einer Mischform aus pauschalen Tagen und völlig freier journalistischer Arbeit verdienen. Möglicherweise haben sie einen erhöhten Aufwand, um die unterschiedlichen Tätigkeiten zu koordinieren und reiben sich verstärkt zwischen den verschiedenen Anforderungen auf.

18.6.2 Ursachen im sozialen Umfeld

Dass arbeitssüchtige Journalisten in Gedanken fast ständig bei der Arbeit sind, verstärkt sich wechselseitig damit, dass sie auch ihre soziale Wirklichkeit um die Arbeit herum organisieren und strukturieren – signifikant stärker als ihre Kollegen mit gesundem Arbeitsverhalten. Es ist typisch für Arbeitssüchtige, dass sich ihr Freundeskreis aus Arbeitskollegen und Geschäftspartnern zusammensetzt, da sie so die Möglichkeit haben, sich auch in diesem privaten Bereich ihrem Hauptinteresse, der Arbeit, zu widmen (Machlowitz 1986). Zudem funktionalisieren Arbeitssüchtige oft ihre Freundschaften und Kontakte, um in ihrem Suchsystem voranzukommen (Gross 2003), Phänomene, die auch bei arbeitssüchtigen Journalisten typisch sind. Zwar sind das »Netzwerken« und Freundschaften unter Kollegen in der Branche üblich (Meyen u. Springer 2009; Marrs 2007), jedoch nicht so drastisch, wie es sich bei den arbeitssüchtigen Journalisten zeigt. Bei mehr als jedem vierten stärker von Arbeitssucht Betroffenen setzen sich die fünf engsten Freunde zu 80 Prozent oder sogar ausschließlich aus anderen Journalisten zusammen (◘ Abb. 18.4). Zudem lässt sich eine geringe, aber hochsignifikante positive Korrelation zwischen der Anzahl der Journalisten unter den fünf engsten Freunden und den Arbeitssuchtwerten feststellen (rs = .217).

Einer der Befragten berichtet aus seinem Freundeskreis, dass dort eigentlich nur über Arbeit und Medienthemen gesprochen wird: »[...] weil man ja sonst nichts anderes erlebt, weil man ja die ganze Zeit nur arbeitet. Aber das Problem dabei ist: Privates und Arbeit verschwimmen, man kann kaum noch dazwischen unterscheiden und merkt dabei gar nicht, dass unterm Strich die eigene wirkliche Freizeit komplett weg fällt.« Wenn sich Journalisten nach Feierabend mit Journalisten treffen und über ihre Arbeit sprechen, so ist kein Abschalten von dieser möglich. Vielmehr liegt es nahe, dass sie in diesen vermeintlich privaten Situationen weiterhin ihre Berufsrolle spielen, dass sie die Erzählungen ihres Gegenübers in berufliche Verwertungszusammenhänge setzen, dass sie darauf achten, was sie sagen und wie sie sich gegenüber ihren Kollegen/Freunden präsentieren und nie wirklich sie selbst sind. Dadurch verengen sich der eigene Kosmos und die eigene Persönlichkeit immer mehr auf die Arbeit, es fehlt der Ausgleich, der Kontakt zu anderen Lebenswelten, so dass die Arbeitssucht immer weiter befeuert wird.

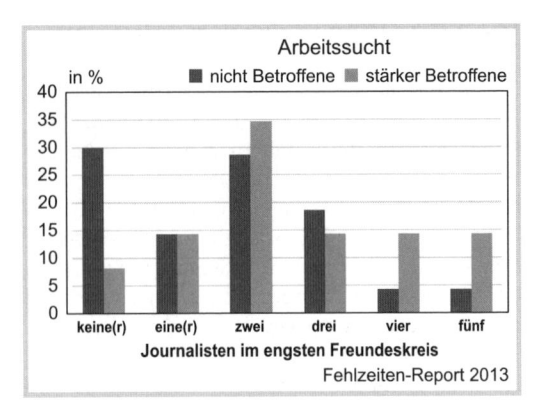

◘ **Abb. 18.4** Anzahl der Journalisten unter den fünf engsten Freunden nach Arbeitssucht-Kategorien

18.6.3 Ursachen in der Persönlichkeit

Die Psychologie geht davon aus, dass Arbeitssucht immer auch in der Persönlichkeit selbst begründet liegt. So nutzen einige Betroffene das ständige Geschäftigsein dazu, vor ihren seelischen Problemen oder dem Gefühl von innerer Leere und mangelndem Sinn zu fliehen. Zugleich ist bei vielen die Sucht nach Arbeit vielmehr eine Sucht nach Anerkennung (Gross 2003). Oft geht die Arbeitssucht auch mit einer narzisstischen Persönlichkeitsstörung einher. Dabei brauchen die Süchtigen die Arbeit als fortwährende Bestätigung ihrer selbst, um ihr unsicheres Selbstbewusstsein zu stützen und ihre tiefsitzende Angst, abgelehnt zu werden, zu tarnen (Rohrlich 1984). Doch all diese Faktoren konnten bei der Untersuchung unter Journalisten nicht als Ursachen oder typische Begleiterscheinungen ihrer Arbeitssucht identifiziert werden. Gründe dafür liegen aber vor allem wohl darin, dass die Faktoren für Arbeitssucht, die in der Person selbst liegen, zu differenziert sind, als dass sich über breite Gruppen hinweg diesbezügliche Gemeinsamkeiten feststellen lassen würden. Somit sollte nicht geschlossen werden, dass Persönlichkeitsmerkmale bei der Entwicklung von Arbeitssucht bei Journalisten keine Rolle spielen und allein die strukturellen Bedingungen des Journalismus zu Arbeitssucht führen. Auch der Psychologe und Arbeitssuchtexperte Peter Berger ist sich sicher, dass äußere Faktoren die Arbeitssucht zwar potenzieren und nähren, jedoch nicht alleinige Ursache sein können. Ohne persönliche Variablen, ohne eine unterbewusste innere Bereitschaft ist Arbeitssucht auch im Journalismus nicht denkbar: »Denn eine Person, die ein gesundes Arbeitsleben sucht, würde sagen: ›Die Arbeitsbedingungen sind so schlecht, das mache ich nicht, ich mache etwas anderes‹«[1]. Er geht vielmehr davon aus, dass ein Journalist, der eine arbeitssüchtige Veranlagung hat, sich gezielt diesen Beruf aussucht, da die strukturellen Bedingungen sich für das Ausleben der Arbeitssucht besonders gut eignen. Dass manche Journalisten tatsächlich eine Veranlagung für Arbeitssucht mit in den Beruf hineinbringen, dafür sprechen auch einige offene Antworten der Befragten. So hat beispielsweise ein freier Reporter, der in stärkerem Maße von Arbeitssucht betroffen ist, seine »[...] eigene Neigung zu ›uferlosem Arbeiten‹ bisher nicht als etwas spezifisch Journalistisches betrachtet, das war zu Uni-Zeiten oder in anderen Jobs ähnlich ausgeprägt. Finanz- oder Auftragsnot sind jedenfalls nicht die Haupttreiber für meine dauernde Alarmstimmung.« Eine Fernsehjournalistin sieht als Ursache für Arbeitssucht auch »[...] eine gewisse Geltungssucht und die in der Branche vorherrschende Einstellung, die eigene Arbeit gehöre zu den wichtigsten Berufen überhaupt. Als wäre ein Tagesthemen-Beitrag ähnlich wichtig wie eine OP am offenen Herzen – und verdiene ähnliche Anerkennung.« Zahlreiche Befragte äußern, dass sie bei ihren Kollegen und sich selbst eine hohe Identifikation mit ihrem Beruf feststellen und viele ihr gesamtes Selbstwertgefühl aus der Arbeit ziehen, »[...] nach dem Motto: »›Ich sende, also bin ich‹« bringt es eine andere Fernsehjournalistin aus dem Sample auf den Punkt. Auch in idealistischen Berufseinstellungen vermuten einige Befragte Zusammenhänge mit Arbeitssucht in ihrem Beruf und eine freie Journalistin hat sogar festgestellt, dass mehrere Kollegen in die Arbeitssucht abrutschen, »[...] weil im Privatleben nichts läuft«. Das würde die Annahme bestätigen, dass einige Journalisten sich in die Arbeit stürzen, um vor Einsamkeit, privaten Problemen und innerer Leere zu fliehen.

18.7 Folgen der Arbeitssucht

18.7.1 Folgen für die Betroffenen

Die meisten Arbeitssüchtigen verbringen nur sehr wenig Zeit mit ihrem privaten Umfeld, entfremden sich von ihren Gefühlen und ihre privaten Beziehungen sind auf lange Sicht somit oft zum Scheitern verurteilt – ein Umstand, der sie sukzessive vereinsamen lässt (Orthaus et al. 1993). Doch neben den sozialen Folgen haben Arbeitssüchtige für den permanenten Stress, dem sie sich aussetzen, auch körperlich und psychisch massiv Tribut zu zollen (Städele 2008). Die Daueranspannung schwächt das Immunsystem, sorgt für Muskel- und Rückenschmerzen, senkt die Konzentrationsfähigkeit und kann zu Herz-Kreislauf-Erkrankungen, Tinnitus und Depressionen führen (Unger u. Kleinschmidt 2007). Einer der stärker von Arbeitssucht betroffenen Journalisten berichtet aus seinem Umfeld: »Mehrere Bekannte haben Burnout, Depressionen oder sich sogar umgebracht aus Stress.«

18.7.2 Folgen für Unternehmen

Arbeitssüchtige fügen ihren Unternehmen langfristig Schaden zu. Denn dadurch, dass sie immer alles »im Griff« haben wollen, oft unfähig sind zu delegieren, ihr hohes Arbeitspensum jedoch kaum schaffen und ständig gehetzt und getrieben sind, machen sie viele Fehler.

---

[1] Telefonisches Experteninterview der Autorin mit Peter Berger, Psychologe der Hadtwaldklinik II, Bad Zwesten, am 15. April 2011.

Ihr Perfektionismus, ihr Kontrollverhalten und ihr unbewusster Drang, sich beschäftigt zu halten, führen dazu, dass sie Aufgaben erweitern und eigentlich einfache Projekte komplizierter machen als nötig (Meisner 2006; Fassel 1991). Zudem sind sie oft nicht teamfähig, verbreiten Hektik und Stress und sorgen so für ein schlechtes Arbeitsklima (Fassel 1991). Oft werden durch dieses Verhalten auch Kollegen krank, kündigen (innerlich) und machen ebenfalls Fehler (Meisner 2006). Durch die gesundheitlichen Folgen der Arbeitssucht ist für Unternehmen zudem mit einem Abfall der Leistungsfähigkeit, krankheitsbedingten Fehlzeiten oder sogar einem kompletten Ausfall zu rechnen. An einem Fallbeispiel errechnete Meisner (2006), dass durch einen arbeitssüchtigen Vorgesetzten dem Unternehmen allein personalwirtschaftlich innerhalb von zwei bis drei Jahren monetär ein Schaden von circa 200.000 Euro entstehen würde. Lebensnähe, aber auch Einfallsreichtum und Kreativität, die in der Muße entstehen (Schnabel 2010), sind wichtige Eigenschaften, die Journalisten haben sollten. Muße jedoch ist ein Zustand, den Arbeitssüchtige sich nicht leisten können und wollen (Fassel 1991). Wird diese durch die Arbeitssucht blockiert und breitet sich das süchtige Verhalten immer stärker auch unter Kollegen aus, ist das für die Qualität des Journalismus und damit letztlich für die Medienunternehmen und die für die Meinungsbildung vom Journalismus abhängige Gesellschaft fatal.

18.8 Diskussion

Journalisten sind in besonderem Maße von Arbeitssucht betroffen. Da die Ergebnisse gezeigt haben, dass zahlreiche strukturelle Faktoren im Journalismus ein Nährboden für Arbeitssucht sind, liegt es vor allem auch an Medienunternehmen, Prävention zu betreiben. Aber auch der Einzelne kann und muss seinen persönlichen Weg aus der Sucht finden und präventiv vorgehen.

18.8.1 Wege aus der Arbeitssucht

Zunächst müssten Medienbetriebe und Journalisten selbst für das Thema sensibilisiert werden. Schließlich kann sich auch nur derjenige von seiner Sucht befreien, der überhaupt von dem Phänomen weiß, eine Krankheitseinsicht hat und den Willen besitzt, tatsächlich etwas an seinem Arbeitsverhalten zu ändern – was sich jedoch meist erst mit zunehmendem Leidensdruck einstellt (Städele u. Poppelreuter 2009). Gerade bei der Arbeitssucht gestaltet sich eine Therapie allerdings schwierig, schließlich können Arbeitssüchtige nicht dauerhaft von Arbeit abstinent sein und Maßhalten fällt oft schwerer als gänzlicher Verzicht (Schneider 2001). Neben therapeutischen Maßnahmen, die die tiefer liegenden Probleme der Sucht aufdecken, gibt es auch Möglichkeiten der Selbsthilfe, zum Beispiel den Austausch mit anderen Betroffenen bei den »Anonymen Arbeitssüchtigen« (AAS). Zudem ist es wichtig, dass arbeitssüchtige Journalisten in Auszeiten neue Lebensbereiche und -inhalte entdecken und für sich erobern. Meditation, autogenes Training oder Religiosität können helfen, den Stellenwert der Arbeit im eigenen Leben wieder in eine gesunde Relation zu bringen, zu entspannen und zu sich selbst zu kommen. Auch Hobbys, die nicht leistungsorientiert sind, können eine gute Möglichkeit sein, Lebensbereiche neben der Arbeit für sich zu erschließen und auch aus diesen Befriedigung und Bestätigung zu ziehen (Orthaus et al. 1993). Viele Journalisten gaben in der Befragung an, dass ihre Kinder für sie eine wichtiges Gegengewicht zur Arbeit sind – nicht nur als sinnstiftendes Element. So berichtet eine Journalistin: »Kinder lassen sich nun mal nicht ›absagen‹ wie alle übrigen Freizeittermine.« Freie Zeit fest einzuplanen, räumlich und zeitlich klar zwischen Arbeit und Freizeit zu trennen, die Möglichkeiten der modernen Kommunikations- und Informationsmittel selbstbestimmt zu nutzen und sich auch dann wertvoll zu fühlen, wenn man nicht viel geleistet hat, sind Aspekte, die arbeitssüchtige Journalisten neu für sich erlernen müssen.

18.8.2 Präventionsmaßnahmen in Medienunternehmen

Zwar ist nicht davon auszugehen, dass sich die Arbeitsmarktsituation im Journalismus entspannt, mehr Journalisten eingestellt werden, die Arbeit auf mehr Personen verteilt wird, die Arbeitsbedingungen sich somit verbessern und der Arbeitssucht fördernde Druck auf die Journalisten nachlässt. Dennoch können auch einzelne Redaktionen und Medienhäuser Maßnahmen treffen, um präventiv und intervenierend gegen Arbeitssucht vorzugehen. Dazu gehören vor allem Supervisionsangebote und Weiterbildungsmöglichkeiten, in denen Journalisten über langfristige Lebensziele, den Stellenwert der Arbeit in ihrem Leben und ihre konkrete Arbeitssituation reflektieren können. So könnte Arbeitssucht frühzeitig erkannt und Gegenmaßnahmen eingeleitet werden, sich aber auch redaktionelle Strukturen, die Arbeitssucht fördern, offenbaren. Entsprechend der Studienergebnisse wäre es wünschenswert, Medienbetriebe würden sich bemühen, ihren Mitarbeitern so viel Absicherung wie möglich zu bieten und Kurzzeitverträge vermeiden. Auch für freiberufliche Mitarbeiter sollten sie mehr Verantwortung übernehmen und ihnen mit festen verlässlichen Zusagen und pauschalen Arbeitstagen zumindest etwas mehr Planbarkeit und Sicherheit bieten. Zeiterfassungssysteme könnten arbeitssüchtigen Journalisten zumindest einen Richtwert an Arbeitszeit vorgeben. Durch sie würden Überstunden auffallen und schon allein, um Kosten zu sparen, würden Medienbetriebe ihre Mitarbeiter wohl dazu auffordern, mehr auf ihre Zeitplanung und Arbeitsstunden zu achten. Chefredakteure sollten nicht allein eine journalistische Qualifikation mitbringen, sondern auch Qualitäten bezüglich der Personalführung. Sie sollten sensibel sein für derartige Schieflagen, auf eine realistische Personal- und Arbeitsplanung Wert legen und Arbeitszeitmodelle anstreben, die Mitarbeitern ermöglichen, neben der Arbeit noch andere Lebensziele zu verfolgen. Dabei spielt eine verlässliche und langfristige Planung von Dienst- und Urlaubsplänen eine große Rolle. Außerdem wäre es beispielsweise sinnvoll, Bereitschaftsdienste einzuführen, die sich um aktuelle Themen und Arbeiten kümmern, die am Wochenende oder nach Feierabend anfallen. So wären nur einzelne Mitarbeiter und nicht alle in ihrer Freizeit in Alarmbereitschaft. Das Gefühl vieler Journalisten, eigentlich ständig im Dienst zu sein, könnte damit etwas reduziert werden. Für freiberufliche Journalisten hingegen ist es sinnvoll, Bürogemeinschaften zu gründen. Damit wäre nicht nur eine räumliche Trennung von Arbeitsplatz und Wohnraum und somit von Privatem leichter gegeben – die selbstständigen Journalisten könnten sich in solchen Bürogemeinschaften vielmehr gegenseitig redaktionelle und zeitliche Arbeitsstrukturen geben, Probleme besprechen, sich beraten und Auffälligkeiten im Arbeitsverhalten einzelner Büromitglieder thematisieren. Doch bevor solche praktischen Überlegungen greifen können, muss sich ein Bewusstsein für die Folgeschäden und Konsequenzen der Arbeitssucht nicht nur im Journalismus, sondern in der gesamten Gesellschaft entwickeln. Es muss eine breite und selbstkritische Diskussion stattfinden, in der viel arbeiten nicht mehr mit Leistung verwechselt wird und die die ständige Geschäftigkeit als journalistische Berufsaura infrage stellt. Die dafür sorgt, dass mehr Rücksicht untereinander auf das Privatleben der Kollegen genommen wird und es somit nicht selbstverständlich ist, Kollegen auch außerhalb ihrer Arbeitszeiten wegen beruflicher Belange zu kontaktieren oder von diesen zu erwarten, dass sie Privates wie automatisch für berufliche Aufgaben hintanstellen. Es muss sich ein Verständnis dahingehend entwickeln, dass auch oder gerade Journalisten, die leidenschaftlich ihrer Arbeit nachgehen und sehr engagiert sind, eine regelmäßige Auszeit brauchen und sich feste Zeiten für Familie, Freunde und Hobbys frei halten.

Literatur

Anonyme Arbeitssüchtige. Allgemeine Informationen über Arbeitssucht. Verfügbar unter: http://www.arbeitssucht.de/allginfo.html. Gesehen 20 Apr 2011

Bundesverband der Betriebskrankenkassen BKK (2010) BKK Umfrage: 84 Prozent der Berufstätigen sind außerhalb ihrer regulären Arbeitszeit »stand-by« – jeder Zweite hat Schlafprobleme. Verfügbar unter: http://www.bkk.de/presse-politik/presse/bkk-pressemitteilungen/itemId/57. Gesehen 12 Jun 2011

Fassel D (1991) Wir arbeiten uns noch zu Tode. Die vielen Gesichter der Arbeitssucht. Kösel, München

Friebe H, Lobo S (2006) Wir nennen es Arbeit. Die digitale Bohème oder: Intelligentes Leben jenseits der Festanstellung. Heyne, München

Groll T (2010) Wenn das Smartphone zur Jobfessel wird. Verfügbar unter: http://www.zeit.de/karriere/beruf/2010-07/ankuendigung-zon-talk-arbeitssucht?page=1. Gesehen 14 Jul 2011

Gross W (2003) Sucht ohne Drogen. Arbeiten, Spielen, Essen, Lieben… Fischer Verlag, Frankfurt am Main

Hirschler M (2009) Arbeitsbedingungen freier Journalisten. Bericht zu einer Umfrage unter freien Journalisten. DJV, Berlin

Machlowitz M (1986) Arbeitssucht und wie man damit leben kann. mvg-Verlag, Landsberg am Lech

Marrs K (2007) Zwischen Leidenschaft und Lohnarbeit. Ein arbeitssoziologischer Blick hinter die Kulissen von Film und Fernsehen. Ed. Sigma, Berlin

Matthey L (2011) Süchtig nach Arbeit. Wenn der Kopf nie Redaktionsschluss hat. Eine empirische Untersuchung zu Ausmaß, Erscheinungsweisen und Ursachen von Arbeitssucht bei Journalisten. Diplomarbeit, Dortmund

Meisner U (2006) Risikomanagement gegen Arbeitssucht. PERSONALmagazin 4:60–62

Meyen M, Springer N (2009) Freie Journalisten in Deutschland. UVK-Verl.-Ges., Konstanz

Orthaus J, Knaak A, Sanders K (1993) Schöner schuften. Wege aus der Arbeitssucht. Verlag Kiepenheuer & Witsch, Köln

Pelizäus-Hoffmeister H (2001) Mobilität: Chance oder Risiko? Soziale Netzwerke unter den Bedingungen räumlicher Mobilität - das Beispiel freie Journalisten. Leske und Budrich, Opladen

Pfeuffer J (2007) Gesundheitsgefährdung im Journalistenberuf. Eine Studie zur gesundheitlichen und psychischen Situation von Journalisten. VDM Verlag Dr. Müller, Saarbrücken

Poppelreuter S (1996) Arbeitssucht. Integrative Analyse bisheriger Forschungsansätze und Ergebnisse einer empirischen Untersuchung zur Symptomatik. Wehle, Witterschlick Bonn

Poppelreuter S (2004) Arbeitssucht. Massenphänomen oder Psychoexotik? Aus Politik und Zeitgeschichte B 1-2:8–14

Rohrlich JB (1984) Arbeit und Liebe. Auf der Suche nach dem Gleichgewicht. Fischer-Taschenbuch-Verlag, Frankfurt am Main

Schnabel U (2010) Vom geistreichen Nichtstun. Zur Ruhe kommen? Dafür ist in der Informationsgesellschaft kaum Zeit. Dabei verhilft Muße oft zu den besten Ideen. Die Zeit 49:39-40

Schneider C (2001) Skala für Arbeitssucht. Dissertation, Würzburg. Verfügbar unter: http://opus.bibliothek.uni-wuerzburg.de/volltexte/2002/210/pdf/schneider.pdf.

Städele M (2008) Arbeitssucht und die zwanghafte Persönlichkeitsstörung. Eine theoretische und empirische Auseinandersetzung. VDM Verlag Dr. Müller, Saarbrücken

Städele M, Poppelreuter S (2009) Arbeitssucht. Neuere Erkenntnisse in Diagnose, Intervention und Prävention. In: Batthyány D, Pritz A (Hrsg) Rausch ohne Drogen. Substanzungebundene Süchte. Springer, Wien, S 141–163

Unger HP, Kleinschmidt C (2007) Bevor der Job krank macht. Wie uns die heutige Arbeitswelt in die seelische Erschöpfung treibt und was man dagegen tun kann. Kösel, München

Weischenberg S, Malik M, Scholl A (2006) Die Souffleure der Mediengesellschaft. Report über die Journalisten in Deutschland. UVK-Verl.-Ges., Konstanz

Sucht bei Fach- und Führungskräften[1]

A. Wartmann, E. Wienemann

B. Badura et al. (Hrsg.) *Fehlzeiten-Report 2013,*
DOI 10.1007/978-3-642-37117-2_19, © Springer Verlag Berlin Heidelberg 2013

Zusammenfassung *Unter den berufstätigen Frauen macht die Gruppe der weiblichen Fach- und Führungskräfte bereits knapp die Hälfte der Beschäftigten aus. In der betrieblichen Suchtprävention hat sie bisher jedoch kaum Beachtung gefunden. Frauen in ambitionierten beruflichen Positionen unterliegen spezifischen Stressbelastungen, die mit Anforderungen auf der privaten, beruflichen und gesellschaftlichen Ebene verbunden sind und gesundheitsrelevante Bewältigungsstrategien nach sich ziehen. Hierzu gehört u. a. ein riskanter Alkoholkonsum, den europäische Studien bei einem Viertel dieser Beschäftigtengruppe ansetzen. Nach dem Gesundheitsbericht des Bundes steigt der riskante Alkoholkonsum bei Frauen mit zunehmender Bildungs- und Sozialschicht an. Der höchste Alkoholkonsum bei Frauen liegt im Alter zwischen 40 bis 50 Jahren.*

Im Rahmen einer qualitativen Studie wurden sowohl weibliche Fach- und Führungskräfte im Alter zwischen 40 bis 59 Jahren als auch betriebliche Berater und Beraterinnen interviewt. In den Interviews zeigt sich, dass der Alkohol sowohl zur Entlastung als auch zur Belohnung in Stresssituationen eingesetzt wird, wobei die riskanten Grenzen teilweise bewusst überschritten werden.

19.1 Daten zum riskanten Alkoholkonsum von Frauen

Riskanter Alkoholkonsum wird eher mit männlichen Riten, jugendlichen Exzessen oder gesellschaftlichen Problemgruppen in Verbindung gebracht. Jedenfalls gerät nicht zuerst das Bild von Frauen in Fach- und Führungsfunktionen in den Blick. Dazu zählen gehobene und höhere Beamtinnen und Angestellte sowie Selbstständige. Ihr Anteil an den weiblichen Beschäftigten macht knapp 50 Prozent aus (Gender-Datenreport 2005) und wächst noch weiter.

Betrachtet man die aktuellen Konsumdaten von Alkohol, so verändert sich die Perspektive. Die Zahlen des Robert Koch-Instituts (RKI) weisen auf einen Risikokonsum von Frauen im berufsfähigen Alter (18–64 Jahre) mit nach sozialer Schichtung steigendem Anteil von der unteren (21 Prozent) über die mittlere (24 Prozent) bis zur oberen Bildungsschicht (26 Prozent) hin (RKI 2010). Der meiste Alkohol wird von Frauen in der Altersphase zwischen 40 und 50 Jahren konsumiert (Pabst u. Kraus 2008; Barmer GEK 2012). Es ist also davon auszugehen, dass in Deutschland etwa jede vierte Frau in Fach- und Führungsfunktion – zumindest zeitweise – einen riskanten Konsum praktiziert. Studien aus anderen europäischen Ländern bestätigen diesen Trend (Office for National Statistics 2005; Skutle et al. 2009).

Unter gesundheitlichen Aspekten wird der Konsum als »riskant« betrachtet, wenn definierte Schwellenwerte überschritten werden. Das sind nach RKI 12 g reiner Alkohol für Frauen und 24 g für Männer pro Tag. Mit 0,25 l Bier, einem Glas Wein (100 ml) oder einem einfachen Cocktail erreichen Frauen bereits das Limit. Wird oberhalb dieser Grenzen Alkohol konsumiert, so sind auf Dauer gesundheitliche Risiken (z. B. erhöhtes Krebsrisiko) damit verbunden und Folgeschäden möglich. Das gesundheitliche Risiko besteht also nicht allein in der Suchtgefährdung, die in Deutschland bei etwa 3,4 Prozent der Männer und 1,4 Prozent der Frauen zwischen 18 und 64 Jahren zu einer Alkoholabhängigkeit führt (DHS 2011).

---

[1] Der Beitrag bezieht sich auf eine Studie, die 2010–2011 im Auftrag des Bundesministeriums für Gesundheit (BMG) durchgeführt wurde (Wartmann u. Wienemann 2011a) sowie auf eine Veröffentlichung in »Career Service Papers« (Wartmann u. Wienemann 2011b).

Daneben gibt es eine Reihe sozialer Risiken wie Regelverstöße oder Arbeitsplatzverlust. Als sozial riskant gilt der Konsum von Alkohol in unpassenden Situationen etwa im Straßenverkehr oder bei der Arbeit. Weil Alkoholkonsum bei Frauen gesellschaftlich deutlich stärker sanktioniert wird als bei Männern, setzt für weibliche Beschäftigte das Risiko des Ansehensverlusts sehr früh ein (Appel 1991). Aufgrund ihrer herausragenden Rolle kann bei Frauen in Führungspositionen schon ein moderater Alkoholkonsum bei falscher Gelegenheit ein soziales Risiko bedeuten (Skutle 2009).

Im beruflichen Kontext spielt der – teilweise riskante – Alkoholkonsum vor allem im Belastungsgeschehen zur Kompensation von Stress eine Rolle (Puls 2002). In Verbindung mit Stress steigt die Bereitschaft, die Grenze des risikoarmen Konsums zu überschreiten (Wartmann u. Wienemann 2011a). Im Hinblick darauf stellen die weiblichen Fach- und Führungskräfte eine spezielle Risikogruppe dar, wie es in verschiedenen Studien ermittelte Daten auch belegen (Siegrist et al. 2004; Hickman 2008; Skutle 2009).

19.2 Berufliche Anforderungen und Stressbewältigung

Die berufliche Entwicklung von Frauen ist gesellschaftlich wünschenswert und wird politisch wie betrieblich gefördert. Die breiteren Möglichkeiten im Beruf bringen jedoch neue Belastungskonstellationen mit sich, die erweiterte Bewältigungsstrategien erfordern.

Je weniger ein Mensch auf Bewältigungsmöglichkeiten zurückgreifen kann, um seine seelische Balance (wieder) herzustellen und Belastungen abzubauen, umso mehr wächst der persönliche Druck, sich durch Suchtmittelkonsum oder Medikamente Erleichterung zu verschaffen. Auf betrieblicher Ebene liegen die Chancen vor allem darin, mit gezielter Prävention und Intervention auf diese Entwicklung bei Beschäftigten frühzeitig einzuwirken und die situativen wie persönlichen Ressourcen zu stärken.

Nicht alle Anforderungen, die mit hohen Belastungen verbunden sind, wirken per se oder bei jedem Menschen negativ und gesundheitsschädlich. Solange Personen eine Situation aktiv beeinflussen und steuern, d. h. kontrollieren können und sofern sie über ausreichende Ressourcen wie soziale Unterstützung und Kompetenzen zur Bewältigung verfügen, werden selbst mit Belastungen verbundene Aufgaben oft als positive Herausforderung erlebt. Wenn sie diese erfolgreich meistern – was bei Führungskräften öfter der Fall ist als bei anderen Berufsgruppen –, wird die Selbstwirksamkeitserfahrung gestärkt und die Belastungssituation mit persönlichem Gewinn bewältigt (Günther u. Gerstenmaier 2005). Problematisch wird das Stressgeschehen erst, wenn Kontroll- und Bewältigungsmöglichkeiten auf Dauer eingeschränkt sind, die Gratifikationen ausbleiben und Anforderungen aus dem gesellschaftlichen, privaten und betrieblichen Bereich kumulieren und im arbeitswissenschaftlichen Sinne zu Fehlbeanspruchungen führen, die schließlich die Anpassungs- und Bewältigungsmöglichkeiten nachhaltig einschränken (Hüther 1997; Puls 2002; Wartmann u. Wienemann 2011a). Somit können äußere Einflüsse als anregend erlebt oder als beeinträchtigend bewertet werden. Im letzteren Falle wird ein riskanter Alkoholkonsum wahrscheinlicher (◘ Abb. 19.1).

Bei der Annäherung an die Lebenswelten, Ressourcen, Belastungen und Risikofaktoren der Zielgruppe wurden in der für das BMG durchgeführten Studie zur Rolle des Alkoholkonsums im Stressbewältigungsverhalten von weiblichen Fach- und Führungskräften (Wartmann u. Wienemann 2011a) unterschiedliche Methoden eingesetzt und Zugänge gefunden (Bortz u. Döring 2006). Zur Entwicklung des Untersuchungskonzepts und der Hypothesenbildung wurden sozialepidemiologische Studien, Daten der aktuellen Gesundheits- und Suchtforschung sowie der arbeitswissenschaftlichen Fachliteratur zu spezifischen Belastungen, Spannungsfeldern und Bewältigungsstrategien der Zielgruppe gesichtet und einer Sekundäranalyse unterzogen. Kern der eigenen empirischen Untersuchung waren qualitative leitfadengestützte Interviews mit drei betrieblichen Beratern/Coaches sowie sechs weiblichen Fach-und Führungskräften im Alter zwischen 40 und 59 Jahren, in denen es vor allem um die situationsbezogenen Verhaltensweisen und Handlungsoptionen der Befragten ging. Die Aussagen zu den Bereichen Belastungen, Ressourcen und Bewältigungsstrategien wurden systematisch aus dem Material herausgefiltert, um aus den subjektiven Beschreibungen der Erfahrungssituationen Erkenntnisse zu den entwickelten Hypothesen zu gewinnen (vgl. Glaser u. Strauss 1998). Schließlich wurden Gruppen- und Fachgespräche mit Experten aus dem Personal- und Gesundheitsmanagement geführt, um vor dem Hintergrund der Ergebnisse der Studie wirksame Ansatzpunkte und Modelle der betrieblichen Suchtprävention für Frauen in Fach- und Führungsfunktionen zu eruieren und zu entwickeln.

19.3 · Gesellschaftlich bedingte Belastungen weiblicher Fach- und Führungskräfte

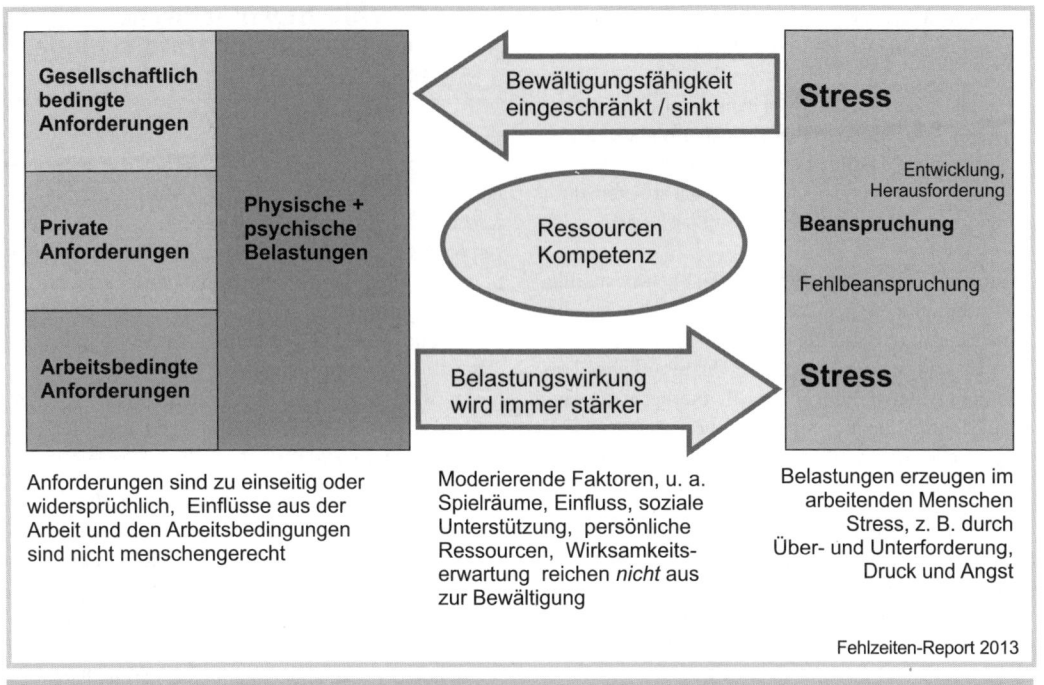

Abb. 19.1 Suchtmittelkonsum fördernde Belastungs-Beanspruchungs-Konstellation

Diagramminhalt:
- Gesellschaftlich bedingte Anforderungen
- Private Anforderungen
- Arbeitsbedingte Anforderungen
- Physische + psychische Belastungen
- Bewältigungsfähigkeit eingeschränkt / sinkt → Stress
- Ressourcen Kompetenz
- Belastungswirkung wird immer stärker → Stress
- Entwicklung, Herausforderung / Beanspruchung / Fehlbeanspruchung

Anforderungen sind zu einseitig oder widersprüchlich, Einflüsse aus der Arbeit und den Arbeitsbedingungen sind nicht menschengerecht

Moderierende Faktoren, u. a. Spielräume, Einfluss, soziale Unterstützung, persönliche Ressourcen, Wirksamkeitserwartung reichen *nicht* aus zur Bewältigung

Belastungen erzeugen im arbeitenden Menschen Stress, z. B. durch Über- und Unterforderung, Druck und Angst

Fehlzeiten-Report 2013

19.3 Gesellschaftlich bedingte Belastungen weiblicher Fach- und Führungskräfte

Neben den arbeitsbedingten Belastungen, mit denen Männer wie Frauen in ambitionierten Berufen generell konfrontiert sind (Kromm u. Frank 2009), sind die untersuchten weiblichen Beschäftigtengruppen zusätzlich durch soziale Ungleichheiten belastet, die sich sozial und gesundheitlich nachteilig auswirken (Nielbrock u. Gümbel 2008). Während Ressourcen aus dem sozialen Umfeld moderierend auf die Wahrnehmung von Belastungen wirken und eine erfolgreiche Stressregulation begünstigen, verstärken die gesellschaftlich bedingten Belastungen das Stresserleben noch. Diese Belastungen und Zusammenhänge gelten für weibliche Beschäftigte generell, zeigen sich jedoch in herausgehobenen Positionen oft noch deutlicher. Die damit verbundenen Regulierungsprobleme (Günther u. Gerstenmaier 2005) können die Kapazitäten der betroffenen Frauen zur aktiven Stressbewältigung erheblich einschränken.

Die theoretischen Überlegungen und empirischen Erkenntnisse werden im Folgenden mit Zitaten aus den Interviews mit Fach- und Führungsfrauen (zitiert als »FFF«) sowie mit Beratungskräften (zitiert als »Coach«) unterlegt, um die Bedingungen für den riskanten Konsum in Verbindung mit der konkreten Arbeitssituation herauszuarbeiten.

19.3.1 Gesellschaftliche Rollenbilder und Geschlechterstereotype

Geschlechterstereotype in Rollenbildern wirken auf die Arbeits- und Lebenssituation von Frauen und Männern. Sie haben erheblichen Einfluss auf deren berufliche Entwicklungsmöglichkeiten und Belastungssituationen. Frauen, die den Vorstoß in Führungsfunktionen schaffen, erwartet ein Leben, das häufig mit erheblichen Überforderungen einhergeht und immer wieder gegen gesellschaftliche Rollenerwartungen sowie zum Teil gegen ihre eigenen Werte verstößt (Edding 2010).

» »(...) Also ich meine, eine Führungsposition auszuüben hat sowieso etwas mit Mehrarbeit zu tun (...) Das weiß man, wenn man das macht (...) von vornherein. Aber solche Extrembelastung wie jetzt in den letzten Monaten, die sozusagen dauerbelastend sind, also wo es überhaupt keine
▼

Pause zwischendurch gibt, das glaub' ich, hab' ich in dem extremen Maße noch nicht erlebt.« (FFF)

»...die leiden alle durch die Bank unter Überarbeitung. Also das ist ein Thema (...) dieses endlose, dass man nie fertig ist als Führungskraft. (...) Immer noch was und noch was und die arbeiten, die klotzen alle. Also die klotzen richtig.« (Coach)

Frauen versuchen, sich über ihre fachliche Qualifikation zu positionieren, indem sie mehr und besser arbeiten als der durchschnittliche männliche Kollege, ohne daraus zwangsläufig Vorteile für ihr berufliches Fortkommen ziehen zu können. In »Männerberufen« – und dazu gehören die Führungspositionen in nahezu allen Organisationen – sind Frauen häufig der Konkurrenz der Männer ausgesetzt (Stöber 2006; Edding 2010).

» »Konkurrenzverhalten bei Männern ist in aller Regel – natürlich auch nicht immer ein sehr offenes Konkurrenzverhalten, mit dem man auch umgehen kann. Es ist da! (...) Das ist spürbar, greifbar und darauf kann man sich einstellen.« (FFF)

»Also, in letzter Zeit sind mir so einige Männer – sag ich mal – aufgefallen. Was vielleicht noch nicht ein Konflikt war, sondern wo man nur was austarieren musste. Also so ein Platzhirschgehabe.« (FFF)

Wo Frauen in Führungspositionen nur vereinzelt vorkommen, werden sie – egal ob als Abweichlerinnen von ihrer gesellschaftlichen Rolle oder als Vorzeigefrauen – immer wieder mit Männern in Führungsrollen verglichen. Als Folge dieses »Token-Women-Phänomens« (Sander u. Hartmann 2009) sind sie im Hinblick auf ihr Rollen- und Leistungsverhalten quasi ständig unter Beobachtung. Sie sind häufig »overobserved« (Heintz et al. 1997), was zu extremen Beanspruchungen bis hin zur Infragestellung der persönlichen Integrität reichen kann.

» »Und dann war sehr sehr klar, dass sie über spezifische Führungskonstellationen mit ihrer nächsthöheren Führungskraft sehr destabilisiert war (...). Und aus dieser Drucksituation heraus war sie gar nicht mehr in der Lage, überhaupt noch selbstsicher aufzutreten, souverän aufzutreten, professionell aufzutreten, wie das eigentlich so in ihrer Funktion auch erwartet wird. Sondern sie hat sich eher einschüchtern lassen. Ist immer mehr zurückgegangen und hat sich sozusagen gar nicht mehr gezeigt, ist kaum noch sichtbar geworden.« (Coach)

19.3.2 Geschlechterspezifische Segregation und Unterschiede im Sozialprestige der Berufe

Berufliche Positionen von Männern und Frauen werden unterschiedlich bewertet, wobei die männlich konnotierten Tätigkeiten mehr Aufstiegsmöglichkeiten beinhalten, besser bezahlt werden und einen höheren Status zugeschrieben bekommen. In Berufsgruppen mit hohem Frauenanteil fallen zudem die individuellen Beurteilungen generell schlechter aus als in solchen mit hohem Männeranteil. Sie spiegeln keineswegs die Leistung adäquat wider. Dies gilt zuungunsten der Frauen auch im öffentlichen Dienst, wo Spitzenpositionen ebenfalls überwiegend mit Männern besetzt sind (Krell 2008).

» »Also die (Frauen) haben ein hohes Bedürfnis nach Anerkennung, das drückt sich als Bedürfnis nach guter Beurteilung aus (...) Das fördert im Grunde genommen eine Kultur, in der es immer wichtiger wird, beim Arbeiten gut auszusehen, nett in den Augen der anderen – also diese Anerkennungssucht – die permanent einerseits bedient (wird), andererseits (...) mit Botschaften ›es ist nie genug‹ unterschwellig ununterbrochen (von außen erwartet) wird. Und in dieser Positionsunsicherheit fordern diese (Frauen) wiederum diese Beurteilung ein.« (Coach)

Dass eine angemessene Gratifikation für die Arbeitsleistung der Frauen ausbleibt, wird durch nicht leistungsgerechte Beurteilungen noch verschärft. Zudem entzieht sich die subjektive Beurteilung durch Vorgesetzte weitgehend rationaler Kontrolle und lässt sich selten korrigieren.

» »weil viele Frauen haben die Vorstellung, dass sie ihren Aufstieg über Fleiß bewältigen. (...) Und je fleißiger die sind, desto weniger Wertschätzung bekommen sie. Das ist wirklich irre. Das ist ein irrer Mechanismus.« (Coach)

Für Frauen in Fach- und Führungsfunktionen ist der Wunsch nach Beurteilung durch Vorgesetzte also eine durchaus ambivalente Bewältigungsstrategie, die mit instabilem Selbstwert- und Kohärenzempfinden sowie Burnout-Symptomen hoch korreliert.

Die Unterschiede im Sozialprestige der beruflichen Positionen und in der Leistungsbeurteilung beeinflussen demnach die für die Stressbewältigung so wichtigen moderierenden Faktoren Anerkennung und Selbstwerteinschätzung von Frauen negativ. Je nach Ausprägung der Imbalance von Verausgabung und Belohnung können psychische Fehlbeanspruchung und gesundheitliche Gefährdung die Folge sein (Lühring u. Seibel 1984; Kromm u. Frank 2009).

19.3.3 Belastungssituationen von Fach- und Führungsfrauen und Gesundheitsgefährdungen

Nach der SHAPE-Studie zu Belastungen in ambitionierten Berufssituationen erleben Frauen in gehobenen Berufen Arbeitsunzufriedenheit, Überforderung, Mangel an Anerkennung und soziale Spannungen häufiger als die Allgemeinbevölkerung. Bei geringen Kontrollmöglichkeiten und wenig sozialer Unterstützung weisen sie »die meisten körperlichen Beschwerden, die niedrigste Schlafqualität und die negativste Gesundheitseinschätzung auf und leben oftmals in einem starken Spannungsfeld« (Kromm u. Frank 2009).

> »(...) großer Verantwortungsbereich(...). Ich habe häufig das Gefühl, mich auf so ganz dünnem Eis zu bewegen, weil man nie Zeit genug hat, sich tief in eine Sache hineinzugeben (...) Eben eine sehr große zeitliche Belastung. Ja, und ganz aktuell bin ich seit einem halben Jahr schwanger, das zerrt auch noch an den Kräften. Ich merke das eben in diesem Job ganz stark. Das ist eben kein 40-Stunden-Job, sondern eigentlich mehr. Und mehr geht im Moment einfach nicht mehr. 40 Stunden sind dann schon so die Grenze (...) Und dann ist so die persönliche Unzufriedenheit, dass man die Dinge nicht so schafft, wie man sie eigentlich gern schaffen möchte. Ja, und es ist auch so psychisch.« (FFF)

Frauen in Führungsfunktionen gelingt es oftmals schwer, Bedürfnisse wie Wertschätzung, Bindung oder Sicherheit zu befriedigen (Kromm u. Frank 2009). Führungsfrauen, stellt Edding (2010) fest, haben viel mit Einsamkeit zu tun, mit Verletztsein und mit Erschöpfung. Sie stehen außerdem häufig vor der Entscheidung Beruf *oder* Familie. In den westdeutschen Bundesländern leben rund 40 Prozent der weiblichen Fach- und Führungskräfte im Alter zwischen 35 und 39 Jahre ohne Kinder im Haushalt (Deutsches Statistisches Bundesamt 2006: Mikrozensus 2004).

Die Vereinbarkeit von Beruf und Familie gilt allgemein als einer der schwierigsten Belastungsbereiche von berufstätigen Frauen. Bei genauerem Hinsehen erweist er sich jedoch als weit weniger eindeutig belastend als gemeinhin angenommen. Mit Ausnahme von alleinerziehenden berufstätigen Müttern, die signifikant erhöhte Stressbelastungen aufwiesen, wurde in verschiedenen Studien keine unmittelbare Doppelbelastung bei berufstätigen Müttern konstatiert. Die Mütter empfinden ihre Berufstätigkeit eher als Bereicherung (DAK 2001). Der familiäre Rahmen bildet für sie in vielen Fällen ein stabiles Unterstützungssystem und ist für die Frauen in Fach- und Führungspositionen zugleich ein Ort, in dem sie Abstand vom Beruf gewinnen können (Günther u. Gerstenmaier 2005).

Sofern sie also soziale Unterstützung erleben und zudem Einflussmöglichkeiten auf ihre Arbeitssituation haben, geben auch Frauen in ambitionierten Berufen »wenige körperliche Beschwerden, gute Schlafqualität und die positivste subjektive Gesundheitseinschätzung« an (Kromm u. Frank 2009).

19.4 Ressourcen und Bewältigungskapazitäten von Fach- und Führungsfrauen

Im Belastungsgeschehen spielen die Ressourcen, über die eine Person verfügen kann, eine entscheidende Rolle, und zwar a) für die Wahrnehmung der Anforderungen als belastender Stress oder positive Herausforderung, b) für die Wirkung in Form und Grad der subjektiv empfundenen Beanspruchung, c) für die Möglichkeiten der Bewältigung und d) für die Wahl der konkreten Bewältigungsstrategien (◘ Abb. 19.1).

19.4.1 Internale und externale Ressourcen zur Belastungsbewältigung

Weibliche Fachkräfte und insbesondere Führungskräfte verfügen nach den Ergebnissen der ausgewerteten Studien über eine Vielzahl von spezifischen Ressourcen, die ihre Bewältigungsfähigkeiten positiv beeinflussen. Angelehnt an die von Günther und Gerstenmaier (2005) sowie Sander und Hartmann (2009) beschriebenen Stärken von Frauen in Führungspositionen lassen sich die folgenden Ressourcen ausmachen:
- **Die Selbstwirksamkeitserwartung**, über die Frauen im Management in hohem Maße verfügen, die sie entscheidungsfreudig macht und ihnen die Kontrolle über ihre Situation erleichtert.
- **Eine instrumentelle Geschlechtsrollen-Orientierung**, die mit Attributen wie Unabhängigkeit, Bestimmtheit, Risikofreude, Zielorientierung einhergeht. Oftmals zeigt sich auch ein »offensives Rollenverständnis«, d. h. sie sind in der Lage, Dominanz und Durchsetzungsfähigkeit mit Empathie und kommunikativer Sensibilität zu verbinden.

- **Aktive Bewältigungsstrategien (Coping)**,
  die gezielt und erfolgreich proaktiv und vorausschauend oder reaktiv eingesetzt werden können, wobei sie sich die dafür notwendige Unterstützung z. B. durch Beratung und Coaching holen. Personen mit einem hohen Anforderungs- und Belastungsniveau betreiben zudem oft zum Ausgleich eine aktivere Freizeitgestaltung als andere Beschäftigtengruppen.
- **Soziale Netzwerke**,
  die sie zum Informations- und Erfahrungsaustausch, zur Definition von Zielen, Beratung von Umsetzungsstrategien und zur Kontaktherstellung nutzen.
- **Soziale Unterstützung**,
  die am Arbeitsplatz und in der Familie oder im sonstigen sozialen Umfeld formal oder informell erfolgen kann und eine Verbindung von instrumenteller und emotionsbezogener Unterstützung darstellt.
- **Die Fähigkeit zur Selbstaktualisierung**,
  die es ihnen ermöglicht, durch gezielte Maßnahmen wie z. B. Weiterbildung, Coaching, Austausch in Netzwerken die eigenen Ressourcen zu stärken und sich weiterzuentwickeln.
- **Die Fähigkeit zur aktiven Auseinandersetzung**
  als eine wichtige Ressource, die in den Interviews der Studie zum Ausdruck gebracht wurde. Die Frauen beschreiben, dass sie – wenn nötig – aktiv in die Klärung anstehender Konflikte eintreten und sich dafür gegebenenfalls die notwendige Unterstützung holen.

19.4.2 Ambivalente Ressourcen und Bewältigungsstrategien

Die Ergebnisse der Studien zeigen, dass Fach- und Führungsfrauen als aktiv gestaltende Personen wahrgenommen werden wollen, die sich bei Bedarf Unterstützung holen. Über die Bilder von Stärke zeigen sich in der Beschreibung aber auch Brüche: »Die klotzen richtig«, eine Aussage, die schon in der verwendeten Begrifflichkeit die Mühe und Anstrengung spürbar werden lässt, die diese Frauen einbringen (müssen), um bei aller Motivation und Leistung als Frau in der Führungsfunktion Akzeptanz und Anerkennung zu finden.

Wir sprechen deshalb von »ambivalenten Ressourcen« (Wartmann u. Wienemann 2011a), weil dafür oftmals übermäßige Anstrengungen investiert oder an anderer Stelle Nachteile in Kauf genommen werden müssen.

Die familiäre Einbindung ist für die weiblichen Fach- und Führungskräfte eine solche »ambivalente Ressource«, die die Belastung sowohl reduzieren als auch verstärken kann. Sie wird von ihnen oftmals als wichtige Ressource und Unterstützung genannt. In der Studie zur Work-Family-Balance im Topmanagement (Jacobshagen et al. 2005) zeigte sich dagegen, dass trotz bestehender Unterstützung und Handlungsspielräume arbeitsbezogene Stressoren zu Konflikten in der Beruf-Familien-Balance und vermehrt zu psychosomatischen Beschwerden führten. Bei Arbeitszeiten von 40 bis zum Teil über 60 Stunden pro Woche bleiben ausreichende Erholungszeiten und persönliche Interessen oftmals auf der Strecke (Kromm u. Frank 2009). Nach Günther und Gerstenmaier (2005) sehen die Führungsfrauen in den »familiären und persönlichen Verpflichtungen von Frauen« andererseits auch eines der Haupthindernisse für den Aufstieg von weiblichen Beschäftigten.

Zu den ambivalenten Ressourcen treten auch noch »ambivalente Bewältigungsstrategien«. Sie zeigen sich darin, »Konflikte mit sich selbst ausmachen« zu wollen statt sie zu klären oder »mit dem offenen Konkurrenzverhalten von Männern gut umgehen« zu können statt ihm entgegenzutreten. Ambivalent erscheint es auch, »noch mehr Fleiß« an den Tag zu legen und »mehr Energie auf eine Aufgabe zu richten«, aber sich »weniger um den Aufstieg in der Organisation zu kümmern«. Dazu gehört es auch, engagiert »die Dinge, die einem persönlich wichtig erscheinen, zu verfolgen« oder stolz die Fähigkeit herauszustellen, die »Multikomplexität der Aufgaben« erledigen zu können, also Haltungen und Kompetenzen einzubringen, die von anderer Seite gerne genutzt, aber oft nicht entsprechend anerkannt werden (Wartmann u. Wienemann 2011a).

19.5 Die Rolle des Alkoholkonsums für Fach- und Führungsfrauen

Hier drängt sich die Frage auf, wie Frauen in Fach- und Führungspositionen sich in den oben beschriebenen Spannungsfeldern von Belastungen, Ressourcen, Beanspruchungen und Regulationsanforderungen bewegen und welche Rolle der Alkoholkonsum dabei einnimmt.

Mit dem Alkoholkonsum befriedigen die Frauen in Fach- und Führungspositionen zuallererst ihr Bedürfnis nach »Belohnung« für ihre Arbeit und für die Bewältigung der Anforderungen aus der beruflichen Aufgabe und der gesellschaftlichen Rolle.

> »Dass man irgendwie aus der eigenen Sicht völlig unangemessen herunter gebügelt wird und das tut einfach weh. Aber das ist dann wie es ist. Auch in solchen Situationen neige ich nicht dazu, verstärkt auf Alkohol zuzugreifen. Das ist mehr so dieses am Wochenende, ich habe die ganze Woche gearbeitet, ich darf mich auch belohnen mit 'ner Flasche Wein.« (FFF)
>
> »Ich sage mir dann, ich will jetzt was Schönes. Ich genieße jetzt was! Und eben das, was man sich dann vorgaukelt – mit Alkohol geht es leichter oder so.« (FFF)

Zum zweiten geht es um das Bedürfnis nach »Entlastung«, die mit Gefühlen der Entspannung einhergeht.

> »Erwartung an den Alkohol? »Dass er mich entspannt. Also dieser Druck, der – typisch Frau: ›auf den Schultern lastet der Rest der Welt‹ – dass der ein Stück weit nachlässt.« (FFF)
> »Ehm… dass der Alkohol so schnell wirkt, dass ich dann auch innerhalb von 2 Stunden… Dann geh ich auch ins Bett.« (FFF)

Damit der Alkoholkonsum diese Funktionen angemessen erfüllen kann, wird er ritualisiert. Das »gute Glas Wein«, mit dem frau sich »was Gutes tut«, bestimmt das Muster des Konsums.

> »Manchmal ist es auch Ritual und es gehört dann einfach zum Abschluss, der einfach zum Ende eines Abends dazugehört.« (FFF)
> »Aber (…) ich sehe mich da richtig, dass ich wieder in den Keller stiefele und von meinen Weinvorräten mir 'ne schöne Flasche raussuche.« (FFF)
> »Mein Mann trinkt ausschließlich Bier und ich trinke guten Wein.« (FFF)
> »Muss aber auch guter Wein sein. Ich kann nicht irgendwelchen Fusel trinken.« (FFF)

Dabei wird in Kauf genommen, dass der Konsum auch die riskante Grenze erreichen kann oder diese – zumindest gelegentlich – sogar überschreitet. Die interviewten Fach- und Führungskräfte praktizieren einen Konsum, der eigenen, selbst gesetzten Regeln unterliegt. In Ausnahmefällen wie in stressbelasteten beruflichen Hochphasen werden diese Regeln der Selbststeuerung jedoch aufgehoben. Meistens übersteigt der Alkoholkonsum dann die Grenze des risikoarmen Bereichs, ohne dass sich die Frauen dessen überhaupt oder jederzeit bewusst sind.

> »(…trinke ich) auch mal ein Glas mehr als ich sonst trinken würde. Aber nicht so weit, dass ich mich dann betrinke.« (FFF)
> »Dann habe ich die Flasche innerhalb von 1,5–2 Stunden ausgetrunken.« (FFF)
> »Es ist nur 'ne kurzfristige Entlastung. Das weiß ich auch alles. (…) Ich weiß es und trotzdem lass ich es nicht. Es hat ja keine Dimension, die in irgendeiner Form gefährlich werden würde für mich. Es hat nur eine gewisse Routine.« (FFF)

Nur vereinzelt reflektieren sie die Gefährdung durch den Alkohol oder den Nutzen alternativer Bewältigungsstrategien.

> »Es gibt ja in der Übertragung auch dieses Bild und du müsstest jetzt eigentlich nach Hause gehen, deine Laufschuhe anziehen und dich zum nächsten See bewegen, um da rumzurennen. Was ich dann aber oft nicht mache, weil – die Fähigkeit, mich dann auf so eine Situation einzulassen, dieser Mechanismus funktioniert nicht mehr. Ich bin dann nicht mehr in der Lage, so selbstfürsorglich mit mir umzugehen, sondern ich geh dann beispielsweise an den Kühlschrank und hole mir zwei Würstchen raus oder ich häng mich vor den Fernseher und guck mir die dümmsten Sachen an, die da gerade (…) gebracht werden. Oder (…) es kommt auch vor, dass ich mir dann eine Flasche Wein aufmache. (…) Ich geh dann irgendwann schlafen, weil nach einer Flasche Wein bin ich auch hinüber, aber ich schlafe nicht durch. Und das ist ja ein Alkoholphänomen, was auch weit verbreitet ist und dann ist es wirklich selbstschädigend, weil dann bin ich morgens gerädert, weil ich habe erstens zu viel Alkohol getrunken, habe geraucht, wenn ich Pech hatte, und ich habe auch noch zu wenig geschlafen. Und das ist wirklich schädlich. Also für mich ist das kolossal schädlich.« (FFF)

Die weiblichen Fach- und Führungskräften betonen meist, dass sie Wein konsumieren. Das »gute Glas Wein« steht dabei synonym für Belohnung und Wohlgefühl. Dieses Motiv »etwas Gutes für sich zu tun« erweist sich als doppelt vorteilhaft: Es legitimiert den Alkoholkonsum ausreichend vor sich selbst und anderen und ist stark genug ausgeprägt, um mögliche Zweifel, ob diese Form der Stressbewältigung angemessen ist, und Gedanken an die schädlichen Folgen des Alkoholkonsums schnellstens zu verdrängen. Gesundheitsriskantes Verhalten wird hier wie allgemein dadurch begünstigt, dass auf diese Weise eine Bedürfnisbefriedigung erlebt wird, die positive Gefühle erzeugt. Diese positive Wirkungserfahrung wird fortan subjektiv in den Vordergrund gerückt und bestimmt die Impulse zum Handeln und Verhalten, selbst wenn dies mit einer Gefährdung einhergeht.

19.6 Ansatzpunkte für die betriebliche Prävention

Geschlechtersensible Suchtprävention ist in deutschen Betrieben bislang nicht verbreitet. Ein spezifisch auf Frauen in Führungspositionen ausgerichtetes Programm zur Vorbeugung eines riskanten Alkoholkonsums ist in Europa gegenwärtig nur in Norwegen zu finden.

Einen günstigen Rahmen für noch zu entwickelnde zielgruppenspezifische Angebote bietet in Deutschland jedoch der arbeitsschutzrechtliche Auftrag des Betriebes zur Prävention von gesundheitlichen Gefährdungen sowie zur Anwendung von arbeitswissenschaftlichen Erkenntnissen u. a. zur Persönlichkeitsförderlichkeit von Arbeit. Als konkrete verhältnispräventive Ansatzpunkte zur Verbesserung der beruflichen Belastungssituationen von weiblichen Fach- und Führungskräften insbesondere durch psychische Belastungen werden in den vorliegenden Studien die folgenden Aspekte genannt:

- Verbesserung des psychosozialen Arbeitsklimas; Freiräume bei der Gestaltung und Bearbeitung der Arbeitsaufgaben, instrumentelle und emotionale Unterstützung; gegenseitiges Vertrauen, Verlässlichkeit von Führung und Team, Anerkennung, Lob und Wertschätzung für die geleistete Arbeit (Kromm et al. 2009; Schönborn u. Buchholz 2009).
- Ein offener Dialog, der das Bewusstsein über die Thematik fördert und die verschiedenen Facetten und Perspektiven zu den Stressbelastungen weiblicher Führungskräfte beleuchtet mit dem Ziel, diese abzubauen und künftig zu vermeiden; die Positionen der weiblichen Führungskräfte in Strategieentwicklungs-, Leitbildentwicklungs- oder größere Reorganisationsprozesse mit einbeziehen; Entwicklung einer Diversity-Kultur; Transparenz von Prozessen und Kriterien der Personalauswahl und Besetzung von Positionen: Welche Anforderungen werden gestellt, was führt zum erwarteten Leistungsbonus (Sander u. Hartmann 2009).

Betriebliche Prävention kann außerdem bei der Erweiterung der Gesundheitskompetenz und der Sensibilisierung der Frauen für den Zusammenhang von Belastungen, Beanspruchungen, Ressourcen und Bewältigungsmöglichkeiten ansetzen. Angebote können sich einmal an die Zielgruppe direkt wenden, zum anderen aber auch an die Personen und Einrichtungen, die für die soziale Unterstützung der Frauen in Fach- und Führungspositionen eine besondere Bedeutung haben. Gezielt erreichbar für die betriebliche Suchtprävention sind die internen Beratungskräfte im Personal- und Gesundheitsmanagement, die Personalentwickler und Interessenvertretungen sowie kooperierende Beratungseinrichtungen und Coaches.

Gerade Coaching ist mit seiner lösungs- und handlungsorientierten Ausrichtung geeignet, weiblichen Fach- und Führungskräften zu helfen, die Handlungsmöglichkeiten in Belastungssituationen zu erkennen und die Bewältigungskompetenzen zu erweitern, um Stress zu verhindern oder angemessen – ohne Risikokonsum – zu regulieren. Es geht darum, in allem das gesunde Maß zu finden: in der Verausgabung, in den Arbeitszeiten, in den Karriereambitionen oder eben im Alkoholkonsum. Der Alkoholkonsum ist nur ein Aspekt im Stressgeschehen, aber ein wesentlicher. Wenn die weiblichen Fach- und Führungskräfte herausfinden, wofür er steht, kann der Blick gezielt auf die Veränderungen gerichtet werden, die gesundes Arbeiten und Verhalten in Fach- und Führungspositionen zukünftig erleichtern.

19.7 Zusammenfassung

Die Fach- und Führungsfrauen nutzen nach eigenen Aussagen den Alkohol in moderaten Mengen, weil sie daran die Erwartung knüpfen, dass sofort und einfach eine Entspannung eintritt, die positive Gefühle wie Leichtigkeit und Entlastung erzeugt. Meist wird Wein konsumiert. Die Metapher »guter Wein« steht für Belohnung, dafür, »sich etwas Gutes zu tun«. Dieses Haupttrinkmotiv weist einen doppelten Vorteil auf: Erstens legitimiert es den Alkoholkonsum ausreichend vor sich selbst und anderen und kann die ambivalenten Gefühle, dass dies vielleicht nicht die angemessenste Strategie der Stressbewältigung darstellt, teilweise verdrängen helfen. Zweitens hebt es noch das Wohlgefühl, das mit der Entspannung einsetzt, und verstärkt es durch das Gefühl, sich für etwas zu belohnen, das frau geschafft hat, aber von anderen vielleicht nicht ausreichend wertgeschätzt oder gewürdigt wird. »Man darf sich ja wohl mal belohnen« dafür, dass die Herausforderungen des Alltags immer wieder aufs Neue bewältigt werden. Die Gratifikation dafür bleibt am Arbeitsplatz häufig aus und entzieht sich der eigenen Kontrolle. Indem die Betroffenen mit dem Alkoholkonsum selbst die Belohnung herbeiführen, trägt er alle Züge eines autonomen selbstwirksamen Handelns zum Ausgleich hoher Verausgabung und zur aktiven Lenkung der Gefühle.

Alkoholkonsum wird in diesem Sinne als aktive und nicht nur als passive Stressbewältigungsstrategie angewandt. Diese kann vor dem Hintergrund einer für die Risiken sensibilisierten Gesundheitskompetenz und stabiler Ressourcen zum Ausgleich eines belastenden Alltags sogar erfolgreich sein, solange der Konsum eine kritische Grenze nicht übersteigt. Der einzige Haken an der »optimalen Lösung« sind die Schwachpunkte bei der Grenzregulierung zwischen Genuss, risikoarmem Konsum und riskantem Verhalten.

Der Fokus in der verhaltensbezogenen Prävention im Betrieb für diese Zielgruppe sollte sich stärker darauf ausrichten, das Wissen um die Grenzen des risikoarmen Bereichs zu erweitern, Selbstkompetenzen zur verantwortungsvollen und Erfolg versprechenden Grenzziehung zu entwickeln und attraktive, aber weniger gefährdende Bewältigungsstrategien einzusetzen. Diese Angebote müssen jedoch mit einer Verbesserung der beruflichen Arbeits- und Entwicklungsbedingungen und mit grundsätzlichen Änderungen von geschlechterspezifischen Belastungskonstellationen von weiblichen Beschäftigten verknüpft werden, um gesundheitliche Gefährdungen durch Suchtmittelkonsum fördernde Faktoren wirksam abzubauen.

Literatur

Appel C (1991) Frauenfragen - Frauenthemen in der betrieblichen Suchtprävention und Beratungstätigkeit. Abschlussbericht der Teilstudie Hannover/Niedersachsen. Weiterbildungsstudiengang Arbeitswissenschaft Universität Hannover

Barmer GEK (Hrsg) (2012) GEK Gesundheitsbericht 2012 Niedersachsen. Alkoholkonsum und Erwerbstätigkeit. Wuppertal

Bortz J, Döring N (2006) Forschungsmethoden und Evaluation. Springer, Heidelberg

DHS (2011) Jahrbuch Sucht 2011. Hrsg: Deutsche Hauptstelle für Suchtfragen eV, Hamm

DAK (2001) Gesundheitsreport Frauen-Beruf-Familie. Doppelbelastung ein Mythos? Hamburg

Deutsches Statistisches Bundesamt (2006) Ergebnisse des Mikrozensus 2004. Leben und Arbeiten in Deutschland Wiesbaden

Edding C (2010) Der Preis des Aufstiegs. Wie man ihn senkt – oder guten Gewissens bezahlt. Vortrag im Rahmen der Business Women School. Bertelsmann Stiftung, Mai 2010

Gender-Datenreport (2005) 1. Datenreport zur Gleichstellung von Frauen und Männern in der Bundesrepublik Deutschland. München

Glaser BG, Strauss A (1998) Grounded Theory. Strategien qualitativer Forschung. Huber, Bern, Göttingen, Toronto, Seattle

Günther S, Gerstenmaier J (2005) Führungsfrauen im Management: Erfolgsmerkmale und Barrieren in der Berufslaufbahn. Forschungsbericht LMU Nr 175, Department Psychologie, Institut für Pädagogische Psychologie, München

Heintz B, Nadai E, Fischer R, Ummel H (1997) Ungleich unter Gleichen: Studien zur geschlechterspezifischen Segregation des Arbeitsmarktes. Campus, Frankfurt a M

Hickman M (2008) The more successful you are, the more you drink, research finds. The Independent vom 23.01.2008. URL: http://www.independent.co.uk/life-style/health-and-families/health-news/the-more-successful-you-are-the-more-you-drink-research-finds-772332.html. Gesehen 17 Dez 2012

Hüther G (1997) Biologie der Angst. Wenn aus Stress Gefühle werden. Vandenhoek & Ruprecht, Göttingen

Jacobshagen N, Amstad F, Semmer NK, Kuster N (2005) Zeitschrift für Arbeits- und Organisationspsychologie: A & O, Jg. 49, 4:208–219

Krell G (Hrsg) (2008) Chancengleichheit durch Personalpolitik. Gleichstellung von Frauen und Männern in Unternehmen und Verwaltungen. Rechtliche Regelungen – Problemanalysen – Lösungen. 5. Aufl, Gabler, Wiesbaden

Kromm W, Gadinger M, Frank G (2009) Sich tot arbeiten – und dabei gesund bleiben. In: Kromm W, Frank G (Hrsg) Unternehmensressource Gesundheit. Symposion Publishing, Düsseldorf, S 27–50

Kromm W, Frank G (Hrsg) (2009) Unternehmensressource Gesundheit. Weshalb die Folgen schlechter Führung kein Arzt heilen kann. Symposion Publishing, Düsseldorf

Lühring H, Seibel HD (1984) Arbeit und psychische Gesundheit. Verlag für Psychologie, Göttingen, S 13–36

Nielbrock S, Gümbel M (2008) Welchen Einfluss haben Geschlechterstereotype auf die Wahrnehmung und Bewertung von psychischen Belastungen? In: Rosendahl J, Strauß B (Hrsg) Psychosoziale Aspekte körperlicher Krankheiten. Pabst Science Publishers, Lengerich, S 235

Office for National Statistics (2005) General Household Survey 2005. Smoking and drinking among adults, 2005. URL: http://www.ons.gov.uk/ons/search/index.html?newquery=habit+alcohol. Gesehen 02 Mrz 2013

Papst A, Kraus L (2008) Alkoholkonsum, alkoholbezogene Störungen und Trends. Ergebnisse des Epidemiologischen Suchtsurveys 2006. In: Sucht 54, Sonderheft 1:36–46

Puls W (2002) Betriebliche Bedingungsfaktoren des Suchtmittelkonsums. In: HRgate (JobScout24); Redaktion: Käser A, Prieditis M

RKI – Robert Koch-Institut (Hrsg) (2010) Daten und Fakten: Ergebnisse der Studie Gesundheit in Deutschland aktuell 2009. Gesundheitsberichterstattung des Bundes. Berlin

Sander G, Hartmann I (2009) Erhöhter Stress bei weiblichen Führungskräften. In: Kromm W, Frank G (Hrsg) Unternehmensressource Gesundheit. Symposion Publishing, Düsseldorf, S 241–266

Schönborn G, Buchholz C (2009) Unternehmenskultur – Erfolgstreiber. In: Kromm W, Frank G (Hrsg) Unternehmensressource Gesundheit. Symposion Publishing, Düsseldorf, S 91–112

Siegrist J, Head J, Stansfeld SA (2004) The psychosocial work environment and alcohol dependence: A prospective study. Occup Environ Med 61:219–224

Skutle A (2009) »Et glass vin etter jobben?« – Om rusmiddelvaner og grunnlaget for rusforbyggende arbeid i arbeidslivet. Norsk Helsedirektoratet. www.forebygging.no. Gesehen 17 Dez 2012

Skutle A, Buvik K, Ivertsen E (2009) Et glass vin etter jobben? Rusmiddelvaner i de kvinnedominerte arbeidslivet. Rapport Stiftelsen Bergensklinikken, Bergen

Stöber A (2006) Die Genderperspektive in der psychodramatischen Supervision. ZSP 1:89-103

Wartmann A, Wienemann E (2011a) Die Rolle des riskanten Alkoholkonsums im Stressbewältigungsverhalten weiblicher Fach- und Führungskräfte. Projekt des Bundesministeriums für Gesundheit. Projektbericht: Leibniz Universität Hannover, Institut für interdisziplinäre Arbeitswissenschaft. Hannover, 20.06.2011

Wartmann A, Wienemann E (2011b) Riskanter Alkoholkonsum und Belastungssituationen bei – zukünftigen? – weiblichen Fach- und Führungskräften. In: career service papers, csp 9/11:107–118

Burnout und Sucht in sozialen Berufen

D. Kunze

B. Badura et al. (Hrsg.) *Fehlzeiten-Report 2013*,
DOI 10.1007/978-3-642-37117-2_20, © Springer Verlag Berlin Heidelberg 2013

Zusammenfassung *An einem betrieblichen Beispiel in der Humandienstleistung wird ein komplexer Analyse- und Interventionsweg aufgezeigt, um eine nachhaltige Burnout-Prävention im Unternehmen zu verankern. Daten verschiedener Messzeitpunkte zeigen Verbesserungen sowohl in personen- als auch in bedingungsbezogenen Skalen. Dem betrieblichen Beispiel vorangestellt wird der Begriff »Burnout« definiert und von ähnlichen Erscheinungsbildern wie Depression abgegrenzt. Zudem werden gängige Erscheinungsformen und Phasen sowie Ursachen dargestellt.*

20.1 Einleitung

Mit Titelschlagzeilen wie: »Erst tüchtig, dann süchtig« oder »Arbeit kann tödlich sein« problematisieren die Medien (Süddeutsche.de 2011[1]; Spiegel online 2012[2]) den Zusammenhang von hohem Arbeitsstress, Arbeitssucht und den negativen Folgen wie Burnout. Seit Menschen des öffentlichen Lebens wie Sven Hannawald oder Tim Mälzer über ihre Erfahrungen mit Burnout verbunden mit dem Gefühl der Erschöpfung, die weit über körperliche Erschöpfung hinausgeht, und mit einem Gefühl der inneren Leere sprechen, gibt es erste Anzeichen dafür, dass in der Gesellschaft ein Umdenken begonnen hat. Wurde Burnout bislang häufig als »Depression von arbeitenden Menschen« (DGPPN 2012) wahrgenommen und somit die Verantwortung dem einzelnen Beschäftigten überlassen, so deuten erste Ansätze darauf hin, dass Arbeitgeber die Bedeutung einer Burnout-Prävention innerhalb des betrieblichen Gesundheitsmanagements erkennen (Ducki et al. 2012) und damit ihre soziale Verantwortung annehmen.

20.2 Begriffsbestimmung

»Burnout« (Ausbrennen) wird schnell und häufig für allgemeine Erschöpfungszustände oder depressive Zustände Erwerbstätiger (DGPPN 2012) verwendet – ein deutliches Indiz dafür, dass der Begriff in der Literatur trotz oder aufgrund der unzähligen Definitionsversuche nicht deutlich abgegrenzt ist (Enzmann u. Kleiber 1989). Eine gängige Definition beschreibt Burnout als ein spezifisches, arbeitsbezogenes Stresssyndrom, das durch eine dauerhafte intensive emotionale Beanspruchung verursacht wird (Schaufeli u. Buunk 2007). Vielen Definitions- und Erklärungsversuchen gemeinsam ist die Unterteilung der Symptomatik in drei zentrale Säulen (emotionale Erschöpfung, Zynismus/Distanzierung/Depersonalisation, verringerte Arbeitsleistung) entsprechend dem Vorschlag des besonders verbreiteten Konzeptes von Maslach et al. (2001).

20.3 Symptomatik

Burnout ist ein sich langsam entwickelnder Prozess, der sich durch eine qualitative und quantitative Zunahme der Symptome auszeichnet. Der schleichende Verlauf erschwert es sowohl für Betroffene als auch für Vorgesetzte und Arbeitgeber, die Gefahr rechtzeitig zu erkennen. Auch wenn Anzahl und Stärke der Symptome sowie der Verlauf höchst individuell sind, ist es sinnvoll, Symptome und Verlauf in einer Systematik darzustellen. In der gängigen Fachliteratur finden sich häufig Anlehnungen an die Aufstellung von Burisch (2006). Nachfolgend ist eine gekürzte Übersicht über die Symptome der einzelnen Phasen dargestellt.

- **Warnsymptome in der Anfangsphase**
  Merkmale dieser Phase sind ein überhöhter Energieeinsatz über mehrere Monate (z. B. freiwillige unbezahlte Mehrarbeit, Gefühl der Unentbehr-

---

[1] http://www.sueddeutsche.de/karriere/Burnout-syndrom-wenn-koerper-und-psyche-blockieren-1.1375769
[2] http://www.spiegel.de/thema/burnout_syndrom/

lichkeit, Verdrängung von Misserfolgen, zunehmend Beschränkung der sozialen Kontakte zu Kollegen) und emotionale sowie körperliche Erschöpfung (z. B. Unausgeschlafenheit, nicht abschalten können, Gereiztheit).

– **Reduziertes Engagement**
Diese Phase ist charakterisiert durch eine Distanzierung zunächst von Kunden oder Klienten, was sich häufig auf andere ausbreitet (z. B. Dehumanisierung, Stereotypisierung, Zynismus) und sich auch bei der Arbeit zeigt (Verlust von Idealismus, Desillusionierung, Fehlzeiten).

– **Emotionale Reaktion**
Das Auftreten depressiver (z. B. Schuldgefühle, Selbstmitleid, verringerte emotionale Belastbarkeit, Gefühl der Leere, Neigung zum Weinen) oder aggressiver Verhaltensweisen (z. B. Schuldzuweisungen, Kompromissunfähigkeit, Reizbarkeit) prägen diese Kategorie.

– **Abbau**
Diese Phase wird bestimmt vom Abbau der kognitiven Leistungsfähigkeit (z. B. Konzentrations- und Gedächtnisschwäche, Entscheidungsunfähigkeit, Desorganisation), der Motivation (z. B. Dienst nach Vorschrift, verringerte Initiative) und der Kreativität.

– **Verflachung**
Im Anschluss an den Abbau kommt es häufig zu einer Verflachung des emotionalen Lebens (z. B. Verflachung gefühlsmäßiger Reaktionen, Gleichgültigkeit), des sozialen Lebens (z. B. geringe persönliche Anteilnahme an Anderen oder exzessive Bindung an Einzelne, Einsamkeit) sowie des geistigen Lebens (z. B. Aufgabe von Hobbys).

– **Psychosomatische Reaktion**
Begleitend zu allen Phasen breiten sich zunehmend psychosomatische Beschwerden aus. Es beginnt meist mit Muskelverspannungen, Kopfschmerzen und Verdauungsstörungen. Später kommen oft Schlafstörungen, Kreislaufbeschwerden und aufgrund eines herabgesetzten Immunsystems häufige Infektionskrankheiten hinzu. Hier findet sich auch häufig die Schnittstelle zum Alkohol- oder Medikamentenmissbrauch.

– **Verzweiflung**
Diese Phase kann als das Endstadium eines beruflichen Burnout-Prozesses betrachtet werden. Sie ist gekennzeichnet von einem Gefühl der Hoffnungslosigkeit.

Die Fülle verschiedener Symptome und Phasen sowie der zumeist sehr individuelle Verlauf deuten bereits darauf hin, wie schwierig eine Abgrenzung von verwandten Syndromen ist. Besonders zu nennen sind dabei die Depression, das Chronische Müdigkeitssyndrom und die innere Kündigung. Das symptomatische Erscheinungsbild des Burnout-Syndroms kann dem Bild einer **Depression** sehr ähnlich sein. Im Unterschied zur Depression hat das Burnout-Syndrom einen deutlichen Bezug zum Arbeitsplatz. Zusätzlich unterscheiden sich die Erscheinungsbilder in den Subdimensionen Depersonalisierung und geringe Leistungsfähigkeit (Schaufeli u. Enzmann 1998). Auch beim **Chronischen Müdigkeitssyndrom** (CFS) werden dem Burnout-Syndrom ähnliche Symptome beschrieben. Auch in diesem Fall besteht die Abgrenzung darin, dass die Ursachen nicht arbeitsbezogen sein müssen. Als weitere Ursachen für das CFS werden Tod oder Trennung von Angehörigen, Operationen, Unfälle oder akute Belastungen genannt (Gaab u. Ehlert 2005). Im Gegensatz zum Burnout resultiert bei der **inneren Kündigung** die Leistungsverringerung aus der willentlichen Zurücknahme (Brinkmann u. Stapf 2005) der Arbeitsleistung durch den Arbeitnehmer.

20.4 Ursachen

Als Ursache für Burnout wird zumeist eine Kombination aus situativen Arbeits- und Lebensbedingungen und einer persönlichen Disposition beschrieben (Ducki et al. 2012). Situative Risikofaktoren für das Entstehen eines Burnout finden sich in vielen Publikationen (Maslach et al. 2001; Burisch 2006; Ducki et al. 2012). Besonders hervorzuheben sind dabei: Merkmale der Arbeitsaufgabe (z. B. langandauernde quantitative und qualitative Arbeitsüberlastung, geringe Autonomie, hoher Zeitdruck, mangelnde Rückmeldung), organisationale Bedingungen (Rollenunklarheiten und -konflikte, geringe Partizipation, Arbeitsplatzunsicherheit, fehlende soziale Unterstützung) sowie soziale Bedingungen (fehlende soziale Unterstützung durch Kollegen und Vorgesetzte).

Als persönliche Risikofaktoren sind besonders hervorzuheben: hohes Arbeitsengagement, hohe eigene Leistungserwartungen, hohe Leistungsbereitschaft, hohe Perfektionsansprüche sowie ein großes Kontrollbedürfnis (Pawelzik 2001). Das Risiko steigt deutlich an wenn die betroffene Person über geringe Ressourcen verfügt.

Einen personenbezogenen Erklärungsansatz zur Entstehung des Burnout-Syndroms beschreiben Schaarschmidt und Fischer (2001) mit der theoretischen Basis des Erhebungsverfahrens AVEM, welches arbeitsbezogene Verhaltens- und Erlebensmuster erfasst. Die ermittelten Muster bilden die individuelle

Auseinandersetzung mit den Arbeitsanforderungen ab. Für die Entstehung von Burnout besonders relevant sind die beiden Risikomuster A und B. Das Risikomuster A ist durch ein hohes Arbeitsengagement (hohe Bedeutsamkeit der Arbeit, große Verausgabungsbereitschaft und Perfektionsstreben) in Verbindung mit einer geringen Distanzierungsfähigkeit, Widerstandsfähigkeit, Ausgeglichenheit und Lebenszufriedenheit gekennzeichnet. Das Risikomuster B wird demgegenüber gekennzeichnet von einem geringen Arbeitsengagement (geringe Bedeutsamkeit der Arbeit, geringer Ehrgeiz), hinzu kommen eine hohe Resignationstendenz, eine geringe Problembewältigungsfähigkeit sowie eine geringe innere Ruhe, geringes Erfolgserleben und eine generelle Lebensunzufriedenheit.

20.5 Burnout und Sucht

Wenngleich die Begriffe Stress, Burnout, Arbeitssucht, Substanzmissbrauch häufig gemeinsam, teilweise sogar synonym verwendet werden, beschreiben sie sehr verschiedene Konstrukte, die in vielfältiger Weise miteinander verknüpft sind. Nachfolgend sollen einige der Beziehungen in aller Kürze aufgezeigt werden.

In der Stressforschung werden überwiegend als Folgen hoher Belastungseinwirkung und geringer Ressourcenbereitstellung neben den körperlichen Beschwerden wie Bluthochdruck psychische Beanspruchungsfolgen wie Angst, Monotonieerleben und Burnout beschrieben, die mitunter mit Verhaltensänderungen wie aggressivem Verhalten oder Substanzmissbrauch einhergehen (Kirchler 2008). Zusätzlich führen Frieling und Sonntag (1999) Arbeitssucht als weitere mögliche Stressfolge an.

Unter Arbeitssucht wird im Allgemeinen ein übersteigertes Verlangen nach beruflicher Leistung und Arbeit verstanden, über das die Betroffenen die Kontrolle verlieren, sodass sie ihre Arbeitszeit immer stärker ausdehnen und ihre Gesundheit und ihr soziales Leben gefährden (Ermann 2007).

Vielfältig werden als negative Folgen der Arbeitssucht abnehmende Leistungsfähigkeit und Stresssymptome bis hin zum Burnout angegeben. So fanden beispielsweise Nagy und Nagy (1992) in ihrer Untersuchung von Grund- und Hauptschullehrern in den USA heraus, dass die wichtigste Erklärungsvariable für Burnout die Stärke der Arbeitssuchtausprägung war.

Burnout wird in der öffentlichen Meinung, aber auch in der wissenschaftlichen Literatur stark mit einem Substanzmissbrauch (Alkohol, Nikotin, Medikamente) in Zusammenhang gebracht (Rohde u. Dorn 2007). Menschen, die an sie gestellte Anforderungen subjektiv nicht ohne Hilfsmittel bewältigen können, oder bereits von Burnout Betroffene sind sehr stark gefährdet, die auftretenden Symptome mit Suchtmitteln zu kompensieren. Die Betroffenen können durch die Nutzung stofflicher (Medikamente, Alkohol etc.) oder nichtstofflicher Suchtmittel (Internet, Spiele etc.) eine kurzfristige Entlastung schaffen – langfristig führt das allerdings zu einer drastischen Verschlechterung der Symptomatik (Schmiedel 2010).

Insgesamt ist der aktuelle Forschungsstand noch unzureichend. Es besteht in der entsprechenden Fachliteratur Konsens in der Forderung, den Zusammenhang zwischen Burnout und dem Phänomen der Arbeitssucht (vgl. dazu Poppelreuter 1997) sowie dem Substanzmissbrauch weiter zu erforschen.

20.6 Anwendungsbeispiel: Personalentwicklung und Gesundheitsmanagement in der Humandienstleistung

20.6.1 Problemstellung und Projektdesign

Hoher Krankenstand, hohe Fluktuation und diffuse Arbeitsunzufriedenheit waren die Auslöser für ein umfangreiches Analyse- und Interventionsprojekt bei einer dezentral organisierten Einrichtung in der Humandienstleistung. Ziel des Projektes war, Schwachstellen zu identifizieren und zu reduzieren, ein Schwerpunkt dabei lag in der Ermittlung von arbeitsplatzbedingten Burnout-Risiken.

In der untersuchten Betreuungseinrichtung waren ca. 800 Sozialarbeiter, Sozialpädagogen, Erzieher, Pflegekräfte und Verwaltungspersonal beschäftigt. Das Projekt startete 2007 mit einer umfangreichen Voruntersuchung (N = 80), bestehend aus teilstrukturierten Interviews, Gruppendiskussionen sowie einer Fragebogenerhebung. Basierend auf den Ergebnissen wurde eine Fragebogenvollerhebung konstruiert und unternehmensweit eingesetzt (N = 363).

Aufgrund der Ergebnisse wurde ein umfangreiches Interventionskonzept entwickelt und gemeinsam mit dem Unternehmen umgesetzt. Die erwarteten Verbesserungen wurden 2012 durch die Posterhebung kontrolliert (N = 261). Aus ökonomischen Gründen konnten nicht alle Verfahren zu allen Messzeitpunkten vollständig eingesetzt werden. Da die Beschäftigten die Fragebögen kodiert hatten, konnten 75 Paare für eine längsschnittliche Auswertung ermittelt werden.

20.6.2 Methoden

Die eingesetzten Fragebögen gliedern sich im Wesentlichen in bedingungs- und personenbezogene Arbeitsanalysen (z. B. Screening pathogener Arbeitsbedingung – P1, Rothe u. Metz 2003), Personenmerkmale (z. B. arbeitsbezogenes Verhaltens- und Erlebensmuster, Schaarschmidt u. Fischer 1997), spezifische Aspekte des Erlebens der Arbeitssituation (Screening pathogener Arbeitsbedingung – P2, Rothe u. Metz 2003) und Beanspruchungsfolgen (z. B. Workability-Index, Tuomi et al. 2003; Beanspruchungsscreening und Humandienstleistungen, Hacker u. Reinhold 1999).

20.6.3 Ausgewählte Ergebnisse der Voruntersuchung

Insgesamt stellte sich bei der Auswertung der umfangreichen Daten ein sichtbares Verbesserungspotenzial dar. Die Schwachstellen hinsichtlich der *Arbeitsbelastungen* sahen die Beschäftigten hauptsächlich in den Bereichen Entscheidungsspielraum, Variabilität, Zeitdruck, Ausführung paralleler Arbeiten sowie Auswirkung von Fehlern.

Bei der Betrachtung der *Ressourcen* wurden Schwachstellen in den Bereichen Partizipationsmöglichkeiten sowie mitarbeiterorientiertes Vorgesetztenverhalten festgestellt.

Die Beurteilung der arbeitsspezifischen Personenmerkmale zeigte auch in diesem Bereich Interventionsmöglichkeiten auf. Ungünstig bewertet wurden vor allem die Skalen Distanzierungsfähigkeit, Resignationstendenz, offensive Problembewältigung sowie Erfolgserleben im Beruf.

Mehr als ein Drittel der befragten Beschäftigten wurde anhand der Skalenwerte dem burnoutrelevanten Risikomuster B zugeordnet. Interessanterweise wurde demgegenüber mehr als die Hälfte der Beschäftigten dem Schonmuster S zugeordnet. Dieses Muster zeichnet sich aus durch eine geringe Bedeutsamkeit der Arbeit, niedrigen beruflichen Ehrgeiz, niedrige Verausgabungsbereitschaft und geringes Perfektionsstreben. Hinzu kommt eine hohe Distanzierungsfähigkeit und hohe Lebenszufriedenheit. Dieses Muster wird oft diskutiert in Hinblick auf die arbeitsbedingten Ursachen der Schonhaltung (zu geringe berufliche Herausforderung, defizitäre Arbeitsbedingungen, die den Rückzug vom beruflichen hin zum familiären Engagement bewirken). Die Beschäftigten beider Muster wurden in Gruppenvergleichen in der differentiellen Datenauswertung genauer analysiert und es zeigte sich, dass die Gruppe der »Burnout-Typen« theoriekonform signifikant negativere Bewertungen in den Bereichen Aversion gegen Klienten, erlebte Arbeitszufriedenheit und intrinsische Motivierung abgab (◘ Abb. 20.1).

Drüber hinaus zeigt sich aber auch eine negative Einschätzung der objektiven Belastungen, wie beispielsweise des Entscheidungsspielraums und der Komplexität (◘ Abb. 20.2) (siehe dazu auch Kunze u. Rothe 2008).

Das Analyseinstrument für die Vollerhebung wurde entsprechend der ermittelten Schwachstellen, aber unter Berücksichtigung einer ökonomischen Durchführung zusammengestellt. Insgesamt konnten die Ergebnisse der Voruntersuchung in der Vollerhebung (N = 363) bestätigt werden.

20.6.4 Interventionsverlauf

Die Reduzierung des Burnout-Risikos war ein in das Gesamtprojekt eingebettetes Teilziel. Eine exakte Zuordnung der Interventionsmaßnahmen zu einzelnen Teilzielen erwies sich im Verlauf des Projektes als nicht sinnvoll, sodass im Folgenden der Interventionsablauf des Gesamtprojektes dargestellt wird.

Die Ergebnisse der Voruntersuchung wurden der Geschäftsführung und dem Betriebsrat präsentiert und ausführlich diskutiert und interpretiert. Daraufhin wurde beschlossen, eine Vollerhebung durchzuführen. Daran anschließend wurden in einem zweitägigen *Workshop* Themen und Interventionsschwerpunkte gemeinsam mit der Geschäftsführung, dem Betriebsrat, der Personalleitung sowie der zweiten Führungsebene erarbeitet und gewichtet.

Das erste Ergebnis des Workshops war die Gründung eines monatlichen *Steuerkreises* für Personalentwicklung und betriebliches Gesundheitsmanagement (PE und BGM). Im Rahmen des Projektes wurde die Vorbereitung und Moderation übernommen.

Des Weiteren wurde im Zuge des Workshops eine Stabsstelle *Personalentwicklung* geschaffen und besetzt. Die Leitung und Moderation des Steuerkreises wurde nach dem ersten Jahr schrittweise an die Stabsstelle Personalentwicklung abgeben.

Im Anschluss an die Darstellung der Analyseergebnisse ergaben sich in der Diskussion im Steuerkreis neue Fragen und Themen, die sich durch die bisherige Analyse nicht beantworten ließen, sodass zusätzlich die *Altersstruktur* sowie der *Krankenstand* analysiert wurden.

In einem nächsten Schritt wurden die Ergebnisse der Voruntersuchung sowie der Vollerhebung den Führungskräften der nächsten Ebene vorgestellt und diskutiert sowie in einer Großveranstaltung den Be-

20.6 · Anwendungsbeispiel: Personalentwicklung und Gesundheitsmanagement

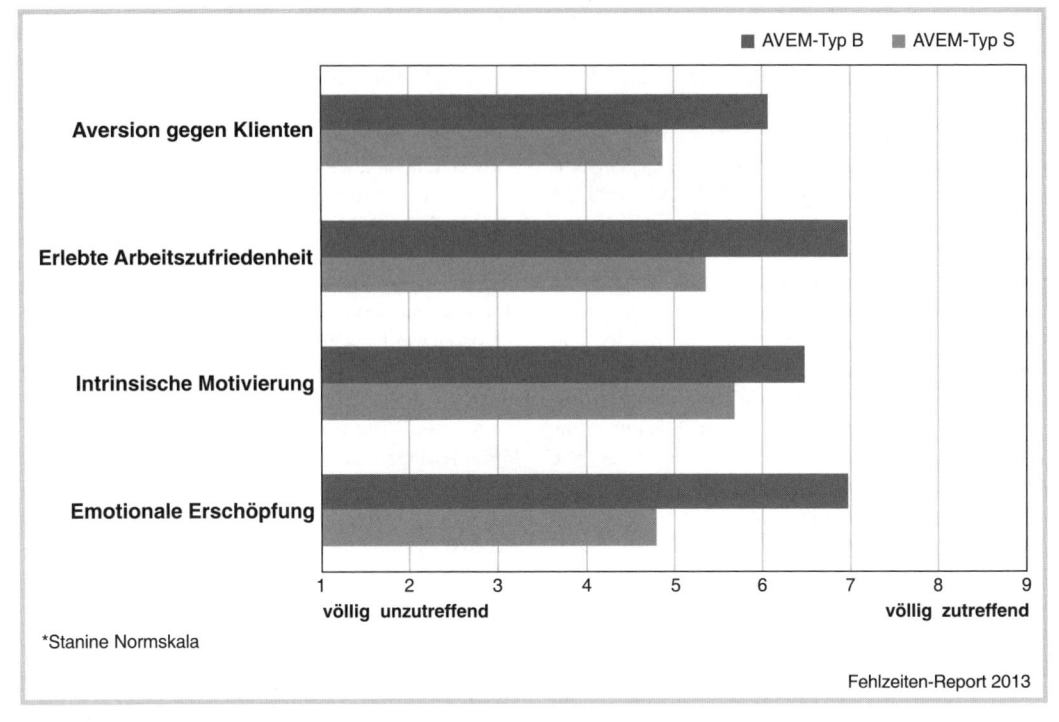

■ AVEM-Typ B   ■ AVEM-Typ S

Aversion gegen Klienten

Erlebte Arbeitszufriedenheit

Intrinsische Motivierung

Emotionale Erschöpfung

1 2 3 4 5 6 7 8 9
völlig unzutreffend   völlig zutreffend

*Stanine Normskala

Fehlzeiten-Report 2013

◘ **Abb. 20.1** Gruppenvergleiche (BHD) der Burnout-Typen mit den Schontypen des AVEM (N = 80)

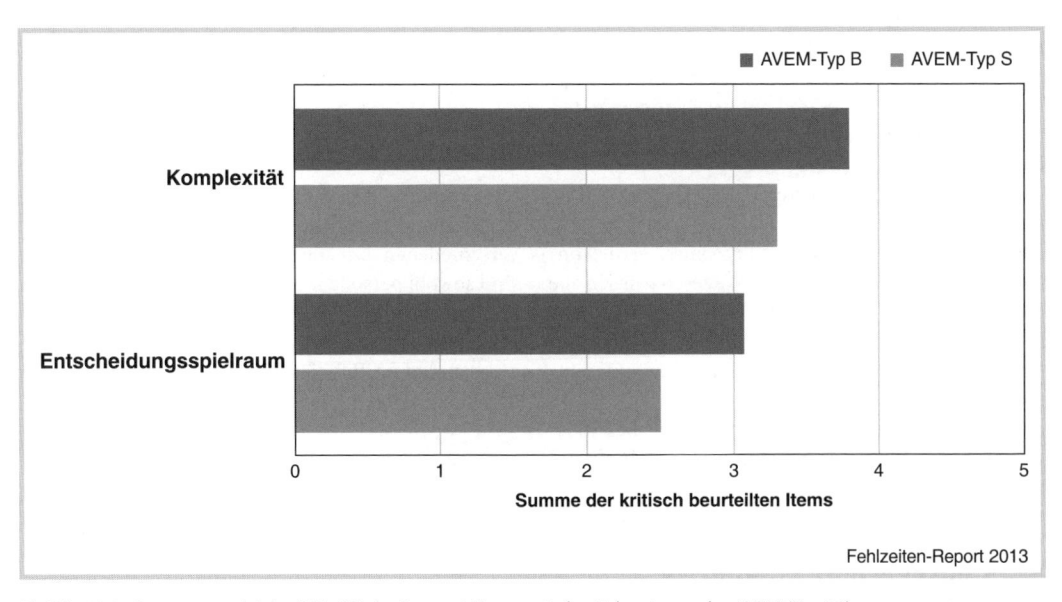

■ AVEM-Typ B   ■ AVEM-Typ S

Komplexität

Entscheidungsspielraum

0 1 2 3 4 5
Summe der kritisch beurteilten Items

Fehlzeiten-Report 2013

◘ **Abb. 20.2** Gruppenvergleiche (SPA-P1) der Burnout-Typen mit den Schontypen des AVEM (N = 80)

schäftigten präsentiert. In allen Veranstaltungen gab es viel Raum für Anregungen und Diskussionen, die aufgenommen wurden und in den neu gegründeten Steuerkreis einflossen. Im Laufe des folgenden Jahres (2010) wurden zu ausgewählten Themen des Steuerkreises *Projektgruppen* ausgegliedert und gegebenenfalls begleitet und unterstützt. Das Ziel war hierbei, die Prozesse ins Rollen zu bringen und strukturell zu verankern. In diesem Sinne bearbeitete Themen waren: Sozial- bzw. Schuldenberatung für Beschäftigte und Klienten, ergonomisches Arbeiten, betriebliches Vorschlagswesen, Betreuungsangebote für Kinder von Beschäftigten, Überarbeitung und Kommunikation der Unternehmensziele, Überarbeitung des Weiterbildungsangebotes, Erarbeitung neuer Stellenprofile, Verankerung eines Kommunikationskonzeptes. Die Arbeitsstände aus den Projektgruppen wurden regelmäßig im Steuerkreis für PE und BGM vorgestellt und diskutiert.

Neben der strukturellen Begleitung der oben beschriebenen Themen legte der Steuerkreis Schwerpunktthemen fest, die intensiv betreut wurden. Dazu gehörten die Erarbeitung eines Konzeptes zur systematischen Arbeitsplatzrotation, die Einführung und Evaluation von regelmäßigen Mitarbeiterjahresgesprächen, die Erarbeitung eines Konzeptes für die Integration eines betrieblichen Gesundheitsmanagements sowie eines systematischen Personalentwicklungskonzeptes. Auf Basis des umfangreichen inhaltlichen Inputs wurden gemeinsam mit Mitgliedern des Steuerkreises, des Betriebsrates und mit Beschäftigten *unternehmensspezifische Konzepte* erarbeitet und diskutiert sowie dem Steuerkreis vorgestellt.

Beim Thema Mitarbeiterjahresgespräche wurde zusätzlich ein Workshop mit allen interessierten Mitarbeitern durchgeführt und die Ergebnisse in die konzeptionelle Arbeit integriert. Des Weiteren wurden alle Führungskräfte in der Anwendung des entwickelten Instrumentes sowie in *Gesprächsführung* geschult. Im Anschluss an die Schulung konnte auch ein individuelles Führungscoaching genutzt werden.

Nach Abschluss der Maßnahmen wurde beschlossen, als Evaluationsinstrument eine zweite Vollerhebung durchzuführen.

20.6.5 Ausgewählte Ergebnisse der Längsschnittstudie

Die zweite Vollerhebung fand im Jahr 2012 statt; sie entsprach in weiten Teilen der Erhebung aus dem Jahr 2008. Ziel war es, Verbesserungen sichtbar zu machen, aber auch weiteren Handlungsbedarf zu ermitteln. Die Auswertung des Messzeitpunktes im Querschnitt ergab ein verbessertes Bild, wenngleich noch Optimierungspotenziale sichtbar sind. Anhand der Fragebogenkodierung ließen sich 75 Fragebögen der Vollerhebung 2008 zuordnen, sodass eine längsschnittliche Auswertung möglich war.

Die Stichprobe setzt sich aus 75 Prozent Frauen und 25 Prozent Männern zusammen. Das Durchschnittsalter liegt bei 43 Jahren (SD 8,5). Die Daten sind mit dem Querschnitt 2012 vergleichbar, sodass eine systematische Verzerrung der Stichprobe ausgeschlossen werden kann (70 Prozent Frauen, 30 Prozent Männer; MW Alter 41,5; SD 11,1). Auch die Anteile innerhalb der Berufsgruppen sind vergleichbar.

Mittels T-Test für abhängige Stichproben wurden Veränderungen im Vergleich der beiden Messzeitpunkte ermittelt. Signifikante Verbesserungen zeigten sich unter anderem darin, wie die Beschäftigten ihre Arbeitsbelastung in den Bereichen Entscheidungsspielraum und Komplexität beurteilen. Auch bei der Betrachtung der arbeitsspezifischen Personenmerkmale zeigen sich signifikante Verbesserungen, wie z. B. in der Skala Distanzierungsfähigkeit[3, 4]. Die Ergebnisse schlagen sich in der signifikant verbesserten Einschätzung der Beschäftigten ihrer momentanen Arbeitsfähigkeit nieder (Workability-Index Skala: 0 (völlig arbeitsunfähig) bis 10 (derzeit die beste Arbeitsfähigkeit))[5]. In ◘ Abb. 20.3 sind die beschriebenen Ergebnisse grafisch dargestellt.

20.7 Diskussion und Fazit

Die Ergebnisse der Untersuchung in einer Einrichtung der Humandienstleistung zeigen Verbesserungen auf verschiedenen burnoutrelevanten Skalen; darunter sind sowohl personenbezogene (Distanzierungsfähigkeit) als auch bedingungsbezogene (Entscheidungsspielraum, Komplexität) Komponenten. Darüber hinaus konnten im Rahmen dieses Projektes auch Beanspruchungsfolgen (Arbeitsfähigkeit) verbessert wer-

---

3 Aufgrund der ökonomischen Fragebogengestaltung konnten die AVEM-Muster nicht ermittelt werden. Es wurden nur die besonders kritischen Dimensionen in die Untersuchung aufgenommen.
4 Die Skala Distanzierungsfähigkeit ist im Fragebogen positiv formuliert. In der Interpretation bedeutet das: Je höher die Mittelwerte sind, desto schlechter ist die Bewertung.
5 Die Skalen Entscheidungsspielraum und Komplexität wurden als Summe der kritischen Items dargestellt. In der Interpretation bedeutet das: Je höher die Mittelwerte sind, desto schlechter ist die Bewertung.

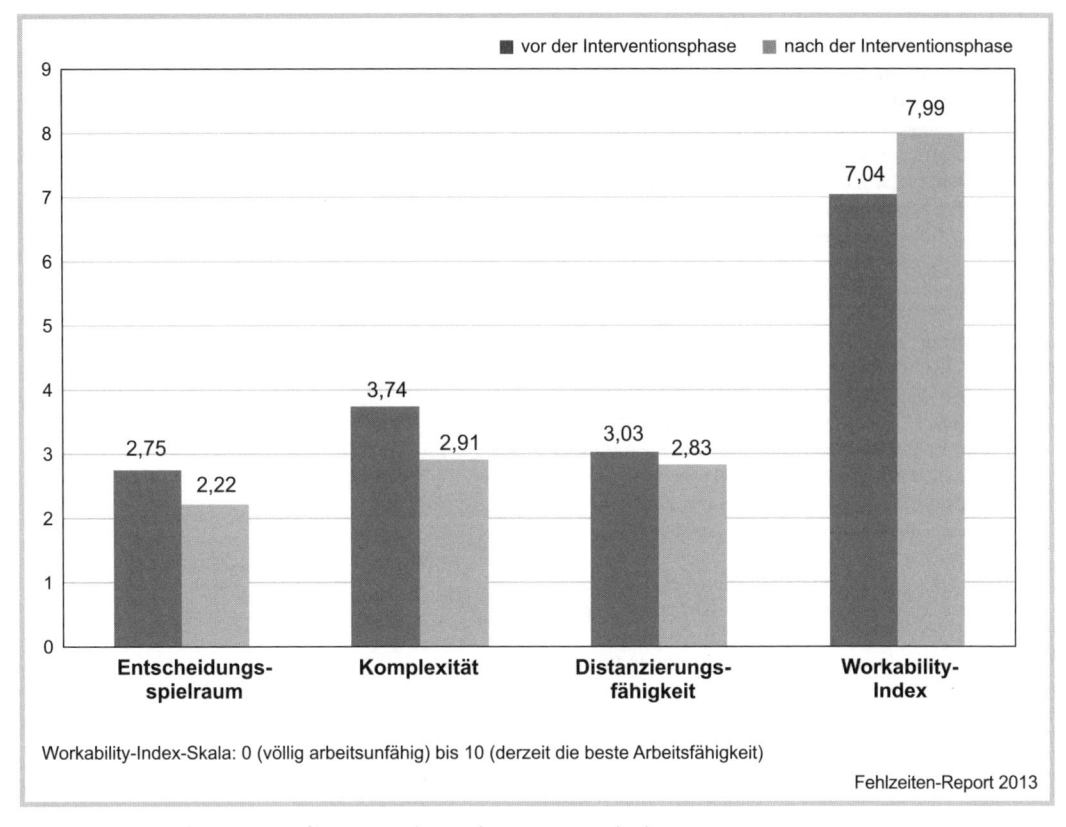

Abb. 20.3 Darstellung der signifikanten Ergebnisse des Gruppenvergleichs (N = 75)

Workability-Index-Skala: 0 (völlig arbeitsunfähig) bis 10 (derzeit die beste Arbeitsfähigkeit)

Fehlzeiten-Report 2013

den. Der in diesem Projekt eingeschlagene Weg, einzelne Interventionen in einem Steuerkreis einzubinden, erwies sich als gute Möglichkeit, das Interesse des Unternehmens an Themen der Gesundheitsförderung zu stärken und strukturell zu verankern. Über diesen Weg konnten Maßnahmen auf der Ebene der Organisationsentwicklung (z. B. Implementierung eines Steuerkreises, Schaffung einer Stabsstelle für Personalentwicklung), auf der Ebene der Personalentwicklung (z. B. Schulung der Führungskräfte) sowie auf der Ebene der Arbeitsgestaltung (z. B. Jobrotation, Förderung der Feedbackkultur) umgesetzt werden. Personenbezogene Interventionen waren in diesem Projekt nur indirekt möglich. Die Schulung der Führungskräfte zeigte Wege zur individuellen Förderung der Mitarbeiter auf, die vielfältig genutzt wurden. Als zentrale Erfolgsfaktoren werden die moderierte Zusammenarbeit der Geschäftsführung und des Betriebsrats sowie die Einbindung der Beschäftigten in die einzelnen Teilprojekte betrachtet. Ebenso positiv bewertet wird die hohe Transparenz der einzelnen Projektschritte, die durch Pressemitteilungen in der firmeneigenen Zeitung, Anschreiben und Einladungen, die bei jedem neuen Schritt über den Projektstand informierten, firmenoffene Präsentationen, Zugang zu den Ergebnissen durch das interne Netzwerk sowie umfangreiche Diskussionsmöglichkeiten mit der Leitung sowie den Beschäftigten gewährleistet war.

Literatur

Brinkmann R, Stapf K (2005) Innere Kündigung. Wenn der Job zur Fassade wird. C. H. Beck, München

Burisch M (2006) Das Burnout-Syndrom: Theorie der inneren Erschöpfung. Springer, Berlin

Deutsche Gesellschaft für Psychiatrie, Psychotherapie und Nervenheilkunde. Positionspapier der Deutschen Gesellschaft für Psychiatrie, Psychotherapie und Nervenheilkunde (DGPPN) zum Thema Burnout. 07.03.2012

Ducki A, Uhlig A, Felfe J (2012) Betriebliche Prävention von Burnout. Supervision. Mensch – Arbeit – Organisation. 30. Jahrgang 1:12–20

Enzmann D, Kleiber D (1989) Helfer-Leiden. Streß und Burnout in psychosozialen Berufen. Assanger, Heidelberg

Ermann M (2007) Psychosomatische Medizin und Psychotherapie. Ein Lehrbuch auf psychoanalytischer Grundlage. Kohlhammer, Stuttgart, 5. überarbeitete Auflage

Frieling E, Sonntag K (1999) Lehrbuch Arbeitspsychologie. 2. vollst. überarb. u. erw. Ausgabe. Hans Huber, Bern Göttingen Toronto Seattle

Gaab J, Ehlert, U (2005) Chronische Erschöpfung und chronisches Erschöpfungssyndrom. Gabler, Göttingen

Hacker W, Reinhold S (1999) Beanspruchungsscreening bei Humandienstleistungen: BHD-System. Harcourt Test Services GmbH, Frankfurt am Main

Kirchler E (2008) Arbeits- und Organisationspsychologie. Facultas, Wien, 2. Auflage

Kunze D, Rothe, HJ (2008) Komplexe Arbeits- und Belastungsanalysen bei Betreuern von geistig Behinderten. In: Schwennen C, Elke G, Ludborzs B, Nold H, Rohn SD, Schreiber-Costa Zimolong B (Hrsg) Psychologie der Arbeitssicherheit und Gesundheit. Perspektiven, Visionen. 15. Workshop 2008. Asanger, Kröning, S 229–232

Maslach C, Schaufeli WB, Leiter MP (2001) Job Burnout. Annual Review of Psychology 52:397–422

Nagy S, Nagy MC (1992) Longitudinal examination of teachers' burnout in a school district. Psychological Reports 71:523–531

Pawelzik M (2011) Gefühlte Epidemie. Die Zeit Nr. 49:40

Poppelreuter S (1997) Arbeitssucht. Beltz/Psychologie Verlags Union, Weinheim

Rohde A, Dorn D (2007) Gynäkologische Psychosomatik und Gynäkopsychiatrie. Das Lehrbuch. Schattauer, Stuttgart

Rösing I (2003) Ist die Burnout-Forschung ausgebrannt? Analyse und Kritik der internationalen Burnout Forschung. Asanger, Heidelberg

Rothe HJ, Metz AM (2003) Psychische Fehlbelastungen – bedingungs- oder personenbezogen erfassen? In: Giesa HG, Timpe KP, Winterfeld U (Hrsg) Psychologie der Arbeitssicherheit und Gesundheit. 12. Workshop. Asanger, Heidelberg, S 387–391

Schaarschmidt U, Fischer AW (2001) Bewältigungsmuster im Beruf. Persönlichkeitsunterschiede in der Auseinandersetzung mit der Arbeitsbelastung. Vandenhoeck & Ruprecht, Göttingen

Schaufeli W, Buunk B (2007) Burnout: An overview of 25 years of research and theorizing. In: Schabracq MJ, Winnubst JAM, Cooper CL (Hrsg) Handbook of work and health psychology. Wiley, Chichester, S 383–425.

Schaufeli WB, Enzmann D (1998) The burnout companion to study and practice. Taylor & Francis, London

Schmiedel V (2010) Burnout: Wenn Arbeit, Alltag & Familie erschöpfen. Thieme, Stuttgart

Tuomi K, Ilmarinen J, Jahkola A et al (2003) Arbeitsbewältigungsindex (Work Ability Index (Übersetzung der zweiten revidierten Fassung). Wirtschaftsverlag NW, Bremerhaven

Suchtprobleme am Arbeitsplatz aus juristischer Sicht

F. Achilles

B. Badura et al. (Hrsg.) *Fehlzeiten-Report 2013*,
DOI 10.1007/978-3-642-37117-2_21, © Springer Verlag Berlin Heidelberg 2013

Zusammenfassung *Der demografische Wandel und der daraus resultierende Fachkräftemangel in einigen Branchen haben zu einem Paradigmenwechsel in der Rechtsberatung geführt. Unternehmen haben verstanden, dass sie vorhandenes Potenzial systematisch ausschöpfen müssen. Stand vor einigen Jahren noch die möglichst reibungslose Kündigung eines suchtkranken Arbeitnehmers im Mittelpunkt der anwaltlichen Beratung, bemühen sich Unternehmen heute, die Arbeitsfähigkeit wiederherzustellen, häufig im Rahmen eines institutionalisierten Gesundheitsmanagements, das auch der Suchtprävention dienen soll. Vor diesem Hintergrund begegnet der Beitrag dem Thema Sucht am Arbeitsplatz: Er beleuchtet die juristischen Aspekte der Suchtprävention im Betrieb und zeigt rechtliche Möglichkeiten bei der Wiederherstellung der Arbeitsfähigkeit auf. Im Mittelpunkt steht die Rolle des unmittelbaren Vorgesetzten.*

21.1 Suchtprävention

Sucht wird klassischerweise stoffgebunden definiert, erfasst also sowohl die Abhängigkeit von Alkohol und Medikamenten wie auch von Tabak, was Süchte wie beispielsweise Arbeitssucht (Workaholism) und Spielsucht ausschließt. Auch in diesem Beitrag wird auf diejenigen psychotropen Substanzen eingegangen, die typischerweise zu Folgeproblemen (krankheitsbedingte Fehlzeiten, steigendes Sicherheitsrisiko) im Betrieb führen: Alkohol, Medikamente und illegale Drogen.

21.1.1 Schaffung eines suchthemmenden Umfeldes

Rechtlicher Ausgangspunkt einer nachhaltigen Suchtprävention im Betrieb ist die Schaffung eines Arbeitsumfeldes, das die Entstehung einer Sucht hemmt. Arbeitgeber müssen hier die gesetzlichen Rahmenbedingungen kennen, um ihren Spielraum ausschöpfen zu können.

Kein gesetzliches Verbot

Der Umgang mit Betäubungsmitteln im Betrieb ist zwar verboten und nach § 29 des Betäubungsmittelgesetzes (BtMG) strafbar. Weder aus dem Strafrecht noch aus anderen gesetzlichen Vorschriften folgt jedoch ein generelles betriebliches Drogenverbot (Diller u. Powietzka 2001, S. 1230). Ein absolutes gesetzliches Alkoholverbot im Betrieb existiert nicht, auch Unfallverhütungsvorschriften (VBG 1), die zwar eine Einschränkung des Konsums alkoholischer Getränke am Arbeitsplatz anordnen, stellen kein absolutes Alkoholverbot dar (Künzl 1993, S. 1581). Lediglich einige landesrechtliche Vorschriften sehen für bestimmte Berufsgruppen wie beispielsweise Berufskraftfahrer eine 0,0-Promillegrenze vor (Bengelsdorf 1999, S. 1305).

Betriebliche Verbote

Auch die arbeitsvertragliche Nebenpflicht des Arbeitnehmers, einen arbeitsfähigen Zustand aufrechtzuerhalten, bietet als Richtwert wenig Halt – belastbare Grenzwerte lassen sich aus dieser Nebenpflicht nicht ableiten. Ein weit verbreitetes und auch empfehlenswertes Mittel in der Praxis ist es deshalb, im Rahmen einer Betriebsvereinbarung eine sichere Rechtsgrundlage für den Umgang mit suchtauslösenden Faktoren zu schaffen. So können absolute Verbote von Alkohol oder anderen Drogen am Arbeitsplatz geschaffen werden.

Die Betriebsparteien können auch ein dazugehöriges Kontrollverfahren einführen. Die Kontrollmöglichkeiten sind im laufenden Arbeitsverhältnis jedoch eingeschränkt. Da beispielsweise eine Blutuntersuchung stark in das allgemeine Persönlichkeitsrecht bzw. in das Recht auf körperliche Integrität des Arbeitnehmers eingreift, kommt eine solche Untersuchung grundsätzlich nur bei Einverständnis des Betroffenen in Betracht (Bundesarbeitsgericht, Urteil vom 12.8.1999, 2 AZR 55/99). Allerdings dürfen in der Betriebsvereinbarung die Folgen der Verweigerung geregelt werden, z. B. dass dann die Vermutung gilt, der Mitarbeiter stehe unter der Einwirkung von Drogen (Bengelsdorf 2004, S. 120).

Betriebsvereinbarungen dienen grundsätzlich nicht dazu, Arbeitnehmer zu einer gesünderen Lebensführung auch im Privaten anzuhalten (Bundesarbeitsgericht, Urteil vom 19.1.1999, 1 AZR 499/98). Ebenso wie beispielsweise das Rauchen im Betrieb nicht aus Gründen der allgemeinen Gesundheitsförderung verboten werden darf, darf auch eine Betriebsvereinbarung zu Drogenscreenings nicht darauf abzielen, Alkohol- und Drogenkonsum der Arbeitnehmer im Privatbereich zu verhindern oder zu kontrollieren. Eine Betriebsvereinbarung kann also nur regeln, dass sich ein Mitarbeiter, der im Dienst bestimmte verdachtsbegründende Verhaltensauffälligkeiten (Alkoholfahne, schwankender Gang, lallende Sprache, stark gerötete Augen, geweitete Pupillen, grundlos aggressives Verhalten etc.) an den Tag legt, einem Drogentest unterziehen muss (Diller u. Powietzka 2001, S. 1231). Im Übrigen ist es empfehlenswert, in der Betriebsvereinbarung an einen positiv ausgefallenen Drogentest nicht die sofortige Abmahnung oder Kündigung zu knüpfen, sondern ein Hilfsangebot, das dem Betroffenen bei einer Therapie Unterstützung anbietet.

Ein absolutes oder relatives Verbot von Alkohol und illegalen Drogen am Arbeitsplatz einschließlich der Einwilligung des Mitarbeiters zu Drogentests kann auch individuell arbeitsvertraglich geregelt werden.

Fazit

Mangels einer umfassenden gesetzlichen Verbotsregelung hinsichtlich des Alkohol- und Drogenkonsums im Betrieb bietet es sich (nicht nur) aus Sicht der Prävention an, auf kollektiver Ebene Betriebsvereinbarungen abzuschließen. Um dem Ansatz gerecht zu werden, mittels arbeitsrechtlicher Gestaltungsmöglichkeiten ein suchthemmendes Arbeitsumfeld zu schaffen, ist darauf zu achten, dass mit der Betriebsvereinbarung ein konstruktiver Druck auf (potenziell) Betroffene aufgebaut wird. Das bedeutet, dass von der Vereinbarung eine verbindliche Regelung und klare Botschaft ausgehen und die vorgesehenen Handlungsschritte konsequent angewendet werden sollten (Graefe 2001, S. 1252). Mit dem Druck zwingend verbunden sind die notwendigen Hilfsangebote durch den Arbeitgeber. Formulierungsbeispiele für derartige Betriebsvereinbarungen finden sich beispielsweise in Veröffentlichungen der Deutschen Hauptstelle für Suchtfragen.[1]

21.1.2 Die Schlüsselstellung des unmittelbaren Vorgesetzten

Obwohl es unter dem Gesichtspunkt der Primärprävention wie dargestellt sinnvoll ist, besteht keine generelle Verpflichtung des Arbeitgebers, ein umfassendes Suchtmittelverbot zu erlassen. Allerdings muss der Arbeitgeber den einzelnen Arbeitnehmer ebenso wie die Belegschaft insgesamt im Rahmen der betrieblichen Möglichkeiten vor Gefahren und Schäden durch Alkohol und illegale Drogen bewahren. Der Arbeitgeber selbst oder – praktikabler – die jeweiligen Vorgesetzten müssen also darauf achten, dass ein etwa durch eine Betriebsvereinbarung eingeführtes absolutes Alkohol- und Drogenverbots am Arbeitsplatz eingehalten wird. Da es folglich zu den wesentlichen vertraglichen Führungsaufgaben aller Mitarbeiter mit Führungsverantwortung gehört, Alkohol- bzw. Drogenmissbrauch frühzeitig zu erkennen und zu reagieren, kommt diesem Personenkreis gerade in der Suchtprävention eine Schlüsselstellung zu.

Pflichten

Der Vorgesetzte ist aufgrund seines Arbeitsvertrages sowohl gegenüber dem Arbeitgeber als auch dem ihm unterstellten Mitarbeiter und dessen Arbeitskollegen verpflichtet, bei Alkohol- oder Drogenmissbrauch tätig zu werden (Willemsen u. Brune 1988, S. 2304).

Die Schlüsselstellung des Vorgesetzten bei der Vorsorge ist hierbei insbesondere darin zu sehen, dass er die personelle Verantwortung für die ihm unterstellten Mitarbeiter trägt und diese in der Regel gut kennt – insbesondere ihre Tätigkeiten und die Gefahren, die aus dem Alkohol- und Drogenkonsum für den Betriebsablauf und die Arbeitsleistung resultieren können (Bengelsdorf 2004, S. 120). Der Vorgesetzte ist dazu verpflichtet, dem unter Alkohol- oder Drogeneinfluss stehenden Mitarbeiter den Zugang zum Betrieb und die Arbeitsaufnahme zu verweigern bzw. die Weiterarbeit zu untersagen. Hierbei reicht die subjektive Einschätzung des Vorgesetzten zur Durchsetzung des Beschäftigungsverbots aus, der Betroffene ist

---

[1] Substanzbezogene Störungen am Arbeitsplatz: Eine Praxishilfe für Personalverantwortliche, S. 110 ff, abrufbar unter: http://www.dhs.de/fileadmin/user_upload/pdf/Broschueren/SubStoerArbeitsplatz_web.pdf

also auch ohne Drogentest vom Arbeitsplatz fernzuhalten (Bundesarbeitsgericht, Urteil vom 26.1.1995, 2 AZR 649/94). Auf keinen Fall darf dem unter Drogeneinfluss stehenden Arbeitnehmer einfach nur ein »weniger gefährlicher« Arbeitsplatz zugewiesen werden (Künzl 1993, S. 1584). Aus der allgemeinen Fürsorgepflicht des Arbeitgebers folgt außerdem, dass der Vorgesetzte gegebenenfalls auch einen sicheren Heimtransport des Betroffenen veranlassen muss (Bengelsdorf 1999, S. 1306).

Prävention durch Schulung der Vorgesetzten

Dieses Pflichtenbündel zeigt, dass der Vorgesetzte für ein gezieltes präventives Vorgehen gegen den Alkohol- und Drogenmissbrauch ein bestimmtes Grundwissen benötigt. In Anbetracht seiner Schlüsselstellung ist es daher angezeigt, Angestellten mit Personalverantwortung dieses Wissen entweder innerbetrieblich oder durch Schulungen außerbetrieblicher Organisationen zu vermitteln. Insbesondere ist dabei auf die Entstehung, das Krankheitsbild und die Folgen von Alkohol- und Drogenabhängigkeit einzugehen. Außerdem sollte der Vorgesetzte Kenntnis von betrieblichen sowie außerbetrieblichen Hilfsangeboten haben.

Fazit

Neben der Primärprävention durch klare Regelungen (beispielsweise durch Betriebsvereinbarungen) empfiehlt es sich, alle, die Personal- und Führungsverantwortung im Unternehmen tragen, in die Suchtprävention einzubeziehen. Drogen- bzw. alkoholbedingte Veränderungen im Arbeitsverhalten oder in der Persönlichkeit eines Mitarbeiters kann der jeweilige Vorgesetzte durch eine entsprechende Schulung früh erkennen und so einen großen Beitrag zur Suchtprävention am Arbeitsplatz leisten.

21.2 Reaktion auf Sucht am Arbeitsplatz

Leider ist es mit dem Abschluss einer Betriebsvereinbarung und deren Überwachung durch die (idealerweise speziell geschulten) Vorgesetzten nicht getan. Der Sinn solcher primärpräventiven Maßnahmen ist gerade darin zu sehen, dass sie mit repressiven Maßnahmen und einer begleitenden Suchthilfe korrespondieren und auf diese Weise ein in sich schlüssiges Handlungskonzept bilden (Graefe 2001, S. 1252). Neben vorbeugendem Verhalten ist es deswegen von größter Wichtigkeit, bei suchtmittelverursachten Störungen im Arbeitsablauf schnellstmöglich zu reagieren.

21.2.1 Früherkennung von Alkohol- und Drogenkonsum: Verbotsverstöße

Das gezielte Vorgehen gegen Alkohol- und Drogenkonsum am Arbeitsplatz setzt ein frühestmögliches Erkennen voraus. Der Vorgesetzte muss eigenverantwortlich aufgrund seiner Arbeits- und Lebenserfahrung (und etwaiger Kenntnisse aus speziellen Schulungen) aus dem Verhalten des Mitarbeiters ableiten, ob dieser unter dem Einfluss von suchtauslösenden Substanzen steht. Zu dieser Feststellung ist der Einsatz technischer Hilfsmittel (Atemtest, Blutprobe durch den Werksarzt) arbeitsrechtlich nicht unbedingt erforderlich (Bengelsdorf 1999, S. 1305). Dem jeweiligen Vorgesetzten nützt hier eine Betriebsvereinbarung, die ein absolutes Alkohol- bzw. Drogenverbot nebst dazugehörigem Kontrollverfahren regelt, sodass bei einer Verweigerung des Alkohol-/Drogentests vermutet werden kann, dass der Mitarbeiter unter dem Einfluss von Drogen steht. Hier nämlich ist eine Verbotsüberwachung durch den Vorgesetzten stark vereinfacht: Wird beispielsweise ein Mitarbeiter beim Alkoholkonsum beobachtet, reicht dies schon ohne Verhaltensauffälligkeiten aus, um einwirken zu können. Gleiches gilt bei der Verweigerung einer verdachtsbezogenen Alkohol-/Drogenkontrolle. Allerdings ist dem Mitarbeiter Gelegenheit zu geben, den Verdacht der Alkoholisierung durch objektive Tests auszuräumen.

Besteht im Betrieb dagegen kein absolutes Verbot und schreiben Spezialgesetze für die betroffenen Arbeitsplätze auch keine bestimmten Grenzen vor, so hat der Vorgesetzte in eigener Verantwortung zu entscheiden, ob der Mitarbeiter einen gefährlich hohen Rauschgrad erreicht hat (Glaubitz 1979, S. 579). Allerdings reicht gerade an sensiblen, gefahrträchtigen Arbeitsplätzen jeglicher festgestellte Alkohol- oder Drogeneinfluss für den Ausspruch eines Beschäftigungsverbots aus.

21.2.2 Datenerhebung und Dokumentation

Ein effektives Vorgehen gegen Sucht am Arbeitsplatz setzt nach der Früherkennung eine genaue Erfassung aller beobachteten Tatsachen voraus, die zu Störungen im Arbeitsprozess bzw. zu Verhaltensstörungen am Arbeitsplatz führen. Dabei ist eine genaue Dokumentation sowohl für die Begründung von Sicherungsmaßnahmen gegenüber dem betroffenen Mitarbeiter entscheidend als auch für die Vorbereitung eines späteren Interventionsgesprächs, in dem dieser mit seinem Verhalten konfrontiert werden soll. Schließlich ist eine genaue Dokumentation des Sachverhalts – gegebenenfalls unter Zuhilfenahme von Zeugen – von herausragender Bedeutung, etwa wenn die Personalverwaltung eine rechtlich einwandfreie Abmahnung verfassen oder dem Mitarbeiter als »ultima ratio« gekündigt werden soll (Landesarbeitsgericht Schleswig-Holstein, Urteil vom 28.11.1988, 382/88).

Bei Gesundheitsdaten kollidieren naturgemäß die Interessen des Arbeitgebers und die des betroffenen Arbeitnehmers. Da Drogen- bzw. Alkoholabhängigkeit als Krankheit anerkannt ist, gehören gewonnene Testergebnisse als Gesundheitsangaben zu den besonders sensiblen Daten und fallen unter das Bundesdatenschutzgesetz (BDSG). Deswegen muss der Arbeitnehmer der Erhebung, aber auch der Verarbeitung und Nutzung dieser Daten stets ausdrücklich zustimmen. Nur bei besonders gefahrträchtigen Arbeiten (Piloten, Berufskraftfahrer usw.) können Gesundheitsdaten auch mal ohne Einwilligung erhoben werden.

Möchte der Arbeitgeber Gesundheitsdaten in die Personalakte aufnehmen, müssen die Interessen des Arbeitgebers an einer Aufnahme der Daten in die Personalakte die Interessen des Arbeitnehmers überwiegen. Dies ist bei krankheitsbedingten Fehlzeiten oder Hinweisen auf eine Suchterkrankung regelmäßig der Fall, auch nach erfolgreicher Therapie (Landesarbeitsgericht Berlin-Brandenburg, Urteil vom 17.8.2009, 10 Sa 506/09). Grundsätzlich sollten Gesundheitsdaten separat oder wenigstens in einem verschlossenen Umschlag in der Personalakte aufbewahrt werden.

21.2.3 Rekuperation

Liegt eine Suchterkrankung bei einem Mitarbeiter vor und hat der Vorgesetzte diese erkannt, ist eine schnelle Reaktion gefragt. Falsch verstandene Rücksichtnahme bei den Vorgesetzten kann hier dazu führen, dass sich der Beginn des Heilungsprozesses nach hinten schiebt und die Entwicklung einer Suchterkrankung sogar ungewollt unterstützt wird (im Bereich der Alkoholsucht bekannt als »Co-Alkoholismus«). Vorgesetzte sollten darauf achten, die Personalverwaltung und den Betriebsrat von Beginn an in ihre Maßnahmen gegen den Alkohol- und Drogenmissbrauch einzubeziehen.

Interventionsgespräche

Bei suchtbezogenen Auffälligkeiten ist umgehend ein erstes Interventionsgespräch geboten. Der Vorgesetzte hat den Mitarbeiter dabei in nüchternem Zustand sachlich auf sein Fehlverhalten bzw. die Verhaltensauffälligkeiten hinzuweisen, ihn anhand von dokumentierten Tatsachen mit seinem eigenen Verhalten zu konfrontieren, auf Änderungen zu drängen und ihm vor allem auch die rechtlichen Folgen des Alkohol- oder Drogenkonsums zu verdeutlichen: Diese reichen arbeitsrechtlich von einem Verlust des Vergütungsanspruchs über die Abmahnung bis hin zu Kündigung. Auch können der Unfallversicherungsschutz entfallen und Schadenersatzansprüche auf den Betroffenen zukommen.

Zugleich sollten Vorgesetzte betroffene Mitarbeiter auf inner- und außerbetriebliche Hilfsangebote hinweisen. Dem Mitarbeiter muss deutlich gemacht werden, dass der einzige Ausweg aus einem Suchtproblem ein Entzug ist (Bengelsdorf 1999, S. 1304). Zudem sollte nach Ablauf einer bestimmten Frist ein erneutes Rückmeldegespräch stattfinden, selbst wenn der Mitarbeiter bis dahin nicht erneut auffällig geworden ist. Sollten sich suchtbedingte Auffälligkeiten wiederholen oder gar verfestigen, hat der Vorgesetzte den Mitarbeiter in einem weiteren Interventionsgespräch konkret aufzufordern, einen Arzt oder eine Beratungsstelle aufzusuchen und hierüber einen Nachweis zu erbringen.

Wie häufig Interventionsgespräche stattzufinden haben, kann in der oben genannten Betriebsvereinbarung zu Suchterkrankungen festgelegt werden. Zumeist in der dritten Sitzung wird jedoch üblicherweise ein letztes Mal eine Kündigung für den Fall angedroht, dass der Mitarbeiter Hilfsangebote bzw. eine Therapie weiter ablehnt (Graefe 2001, S. 1253). Zusammengefasst besteht der Zweck eines Interventionsgesprächs somit darin, beim Betroffenen einen konstruktiven Leidensdruck aufzubauen.

Durchführung eines betrieblichen Eingliederungsmanagements

Konnte der suchtkranke Mitarbeiter durch Interventionsgespräche zu einer Therapie bewegt werden, kann es im Anschluss sinnvoll sein, (auch präventiv) das sogenannte betriebliche Eingliederungsmanagement (kurz: BEM) durchzuführen. Dabei geht es grob umrissen darum, im Zusammenspiel von Arbeitgeber, Betriebsrat und dem betroffenen Arbeitnehmer zu klären, wie die Arbeitsfähigkeit eines Mitarbeiters, der innerhalb eines Jahres insgesamt länger als sechs Wochen arbeitsunfähig war, dauerhaft wiederhergestellt und der Arbeitsplatz erhalten werden kann. Soweit erforderlich, kann dabei auch der Werks- oder Betriebsarzt hinzugezogen werden. Dabei folgt das BEM keinem festen Ablauf, sondern ist bewusst als verlaufs- und ergebnisoffener Suchprozess ausgestaltet.

21.3 Repression

Eine effektive Suchtbekämpfung am Arbeitsplatz steht und fällt mit der Schaffung eines suchthemmenden juristischen Umfeldes und der Einbeziehung der betrieblichen Schlüsselfiguren. Die Nichteinhaltung aufgestellter Regeln muss sanktioniert werden, nicht nur im Interesse des Betroffenen, sondern auch in dem des Arbeitgebers und der übrigen Mitarbeiter. Hier bieten sich verschiedene Möglichkeiten an.

21.3.1 Lohnkürzung

Gemäß § 3 Abs. 1 des Entgeltfortzahlungsgesetzes (EFZG) besteht eine Lohnfortzahlungspflicht des Arbeitgebers, wenn ein Arbeitnehmer aufgrund einer Krankheit unverschuldet seine Arbeitsleistung nicht erbringen kann. Keine Entgeltfortzahlung schuldet der Arbeitgeber also dann, wenn der Arbeitnehmer in Folge übermäßigen Alkoholkonsums oder des Konsums anderer Suchtmittel und damit selbstverschuldet am nächsten Arbeitstag unpässlich ist. Erscheint der Arbeitnehmer noch unter dem Einfluss von Suchtmitteln stehend im Betrieb und ist nicht in der Lage, die geschuldete Arbeitsleistung zu erbringen, entfällt für diesen Zeitraum auch der vertragliche Vergütungsanspruch. Soweit gilt das arbeitsrechtliche Standardrepertoire.

Ist der Arbeitnehmer jedoch suchtmittelabhängig, kann nicht mehr von einer selbstverschuldeten Arbeitsunfähigkeit ausgegangen werden, sondern von einer unverschuldeten krankheitsbedingten Arbeitsunfähigkeit. Somit stellt die Lohnkürzung bei Suchterkrankungen, wenngleich verlockend, arbeitsrechtlich keine geeignete Reaktion dar.

21.3.2 Abmahnung

Kommt es zu alkohol- oder drogenbedingten Fehlleistungen am Arbeitsplatz oder zu einem Verstoß gegen ein bestehendes betriebliches Alkohol- bzw. Suchtmittelverbot, kann der Arbeitnehmer im Regelfall abgemahnt werden. Gegenstand der Abmahnung kann allerdings ausschließlich die Verletzung arbeitsvertraglicher Pflichten sein. Eine Abmahnung wegen Suchtmittelabhängigkeit oder suchtkrankheitsbedingter Ausfallzeiten an sich ist nicht möglich. Eine Krankheit stellt nämlich kein vertragswidriges Verhalten dar. Allerdings schließt eine Abhängigkeit nicht in jedem Fall ein schuldhaftes und damit abmahnbares Fehlverhalten aus: Eine Abmahnung kann dennoch ausgesprochen werden, wenn der suchtmittelabhängige Mitarbeiter die ihm verbleibende Entscheidungsfreiheit nicht nutzt und es dadurch zu Pflichtverletzungen kommt. Ist der Betroffene Arbeitnehmer noch in der Lage, seinen Konsum zu steuern, handelt er schuldhaft, falls er gegen ein betriebliches Verbot verstößt oder suchtmittelbedingte Vertragsverstöße begeht. Eine Abmahnung kann hier sinnvollerweise weniger zur Vorbereitung einer Kündigung als vielmehr zum Aufbau eines konstruktiven Leidensdrucks ausgesprochen werden.

21.3.3 Kündigung

Ein suchtkranker Arbeitnehmer kann die vielfältigsten Folgen für einen Betrieb haben. Die Qualität der Arbeitsleistung leidet, Arbeitsbereitschaft und Anwesenheitszeiten sind reduziert. Auch ein negativer Einfluss auf das Verhalten gegenüber Kollegen ist häufig zu beobachten. Durch verminderte Konzentrationsfähigkeit entstehen Unfallgefahren sowohl für Sachgüter als auch für Kollegen, Vorgesetzte, betriebsfremde Dritte und schließlich den Arbeitnehmer selbst. Hierbei geraten der Arbeitgeber und der jeweilige Vorgesetzte in die Gefahr einer Haftung, beispielsweise wenn der Suchtkranke unter Drogeneinfluss einen Kollegen verletzt. Zusätzlich drohen diesbezüglich auch Imageschäden für das Unternehmen. Sollten alle Mittel der Prävention gescheitert sein, ist für ein Unternehmen also der Zeitpunkt gekommen, sich mit einer Kündigung des suchtkranken Arbeitnehmers auseinanderzusetzen.

Personenbedingte Kündigung

Eine Kündigung wegen Sucht kann grundsätzlich als verhaltens- oder als personenbedingte Kündigung erfolgen. Während die personenbedingte Kündigung dadurch geprägt ist, dass der Arbeitnehmer die Fähigkeit und die Eignung verloren hat, die geschuldete Arbeitsleistung ganz oder teilweise zu erbringen, wird dem Arbeitnehmer bei der verhaltensbedingten Kündigung vertragswidriges Verhalten angelastet. Wesentliches Unterscheidungsmerkmal ist somit, ob der Verlust der vorausgesetzten Eignung oder Fähigkeit zur Erbringung der Arbeitsleistung steuerbar ist. Kündigungen wegen Alkohol- oder Drogensucht sind nach der Rechtsprechung im Regelfall als personenbedingte Kündigung zu betrachten, wenn der Sucht ein medizinischer Krankheitswert zukommt.

Voraussetzungen einer suchtbedingten Kündigung

Um eine sucht- und personenbedingte Kündigung wirksam aussprechen zu können, muss eine negative Gesundheitsprognose für den betroffenen Arbeitnehmer vorliegen. Dies ist beispielsweise der Fall, wenn der Suchtkranke zum Zeitpunkt der Kündigung nicht therapiebereit ist. Denn dann ist damit zu rechnen, dass der Arbeitnehmer auch in Zukunft seinem Arbeitsplatz in erheblichem zeitlichen Umfang fernbleiben wird. Auch wenn der Arbeitnehmer nach Therapien mehrmals rückfällig wurde, ist davon auszugehen, dass es erneut zu suchtbedingten Reaktionen und Ausfällen kommen wird; eine negative Gesundheitsprognose ist dann in der Regel zu bejahen (Landesarbeitsgericht München, Urteil vom 13.12.2005 – 8 Sa 739/05).

Anhand der festgestellten negativen Zukunftsprognose muss die zum Zeitpunkt der Kündigung bestehende Situation zu einer erheblichen Beeinträchtigung betrieblicher Interessen führen. Diese betrieblichen Beeinträchtigungen müssen konkret feststellbar und auch durch mögliche Überbrückungsmaßnahmen nicht vermeidbar sein. Dies kann der Arbeitgeber beispielsweise mit den Ergebnissen des BEM darlegen. Schließlich muss innerhalb einer Interessenabwägung wiederum die Therapiebereitschaft des Arbeitnehmers berücksichtigt werden und ob eine solche Therapie wenigstens mit einer gewissen Wahrscheinlichkeit Erfolg verspricht. Ist dies nicht der Fall, ist die krankheitsbedingte Kündigung nach einer Anhörung des Betriebsrats wirksam.

Außerordentliche Kündigung eines Suchtkranken

Liegt eine Suchterkrankung vor, kommt in besonderen Ausnahmefällen auch eine außerordentliche Kündigung in Betracht. Zum einen gilt das in Fällen, in denen eine ordentliche Kündigung nicht möglich, die Fortsetzung des Arbeitsverhältnisses dem Arbeitgeber aber nicht zumutbar ist, beispielsweise bei tariflich unkündbaren Arbeitnehmern.

Zum anderen ist eine außerordentliche Kündigung aber auch bei gravierendem Fehlverhalten des Arbeitnehmers denkbar, das über typisch suchtbedingte Ausfallerscheinungen hinausgeht. Hierzu zählt beispielsweise die Beschaffungskriminalität. In diesen Fällen muss der Arbeitnehmer nicht einmal »schuldhaft« gehandelt haben, auch ist es dem Arbeitgeber nicht zumutbar, eine Therapie des Betroffenen abzuwarten.

Gestaltungsmöglichkeiten nach einer Kündigung

Häufig erklären Suchtkranke erst unter dem Druck der erfolgten Kündigung ihre Therapiebereitschaft. Dies hat im Grundsatz weder eine Relevanz für die ausgesprochene Kündigung noch begründet es einen zukünftigen Wiedereinstellungsanspruch. Die Sorge, dass der Betroffene durch eine nach Ausspruch der Kündigung durchgeführte Therapie erneut erkrankt, ist nämlich nicht gänzlich ausgeräumt. Allerdings kann in derart gelagerten Fällen eine positive Wendung herbeigeführt werden. Dem gekündigten Arbeitnehmer kann eine Option auf Erhalt des Arbeitsplatzes angeboten werden und der Arbeitgeber wird für den Fall abgesichert, dass der Arbeitnehmer die von ihm angekündigte und initiierte Therapie nicht erfolgreich abschließt. Bewährt hat sich eine vertragliche Vereinbarung, die das Arbeitsverhältnis zwar beendet, jedoch eine Wiedereinstellung im Falle einer erfolgreichen Therapiemaßnahme in Aussicht stellt oder sogar zusichert. Ebenso möglich ist es, das Arbeitsverhältnis aufrechtzuerhalten, verbunden mit der Verpflichtung des Arbeitnehmers, eine Langzeittherapiemaßnahme bei einem anerkannten Rehabilitationsträger durchzuführen und hierüber ohne Aufforderung monatlich einen Nachweis zu erbringen.

21.4 Das Arbeitsrecht als Hilfsmittel zur Suchtbekämpfung

Ein unter dem Gesichtspunkt der heutigen Arbeitsmarktsituation sinnvoller Umgang mit Suchtkranken im Betrieb ist auf Arbeitsplatzerhaltung und Wiederherstellung der Arbeitsfähigkeit gerichtet. Das Arbeitsrecht gibt dem Arbeitgeber umfangreiche Gestaltungsmöglichkeiten sowohl präventiver als auch repressiver Natur an die Hand, um eine suchtfreie Arbeitsumgebung zu schaffen. Das Arbeitsrecht als Arbeitnehmerschutzrecht kommt hier den Interessen des Arbeitgebers wie auch des Arbeitnehmers entgegen. Zu kurz gedacht ist es nämlich, sofort auf Abmahnungen und Kündigungen zurückzugreifen. Primär hilft das Arbeitsrecht, ein suchthemmendes Umfeld zu schaffen und auch die zentralen Akteure des Geschehens, nämlich die unmittelbaren Vorgesetzten, in die Pflicht zu nehmen.

Literatur

Bengelsdorf P (1999) Alkohol im Betrieb – die Aufgaben des Vorgesetzten. Neue Zeitschrift für Arbeitsrecht 17:1304–1311

Bengelsdorf P (2004) Illegale Drogen im Betrieb. Neue Zeitschrift für Arbeitsrecht- Rechtsprechungsreport 9:113–121

Diller M, Powietzka A (2001) Drogenscreenings und Arbeitsrecht. Neue Zeitschrift für Arbeitsrecht 18:1227–1233

Glaubitz W (1979) Alkohol im Betrieb. Betriebsberater 35:579–582

Graefe D (2001) Arbeitsrechtliche Gestaltungsmöglichkeiten im Zusammenhang mit Alkoholerkrankungen. Betriebsberater 56:1251–1254

Künzl R (1993) Alkohol im Betrieb. Betriebsberater 48:1581–1588

Willemsen HJ, Brune U (1988) Alkohol und Arbeitsrecht. Der Betrieb 41:2304–2308

Maßnahmen

Kapitel 22 Betriebliche Suchtprävention und Suchthilfe
– Maßnahmen, Herausforderungen und
Chancen – 201
M. Wallroth, B. Schneider

Kapitel 23 Betriebsgeheimnis Sucht – Eine Expertise für
das Bundesministerium für Gesundheit zur
Situation in Kleinst- und Kleinunternehmen – 209
G. Gusia, F. Gröben, I. Freigang-Bauer

Kapitel 24 Betriebliche Tabakprävention für Beschäftigte
in der Gastronomie – Im Spannungsfeld zwischen
öffentlicher und betrieblicher Gesundheit – 217
B. Greiner

Kapitel 25 Prävention von Suchtmittelmissbrauch am Arbeitsplatz – Das Bundesmodellprojekt Prev@WORK der
Fachstelle für Suchtprävention im Land Berlin – 223
J. Hapkemeyer, N. Scheibner, K. Jüngling, A. Schmidt

Kapitel 26 Raucherentwöhnung bei der Firma Moll Marzipan
GmbH – Ein Erfahrungsbericht – 233
J. Wohlfeil

Betriebliche Suchtprävention und Suchthilfe – Maßnahmen, Herausforderungen und Chancen

M. Wallroth, B. Schneider

B. Badura et al. (Hrsg.) *Fehlzeiten-Report 2013*,
DOI 10.1007/978-3-642-37117-2_22, © Springer Verlag Berlin Heidelberg 2013

Zusammenfassung *Das Fundament der betrieblichen Suchtprävention und Suchthilfe bildet neben betriebswirtschaftlichen Effizienzgesichtspunkten die gesetzlich verankerte und auch ethisch gebotene Fürsorgepflicht des Unternehmens gegenüber seinen Mitarbeitern. Bezog sich die klassische Suchtkrankenhilfe noch vorrangig auf abhängiges Verhalten der Mitarbeiter, zielen suchtpräventive Maßnahmen heute verstärkt auch auf den riskanten oder schädlichen Suchtmittelkonsum. Im Folgenden werden Beweggründe für die betriebliche Suchtprävention und Suchthilfe dargestellt, Maßnahmen wie auch Begrenzungen, Herausforderungen und Chancen fokussiert. Das gewachsene betriebliche wie mediale Interesse an einem angemessenen Umgang mit vielfältigen psychischen Belastungen am Arbeitsplatz rückt die betriebliche Suchtprävention aktuell in eine exponierte Stellung innerhalb des Gesamtkontextes des betrieblichen Gesundheitsmanagements – nun gilt es, sie als festen Bestandteil der Unternehmenskultur und Personalführung zu etablieren.*

22.1 Einleitung

Die betriebliche Suchtprävention und Suchthilfe darf als weitgehend gelungenes Beispiel für die Übertragung gesundheitsbezogener Themen aus dem klinischen Bereich in den betrieblichen Kontext angesehen werden. Mit Bezug auf suchtmittelbedingte Risiken für die Arbeitssicherheit, die Leistungsfähigkeit und die Gesundheit der Mitarbeiter sind seit den siebziger Jahren betriebliche Handlungsabläufe, häufig auch als Betriebsvereinbarung oder Dienstvereinbarung, zunächst in Großbetrieben oder Behörden, später auch in mittelständischen Betrieben implementiert worden.

Über punktuelle oder temporär begrenzte Aktionen hinaus ist es der betrieblichen Suchtprävention gelungen, Präventions- und auch Interventionsmaßnahmen systematisch zu platzieren, organisatorisch zu verankern und häufig auch mit spezialisierten Ansprechpartnern und Schulungsveranstaltungen auszustatten. Es darf aus praktischer Erfahrung unterstellt werden, dass durch diese Maßnahmen vielen Mitarbeitern wirkungsvoll geholfen wurde und suchtmittelbedingte Beeinträchtigungen in den Betrieben insgesamt wirkungsvoll zurückgedrängt werden konnten. Systematische und großflächig angelegte Untersuchungen zur umfassenden Evaluation der betrieblichen Suchtpräventionsprogramme stellen allerdings u. E. nach wie vor ein Desiderat dar.

Für die häufig etwas einseitig unter der Überschrift betriebliche Suchtkrankenhilfe firmierenden Maßnahmen der betrieblichen Suchtprävention und Suchthilfe ergibt sich mit Blick auf eine stärkere Fokussierung auf Maßnahmen der primären Prävention ein gewisser Entwicklungsbedarf – dies sowohl bezüglich des Konsumverhaltens allgemein als auch für besondere Zielgruppen und ohne dass damit bereits eine Abhängigkeitsentwicklung verbunden sein muss. Des Weiteren ist die Suchtprävention stärker an die mittlerweile gut entwickelten betrieblichen Gesundheitsprogramme – und hier insbesondere an das betriebliche Eingliederungsmanagement (BEM) – anzubinden. Hierzu gehört auch, dass der Fokus, der bisher allein auf dem Konsum von Suchtmitteln liegt, hin zur Berücksichtigung anderer psychischer Störungen geöffnet wird – ein bereits begonnener Prozess, von dem sowohl die Suchtprävention als auch die Prävention anderer psychischer Störungen profitieren können. Die Erfahrungen aus der Umsetzung suchtpräventiver Maßnahmen offenbaren darüber hinaus (vgl. zu dieser Überlegung Wienemann u. Schumann 2011), dass diese Maßnahmen zwar inhaltlich an substanzbezogenen betrieblichen Beeinträchtigungen ansetzen müssen, aber nur dann nachhaltig umgesetzt werden können, wenn die Voraussetzungen einer nachhaltigen Personalführung in einer entsprechenden gesundheitsförderlichen Unternehmenskultur gegeben sind. Hier wird sich die

Suchtprävention nicht ausschließlich an den Fragen der Suchtmittel, den Folgen des Konsums und einer möglichen Krankheitsentwicklung orientieren können. Sie wird vielmehr organisations- und personalführungsbezogene Schwerpunkte setzen müssen (▶ Abschn. 22.5).

22.2 Begründung suchtpräventiver Maßnahmen

Die Begründung suchtpräventiver Maßnahmen konnte aus vielfältigen negativen Konsequenzen des Substanzkonsums abgeleitet werden. Bereits aus der Alltagserfahrung ergeben sich hier – weitgehend auch wissenschaftlich-empirisch abgesicherte (vgl. exemplarisch Robert Koch-Institut 2008; Egg 2010; Albrecht et al. 2010) – Zusammenhänge zwischen Suchtmittelkonsum und Verkehrsunfällen, häuslicher Gewalt, diversen suchtmittelassoziierten körperlichen Erkrankungen und der Entwicklung von Abhängigkeit mit chronischem Verlauf, der die Person und deren Umgebung in all ihren Funktionsniveaus bedroht und mit erhöhten Morbiditäts- und Mortalitätsraten einhergeht (vgl. speziell zu den gesundheitlichen Kosten Bergmann u. Horch 2002).

Im betrieblichen Umfeld ist darüber hinaus die Arbeitssicherheit bedroht, insbesondere bei sicherheitsrelevanten Arbeitsfeldern. Dies betrifft den Busfahrer genauso wie den Starkstromelektriker, den Chirurgen oder die Krankenschwester. Aber auch ohne besondere Sicherheitsanforderungen an die jeweilige Tätigkeit kann der Suchtmittelkonsum während der Arbeit oder auf dem Weg von der oder zur Arbeit zu einem erhöhten Unfallrisiko führen. In allen Fällen haftet das Unternehmen bzw. die Behörde, wenn sie ihrer Aufsichtspflicht nicht in ausreichendem Maße nachgekommen ist. Diese Aufsichtspflicht umfasst z. B. die Aufgabe, klare betriebliche Regelungen zum Umgang mit Suchtmitteln für die Mitarbeiter verbindlich zu formulieren, aber auch die Verpflichtung, suchtmittelbeeinträchtigte Mitarbeiter ausfindig zu machen und diese von selbst- oder fremdgefährdendem Verhalten abzuhalten. Dies bedeutet natürlich nicht, dass im Betrieb polizeiliche Mittel eingesetzt werden. Einem Busfahrer mit erkennbarem Alkoholfoetor muss aber z. B. die Ausübung seiner Tätigkeit betrieblich untersagt werden und der Betrieb muss auch dafür Sorge tragen, dass der intoxikierte Mitarbeiter sicher nach Hause kommt. Selbstverständlich können die dabei entstehenden Kosten dem Mitarbeiter in Rechnung gestellt werden. Die betriebliche Haftung ist in entsprechenden Vorschriften und Vereinbarungen der Berufsgenossenschaften und Unfallversicherungen festgelegt (BGV A1 Grundsätze der Prävention § 7, § 15).

Über diese sicherheits- und unfallrelevanten Aspekte hinaus geht man davon aus, dass der Suchtmittelkonsum in Zusammenhang mit beruflichen Tätigkeiten in der Regel auch zu einer Minderung der Leistungsfähigkeit oder auch zu vollständigen Arbeitsausfällen führen kann. Diese Zusammenhänge werden in der Regel im betrieblichen Gesundheitsmanagement unter den Begriffen des Präsentismus und des Absentismus diskutiert (Steinke u. Badura 2011).

Absentismus bedeutet, dass Mitarbeiter suchtmittelbedingt die Arbeit gar nicht erst aufsuchen, längerfristige Arbeits- oder Dienstunfähigkeitszeiten aufweisen und dem Unternehmen durch die fehlende Arbeitsleistung einen finanziellen Schaden zufügen. Die Statistiken der Krankenkassen bestätigen diesen Sachverhalt eindrucksvoll (z. B. Kordt 2012). So ist die Zahl der betroffenen Mitarbeiter zwar relativ gering, die Krankheitsdauer pro Versicherungsfall aber unverhältnismäßig hoch. Nicht eingerechnet sind in dieser Statistik kurzfristige Arbeitsausfälle, wie sie gehäuft nach dem Wochenende, nach Feiertagen oder nach Feierlichkeiten auftreten. Im Falle des Präsentismus fehlt die Arbeitsleistung nicht vollständig, ist aber suchtmittelbedingt gemindert, sodass auch hier ein ökonomischer Schaden entsteht. Die Belastungen durch Präsentismus lassen sich schwerer beziffern, werden aber als deutlich höher als die Kosten des Absentismus angesetzt (Badura et al. 2010).

Alle Maßnahmen, die zur Eindämmung von suchtmittelbedingten Beeinträchtigungen ergriffen werden, sind somit auch unternehmerische Maßnahmen, die aus dem Verlust an Arbeitskraft, Produktivität oder Effizienz heraus begründet werden. Maßnahmen der Suchtprävention und Suchthilfe gelten damit als unternehmerische Investition, die ökonomisch sinnvoll ist und eine zu bestimmende Rendite erwirtschaftet. Zur Konkretisierung dieser Begründung werden betriebswirtschaftlich unterschiedlich detaillierte Modellrechnungen vorgelegt. Bereits in einfachen Rechenmodellen kann gezeigt werden, wie sich Maßnahmen der Suchtprävention und Suchthilfe ökonomisch für das Unternehmen bezahlt machen (vgl. exemplarisch Thiehoff 2000).

Neben der Sicherstellung der Arbeitssicherheit und der Arbeitsleistung zielen Maßnahmen der Suchtprävention und Suchthilfe aber auch darauf ab, die Gesundheit der Mitarbeiter zu fördern. Hier folgt das Unternehmen einerseits seiner gesetzlich verankerten Fürsorgepflicht gegenüber dem Arbeitnehmer, andererseits aber auch einer ethischen Verpflichtung, Mitarbeiter vor Krankheiten zu schützen und im Falle ihres Auftretens dem Mitarbeiter beizustehen.

Die ethische Bedeutung des Mitarbeiterschutzes zeigt sich auch darin, dass traditionell zahlreiche Initiativen zur betrieblichen Suchtprävention und Suchthilfe aus dem Kreise der Gewerkschaften oder von Betriebsratsseite gekommen sind (vgl. exemplarisch Rehwald et al. 2007). Hier war das Ziel, Mitarbeiter mit suchtmittelbedingtem Fehlverhalten so zu schützen, dass mögliche disziplinarische Konsequenzen immer auch mit Hilfestellungen zur Verhaltensänderung verbunden waren. Die Maßnahmen beziehen sich vor allem darauf, mögliche Krankheitssymptome frühzeitig zu erkennen und den weiteren Krankheitsverlauf durch rechtzeitige Interventionen zu stoppen.

22.3 Gegenstand von Maßnahmen der Suchtprävention und Suchthilfe

Ausgangspunkte suchtbezogener Maßnahmen sind der Konsum von Suchtmitteln oder die anhaltenden, in der Regel negativen Auswirkungen des Konsums auf die Arbeit und auf betriebliche Belange.

Hervorzuheben ist dabei, dass es aus betrieblicher Sicht zunächst unerheblich ist, ob es sich bei dem Konsum um riskantes, schädliches oder abhängiges Verhalten handelt. Die klassische Suchtkrankenhilfe bezog sich vorrangig auf bereits abhängiges Verhalten und war damit eher einseitig orientiert. Dies war insofern zu rechtfertigen, als die Beeinträchtigungen hier am massivsten ausgeprägt waren. Andererseits ist zu betonen, dass auch im betrieblichen Kontext rein quantitativ sehr viel mehr Menschen einen riskanten oder schädlichen Suchtmittelkonsum betreiben (Schneider 2003; Robert Koch-Institut 2012), hier also deutlich mehr Mitarbeiter betroffen sind als bei abhängigen Verhaltensmustern. Rückt diese Gruppe jedoch in den Fokus suchtpräventiver Maßnahmen, kollidiert dies mit gesellschaftlich verankerten suchtmittelfreundlichen Einstellungsmustern und es stößt bei vielen Mitarbeitern und auch Firmenleitungen auf Widerstand und Akzeptanzprobleme, wenn suchtpräventive Maßnahmen durchgesetzt werden sollen. Während bezogen auf suchtmittelabhängige Mitarbeiter weitgehend unstrittig ist, dass entsprechende Maßnahmen implementiert werden müssen, werden insbesondere in der Diskussion um angemessenes Konsumverhalten bei Alkohol gesellschaftliche Stereotype aktiviert, die den Alkoholkonsum einseitig positiv sehen und dessen Risikopotenzial im betrieblichen Kontext weitgehend ausblenden. Je nach Region gilt Alkoholkonsum auch während der Arbeitszeit als Genuss eines scheinbar unverzichtbaren Lebensmittels, als Kulturgut mit hoher ökonomischer Bedeutung oder als hochkarätiges Statussymbol vor allem heranwachsender Männer. Restriktive Maßnahmen zur Eindämmung des Alkoholkonsums werden als Angriff auf diese gesellschaftlichen Konventionen betrachtet.

Mit dem etwas sperrigen Begriff der Punktnüchternheit wurde versucht, diese Diskussion zu entschärfen. Punktnüchternheit bedeutet, dass der Arbeitgeber keinen Einfluss auf den Suchtmittelkonsum des Mitarbeiters außerhalb der Arbeit nimmt, dass aber Suchtmittelkonsum während der Arbeit sowie Auswirkungen des Konsums auf die Arbeit nicht toleriert werden. Somit wird eine Trennung zwischen Arbeit und Suchtmittelkonsum propagiert, wie sie auch in anderen Lebensbereichen, etwa im Straßenverkehr oder bei Schwangerschaften, üblich ist.

Insgesamt betrachtet ist die betriebliche Suchtprävention im Bereich verhältnis- und verhaltenspräventiver Maßnahmen deutlich ausbaufähig im Sinne einer primären Prävention. Dies gilt sowohl für störungsunspezifische als auch für störungsspezifische Maßnahmen. Störungsunspezifische Maßnahmen finden sich z. B. im betrieblichen Gesundheitsmanagement unter der Überschrift »Gesundes Unternehmen«. Sie betreffen u. a. realistische Zuweisungen der Arbeitsmengen, klare Organisationsstrukturen, angemessene zwischenmenschliche Umgangsformen und ein angemessenes Führungsverhalten. Eine störungsspezifische Maßnahme wäre die Erteilung eines generellen Suchtmittelverbots auch außerhalb der sicherheitsrelevanten Bereiche und möglichst über alle Hierarchieebenen hinweg. Unterschieden werden hierbei üblicherweise ein absolutes und ein relatives Alkoholverbot. Ein absolutes Alkoholverbot bedeutet, dass bei allen betrieblichen Aktivitäten ein Alkoholverbot besteht. Beim relativen Alkoholverbot sind Ausnahmen wie Betriebsfeste, Jubiläen, Geburtstage oder auch Karnevalsaktivitäten mit entsprechenden Regelungen möglich. Das relative Alkoholverbot erweist sich in der Regel als praktikabler, da es auch regionale Besonderheiten berücksichtigen kann und somit die Akzeptanz suchtpräventiver Maßnahmen unterstützt.

22.4 Begrenzungen, Herausforderungen und Chancen der betrieblichen Suchtprävention und Suchthilfe

Die betriebliche Suchtprävention und Suchthilfe konzentriert sich bisher weitgehend auf das Suchtmittel

Alkohol. Andere Suchtmittel wie Medikamente mit Abhängigkeitspotenzial werden zunehmend mit einbezogen und auch illegale Drogen wie Cannabis finden immer mehr Beachtung. Auf diese Suchtmittel wird auch in den Betriebsvereinbarungen ausdrücklich Bezug genommen.

Fast keine Beachtung in der betrieblichen Suchtprävention findet dagegen bisher der Tabakkonsum. Und dies, obwohl Tabak das am weitesten verbreitete Suchtmittel ist und sicherlich die nachhaltigsten gesundheitlichen Beeinträchtigungen nach sich zieht (vgl. exemplarisch Batra 2011). Im Falle des Tabakkonsums haben eher gesellschaftliche Veränderungen und deren Niederschlag in gesetzlichen Vorgaben zum Nichtraucherschutz und in der Arbeitsstättenverordnung dafür gesorgt, dass Betriebsstätten fast ausnahmslos rauchfrei sind und höchstens noch in Einzelbüros geraucht werden darf.

Gründe für die weitgehende Vernachlässigung des Tabakkonsums sind wahrscheinlich im Kernbereich der Suchttherapie selbst auszumachen, die die Entwicklung der betrieblichen Suchtprävention und Suchthilfe in ihren Anfängen und bis heute stark geprägt hat. So haben die Akteure der Suchttherapie den Tabakkonsum lange nicht systematisch behandelt, eher als notwendiges Übel akzeptiert und auch in den eigenen Reihen problemlos toleriert. Im betrieblichen Bereich stellt der Tabakkonsum zudem in aller Regel ein geringeres Sicherheitsrisiko dar als der Konsum anderer Substanzen, da Nikotin zwar wie jede psychotrope Substanz die Befindlichkeit verändert, aber zumindest kurzfristig zu keinen erkennbaren Funktionsbeeinträchtigungen oder Leistungseinbrüchen führt. Das tatsächliche gesundheitsbezogene Gefährdungspotenzial von Nikotin ist dementsprechend suchtpräventiv nur ansatzweise gewürdigt worden und wurde eher vom allgemeinen Gesundheitsmanagement in Form von Angeboten zur Raucherentwöhnung berücksichtigt.

Im Falle abhängigkeitserzeugender Medikamente wird nicht nur auf die kritischen Haupteffekte, sondern auch auf die für das Arbeitsumfeld kritischen Nebenwirkungen verwiesen. Mit Blick auf solche Nebenwirkungen werden auch solche Medikamente aufgeführt, die nicht primär zu den Suchtmitteln zählen. Zu nennen sind hier z. B. Antidepressiva, deren Suchtpotenzial minimal ist, weil eine auf zeitnahe Wirkung abzielende Einnahme nicht möglich ist. Zweifelsohne ist es aus pharmakologischer Sicht sinnvoll, mögliche Nebenwirkungen dieser Medikamente für die sozialmedizinische Risikobewertung zu würdigen und auf mögliche Gefahren hinzuweisen. Allerdings ist die Auswahl der Medikamentengruppen, die im Zusammenhang mit der Suchtprävention genannt werden, eher willkürlich. Hier scheint ein breiterer, weit über den Bereich der Suchtprävention hinausgehender Ansatz notwendig, der im Rahmen der Arbeitsmedizin kritische Aspekte unterschiedlicher Medikamente dokumentiert und ihre Auswirkungen auf das Arbeitsverhalten abschätzt. Werden im Rahmen der Suchtprävention einzelne Medikamente willkürlich hervorgehoben, nur weil sie aufgrund ihrer psychotropen Wirkung bei der Behandlung psychischer Störungen eingesetzt werden, besteht die Gefahr, dass diese Medikamente unzulässig einseitig oder gar fälschlich unter dem Aspekt der Sucht wahrgenommen werden und die Compliance zur medizinisch sinnvollen Einnahme dieser Präparate herabgesetzt wird.

Die Bewertung suchtpräventiver Maßnahmen am Arbeitsplatz ist auch deshalb ambivalent, weil die inhärenten Wirkmechanismen der oben angesprochenen Suchtmittel mit Blick auf die Produktivität von Arbeitsprozessen ambivalent sind. So gefährdet Alkoholkonsum sicherlich die Arbeitssicherheit und ein anhaltender kritischer Konsum ist ein hoher Risikofaktor für weitere gesundheitliche Gefährdungen des Mitarbeiters. Andererseits wirkt Alkohol kurzfristig euphorisierend und enthemmend sowie beruhigend. Damit kann Alkoholkonsum – zumindest kurzfristig – die Arbeitsleistung durchaus erhöhen, Unzulänglichkeiten im beruflichen Umfeld kompensieren und damit zum weiteren »Funktionieren« des Arbeitnehmers beitragen (Ähnliches gilt natürlich insbesondere auch für den Tabakkonsum). Diese häufig nicht offen ausgesprochene kurzfristige positive Wirkung des Suchtmittels dürfte ein Faktor sein, der die Akzeptanz mancher suchtpräventiver Maßnahmen bei den betrieblichen Akteuren behindert.

Noch deutlicher zeigt sich diese Problematik bei den sogenannten Lifestyledrogen. Hier finden sich mit amphetaminhaltigen Präparaten sowie Kokain Substanzen, die einerseits eindeutig als Suchtmittel gelten. Andererseits werden diese Drogen aber vor allem eingesetzt, um die Leistung zu erhöhen und sie sind als Lifestyledrogen zugleich Ausdruck beruflicher, finanzieller und gesellschaftlicher Erfolge. Erschwerend für eine klare Stellungnahme unter suchtpräventiven Gesichtspunkten kommt hinzu, dass auch solche Medikamente gezielt zur beruflichen Leistungssteigerung eingesetzt werden, die nicht als Suchtmittel oder abhängigkeitserzeugende Substanzen angesehen werden können. Zu nennen sind hier z. B. Antidementia, die zur Anregung des Hirnstoffwechsels, zur Verbesserung der Gedächtnisleistung und zur Erhöhung der Vigilanz eingesetzt werden, aber auch blutdrucksenkende Mittel wie Betablocker, die zur Beruhigung in

22.4 · Begrenzungen, Herausforderungen und Chancen der betrieblichen Suchtprävention

Prüfungs- oder Bewährungssituationen verwendet werden können (Stix 2010). Aus Sicht der betrieblichen Suchtprävention handelt es sich bei diesem Medikamentenkonsum um Doping. Diese kritische Einschätzung lässt sich durch Verweis darauf rechtfertigen, dass ein dysfunktionaler bzw. off-label erfolgender Gebrauch dieser Medikamente vorliegt. Da keine medizinische Indikation besteht, handelt es sich somit per definitionem um einen missbräuchlichen Einsatz, der zudem ohne ärztliche Kontrolle in Form einer Selbstmedikation stattfindet. Da diese Medikamente auch nicht an gesunden Probanden für den oben beschriebenen Einsatz überprüft sind, besteht darüber hinaus keine hinreichende Medikamentensicherheit hinsichtlich Wirkung und Nebenwirkungen.

Dennoch ist zu beachten, dass die Entwicklung und der Einsatz von Medikamenten, die die Hirnleistung unter wissenschaftlich erprobten Bedingungen fördern, nicht einfach pauschal unter einer rein suchttherapeutischen Sichtweise zurückgewiesen werden können. Befürworter dieser Entwicklungen sprechen denn auch nicht von »Brain-Doping«, sondern von »Brain-Tuning« oder »Neuro-Enhancement«. Auch hier scheint eine rein substanzbezogene Sichtweise zu kurz zu greifen, weil sie die gesellschaftspolitische und ethisch-philosophische Dimension des Themas der Förderung beruflicher Leistungsfähigkeit im Verhältnis zur Förderung körperlicher und seelischer Gesundheit unzureichend abbildet.

Eine weitere Herausforderung für die betriebliche Suchtprävention und Suchthilfe ergibt sich aus der Tatsache, dass verstärkter und situationsunangemessener Suchtmittelkonsum sowie Suchtmittelabhängigkeit häufig mit anderen psychischen Beeinträchtigungen oder gar Störungsbildern einhergehen (Moggi u. Donati 2004). Eine ausschließlich suchtbezogene Betrachtung ist wegen der vielfältigen Wechselwirkungen kaum möglich. Aus betrieblicher Sicht bedeutsam sind daher neben dem schädlichen Substanzkonsum oder der Substanzabhängigkeit z. B. depressive Störungsbilder, Angststörungen oder Persönlichkeitsstörungen sowie deren klinische Vorläufer. Die Kernsymptomatik der Depression ist beispielsweise ein verminderter Antrieb und damit eine eingeschränkte Motivation, die natürlich auch das berufliche Handeln in Mitleidenschaft ziehen kann. Angststörungen können einhergehen mit Vermeidungsverhalten in Bezug auf die Erledigung von Arbeitsaufgaben oder sogar schon das Aufsuchen des Arbeitsplatzes. Persönlichkeitsstörungen können erhebliche persönliche und soziale Konflikte verursachen und unter Umständen eine Mobbing-Problematik auf Täter- oder Opferseite mit sich bringen. Im Sinne einer ganzheitlichen Betrachtung muss der rein suchtpräventive Ansatz daher um eine Perspektive erweitert werden, die die psychische Gesundheit insgesamt in den Blick nimmt. Dies erscheint auch aufgrund der Prävalenzraten der letztgenannten Störungen, die deutlich über denen der Suchterkrankungen liegen, geboten (Wittchen u. Jacobi 2012).

Positiv für die Suchtprävention und Suchthilfe könnte sich hier auswirken, dass ihre isolierte Stellung im betrieblichen Gesundheitsmanagement aufgelöst wird und sie als integrativer Teil der für einen angemessenen Umgang mit den vielfältigen psychischen Belastungen am Arbeitsplatz notwendigen Maßnahmen gesehen wird. Die in den letzten Jahren deutlich gewachsene mediale und betriebliche Aufmerksamkeit für die Folgen psychischer Belastungen am Arbeitsplatz unter den Stichworten Burnout und Mobbing könnte sich so auch fördernd auf die Akzeptanz suchtbezogener Themen auswirken (Schneider u. Kallina 2009). Das betriebliche Gesundheitsmanagement könnte umgekehrt deutlich davon profitieren, wenn die vielfältigen Qualitäten der Organisationsstruktur und betrieblichen Präsenz der Ansätze der betrieblichen Suchtprävention und Suchthilfe auch auf andere Störungsbilder übertragen würden. Die betriebliche Suchtprävention und Suchthilfe könnte hier, wenn sie sich den neueren Entwicklungen nicht verschließt, geradezu als Modellfall wirken.

Die Entwicklungen der letzten Jahre haben gezeigt, dass gesundheitliche Beeinträchtigungen im betrieblichen Umfeld zunehmend auch durch gesetzliche Regelungen im Sinne des betrieblichen Gesundheitsmanagements systematische Beachtung finden. So bietet das betriebliche Eingliederungsmanagement nach Sozialgesetzbuch IX, § 84 seit 2004 die Möglichkeit, unabhängig von der Ausgangserkrankung eine Passung zwischen gesundheitlichen Erfordernissen und betrieblichen Anforderungen herzustellen. Hierzu ist eine enge Koordination zwischen Mitarbeitern, Gesundheitsexperten und Führungskräften erforderlich. Das BEM ist mittlerweile in vielen Betrieben etabliert, gewinnt zunehmend an Akzeptanz und entfaltet vielfältige Möglichkeiten, erkrankte Mitarbeiter erfolgreich zu integrieren. Die Erfahrung zeigt, dass Suchtkranke diese Form der Wiedereingliederung noch in zu geringem Maße wahrnehmen. Von daher ist es dringend erforderlich, suchtbezogene Aspekte stärker in das BEM zu integrieren. Es wäre sehr bedauerlich, wenn die Suchtprävention und Suchthilfe diese Chance verpassen und Suchtkranke von dieser gesetzlichen Neuerung nicht profitieren würden.

22.5 Betriebliche Suchtprävention und Suchthilfe als Teil der Unternehmenskultur und Personalführung

Die betriebliche Suchtprävention und Suchthilfe hat aufgrund ihres gut begründeten Anliegens, aber auch aufgrund des hohen Engagements einzelner, zum Teil selbst betroffener Akteure, die ihre Suchtproblematik erfolgreich überwunden haben, eine exponierte Stellung innerhalb des betrieblichen Gesundheitsmanagements erreicht. Der nachhaltige Erfolg suchtpräventiver Maßnahmen kommt z. B. dadurch zum Ausdruck, dass die Maßnahmen explizit im Rahmen einer Betriebsvereinbarung oder Dienstvereinbarung zusammengefasst sind. Damit erhält das suchtpräventive Vorgehen eine hohe Verbindlichkeit für alle Arbeitnehmer, möglichst über alle Hierarchiestufen hinweg unter Einschluss der leitenden Angestellten, und auch eine hohe Verbindlichkeit für die betrieblichen Akteure, hier insbesondere für die Führungskräfte, die die Maßnahmen der Betriebsvereinbarung umsetzen müssen. Kern solcher Betriebs- bzw. Dienstvereinbarungen ist in der Regel ein Stufenmodell – früher mit bis zu acht Stufen, mittlerweile eher vereinfacht auf vier Stufen –, in dem beschrieben wird, wie auf Suchtmittelauffälligkeiten im jeweiligen Unternehmen zu reagieren ist. Geregelt wird in diesen Stufenmodellen einerseits die Hilfe für den suchtmittelauffälligen Mitarbeiter, andererseits aber die betrieblichen Handlungsabläufe für den Fall, dass der Mitarbeiter sein Verhalten nicht ändert.

Die Hilfe umfasst zunächst Hinweise zu Verhaltensänderungen im Rahmen der Selbstregulation des Mitarbeiters. Bei fortgesetzten Auffälligkeiten folgen Angebote interner und externer Beratung durch Experten oder aber Auflagen zur Durchführung medizinischer Maßnahmen. Die Hilfe für den Betroffenen ist stets eng daran gebunden, dass Verhaltensänderungen in Bezug auf das suchtmittelauffällige Verhalten erreicht werden. Die disziplinarischen Maßnahmen reichen von ersten Ermahnungen über Abmahnungen bis hin zur Ankündigung und schließlich Durchführung einer Kündigung.

Im günstigen Falle sind in den Betriebsvereinbarungen auch Schulungen für Mitarbeiter und/oder Führungskräfte festgeschrieben. Bei den Mitarbeitern geht es um potenzielles Risikoverhalten im Zusammenhang mit dem Konsum von Suchtmitteln und entsprechende Maßnahmen im privaten und beruflichen Umfeld, um das Risikoverhalten zu mindern. Über solche Schulungsmaßnahmen können auch spezielle Zielgruppen wie z. B. Azubis unter Beachtung des alters- und kohortentypischen Konsumverhaltens (Cannabis etc.) angesprochen werden.

In den Schulungen für Führungskräfte geht es insbesondere darum, die Abläufe der Betriebsvereinbarung zu vermitteln. Daher wird über die Hintergründe der Betriebsvereinbarung informiert und es wird aufgezeigt, wie Suchtmittelauffälligkeiten zu erkennen sind und Mitarbeiter angesprochen werden können. Die Erfahrung zeigt, dass hier zwar auch suchtpräventionsspezifische Informationen vermittelt werden müssen, der Kern der Veranstaltung allerdings in der Regel darin besteht, allgemeine Führungskompetenz zu vermitteln.

So erfordert die Umsetzung der Betriebsvereinbarung, dass die Führungskraft in der Lage ist, das Verhalten der Mitarbeiter präzise zu beobachten, um entsprechende Bewertungen vornehmen zu können. Die Bewertung der Arbeitsleistung z. B. erweist sich dabei durchaus als komplexer Vorgang, insbesondere dann, wenn das Arbeitsergebnis nicht nach Stückzahl bemessen werden kann. Viel häufiger müssen komplexe Arbeitsprozesse bewertet werden, deren Erfolge sich erst mittel- oder langfristig zeigen und auf unterschiedlichen Dimensionen zu bewerten sind. Wenn eine Führungskraft suchtmittelbedingte Verschlechterungen oder Schwankungen des Arbeitsverhaltens ausmachen soll, bedarf dies solcher komplexen Beobachtungs- und Bewertungskompetenzen.

Ähnliches gilt für die Einschätzung des Sozialverhaltens. Hier ist die Führungskraft darauf angewiesen, soziale Interaktionsprozesse zwischen sich selbst und dem Mitarbeiter sowie den Mitarbeitern untereinander wahrzunehmen, zu analysieren und deren Funktionalität hinsichtlich der Arbeitsorganisation und Arbeitsleistung einzuschätzen. Darin enthalten ist auch, dass Veränderungen der Mitarbeiter in ihrer psychischen Konstitution und im äußeren Erscheinungsbild adäquat wahrgenommen werden müssen.

All diese Beobachtungen zur Arbeitsleistung und zum persönlichen Auftreten müssen in ein zielorientiertes Gespräch zur Verhaltensänderung oder zur Initiierung weiterer Maßnahmen einfließen. Um hier erfolgreich sein zu können, bedarf es in der Gesprächssituation angemessener kommunikativer Kompetenzen, die Teil einer langfristig angelegten Personalführung sein müssen. Mit dieser wiederum sind umfassende strategische Kompetenzen in der Personalführung verbunden, die weit über suchtpräventive Aspekte hinausgehen und auf Erfordernisse eines Führungskräfte-Coachings verweisen.

Es kann daher festgehalten werden, dass die Umsetzung suchtpräventiver Maßnahmen sich zwar inhaltlich an den Erfordernissen der Suchtprävention und Suchthilfe orientieren muss, darüber hinaus aber weitergehende Kompetenzen der Personalführung erfordert, die auf einen ganzheitlichen Ansatz gesundheitsbezogener Führungskräfte-Schulungen verweist.

22.6 Fazit

Die institutionalisierte betriebliche Suchtprävention und Suchthilfe präsentiert sich als Erfolgsgeschichte, die Modellwirkung für das betriebliche Gesundheitsmanagement haben kann. Sie wird diese Modellwirkung aber nur dann entfalten können, wenn sie einerseits im angestammten Bereich ihre Hausaufgaben macht. Stichworte sind hier: Entwicklung einer klareren Position z. B. bezüglich Tabak, Psychopharmaka und leistungssteigernden Substanzen; Aufhebung der Fokussierung auf Abhängigkeit und verstärkte Berücksichtigung von riskantem und schädlichem Konsum sowie des Themas angemessener Konsumformen allgemein. Andererseits muss die betriebliche Suchtprävention und Suchthilfe die Chance nutzen, über eine angemessene konzeptuelle und praktische Würdigung der hohen Korrelation von Suchtmittelauffälligkeiten und anderen psychischen Problemen selbstverständlicher Bestandteil des betrieblichen Gesundheitsmanagements und des betrieblichen Eingliederungsmanagements und damit Nutznießer einschlägiger gesetzlicher Bestimmungen zu werden. Dies bedeutet dann auch eine verbesserte Chance – und eine Herausforderung! –, bei der inhaltlichen Ausgestaltung einer umfassend und nachhaltig gesundheitsförderlichen Unternehmenskultur und Personalführung der Wichtigkeit ihres Anliegens entsprechend mitzuwirken.

Literatur

Albrecht M, Heinrich S, Schulze H (2010) Suchtmittel im Straßenverkehr 2008. Jahrbuch Sucht 2010:138–150

Badura B, Walter U, Hehlmann T (2010) Betriebliche Gesundheitspolitik: Der Weg zur gesunden Organisation. Springer, Berlin Heidelberg New York

Batra A (2011) Therapie der Tabakabhängigkeit. Deutsches Ärzteblatt 9:415–421

Bergmann E, Horch K (2002) Kosten alkoholassoziierter Krankheiten. Schätzungen für Deutschland. Beiträge zur Gesundheitsberichterstattung des Bundes. RKI, Berlin

Egg R (2010) Delikte unter Alkoholeinfluss. Jahrbuch Sucht 2010:110–119

Kordt M (2012) DAK Gesundheitsreport 2012. DAK Forschung, Hamburg

Moggi F, Donati R (2004) Psychische Störungen und Sucht: Doppeldiagnosen. Fortschritte der Psychotherapie Bd 21. Hogrefe, Göttingen

Rehwald R, Reineke G, Wienemann E, Zinke E (2007) Betriebliche Suchtprävention und Suchthilfe. Handbuch der IG Metall. Bund Verlag, Frankfurt a M

Robert Koch-Institut (Hrsg) (2012) Daten und Fakten: Ergebnisse der Studie »Gesundheit in Deutschland aktuell 2010«. Beiträge zur Gesundheitsberichterstattung des Bundes. RKI, Berlin

Robert Koch-Institut (Hrsg) (2008) Alkoholkonsum und alkoholbezogene Störungen. Gesundheitsberichterstattung des Bundes Heft 40. RKI, Berlin

Schneider B (2003) Präventionsstrategien zur Reduzierung alkoholbedingter Schädigungen. 10. Stillenberger Gespräche Risikokonsum und Risikokompetenz. Forum Sucht (Sonderband), S 41–48

Schneider B, Kallina U (2009) Managerpsyche unter Beschuss. Ärztliche Praxis Neurologie/Psychiatrie 6:14–15

Steinke M, Badura B (2011) Präsentismus. Ein Review zum Stand der Forschung. Bundesanstalt für Arbeitsschutz und Arbeitsmedizin, Dortmund

Stix G (2010) Doping für das Gehirn. Spektrum der Wissenschaften 1:46–54

Thiehoff R (2000) Betriebliches Gesundheitsschutzmanagement. Möglichkeiten erfolgreicher Interessensbalance. Erich Schmidt Verlag, Berlin

Wienemann E, Schumann G (2011) Qualitätsstandards in der betrieblichen Suchtprävention und Suchthilfe der Deutschen Hauptstelle für Suchtfragen (DHS). Ein Leitfaden für die Praxis. Zweite aktualisierte und ergänzte Auflage. DHS, Hamm

Wittchen HU, Jacobi F (2012) Was sind die häufigsten psychischen Störungen in Deutschland. DEGS Studie zur Gesundheit Erwachsener in Deutschland. DEGS-Symposium. RKI, Berlin

Betriebsgeheimnis Sucht – Eine Expertise für das Bundesministerium für Gesundheit zur Situation in Kleinst- und Kleinunternehmen

G. Gusia, I. Freigang-Bauer, F. Gröben

B. Badura et al. (Hrsg.) *Fehlzeiten-Report 2013*,
DOI 10.1007/978-3-642-37117-2_23, © Springer Verlag Berlin Heidelberg 2013

Zusammenfassung *Im Auftrag des Bundesministeriums für Gesundheit haben die Autoren 2012 eine Expertise[1] zur betrieblichen Suchtprävention in Kleinst- und Kleinunternehmen erstellt. Schwerpunkt war die Erfassung des aktuellen Standes betrieblicher Suchtprävention sowie hemmender und fördernder Faktoren. Dafür wurden sowohl Mitarbeiter als auch Unternehmer schriftlich befragt. Ergänzt wurden die Befragungen durch qualitative Interviews mit Experten. Aus den Projektergebnissen wurden betriebliche und überbetriebliche Ansatzpunkte und Empfehlungen abgeleitet, wie Suchtprävention verstärkt in Kleinst- und Kleinunternehmen verankert werden kann.*

23.1 Einleitung

Die Themen Unfallverhütung, Prävention und Gesundheitsförderung in der Arbeitswelt haben in Deutschland eine lange Tradition. Das Handlungsfeld der betrieblichen Suchtprävention fand Ende der 70er Jahre des letzten Jahrhunderts Eingang in den Kanon des betrieblichen Arbeits- und Gesundheitsschutzes (Maul 1979). Suchtprobleme durch einen schädlichen Konsum von Alkohol, Nikotin, Medikamenten oder illegalen Drogen spielen auch in der Arbeitswelt eine Rolle; deren betriebliche Relevanz haben Epidemiologen, Gesundheitswissenschaftler und Arbeitsschutzexperten erkannt. Seither sind sie Anlass für Anstrengungen, im Setting Betrieb Präventionsmaßnahmen zu entwickeln, zu etablieren und zu verstetigen (Springer 1993).

Suchtprobleme gehen dabei nicht nur für die Betroffenen und deren Familien mit erheblichen negativen Begleitumständen einher, sie verursachen auch immense volkswirtschaftliche und betriebswirtschaftliche Kosten (Robert Koch-Institut 2008). Auf betrieblicher Ebene bedeutet dies, dass Beschäftigte mit Suchtproblemen durch erhöhte Fehlzeiten, mangelndes berufliches Engagement oder Leistungseinbußen auffallen können und zudem die Arbeitssicherheit gefährden (Rummel et al. 2004).

Bereits 1978 griff die Deutsche Hauptstelle für Suchtgefahren das Thema erstmals im Rahmen einer wissenschaftlich-praktischen Fachkonferenz auf (DHS 1989). Über die darauf folgende Entwicklung und die Beiträge der verschiedenen Akteure geben beispielhaft Wienemann und Müller (2005) in ihrer Expertise zu »Standards der Alkohol-, Tabak-, Drogen- und Medikamentenprävention in deutschen Unternehmen und Verwaltungen« oder Rehwald und Kollegen (2012) im aktualisierten »Handbuch der IG Metall zur betrieblichen Suchtprävention und Suchthilfe« Auskunft.

In etlichen größeren Unternehmen ist betriebliche Suchtprävention heute ein fest etabliertes Modul des betrieblichen Gesundheitsmanagements. In einem Expertengespräch der Drogenbeauftragten (2011) mit Fachleuten aus Betrieben und der Suchthilfe bestand

---

1 Die Expertise wurde von März 2012 bis Februar 2013 vom Rationalisierungs- und Innovationszentrum der deutschen Wirtschaft – RKW Kompetenzzentrum, Eschborn, gemeinsam mit der Gesellschaft für Personaldienstleistungen mbH, Kassel, und Dr. Ferdinand Gröben (Gesundheitsförderung und Gesundheitsforschung) durchgeführt. Die Expertise wurde unterstützt von der Berufsgenossenschaft Handel und Warendistribution, der Berufsgenossenschaft Holz und Metall und der ikk classic.

Tab. 23.1 Rücklauf der Unternehmensbefragung (Quelle: Eigene Darstellung)

		1–9 MA	10–19 MA	20–50 MA	Gesamt
Metall	Stichprobe	170	120	110	400
	Rücklauf*	58	28	20	106
	Prozentualer Rücklauf	34,1 %	23,3 %	18,2 %	26,5 %
Handel	Stichprobe	170	120	110	400
	Rücklauf**	26	24	16	66
	Prozentualer Rücklauf	15,3 %	20,0 %	14,5 %	16,5 %

* Ein Unternehmen hat keine Angabe zur Unternehmensgröße gemacht.
** Vier Unternehmen haben keine Angabe zur Unternehmensgröße gemacht.

Fehlzeiten-Report 2013

Einigkeit darüber, dass betriebliche Suchtprävention ein wichtiges Mittel sei, um Menschen verschiedener Altersgruppen und gesellschaftlicher Schichten für ein gesundheitsförderndes Verhalten zu gewinnen.

Auch im Kontext der Zunahme psychischer Erkrankungen gewinnt die Suchtproblematik an Bedeutung. Die Gesundheitsberichte der gesetzlichen Krankenversicherung weisen seit Jahren einen steigenden Anteil der psychischen Erkrankungen an der Gesamtheit des Arbeitsunfähigkeitsgeschehens auf. Unter den Männern nahm die Erkrankungsgruppe »psychische und Verhaltensstörungen durch psychotrope Substanzen« den dritten Rang innerhalb dieser Erkrankungsgruppe ein. 78,4 Prozent der Fälle standen dabei in Zusammenhang mit Alkoholmissbrauch (BKK Bundesverband 2012).

Obwohl die Fachwelt Suchtprävention als gesellschaftlich und betrieblich relevant einschätzt, belegen Studien, dass insbesondere Kleinst- und Kleinbetriebe (KKU) Probleme des Substanzmittelmissbrauchs sowie möglicher Präventionsmaßnahmen noch nicht angemessen behandeln (Beck 2011; Leuchter 2011; Lorenzl et al. 2008; Sczesny et al. 2011).

23.2 Ausgangspunkt und Methoden

Aus diesem Grund hat das Bundesministerium für Gesundheit 2011 die Expertise »Hemmende und fördernde Faktoren zur Umsetzung von suchtpräventiven Ansätzen in Klein- und Kleinstbetrieben« mit dem Ziel ausgeschrieben, zu untersuchen und zu bewerten, welche Faktoren die Umsetzung von Suchtprävention in KKU ausbremsen bzw. begünstigen.

Mit einem Mix aus verschiedenen Methoden (Literaturanalyse, Mitarbeiter- und Unternehmensbefragungen, Expertenkreisen und Experteninterviews) sollten Antworten auf folgende Fragestellungen gewonnen werden:

- Welche Faktoren hemmen oder fördern die Suchtprävention in KKU?
- Gibt es betriebliche Good Practice?
- Wie kann Suchtprävention in KKU betrieblich verankert und/oder mit anderen Managementsystemen vernetzt werden?
- Wie können KKU bei der Umsetzung von betrieblicher Suchtprävention unterstützt werden, welche Lösungsvorschläge erscheinen sinnvoll?

Die Studie konzentrierte sich auf KKU in zwei ausgewählten Branchen, den Einzelhandelsbereich und die Metallproduktion bzw. Metallverarbeitung. Diese beiden Branchen spiegeln das zentrale Spektrum des kleinst- und kleinbetrieblichen Gewerbes und stehen prototypisch für dienstleistungsorientierte und produzierende Unternehmen.

Für die Unternehmerbefragung wurde auf die Adressbestände der an diesem Vorhaben beteiligten Berufsgenossenschaften Handel und Warendistribution (BGHW) und Holz und Metall (BGHM) zurückgegriffen. 400 Unternehmen je Branche mit einer Unternehmensgröße bis 50 Mitarbeiter wurden angeschrieben. Die Fragebögen wurden über die Berufsgenossenschaften verschickt, dort wurden auch die Rücksendungen gesammelt. Wie aus ◘ Tab. 23.1 ersichtlich, konnte ein Rücklauf von insgesamt 21.5 Prozent erreicht werden. Somit lag ein aussagekräftiger Datensatz aus dem Bereich der Kleinst- und Kleinunternehmen vor.

Die Mitarbeiterbefragung erfolgte über die Betriebsärzte bzw. die technischen Aufsichtsbeamten der Gesellschaft für Personaldienstleistungen mbH und der Berufsgenossenschaft Holz und Metall. Im ersten Schritt fand ein Informationsgespräch mit dem Unternehmer statt, nach einer Bereitschaftserklärung wurde der Fragebogen an die Mitarbeiter verteilt, die diesen anonym an die Projektpartner zurückschicken konnten. Bei diesem Verfahren ist es nicht möglich, die

23.3 · Ergebnisse

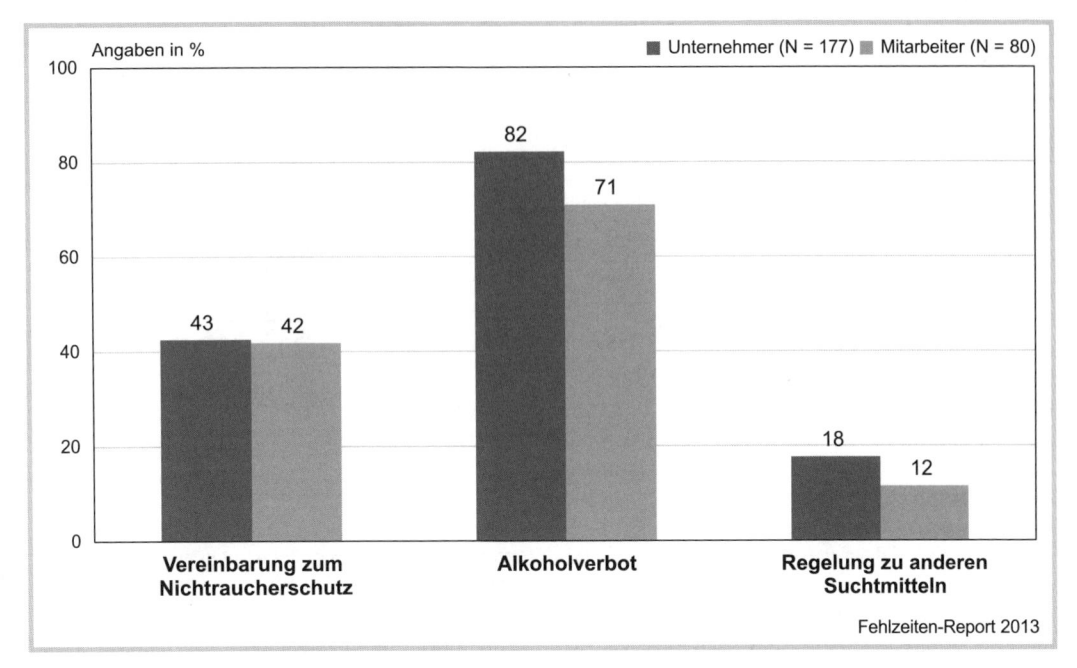

Abb. 23.1 Betriebliche Vereinbarungen zum Suchtmittelkonsum in befragten Kleinst- und Kleinunternehmen

Grundgesamtheit anzugeben, da aufgrund der Anonymität der gemachten Angaben nicht auf eine Zugehörigkeit zu bestimmten Unternehmen geschlossen werden kann.

Insgesamt gab es bei der Mitarbeiterbefragung einen Rücklauf von 80 Fragebögen; 49 kamen dabei aus dem Bereich Handel über die Gesellschaft für Personaldienstleistungen und 31 aus dem Zuständigkeitsbereich der Berufsgenossenschaft Holz und Metall. In beiden Branchen waren die Antworten gleichmäßig über alle drei Unternehmensgrößenbereiche verteilt. Somit konnte auch hier die Stichprobe der Kleinst- und Kleinunternehmen erreicht werden. Bei den Angaben handelt es sich somit um eine zwar zufällige, aber nicht repräsentative Auswahl von Beschäftigten beider Branchen. Das Ziel der Befragung war es, Einschätzungen der Mitarbeiter zur betrieblichen Gesundheitsförderung und Suchtprävention im eigenen Betrieb sowie eine Einschätzung von hemmenden und fördernden Faktoren für Suchtprävention im Betrieb – als Streiflicht verstanden – zu erhalten.

Ergänzt wurden diese quantitativen Ergebnisse durch die Erfahrungen ausgewählter Experten. Sowohl in einem Expertenkreis als auch durch qualitative Interviews konnte die Sichtweise wichtiger Akteure und Institutionen (über-)betrieblicher Suchtprävention erfasst werden.

23.3 Ergebnisse

Insgesamt wurden 20 Experteninterviews, 177 Fragebögen von Unternehmen und 80 Fragebögen von Mitarbeitern ausgewertet. Auf der Basis dieser Datenquellen und der Literaturrecherche wurde der Stand der betrieblichen Suchtprävention bewertet und die hemmenden und fördernden Faktoren eingeschätzt.

23.3.1 Nur wenige KKU mit suchtpräventiven Maßnahmen

Die Befragungsergebnisse der Unternehmer und Mitarbeiter sowie die qualitativen Aussagen von Experten zeigen deutlich, dass in Kleinst- und Kleinunternehmen bislang nur sehr wenige Unternehmen primärpräventive Maßnahmen anbieten. Dabei liegen in einem Großteil der Unternehmen Vereinbarungen zum Umgang mit Alkohol vor (insgesamt 82 Prozent aller Unternehmen), die Angaben von Unternehmen und Mitarbeitern weichen hier nur geringfügig voneinander ab (◘ Abb. 23.1). Ob diese Vereinbarungen jedoch schriftlich festgehalten und kommuniziert werden oder nur eine mündliche Ansage des Geschäftsführers sind, lässt sich nicht eindeutig ableiten.

Bemerkenswert ist, dass der betriebliche Alkoholkonsum stärker thematisiert und geregelt wird als der

Nichtraucherschutz, obwohl hierzu seit 2007 mit der Änderung der Arbeitsstättenverordnung strenge Vorgaben gemacht werden.

Insgesamt ist jedoch die Anzahl der Unternehmen, die über eine Vereinbarung hinausgehende präventive Ansätze verfolgen, sehr gering. So geben nur acht Prozent der Unternehmen an, Maßnahmen der betrieblichen Suchtprävention in ihrem Unternehmen durchzuführen. Dabei werden als Maßnahmen vorrangig die oben erwähnten Vereinbarungen zum Umgang mit Suchtmitteln sowie Mitarbeitergespräche und die Unterstützung bei einer Therapie genannt. In den Expertengesprächen wurde eingebracht, dass in Kleinst- und Kleinunternehmen häufiger als in größeren Unternehmen auf informeller und individueller Basis kommuniziert wird, das heißt, weniger geregelte Kommunikation stattfindet. Einzelgespräche zu Suchtthemen könnten somit von den Beteiligten nicht als Präventionsgespräch, sondern eher als Einzelfalllösung eingeschätzt werden.

Auffällig ist, dass alle 13 Unternehmen, die im Bereich Suchtprävention aktiv sind, auch angeben, sich über betriebliche Gesundheitsförderung um die Gesundheit der Beschäftigten zu kümmern.

23.3.2 Betriebliche Gesundheitsförderung als Ansatzpunkt

So geben 32 Prozent der Unternehmer und 14 Prozent der Beschäftigten an, dass in ihrem Unternehmen etwas zur betrieblichen Gesundheitsförderung getan wird (◘ Abb. 23.2). Ein Fünftel der befragten Mitarbeiter weiß jedoch nicht, ob es Aktivitäten in diesem Bereich gab.

Der Anteil der Betriebe, der Auffälligkeiten im Zusammenhang mit Suchtmitteln angibt, ist im Metallbereich höher (22 Prozent) als im Handel (17 Prozent).

Die hier dargestellten Ergebnisse, die ein sehr niedriges Niveau von Suchtprävention und Gesundheitsförderung in KKU belegen, werden auch durch frühere Analysen in diesem Betriebsgrößenbereich gestützt. Bereits in vorausgegangenen Studien der Autoren wurden Kleinunternehmen zu Angeboten der betrieblichen Suchtprävention befragt. So erhoben Gröben und Bös (1999) in Kooperation mit dem RKW-Arbeitskreis »Gesundheit im Betrieb« eine repräsentative Unternehmensstichprobe aus dem Metall- und Handelsbereich in Hessen und Thüringen. Die Studie, die den Stand betrieblicher Gesundheitsförderung bei Betrieben mit 50 und mehr Mitarbeitern untersuchte – und unter anderem auch das Thema Suchtprävention behandelte – zeigte, dass lediglich 20

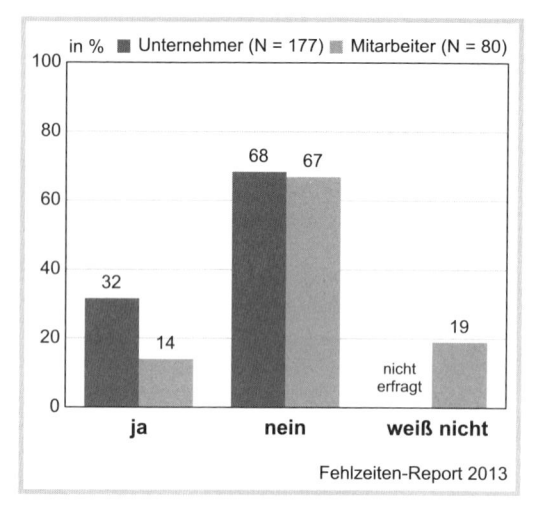

◘ **Abb. 23.2** Antworten von Unternehmern und Mitarbeitern auf die Frage, ob es in ihrem Unternehmen Maßnahmen der betrieblichen Gesundheitsförderung gibt

Prozent der Unternehmen über Angebote zur Suchtprävention verfügten. Insbesondere in kleineren Betrieben fehlten Maßnahmen der betrieblichen Gesundheitsförderung und der Suchtprävention.

Eine weitere Untersuchung aus dem Jahr 2009 zum »Beratungsbedarf betrieblicher Akteure zum Themenbereich betrieblicher Gesundheitsförderung in hessischen Unternehmen der Metall- und Einzelhandelsbranche mit 1 bis 100 Mitarbeitern« zeigte, dass im Metallbereich lediglich 15 Prozent der Betriebe Probleme mit Suchtmitteln erkennen konnten und im Handel gar nur 7 Prozent der Betriebe hier Handlungsbedarf sahen (Hübner et al. 2010). Auch hier bestätigte sich, dass Maßnahmen der betrieblichen Gesundheitsförderung in KKU nur selten existieren.

Obwohl während der Arbeiten an der Expertise intensiv nach Good-Practice-Beispielen betrieblicher Gesundheits- und Suchtprävention recherchiert wurde, konnte kein betriebliches »Leuchtturmprojekt« in diesem Unternehmensbereich ermittelt werden. Auf überbetrieblicher Ebene gibt es einzelne Ansätze, beispielsweise in der regionalen Handwerksberatung oder der überbetrieblichen Ausbildung (z. B. Leuchter 2011).

23.3.3 Suchtmittelbedingte Auffälligkeiten

Als Probleme werden in der aktuellen Studie von den Betrieben vorrangig Probleme mit Alkohol (◘ Abb. 23.3) benannt. Medikamente, Drogen, Spielsucht und Rauchen werden nur vereinzelt angegeben.

23.3 · Ergebnisse

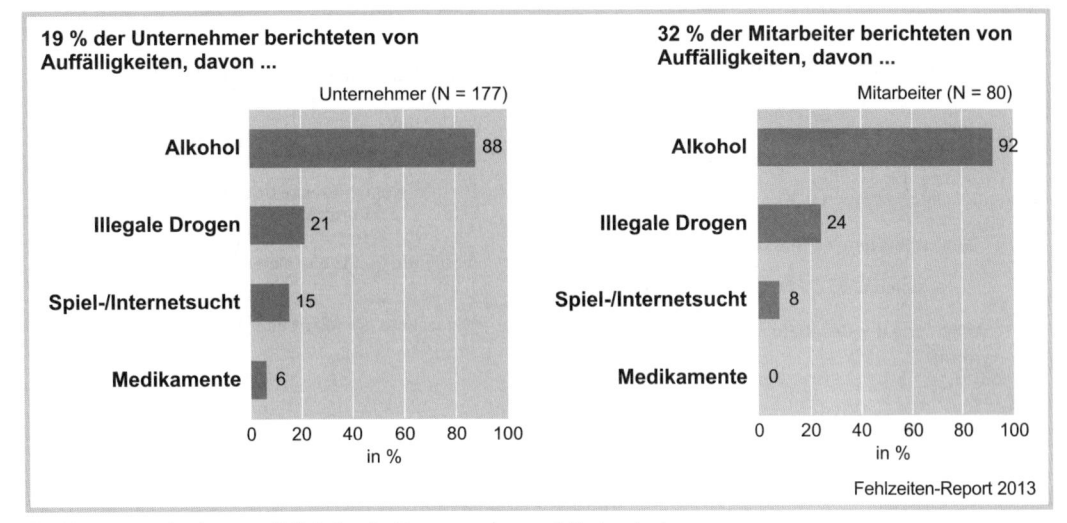

19 % der Unternehmer berichteten von Auffälligkeiten, davon ...

Unternehmer (N = 177)
- Alkohol: 88
- Illegale Drogen: 21
- Spiel-/Internetsucht: 15
- Medikamente: 6

32 % der Mitarbeiter berichteten von Auffälligkeiten, davon ...

Mitarbeiter (N = 80)
- Alkohol: 92
- Illegale Drogen: 24
- Spiel-/Internetsucht: 8
- Medikamente: 0

Fehlzeiten-Report 2013

◘ **Abb. 23.3** Beobachtete Auffälligkeiten im Zusammenhang mit Suchtmitteln

Mit den Experten wurde über das Thema Medikamente ausführlich diskutiert. Hierbei stellte sich heraus, dass es schwierig ist, Medikamentenmissbrauch im Betrieb zu erfassen: Während Alkoholmissbrauch für Vorgesetzte und Kollegen eher sichtbar wird, fällt Medikamentenkonsum – da geruchsneutral und oft ohne sichtbare körperliche Auswirkungen – nicht auf. Damit ist auch begründbar, dass die Anzahl an beobachteten Auffälligkeiten mit diesem Suchtmittel – trotz der empirisch belegbaren Zunahme – so gering ist (DAK 2009).

23.3.4 Der Einzelfall entscheidet – hemmende und fördernde Faktoren

Erkenntnisse zu der Frage, was Unternehmen bewegt, suchtpräventiv zu agieren, konnten über die durchgeführten Experteninterviews gewonnen werden. Übereinstimmend äußerten die Experten der verschiedenen institutionellen Bereiche, dass erst ein akuter Fall auftreten müsse, bevor sich ein Unternehmen mit dem Thema befasse. Konnte ein Einzelfall gelöst werden, seien sie eher bereit, auch vorsorglich Maßnahmen zur Gesunderhaltung ihrer Beschäftigten zu treffen. Auch die Betroffenheit aus dem privaten Umfeld könne Unternehmer für das Thema sensibilisieren. Allgemein geben die befragten Experten an, dass die Sensibilisierung und Motivation von Unternehmern und Führungskräften ein wesentliches förderndes Moment für die Initiierung von Präventionsmaßnahmen sei.

Auf die Beobachtung, dass kleine Unternehmen generell eher problemlösungsorientiert als strategieorientiert agieren, trifft das RKW in seinem Beratungsalltag immer wieder. Der Druck des »Tagesgeschäfts« ist oft sehr hoch, die unmittelbaren betriebswirtschaftlichen Anforderungen stehen im Vordergrund und die Planungshorizonte sind begrenzt, sodass die Verantwortlichen Konzepte der Personalentwicklung oder Gesundheitsförderung als zwar wünschenswert, aber nicht realistisch einschätzen.

Dass die Sensibilität für die Bedeutung des Themas häufig fehlt, zeigen auch die Angaben der für die Expertise befragten Unternehmer und Mitarbeiter. Sowohl die Unternehmer als auch die Mitarbeiter geben als wichtigste Hemmnisse an, dass im Betrieb – auch bedingt durch die kleine Betriebsgröße – keine Probleme existierten (◘ Abb. 23.4). Deutlich nachgelagert folgen die weiteren als Antwortmöglichkeit vorgegebenen Gründe. Kontrastierend dazu schätzen die befragten Experten, ein wesentliches Hemmnis für Beschäftigung mit dem Thema sei, dass Unternehmer und Führungskräfte bezüglich sinnvoller Maßnahmen und Vorgehensweisen unsicher seien sowie ein Mangel an externen Ansprechpartnern herrsche.

Die 13 Unternehmen, die Suchtprävention durchführen, nennen als Gründe vorrangig das Bemühen, »Rückfälle zu vermeiden« oder die »Wahrnehmung sozialer Verantwortung«. Aufgrund der geringen Anzahl an befragten Unternehmen, die auf dem Gebiet aktiv sind, sind hier keine verlässlichen Aussagen möglich.

Es wurde außerdem danach gefragt, ob das Thema Sucht stärker aufgegriffen werden sollte (◘ Abb. 23.5). Hier weichen die Aussagen der Unternehmer – die es überwiegend als nicht nötig erachten, das Thema stärker aufzugreifen – von den Aussagen der Mitarbeiter

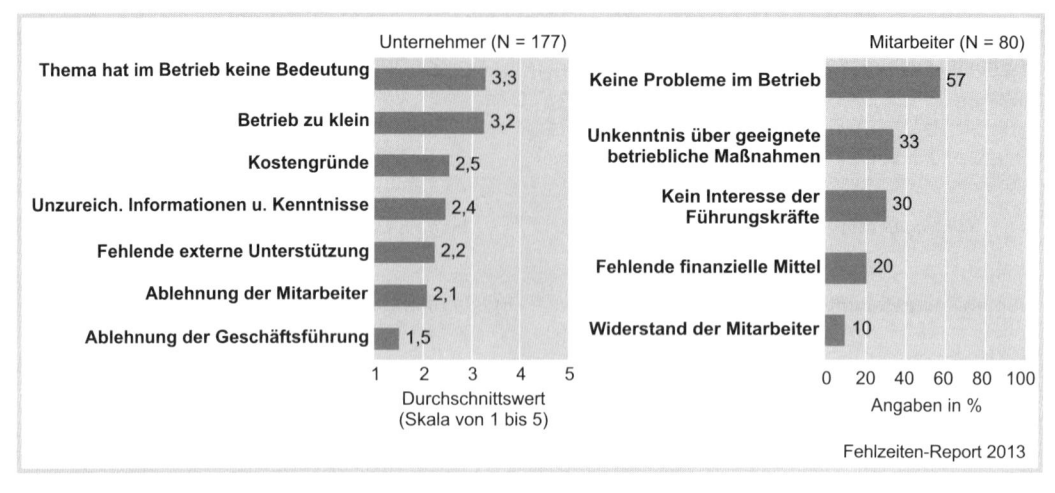

Abb. 23.4 Hemmnisse für betriebliche Suchtprävention in KKU

ab, die sich auf der gesamten Skalenbreite verteilen. Das Interesse der Mitarbeiter ist demnach höher als das der Unternehmer oder Führungskräfte. Auch Experten kommen deshalb zu der Einschätzung, dass ein erfolgversprechender Transfer dieses Themas in Unternehmen von »unten nach oben« erfolgen könnte, das heißt, über die Mitarbeiter in die Unternehmen transportiert werden kann. Betrachtet man die Transferwege und die Umsetzung von gesundheitsbezogenen Themen in größeren Unternehmen, zeigt sich, dass insbesondere im Bereich des Arbeits- und Gesundheitsschutzes, der betrieblichen Eingliederung und der Suchtprävention die Vertretungen der Beschäftigten einen bedeutsamen Einfluss haben. Da Betriebsräte und Gewerkschaften in Unternehmen des hier untersuchten Größenbereichs eine marginale Rolle spielen, müssen jedoch neue Wege erschlossen werden, wie Mitarbeiter über betriebliche Präventionsthemen informiert und dafür interessiert werden können.

23.4 Empfehlungen

Die Experten schätzen insbesondere zwei Maßnahmen(-bereiche) als sinnvoll ein, um auch in Kleinst- und Kleinunternehmen das Thema Suchtprävention stärker zu implementieren. Dazu zählt die Sensibilisierung von Unternehmern und Führungskräften, da diese in den Unternehmen die Entscheidung treffen müssen, sich mit dem Thema zu befassen. Zum Zweiten geben rechtliche Rahmenbedingungen, wie die Arbeitsstättenverordnung mit dem Nichtraucherschutz oder die Vorschriften der Berufsgenossenschaften, den Unternehmen einen regulativen Rahmen vor, in dem sie sich mit dem Thema auseinander setzen müssen.

Auf Basis der quantitativen Befragungsergebnisse und der qualitativen Experteninterviews wurden in Abstimmung mit den Experten Empfehlungen entwickelt. Dabei wurden fünf Strategien thematisiert:
1. Einbindung von Suchtprävention in das betriebliche Gesundheits- oder Qualitätsmanagement und Vernetzung der Träger der Suchtprävention mit diesen betrieblichen und überbetrieblichen Akteuren
2. Entwicklung von praxisgerechten und einfach zugänglichen Informations- und Handlungshilfen

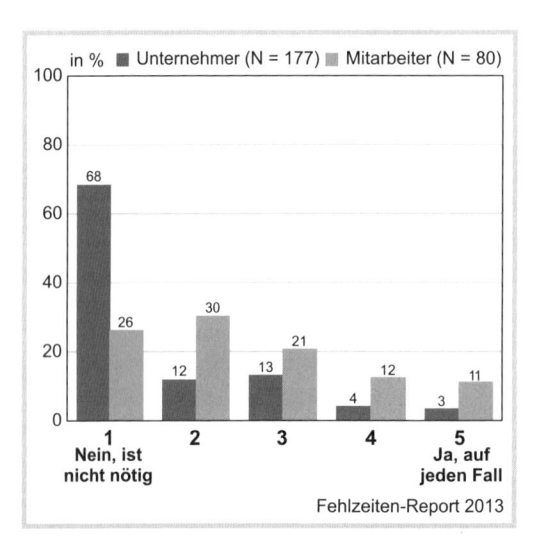

Abb. 23.5 Antworten auf die Frage, ob das Thema Sucht im Betrieb stärker aufgegriffen werden soll

zur individuellen und betrieblichen Suchtprävention für Führungskräfte, (Sicherheits-)Beauftragte und Beschäftigte in KKU
3. Entwicklung von überbetrieblichen, kooperativen Informations-, Ausbildungs- und Transferstrategien, um KKU zu erreichen
4. Diskussion von an Strukturen ansetzenden Suchtpräventionskonzepten und Auslotung der Potenziale von institutionenübergreifenden Netzwerken
5. Stärkung der öffentlichen und betrieblichen Aufmerksamkeit durch Fokussierung des Informationsangebots zur betrieblichen Suchtprävention, gezielte Nutzung vorhandener fachlicher Ressourcen zur Suchtprävention

Zu 1: Die **Einbettung des Themas Suchtprävention** in die o. g. betrieblichen Ansätze ist eine Möglichkeit, um erstens die bereits genannten Kommunikationsbarrieren des »ungeliebten« Themas Sucht zu überwinden und um zweitens die Chance zu nutzen, Suchtprävention in nachhaltige und umfassendere betriebliche Präventionsansätze zu integrieren. Auf diese Weise könnten auch wichtige thematische Ansatzpunkte, wie psychische Belastungen oder Erkrankungen, für die primäre Prävention genutzt werden. Dabei bietet es sich an, das Thema Sucht z. B. in Gefährdungsbeurteilungen oder betriebliche Präventionsprogramme der gesetzlichen Krankenversicherung oder der Berufsgenossenschaften zu integrieren. Die Verknüpfung mit anderen Themen kann dem tabuisierten Thema Sucht zu mehr Attraktivität im Betrieb verhelfen.

Zu 2: Bei der Bearbeitung der Expertise wurde festgestellt, dass es viele Informationsangebote zum Thema Sucht gibt. KKU finden ihre Realität jedoch in den derzeit vorliegenden Leitfäden, Handlungshilfen und Broschüren nicht wieder. Die Veröffentlichungen geben reichhaltige Informationen zum missbräuchlichen Umgang mit Suchtmitteln und zu den Auswirkungen verschiedener Substanzen auf die Gesundheit. Solche Informationen sind für betriebliche Akteure in KKU sicherlich hilfreich, bieten aber nur wenig Handlungsanleitung. Auch die Beschäftigten finden kaum konkrete Ansatzpunkte zu Fragen wie »Was mache ich, wenn der Kollege alkoholisiert arbeitet oder der Auszubildende ›auffällig‹ ist?« Daher sollten insbesondere zielgruppenspezifische, aber auch zielgruppenübergreifende, gut lesbare **regionale Wegweiser für Unternehmen und Multiplikatoren** mit konkreten Lösungsvorschlägen entwickelt werden (Checklisten, Faltblätter, Unterweisungsvorschläge, Adressen etc.).

Zu 3: Dies leitet auch zur nächsten Empfehlung über, **neue Kooperations- und Transferstrategien** zu entwickeln, um KKU zu erreichen: Es hat sich gezeigt, dass es verschiedene Möglichkeiten gibt, Suchtprävention auf überbetrieblicher Ebene anzusprechen. Dies sollte jedoch auf die jeweiligen Branchen- und regionalen Rahmenbedingungen abgestimmt werden. Als zukunftsfähiger Ansatz hat sich die Implementierung von Modulen zur »Suchtprävention« in Ausbildungs- und Qualifizierungsmaßnahmen für Führungskräfte, Auszubildende, Beschäftigte und Multiplikatoren erwiesen. Solche strategischen Ansätze gibt es derzeit jedoch nur sehr rudimentär. Experten sehen es als zielführend an, sie im Rahmen der Erstausbildung (z. B. Berufsschulen, Weiterbildungszentren) und der betrieblichen Fort- und Weiterbildung (Meister, Ausbilder etc.) einzusetzen oder Präventionsthemen systematisch in die Qualifikationsmaßnahmen der Berufsgenossenschaften für Unternehmen, Sicherheitsbeauftragte etc. zu integrieren.

Zu 4: Insgesamt sollte über neue **strukturelle Präventionsansätze** nachgedacht werden. Erfolgreiche Beispiele sind hier die Arbeitsstättenverordnung, die Betriebssicherheitsverordnung oder das Rauchverbot in öffentlichen Gebäuden, Gaststätten etc. Die Vorgaben der Straßenverkehrsordnung wirken auch limitierend auf den Alkoholkonsum im Betrieb. In diesem Rahmen sollten auch die Akteure im Bereich des Arbeitsschutzes, der betrieblichen Gesundheitsförderung und der betrieblichen Suchtprävention über eine verbesserte Vernetzung und gemeinsame Angebote diskutieren.

Zu 5: Abschließend muss das Ziel neuer Konzepte im Bereich betrieblicher Suchtprävention sein, das Thema besser zu vermarkten und zu enttabuisieren. So hat auch die Befragung der Unternehmer und Mitarbeiter im Rahmen dieser Expertise gezeigt, dass es eine Hemmschwelle gibt, sich mit dem Thema zu befassen. Daher ist es notwendig, **die öffentliche und betriebliche Aufmerksamkeit zu stärken**. Als geeignete Maßnahmen werden hier insbesondere die stärkere Verbreitung von betrieblichen Good-Practice-Beispielen und die Verknüpfung des Themas Sucht in der Öffentlichkeit mit positiv besetzten Themen wie Gesundheitsförderung angesehen.

23.5 Fazit

In den verschiedenen Erhebungen dieser Expertise wurde die im Vorfeld bestehende Annahme bestätigt, dass betriebliche Suchtprävention in Kleinst- und Kleinunternehmen kaum eine Rolle spielt. Es zeigte sich aber auch, dass die Institutionen des staatlichen Arbeits- und Gesundheitsschutzes, der Krankenkassen, der Interessenvertretungen der Beschäftigten oder der Suchthilfe über verschiedene Ansatzpunkte und über gute betriebliche Handlungshilfen zur Suchtprävention verfügen. Diese sollten aber stärker an die Bedarfe und Nutzungsgewohnheiten von KKU angepasst werden. Zudem ist es notwendig, die überbetrieblichen Akteure in diesem Handlungsfeld wirksamer zu vernetzen.

Literatur

Beck D (2011) Zeitgemäße Gesundheitspolitik in Klein- und Kleinstunternehmen. Hemmende und fördernde Bedingungen. Edition sigma, Berlin

BKK Bundesverband (2012) Gesundheitsreport. Gesundheit fördern – Krankheit versorgen – mit Krankheit leben. Essen

DAK (2009) Gesundheitsreport. Hamburg

Deutsche Hauptstelle für Suchtfragen (DHS) (1989) Suchtprobleme am Arbeitsplatz. Erfahrungen, Konzepte, Hilfen. Hoheneck, Hamm

Die Drogenbeauftragte der Bundesregierung (2011) Betriebliche Suchtprävention ist eine wichtige Investition in die Gesundheit suchtgefährdeter und suchtkranker Beschäftigter http://drogenbeauftragte.de/drogen-und-sucht/suchtstoffuebergreifende-themen/betriebliche-suchtpraevention.html. Gesehen 18 Apr 2013

Gröben F, Bös K (1999) Praxis betrieblicher Gesundheitsförderung. Maßnahmen und Erfahrungen – ein Querschnitt. edition Sigma, Berlin

Hübner B, Amann S, Freigang-Bauer I et al (2010) Analyse des Beratungsbedarfs betrieblicher Akteure und der verfügbaren Beratungsstrukturen im Themenbereich BGF – Befunde einer 3-stufigen Erhebung in Hessen. In: Kirch W, Middeke M, Rychlik R (Hrsg) Aspekte der Prävention. Ausgewählte Beiträge des 3. Nationalen Präventionskongresses, Dresden, 27. bis 28. November 2009. Thieme, Stuttgart, S 202–214

Leuchter K (2011) Suchtarbeit im (Klein-)Betrieb erfordert ein gutes Netzwerk. In: Giesert M, Wendt-Danigel C (Hrsg) Doping am Arbeitsplatz. Problembewältigung und Leistungssteigerung um jeden Preis? Hamburg, S 143–147

Lorenzl U et al (2008) Abschlussbericht: Suchtprävention für Klein- und Mittelbetriebe in der EuRegio Salzburg – Berchtesgadener Land – Traunstein. Projekt 1252/III, 1. Berichtszeitraum: 01.01.2006 bis 31.12.2007

Maul D (1979) Alkohol am Arbeitsplatz. Neuland, München

Rehwald R, Reineke G, Wienemann E, Zinke E (2012) Betriebliche Suchtprävention und Suchthilfe. Handbuch der IG Metall, Frankfurt am Main (2. Auflage)

Robert Koch-Institut (2008) Alkoholkonsum und alkoholbezogene Störungen. Berlin

Rummel M, Rainer L, Fuchs R (2004) Alkohol im Unternehmen. Prävention und Intervention. Reihe Praxis der Personalpsychologie. Hogrefe, Göttingen

Sczesny C, Keindorf S, Droß P (2011) Kenntnisstand von Unternehmen auf dem Gebiet des Arbeits- und Gesundheitsschutzes in KMU. Ergebnisse einer repräsentativen Befragung von Inhaber/innen / Geschäftsführer/innen in Klein- und Kleinstunternehmen. Dortmund, Berlin, Dresden

Springer A (1993) Alkoholismus am Arbeitsplatz – ökonomische und gesundheitspolitische Bedeutung der betrieblichen Früherkennung. Wiener Zeitschrift für Suchtforschung (16)1:5–9

Wienemann E, Müller P (2005) Standards der Alkohol-, Tabak-, Drogen- und Medikamentenprävention in deutschen Unternehmen und Verwaltungen. Expertise für die Deutsche Hauptstelle für Suchtfragen eV, Hannover

Betriebliche Tabakprävention für Beschäftigte in der Gastronomie – Im Spannungsfeld zwischen öffentlicher und betrieblicher Gesundheit

B. Greiner

B. Badura et al. (Hrsg.) *Fehlzeiten-Report 2013*,
DOI 10.1007/978-3-642-37117-2_24, © Springer Verlag Berlin Heidelberg 2013

Zusammenfassung *Beschäftigte im Gastronomiebereich sind in besonderem Maße den Risiken des Passivrauchens am Arbeitsplatz ausgesetzt und außerdem eine Berufsgruppe mit hohen aktiven Raucherraten. Diese Gruppe trägt daher ein hohes Risiko, das es im Rahmen der betrieblichen Gesundheitsförderung zu berücksichtigen gilt. Durch die international kontrovers geführte Debatte um die Einführung gesetzlicher Rauchverbote in der Gastronomie ist die betriebliche Tabakprävention in dieser Branche zum Politikum geworden. In diesem Beitrag werden die internationalen wissenschaftlichen Ergebnisse zur Wirksamkeit gesetzlicher Rauchverbote diskutiert und Tabakprävention im Zusammenhang mit psychischen Belastungen am Arbeitsplatz dargestellt. Insbesondere in der Gastronomiebranche fließen betriebliche Gesundheitsförderung und die Gesundheitsförderung der allgemeinen Bevölkerung zusammen. Kneipen und Restaurants stellen soziale Räume für Beschäftigte und für die Bevölkerung dar, in denen soziale Normen über das Rauchen geprägt und entweder verstärkt oder »denormalisiert« werden können. Insbesondere die Gastronomiebranche kann durch gezielte Initiativen Impulse zu einer »Denormalisierung« des Rauchens setzen, die Beschäftigte in diesem Bereich und auch Teile der Bevölkerung erreichen.*

24.1 Passivrauchen und gesundheitliche Risiken für Arbeitnehmer

Die gesundheitlichen Risiken des aktiven Rauchens sind unumstritten. Der Tabakkonsum ist der wichtigste vermeidbare Risikofaktor für Mortalität in industrialisierten Staaten. Die Weltgesundheitsorganisation schätzt, dass jedes Jahr mehr als 5 Millionen Menschen durch Rauchen sterben, davon 600.000 allein durch Passivrauchen (Öberg et al. 2010). Auch betriebswirtschaftlich ist das Rauchen von Bedeutung. Es ist wissenschaftlich belegt, dass die gesundheitlichen Folgen des aktiven Rauchens mit erhöhten betriebliche Fehlzeiten und Kosten für Betriebe einhergehen. So zeigt eine Metaanalyse, die 29 hochwertige epidemiologische Untersuchungen aus dem englischsprachigen Raum zusammenfasst, dass Raucher im Vergleich mit Nichtrauchern im Durchschnitt 2,7 zusätzliche Fehltage am Arbeitsplatz aufweisen (Weng et al. 2013).

In den letzten Jahren sind die gesundheitlichen Folgen des Passivrauchens in der öffentlichen Diskussion mehr in den Vordergrund gerückt, insbesondere die gesundheitlichen Folgen für Nichtraucher am Arbeitsplatz. Passivrauchen ist keine Bagatelle und kann generell zu denselben gesundheitlichen Folgeschäden führen wie aktives Rauchen, z. B. zu einem erhöhten Erkrankungsrisiko für Herz-Kreislauf-Erkrankungen, Herzinfarkte, Schlaganfall, chronische Erkrankungen der Atemorgane, Lungenkrebs, aber auch andere Krebsarten. Der renommierte U. S. Surgeon General Report von 2006 über Passivrauchen kam zu dem Schluss, dass es keine risikofreie Konzentration beim Passivrauchen gibt und schon kleinere Konzentrationen in der Luft gesundheitsschädlich sein können (U. S. Department of Health and Human Services 2006).

Es sind allerdings nicht nur die gesundheitlichen Langzeitfolgen, sondern gerade auch die gesundheitlichen Kurzzeitfolgen des Passivrauchens, die aus Kostengründen für Betriebe von Bedeutung sind: Es erhöht nicht nur das Risiko für langfristig entstehende Herz-Kreislauf-Erkrankungen und Krebs, sondern auch für »Allerweltsbeschwerden« der Atemwegsorgane und Erkältungskrankheiten, eine der häufigsten Ursachen für Kurzzeit-Fehlzeiten (Badura et al. 2012). Inzwischen belegen einige Studien, dass auch Passivrauchen Kosten durch erhöhte Fehlzeiten im Betrieb verursachen kann (Tsai et al. 2005). So zeigt eine große Bevölkerungsstudie aus Hongkong, dass Nichtraucher, die im Büro dem Passivrauch ausgesetzt waren, signifikant höhere krankheitsbedingte Fehlzeiten, einen höheren Arzneimittelverbrauch und mehr Arztbesuche aufgrund von Atemwegserkrankungen aufwiesen (McGhee et al. 2000). Eine weitere Untersuchung mit Nichtrauchern kam zu dem Schluss, dass Passivraucher am Arbeitsplatz doppelt so hohe Absenzraten hatten wie Nicht-Betroffene. Unterschiede zeigten sich vor allem bei den Atemwegserkrankungen mit signifikant höheren Raten für chronischen Husten, chronischen Hustenauswurf, Atemnot und Erkältungen (White et al. 1991).

Damit ist es für eine umfassende Tabakprävention am Arbeitsplatz notwendig, nicht nur Angebote zur Raucherentwöhnung zu schaffen, sondern auch einen aktiven Nichtraucherschutz im Betrieb zu betreiben (Goecke-Alexandris 2010). Derartige Angebote könnten immerhin 43,5 Millionen erwerbstätige Raucher und Nichtraucher in Deutschland erreichen (Statistisches Bundesamt 2011a).

24.2 Beschäftigte in der Gastronomie als besonders betroffene Gruppe

Nicht alle Berufsgruppen sind gleichermaßen von der Umweltbelastung durch Tabak bei der Arbeit betroffen. Insbesondere Beschäftigte im Gaststättenbereich sind sehr hohen Konzentrationen von Passivrauch am Arbeitsplatz ausgesetzt oder waren es, bevor betriebliche Rauchverbote eingeführt wurden (Dimich-Ward et al. 1997; Jarvis et al. 1992; Lawhorn et al. 2012; Siegel u. Skeer 2003). Die in den diversen Studien aufgezeigten Belastungen waren teilweise beträchtlich. Nichtraucher in dieser Branche wiesen Nikotinwerte auf, die denen von aktiven Rauchern vergleichbar waren (Dimich-Ward et al. 1997). Ein Report der Deutschen Gesetzlichen Unfallversicherung zum Passivrauchen kommt zu dem Schluss, dass insbesondere in Gastronomiebetrieben, in denen ein ungünstiges Verhältnis der Anzahl von Rauchern zur Raumgröße herrscht, z. B. in Diskotheken oder kleineren Kneipen, die Tabakbelastung in der Raumluft extrem hoch werden kann (Breuer et al. 2011).

Interessanterweise weisen Beschäftigte im Gaststättengewerbe nicht nur hohe Belastungen durch das Passivrauchen auf, sie sind auch eine Berufsgruppe mit sehr hohen aktiven Raucherraten, wie internationale Studien zeigen. Jones et al. (2001) berichteten von einer Raucherrate von 40 Prozent in Neuseeland, Bang (2001) fand eine Raucherprävalenz von 45 Prozent beim Servierpersonal und eine Rate von 39 Prozent bei Beschäftigten in Gaststätten und Kneipen. Barkeeper, Barmanager und Barbesitzer in einer Zufallsstichprobe von irischen Pubs wiesen vor Einführung des nationalen Rauchverbots am Arbeitsplatz eine Raucherrate von 54 Prozent auf, die sogar 58 Prozent betrug, wenn die Fragebogenangaben zum Raucherstatus mit Cotenin-werten validiert wurden. Diese Rate war mehr als doppelt so hoch wie die Raucherraten in den entsprechenden sozialen Schichten in der Allgemeinbevölkerung (Mullally et al. 2008). Die Unterschiede konnten nicht auf eine spezielle Alters- und Geschlechtsverteilung bei Gastronomiebeschäftigten zurückgeführt werden, da die Raten für diese Effekte statistisch bereinigt waren.

Durch hohe Passiv- und Aktivrauchraten sind Beschäftigte im Gaststättenbereich eine Hochrisiko-Gruppe, die es für die Raucherentwöhnung und den Nichtraucherschutz zu gewinnen gilt. Das Gesundheitsrisiko betrifft insbesondere Personen, die viel Publikumskontakt während der Arbeit haben und in Bars, Diskotheken, Kneipen und Restaurants ohne Tabakregelungen arbeiten. Gastronomiebeschäftigte sind keine kleine Randgruppe in Deutschland, denn immerhin sind über eine Million der deutschen Arbeitnehmer in diesem Bereich beschäftigt (Statistisches Bundesamt 2011b)

24.3 Betriebliche Tabakprävention durch Rauchverbote in der Gastronomie?

International haben sich die Gesetzgeber vieler Staaten dazu entschlossen, den Nichtraucherschutz am Arbeitsplatz durch eine nationale Public-Health-Gesetzgebung, d. h. das Verbot des Rauchens am Arbeitsplatz zu regeln und diese Verantwortung nicht den einzelnen Betrieben zu überlassen. In den letzten Jahren ist jedoch international eine heftige Kontroverse über strikte, ausnahmslose Rauchverbote in der Gastronomie ausgebrochen, die den betrieblichen Nichtraucherschutz in der Gastronomie zu einem Politikum machen.

Staaten, die durch gesetzliche Regelung das Rauchen in Gaststätten, Bars und Restaurants ohne Ausnahme verbieten, sind z. B. Irland, Belgien, Brasilien, Finnland und Großbritannien. Andere Länder haben nationale Gesetze, erlauben allerdings spezielle Raucherräume in der Gastronomie unter strikten Auflagen

(Dänemark, Frankreich, Italien) oder binden das Rauchverbot an die Größe der Gaststätte (Österreich). In Deutschland gelten in allen Bundesländern Nichtraucherschutzgesetze, allerdings kann jedes Bundesland für sich entscheiden, wie das allgemeine Rauchverbot in Gaststätten umgesetzt wird. Somit gehören Gastronomiearbeiter in Deutschland zu einer der wenigen Berufsgruppen, die keinem einheitlichen Nichtraucherschutz bei der Arbeit unterliegen.

24.4 Epidemiologische Studien zur Wirksamkeit von Arbeitsplatz-Rauchverboten im Gaststättengewerbe

Inzwischen belegen einige internationale Untersuchungen, dass Rauchverbote tatsächlich das Ziel erreicht haben, nichtrauchende Arbeitnehmer in der Gastronomie vor den Balastungen des Passivrauchens zu schützen. Es liegen eine Reihe von Untersuchungen in Bars, Restaurants und Kneipen vor, die die Konzentration von Komponenten des Tabakrauchs in der Raumluft am Arbeitsplatz vor und nach der Einführung von Rauchverboten messen. Weitere Studien bestimmen die Konzentrationen von Tabak-Abbauprodukten im menschlichen Körper. Die gemessenen Werte weisen international einheitlich in die gleiche Richtung: Die Belastungen am Arbeitsplatz konnten durch Rauchverbote deutlich gesenkt werden (Bondy et al. 2009; Mulcahy et al. 2005; Semple et al. 2007).

Internationale Studien zeigen auch einheitlich, dass sich die Gesundheit von Nichtrauchern unter Bar- und Restaurantarbeitern nach Einführung der Regelungen verbessert hat, was insbesondere die Symptome von Atemwegserkrankungen betrifft (Allwright et al. 2005; Ayres et al. 2009; Goodman et al. 2007; Hahn et al. 2006). Es ist auch dokumentiert, dass die Einführung von Rauchverboten in Bars bei den dort arbeitenden Rauchern zumindest kurzfristig dazu führte, dass diese ihren Zigarettenkonsum reduzierten und sogar die Raucherprävalenz gesenkt werden konnte (Braverman et al. 2008; Mullally et al. 2009).

In den meisten Staaten wurden die flächendeckenden Rauchverbote am Arbeitsplatz zum Schutz nichtrauchender Arbeitnehmer eingeführt, jedoch wurden auch Effekte für die Gesundheit und die Raucherraten der Allgemeinbevölkerung erwartet. In vielen Ländern wurde tatsächlich einheitlich ein Rückgang von Atemwegserkrankungen dokumentiert und es wurde konsistent ein Rückgang von Krankenhauseinweisungen aufgrund von Herzinfarkten festgestellt. Ein verstärkter Rückgang der aktiven Raucherraten in der Allgemeinbevölkerung nach Einführung von Nichtraucherschutzgesetzgebung ist für einige, aber nicht für alle Länder dokumentiert und es ist bisher ungeklärt, wie nachhaltig diese Effekte sind (Callinan et al. 2010).

24.5 Arbeitsbedingungen von Beschäftigten in Gaststätten

Neben den hohen Belastungen durch Umweltrauch sind die hohen aktiven Raucherraten von Beschäftigten im Gaststättengewerbe von Bedeutung. Bisher ist nicht klar dokumentiert, warum gerade in dieser Branche so stark geraucht wird. Es ist möglich, dass dieser Beschäftigungssektor Raucher selektiv anzieht. Eine weitere plausible Erklärung ist, dass die spezifischen Arbeitsbedingungen im Gaststättengewerbe das Rauchen begünstigen und/oder das Aufgeben des Tabakkonsums erschweren.

So sind es die sozialen Normen und die Arbeitskultur, die bei einigen Berufsgruppen zum Tabakkonsum während der Arbeit geradezu ermutigen. Hierzu liegen interessante Studien mit qualitativer Methodik an Beschäftigten in Bars und Kneipen vor, in denen die Betroffenen beschreiben, dass für sie der Tabakkonsum untrennbar zur Pubkultur gehöre, dass Rauchverbote soziale Kontakte erschwerten und dass Passivrauchen eine Umweltbelastung sei, die es in diesem Beruf zu tolerieren gilt (Francis et al. 2000; Hilton et al. 2007; Öberg et al. 2010). Selbst wenn Rauchverbote bestehen, scheint es in dieser speziellen Arbeitskultur nicht immer einfach zu sein, diese auch wirksam umzusetzen. So berichteten Forscher einer Beobachtungsuntersuchung in kalifornischen Bars, dass in 82 Prozent der Bars trotz Verbots geraucht wurde. In Interviews gaben die Beschäftigten an, dass Rauchen ein essentieller Teil der Kommunikation und des geselligen Beisammenseins bilde. Unterstützt durch die Organisationskultur »Customer first« scheuten die Beschäftigten sich, Rauchverbotsüberschreitungen anzusprechen, sodass die Regelung letztendlich nicht griff (Antin et al. 2010). Kneipen und Restaurants stellen soziale Räume für Beschäftigte, aber auch für die Allgemeinbevölkerung dar, in denen soziale Normen über das Rauchen geprägt und entweder verstärkt oder »denormalisiert« werden.

Von der Perspektive einer effektiven betrieblichen Gesundheitsförderung sind stressrelevante Arbeitsbedingungen in der Gastronomie zu berücksichtigen. Aktives Rauchen wird oft im Zusammenhang mit Entspannung und Bewältigung von stressigen Arbeitsbedingungen erwähnt. Die wenigen Untersuchungen zu stressrelevanten Arbeitsbedingungen im Gastronomiebereich zeigen insbesondere Stressfaktoren wie ungünstige Arbeitszeit, hoher Arbeitsdruck und Arbeitsspitzen sowie häufige Unterbrechungen bei der Arbeit und soziale Stressoren. Schwer planbarer Arbeitsanfall, lange und späte Arbeitszeiten mit häufigen Überstunden und hohe körperliche und psychische Beanspruchungen wurden als Hauptbelastungen von Auszubildenden im Gaststättenbereich beschrieben (Guhlemann u. Georg 2011). Auch andere Untersuchungen berichten von Belastungen, die sich durch hohe emotionale Inanspruchnahme in dieser kunden- und serviceorientierten Branche auszeichnen, etwa durch überanspruchsvolle, agressive oder gewalttätige Kunden (Ross 1995). Gewalt am Arbeitsplatz ist insbesondere bei Beschäftigten in Bars ein Problem. Nach Analyse offizieller Unfallstatistiken in Finnland kamen Hintikka und Saarela (2010) zu dem Schluss, dass Barbeiter zu den Berufsgruppen mit den höchsten durch Gewalt am Arbeitsplatz verursachten Unfallraten gehörten. Eine weitere finnische Studie über *Bullying* am Arbeitsplatz, in der unterschiedliche Branchen verglichen wurden, kam zu dem Ergebnis, dass Beschäftigte im Hotel- und Restaurantbereich vergleichsweise häufiger Schikanierungen am Arbeitsplatz ausgesetzt waren als andere Berufsgruppen (Einarsen u. Skogstad 1996); vor allem junge Arbeitnehmer sind hiervon betroffen (Mathisen et al. 2008).

Die Hohen Aufsichtsbeamten im Arbeitsschutz der EU (SLIC) initiierten 2012 eine europaweite Kampagne zu psychischen Belastungen in der Arbeit, mit besonderem Schwerpunkt auf den Bereichen Gastronomie, Gesundheitswesen und Transport (European Agency for Safety and Health at Work 2012; Universität Konstanz 2012). Die deutschen Arbeitsschutzbehörden befassten sich schwerpunktmäßig mit den psychischen Belastungen in Hotels und Gaststätten. Informationsmaterialien und ein Interviewleitfaden zur Ermittlung und Beurteilung des psychosozialen Arbeitsumfeldes sind erhältlich unter http://www.av.se/slic2012/german.aspx.

24.6 Diskussion

Betriebliche Tabakprävention ist ein wichtiges Handlungsfeld der Suchtprävention. Die Arbeitswelt kann entscheidende Impulse für gesamtgesellschaftliche Veränderungen setzen. Dies gilt insbesondere für Branchen mit hohem Publikumskontakt, wie es im Gaststättengewerbe der Fall ist. So hat die Gastronomie einen besonderen Stellenwert in diesem Kontext, da soziale Normen und Kulturen des Rauchens in Bars, Kneipen und Restaurants perpetuiert oder auch »de-normalisiert« werden können. Letztendlich sind in keiner Branche betriebliche Rauchverbote öffentlich so kontrovers diskutiert worden wie für den Gastronomiebereich. Für eine umfassende Tabakprävention ist es sinnvoll, Public-Health-Ansätze (mit einem Blick auf die Gesundheit der Allgemeinbevölkerung) mit Ansätzen der betrieblichen Gesundheitsförderung (mit einem Blick auf die Beschäftigten im Gastronomiebereich) zu verknüpfen.

Betriebliche Rauchverbote in der Gastronomie haben sich international bewährt, insbesondere um Nichtraucher vor den Risiken des Passivrauchens zu schützen; sie sind allerdings für die Raucherentwöhnung von aktiven Rauchern nur begrenzt erfolgreich. Derartige Tabakregelungen bieten jedoch eine gute Ausgangsgrundlage, um darauf im Rahmen der betrieblichen Gesundheitsförderung weitere aktive Präventionsmaßnahmen aufzubauen.

Die europäische Initiative zum Abbau von psychosozialen Belastungen am Arbeitsplatz, die sich u. a. auf den Gastronomiebereich konzentriert, ist sehr zu begrüßen. Die in der Initiative entwickelten Programme zum Belastungsabbau könnten mit Prinzipien der betrieblichen Gesundheitsförderung durch Organisationsentwicklung kombiniert werden, um die Gesundheit der Beschäftigten in dieser Branche zu fördern und insbesondere eine effektive betriebliche Tabakprävention zu betreiben. Allerdings gibt es international nur sehr wenige wissenschaftliche Untersuchungen, die die spezifischen psychozialen und körperlichen Belastungen in der Gastronomie identifizieren und Zusammenhänge mit Rauchen und anderen gesundheitlichen Auswirkungen belegen. Weitere Forschung mit Beschäftigten dieser Branche wären von Vorteil, um eine wissenschaftliche Basis für gezielte gesundheitsförderliche Initiativen im Gastronomiebereich zu schaffen.

Literatur

Allwright S, Paul G, Greiner B, Mullally BJ et al (2005) Legislation for smoke-free workplaces and health of bar workers in Ireland: before and after study. British Medical Journal 331 (7525):1117

Antin T J, Moore R, Lee J et al (2010) Law in Practice: Obstacles to a Smokefree Workplace Policy in Bars Serving Asian Patrons. Journal of Immigrant and Minority Health 12 (2):221–227

Ayres JG, Semple S, MacCalman L et al (2009) Bar workers' health and environmental tobacco smoke exposure (BHETSE): symptomatic improvement in bar staff following smoke-free legislation in Scotland. Occupational and Environmental Medicine 66 (5):339–346

Literatur

Badura B, Ducki A, Schröder H et al (2012) Krankheitsbedingte Fehlzeiten in der deutschen Wirtschaft im Jahr 2011. Fehlzeiten-Report 2012. Springer, Berlin Heidelberg, S 291–467

Bang, K, Kim, J (2001) Prevalence of cigarette smoking by occupation and industry in the United States. American Journal of Industrial Medicine, 40:233–239.

Bondy SJ, Zhang B, Kreiger N et al (2009) Impact of an Indoor Smoking Ban on Bar Workers' Exposure to Secondhand Smoke. Journal of Occupational and Environmental Medicine 51 (5):612–619

Braverman MT, Aars LE, Hetland J (2008) Changes in smoking among restaurant and bar employees following Norway's comprehensive smoking ban. Health Promotion International 23 (1):5–15

Breuer D, Kuehn R, Weigl M et al (2011) Passivrauchen am Arbeitsplatz. Berlin: Institut für Arbeitsschutz der Deutschen Gesetzlichen Unfallversicherung

Callinan J, Clarke A, Doherty K et al (2010) Legislative smoking bans for reducing secondhand smoke exposure, smoking prevalence and tobacco consumption. Cochrane Database of Systematic Reviews, 4

Dimich-Ward H, Gee H et al (1997) Analysis of Nicotine and Cotinine in the Hair of Hospitality Workers Exposed to Environmental Tobacco Smoke. Journal of Occupational and Environmental Medicine 39 (10):946–948

Einarsen SI, Skogstad A (1996) Bullying at work: Epidemiological findings in public and private organizations. European Journal of Work and Organizational Psychology 5 (2):185–201

European Agency for Safety and Health at Work (2012) SLIC Campaign of Psychosocial Risks. Podcast retrieved from https://osha.europa.eu/en/teaser/SLIC-campaign-2012-on-psychosocial-risks. Gesehen 10 Feb 2013

Francis N, Blevin A, Aveyard P (2000) The attitudes of non-smoking bar staff to exposure to environmental tobacco smoke at work. Health Education Journal 59 (3):228–237

Goecke-Alexandris M (2010) Tabakprävention am Arbeitsplatz. Bundesgesundheitsblatt – Gesundheitsforschung – Gesundheitsschutz 53 (2):159–163

Goodman P, Agnew M, McCaffrey et al (2007) Effects of the Irish Smoking Ban on Respiratory Health of Bar Workers and Air Quality in Dublin Pubs. American Journal of Respiratory and Critical Care Medicine 175 (8):840–845

Guhlemann K, Georg A (2011) Die Auswirkung der Arbeit auf Jugendliche in der Gastronomie und deren Lebenswelten. Gesundheitswesen 73 (08/09):A47

Hahn EJ, Rayens MK, York N et al (2006) Effects of a Smoke-Free Law on Hair Nicotine and Respiratory Symptoms of Restaurant and Bar Workers. Journal of Occupational and Environmental Medicine 48 (9):906–913

Hilton S, Semple S, Miller et al (2007) Expectations and changing attitudes of bar workers before and after the implementation of smoke-free legislation in Scotland. BMC Public Health 7 (1):206

Hintikka N, Saarela KL (2010) Accidents at work related to violence: Analysis of Finnish national accident statistics database. Safety Science 48 (4):517–525

Jarvis MJ, Foulds J, Feyerabend C (1992) Exposure to passive smoking among bar staff. British Journal of Addiction 87 (1):111–113

Jones S, Love C, Thomson G et al (2001) Second-hand smoke at work: The exposure, perceptions and attitudes of bar and restaurant workers to environmental tobacco smoke. Australian and New Zealand Journal of Public Health, 25(1):90–93

Lawhorn NA, Lirette DK, Klink JL et al (2012) Workplace Exposure to Secondhand Smoke Among Non-smoking Hospitality Employees. Nicotine & Tobacco Research 15 (2):413–418

Mathisen GE, Einarsen S, Mykletun R (2008) The occurrences and correlates of bullying and harassment in the restaurant sector. Scandinavian Journal of Psychology 49 (1):59–68

McGhee SM, Adab P, Hedley et al (2000) Passive smoking at work: the short-term cost. Journal of Epidemiology and Community Health 54 (9):673–676

Mulcahy M, Evans DS, Hammond et al (2005) Secondhand smoke exposure and risk following the Irish smoking ban: an assessment of salivary cotinine concentrations in hotel workers and air nicotine levels in bars. Tobacco Control 14 (6):384–388

Mullally BJ, Greiner BA, Allwright S et al (2008) Prevalence of smoking among bar workers prior to the Republic of Ireland smokefree workplace legislation. Irish Journal of Medical Science 177 (4):309–316

Mullally BJ, Greiner BA, Allwright S et al (2009) The effect of the Irish smoke-free workplace legislation on smoking among bar workers. The European Journal of Public Health 19 (2):206–211

Öberg M, Jaakkola MS, Prüss-Üstün A et al (2010) Second-hand smoke: Assessing the environmental burden of disease at national and local levels. Geneva: World Health Organisation

Ross GF (1995) Interpersonal Stress Reactions and Service Quality Responses among Hospitality Industry Employees. The Service Industries Journal 15 (3):314–331

Semple S, Maccalman L, Naji AA et al (2007) Bar Workers' Exposure to Second-Hand Smoke: The Effect of Scottish Smoke-Free Legislation on Occupational Exposure. Annals of Occupational Hygiene 51 (7):571–580

Siegel M, Skeer M (2003) Exposure to secondhand smoke and excess lung cancer mortality risk among workers in the 5 B›s: bars, bowling alleys, billiard halls, betting establishments, and bingo parlours. Tobacco Control 12 (3):333–338

Statistisches Bundesamt (2011a) Eckzahlen zum Arbeitsmarkt. https://www.destatis.de/DE/ZahlenFakten/GesamtwirtschaftUmwelt/Arbeitsmarkt/Aktuelles/Eckwertetabelle.html

Statistisches Bundesamt (2011b) GENESIS-Online Datenbank

Tsai SP, Wen CP, Hu SC et al (2005) Workplace smoking related absenteeism and productivity costs in Taiwan. Tobacco Control 14 (suppl 1):i33–i37

U.S. Department of Health and Human Services (2006) The health consequences of involuntary exposure to tobacco smoke: A report of the Surgeon General. http://www.surgeongeneral.gov/library/reports/secondhandsmoke/index.html

Universität Konstanz (2012) Psychische Belastungen am Arbeitsplatz in der Hotellerie und Gastronomie. http://www.konstanz.ihk.de/servicemarken/branchen/tourism/2117974/Psychische_Belastungen_am_Arbeitsplatz_in_der_Hotel nur begrenzt erfolgreich lerie_und_Ga.html;jsessionid=59BDC7643105179C9842A6D3AD1FB06D.repl2. Gesehen 10 Feb 2013

Weng SF, Ali S, Leonardi-Bee J (2013) Smoking and absence from work: systematic review and meta-analysis of occupational studies. Addiction 108 (2):307–319

White JR, Froeb HF, Kulik JA (1991) Respiratory illness in nonsmokers chronically exposed to tobacco smoke in the work place. CHEST Journal 100 (1):39–43

Prävention von Suchtmittelmissbrauch am Arbeitsplatz – Das Bundesmodellprojekt *Prev@WORK* der Fachstelle für Suchtprävention im Land Berlin

J. Hapkemeyer, N. Scheibner, K. Jüngling, A. Schmidt

B. Badura et al. (Hrsg.) *Fehlzeiten-Report 2013*,
DOI 10.1007/978-3-642-37117-2_25, © Springer Verlag Berlin Heidelberg 2013

Zusammenfassung *Alkohol- und Drogenkonsum unter Auszubildenden führt zu höheren Fehlzeiten in den Betrieben sowie Leistungseinbußen und erhöht das Risiko von Arbeitsunfällen. Betriebliche Suchtpräventionsprogramme fördern die Arbeitssicherheit und tragen zur Senkung von Fehlzeiten, Krankheitskosten und Produktivitätsverlusten bei. Unternehmen haben die Möglichkeit, riskantem Substanzkonsum in der Ausbildung mittels Suchtpräventionsprogrammen entgegenzuwirken. Das Programm Prev@WORK wurde speziell für junge Menschen in der Berufsorientierung, -vorbereitung und -ausbildung entwickelt und kann als Bestandteil des betrieblichen Gesundheitsmanagements in die Ausbildung integriert werden.*

Die Evaluation des Programms Prev@WORK unter 212 Teilnehmenden zeigt, dass das Seminar zu einem Wissenszuwachs bei den Auszubildenden führt und die Selbstreflexion anregt. Auch langfristig fördert das Programm die Risikokompetenz und die Handlungssicherheit der Auszubildenden. Entscheidend für eine nachhaltige Suchtprävention in Unternehmen ist es, dass zielgruppenspezifische Programme angeboten werden, die in den betrieblichen Arbeitsschutz bzw. in das betriebliche Gesundheitsmanagement integriert sind.

25.1 Einführung

Expertenschätzungen zufolge betreibt jeder fünfte bis zehnte Mitarbeiter in einem Unternehmen einen riskanten oder gar schädlichen Suchtmittelkonsum (Koeppe 2011). Die direkten Kosten alkoholbedingter Arbeitsunfälle mit Sachschäden in Betrieben beliefen sich 2007 in Deutschland auf 1,046 Milliarden Euro (Adams u. Effertz 2011).

Der Alkoholkonsum in Deutschland ist im Vergleich zu anderen europäischen Ländern hoch ausgeprägt. Die Drogenbeauftragte der Bundesregierung stellt hierzu fest: »In der Gesellschaft herrscht eine weit verbreitete unkritisch positive Einstellung zum Alkohol vor« (2009, S. 12). Dies bestätigt beispielsweise eine DAK-Umfrage aus dem Jahr 2010 (IGES Institut 2011): Ein Viertel der jungen Erwerbstätigen (18 bis 29 Jahre) ist der Ansicht, dass Alkohol dazugehört, wenn man beim Ausgehen Spaß erleben will. Rund ein Fünftel der Befragten sieht ihre berufliche Leistungsfähigkeit durch einen Vollrausch am Vorabend nicht beeinträchtigt. Laut einer Expertenbefragung im Ausbildungsbereich (Betriebsinhaber, Vorgesetzte, Ausbilder) und in der betrieblichen Sozial- und Gesundheitsberatung ist Alkoholkonsum ein ernstzunehmendes Problem in der Ausbildung (Degen et al. 2005).

Ein knappes Drittel der Jugendlichen (31 Prozent) im Alter von 16 bis 17 Jahren trinkt regelmäßig – mindestens einmal pro Woche – Alkohol; unter den jungen Erwachsenen (18 bis 21 Jahre) konsumieren 39 Prozent regelmäßig Alkohol (BZgA 2012). Häufiges Rauschtrinken (mehr als viermal in den letzten 30 Tagen) tritt bei 8 Prozent der 16- und 17-Jährigen und bei 15 Prozent der 18- bis 21-Jährigen auf, wobei es bei den männlichen Jugendlichen deutlich stärker ausgeprägt ist (12 bzw. 23 Prozent) als bei den weiblichen Jugendlichen (4 bzw. 7 Prozent) (ebenda).

Hinzu kommt die Gefährdung durch weitere Suchtstoffe. Ein Viertel der 16- und 17-Jährigen raucht, unter den 18- bis 21-Jährigen ist es ein gutes Drittel (BZgA 2012). In einer Untersuchung der Bundeszentrale für gesundheitliche Aufklärung (2012) gaben

13 Prozent der befragten Auszubildenden an, in den letzten zwölf Monaten illegale Substanzen (u. a. Cannabis, Ecstasy, Kokain) eingenommen zu haben, drei Prozent der Auszubildenden berichteten über regelmäßigen illegalen Drogenkonsum.

Studien zur Bedeutung von Substanzkonsum für Unternehmen zeigen: Alkoholprobleme gelten als die häufigste Ursache bei Fehlzeiten, Leistungseinbußen und Arbeitsunfällen in der Ausbildung (Degen et al. 2005). Untersuchungen zur relevanten Zielgruppe zeigen die Problematik bezüglich des Alkohol- und Drogenkonsums Jugendlicher und junger Erwachsener auf. Trotzdem finden sich seitens der Unternehmen bislang kaum Bemühungen, Substanzkonsum in der Ausbildung entgegenzuwirken.

25.2 Auslöser von Suchtmittelmissbrauch bei Auszubildenden

Generell bedenklich ist ein früher Erstkonsum, denn für den pubertären Substanzkonsum gilt: Regelmäßiger oder exzessiver Tabak- und Alkoholkonsum im Jugendalter erhöht die Wahrscheinlichkeit organischer Schäden und Entwicklungsstörungen; dies trifft auch für den exzessiven Cannabiskonsum zu. In der EDSP-Studie (Lieb et al. 2000), einer längsschnittlichen Verlaufsstudie zur Epidemiologie von Substanzkonsum, wurde ein deutlicher Geschlechtsunterschied für die Prävalenzraten des Alkoholmissbrauchs und der Alkoholabhängigkeit festgestellt: Männliche Jugendliche und junge Erwachsene waren mit Missbrauch und Abhängigkeit drei- bis viermal stärker belastet als die befragten Mädchen und jungen Frauen.

Die HBSC(Health Behaviour in School-aged Children)-Jugendgesundheitsstudie von 2002 zeigt, dass der sozioökonomische Status beim Konsum psychoaktiver Substanzen keine bedeutsame Rolle spielt. Das heißt, sozial benachteiligte Jugendliche konsumieren nicht unbedingt häufiger illegale Substanzen (Ravens-Sieberer u. Thomas 2003). Die World Health Organization kommt in einer Zusammenstellung der Ergebnisse neurowissenschaftlicher Studien zum Konsum psychoaktiver Substanzen und Abhängigkeit zu dem Schluss, dass Substanzabhängigkeit ein multifaktorielles Problem ist, das durch biologische und genetische Mechanismen, aber auch durch psychosoziale, kulturelle und Umgebungsfaktoren bestimmt wird (Obot et al. 2004).

Mögliche Einflussfaktoren kritischen Substanzkonsums können also auf zwei Ebenen zu finden sein: auf Ebene der Auszubildenden sowie auf Ebene der Ausbildung. Die Suchtforschung unterscheidet auf individueller Ebene drei Klassen von Einflussfaktoren, die das Risiko einer Substanzabhängigkeit erhöhen bzw. mindern können (Soellner u. Hapkemeyer 2008):
— *Sozial-interpersonale* Einflussfaktoren: Verhalten und Eigenschaften der Personen im unmittelbaren sozialen Umfeld
— *Kulturelle* Merkmale und Einstellung (Leistungsorientierung, Einstellung gegenüber Substanzgebrauch)
— *Interpersonale* Einflussfaktoren: Persönlichkeitseigenschaften, psychopathologische Störungen, biologische Disposition und allgemeine Fähigkeiten (schulische Leistung, Bewältigungsstrategien)

Auf den Ausbildungskontext übertragen stellen das Konsumverhalten und die substanzspezifische Einstellung der Rollenmodelle (Vorgesetzte, Berufsschullehrer) im Unternehmen sozial-interpersonale Einflussfaktoren dar. Hinzu kommen kulturelle Merkmale im Unternehmen, mit denen die Auszubildenden täglich konfrontiert sind (Verfügbarkeit von Suchtmitteln; Gestaltung von Unternehmensfeiern). Auf Ebene der Auszubildenden sind die persönliche Einstellung (z. B. Leistungsorientierung, Einstellung gegenüber Substanzgebrauch) sowie individuelle Kompetenzen (Leistungen in der Berufsschule) bedeutsame Schutz- bzw. Risikofaktoren.

Ein Überblick zu Schutz- und Risikofaktoren im Ausbildungsbetrieb ist in ◘ Tab. 25.1 dargestellt.

25.3 Merkmale erfolgreicher Suchtprävention für Auszubildende

Suchtpräventive Maßnahmen basieren auf unterschiedlichen Ansätzen und Theorien. So lassen sich *verhaltens*bezogene Maßnahmen wie z. B. Lebenskompetenztrainings, die vor allem an den intraindividuellen risikoerhöhenden und -mildernden Bedingungen an-

◘ **Tab. 25.1** Schutz- und Risikofaktoren im Ausbildungsbetrieb

Risikofaktoren	Schutzfaktoren
Überforderung	Angenehmes Betriebsklima
Unterforderung	Vertrauen
Wenig Wertschätzung	Anerkennung
Soziale Isolation	Soziale Kontakte
Leistungsdruck	Erfolgserlebnisse
Mobbing	Unterstützung in schwierigen Lagen
Mangel an Regeln und Grenzen	Verantwortungsvoller Umgang mit Suchtmitteln

Fehlzeiten-Report 2013

setzen, von *verhältnis*bezogenen Maßnahmen wie Verkaufseinschränkungen, Werbeverboten oder Steuererhöhungen, die eher kulturelle oder soziale Einflussfaktoren fokussieren, unterscheiden.

Experten gehen davon aus, dass der (Probier-) Konsum von Alkohol, Tabak und illegalen Drogen in der Phase des Heranwachsens vom Kind zum Jugendlichen dazugehört (z. B. Farke et al. 2002). In der Suchtprävention liegt daher der Fokus auf dem Aufbau von risikomildernden Bedingungen, bei gleichzeitigem Abbau von risikoerhöhenden Bedingungen (Schmidt 2004). Daher sind Maßnahmen, die die Förderung von Lebenskompetenz zum Ziel haben, von großer Bedeutung. Zur Lebenskompetenz zählen Fähigkeiten zur Stressbewältigung, soziale Kompetenzen und Kommunikationsfertigkeiten, Entscheidungsfähigkeit und Konfliktbewältigung sowie das Selbstwertgefühl. Primäre Ziele der Suchtprävention sind der Aufschub des Konsumbeginns, der Aufbau von Risikokompetenz und Drogenmündigkeit, um damit einen eigenverantwortlichen, situationsangemessenen Umgang mit Drogen zu ermöglichen. Das Konzept der Risikokompetenz kann nach Petermann und Roth (2006) als Leitlinie im Zusammenhang mit Substanzkonsum betrachtet werden. Der entwicklungspsychologisch erklärbaren Risikolust wird damit der Erwerb einer Risikokompetenz entgegengesetzt. Hierbei stehen die Ressourcen einer Person zur Alltagsbewältigung sowie zur Regulierung ihres psychischen Wohlbefindens im Zentrum des Interesses. Die Vermittlung von Wissen hinsichtlich Wirkungsweisen und Risiken von Suchtmitteln schafft die Voraussetzung für einen verantwortlichen und kompetenten Umgang mit diesen Stoffen bzw. mit den riskanten Verhaltensweisen. Daneben spielt die Förderung von Risikokompetenz und die Sensibilisierung von Auszubildenden und deren Bezugspersonen eine wichtige Rolle.

Die Angemessenheit von Präventionsangeboten hängt maßgeblich von der Passung der Präventionsziele für entsprechende Substanzen ab. Betrachtet man den unterschiedlichen Verbreitungsgrad der verschiedenen Substanzen (Alkohol, Tabak, illegale Drogen) sowie deren unterschiedliche kulturelle Verankerung, wird deutlich, dass substanzspezifische Aspekte in der Suchtprävention eine bedeutende Rolle spielen. So ist die Abstinenz als primäres Präventionsziel bei Alkohol sicherlich untauglich. Hier ist das geeignete Präventionsziel der eigenverantwortliche, situationsangemessene Gebrauch. Übertragen auf die Suchtprävention in Ausbildungsbetrieben kann es beispielsweise ein Präventionsziel sein, Punktnüchternheit im Betrieb zu erzielen.

Die Forschung zur Wirksamkeit verhaltensbezogener Präventionsmaßnahmen zeigt, dass interaktive Maßnahmen, die die Auseinandersetzung mit dem Thema fördern (Kleingruppenarbeit, Rollenspiele), reinen Wissensvermittlungen überlegen sind (Bühler u. Kröger 2006). Innerhalb der Präventionsforschung hat sich außerdem zunehmend die Erkenntnis durchgesetzt, dass vor allem zielgruppenspezifische Präventionsansätze erfolgversprechend sind (Henkel 2011). Daher ist es sinnvoll, Präventionsprogramme speziell für die Zielgruppe der Auszubildenden zu entwickeln und in Unternehmen anzubieten.

Wie im vorherigen Abschnitt dargestellt, beeinflussen auch sozial-interpersonale Einflussfaktoren das Risiko, eine Substanzabhängigkeit zu entwickeln. Risikofaktoren sind in Unternehmen gegeben, wenn ein auffälliges Suchtmittelkonsumverhalten geduldet und Suchtmittelkonsum am Arbeitsplatz vorgelebt wird. Um die Nachhaltigkeit von Suchtpräventionsprogrammen sicherzustellen, ist es daher nicht ausreichend, eine verhaltensbezogene Präventionsmaßnahme im Unternehmen als Einzelmaßnahme anzubieten. Vielmehr ist es notwendig, die Präventionsmaßnahme zielgruppenspezifisch zu gestalten und gezielt in der Berufsausbildung zu verankern. Zudem sollten entsprechende Ziele in der Betriebs- bzw. Unternehmenskultur fixiert werden: Ein Beispiel hierfür ist die Entwicklung von Richtlinien zum Konsum von Alkohol und Drogen am Arbeitsplatz und zum Umgang mit auftretendem Suchtmittelkonsum. Führungskräfte sollten im Umgang mit auffälligem Suchtmittelkonsum geschult werden, um in diesen Fällen kompetent reagieren zu können. Eine bewusste Thematisierung trägt zur Veränderung der Betriebskultur sowie des sozialen Wirkungsgefüges im Ausbildungskontext bei. In ◘ Abb. 25.1 sind Merkmale erfolgreicher Suchtprävention in Unternehmen im Überblick dargestellt.

Merkmale des Suchtpräventionsprogramms	Maßnahmen im Unternehmen
• Programm basiert auf wissenschaftlichen Theorien und Erkenntnissen • zielgruppenspezifische Gestaltung • Einsatz interaktiver Methoden • Förderung von Lebens- und Risikokompetenzen • systematische Evaluation	• Einbindung der Suchtprävention in das betriebliche Gesundheitsmanagement • Regelungen zum Suchtmittelkonsum • Sensibilisierung und Schulung der Führungskräfte • Abbau suchtfördernder Arbeitsbedingungen • Einschränkung der Verfügbarkeit von Suchtmitteln

Fehlzeiten-Report 2013

◘ **Abb. 25.1** Merkmale erfolgreicher Suchtprävention in Unternehmen

25.4 Suchtprävention in Unternehmen lohnt sich

Als positive Auswirkungen von Suchtpräventionsprogrammen werden die Erhöhung der Arbeitssicherheit, die Steigerung der Qualität und Effektivität sowie die Senkung von Fehlzeiten und Krankheitskosten gesehen (Wienemann u. Müller 2005). Dass sich Maßnahmen zur Suchtprävention und -hilfe lohnen, zeigt die Auswertung von Fehlzeitenverläufen bei Suchtmittel missbrauchenden oder suchtkranken Beschäftigten (z. B. Petschler u. Fuchs 2000; Ennenbach et al. 2009).

In einer Studie im Auftrag des Bundesamts für Gesundheit in der Schweiz und der Schweizerischen Unfallversicherungsanstalt wurden rund 1.350 Personalverantwortliche Schweizer Unternehmen befragt (Telser et al. 2010). Von den befragten Personalverantwortlichen ziehen mehr als 70 Prozent eine positive Kosten-Nutzen-Bilanz aus Suchtpräventionsprogrammen. Die Präventionsprogramme tragen laut der Befragten zu einem besseren Arbeitsklima, weniger Alkoholproblemen, geringeren Fehlzeiten und weniger Unfällen bei.

Zu beachten ist grundsätzlich, dass nicht die kleine Gruppe der schwer Alkoholabhängigen die meisten betrieblichen Probleme erzeugt, sondern die größere Gruppe der Gering- und Risikokonsumenten (Rummel et al. 2004). Demzufolge sollten sich betriebliche Interventionen nicht allein auf die Abhängigen beschränken, sondern es sollten betriebliche Suchtpräventionsprogramme etabliert werden, die möglichst frühzeitig – idealerweise innerhalb der Ausbildung – ansetzen, um die Risikokompetenz der Beschäftigten zu fördern, das Thema Suchtmittelkonsum zu enttabuisieren und einen angemessenen Umgang mit problematischem Verhalten zu fördern. Je früher die Reflexion des eigenen Verhaltens/Konsums angeregt und ein verantwortlicher Umgang mit Suchtmitteln gefördert wird, desto leichter ist es, eine Kultur der Verantwortung in Unternehmen und Betrieben zu etablieren.

25.5 Das Bundesmodellprojekt Prev@WORK

Die Fachstelle für Suchtprävention im Land Berlin hat mit Prev@WORK ein Programm entwickelt, das Suchtprävention als einen eigenen Bestandteil des betrieblichen Gesundheitsmanagements etabliert. Prev@WORK ist als ganzheitliches Programm zur Suchtprävention in der Berufsorientierung, -vorbereitung und -ausbildung konzipiert und basiert auf aktuellen wissenschaftlichen Erkenntnissen. Berücksichtigt wurden unter anderem die Standards für eine erfolgreiche Suchtprävention laut der »Expertise zur Prävention des Substanzmissbrauchs« (Bühler u. Kröger 2006). Demnach zeichnet wirksame Prävention aus, dass sie

- mehr ist als reine Informationsvermittlung,
- sowohl Lebens- als auch Risikokompetenz fördert,
- Projektcharakter hat (keine Einzelmaßnahmen oder Einmalveranstaltungen),
- das gesamte System erreicht,
- interaktive Methoden einsetzt,
- vorrangig in und mit Gruppen arbeitet und das Modell des sozialen Einflusses nutzt.

Darüber hinaus ist im Konzept von Prev@WORK berücksichtigt, dass insbesondere junge Menschen einer Änderung ihres Konsumverhaltens eher absichtslos gegenüberstehen. Nach dem transtheoretischen Modell der Veränderung von Prochaska und Di Clemente (Prochaska et al. 1992) wird Veränderung durch die Anregung der Auseinandersetzung mit dem eigenen Konsumverhalten »auf Augenhöhe« angestoßen. Wohingegen eine moralisierende, den Konsum grundsätzlich verurteilende Haltung Widerstand hervorrufen würde.

Der Transfer des Programms Prev@WORK in sieben Bundesländer wurde von März 2011 bis Februar 2012 durch das Bundesministerium für Gesundheit gefördert. Nach Abschluss der Modellaufzeit konnten die Bundeszentrale für gesundheitliche Aufklärung und die AOK – Die Gesundheitskasse als weitere Partner gewonnen werden. Bislang fördern die AOKs Nordost (Berlin, Brandenburg und Mecklenburg-Vorpommern) und Sachsen-Anhalt die nachhaltige Verstetigung des Programms. Mit weiteren AOKs werden diesbezüglich Verhandlungen geführt.

Erstmals in Deutschland ist mit Prev@WORK ein standardisiertes Programm zur Suchtprävention entwickelt worden, das sich gezielt an Jugendliche und junge Erwachsene richtet, die sich in der Berufsausbildung, -orientierung, oder -vorbereitung befinden. Durch die Entscheidungsträger im Unternehmen wird das Programm strukturell verankert. Die Ausbilder und Lehrenden der Berufsschulen erhalten eine Fortbildung zur Vermittlung von Hintergrundwissen und Förderung von Handlungskompetenz. Mit den Auszubildenden wird ein Präventionsprogramm durchgeführt.

Ziele von Prev@WORK auf *struktureller Ebene* sind, suchtpräventive Strukturen zu stärken, die Betriebskultur zu überprüfen, verbindliche Regelwerke zu etablieren, Zuständigkeiten und Verantwortlichkeiten festzulegen, suchtfördernde Arbeitsbedingungen abzubauen, gesundheitsfördernde Angebote und

GRUNDLAGENSEMINAR				AUFBAUSEMINAR		
Tag 1				**Tag 3**		
BAUSTEIN 1 Einstieg	BAUSTEIN 2 Suchtmittel und süchtige Verhaltensweisen	BAUSTEIN 3 Rechtliche Grundlagen		BAUSTEIN 1 Einstieg	BAUSTEIN 2 Wiederholungen der Kernaussagen des Grundlagenseminars	BAUSTEIN 3 Reflexion/ eigene Haltung
Tag 2				**Tag 4**		
BAUSTEIN 4 Suchtentstehung	BAUSTEIN 5 Risiko- und Schutzfaktoren	BAUSTEIN 6 Abschluss		BAUSTEIN 4 Persönliche Ressourcen und Risikokompetenz	BAUSTEIN 5 Unterstützung und Hilfe	BAUSTEIN 6 Abschluss

Quelle: Bensieck et al. 2012   Fehlzeiten-Report 2013

Abb. 25.2 Curriculum von Prev@WORK (Aus Bensieck et al. 2012, mit freundlicher Genehmigung)

Strukturen aufzubauen und ein Handlungskonzept zu entwickeln. Um diese Ziele zu erreichen und die Verbindlichkeit zu erhöhen, wird empfohlen, dass Institutionen und Betriebe – sofern diese noch nicht vorhanden ist – eine Dienstvereinbarung zu Sucht bzw. Suchtprävention abschließen.

Die *Ausbilder und Lehrenden* entwickeln durch die Vermittlung von Hintergrundwissen und die Auseinandersetzung mit eigenen Anschauungen eine suchtpräventive Haltung und werden in ihrem verantwortlichen Handeln gefördert. Zur Förderung der Handlungskompetenz werden folgende Themen bearbeitet: Erkennen problematischen Konsums, Üben von Kommunikation und Gesprächsführung, Kooperation mit regionalen Hilfediensten.

Auf Ebene der *Auszubildenden* sind Ziele des Programms die Vermittlung von Grundwissen zu den Risiken des Konsums psychoaktiver Substanzen und zu süchtigen Verhaltensweisen, die Reflexion des eigenen (Konsum-)Verhaltens, die Erlangung von Risikokompetenz im Umgang mit Suchtmitteln und die Förderung eines verantwortungsvollen Umgangs mit Suchtmitteln. Längerfristig sollen die schädlichen Folgen des Suchtmittelkonsums verringert sowie Arbeitsausfälle und durch Suchtmittelkonsum bedingte Fehlquoten reduziert werden.

Die Prev@WORK-Seminare für die Auszubildenden bauen auf den wissenschaftlichen Erkenntnissen der (Sucht-)Präventionsforschung auf. Es werden im Rahmen der *universellen* Prävention alle Auszubildenden erreicht, nicht nur diejenigen, die auffällig geworden sind. Im Sinne einer *selektiven* Prävention beinhaltet Prev@WORK geschlechterspezifische Bausteine, da die soziale Rolle und damit auch der soziale Druck, z. B. in Gesellschaft von anderen Alkohol zu trinken, für Männer und Frauen unterschiedlich ist. Damit verbundene Zuschreibungen und Bewertungen werden thematisiert und kritisch hinterfragt. Aber auch die *indizierte* Prävention ist Bestandteil des Konzeptes: Prev@WORK fördert bei Teilnehmenden, die bereits mit riskanten Konsummustern auffällig geworden sind, die Reflexion der individuellen Situation und informiert über passende Hilfeangebote. Darüber hinaus werden die Teilnehmenden ermutigt zu intervenieren, wenn ihnen bei Kollegen ein problematisches Verhalten auffällt. Es wird auch konkret geübt, wie ein solches Verhalten am besten angesprochen werden kann.

Das Präventionsprogramm besteht aus einem Grundlagenseminar und einem Aufbauseminar mit jeweils sechs Bausteinen (ein Überblick ist in **Abb. 25.2** dargestellt). Jedes der Seminare umfasst insgesamt zehn Zeitstunden zuzüglich Pausen, aufgeteilt auf jeweils zwei Tage. Konzeptionell wird empfohlen, das Grundlagenseminar und das Aufbauseminar zeitlich voneinander zu trennen. Die Zeitspanne zwischen den zwei Seminaren kann sich an den Rahmenbedingungen der einzelnen Betriebe orientieren und individuell festgelegt werden.

25.6 Evaluation des Programms *Prev@WORK*

Das Präventionsprogramm für Auszubildende wurde hinsichtlich Gestaltung, Durchführung, Akzeptanz sowie kurz- und langfristiger Wirkung formativ und

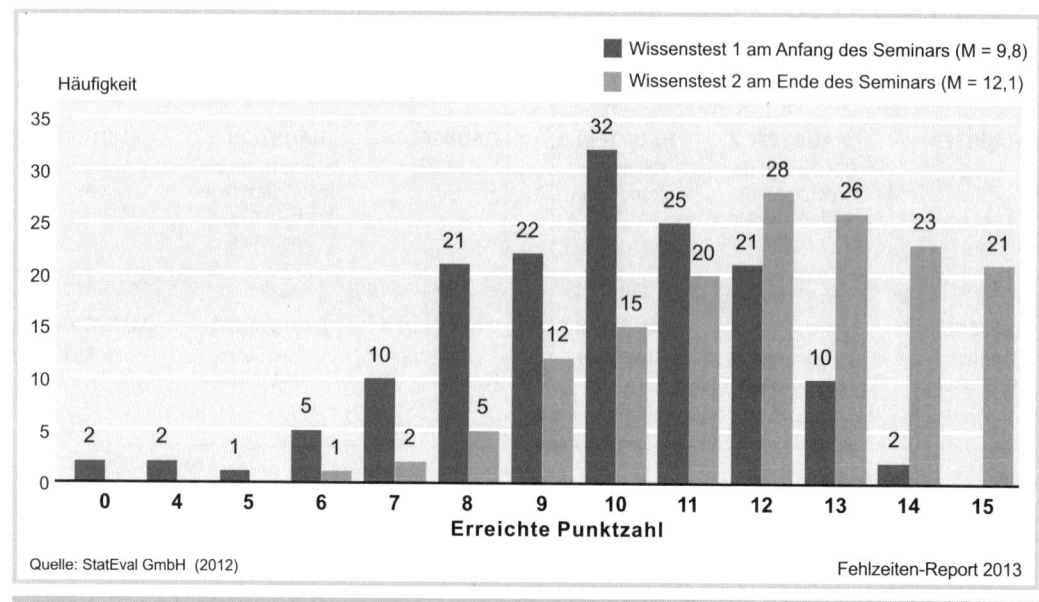

◘ Abb. 25.3 Lernzuwachs durch Prev@WORK (Aus StatEval GmbH 2012, mit freundlicher Genehmigung)

summativ evaluiert. Für die Evaluation aus Sicht der Auszubildenden wurden bestehende Fragebögen (Paper-Pencil-Verfahren) und der Wissenstest überarbeitet. Neben den subjektiven Bewertungen durch die Auszubildenden wurde der Lernzuwachs im Grundlagenseminar anhand eines Wissenstests objektiv erfasst.

25.6.1 Stichprobe

Im Rahmen der Evaluation des Grundlagenseminars wurden 212 Teilnehmer aus sechs Bundesländern befragt. 13 der 212 Befragten waren keine Auszubildenden, sondern nahmen im Rahmen einer Berufsorientierung an dem Seminar teil. Von den Befragten waren 42 Prozent weiblich und 58 Prozent männlich. Im Mittel waren die Befragten 20 Jahre alt (Min = 16, Max = 36). Am stärksten waren die Ausbildungsberufe Krankenpfleger (11 Prozent) und Wasserbauer (10 Prozent) vertreten, gefolgt von Geovisualisierern (8 Prozent), Mechatronikern (6 Prozent) und Elektronikern (5 Prozent).

An der Evaluation des Aufbauseminars nahmen 33 Auszubildende aus zwei Bundesländern teil. Von diesen Befragten waren 46 Prozent weiblich und 54 Prozent männlich. Im Mittel waren die Befragten 21 Jahre alt (Min = 18, Max = 33). Die Mehrheit der Befragten (n = 19) befanden sich in einer Ausbildung zum Verwaltungsfachangestellten.

25.6.2 Inhaltliche Gestaltung und Durchführung

84 Prozent der Teilnehmenden des Grundlagenseminars waren mit dem Seminar insgesamt zufrieden; im Aufbauseminar waren es alle Befragten. Die Vermittlung der Inhalte durch die Seminarleiter sowie die zeitliche Gestaltung wurde von über 90 Prozent der Befragten im Grundlagen- und im Aufbauseminar positiv bewertet. Die männlichen Teilnehmer waren mit dem Seminar insgesamt zufriedener als die Teilnehmerinnen. In den offenen Angaben zum Grundlagenseminar wurden interaktive Elemente wie ein Film, der im Rahmen des Seminars gezeigt wurde, sowie die Gruppenarbeit besonders positiv hervorgehoben. Auch im Aufbauseminar wurde die Gruppenarbeit als besonders positiv bewertet.

Besonders interessant fanden die Befragten des Grundlagenseminars die Informationen zu den Themen Alkohol, Computer-/Internetsucht und Suchtentstehung. Einige Auszubildende wünschten sich mehr Informationen zu Modedrogen.

25.6.3 Akzeptanz des Themas Sucht

Die Bearbeitung des Themas fanden 90 Prozent der Befragten im Grundlagenseminar wichtig. Hierbei maßen die weiblichen Auszubildenden der Bearbei-

25.6 · Evaluation des Programms Prev@WORK

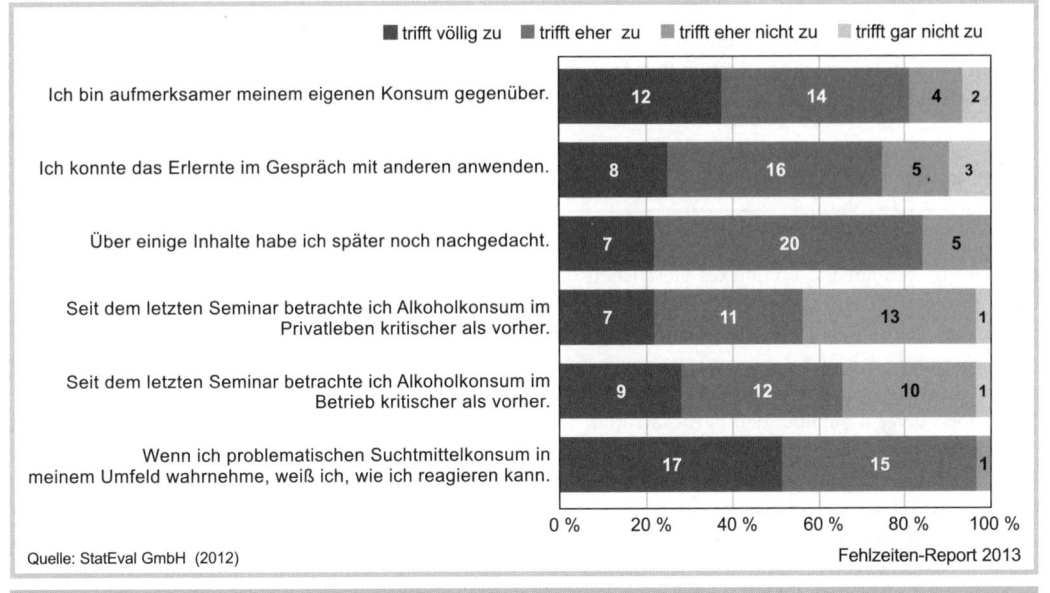

Abb. 25.4 Lernzuwachs durch Prev@WORK (Aus StatEval GmbH 2012, mit freundlicher Genehmigung)

Quelle: StatEval GmbH (2012)

Aussage	trifft völlig zu	trifft eher zu	trifft eher nicht zu	trifft gar nicht zu
Ich bin aufmerksamer meinem eigenen Konsum gegenüber.	12	14	4	2
Ich konnte das Erlernte im Gespräch mit anderen anwenden.	8	16	5	3
Über einige Inhalte habe ich später noch nachgedacht.	7	20		5
Seit dem letzten Seminar betrachte ich Alkoholkonsum im Privatleben kritischer als vorher.	7	11	13	1
Seit dem letzten Seminar betrachte ich Alkoholkonsum im Betrieb kritischer als vorher.	9	12	10	1
Wenn ich problematischen Suchtmittelkonsum in meinem Umfeld wahrnehme, weiß ich, wie ich reagieren kann.	17	15		1

tung des Themas Sucht statistisch signifikant höhere Bedeutung bei als die Männer.

25.6.4 Kurzfristige Wirkung

Im Grundlagenseminar wurden die Teilnehmenden zu ihrem subjektiven Lernzuwachs befragt. Rund drei Viertel der Teilnehmenden (74 Prozent) gaben an, durch das Seminar Neues zum Thema Sucht gelernt zu haben. Hierbei berichteten die Männer tendenziell häufiger von einem Lernzuwachs. Ergänzend wurde ein Wissenstest zu Seminarbeginn und erneut zum Seminarende durchgeführt. Über alle 153 Auszubildenden hinweg, die am Wissenstest teilnahmen, fällt die erreichte Punktzahl im zweiten Test höher aus (◘ Abb. 25.3). Bei der Mehrheit der Auszubildenden ist ein Lernzuwachs erzielt worden. Hierbei bestanden keine statistisch bedeutsamen Unterschiede zwischen Männern und Frauen. Die älteren Auszubildenden (älter als 19 Jahre) wiesen tendenziell einen höheren Lernzuwachs auf als die unter 20-Jährigen.

Die subjektive Einschätzung des Lernzuwachses stimmt mit dem objektiven Lernerfolg laut Korrelationsanalysen überein.

Im Aufbauseminar gaben 91 Prozent der Befragten an, durch das Seminar zum Nachdenken angeregt worden zu sein. Besonders zum Nachdenken angeregt hat die Befragten das Thema, wie sie Personen, die von einer Suchtproblematik betroffen sind, helfen können. Neue Erkenntnisse konnten 79 Prozent der Auszubildenden im Aufbauseminar gewinnen.

25.6.5 Langfristige Wirkung

Der zeitliche Abstand zwischen dem Grundlagen- und dem Aufbauseminar betrug zwei Jahre. Zur Erfassung der mittelfristigen Wirkungen wurden die Auszubildenden im Aufbauseminar zur Förderung ihrer Kompetenzen sowie ihrer Reflexion des eigenen Suchtmittelkonsums befragt. Die Ergebnisse zu den wahrgenommenen Veränderungen seit dem Grundlagenseminar sind in ◘ Abb. 25.4 dargestellt.

Das Grundlagenseminar förderte langfristig bei der Mehrheit der Auszubildenden die Aufmerksamkeit hinsichtlich des eigenen Konsums sowie des Alkoholkonsums im Privatleben und im Betrieb. Mehr als 80 Prozent der Auszubildenden berichteten, nach dem Grundlagenseminar noch über dessen Inhalte nachgedacht zu haben. Rund zwei Drittel der Auszubildenden betrachteten seit der Teilnahme am Grundlagenseminar den Alkoholkonsum im Betrieb kritischer; den Alkoholkonsum im Privatleben bewerteten 55 Prozent der Befragten kritischer.

Neben der Risikokompetenz wurde auch die Handlungskompetenz im Grundlagenseminar gefördert: 73 Prozent der Auszubildenden konnten das Erlernte in späteren Gesprächen anwenden. Bis auf eine Ausnahme gaben alle Auszubildenden an zu wissen, wie sie bei problematischem Suchtmittelkonsum in ihrem Umfeld reagieren können.

25.7 Fazit

Festzuhalten bleibt, dass der (problematische) Substanzkonsum ein äußerst komplexes Geschehen darstellt. Insofern bedarf es einer differenzierten, an der jeweiligen Zielgruppe orientierten Sicht, die spezifische Präventionsziele und -botschaften formuliert. Mit der Entwicklung von *Prev@WORK* wurde erstmals die Zielgruppe der Auszubildenden berücksichtigt. Das Thema Sucht und Abhängigkeit wird im beruflichen Kontext häufig erst dann thematisiert, wenn Mitarbeiter ein auffälliges problematisches Konsumverhalten zeigen. Das Programm *Prev@WORK* richtet stattdessen den Fokus auf die Prävention in Verbindung mit früher Intervention.

Das Konzept wurde von den Auszubildenden sehr positiv bewertet. Insbesondere die interaktiven Maßnahmen, die die Auseinandersetzung mit dem Thema förderten, wurden sehr gut angenommen. Durch die zielgruppenspezifische Vermittlung von Wissen wurde die Risikokompetenz der Auszubildenden gestärkt. Ein Erfolgsindikator des Programms *Prev@WORK* ist der deutliche Lernzuwachs bei den Auszubildenden. Die Evaluation nach dem Aufbauseminar zeigt, dass das Programm auch langfristig die Risikokompetenz der Auszubildenden fördert, da sie das Thema über das Grundlagenseminar hinaus intensiv reflektieren. Zudem wird die Handlungssicherheit der Auszubildenden bei Suchtproblemen im Umfeld gestärkt. Zur Evaluation der langfristigen Wirksamkeit von *Prev@WORK* im Unternehmen sollte zukünftig die Entwicklung von Krankheits- und Fehltagen sowie Fehlerquoten unter Auszubildenden vor, während und nach Durchführung von *Prev@WORK* betrachtet werden.

Den durch entsprechende Präventionsmaßnahmen anfallenden Kosten stehen eingesparte Kosten aufgrund von Ausbildungsabbrüchen, Unfällen, Krankheitsfällen und Produktivitätsverlusten gegenüber. Darüber hinaus sind Ausbildungsabbrüche und gescheiterte Ausbildungen nicht nur ein Kostenfaktor, sondern auch aus personalstrategischer Perspektive ein Risiko für Unternehmen. Denn vor dem Hintergrund des demografischen Wandels und dem damit einhergehenden Fachkräftemangel sollte Unternehmen sehr daran gelegen sein, ihre künftigen Fachkräfte zu sichern. Prävention riskanter Konsummuster kann dabei ein wichtiger Baustein sein.

Was für gesundheitspräventive Maßnahmen in Unternehmen gilt, gilt auch für die Suchtprävention: Suchtprävention als einmalige Aktion im Unternehmen allein kann keine nachhaltige Wirkung erzielen. Um die Nachhaltigkeit von Suchtpräventionsprogrammen zu gewährleisten, ist es daher erforderlich, ein betriebliches Unterstützungssystem aufzubauen, das in das betriebliche Gesundheitsmanagement integriert ist. Neben Präventionsmaßnahmen zur Förderung der Gesundheits- und Risikokompetenz, die beispielsweise in den betrieblichen Arbeitsschutz integriert werden können, sind eine Qualifizierung von Personalverantwortlichen sowie die Entwicklung von Dienstvereinbarungen und Interventionsleitfäden zum Thema Sucht erforderlich. Außerdem ist für die Sicherung der Nachhaltigkeit von Suchtpräventionsprogrammen wie *Prev@WORK* neben dem Einbezug der betrieblichen Sozialberatung auch eine langfristige Kooperation mit Beratungsstellen für Sucht und Suchtprävention zu empfehlen. Diese dient nicht nur der Vernetzung, sondern auch der Qualitätssicherung in der betrieblichen Suchtprävention.

Literatur

Adams M, Effertz T (2011) Volkswirtschaftliche Kosten des Alkohol- und Tabakkonsums. In: Singer MV, Batra A, Mann K (Hrsg) *Alkohol und Tabak: Grundlagen und Folgeerkrankungen*. Thieme, Stuttgart, S 57–61

Bensieck I, Jüngling K, Schmidt A (2012) *Prev@WORK Suchtprävention in der Ausbildung – Handbuch*. Fachstelle für Suchtprävention im Land Berlin, Berlin

Bühler A, Kröger C (2006) Expertise zur Prävention des Substanzmissbrauchs. Bundeszentrale für gesundheitliche Aufklärung, Köln

Bundeszentrale für gesundheitliche Aufklärung (BZgA) (2012) Die Drogenaffinität Jugendlicher in der Bundesrepublik Deutschland 2011. Der Konsum von Alkohol, Tabak, und illegalen Drogen: aktuelle Verbreitungen und Trends. Bundeszentrale für gesundheitliche Aufklärung, Köln

Degen U, Gerwin W, Ross E (2005) Alkohol und Drogenkonsum bei Auszubildenden und jungen Berufstätigen: eine explorative Studie. Bundesinstitut für Berufsbildung, Bonn

Die Drogenbeauftragte der Bundesregierung (2009) Drogen- und Suchtbericht. Die Drogenbeauftragte der Bundesregierung (Hrsg). Bundesministerium für Gesundheit, Berlin

Ennenbach M, Gass B, Reinecker H, Soyka M (2009) Zur Wirksamkeit betrieblicher Suchtprävention – Ergebnisse einer empirischen Untersuchung. Nervenarzt 80:305–314

Farke W, Graß H, Hurrelmann K (2002) Drogen bei Kindern und Jugendlichen. Legale und illegale Substanzen in der ärztlichen Praxis. Thieme, Stuttgart

Henkel D (2011) Unemployment and substance use: a review of the literature (1990–2010). Curr Drug Abuse Rev 4:4–27

IGES Institut (2011) DAK-Gesundheitsreport 2011. DAK, Berlin

Literatur

Koeppe A (2011) Alkohol am Arbeitsplatz – Eine Praxishilfe für Führungskräfte. BARMER GEK, Deutsche Hauptstelle für Suchtfragen eV, Hamm Wuppertal

Lieb R, Schuster P, Pfister H et al (2000) Epidemiologie des Konsums, Mißbrauchs und der Abhängigkeit von legalen und illegalen Drogen bei Jugendlichen und jungen Erwachsenen: Die prospektiv-longitudinale Verlaufsstudie EDSP. Sucht 46:18–31

Obot IS, Poznyak V, Monteiro M (2004) From basic research to public health policy: WHO report on the neuroscience of substance dependence. Addictive Behaviors 29:1497–1502

Petermann H, Roth M (2006) Suchtprävention im Jugendalter. Interventionstheoretische Grundlagen und entwicklungspsychologische Perspektiven. Juventa, Weinheim

Petschler T, Fuchs R (2000) Betriebswirtschaftliche Kosten- und Nutzenaspekte innerbetrieblicher Alkoholprobleme. Sucht aktuell 1:14–18

Prochaska JO, DiClemente CC, Norcross JC (1992) In search of how people change. Applications to addictive behaviors. American Psychologist 47 (9):1102–1114

Ravens-Sieberer U, Thomas C (2003) Gesundheitsverhalten von Schülern in Berlin. Ergebnisse der HBSC-Jugendgesundheitsstudie 2002 im Auftrag der WHO. Robert Koch-Institut, Berlin

Rummel M, Rainer L, Fuchs R (2004) Alkohol im Unternehmen. Praxis der Personalpsychologie. Hogrefe, Göttingen

Schmidt B (2004) Suchtprävention in der Bundesrepublik Deutschland. Bundeszentrale für gesundheitliche Aufklärung, Köln

Soellner R, Hapkemeyer J (2008) Substanzkonsum, -missbrauch und -abhängigkeit. In: Scheithauer H, Hayer T, Niebank K (Hrsg) Problemverhalten und Gewalt im Jugendalter. Erscheinungsformen, Entstehungsbedingungen und Möglichkeiten der Prävention. Kohlhammer, Stuttgart, S 143–163

StatEval GmbH (2012) Evaluation des Projektes Prev@WORK – Abschlussbericht im April 2012. Bundesministerium für Gesundheit, Berlin

Telser H, Hauck A, Fischer B (2010) Alkoholbedingte Kosten am Arbeitsplatz – Schlussbericht für das Bundesamt für Gesundheit BAG und die Schweizerische Unfallversicherungsanstalt (SUVA). Polyonomics AG, Olten

Wienemann E, Müller P (2005) Standards der Alkohol-, Tabak, Drogen- und Medikamentenprävention in deutschen Unternehmen und Verwaltungen. Deutsche Hauptstelle für Suchtfragen eV, Hamm

Raucherentwöhnung bei der Firma Moll Marzipan GmbH – ein Erfahrungsbericht

J. Wohlfeil

B. Badura et al. (Hrsg.) *Fehlzeiten-Report 2013*,
DOI 10.1007/978-3-642-37117-2_26, © Springer Verlag Berlin Heidelberg 2013

Zusammenfassung Der Beitrag beschreibt den erfolgreichen Einsatz eines spezifischen Raucherentwöhnungsprogramms für die Mitarbeiter der Firma Moll Marzipan GmbH in Berlin. Das Programm wurde im Rahmen des betrieblichen Gesundheitsmanagements der AOK Nordost angeboten, um dauerhafte Veränderungen zum nachvollziehbaren Nutzen der Beschäftigten und zum unternehmerischen Erfolg des Betriebes zu erreichen. Die Umsetzung umfasste Module aus verschiedenen Programmen und medikamentöse Hilfe. Mehr als 90 Prozent der Teilnehmer sind auch mehr als zwei Jahre nach Start des Programms rauchfrei. Das überwältigende Resultat der Raucherentwöhnung zeigt, dass die Methode erfolgreich ist und dokumentiert durch den persönlichen Einsatz der Unternehmensleitung, dass eine hohe Abstinenzrate kein Zufall sein muss.

26.1 Tabakkonsum als Herausforderung für die gesetzliche Krankenversicherung (GKV)

Wer mit dem Rauchen aufhört, steigert mit hoher Wahrscheinlichkeit seine Lebensqualität und erhöht seine Lebenserwartung. Auch aus volkswirtschaftlicher Sicht gibt es gute Gründe für eine Tabakabstinenz. Das Deutsche Krebsforschungszentrum Heidelberg beziffert die tabakbedingten Kosten für Gesundheitswesen und Volkswirtschaft im Jahr 2007 auf mindestens 33,5 Milliarden Euro (Deutsches Krebsforschungszentrum 2009). Hierin sind »intangible Kosten« (ebd.), die sich in verminderter Lebensqualität oder auch Schmerzen der Patienten niederschlagen, nicht eingerechnet.

Mit einer Tabakabhängigkeit korrelieren neben den Krankheitskosten bzw. Kosten durch medizinische Behandlung und den Kosten aufgrund des Produktivitätsverlustes durch häufige Arbeitsausfälle auch hohe Sterberaten: An den Folgen des Rauchens sterben allein in Deutschland jedes Jahr mehr als 100.000 Menschen, das entspricht ca. 300 Menschen täglich (vgl. den Beitrag von Lampert in diesem Band).

Eine Tabakabhängigkeit verursacht also nicht nur ernsthafte gesundheitliche Schäden bei den Rauchern selbst, es können auch immense Belastungen für die Unternehmen entstehen, da die entsprechenden Fehlzeiten der betroffenen Mitarbeiter kompensiert werden müssen. Das betriebliche Gesundheitsmanagement kann hier für Entlastung sorgen: Fakt ist, dass eine Reduzierung der Raucherquote im Unternehmen zu weniger Krankheitstagen führt, denn statistisch gesehen fehlen Nichtraucher zweieinhalb Tage weniger aufgrund von Krankheit am Arbeitsplatz als Raucher (vgl. AOK NordWest o. J.): Klare Regelungen sorgen zudem für ein gutes Arbeitsklima. Und nicht zuletzt ist aktiver Gesundheitsschutz ein Zeichen fortschrittlicher Unternehmenskultur, trägt zu einem positiven Firmenimage bei und wird auch zunehmend zum Wettbewerbsfaktor. Ein rauchfreies Unternehmen bietet also für Arbeitnehmer wie für Arbeitgeber viele Vorteile. Das Unternehmen Moll Marzipan GmbH hat sich dieser Herausforderung gestellt. Durch die nachhaltige Unterstützung der Mitarbeiter bei der Rauchentwöhnung konnten deutliche Erfolge erzielt werden.

26.2 Das Unternehmen Moll Marzipan GmbH in veränderten Zeiten

Neben einer kontinuierlichen Anpassung an die sich stetig ändernden Rahmenbedingungen hat das produzierende Unternehmen der Nahrungsmittelindustrie eine bewegte Vergangenheit. Bereits 1860 gegründet und durch die Wirren der deutschen Geschichte immer wieder neu aufgebaut, produziert das Werk heute in Berlin-Neukölln und ist nach mehreren Inhaberwechseln seit 2008 in Privatbesitz. Der Betrieb stellt Rohmassen von Nusspräparaten und kandierten Produkten her und vertreibt sie. Im Jahr 2010 wurden etwa 13 Millionen Kilogramm hergestellt. Beliefert werden Endproduzenten in ganz Europa und in Nordamerika. Das Berliner Unternehmen versorgt dabei mehr als 20 Prozent des Marktes.

Die Betriebsstätte liegt am Rande eines Industriegebietes im Berliner Bezirk Neukölln in unmittelbarer Nähe zu mehreren Produktionsunternehmen, die seit vielen Jahrzehnten in Berlin ansässig waren. Viele davon haben in den 90er Jahren des vergangenen Jahrtausends Berlin verlassen, um an anderen Standorten expandieren zu können oder waren aus anderen Gründen, unter anderem durch den dramatischen Rückgang der Wirtschaftsförderung in dieser Zeit, nicht mehr an der Lage den Standort zu halten. Neukölln selbst hatte und hat unter den Auswirkungen bis heute zu leiden und verzeichnet mit die höchste Arbeitslosigkeit in der Hauptstadt. Veränderungen betrafen so auch die Bevölkerungs- und Einkommenssituation, das Bildungsniveau und vieles mehr.

Die Moll Marzipan GmbH beschäftigt in Neukölln etwa 85 Mitarbeiter, eine seit vielen Jahren gewachsene Belegschaft, wobei in der Produktion un- und angelernte Männer die Mehrzahl der Beschäftigten stellen.

26.3 Die betrieblichen Rahmenbedingungen

In den Jahren 2001 bis 2007 führten kontinuierliche Verluste und ein sich daraus abgeleiteter Investitionsstau zu einer ernsthaften wirtschaftlichen Krise. Durch niedrige Preise für die Produkte litt die Qualität, dies führte zu weniger Absatz und damit direkt zu schlechten Ergebnissen, was wiederum zur Folge hatte, dass die Preise weiter gesenkt wurden. Die Mitarbeiter hatten sehr wenig direkte Kundenkontakte. Dazu kam ein steigender und insgesamt hoher Krankenstand, verursacht bzw. gefolgt von der stetig schwindenden Motivation der Beschäftigten. Anfang 2006 signalisierten 15 Prozent der Mitarbeiter in sozialen Netzwerken ihre Bereitschaft, in anderen Unternehmen tätig zu werden. Es gab weder Verbesserungsvorschläge noch Spaß bei der Arbeit oder Engagement.

Unmittelbar in Zusammenhang mit einem Eigentümerwechsel stellte der Geschäftsführer des Unternehmens konkreten Handlungsbedarf in den Bereichen Technik, Qualität, Finanzen und Personal fest und suchte nach geeigneten Partnern für die Umsetzung. In der AOK Nordost fand er schließlich den idealen Partner für das Segment Personal. Gemeinsam wurde unter anderem ein umfangreiches Projekt zum betrieblichen Gesundheitsmanagement auf der Basis des in ◘ Abb. 26.1 dargestellten Modells gegründet.

26.4 Das Gesamtprojekt im Betrieb

Das hauptsächlich angestrebte Ziel des Projekts war aus Sicht der Geschäftsleitung, die Motivation der Mitarbeiter zu beleben, sie für die neuen Aufgaben und Ziele zu gewinnen und dafür, nach Erfolg und Qualität der Arbeit zu streben. Gleichermaßen zwingende Voraussetzung dafür war die Stärkung der individuellen Gesundheit der Mitarbeiter sowie eine bessere Aufbau- und Ablauforganisation zum Nutzen des Unternehmens, aber eben auch zum gesundheitlichen Nutzen der Belegschaft. Zusätzlich sollte als Nebeneffekt der vorhandene Krankenstand gesenkt werden. Außerdem galt es mit gleicher Intensität die Führungskräfte des Unternehmens für den Neuanfang zu gewinnen und zu begeistern.

Zu diesem Zweck wurden in der Firma Moll Marzipan eine Reihe von unterschiedlichsten Maßnahmen in Zusammenarbeit mit der AOK Nordost umgesetzt. Zu Beginn wurde eine schriftliche Mitarbeiterbefragung durchgeführt, die unter anderem aufzeigte, welche betrieblich beeinflussbaren Kriterien aus Sicht der Mitarbeiter dafür verantwortlich sind, gesund bleiben zu können oder eventuell krank zu werden. Ergebnis: Arbeitsfreude und Selbstvertrauen sind abhängig von vorhandenen Entscheidungsspielräumen, Lernen bei der Arbeit, Identifikation, fachlicher Unterstützung durch die Führungskräfte sowie davon, ob der Mitarbeiter sich fachlich überfordert fühlt. Im Gegensatz dazu hängen Gereiztheit, Erschöpfung und körperliche Beeinträchtigungen eng mit körperlichen Belastungen, physikalischen Umgebungsbelastungen und Unterbrechungen zusammen, jedoch unerwartet auch mit mangelnder Identifikation, Information und Beteiligung sowie fehlender fachlicher Unterstützung.

Auf diesen Erkenntnissen aufbauend wurden die Führungskräfte geschult, um im Sinne der oben benannten Kriterien möglichst gesundheitsförderlich zu führen. Zusätzlich wurde ein ressourcenorientiertes Training zum Stressmanagement für Teams umgesetzt. Das Training wurde im Rahmen des Projekts Stress- und Ressourcenmanagement für un- und angelernte Beschäftigte entwickelt (Entwicklung eines Multiplikatorenkonzeptes – ReSuM nach Busch et al. 2009).

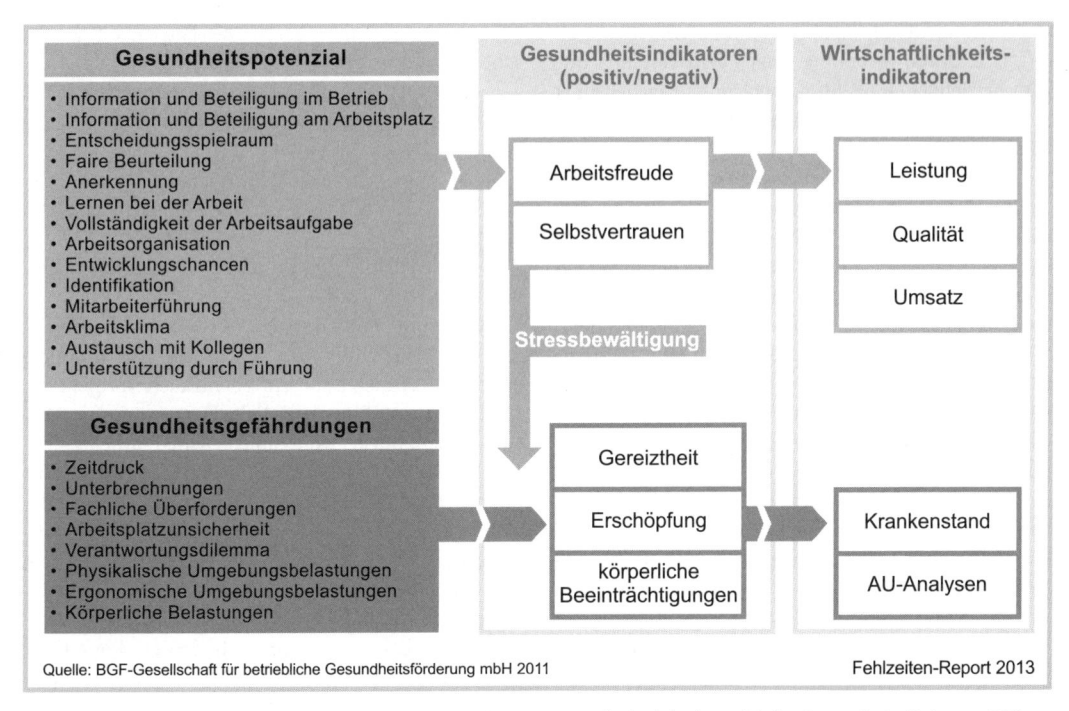

Abb. 26.1 Modell zur Diagnose betrieblicher Gesundheit (Aus Gesellschaft für betriebliche Gesundheitsförderung BGF mbH 2011, mit freundlicher Genehmigung)

Außerdem bot das Unternehmen Moll Marzipan GmbH den schichtarbeitenden Beschäftigten an, an einem weiteren Projekt teilzunehmen. Unterstützt durch die AOK Nordost wurden die Mitarbeiter hinsichtlich ihres Schlaf-Wach-Verhältnisses gemessen und befragt. Die BGF – Gesellschaft für Betriebliche Gesundheitsförderung mbH in Kooperation mit Somnico, dem Schlafforschungsinstitut der Charité Berlin, haben das Projekt entwickelt und umgesetzt.

Parallel wurde ein betriebliches Sportprogramm aufgebaut, bei dem sich der Geschäftsführer persönlich sehr stark engagiert. Dieses beinhaltet Angebote zu Ausdauersportarten, vor allem Laufen, sowie Fußball- und Tischtennisturniere als Mannschaftsevents. Mittlerweile sind mehr als 70 Prozent der Belegschaft in sechs verschiedenen Sportarten aktiv.

26.5 Das Teilprojekt Nichtrauchen

Nach Angaben der Deutschen Hauptstelle für Suchtfragen e. V. raucht etwa ein Drittel der deutschen Arbeitnehmer. Insgesamt arbeiten ca. drei Millionen nicht rauchende Arbeitnehmer in Deutschland in Räumen, in denen regelmäßig geraucht wird. Rauchen ist in Deutschland die häufigste vermeidbare Einzelursache für Invalidität und den frühzeitigen Tod. Jährlich sterben mehr als 100.000 Menschen an den Folgen des Rauchens. Rauchen ist damit Hauptrisikofaktor für

- zahlreiche Krebserkrankungen,
- Herzinfarkt und Schlaganfall,
- chronische Bronchitis und Lungenemphysem

(vgl. GKV-Spitzenverband 2010, S. 76 f und Goecke-Askotchenskii 2004).

Passivraucher erleiden – wenn auch in geringerem Ausmaß und seltener – die gleichen akuten und chronischen Gesundheitsschäden wie Raucher. Damit ist Tabakrauch nicht nur eine subjektiv empfundene Belästigung, sondern ein deutliches Gesundheitsrisiko. Aufgrund dieser Erkenntnisse hat der Gesetzgeber mit einer Änderung der Arbeitsstättenverordnung (ArbStättV) reagiert. Der § 5 ArbStättV: »Nichtraucherschutz« legt das Recht der nicht rauchenden Beschäftigten auf einen rauchfreien Arbeitsplatz fest: Dem Schutz der Gesundheit des Nichtrauchers am Arbeitsplatz wird somit eindeutig Vorrang vor der Handlungsfreiheit des Rauchers eingeräumt (Goecke-Askotchenskii 2004). Das Thema »Nichtraucherschutz im Betrieb« bekommt auf diese Weise eine gesetzliche Untermauerung. Zur Umsetzung dieser Vorschrift reichen Appelle auf gegenseitige Rücksichtnahme nicht aus. Es ist notwendig, in abgestimmten Vorgehensweisen, z. B. durch Erstellung einer Dienstvereinbarung zum betrieblichen Nichtraucherschutz, Klarheit über betriebliche Regelungen zu schaffen (GKV-Spitzenverband 2010, S. 76 f).

Betriebe sind aus Expertensicht ideale Orte für flächige Tabakkontrollinitiativen. Hier können sowohl wirksame betriebliche Nichtrauchermaßnahmen als auch Vorkehrungen zum Schutz für Nichtraucher gestaltet werden (Schmidt 2003). Flankierend dazu bieten sich in Unternehmen vor allem gruppentherapeutische Maßnahmen als Raucherentwöhnung an, da sie in der Regel deutlich erfolgreicher sind als Einzelmaßnahmen (Eriksen u. Gottlieb 1998).

Das Unternehmen Moll Marzipan ist als Produktionsunternehmen in der Nahrungsmittelindustrie an besondere Hygiene- und Reinheitsvorschriften gebunden, wie sie für alle Unternehmen dieser Branche gelten. In der Vergangenheit durfte nur an wenigen, speziell ausgewiesenen Plätzen am Standort geraucht werden. Dazu zählten zum Beispiel ein abgetrennter Bereich in der Kantine sowie ein Platz im Verwaltungsgebäude und auf Freiflächen innerhalb des Betriebsgeländes.

Die Raucherquote bei Moll Marzipan betrug nahezu 50 Prozent der Gesamtbelegschaft. Viele der zum Teil langjährigen Raucher hatten bereits mehrfach negative Erfahrungen mit dem Aufhören gemacht und sind rückfällig geworden. Der Wunsch, die Abhängigkeit zu besiegen, war dennoch vorhanden und wurde offen geäußert. Gerade die ersten positiven Erfahrungen bei der Entwicklung der Produktion hin zu mehr Qualität und zu einem besseren Betriebsergebnis zeigten den Beschäftigten, dass sie erfolgreich sein können. Dies führte vermutlich auch dazu, das Thema Nichtrauchen erneut in Angriff zu nehmen.

Gleichzeitig signalisierte die Unternehmensleitung den Anspruch, zusätzliche positive Bewertungen in der Auditierung von Kunden zu erhalten, insbesondere wenn gewährleistet wird, dass der gesamte Standort rauchfrei ist. Diese Forderungen kamen speziell von Kunden aus dem angelsächsischen Raum, in den Moll intensiver verkaufen wollte. Geprägt von den Erfahrungen zeigten sich die Raucher daher einerseits zuversichtlich, andererseits aber auch verängstigt. So wurde befürchtet, dass Beschäftigte, die den Rauchstopp nicht schaffen würden, in einem rauchfreien Werk Moll Marzipan enorm viel Zeit aufwenden müssten, um weiterhin rauchen zu können. Speziell die Mitarbeiter der Produktion müssten ihren Arbeitsbereich verlassen, sich umkleiden, das Betriebsgelände verlassen und die gleiche Prozedur wieder zurück auf sich nehmen. Bei zwei Zigaretten in einer Schicht wäre so bereits die gesamte gesetzliche Pausenzeit ausgeschöpft.

»Wenn ich also nicht mehr rauchen darf oder es mir so schwer gemacht wird, dann kann ich gleich ganz aufhören.«

»Ich habe schon mehrfach versucht aufzuhören und hoffe, dass es in der Gruppe einfacher wird, das Ziel zu erreichen.«

»Wenn ich hier acht Stunden ohne Zigarette schaffe, dann schaffe ich das auch vollständig.«

Diese und ähnliche Aussagen der Mitarbeiter waren Anlass für eine intensive Vorbereitung und eine erweiterte Strategie für ein Nichtraucherprojekt bei Moll Marzipan. Eine zusätzliche Herausforderung bestand darin, die bei Moll übliche Schichtarbeit zu berücksichtigen. Das klassische Paket des Programms »Rauchfrei in 10 Schritten«, das nach dem Modell der Bundeszentrale für gesundheitliche Aufklärung normalerweise zehn Einheiten mit jeweils 90 Minuten beinhaltet, wurde aufgrund der bereits genannten Bedingungen verändert. Bei dem modifizierten Programm handelt es sich weiterhin um ein kognitives, verhaltenstherapeutisch orientiertes und multidimensionales Gruppenprogramm. Es funktioniert nach der Reduktionsmethode und wird mit der Punkt-Schluss-Methode kombiniert. Diese beinhaltet unter anderem nach Schneider (2012, S. 246) einen Rauchstopp, der auf einen konkreten Termin festgelegt wird.

Zusammenfassende Schritte:
- Aufklärung über physische und psychische Wirkung von Genuss- und Rauschmitteln
- Reflexion von Genussfähigkeit und Belastungsbewältigung unter besonderer Berücksichtigung von Erfahrungen mit psychisch wirksamen Substanzen
- Reflexion des persönlichen Konsums und Sensibilisierung für die Übergänge zwischen Genuss, Missbrauch und Abhängigkeit
- Vermittlung von Wissen hinsichtlich der Entwicklung von nikotin- und alkoholassoziierten Erkrankungen sowie von Abhängigkeit
- Darstellung von Hilfs- und Behandlungsmöglichkeiten
- Förderung protektiver Faktoren
- Stärkung von persönlichen Ressourcen

Aus den ursprünglich zehn Veranstaltungssegmenten wurden in Abstimmung mit Moll Marzipan vier gebildet. Das erste bestand aus einer reinen Informationsveranstaltung zum Thema Nichtrauchertraining und umfasste zwei Unterrichtseinheiten. Die potenziellen Teilnehmer wurden über verschiedene Nichtraucherprogramme informiert, deren Für und Wider wurde

Tab. 26.1 Zusammensetzung der Belegschaft (Quelle: Eigene Darstellung)

	Gesamtbelegschaft	Teilnehmer an der Raucherentwöhnung
Anzahl der Mitarbeiter	85	18
Männer	59	17
Frauen	26	1
Durchschnittsalter	39	42

Fehlzeiten-Report 2013

aufgezeigt und diskutiert. Ziel war es, die Teilnehmer zu motivieren das skizzierte Angebot zu buchen (◘ Tab. 26.1).

Inhaltlich orientierte sich der Programmablauf an dem Zehn-Wochen-Angebot, jedoch unterschied sich der Ablauf vor allem im zeitlichen Umfang. Im ersten Hauptsegment wurden die Teilnehmer in vier bis fünf Unterrichtseinheiten mit Informationen und Strategien versorgt, sodass nach der ersten Sitzung das Rauchen eingestellt werden konnte. Die beiden folgenden Aufbauseminare dienten der Rückfallprophylaxe. Im ersten Aufbautermin sollte die Motivation aufrechterhalten bzw. erneuert werden, anschließend war es Ziel, das Nichtrauchen langfristig umzusetzen und die dafür entwickelten Strategien zu verfestigen.

Vor dem ersten Veranstaltungssegment und zwischen Segment 1 und 2 hatten die Teilnehmer die Möglichkeit, eine zusätzliche ärztliche Beratung in einer Facharztpraxis in Anspruch zu nehmen und eine medikamentöse Begleitung für maximal drei Monate zu erhalten.

1. Veranstaltung: fünf Unterrichtseinheiten (UE) Innerhalb von etwa 240 Minuten (vier Stunden) erhielten die Teilnehmer zunächst intensive Informationen über körperliche und psychische Wirkungen des Tabakkonsums. Sie diskutierten über die besonderen Anlässe, in denen sie rauchen, wann sie das Rauchen als positiv empfinden (zum Beispiel in Gesellschaft, nach dem Essen, während und nach einem erfolgreichen persönlichen Erlebnis) und wann es dem vorübergehenden Stressabbau dient (um aus stressigen Situationen zu »entkommen«). Die Gruppe tauschte sich außerdem darüber aus, wann Einzelne mit dem Rauchen begonnen haben, welche Gründe dafür entscheidend waren und in welchen Situationen ihnen der Rauchverzicht am schwersten erscheint. In der Gruppe wurde beraten, ob Rauchen für jeden Einzelnen derzeit Genuss oder bereits Abhängigkeit ist und welche Folgen eine Abhängigkeit auf die Person (körperliche und geistige Fähigkeiten) und das individuelle soziale Umfeld (Familie, Freunde, Arbeitskollegen) hat. Gleichzeitig erhielten die Teilnehmer Hinweise, wie man persönlich mit einem sofortigen Rauchstopp umgehen kann. Sie bezogen sich unter anderem auf einzelne Fragen wie: Wie verhalte ich mich in Situationen, die ich bisher immer auch mit Rauchen verbunden habe? Was mache ich, wenn mein Freundeskreis versucht, mich zu einem Rückfall zu animieren? Welche Strategien kann ich mir erarbeiten, um dauerhaft rauchfrei zu bleiben? Fast alle Teilnehmer erkannten, dass nach vielen Jahren des Tabakkonsums eine mehr oder weniger starke Abhängigkeit vorlag. Diese Erkenntnis und das Wissen über die zu erwartenden weiteren Folgen bestärkten alle Teilnehmer darin, ab sofort mit dem Nichtrauchen zu starten. Unmittelbar nach diesem Termin wurde deshalb das Rauchen gestoppt – alle Teilnehmer hielten sich daran.

2. Veranstaltung: drei Unterrichtseinheiten ca. 3–4 Wochen nach der ersten Veranstaltung Nachdem alle 18 Teilnehmer unmittelbar nach der ersten Veranstaltung das Rauchen eingestellt hatten und ebenfalls alle die Option der zusätzlichen ärztlichen Beratung inklusive der medikamentösen Begleitung gewählt hatten, wurden in dieser Veranstaltung die bislang erreichten Erfolge geschildert. Individuelle Erlebnisse wurden ausgetauscht. Die gegenseitige Unterstützung in der Gruppe wurde hervorgehoben, individuelle Strategien bewertet und miteinander beraten. Der Leiter des Programms erarbeitete mit Kleingruppen und mithilfe von Einzelaufgaben die erreichten Stärken (z. B. das Gefühl, eine große Herausforderung tatsächlich meistern zu können, Respekt der Familie und der Kollegen dafür, dass man sich dieser Herausforderungen stellt, Glück über erste oder wiedererlangte sportliche Aktivität) und die Rückschläge, die zum Beispiel Schlafstörungen, Heißhunger, Nervosität und Unruhe umfassten. Alle Teilnehmer erhielten Ratschläge und Hinweise, wie sie den eingeschlagenen Weg weitergehen können. Diese kamen vor allem von den anderen Teilnehmern, meist aus der Schilderung eigener Erfahrungen und gelegentlich als Anreiz auch vom Programmleiter.

3. Veranstaltung: zwei Unterrichtseinheiten ca. 6–8 Wochen nach der ersten Veranstaltung Die letzte Veranstaltung wurde dann für den Programmleiter, der in der zweiten Veranstaltung angeboten hatte, auch an einem Tag in der Woche telefonisch erreichbar zu sein, eine große Überraschung. Kein Teilnehmer hatte sich nach der zweiten Veranstaltung gemeldet. Alle berichteten unisono, dass sie weiter rauchfrei waren. Die Motivation in der Gruppe führte dazu, dass 15 Teilnehmer die oben erwähnte medikamentöse Behandlung bereits nach dem ersten Monat einstellten. Die Überzeugung, den Rauchstopp mit eigener Kraft und Energie zu bewältigen, war dafür groß genug. Die positiv wahrgenommenen körperlichen Veränderungen sowie der Respekt und die Anerkennung im Umfeld der Teilnehmer überwogen. Daneben wurden allerdings auch spezifisch schwierige Situationen geschildert und beraten. Ein Teilnehmer hatte in der gesamten Phase des Programms seine sozialen Kontakte außerhalb des Betriebes auf ein Minimum reduziert und seiner Ansicht nach so dafür gesorgt, keinen Rückfall zu erleiden. Die professionelle Beratung und die Unterstützung der Gruppe zeigte ihm auf, wie er diese Entwicklung wieder in den Griff bekommen würde – allein oder mithilfe anderer Gruppenmitglieder.

Konsequent wurden individuelle Möglichkeiten zur Rückfallprophylaxe erarbeitet. Im Ergebnis kristallisierten sich vor allem zwei Themenkomplexe heraus: 1. sportliche Aktivitäten – möglichst dauerhaft zur Steigerung der Ausdauer oder zur Gewichtsstabilität sowie zur Stabilisierung der persönlichen Leistungsfähigkeit. 2. Nutzung der neugewonnenen Freiheit und der damit verbundenen Chance, das eingesparte Geld für lang ersehnte Dinge oder Reisen sowie für die Familie einzusetzen. Die Bandbreite der sportlichen Aktivitäten war lang, viele Teilnehmer sprachen sich dafür aus, die innerbetrieblichen Angebote auszuprobieren, da sie hier mit den »wenigsten peinlichen Momenten« rechneten. Die ökonomischen Ideen beinhalteten vor allem Kurzreisen mit dem Lebenspartner, den Erwerb von Sportgeräten oder die Anlage des Geldes für das Alter. Der Leiter des Programms ermutigte die Teilnehmer, auch in Zukunft ihre eigenen Stärken immer wieder zu finden, Rückschläge zu verkraften und das Gefühl des Erfolges von etwas Erreichtem zu bewahren.

Die übliche Erfolgsquote von Rauchentwöhnungsangeboten beträgt nach einem Jahr maximal 30 Prozent (Schneider 2012, S. 246). Das bedeutet, dass ca. 70 Prozent der Teilnehmer nicht dauerhaft zu Nichtrauchern werden. Diese Quote war aus Sicht aller Beteiligten nicht ausreichend, um einerseits eine hohe Akzeptanz für das Angebot zu gewährleisten und andererseits die bereits genannten Befürchtungen in den Griff zu bekommen. So entstanden Diskussionen über den Einsatz von potenziellen Hilfsmitteln, die die Mitarbeiter dabei unterstützen könnten, den Rauchstopp durchzuhalten. Letztlich wurde eine optionale Ergänzung befürwortet, die allen Teilnehmern zugesagt und vom Unternehmen Moll Marzipan hundertprozentig finanziert werden sollte. Dabei handelte es sich um eine ärztliche Begleitung während des Nichtraucherprogramms, das zusätzlich und auf individuellen Wunsch jedes Teilnehmers eine medikamentöse Begleitung beinhaltete. Die Nutzung der Medikamente war nur verbunden mit einer ärztlichen Beratung, einer ärztlichen Verordnung und für maximal drei Monate möglich. Diese zeitliche Begrenzung war ärztlicherseits begründet und durch den Hersteller vorgegeben. Die ärztliche Begleitung erfolgte durch einen niedergelassenen Facharzt für Lungen- und Bronchialheilkunde. Die Praxis befindet sich im selben Stadtbezirk und war für die interessierten Mitarbeiter gut erreichbar. Eine Pflicht zur Teilnahme an dieser ärztlichen Beratung bestand nicht. Alle 18 Teilnehmer nahmen diese Beratung, die außerhalb der Arbeitszeit und neben dem innerbetrieblichen Programm stattfand, jedoch in Anspruch.

Auf der Basis der ärztlichen Beratung zur Einnahme des Wirkstoffs inklusive der Wirkungen und Nebenwirkungen entschieden sich alle Teilnehmer dafür, diese zusätzliche Hilfe zu nutzen. Die meisten Teilnehmer beendeten die medikamentöse Unterstützung bereits während oder nach dem ersten Monat. Nur drei Teilnehmer nahmen das Medikament für den maximal möglichen Zeitraum von drei Monaten ein.

26.6 Die Ergebnisse

43 Prozent aller Raucher (n = 18) nahmen an der Maßnahme teil. Alle 18 Teilnehmer waren unmittelbar nach Ende der Maßnahme im Juni 2010 rauchfrei. 17 von 18 Teilnehmern sind 31 Monate nach Abschluss noch immer rauchfrei (◘ Tab. 26.2).

Alle Teilnehmer nutzten zusätzlich zu der beschriebenen Maßnahme das Angebot einer ärztlichen

◘ **Tab. 26.2** Anzahl der Raucher vor und nach der Intervention (Quelle: Eigene Darstellung)

	Gesamtbelegschaft	Teilnehmer
Raucher vor der Intervention		
Anzahl	42	18
Anteil an der Gesamtbelegschaft	49,4 %	21,2 %
Raucher am Ende der Intervention		
Anzahl	24	0
Anteil an der Gesamtbelegschaft	28,2 %	0 %
Raucher 31 Monate nach Ende der Intervention		
Anzahl	13	1
Anteil an der Gesamtbelegschaft	15,3 %	1,2 %
		Fehlzeiten-Report 2013

und medikamentösen Begleitung. Die weitaus meisten Teilnehmer beendeten die auf maximal drei Monate begrenzte ärztlich-medikamentöse Unterstützung bereits im ersten Monat. Nur drei Teilnehmer griffen auf die Maximaldauer der Medikamentenunterstützung zurück. Mehr als zweieinhalb Jahre nach Ende der Maßnahme im Juni 2010 ist nach aktuellem Kenntnisstand davon auszugehen, dass ein Rückfall für diesen Personenkreis höchst unwahrscheinlich ist.

26.7 Fazit/Erfolgsfaktoren

Das hier vorgestellte Setting hat sich in der Praxis als gut geeignet erwiesen, um die Raucherquote im Unternehmen zu reduzieren. Während von den verbliebenen Rauchern inzwischen 50 Prozent nicht mehr rauchen, sind es unter den Teilnehmern der Nichtrauchermaßnahme mehr als 94 Prozent. Somit sind insgesamt 29 von 42 Rauchern im Unternehmen zu Nichtrauchern geworden.

Restriktive Haltung des Unternehmens Diejenigen Mitarbeiter, die es außerhalb der Nichtrauchermaßnahmen geschafft haben, mit dem Rauchen aufzuhören, sind über unterschiedliche Wege zu ihrem Ziel gekommen und haben sicher auch durch den beschriebenen Erfolg der Maßnahme zu einem eigenen Rauchstopp gefunden bzw. sind durch die erschwerten innerbetrieblichen Rahmenbedingungen animiert worden. Die verbliebenen Raucher dürfen heute nur außerhalb des Werksgeländes rauchen und müssen die oben beschriebenen Hürden nehmen, um rauchen zu können. Die Unternehmensleitung bietet hier weiterhin Hilfen an, um den Rauchausstieg zu ermöglichen.

Einbettung des Nichtraucherprogramms in ein umfangreiches BGM-Konzept Die Rahmenbedingungen, in denen das Nichtraucherprogramm durchgeführt wurde, haben maßgeblich zum Erfolg beigetragen. Viele der im Nichtraucherprogramm realisierten Maßnahmen berücksichtigten den Blickwinkel der Mitarbeiter. Die sich daraus abgeleiteten Veränderungsmaßnahmen dienten demzufolge dem Unternehmenserfolg und den Beschäftigten gleichzeitig. Insofern war dies auch für die Nichtrauchermaßnahme von Beginn an deutlich.

Vorbildfunktion des Geschäftsführers Der hochgradig sportaffine Geschäftsführer Dr. Armin Seitz begeistert seine Mitarbeiter nicht allein mit sportlichen Herausforderungen und Erfolgen. Vor allem hat er zweifelsfreies Zutrauen in die Kompetenz und Willenskraft seiner Belegschaft. Er kommuniziert offen die betrieblichen Herausforderungen und sucht nach Lösungen, die im Idealfall Mitarbeitern und Unternehmen einen Vorteil bieten. Wenn es gelingt, die Qualität der Produkte zu verbessern, dann verbessert sich die ökonomische Basis des Unternehmens. Wer das schafft, dem gelingt es auch, seine Gesundheit zu optimieren. Und wem dies gelingt, der erreicht auch andere Ziele – sowohl im Berufsleben als auch privat. Dass der Geschäftsführer hier immer auch Vorbild war und ist, hat zu diesem Erfolg ebenfalls beigetragen.

Besonders erfreulich ist, dass die erfolgreichen Teilnehmer der ersten Nichtrauchermaßnahme auch andere Angebote des Unternehmens wahrnehmen und heute aktive Mitglieder der unterschiedlichen Sportgruppen des Betriebs sind. Etwa ein Drittel der Nichtraucher nimmt kontinuierlich an Ausdauersportangeboten teil, in der Regel Laufen oder Triathlon. Drei der ehemaligen Raucher haben zwischenzeitlich ihren ersten Marathon absolviert.

Die vorhandenen Nichtraucherangebote sind inhaltlich und methodisch zielführend für einen dauerhaften Rauchstopp. Um größere, langfristige Erfolge zu erreichen, können Betriebe enorm unterstützend wirken. Sie haben die Chance, Gruppenangebote zu organisieren, in denen sich die Teilnehmer kennen und sich während des gesamten Programms zu ihren individuellen Schwierigkeiten bei der Entwöhnung austauschen können. Parallel trifft dies auch für die erreichten Erfolge zu und kann daher regelmäßiger Ansporn sein. Die Betriebe können ergänzende Unterstützung anbieten. Vor allem aber können Unternehmen Bedingungen schaffen, die Raucher davon überzeugen, mit dem Rauchen aufzuhören und dies beizubehalten. Dabei spielen Verlässlichkeit und Rahmenbedingungen vermutlich eine größere Rolle als individuelle Anreizsysteme beispielsweise in Form von monetären Zuwendungen. Bei Moll Marzipan waren es Hinweise auf die zukünftigen Örtlichkeiten für das Rauchen, die zuverlässige Unterstützung bei den begleitenden Angeboten sowie die Animation zur Teilnahme an gemeinsamen Sportaktivitäten durch den Geschäftsführer persönlich, die einen Anteil am Erfolg hatten.

Letztlich gibt es viele Gewinner, wenn es dem Unternehmen gelingt, die Raucherquote zu senken. Dazu gehören unter anderem das Unternehmen und die Sozialversicherungsträger, deren Kosten reduziert werden können. Dies wurde im vorliegenden Beispiel allerdings nicht untersucht. Der eigentliche Sieger ist jedoch der einzelne Mitarbeiter, der es schafft, seine Sucht zu bekämpfen und zu besiegen und gleichzeitig seine Gesundheit, sein Wohlbefinden und seine Leistungsfähigkeit bis ins hohe Alter zu erhalten.

Literatur

AOK NordWest (o J) Rauchfreier Arbeitsplatz schafft Gesundheit und Wohlbefinden. https://www.aok-bgf.de/nordwest/fuer-ihre-mitarbeiter/sucht1/nikotin1/rauchfreier-arbeitsplatz1.html

BGF – Gesellschaft für betriebliche Gesundheitsförderung mbH (2011) Modell zur Diagnose betrieblicher Gesundheit. In: AOK Nordwest (2012) Gesundheitsbericht 2011, Potsdam

Busch C, Roscher S, Ducki A, Kalytta T (2009) Stressmanagement für Teams in Service, Gewerbe und Produktion – ein ressourcenorientiertes Trainingsmanual. Springer, Heidelberg

Deutsche Hauptstelle für Suchtfragen e V (2010) Jahrbuch Sucht 2010. Geesthacht

Deutsches Krebsforschungszentrum (Hrsg) (2009) Die Kosten des Rauchens für Gesundheitswesen und Volkswirtschaft in Deutschland. Heidelberg

Eriksen MP, Gottlieb NH (1998) A review of the health impact of smoking control at the workplace. American Journal of Health Promotion 13:83–104

GKV-Spitzenverband (2010) Leitfaden Prävention Handlungsfelder und Kriterien des GKV-Spitzenverbandes zur Umsetzung von §§ 20 und 20a SGB V vom 21. Juni 2000 in der Fassung vom 27. August 2010. Berlin

Goecke-Askotchenskii M (2004) Rauchfreie Arbeitsplätze. Informationen und Strategien für die betriebliche Umsetzung. Wiesbaden; Faltblatt: »Rauchfrei am Arbeitsplatz«. Bundesvereinigung für Gesundheit e V, Bonn

Schmid B (2003) Suchtproblem Rauchen im Betrieb. In: Badura B, Hehlmann T (Hrsg) Betriebliche Gesundheitspolitik. Springer, Berlin Heidelberg

Schneider F (2012) Facharztwissen Psychiatrie und Psychotherapie. Springer, Berlin Heidelberg

Unternehmensbeispiele

Kapitel 27 Suchtprävention in Verkehrsunternehmen am Beispiel der Deutschen Bahn – 243
C. Gravert

Kapitel 28 Betriebliche Suchtprävention bei der Berliner Stadtreinigung – 251
S. Seele, A. Janecke

Suchtprävention in Verkehrsunternehmen am Beispiel der Deutschen Bahn

C. Gravert

B. Badura et al. (Hrsg.) *Fehlzeiten-Report 2013*,
DOI 10.1007/978-3-642-37117-2_27, © Springer Verlag Berlin Heidelberg 2013

Zusammenfassung In einem Verkehrsunternehmen wie der Deutschen Bahn (DB) kommt dem Thema Suchtprävention eine besondere Bedeutung zu. Suchterkrankungen stellen ein erhebliches Sicherheitsrisiko sowohl für Mitarbeiter wie auch für Kunden und Dritte dar, denn Suchtmittel schränken nicht nur das Fahrvermögen am Steuer ein, sondern erhöhen auch die Risikobereitschaft und fördern Vigilanzstörungen in überwachenden und unterstützenden Funktionen des Verkehrsbetriebes. Auch der suchtmittelbedingte Verlust an Eigeninitiative und Urteilskraft wirkt sich in einem sicherheits- und serviceorientierten Unternehmen sehr nachteilig aus.

27.1 Zur Notwendigkeit einer betrieblichen Präventionsstrategie

Die Arbeitswelt ist auch bei der Deutschen Bahn deutlich fordernder geworden. Von unseren Mitarbeitern erwarten wir Flexibilität, Mobilität und gleichbleibend hohe Einsatzbereitschaft. Es ist nicht einfach, Familie, Freunde, Arbeit und das oft weite Pendeln zwischen Wohn- und Arbeitsort in Einklang zu bringen. Wenn sich daraus eine chronische Überforderung entwickelt oder vielleicht noch berufliche Kränkungen oder persönliche Enttäuschungen hinzukommen, erhöht sich das Risiko für psychische Erkrankungen wie Erschöpfung, Burnout, Depression und nicht zuletzt Suchterkrankungen erheblich. Insbesondere Mitarbeiter, die nicht gelernt haben, mit hohen inneren Spannungen und äußeren Belastungen umzugehen und dafür Hilfen zur Spannungsreduktion und Konfliktlösung anzunehmen, greifen vorzugsweise auf untaugliche Spannungslöser wie Alkohol zurück und sind daher besonders suchtgefährdet.

Wie häufig sind Suchterkrankungen im Unternehmen? Es darf davon ausgegangen werden, dass die Verhaltensweisen und Erkrankungen der Mitarbeiter in einem solch großen, bundesweit aufgestellten Unternehmen dem Durchschnitt aller Beschäftigten aus allen gesellschaftlichen Schichten entsprechen. Psychische Störungen machen insgesamt etwa zehn Prozent der krankheitsbedingten Fehltage aus, wobei Fehltage in Zusammenhang mit Alkoholmissbrauch oftmals auch mit körperlichen Diagnosen oder als Unfallfolgen in der AU-Statistik erscheinen. Auf Details zur Prävalenz und den gesundheitlichen Folgen des Suchtmittelmissbrauchs soll insofern an dieser Stelle nicht weiter eingegangen werden, die Feststellungen zur Bedeutung von Suchterkrankungen in anderen Beiträgen dieses Fehlzeiten-Reports und in anderen Quellen wie dem Jahrbuch Sucht (DHS 2012) gelten sicherlich gleichermaßen für die Beschäftigten der DB. Alkohol ist unter den Suchtmitteln in Deutschland allgemein und auch bei den Beschäftigten der DB die mit Abstand am weitesten verbreitete psychoaktive Substanz.

Arbeitgeber und Gewerkschaften haben sich seit Langem mit Verfahren zum Umgang mit Alkohol- und Drogenmissbrauch in Unternehmen und deren Kontrolle befasst und 1993 in der Internationalen Arbeitsorganisation ILO Richtlinien für Kontrollen (International Labour Office 1993) sowie 1996 ein zugehöriges Strategiehandbuch (International Labour Office 1996) herausgegeben. Sie empfehlen eine umfassende Alkohol- und Drogenstrategie im Unternehmen. Menschliches Versagen nach Alkohol- und Drogenmissbrauch ist Ursache für spektakuläre Unfälle bei Flugzeugen, Bussen, Eisenbahnen und Schiffen, von Mount Vernon[1] bis zur Exxon Valdez[2]. Bis zu 30 Prozent aller

---

1 Mit nahezu 100 Stundenkilometern raste am 6. April 1988 in Mount Vernon nahe New York ein Zug in einen anderen stehenden Zug. Die Autopsie des Lokführers ergab, dass er trotz früher Morgenstunde bereits high gewesen

Arbeitsunfälle in Deutschland sollen unter Einfluss von Alkohol geschehen.

Bei der DB stimmen Konzernleitung und Interessenvertretungen daher seit Langem überein, dass der Eisenbahnbetrieb ein unbedingtes Suchtmittelverbot erfordert. Aus der Verantwortung für einen sicheren Eisenbahnbetrieb leitet sich ein ganzheitlicher Ansatz der Suchtprävention als Beitrag zur gelebten Sicherheitskultur ab, von der umfassenden Schulung aller Beteiligten über das absolute Null-Promille-Gebot am Arbeitsplatz bis zu medizinischen Kontrollen und intensiver Sozialbetreuung erkrankter Mitarbeiter. Technikbezogene Möglichkeiten der Unfallvermeidung haben bei der Eisenbahn traditionell einen höheren Stellenwert als im Straßenverkehr, doch zur Abwehr von Unfällen ist es erforderlich, allen möglichen Faktoren von Unfällen, also auch dem individuellen Fehlverhalten, mit geeigneten Maßnahmen zu begegnen. Seit vielen Jahren hat es bei der DB keinen Verkehrsunfall oder sonstigen schweren Betriebsunfall gegeben, bei dem ein Suchtmittelmissbrauch (Alkoholkonsum oder illegale Drogen) für den Unfall verantwortlich war oder auch nur zufällig im Rahmen der routinemäßigen Ermittlungen durch die Behörden festgestellt wurde.

Strafrechtlich ist klar geregelt (§ 315a (1) StGB): »Mit Freiheitsstrafe bis zu fünf Jahren oder mit Geldstrafe wird bestraft, wer ein Schienenbahn- oder Schwebebahnfahrzeug … führt, obwohl er infolge des Genusses alkoholischer Getränke oder anderer berauschender Mittel oder infolge geistiger oder körperlicher Mängel nicht in der Lage ist, das Fahrzeug sicher zu führen.«

In der amtlichen, europaweit gültigen Eisenbahnfahrzeug-Führerschein-Richtlinie ist nicht nur festgelegt, dass der Lokführer an keiner Sucht erkrankt sein darf, sondern darüber hinaus wird der Unternehmer verpflichtet, »im Rahmen seines Sicherheitsmanagementsystems darauf hinzuwirken, dass ein Triebfahrzeugführer während seines Dienstes zu keinem Zeitpunkt unter dem Einfluss von Stoffen steht, die seine Konzentration, seine Aufmerksamkeit oder sein Verhalten beeinträchtigen können.«[3]

Für Busfahrer gilt neben der Promillegrenze des Straßenverkehrs: Es »ist dem im Fahrdienst eingesetzten Betriebspersonal untersagt, während des Dienstes und der Dienstbereitschaft alkoholische Getränke oder andere die dienstliche Tätigkeit beeinträchtigende Mittel zu sich zu nehmen oder die Fahrt anzutreten, obwohl er unter der Wirkung solcher Getränke oder Mittel steht.«[4]

Im Tarifvertrag der DB wird das Suchtmittelverbot auf alle Arbeitnehmer auch außerhalb des Führerstands erweitert: »Der Arbeitnehmer hat sich innerhalb und außerhalb des Betriebes so zu verhalten, dass er seine Arbeit einwandfrei ausüben kann. Insbesondere darf er die Arbeit nicht antreten oder fortsetzen, wenn er infolge Einwirkung von berauschenden Mitteln (z. B. Alkohol und sonstige Drogen) oder von Medikamenten in seiner Arbeitsausübung beeinträchtigt ist. In begründeten Fällen (z. B. Alkoholgeruch, auffälliges Verhalten) kann der Arbeitgeber einen diesbezüglichen Test durchführen oder eine ärztliche Untersuchung anordnen.«[5]

Zur konkreten Umsetzung dieser Rechtsgrundlagen hat die DB erstmals 1998 eine »Konzernbetriebsvereinbarung zum Suchtmittelverbot, zum Umgang mit Suchtmittelgefährdung und -abhängigkeit im Unternehmen« (KBV Sucht) abgeschlossen (Deutsche Bahn AG 2001). In der KBV Sucht stellen Unternehmensleitung und Interessenvertretung gemeinsam fest, »dass insbesondere im Eisenbahnbetrieb Verstöße gegen das Suchtmittelverbot nicht hinnehmbar sind und daher zur Einhaltung des Suchtmittelverbotes alle Möglichkeiten auszuschöpfen sind.«

Auf der Basis dieser KBV Sucht wurde zum Thema Alkohol am Arbeitsplatz in den vergangenen 15 Jahren ein deutlicher Kulturwandel vollzogen. Alkohol ist heute ganz selbstverständlich überall im Unternehmen tabu, an allen Arbeitsplätzen gilt die Null-Promille-Regelung. Nicht nur im sicherheitsrelevanten Verkehrsbetrieb, sondern auch in Werkstätten, in den Betriebskantinen und an den Büroarbeitsplätzen gibt es keinen Alkohol. Das Streben um einen systematischen Umgang mit Suchterkrankungen von der umfassenden Prävention bis zur frühzeitigen, betrieblich

---

war – Tod im Marihuana-Rausch. Seine Kollegen von der Frühschicht hatten ebenfalls kräftig zugelangt: Nach dem Unglück vorgenommene Tests zeigten, dass der Fahrdienstleiter unter dem Einfluss von Opiaten stand; zwei der drei für den Streckenabschnitt zuständigen Angestellten wurde die Einnahme von Barbituraten nachgewiesen, der Dritte hatte Marihuana geraucht. Zitiert aus Spiegel 48/1988.

2 Am 24. März 1989 lief der Tanker gegen das in allen Seekarten vermerkte Bligh-Riff. Der Kapitän lag erheblich alkoholisiert in seiner Kabine. Die Technik der Exxon Valdez gehörte 1989 zum Modernsten, aber psychische Überlastung, Alkohol und mitunter auch Drogen – das ergab ein hochgefährliches, fehlerträchtiges Gemisch.

3 § 12 Triebfahrzeugführerscheinverordnung (TfV)
4 § 8 (3) Verordnung über den Betrieb von Kraftfahrunternehmen im Personenverkehr (BOKraft
5 § 18 BasisTV

27.1 · Zur Notwendigkeit einer betrieblichen Präventionsstrategie

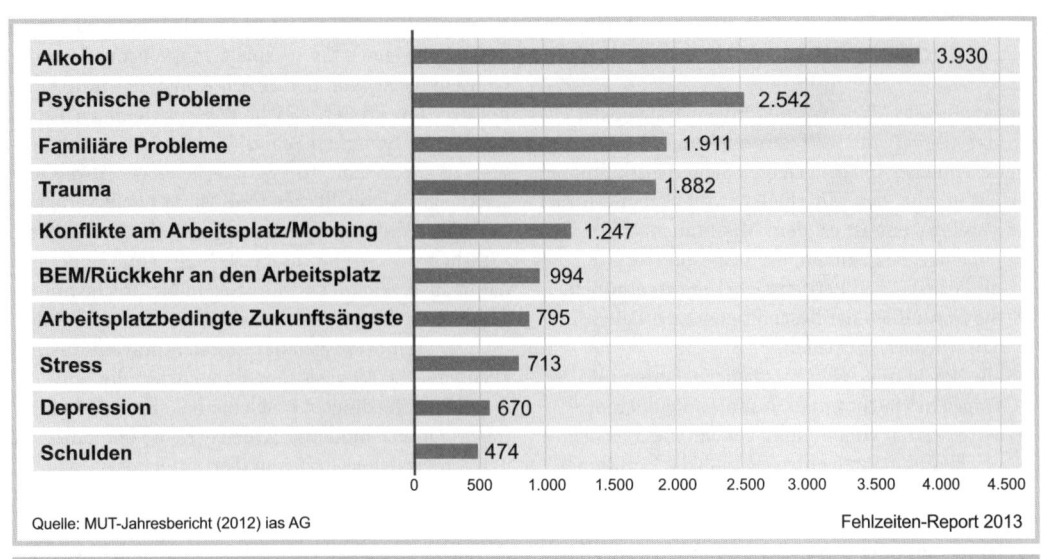

Beratungsanlass	Anzahl
Alkohol	3.930
Psychische Probleme	2.542
Familiäre Probleme	1.911
Trauma	1.882
Konflikte am Arbeitsplatz/Mobbing	1.247
BEM/Rückkehr an den Arbeitsplatz	994
Arbeitsplatzbedingte Zukunftsängste	795
Stress	713
Depression	670
Schulden	474

Quelle: MUT-Jahresbericht (2012) ias AG — Fehlzeiten-Report 2013

◘ **Abb. 27.1** Die zehn häufigsten Beratungsanlässe in der psychosozialen Beratung MUT: Alkoholmissbrauch ist der Top-Beratungsanlass (nach MUT-Jahresbericht 2012)

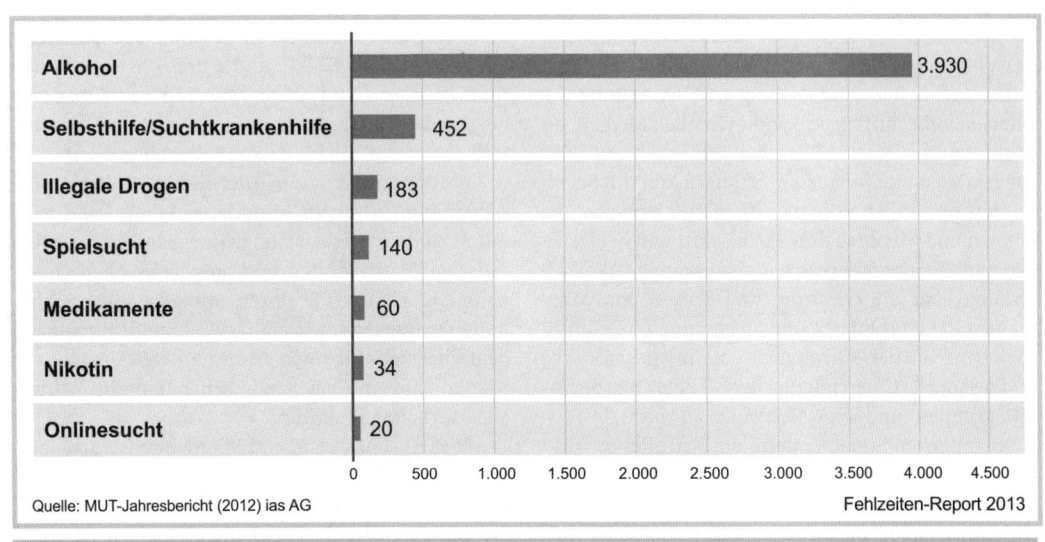

Beratungsanlass	Anzahl
Alkohol	3.930
Selbsthilfe/Suchtkrankenhilfe	452
Illegale Drogen	183
Spielsucht	140
Medikamente	60
Nikotin	34
Onlinesucht	20

Quelle: MUT-Jahresbericht (2012) ias AG — Fehlzeiten-Report 2013

◘ **Abb. 27.2** Verteilung der Beratungsanlässe »Sucht« in der Betrieblichen Sozialberatung 2012: Alkohol ist das bedeutendste Suchtmittel (nach MUT-Jahresbericht 2012)

angestoßenen Therapie und Rehabilitation stellte nebenbei den Ausgangspunkt eines umfassenden betrieblichen Gesundheitsmanagements moderner Prägung bei der Bahn dar. Am Thema Suchterkrankungen wurden Mitarbeiter, Führungskräfte, betriebliche und außerbetriebliche Experten in ein gemeinsames Grundverständnis, gemeinsame Aktionen und nachhaltiges Handeln eingebunden. Später wurde dieser systematische Ansatz auf die Themenfelder gesunde Ernährung, sportliche Betätigung und den Umgang mit psychischen Belastungen in vergleichbarer Weise ausgeweitet. Bis heute stellt die Beratung und Betreuung zu Suchtthemen, insbesondere zum Alkoholmissbrauch, den zahlenmäßig größten Schwerpunkt in der psychosozialen Beratung und Betreuung dar (◘ Abb. 27.1 und ◘ Abb. 27.2).

27.2 Prävention durch Information und Schulung

Die bestehende Alkohol- und Drogenstrategie der DB – konkretisiert in der KBV zum Suchtmittelverbot – ist ein wesentlicher Teil der gelebten Sicherheitskultur bei der DB und bei den Mitarbeitern voll akzeptiert. Ziel der Vereinbarung ist es, dem Missbrauch von Suchtmitteln entgegenzuwirken, um insbesondere

- die Arbeits- und Betriebssicherheit zu erhöhen,
- die Gesundheit der Beschäftigten zu erhalten bzw. wiederherzustellen,
- alle Beschäftigte über mögliche Gefahren und Folgen des Suchtmittelkonsums aufzuklären,
- Vorgesetzten Hilfestellung bei der Suchtproblembewältigung durch eine verbindliche Handlungsanweisung zu geben und Betroffenen ein rechtzeitiges Hilfeangebot zu unterbreiten,
- fahrlässige oder vorsätzliche Verstöße gegen das Suchtmittelverbot zu sanktionieren.

Die Präventionsangebote der DB werden – historisch gewachsen – von verschiedenen Partnern im Konzern gemeinsam getragen, die sich zum »Netzwerk Suchtprävention« zusammengeschlossen haben. Zur Prävention gehören die Herstellung und Verbreitung von Informationsschriften und audiovisuellen Medien, die Schulung von Auszubildenden, Mitarbeitern, Führungskräften und Interessenvertretern, um mit Suchtmitteln persönlich verantwortungsvoll umgehen zu können und Missbrauch bei sich selbst und bei Kollegen und Mitarbeitern frühzeitig zu erkennen, die Aufklärung über die Gefahren und Folgen von Missbrauch, die Ausbildung und Begleitung ehrenamtlicher betrieblicher Suchthelfer, eine organisatorische und personelle Unterstützung der betrieblichen Selbsthilfegruppen und ein Netzwerk an betrieblichen hauptamtlichen Sozialberatern, um Betroffenen wirksam zu helfen.

Die Bahn-Zentralstelle gegen Alkoholgefahren (BZAL) ist das auf Suchtprävention spezialisierte Aufgabenfeld der Stiftung Bahnsozialwerk (BSW). Sie hat in den vergangenen zehn Jahren mehrere professionelle, hochwertige Filme für unterschiedliche Mitarbeiter-Zielgruppen zur bahninternen Aufklärung und Information über Suchtmittel erstellt. Die Suchtprävention ist in der Stiftungsverfassung des BSW ausdrücklich verankert. Die Stiftung BSW verfügt hierzu neben der BZAL über qualifizierte Sozialarbeiter, die in der Suchtprävention ausgebildet sind und über langjährige Erfahrungen im Suchtbereich verfügen.

Herauszuheben aus der Arbeit der BZAL ist der Film »Crash« (2008) zum Thema Alkoholmissbrauch bei Jugendlichen. »Geschildert wird die Ausbildung des 17-jährigen Max (gespielt von Wilson Gonzalez Ochsenknecht) von den ersten Kontakten zum Alkohol bis zum großen Crash. Wie im richtigen Leben werden die typischen Fehler von den Eltern und Vorgesetzten gemacht. Top-Schauspieler wie Uwe Ochsenknecht, Meret Becker und Marie Lucht verleihen der Spielhandlung Spannung und Glaubwürdigkeit. ›Crash‹ provoziert bewusst viele Fragen und eignet sich damit ausgezeichnet als Einstieg in Gespräche mit Jugendlichen, Eltern und Ausbildern.«[6]

Der emotionsgeladene Suchtpräventionsfilm »Pendler« (2009) zeigt sehr differenziert die Entwicklung alkoholbedingter Probleme bei einem Leistungsträger. Unsere moderne Arbeitswelt ist komplizierter und fordernder geworden und erwartet hohe Mobilität. Familie, Freunde, Arbeit auch über große Entfernungen miteinander in Einklang zu bringen wird zur Herausforderung unserer Zeit. Einsamkeit, Stress und Frust können dabei zu immer mehr Alkoholkonsum führen.

Mit diesem Film haben wir versucht, auch das stereotype Bild vom alkoholgefährdeten Mitarbeiter im Unternehmen zu ändern. Es sind heute nicht mehr vorrangig die einfachen Mitarbeiter wie Rangierer oder Bauarbeiter, die Bier und Schnaps in ihren Sozialräumen lagern und schon während der Arbeitszeit oder in der Mittagspause übermäßig trinken, wie dies vielleicht vor 30 Jahren noch gebräuchlich war. Mittlere Führungskräfte, Mitarbeiter im Außendienst oder selbstständige Berater ohne feste Arbeitszeiten sind durch hohe Stressbelastung, ihre Sandwichposition zwischen Beschäftigten und anspruchsvollen Unternehmenszielen sowie durch unregelmäßige Schlaf- und Essenszeiten sowie häufig wechselnde Einsatzorte heute viel mehr für einen unvernünftigen Umgang mit Alkohol und ein Abgleiten in behandlungsbedürftiges Suchtverhalten gefährdet.

Die Führungskräfte und Mitarbeiter werden überwiegend im Rahmen von Seminaren geschult, die durch den internen Bildungsdienstleister DB Training, das BSW, den betriebsärztlichen Dienst ias AG und Dritte, d. h. auf Suchtprävention spezialisierte externe Berater durchgeführt werden. Der Information, Schulung und Beratung von Führungskräften kommt in diesem Zusammenhang eine besondere Bedeutung zu, da diese die Verantwortung für den Umgang mit dem Thema Sucht in ihrer jeweiligen Abteilung tragen, und zwar einerseits die Verantwortung für die konsequente Umsetzung geltender Regelungen, andererseits die Verantwortung für die Mitarbeiter im Rahmen der Fürsorgepflicht. Auch bei Gesundheitstagen und in der

---

6 http://www.bsw24.de/Medien.140.0.html

internen Medienkommunikation steht das Thema Suchtprävention als Top-Thema auf der Agenda. Die Sozialversicherungen rund um die DB haben schon 2004 unter Federführung des Deutschen Verkehrssicherheitsrates (DVR) die Präventionskampagne »PUR – Die Initiative gegen Alkohol und Drogen bei der Arbeit« begründet. Der Fahrsimulator des DVR und weitere Mittel zur Simulation von Alkohol- und Drogengefahren sind regelmäßiger Begleiter von DB-Gesundheitsveranstaltungen.

Besonders erwähnenswert sind auch unternehmensinterne Laientheateraufführungen zum Thema Suchtprävention. So haben 2011 in Duisburg die ehrenamtlichen Suchtkrankenhelfer der DB und Sozialberaterinnen der ias AG das Theaterstück »Gustav trinkt« geschrieben, einstudiert und aufgeführt, das sich an der betrieblichen Praxis und den Vorgaben der DB-Konzernbetriebsvereinbarung zur Suchtprävention orientiert. Mit dem Theaterstück wurde den regionalen Führungskräften die Suchtthematik praxisgerecht und emotional vermittelt. Das Theaterstück wurde inzwischen auf DVD eingespielt, um es bundesweit in Veranstaltungen für Führungskräfte zum Umgang mit suchtauffälligen Mitarbeitern zu verwenden.

27.3 Betriebliche Hilfsangebote für gefährdete Mitarbeiter und deren Angehörige

Für Mitarbeiter, die durch Suchtmittelmissbrauch gefährdet oder bereits durch gesundheitliche oder disziplinare Probleme aufgefallen sind, steht im Netzwerk Suchtprävention bundesweit ein Team von hauptamtlichen Sozialberatern des BSW, der ias AG und ehrenamtlichen Suchtkrankenhelfern als sachkundige Berater und Betreuer zur Verfügung. Im Gegensatz zu anderen Leistungen des Arbeits- und Gesundheitsschutzes oder im Gesundheitsmanagement werden die Leistungen der Suchtberatung und -betreuung komplett pauschaliert gegenüber dem Arbeitgeber abgerechnet, um die vollständige Anonymität der Betreuung nicht durch Kostenübernahmeanfragen oder Leistungsabrechnungen mit dem Arbeitgeber zu gefährden. An insgesamt etwa 20 Standorten wird die betriebliche Sozialberatung der DB von der ias AG, dem Rechtsnachfolger des DB-GesundheitsService, erbracht. Neben der psychosozialen Einzelfallberatung von DB-Mitarbeitern werden die Sozialberater auch zur Betreuung von Führungskräften und ehrenamtlichen Suchtkrankenhelfern eingesetzt. In der Beratung suchtmittelabhängiger oder gefährdeter Mitarbeiter zeigt sich eine zunehmende Häufung schwerwiegender Begleitproblematiken (Überschuldung, kein fester Wohnsitz, soziale Isolation, psychiatrische Zusatziagnosen etc.) Daher ist es immer wichtiger, eine Suchtmittelproblematik frühzeitig wahrzunehmen und anzusprechen, um dem Mitarbeiter Hilfe anzubieten, bevor weitere Folgeerscheinungen auftreten, die eine Behandlung zunehmend schwieriger machen. Ebenfalls auffällig ist die Zunahme von Internet- und Spielsucht, die bei den Beratungsanlässen ein vergleichbares Ausmaß wie illegale Drogen einnimmt. Anfang 2012 haben wir die klassische Sozialberatung der DB um eine niedrigschwellige, flächendeckende telefongestützte Beratung aller Beschäftigten zu allen psychosozialen Themen erweitert. Das Format des üblichen Employee Assistance Program (EAP) wird hierbei um Beratungsthemen aus der Betriebsmedizin und Sicherheitstechnik sowie die Einbindung aller im DB-Konzern bereits bestehenden Beratungs- und Präventionsmöglichkeiten ergänzt. Der englische Begriff EAP wurde sinngemäß in Mitarbeiter-Unterstützungsteam (MUT) übersetzt. Mit MUT bündelt die Deutsche Bahn ihr gesamtes betriebliches Gesundheits- und Beratungsangebot. Kann ein MUT-Berater nicht direkt weiterhelfen, vermittelt er dem Anrufer den richtigen Ansprechpartner unter internen oder externen Kooperationspartnern und Fachexperten. Auch wenn das Spektrum der Beratung ausdrücklich auf alle psychosozialen Belastungen ausgerichtet ist, vom Stress bis zur Familienpflege, stellt das Thema Sucht mit rund 50 Prozent der Beratungsneufälle mit Abstand das häufigste Thema dar; das Thema Alkohol nimmt sowohl innerhalb der Beratungsthemen insgesamt als auch im Vergleich der Suchtthemen einen absoluten Spitzenwert ein (◘ Abb. 27.1 und ◘ Abb. 27.2). Durch den sehr niedrigschwelligen und unternehmensintern stark beworbenen Zugangsweg MUT hat sich die Zahl der Beratungsneufälle zum Thema Sucht im Jahr 2012 gegenüber den Vorjahren in etwa verdoppelt.

Die ehrenamtlichen betrieblichen Suchtkrankenhelfer sind Mitarbeiter der DB, die selbst von einer Suchterkrankung betroffen sind, aber schon längere Zeit (mindestens ein Jahr) abstinent leben. Sie haben sich freiwillig bereit erklärt, allen Mitarbeitern mit Suchtproblemen als Ansprechpartner vor Ort zur Verfügung zu stehen. Durch die eigenen Erfahrungen mit einem Suchtmittel kennen sie die schwierige Situation von Betroffenen und können vor diesem Hintergrund informieren und motivieren, weiterreichende Hilfsangebote anzunehmen. Vorgesetzte und Kollegen haben die Möglichkeit, sich an sie zu wenden, wenn sie entsprechend erfahrene Unterstützung wünschen. Die betrieblichen Suchtkrankenhelfer werden von der betrieblichen Sozialberatung der ias AG ausgebildet, fachlich weitergebildet und unterstützt. Wie die hauptamtlichen Sozialberater haben auch die Suchtkrankenhelfer alle ihnen bekannt gewordenen Angelegenheiten mit äußerster Verschwiegenheit zu behandeln. Dies gilt selbstverständlich gleichermaßen gegenüber dem jeweiligen Vorgesetzten wie dem Personalmanagement.

Zum Umgang mit suchterkrankten Mitarbeitern legt die KBV Sucht eine Interventionskette fest, wie sie auch von der Deutschen Hauptstelle für Suchtfragen (DHS) und von anderen propagiert wird. Es handelt sich um eine ausgewogene Mischung von Hilfsangeboten und disziplinarischen Maßnahmen. Der Mitarbeiter entscheidet sich freiwillig für ein Behandlungsangebot und steht dabei in enger Betreuung durch Sozialberatung und Betriebsarzt. Besteht der begründete Verdacht einer Suchtmittelabhängigkeit oder -erkrankung, ist folgender Maßnahmenkatalog vorgesehen:

Stufe 1 Der Vorgesetzte führt mit dem Beschäftigten ein vertrauliches, abteilungsinternes Gespräch gegebenenfalls nach Beratung mit dem Betriebsarzt. Auf Wunsch des Beschäftigten ist der Betriebs-/Personalrat zu beteiligen. Dem Beschäftigten werden die arbeitsvertraglichen/dienstrechtlichen Verfehlungen dargelegt und eröffnet, dass eine Suchtabhängigkeit vermutet und das negative Leistungsverhalten hierauf zurückgeführt wird. Er wird über betriebliche Beratungs- und Hilfsangebote informiert und es wird ihm die Inanspruchnahme nahegelegt. Ist die Tauglichkeit/Fahreignung nicht mehr gegeben, so wird sofort eine Behandlung/Therapie zur Auflage gemacht.

Stufe 2 Ist in der Folgezeit keine Veränderung im Verhalten des Beschäftigten festzustellen und kommt es erneut zu Verletzungen der arbeitsvertraglichen/dienstrechtlichen Pflichten infolge des Suchtmittelmissbrauchs, findet ein weiteres Gespräch in größerer Runde statt: Führungskraft, Beschäftigter, Personalabteilung, Betriebsarzt/Psychologe/Sozialarbeiter, Interessenvertreter und gegebenenfalls Suchtkrankenhelfer.

Stufe 3 Vier Wochen nach dem Gespräch bei der Personalabteilung wird im gleichen Kreis der Stufe 2 ein weiteres Gespräch geführt, um den bisherigen Verlauf zu bewerten. Dem Beschäftigten wird dargelegt, dass sein Arbeitsverhältnis gekündigt wird bzw. disziplinarrechtliche Maßnahmen durchgeführt werden, wenn er die Hilfsmaßnahmen nicht in Anspruch nimmt und weiterhin arbeitsvertragliche/dienstrechtliche Pflichten nicht erfüllt.

Stufe 4 Erfüllt der Beschäftigte weiterhin seine Pflichten aus dem Arbeits-/Dienstverhältnis nicht und erbringt er keinen Nachweis darüber, dass er die zur Auflage gemachte Therapie absolviert, so informiert der Vorgesetzte die Personalabteilung. Die Personalabteilung leitet unter Beachtung der Mitbestimmungsrechte des Betriebs-/Personalrates die fristgerechte Kündigung bzw. Disziplinarmaßnahme ein. Tritt der Beschäftigte nach Einleitung der Kündigung die geforderte Therapie an, so wird die Kündigung zurückgezogen. Ist die Kündigung rechtskräftig, kann die Zusicherung der Wiedereinstellung innerhalb von 12 Monaten gegeben werden.

In der betrieblichen Praxis gibt es nur sehr wenige suchtmittelbedingte Kündigungen. Im Durchschnitt werden 65 Prozent der Mitarbeiter bereits nach der ersten Therapie durchgehend abstinent, weitere 15 Prozent werden nach einem Rückfall abstinent. Etwa 20 Prozent der Mitarbeiter werden rückfällig. Mit einer Abstinenzquote von rund 80 Prozent liegen wir deutlich über dem Durchschnitt anderer Therapieerfolgsquoten.

Nach einer erfolgreich beendeten Therapie ist die Unterstützung aller Beteiligten bei der Wiedereingliederung am Arbeitsplatz für einen dauerhaften Behandlungserfolg unerlässlich. Koordiniert wird die Wiedereingliederung durch die betriebliche Sozialberatung. Den Mitarbeitern wird nahegelegt, regelmäßig eine betriebliche oder externe Selbsthilfegruppe zu besuchen und sie werden einer sorgfältigen verkehrsmedizinischen Begutachtung durch den Betriebsarzt und Psychologen unterzogen, bevor sie in sicherheitsrelevanten Tätigkeiten wieder eingesetzt werden. Mitarbeiter im Betriebsdienst werden gemäß DB-interner Richtlinie 107 regelmäßig für eine Zeit von einem Jahr aus dem Betriebsdienst genommen, was vergleichbaren Regelungen im Straßenverkehr entspricht, wo die Sperrfrist bis zum medizinisch-psychologischen Eignungstest mindestens ein Jahr beträgt. Ausnahmen sind möglich bei einer besonders engmaschigen Betreuung und Kontrolle.

Die betroffenen Mitarbeiter werden unter Fortzahlung des Entgeltes so sinnvoll wie möglich beschäftigt. In dieser Zeit (und erforderlichenfalls darüber hinaus) nehmen sie an therapeutisch-unterstützenden Maßnahmen teil, die die Abstinenz stabilisieren und belegen. Dies können sein: Beratungen mit dem betrieblichen Sozialberatungsdienst, gegebenenfalls psychologische Gutachten, betriebsärztliche Untersuchungen sowie regelmäßige Teilnahme an einer Selbsthilfegruppe und an der Betreuung durch Kollegen mit überwundenen Suchterfahrungen. Ziel ist, die Mitarbeiter danach ihre angestammte Tätigkeit wieder aufnehmen zu lassen.

Ein Mitarbeiter, der seine Suchtmittelabhängigkeit bewältigt hat und danach in der Lage ist, ein suchtmittelfreies Leben zu führen, verdient Respekt und Anerkennung. Daher hat er nach Ablauf von 18 Monaten der Bewährung den Anspruch darauf, dass alle Hinweise auf die Abhängigkeit aus seiner Personalakte entfernt werden.

27.4 Umgang mit Drogen- und Alkoholkontrollen im internationalen Vergleich

Alkohol- und Drogentests werden international im Transportsektor nur wenig kontrovers diskutiert. Alle Länder Europas haben Promillegrenzen im Straßenverkehr und setzen diese mit verdachtsunabhängigen Kontrollen durch, selbst wenn sie Kontrollen am Arbeitsplatz skeptisch gegenüberstehen (ILO 2003). Die Europäische Eisenbahnführerscheinrichtlinie und die Richtlinie für den grenzüberschreitenden Eisenbahnverkehr enthalten ein absolutes Alkohol- und Drogenverbot für Eisenbahnpersonal und erwarten vom Unternehmer ein geeignetes Kontrollsystem. In den USA (FRA 2002), Australien, Großbritannien (RSSB 2009), Irland und weiteren Ländern werden entsprechend unangemeldete, verdachtsunabhängige Kontrollen auf Alkohol- und Drogen im Eisenbahnbetrieb mit Erfolg durchgeführt. Innerhalb weniger Jahre ging dabei die Zahl positiv getesteter Mitarbeiter deutlich zurück (Carlton 2004), ein kombinierter Effekt aus Selektion, Abschreckung und Rehabilitation von Mitarbeitern. In anderen europäischen Ländern wird das Recht des Arbeitgebers, bei seinen Mitarbeitern verdachtsunabhängige Kontrollen durchzuführen, kontroverser diskutiert. Zur Zulässigkeit und ethischen Bewertung innerbetrieblicher Alkoholkontrollen (Atemalkoholtests) hat die unabhängige britische Joseph Rowntree Foundation festgestellt, dass in bestimmten Bereichen Drogen- und Alkoholkontrollen auch bei Anlegung eines kritischen Maßstabes verhältnismäßig sind: 1. Es muss ein betrieblicher Konsens bestehen, 2. die Tätigkeit ist so gefahrgeneigt, dass ein verantwortungsbewusster Arbeitgeber alle vernünftigen Maßnahmen ergreift, um Unfallgefahren zu minimieren, 3. die Tätigkeit ist so gestaltet, dass die Öffentlichkeit ein erhöhtes Verantwortungsbewusstsein für Sicherheit erwartet (J Rowntree Foundation 2004).

Nach einem Urteil des Arbeitsgerichts Hamburg[7] sind verdachtsunabhängige Drogentests auch in Deutschland zulässig, wenn der Arbeitgeber keine andere Möglichkeit hat, die Arbeitsfähigkeit der Mitarbeiter zu prüfen. Bei der DB erfolgen zurzeit keine gesonderten verdachtsunabhängigen Alkohol- und Drogenkontrollen von Mitarbeitern am Arbeitsplatz, da suchtmittelbezogene Unfälle selten sind und solche Kontrollen daher nicht verhältnismäßig wären. Bislang haben wir bei den Mitarbeitern allerdings eine Alters- und Sozialstruktur sowie Sicherheitskultur, die den Missbrauch illegaler Drogen als eher unwahrscheinlich erscheinen lässt. Inwieweit dies auch für künftige Mitarbeiterstrukturen gilt, muss aus heutiger Sicht offen bleiben. Auf Dauer wird sich die geforderte Sicherheit eventuell wie in den USA, Großbritannien, Skandinavien oder Italien nicht allein mit Informationsmaßnahmen, sondern nur mit neuen regelmäßigen Drogenkontrollen erreichen lassen.

Allerdings müssen sich alle Bewerber für eine Tätigkeit im Eisenbahnbetrieb bereits seit Langem einem einmaligen Drogentest im Urin und einer Blutabnahme im Rahmen der Erstuntersuchung unterziehen und auch im Rahmen der medizinischen Nachuntersuchungen im dreijährigen Rhythmus wird auf klinische Anzeichen von Alkohol- und Drogenmissbrauch geachtet. Die Diagnostik von Suchterkrankungen wird durch die routinemäßigen Laboruntersuchungen von Blut und Urin wesentlich erleichtert. Die Diagnose eines Suchtmittelmissbrauchs oder einer Suchterkrankung stützt sich aber nie allein auf die Laborergebnisse. Die Diagnose entwickelt sich aus den betrieblichen Informationen über Auffälligkeiten, dem persönlichen Gespräch mit dem Mitarbeiter, der gründlichen körperlichen und zielgerichteten Untersuchung und verschiedenen Laborwerten.

Mitarbeiter, die sich nicht regelmäßigen Tauglichkeitsuntersuchungen unterziehen müssen, fallen häufig erst in einem fortgeschrittenen Krankheitsstadium auf, wenn sie ihre arbeitsvertraglichen Pflichten verletzen oder ihnen ihr PKW-Führerschein entzogen wird.

Wie wichtig die regelmäßigen und sorgfältigen Tauglichkeitsuntersuchungen sind, mag folgendes Ereignis zeigen: Im Oktober 2006 wurde der Lokführer eines privaten Güterzuges stark alkoholisiert mit 3,13 Promille im Führerstand angetroffen. Der Zug wurde mehrfach von den automatischen Sicherheitseinrichtungen gebremst, sodass der zuständige Fahrdienstleiter schließlich die Bundespolizei einschaltete. Der Lokführer war erst seit zehn Tagen bei dem privaten Arbeitgeber beschäftigt, als Einstellungsuntersuchung war lediglich eine oberflächliche arbeitsmedizinische Vorsorgeuntersuchung nach Grundsatz G 25 durchgeführt worden. Daher hatte die Ärztin übersehen, dass er schwer alkoholkrank war. Durch die Einführung eines bundesweit einheitlichen Eisenbahnfahrzeug-Führerscheins 2012 und der damit verbundenen Zertifizie-

---

[7] Arbeitsgericht Hamburg, Urteil vom 1.9.2006, Az.: 27 Ca 136/06

rung von gutachterlich tätigen Eisenbahnärzten durch das Eisenbahnbundesamt (EBA)[8] sollten solche Mängel in der Qualität der ärztlichen Untersuchung zumindest bei Lokführern künftig nicht mehr auftreten.

27.5 Fazit

Zusammenfassend verfügt die DB über eine umfassende und systematische Suchtprävention. Das konzernweite Alkohol- und Drogenverbot entspricht den Erwartungen der Öffentlichkeit, den internationalen Normen im Eisenbahnverkehr und dem Selbstverständnis der Mitarbeiter. Die Regelungen der KBV Sucht legen Präventionsangebote fest und gewährleisten eine stufenweise Intervention mit Beschäftigungssicherung während der Therapie von Suchterkrankungen. Ein großes Netzwerk von hauptamtlichen Sozialberatern und ehrenamtlichen Suchtkrankenhelfern steht mit sachkundigen Beratern zur Verfügung. Reicht dies aus oder sollte noch mehr zur Suchtprävention im Unternehmen getan werden? In einer aktuellen Mitarbeiterbefragung Ende 2012 wünschten sich ein Drittel der Mitarbeiter unbedingt eine bessere Unterstützung des Arbeitgebers bei ihrer psychischen und körperlichen Gesunderhaltung, ein weiteres Drittel sah einen begrenzten Handlungsbedarf, nur ein Drittel war mit der Betreuung rundum zufrieden. Umfassende Unterstützungssysteme, wie es sie für den Suchtmittelmissbrauch im Unternehmen gibt, müssen künftig auf das gesamte Spektrum psychischer Störungen eingehen, und auch die soziale Unterstützung bei Problemen am Arbeitsplatz oder durch die geforderte Flexibilität und Mobilität kann künftig noch umfassender adressiert werden. Gleichwohl bedeutet die vermehrte Aufmerksamkeit für alle Arten psychischer Störungen nicht, dass es deshalb weniger Suchtprobleme gäbe – das Thema Alkoholmissbrauch und andere Suchtmittel haben auch weiterhin einen zentralen Stellenwert im betrieblichen Gesundheitsmanagement.

Literatur

Carlton O (2004) A case of workplace drug and alcohol testing in a UK transport company. In: Westerholm P et al (eds) Practical Ehics in Oddupational Health. Radcliff Medical Press, Oxford San Francisco

Deutsche Bahn AG (2001) Konzernbetriebsvereinbarung zum Suchtmittelverbot, zum Umgang mit Suchtmittelgefährdung und -abhängigkeit im DB-Unternehmen (KBV Sucht), überarbeitete Fassung vom 11.07.2001

Deutsche Hauptstelle für Suchtfragen eV (DHS) (2012) Jahrbuch Sucht 2012

Federal Railroad Administration (FRA) (2002) Alcohol/Drug Program, Compliance Manual

International Labour Office (1993) Guiding principles on drug and alcohol testing in the workplace as adopted by the ILO Interregional Tripartite Experts Meeting on Drug and Alcohol Testing in the Workplace. Oslo

International Labour Office (1996) Management of alcohol- and drug-related issues in the workplace – An ILO code of practice. Geneva

International Labour Organization (ILO) (2003) Ethical issues in workplace drug testing in Europe

J Rowntree Foundation (2004) Drug testing in the workplace. Summary conclusions of the Independent Inquiry into Drug Testing at Work

RSSB (2009) Updating drug and alcohol policies & testing methods

ias AG (2013) Mitarbeiter-Unterstützungssystem MUT: Jahresbericht 2012 für die Deutsche Bahn AG, Berlin

---

8 Register über die Anerkennung von Ärzten gemäß § 16 TfV siehe www.eba.bund.de, Suchwort Ärzte

Betriebliche Suchtprävention bei der Berliner Stadtreinigung

S. Seele, A. Janecke

B. Badura et al. (Hrsg.) Fehlzeiten-Report 2013,
DOI 10.1007/978-3-642-37117-2_28, © Springer Verlag Berlin Heidelberg 2013

Zusammenfassung *In jedem Betrieb, ganz gleich welcher Größe und welcher Branche, sollte es verbindliche Regeln zum Umgang mit Suchtmitteln am Arbeitsplatz geben. Dies gilt insbesondere für den Umgang mit Alkohol, da der regelmäßige Konsum neben dem gesundheitsgefährdenden Potenzial auch ein stark erhöhtes Unfallrisiko darstellt. Definierte und für alle verbindliche Rahmenbedingungen schaffen Rechtssicherheit im Falle von Arbeitsunfällen und machen die Fürsorgepflicht des Arbeitgebers gegenüber seinen Beschäftigten sichtbar. Bei der Berliner Stadtreinigung, dem größten kommunalen Entsorgungsunternehmen Deutschlands, gibt es seit 17 Jahren ein betriebliches Suchtpräventionsprogramm und eine Dienstvereinbarung zum Umgang mit Suchtmitteln am Arbeitsplatz. Bei der Umsetzung kommen Führungskräften, betrieblichen Gesundheits- und Sozialberatern sowie den Betriebsärzten klar definierte Aufgaben und Rollen zu. Die Dienstvereinbarung wurde über die Jahre kontinuierlich weiterentwickelt und juristischen Anforderungen angepasst.*

28.1 Das Unternehmen

Die Berliner Stadtreinigung (BSR) ist Deutschlands größtes kommunales Entsorgungsunternehmen und eines der größten in Europa. Nach 1990 und der Zusammenführung der Unternehmen aus Berlin Ost und West waren über 11.000 Personen bei der BSR beschäftigt; aktuell sind es gerade noch ca. 5.300. Bedingt durch die Kernaufgaben des Betriebes, Müllentsorgung, Müllverwertung und Straßenreinigung, beträgt der Männeranteil etwa 85 Prozent. Diese Männer arbeiten mit Umsicht, Verantwortungsbewusstsein, viel Praxiswissen und unter überwiegend körperlichem Einsatz. Die Kernaufgaben der Müllabfuhr und Straßenreinigung führen die Mitarbeiter täglich autonom und selbstorganisiert »unter freiem Himmel« durch. Der Altersdurchschnitt liegt aktuell bei 48 Jahren (Stand: Dezember 2012). Der überwiegende Teil der Beschäftigten verfügt über eine Fachausbildung und mehr als 20 Jahre Berufserfahrung, die in diesem Generationenunternehmen häufig mit der Betriebszugehörigkeit gleichbedeutend ist.

28.1.1 Arbeits- und Leistungsveränderungen im Betrieb

Seit 1989 hat sich das Unternehmen unter großen organisatorischen, technischen und personellen Veränderungen zu einem modernen und wirtschaftlich erfolgreichen Dienstleistungsbetrieb entwickelt. Die Müllentsorgungsgebühren sind in keiner anderen Stadt Deutschlands niedriger als in Berlin. Aber der Preis für diese Anforderungen an Effizienz und Qualität ist hoch: kontinuierlicher Personalabbau, Leistungsverdichtung, Einsatz modernster Datentechnik und Kommunikationsmedien, veränderte Arbeitsorganisation, Einführung der Gruppen- und Samstagsarbeit in einigen Organisationseinheiten sowie ein stetig wachsender Qualitätsanspruch setzen Flexibilität, Bereitschaft zum Lernen und ein hohes Maß an Sozialkompetenz bei den Beschäftigten voraus.

Nur wenn die Beschäftigten die betrieblichen Veränderungsprozesse mitgestalten und ihre Motivation und Identifikation mit dem Betrieb und ihrer Arbeitsaufgabe hochgehalten werden können, kann ein kommunales Unternehmen im harten Wettbewerb der Branche mithalten.

Vor diesem Hintergrund gerieten immer wieder Beschäftigte durch diesen oftmals als zu stark empfundenen Veränderungs- und Leistungsdruck an ihre persönlichen Grenzen der Anpassung.

Das lässt sich an den Arbeitsbedingungen in den zwei größten Geschäftsfeldern der BSR, Müllabfuhr und Flächenreinigung, gut verdeutlichen.

Die Mitarbeiter der Flächenreinigung sind im Rahmen der Gruppenarbeit in ihren Reinigungsgebieten autonom tätig. In der Arbeitsgruppe gestalten sie innerhalb der Leistungsvorgaben ihre Arbeitsorganisation selbst. Die Qualität und Erfüllung ihrer Arbeitsaufgabe ist erheblich von der Art des Miteinanders und der Teamfähigkeit aller abhängig. Die integrativen Fähigkeiten des von ihnen gewählten Gruppensprechers oder eines informellen Anleiters im Team sind von besonderer Relevanz, um das nicht selten auseinandergehende Leistungsvermögen der Kollegen und deren unterschiedliche Arbeitsmotivation zugunsten einer gelingenden Gruppenarbeit zu beeinflussen. Umgekehrt ist für die meisten Mitarbeiter die Akzeptanz und die Einbindung in ihrer Gruppe von großer Bedeutung, da Ausgrenzung neben der emotionalen Belastung auch praktische Arbeitserschwernisse mit sich bringt. So ist Anpassungsdruck an leistungsstarke wie auch an leistungsschwache Teams zu beobachten.

Im Bereich Müllabfuhr sind die Teams von 2 bis 3 Männern ebenfalls autonom in ihren jeweiligen Ladegebieten unterwegs. In der Regel sind dies über lange Zeit fest aufeinander abgestimmte Tourenmannschaften, die mit hohem Arbeitstempo und einer tradierten Arbeitsorganisation die körperlich schwere Arbeit verrichten. Dabei ähnelt ihre Arbeitsweise stark der Akkordarbeit, die zudem von jungen, nachfolgenden Teammitgliedern kritiklos übernommen wird. Durch seine verantwortungsvolle Aufgabe übernimmt der Kraftfahrer in diesen Arbeitsteams nicht selten eine »Vorreiterrolle«. Nur in Teams, in denen der Kraftfahrer oder eine andere starke Persönlichkeit diese intensive Arbeitsweise infrage stellt, ist eine kollegiale und gesündere Arbeitsorganisation zu ermöglichen.

Für beide Bereiche und deren Teams gilt in der Regel, dass die Mitarbeiter gemeinsam in ritualisierten Arbeits- und Umgangsweisen altern. Die in den vergangenen Jahren stark gestiegenen Leistungsanforderungen konnten zwar durch neue Technik und Arbeitserfahrung größtenteils kompensiert werden, allerdings stoßen die Mitarbeiter nach durchschnittlich 20 Jahren Betriebszugehörigkeit zunehmend an ihre körperlichen und gesundheitlichen Grenzen der Belastbarkeit. Ein gleichbleibend hohes Niveau der Krankenquote bietet ein Indiz dafür. Die daraus resultierende Arbeitsverteilung stellt für alle Beschäftigten eine weitere Belastung dar. Hier wird die Problematik des Umgangs mit Verhaltensauffälligkeiten infolge der Einnahme von Suchtmitteln besonders deutlich: Wenn sich das Team oder der Vorgesetzte mit Restalkohol eines Beschäftigten konfrontiert sehen, ist das Risiko groß, dass nicht konsequent gehandelt wird, um auf den betroffenen Mitarbeiter nicht kurzfristig verzichten zu müssen.

Zur Sicherung der Leistungsfähigkeit des Unternehmens bemüht sich die BSR darum, jüngere Mitarbeiter zu beschäftigen. Dort, wo es die Arbeitsbelastung zulässt, wie in der Flächenreinigung, stoßen auch verstärkt Frauen in die bisher von Männern dominierten Teams. Die Implementierung einer jüngeren Mitarbeitergeneration, die bereits ihre Arbeitserfahrungen in anderen Branchen und Tätigkeitsfeldern gemacht hat, bringt die kollegiale Zusammenarbeit in eine neue Dynamik. In beiden operativen Bereichen stellt das die Arbeitsteams vor neue Herausforderungen in der Zusammenarbeit. Damit die Veränderung des Kollegiums in Bezug auf Alter und Geschlecht eine positive Entwicklung nehmen kann, müssen Konkurrenz- und Anpassungsdruck offen angesprochen und die Kritik- und Konfliktfähigkeit gefördert werden.

In der Flächenreinigung nutzt man vorhandene Instrumente wie die regelmäßigen Arbeitssicherheitsunterweisungen oder gesonderte Schulungen der Gruppen, um Themen wie die Zusammenarbeit oder den Umgang mit Suchtmittelauffälligkeiten zu besprechen. Die besondere Arbeitsorganisation in der Müllabfuhr erschwert diese Form der Wissensvermittlung. Daher sind die gesetzlichen Weiterbildungsmaßnahmen für Berufskraftfahrer oder die regelmäßig stattfindenden Arbeitssicherheitsunterweisungen ein wesentliches Element, um gesundheitsrelevante Fragestellungen in kleineren Gruppen zu thematisieren.

28.1.2 Betriebliche Gesundheitsförderung

Zur Realisierung dieser Herausforderungen war und ist die Optimierung aller betrieblichen Ressourcen erforderlich. Eine strategische Ausrichtung der betrieblichen Gesundheitsförderung im Unternehmen ist hierfür von großer Bedeutung. »Gesundheitsförderung zielt auf einen Prozess, allen Menschen ein höheres Maß an Selbstbestimmung über ihre Gesundheit zu ermöglichen und sie damit zur Stärkung ihrer Gesundheit zu befähigen« (WHO 1986).

Dabei möchte sie neben individuellen Maßnahmen für die Beschäftigten auch zu überschaubaren Arbeitsprozessen beitragen, in denen für alle Beschäftigten verbindliche und transparente Arbeits- und Handlungsweisen möglich sind. Die Suchtprävention bildet mit ihrem Instrument Dienstvereinbarung (DV) »Umgang mit suchtmittelbedingten Problemen« einen wesentlichen Beitrag und unterstützt diese Bemühungen maßgeblich.

28.2 Dienstvereinbarung und 6-Stufenplan

In dem männerdominierten Betrieb BSR herrschte bis 1996 eine Betriebskultur, in der der Alkoholkonsum am Arbeitsplatz Normalität darstellte und der Ausschank von alkoholischen Getränken in den Kantinen üblich war. Begünstigt durch diese Rahmenbedingungen förderten das kollegiale Umfeld und der männliche Habitus bei vielen Mitarbeitern den Alkoholkonsum. Über die langen gemeinsamen Berufsjahre im engen und stabilen Arbeitsverbund konnten sich feste Männerkollegien und freundschaftliche Beziehungen entwickeln. Arbeiten und Feiern gehörten durchaus zusammen und der regelmäßige Alkoholkonsum am Arbeitsplatz war der Normalzustand.

1996 haben sich Unternehmensleitung und Personalvertretung auf eine DV verständigt, die Auffälligkeiten im Umgang mit Alkohol und anderen Suchtmitteln regelte. Die beiden Vertragsparteien stimmten darin überein, dass in Zukunft eine konsequente Wahrnehmung der Führungsaufgaben und Fürsorgepflichten im Zusammenhang mit Alkoholmissbrauch und anderen suchtmittelbedingten Auffälligkeiten am Arbeitsplatz sichergestellt werden muss. Seither gilt bei der BSR das absolute Alkoholverbot. Als unmittelbare Konsequenz dieser Vereinbarung wurde der Alkoholausschank im Betrieb eingestellt.

Die DV verfolgt folgende Ziele: Neben der Minimierung der Unfallrisiken am Arbeitsplatz sollen Beeinträchtigungen der Arbeitsleistung durch den Konsum und Missbrauch von Alkohol verhindert werden. Des Weiteren stellt die Vereinbarung die Grundlage für präventive Maßnahmen dar, die im Vor- und Umfeld das Entstehen von individuellen und betrieblichen Schäden verhindern sollen. Die Senkung des Unfallrisikos sowie des Alkohol- bzw. suchtmittelbedingten Krankenstandes stehen hier im Mittelpunkt. Dazu gehören u. a. verpflichtende regelmäßige Schulungen von Führungskräften.

Die DV bietet mit ihrem Stufenplan Orientierung und ist Handlungsrahmen für Führungskräfte und Beschäftigte im Umgang mit Suchtmitteln am Arbeitsplatz. In sechs Eskalationsstufen sind die disziplinarischen Maßnahmen klar geregelt und bieten den Betroffenen in diesem Rahmen Schutz für erforderliche Verhaltensänderungen. Diese Vereinbarung und ihr Stufenplan gilt für alle Beschäftigte, ganz unabhängig davon, ob eine manifeste Alkoholerkrankung vorliegt. Sollte einem Beschäftigten bei Stufe 6 die Kündigung ausgesprochen werden, regelt sie auch die Rehabilitation bzw. Wiedereingliederung ins Unternehmen für die Betroffenen.

28.2.1 Betriebliche Suchtberatung

Mit der DV hat sich das Unternehmen auch auf die Implementierung einer qualifizierten innerbetrieblichen Beratungsstelle verständigt, die allen betroffenen Beschäftigten die Möglichkeit zur Hilfe eröffnet. Die Gesundheits- und Sozialberatung ist in allen Schritten des Stufenplans einzubeziehen und ermöglicht so umgehende Information oder Unterstützung gefährdeter Beschäftigter.

Die DV bildet den Rahmen für einen alkoholfreien Arbeitsplatz. Allerdings kann nur ihre konsequente Anwendung bei Auffälligkeiten und die entsprechende Haltung des kollegialen Umfeldes diese auch nutzbar machen. Suchtgefährdete oder Kranke benötigen klare und überschaubare Strukturen, um für eine Verhaltensänderung motiviert zu werden und damit Verantwortung für ihr Handeln zu übernehmen.

Im Sinne des Arbeits- und Gesundheitsschutzes gemäß der Unfallverhütungsvorschrift A1 »Grundsätze der Prävention« (DGUV 2004) und der ihnen übertragenen Unternehmerpflichten sind die Führungskräfte zum Handeln bei Auffälligkeiten verpflichtet.

28.2.2 Betriebliche Suchtprävention

Den aktuellen Standards in der Suchtprävention folgend hat die BSR die individuelle Suchthilfe zu einer ganzheitlichen Prävention und Sichtweise weiterentwickelt (DHS 2011). Suchtgefährdungen sind nicht nur Folge von Problemen und Lebenskrisen. Oftmals liegt die Gefährdung darin, dass Suchtmittel gewohnheitsmäßig und unbedacht konsumiert werden. Häufig fehlt auch das Wissen um deren gesundheitsgefährdende Wirkungen. Soziale Bezüge und Rituale verstärken diese Handlungsmuster und werden nur bedingt infrage gestellt (DHS 2011). Das Wissen über riskanten Konsum fördert den verantwortlichen Umgang mit Suchtmitteln, sodass zwanghafte Verhaltensmuster gar nicht erst entstehen müssen. In den verschiedenen betrieblichen Gesundheitsseminaren für die Beschäftigten und den Weiterbildungsangeboten für nebenamtliche Präventionskräfte gehört Suchtgefährdung zu den Basisthemen

Die Suchtprävention schließt die Aufklärung und Beratung des betrieblichen Umfeldes – insbesondere der Führungskräfte – mit ein. Bei der BSR nehmen Führungskräfte regelmäßig an Tagesseminaren zum Umgang mit der Dienstvereinbarung Sucht teil. In diesen Seminaren können sie neben disziplinarischen und arbeitsrechtlichen Fragen zum Umgang mit der Dienstvereinbarung auch ihren Führungsalltag und damit verbundene Fallbeispiele reflektieren.

In verschiedenen Bereichen haben für dieses Thema sensibilisierte Führungskräfte für ihre Beschäftigten Halbtagsschulungen in kleinen Gruppen organisiert. Bei ihren Fragen in konkreten Arbeitssituationen mit auffälligen Mitarbeitern erhalten Führungskräfte Unterstützung durch die betriebliche Beratungsstelle. Nachvollziehbare und verbindliche Absprachen zwischen Führungskräften und Betroffenen müssen durch die angemessene betriebliche (wenn nicht vorhanden, durch außerbetriebliche) Beratung flankiert werden.

Klares und konsequentes Handeln im Rahmen der Fürsorgepflicht und rechtzeitiges Ansprechen bei auffälligem Verhalten, auch durch das kollegiale Umfeld, verhindern, dass chronische Erkrankungen und existenzielle Gefährdungen entstehen. Darüber hinaus ist dies ein wesentlicher Beitrag zum Erhalt der Arbeits- und Leistungsfähigkeit der Organisation und unabdingbar für eine gesunde und leistungsstarke Betriebskultur.

28.2.3 Verhaltens- und Verhältnisprävention

Die 1996 implementierte Gesundheits- und Sozialberatung hat sich von Anfang an ein ganzheitliches und breitgefächertes Aufgabengebiet gesetzt, dass über die Beratung in Krisensituation hinausgeht und Verhaltens- wie auch Verhältnisprävention betreibt. Konzeptionelle Grundlage der betrieblichen Beratungsstelle ist die Luxemburger Deklaration von 1997 (Europäisches Netzwerk für Betriebliche Gesundheitsförderung). Die Arbeit in den Handlungsfeldern der Primär-, Sekundär und Tertiärprävention orientiert sich am Modell der Salutogenese.

Im Fokus stehen hierbei:
- Verminderung suchtmittel- und anderer sozialbedingter Erkrankungen
- Bildung eines ganzheitlichen Gesundheitsbewusstseins
- Förderung einer psycho-sozialen Kompetenz
- Stärkung der Eigenverantwortung und der auf Eigenaktivität orientierten Hilfestruktur
- Entwicklung kurativer Maßnahmen zur Senkung der Ausfallzeiten
- Unterstützung bei Gruppen- und Organisationsprozessen

Mit dieser Zielsetzung entwickelte die Gesundheits- und Sozialberatung, stets eng am aktuellen betrieblichen Bedarf orientiert, u. a. Seminare für Führungskräfte zum Umgang mit der DV, Gesundheitsworkshops zu einem gesundheitsförderlichen Lebensstil für die Beschäftigten und ist weiterhin für die Gesundheitssportförderung verantwortlich. Dabei ist die kooperative Zusammenarbeit mit allen Akteuren der betrieblichen Gesundheitsförderung, des Personalbereichs, der Personalvertretungen und der Führungskräfte Voraussetzung für die strategische Steuerung der Präventionsmaßnahmen. Damit orientiert sich die Gesundheits- und Sozialberatung bei allen Bestrebungen zur Vermeidung von Suchterkrankungen an den 2011 empfohlenen Qualitätsstandards für betriebliche Suchtprävention (DHS 2011).

Seit 1996 haben sich mehr als 2.000 Beschäftigte mit ihren persönlichen Anliegen an die betriebliche Beratungsstelle gewandt, davon standen etwa ein Drittel der Beratungsanlässe im Zusammenhang mit Problemen durch Alkohol- oder andere Suchtmittel. Der direkte Weg zur betrieblichen Beratungsstelle eröffnet Führungskräften schnellstmögliche Unterstützung, die die betriebliche Arbeitsorganisation berücksichtigt und für die Betroffenen den Zugang zur Beratung erleichtert.

Die fachliche Weiterqualifizierung sowohl der hauptamtlichen Mitarbeiter als auch der nebenamtlichen Präventionskräfte ist eine unverzichtbare Voraussetzung, um eine solide und fachlich fundierte Präventionsarbeit zu gewährleisten.

28.2.4 Nebenamtliche Präventionskräfte

Das seit 1996 der Gesundheits- und Sozialberatung anhängige System der nebenamtlichen Suchtkrankenhelfer entwickelte sich in seiner konzeptionellen Ausrichtung im Sinne der ganzheitlichen Prävention weiter. Inzwischen wurden 24 nebenamtliche Gesundheitslotsen (die Suchtkrankenhelfer sind in diesem Netzwerk integriert) durch die Gesundheits- und Sozialberatung ausgebildet. An sieben Wochenenden wurden diese engagierten Beschäftigten mit den Grundlagen von Gesundheitsförderung, Ernährung, Ausgleichsbewegung, psycho-sozialer Kompetenz und Suchtprävention vertraut gemacht. Im Rahmen der

28.2 · Dienstvereinbarung und 6-Stufenplan

Ausbildung haben sie sich mit ihrer zukünftigen Rolle als Ansprechpartner und Multiplikator für Gesundheitsthemen kritisch auseinandergesetzt. Neben ihrer Funktion als kollegiale Ansprechpartner und Vermittler zur innerbetrieblichen Beratung übernehmen die Gesundheitslotsen in ihrer Freizeit eigenständig Aufgaben bei verschiedenen Präventionsangeboten des Unternehmens (z. B. als ausgebildete Rückentrainerinnen, Akteure im Familiennetzwerk oder Leiter in der Suchtselbsthilfegruppe).

- **Suchtselbsthilfegruppe**

Dieses wöchentliche Selbsthilfeangebot steht allen Beschäftigten der BSR offen und wird durch nebenamtliche (i. d. R. selbst betroffene und abstinente) Präventionskräfte geleitet. Überwiegend wird dieses Angebot durch Mitarbeiter genutzt, die mit Unterstützung der Gesundheits- und Sozialberatung eine Alkoholentwöhnungsbehandlung anstreben oder bereits absolviert haben.

Die Arbeit der nebenamtlichen Präventionskräfte ist ebenfalls in der DV fest verankert.

28.2.5 Gesunde Betriebskultur

»Jeder hat einen Anspruch auf einen alkoholfreien Arbeitsplatz.« Mit diesem Slogan hat die Gesundheits- und Sozialberatung im Rahmen der regelmäßigen Informationskampagnen eine kritische Diskussion in Gang gesetzt. Obwohl seit der Einführung der DV Alkoholauffälligkeiten bei der Arbeit deutlich zurückgegangen sind und die Einstellung zum Alkohol sich geändert hat, wird trotzdem mancherorts das Trinken bei der Arbeit oder das »Feierabendbier« auf dem Betriebsgelände toleriert. Selbst wenn es als störend empfunden wird oder bereits zu Ärgernissen im Team geführt hat, wird aus vermeintlicher Kollegialität geschwiegen und nicht zielführend gehandelt. Ein eingeschworener Kodex verbietet das Offenlegen dieser Problematik.

Führungskräfte und kollegiales Umfeld sind nicht selten verunsichert und scheuen sich vor konfliktträchtigen Auseinandersetzungen. Häufig stecken sie im Dilemma zwischen Auftragserfüllung, Frustration und falsch verstandener Kollegialität.

Die Arbeit in der betrieblichen Suchtprävention darf sich daher auf dem Weg zur gesünderen Organisation nicht nur dem auffälligen Mitarbeiter widmen, sondern muss sich verstärkt den Zielgruppen Führungskräfte und kollegiales Umfeld zuwenden, damit auch sie Unterstützung und Sicherheit für ihr Praxishandeln finden.

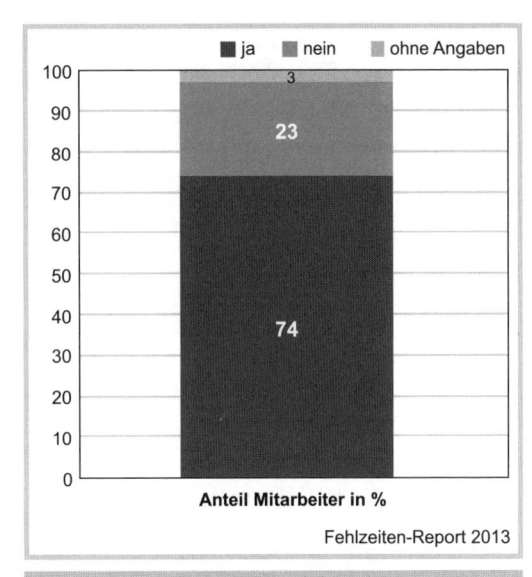

◘ **Abb. 28.1** BSR-Männergesundheitsbefragung 2012 – Tun Sie etwas für Ihre Gesundheit?

28.2.6 Gesundheitswissen gendersensibel vermitteln

Ohne Gefahr laufen zu wollen, Männer in Stereotypen einzuordnen, zeigt sich trotzdem in weiten Teilen der männlichen Beschäftigten ein traditionelles bis hegemoniales Bild von Männlichkeit. Der Mann als leistungsstarker Hauptverdiener sucht das sichere Auskommen und die Zufriedenheit in Partnerschaft und Familie. Die betriebliche Männergesundheitsbefragung von 2012 (◘ Abb. 28.1, ◘ Abb. 28.2 und ◘ Abb. 28.3) lässt die Annahme zu, dass viele Männer mit diesen Erwartungen und dem Wunsch nach Anerkennung durch die Kollegen sich bemühen, im heutigen gesellschaftlichen Spannungsfeld klarzukommen. Tradierte Lebensformen, die Halt und Sicherheit geben, lösen sich auf, finanzielle Sicherheiten brechen weg und in der Mitte des Lebens ist der Verlust von Partnerschaft oder naher Angehörigen nicht selten. Bei dieser Herausforderung erhält die Anerkennung im Arbeitsumfeld durch Kollegen und Führungskräfte eine ganz besondere Bedeutung. Sie führt nicht selten zu riskantem und gesundheitsschädigendem Verhalten. Beispiele hierfür sind mangelnde Inanspruchnahme betrieblicher Angebote, selbstauferlegtes hohes Arbeitstempo oder missbräuchlicher Konsum von Alkohol oder anderen Suchtmitteln im Arbeitsalltag. Außer als »soziales Schmiermittel« dient der Konsum von Alkohol oder anderen Suchtmitteln einer Selbstmedikation, die seelische, körperliche und soziale

Spannungen abbauen helfen soll (Jacob u. Stöver 2006).

Obwohl bei der BSR seit Jahren eine gute Aufklärungsarbeit geleistet wird, viele Beschäftigte über Gesundheitsgefährdungen im Arbeitsalltag und bei der eigenen Lebensführung informiert sind, ist die Annahme betrieblicher Präventionsangebote noch deutlich ausbaufähig. So fällt auf, dass Frauen das betriebliche Bonusprogramm stärker annehmen und es für sie attraktiver zu sein scheint, an örtlichen Rückentrainings und Ernährungsseminaren teilzunehmen (Abb. 28.4 und Abb. 28.5).

Um männliche Beschäftigte für die Wichtigkeit ihrer Gesundheitsfürsorge zu sensibilisieren, braucht es eine zielgruppenorientierte Ansprache und glaubwürdige Multiplikatoren. Das in der BSR entwickelte Konzept der betrieblichen Gesundheitslotsen versucht in besonderer Weise, auf diese Problematik einzugehen. Insgesamt muss eine männerspezifische und auf die Belange der männlichen Beschäftigten eingehende Prävention entwickelt werden (Bardehle u. Stiehler

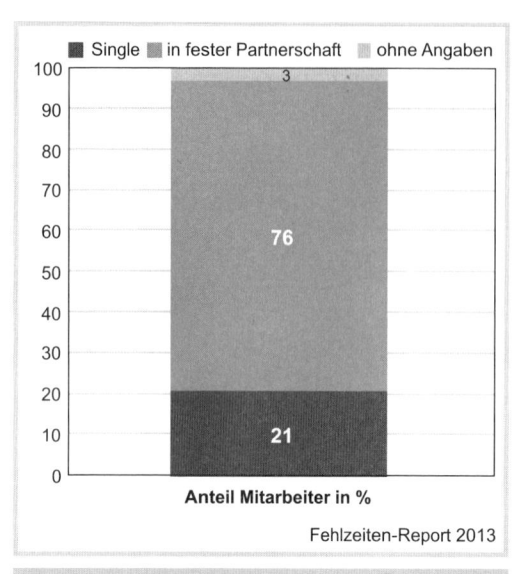

Abb. 28.2 BSR-Männergesundheitsbefragung 2012 – Lebenssituation

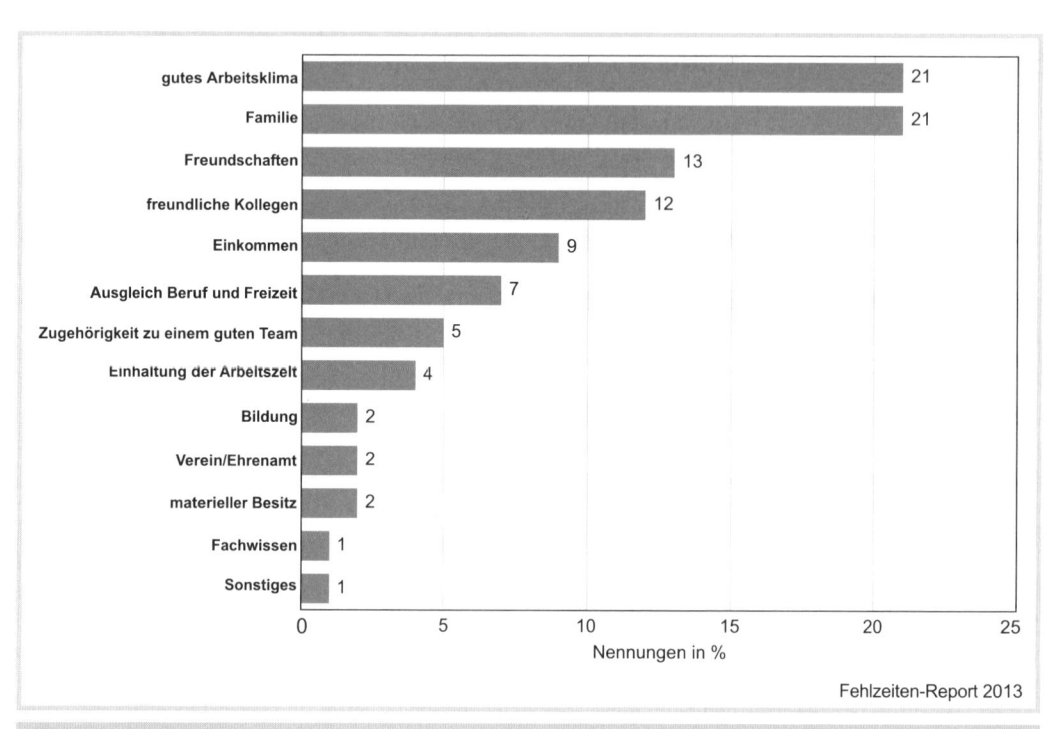

Abb. 28.3 BSR-Männergesundheitsbefragung 2012 – Was verschafft Ihnen ein gutes Maß an persönlicher Zufriedenheit?

derung vermittelt und betriebliche Zusammenhänge diskutiert. Der betriebliche Rahmen bietet gute Chancen, Männer für gesundheitliche Themen zu sensibilisieren, wenn der Zugang über die Frage nach ihrer Arbeit und den damit empfundenen Belastungen stattfindet. Männer sprechen neben ihren Partnerinnen und Familien auch mit anderen Kollegen im Betrieb über ihre Gesundheit. Hier kann das Konzept der Gesundheitslotsen ansetzen. Die weitergehende Thematisierung des vorherrschenden Männerbildes und die damit verbundenen gesundheitlichen Risiken kann gut über die Fragen der Kollegialität und des Arbeitsklimas aufgegriffen werden. Zukünftig sollten diese Ansätze in Seminaren und Informationsveranstaltungen mehr Berücksichtigung finden (◘ Abb. 28.1, ◘ Abb. 28.2 und ◘ Abb. 28.3).

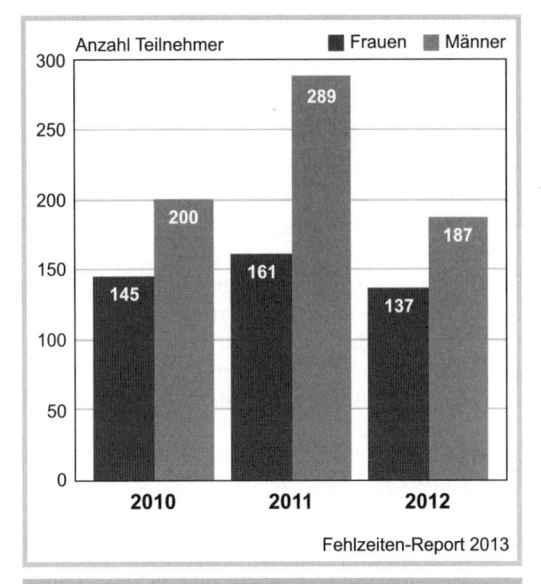

◘ Abb. 28.4 BSR-Bonusprogramm – Entwicklung der Teilnehmerzahl nach Frauen und Männer 2010–2012

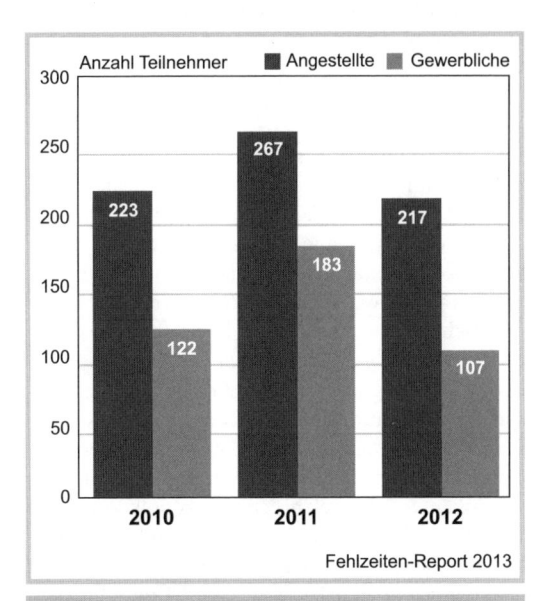

◘ Abb. 28.5 BSR-Bonusprogramm – Entwicklung der Teilnehmerzahl nach Angestellten und Gewerblichen 2010–2012

28.3 Die Rolle der Arbeitsmedizin in der betrieblichen Suchtprävention

Moderne betriebsärztliche Betreuung darf sich nicht allein darin erschöpfen, arbeitsmedizinische Vorsorgeuntersuchungen durchzuführen. Dafür sind die Bedürfnisse und Themen der Unternehmen heutzutage viel zu komplex und vielgestaltig. Die rein medizinische Betrachtungsweise, wie sie im klassischen Arbeitsschutz üblich war, hilft Unternehmen nicht mehr weiter (Enderle u. Nemitz 2005).

Der betriebliche und auch gesellschaftliche Bedarf nach kompetenten Beratungsleistungen durch Betriebsärzte auf den Feldern der Gesundheitsförderung, Gesundheitsbildung, Prävention und Präventivmedizin ist gestiegen. Dies wird deutlich an den wachsenden Belastungen und Beanspruchungen der Beschäftigten unterschiedlichster Branchen und Beschäftigungsverhältnisse – insbesondere im psychosozialen Bereich. Erkrankungen des Muskel-Skelett-Systems sind die häufigste Ursache für Arbeitsunfähigkeiten, wohingegen psychische Erkrankungen mittlerweile die häufigste Ursache für Erwerbsminderung und Frühberentungen sind (Dannenberg et al. 2010; DRV 2012). Und im Fall von psychischen Erkrankungen ist gesundheitsgefährdender Konsum von Suchtmitteln nicht selten Ursache oder Begleiterkrankung – oder auch beides.

Die Erwartungen an Betriebsärzte sind von der Größe des Unternehmens und der Branche abhängig. Inhaltlich wird von ihnen erwartet, dass sie neben den gesetzlich vorgeschriebenen Aufgaben zusätzlich eigene Akzente setzen und unter Einhaltung der ärztlichen Schweigepflicht betrieblich gut vernetzt sind. Dazu gehört zum Beispiel, die Beschäftigten zu einem ge-

2010). Daher wird bei der Auswahl der potenziellen Anwärter zum Gesundheitslotsen auf diejenigen Männer zugegangen, die authentisch eine gesunde Lebensweise und dabei ein positives Männer-(Vor-)Bild verkörpern. In deren Aus- und Weiterbildung werden geschlechtsspezifische Aspekte in der Gesundheitsför-

sundheitsförderlichen Lebensstil zu motivieren, einen Beitrag zur Reduktion von Ausfallzeiten zu leisten und zu einem ungestörten Betriebsablauf beizutragen. Dies berührt auch die Felder der Suchtprävention und der betrieblichen Handhabung mit Alkohol, Tabak, illegalen Drogen, Medikamenten, Arbeitssucht und Essstörungen (Enderle u. Nemitz 2005).

Selbstverständlich sollte jeder Arzt seinen ganz persönlichen Umgang mit Alkohol und anderen Suchtmitteln sowie seine Haltung gegenüber alkoholkranken Menschen reflektieren.

28.3.1 Der Gegenbeweis des Suchtmittelgebrauchs im Rahmen der DV

Jeder Betrieb sollte eine dienstliche Vereinbarung zum Umgang mit Suchtmitteln haben. Und jedem Beschäftigten sollte die Möglichkeit eingeräumt werden, zu seiner Entlastung einen Gegenbeweis zu erbringen, wenn eine weisungsbefugte Führungskraft ihm mitteilt, sie habe bei ihm Zeichen eines Suchtmittelgebrauchs wahrgenommen. Im Falle von vermutetem Alkoholkonsum, der nach betriebsärztlicher Erfahrung weiterhin die häufigste Form des gesundheitsgefährdenden Suchtmittelkonsums darstellt (Burger u. Mensing 2003), kann der Betroffene beim betriebsärztlichen Dienst den Gegenbeweis antreten. Hier kann ein Alkoholtest mit einer anerkannten Methode erfolgen – entweder durch eine Blutentnahme oder durch einen Atemalkoholtest, der nicht invasiv ist und nach fachlicher Einweisung auch von nichtärztlichem Personal durchgeführt werden kann. Die Schweigepflicht wird dabei konsequent eingehalten; das bedeutet konkret: Der Betroffene persönlich teilt der Führungskraft mit, ob die Entlastung gelungen ist. Sollte diese nicht der Fall sein, ist die Höhe des Restalkohols nicht relevant, denn die Anforderungen aus der DV sind nur bei 0,0 Promille erfüllt. Das weitere Vorgehen ist in der DV geregelt.

Die Führungskräfte dürfen jedoch ihre Verantwortung dafür, dass die Regeln beim Suchtmittelkonsum befolgt werden, nicht an Fachkräfte wie Betriebsärzte oder Sozialarbeiter delegieren. Sie bleiben die Ansprechpartner vor Ort und sind für die Einhaltung der dienstlichen Vereinbarungen und Unfallverhütungsvorschriften verantwortlich.

28.3.2 Die Chance der arbeitsmedizinischen Routine

Jede Ansprache ist bereits eine Intervention und eine ärztliche Untersuchung unter den Rahmenbedingungen der ärztlichen Schweigepflicht eine Chance für den Betriebsarzt, einen Beschäftigten anzusprechen. Und zwar immer dann, wenn es begründete Anzeichen für einen Suchtmittelmissbrauch gibt. Achtsamkeit gilt in diesem Fall auch für Betriebsärzte. Patienten müssen angesprochen werden, wenn der Arzt als Ursache für gesundheitliche Störungen oder Verhaltensauffälligkeiten einen gesundheitsgefährdenden Suchtmittelkonsum vermutet. Wenn etwas auffällig ist im Kontakt, in Häufungen von Terminabsagen, im ärztlichen Gespräch oder wenn sich Veränderungen in der Anamnese ergeben haben, müssen die Personen angesprochen werden (Diehl u. Mann 2005). Auch bei langjährig bekannten Patienten kann sich eine Lebens- und Gesundheitssituation ändern. Und bei Beschäftigten, die jahrelang in der arbeitsmedizinischen Betreuung unauffällig waren, kann ein neu aufgetretener übermäßiger Suchtmittelkonsum Ursache für Gesundheitsstörungen sein. Gesprächsgegenstand sollte oder kann dann die Sorge um eine Gefährdung der Gesundheit sein. Es sollten Angebote zur Unterstützung gemacht, aber auch angesprochen werden, dass von dem Betroffenen erwartet wird, dass er sein Verhalten in Richtung Gesundheitsorientiertheit ändert (Anonyme Alkoholiker 1980).

Frühzeitige Intervention ist gelebte Prävention und Betriebsärzte haben Kenntnisse *von* und einen Blick *für* gesundheitliche Störungen, die im Zusammenhang mit Suchtmitteln stehen. Aber auch für den Arzt gilt, dass er nur konkret ansprechen sollte, was sichtbar ist, und nicht in die »Falle zu tappen«, zu spekulieren oder etwas zu unterstellen.

Das ärztliche Gespräch im Rahmen der arbeitsmedizinischen Regeluntersuchung bietet die große Chance, die Beschäftigten im Rahmen der Anamneseerhebung regelmäßig auch auf ihren Alkoholkonsum anzusprechen. Genauso wie es selbstverständliche Routine sein sollte, bei jeder ärztlichen Untersuchung den Blutdruck zu messen. Sollten sich Hinweise ergeben, dass ein riskanter oder gefährlicher Alkoholkonsum die Ursache für gesundheitliche Störungen oder Auffälligkeiten im sozialen Kontakt sind, dann muss dies mit dem Beschäftigten reflektiert werden. Und sollte es zu Auffälligkeiten am Arbeitsplatz gekommen sein, dann muss eine Verhaltensänderung gefordert werden. Es ist wichtig, mit dem Patienten die möglichen oder bereits nachweisbaren Gesundheitsschäden durch übermäßigen Alkoholkonsum zu besprechen. Dabei muss aber immer der Bezug zum Arbeitsplatz und zu betrieblichen Vereinbarungen hergestellt werden. Es geht nicht darum, Menschen den Alkoholkonsum grundsätzlich zu verbieten. Vielmehr geht es um gesunde und sichere Arbeitsbedingungen für alle Beschäftigten – ganz unabhängig von der Hierarchieebene – und um die Einhaltung von »Null Promille am Arbeitsplatz«.

Eine »vermeintlich« kleine Intervention wie das ärztliche Gespräch im Rahmen einer arbeitsmedizinischen Vorsorgeuntersuchung kann bereits zahlreiche Patienten dazu veranlassen, ihren Suchtmittelkonsum zu reflektieren und den Konsum von Alkohol zu reduzieren. Keinesfalls darf die Thematik jedoch zu betrieblichen Sozialarbeitern oder Betriebsärzten verlagert werden. Ein erfolgreiches Suchtpräventionsprogramm im Betrieb kann nur gelingen, wenn Unternehmensleitung, betriebliche Interessenvertreter, Führungskräfte und betriebliche Fachkräfte an einem Strang ziehen und ein einheitliches Verständnis der Thematik haben und leben.

28.4 Fazit

Gelungene Suchtprävention braucht eine klare und einvernehmliche Botschaft zum Umgang mit suchtmittelbedingten Auffälligkeiten. Dazu trägt eine zwischen Unternehmensleitung und Personalvertretungen verabschiedete Dienst- bzw. Betriebsvereinbarung mit Stufenplan bei. Diese muss durch die Führungskräfte klar, konsequent und verantwortungsbewusst eingehalten werden, damit sie allen Beschäftigten Orientierung und Handlungsrahmen vermittelt.

Plakate und andere Medien, z. B. Filme in Unterweisungen oder bei Schulungen, sind sinnvolle Verstärker für die betrieblichen Botschaften und Kampagnen zur Suchtprävention. Allerdings lassen sich Betriebskultur und persönliche Haltungen von Menschen nur im lebendigen und längerfristigen Dialog mit den Beschäftigten positiv verändern. Führungskräfte und Personalvertreter sind hier gefordert, diesen Prozess zu einer gesünderen Betriebskultur kontinuierlich zu fördern. Ihr eigenes Gesundheitsverständnis und ein achtsamer Umgang mit der eigenen Gesundheit sind dabei im Sinne ihrer Vorbildfunktion kritisch zu reflektieren.

Die Arbeit der Berater und Fachkräfte in der betrieblichen Gesundheitsförderung (betriebsärztlicher Dienst, Arbeitssicherheit, Gesundheits- und Sozialberatung und betriebliches Eingliederungsmanagement) sollte dabei auf einem gemeinsamen Selbstverständnis und einer abgestimmten Zielrichtung basieren, aus denen fachspezifische Maßnahmen entwickelt und dem Betrieb zur Verfügung gestellt werden können. Ihre Aufgabe ist es, gut vernetzt die wichtigen Akteure im betrieblichen Umfeld zusammenzubringen, offen ungesunde Strukturen und Auffälligkeiten zu thematisieren und den Beschäftigten und Führungskräften praxisnahe Unterstützung anzubieten.

Eine gesunde Betriebskultur fördert das Verantwortungsgefühl aller Beschäftigten für ihre Gesundheit und bietet betriebliche Unterstützung bei Problemen oder Krankheit. In ihr haben Wertschätzung und Achtsamkeit im kollegialen Umfeld eine hohe Bedeutung, die sich aber auch in konstruktiver und offener Kritik bei ungesundem, unakzeptablem oder auffälligem Verhalten Einzelner im Arbeitsumfeld Ausdruck verleiht. Dabei wird der suchtmittelfreie Arbeitsplatz selbstverständlich eingefordert und grenzt Menschen, die Auffälligkeiten offen benennen, nicht aus, sondern betrachtet ihr Handeln als wertvolle Intervention zur Vermeidung von Gesundheitsrisiken und Arbeitsplatzverlust.

Literatur

Anonyme Alkoholiker (Hrsg) (1980) Ein Bericht über die Genesung alkoholkranker Männer und Frauen.

Bardehle D, Stiehler M (2010) Erster Deutscher Männergesundheitsbericht.

Burger M, Mensing G (2003) Beiträge zur Gesundheitsberichterstattung des Bundes Bundes-Gesundheitssurvey: Alkohol. Konsumverhalten in Deutschland. Robert Koch-Institut

Dannenberg A, Hoffmann J, Kaldybajewa K, Kruse E (2010) Rentenzugang 2009: Weiterer Anstieg der Zugänge in Erwerbsminderungsrenten wegen psychischen Erkrankungen. RVaktuell (9):283–293

Deutsche Gesetzliche Unfallversicherung (Hrsg) (2004) Unfallverhütungsvorschrift GUV-V A 1 «Grundsätze der Prävention»

Deutsche Hauptstelle für Suchtfragen eV (Hrsg) (2011) Qualitätsstandards der betrieblichen Suchtprävention

Deutsche Rentenversicherung Bund (Hrsg) (2012) Statistik der Deutschen Rentenversicherung. Rentenzugang 2011, Band 188

Diehl A, Mann K (2005) Früherkennung von Alkoholabhängigkeit. Probleme identifizieren und intervenieren: Deutsches Ärzteblatt, 102 (33):A 2244–2250

Enderle G, Nemitz B (2005) Didaktische Modelle für die betriebsärztliche Qualifikation gemäß §3 ASiG und modernem Europäischem Arbeitsschutz. Bundesanstalt für Arbeitsschutz und Arbeitsmedizin BAuA

Jacob J, Stöver H (Hrsg) (2006) Sucht und Männlichkeit. Entwicklungen in Theorie und Praxis der Suchtarbeit

Schweizerische Fachstelle für Alkohol und andere Drogenprobleme (Hrsg) (2006) Sucht und Männlichkeit. Lausanne. http://www.bag.admin.ch/shop/00010/00063/index.html. Gesehen 28 Jan 2013

WHO (1986) Ottawa Charta zur Gesundheitsförderung

Daten und Analysen

Kapitel 29   Krankheitsbedingte Fehlzeiten in der deutschen
              Wirtschaft im Jahr 2012   – 263
              M. Meyer, P. Mpairaktari, I. Glushanok

Kapitel 30   Die Arbeitsunfähigkeit in der Statistik der GKV   – 447
              K. Busch

Kapitel 31   Betriebliches Gesundheitsmanagement und
              krankheitsbedingte Fehlzeiten
              in der Bundesverwaltung   – 459
              R. Hathaway

Krankheitsbedingte Fehlzeiten in der deutschen Wirtschaft im Jahr 2012

M. Meyer, P. Mpairaktari, I. Glushanok

B. Badura et al. (Hrsg.) *Fehlzeiten-Report 2013*,
DOI 10.1007/978-3-642-37117-2_29, © Springer Verlag Berlin Heidelberg 2013

Zusammenfassung *Der folgende Beitrag liefert umfassende und differenzierte Daten zu den krankheitsbedingten Fehlzeiten in der deutschen Wirtschaft im Jahr 2012. Datenbasis sind die Arbeitsunfähigkeitsmeldungen der 11 Millionen erwerbstätigen AOK-Mitglieder in Deutschland. Ein einführendes Kapitel gibt zunächst einen Überblick über die allgemeine Krankenstandsentwicklung und wichtige Determinanten des Arbeitsunfähigkeitsgeschehens. Im Einzelnen werden u. a. die Verteilung der Arbeitsunfähigkeit, die Bedeutung von Kurz- und Langzeiterkrankungen und Arbeitsunfällen, regionale Unterschiede in den einzelnen Bundesländern sowie die Abhängigkeit des Krankenstandes von Faktoren wie der Betriebsgröße und der Beschäftigtenstruktur dargestellt. In elf separaten Kapiteln wird dann detailliert die Krankenstandsentwicklung in den unterschiedlichen Wirtschaftszweigen beleuchtet.*

29.1 Überblick über die krankheitsbedingten Fehlzeiten im Jahr 2012

- **Allgemeine Krankenstandsentwicklung**

Der Krankenstand im Jahr 2012 ist im Vergleich zum Vorjahr in etwa gleich geblieben und liegt bei 4,9 %. In Westdeutschland lag der Krankenstand mit 4,9 % 0,2 Prozentpunkte niedriger als in Ostdeutschland (5,1 %). Bei den Bundesländern verzeichneten das Saarland und Nordrhein-Westfalen mit 5,9 % bzw. 5,5 % (Westfalen-Lippe) den höchsten Krankenstand. In Bayern (4,3 %) und Baden-Württemberg (4,7 %) lag der Krankenstand am niedrigsten. Im Schnitt waren die AOK-versicherten Arbeitnehmer 18,1 Kalendertage krankgeschrieben. Für etwas mehr als die Hälfte aller AOK-Mitglieder (53,2 %) wurde mindestens einmal im Jahr eine Arbeitsunfähigkeitsbescheinigung ausgestellt.

Das Fehlzeitengeschehen wird hauptsächlich von sechs Krankheitsarten dominiert. Im Jahr 2012 gingen knapp ein Viertel der Fehlzeiten auf Muskel- und Skeletterkrankungen (22,9 %) zurück. Danach folgten Verletzungen (11,8 %), Atemwegserkrankungen (11,4 %), psychische Erkrankungen (10,1 %) sowie Erkrankungen des Herz- und Kreislaufsystems und der Verdauungsorgane (6,6 bzw. 5,5 %). Der Anteil der Muskel- und Skeletterkrankungen an den Fehlzeiten ist im Vergleich zum Vorjahr um 0,2 Prozentpunkte, der Verletzungen um 0,5 Prozentpunkte, der Atemwegserkrankungen um 1,0 Prozentpunkte und der Verdauungserkrankungen um 0,2 Prozentpunkte gesunken. Wie in den Vorjahren ist ein Anstieg des Anteils der psychischen Erkrankungen an den Fehltagen festzustellen. Dieser beträgt im Vergleich zum Vorjahr 0,5 Prozentpunkte.

Im Vergleich zu den anderen Krankheitsarten kommt den psychischen Erkrankungen eine besondere Bedeutung zu: Seit 2001 haben die Krankheitstage aufgrund psychischer Erkrankungen um nahezu 67 % zugenommen. In diesem Jahr wurden erneut mehr Fälle aufgrund psychischer Erkrankungen (5,0 %) als aufgrund von Herz- und Kreislauferkrankungen (4,2 %) registriert. Die durchschnittliche Falldauer psychischer Erkrankungen ist mit 24,9 Tagen je Fall mehr als doppelt so lang wie der Durchschnitt mit 11,8 Tagen je Fall im Jahr 2012.

Neben den psychischen Erkrankungen verursachen insbesondere Herz- und Kreislauferkrankungen (19,3 Tage je Fall), Verletzungen (17,2 Tage je Fall) und Muskel- und Skeletterkrankungen (16,6 Tage je Fall) lange Ausfallzeiten. Auf diese vier Erkrankungsarten gingen 2012 bereits 49 % der durch Langzeitfälle (> 6 Wochen) verursachten Fehlzeiten zurück.

Langzeiterkrankungen mit einer Dauer von mehr als sechs Wochen verursachten weit mehr als ein Drittel der Ausfalltage (41,9 % der AU-Tage). Ihr Anteil an den Arbeitsunfähigkeitsfällen betrug jedoch nur 4,3 %. Bei Kurzzeiterkrankungen mit einer Dauer von 1–3 Tagen verhielt es sich genau umgekehrt: Ihr Anteil an den Arbeitsunfähigkeitsfällen lag bei 36,3 %, doch nur 6,1 % der Arbeitsunfähigkeitstage gingen auf sie zurück.

Schätzungen der Bundesanstalt für Arbeitsschutz und Arbeitsmedizin zufolge verursachten im Jahr 2011 460,6 Millionen AU-Tage[1] volkswirtschaftliche Produktionsausfälle von 46 Milliarden bzw. 80 Milliarden Euro Ausfall an Produktion und Bruttowertschöpfung (Bundesministerium für Arbeit und Soziales/Bundesanstalt für Arbeitsschutz und Arbeitsmedizin 2013).

Der Krankenstand ist im Vergleich zum Vorjahr in etwa gleich geblieben. Die Ausgaben für Krankengeld sind im Jahr 2012 erneut gestiegen. Für das 1. bis 4. Quartal 2012 betrug das Ausgabenvolumen für Krankengeld (vorläufiges Rechnungsergebnis) rund 6,7 Milliarden Euro. Gegenüber dem Vorjahr bedeutet das einen Anstieg von 9 % (Bundesministerium für Gesundheit 2012).

- **Fehlzeitengeschehen nach Branchen**

Im Jahr 2012 wurde in fast jeder Branche ein leichter Anstieg des Krankenstandes verzeichnet. In der Branche Energie, Wasser, Entsorgung und Bergbau lag der Krankenstand mit 5,9 % am höchsten. Ebenfalls hohe Krankenstände verzeichneten die Branchen öffentliche Verwaltung und Sozialversicherung (5,5 %), Verkehr und Transport (5,5 %) sowie das verarbeitende Gewerbe (5,5 %). Der niedrigste Krankenstand war mit 3,4 % in der Branche Banken und Versicherungen zu finden.

Bei den Branchen Land- und Forstwirtschaft, Baugewerbe sowie Verkehr und Transport handelt es sich um Bereiche mit hohen körperlichen Arbeitsbelastungen und überdurchschnittlich vielen Arbeitsunfällen. Im Baugewerbe gingen 7,4 % der Arbeitsunfähigkeitsfälle auf Arbeitsunfälle zurück. In der Land- und Forstwirtschaft waren es sogar 8,7 % und im Bereich Verkehr und Transport 5,1 %.

In den Branchen Baugewerbe, Land- und Forstwirtschaft sowie Energie, Wasser, Entsorgung und Bergbau sind viele Arbeitsunfähigkeitsfälle durch Verletzungen zu verzeichnen. Dies hängt unter anderem mit dem hohen Anteil an Arbeitsunfällen in diesen Branchen zusammen. Der Bereich Land- und Forstwirtschaft verzeichnet mit 20,9 Tagen je Fall die höchste Falldauer vor der Branche Verkehr und Transport mit 20,5 Tagen je Fall.

Im Jahr 2012 ist der Anteil der Muskel- und Skeletterkrankungen mit 23 % an den Erkrankungen in allen Branchen wie im Vorjahr am höchsten. Einzig in der Branche Banken und Versicherungen nehmen die Atemwegserkrankungen einen größeren Anteil als die Muskel- und Skeletterkrankungen ein und weisen zudem den insgesamt höchsten Wert für die Atemwegserkrankungen (16 %) auf.

Psychische Erkrankungen sind v. a. in der Dienstleistungsbranche zu verzeichnen. Der Anteil der Arbeitsunfähigkeitsfälle ist mit 13,5 Arbeitsunfähigkeitsfällen je 100 AOK-Mitglieder mehr als doppelt so hoch wie im Baugewerbe (6,6 AU-Fälle je 100 AOK-Mitglieder).

- **Fehlzeitengeschehen nach Altersgruppen**

Zwar nimmt mit zunehmendem Alter die Zahl der Krankmeldungen ab, doch steigt die Dauer der Arbeitsunfähigkeitsfälle kontinuierlich. Ältere Mitarbeiter sind also seltener krank, fallen aber in der Regel länger aus als ihre jüngeren Kollegen. Dies liegt zum einen daran, dass Ältere häufiger von mehreren Erkrankungen gleichzeitig betroffen sind (Multimorbidität), aber auch daran, dass sich das Krankheitsspektrum verändert.

Bei den jüngeren Arbeitnehmern zwischen 15 und 19 Jahren dominieren v. a. Atemwegserkrankungen und Verletzungen. 22,1 % der Ausfalltage gingen in dieser Altersgruppe auf Atemwegserkrankungen zurück. Der Anteil der Verletzungen liegt bei 21,8 % (60- bis 64-Jährige: 7,3 bzw. 8,3 %). Ältere Arbeitnehmer leiden dagegen zunehmend an Muskel- und Skelett- oder Herz- und Kreislauferkrankungen. Diese Krankheitsarten sind häufig mit langen Ausfallzeiten verbunden. Im Schnitt fehlt ein Arbeitnehmer aufgrund einer Atemwegserkrankung lediglich 6,5 Tage, bei einer Muskel- und Skeletterkrankung fehlt er hingegen 16,6 Tage. So gehen in der Gruppe der 60- bis 64-Jährigen über ein Viertel der Ausfalltage auf Muskel- und Skeletterkrankungen und 11,7 % auf Herz- und Kreislauferkrankungen zurück. Bei den 15- bis 19-Jährigen hingegen sind es lediglich 9,4 bzw. 1,5 %.

Die meisten Fehltage aufgrund psychischer Erkrankungen entfallen auf die 30- bis 34-Jährigen (12,4 %), die wenigsten auf die Altersgruppe der 15- bis 19-Jährigen (5,5 %).

- **Fehlzeitengeschehen nach Geschlecht**

Im Fehlzeitengeschehen zeigen sich keine wesentlichen Unterschiede zwischen den Geschlechtern. Der Krankenstand liegt bei den Männern mit 5,0 % um 0,1

---

1 Dieser Wert ergibt sich durch die Multiplikation von rund 36,6 Millionen Arbeitnehmern mit durchschnittlich 12,6 AU-Tagen. Die AU-Tage beziehen sich auf Werktage.

Prozentpunkte höher als bei den Frauen. Frauen sind mit einer AU-Quote von 54,2 % etwas häufiger krank als Männer (52,5 %), dafür aber kürzer (Frauen: 11,6 Tage je Fall; Männer: 12,0).

Unterschiede zeigen sich jedoch bei Betrachtung des Krankheitsspektrums. Insbesondere Verletzungen und Muskel- und Skeletterkrankungen führen bei Männern häufiger zur Arbeitsunfähigkeit als bei Frauen. Bei Frauen hingegen liegen neben Muskel- und Skeletterkrankungen vermehrt psychische Erkrankungen und Atemwegserkrankungen vor. Dies dürfte damit zusammenhängen, dass Männer nach wie vor in größerem Umfang körperlich beanspruchenden und unfallträchtigen Tätigkeiten nachgehen. So ist der Großteil der männlichen AOK-Versicherten im Dienstleistungsbereich und im verarbeitenden Gewerbe tätig, beispielsweise in Berufen der Lagerwirtschaft und in der Metallbearbeitung. Die meisten Frauen sind im Dienstleistungsbereich beschäftigt, gefolgt von der Branche Handel. Frauen sind verstärkt in Berufen in der Reinigung, im Verkauf, in der Gesundheits-, Alten- und Krankenpflege sowie als Büro- und Sekretariatskräfte tätig.

Unterschiede zwischen den Geschlechtern finden sich bei genauerer Betrachtung der einzelnen Krankheitsarten: Im Bereich der Herz- und Kreislauferkrankungen leiden Männer vermehrt an Ischämischen Herzkrankheiten wie beispielsweise dem Myokardinfarkt. Über ein Fünftel aller Fehltage in dieser Krankheitsart entfallen bei den Männern auf diese Erkrankung, bei den Frauen sind es knapp über 13 %.

Auch bei den psychischen Erkrankungen ergeben sich Unterschiede. 42,4 % der Arbeitsunfähigkeitstage aufgrund von psychischen Erkrankungen gehen bei den Frauen auf affektive Störungen wie Depressionen zurück, bei den Männern sind es dagegen etwas mehr als ein Drittel der Fehltage. Bei den Männern gehen dagegen knapp 13,7 % der Fehlzeiten auf psychische und Verhaltensstörungen durch psychotrope Substanzen wie Alkohol oder Tabak zurück, bei Frauen sind es lediglich 3,9 %.

29.1.1 Datenbasis und Methodik

Die folgenden Ausführungen zu den krankheitsbedingten Fehlzeiten in der deutschen Wirtschaft basieren auf einer Analyse der Arbeitsunfähigkeitsmeldungen aller erwerbstätigen AOK-Mitglieder. Die AOK ist nach wie vor die Krankenkasse mit dem größten Marktanteil in Deutschland. Sie verfügt daher über die umfangreichste Datenbasis zum Arbeitsunfähigkeitsgeschehen. Ausgewertet wurden die Daten des Jahres 2012 – in diesem Jahr waren insgesamt 11 Millionen Arbeitnehmer bei der AOK versichert. Dies ist im Vergleich zum Vorjahr ein Plus von 1,8 %.

Datenbasis der Auswertungen sind sämtliche Arbeitsunfähigkeitsfälle, die der AOK im Jahr 2012 gemeldet wurden. Es werden sowohl Pflichtmitglieder als auch freiwillig Versicherte berücksichtigt, Arbeitslosengeld-I-Empfänger dagegen nicht. Unberücksichtigt bleiben auch Schwangerschafts- und Kinderkrankenfälle. Arbeitsunfälle gehen mit in die Statistik ein, soweit sie der AOK gemeldet werden. Allerdings werden Kurzzeiterkrankungen bis zu drei Tagen von den Krankenkassen nur erfasst, soweit eine ärztliche Krankschreibung vorliegt. Der Anteil der Kurzzeiterkrankungen liegt daher höher, als dies in den Krankenkassendaten zum Ausdruck kommt. Hierdurch verringern sich die Fallzahlen und die rechnerische Falldauer erhöht sich entsprechend. Langzeitfälle mit einer Dauer von mehr als 42 Tagen wurden in die Auswertungen einbezogen, weil sie von entscheidender Bedeutung für das Arbeitsunfähigkeitsgeschehen in den Betrieben sind.

Die Arbeitsunfähigkeitszeiten werden von den Krankenkassen so erfasst, wie sie auf den Krankmeldungen angegeben sind. Auch Wochenenden und Feiertage gehen in die Berechnung mit ein, soweit sie in den Zeitraum der Krankschreibung fallen. Die Ergebnisse sind daher mit betriebsinternen Statistiken, bei denen lediglich die Arbeitstage berücksichtigt werden, nur begrenzt vergleichbar. Bei jahresübergreifenden Arbeitsunfähigkeitsfällen wurden ausschließlich Fehlzeiten in die Auswertungen einbezogen, die im Auswertungsjahr anfielen.

◘ Tab. 29.1.1 gibt einen Überblick über die wichtigsten Kennzahlen und Begriffe, die in diesem Beitrag zur Beschreibung des Arbeitsunfähigkeitsgeschehens verwendet werden. Die Kennzahlen werden auf der Basis der Versicherungszeiten berechnet, d. h. es wird berücksichtigt, ob ein Mitglied ganzjährig oder nur einen Teil des Jahres bei der AOK versichert war bzw. als in einer bestimmten Branche oder Berufsgruppe beschäftigt geführt wurde.

Aufgrund der speziellen Versichertenstruktur der AOK sind die Daten nur bedingt repräsentativ für die Gesamtbevölkerung in der Bundesrepublik Deutschland bzw. die Beschäftigten in den einzelnen Wirtschaftszweigen. Infolge ihrer historischen Funktion als Basiskasse weist die AOK einen überdurchschnittlich hohen Anteil an Versicherten aus dem gewerblichen Bereich auf. Angestellte sind dagegen in der Versichertenklientel der AOK unterrepräsentiert.

Im Jahr 2008 fand eine Revision der Klassifikation der Wirtschaftszweige statt. Die Klassifikation der

Tab. 29.1.1 Kennzahlen und Begriffe zur Beschreibung des Arbeitsunfähigkeitsgeschehens

Kennzahl	Definition	Einheit, Ausprägung	Erläuterungen
AU-Fälle	Anzahl der Fälle von Arbeitsunfähigkeit	je AOK-Mitglied bzw. je 100 AOK-Mitglieder in % aller AU-Fälle	Jede Arbeitsunfähigkeitsmeldung, die nicht nur die Verlängerung einer vorangegangenen Meldung ist, wird als ein Fall gezählt. Ein AOK-Mitglied kann im Auswertungszeitraum mehrere AU-Fälle aufweisen.
AU-Tage	Anzahl der AU-Tage, die im Auswertungsjahr anfielen	je AOK-Mitglied bzw. je 100 AOK-Mitglieder in % aller AU-Tage	Da arbeitsfreie Zeiten wie Wochenenden und Feiertage, die in den Krankschreibungszeitraum fallen, mit in die Berechnung eingehen, können sich Abweichungen zu betriebsinternen Fehlzeitenstatistiken ergeben, die bezogen auf die Arbeitszeiten berechnet wurden. Bei jahresübergreifenden Fällen werden nur die AU-Tage gezählt, die im Auswertungsjahr anfielen.
AU-Tage je Fall	mittlere Dauer eines AU-Falls	Kalendertage	Indikator für die Schwere einer Erkrankung.
Krankenstand	Anteil der im Auswertungszeitraum angefallenen Arbeitsunfähigkeitstage am Kalenderjahr	in %	War ein Versicherter nicht ganzjährig bei der AOK versichert, wird dies bei der Berechnung des Krankenstandes entsprechend berücksichtigt.
Krankenstand, standardisiert	nach Alter und Geschlecht standardisierter Krankenstand	in %	Um Effekte der Alters- und Geschlechtsstruktur bereinigter Wert.
AU-Quote	Anteil der AOK-Mitglieder mit einem oder mehreren Arbeitsunfähigkeitsfällen im Auswertungsjahr	in %	Diese Kennzahl gibt Auskunft darüber, wie groß der von Arbeitsunfähigkeit betroffene Personenkreis ist.
Kurzzeiterkrankungen	Arbeitsunfähigkeitsfälle mit einer Dauer von 1–3 Tagen	in % aller Fälle/Tage	Erfasst werden nur Kurzzeitfälle, bei denen eine Arbeitsunfähigkeitsbescheinigung bei der AOK eingereicht wurde.
Langzeiterkrankungen	Arbeitsunfähigkeitsfälle mit einer Dauer von mehr als 6 Wochen	in % aller Fälle/Tage	Mit Ablauf der 6. Woche endet in der Regel die Lohnfortzahlung durch den Arbeitgeber, ab der 7. Woche wird durch die Krankenkasse Krankengeld gezahlt.
Arbeitsunfälle	durch Arbeitsunfälle bedingte Arbeitsunfähigkeitsfälle	je 100 AOK-Mitglieder in % aller AU-Fälle/-Tage	Arbeitsunfähigkeitsfälle, bei denen auf der Krankmeldung als Krankheitsursache »Arbeitsunfall« angegeben wurde; Wegeunfälle sind nicht enthalten.
AU-Fälle/-Tage nach Krankheitsarten	Arbeitsunfähigkeitsfälle/-tage mit einer bestimmten Diagnose	je 100 AOK-Mitglieder in % aller AU-Fälle bzw. -Tage	Ausgewertet werden alle auf den Arbeitsunfähigkeitsbescheinigungen angegebenen ärztlichen Diagnosen, verschlüsselt werden diese nach der Internationalen Klassifikation der Krankheitsarten (ICD-10).

Fehlzeiten-Report 2013

Wirtschaftszweige Ausgabe 2008 wird vom Statistischen Bundesamt veröffentlicht (▶ Anhang 2). Aufgrund der Revision kam es zu Verschiebungen zwischen den Branchen und eine Vergleichbarkeit mit den Daten von vor 2008 ist nur bedingt möglich. Daher werden bei Jahresvergleichen Kennzahlen für das Jahr 2008 sowohl für die Klassifikationsversion 2003 als auch für die Version 2008 ausgewiesen.

Die Klassifikation der Wirtschaftszweigschlüssel in der Ausgabe 2008 enthält insgesamt fünf Differenzierungsebenen, von denen allerdings bei den vorliegenden Analysen nur die ersten drei berücksichtigt

Tab. 29.1.2 AOK-Mitglieder nach Wirtschaftsabschnitten im Jahr 2012 nach der Klassifikation der Wirtschaftszweigschlüssel, Ausgabe 2008

Wirtschaftsabschnitte	Pflichtmitglieder		Freiwillige Mitglieder
	Absolut	Anteil an der Branche (in %)	Absolut
Banken/Versicherungen	121.103	12,1	13.695
Baugewerbe	775.927	46,7	7.671
Dienstleistungen	4.355.719	41,5	73.310
Energie/Wasser/Entsorgung/Bergbau	147.487	26,8	10.926
Handel	1.446.044	34,7	24.401
Land- und Forstwirtschaft	171.962	74,6	395
Öffentl. Verwaltung/Sozialversicherung	619.863	36,6	23.669
Verarbeitendes Gewerbe	2.280.365	35,0	105.842
Verkehr/Transport	634.736	42,7	6.505
Sonstige	190.441	17,1	3.118
Insgesamt	**10.743.647**	**37,1**	**269.532**

Fehlzeiten-Report 2013

wurden. Es wird zwischen Wirtschaftsabschnitten, -abteilungen und -gruppen unterschieden. Ein Abschnitt ist beispielsweise die Branche »Energie, Wasser, Entsorgung und Bergbau«. Diese untergliedert sich in die Wirtschaftsabteilungen »Bergbau und Gewinnung von Steinen und Erden«, »Energieversorgung« und »Wasserversorgung, Abwasser- und Abfallentsorgung und Beseitigung von Umweltverschmutzungen«. Die Wirtschaftsabteilung »Bergbau und Gewinnung von Steinen und Erden« umfasst wiederum die Wirtschaftsgruppen »Kohlenbergbau«, »Erzbergbau« u. a. m. Im vorliegenden Unterkapitel werden die Daten zunächst ausschließlich auf der Ebene der Wirtschaftsabschnitte analysiert (▶ Anhang 2). In den folgenden Kapiteln wird dann auch nach Wirtschaftsabteilungen und teilweise auch nach Wirtschaftsgruppen differenziert. Die Metallindustrie, die nach der Systematik der Wirtschaftszweige der Bundesanstalt für Arbeit zum verarbeitenden Gewerbe gehört, wird, da sie die größte Branche des Landes darstellt, in einem eigenen Kapitel behandelt (▶ Kap. 29.9). Auch dem Bereich »Erziehung und Unterricht« wird angesichts der zunehmenden Bedeutung des Bildungsbereichs für die Produktivität der Volkswirtschaft ein eigenes Kapitel gewidmet (▶ Kap. 29.6). Aus ◘ Tab. 29.1.2 ist die Anzahl der AOK-Mitglieder in den einzelnen Wirtschaftsabschnitten sowie deren Anteil an den sozialversicherungspflichtig Beschäftigten insgesamt[2] ersichtlich.

Da sich die Morbiditätsstruktur in Ost- und Westdeutschland nach wie vor unterscheidet, werden neben den Gesamtergebnissen für die Bundesrepublik Deutschland die Ergebnisse für Ost und West separat ausgewiesen.

Die Verschlüsselung der Diagnosen erfolgt nach der 10. Revision des ICD (International Classification of Diseases)[3] (▶ Anhang 1). Teilweise weisen die Arbeitsunfähigkeitsbescheinigungen mehrere Diagnosen auf. Um einen Informationsverlust zu vermeiden, werden bei den diagnosebezogenen Auswertungen im Unterschied zu anderen Statistiken[4], die nur eine Diagnose berücksichtigen, auch Mehrfachdiagnosen[5] in die Auswertungen einbezogen.

Aufgrund einer technischen Optimierung bei der Haltung und Verarbeitung der Arbeitsunfähigkeitsdaten in den Datenbanksystemen der AOKs gab es nach Fertigstellung des Fehlzeiten-Reports 2012 Nachmeldungen von Arbeitsunfähigkeitsbescheinigungen des Jahres 2011. Diese wurden nun bei Vorjahresvergleichen berücksichtigt, indem der Datenbestand nachträglich für das Jahr 2011 aktualisiert wurde. Aus diesem Grund kann es im Vergleich zum Fehlzeiten-Re-

---

2 Errechnet auf der Basis der Beschäftigtenstatistik der Bundesagentur für Arbeit, Stichtag: 30.06.2012 (Bundesagentur für Arbeit 2012).

3 International übliches Klassifikationssystem der Weltgesundheitsorganisation (WHO).
4 Beispielsweise die von den Krankenkassen im Bereich der gesetzlichen Krankenversicherung herausgegebene Krankheitsartenstatistik.
5 Leidet ein Arbeitnehmer an unterschiedlichen Krankheitsbildern (Multimorbidität), kann eine Arbeitsunfähigkeitsbescheinigung mehrere Diagnosen aufweisen. Insbesondere bei älteren Beschäftigten kommt dies häufiger vor.

Tab. 29.1.3 Krankenstandskennzahlen 2012 im Vergleich zum Vorjahr

	Kranken-stand (in %)	Arbeitsunfähigkeiten je 100 AOK-Mitglieder				Tage je Fall	Veränd. z.Vorj. (in %)	AU-Quote (in %)
		Fälle	Veränd. z. Vorj. (in %)	Tage	Veränd. z. Vorj. (in %)			
West	4,9	155,5	-1,5	1.803,0	0,9	11,6	2,7	53,2
Ost	5,1	141,8	-6,8	1.854,6	9,6	13,1	18,0	53,2
Bund	4,9	153,3	-2,2	1.811,6	2,3	11,8	4,4	53,2

Fehlzeiten-Report 2013

Krankenstand in %

	Jan	Feb	Mrz	Apr	Mai	Jun	Jul	Aug	Sep	Okt	Nov	Dez
2012	5,2	6,0	5,6	4,7	4,6	4,6	4,6	4,3	4,6	5,2	5,4	4,8
2011	5,4	6,0	5,5	4,7	4,7	4,3	4,3	4,1	4,6	4,9	5,1	4,9

Quelle: Wissenschaftliches Institut der AOK (WIdO)

Fehlzeiten-Report 2013

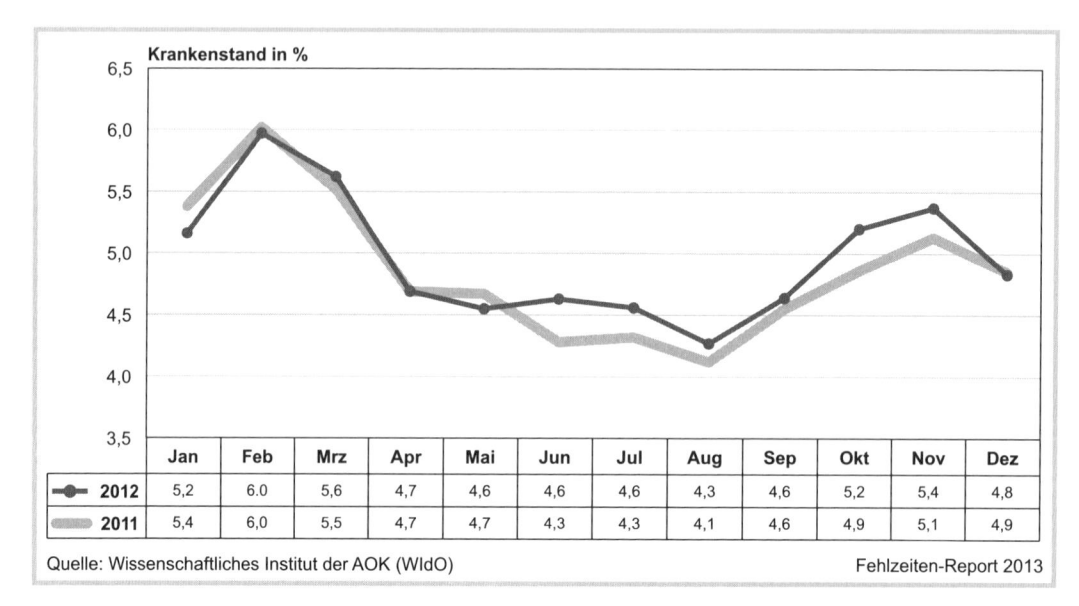

Abb. 29.1.1 Krankenstand im Jahr 2012 im saisonalen Verlauf im Vergleich zum Vorjahr, AOK-Mitglieder

port 2012 zu Abweichungen bei der Darstellung von Kennwerten kommen, die sich auf das Vorjahr 2011 beziehen.

29.1.2 Allgemeine Krankenstandsentwicklung

Die krankheitsbedingten Fehlzeiten sind im Jahr 2012 im Vergleich zum Vorjahr in etwa gleich geblieben. Bei den 11 Millionen erwerbstätigen AOK-Mitgliedern betrug der Krankenstand 4,9 % (Tab. 29.1.3). 53,2 % der AOK-Mitglieder meldeten sich mindestens einmal krank. Die Versicherten waren pro Krankmeldung durchschnittlich 11,8 Kalendertage krankgeschrieben.[6] 6,7 % der Arbeitsunfähigkeitstage waren durch Arbeitsunfälle bedingt.

6 Wochenenden und Feiertage eingeschlossen.

Die Zahl der krankheitsbedingten Ausfalltage nahm im Vergleich zum Vorjahr um 2,3 % zu. Im Osten betrug die Zunahme 9,6 %, im Westen 0,9 %. Die Zahl der Arbeitsunfähigkeitsfälle ist hingegen gesunken. Im Osten betrug der Rückgang 6,8 % und im Westen 1,5 %. Diese Entwicklung schlägt sich mit einem Anstieg um 0,2 Prozentpunkte des Krankenstandes im Osten auf 5,1 % deutlich nieder. Im Westen dagegen stagnierte der Krankenstand bei 4,9 %. Die durchschnittliche Dauer der Krankmeldungen stieg in Ostdeutschland um 18 %, in Westdeutschland um 2,7 %. Die Zahl der von Arbeitsunfähigkeit betroffenen AOK-Mitglieder (AU-Quote: Anteil der AOK-Mitglieder mit mindestens einem AU-Fall) sank im Jahr 2012 um 0,5 Prozentpunkte auf 53,2 %.

Im Jahresverlauf wurde der höchste Krankenstand mit 6,0 % im Februar erreicht, während der niedrigste Wert (4,3 %) im August zu verzeichnen war. Im Vergleich zum Vorjahr lag der Krankenstand in den

29.1 · Überblick über die krankheitsbedingten Fehlzeiten im Jahr 2012

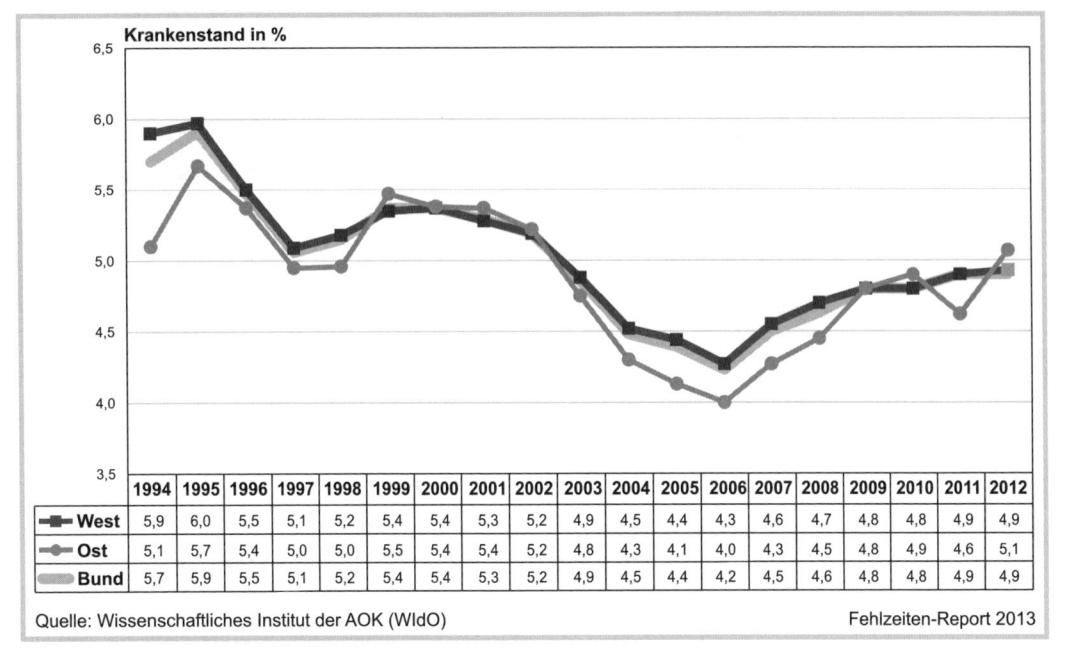

Krankenstand in %	1994	1995	1996	1997	1998	1999	2000	2001	2002	2003	2004	2005	2006	2007	2008	2009	2010	2011	2012
West	5,9	6,0	5,5	5,1	5,2	5,4	5,4	5,3	5,2	4,9	4,5	4,4	4,3	4,6	4,7	4,8	4,8	4,9	4,9
Ost	5,1	5,7	5,4	5,0	5,0	5,5	5,4	5,4	5,2	4,8	4,3	4,1	4,0	4,3	4,5	4,8	4,9	4,6	5,1
Bund	5,7	5,9	5,5	5,1	5,2	5,4	5,4	5,3	5,2	4,9	4,5	4,4	4,2	4,5	4,6	4,8	4,8	4,9	4,9

Quelle: Wissenschaftliches Institut der AOK (WIdO) Fehlzeiten-Report 2013

Abb. 29.1.2 Entwicklung des Krankenstandes in den Jahren 1994–2012, AOK-Mitglieder

Monaten Juni, Juli, Oktober und November deutlich über dem Vorjahreswert (Abb. 29.1.1).

Abb. 29.1.2 zeigt die längerfristige Entwicklung des Krankenstandes in den Jahren 1994–2012. Seit Mitte der 1990er Jahre ist ein Rückgang der Krankenstände zu verzeichnen. 2006 sank der Krankenstand auf 4,2 % und erreichte damit den niedrigsten Stand seit der Wiedervereinigung.

Der Krankenstand liegt im Vergleich zu den 1990er Jahren nach wie vor auf einem niedrigen Niveau. Die Gründe für die niedrigen Krankenstände sind vielfältig. Neben strukturellen Faktoren wie der Abnahme körperlich belastender Tätigkeiten sowie einer verbesserten Gesundheitsvorsorge in den Betrieben kann auch die wirtschaftliche Situation eine Rolle spielen. Umfragen zeigen, dass eine aus Sicht des Mitarbeiters angespannte Lage auf dem Arbeitsmarkt dazu führt, dass Arbeitnehmer auf Krankmeldungen verzichten. Damit will der Mitarbeiter vermeiden, seinen Arbeitsplatz zu gefährden.

Bis zum Jahr 1998 war der Krankenstand in Ostdeutschland stets niedriger als in Westdeutschland. In den Jahren 1999 bis 2001 waren dann jedoch in den neuen Ländern etwas höhere Werte als in den alten Ländern zu verzeichnen. Diese Entwicklung führt das Institut für Arbeitsmarkt- und Berufsforschung auf Verschiebungen in der Altersstruktur der erwerbstätigen Bevölkerung zurück (Kohler 2002). Diese war nach der Wende zunächst in den neuen Ländern günstiger, weil viele Arbeitnehmer vom Altersübergangsgeld Gebrauch machten. Dies habe sich aufgrund altersspezifischer Krankenstandsquoten in den durchschnittlichen Krankenständen niedergeschlagen. Inzwischen sind diese Effekte jedoch ausgelaufen. Im Jahr 2012 lag der Krankenstand im Osten Deutschlands bei 5,1 %, im Westen Deutschlands bei 4,9 %.

29.1.3 Verteilung der Arbeitsunfähigkeit

Den Anteil der Arbeitnehmer, die in einem Jahr mindest einmal krankgeschrieben wurden wird als die Arbeitsunfähigkeitsquote bezeichnet. Diese lag 2012 bei 53,2 % (Abb. 29.1.3). Der Anteil der AOK-Mitglieder, die das ganze Jahr überhaupt nicht krankgeschrieben waren, lag somit bei 46,8 %.

Abb. 29.1.4 zeigt die Verteilung der kumulierten Arbeitsunfähigkeitstage auf die AOK-Mitglieder in Form einer Lorenzkurve. Daraus ist ersichtlich, dass sich die überwiegende Anzahl der Tage auf einen relativ kleinen Teil der AOK-Mitglieder konzentriert. Die folgenden Zahlen machen dies deutlich:

- Ein Viertel der Arbeitsunfähigkeitstage entfällt auf nur 1,5 % der Mitglieder

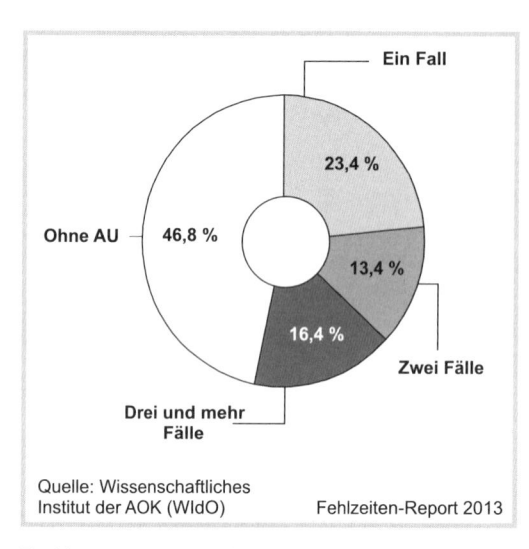

◘ **Abb. 29.1.3** Arbeitsunfähigkeitsquote der AOK-Mitglieder im Jahr 2012

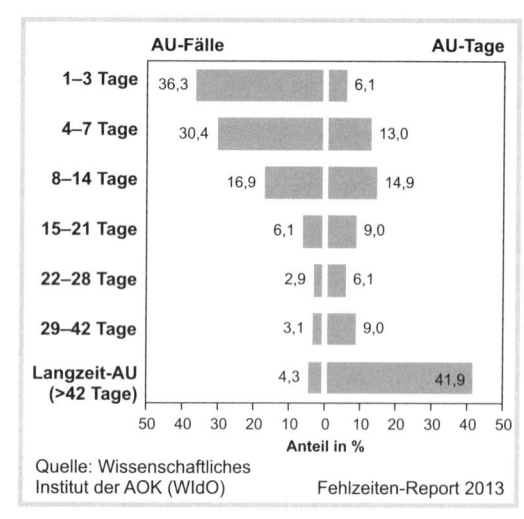

◘ **Abb. 29.1.5** Arbeitsunfähigkeitstage und -fälle der AOK-Mitglieder im Jahr 2012 nach der Dauer

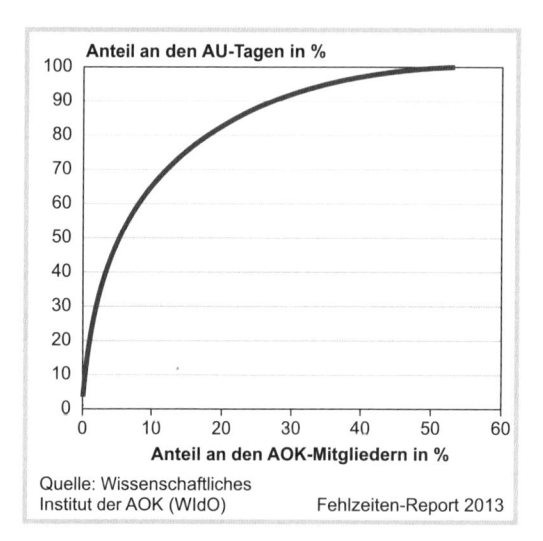

◘ **Abb. 29.1.4** Lorenzkurve zur Verteilung der Arbeitsunfähigkeitstage der AOK-Mitglieder im Jahr 2012

— Die Hälfte der Tage wird von lediglich 5,4 % der Mitglieder verursacht
— Knapp 80 % der Arbeitsunfähigkeitstage gehen auf nur 18,1 % der AOK-Mitglieder zurück

29.1.4 Kurz- und Langzeiterkrankungen

Die Höhe des Krankenstandes wird entscheidend durch länger dauernde Arbeitsunfähigkeitsfälle bestimmt. Die Zahl dieser Erkrankungsfälle ist zwar relativ gering, aber für eine große Zahl von Ausfalltagen verantwortlich (◘ Abb. 29.1.5). 2012 waren gut die Hälfte aller Arbeitsunfähigkeitstage (50,9 %) auf lediglich 7,4 % der Arbeitsunfähigkeitsfälle zurückzuführen. Dabei handelt es sich um Fälle mit einer Dauer von mehr als vier Wochen. Besonders zu Buche schlagen Langzeitfälle, die sich über mehr als sechs Wochen erstrecken. Obwohl ihr Anteil an den Arbeitsunfähigkeitsfällen im Jahr 2012 nur 4,3 % betrug, verursachten sie 41,9 % des gesamten AU-Volumens. Langzeitfälle sind häufig auf chronische Erkrankungen zurückzuführen. Der Anteil der Langzeitfälle nimmt mit steigendem Alter deutlich zu.

Kurzzeiterkrankungen wirken sich zwar oft sehr störend auf den Betriebsablauf aus, spielen aber, anders als häufig angenommen, für den Krankenstand nur eine untergeordnete Rolle. Auf Arbeitsunfähigkeitsfälle mit einer Dauer von 1–3 Tagen gingen 2012 lediglich 6,1 % der Fehltage zurück, obwohl ihr Anteil an den Arbeitsunfähigkeitsfällen 36,3 % betrug. Insgesamt haben die Kurzzeiterkrankungen im Vergleich zum Vorjahr bezogen auf die Arbeitsunfähigkeitstage jedoch um 0,4 Prozentpunkte und bezogen auf die Arbeitsunfähigkeitsfälle um 0,6 Prozentpunkte abgenommen. Da viele Arbeitgeber in den ersten drei Tagen einer Erkrankung keine ärztliche Arbeitsunfähigkeitsbescheinigung verlangen, liegt der Anteil der Kurzzeiterkrankungen allerdings in der Praxis höher, als dies in den Daten der Krankenkassen zum Ausdruck kommt. Nach einer Befragung des Instituts der deutschen Wirtschaft (Schnabel 1997) hat jedes zweite Unternehmen die Attestpflicht ab dem ersten Krank-

29.1 · Überblick über die krankheitsbedingten Fehlzeiten im Jahr 2012

Branche	Langzeiterkrankungen	Kurzzeiterkrankungen
Land- und Forstwirtschaft	49,8	4,1
Baugewerbe	49,1	5,7
Verkehr/Transport	46,1	4,0
Energie/Wasser/Entsorgung/Bergbau	44,1	4,8
Verarbeitendes Gewerbe	42,4	6,0
Öffentl. Verwaltung/Sozialversicherung	41,8	5,8
Handel	41,1	7,1
Dienstleistungen	40,0	6,3
Banken/Versicherungen	36,6	10,3
Erziehung und Unterricht	30,1	12,4

Anteil an den AU-Tagen in %

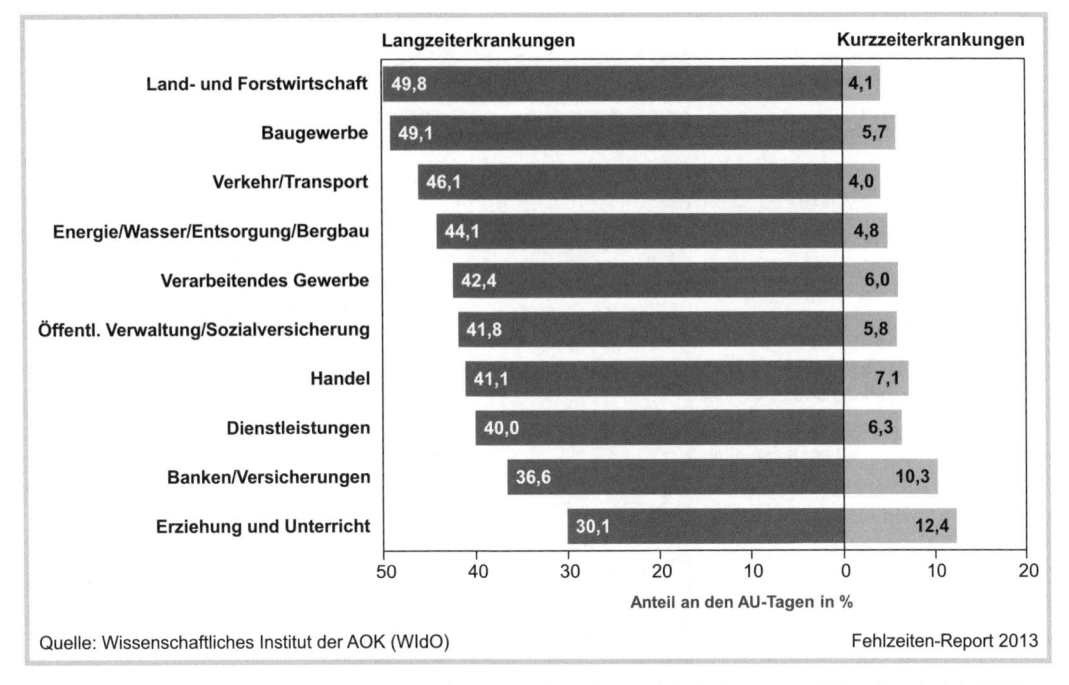

Quelle: Wissenschaftliches Institut der AOK (WIdO) Fehlzeiten-Report 2013

◘ **Abb. 29.1.6** Anteil der Kurz- und Langzeiterkrankungen an den Arbeitsunfähigkeitstagen nach Branchen im Jahr 2012, AOK-Mitglieder

heitstag eingeführt. Der Anteil der Kurzzeitfälle von 1–3 Tagen an den krankheitsbedingten Fehltagen in der privaten Wirtschaft beträgt danach insgesamt durchschnittlich 11,3 %. Auch wenn man berücksichtigt, dass die Krankenkassen die Kurzzeit-Arbeitsunfähigkeit nicht vollständig erfassen, ist also der Anteil der Erkrankungen von 1–3 Tagen am Arbeitsunfähigkeitsvolumen insgesamt nur gering. Von Maßnahmen, die in erster Linie auf eine Reduzierung der Kurzzeitfälle abzielen, ist daher kein durchgreifender Effekt auf den Krankenstand zu erwarten. Maßnahmen, die auf eine Senkung des Krankenstandes abzielen, sollten vorrangig bei den Langzeitfällen ansetzen. Welche Krankheitsarten für die Langzeitfälle verantwortlich sind, wird in ▶ Abschn. 29.1.16 dargestellt.

2012 war der Anteil der Langzeiterkrankungen mit 49,8 % in der Land- und Forstwirtschaft sowie im Baugewerbe (49,1 %) am höchsten und in der Branche Erziehung und Unterricht mit 30,1 % am niedrigsten. Der Anteil der Kurzzeiterkrankungen schwankte in den einzelnen Wirtschaftszweigen zwischen 12,4 % im Bereich Erziehung und Unterricht und 4,0 % im Bereich Verkehr und Transport (◘ Abb. 29.1.6).

29.1.5 Krankenstandsentwicklung in den einzelnen Branchen

Im Jahr 2012 wies die Branche Energie, Wasser, Entsorgung und Bergbau mit 5,9 % den höchsten Krankenstand auf, während die Banken und Versicherungen mit 3,4 % den niedrigsten Krankenstand hatten (◘ Abb. 29.1.7). Bei dem hohen Krankenstand in der öffentlichen Verwaltung (5,5 %) muss allerdings berücksichtigt werden, dass ein großer Teil der in diesem Sektor beschäftigten AOK-Mitglieder keine Bürotätigkeiten ausübt, sondern in gewerblichen Bereichen mit teilweise sehr hohen Arbeitsbelastungen tätig ist, wie z. B. im Straßenbau, in der Straßenreinigung und Abfallentsorgung, in Gärtnereien etc. Insofern sind die Daten, die der AOK für diesen Bereich vorliegen, nicht repräsentativ für die gesamte öffentliche Verwaltung. Hinzu kommt, dass die in den öffentlichen Verwaltungen beschäftigten AOK-Mitglieder eine im Vergleich zur freien Wirtschaft ungünstige Altersstruktur aufweisen, die zum Teil für die erhöhten Krankenstände mitverantwortlich ist. Schließlich spielt auch die Tatsache, dass die öffentlichen Verwaltungen ihrer Verpflichtung zur Beschäftigung Schwerbehinderter stärker nachkommen als andere Branchen, eine erhebliche Rolle. Der Anteil

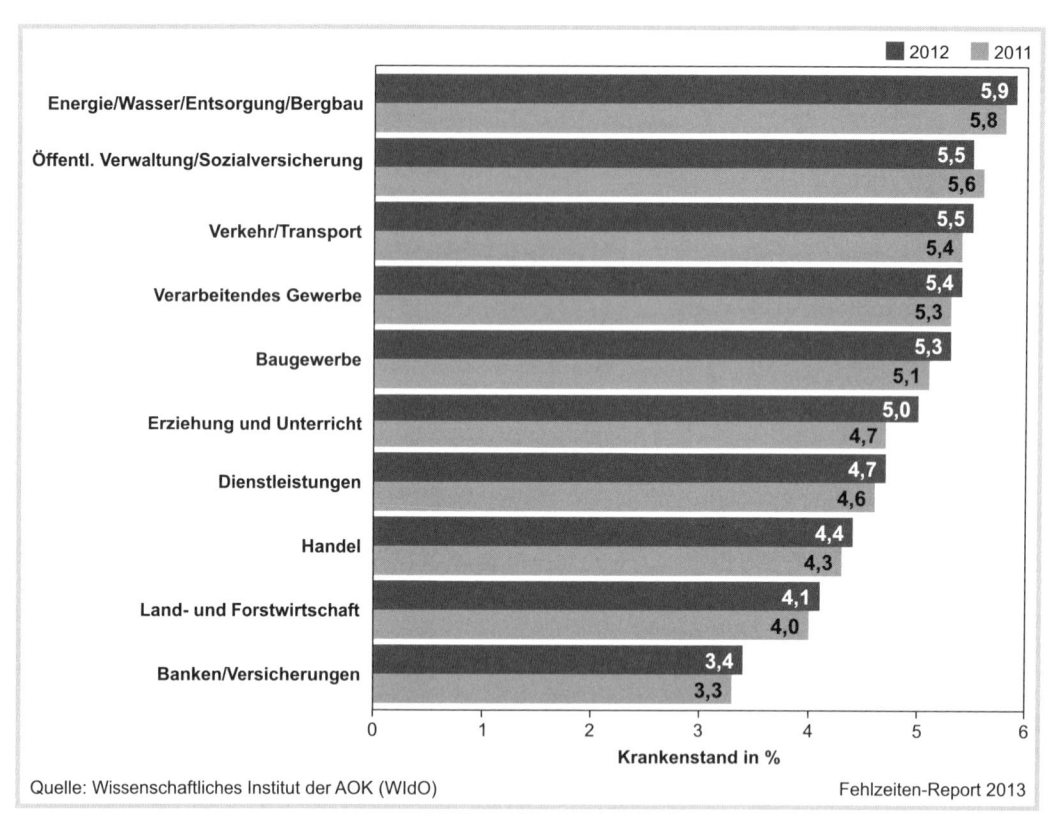

Abb. 29.1.7 Krankenstand der AOK-Mitglieder nach Branchen im Jahr 2012 im Vergleich zum Vorjahr

Krankenstand in % (2012 / 2011):
- Energie/Wasser/Entsorgung/Bergbau: 5,9 / 5,8
- Öffentl. Verwaltung/Sozialversicherung: 5,5 / 5,6
- Verkehr/Transport: 5,5 / 5,4
- Verarbeitendes Gewerbe: 5,4 / 5,3
- Baugewerbe: 5,3 / 5,1
- Erziehung und Unterricht: 5,0 / 4,7
- Dienstleistungen: 4,7 / 4,6
- Handel: 4,4 / 4,3
- Land- und Forstwirtschaft: 4,1 / 4,0
- Banken/Versicherungen: 3,4 / 3,3

Quelle: Wissenschaftliches Institut der AOK (WIdO) — Fehlzeiten-Report 2013

erwerbstätiger Schwerbehinderter liegt im öffentlichen Dienst um etwa 50 % höher als in anderen Sektoren (6,6 % der Beschäftigten in der öffentlichen Verwaltung gegenüber 4,2 % in anderen Beschäftigungssektoren). Nach einer Studie der Hans-Böckler-Stiftung ist die gegenüber anderen Beschäftigungsbereichen höhere Zahl von Arbeitsunfähigkeitsfällen im öffentlichen Dienst etwa zur Hälfte auf den erhöhten Anteil an schwerbehinderten Arbeitnehmern zurückzuführen (Marstedt und Müller 1998).[7]

Die Höhe des Krankenstandes resultiert aus der Zahl der Krankmeldungen und deren Dauer. Im Jahr 2012 lagen bei den öffentlichen Verwaltungen, der Branche Energie, Wasser, Entsorgung und Bergbau sowie im verarbeitenden Gewerbe sowohl die Zahl der Krankmeldungen als auch die mittlere Dauer der Krankheitsfälle über dem Durchschnitt (◘ Abb. 29.1.8). Der überdurchschnittlich hohe Krankenstand im Baugewerbe und im Bereich Verkehr und Transport war dagegen ausschließlich auf die lange Dauer (13,1 bzw. 14,5 Tage je Fall) der Arbeitsunfähigkeitsfälle zurückzuführen. Auf den hohen Anteil der Langzeitfälle in diesen Branchen wurde bereits in ▶ Abschn. 29.1.4 hingewiesen. Die Zahl der Krankmeldungen war dagegen im Bereich Verkehr und Transport geringer als im Branchendurchschnitt.

◘ Tab. 29.1.4 zeigt die Krankenstandsentwicklung in den einzelnen Branchen in den Jahren 1993–2012, differenziert nach West- und Ostdeutschland. Im Vergleich zum Vorjahr stieg der Krankenstand im Jahr 2012 in fast allen Branchen leicht an.

---
[7] Vgl. dazu den Beitrag von Gerd Marstedt et al. in: Badura B, Litsch M, Vetter C (Hrsg) (2001) Fehlzeiten-Report 2001. Springer, Berlin (u. a.). Weitere Ausführungen zu den Bestimmungsfaktoren des Krankenstandes in der öffentlichen Verwaltung finden sich im Beitrag von Alfred Oppolzer in: Badura B, Litsch M, Vetter C (Hrsg) (2000) Fehlzeiten-Report 1999. Springer, Berlin (u. a.).

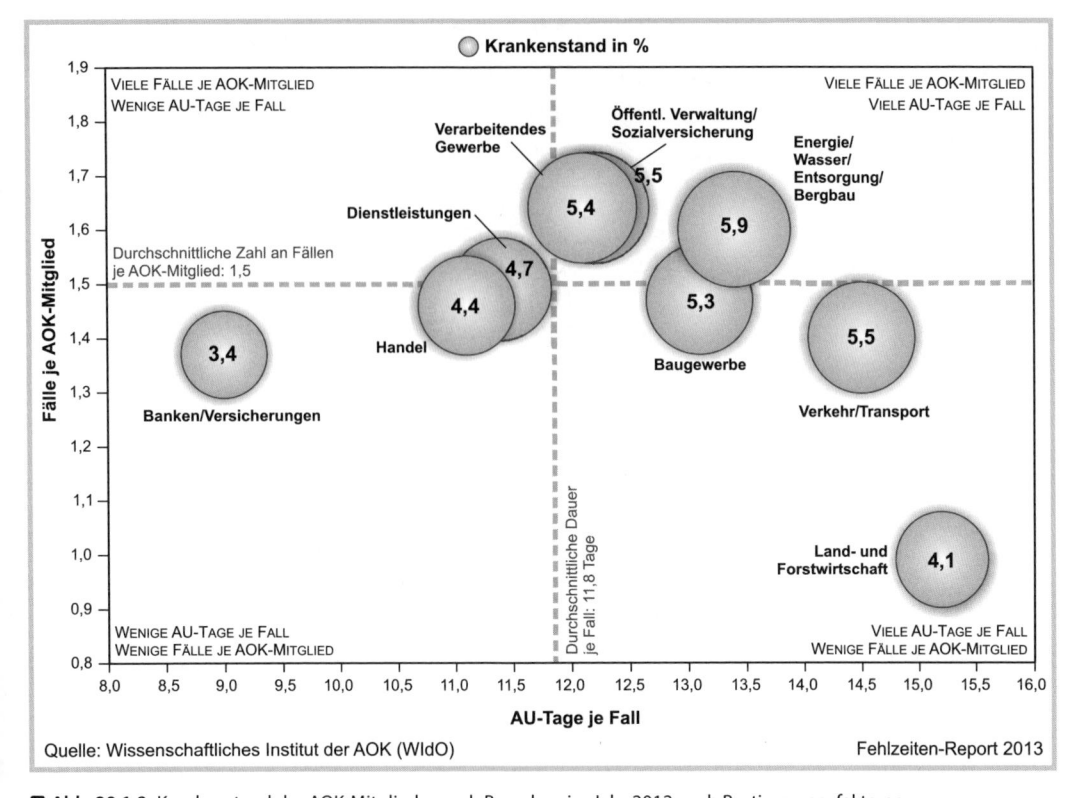

29.1 · Überblick über die krankheitsbedingten Fehlzeiten im Jahr 2012

◻ **Abb. 29.1.8** Krankenstand der AOK-Mitglieder nach Branchen im Jahr 2012 nach Bestimmungsfaktoren

Tab. 29.1.4 Entwicklung des Krankenstandes der AOK-Mitglieder in den Jahren 1993–2012

Wirtschaftsabschnitte		Krankenstand in %								
		1993	1994	1995	1996	1997	1998	1999	2000	2001
Banken/ Versicherungen	West	4,2	4,4	3,9	3,5	3,4	3,5	3,6	3,6	3,5
	Ost	2,9	3,0	4,0	3,6	3,6	3,6	4,0	4,1	4,1
	Bund	3,9	4,0	3,9	3,5	3,4	3,5	3,7	3,6	3,6
Baugewerbe	West	6,7	7,0	6,5	6,1	5,8	6,0	6,0	6,1	6,0
	Ost	4,8	5,5	5,5	5,3	5,1	5,2	5,5	5,4	5,5
	Bund	6,2	6,5	6,2	5,9	5,6	5,8	5,9	5,9	5,9
Dienstleistungen	West	5,6	5,7	5,2	4,8	4,6	4,7	4,9	4,9	4,9
	Ost	5,4	6,1	6,0	5,6	5,3	5,2	5,6	5,5	5,4
	Bund	5,5	5,8	5,3	4,9	4,7	4,8	5,0	5,0	4,9
Energie/Wasser/ Entsorgung/Bergbau	West	6,4	6,4	6,2	5,7	5,5	5,7	5,9	5,8	5,7
	Ost	4,8	5,2	5,0	4,1	4,2	4,0	4,4	4,4	4,4
	Bund	5,8	6,0	5,8	5,3	5,2	5,3	5,6	5,5	5,4
Handel	West	5,6	5,6	5,2	4,6	4,5	4,6	4,6	4,6	4,6
	Ost	4,2	4,6	4,4	4,0	3,8	3,9	4,2	4,2	4,2
	Bund	5,4	5,5	5,1	4,5	4,4	4,5	4,5	4,6	4,5
Land- und Forstwirtschaft	West	5,6	5,7	5,4	4,6	4,6	4,8	4,6	4,6	4,6
	Ost	4,7	5,5	5,7	5,5	5,0	4,9	6,0	5,5	5,4
	Bund	5,0	5,6	5,6	5,1	4,8	4,8	5,3	5,0	5,0
Öffentl. Verwaltung/ Sozialversicherung Sozialversicherung	West	7,1	7,3	6,9	6,4	6,2	6,3	6,6	6,4	6,1
	Ost	5,1	5,9	6,3	6,0	5,8	5,7	6,2	5,9	5,9
	Bund	6,6	6,9	6,8	6,3	6,1	6,2	6,5	6,3	6,1
Verarbeitendes Gewerbe	West	6,2	6,3	6,0	5,4	5,2	5,3	5,6	5,6	5,6
	Ost	5,0	5,4	5,3	4,8	4,5	4,6	5,2	5,1	5,2
	Bund	6,1	6,2	5,9	5,3	5,1	5,2	5,6	5,6	5,5
Verkehr/Transport	West	6,6	6,8	4,7	5,7	5,3	5,4	5,6	5,6	5,6
	Ost	4,4	4,8	4,7	4,6	4,4	4,5	4,8	4,8	4,9
	Bund	6,2	6,4	5,9	5,5	5,2	5,3	5,5	5,5	5,5

*aufgrund der Revision der Wirtschaftszweigklassifikation in 2008 ist eine Vergleichbarkeit mit den Vorjahren nur bedingt möglich

29.1.6 Einfluss der Alters- und Geschlechtsstruktur

Die Höhe des Krankenstandes hängt entscheidend vom Alter der Beschäftigten ab. Die krankheitsbedingten Fehlzeiten nehmen mit steigendem Alter deutlich zu. Die Höhe des Krankenstandes variiert ebenfalls in Abhängigkeit vom Geschlecht (◘ Abb. 29.1.9).

Zwar geht die Zahl der Krankmeldungen mit zunehmendem Alter zurück, die durchschnittliche Dauer der Arbeitsunfähigkeitsfälle steigt jedoch kontinuierlich an (◘ Abb. 29.1.10). Ältere Mitarbeiter sind also seltener krank als ihre jüngeren Kollegen, fallen aber bei einer Erkrankung in der Regel wesentlich länger aus. Der starke Anstieg der Falldauer hat zur Folge, dass der Krankenstand mit zunehmendem Alter deutlich ansteigt, obwohl die Anzahl der Krankmeldungen abnimmt. Hinzu kommt, dass ältere Arbeitnehmer im Unterschied zu ihren jüngeren Kollegen häufiger von mehreren Erkrankungen gleichzeitig betroffen sind (Multimorbidität). Auch dies kann längere Ausfallzeiten mit sich bringen.

Da die Krankenstände in Abhängigkeit vom Alter und Geschlecht sehr stark variieren, ist es sinnvoll, beim Vergleich der Krankenstände unterschiedlicher Branchen oder Regionen die Alters- und Geschlechtsstruktur zu berücksichtigen. Mit Hilfe von Standardisierungsverfahren lässt sich berechnen, wie der

29.1 · Überblick über die krankheitsbedingten Fehlzeiten im Jahr 2012

2002	2003	2004	2005	2006	2007	2008 (WZ03)	2008 (WZ08)*	2009	2010	2011	2012
3,5	3,3	3,1	3,1	2,7	3,1	3,1	3,1	3,2	3,2	3,3	3,2
4,1	3,5	3,2	3,3	3,2	3,4	3,6	3,6	3,9	4,0	3,9	4,1
3,5	3,3	3,1	3,1	2,8	3,1	3,2	3,2	3,3	3,3	3,3	3,4
5,8	5,4	5,0	4,8	4,6	4,9	5,1	5,0	5,1	5,1	5,2	5,3
5,2	4,6	4,1	4,0	3,8	4,2	4,5	4,4	4,7	4,7	4,4	5,1
5,7	5,3	4,8	4,7	4,4	4,8	4,9	4,9	5,1	5,1	5,1	5,3
4,8	4,6	4,2	4,1	4,0	4,3	4,4	4,4	4,5	4,5	4,6	4,6
5,2	4,7	4,2	4,0	3,8	4,1	4,3	4,3	4,6	4,7	4,5	4,8
4,8	4,6	4,2	4,1	4,0	4,3	4,4	4,4	4,5	4,5	4,6	4,7
5,5	5,2	4,9	4,8	4,4	4,8	4,9	5,6	5,8	6,0	6,1	6,0
4,5	4,1	3,7	3,7	3,6	3,7	3,9	4,9	5,3	5,5	4,9	5,4
5,3	5,0	4,6	4,6	4,3	4,6	4,7	5,4	5,7	5,9	5,8	5,9
4,5	4,2	3,9	3,8	3,7	3,9	4,1	4,1	4,2	4,3	4,4	4,4
4,1	3,7	3,4	3,3	3,3	3,6	3,8	3,7	4,1	4,1	3,9	4,4
4,5	4,2	3,8	3,7	3,6	3,9	4,0	4,0	4,2	4,3	4,3	4,4
4,5	4,2	3,8	3,5	3,3	3,6	3,7	3,1	3,0	3,3	3,4	3,2
5,2	4,9	4,3	4,3	4,1	4,4	4,6	4,6	5,0	5,1	4,9	5,4
4,8	4,5	4,0	3,9	3,7	3,9	4,1	3,9	4,0	4,2	4,0	4,1
6,0	5,7	5,3	5,3	5,1	5,3	5,3	5,3	5,5	5,5	5,6	5,5
5,7	5,3	5,0	4,5	4,7	4,8	4,9	4,9	5,3	5,7	5,5	5,5
5,9	5,6	5,2	5,1	5,0	5,2	5,2	5,2	5,4	5,5	5,6	5,5
5,5	5,2	4,8	4,8	4,6	4,9	5,0	5,0	5,0	5,2	5,4	5,5
5,1	4,7	4,3	4,2	4,1	4,9	4,6	4,6	4,9	5,1	5,0	5,6
5,5	5,1	4,7	4,7	4,5	4,8	5,0	5,0	5,0	5,2	5,3	5,5
5,6	5,3	4,9	4,8	4,7	4,9	5,1	5,1	5,3	5,5	5,5	5,6
4,9	4,5	4,2	4,2	4,1	4,3	4,5	4,5	5,0	5,2	4,8	5,4
5,5	5,2	4,8	4,7	4,6	4,8	4,9	5,0	5,3	5,5	5,4	5,5

Fehlzeiten-Report 2013

Krankenstand in den unterschiedlichen Bereichen ausfiele, wenn man eine durchschnittliche Alters- und Geschlechtsstruktur zugrunde legen würde. ◘ Abb. 29.1.11 zeigt die standardisierten Werte für die einzelnen Wirtschaftszweige im Vergleich zu den nicht standardisierten Krankenständen.[8]

In den meisten Branchen fallen die standardisierten Werte niedriger aus als die nicht standardisierten.

Insbesondere im Baugewerbe (0,9 Prozentpunkte), Energie, Wasser, Entsorgung und Bergbau (0,8 Prozentpunkte) und in der öffentlichen Verwaltung (0,5 Prozentpunkte) ist der überdurchschnittlich hohe Krankenstand zu einem erheblichen Teil auf die Altersstruktur in diesen Bereichen zurückzuführen. In der Branche Handel sowie bei den Banken und Versicherungen ist es hingegen genau umgekehrt. Dort wäre bei einer durchschnittlichen Altersstruktur ein etwas höherer Krankenstand zu erwarten (0,2 Prozentpunkte bzw. 0,1 Prozentpunkte).

◘ Abb. 29.1.12 zeigt die Abweichungen der standardisierten Krankenstände vom Bundesdurchschnitt. In den Bereichen Verkehr und Transport, verarbeiten-

---

[8] Berechnet nach der Methode der direkten Standardisierung – zugrunde gelegt wurde die Alters- und Geschlechtsstruktur der erwerbstätigen Mitglieder der gesetzlichen Krankenversicherung insgesamt im Jahr 2011 (Mitglieder mit Krankengeldanspruch). Quelle: GKV-Spitzenverband, SA 111.

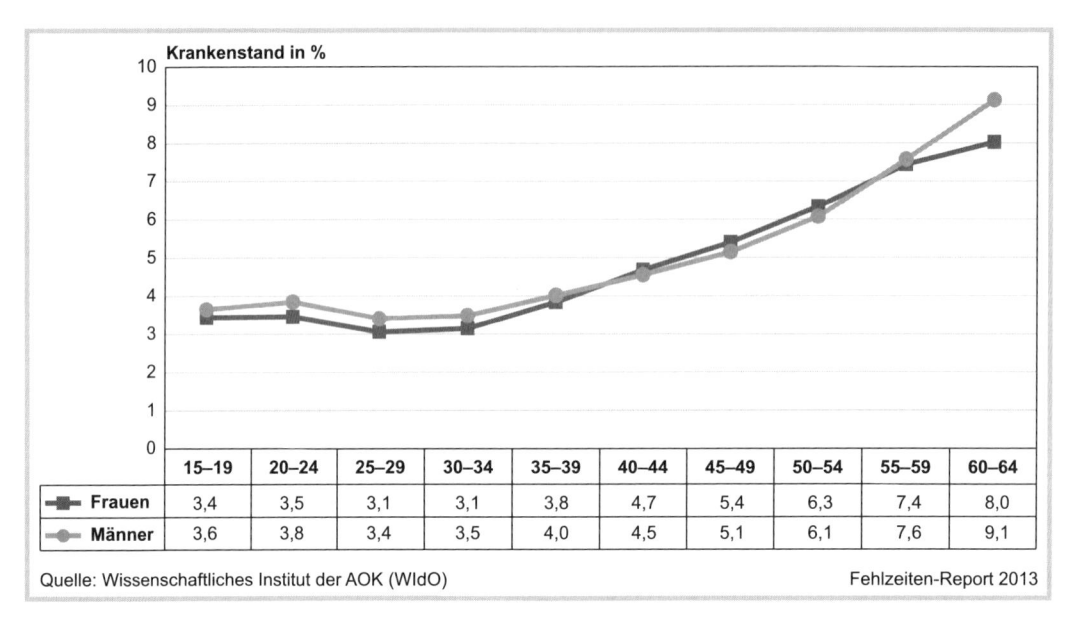

	15–19	20–24	25–29	30–34	35–39	40–44	45–49	50–54	55–59	60–64
Frauen	3,4	3,5	3,1	3,1	3,8	4,7	5,4	6,3	7,4	8,0
Männer	3,6	3,8	3,4	3,5	4,0	4,5	5,1	6,1	7,6	9,1

Quelle: Wissenschaftliches Institut der AOK (WIdO) — Fehlzeiten-Report 2013

◻ Abb. 29.1.9 Krankenstand der AOK-Mitglieder im Jahr 2012 nach Alter und Geschlecht

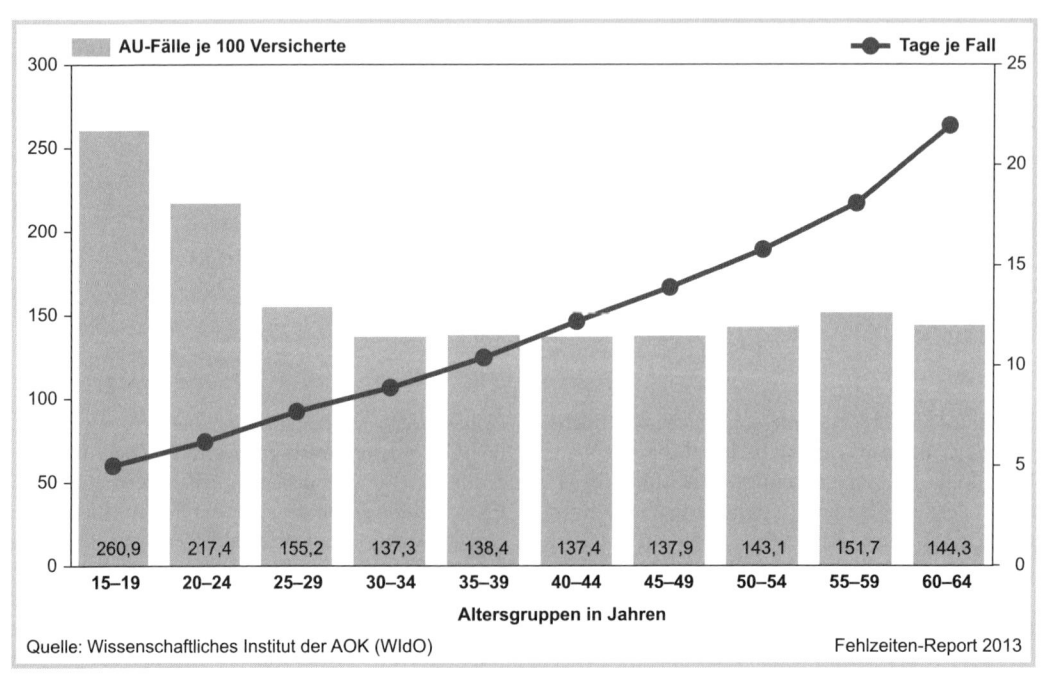

AU-Fälle je 100 Versicherte: 260,9 | 217,4 | 155,2 | 137,3 | 138,4 | 137,4 | 137,9 | 143,1 | 151,7 | 144,3
Altersgruppen: 15–19 | 20–24 | 25–29 | 30–34 | 35–39 | 40–44 | 45–49 | 50–54 | 55–59 | 60–64

Quelle: Wissenschaftliches Institut der AOK (WIdO) — Fehlzeiten-Report 2013

◻ Abb. 29.1.10 Anzahl der Fälle und Dauer der Arbeitsunfähigkeit der AOK-Mitglieder im Jahr 2012 nach Alter

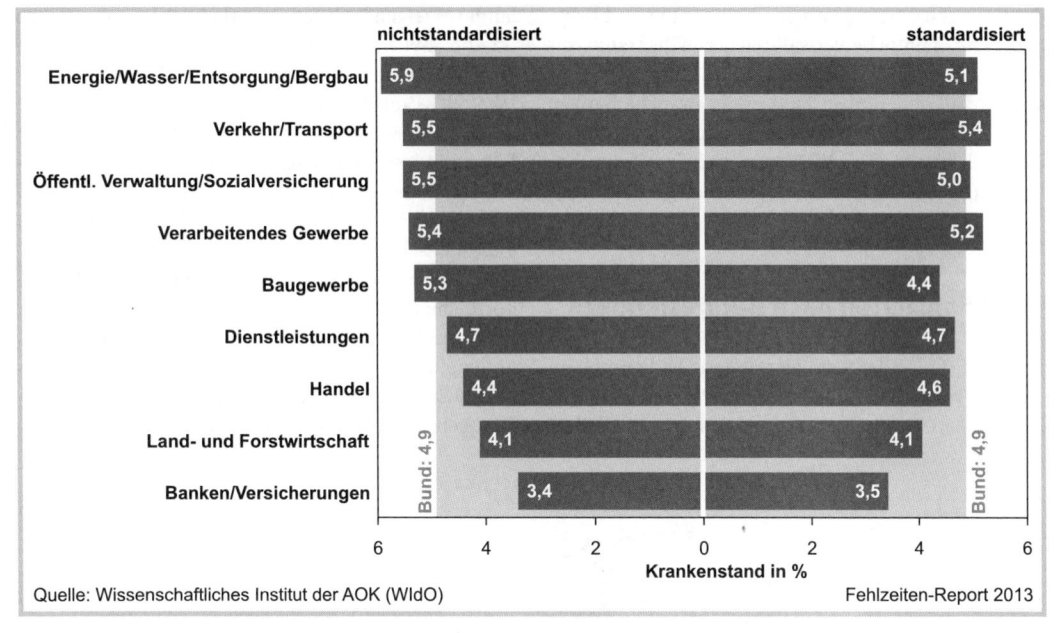

29.1 · Überblick über die krankheitsbedingten Fehlzeiten im Jahr 2012

Abb. 29.1.11 Alters- und geschlechtsstandardisierter Krankenstand der AOK-Mitglieder im Jahr 2012 nach Branchen

Branche	nichtstandardisiert	standardisiert
Energie/Wasser/Entsorgung/Bergbau	5,9	5,1
Verkehr/Transport	5,5	5,4
Öffentl. Verwaltung/Sozialversicherung	5,5	5,0
Verarbeitendes Gewerbe	5,4	5,2
Baugewerbe	5,3	4,4
Dienstleistungen	4,7	4,7
Handel	4,4	4,6
Land- und Forstwirtschaft	4,1	4,1
Banken/Versicherungen	3,4	3,5

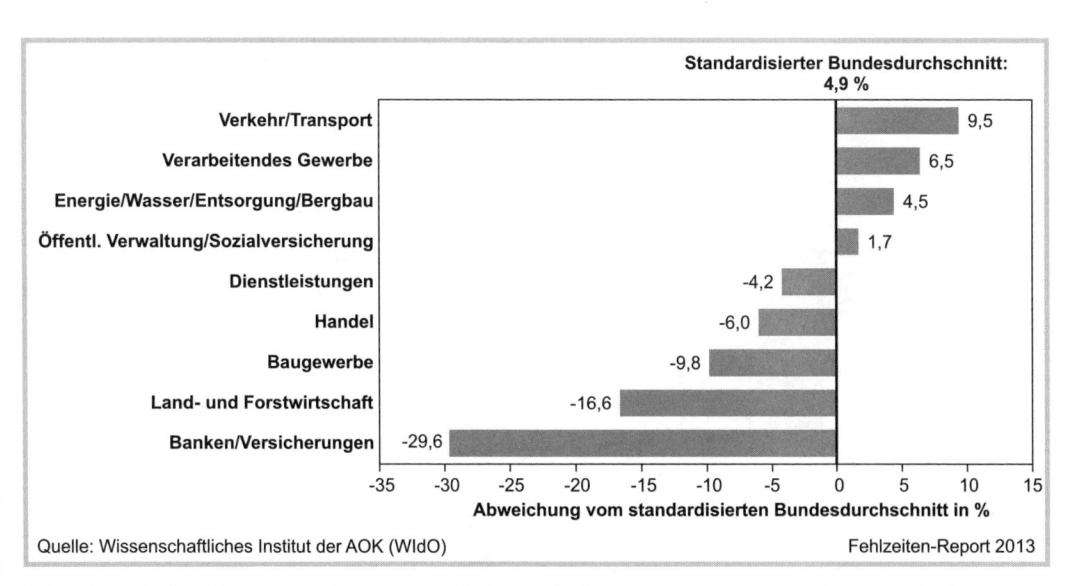

Bund: 4,9

Quelle: Wissenschaftliches Institut der AOK (WIdO) — Fehlzeiten-Report 2013

Abb. 29.1.12 Abweichungen der alters- und geschlechtsstandardisierten Krankenstände vom Bundesdurchschnitt im Jahr 2012 nach Branchen, AOK-Mitglieder

Standardisierter Bundesdurchschnitt: 4,9 %

Branche	Abweichung vom standardisierten Bundesdurchschnitt in %
Verkehr/Transport	9,5
Verarbeitendes Gewerbe	6,5
Energie/Wasser/Entsorgung/Bergbau	4,5
Öffentl. Verwaltung/Sozialversicherung	1,7
Dienstleistungen	-4,2
Handel	-6,0
Baugewerbe	-9,8
Land- und Forstwirtschaft	-16,6
Banken/Versicherungen	-29,6

Quelle: Wissenschaftliches Institut der AOK (WIdO) — Fehlzeiten-Report 2013

des Gewerbe, Energie, Wasser, Entsorgung und Bergbau sowie öffentliche Verwaltung liegen die standardisierten Werte über dem Durchschnitt. Hingegen ist der standardisierte Krankenstand in der Branche Banken und Versicherung um fast 30 % geringer als im Bundesdurchschnitt. Dies ist in erster Linie auf den hohen Angestelltenanteil in dieser Branche zurückzuführen.

29.1.7 Fehlzeiten nach Bundesländern

Im Jahr 2012 lag der Krankenstand in Ostdeutschland um 0,2 Prozentpunkte höher als im Westen Deutschlands (◘ Tab. 29.1.3). Zwischen den einzelnen Bundesländern zeigen sich jedoch erhebliche Unterschiede (◘ Abb. 29.1.13): Die höchsten Krankenstände waren 2012 im Saarland und dem nördlichen Teils Nordrhein-Westfalens mit 5,9 % bzw. 5,5 % zu verzeichnen. Die niedrigsten Krankenstände wiesen die Bundesländer Bayern (4,3 %) und Baden-Württemberg auf (4,7 %).

Die hohen Krankenstände kommen auf unterschiedliche Weise zustande. Im Saarland lag vor allem die durchschnittliche Dauer pro Arbeitsunfähigkeitsfall über dem Bundesdurchschnitt (◘ Abb. 29.1.14). Im nördlichen Teil Nordrhein-Westfalens ist der hohe Krankenstand dagegen auf die hohe Zahl der Arbeitsunfähigkeitsfälle zurückzuführen.

Inwieweit sind die regionalen Unterschiede im Krankenstand auf unterschiedliche Alters- und Ge-

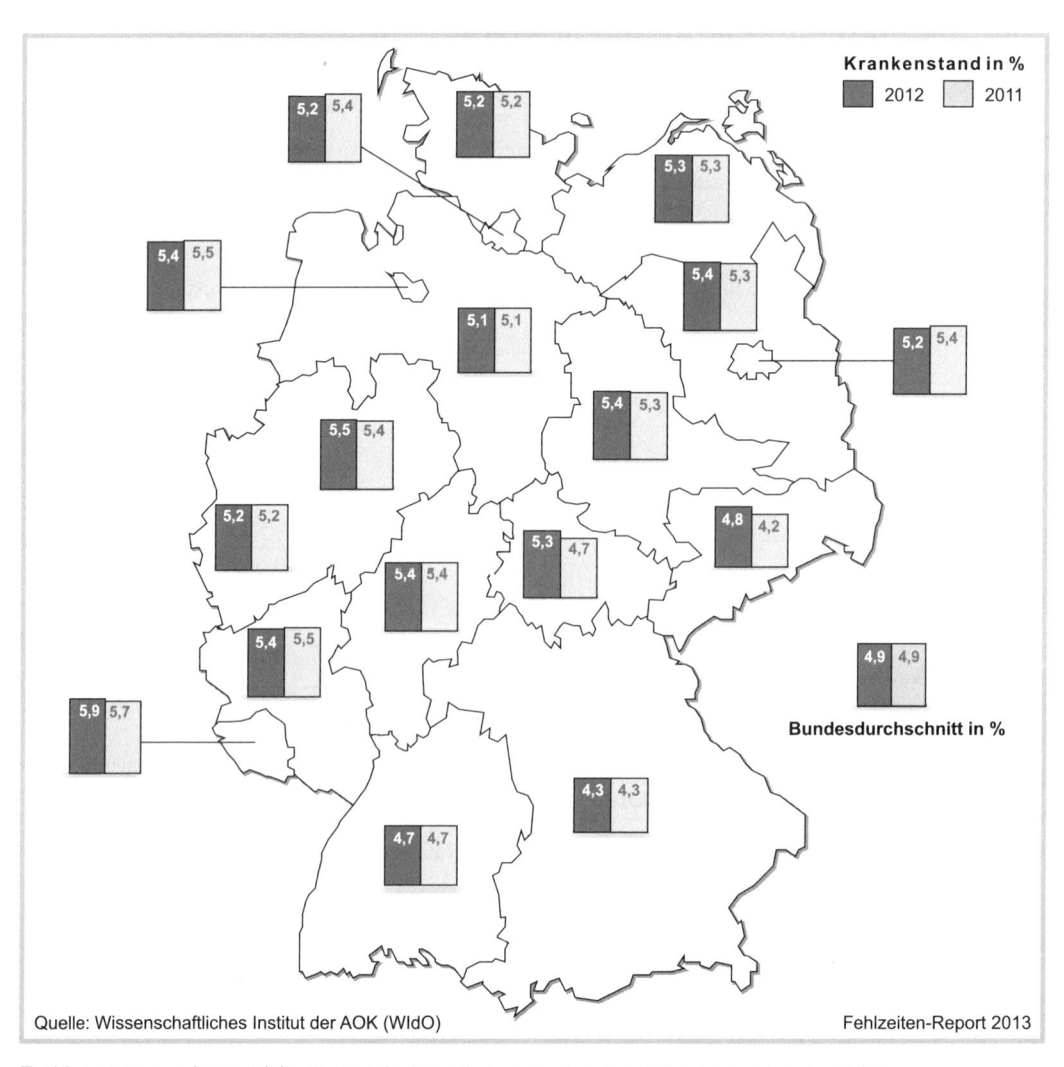

◘ **Abb. 29.1.13** Krankenstand der AOK-Mitglieder nach Regionen im Jahr 2012 im Vergleich zum Vorjahr

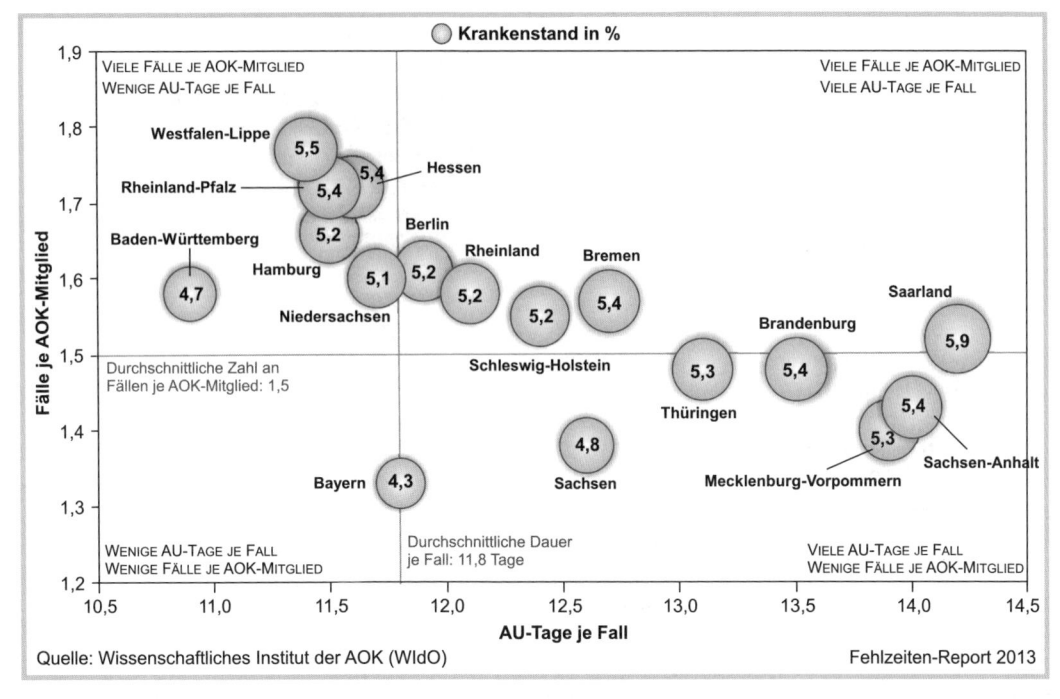

29.1 · Überblick über die krankheitsbedingten Fehlzeiten im Jahr 2012

◘ Abb. 29.1.14 Krankenstand der AOK-Mitglieder nach Landes-AOKs im Jahr 2012 nach Bestimmungsfaktoren

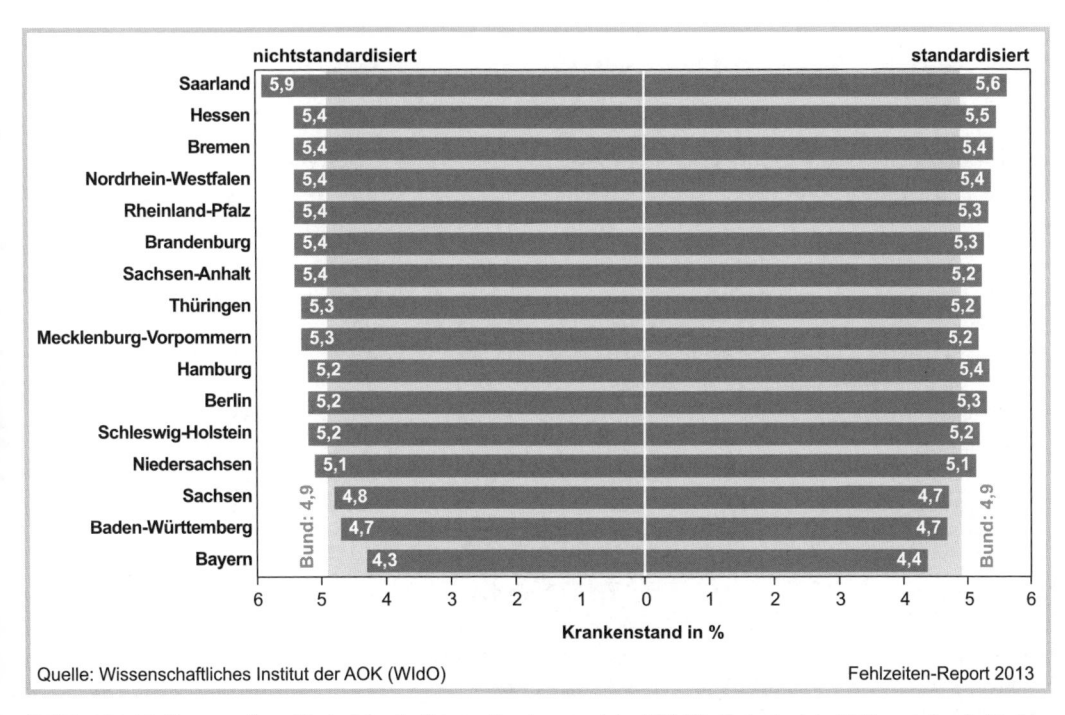

◘ Abb. 29.1.15 Alters- und geschlechtsstandardisierter Krankenstand der AOK-Mitglieder im Jahr 2012 nach Bundesländern

Standardisierter Bundesdurchschnitt: 4,9 %

Bundesland	Abweichung (%)
Saarland	14,9
Hessen	11,5
Bremen	10,6
Nordrhein-Westfalen	9,8
Hamburg	9,3
Rheinland-Pfalz	9,0
Berlin	8,4
Brandenburg	7,6
Sachsen-Anhalt	6,9
Thüringen	6,6
Schleswig-Holstein	6,0
Mecklenburg-Vorpommern	5,7
Niedersachsen	4,8
Sachsen	-4,0
Baden-Württemberg	-4,6
Bayern	-10,8

Abweichung vom standardisierten Bundesdurchschnitt in %

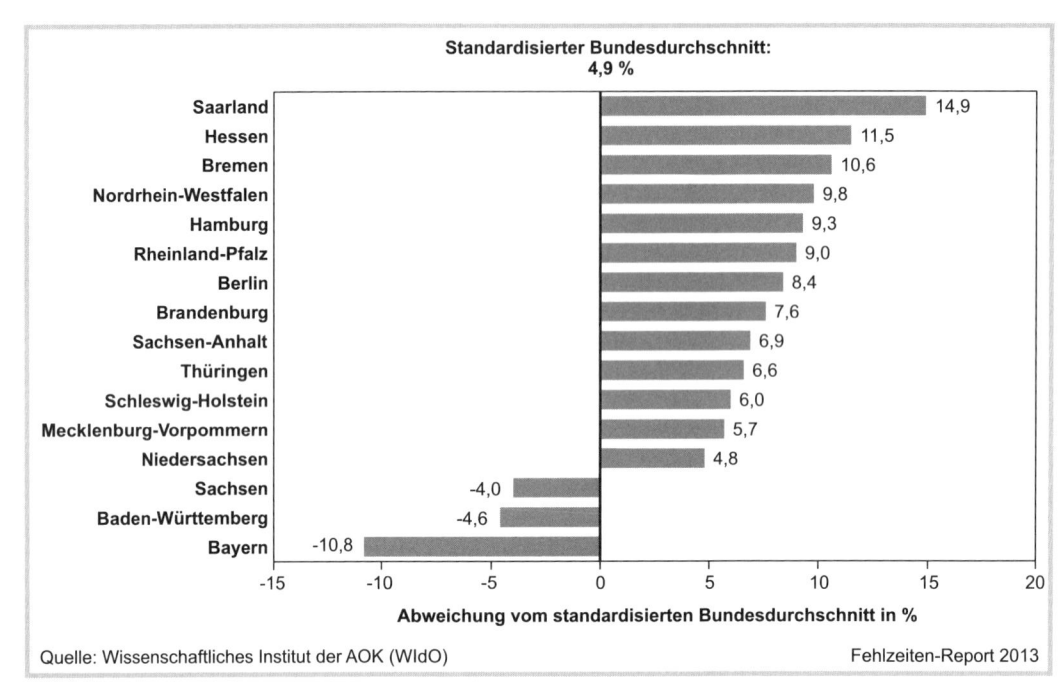

Quelle: Wissenschaftliches Institut der AOK (WIdO) — Fehlzeiten-Report 2013

◘ **Abb. 29.1.16** Abweichungen der alters- und geschlechtsstandardisierten Krankenstände vom Bundesdurchschnitt im Jahr 2012 nach Bundesländern, AOK-Mitglieder

◘ **Tab. 29.1.5** Krankenstandskennzahlen nach Regionen, 2012 im Vergleich zum Vorjahr

	Arbeitsunfähigkeiten je 100 AOK-Mitglieder				Tage je Fall	Veränd. z. Vorj. (in %)
	Fälle	Veränd. z. Vorj. (in %)	Tage	Veränd. z. Vorj. (in %)		
Baden-Württemberg	158,3	-1,1	1.726,4	1,4	10,9	2,8
Bayern	133,1	-2,3	1.576,5	1,3	11,8	3,5
Berlin	160,7	-4,7	1.905,7	-2,7	11,9	2,6
Brandenburg	147,6	-1,5	1.991,3	2,4	13,5	3,8
Bremen	157,3	-4,6	1.994,3	-0,8	12,7	4,1
Hamburg	165,8	-6,3	1.912,9	-2,8	11,5	3,6
Hessen	172,2	-2,7	1.989,9	0,5	11,6	3,6
Mecklenburg-Vorpommern	140,4	-2,5	1.947,4	1,5	13,9	4,5
Niedersachsen	160,2	0,6	1.871,7	0,8	11,7	0,0
Rheinland	157,8	-2,2	1.907,1	0,1	12,1	2,5
Rheinland-Pfalz	172,0	-0,7	1.979,3	-0,9	11,5	0,0
Saarland	151,6	0,3	2.153,5	2,7	14,2	2,2
Sachsen	138,1	-9,8	1.742,9	13,5	12,6	26,0
Sachsen-Anhalt	142,7	-1,4	1.990,2	2,2	14,0	3,7
Schleswig-Holstein	154,6	-2,5	1.910,3	0,5	12,4	3,3
Thüringen	148,5	-6,9	1.948,7	13,7	13,1	22,4
Westfalen-Lippe	177,3	0,3	2.021,4	2,8	11,4	2,7
Bund	**153,3**	**-2,2**	**1.811,6**	**2,3**	**11,8**	**4,4**

Fehlzeiten-Report 2013

schlechtsstrukturen zurückzuführen? ◘ Abb. 29.1.15 zeigt die nach Alter und Geschlecht standardisierten Werte für die einzelnen Bundesländer im Vergleich zu den nicht standardisierten Krankenständen.[9] Durch die Berücksichtigung der Alters- und Geschlechtsstruktur relativieren sich die beschriebenen regionalen Unterschiede im Krankenstand etwas. Das Bundesland Hessen hat nach der Standardisierung nun den zweithöchsten Krankenstand. In Hamburg zeigt sich eine Zunahme um 0,2 Prozentpunkte, d. h. Hessen und vor allem Hamburg haben eine vergleichsweise günstige Alters- und Geschlechtsstruktur, die sich positiv auf den Krankenstand auswirkt. Bayern und Baden-Württemberg zeigen auch nach der Standardisierung noch immer die günstigsten Werte. Sachsen verbessert sich um 0,1 Prozentpunkte.

◘ Abb. 29.1.16 zeigt die Abweichungen der standardisierten Krankenstände vom Bundesdurchschnitt. Die höchsten Werte weisen das Saarland und Hessen auf. Dort liegen die standardisierten Werte mit 14,9 bzw. 11,5 % über dem Durchschnitt. In Bayern ist der standardisierte Krankenstand deutlich niedriger als im Bundesdurchschnitt.

Im Vergleich zum Vorjahr haben im Jahr 2012 die Arbeitsunfähigkeitsfälle in den Bundesländern insgesamt um 2,2 % abgenommen, während die Arbeitsunfähigkeitstage um 2,3 % angestiegen sind (◘ Tab. 29.1.5). Die Falldauer ist mit 14,2 Tagen im Saarland am höchsten und in Baden-Württemberg mit 10,9 Tagen am geringsten.

29.1.8 Fehlzeiten nach Betriebsgröße

Mit zunehmender Betriebsgröße steigt die Anzahl der krankheitsbedingten Fehltage. Während die Mitarbeiter von Betrieben mit 10–99 AOK-Mitgliedern im Jahr 2012 durchschnittlich 19,2 Tage fehlten, fielen in Betrieben mit 500–999 AOK-Mitgliedern pro Mitarbeiter 20,6 Fehltage an (◘ Abb. 29.1.17).[10] In größeren Betrieben mit 1.000 und mehr AOK-Mitgliedern nimmt dann allerdings die Zahl der Arbeitsunfähigkeitstage wieder ab. Dort waren 2012 nur 19,5 Fehltage je Mitarbeiter zu verzeichnen. Eine Untersuchung des Instituts der deutschen Wirtschaft kam zu einem ähnlichen Ergebnis (Schnabel 1997). Mithilfe einer Regressionsanalyse konnte darüber hinaus nachgewiesen werden, dass der positive Zusammenhang zwischen

---

9 Berechnet nach der Methode der direkten Standardisierung – zugrunde gelegt wurde die Alters- und Geschlechtsstruktur der erwerbstätigen Mitglieder der gesetzlichen Krankenversicherung insgesamt im Jahr 2012 (Mitglieder mit Krankengeldanspruch). Quelle: GKV-Spitzenverband, SA 111.

10 Als Maß für die Betriebsgröße wird hier die Anzahl der AOK-Mitglieder in den Betrieben zugrunde gelegt, die allerdings in der Regel nur einen Teil der gesamten Belegschaft ausmachen.

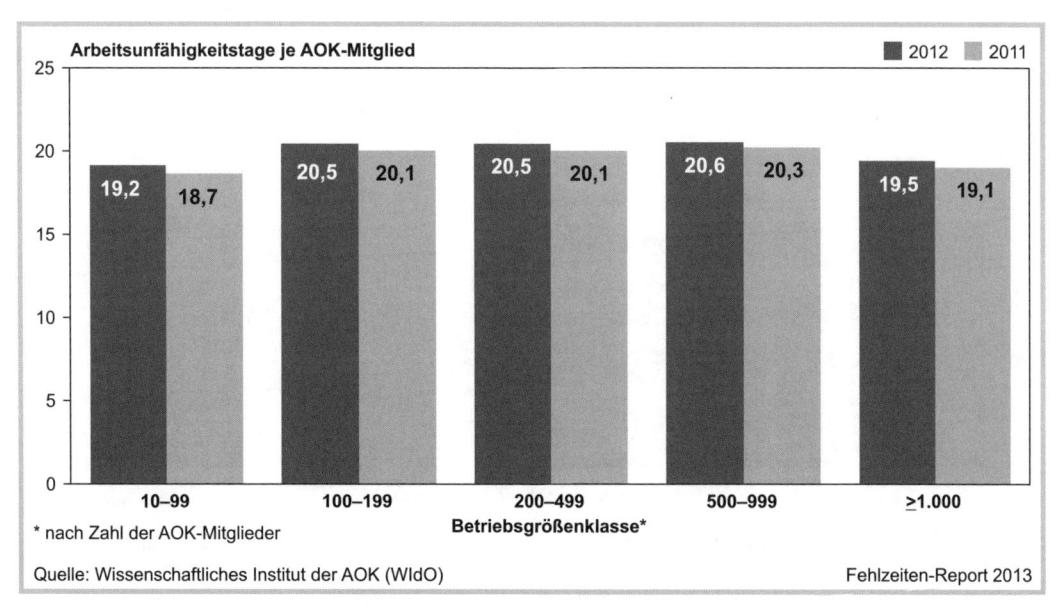

◘ Abb. 29.1.17 Tage der Arbeitsunfähigkeit je AOK-Mitglied nach Betriebsgröße im Jahr 2012 im Vergleich zum Vorjahr

Fehlzeiten und Betriebsgröße nicht auf andere Einflussfaktoren wie zum Beispiel die Beschäftigtenstruktur oder Schichtarbeit zurückzuführen ist, sondern unabhängig davon gilt.

29.1.9 Fehlzeiten nach Ausbildungsabschluss und Vertragsart

Die Bundesagentur für Arbeit definiert und liefert die für die Unternehmen relevanten Tätigkeitsschlüssel. Die Unternehmen sind verpflichtet, ihren Beschäftigten den jeweils für die Art der Beschäftigung gültigen Tätigkeitsschlüssel zuzuweisen und diese zu dokumentieren. Diese Schlüssel sind in den Meldungen zur Sozialversicherung enthalten und werden neben weiteren Angaben zur Person den Einzugsstellen, in der Regel den Krankenkassen der Arbeitnehmer, übermittelt. Auf Grundlage der Meldungen führt die Krankenkasse ihr Versichertenverzeichnis und übermittelt die Daten dem Rentenversicherungsträger (vgl. Damm et al. 2012). Grundlage der Tätigkeitseinstufung war bisher die »Klassifikation der Berufe« aus dem Jahr 1988 (KldB 1988).

In den letzten Jahren haben sich jedoch sowohl die Berufs- und Beschäftigungslandschaft wie auch die Ausbildungsstrukturen stark verändert. So sind nicht nur neue Ausbildungsabschlüsse entstanden, auch die Trennung zwischen Arbeitern und Angestellten ist bereits seit dem Jahr 2006 rentenrechtlich bedeutungslos. Aus diesem Grund wurde die veraltete Klassifikation der Berufe von der Bundesagentur für Arbeit durch eine überarbeitete Version (KldB 2010) ersetzt. Diese weist zugleich eine hohe Kompatibilität mit der internationalen Berufsklassifikation ISCO-08 (International Standard Classification of Occupations 2008) auf. Die neue Version gilt seit dem 01.12.2011. Infolge der Umstellung wird die Stellung im Beruf (wie die Tren-

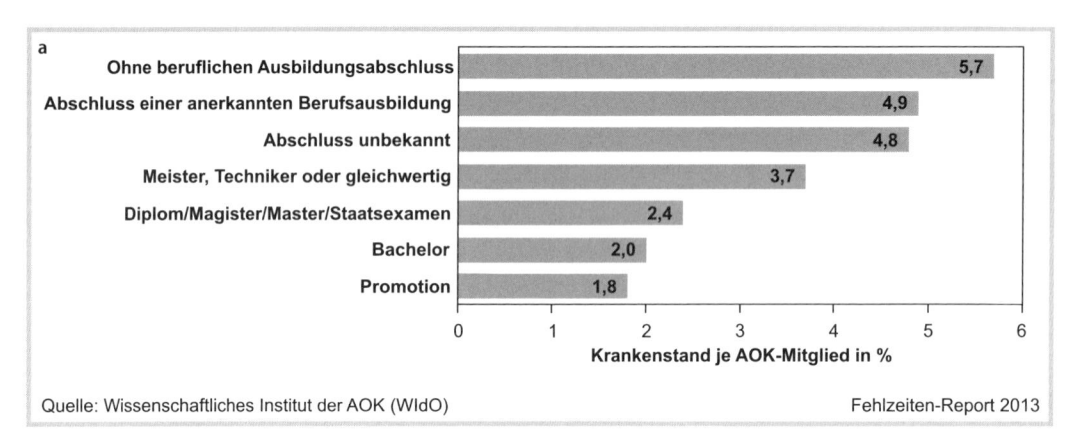

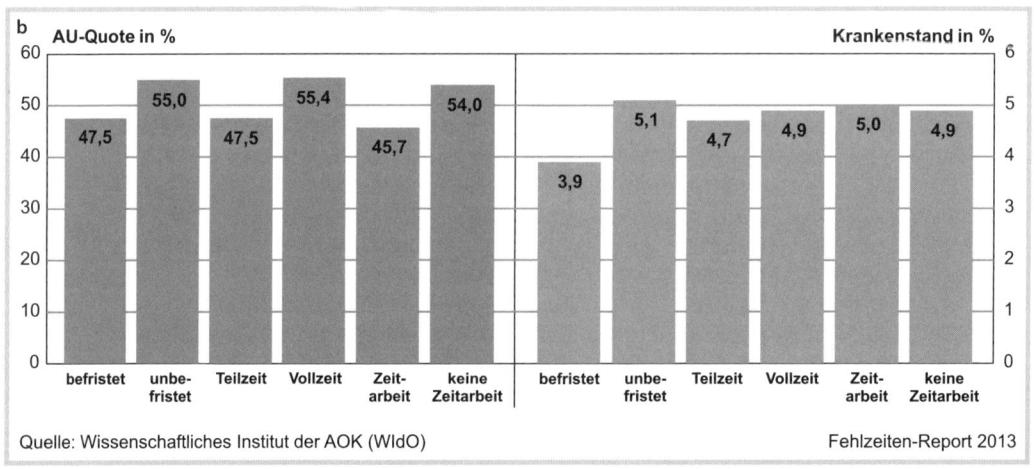

● Abb. 29.1.18 a) Krankenstand nach Ausbildungsabschluss im Jahr 2012, AOK-Mitglieder; b) Krankenstand und AU-Quote nach Vertragsart im Jahr 2012, AOK-Mitglieder

nung in Arbeiter oder Angestellter) nicht mehr ausgewiesen. Mit der Umstellung des Tätigkeitsschlüssels stehen jetzt jedoch andere, neue Informationen zur Verfügung, wie der Ausbildungsabschluss, ob der Beschäftigte bei einer Arbeitnehmerüberlassung arbeitet, die Vertragsart, die Auskunft über die Arbeitszeit (Voll- oder Teilzeit) und die Befristung (befristet, unbefristet). In diesem Kapitel werden diese neu zur Verfügung stehenden Informationen näher analysiert.

Die krankheitsbedingten Fehlzeiten variieren deutlich in Abhängigkeit vom Ausbildungsabschluss (◘ Abb. 29.1.18a). Dabei zeigt sich, dass der Krankenstand mit der Höhe des Ausbildungsniveaus sinkt. Den höchsten Krankenstand weisen mit 5,7 % Beschäftigte ohne beruflichen Abschluss auf. Beschäftigte mit einem Hoch- oder Fachhochschulabschluss liegen deutlich darunter (2,4 bzw. 2,0 %). Den geringsten Krankenstand weisen mit 1,8 % Beschäftigte mit Promotion auf.

Diese Ergebnisse können zu der Annahme führen, dass die Differenzen im Krankenstand u. a. auf den Faktor Bildung zurückzuführen sind. Diese Annahme wird auch in empirischen Studien bestätigt, bei denen Bildung als eine wesentliche Variable für die Erklärung von gesundheitlichen Differenzen erkannt wurde.

Die Gründe sind u. a. darin zu suchen, dass sich beispielsweise Akademiker gesundheitsgerechter verhalten, was Ernährung, Bewegung und das Rauchverhalten angeht. Ihnen steht ein besserer Zugang zu Gesundheitsleistungen offen. In der Regel werden ihnen bei ihrer beruflichen Tätigkeit größere Handlungsspielräume und Gestaltungsmöglichkeiten eingeräumt und für die erbrachten beruflichen Leistungen werden adäquatere Gratifikationen gewährt wie ein höheres Gehalt, Anerkennung und Wertschätzung sowie Aufstiegs- und Arbeitsplatzsicherheit (vgl. u. a. Mielck et al. 2012; Karasek u. Theorell 1990; Siegrist 1999; Marmot 2005). Dies führt dazu, dass Beschäftigte in höheren Positionen motivierter sind und sich stärker mit ihrer beruflichen Tätigkeit identifizieren. Aufgrund dieser Tatsache ist in der Regel der Anteil motivationsbedingter Fehlzeiten bei höherem beruflichem Status geringer.

Umgekehrt haben Studien gezeigt, dass bei einkommensschwachen Gruppen verhaltensbedingte gesundheitliche Risikofaktoren wie Rauchen, Bewegungsarmut und Übergewicht stärker ausgeprägt sind als bei Gruppen mit höheren Einkommen (Mielck 2000). Die theoretische Grundlage liefern hier kulturell determinierte Lebensstilunterschiede.

Hinzu kommt, dass sich die Tätigkeiten von gering qualifizierten Arbeitnehmern im Vergleich zu denen von höher qualifizierten Beschäftigten in der Regel durch ein größeres Maß an physiologisch-ergonomischen Belastungen, eine höhere Unfallgefährdung und damit durch erhöhte Gesundheitsrisiken auszeichnen. Nicht zuletzt müssen Umweltfaktoren sowie Infra- und Versorgungsstrukturen berücksichtigt werden. Ein niedrigeres Einkommensniveau wirkt sich bei Geringqualifizierten auch ungünstig auf die außerberuflichen Lebensverhältnisse wie die Wohnsituation und die Erholungsmöglichkeiten aus.

Die AU-Quote weist den Anteil der AOK-Mitglieder mit mindestens einem Arbeitsunfähigkeitsfall im Auswertungsjahr aus. Betrachtet man die AU-Quoten nach der Vertragsart (◘ Abb. 29.1.18b), zeigt sich, dass die unbefristet und Vollzeit-Beschäftigten mit 55,0 % bzw. 55,4 % öfter von einer Krankschreibung betroffen sind als befristet bzw. Teilzeit-Beschäftigte (jeweils 47,5 %). Dies spiegelt sich zugleich im Krankenstand wider: Der Krankenstand bei den unbefristet Beschäftigten liegt im Vergleich zu den befristet Beschäftigten um 1,2 Prozentpunkte höher und der der Vollzeit-Beschäftigten um 0,2 Prozentpunkte über dem der Teilzeit-Beschäftigten. Hier kann vermutet werden, dass befristet Beschäftigte eher bereit sind, auch mal krank zur Arbeit zu gehen, da die permanente Gefahr besteht, dass der Arbeitgeber den befristeten Arbeitsvertrag nicht verlängert. Der niedrigere Krankenstand bei den Teilzeitbeschäftigten gegenüber den Vollzeitbeschäftigten kann u. a. damit zusammenhängen, dass für Teilzeitbeschäftigte oft die Herausforderung besteht, ein anspruchsvolles Arbeitspensum in weniger Arbeitszeit schaffen zu müssen.

Welchen gesundheitlichen Belastungen sind Zeitarbeiter ausgesetzt? Es sind weniger Zeitarbeitsbeschäftigte krankgeschrieben als Beschäftigte ohne Zeitarbeitsverhältnis (45,7 % versus 54,0 %), auch die Anzahl der Fehltage pro Fall ist bei Zeitarbeitern kürzer (Zeitarbeiter: 8,9 Tage vs. Nicht-Zeitarbeiter 11,7 Tage). Eine mögliche Erklärung für dieses Phänomen könnte sein, dass Zeitarbeiter eher bereit sind, krank zur Arbeit zu gehen, um die Chancen einer Weiterbeschäftigung nicht zu gefährden.

29.1.10 Fehlzeiten nach Berufsgruppen

Auch bei den einzelnen Berufsgruppen[11] gibt es große Unterschiede hinsichtlich der krankheitsbedingten Fehlzeiten (◘ Abb. 29.1.19). Die Art der ausgeübten

---

11 Die Klassifikation der Berufe wurde zum 01.12.2011 überarbeitet und aktualisiert (vgl. Kapitel 29.1.9). Daher finden sich ab dem Jahr 2012 zum Teil andere Berufsbezeichnungen als bei den Fehlzeiten-Reporten der Vorjahre.

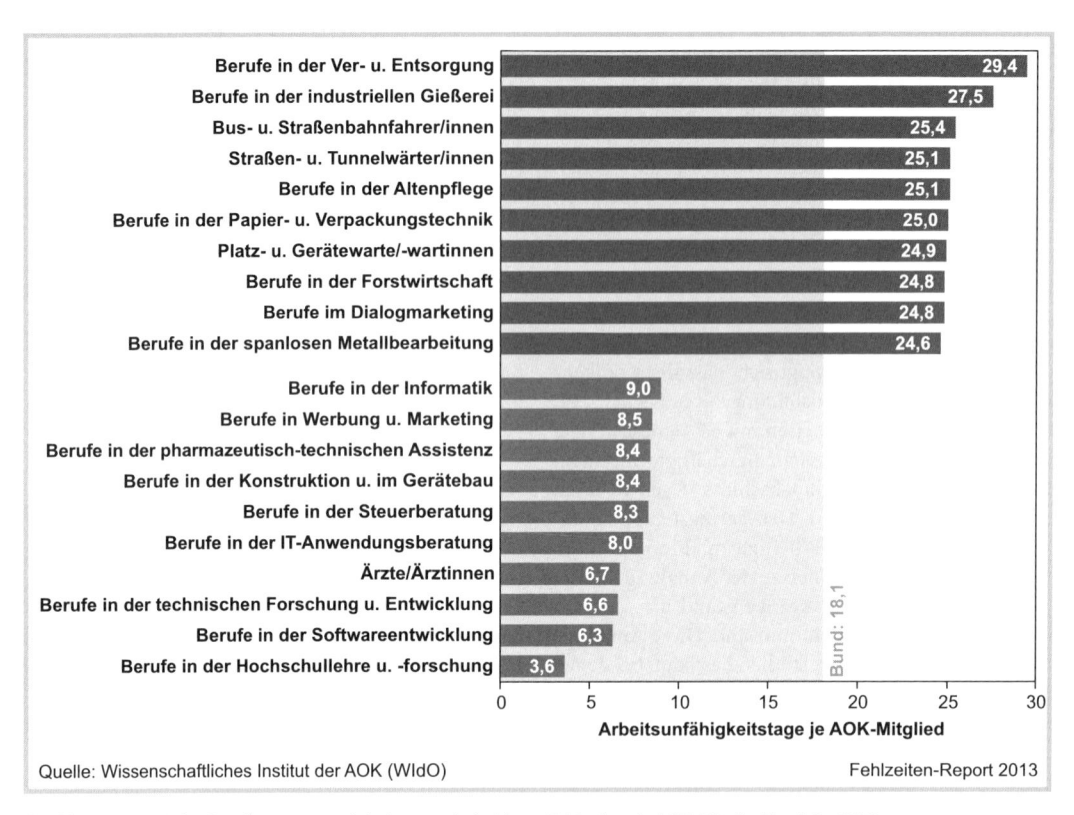

Abb. 29.1.19 Zehn Berufsgruppen mit hohen und niedrigen Fehlzeiten je AOK-Mitglied im Jahr 2012

Berufsgruppe	Arbeitsunfähigkeitstage je AOK-Mitglied
Berufe in der Ver- u. Entsorgung	29,4
Berufe in der industriellen Gießerei	27,5
Bus- u. Straßenbahnfahrer/innen	25,4
Straßen- u. Tunnelwärter/innen	25,1
Berufe in der Altenpflege	25,1
Berufe in der Papier- u. Verpackungstechnik	25,0
Platz- u. Gerätewarte/-wartinnen	24,9
Berufe in der Forstwirtschaft	24,8
Berufe im Dialogmarketing	24,8
Berufe in der spanlosen Metallbearbeitung	24,6
Berufe in der Informatik	9,0
Berufe in Werbung u. Marketing	8,5
Berufe in der pharmazeutisch-technischen Assistenz	8,4
Berufe in der Konstruktion u. im Gerätebau	8,4
Berufe in der Steuerberatung	8,3
Berufe in der IT-Anwendungsberatung	8,0
Ärzte/Ärztinnen	6,7
Berufe in der technischen Forschung u. Entwicklung	6,6
Berufe in der Softwareentwicklung	6,3
Berufe in der Hochschullehre u. -forschung	3,6

Bund: 18,1

Quelle: Wissenschaftliches Institut der AOK (WIdO) — Fehlzeiten-Report 2013

Tätigkeit hat erheblichen Einfluss auf das Ausmaß der Fehlzeiten. Die meisten Arbeitsunfähigkeitstage weisen Berufsgruppen aus dem gewerblichen Bereich auf, wie beispielsweise Berufe in der Ver- und Entsorgung. Dabei handelt es sich häufig um Berufe mit hohen körperlichen Arbeitsbelastungen und überdurchschnittlich vielen Arbeitsunfällen (▶ Abschn. 29.1.12). Einige der Berufsgruppen mit hohen Krankenständen, wie Altenpfleger, sind auch in besonders hohem Maße psychischen Arbeitsbelastungen ausgesetzt. Die niedrigsten Krankenstände sind bei akademischen Berufsgruppen wie z. B. Berufen in der Hochschullehre und -forschung, der Softwareentwicklung oder bei Ärzten zu verzeichnen. Während Hochschullehrer im Jahr 2012 im Durchschnitt nur 3,6 Tage krankgeschrieben waren, waren es bei den Berufen in der Ver- und Entsorgung 29,4 Tage, also mehr als das Achtfache.

29.1.11 Fehlzeiten nach Wochentagen

Die meisten Krankschreibungen sind am Wochenanfang zu verzeichnen (◘ Abb. 29.1.20). Zum Wochenende hin nimmt die Zahl der Arbeitsunfähigkeitsmeldungen tendenziell ab. 2012 entfiel gut ein Drittel (33,9 %) der wöchentlichen Krankmeldungen auf den Montag.

Bei der Bewertung der gehäuften Krankmeldungen am Montag muss allerdings berücksichtigt werden, dass der Arzt am Wochenende in der Regel nur in Notfällen aufgesucht wird, da die meisten Praxen geschlossen sind. Deshalb erfolgt die Krankschreibung für Erkrankungen, die bereits am Wochenende begonnen haben, in den meisten Fällen erst am Wochenanfang. Insofern sind in den Krankmeldungen vom Montag auch die Krankheitsfälle vom Wochenende enthalten. Die Verteilung der Krankmeldungen auf die Wochentage ist also in erster Linie durch die ärztlichen Sprechstundenzeiten bedingt (von Ferber und Kohlhausen 1970). Dies wird häufig in der Diskussion um den »blauen Montag« nicht bedacht.

Geht man davon aus, dass die Wahrscheinlichkeit zu erkranken an allen Wochentagen gleich hoch ist und verteilt die Arbeitsunfähigkeitsmeldungen vom Samstag, Sonntag und Montag gleichmäßig auf diese drei Tage, beginnen am Montag – »wochenendberei-

29.1 · Überblick über die krankheitsbedingten Fehlzeiten im Jahr 2012

Anteil an den AU-Fällen nach AU-Beginn in %

Samstag	1,6 (11,4)
Sonntag	3,4 (9,5)
Montag	13,0 / 9,5 / 11,4
Dienstag	19,3
Mittwoch	16,0
Donnerstag	15,6
Freitag	10,3

Krankheitsfälle vom Wochenende

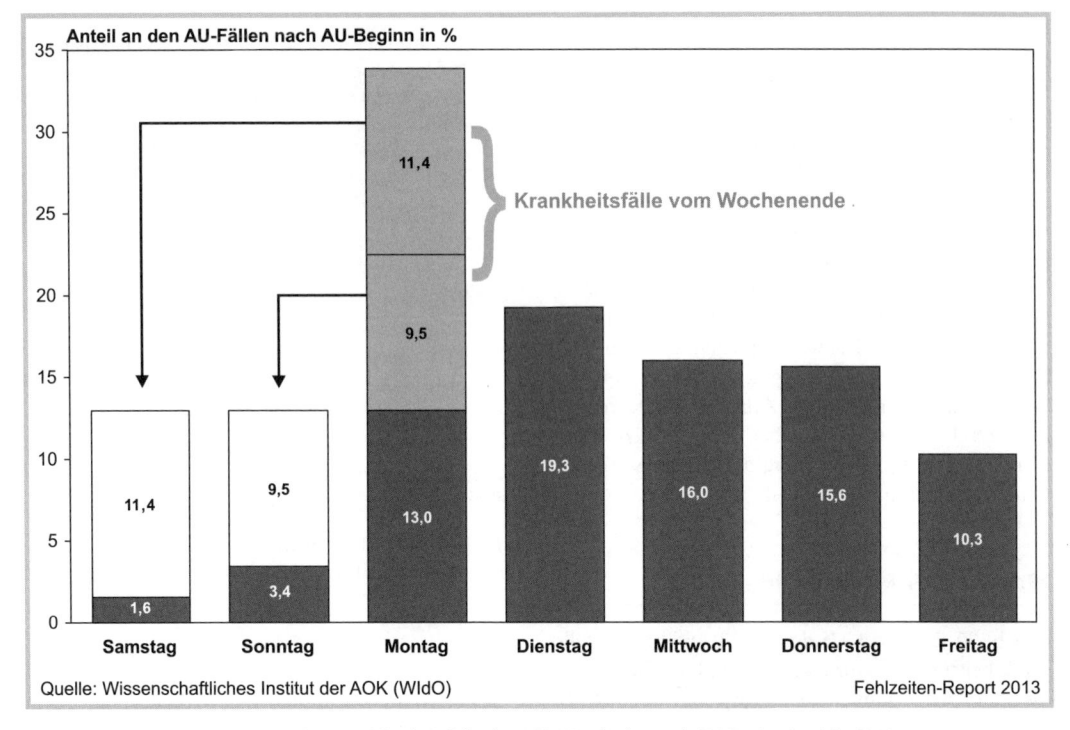

Quelle: Wissenschaftliches Institut der AOK (WIdO)   Fehlzeiten-Report 2013

◘ Abb. 29.1.20 Verteilung der Arbeitsunfähigkeitsfälle der AOK-Mitglieder nach AU-Beginn im Jahr 2012

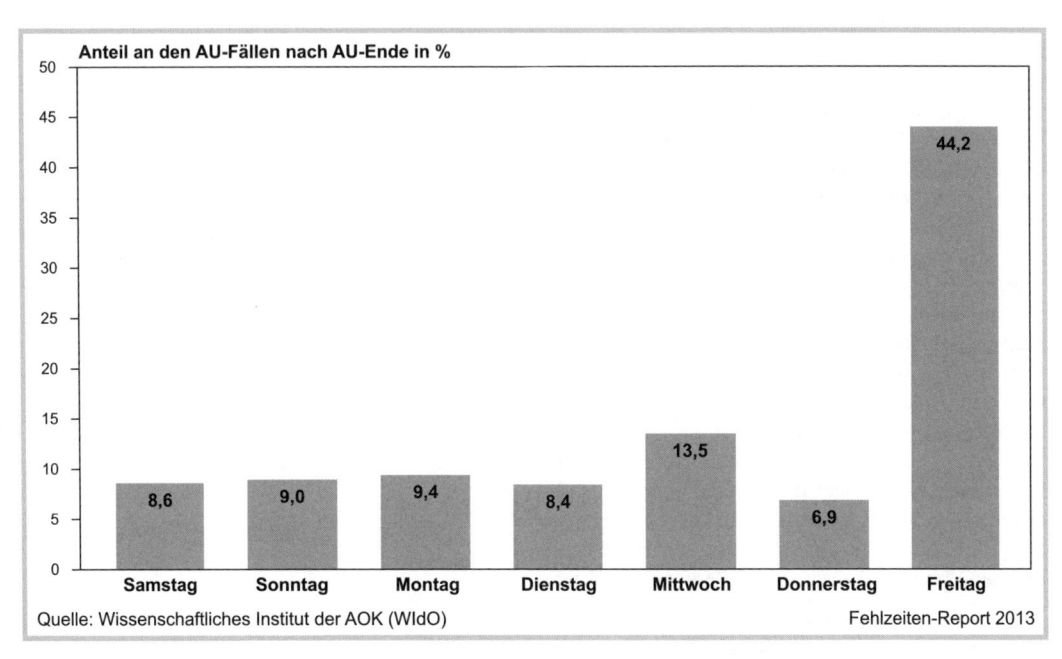

Anteil an den AU-Fällen nach AU-Ende in %

Samstag	8,6
Sonntag	9,0
Montag	9,4
Dienstag	8,4
Mittwoch	13,5
Donnerstag	6,9
Freitag	44,2

Quelle: Wissenschaftliches Institut der AOK (WIdO)   Fehlzeiten-Report 2013

◘ Abb. 29.1.21 der Arbeitsunfähigkeitsfälle der AOK-Mitglieder nach AU-Ende im Jahr 2012 nigt« – nur noch 13 % der Krankheitsfälle. Danach ist der Montag nach dem Freitag (10,3 %) der Wochentag mit der geringsten Zahl an Krankmeldungen.

Die Mehrheit der Ärzte bevorzugt als Ende der Krankschreibung das Ende der Arbeitswoche (◘ Abb. 29.1.21). 2012 endeten 44,2 % der Arbeitsunfähigkeitsfälle am Freitag. Nach dem Freitag ist der Mittwoch der Wochentag, an dem die meisten Krankmeldungen (13,5 %) abgeschlossen sind.

Da meist bis Freitag krankgeschrieben wird, nimmt der Krankenstand gegen Ende der Woche hin zu (◘ Abb. 29.1.21). Daraus abzuleiten, dass am Freitag besonders gerne »krankgefeiert« wird, um das Wochenende auf Kosten des Arbeitgebers zu verlängern, erscheint wenig plausibel, insbesondere wenn man bedenkt, dass der Freitag der Werktag mit den wenigsten Krankmeldungen ist.

29.1.12 Arbeitsunfälle

Im Jahr 2012 waren 3,7 % der Arbeitsunfähigkeitsfälle auf Arbeitsunfälle[12] zurückzuführen. Diese waren für 6,7 % der Arbeitsunfähigkeitstage verantwortlich. In kleineren Betrieben kommt es wesentlich häufiger zu Arbeitsunfällen als in größeren Unternehmen (◘ Abb. 29.1.22).[13] Die Unfallquote in Betrieben mit 10–49 AOK-Mitgliedern war im Jahr 2012 1,6-mal so hoch wie in Betrieben mit 1.000 und mehr AOK-Mitgliedern. Auch die durchschnittliche Dauer einer unfallbedingten Arbeitsunfähigkeit ist in kleineren Betrieben höher als in größeren Betrieben, was darauf hindeutet, dass dort häufiger schwere Unfälle passieren. Während ein Arbeitsunfall in einem Betrieb mit 10–49 AOK-Mitgliedern durchschnittlich 22,2 Tage dauerte, waren es in Betrieben mit 200–499 AOK-Mitgliedern 19,8 Tage.

In den einzelnen Wirtschaftszweigen variiert die Zahl der Arbeitsunfälle erheblich. So sind die meisten Fälle in der Land- und Forstwirtschaft und im Baugewerbe zu verzeichnen (◘ Abb. 29.1.23). 2012 gingen beispielsweise 8,7 % der AU-Fälle und 15,0 % der AU-Tage in der Land- und Forstwirtschaft auf Arbeitsunfälle zurück. Neben dem Baugewerbe und der Land- und Forstwirtschaft gab es auch im Bereich Verkehr und Transport (5,1 % der Fälle) und in der Branche Energie, Wasser, Entsorgung und Bergbau (4,8 % der

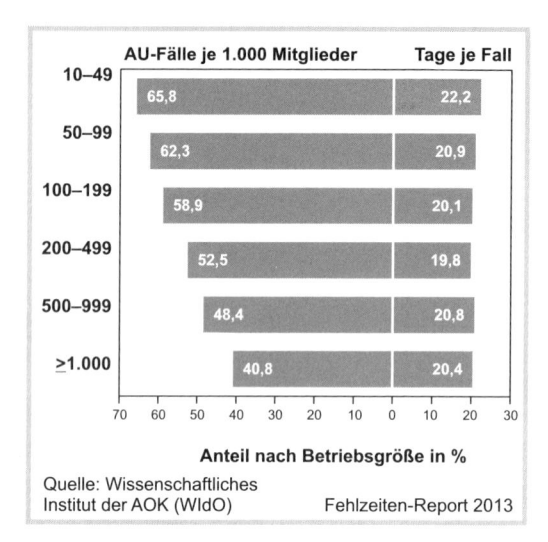

◘ **Abb. 29.1.22** Fehlzeiten der AOK-Mitglieder aufgrund von Arbeitsunfällen nach Betriebsgröße im Jahr 2012

Fälle) überdurchschnittlich viele Arbeitsunfälle. Den geringsten Anteil an Arbeitsunfällen verzeichneten die Banken und Versicherungen mit 1,0 % der Fälle.

Die Zahl der Arbeitsunfälle lag in Westdeutschland höher als in Ostdeutschland: Während im Westen durchschnittlich 57,0 Fälle auf 1.000 AOK-Mitglieder entfielen, waren es im Osten 55,0 Fälle je 1.000 Mitglieder (◘ Abb. 29.1.24).

Insbesondere in der Land- und Forstwirtschaft war die Zahl der auf Arbeitsunfälle zurückgehenden Arbeitsunfähigkeitstage in Ostdeutschland höher als in Westdeutschland (◘ Abb. 29.1.25). Aber auch in anderen Branchen war dies der Fall.

◘ Tab. 29.1.6 zeigt die Berufsgruppen, die in besonderem Maße von arbeitsbedingten Unfällen betroffen sind. Spitzenreiter waren im Jahr 2012 die Berufskraftfahrer (3.841 AU-Tage je 1.000 AOK-Mitglieder), Bus- und Straßenbahnfahrer (3.643 AU-Tage je 1.000 AOK-Mitglieder) sowie Berufe im Hochbau (3.637 AU-Tage je 1.000 AOK-Mitglieder).

---

12 Zur Definition der Arbeitsunfälle siehe ◘ Tab. 29.1.1.
13 Als Maß für die Betriebsgröße wird hier die Anzahl der AOK-Mitglieder in den Betrieben zugrunde gelegt, die allerdings in der Regel nur einen Teil der gesamten Belegschaft ausmachen (► Abschn. 29.1.8).

29.1 · Überblick über die krankheitsbedingten Fehlzeiten im Jahr 2012

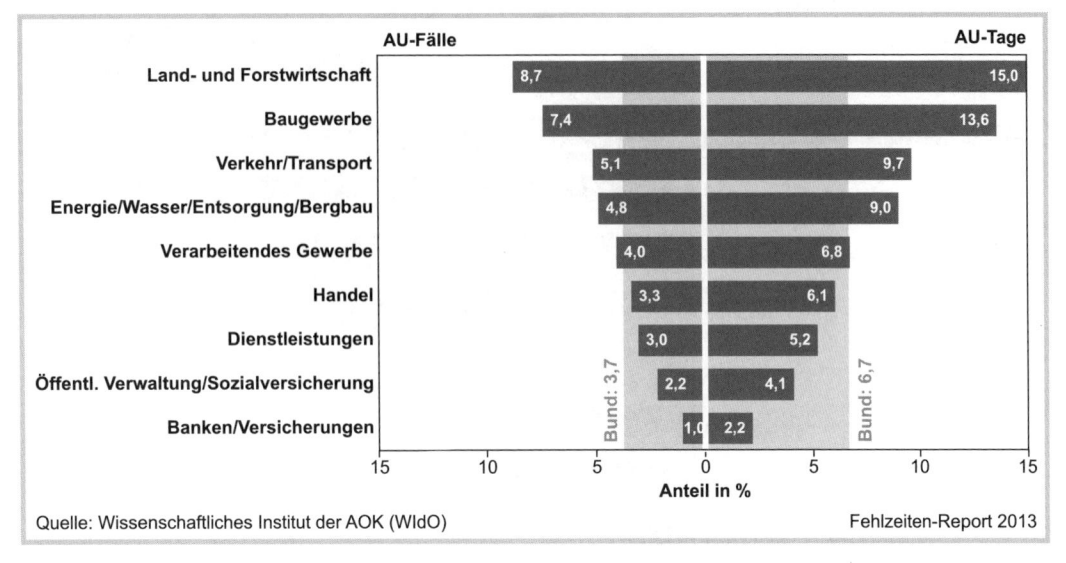

Abb. 29.1.23 Fehlzeiten der AOK-Mitglieder aufgrund von Arbeitsunfällen nach Branchen im Jahr 2012

AU-Fälle	Anteil in %	AU-Tage
Land- und Forstwirtschaft	8,7	15,0
Baugewerbe	7,4	13,6
Verkehr/Transport	5,1	9,7
Energie/Wasser/Entsorgung/Bergbau	4,8	9,0
Verarbeitendes Gewerbe	4,0	6,8
Handel	3,3	6,1
Dienstleistungen	3,0	5,2
Öffentl. Verwaltung/Sozialversicherung	2,2	4,1
Banken/Versicherungen	1,0	2,2

Bund: 3,7 | Bund: 6,7

Quelle: Wissenschaftliches Institut der AOK (WIdO) — Fehlzeiten-Report 2013

Tab. 29.1.6 Tage der Arbeitsunfähigkeit durch Arbeitsunfälle nach Berufsgruppen im Jahr 2012, AOK-Mitglieder

Berufsgruppe	AU-Tage je 1.000 AOK-Mitglieder
Berufskraftfahrer/innen (Güterverkehr/LKW)	3.841
Bus- und Straßenbahnfahrer/innen	3.643
Berufe im Hochbau	3.637
Berufe in der Forstwirtschaft	3.625
Führer/innen von Erdbewegungs- und verwandten Maschinen	3.522
Berufe in der Nutztierhaltung (außer Geflügelhaltung)	3.392
Berufe im Aus- und Trockenbau	3.347
Berufe im Beton- und Stahlbetonbau	3.287
Berufe im Objekt-, Werte- und Personenschutz	3.238
Fahrzeugführer/innen im Straßenverkehr	3.197
Berufe in der Landwirtschaft	3.189
Kranführer/innen, Aufzugsmaschinisten, Bedienung verwandter Hebeeinrichtungen	3.031
Berufe in der Dachdeckerei	3.012
Berufe im Tiefbau	3.009
Berufe im Maurerhandwerk	2.994
Berufe in der Gebäudereinigung	2.953
Berufe in der Reinigung	2.928
Berufe in der Zimmerei	2.889
Berufe in der Baustoffherstellung	2.864
Berufe in der Gebäudetechnik	2.844
Berufe für Post- und Zustelldienste	2.833
Berufe in der Ver- und Entsorgung	2.833
Berufe in der Holzbe- und -verarbeitung	2.787
Berufe in der Fleischverarbeitung	2.729
Berufe in der Altenpflege	2.727

Fehlzeiten-Report 2013

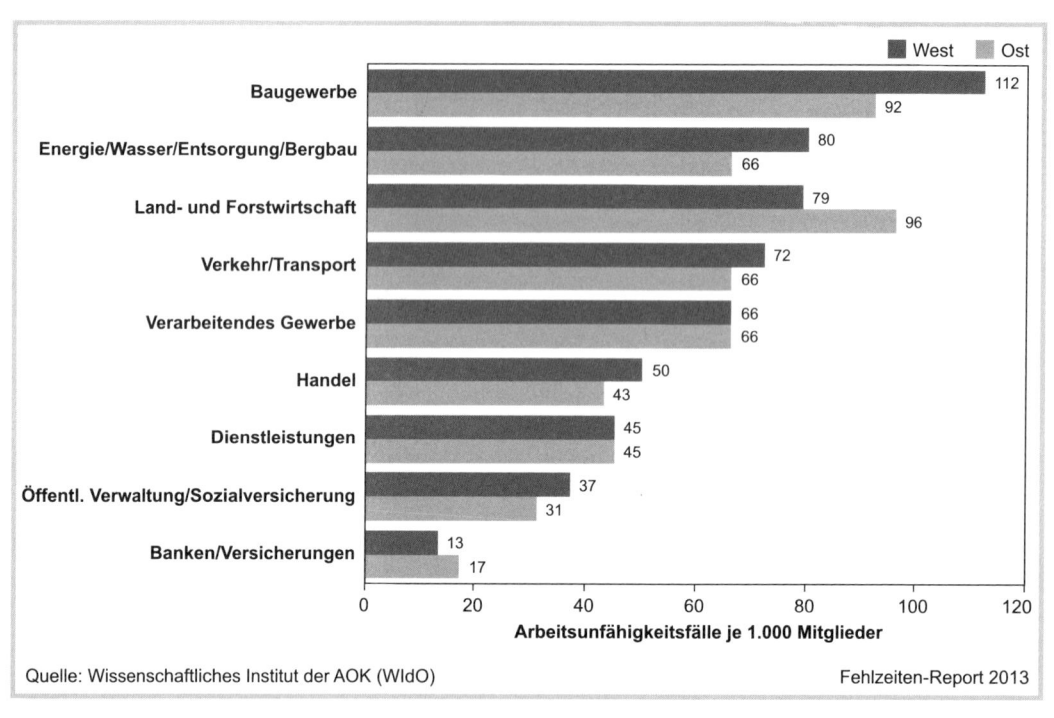

Abb. 29.1.24 Fälle der Arbeitsunfähigkeit der AOK-Mitglieder aufgrund von Arbeitsunfällen nach Branchen in West- und Ostdeutschland im Jahr 2012

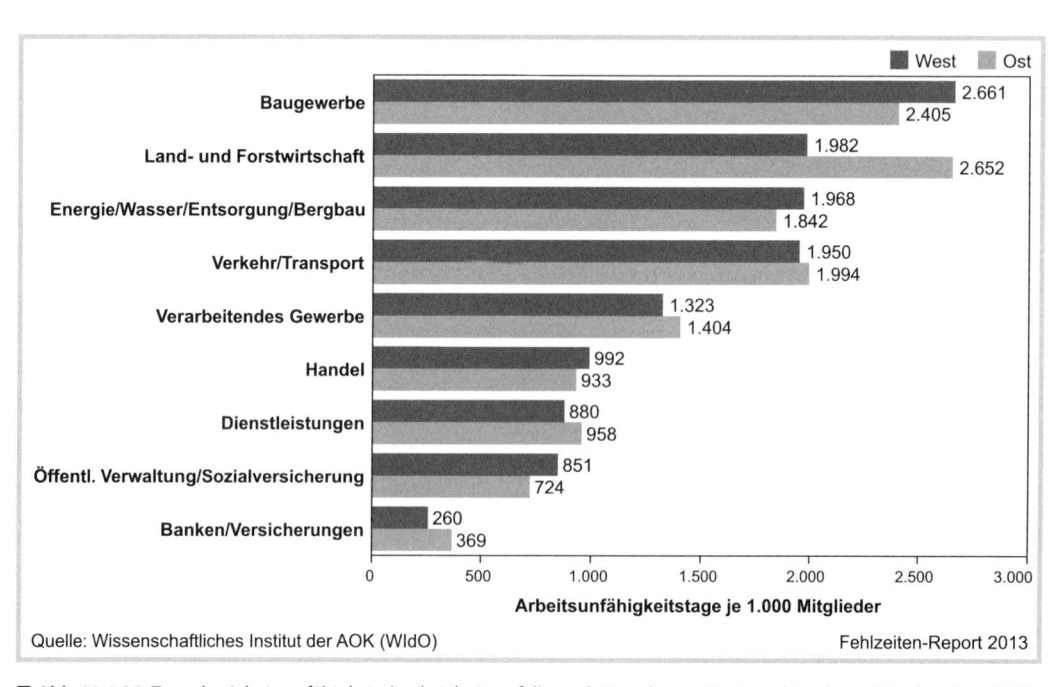

Abb. 29.1.25 Tage der Arbeitsunfähigkeit durch Arbeitsunfälle nach Branchen in West- und Ostdeutschland im Jahr 2012

29.1.13 Krankheitsarten im Überblick

Das Krankheitsgeschehen wird im Wesentlichen von sechs großen Krankheitsgruppen (nach ICD-10) bestimmt: Muskel- und Skeletterkrankungen, Verletzungen, Atemwegserkrankungen, Psychische und Verhaltensstörungen, Herz- und Kreislauferkrankungen sowie Erkrankungen der Verdauungsorgane (◘ Abb. 29.1.26). 66,5 % der Arbeitsunfähigkeitsfälle und 68,3 % der Arbeitsunfähigkeitstage gingen 2012 auf das Konto dieser sechs Krankheitsarten. Der Rest verteilte sich auf sonstige Krankheitsgruppen.

Der häufigste Anlass für Krankschreibungen waren Atemwegserkrankungen. Im Jahr 2012 war diese Krankheitsart für mehr als ein Fünftel der Arbeitsunfähigkeitsfälle (21,7 %) verantwortlich. Aufgrund einer relativ geringen durchschnittlichen Erkrankungsdauer betrug der Anteil der Atemwegserkrankungen am Krankenstand allerdings nur 11,4 %. Die meisten Arbeitsunfähigkeitstage wurden durch Muskel- und Skeletterkrankungen verursacht, die häufig mit langen Ausfallzeiten verbunden sind. Allein auf diese Krankheitsart waren 2012 22,9 % der Arbeitsunfähigkeitstage zurückzuführen, obwohl sie nur für 17,1 % der Arbeitsunfähigkeitsfälle verantwortlich war.

◘ Abb. 29.1.27 zeigt die Anteile der Krankheitsarten an den krankheitsbedingten Fehlzeiten im Jahr 2012 im Vergleich zum Vorjahr. Während der Anteil der Atemwegserkrankungen um 0,9 Prozentpunkte und der der Verletzungen um 0,5 Prozentpunkte gesunken ist, nahmen die Ausfalltage aufgrund psychischer Erkrankungen um 0,5 Prozentpunkte zu: Ihr prozentualer Anteil an den Fehlzeiten liegt bei 10,1 % gegenüber 9,6 % im letzten Jahr. Der Anteil der Herz-/Kreislauferkrankungen stieg um 0,3 Prozentpunkte.

Die ◘ Abb. 29.1.28 und ◘ Abb. 29.1.29 zeigen die Entwicklung der häufigsten Krankheitsarten in den Jahren 2002–2012 in Form einer Indexdarstellung. Ausgangsbasis ist dabei der Wert des Jahres 2001. Dieser wurde auf 100 normiert. Wie in den Abbildungen deutlich erkennbar ist, haben die psychischen und Verhaltensstörungen in den letzten Jahren deutlich zugenommen. Über die Gründe für diesen Anstieg wird gesellschaftlich kontrovers diskutiert. Neben der Zunahme belastender Arbeitsbedingungen in der modernen Arbeitswelt wird ein wichtiger Grund auch darin gesehen, dass die Ärzte zunehmend sensibilisiert sind und psychische Krankheiten aufgrund der gestiegenen gesellschaftlichen Akzeptanz eher dokumentieren, in Verbindung mit der Bereitschaft der Patienten, psychische Probleme offener anzusprechen als früher. Als weiterer Grund wird die Verlagerung in Richtung psychischer Störungen als Diagnose diskutiert, d. h. Beschäftigte(n), die früher mit somatischen Diagnosen wie bspw. Muskel-Skeletterkrankungen krankgeschrieben waren, wird heute öfter eine psychische Erkrankung diagnostiziert. Die »reale Prävalenz« sei aber insgesamt unverändert geblieben (Jacobi 2012). Der Anteil psychischer und psychosomatischer Erkrankungen an der Frühinvalidität hat in den letzten Jahren ebenfalls erheblich zugenommen. Inzwischen geht fast ein Drittel der Frühberentungen auf eine psychisch bedingte Erwerbsminderung zurück

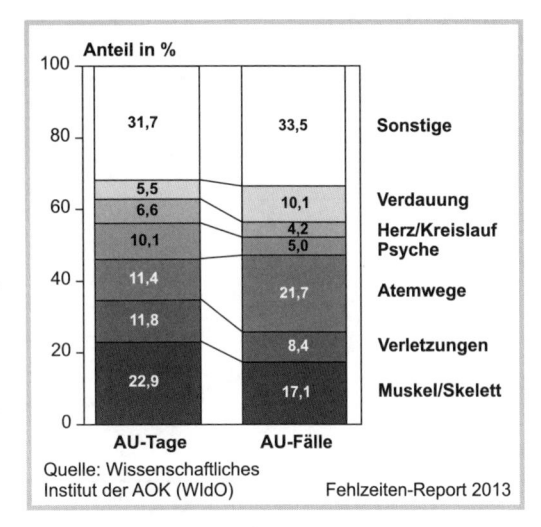

◘ **Abb. 29.1.26** Arbeitsunfähigkeit der AOK-Mitglieder nach Krankheitsarten im Jahr 2012

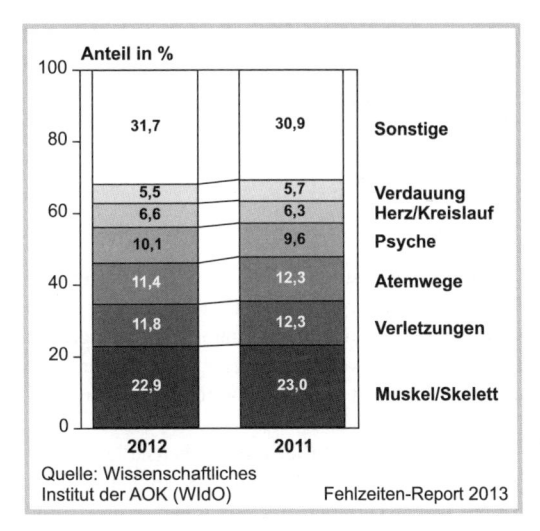

◘ **Abb. 29.1.27** Tage der Arbeitsunfähigkeit der AOK-Mitglieder nach Krankheitsarten im Jahr 2012 im Vergleich zum Vorjahr

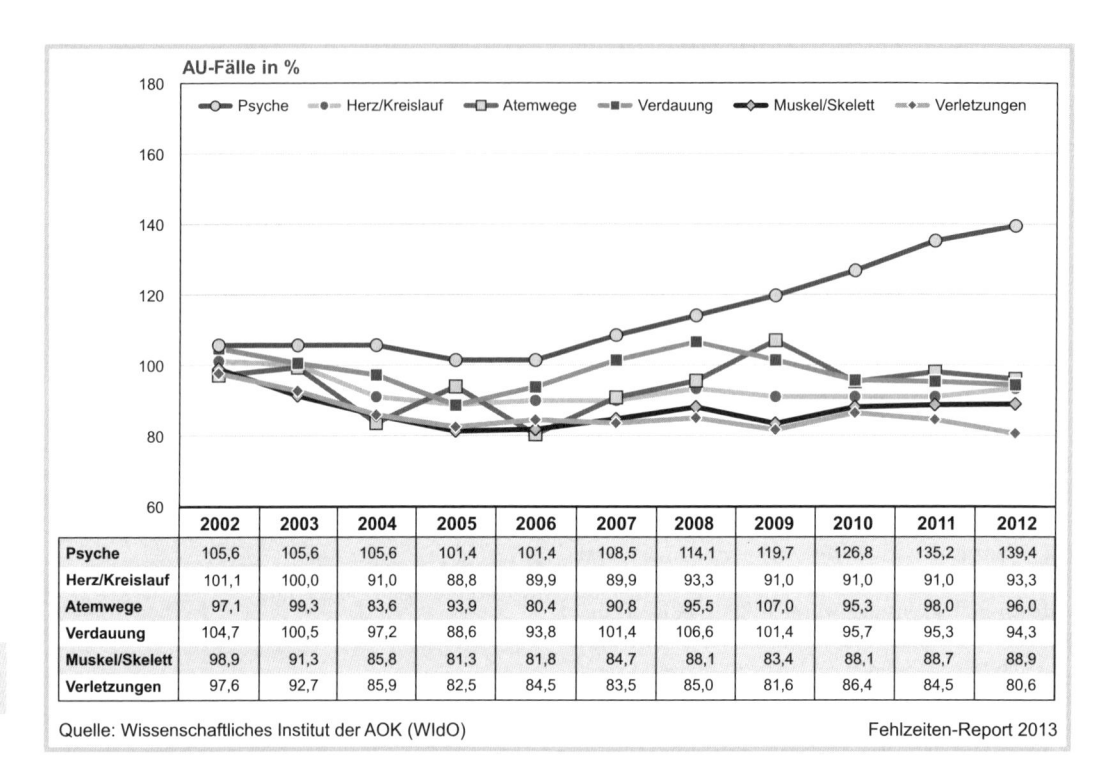

AU-Fälle in %	2002	2003	2004	2005	2006	2007	2008	2009	2010	2011	2012
Psyche	105,6	105,6	105,6	101,4	101,4	108,5	114,1	119,7	126,8	135,2	139,4
Herz/Kreislauf	101,1	100,0	91,0	88,8	89,9	89,9	93,3	91,0	91,0	91,0	93,3
Atemwege	97,1	99,3	83,6	93,9	80,4	90,8	95,5	107,0	95,3	98,0	96,0
Verdauung	104,7	100,5	97,2	88,6	93,8	101,4	106,6	101,4	95,7	95,3	94,3
Muskel/Skelett	98,9	91,3	85,8	81,3	81,8	84,7	88,1	83,4	88,1	88,7	88,9
Verletzungen	97,6	92,7	85,9	82,5	84,5	83,5	85,0	81,6	86,4	84,5	80,6

Quelle: Wissenschaftliches Institut der AOK (WIdO) Fehlzeiten-Report 2013

◘ Abb. 29.1.28 Fälle der Arbeitsunfähigkeit der AOK-Mitglieder nach Krankheitsarten in den Jahren 2002–2012, Indexdarstellung (2001 = 100 %)

(Robert Koch-Institut 2006). Nach Prognosen der Weltgesundheitsorganisation (WHO) ist mit einem weiteren Anstieg der psychischen Erkrankungen zu rechnen. Der Prävention dieser Erkrankungen wird daher in Zukunft eine wachsende Bedeutung zukommen.

Die Anzahl der Arbeitsunfähigkeitsfälle sind im Vergleich zum Jahr 2001 bei allen Krankheitsarten – bis auf die psychischen Erkrankungen – rückläufig. Am stärksten reduzierten sich die Arbeitsunfähigkeitsfälle, die auf Verletzungen zurückgingen (19,4 %). Die durch Atemwegserkrankungen bedingten Fehlzeiten unterliegen aufgrund der von Jahr zu Jahr unterschiedlich stark auftretenden Grippewellen teilweise erheblichen Schwankungen. Im Vergleich zum Vorjahr sind sie diesmal in etwa gleich geblieben. Weiterhin haben – entgegen dem Trend der letzten Jahre – diesmal die Herz- und Kreislauferkrankungen im Vergleich zum Vorjahr um 2,3 % zugenommen.

Zwischen West- und Ostdeutschland sind nach wie vor Unterschiede in der Verteilung der Krankheitsarten festzustellen (◘ Abb. 29.1.30). In den westlichen Bundesländern verursachten Muskel- und Skeletterkrankungen (1,5 Prozentpunkte) und psychische Erkrankungen (0,6 Prozentpunkte) mehr Fehltage als in den neuen Bundesländern. In den östlichen Bundesländern entstanden vor allem durch Herz- und Kreislauferkrankungen mehr Fehltage als im Westen (1,4 Prozentpunkte).

Auch in Abhängigkeit vom Geschlecht ergeben sich deutliche Unterschiede in der Morbiditätsstruktur (◘ Abb. 29.1.31). Insbesondere Verletzungen und muskuloskelettale Erkrankungen führen bei Männern häufiger zur Arbeitsunfähigkeit als bei Frauen. Dies dürfte damit zusammenhängen, dass Männer nach wie vor in größerem Umfang körperlich beanspruchende und unfallträchtige Tätigkeiten ausüben als Frauen. Auch der Anteil der Erkrankungen des Verdauungssystems und der Herz- und Kreislauferkrankungen an den Arbeitsunfähigkeitsfällen und -tagen ist bei Männern höher als bei Frauen. Bei den Herz- und Kreislauferkrankungen ist insbesondere der Anteil an den AU-Tagen bei Männern deutlich höher als bei Frauen, da sie in stärkerem Maße von schweren und langwierigen Erkrankungen wie Herzinfarkt betroffen sind.

Psychische Erkrankungen und Atemwegserkrankungen kommen dagegen bei Frauen häufiger vor als bei Männern. Bei den psychischen Erkrankungen sind

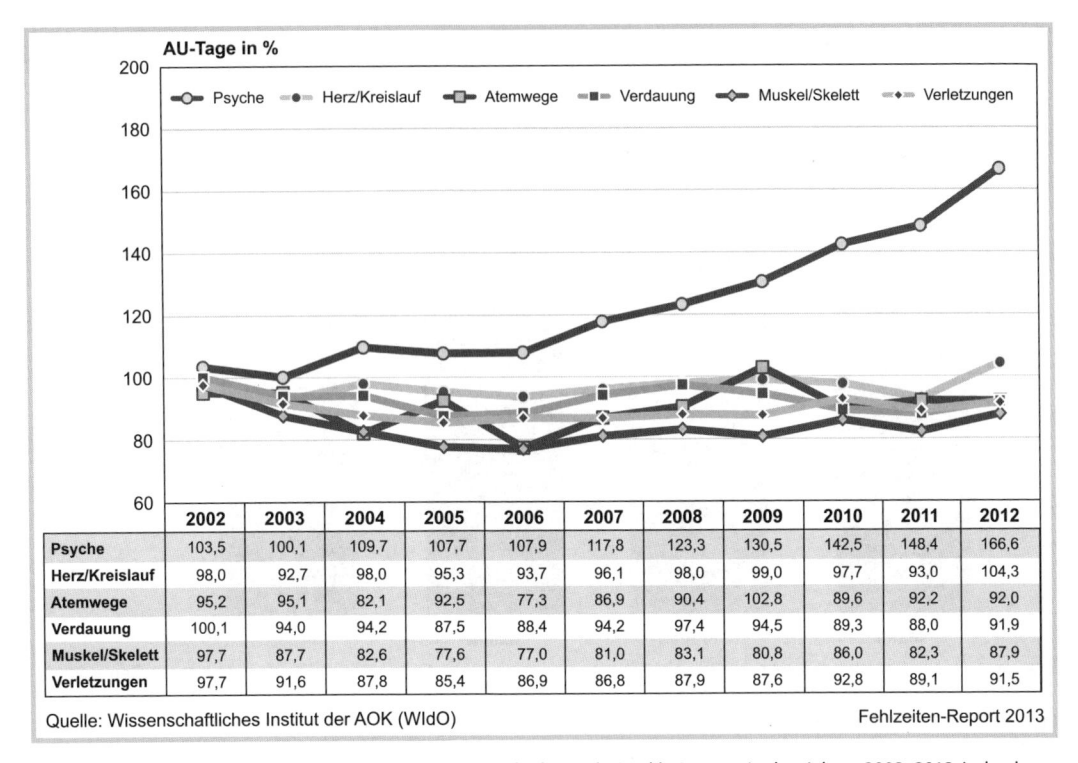

29.1 · Überblick über die krankheitsbedingten Fehlzeiten im Jahr 2012

	2002	2003	2004	2005	2006	2007	2008	2009	2010	2011	2012
Psyche	103,5	100,1	109,7	107,7	107,9	117,8	123,3	130,5	142,5	148,4	166,6
Herz/Kreislauf	98,0	92,7	98,0	95,3	93,7	96,1	98,0	99,0	97,7	93,0	104,3
Atemwege	95,2	95,1	82,1	92,5	77,3	86,9	90,4	102,8	89,6	92,2	92,0
Verdauung	100,1	94,0	94,2	87,5	88,4	94,2	97,4	94,5	89,3	88,0	91,9
Muskel/Skelett	97,7	87,7	82,6	77,6	77,0	81,0	83,1	80,8	86,0	82,3	87,9
Verletzungen	97,7	91,6	87,8	85,4	86,9	86,8	87,9	87,6	92,8	89,1	91,5

Quelle: Wissenschaftliches Institut der AOK (WIdO) — Fehlzeiten-Report 2013

◘ **Abb. 29.1.29** Tage der Arbeitsunfähigkeit der AOK-Mitglieder nach Krankheitsarten in den Jahren 2002–2012, Indexdarstellung (2001 = 100 %)

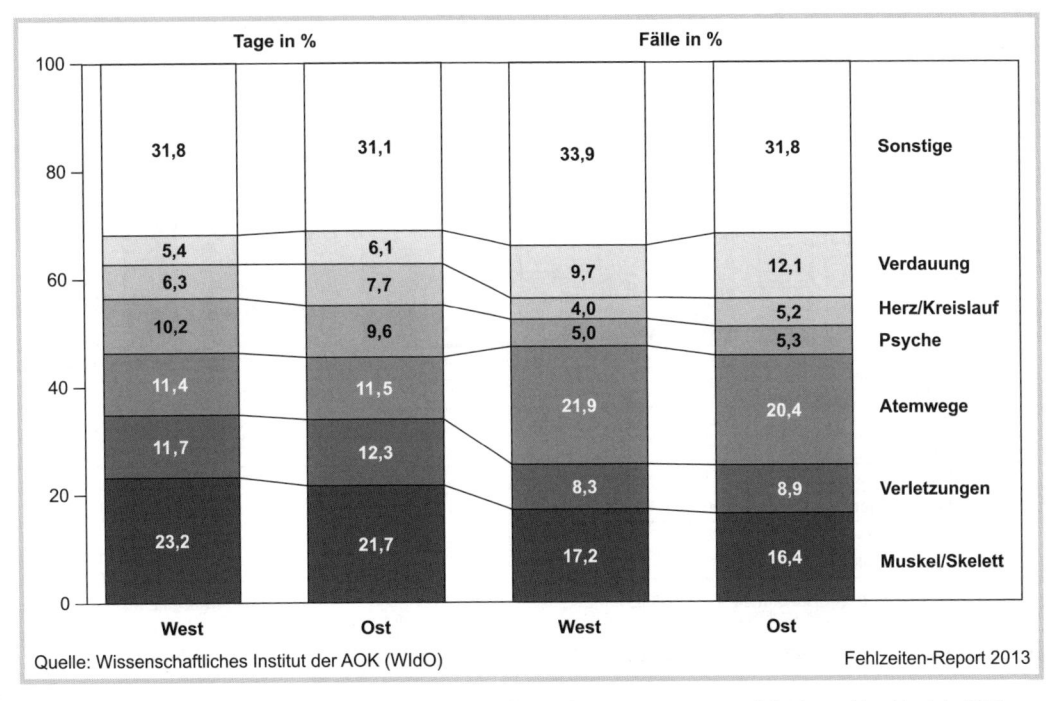

	Tage in % West	Tage in % Ost	Fälle in % West	Fälle in % Ost	
Sonstige	31,8	31,1	33,9	31,8	
Verdauung	5,4	6,1	9,7	12,1	
Herz/Kreislauf	6,3	7,7	4,0	5,2	
Psyche	10,2	9,6	5,0	5,3	
Atemwege	11,4	11,5	21,9	20,4	
Verletzungen	11,7	12,3	8,3	8,9	
Muskel/Skelett	23,2	21,7	17,2	16,4	

Quelle: Wissenschaftliches Institut der AOK (WIdO) — Fehlzeiten-Report 2013

◘ **Abb. 29.1.30** Arbeitsunfähigkeit der AOK-Mitglieder nach Krankheitsarten in West- und Ostdeutschland im Jahr 2012

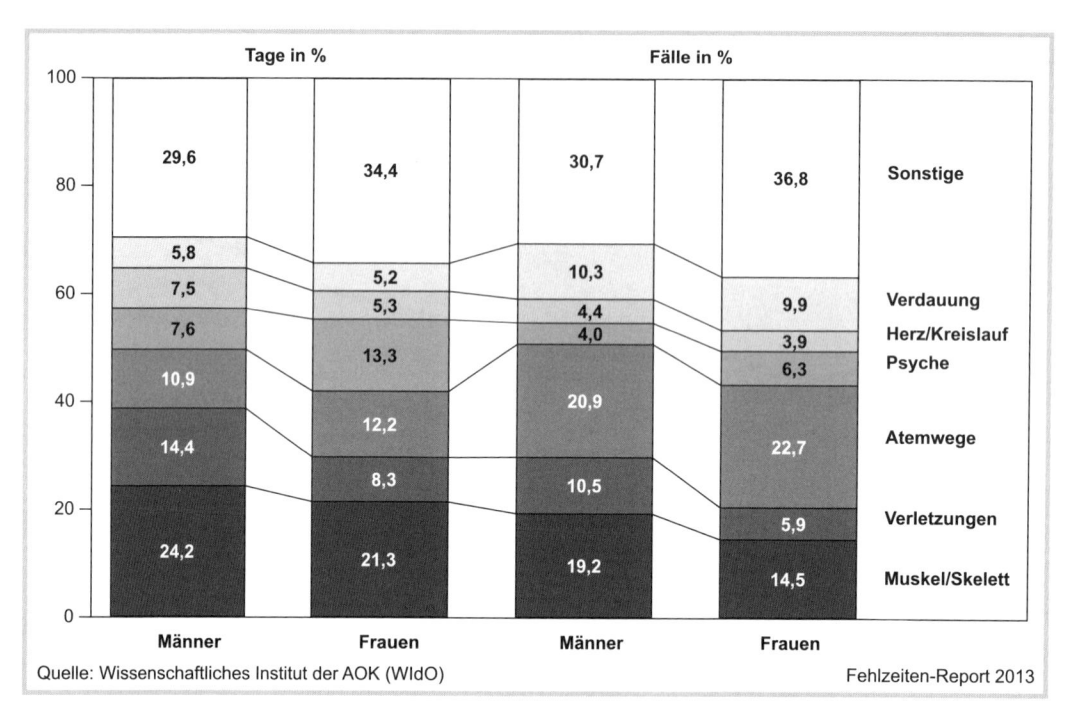

292 Kapitel 29 · Krankheitsbedingte Fehlzeiten in der deutschen Wirtschaft im Jahr 2012

	Tage in %		Fälle in %		
	Männer	Frauen	Männer	Frauen	
Sonstige	29,6	34,4	30,7	36,8	
Verdauung	5,8	5,2	10,3	9,9	
Herz/Kreislauf	7,5	5,3	4,4	3,9	
Psyche	7,6	13,3	4,0	6,3	
Atemwege	10,9	12,2	20,9	22,7	
Verletzungen	14,4	8,3	10,5	5,9	
Muskel/Skelett	24,2	21,3	19,2	14,5	

Quelle: Wissenschaftliches Institut der AOK (WIdO)
Fehlzeiten-Report 2013

◘ **Abb. 29.1.31** Arbeitsunfähigkeit der AOK-Mitglieder nach Krankheitsarten und Geschlecht im Jahr 2012

AU-Tage je 100 AOK-Mitglieder

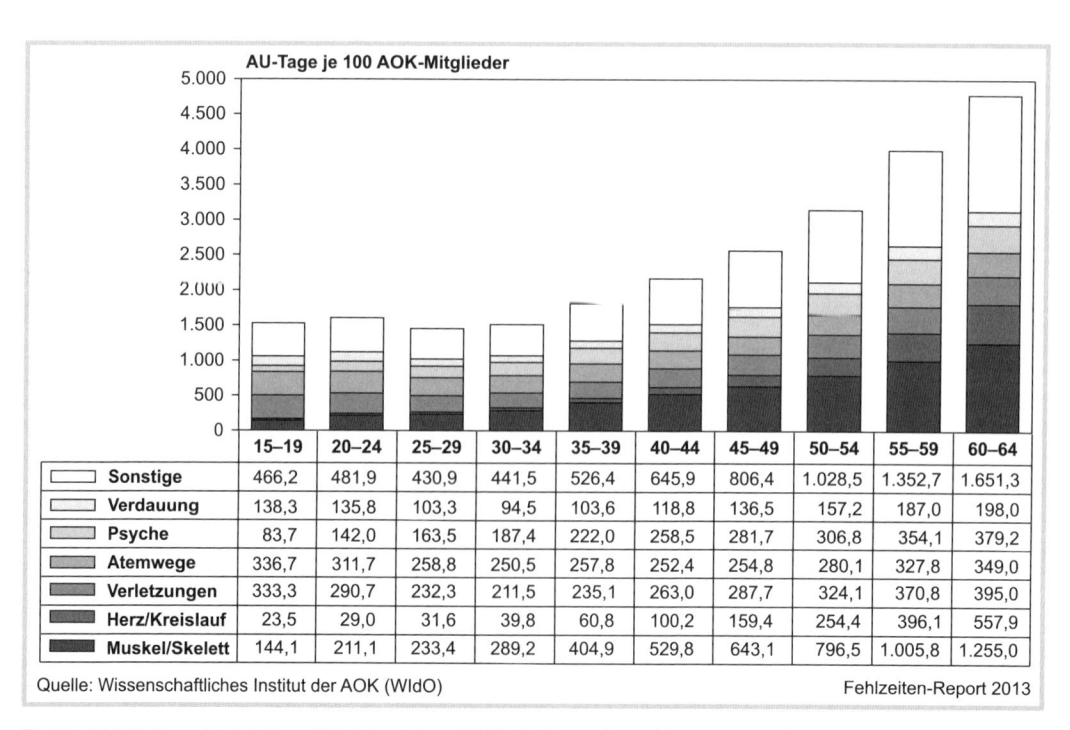

	15–19	20–24	25–29	30–34	35–39	40–44	45–49	50–54	55–59	60–64
Sonstige	466,2	481,9	430,9	441,5	526,4	645,9	806,4	1.028,5	1.352,7	1.651,3
Verdauung	138,3	135,8	103,3	94,5	103,6	118,8	136,5	157,2	187,0	198,0
Psyche	83,7	142,0	163,5	187,4	222,0	258,5	281,7	306,8	354,1	379,2
Atemwege	336,7	311,7	258,8	250,5	257,8	252,4	254,8	280,1	327,8	349,0
Verletzungen	333,3	290,7	232,3	211,5	235,1	263,0	287,7	324,1	370,8	395,0
Herz/Kreislauf	23,5	29,0	31,6	39,8	60,8	100,2	159,4	254,4	396,1	557,9
Muskel/Skelett	144,1	211,1	233,4	289,2	404,9	529,8	643,1	796,5	1.005,8	1.255,0

Quelle: Wissenschaftliches Institut der AOK (WIdO)
Fehlzeiten-Report 2013

◘ **Abb. 29.1.32** Tage der Arbeitsunfähigkeit je 100 AOK-Mitglieder nach Krankheitsarten und Alter im Jahr 2012

die Unterschiede besonders groß. Während sie bei den Männern in der Rangfolge nach AU-Tagen erst an vierter Stelle stehen, nehmen sie bei den Frauen bereits den zweiten Rang ein.

◘ Abb. 29.1.32 zeigt die Bedeutung der Krankheitsarten für die Fehlzeiten in den unterschiedlichen Altersgruppen. Aus der Abbildung ist deutlich zu ersehen, dass die Zunahme der krankheitsbedingten Ausfalltage mit dem Alter v. a. auf den starken Anstieg der Muskel- und Skeletterkrankungen und der Herz- und Kreislauferkrankungen zurückzuführen ist. Während diese beiden Krankheitsarten bei den jüngeren Altersgruppen noch eine untergeordnete Bedeutung haben, verursachen sie in den höheren Altersgruppen die meisten Arbeitsunfähigkeitstage. Bei den 60- bis 64-Jährigen gehen mehr als ein Viertel (26,2 %) der Ausfalltage auf das Konto der muskuloskelettalen Erkrankungen. Muskel- und Skeletterkrankungen und Herz- und Kreislauferkrankungen zusammen sind bei dieser Altersgruppe für mehr als ein Drittel des Krankenstandes (37,9 %) verantwortlich. Neben diesen beiden Krankheitsarten nehmen auch die Fehlzeiten aufgrund psychischer Erkrankungen und Verhaltensstörungen in den höheren Altersgruppen vermehrt zu, allerdings in geringerem Ausmaß.

29.1.14 Die häufigsten Einzeldiagnosen

In ◘ Tab. 29.1.7 sind die 40 häufigsten Einzeldiagnosen nach Anzahl der Arbeitsunfähigkeitsfälle aufgelistet. Im Jahr 2012 waren auf diese Diagnosen 56,9 % aller AU-Fälle und 41,9 % aller AU-Tage zurückzuführen.

Die häufigste Einzeldiagnose, die im Jahr 2012 zu Arbeitsunfähigkeit führte, waren akute Infektionen der oberen Atemwege mit 7,2 % der AU-Fälle und 3,1 % der AU-Tage.

Die zweithäufigste Diagnose, die zu Krankmeldungen führte, sind Rückenschmerzen mit 6,7 % der AU-Fälle und 6,2 % der AU-Tage. Unter den häufigsten Diagnosen sind auch weitere Krankheitsbilder aus dem Bereich der Muskel- und Skeletterkrankungen besonders zahlreich vertreten. Neben diesen Erkrankungen sind auch Erkrankungen aus dem Bereich des Verdauungssystems und psychische Erkrankungen unter den häufigsten Einzeldiagnosen anzutreffen.

◘ Tab. 29.1.7 Anteile der 40 häufigsten Einzeldiagnosen an den AU-Fällen und AU-Tagen im Jahr 2012, AOK-Mitglieder

ICD-10	Bezeichnung	AU-Fälle in %	AU-Tage in %
J06	Akute Infektionen an mehreren oder nicht näher bezeichneten Lokalisationen der oberen Atemwege	7,2	3,1
M54	Rückenschmerzen	6,7	6,2
A09	Sonstige und nicht näher bezeichnete Gastroenteritis und Kolitis infektiösen und nicht näher bezeichneten Ursprungs	3,8	1,3
J20	Akute Bronchitis	2,5	1,3
K52	Sonstige nichtinfektiöse Gastroenteritis und Kolitis	2,3	0,8
J40	Bronchitis, nicht als akut oder chronisch bezeichnet	2,1	1,1
K08	Sonstige Krankheiten der Zähne und des Zahnhalteapparates	2,1	0,4
I10	Essentielle (primäre) Hypertonie	1,6	2,4
R10	Bauch- und Beckenschmerzen	1,6	0,8
K29	Gastritis und Duodenitis	1,5	0,7
B34	Viruskrankheit nicht näher bezeichneter Lokalisation	1,5	0,6
F32	Depressive Episode	1,3	3,1
T14	Verletzung an einer nicht näher bezeichneten Körperregion	1,3	1,2
J03	Akute Tonsillitis	1,2	0,5
J01	Akute Sinusitis	1,2	0,5
J02	Akute Pharyngitis	1,2	0,5
F43	Reaktionen auf schwere Belastungen und Anpassungsstörungen	1,1	1,7
J32	Chronische Sinusitis	1,1	0,5
R51	Kopfschmerz	1,0	0,5
M25	Sonstige Gelenkkrankheiten, anderenorts nicht klassifiziert	0,9	1,0

Tab. 29.1.7 (Fortsetzung)

ICD-10	Bezeichnung	AU-Fälle in %	AU-Tage in %
M53	Sonstige Krankheiten der Wirbelsäule und des Rückens, anderenorts nicht klassifiziert	0,9	0,9
M99	Biomechanische Funktionsstörungen, anderenorts nicht klassifiziert	0,9	0,7
M51	Sonstige Bandscheibenschäden	0,8	2,0
M75	Schulterläsionen	0,8	1,6
M77	Sonstige Enthesopathien	0,8	0,9
R11	Übelkeit und Erbrechen	0,8	0,4
M23	Binnenschädigung des Kniegelenkes [internal derangement]	0,7	1,3
F45	Somatoforme Störungen	0,7	1,0
M79	Sonstige Krankheiten des Weichteilgewebes, anderenorts nicht klassifiziert	0,7	0,6
A08	Virusbedingte und sonstige näher bezeichnete Darminfektionen	0,7	0,2
F48	Andere neurotische Störungen	0,6	0,8
S93	Luxation, Verstauchung und Zerrung der Gelenke und Bänder in Höhe des oberen Sprunggelenkes und des Fußes	0,6	0,7
R53	Unwohlsein und Ermüdung	0,6	0,5
R42	Schwindel und Taumel	0,6	0,4
J00	Akute Rhinopharyngitis [Erkältungsschnupfen]	0,6	0,3
J04	Akute Laryngitis und Tracheitis	0,6	0,3
J98	Sonstige Krankheiten der Atemwege	0,6	0,3
B99	Sonstige und nicht näher bezeichnete Infektionskrankheiten	0,6	0,3
G43	Migräne	0,6	0,2
N39	Sonstige Krankheiten des Harnsystems	0,5	0,3
	Summe	**56,9**	**41,9**
	Sonstige	43,1	58,1
	Gesamt	**100,0**	**100,0**

Fehlzeiten-Report 2013

29.1.15 Krankheitsarten nach Branchen

Bei der Verteilung der Krankheitsarten bestehen erhebliche Unterschiede zwischen den Branchen, die im Folgenden für die wichtigsten Krankheitsgruppen aufgezeigt werden.

- **Muskel- und Skeletterkrankungen**

Die Muskel- und Skeletterkrankungen verursachen in fast allen Branchen die meisten Fehltage (◘ Abb. 29.1.33). Ihr Anteil an den Arbeitsunfähigkeitstagen bewegte sich im Jahr 2012 in den einzelnen Branchen zwischen 15,0 % bei Banken und Versicherungen und 27,0 % im Baugewerbe. In Wirtschaftszweigen mit überdurchschnittlich hohen Krankenständen sind häufig die muskuloskelettalen Erkrankungen besonders ausgeprägt und tragen wesentlich zu den erhöhten Fehlzeiten bei.

◘ Abb. 29.1.34 zeigt die Anzahl und durchschnittliche Dauer der Krankmeldungen aufgrund von Muskel- und Skeletterkrankungen in den einzelnen Branchen. Die meisten Arbeitsunfähigkeitsfälle waren im Bereich Energie, Wasser, Entsorgung und Bergbau zu verzeichnen, mehr als doppelt so viele wie bei den Banken und Versicherungen.

Die muskuloskelettalen Erkrankungen sind häufig mit langen Ausfallzeiten verbunden. Die mittlere Dauer der Krankmeldungen schwankte im Jahr 2012 in den einzelnen Branchen zwischen 13,5 Tagen bei Banken und Versicherungen und 19,6 Tagen in der Branche Land- und Forstwirtschaft. Im Branchendurchschnitt lag sie bei 16,6 Tagen.

◘ Abb. 29.1.35 zeigt die zehn Berufsgruppen mit hohen und niedrigen Fehlzeiten aufgrund von Muskel- und Skeletterkrankungen. Die meisten Arbeitsunfähigkeitsfälle sind bei den Berufen in der Ver- und Entsorgung zu verzeichnen, während Berufe in der Hochschullehre und -forschung vergleichsweise geringe Fehlzeiten aufgrund von Muskel- und Skeletterkrankungen aufweisen.

29.1 · Überblick über die krankheitsbedingten Fehlzeiten im Jahr 2012

Branche	Muskel/Skelett	Verletzungen	Atemwege	Herz/Kreislauf	Verdauung	Psyche	Sonstige
Baugewerbe	27	19	9	7	5	6	27
Verarbeitendes Gewerbe	25	12	11	7	5	8	32
Energie/Wasser/Entsorgung/Bergbau	25	13	10	8	6	8	30
Verkehr/Transport	24	13	10	8	5	9	31
Land- und Forstwirtschaft	23	17	8	8	5	6	33
Öffentl. Verwaltung/Sozialversicherung	22	9	13	7	5	12	32
Handel	22	12	12	6	6	11	31
Dienstleistungen	21	10	12	6	6	12	33
Banken/Versicherungen	15	8	16	5	6	14	36
Alle Branchen	23	12	11	7	6	10	31

Anteil an den AU-Tagen in %

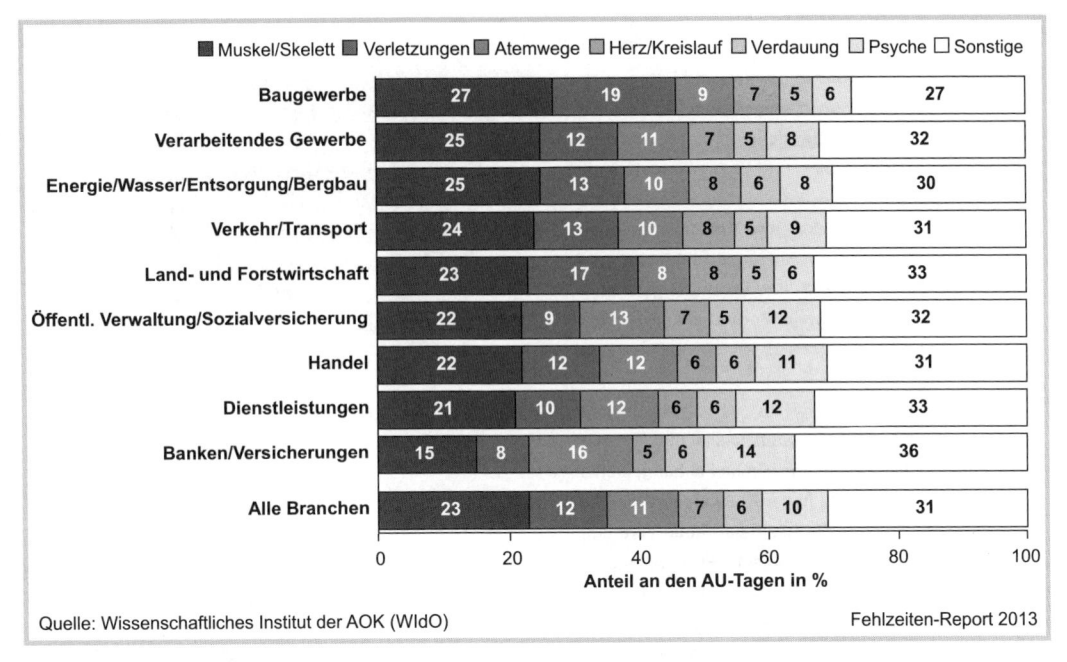

Quelle: Wissenschaftliches Institut der AOK (WIdO) Fehlzeiten-Report 2013

◘ **Abb. 29.1.33** Arbeitsunfähigkeit der AOK-Mitglieder nach Krankheitsarten und Branche im Jahr 2012

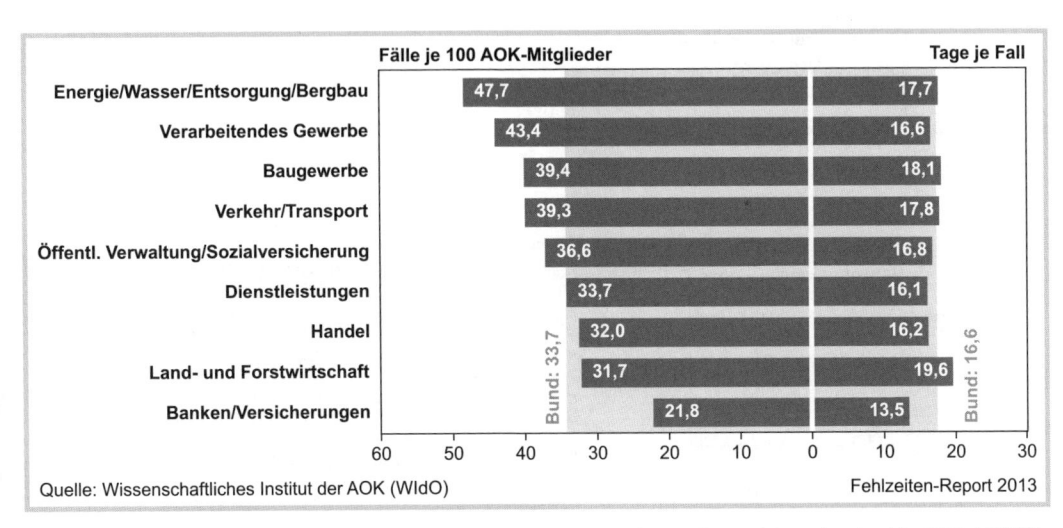

Branche	Fälle je 100 AOK-Mitglieder	Tage je Fall
Energie/Wasser/Entsorgung/Bergbau	47,7	17,7
Verarbeitendes Gewerbe	43,4	16,6
Baugewerbe	39,4	18,1
Verkehr/Transport	39,3	17,8
Öffentl. Verwaltung/Sozialversicherung	36,6	16,8
Dienstleistungen	33,7	16,1
Handel	32,0	16,2
Land- und Forstwirtschaft	31,7	19,6
Banken/Versicherungen	21,8	13,5

Bund: 33,7 | Bund: 16,6

Quelle: Wissenschaftliches Institut der AOK (WIdO) Fehlzeiten-Report 2013

◘ **Abb. 29.1.34** Krankheiten des Muskel- und Skelettsystems und des Bindegewebes nach Branchen im Jahr 2012, AOK-Mitglieder

- **Atemwegserkrankungen**

Die meisten Erkrankungsfälle aufgrund von Atemwegserkrankungen waren im Jahr 2012 bei den Banken und Versicherungen zu verzeichnen (◘ Abb. 29.1.36). Überdurchschnittlich viele Fälle fielen unter anderem auch in der öffentlichen Verwaltung und im verarbeitenden Gewerbe an.

Aufgrund einer großen Anzahl an Bagatellfällen ist die durchschnittliche Erkrankungsdauer bei dieser Krankheitsart relativ gering. Im Branchendurchschnitt liegt sie bei 6,5 Tagen. In den einzelnen Branchen bewegte sie sich im Jahr 2012 zwischen 5,4 Tagen bei Banken und Versicherungen und 7,8 Tagen im Bereich Verkehr und Transport und Land- und Forstwirtschaft.

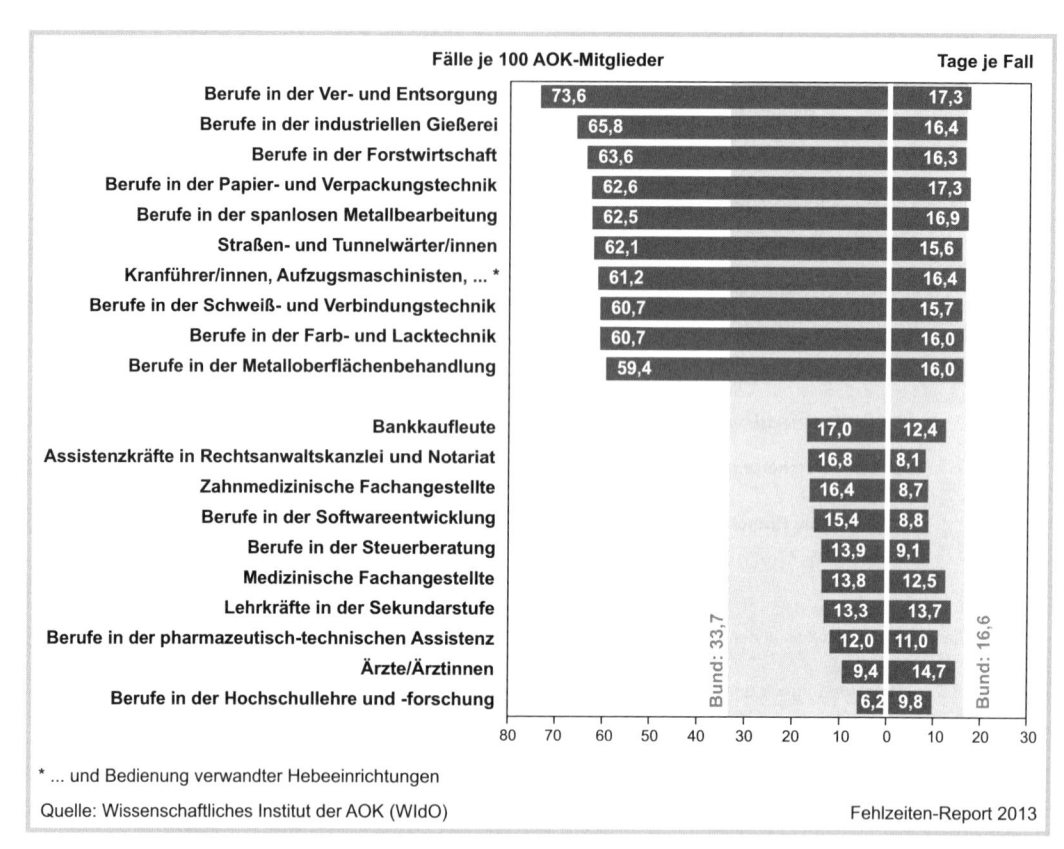

Abb. 29.1.35 Muskel-Skeletterkrankungen nach Berufen im Jahr 2012, AOK-Mitglieder

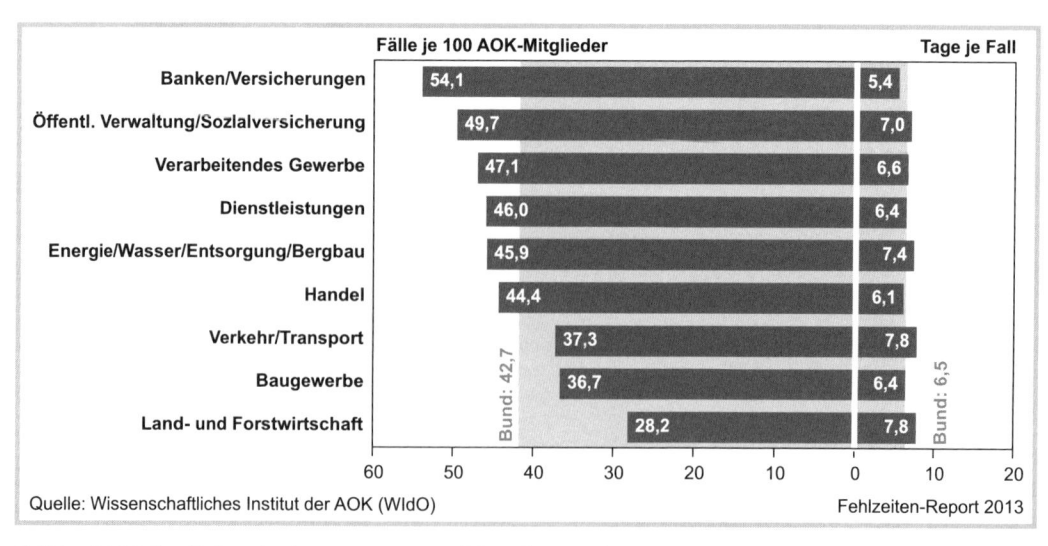

Beruf	Fälle je 100 AOK-Mitglieder	Tage je Fall
Berufe in der Ver- und Entsorgung	73,6	17,3
Berufe in der industriellen Gießerei	65,8	16,4
Berufe in der Forstwirtschaft	63,6	16,3
Berufe in der Papier- und Verpackungstechnik	62,6	17,3
Berufe in der spanlosen Metallbearbeitung	62,5	16,9
Straßen- und Tunnelwärter/innen	62,1	15,6
Kranführer/innen, Aufzugsmaschinisten, ... *	61,2	16,4
Berufe in der Schweiß- und Verbindungstechnik	60,7	15,7
Berufe in der Farb- und Lacktechnik	60,7	16,0
Berufe in der Metalloberflächenbehandlung	59,4	16,0
Bankkaufleute	17,0	12,4
Assistenzkräfte in Rechtsanwaltskanzlei und Notariat	16,8	8,1
Zahnmedizinische Fachangestellte	16,4	8,7
Berufe in der Softwareentwicklung	15,4	8,8
Berufe in der Steuerberatung	13,9	9,1
Medizinische Fachangestellte	13,8	12,5
Lehrkräfte in der Sekundarstufe	13,3	13,7
Berufe in der pharmazeutisch-technischen Assistenz	12,0	11,0
Ärzte/Ärztinnen	9,4	14,7
Berufe in der Hochschullehre und -forschung	6,2	9,8

Bund: 33,7 — Bund: 16,6

* ... und Bedienung verwandter Hebeeinrichtungen
Quelle: Wissenschaftliches Institut der AOK (WIdO)
Fehlzeiten-Report 2013

Abb. 29.1.36 Krankheiten des Atmungssystems nach Branchen im Jahr 2012, AOK-Mitglieder

Branche	Fälle je 100 AOK-Mitglieder	Tage je Fall
Banken/Versicherungen	54,1	5,4
Öffentl. Verwaltung/Sozialversicherung	49,7	7,0
Verarbeitendes Gewerbe	47,1	6,6
Dienstleistungen	46,0	6,4
Energie/Wasser/Entsorgung/Bergbau	45,9	7,4
Handel	44,4	6,1
Verkehr/Transport	37,3	7,8
Baugewerbe	36,7	6,4
Land- und Forstwirtschaft	28,2	7,8

Bund: 42,7 — Bund: 6,5

Quelle: Wissenschaftliches Institut der AOK (WIdO)
Fehlzeiten-Report 2013

29.1 · Überblick über die krankheitsbedingten Fehlzeiten im Jahr 2012

Der Anteil der Atemwegserkrankungen an den Arbeitsunfähigkeitstagen (◘ Abb. 29.1.33) ist bei den Banken und Versicherungen (16 %) am höchsten, in der Land- und Forstwirtschaft (8 %) am niedrigsten.

In ◘ Abb. 29.1.37 sind die hohen und niedrigen Fehlzeiten aufgrund von Atemwegserkrankungen von zehn Berufsgruppen dargestellt. Spitzenreiter sind die Berufe im Dialogmarketing mit 104,8 Arbeitsunfähigkeitsfällen je 100 AOK-Mitglieder und einer vergleichsweise geringen Falldauer von 6,5 Tagen je Fall, während die Berufe in der Nutztierhaltung im Vergleich zwar seltener an Atemwegserkrankungen leiden, jedoch eine überdurchschnittliche Falldauer von 10,3 Tagen aufweisen.

- **Verletzungen**

Der Anteil der Verletzungen an den Arbeitsunfähigkeitstagen variiert sehr stark zwischen den einzelnen Branchen (◘ Abb. 29.1.33). Am höchsten ist er in Branchen mit vielen Arbeitsunfällen. Im Jahr 2012 bewegte er sich zwischen 8,0 % bei den Banken und Versicherungen und 19,0 % im Baugewerbe. Im Baugewerbe war die Zahl der Fälle mehr als doppelt so hoch wie bei Banken und Versicherungen (◘ Abb. 29.1.38). Die Dauer der verletzungsbedingten Krankmeldungen schwankte in den einzelnen Branchen zwischen 14,0 Tagen bei Banken und Versicherungen und 20,9 Tagen im Bereich der Land- und Forstwirtschaft. Die Unterschiede zeigen sich auch bei den Berufsgruppen (◘ Abb. 29.1.39).

Ein erheblicher Teil der Verletzungen ist auf Arbeitsunfälle zurückzuführen. In der Land- und Forstwirtschaft gehen über 50 % der Arbeitsunfähigkeitstage auf Arbeitsunfälle zurück. Im Baugewerbe und im Bereich Verkehr und Transport gehen bei den Verletzungen immerhin fast die Hälfte der Fehltage auf Arbeitsunfälle zurück (◘ Abb. 29.1.40). Am niedrigsten ist der Anteil der Arbeitsunfälle an den Verletzungen bei den Banken und Versicherungen. Dort beträgt er lediglich 16,0 %.

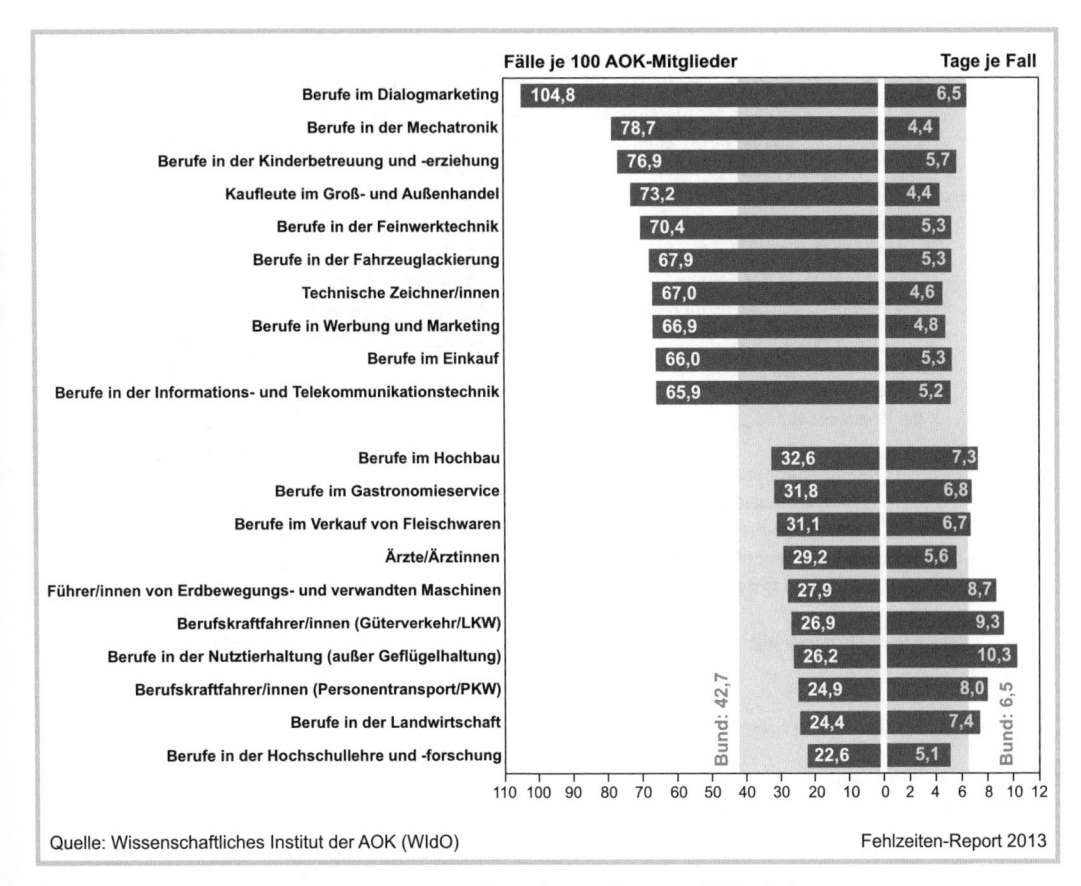

Berufsgruppe	Fälle je 100 AOK-Mitglieder	Tage je Fall
Berufe im Dialogmarketing	104,8	6,5
Berufe in der Mechatronik	78,7	4,4
Berufe in der Kinderbetreuung und -erziehung	76,9	5,7
Kaufleute im Groß- und Außenhandel	73,2	4,4
Berufe in der Feinwerktechnik	70,4	5,3
Berufe in der Fahrzeuglackierung	67,9	5,3
Technische Zeichner/innen	67,0	4,6
Berufe in Werbung und Marketing	66,9	4,8
Berufe im Einkauf	66,0	5,3
Berufe in der Informations- und Telekommunikationstechnik	65,9	5,2
Berufe im Hochbau	32,6	7,3
Berufe im Gastronomieservice	31,8	6,8
Berufe im Verkauf von Fleischwaren	31,1	6,7
Ärzte/Ärztinnen	29,2	5,6
Führer/innen von Erdbewegungs- und verwandten Maschinen	27,9	8,7
Berufskraftfahrer/innen (Güterverkehr/LKW)	26,9	9,3
Berufe in der Nutztierhaltung (außer Geflügelhaltung)	26,2	10,3
Berufskraftfahrer/innen (Personentransport/PKW)	24,9	8,0
Berufe in der Landwirtschaft	24,4	7,4
Berufe in der Hochschullehre und -forschung	22,6	5,1

Bund: 42,7 | Bund: 6,5

Quelle: Wissenschaftliches Institut der AOK (WIdO) — Fehlzeiten-Report 2013

◘ Abb. 29.1.37 Krankheiten des Atmungssystems nach Berufen im Jahr 2012, AOK-Mitglieder

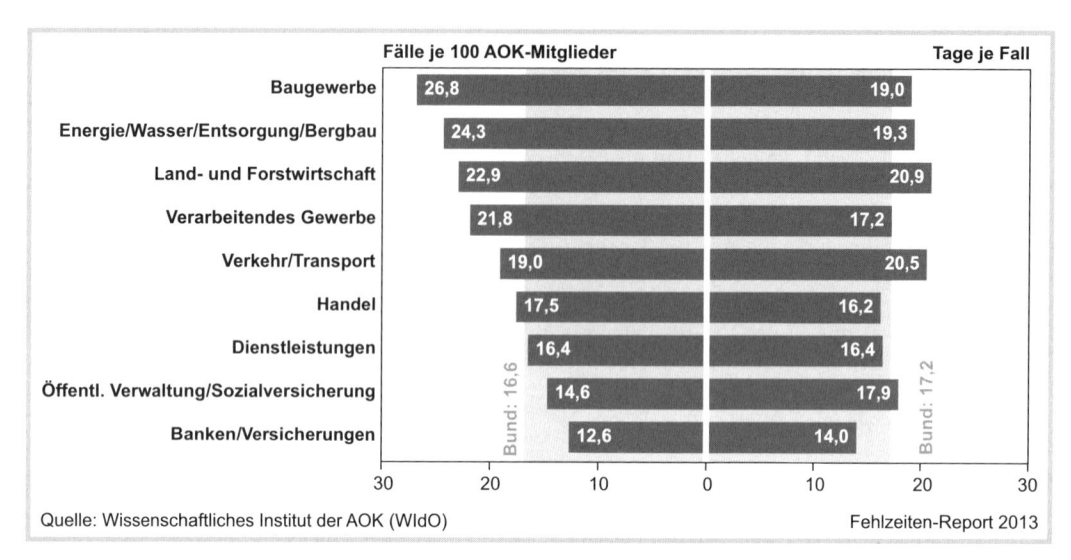

298 Kapitel 29 · Krankheitsbedingte Fehlzeiten in der deutschen Wirtschaft im Jahr 2012

Branche	Fälle je 100 AOK-Mitglieder	Tage je Fall
Baugewerbe	26,8	19,0
Energie/Wasser/Entsorgung/Bergbau	24,3	19,3
Land- und Forstwirtschaft	22,9	20,9
Verarbeitendes Gewerbe	21,8	17,2
Verkehr/Transport	19,0	20,5
Handel	17,5	16,2
Dienstleistungen	16,4	16,4
Öffentl. Verwaltung/Sozialversicherung	14,6	17,9
Banken/Versicherungen	12,6	14,0
Bund	16,6	17,2

Quelle: Wissenschaftliches Institut der AOK (WIdO) — Fehlzeiten-Report 2013

Abb. 29.1.38 Verletzungen, Vergiftungen und bestimmte andere Folgen äußerer Ursachen nach Branchen im Jahr 2012, AOK-Mitglieder

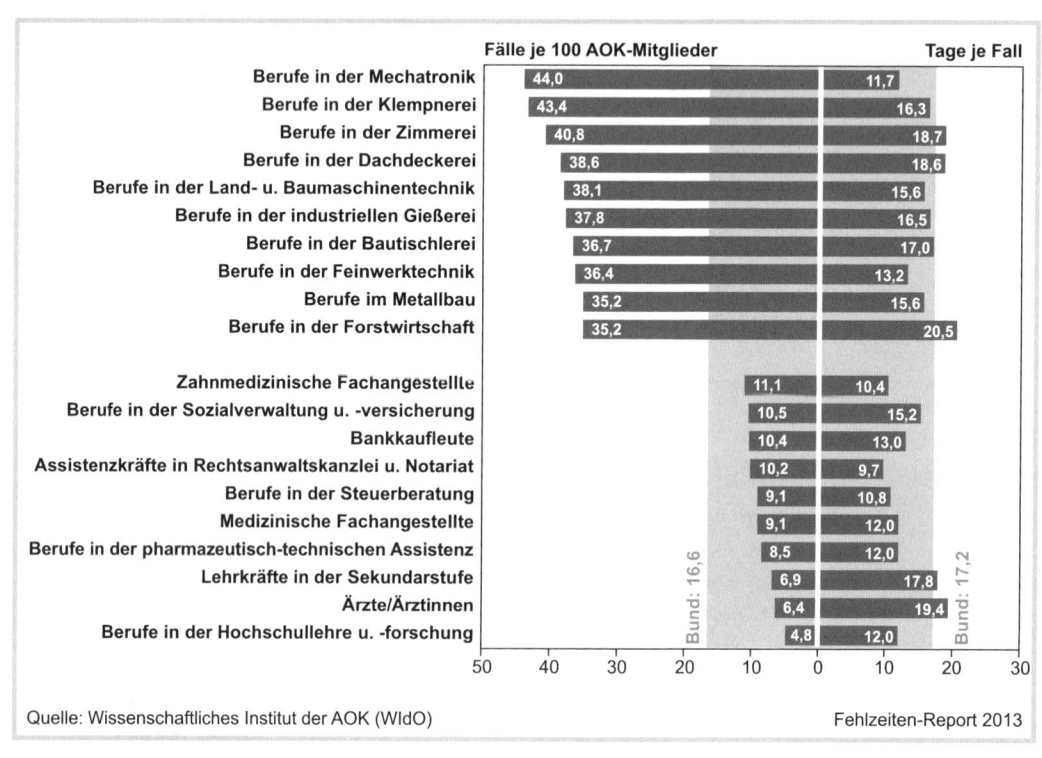

Beruf	Fälle je 100 AOK-Mitglieder	Tage je Fall
Berufe in der Mechatronik	44,0	11,7
Berufe in der Klempnerei	43,4	16,3
Berufe in der Zimmerei	40,8	18,7
Berufe in der Dachdeckerei	38,6	18,6
Berufe in der Land- u. Baumaschinentechnik	38,1	15,6
Berufe in der industriellen Gießerei	37,8	16,5
Berufe in der Bautischlerei	36,7	17,0
Berufe in der Feinwerktechnik	36,4	13,2
Berufe im Metallbau	35,2	15,6
Berufe in der Forstwirtschaft	35,2	20,5
Zahnmedizinische Fachangestellte	11,1	10,4
Berufe in der Sozialverwaltung u. -versicherung	10,5	15,2
Bankkaufleute	10,4	13,0
Assistenzkräfte in Rechtsanwaltskanzlei u. Notariat	10,2	9,7
Berufe in der Steuerberatung	9,1	10,8
Medizinische Fachangestellte	9,1	12,0
Berufe in der pharmazeutisch-technischen Assistenz	8,5	12,0
Lehrkräfte in der Sekundarstufe	6,9	17,8
Ärzte/Ärztinnen	6,4	19,4
Berufe in der Hochschullehre u. -forschung	4,8	12,0
Bund	16,6	17,2

Quelle: Wissenschaftliches Institut der AOK (WIdO) — Fehlzeiten-Report 2013

Abb. 29.1.39 Verletzungen, Vergiftungen und bestimmte andere Folgen äußerer Ursachen nach Berufen im Jahr 2012, AOK-Mitglieder

29.1 · Überblick über die krankheitsbedingten Fehlzeiten im Jahr 2012

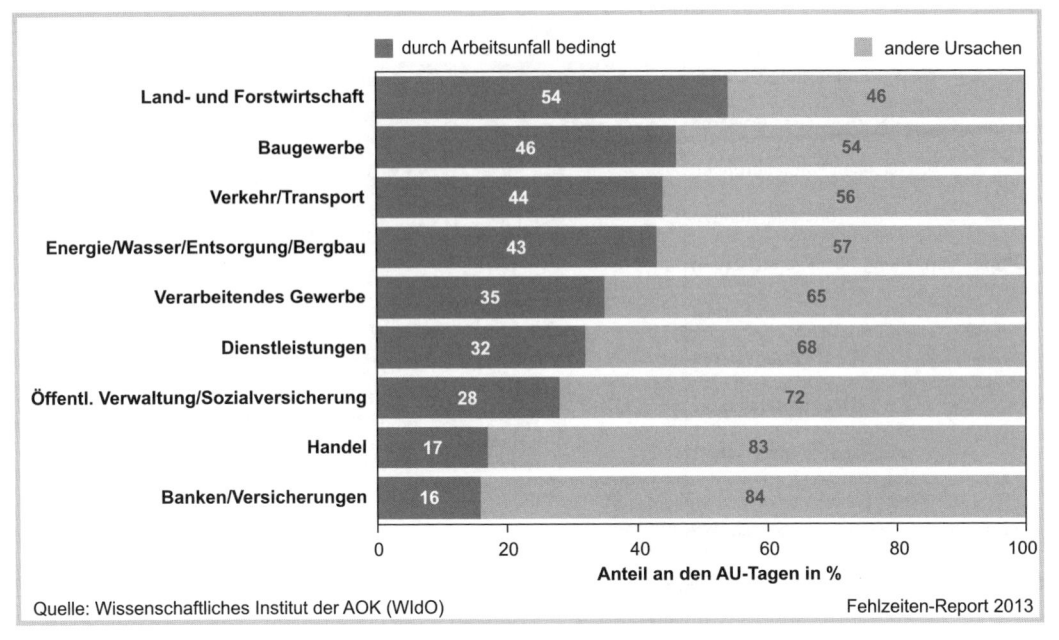

Abb. 29.1.40 Anteil der Arbeitsunfälle an den Verletzungen nach Branchen im Jahr 2012, AOK-Mitglieder

Quelle: Wissenschaftliches Institut der AOK (WIdO) — Fehlzeiten-Report 2013

Branche	durch Arbeitsunfall bedingt	andere Ursachen
Land- und Forstwirtschaft	54	46
Baugewerbe	46	54
Verkehr/Transport	44	56
Energie/Wasser/Entsorgung/Bergbau	43	57
Verarbeitendes Gewerbe	35	65
Dienstleistungen	32	68
Öffentl. Verwaltung/Sozialversicherung	28	72
Handel	17	83
Banken/Versicherungen	16	84

Anteil an den AU-Tagen in %

Erkrankungen der Verdauungsorgane

Auf Erkrankungen der Verdauungsorgane gingen im Jahr 2012 in den einzelnen Branchen 5,0 % bis 6,0 % der Arbeitsunfähigkeitstage zurück (◘ Abb. 29.1.33). Die Unterschiede zwischen den Wirtschaftszweigen hinsichtlich der Zahl der Arbeitsunfähigkeitsfälle sind relativ gering. Die Branche Energie, Wasser, Entsorgung und Bergbau verzeichnet mit 26,0 % eine vergleichsweise hohe Anzahl an Arbeitsunfähigkeitsfällen. Am niedrigsten war die Zahl der Arbeitsunfähigkeitsfälle im Bereich Land- und Forstwirtschaft. Die Dauer der Fälle betrug im Branchendurchschnitt 6,8 Tage. In den einzelnen Branchen bewegte sie sich zwischen 5,4 und 8,3 Tagen (◘ Abb. 29.1.41).

Die Berufe mit den meisten Arbeitsunfähigkeitsfällen aufgrund von Erkrankungen des Verdauungssystems waren im Jahr 2012 Berufe im Dialogmarketing, die Gruppen mit den wenigsten Fällen waren Berufe in der Hochschullehre und -forschung (◘ Abb. 29.1.42).

Herz- und Kreislauferkrankungen

Der Anteil der Herz- und Kreislauferkrankungen an den Arbeitsunfähigkeitstagen lag im Jahr 2012 in den einzelnen Branchen zwischen 5,0 % und 8,0 % (◘ Abb. 29.1.33). Die meisten Erkrankungsfälle waren im Bereich Energie, Wasser, Entsorgung und Bergbau, Verkehr und Transport und in der Land- und Forstwirtschaft zu verzeichnen. Die niedrigsten Werte waren unter anderem bei den Beschäftigten im Bereich Banken und Versicherungen zu finden. Herz- und Kreislauferkrankungen bringen oft lange Ausfallzeiten mit sich. Die Dauer eines Erkrankungsfalls bewegte sich in den einzelnen Wirtschaftsbereichen zwischen 13,9 Tagen bei den Banken und Versicherungen und 24,6 Tagen in der Land- und Forstwirtschaft (◘ Abb. 29.1.43).

◘ Abb. 29.1.44 stellt die hohen und niedrigen Fehlzeiten aufgrund von Erkrankungen des Kreislaufsystems nach Berufen im Jahr 2012 dar. Die Berufsgruppe mit den meisten Arbeitsunfähigkeitsfällen sind Aufsichts- und Führungskräfte in der Technischen Produktionsplanung und -steuerung. Die wenigsten AU-Fälle sind in der Berufsgruppe der Hochschullehre und -forschung zu verzeichnen. Mit 22,5 Tagen je Fall fallen Beschäftigte in der spanlosen Metallbearbeitung und der Dachdeckerei überdurchschnittlich lange aufgrund von Erkrankungen des Kreislaufsystems aus.

Psychische und Verhaltensstörungen

Der Anteil der psychischen und Verhaltensstörungen an den krankheitsbedingten Fehlzeiten schwankte in den einzelnen Branchen erheblich. Die meisten Erkrankungsfälle sind im tertiären Sektor zu verzeichnen. Während im Baugewerbe nur 6,6 % der Arbeitsunfähigkeitsfälle auf psychische und Verhaltensstörungen zurückgingen, waren es im Dienstleistungsbereich 13,5 %. Die durchschnittliche Dauer der Arbeitsunfähigkeitsfäl-

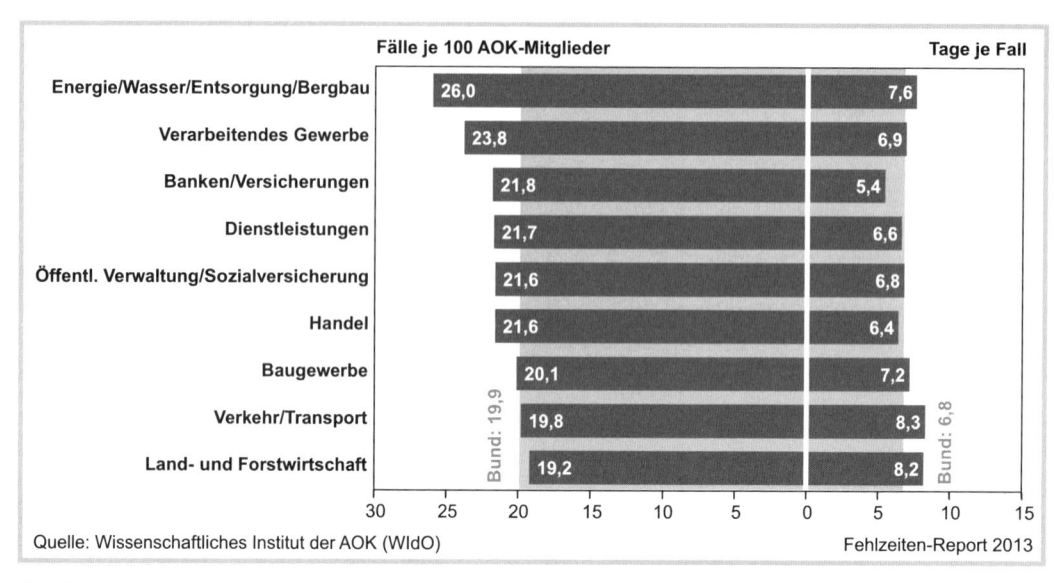

Abb. 29.1.41 Krankheiten des Verdauungssystems nach Branchen im Jahr 2012, AOK-Mitglieder

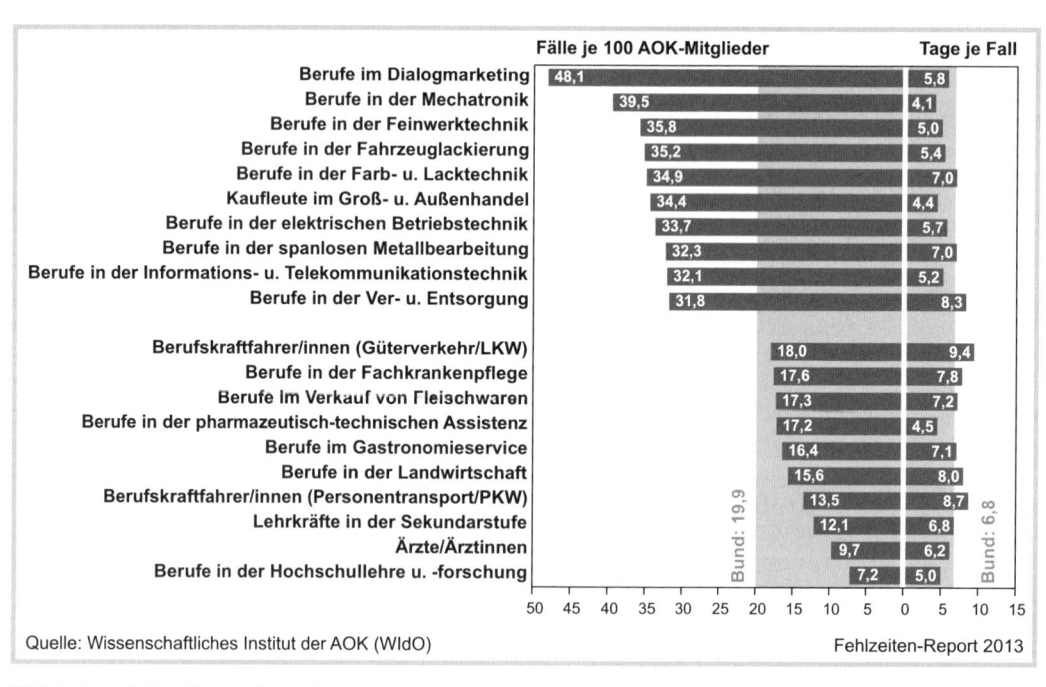

Abb. 29.1.42 Krankheiten des Verdauungssystems nach Berufen im Jahr 2012, AOK-Mitglieder

le bewegte sich in den einzelnen Branchen zwischen 24,6 und 26,5 Tagen (◘ Abb. 29.1.45).

Gerade im Dienstleistungsbereich tätige Personen, wie Berufe im Dialogmarketing und in der Haus- und Familienpflege, sind verstärkt von psychischen Erkrankungen betroffen. Psychische Erkrankungen sind oftmals mit langen Ausfallzeiten verbunden, im Schnitt fehlt ein Arbeitnehmer 24,9 Tage (◘ Abb. 29.1.46).

29.1 · Überblick über die krankheitsbedingten Fehlzeiten im Jahr 2012

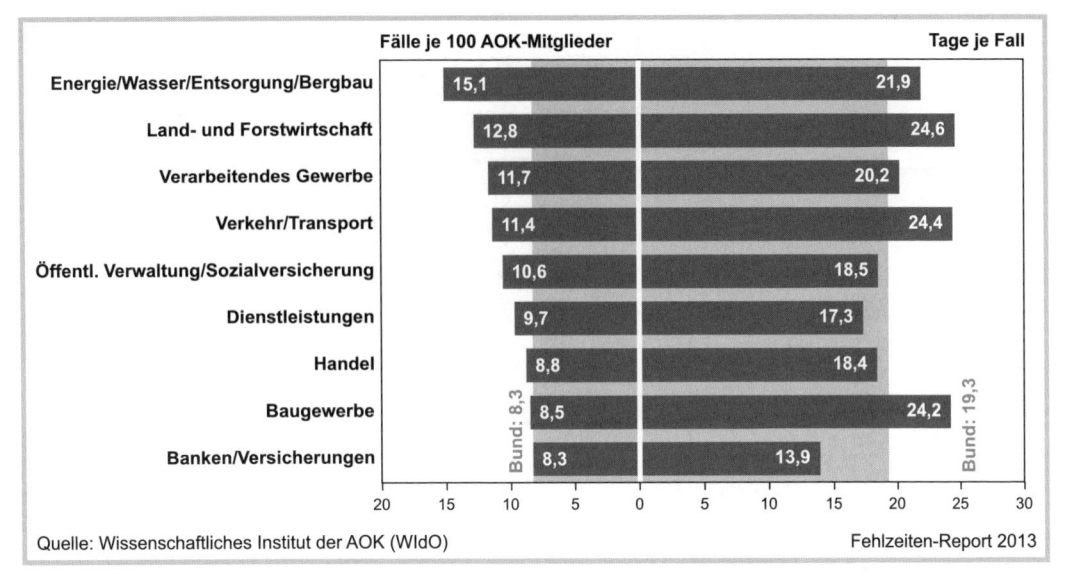

Fälle je 100 AOK-Mitglieder / Tage je Fall

Branche	Fälle je 100 AOK-Mitglieder	Tage je Fall
Energie/Wasser/Entsorgung/Bergbau	15,1	21,9
Land- und Forstwirtschaft	12,8	24,6
Verarbeitendes Gewerbe	11,7	20,2
Verkehr/Transport	11,4	24,4
Öffentl. Verwaltung/Sozialversicherung	10,6	18,5
Dienstleistungen	9,7	17,3
Handel	8,8	18,4
Baugewerbe	8,5	24,2
Banken/Versicherungen	8,3	13,9

Bund: 8,3 / Bund: 19,3

Quelle: Wissenschaftliches Institut der AOK (WIdO) Fehlzeiten-Report 2013

◘ Abb. 29.1.43 Krankheiten des Kreislaufsystems nach Branchen im Jahr 2012, AOK-Mitglieder

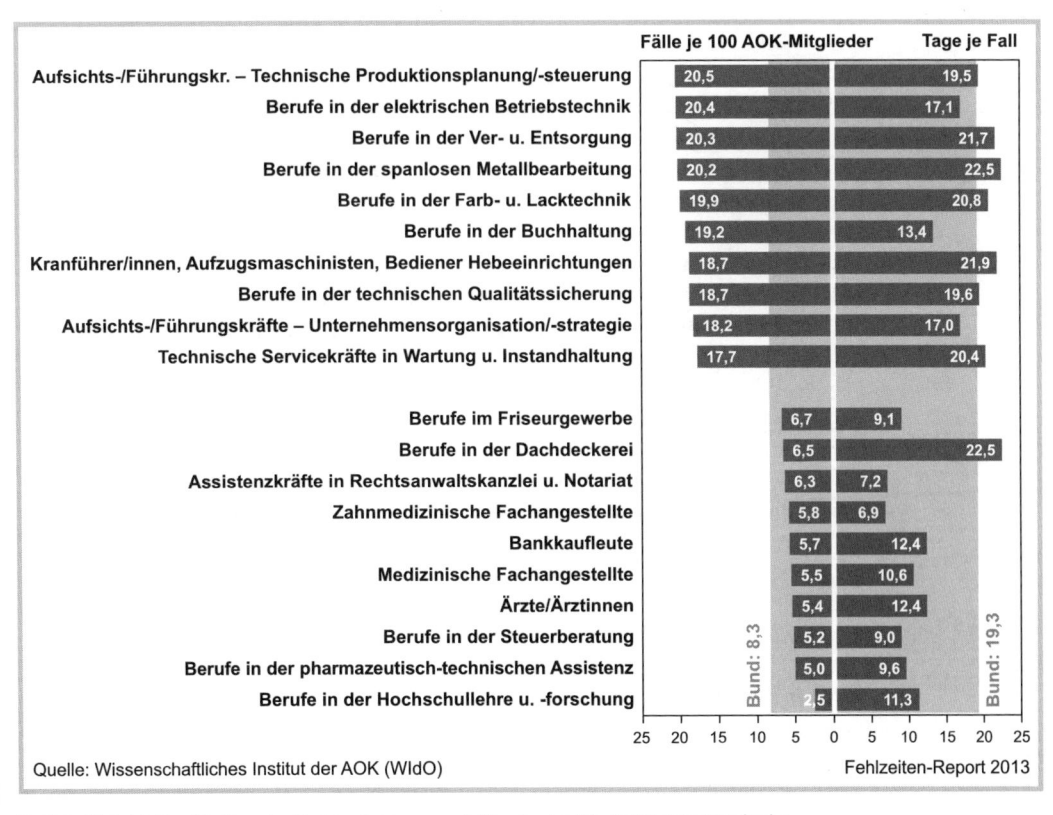

Fälle je 100 AOK-Mitglieder / Tage je Fall

Beruf	Fälle je 100 AOK-Mitglieder	Tage je Fall
Aufsichts-/Führungskr. – Technische Produktionsplanung/-steuerung	20,5	19,5
Berufe in der elektrischen Betriebstechnik	20,4	17,1
Berufe in der Ver- u. Entsorgung	20,3	21,7
Berufe in der spanlosen Metallbearbeitung	20,2	22,5
Berufe in der Farb- u. Lacktechnik	19,9	20,8
Berufe in der Buchhaltung	19,2	13,4
Kranführer/innen, Aufzugsmaschinisten, Bediener Hebeeinrichtungen	18,7	21,9
Berufe in der technischen Qualitätssicherung	18,7	19,6
Aufsichts-/Führungskräfte – Unternehmensorganisation/-strategie	18,2	17,0
Technische Servicekräfte in Wartung u. Instandhaltung	17,7	20,4
Berufe im Friseurgewerbe	6,7	9,1
Berufe in der Dachdeckerei	6,5	22,5
Assistenzkräfte in Rechtsanwaltskanzlei u. Notariat	6,3	7,2
Zahnmedizinische Fachangestellte	5,8	6,9
Bankkaufleute	5,7	12,4
Medizinische Fachangestellte	5,5	10,6
Ärzte/Ärztinnen	5,4	12,4
Berufe in der Steuerberatung	5,2	9,0
Berufe in der pharmazeutisch-technischen Assistenz	5,0	9,6
Berufe in der Hochschullehre u. -forschung	2,5	11,3

Bund: 8,3 / Bund: 19,3

Quelle: Wissenschaftliches Institut der AOK (WIdO) Fehlzeiten-Report 2013

◘ Abb. 29.1.44 Krankheiten des Kreislaufsystems nach Berufen im Jahr 2012, AOK-Mitglieder

Kapitel 29 · Krankheitsbedingte Fehlzeiten in der deutschen Wirtschaft im Jahr 2012

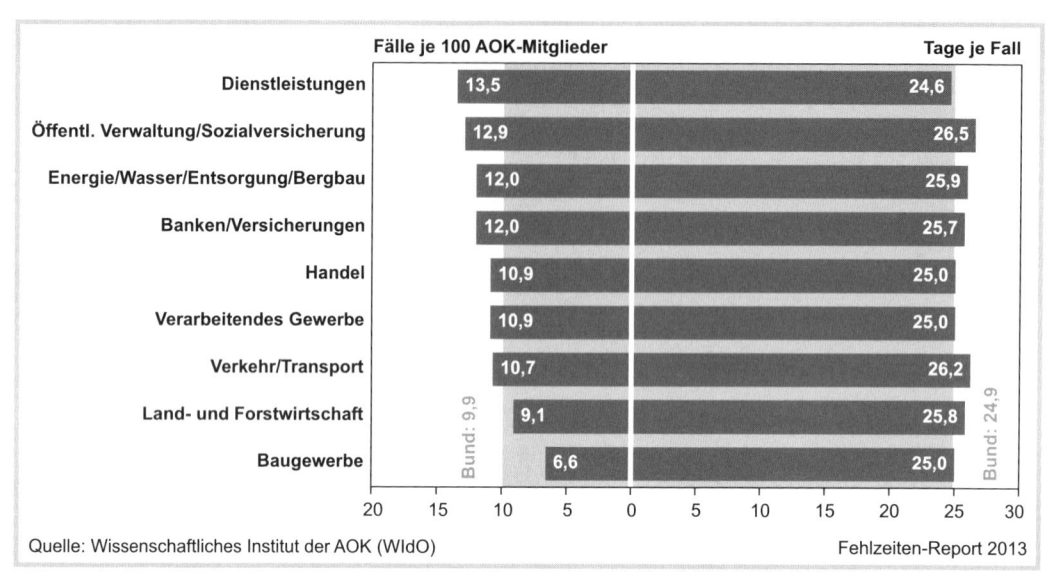

Branche	Fälle je 100 AOK-Mitglieder	Tage je Fall
Dienstleistungen	13,5	24,6
Öffentl. Verwaltung/Sozialversicherung	12,9	26,5
Energie/Wasser/Entsorgung/Bergbau	12,0	25,9
Banken/Versicherungen	12,0	25,7
Handel	10,9	25,0
Verarbeitendes Gewerbe	10,9	25,0
Verkehr/Transport	10,7	26,2
Land- und Forstwirtschaft	9,1	25,8
Baugewerbe	6,6	25,0
Bund	9,9	24,9

Quelle: Wissenschaftliches Institut der AOK (WIdO) — Fehlzeiten-Report 2013

Abb. 29.1.45 Psychische und Verhaltensstörungen nach Branchen im Jahr 2012, AOK-Mitglieder

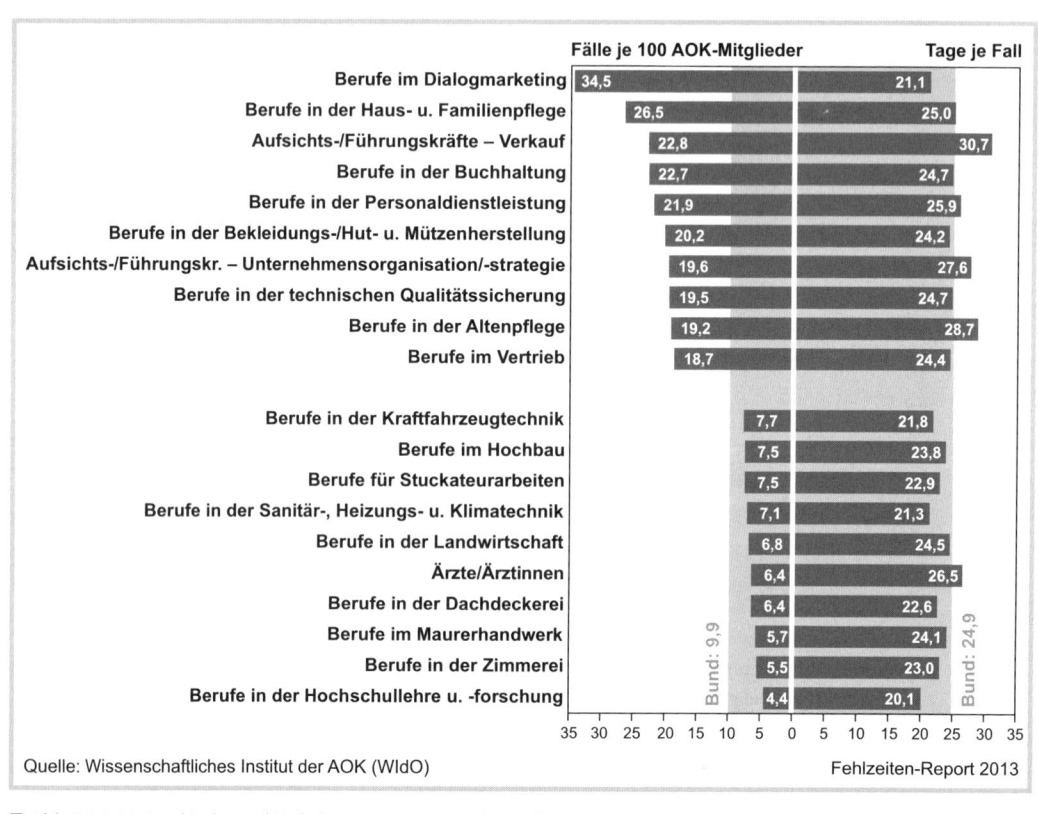

Beruf	Fälle je 100 AOK-Mitglieder	Tage je Fall
Berufe im Dialogmarketing	34,5	21,1
Berufe in der Haus- u. Familienpflege	26,5	25,0
Aufsichts-/Führungskräfte – Verkauf	22,8	30,7
Berufe in der Buchhaltung	22,7	24,7
Berufe in der Personaldienstleistung	21,9	25,9
Berufe in der Bekleidungs-/Hut- u. Mützenherstellung	20,2	24,2
Aufsichts-/Führungskr. – Unternehmensorganisation/-strategie	19,6	27,6
Berufe in der technischen Qualitätssicherung	19,5	24,7
Berufe in der Altenpflege	19,2	28,7
Berufe im Vertrieb	18,7	24,4
Berufe in der Kraftfahrzeugtechnik	7,7	21,8
Berufe im Hochbau	7,5	23,8
Berufe für Stuckateurarbeiten	7,5	22,9
Berufe in der Sanitär-, Heizungs- u. Klimatechnik	7,1	21,3
Berufe in der Landwirtschaft	6,8	24,5
Ärzte/Ärztinnen	6,4	26,5
Berufe in der Dachdeckerei	6,4	22,6
Berufe im Maurerhandwerk	5,7	24,1
Berufe in der Zimmerei	5,5	23,0
Berufe in der Hochschullehre u. -forschung	4,4	20,1
Bund	9,9	24,9

Quelle: Wissenschaftliches Institut der AOK (WIdO) — Fehlzeiten-Report 2013

Abb. 29.1.46 Psychische und Verhaltensstörungen nach Berufen im Jahr 2012, AOK-Mitglieder

29.1.16 Langzeitfälle nach Krankheitsarten

Langzeitarbeitsunfähigkeit mit einer Dauer von mehr als sechs Wochen stellt sowohl für die Betroffenen als auch für die Unternehmen und Krankenkassen eine besondere Belastung dar. Daher kommt der Prävention derjenigen Erkrankungen, die zu langen Ausfallzeiten führen, eine spezielle Bedeutung zu (◘ Abb. 29.1.47).

Ebenso wie im Arbeitsunfähigkeitsgeschehen insgesamt spielen auch bei den Langzeitfällen die Muskel- und Skeletterkrankungen und psychische und Verhaltensstörungen eine entscheidende Rolle. Auf diese beiden Krankheitsarten gingen 2012 bereits 36,0 % der durch Langzeitfälle verursachten Fehlzeiten zurück. An dritter und vierter Stelle stehen Verletzungen sowie Herz- und Kreislauferkrankungen mit einem Anteil von 12,0 bzw. 9,0 % an den durch Langzeitfälle bedingten Fehlzeiten.

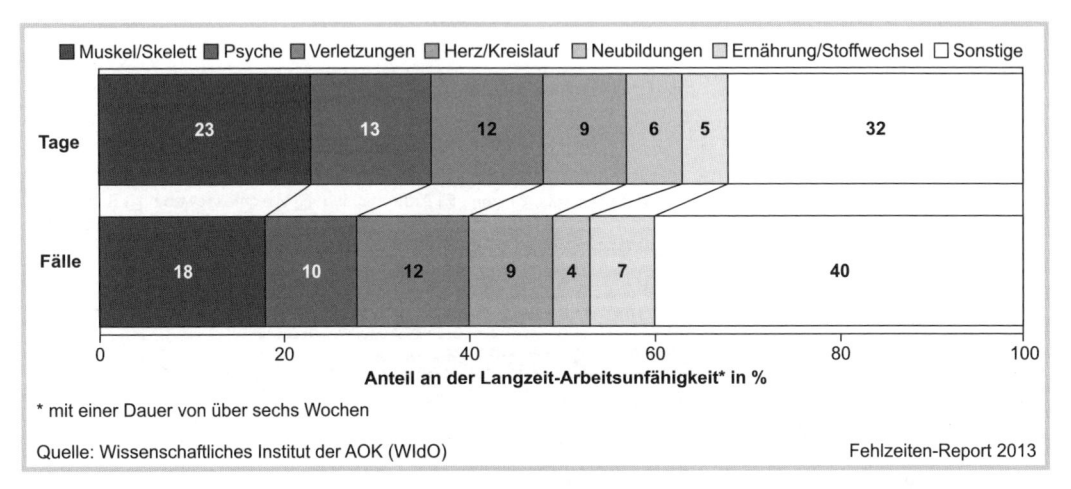

◘ **Abb. 29.1.47** Langzeit-Arbeitsunfähigkeit (> 6 Wochen) der AOK-Mitglieder nach Krankheitsarten im Jahr 2012

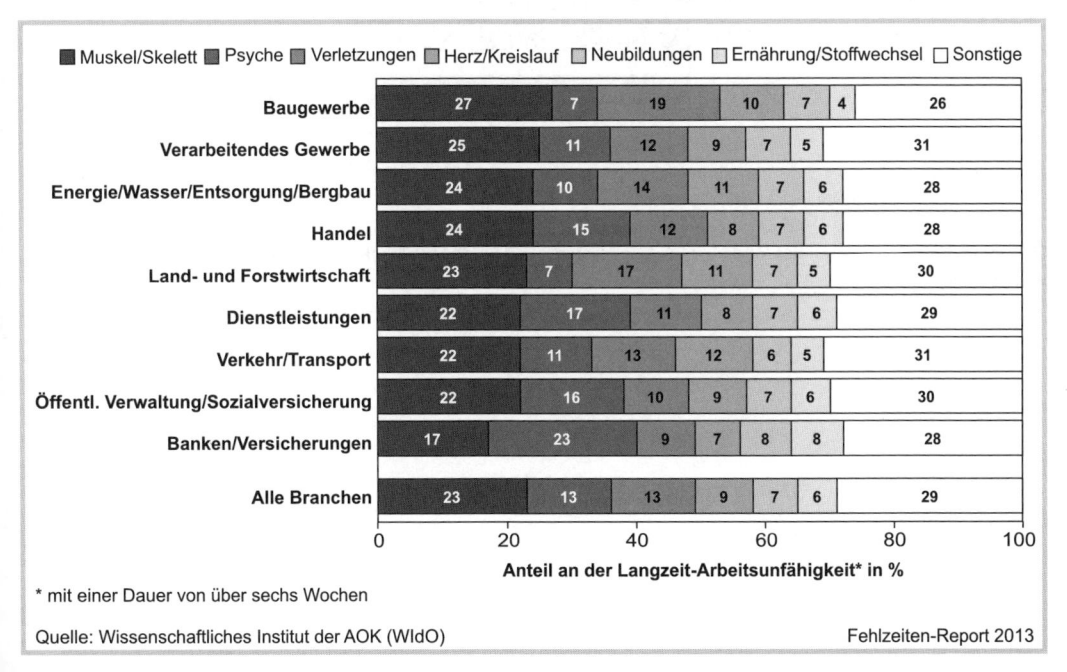

◘ **Abb. 29.1.48** Langzeit-Arbeitsunfähigkeit (> 6 Wochen) der AOK-Mitglieder nach Krankheitsarten und Branchen im Jahr 2012

Auch in den einzelnen Wirtschaftsabteilungen geht die Mehrzahl der durch Langzeitfälle bedingten Arbeitsunfähigkeitstage auf die o. g. Krankheitsarten zurück (◘ Abb. 29.1.48). Der Anteil der muskuloskelettalen Erkrankungen ist am höchsten im Baugewerbe (27,0 %). Bei den Verletzungen werden die höchsten Werte ebenfalls im Baugewerbe (19,0 %) und in der Land- und Forstwirtschaft erreicht (17,0 %). Die psychischen und Verhaltensstörungen verursachen bezogen auf die Langzeiterkrankungen die meisten Ausfalltage bei Banken und Versicherungen (23,0 %). Der Anteil der Herz- und Kreislauferkrankungen ist am ausgeprägtesten im Bereich Verkehr und Transport (12,0 %).

29.1.17 Krankheitsarten nach Diagnoseuntergruppen

In ► Abschn. 29.1.15 wurde die Bedeutung der branchenspezifischen Tätigkeitsschwerpunkte und -belastungen für die Krankheitsarten aufgezeigt. Doch auch innerhalb der Krankheitsarten zeigen sich Differenzen aufgrund der unterschiedlichen arbeitsbedingten Belastungen. In den ◘ Abb. 29.1.49, ◘ Abb. 29.1.50, ◘ Abb. 29.1.51, ◘ Abb. 29.1.52, ◘ Abb. 29.1.53 und ◘ Abb. 29.1.54 wird die Verteilung der wichtigsten Krankheitsarten nach Diagnoseuntergruppen (nach ICD-10) und Branchen dargestellt.

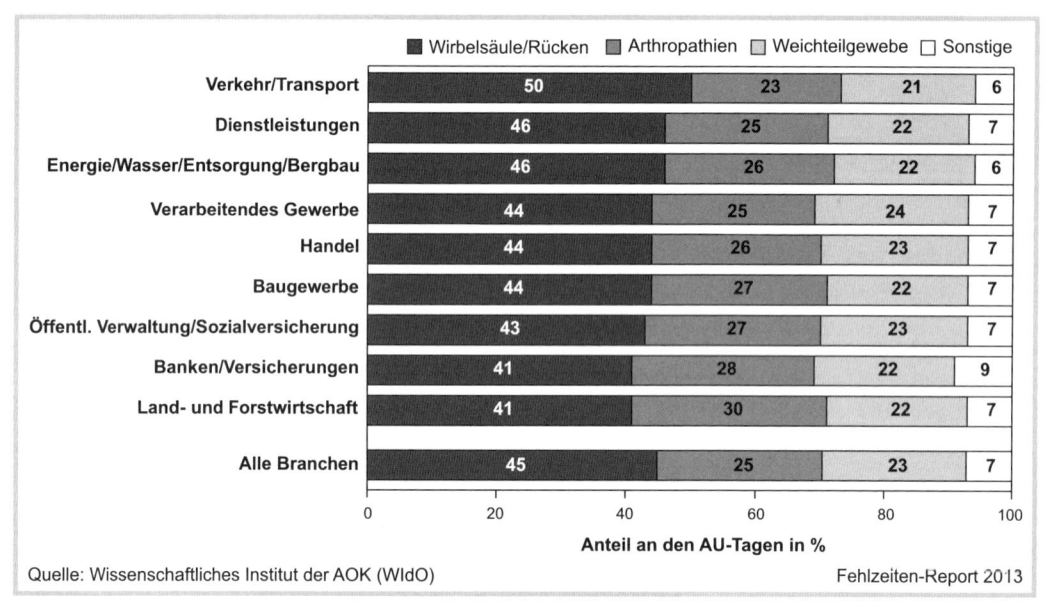

Branche	Wirbelsäule/Rücken	Arthropathien	Weichteilgewebe	Sonstige
Verkehr/Transport	50	23	21	6
Dienstleistungen	46	25	22	7
Energie/Wasser/Entsorgung/Bergbau	46	26	22	6
Verarbeitendes Gewerbe	44	25	24	7
Handel	44	26	23	7
Baugewerbe	44	27	22	7
Öffentl. Verwaltung/Sozialversicherung	43	27	23	7
Banken/Versicherungen	41	28	22	9
Land- und Forstwirtschaft	41	30	22	7
Alle Branchen	45	25	23	7

Anteil an den AU-Tagen in %

Quelle: Wissenschaftliches Institut der AOK (WIdO)   Fehlzeiten-Report 2013

◘ **Abb. 29.1.49** Krankheiten des Muskel- und Skelettsystems und Bindegewebserkrankungen nach Diagnoseuntergruppen und Branchen im Jahr 2012, AOK-Mitglieder

29.1 · Überblick über die krankheitsbedingten Fehlzeiten im Jahr 2012

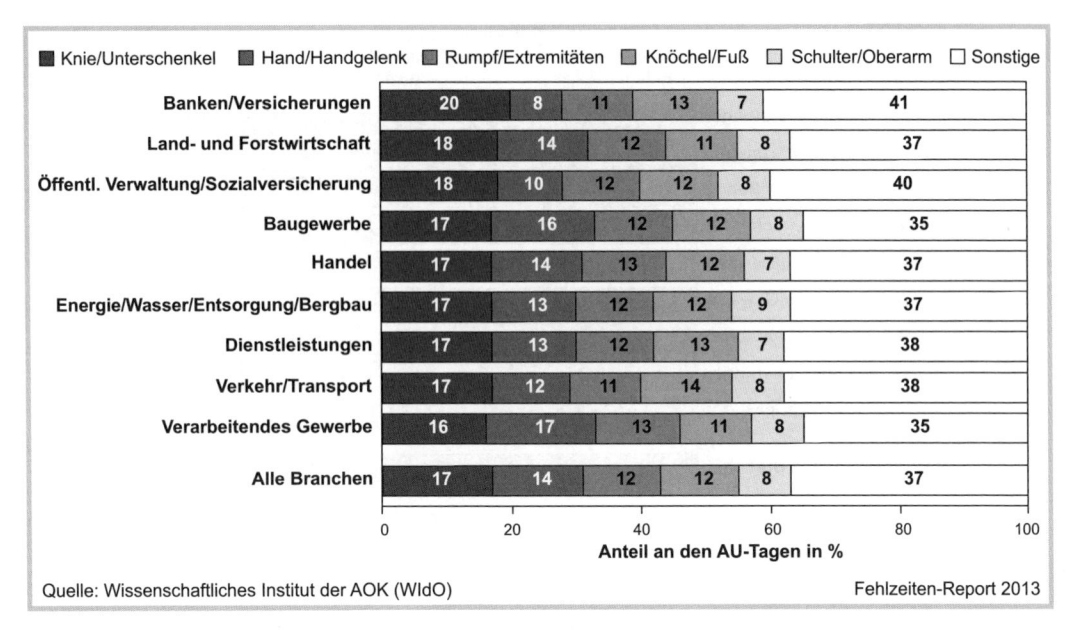

Branche	Knie/Unterschenkel	Hand/Handgelenk	Rumpf/Extremitäten	Knöchel/Fuß	Schulter/Oberarm	Sonstige
Banken/Versicherungen	20	8	11	13	7	41
Land- und Forstwirtschaft	18	14	12	11	8	37
Öffentl. Verwaltung/Sozialversicherung	18	10	12	12	8	40
Baugewerbe	17	16	12	12	8	35
Handel	17	14	13	12	7	37
Energie/Wasser/Entsorgung/Bergbau	17	13	12	12	9	37
Dienstleistungen	17	13	12	13	7	38
Verkehr/Transport	17	12	11	14	8	38
Verarbeitendes Gewerbe	16	17	13	11	8	35
Alle Branchen	17	14	12	12	8	37

Anteil an den AU-Tagen in %

Quelle: Wissenschaftliches Institut der AOK (WIdO) — Fehlzeiten-Report 2013

◘ Abb. 29.1.50 Verletzungen, Vergiftungen und bestimmte andere Folgen äußerer Ursachen nach Diagnoseuntergruppen und Branchen im Jahr 2012, AOK-Mitglieder

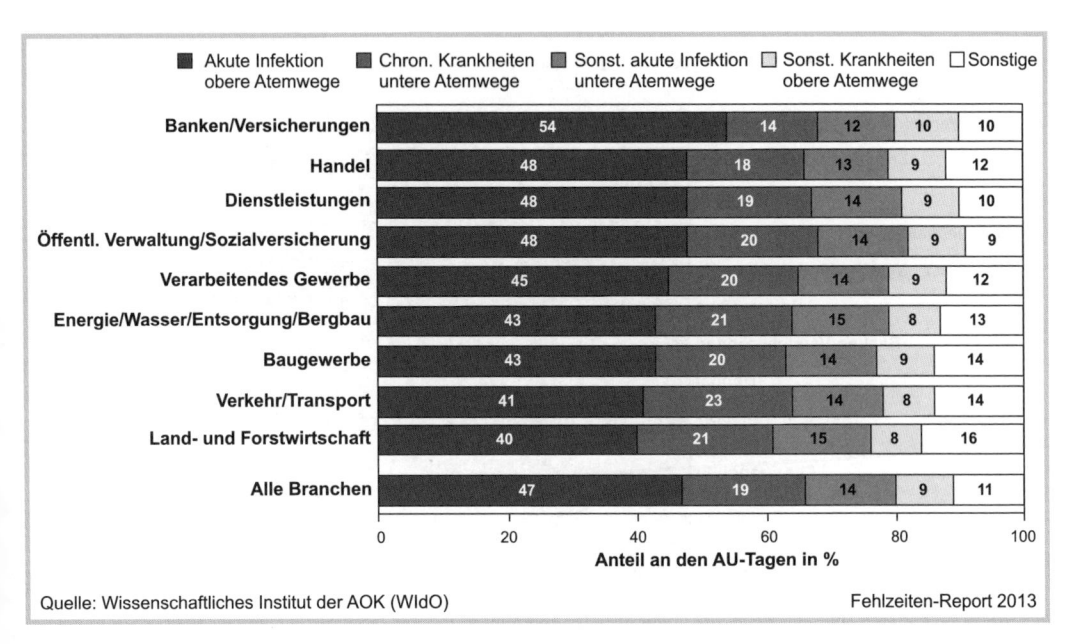

Branche	Akute Infektion obere Atemwege	Chron. Krankheiten untere Atemwege	Sonst. akute Infektion untere Atemwege	Sonst. Krankheiten obere Atemwege	Sonstige
Banken/Versicherungen	54	14	12	10	10
Handel	48	18	13	9	12
Dienstleistungen	48	19	14	9	10
Öffentl. Verwaltung/Sozialversicherung	48	20	14	9	9
Verarbeitendes Gewerbe	45	20	14	9	12
Energie/Wasser/Entsorgung/Bergbau	43	21	15	8	13
Baugewerbe	43	20	14	9	14
Verkehr/Transport	41	23	14	8	14
Land- und Forstwirtschaft	40	21	15	8	16
Alle Branchen	47	19	14	9	11

Anteil an den AU-Tagen in %

Quelle: Wissenschaftliches Institut der AOK (WIdO) — Fehlzeiten-Report 2013

◘ Abb. 29.1.51 Krankheiten des Atmungssystems nach Diagnoseuntergruppen und Branchen im Jahr 2012, AOK-Mitglieder

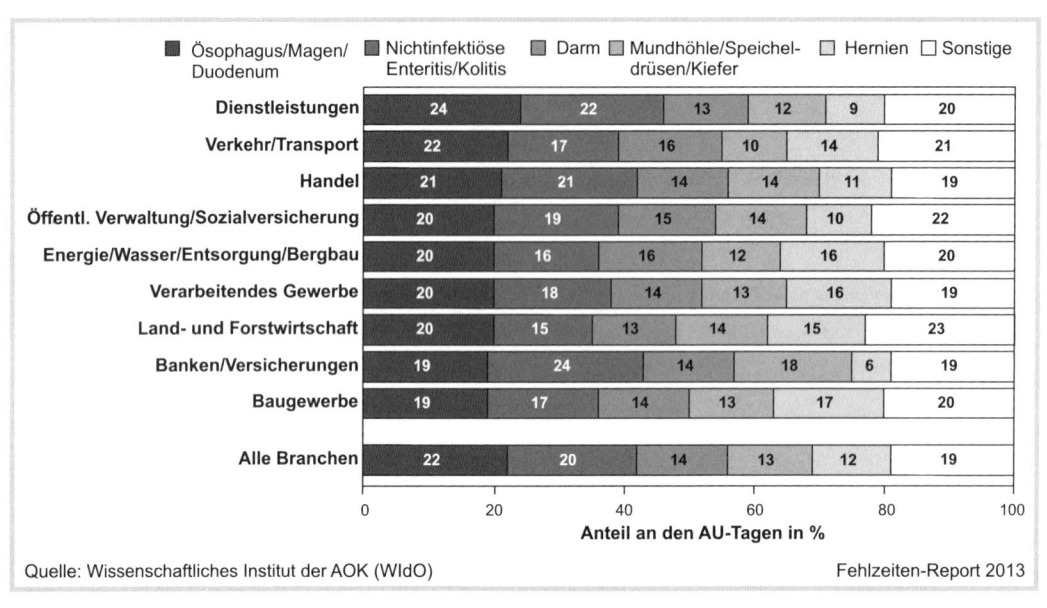

Abb. 29.1.52 Krankheiten des Verdauungssystems nach Diagnoseuntergruppen und Branchen im Jahr 2012, AOK-Mitglieder

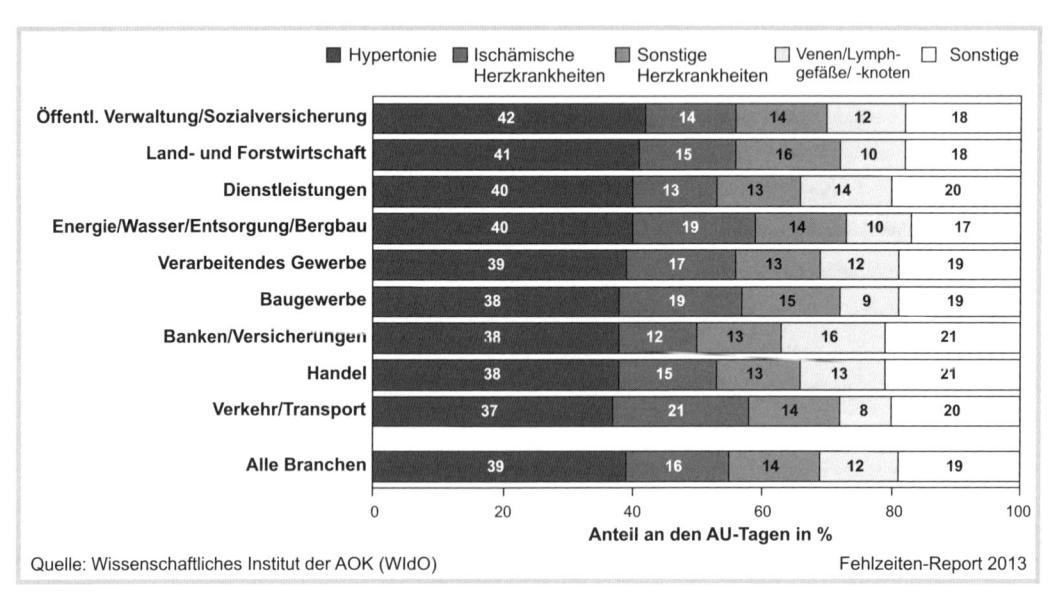

Branche	Ösophagus/Magen/Duodenum	Nichtinfektiöse Enteritis/Kolitis	Darm	Mundhöhle/Speicheldrüsen/Kiefer	Hernien	Sonstige
Dienstleistungen	24	22	13	12	9	20
Verkehr/Transport	22	17	16	10	14	21
Handel	21	21	14	14	11	19
Öffentl. Verwaltung/Sozialversicherung	20	19	15	14	10	22
Energie/Wasser/Entsorgung/Bergbau	20	16	16	12	16	20
Verarbeitendes Gewerbe	20	18	14	13	16	19
Land- und Forstwirtschaft	20	15	13	14	15	23
Banken/Versicherungen	19	24	14	18	6	19
Baugewerbe	19	17	14	13	17	20
Alle Branchen	22	20	14	13	12	19

Anteil an den AU-Tagen in %

Quelle: Wissenschaftliches Institut der AOK (WIdO) Fehlzeiten-Report 2013

Abb. 29.1.53 Krankheiten des Kreislaufsystems nach Diagnoseuntergruppen und Branchen im Jahr 2012, AOK-Mitglieder

Branche	Hypertonie	Ischämische Herzkrankheiten	Sonstige Herzkrankheiten	Venen/Lymphgefäße/-knoten	Sonstige
Öffentl. Verwaltung/Sozialversicherung	42	14	14	12	18
Land- und Forstwirtschaft	41	15	16	10	18
Dienstleistungen	40	13	13	14	20
Energie/Wasser/Entsorgung/Bergbau	40	19	14	10	17
Verarbeitendes Gewerbe	39	17	13	12	19
Baugewerbe	38	19	15	9	19
Banken/Versicherungen	38	12	13	16	21
Handel	38	15	13	13	21
Verkehr/Transport	37	21	14	8	20
Alle Branchen	39	16	14	12	19

Anteil an den AU-Tagen in %

Quelle: Wissenschaftliches Institut der AOK (WIdO) Fehlzeiten-Report 2013

29.1 · Überblick über die krankheitsbedingten Fehlzeiten im Jahr 2012

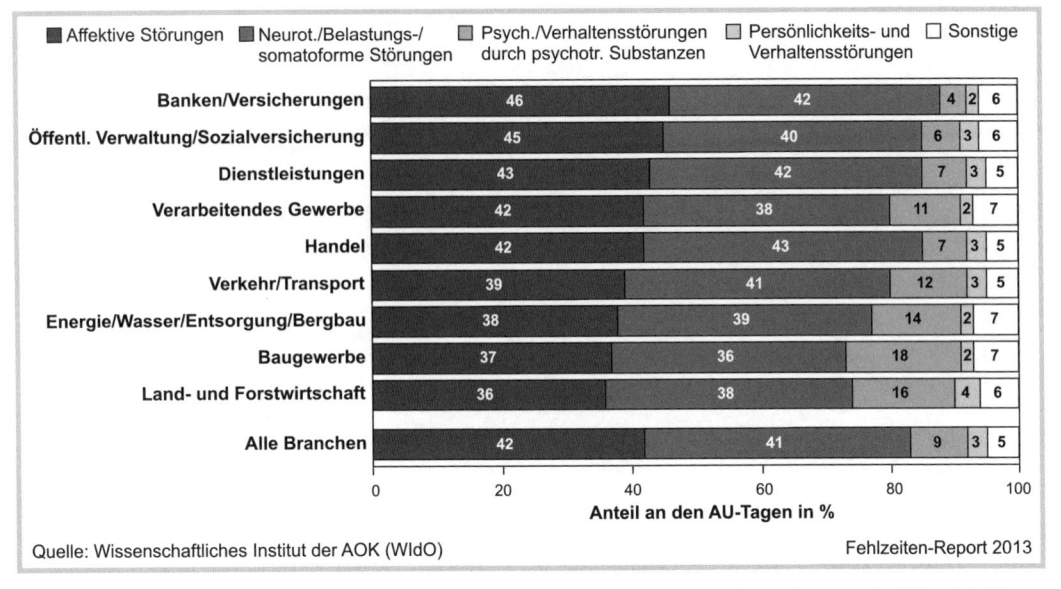

	Affektive Störungen	Neurot./Belastungs-/somatoforme Störungen	Psych./Verhaltensstörungen durch psychotr. Substanzen	Persönlichkeits- und Verhaltensstörungen	Sonstige
Banken/Versicherungen	46	42	4	2	6
Öffentl. Verwaltung/Sozialversicherung	45	40	6	3	6
Dienstleistungen	43	42	7	3	5
Verarbeitendes Gewerbe	42	38	11	2	7
Handel	42	43	7	3	5
Verkehr/Transport	39	41	12	3	5
Energie/Wasser/Entsorgung/Bergbau	38	39	14	2	7
Baugewerbe	37	36	18	2	7
Land- und Forstwirtschaft	36	38	16	4	6
Alle Branchen	42	41	9	3	5

Anteil an den AU-Tagen in %

Quelle: Wissenschaftliches Institut der AOK (WIdO) Fehlzeiten-Report 2013

◘ Abb. 29.1.54 Psychische und Verhaltensstörungen nach Diagnoseuntergruppen und Branchen im Jahr 2012, AOK-Mitglieder

29.1.18 Burnout-bedingte Fehlzeiten

Im Zusammenhang mit psychischen Erkrankungen tritt eine Diagnose in der öffentlichen Wahrnehmung und Diskussion zunehmend in der Vordergrund: Burnout.

Unter Burnout wird ein Zustand physischer und psychischer Erschöpfung verstanden, der in der ICD-10-Klassifikation unter der Diagnosegruppe Z73 »Probleme mit Bezug auf Schwierigkeiten bei der Lebensbewältigung« in der Gruppe Z00–Z99 »Faktoren, die den Gesundheitszustand beeinflussen und zur Inanspruchnahme des Gesundheitswesens führen« eingeordnet ist. Burnout kann daher von den Ärzten nicht als eigenständige Arbeitsunfähigkeit auslösende psychische Erkrankung in der ICD-Gruppe der psychischen und Verhaltensstörungen kodiert werden. Es ist jedoch möglich, diese als Zusatzinformation anzugeben.

Zwischen 2004 und 2012 haben sich die Arbeitsunfähigkeitstage aufgrund der Diagnosegruppe Z73 je 1.000 AOK-Mitglieder von 8,1 Tagen auf 92,2 Tage um nahezu das Elffache erhöht (◘ Abb. 29.1.55). Im Jahr 2012 sind die Arbeitsunfähigkeitstage erstmals

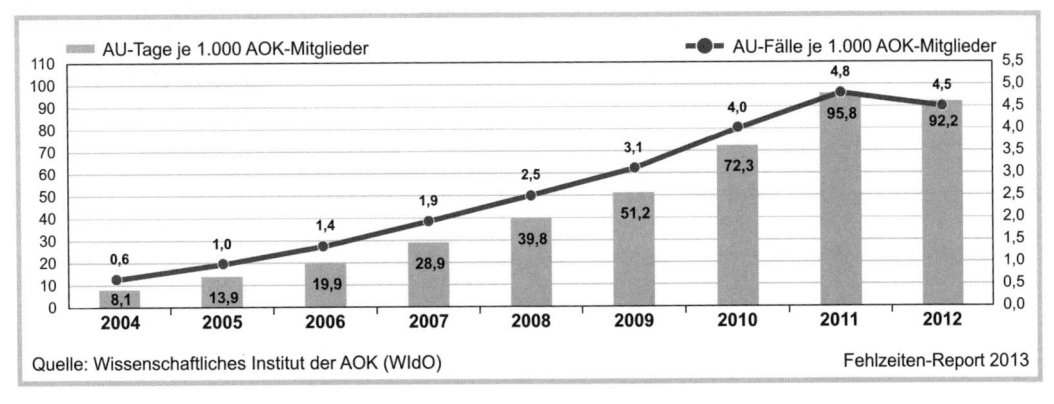

	AU-Tage je 1.000 AOK-Mitglieder									AU-Fälle je 1.000 AOK-Mitglieder
Jahr	2004	2005	2006	2007	2008	2009	2010	2011	2012	
AU-Tage	8,1	13,1	19,9	28,9	39,8	51,2	72,3	95,8	92,2	
AU-Fälle	0,6	1,0	1,4	1,9	2,5	3,1	4,0	4,8	4,5	

Quelle: Wissenschaftliches Institut der AOK (WIdO) Fehlzeiten-Report 2013

◘ Abb. 29.1.55 AU-Tage und -Fälle der Diagnosegruppe Z73 in den Jahren 2004–2012 je 1.000 AOK-Mitglieder

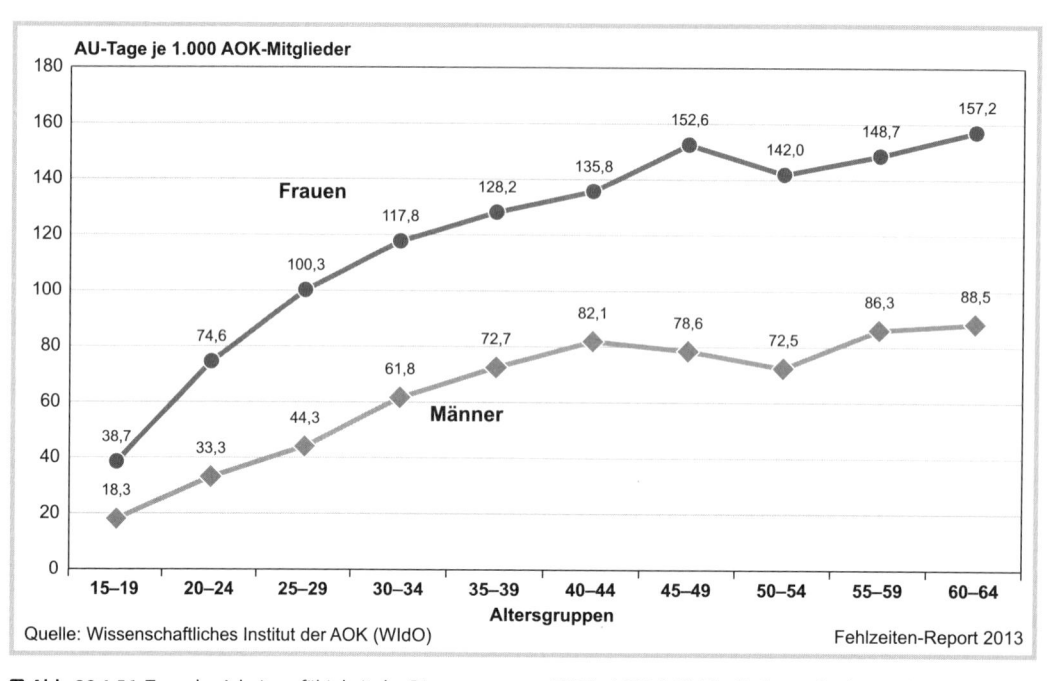

Abb. 29.1.56 Tage der Arbeitsunfähigkeit der Diagnosegruppe Z73 je 1.000 AOK-Mitglieder nach Alter und Geschlecht im Jahr 2012

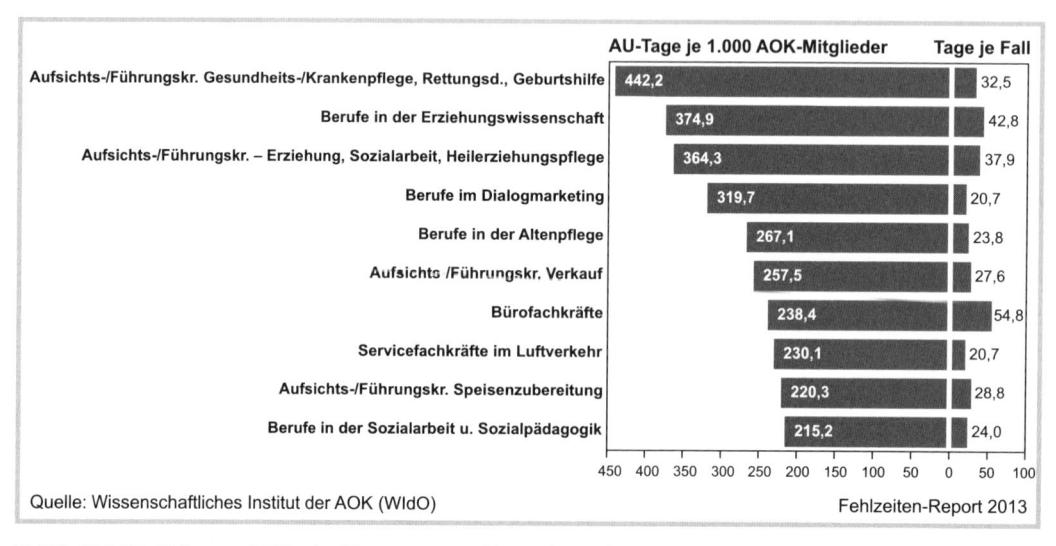

Abb. 29.1.57 AU-Tage und -Fälle der Diagnosegruppe Z73 nach Berufen im Jahr 2012, AOK-Mitglieder

nicht weiter angestiegen. Inwieweit sich hier in der Entwicklung eine Trendwende der dokumentierten Z73-Diagnosen abzeichnet, bleibt abzuwarten. Alters- und geschlechtsbereinigt hochgerechnet auf die mehr als 34 Millionen gesetzlich krankenversicherten Beschäftigten bedeutet dies, dass ca. 140.000 Menschen mit insgesamt knapp 3 Millionen Fehltagen im Jahr 2012 wegen eines Burnouts krankgeschrieben wurden.

Zwischen den Geschlechtern zeigen sich deutliche Unterschiede: Frauen sind aufgrund eines Burnouts mehr als doppelt so lange krankgeschrieben. Im Jahr 2012 entfielen auf Frauen 125,1 Ausfalltage je 1.000 AOK-Mitglieder, auf Männer hingegen nur 66,8 Tage. Frauen sind am häufigsten zwischen dem 60. und 64. Lebensjahr von einem Burnout betroffen. Weiterhin zeigt sich, dass mit zunehmendem Alter das Risiko einer Krankmeldung infolge eines Burnouts zunimmt (◘ Abb. 29.1.56).

Bei den Auswertungen nach Tätigkeiten zeigt sich, dass vor allem Angehörige therapeutischer und erzieherischer Berufe, bei denen ständig eine helfende Haltung gegenüber anderen Menschen gefordert ist, von einem Burnout betroffen sind. ◘ Abb. 29.1.57 zeigt diejenigen Berufe, in denen am häufigsten die Diagnose Z73 gestellt wurde. So führt die Berufsgruppe der Aufsichts- und Führungskräfte in der Gesundheits-/Krankenpflege, im Rettungsdienst und der Geburtshilfe mit 442,2 Arbeitsunfähigkeitstagen je 1.000 AOK-Mitglieder die Liste an. Dies entspricht 32,5 Ausfalltagen pro Fall. An zweiter Stelle stehen Berufe in der Erziehungswissenschaft mit 374,9 Arbeitsunfähigkeitstagen je 1.000 AOK-Mitglieder. Bürofachkräfte sind mit 54,8 Tagen je Fall auffällig lange aufgrund der Z73-Diagnose krankgeschrieben.

29.1.19 Arbeitsunfähigkeiten nach Städten

Analysiert man die 50 größten Städte in Deutschland nach Dauer der Arbeitsunfähigkeitstage, ergeben sich deutliche Unterschiede. Danach sind die Gelsenkirchener Arbeitnehmer durchschnittlich 23,5 Tage im Jahr krankgeschrieben und liegen damit an der Spitze aller deutschen Großstädte. Im Vergleich sind damit die Fehltage von erwerbstätigen AOK-Mitgliedern, die in Gelsenkirchen wohnen, im Durchschnitt 5,4 Tage höher als im Bund (18,1 Tage). Die geringsten Fehltage haben Dresdner Beschäftigte: Diese sind 2012 im Durchschnitt knapp 9,7 Tage weniger krankheitsbedingt am Arbeitsplatz ausgefallen und erreichen nur 13,8 Fehltage (◘ Abb. 29.1.58).

Die Höhe der Fehltage ist abhängig von einer Vielzahl von Faktoren. Nicht nur die Art der Krankheit, sondern das Alter, das Geschlecht, die Branchenzugehörigkeit und vor allem die ausgeübte Tätigkeit der Beschäftigten üben einen entsprechenden Einfluss auf die Krankheitshäufigkeit und -dauer aus. So haben beispielsweise Berufe mit hohen körperlichen Arbeitsbelastungen wie Berufe in der Ver- und Entsorgung, in der industriellen Gießerei, aber auch Bus- und Straßenbahnfahrer oder Altenpfleger deutlich höhere Ausfallzeiten. Setzt sich die Belegschaft aus mehr Akademikern zusammen, die dann auch noch insbesondere in den Branchen Banken und Versicherungen, Handel oder Dienstleistungen tätig sind, werden im Schnitt deutlich geringere Ausfallzeiten erreicht. In diesem Zusammenhang ist zu sehen, dass klassische Industriestädte wie Gelsenkirchen und Herne deutlich mehr Fehlzeiten aufweisen als Städte mit einem höheren Akademikeranteil. So liegen bspw. Bewohner der Stadt Freiburg mit durchschnittlich 14,8 Fehltagen im Jahr 2012 knapp 9 Tage unterhalb der durchschnittlichen Fehltage der Gelsenkirchener. Dies liegt u. a. daran, dass Freiburg als Wissenschaftsstandort eine günstigere Tätigkeitsstruktur aufweist, insbesondere was die körperlichen Belastungen betrifft. Von den 50 größten Städten in Deutschland sind hier die meisten Berufe in der Hochschullehre und -forschung vertreten und damit die Berufsgruppe mit den geringsten Arbeitsunfähigkeitstagen überhaupt (◘ Abb. 29.1.19). Auch arbeiten in Freiburg vergleichsweise weniger Beschäftigte im verarbeitenden und Baugewerbe als bspw. in Gelsenkirchen. Dies sind Branchen, in denen Beschäftigte körperlich stärker beansprucht werden und damit auch eher krankheitsbedingt ausfallen. Ähnlich sieht es in Dresden, der Stadt mit den geringsten Fehlzeiten, aus. Dort arbeiten doppelt so viele Beschäftigte in der Branche Banken und Versicherungen und deutlich weniger im Baugewerbe als in Gelsenkirchen. Auch ist der Akademikeranteil der Beschäftigten in Dresden besonders hoch: Von den größten deutschen Städten hat Dresden nach Bonn den höchsten Akademikeranteil unter den Beschäftigten. 22,9 % haben einen Fach-, Fachhoch- oder Hochschulabschluss, in Gelsenkirchen liegt der Anteil bei nur 5,9 % (vgl. HWWI/Berenberg-Städteranking 2010).

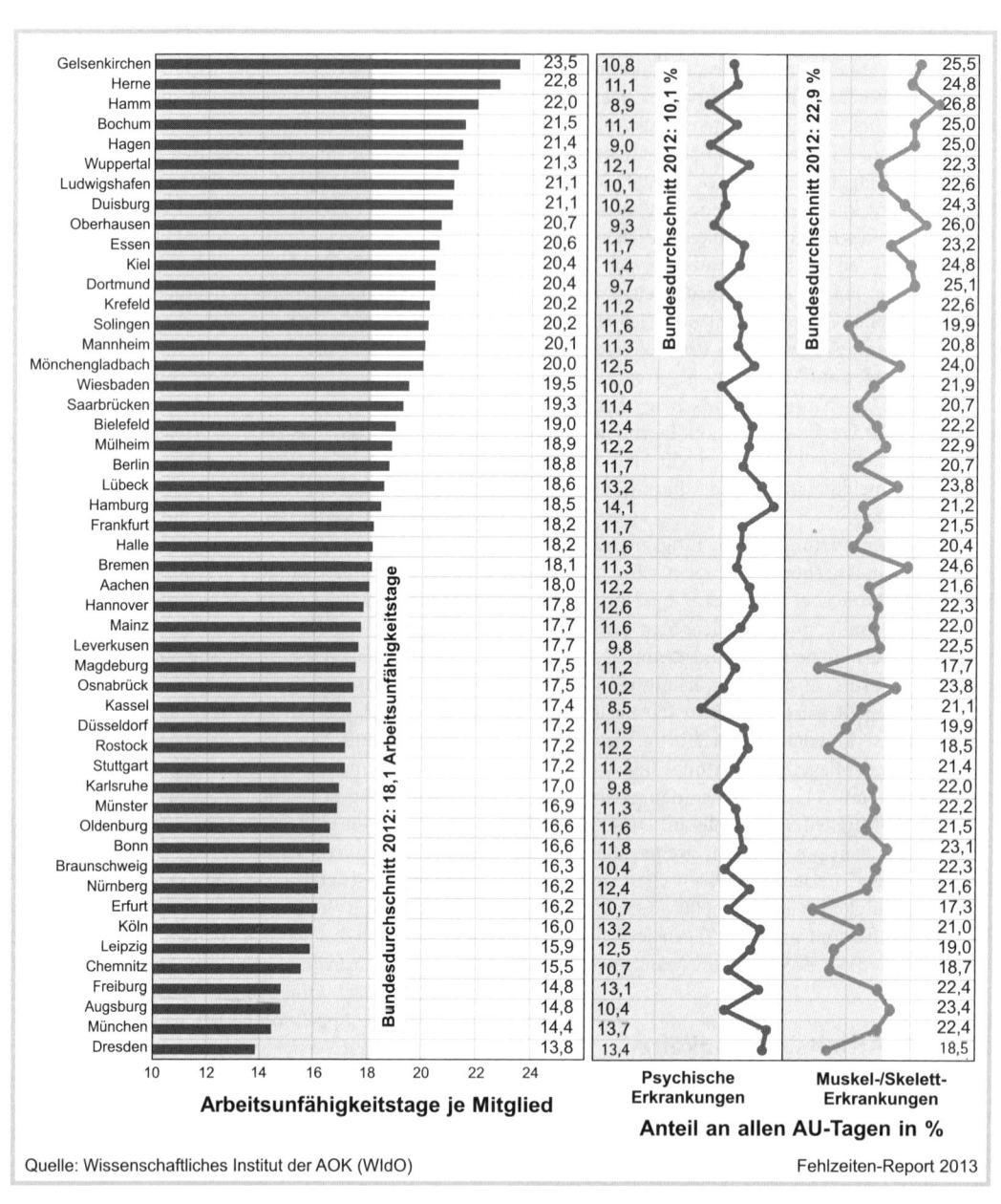

Abb. 29.1.58 Arbeitsunfähigkeitstage je Mitglied 2012 in den 50 größten deutschen Städten, AOK-Mitglieder

Quelle: Wissenschaftliches Institut der AOK (WIdO) — Fehlzeiten-Report 2013

29.1.20 Suchtbedingte Fehlzeiten

Im Rahmen des diesjährigen Schwerpunktthemas werden im Folgenden die suchtbedingten Fehlzeiten der AOK-Beschäftigten näher analysiert. Diese sind hier definiert als Fehlzeiten aufgrund einer ICD-10-Diagnose in der Diagnosegruppe F10–F19 »Psychische und Verhaltensstörungen durch psychotrope Substanzen«. In der Regel handelt es sich um einzelne Substanzen, nur bei der Diagnose F19 wird der multiple Substanzgebrauch kodiert. Diese substanzbezogenen Suchterkrankungen sind in ihrer Symptomatik über die ICD-Klassifikation eindeutig definiert. Andere Süchte, vor allem die ohne Substanzbezogenheit, werden in diesem Klassifikationssystem nicht berücksichtigt. Erkrankungen wie beispielsweise Arbeitssucht oder Mediensucht kön-

Tab. 29.1.8 Arbeitsunfähigkeit aufgrund der Diagnosegruppe Psychische und Verhaltensstörungen durch psychotrope Substanzen (ICD F10–F19), AOK-Mitglieder 2012

ICD	Bedeutung	Anteil an allen AU-Tagen in %	Anteil an allen AU-Fällen in %	Tage je Fall
F10	Psychische und Verhaltensstörungen durch Alkohol	45,2	43,5	22,0
F17	Psychische und Verhaltensstörungen durch Tabak	38,7	41,2	20,0
F19	Psychische und Verhaltensstörungen durch multiplen Substanzgebrauch und Konsum anderer psychotroper Substanzen	5,2	5,4	20,8
F12	Psychische und Verhaltensstörungen durch Cannabinoide	3,5	3,0	24,6
F13	Psychische und Verhaltensstörungen durch Sedativa oder Hypnotika	2,8	2,1	27,5
F11	Psychische und Verhaltensstörungen durch Opioide	2,6	2,6	21,0
F15	Psychische und Verhaltensstörungen durch andere Stimulanzien, einschließlich Koffein	1,2	1,2	21,4
F14	Psychische und Verhaltensstörungen durch Kokain	0,6	0,6	19,8
F18	Psychische und Verhaltensstörungen durch flüchtige Lösungsmittel	0,1	0,1	18,7
F16	Psychische und Verhaltensstörungen durch Halluzinogene	0,1	0,1	18,4

Fehlzeiten-Report 2013

nen folglich statistisch nicht erfasst werden. Eine Ausnahme ist die Spielsucht, die mit der Diagnose F63.0 (Pathologisches Spielen) dokumentiert werden kann.

Von den 11 Millionen erwerbstätigen AOK-Mitgliedern waren im Jahr 2012 0,8 % aufgrund einer Suchterkrankung krankgeschrieben. Was die Anzahl der Fälle betrifft, lag diese bei Männern mit 1,8 Fällen je 100 Versichertenjahre mehr als doppelt so hoch wie bei den Frauen (0,8 Fälle je 100 Versichertenjahre). Frauen waren allerdings aufgrund einer Suchterkrankung mit 22,6 Fehltagen pro Fall im Schnitt 1,8 Tage länger krankgeschrieben als Männer.

Die häufigsten suchtbedingten Krankschreibungen sind auf die zwei gesellschaftlich anerkanntesten Genussmittel zurückzuführen: Fast 85 % aller suchtbedingten Arbeitsunfähigkeitsfälle entfallen auf den Alkohol- (43,5 %) und Tabakkonsum (41,2 %). An dritter Stelle folgt mit 5,4 % der multiple Substanzgebrauch, der nur dann vom Arzt zu dokumentieren ist, wenn die Substanzeinnahme chaotisch und wahllos erfolgt oder Substanzen untrennbar vermischt werden (Tab. 29.1.8).

Arbeitsunfähigkeitsfälle aufgrund von Suchterkrankungen führen zu unterschiedlich langen Ausfallzeiten. Die meisten Fehltage pro Fall sind mit 27,5 Fehltagen bei der Einnahme von Sedativa oder Hypnotika (ICD F13) zu verzeichnen, die wenigsten mit 18,4 Fehltagen aufgrund der Einnahme von Halluzinogenen (ICD F16) Mit 36,3 % haben die Kurzzeiterkrankungen mit bis zu vier Fehltagen den größten Anteil an den Arbeitsunfähigkeitsfällen. Da viele Arbeitgeber in den ersten drei Tagen einer Erkrankung keine ärztliche Arbeitsunfähigkeitsbescheinigung verlangen, liegt der Anteil der Kurzzeiterkrankungen allerdings in der Praxis höher, als dies in den Daten zum Ausdruck kommt. Besonders zu Buche schlagen Langzeitfälle, die sich über sechs Wochen erstrecken. Fast zwei Drittel dieser suchtbedingten Langzeitfälle waren auf nur 13,2 % der Arbeitsunfähigkeitsfälle zurückzuführen (Abb. 29.1.59).

Betrachtet man die Altersverteilung der Suchtkranken, entfallen im Vergleich der Altersgruppen auf die unter 20-Jährigen nur 0,9 % der suchtbedingten Arbeitsunfähigkeitstage. Sie ist damit die unauffälligste Altersgruppe. Der höchste Anteil mit 37,1 % entfällt auf die Altersgruppe der 50- bis 59-Jährigen.

Die ökonomische Bewertung der Arbeitsunfähigkeit aufgrund von Suchterkrankungen kann anhand von Krankheitskostenstudien für Deutschland nur ansatzweise vorgenommen werden. Exemplarisch wurden für das Suchtmittel Tabak und die ihm zugrundeliegenden Erkrankungen Kosten der Arbeitsunfähigkeit von ca. 4,2 Milliarden Euro für das Jahr 1999 ermittelt (Wegner et al. 2004), während für die alkoholkonsumbezogene Morbidität für das Jahr 1995 Arbeitsunfähigkeitskosten von ca. 1,3 Milliarden

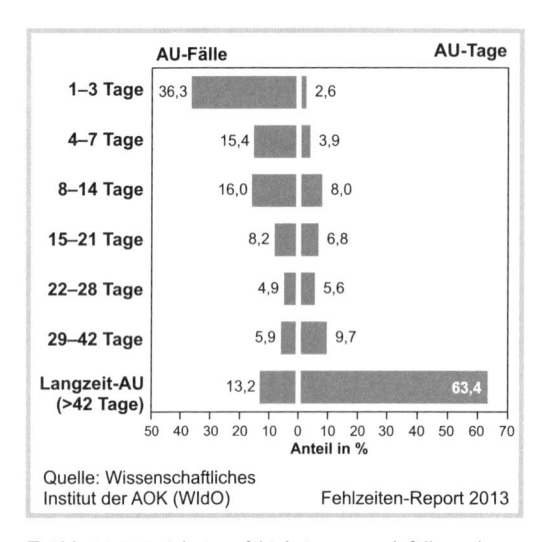

	AU-Fälle	AU-Tage
1–3 Tage	36,3	2,6
4–7 Tage	15,4	3,9
8–14 Tage	16,0	8,0
15–21 Tage	8,2	6,8
22–28 Tage	4,9	5,6
29–42 Tage	5,9	9,7
Langzeit-AU (>42 Tage)	13,2	63,4

Anteil in %

Quelle: Wissenschaftliches Institut der AOK (WIdO) Fehlzeiten-Report 2013

Abb. 29.1.59 Arbeitsunfähigkeitstage und -fälle nach Dauer für psychische und Verhaltensstörungen durch psychotrope Substanzen (ICD F10–F19), 2012

Euro[14] angegeben wurden (Horch u. Bergmann 2003). Auch wenn diese vereinzelten Studien kein vollständiges Bild der Produktivitätsausfallkosten aufgrund von Suchterkrankungen liefern, geben sie einen Eindruck davon, dass Suchterkrankungen nicht unwesentliche Kosten für die Unternehmen verursachen.

Literatur

Bundesagentur für Arbeit (2012) Arbeitsmarkt in Zahlen – Beschäftigungsstatistik. Beschäftigung nach Ländern in wirtschaftlicher Gliederung (WZ 2008), Stand: 30. Juni 2012. Nürnberg

Bundesministerium für Arbeit und Soziales/Bundesanstalt für Arbeitsschutz und Arbeitsmedizin (2013) Sicherheit und Gesundheit bei der Arbeit 2011. Unfallverhütungsbericht Arbeit 2013. Dortmund Berlin Dresden

Bundesministerium für Gesundheit (2012) Gesetzliche Krankenversicherung. Vorläufige Rechnungsergebnisse 1.–4. Quartal 2012. Stand: 11. März 2013

Damm K, Lange A, Zeidler J, Braun S, Graf von der Schulenburg JM (2012) Einführung des neuen Tätigkeitsschlüssels und seine Anwendung in GKV-Routinedatenauswertungen. Bundesgesundheitsblatt 55: 238–244

v Ferber C, Kohlhausen K (1970) Der »blaue Montag« im Krankenstand. Arbeitsmedizin, Sozialmedizin, Arbeitshygiene. H 2: 25–30

Horch K, Bergmann E (2003) Berechnung der Kosten alkoholassoziierter Krankheiten. Bundesgesundheitsblatt, Gesundheitsforschung, Gesundheitsschutz, Jg 46, H 8: 625–635

HWWI/Berenberg-Städteranking 2010. Die 30 größten Städte Deutschlands im Vergleich. Stand: 15. September 2010

Jacobi F (2012) Der Hype um die kranke Seele. Gesundheit und Gesellschaft 5/12:22–27

Karasek R, Theorell T (1990) Healthy work: stress, productivity, and the reconstruction of working life. Basic Books, New York

Kohler H (2002) Krankenstand – Ein beachtlicher Kostenfaktor mit fallender Tendenz. IAB-Werkstattbericht, Diskussionsbeiträge des Instituts für Arbeitsmarkt- und Berufsforschung der Bundesanstalt für Arbeit. Ausgabe 1/30.01.2002

Marmot M (2005) Status Syndrome: How Your Social Standing Directly Affects Your Health. Bloomsbury Publishing, London

Marstedt G, Müller R (1998) Ein kranker Stand? Fehlzeiten und Integration älterer Arbeitnehmer im Vergleich Öffentlicher Dienst – Privatwirtschaft. Forschung aus der Hans-Böckler-Stiftung, Bd 9. Edition Sigma, Berlin

Mielck A (2000) Soziale Ungleichheit und Gesundheit. Huber, Bern

Mielck A, Lüngen M, Siegel M, Korber K (2012) Folgen unzureichender Bildung für die Gesundheit. Bertelsmann Stiftung

Robert Koch-Institut (2006) Gesundheitsbedingte Frühberentung. Schwerpunktbericht der Gesundheitsberichterstattung des Bundes. Berlin

Schnabel C (1997) Betriebliche Fehlzeiten, Ausmaß, Bestimmungsgründe und Reduzierungsmöglichkeiten. Institut der deutschen Wirtschaft, Köln eV

Siegrist J (1999) Psychosoziale Arbeitsbelastungen und Herz-Kreislauf-Risiken: internationale Erkenntnisse zu neuen Stressmodellen. In: Badura B, Litsch M, Vetter C (1999) Fehlzeiten-Report 1999. Psychische Belastung am Arbeitsplatz. Zahlen, Daten, Fakten aus allen Branchen der Wirtschaft. Springer, Berlin Heidelberg New York Barcelona Hongkong London Mailand Paris Singapur Tokio

Wegner C, Gutsch A, Hessel F, Wasem J (2004) Rauchen-attributable Produktivitätsausfallkosten in Deutschland – eine partielle Krankheitskostenstudie unter Zugrundelegung der Humankapitalmethode. Gesundheitswesen 66: 423–432

---

14 Angaben der Quelle in DM: Arbeitsunfähigkeitskosten 1995 für alkoholassoziierte Erkrankungen 2.510 Mio. DM (Horch u. Bergmann 2003)

Überblick über die krankheitsbedingten Fehlzeiten im Jahr 2012

29.2 Banken und Versicherungen

Tabelle 29.2.1	Entwicklung des Krankenstands der AOK-Mitglieder in der Branche Banken und Versicherungen in den Jahren 1994 bis 2012	314
Tabelle 29.2.2	Arbeitsunfähigkeit der AOK-Mitglieder in der Branche Banken und Versicherungen nach Bundesländern im Jahr 2012 im Vergleich zum Vorjahr	315
Tabelle 29.2.3	Arbeitsunfähigkeit der AOK-Mitglieder in der Branche Banken und Versicherungen nach Wirtschaftsabteilungen im Jahr 2012	315
Tabelle 29.2.4	Kennzahlen der Arbeitsunfähigkeit der AOK-Mitglieder nach ausgewählten Berufsgruppen in der Branche Banken und Versicherungen im Jahr 2012	316
Tabelle 29.2.5	Dauer der Arbeitsunfähigkeit der AOK-Mitglieder in der Branche Banken und Versicherungen im Jahr 2012	316
Tabelle 29.2.6	Tage der Arbeitsunfähigkeit je AOK-Mitglied nach Wirtschaftsabteilung und Betriebsgröße in der Branche Banken und Versicherungen im Jahr 2012	316
Tabelle 29.2.7	Krankenstand in Prozent nach Ausbildungsabschluss in der Branche Banken und Versicherungen im Jahr 2012, AOK-Mitglieder	317
Tabelle 29.2.8	Tage der Arbeitsunfähigkeit je AOK-Mitglied nach Ausbildung in der Branche Banken und Versicherungen im Jahr 2012	317
Tabelle 29.2.9	Anteil der Arbeitsunfälle an den AU-Fällen und -Tagen in Prozent nach Wirtschaftsabteilungen in der Branche Banken und Versicherungen im Jahr 2012, AOK-Mitglieder	317
Tabelle 29.2.10	Tage und Fälle der Arbeitsunfähigkeit durch Arbeitsunfälle nach Berufsgruppen in der Branche Banken und Versicherungen im Jahr 2012, AOK-Mitglieder	318
Tabelle 29.2.11	Tage und Fälle der Arbeitsunfähigkeit je 100 AOK-Mitglieder nach Krankheitsarten in der Branche Banken und Versicherungen in den Jahren 1995 bis 2012	318
Tabelle 29.2.12	Verteilung der Arbeitsunfähigkeitstage nach Krankheitsarten in Prozent in der Branche Banken und Versicherungen im Jahr 2012, AOK-Mitglieder	319
Tabelle 29.2.13	Verteilung der Arbeitsunfähigkeitsfälle nach Krankheitsarten in Prozent in der Branche Banken und Versicherungen im Jahr 2012, AOK-Mitglieder	319
Tabelle 29.2.14	Verteilung der Arbeitsunfähigkeitstage nach Krankheitsarten und ausgewählten Berufsgruppen in der Branche Banken und Versicherungen im Jahr 2012, AOK-Mitglieder	320
Tabelle 29.2.15	Verteilung der Arbeitsunfähigkeitsfälle nach Krankheitsarten und ausgewählten Berufsgruppen in der Branche Banken und Versicherungen im Jahr 2012, AOK-Mitglieder	320
Tabelle 29.2.16	Anteile der 40 häufigsten Einzeldiagnosen an den AU-Fällen und AU-Tagen in der Branche Banken und Versicherungen im Jahr 2012, AOK-Mitglieder	321
Tabelle 29.2.17	Anteile der 40 häufigsten Diagnoseuntergruppen an den AU-Fällen und AU-Tagen in der Branche Banken und Versicherungen im Jahr 2012, AOK-Mitglieder	322

Tab. 29.2.1 Entwicklung des Krankenstands der AOK-Mitglieder in der Branche Banken und Versicherungen in den Jahren 1994 bis 2012

Jahr	Krankenstand in %			AU-Fälle je 100 AOK-Mitglieder			Tage je Fall		
	West	Ost	Bund	West	Ost	Bund	West	Ost	Bund
1994	4,4	3,0	4,0	114,7	71,8	103,4	12,8	14,1	13,0
1995	3,9	4,0	3,9	119,3	111,2	117,9	11,9	13,8	12,2
1996	3,5	3,6	3,5	108,0	109,3	108,1	12,2	12,5	12,2
1997	3,4	3,6	3,4	108,4	110,0	108,5	11,5	11,9	11,5
1998	3,5	3,6	3,5	110,6	112,2	110,7	11,4	11,7	11,4
1999	3,6	4,0	3,7	119,6	113,3	119,1	10,8	11,6	10,9
2000	3,6	4,1	3,6	125,6	148,8	127,1	10,5	10,2	10,5
2001	3,5	4,1	3,6	122,2	137,5	123,1	10,6	10,8	10,6
2002	3,5	4,1	3,5	125,0	141,3	126,1	10,1	10,6	10,2
2003	3,3	3,5	3,3	126,0	137,1	127,0	9,5	9,4	9,5
2004	3,1	3,2	3,1	117,6	127,7	118,8	9,7	9,3	9,6
2005	3,1	3,3	3,1	122,6	132,0	123,8	9,2	9,0	9,1
2006	2,7	3,2	2,8	108,1	126,7	110,7	9,2	9,1	9,2
2007	3,1	3,4	3,1	121,0	133,6	122,8	9,2	9,3	9,2
2008 (WZ03)	3,1	3,6	3,2	127,0	136,6	128,4	9,0	9,6	9,1
2008 (WZ08)*	3,1	3,6	3,2	126,9	135,9	128,3	9,0	9,6	9,1
2009	3,2	3,9	3,3	136,8	150,9	138,8	8,6	9,5	8,8
2010	3,2	4,0	3,3	134,3	177,7	140,2	8,8	8,3	8,7
2011	3,3	3,9	3,3	139,7	181,2	145,3	8,5	7,9	8,4
2012	3,2	4,1	3,4	134,5	153,7	137,0	8,8	9,8	9,0

*aufgrund der Revision der Wirtschaftszweigklassifikation in 2008 ist eine Vergleichbarkeit mit den Vorjahren nur bedingt möglich

Fehlzeiten-Report 2013

29.2 · Banken und Versicherungen

Tab. 29.2.2 Arbeitsunfähigkeit der AOK-Mitglieder in der Branche Banken und Versicherungen nach Bundesländern im Jahr 2012 im Vergleich zum Vorjahr

Bundesland	Kranken-stand in %	Arbeitsunfähigkeit je 100 AOK-Mitglieder				Tage je Fall	Veränd. z. Vorj. in %	AU-Quote in %
		AU-Fälle	Veränd. z. Vorj. in %	AU-Tage	Veränd. z. Vorj. in %			
Baden-Württemberg	3,2	133,1	-4,3	1.160,0	2,8	8,7	7,4	54,3
Bayern	2,9	112,5	-6,0	1.046,1	-1,6	9,3	4,5	48,0
Berlin	4,3	160,5	3,1	1.561,4	-8,0	9,7	-11,0	49,6
Brandenburg	5,0	168,2	2,7	1.826,4	10,5	10,9	7,9	58,3
Bremen	3,1	132,5	-13,6	1.152,6	-11,1	8,7	3,6	51,8
Hamburg	4,1	149,9	-11,0	1.490,9	4,6	9,9	16,5	49,5
Hessen	3,7	158,9	-4,9	1.352,7	-5,5	8,5	-1,2	55,5
Mecklenburg-Vorpommern	4,6	150,5	-7,3	1.673,2	10,1	11,1	18,1	56,4
Niedersachsen	3,2	140,2	-1,5	1.169,2	-3,7	8,3	-2,4	55,4
Nordrhein-Westfalen	3,7	156,3	-1,1	1.364,1	2,2	8,7	2,4	56,3
Rheinland-Pfalz	3,3	149,4	-1,8	1.224,3	-2,9	8,2	-1,2	56,7
Saarland	4,2	152,0	-2,8	1.525,8	-16,5	10,0	-14,5	55,2
Sachsen	4,0	150,8	-17,8	1.479,1	7,1	9,8	30,7	59,4
Sachsen-Anhalt	4,6	167,1	-3,1	1.685,4	-2,5	10,1	1,0	58,2
Schleswig-Holstein	3,3	139,7	-5,4	1.212,0	-7,8	8,7	-2,2	51,6
Thüringen	3,8	155,5	-16,1	1.390,2	1,2	8,9	20,3	58,7
West	3,2	134,5	-3,7	1.186,3	-0,4	8,8	3,5	52,9
Ost	4,1	153,7	-15,2	1.507,3	5,8	9,8	24,1	59,0
Bund	3,4	137,0	-5,7	1.228,3	0,5	9,0	7,1	53,7

Fehlzeiten-Report 2013

Tab. 29.2.3 Arbeitsunfähigkeit der AOK-Mitglieder in der Branche Banken und Versicherungen nach Wirtschaftsabteilungen im Jahr 2012

Wirtschaftsabteilung	Krankenstand in %		Arbeitsunfähigkeiten je 100 AOK-Mitglieder		Tage je Fall	AU-Quote in %
	2012	2012 stand.*	Fälle	Tage		
Erbringung von Finanzdienstleistungen	3,3	3,4	137,4	1.214,1	8,8	55,6
Mit Finanz- und Versicherungsdienstleistungen verbundene Tätigkeiten	3,3	3,5	127,5	1.203,2	9,4	45,9
Versicherungen, Rückversicherungen und Pensionskassen (ohne Sozialversicherung)	3,7	4,0	147,7	1.355,3	9,2	53,9
Branche insgesamt	3,4	3,5	137,0	1.228,3	9,0	53,7
Alle Branchen	4,9	4,9	153,3	1.811,6	11,8	53,2

*Krankenstand alters- und geschlechtsstandardisiert

Fehlzeiten-Report 2013

Tab. 29.2.4 Kennzahlen der Arbeitsunfähigkeit der AOK-Mitglieder nach ausgewählten Berufsgruppen in der Branche Banken und Versicherungen im Jahr 2012

Tätigkeit	Kranken-stand in %	Arbeitsunfähigkeiten je 100 AOK-Mitglieder		Tage je Fall	AU-Quote in %	Anteil der Berufsgruppe an der Branche in %*
		Fälle	Tage			
Anlageberater/innen - u. sonstige Finanzdienstleistungsberufe	3,0	111,6	1.081,6	9,7	47,1	1,4
Bankkaufleute	3,1	138,6	1.126,5	8,1	57,0	51,6
Berufe im Vertrieb	3,4	116,2	1.240,5	10,7	46,6	1,6
Berufe in der Reinigung	5,4	138,4	1.971,8	14,2	56,0	2,1
Büro- u. Sekretariatskräfte	3,3	125,4	1.203,8	9,6	44,7	8,8
Kaufmännische u. technische Betriebswirtschaft	3,6	143,1	1.311,9	9,2	52,3	3,2
Versicherungskaufleute	3,6	156,8	1.326,0	8,5	55,1	13,9
Branche insgesamt	**3,4**	**137,0**	**1.228,3**	**9,0**	**53,7**	**1,2****

* Anteil der AOK-Mitglieder in der Berufsgruppe an den in der Branche beschäftigten AOK-Mitgliedern insgesamt
**Anteil der AOK-Mitglieder in der Branche an allen AOK-Mitgliedern

Fehlzeiten-Report 2013

Tab. 29.2.5 Dauer der Arbeitsunfähigkeit der AOK-Mitglieder in der Branche Banken und Versicherungen im Jahr 2012

Fallklasse	Branche hier		alle Branchen	
	Anteil Fälle in %	Anteil Tage in %	Anteil Fälle in %	Anteil Tage in %
1–3 Tage	45,4	10,3	36,3	6,1
4–7 Tage	29,8	16,2	30,4	13,0
8–14 Tage	13,8	15,6	16,9	14,9
15–21 Tage	4,3	8,2	6,1	9,0
22–28 Tage	2,0	5,4	2,9	6,1
29–42 Tage	2,0	7,6	3,1	9,0
Langzeit-AU (> 42 Tage)	2,7	36,6	4,4	42,0

Fehlzeiten-Report 2013

Tab. 29.2.6 Tage der Arbeitsunfähigkeit je AOK-Mitglied nach Wirtschaftsabteilung und Betriebsgröße in der Branche Banken und Versicherungen im Jahr 2012

Wirtschaftsabteilungen	Betriebsgröße (Anzahl der AOK-Mitglieder)					
	10–49	50–99	100–199	200–499	500–999	≥ 1.000
Erbringung von Finanzdienstleistungen	11,4	12,0	12,9	12,3	13,9	12,6
Mit Finanz- und Versicherungsdienstleistungen verbundene Tätigkeiten	14,5	14,4	15,9	19,2	–	–
Versicherungen, Rückversicherungen und Pensionskassen (ohne Sozialversicherung)	14,3	15,5	13,4	14,4	12,6	–
Branche insgesamt	12,1	12,6	13,0	12,7	13,7	12,6
Alle Branchen	18,7	20,4	20,5	20,5	20,6	19,5

Fehlzeiten-Report 2013

Tab. 29.2.7 Krankenstand in Prozent nach Ausbildungsabschluss in der Branche Banken und Versicherungen im Jahr 2012, AOK-Mitglieder

Wirtschaftsabteilung	Ausbildung						
	ohne Ausbildungsabschluss	mit Ausbildungsabschluss	Meister/ Techniker	Bachelor	Diplom/Magister/Master/ Staatsexamen	Promotion	unbekannt
Erbringung von Finanzdienstleistungen	3,1	3,6	2,7	1,6	2,3	1,7	4,6
Mit Finanz- und Versicherungsdienstleistungen verbundene Tätigkeiten	3,2	3,5	2,9	1,9	2,3	–	3,2
Versicherungen, Rückversicherungen und Pensionskassen (ohne Sozialversicherung)	4,2	4,1	2,7	1,9	2,1	–	3,5
Branche insgesamt	3,3	3,6	2,7	1,7	2,3	1,3	4,0
Alle Branchen	5,7	4,9	3,7	2,0	2,4	1,8	4,8

Fehlzeiten-Report 2013

Tab. 29.2.8 Tage der Arbeitsunfähigkeit je AOK-Mitglied nach Ausbildung in der Branche Banken und Versicherungen im Jahr 2012

Wirtschaftsabteilung	Ausbildung						
	ohne Ausbildungsabschluss	mit Ausbildungsabschluss	Meister/ Techniker	Bachelor	Diplom/Magister/Master/ Staatsexamen	Promotion	unbekannt
Erbringung von Finanzdienstleistungen	11,4	13,1	9,8	5,9	8,5	6,4	16,7
Mit Finanz- und Versicherungsdienstleistungen verbundene Tätigkeiten	11,9	12,6	10,5	7,0	8,6	–	11,7
Versicherungen, Rückversicherungen und Pensionskassen (ohne Sozialversicherung)	15,5	14,9	9,8	6,9	7,5	–	12,7
Branche insgesamt	12,0	13,2	9,8	6,2	8,3	4,9	14,6
Alle Branchen	20,7	18,1	13,6	7,3	8,8	6,5	17,4

Fehlzeiten-Report 2013

Tab. 29.2.9 Anteil der Arbeitsunfälle an den AU-Fällen und -Tagen in Prozent nach Wirtschaftsabteilungen in der Branche Banken und Versicherungen im Jahr 2012, AOK-Mitglieder

Wirtschaftsabteilung	AU-Fälle in %	AU-Tage in %
Erbringung von Finanzdienstleistungen	1,0	2,2
Mit Finanz- und Versicherungsdienstleistungen verbundene Tätigkeiten	1,0	2,4
Versicherungen, Rückversicherungen und Pensionskassen (ohne Sozialversicherung)	0,9	2,0
Branche insgesamt	1,0	2,2
Alle Branchen	3,7	6,7

Fehlzeiten-Report 2013

◘ Tab. 29.2.10 Tage und Fälle der Arbeitsunfähigkeit durch Arbeitsunfälle nach Berufsgruppen in der Branche Banken und Versicherungen im Jahr 2012, AOK-Mitglieder

Tätigkeit	Arbeitsunfähigkeit je 1.000 AOK-Mitglieder	
	AU-Tage	AU-Fälle
Berufe in der Reinigung	745,8	23,2
Versicherungskaufleute	310,5	14,3
Büro- u. Sekretariatskräfte	226,8	10,1
Bankkaufleute	220,1	12,8
Branche insgesamt	274,5	13,8
Alle Branchen	1.214,6	56,6

Fehlzeiten-Report 2013

◘ Tab. 29.2.11 Tage und Fälle der Arbeitsunfähigkeit je 100 AOK-Mitglieder nach Krankheitsarten in der Branche Banken und Versicherungen in den Jahren 1995 bis 2012

Jahr	Arbeitsunfähigkeiten je 100 AOK-Mitglieder											
	Psyche		Herz/Kreislauf		Atemwege		Verdauung		Muskel/Skelett		Verletzungen	
	Tage	Fälle	Tage	Fälle	Tage	Fälle	Tage	Fälle	Tage	Fälle	Tage	Fälle
1995	102,9	4,1	154,9	8,2	327,6	43,8	140,1	19,1	371,0	20,0	179,5	10,7
1996	107,8	3,8	129,5	6,6	286,2	39,8	119,4	17,9	339,3	17,2	166,9	9,9
1997	104,8	4,1	120,6	6,8	258,1	39,8	112,5	17,8	298,0	16,9	161,1	9,8
1998	109,3	4,5	112,8	6,9	252,3	40,4	109,3	18,1	313,9	18,0	152,2	9,7
1999	113,7	4,8	107,6	6,9	291,2	46,4	108,7	19,0	308,3	18,6	151,0	10,3
2000	138,4	5,8	92,5	6,3	281,4	45,3	99,1	16,6	331,4	19,9	145,3	10,0
2001	144,6	6,6	99,8	7,1	264,1	44,4	98,8	17,3	334,9	20,5	147,6	10,3
2002	144,6	6,8	96,7	7,1	254,7	44,0	105,1	19,0	322,6	20,6	147,3	10,5
2003	133,9	6,9	88,6	7,1	261,1	46,5	99,0	18,7	288,0	19,5	138,2	10,3
2004	150,2	7,1	92,8	6,5	228,5	40,6	103,7	19,0	273,1	18,4	136,5	9,8
2005	147,5	7,0	85,1	6,5	270,1	47,7	100,1	17,9	248,8	18,1	132,1	9,7
2006	147,2	7,0	79,8	6,2	224,6	40,8	98,8	18,3	243,0	17,4	134,0	9,6
2007	167,2	7,5	87,7	6,3	243,9	44,4	103,0	19,6	256,9	18,1	125,2	9,1
2008 (WZ03)	172,7	7,7	86,7	6,5	258,1	46,8	106,2	20,0	254,0	18,0	134,6	9,5
2008 (WZ08)*	182,3	7,8	85,3	6,5	256,9	46,7	107,1	20,0	254,0	18,0	134,6	9,5
2009	182,3	8,2	80,6	6,2	303,2	54,6	105,4	20,2	242,2	17,7	134,2	9,6
2010	205,3	8,8	80,0	6,1	260,2	49,2	97,4	18,7	248,6	18,6	142,6	10,4
2011	209,2	8,9	73,8	5,7	268,8	49,4	90,7	17,9	228,7	17,6	132,3	9,8
2012	233,0	9,1	80,1	5,7	266,3	49,1	97,5	18,1	243,8	18,1	135,9	9,7

*aufgrund der Revision der Wirtschaftszweigklassifikation in 2008 ist eine Vergleichbarkeit mit den Vorjahren nur bedingt möglich

Fehlzeiten-Report 2013

Tab. 29.2.12 Verteilung der Arbeitsunfähigkeitstage nach Krankheitsarten in Prozent in der Branche Banken und Versicherungen im Jahr 2012, AOK-Mitglieder

Wirtschaftsabteilung	AU-Tage in %						
	Psyche	Herz/Kreislauf	Atemwege	Verdauung	Muskel/Skelett	Verletzungen	Sonstige
Erbringung von Finanzdienstleistungen	13,8	4,9	16,7	6,0	15,1	8,6	34,9
Mit Finanz- und Versicherungsdienstleistungen verbundene Tätigkeiten	14,8	5,1	15,0	6,3	15,0	8,3	35,5
Versicherungen, Rückversicherungen und Pensionskassen (ohne Sozialversicherung)	17,3	5,2	16,9	5,9	14,8	7,2	32,8
Branche insgesamt	14,4	4,9	16,5	6,0	15,1	8,4	34,7
Alle Branchen	10,1	6,6	11,4	5,5	22,9	11,8	31,7

Fehlzeiten-Report 2013

Tab. 29.2.13 Verteilung der Arbeitsunfähigkeitsfälle nach Krankheitsarten in Prozent in der Branche Banken und Versicherungen im Jahr 2012, AOK-Mitglieder

Wirtschaftsabteilung	AU-Fälle in %						
	Psyche	Herz/Kreislauf	Atemwege	Verdauung	Muskel/Skelett	Verletzungen	Sonstige
Erbringung von Finanzdienstleistungen	5,1	3,3	28,8	10,5	10,5	5,8	36,0
Mit Finanz- und Versicherungsdienstleistungen verbundene Tätigkeiten	5,8	3,2	26,7	10,8	10,4	5,5	37,6
Versicherungen, Rückversicherungen und Pensionskassen (ohne Sozialversicherung)	5,7	3,4	29,1	10,0	10,8	5,2	35,8
Branche insgesamt	5,3	3,3	28,6	10,5	10,5	5,7	36,2
Alle Branchen	5,0	4,2	21,7	10,1	17,1	8,4	33,5

Fehlzeiten-Report 2013

Tab. 29.2.14 Verteilung der Arbeitsunfähigkeitstage nach Krankheitsarten und ausgewählten Berufsgruppen in der Branche Banken und Versicherungen im Jahr 2012, AOK-Mitglieder

Tätigkeit	AU-Tage in %						
	Psyche	Herz/Kreislauf	Atemwege	Verdauung	Muskel/Skelett	Verletzungen	Sonstige
Anlageberater/innen - u. sonstige Finanzdienstleistungsberufe	18,3	5,1	15,9	7,2	12,3	8,9	32,4
Bankfachleute	24,0	4,1	12,5	7,2	8,9	3,6	39,6
Bankkaufleute	13,4	4,5	18,2	6,3	13,7	8,9	35,0
Berufe im Dialogmarketing	19,0	4,4	19,8	6,9	9,8	3,5	36,7
Berufe im Vertrieb	20,2	5,2	14,6	4,4	12,2	5,8	37,6
Berufe in der Reinigung	8,7	7,9	9,4	4,4	25,5	9,4	34,7
Berufe in Versicherungs- u. Finanzdienstleistungen	20,6	4,6	15,8	4,5	14,3	5,3	34,9
Büro- u. Sekretariatskräfte	14,3	6,1	14,4	5,7	16,5	7,8	35,3
Kaufmännische u. technische Betriebswirtschaft	19,2	4,1	16,5	5,0	14,6	6,8	33,8
Versicherungskaufleute	16,5	4,2	18,1	6,7	13,7	7,8	32,8
Branche insgesamt	**14,4**	**4,9**	**16,5**	**6,0**	**15,1**	**8,4**	**34,7**
Alle Branchen	**10,1**	**6,6**	**11,4**	**5,5**	**22,9**	**11,8**	**31,7**

Fehlzeiten-Report 2013

Tab. 29.2.15 Verteilung der Arbeitsunfähigkeitsfälle nach Krankheitsarten und ausgewählten Berufsgruppen in der Branche Banken und Versicherungen im Jahr 2012, AOK-Mitglieder

Tätigkeit	AU-Fälle in %						
	Psyche	Herz/Kreislauf	Atemwege	Verdauung	Muskel/Skelett	Verletzungen	Sonstige
Anlageberater/innen - u. sonstige Finanzdienstleistungsberufe	5,7	2,9	30,4	10,9	9,9	5,7	34,6
Bankfachleute	7,2	3,8	29,3	8,6	8,4	4,2	38,6
Bankkaufleute	4,8	3,1	30,0	10,7	9,4	5,8	36,2
Berufe im Dialogmarketing	6,9	2,7	28,7	9,9	9,5	3,8	38,5
Berufe im Vertrieb	7,3	2,9	28,0	10,2	9,7	5,4	36,6
Berufe in der Reinigung	5,9	6,1	16,9	8,7	19,5	6,7	36,2
Berufe in Versicherungs- u. Finanzdienstleistungen	6,9	3,7	28,8	9,7	12,2	4,5	34,2
Büro- u. Sekretariatskräfte	6,4	3,7	25,4	10,1	11,2	4,9	38,3
Kaufmännische u. technische Betriebswirtschaft	6,2	3,5	28,4	10,5	11,1	4,1	36,3
Versicherungskaufleute	5,4	2,8	29,6	10,9	9,5	5,4	36,5
Branche insgesamt	**5,3**	**3,3**	**28,6**	**10,5**	**10,5**	**5,7**	**36,2**
Alle Branchen	**5,0**	**4,2**	**21,7**	**10,1**	**17,1**	**8,4**	**33,5**

Fehlzeiten-Report 2013

29.2 · Banken und Versicherungen

Tab. 29.2.16 Anteile der 40 häufigsten Einzeldiagnosen an den AU-Fällen und AU-Tagen in der Branche Banken und Versicherungen im Jahr 2012, AOK-Mitglieder

ICD-10	Bezeichnung	AU-Fälle in %	AU-Tage in %
J06	Akute Infektionen an mehreren oder nicht näher bezeichneten Lokalisationen der oberen Atemwege	10,0	4,9
A09	Sonstige und nicht näher bezeichnete Gastroenteritis und Kolitis infektiösen und nicht näher bezeichneten Ursprungs	4,1	1,6
M54	Rückenschmerzen	3,8	3,4
J20	Akute Bronchitis	2,9	1,7
K08	Sonstige Krankheiten der Zähne und des Zahnhalteapparates	2,4	0,7
J40	Bronchitis, nicht als akut oder chronisch bezeichnet	2,3	1,3
K52	Sonstige nichtinfektiöse Gastroenteritis und Kolitis	2,3	1,0
B34	Viruskrankheit nicht näher bezeichneter Lokalisation	2,1	1,0
J01	Akute Sinusitis	1,9	1,0
J02	Akute Pharyngitis	1,8	0,8
R10	Bauch- und Beckenschmerzen	1,8	0,9
J32	Chronische Sinusitis	1,7	0,9
J03	Akute Tonsillitis	1,7	0,8
K29	Gastritis und Duodenitis	1,6	0,8
F32	Depressive Episode	1,4	4,9
F43	Reaktionen auf schwere Belastungen und Anpassungsstörungen	1,2	2,4
R51	Kopfschmerz	1,2	0,6
J04	Akute Laryngitis und Tracheitis	1,1	0,6
I10	Essentielle (primäre) Hypertonie	1,0	1,7
G43	Migräne	1,0	0,5
R11	Übelkeit und Erbrechen	0,9	0,5
N39	Sonstige Krankheiten des Harnsystems	0,9	0,5
J00	Akute Rhinopharyngitis [Erkältungsschnupfen]	0,9	0,4
A08	Virusbedingte und sonstige näher bezeichnete Darminfektionen	0,8	0,3
J98	Sonstige Krankheiten der Atemwege	0,8	0,4
F45	Somatoforme Störungen	0,8	1,4
T14	Verletzung an einer nicht näher bezeichneten Körperregion	0,8	0,7
F48	Andere neurotische Störungen	0,7	1,1
M99	Biomechanische Funktionsstörungen, anderenorts nicht klassifiziert	0,7	0,5
B99	Sonstige und nicht näher bezeichnete Infektionskrankheiten	0,7	0,4
M53	Sonstige Krankheiten der Wirbelsäule und des Rückens, anderenorts nicht klassifiziert	0,6	0,6
R53	Unwohlsein und Ermüdung	0,6	0,7
R42	Schwindel und Taumel	0,6	0,5
J11	Grippe, Viren nicht nachgewiesen	0,6	0,3
S93	Luxation, Verstauchung und Zerrung der Gelenke und Bänder in Höhe des oberen Sprunggelenkes und des Fußes	0,5	0,6
M79	Sonstige Krankheiten des Weichteilgewebes, anderenorts nicht klassifiziert	0,5	0,6
M51	Sonstige Bandscheibenschäden	0,5	1,3
M25	Sonstige Gelenkkrankheiten, anderenorts nicht klassifiziert	0,5	0,7
R50	Fieber sonstiger und unbekannter Ursache	0,5	0,3
N30	Zystitis	0,5	0,2
	Summe hier	60,7	43,5
	Restliche	39,3	56,5
	Gesamtsumme	100,0	100,0

Fehlzeiten-Report 2013

◘ Tab. 29.2.17 Anteile der 40 häufigsten Diagnoseuntergruppen an den AU-Fällen und AU-Tagen in der Branche Banken und Versicherungen im Jahr 2012, AOK-Mitglieder

ICD-10	Bezeichnung	AU-Fälle in %	AU-Tage in %
J00–J06	Akute Infektionen der oberen Atemwege	17,0	8,5
A00–A09	Infektiöse Darmkrankheiten	5,2	2,1
M50–M54	Sonstige Krankheiten der Wirbelsäule und des Rückens	4,8	5,2
J40–J47	Chronische Krankheiten der unteren Atemwege	3,5	2,3
J20–J22	Sonstige akute Infektionen der unteren Atemwege	3,4	2,0
R50–R69	Allgemeinsymptome	3,2	2,6
F40–F48	Neurotische, Belastungs- und somatoforme Störungen	3,1	6,4
K00–K14	Krankheiten der Mundhöhle, der Speicheldrüsen und der Kiefer	3,0	1,0
R10–R19	Symptome, die das Verdauungssystem und das Abdomen betreffen	2,8	1,6
K50–K52	Nichtinfektiöse Enteritis und Kolitis	2,7	1,4
J30–J39	Sonstige Krankheiten der oberen Atemwege	2,5	1,6
B25–B34	Sonstige Viruskrankheiten	2,4	1,3
K20–K31	Krankheiten des Ösophagus, des Magens und des Duodenums	2,1	1,1
F30–F39	Affektive Störungen	1,8	7,1
G40–G47	Episodische und paroxysmale Krankheiten des Nervensystems	1,8	1,4
M70–M79	Sonstige Krankheiten des Weichteilgewebes	1,5	2,2
N30–N39	Sonstige Krankheiten des Harnsystems	1,4	0,7
I10–I15	Hypertonie [Hochdruckkrankheit]	1,2	1,9
R00–R09	Symptome, die das Kreislaufsystem und das Atmungssystem betreffen	1,2	0,8
M20–M25	Sonstige Gelenkkrankheiten	1,1	2,1
Z80–Z99	Personen mit potentiellen Gesundheitsrisiken aufgrund der Familien- oder Eigenanamnese und bestimmte Zustände, die den Gesundheitszustand beeinflussen	1,0	2,1
S90–S99	Verletzungen der Knöchelregion und des Fußes	0,9	1,1
T08–T14	Verletzungen nicht näher bezeichneter Teile des Rumpfes, der Extremitäten oder anderer Körperregionen	0,9	0,9
N80–N98	Nichtentzündliche Krankheiten des weiblichen Genitaltraktes	0,9	0,8
K55–K63	Sonstige Krankheiten des Darmes	0,9	0,8
J09–J18	Grippe und Pneumonie	0,9	0,7
J95–J99	Sonstige Krankheiten des Atmungssystems	0,9	0,6
S80–S89	Verletzungen des Knies und des Unterschenkels	0,8	1,7
R40–R46	Symptome, die das Erkennungs- und Wahrnehmungsvermögen, die Stimmung und das Verhalten betreffen	0,8	0,7
M95–M99	Sonstige Krankheiten des Muskel-Skelett-Systems und des Bindegewebes	0,8	0,6
I80–I89	Krankheiten der Venen, der Lymphgefäße und der Lymphknoten, anderenorts nicht klassifiziert	0,7	0,8
D10–D36	Gutartige Neubildungen	0,7	0,8
B99–B99	Sonstige Infektionskrankheiten	0,7	0,4
H65–H75	Krankheiten des Mittelohres und des Warzenfortsatzes	0,7	0,4
E70–E90	Stoffwechselstörungen	0,6	0,9
O20–O29	Sonstige Krankheiten der Mutter, die vorwiegend mit der Schwangerschaft verbunden sind	0,6	0,6
I95–I99	Sonstige und nicht näher bezeichnete Krankheiten des Kreislaufsystems	0,6	0,4
Z40–Z54	Personen, die das Gesundheitswesen zum Zwecke spezifischer Maßnahmen und zur medizinischen Betreuung in Anspruch nehmen	0,5	1,0
E00–E07	Krankheiten der Schilddrüse	0,5	0,8
S00–S09	Verletzungen des Kopfes	0,5	0,4
	Summe hier	80,6	69,8
	Restliche	19,4	30,2
	Gesamtsumme	100,0	100,0

Fehlzeiten-Report 2013

29.3 Baugewerbe

Tabelle 29.3.1	Entwicklung des Krankenstands der AOK-Mitglieder in der Branche Baugewerbe in den Jahren 1994 bis 2012	324
Tabelle 29.3.2	Arbeitsunfähigkeit der AOK-Mitglieder in der Branche Baugewerbe nach Bundesländern im Jahr 2012 im Vergleich zum Vorjahr	325
Tabelle 29.3.3	Arbeitsunfähigkeit der AOK-Mitglieder in der Branche Baugewerbe nach Wirtschaftsabteilungen im Jahr 2012	325
Tabelle 29.3.4	Kennzahlen der Arbeitsunfähigkeit der AOK-Mitglieder nach ausgewählten Berufsgruppen in der Branche Baugewerbe im Jahr 2012	326
Tabelle 29.3.5	Dauer der Arbeitsunfähigkeit der AOK-Mitglieder in der Branche Baugewerbe im Jahr 2012	326
Tabelle 29.3.6	Tage der Arbeitsunfähigkeit je AOK-Mitglied nach Wirtschaftsabteilung und Betriebsgröße in der Branche Baugewerbe im Jahr 2012	327
Tabelle 29.3.7	Krankenstand in Prozent nach Ausbildungsabschluss in der Branche Baugewerbe im Jahr 2012, AOK-Mitglieder	327
Tabelle 29.3.8	Tage der Arbeitsunfähigkeit je AOK-Mitglied nach Ausbildung in der Branche Baugewerbe im Jahr 2012	327
Tabelle 29.3.9	Anteil der Arbeitsunfälle an den AU-Fällen und -Tagen in Prozent nach Wirtschaftsabteilungen in der Branche Baugewerbe im Jahr 2012, AOK-Mitglieder .	328
Tabelle 29.3.10	Tage und Fälle der Arbeitsunfähigkeit durch Arbeitsunfälle nach Berufsgruppen in der Branche Baugewerbe im Jahr 2012, AOK-Mitglieder	328
Tabelle 29.3.11	Tage und Fälle der Arbeitsunfähigkeit je 100 AOK-Mitglieder nach Krankheitsarten in der Branche Baugewerbe in den Jahren 1995 bis 2012	329
Tabelle 29.3.12	Verteilung der Arbeitsunfähigkeitstage nach Krankheitsarten in Prozent in der Branche Baugewerbe im Jahr 2012, AOK-Mitglieder	329
Tabelle 29.3.13	Verteilung der Arbeitsunfähigkeitsfälle nach Krankheitsarten in Prozent in der Branche Baugewerbe im Jahr 2012, AOK-Mitglieder	330
Tabelle 29.3.14	Verteilung der Arbeitsunfähigkeitstage nach Krankheitsarten und ausgewählten Berufsgruppen nach ausgewählten Berufsgruppen in der Branche Baugewerbe im Jahr 2012, AOK-Mitglieder	330
Tabelle 29.3.15	Verteilung der Arbeitsunfähigkeitsfälle nach Krankheitsarten und ausgewählten Berufsgruppen in der Branche Baugewerbe im Jahr 2012, AOK-Mitglieder	331
Tabelle 29.3.16	Anteile der 40 häufigsten Einzeldiagnosen an den AU-Fällen und AU-Tagen in der Branche Baugewerbe im Jahr 2012, AOK-Mitglieder	332
Tabelle 29.3.17	Anteile der 40 häufigsten Diagnoseuntergruppen an den AU-Fällen und AU-Tagen in der Branche Baugewerbe im Jahr 2012, AOK-Mitglieder	333

Tab. 29.3.1 Entwicklung des Krankenstands der AOK-Mitglieder in der Branche Baugewerbe in den Jahren 1994 bis 2012

Jahr	Krankenstand in %			AU-Fälle je 100 AOK-Mitglieder			Tage je Fall		
	West	Ost	Bund	West	Ost	Bund	West	Ost	Bund
1994	7,0	5,5	6,5	155,3	137,3	150,2	14,9	13,5	14,6
1995	6,5	5,5	6,2	161,7	146,9	157,6	14,7	13,7	14,5
1996	6,1	5,3	5,9	145,0	134,8	142,2	15,5	14,0	15,1
1997	5,8	5,1	5,6	140,1	128,3	137,1	14,6	14,0	14,5
1998	6,0	5,2	5,8	143,8	133,8	141,4	14,7	14,0	14,5
1999	6,0	5,5	5,9	153,0	146,3	151,5	14,2	13,9	14,1
2000	6,1	5,4	5,9	157,3	143,2	154,5	14,1	13,8	14,1
2001	6,0	5,5	5,9	156,3	141,5	153,6	14,0	14,1	14,0
2002	5,8	5,2	5,7	154,3	136,0	151,2	13,8	14,0	13,8
2003	5,4	4,6	5,3	148,8	123,0	144,3	13,3	13,7	13,3
2004	5,0	4,1	4,8	136,6	110,8	131,9	13,4	13,7	13,4
2005	4,8	4,0	4,7	136,0	107,1	130,8	13,0	13,7	13,1
2006	4,6	3,8	4,4	131,6	101,9	126,2	12,7	13,7	12,8
2007	4,9	4,2	4,8	141,4	110,3	135,7	12,7	14,0	12,9
2008 (WZ03)	5,1	4,5	4,9	147,8	114,9	141,8	12,5	14,2	12,8
2008 (WZ08)*	5,0	4,4	4,9	147,3	114,3	141,2	12,5	14,2	12,8
2009	5,1	4,7	5,1	151,8	120,8	146,2	12,4	14,2	12,6
2010	5,1	4,7	5,1	147,8	123,2	143,4	12,7	14,0	12,9
2011	5,2	4,4	5,1	154,0	128,0	149,3	12,4	12,7	12,5
2012	5,3	5,1	5,3	152,3	124,6	147,3	12,8	14,9	13,1

*aufgrund der Revision der Wirtschaftszweigklassifikation in 2008 ist eine Vergleichbarkeit mit den Vorjahren nur bedingt möglich

Fehlzeiten-Report 2013

29.3 · Baugewerbe

Tab. 29.3.2 Arbeitsunfähigkeit der AOK-Mitglieder in der Branche Baugewerbe nach Bundesländern im Jahr 2012 im Vergleich zum Vorjahr

Bundesland	Krankenstand in %	Arbeitsunfähigkeit je 100 AOK-Mitglieder				Tage je Fall	Veränd. z. Vorj. in %	AU-Quote in %
		AU-Fälle	Veränd. z. Vorj. in %	AU-Tage	Veränd. z. Vorj. in %			
Baden-Württemberg	5,3	162,0	-0,5	1.933,5	0,4	11,9	0,8	56,1
Bayern	4,7	128,9	-1,9	1.719,0	2,7	13,3	4,7	50,3
Berlin	4,7	118,5	-4,3	1.734,4	0,3	14,6	4,3	36,2
Brandenburg	5,0	130,3	0,5	1.823,9	4,3	14,0	3,7	49,5
Bremen	6,1	157,4	-1,6	2.248,4	3,2	14,3	5,1	51,4
Hamburg	5,9	153,5	-3,9	2.149,4	5,4	14,0	9,4	48,9
Hessen	5,9	159,1	-2,0	2.153,0	0,0	13,5	1,5	52,2
Mecklenburg-Vorpommern	5,5	131,4	1,5	2.017,5	4,5	15,4	3,4	50,8
Niedersachsen	5,6	156,9	0,5	2.039,7	2,6	13,0	2,4	57,5
Nordrhein-Westfalen	5,5	168,9	-0,9	2.026,7	1,4	12,0	2,6	54,3
Rheinland-Pfalz	6,0	177,5	-0,6	2.204,7	0,3	12,4	0,8	58,8
Saarland	7,0	172,0	-2,2	2.556,4	2,3	14,9	4,9	58,4
Sachsen	4,8	118,9	-5,4	1.760,7	20,0	14,8	26,5	50,6
Sachsen-Anhalt	5,5	128,9	2,1	2.015,0	6,4	15,6	4,0	49,8
Schleswig-Holstein	5,5	159,7	-1,8	2.002,3	-0,4	12,5	0,8	56,5
Thüringen	5,3	129,5	-2,9	1.927,0	17,5	14,9	21,1	53,0
West	5,3	152,3	-1,1	1.943,5	1,5	12,8	3,2	53,6
Ost	5,1	124,6	-2,7	1.853,4	14,2	14,9	17,3	50,9
Bund	5,3	147,3	-1,3	1.927,4	3,5	13,1	4,8	53,1

Fehlzeiten-Report 2013

Tab. 29.3.3 Arbeitsunfähigkeit der AOK-Mitglieder in der Branche Baugewerbe nach Wirtschaftsabteilungen im Jahr 2012

Wirtschaftsabteilung	Krankenstand in %		Arbeitsunfähigkeiten je 100 AOK-Mitglieder		Tage je Fall	AU-Quote in %
	2012	2012 stand.*	Fälle	Tage		
Hochbau	5,7	4,3	135,4	2.075,1	15,3	52,1
Tiefbau	5,9	4,3	139,4	2.175,1	15,6	55,5
Vorbereitende Baustellenarbeiten, Bauinstallation und sonstiges Ausbaugewerbe	5,0	4,4	152,4	1.844,2	12,1	53,1
Branche insgesamt	5,3	4,4	147,3	1.927,4	13,1	53,1
Alle Branchen	4,9	4,9	153,3	1.811,6	11,8	53,2

*Krankenstand alters- und geschlechtsstandardisiert

Fehlzeiten-Report 2013

Tab. 29.3.4 Kennzahlen der Arbeitsunfähigkeit der AOK-Mitglieder nach ausgewählten Berufsgruppen in der Branche Baugewerbe im Jahr 2012

Tätigkeit	Kranken-stand in %	Arbeitsunfähigkeiten je 100 AOK-Mitglieder		Tage je Fall	AU-Quote in %	Anteil der Berufsgruppe an der Branche in %*
		Fälle	Tage			
Berufe für Maler- u. Lackiererarbeiten	5,0	173,6	1.839,3	10,6	57,2	6,9
Berufe für Stuckateurarbeiten	5,6	168,5	2.051,1	12,2	57,8	1,3
Berufe im Aus- u. Trockenbau	5,1	136,9	1.870,7	13,7	43,1	2,4
Berufe im Beton- u. Stahlbetonbau	6,2	156,0	2.269,1	14,5	46,0	2,2
Berufe im Hochbau	5,5	137,7	2.023,2	14,7	43,5	13,1
Berufe im Holz-, Möbel- u. Innenausbau	4,6	156,5	1.681,8	10,7	58,7	2,0
Berufe im Maurerhandwerk	5,7	150,1	2.098,5	14,0	57,7	6,3
Berufe im Metallbau	5,9	161,0	2.149,2	13,4	56,4	1,4
Berufe im Straßen- u. Asphaltbau	5,8	165,4	2.106,0	12,7	61,8	1,9
Berufe im Tiefbau	6,0	141,0	2.181,7	15,5	56,1	3,4
Berufe in der Bauelektrik	4,5	173,7	1.661,1	9,6	59,9	5,6
Berufe in der Dachdeckerei	5,9	180,4	2.160,5	12,0	63,4	2,8
Berufe in der Elektrotechnik	4,8	155,8	1.741,7	11,2	50,0	1,3
Berufe in der Fliesen-, Platten- u. Mosaikverlegung	5,2	154,7	1.887,9	12,2	57,1	1,4
Berufe in der Sanitär-, Heizungs- u. Klimatechnik	5,1	180,2	1.881,3	10,4	63,8	7,0
Berufe in der Zimmerei	5,2	152,0	1.916,7	12,6	59,9	2,6
Berufskraftfahrer/innen (Güterverkehr/LKW)	5,2	109,8	1.901,1	17,3	50,0	1,4
Büro- u. Sekretariatskräfte	2,7	93,8	1.005,5	10,7	39,2	5,1
Führer/innen von Erdbewegungs- u. verwandten Maschinen	5,7	117,8	2.093,1	17,8	53,2	2,5
Kaufmännische u. technische Betriebswirtschaft	2,8	108,0	1.022,7	9,5	45,3	1,2
Branche insgesamt	**5,3**	**147,3**	**1.927,4**	**13,1**	**53,1**	**7,1****

* Anteil der AOK-Mitglieder in der Berufsgruppe an den in der Branche beschäftigten AOK-Mitgliedern insgesamt
**Anteil der AOK-Mitglieder in der Branche an allen AOK-Mitgliedern

Fehlzeiten-Report 2013

Tab. 29.3.5 Dauer der Arbeitsunfähigkeit der AOK-Mitglieder in der Branche Baugewerbe im Jahr 2012

Fallklasse	Branche hier		alle Branchen	
	Anteil Fälle in %	Anteil Tage in %	Anteil Fälle in %	Anteil Tage in %
1–3 Tage	38,0	5,7	36,3	6,1
4–7 Tage	28,5	10,8	30,4	13,0
8–14 Tage	16,0	12,7	16,9	14,9
15–21 Tage	5,9	7,9	6,1	9,0
22–28 Tage	2,9	5,4	2,9	6,1
29–42 Tage	3,1	8,3	3,1	9,0
Langzeit-AU (> 42 Tage)	5,5	49,1	4,4	42,0

Fehlzeiten-Report 2013

29.3 · Baugewerbe

Tab. 29.3.6 Tage der Arbeitsunfähigkeit je AOK-Mitglied nach Wirtschaftsabteilung und Betriebsgröße in der Branche Baugewerbe im Jahr 2012

Wirtschaftsabteilungen	Betriebsgröße (Anzahl der AOK-Mitglieder)					
	10–49	50–99	100–199	200–499	500–999	≥ 1.000
Hochbau	21,7	21,6	20,7	18,7	18,2	–
Tiefbau	22,5	21,7	22,0	21,6	20,5	–
Vorbereitende Baustellenarbeiten, Bauinstallation und sonstiges Ausbaugewerbe	19,4	19,0	20,8	19,5	20,4	–
Branche insgesamt	20,4	20,5	21,1	19,8	19,8	–
Alle Branchen	18,7	20,4	20,5	20,5	20,6	19,5

Fehlzeiten-Report 2013

Tab. 29.3.7 Krankenstand in Prozent nach Ausbildungsabschluss in der Branche Baugewerbe im Jahr 2012, AOK-Mitglieder

Wirtschaftsabteilung	Ausbildung						
	ohne Ausbildungsabschluss	mit Ausbildungsabschluss	Meister/ Techniker	Bachelor	Diplom/Magister/Master/ Staatsexamen	Promotion	unbekannt
Hochbau	6,0	5,6	4,3	1,4	2,1	4,8	5,2
Tiefbau	6,3	5,8	4,1	1,3	1,8	–	5,7
Vorbereitende Baustellenarbeiten, Bauinstallation und sonstiges Ausbaugewerbe	5,1	5,0	4,0	2,3	2,5	3,7	4,8
Branche insgesamt	5,4	5,2	4,1	1,9	2,3	3,9	5,0
Alle Branchen	5,7	4,9	3,7	2,0	2,4	1,8	4,8

Fehlzeiten-Report 2013

Tab. 29.3.8 Tage der Arbeitsunfähigkeit je AOK-Mitglied nach Ausbildung in der Branche Baugewerbe im Jahr 2012

Wirtschaftsabteilung	Ausbildung						
	ohne Ausbildungsabschluss	mit Ausbildungsabschluss	Meister/ Techniker	Bachelor	Diplom/Magister/Master/ Staatsexamen	Promotion	unbekannt
Hochbau	22,0	20,4	15,6	5,1	7,8	17,6	19,0
Tiefbau	23,0	21,1	15,1	4,8	6,6	–	21,0
Vorbereitende Baustellenarbeiten, Bauinstallation und sonstiges Ausbaugewerbe	18,8	18,2	14,6	8,6	9,2	13,7	17,5
Branche insgesamt	19,8	19,0	14,9	7,1	8,4	14,4	18,1
Alle Branchen	20,7	18,1	13,6	7,3	8,8	6,5	17,4

Fehlzeiten-Report 2013

◘ **Tab. 29.3.9** Anteil der Arbeitsunfälle an den AU-Fällen und -Tagen in Prozent nach Wirtschaftsabteilungen in der Branche Baugewerbe im Jahr 2012, AOK-Mitglieder

Wirtschaftsabteilung	AU-Fälle in %	AU-Tage in %
Hochbau	8,8	15,7
Tiefbau	7,0	11,8
Vorbereitende Baustellenarbeiten, Bauinstallation und sonstiges Ausbaugewerbe	7,0	13,1
Branche insgesamt	**7,3**	**13,5**
Alle Branchen	**3,7**	**6,7**

Fehlzeiten-Report 2013

◘ **Tab. 29.3.10** Tage und Fälle der Arbeitsunfähigkeit durch Arbeitsunfälle nach Berufsgruppen in der Branche Baugewerbe im Jahr 2012, AOK-Mitglieder

Tätigkeit	Arbeitsunfähigkeit je 1.000 AOK-Mitglieder	
	AU-Tage	AU-Fälle
Berufe in der Zimmerei	4.583,4	196,2
Berufe in der Dachdeckerei	4.204,7	179,4
Berufe im Beton- u. Stahlbetonbau	4.035,8	155,9
Berufe im Gerüstbau	3.685,2	150,9
Berufe im Hochbau	3.524,8	130,8
Berufe im Maurerhandwerk	3.414,8	142,6
Berufe im Aus- u. Trockenbau	3.023,6	121,3
Berufskraftfahrer/innen (Güterverkehr/LKW)	2.928,8	102,5
Aufsichtskräfte – Hochbau	2.915,1	90,4
Berufe in der Klempnerei	2.874,3	163,2
Berufe im Metallbau	2.797,3	128,5
Berufe für Stuckateurarbeiten	2.796,8	113,4
Berufe in der Maschinenbau- u. Betriebstechnik	2.777,2	113,5
Berufe im Tiefbau	2.715,1	111,4
Berufe im Straßen- u. Asphaltbau	2.643,7	117,9
Maschinen- u. Gerätezusammensetzer/innen	2.632,8	108,7
Berufe im Holz-, Möbel- u. Innenausbau	2.601,3	133,5
Führer/innen von Erdbewegungs- u. verwandten Maschinen	2.517,5	83,4
Berufe in der Sanitär-, Heizungs- u. Klimatechnik	2.323,0	132,0
Berufe für Maler- u. Lackiererarbeiten	1.977,5	99,4
Branche insgesamt	**2.615,3**	**108,7**
Alle Branchen	**1.214,6**	**56,6**

Fehlzeiten-Report 2013

29.3 · Baugewerbe

Tab. 29.3.11 Tage und Fälle der Arbeitsunfähigkeit je 100 AOK-Mitglieder nach Krankheitsarten in der Branche Baugewerbe in den Jahren 1995 bis 2012

Jahr	Arbeitsunfähigkeiten je 100 AOK-Mitglieder											
	Psyche		Herz/Kreislauf		Atemwege		Verdauung		Muskel/Skelett		Verletzungen	
	Tage	Fälle	Tage	Fälle	Tage	Fälle	Tage	Fälle	Tage	Fälle	Tage	Fälle
1995	69,1	2,6	208,2	8,0	355,9	43,5	205,2	23,6	780,6	38,5	602,6	34,4
1996	70,5	2,5	198,8	7,0	308,8	37,3	181,0	21,3	753,9	35,0	564,8	31,7
1997	65,3	2,7	180,0	7,0	270,4	35,5	162,5	20,5	677,9	34,4	553,6	31,9
1998	69,2	2,9	179,1	7,3	273,9	37,1	160,7	20,9	715,7	37,0	548,9	31,7
1999	72,2	3,1	180,3	7,5	302,6	41,7	160,6	22,4	756,0	39,5	547,9	32,2
2000	80,8	3,6	159,7	6,9	275,1	39,2	144,2	19,3	780,1	41,2	528,8	31,2
2001	89,0	4,2	163,6	7,3	262,0	39,0	145,0	19,7	799,9	42,3	508,4	30,3
2002	90,7	4,4	159,7	7,3	240,8	36,7	141,0	20,2	787,2	41,8	502,0	29,7
2003	84,7	4,3	150,0	7,1	233,3	36,7	130,8	19,1	699,3	38,2	469,0	28,6
2004	102,0	4,4	158,3	6,6	200,2	30,6	132,1	18,6	647,6	36,0	446,6	26,8
2005	101,1	4,2	155,2	6,5	227,0	34,7	122,8	17,0	610,4	34,2	435,3	25,7
2006	91,9	4,1	146,4	6,4	184,3	29,1	119,4	17,8	570,6	33,8	442,6	26,4
2007	105,1	4,4	148,5	6,6	211,9	33,5	128,7	19,3	619,3	35,6	453,9	26,0
2008 (WZ03)	108,2	4,6	157,3	6,9	218,5	34,9	132,8	20,4	646,1	37,0	459,8	26,5
2008 (WZ08)*	107,3	4,6	156,4	6,9	217,0	34,7	131,4	20,2	642,3	36,9	459,2	26,5
2009	112,3	4,9	163,5	7,1	254,8	40,1	132,5	19,8	629,8	35,7	458,7	26,0
2010	121,0	5,0	160,5	6,9	216,2	34,1	127,0	18,4	654,5	36,6	473,1	26,5
2011	124,5	5,5	154,9	7,1	224,1	35,9	124,9	18,8	631,6	37,4	464,5	26,4
2012	143,6	5,7	178,5	7,4	223,4	35,0	133,8	18,7	679,8	37,5	475,6	25,0

*aufgrund der Revision der Wirtschaftszweigklassifikation in 2008 ist eine Vergleichbarkeit mit den Vorjahren nur bedingt möglich

Fehlzeiten-Report 2013

Tab. 29.3.12 Verteilung der Arbeitsunfähigkeitstage nach Krankheitsarten in Prozent in der Branche Baugewerbe im Jahr 2012, AOK-Mitglieder

Wirtschaftsabteilung	AU-Tage in %						
	Psyche	Herz/Kreislauf	Atemwege	Verdauung	Muskel/Skelett	Verletzungen	Sonstige
Hochbau	5,1	8,0	7,3	5,0	27,4	19,0	28,2
Tiefbau	5,6	8,8	7,7	5,4	27,6	15,1	30,0
Vorbereitende Baustellenarbeiten,Bauinstallation und sonstiges Ausbaugewerbe	5,9	6,3	9,5	5,3	26,2	19,2	27,6
Branche insgesamt	5,6	7,0	8,8	5,2	26,7	18,7	28,0
Alle Branchen	10,1	6,6	11,4	5,5	22,9	11,8	31,7

Fehlzeiten-Report 2013

◘ Tab. 29.3.13 Verteilung der Arbeitsunfähigkeitsfälle nach Krankheitsarten in Prozent in der Branche Baugewerbe im Jahr 2012, AOK-Mitglieder

Wirtschaftsabteilung	AU-Fälle in %						
	Psyche	Herz/ Kreislauf	Atem- wege	Ver- dauung	Muskel/ Skelett	Verlet- zungen	Sons- tige
Hochbau	2,9	4,7	16,8	9,9	21,5	14,4	29,9
Tiefbau	3,2	5,5	16,3	10,4	22,2	12,1	30,3
Vorbereitende Baustellenarbeiten,Bau- installation, sonstiges Ausbaugewerbe	3,2	3,6	20,0	10,2	19,7	13,5	30,0
Branche insgesamt	3,1	4,0	18,9	10,1	20,3	13,5	30,0
Alle Branchen	5,0	4,2	21,7	10,1	17,1	8,4	33,5

Fehlzeiten-Report 2013

◘ Tab. 29.3.14 Verteilung der Arbeitsunfähigkeitstage nach Krankheitsarten und ausgewählten Berufsgruppen nach ausgewählten Berufsgruppen in der Branche Baugewerbe im Jahr 2012, AOK-Mitglieder

Tätigkeit	AU-Tage in %						
	Psyche	Herz/ Kreislauf	Atem- wege	Ver- dauung	Muskel/ Skelett	Verlet- zungen	Sons- tige
Berufe für Maler- u. Lackiererarbeiten	5,9	5,8	10,8	6,0	25,9	18,9	26,8
Berufe für Stuckateurarbeiten	4,8	5,4	9,1	4,8	30,8	19,1	25,9
Berufe im Aus- u. Trockenbau	5,5	5,6	8,7	5,5	28,5	20,9	25,3
Berufe im Beton- u. Stahlbetonbau	4,5	7,3	7,8	4,7	29,7	20,4	25,7
Berufe im Gerüstbau	5,1	5,6	8,5	5,1	32,0	20,9	22,7
Berufe im Hochbau	5,2	6,9	7,9	4,9	29,0	21,1	25,0
Berufe im Holz-, Möbel- u. Innenausbau	4,9	5,9	9,8	5,7	25,0	23,2	25,6
Berufe im Maurerhandwerk	4,0	7,3	7,5	5,0	28,6	21,3	26,4
Berufe im Metallbau	5,7	7,4	8,9	5,4	26,2	17,2	29,2
Berufe im Straßen- u. Asphaltbau	4,7	7,9	8,1	5,8	27,5	18,8	27,2
Berufe im Tiefbau	4,6	8,3	7,7	5,2	29,2	15,9	29,0
Berufe in der Bauelektrik	5,2	5,8	12,3	5,6	23,1	20,1	27,8
Berufe in der Dachdeckerei	4,8	4,9	8,4	4,8	27,8	26,1	23,2
Berufe in der Elektrotechnik	5,8	7,1	11,0	5,6	25,1	18,0	27,3
Berufe in der Fliesen-, Platten- u. Mosaikverlegung	4,8	6,0	8,8	4,9	31,4	15,9	28,2
Berufe in der Klempnerei	4,9	5,5	9,5	4,9	26,7	23,2	25,4
Berufe in der Sanitär-, Heizungs- u. Klimatechnik	4,7	6,1	10,5	5,6	25,6	20,3	27,2
Berufe in der Zimmerei	3,8	4,7	7,6	4,4	25,8	30,6	23,0
Berufskraftfahrer/innen (Güterverkehr/LKW)	6,0	9,2	6,8	5,4	25,0	17,2	30,3
Büro- u. Sekretariatskräfte	12,4	5,3	11,4	6,0	16,5	9,6	38,7
Führer/innen von Erdbewegungs- u. verwandten Maschinen	5,2	9,8	6,5	4,9	27,9	14,0	31,8
Branche insgesamt	5,6	7,0	8,8	5,2	26,7	18,7	28,0
Alle Branchen	10,1	6,6	11,4	5,5	22,9	11,8	31,7

Fehlzeiten-Report 2013

Tab. 29.3.15 Verteilung der Arbeitsunfähigkeitsfälle nach Krankheitsarten und ausgewählten Berufsgruppen in der Branche Baugewerbe im Jahr 2012, AOK-Mitglieder

Tätigkeit	AU-Fälle in %						
	Psyche	Herz/ Kreislauf	Atemwege	Verdauung	Muskel/ Skelett	Verletzungen	Sonstige
Berufe für Maler- u. Lackiererarbeiten	3,1	3,1	21,1	11,2	18,4	12,9	30,3
Berufe für Stuckateurarbeiten	2,6	3,6	19,1	9,1	23,7	13,1	28,7
Berufe im Aus- u. Trockenbau	3,4	3,5	17,5	9,5	23,9	14,8	27,4
Berufe im Beton- u. Stahlbetonbau	2,7	4,1	16,8	9,4	23,7	15,1	28,1
Berufe im Gerüstbau	2,9	3,2	17,0	9,9	25,4	15,2	26,3
Berufe im Hochbau	3,1	4,2	16,2	9,5	24,4	15,1	27,5
Berufe im Holz-, Möbel- u. Innenausbau	2,7	3,2	20,3	9,8	19,2	15,4	29,4
Berufe im Maurerhandwerk	2,4	4,0	17,0	10,0	21,6	16,2	28,8
Berufe im Straßen- u. Asphaltbau	3,2	4,0	17,1	9,4	24,1	15,9	26,3
Berufe im Tiefbau	2,9	5,5	15,8	10,1	23,8	12,9	29,2
Berufe in der Bauelektrik	2,6	3,1	23,2	10,7	16,4	13,3	30,6
Berufe in der Dachdeckerei	2,7	2,7	18,8	10,3	20,6	17,2	27,6
Berufe in der Elektrotechnik	3,5	3,6	21,4	10,4	19,0	12,7	29,5
Berufe in der Fliesen-, Platten- u. Mosaikverlegung	2,9	3,2	19,9	9,6	23,0	12,2	29,0
Berufe in der Sanitär-, Heizungs- u. Klimatechnik	2,5	3,0	21,4	10,6	18,0	14,8	29,7
Berufe in der Zimmerei	2,0	2,8	18,2	9,6	19,2	20,8	27,5
Berufskraftfahrer/innen (Güterverkehr/LKW)	3,3	6,8	13,8	9,8	21,5	12,8	32,2
Büro- u. Sekretariatskräfte	5,5	4,0	22,6	10,5	12,0	6,1	39,2
Führer/innen von Erdbewegungs- u. verwandten Maschinen	3,1	7,1	13,4	10,2	22,7	11,3	32,1
Branche insgesamt	3,1	4,0	18,9	10,1	20,3	13,5	30,0
Alle Branchen	5,0	4,2	21,7	10,1	17,1	8,4	33,5

Fehlzeiten-Report 2013

◘ Tab. 29.3.16 Anteile der 40 häufigsten Einzeldiagnosen an den AU-Fällen und AU-Tagen in der Branche Baugewerbe im Jahr 2012, AOK-Mitglieder

ICD-10	Bezeichnung	AU-Fälle in %	AU-Tage in %
M54	Rückenschmerzen	7,6	6,7
J06	Akute Infektionen an mehreren oder nicht näher bezeichneten Lokalisationen der oberen Atemwege	6,2	2,2
A09	Sonstige und nicht näher bezeichnete Gastroenteritis und Kolitis infektiösen und nicht näher bezeichneten Ursprungs	3,9	1,1
K52	Sonstige nichtinfektiöse Gastroenteritis und Kolitis	2,4	0,7
T14	Verletzung an einer nicht näher bezeichneten Körperregion	2,3	1,9
J20	Akute Bronchitis	2,3	1,0
K08	Sonstige Krankheiten der Zähne und des Zahnhalteapparates	2,2	0,4
J40	Bronchitis, nicht als akut oder chronisch bezeichnet	1,9	0,8
I10	Essentielle (primäre) Hypertonie	1,5	2,6
K29	Gastritis und Duodenitis	1,4	0,6
B34	Viruskrankheit nicht näher bezeichneter Lokalisation	1,3	0,5
M25	Sonstige Gelenkkrankheiten, anderenorts nicht klassifiziert	1,2	1,3
R10	Bauch- und Beckenschmerzen	1,2	0,5
J03	Akute Tonsillitis	1,1	0,4
M99	Biomechanische Funktionsstörungen, anderenorts nicht klassifiziert	1,1	0,7
M51	Sonstige Bandscheibenschäden	1,1	2,6
S93	Luxation, Verstauchung und Zerrung der Gelenke und Bänder in Höhe des oberen Sprunggelenkes und des Fußes	1,1	1,1
J02	Akute Pharyngitis	1,0	0,3
M23	Binnenschädigung des Kniegelenkes [internal derangement]	1,0	1,9
M75	Schulterläsionen	1,0	2,0
M77	Sonstige Enthesopathien	0,9	1,0
J01	Akute Sinusitis	0,9	0,3
R51	Kopfschmerz	0,9	0,3
J32	Chronische Sinusitis	0,8	0,4
M53	Sonstige Krankheiten der Wirbelsäule und des Rückens, anderenorts nicht klassifiziert	0,8	0,8
R11	Übelkeit und Erbrechen	0,7	0,3
M79	Sonstige Krankheiten des Weichteilgewebes, anderenorts nicht klassifiziert	0,7	0,5
S61	Offene Wunde des Handgelenkes und der Hand	0,7	0,6
F32	Depressive Episode	0,7	1,6
A08	Virusbedingte und sonstige näher bezeichnete Darminfektionen	0,7	0,2
S83	Luxation, Verstauchung und Zerrung des Kniegelenkes und von Bändern des Kniegelenkes	0,7	1,3
S60	Oberflächliche Verletzung des Handgelenkes und der Hand	0,6	0,4
M47	Spondylose	0,6	0,9
F43	Reaktionen auf schwere Belastungen und Anpassungsstörungen	0,6	0,8
J00	Akute Rhinopharyngitis [Erkältungsschnupfen]	0,5	0,2
M17	Gonarthrose [Arthrose des Kniegelenkes]	0,5	1,3
B99	Sonstige und nicht näher bezeichnete Infektionskrankheiten	0,5	0,2
R42	Schwindel und Taumel	0,5	0,4
M65	Synovitis und Tenosynovitis	0,5	0,6
M70	Krankheiten des Weichteilgewebes im Zusammenhang mit Beanspruchung, Überbeanspruchung und Druck	0,5	0,5
	Summe hier	48,5	35,2
	Restliche	51,5	64,8
	Gesamtsumme	100,0	100,0

Fehlzeiten-Report 2013

◻ **Tab. 29.3.17** Anteile der 40 häufigsten Diagnoseuntergruppen an den AU-Fällen und AU-Tagen in der Branche Baugewerbe im Jahr 2012, AOK-Mitglieder

ICD-10	Bezeichnung	AU-Fälle in %	AU-Tage in %
J00–J06	Akute Infektionen der oberen Atemwege	10,3	3,7
M50–M54	Sonstige Krankheiten der Wirbelsäule und des Rückens	9,1	9,7
A00–A09	Infektiöse Darmkrankheiten	5,0	1,4
M70–M79	Sonstige Krankheiten des Weichteilgewebes	3,4	4,5
J40–J47	Chronische Krankheiten der unteren Atemwege	3,0	1,7
T08–T14	Verletzungen nicht näher bezeichneter Teile des Rumpfes, der Extremitäten oder anderer Körperregionen	2,8	2,4
K00–K14	Krankheiten der Mundhöhle, der Speicheldrüsen und der Kiefer	2,8	0,6
R50–R69	Allgemeinsymptome	2,7	1,9
J20–J22	Sonstige akute Infektionen der unteren Atemwege	2,7	1,2
K50–K52	Nichtinfektiöse Enteritis und Kolitis	2,7	0,9
S60–S69	Verletzungen des Handgelenkes und der Hand	2,3	3,1
M20–M25	Sonstige Gelenkkrankheiten	2,2	3,4
R10–R19	Symptome, die das Verdauungssystem und das Abdomen betreffen	2,1	1,1
K20–K31	Krankheiten des Ösophagus, des Magens und des Duodenums	2,0	1,0
I10–I15	Hypertonie [Hochdruckkrankheit]	1,8	3,0
S90–S99	Verletzungen der Knöchelregion und des Fußes	1,8	2,4
S80–S89	Verletzungen des Knies und des Unterschenkels	1,6	3,2
B25–B34	Sonstige Viruskrankheiten	1,5	0,5
F40–F48	Neurotische, Belastungs- und somatoforme Störungen	1,4	2,1
J30–J39	Sonstige Krankheiten der oberen Atemwege	1,4	0,7
M95–M99	Sonstige Krankheiten des Muskel-Skelett-Systems und des Bindegewebes	1,2	0,9
R00–R09	Symptome, die das Kreislaufsystem und das Atmungssystem betreffen	1,2	0,8
M15–M19	Arthrose	1,1	2,9
Z80–Z99	Personen mit potentiellen Gesundheitsrisiken aufgrund der Familien- oder Eigenanamnese und bestimmte Zustände, die den Gesundheitszustand beeinflussen	1,0	2,3
S00–S09	Verletzungen des Kopfes	1,0	0,9
G40–G47	Episodische und paroxysmale Krankheiten des Nervensystems	1,0	0,9
F30–F39	Affektive Störungen	0,9	2,1
E70–E90	Stoffwechselstörungen	0,8	1,4
M05–M14	Entzündliche Polyarthropathien	0,8	0,8
J09–J18	Grippe und Pneumonie	0,8	0,6
S40–S49	Verletzungen der Schulter und des Oberarmes	0,7	1,5
G50–G59	Krankheiten von Nerven, Nervenwurzeln und Nervenplexus	0,7	1,2
S20–S29	Verletzungen des Thorax	0,7	1,1
F10–F19	Psychische und Verhaltensstörungen durch psychotrope Substanzen	0,7	1,0
M65–M68	Krankheiten der Synovialis und der Sehnen	0,7	0,9
I80–I89	Krankheiten der Venen, der Lymphgefäße und der Lymphknoten, anderenorts nicht klassifiziert	0,7	0,7
K55–K63	Sonstige Krankheiten des Darmes	0,7	0,7
L00–L08	Infektionen der Haut und der Unterhaut	0,7	0,7
R40–R46	Symptome, die das Erkennungs- und Wahrnehmungsvermögen, die Stimmung und das Verhalten betreffen	0,7	0,6
J95–J99	Sonstige Krankheiten des Atmungssystems	0,6	0,4
	Summe hier	79,3	70,9
	Restliche	20,7	29,1
	Gesamtsumme	100,0	100,0

Fehlzeiten-Report 2013

29.4 Dienstleistungen

Tabelle 29.4.1	Entwicklung des Krankenstands der AOK-Mitglieder in der Branche Dienstleistungen in den Jahren 1994 bis 2012	335
Tabelle 29.4.2.	Arbeitsunfähigkeit der AOK-Mitglieder in der Branche Dienstleistungen nach Bundesländern im Jahr 2012 im Vergleich zum Vorjahr	336
Tabelle 29.4.3	Arbeitsunfähigkeit der AOK-Mitglieder in der Branche Dienstleistungen nach Wirtschaftsabteilungen im Jahr 2012	337
Tabelle 29.4.4	Kennzahlen der Arbeitsunfähigkeit der AOK-Mitglieder nach ausgewählten Berufsgruppen in der Branche Dienstleistungen im Jahr 2012	338
Tabelle 29.4.5	Dauer der Arbeitsunfähigkeit der AOK-Mitglieder in der Branche Dienstleistungen im Jahr 2012	338
Tabelle 29.4.6	Tage der Arbeitsunfähigkeit je AOK-Mitglied nach Wirtschaftsabteilung und Betriebsgröße in der Branche Dienstleistungen im Jahr 2012	339
Tabelle 29.4.7	Krankenstand in Prozent nach Ausbildungsabschluss in der Branche Dienstleistungen im Jahr 2012, AOK-Mitglieder	340
Tabelle 29.4.8	Tage der Arbeitsunfähigkeit je AOK-Mitglied nach Ausbildung in der Branche Dienstleistungen im Jahr 2012	341
Tabelle 29.4.9	Anteil der Arbeitsunfälle an den AU-Fällen und -Tagen in Prozent nach Wirtschaftsabteilungen in der Branche Dienstleistungen im Jahr 2012, AOK-Mitglieder	341
Tabelle 29.4.10	Tage und Fälle der Arbeitsunfähigkeit durch Arbeitsunfälle nach Berufsgruppen in der Branche Dienstleistungen im Jahr 2012, AOK-Mitglieder	342
Tabelle 29.4.11	Tage und Fälle der Arbeitsunfähigkeit je 100 AOK-Mitglieder nach Krankheitsarten in der Branche Dienstleistungen in den Jahren 1995 bis 2012	343
Tabelle 29.4.12	Verteilung der Arbeitsunfähigkeitstage nach Krankheitsarten in Prozent in der Branche Dienstleistungen im Jahr 2012, AOK-Mitglieder	343
Tabelle 29.4.13	Verteilung der Arbeitsunfähigkeitsfälle nach Krankheitsarten in Prozent in der Branche Dienstleistungen im Jahr 2012, AOK-Mitglieder	344
Tabelle 29.4.14	Verteilung der Arbeitsunfähigkeitstage nach Krankheitsarten und ausgewählten Berufsgruppen in der Branche Dienstleistungen im Jahr 2012, AOK-Mitglieder	345
Tabelle 29.4.15	Verteilung der Arbeitsunfähigkeitsfälle nach Krankheitsarten und ausgewählten Berufsgruppen in der Branche Dienstleistungen im Jahr 2012, AOK-Mitglieder	346
Tabelle 29.4.16	Anteile der 40 häufigsten Einzeldiagnosen an den AU-Fällen und AU-Tagen in der Branche Dienstleistungen im Jahr 2012, AOK-Mitglieder	347
Tabelle 29.4.17	Anteile der 40 häufigsten Diagnoseuntergruppen an den AU-Fällen und AU-Tagen in der Branche Dienstleistungen im Jahr 2012, AOK-Mitglieder	348

29.4 · Dienstleistungen

Tab. 29.4.1 Entwicklung des Krankenstands der AOK-Mitglieder in der Branche Dienstleistungen in den Jahren 1994 bis 2012

Jahr	Krankenstand in %			AU-Fälle je 100 AOK-Mitglieder			Tage je Fall		
	West	Ost	Bund	West	Ost	Bund	West	Ost	Bund
1994	5,7	6,1	5,8	136,9	134,9	136,6	14,0	14,6	14,1
1995	5,2	6,0	5,3	144,7	149,1	145,5	13,5	14,5	13,7
1996	4,8	5,6	4,9	133,7	142,5	135,3	13,7	14,3	13,8
1997	4,6	5,3	4,7	132,0	135,1	132,5	12,8	13,9	13,0
1998	4,7	5,2	4,8	136,6	136,4	136,6	12,6	13,5	12,8
1999	4,9	5,6	5,0	146,2	155,7	147,6	12,2	13,1	12,3
2000	4,9	5,5	5,0	152,7	165,0	154,3	11,8	12,3	11,9
2001	4,9	5,4	4,9	150,0	155,2	150,7	11,8	12,7	12,0
2002	4,8	5,2	4,8	149,6	152,6	150,0	11,7	12,4	11,8
2003	4,6	4,7	4,6	146,4	142,9	145,9	11,4	11,9	11,4
2004	4,2	4,2	4,2	132,8	127,3	131,9	11,6	12,0	11,7
2005	4,1	4,0	4,1	131,7	121,6	130,1	11,3	11,9	11,4
2006	4,0	3,8	4,0	130,3	118,3	128,3	11,2	11,8	11,3
2007	4,3	4,1	4,3	142,0	128,6	139,7	11,1	11,7	11,2
2008 (WZ03)	4,4	4,3	4,4	149,3	133,1	146,9	10,9	11,9	11,0
2008 (WZ08)*	4,4	4,3	4,4	148,3	133,9	145,9	10,8	11,7	10,9
2009	4,5	4,6	4,5	150,6	141,1	149,0	10,8	11,9	11,0
2010	4,5	4,7	4,5	150,6	149,5	150,4	10,9	11,5	11,0
2011	4,6	4,5	4,6	155,7	151,7	155,0	10,8	10,9	10,8
2012	4,6	4,8	4,7	151,5	137,8	149,2	11,2	12,9	11,4

*aufgrund der Revision der Wirtschaftszweigklassifikation in 2008 ist eine Vergleichbarkeit mit den Vorjahren nur bedingt möglich

Fehlzeiten-Report 2013

◘ Tab. 29.4.2. Arbeitsunfähigkeit der AOK-Mitglieder in der Branche Dienstleistungen nach Bundesländern im Jahr 2012 im Vergleich zum Vorjahr

Bundesland	Kranken-stand in %	Arbeitsunfähigkeit je 100 AOK-Mitglieder				Tage je Fall	Veränd. z. Vorj. in %	AU-Quote in %
		AU-Fälle	Veränd. z. Vorj. in %	AU-Tage	Veränd. z. Vorj. in %			
Baden-Württemberg	4,4	152,2	-2,6	1.599,9	2,0	10,5	5,0	49,9
Bayern	4,0	126,9	-3,6	1.452,6	0,0	11,4	3,6	43,8
Berlin	5,1	155,0	-1,8	1.867,0	-1,2	12,0	0,0	44,6
Brandenburg	5,2	144,4	-3,0	1.905,7	0,2	13,2	3,1	49,2
Bremen	5,1	150,7	-4,3	1.866,4	-0,1	12,4	4,2	47,7
Hamburg	5,0	160,0	-7,6	1.833,4	-3,9	11,5	4,5	46,7
Hessen	5,0	168,3	-4,6	1.843,5	-0,5	11,0	4,8	50,6
Mecklenburg-Vorpommern	5,0	135,9	-3,0	1.848,3	1,1	13,6	3,8	46,6
Niedersachsen	4,9	159,4	0,0	1.797,5	0,7	11,3	0,9	51,5
Nordrhein-Westfalen	4,9	162,2	-2,5	1.807,8	1,3	11,1	3,7	51,1
Rheinland-Pfalz	5,0	169,8	-2,5	1.818,8	-0,7	10,7	1,9	52,1
Saarland	5,2	148,4	-0,9	1.889,5	4,3	12,7	5,0	47,3
Sachsen	4,5	134,0	-12,5	1.657,0	10,7	12,4	26,5	50,8
Sachsen-Anhalt	5,3	138,4	-3,1	1.922,7	1,7	13,9	5,3	48,4
Schleswig-Holstein	5,1	153,0	-3,4	1.872,4	1,1	12,2	4,3	50,4
Thüringen	5,1	144,7	-10,6	1.855,9	11,3	12,8	24,3	51,1
West	4,6	151,5	-2,7	1.689,3	0,6	11,2	3,7	48,8
Ost	4,8	137,8	-9,2	1.770,3	7,2	12,9	18,3	49,9
Bund	4,7	149,2	-3,7	1.702,9	1,7	11,4	5,6	49,0

Fehlzeiten-Report 2013

◻ Tab. 29.4.3 Arbeitsunfähigkeit der AOK-Mitglieder in der Branche Dienstleistungen nach Wirtschaftsabteilungen im Jahr 2012

Wirtschaftsabteilung	Krankenstand in %		Arbeitsunfähigkeiten je 100 AOK-Mitglieder		Tage je Fall	AU-Quote in %
	2012	2012 stand.*	Fälle	Tage		
Erbringung von freiberuflichen, wissenschaftlichen und technischen Dienstleistungen	3,8	4,2	141,2	1.403,5	9,9	50,1
Erbringung von sonstigen Dienstleistungen	4,5	4,4	153,1	1.646,3	10,8	53,6
Erbringung von sonstigen wirtschaftlichen Dienstleistungen	5,1	5,2	175,6	1.882,1	10,7	47,0
Gastgewerbe	3,7	3,8	107,3	1.342,5	12,5	36,7
Gesundheits- und Sozialwesen	5,3	5,1	155,2	1.934,4	12,5	57,8
Grundstücks- und Wohnungswesen	4,5	4,2	127,0	1.638,9	12,9	47,9
Information und Kommunikation	3,4	3,8	132,2	1.250,2	9,5	45,1
Kunst, Unterhaltung und Erholung	4,2	4,3	118,7	1.551,7	13,1	40,5
Private Haushalte mit Hauspersonal, Herstellung von Waren und Erbringung von Dienstleistungen durch private Haushalte für den Eigengebrauch	2,6	2,7	70,1	961,8	13,7	28,8
Branche insgesamt	**4,7**	**4,7**	**149,2**	**1.702,9**	**11,4**	**49,0**
Alle Branchen	**4,9**	**4,9**	**153,3**	**1.811,6**	**11,8**	**53,2**

*Krankenstand alters- und geschlechtsstandardisiert

Fehlzeiten-Report 2013

◘ Tab. 29.4.4 Kennzahlen der Arbeitsunfähigkeit der AOK-Mitglieder nach ausgewählten Berufsgruppen in der Branche Dienstleistungen im Jahr 2012

Tätigkeit	Kranken-stand in %	Arbeitsunfähigkeiten je 100 AOK-Mitglieder		Tage je Fall	AU-Quote in %	Anteil der Berufs-gruppe an der Branche in %*
		Fälle	Tage			
Berufe im Friseurgewerbe	3,4	171,0	1.236,5	7,2	55,5	1,5
Berufe im Gastronomieservice	3,5	107,5	1.290,9	12,0	35,4	5,1
Berufe im Hotelservice	4,1	144,9	1.490,1	10,3	45,5	1,7
Berufe im Objekt-, Werte- & Personenschutz	5,3	138,4	1.937,7	14,0	46,8	2,0
Berufe im Verkauf	4,8	156,6	1.751,0	11,2	49,4	1,7
Berufe in der Altenpflege	6,8	176,4	2.502,7	14,2	61,8	4,9
Berufe in der Gebäudereinigung	5,7	154,3	2.080,9	13,5	50,3	1,5
Berufe in der Gebäudetechnik	4,7	112,8	1.722,0	15,3	46,5	1,4
Berufe in der Gesundheits- u. Krankenpflege	5,6	153,9	2.060,9	13,4	59,6	5,2
Berufe in der Hauswirtschaft	5,8	145,9	2.131,2	14,6	54,2	2,0
Berufe in der Kinderbetreuung u. -erziehung	4,7	188,1	1.734,0	9,2	63,1	2,3
Berufe in der Lagerwirtschaft	5,4	210,6	1.973,9	9,4	45,3	6,9
Berufe in der Maschinenbau- u. Betriebstechnik	4,8	184,8	1.755,7	9,5	50,3	1,1
Berufe in der Metallbearbeitung	5,0	221,1	1.848,1	8,4	49,6	2,6
Berufe in der Reinigung	5,8	149,1	2.121,6	14,2	50,6	7,7
Büro- u. Sekretariatskräfte	3,4	137,2	1.232,0	9,0	47,2	4,0
Köche/Köchinnen	4,6	124,1	1.668,8	13,4	42,0	6,5
Medizinische Fachangestellte	2,7	141,8	995,0	7,0	52,1	2,3
Zahnmedizinische Fachangestellte	2,8	179,2	1.020,8	5,7	58,8	1,2
Branche insgesamt	**4,7**	**149,2**	**1.702,9**	**11,4**	**49,0**	**40,3****

* Anteil der AOK-Mitglieder in der Berufsgruppe an den in der Branche beschäftigten AOK-Mitgliedern insgesamt
**Anteil der AOK-Mitglieder in der Branche an allen AOK-Mitgliedern

Fehlzeiten-Report 2013

◘ Tab. 29.4.5 Dauer der Arbeitsunfähigkeit der AOK-Mitglieder in der Branche Dienstleistungen im Jahr 2012

Fallklasse	Branche hier		alle Branchen	
	Anteil Fälle in %	Anteil Tage in %	Anteil Fälle in %	Anteil Tage in %
1–3 Tage	35,5	6,3	36,3	6,1
4–7 Tage	31,7	14,2	30,4	13,0
8–14 Tage	17,1	15,6	16,9	14,9
15–21 Tage	6,0	9,2	6,1	9,0
22–28 Tage	2,8	6,0	2,9	6,1
29–42 Tage	2,9	8,8	3,1	9,0
Langzeit-AU (> 42 Tage)	4,0	40,0	4,4	42,0

Fehlzeiten-Report 2013

Tab. 29.4.6 Tage der Arbeitsunfähigkeit je AOK-Mitglied nach Wirtschaftsabteilung und Betriebsgröße in der Branche Dienstleistungen im Jahr 2012

Wirtschaftsabteilungen	Betriebsgröße (Anzahl der AOK-Mitglieder)					
	10–49	50–99	100–199	200–499	500–999	≥ 1.000
Erbringung von freiberuflichen, wissenschaftlichen und technischen Dienstleistungen	13,9	16,9	17,7	19,1	19,6	21,4
Erbringung von sonstigen Dienstleistungen	18,0	20,8	21,0	19,1	18,2	17,3
Erbringung von sonstigen wirtschaftlichen Dienstleistungen	19,0	20,2	19,6	19,6	20,2	17,9
Gastgewerbe	14,6	18,3	20,7	21,9	16,4	24,2
Gesundheits- und Sozialwesen	21,8	21,9	21,6	21,1	20,8	21,1
Grundstücks- und Wohnungswesen	18,1	21,7	23,6	23,6	13,7	–
Information und Kommunikation	12,8	15,2	17,3	16,1	17,8	18,9
Kunst, Unterhaltung und Erholung	17,6	19,4	19,9	18,4	21,4	22,5
Private Haushalte mit Hauspersonal, Herstellung von Waren und Erbringung von Dienstleistungen durch private Haushalte für den Eigengebrauch	10,2	–	7,3	–	–	–
Branche insgesamt	18,1	20,3	20,2	20,1	20,0	19,7
Alle Branchen	18,7	20,4	20,5	20,5	20,6	19,5

Fehlzeiten-Report 2013

Tab. 29.4.7 Krankenstand in Prozent nach Ausbildungsabschluss in der Branche Dienstleistungen im Jahr 2012, AOK-Mitglieder

Wirtschaftsabteilung	Ausbildung						
	ohne Ausbildungsabschluss	mit Ausbildungsabschluss	Meister/ Techniker	Bachelor	Diplom/Magister/Master/ Staatsexamen	Promotion	unbekannt
Erbringung von freiberuflichen, wissenschaftlichen und technischen Dienstleistungen	4,8	4,0	2,8	1,5	1,8	1,4	4,2
Erbringung von sonstigen Dienstleistungen	5,6	4,5	3,7	2,4	2,5	1,6	4,4
Erbringung von sonstigen wirtschaftlichen Dienstleistungen	5,3	5,1	4,1	2,3	2,7	3,9	5,1
Gastgewerbe	4,2	3,9	3,4	2,1	2,6	2,1	3,2
Gesundheits- und Sozialwesen	6,1	5,2	4,9	2,7	3,1	1,7	5,4
Grundstücks- und Wohnungswesen	5,2	4,6	3,5	2,2	2,5	–	4,2
Information und Kommunikation	4,0	3,8	3,0	1,4	1,8	1,2	3,5
Kunst, Unterhaltung und Erholung	4,6	4,7	3,7	2,5	2,8	2,4	3,7
Private Haushalte mit Hauspersonal, Herstellung von Waren und Erbringung von Dienstleistungen durch private Haushalte für den Eigengebrauch	2,6	2,8	2,5	–	2,0	–	2,4
Branche insgesamt	5,3	4,8	4,0	2,0	2,4	1,7	4,4
Alle Branchen	5,7	4,9	3,7	2,0	2,4	1,8	4,8

Fehlzeiten-Report 2013

29.4 · Dienstleistungen

Tab. 29.4.8 Tage der Arbeitsunfähigkeit je AOK-Mitglied nach Ausbildung in der Branche Dienstleistungen im Jahr 2012

Wirtschaftsabteilung	Ausbildung						
	ohne Ausbildungsabschluss	mit Ausbildungsabschluss	Meister/Techniker	Bachelor	Diplom/Magister/Master/Staatsexamen	Promotion	unbekannt
Erbringung von freiberuflichen, wissenschaftlichen und technischen Dienstleistungen	17,5	14,6	10,4	5,6	6,6	5,1	15,2
Erbringung von sonstigen Dienstleistungen	20,4	16,4	13,5	8,7	9,3	5,7	16,2
Erbringung von sonstigen wirtschaftlichen Dienstleistungen	19,3	18,8	15,0	8,4	9,8	14,1	18,5
Gastgewerbe	15,5	14,2	12,4	7,5	9,5	7,7	11,6
Gesundheits- und Sozialwesen	22,3	19,2	18,1	10,0	11,2	6,0	19,9
Grundstücks- und Wohnungswesen	18,9	16,8	12,6	7,9	9,2	–	15,2
Information und Kommunikation	14,5	14,0	11,1	5,3	6,6	4,5	12,8
Kunst, Unterhaltung und Erholung	17,0	17,1	13,7	9,0	10,3	8,7	13,7
Private Haushalte mit Hauspersonal, Herstellung von Waren und Erbringung von Dienstleistungen durch private Haushalte für den Eigengebrauch	9,5	10,4	9,0	–	7,2	–	8,9
Branche insgesamt	19,3	17,4	14,5	7,2	8,9	6,2	16,2
Alle Branchen	20,7	18,1	13,6	7,3	8,8	6,5	17,4

Fehlzeiten-Report 2013

Tab. 29.4.9 Anteil der Arbeitsunfälle an den AU-Fällen und -Tagen in Prozent nach Wirtschaftsabteilungen in der Branche Dienstleistungen im Jahr 2012, AOK-Mitglieder

Wirtschaftsabteilung	AU-Fälle in %	AU-Tage in %
Erbringung von freiberuflichen, wissenschaftlichen und technischen Dienstleistungen	2,3	4,7
Erbringung von sonstigen Dienstleistungen	2,1	4,0
Erbringung von sonstigen wirtschaftlichen Dienstleistungen	4,4	7,5
Gastgewerbe	4,0	5,8
Gesundheits- und Sozialwesen	2,1	3,6
Grundstücks- und Wohnungswesen	3,1	5,6
Information und Kommunikation	1,8	3,9
Kunst, Unterhaltung und Erholung	4,7	9,8
Private Haushalte mit Hauspersonal, Herstellung von Waren und Erbringung von Dienstleistungen durch private Haushalte für den Eigengebrauch	2,5	5,4
Branche insgesamt	3,0	5,2
Alle Branchen	3,7	6,7

Fehlzeiten-Report 2013

Tab. 29.4.10 Tage und Fälle der Arbeitsunfähigkeit durch Arbeitsunfälle nach Berufsgruppen in der Branche Dienstleistungen im Jahr 2012, AOK-Mitglieder

Tätigkeit	Arbeitsunfähigkeit je 1.000 AOK-Mitglieder	
	AU-Tage	AU-Fälle
Berufe im Metallbau	2.693,1	154,3
Berufskraftfahrer/innen (Güterverkehr/LKW)	2.483,5	94,3
Berufe im Garten-, Landschafts- u. Sportplatzbau	2.399,0	114,1
Berufe in der Lebensmittelherstellung	1.945,8	106,5
Berufe für Post- u. Zustelldienste	1.795,7	89,0
Berufe im Gartenbau	1.787,2	93,7
Berufe in der Metallbearbeitung	1.756,4	118,4
Berufe in der Maschinenbau- & Betriebstechnik	1.661,2	93,8
Berufe in der Lagerwirtschaft	1.587,9	100,8
Berufe in der Kunststoff- u. Kautschukherstellung	1.478,3	98,3
Berufe in der Gebäudetechnik	1.216,1	51,9
Berufe in der Gebäudereinigung	1.127,5	49,9
Berufe im Objekt-, Werte- u. Personenschutz	1.022,8	40,7
Berufe in der Reinigung	958,3	41,0
Köche/Köchinnen	910,5	54,4
Berufe in der Altenpflege	861,7	39,0
Berufe in der Hauswirtschaft	741,9	34,5
Berufe in der Gesundheits- u. Krankenpflege	707,3	32,5
Berufe im Verkauf	700,9	41,8
Berufe im Gastronomieservice	675,6	37,9
Branche insgesamt	**892,9**	**45,2**
Alle Branchen	**1.214,6**	**56,6**

Fehlzeiten-Report 2013

29.4 · Dienstleistungen

Tab. 29.4.11 Tage und Fälle der Arbeitsunfähigkeit je 100 AOK-Mitglieder nach Krankheitsarten in der Branche Dienstleistungen in den Jahren 1995 bis 2012

Jahr	Arbeitsunfähigkeiten je 100 AOK-Mitglieder											
	Psyche		Herz/Kreislauf		Atemwege		Verdauung		Muskel/Skelett		Verletzungen	
	Tage	Fälle	Tage	Fälle	Tage	Fälle	Tage	Fälle	Tage	Fälle	Tage	Fälle
1995	131,2	5,4	189,5	9,8	388,0	47,1	196,9	23,3	577,8	30,4	304,6	18,9
1996	126,7	5,1	166,6	8,6	350,8	43,5	173,5	22,0	529,5	27,9	285,6	17,7
1997	120,9	5,4	153,0	8,7	309,8	41,8	159,5	21,6	467,4	27,1	267,9	17,3
1998	129,5	5,8	150,0	8,9	307,2	43,3	155,3	22,0	480,0	28,7	260,5	17,4
1999	137,2	6,3	147,1	9,2	343,9	48,9	159,4	24,1	504,9	31,3	260,8	18,0
2000	163,5	7,7	131,5	8,3	321,8	45,8	142,8	20,4	543,2	33,4	249,3	17,2
2001	174,7	8,6	135,5	9,0	303,0	44,8	143,3	20,9	554,2	34,5	246,0	17,2
2002	180,1	8,9	131,4	9,0	289,1	43,5	143,9	21,9	542,4	34,1	239,2	16,7
2003	175,1	8,8	125,2	8,9	289,3	44,7	134,6	20,9	491,7	31,5	226,0	15,8
2004	187,1	8,8	130,4	7,9	247,0	37,4	133,3	20,0	463,9	29,2	216,7	14,6
2005	179,3	8,2	123,3	7,4	275,1	41,7	121,8	18,2	429,9	27,2	208,9	13,9
2006	181,7	8,4	122,7	7,6	234,5	36,5	125,9	19,6	435,3	28,0	217,8	14,7
2007	201,1	9,1	126,2	7,6	264,4	41,3	135,8	21,6	461,1	29,5	220,2	14,9
2008 (WZ03)	211,3	9,5	129,6	7,9	276,0	43,4	141,4	22,7	477,2	31,0	225,5	15,3
2008 (WZ08)*	208,8	9,5	126,2	7,8	273,2	43,3	139,4	22,5	466,7	30,6	222,4	15,2
2009	220,9	9,9	126,0	7,6	314,1	48,7	135,2	21,4	453,6	28,8	218,7	14,2
2010	240,2	10,5	123,8	7,6	272,9	43,4	125,2	19,9	479,9	30,4	235,8	15,5
2011	252,9	11,1	121,5	7,6	281,3	44,4	124,8	19,8	468,5	30,8	231,5	15,1
2012	277,5	11,3	133,0	7,7	276,8	42,9	127,2	19,2	490,5	30,4	232,0	14,1

*aufgrund der Revision der Wirtschaftszweigklassifikation in 2008 ist eine Vergleichbarkeit mit den Vorjahren nur bedingt möglich

Fehlzeiten-Report 2013

Tab. 29.4.12 Verteilung der Arbeitsunfähigkeitstage nach Krankheitsarten in Prozent in der Branche Dienstleistungen im Jahr 2012, AOK-Mitglieder

Wirtschaftsabteilung	AU-Tage in %						
	Psyche	Herz/Kreislauf	Atemwege	Verdauung	Muskel/Skelett	Verletzungen	Sonstige
Erbringung von freiberuflichen, wissenschaftlichen und technischen Dienstleistungen	12,3	5,4	13,7	6,0	19,4	9,9	33,3
Erbringung von sonstigen Dienstleistungen	12,4	5,8	12,9	5,7	19,8	9,2	34,1
Erbringung von sonstigen wirtschaftlichen Dienstleistungen	9,1	6,0	12,3	5,9	23,8	12,2	30,8
Gastgewerbe	11,3	5,8	10,5	5,9	21,4	11,3	33,8
Gesundheits- und Sozialwesen	14,6	5,7	11,7	5,1	21,1	8,5	33,5
Grundstücks- und Wohnungswesen	10,3	7,5	11,0	5,4	22,3	10,8	32,7
Information und Kommunikation	12,6	5,7	15,3	6,1	17,6	9,3	33,5
Kunst, Unterhaltung und Erholung	13,2	5,9	11,3	5,5	19,7	12,8	31,6
Private Haushalte mit Hauspersonal, Herstellung von Waren und Erbringung von Dienstleistungen durch private Haushalte für den Eigengebrauch	10,2	6,0	9,1	5,0	19,9	11,4	38,4
Branche insgesamt	**12,1**	**5,8**	**12,1**	**5,6**	**21,4**	**10,1**	**32,8**
Alle Branchen	**10,1**	**6,6**	**11,4**	**5,5**	**22,9**	**11,8**	**31,7**

Fehlzeiten-Report 2013

◘ Tab. 29.4.13 Verteilung der Arbeitsunfähigkeitsfälle nach Krankheitsarten in Prozent in der Branche Dienstleistungen im Jahr 2012, AOK-Mitglieder

Wirtschaftsabteilung	AU-Fälle in %						
	Psyche	Herz/ Kreislauf	Atem- wege	Ver- dauung	Muskel/ Skelett	Verlet- zungen	Sons- tige
Erbringung von freiberuflichen, wissenschaftlichen und technischen Dienstleistungen	5,5	3,6	24,7	10,5	13,4	6,6	35,7
Erbringung von sonstigen Dienstleistungen	5,8	3,9	23,8	10,1	13,9	6,4	36,2
Erbringung von sonstigen wirtschaftlichen Dienstleistungen	5,0	4,0	20,5	10,1	19,1	8,8	32,5
Gastgewerbe	5,9	4,1	19,4	9,9	16,2	8,7	35,9
Gesundheits- und Sozialwesen	6,7	4,0	22,9	9,6	14,4	6,2	36,2
Grundstücks- und Wohnungswesen	5,3	4,9	20,9	10,3	16,8	7,7	34,1
Information und Kommunikation	5,5	3,7	26,9	10,3	13,0	6,1	34,6
Kunst, Unterhaltung und Erholung	6,8	4,2	21,4	9,4	15,2	8,8	34,2
Private Haushalte mit Hauspersonal, Herstellung von Waren und Erbringung von Dienstleistungen durch private Haushalte für den Eigengebrauch	6,0	5,5	18,9	8,8	16,4	7,2	37,2
Branche insgesamt	5,8	4,0	22,2	9,9	15,8	7,3	34,9
Alle Branchen	5,0	4,2	21,7	10,1	17,1	8,4	33,5

Fehlzeiten-Report 2013

Tab. 29.4.14 Verteilung der Arbeitsunfähigkeitstage nach Krankheitsarten und ausgewählten Berufsgruppen in der Branche Dienstleistungen im Jahr 2012, AOK-Mitglieder

Tätigkeit	AU-Tage in %						
	Psyche	Herz/Kreislauf	Atemwege	Verdauung	Muskel/Skelett	Verletzungen	Sonstige
Berufe im Friseurgewerbe	12,0	3,6	15,4	7,5	15,3	9,8	36,5
Berufe im Gastronomieservice	12,0	5,1	11,2	5,8	21,5	11,2	33,1
Berufe im Hotelservice	12,0	4,7	12,6	6,0	21,6	10,0	33,2
Berufe im Objekt-, Werte- u. Personenschutz	12,7	8,1	11,5	5,5	19,8	9,1	33,3
Berufe im Verkauf	12,7	4,8	12,3	5,9	22,0	9,4	32,9
Berufe in der Altenpflege	15,7	5,5	10,7	4,8	23,5	7,8	32,1
Berufe in der Gebäudereinigung	9,2	6,6	10,5	5,2	26,8	10,0	31,7
Berufe in der Gebäudetechnik	8,7	8,9	9,1	5,6	23,5	12,1	32,1
Berufe in der Gesundheits- u. Krankenpflege	14,7	5,4	11,6	4,9	21,8	8,7	33,0
Berufe in der Hauswirtschaft	12,3	6,5	9,9	4,7	24,1	8,5	34,0
Berufe in der Kinderbetreuung u. -erziehung	16,0	4,1	18,1	5,5	14,9	7,8	33,8
Berufe in der Lagerwirtschaft	7,5	5,4	13,1	6,3	25,8	13,5	28,4
Berufe in der Maschinenbau- u. Betriebstechnik	7,1	6,0	13,0	6,5	23,2	15,4	28,9
Berufe im Metallbau	5,9	6,7	11,5	5,9	24,6	17,3	28,1
Berufe in der Reinigung	10,0	6,5	10,1	4,8	26,6	8,7	33,2
Berufe in der Sozialarbeit u. Sozialpädagogik	16,9	5,1	13,3	5,1	18,2	7,6	33,8
Büro- u. Sekretariatskräfte	15,2	5,1	15,2	6,0	14,4	7,6	36,4
Köche/Köchinnen	11,1	6,5	10,0	5,6	23,1	10,6	33,0
Medizinische Fachangestellte	15,0	4,1	15,2	7,4	12,2	7,7	38,4
Zahnmedizinische Fachangestellte	13,1	2,8	19,4	8,6	10,4	8,5	37,1
Branche insgesamt	**12,1**	**5,8**	**12,1**	**5,6**	**21,4**	**10,1**	**32,8**
Alle Branchen	**10,1**	**6,6**	**11,4**	**5,5**	**22,9**	**11,8**	**31,7**

Fehlzeiten-Report 2013

Tab. 29.4.15 Verteilung der Arbeitsunfähigkeitsfälle nach Krankheitsarten und ausgewählten Berufsgruppen in der Branche Dienstleistungen im Jahr 2012, AOK-Mitglieder

Tätigkeit	AU-Fälle in %						
	Psyche	Herz/ Kreislauf	Atem- wege	Verdau- ung	Muskel/ Skelett	Verlet- zungen	Sons- tige
Berufe im Friseurgewerbe	5,4	2,8	24,0	11,6	10,2	5,9	40,0
Berufe im Gastronomieservice	6,3	3,8	20,0	9,8	15,9	8,3	35,8
Berufe im Hotelservice	5,9	3,5	21,1	10,2	15,3	7,2	36,8
Berufe im Objekt-, Werte- u. Personenschutz	7,3	5,4	19,7	9,5	16,1	6,9	35,1
Berufe im Verkauf	6,3	3,5	21,7	9,9	14,9	7,0	36,7
Berufe in der Altenpflege	7,9	4,1	20,7	8,9	16,8	6,2	35,4
Berufe in der Gebäudereinigung	5,4	4,9	18,5	9,2	21,4	7,5	33,0
Berufe in der Gebäudetechnik	5,0	6,2	17,3	10,0	20,1	9,4	32,0
Berufe in der Gesundheits- u. Krankenpflege	7,0	3,9	23,1	8,9	15,1	6,4	35,6
Berufe in der Hauswirtschaft	6,4	5,1	19,3	9,2	17,6	6,5	35,9
Berufe in der Kinderbetreuung u. -erziehung	6,0	2,9	30,2	9,8	9,7	4,9	36,5
Berufe in der Lagerwirtschaft	4,3	3,6	20,4	10,4	20,9	9,6	30,8
Berufe in der Maschinenbau- u. Betriebstechnik	4,0	3,7	21,6	10,7	18,7	10,6	30,7
Berufe in der Metallbearbeitung	4,1	3,2	20,8	10,8	19,1	10,5	31,4
Berufe in der Reinigung	5,9	5,2	18,0	8,9	21,2	6,6	34,2
Berufe in der Sozialarbeit u. Sozialpädagogik	7,5	3,7	25,8	9,2	12,8	5,7	35,4
Büro- u. Sekretariatskräfte	6,3	3,6	26,0	10,9	10,5	5,0	37,8
Köche/Köchinnen	5,8	4,6	18,6	9,8	17,3	8,7	35,2
Medizinische Fachangestellte	5,6	2,8	25,5	12,0	7,3	4,8	42,0
Zahnmedizinische Fachangestellte	4,9	2,5	27,0	12,0	7,2	4,8	41,7
Branche insgesamt	**5,8**	**4,0**	**22,2**	**9,9**	**15,8**	**7,3**	**34,9**
Alle Branchen	**5,0**	**4,2**	**21,7**	**10,1**	**17,1**	**8,4**	**33,5**

Fehlzeiten-Report 2013

Tab. 29.4.16 Anteile der 40 häufigsten Einzeldiagnosen an den AU-Fällen und AU-Tagen in der Branche Dienstleistungen im Jahr 2012, AOK-Mitglieder

ICD-10	Bezeichnung	AU-Fälle in %	AU-Tage in %
J06	Akute Infektionen an mehreren oder nicht näher bezeichneten Lokalisationen der oberen Atemwege	7,4	3,3
M54	Rückenschmerzen	6,3	6,0
A09	Sonstige und nicht näher bezeichnete Gastroenteritis und Kolitis infektiösen und nicht näher bezeichneten Ursprungs	4,1	1,4
J20	Akute Bronchitis	2,5	1,4
K52	Sonstige nichtinfektiöse Gastroenteritis und Kolitis	2,4	0,9
J40	Bronchitis, nicht als akut oder chronisch bezeichnet	2,1	1,1
K08	Sonstige Krankheiten der Zähne und des Zahnhalteapparates	1,8	0,4
R10	Bauch- und Beckenschmerzen	1,8	0,9
K29	Gastritis und Duodenitis	1,7	0,8
F32	Depressive Episode	1,5	3,8
B34	Viruskrankheit nicht näher bezeichneter Lokalisation	1,5	0,6
I10	Essentielle (primäre) Hypertonie	1,5	2,2
F43	Reaktionen auf schwere Belastungen und Anpassungsstörungen	1,3	2,1
J03	Akute Tonsillitis	1,3	0,6
J01	Akute Sinusitis	1,2	0,6
J02	Akute Pharyngitis	1,2	0,5
J32	Chronische Sinusitis	1,1	0,6
T14	Verletzung an einer nicht näher bezeichneten Körperregion	1,1	1,0
R51	Kopfschmerz	1,1	0,5
R11	Übelkeit und Erbrechen	0,9	0,5
M25	Sonstige Gelenkkrankheiten, anderenorts nicht klassifiziert	0,9	1,0
M99	Biomechanische Funktionsstörungen, anderenorts nicht klassifiziert	0,8	0,7
M53	Sonstige Krankheiten der Wirbelsäule und des Rückens, anderenorts nicht klassifiziert	0,8	0,9
F45	Somatoforme Störungen	0,8	1,2
F48	Andere neurotische Störungen	0,8	1,1
G43	Migräne	0,7	0,3
M51	Sonstige Bandscheibenschäden	0,7	1,8
A08	Virusbedingte und sonstige näher bezeichnete Darminfektionen	0,7	0,3
M79	Sonstige Krankheiten des Weichteilgewebes, anderenorts nicht klassifiziert	0,7	0,7
M77	Sonstige Enthesopathien	0,7	0,9
J00	Akute Rhinopharyngitis [Erkältungsschnupfen]	0,7	0,3
J04	Akute Laryngitis und Tracheitis	0,7	0,3
N39	Sonstige Krankheiten des Harnsystems	0,7	0,4
R53	Unwohlsein und Ermüdung	0,7	0,6
M75	Schulterläsionen	0,7	1,3
R42	Schwindel und Taumel	0,6	0,5
J98	Sonstige Krankheiten der Atemwege	0,6	0,3
S93	Luxation, Verstauchung und Zerrung der Gelenke und Bänder in Höhe des oberen Sprunggelenkes und des Fußes	0,6	0,7
B99	Sonstige und nicht näher bezeichnete Infektionskrankheiten	0,6	0,3
M23	Binnenschädigung des Kniegelenkes [internal derangement]	0,5	1,1
	Summe hier	57,8	43,9
	Restliche	42,2	56,1
	Gesamtsumme	100,0	100,0

Fehlzeiten-Report 2013

◘ Tab. 29.4.17 Anteile der 40 häufigsten Diagnoseuntergruppen an den AU-Fällen und AU-Tagen in der Branche Dienstleistungen im Jahr 2012, AOK-Mitglieder

ICD-10	Bezeichnung	AU-Fälle in %	AU-Tage in %
J00–J06	Akute Infektionen der oberen Atemwege	12,4	5,6
M50–M54	Sonstige Krankheiten der Wirbelsäule und des Rückens	7,6	8,3
A00–A09	Infektiöse Darmkrankheiten	5,2	1,9
J40–J47	Chronische Krankheiten der unteren Atemwege	3,3	2,2
F40–F48	Neurotische, Belastungs- und somatoforme Störungen	3,2	5,4
R50–R69	Allgemeinsymptome	3,2	2,5
R10–R19	Symptome, die das Verdauungssystem und das Abdomen betreffen	2,9	1,7
J20–J22	Sonstige akute Infektionen der unteren Atemwege	2,9	1,6
K50–K52	Nichtinfektiöse Enteritis und Kolitis	2,8	1,2
M70–M79	Sonstige Krankheiten des Weichteilgewebes	2,4	3,4
K20–K31	Krankheiten des Ösophagus, des Magens und des Duodenums	2,3	1,2
K00–K14	Krankheiten der Mundhöhle, der Speicheldrüsen und der Kiefer	2,3	0,7
F30–F39	Affektive Störungen	1,9	5,5
J30–J39	Sonstige Krankheiten der oberen Atemwege	1,7	1,0
B25–B34	Sonstige Viruskrankheiten	1,7	0,8
I10–I15	Hypertonie [Hochdruckkrankheit]	1,6	2,5
M20–M25	Sonstige Gelenkkrankheiten	1,5	2,6
G40–G47	Episodische und paroxysmale Krankheiten des Nervensystems	1,5	1,2
T08–T14	Verletzungen nicht näher bezeichneter Teile des Rumpfes, der Extremitäten oder anderer Körperregionen	1,4	1,3
R00–R09	Symptome, die das Kreislaufsystem und das Atmungssystem betreffen	1,2	0,8
N30–N39	Sonstige Krankheiten des Harnsystems	1,1	0,6
Z80–Z99	Personen mit potentiellen Gesundheitsrisiken aufgrund der Familien- oder Eigenanamnese und bestimmte Zustände, die den Gesundheitszustand beeinflussen	1,0	2,0
S60–S69	Verletzungen des Handgelenkes und der Hand	1,0	1,3
S90–S99	Verletzungen der Knöchelregion und des Fußes	1,0	1,3
M95–M99	Sonstige Krankheiten des Muskel-Skelett-Systems und des Bindegewebes	1,0	0,8
S80–S89	Verletzungen des Knies und des Unterschenkels	0,9	1,7
R40–R46	Symptome, die das Erkennungs- und Wahrnehmungsvermögen, die Stimmung und das Verhalten betreffen	0,9	0,7
I80–I89	Krankheiten der Venen, der Lymphgefäße und der Lymphknoten, anderenorts nicht klassifiziert	0,8	0,8
N80–N98	Nichtentzündliche Krankheiten des weiblichen Genitaltraktes	0,8	0,7
J09–J18	Grippe und Pneumonie	0,8	0,6
M15–M19	Arthrose	0,7	2,0
G50–G59	Krankheiten von Nerven, Nervenwurzeln und Nervenplexus	0,7	1,2
E70–E90	Stoffwechselstörungen	0,7	1,1
M65–M68	Krankheiten der Synovialis und der Sehnen	0,7	1,0
K55–K63	Sonstige Krankheiten des Darmes	0,7	0,7
J95–J99	Sonstige Krankheiten des Atmungssystems	0,7	0,5
D10–D36	Gutartige Neubildungen	0,6	0,6
I95–I99	Sonstige und nicht näher bezeichnete Krankheiten des Kreislaufsystems	0,6	0,4
B99–B99	Sonstige Infektionskrankheiten	0,6	0,3
S00–S09	Verletzungen des Kopfes	0,5	0,5
	Summe hier	78,8	70,2
	Restliche	21,2	29,8
	Gesamtsumme	100,0	100,0

Fehlzeiten-Report 2013

29.5 Energie, Wasser, Entsorgung und Bergbau

Tabelle 29.5.1 Entwicklung des Krankenstands der AOK-Mitglieder in der Branche Energie, Wasser, Entsorgung und Bergbau in den Jahren 1994 bis 2012 350

Tabelle 29.5.2 Arbeitsunfähigkeit der AOK-Mitglieder in der Branche Energie, Wasser, Entsorgung und Bergbau nach Bundesländern im Jahr 2012 im Vergleich zum Vorjahr 351

Tabelle 29.5.3 Arbeitsunfähigkeit der AOK-Mitglieder in der Branche Energie, Wasser, Entsorgung und Bergbau nach Wirtschaftsabteilungen im Jahr 2012 351

Tabelle 29.5.4 Kennzahlen der Arbeitsunfähigkeit der AOK-Mitglieder nach ausgewählten Berufsgruppen in der Branche Energie, Wasser, Entsorgung und Bergbau im Jahr 2012 352

Tabelle 29.5.5 Dauer der Arbeitsunfähigkeit der AOK-Mitglieder in der Branche Energie, Wasser, Entsorgung und Bergbau im Jahr 2012 352

Tabelle 29.5.6 Tage der Arbeitsunfähigkeit je AOK-Mitglied nach Wirtschaftsabteilung und Betriebsgröße in der Branche Energie, Wasser, Entsorgung und Bergbau im Jahr 2012 353

Tabelle 29.5.7 Krankenstand in Prozent nach Ausbildungsabschluss in der Branche Energie, Wasser, Entsorgung und Bergbau im Jahr 2012, AOK-Mitglieder 353

Tabelle 29.5.8 Tage der Arbeitsunfähigkeit je AOK-Mitglied nach Ausbildung in der Branche Energie, Wasser, Entsorgung und Bergbau im Jahr 2012 354

Tabelle 29.5.9 Anteil der Arbeitsunfälle an den AU-Fällen und -Tagen in Prozent nach Wirtschaftsabteilungen in der Branche Energie, Wasser, Entsorgung und Bergbau im Jahr 2012, AOK-Mitglieder 354

Tabelle 29.5.10 Tage und Fälle der Arbeitsunfähigkeit durch Arbeitsunfälle nach Berufsgruppen in der Branche Energie, Wasser, Entsorgung und Bergbau im Jahr 2012, AOK-Mitglieder 355

Tabelle 29.5.11 Tage und Fälle der Arbeitsunfähigkeit je 100 AOK-Mitglieder nach Krankheitsarten in der Branche Energie, Wasser, Entsorgung und Bergbau in den Jahren 1995 bis 2012. 356

Tabelle 29.5.12 Verteilung der Arbeitsunfähigkeitstage nach Krankheitsarten in Prozent in der Branche Energie, Wasser, Entsorgung und Bergbau im Jahr 2012, AOK-Mitglieder . . 356

Tabelle 29.5.13 Verteilung der Arbeitsunfähigkeitsfälle nach Krankheitsarten in Prozent in der Branche Energie, Wasser, Entsorgung und Bergbau im Jahr 2012, AOK-Mitglieder . . 357

Tabelle 29.5.14 Verteilung der Arbeitsunfähigkeitstage nach Krankheitsarten und ausgewählten Berufsgruppen in der Branche Energie, Wasser, Entsorgung und Bergbau im Jahr 2012, AOK-Mitglieder 357

Tabelle 29.5.15 Verteilung der Arbeitsunfähigkeitsfälle nach Krankheitsarten und ausgewählten Berufsgruppen in der Branche Energie, Wasser, Entsorgung und Bergbau im Jahr 2012, AOK-Mitglieder 358

Tabelle 29.5.16 Anteile der 40 häufigsten Einzeldiagnosen an den AU-Fällen und AU-Tagen in der Branche Energie, Wasser, Entsorgung und Bergbau im Jahr 2012, AOK-Mitglieder 359

Tabelle 29.5.17 Anteile der 40 häufigsten Diagnoseuntergruppen an den AU-Fällen und AU-Tagen in der BrancheEnergie, Wasser, Entsorgung und Bergbau im Jahr 2012, AOK-Mitglieder 360

Tab. 29.5.1 Entwicklung des Krankenstands der AOK-Mitglieder in der Branche Energie, Wasser, Entsorgung und Bergbau in den Jahren 1994 bis 2012

Jahr	Krankenstand in %			AU-Fälle je 100 AOK-Mitglieder			Tage je Fall		
	West	Ost	Bund	West	Ost	Bund	West	Ost	Bund
1994	6,4	5,2	6,0	143,8	117,4	136,7	16,1	14,0	15,6
1995	6,2	5,0	5,8	149,0	126,4	143,3	15,6	13,9	15,2
1996	5,7	4,1	5,3	139,1	112,4	132,3	15,7	13,8	15,3
1997	5,5	4,2	5,2	135,8	107,1	129,1	14,8	13,8	14,6
1998	5,7	4,0	5,3	140,4	108,1	133,4	14,8	13,6	14,6
1999	5,9	4,4	5,6	149,7	118,8	143,4	14,4	13,5	14,2
2000	5,8	4,4	5,5	148,8	122,3	143,7	14,3	13,1	14,1
2001	5,7	4,4	5,4	145,0	120,3	140,4	14,3	13,5	14,2
2002	5,5	4,5	5,3	144,9	122,0	140,7	13,9	13,4	13,8
2003	5,2	4,1	5,0	144,2	121,6	139,9	13,2	12,4	13,0
2004	4,9	3,7	4,6	135,2	114,8	131,1	13,1	11,9	12,9
2005	4,8	3,7	4,6	139,1	115,5	134,3	12,7	11,7	12,5
2006	4,4	3,6	4,3	127,1	112,8	124,2	12,7	11,7	12,5
2007	4,8	3,7	4,6	138,7	117,0	134,3	12,7	11,6	12,5
2008 (WZ03)	4,9	3,9	4,7	142,6	121,6	138,2	12,6	11,8	12,4
2008 (WZ08)*	5,6	4,9	5,4	157,8	132,3	152,1	13,0	13,5	13,1
2009	5,8	5,3	5,7	162,4	142,8	158,1	13,0	13,5	13,1
2010	6,0	5,5	5,9	165,7	148,9	162,0	13,3	13,4	13,3
2011	6,0	4,9	5,8	166,2	148,3	162,3	13,3	12,2	13,0
2012	6,0	5,4	5,9	163,5	145,8	159,6	13,4	13,7	13,4

*aufgrund der Revision der Wirtschaftszweigklassifikation in 2008 ist eine Vergleichbarkeit mit den Vorjahren nur bedingt möglich

Fehlzeiten-Report 2013

29.5 · Energie, Wasser, Entsorgung und Bergbau

Tab. 29.5.2 Arbeitsunfähigkeit der AOK-Mitglieder in der Branche Energie, Wasser, Entsorgung und Bergbau nach Bundesländern im Jahr 2012 im Vergleich zum Vorjahr

Bundesland	Kranken-stand in %	Arbeitsunfähigkeit je 100 AOK-Mitglieder				Tage je Fall	Veränd. z. Vorj. in %	AU-Quote in %
		AU-Fälle	Veränd. z. Vorj. in %	AU-Tage	Veränd. z. Vorj. in %			
Baden-Württemberg	5,5	161,1	-0,2	2.016,7	2,2	12,5	2,5	60,7
Bayern	5,0	135,0	-7,3	1.832,5	-6,9	13,6	0,7	55,0
Berlin	6,8	167,8	-8,0	2.497,5	-0,3	14,9	8,8	44,4
Brandenburg	5,9	148,9	3,9	2.159,7	7,8	14,5	3,6	56,0
Bremen	7,2	190,1	-4,6	2.649,0	-3,0	13,9	1,5	65,2
Hamburg	6,7	191,5	-0,6	2.443,1	8,3	12,8	9,4	59,8
Hessen	6,6	178,7	-2,1	2.430,4	-4,6	13,6	-2,9	63,6
Mecklenburg-Vorpommern	5,7	154,7	2,0	2.096,6	-4,6	13,6	-6,2	60,5
Niedersachsen	5,8	167,4	-0,1	2.121,9	-1,6	12,7	-1,6	60,7
Nordrhein-Westfalen	6,7	177,0	0,4	2.470,0	2,5	14,0	2,2	65,1
Rheinland-Pfalz	7,0	190,9	1,1	2.564,2	0,8	13,4	-0,7	65,8
Saarland	6,6	163,7	5,0	2.397,7	13,7	14,6	8,1	63,2
Sachsen	5,2	142,9	-5,1	1.890,8	14,3	13,2	20,0	58,9
Sachsen-Anhalt	5,9	142,0	0,9	2.152,6	6,0	15,2	5,6	56,9
Schleswig-Holstein	6,1	162,3	-3,3	2.220,7	6,0	13,7	9,6	61,0
Thüringen	5,4	150,8	0,5	1.972,6	14,7	13,1	13,9	58,0
West	6,0	163,5	-1,6	2.189,6	-0,6	13,4	0,8	60,7
Ost	5,4	145,8	-1,7	1.990,8	10,4	13,7	12,3	58,2
Bund	5,9	159,6	-1,7	2.146,2	1,4	13,4	3,1	60,2

Fehlzeiten-Report 2013

Tab. 29.5.3 Arbeitsunfähigkeit der AOK-Mitglieder in der Branche Energie, Wasser, Entsorgung und Bergbau nach Wirtschaftsabteilungen im Jahr 2012

Wirtschaftsabteilung	Krankenstand in %		Arbeitsunfähigkeiten je 100 AOK-Mitglieder		Tage je Fall	AU-Quote in %
	2012	2012 stand.*	Fälle	Tage		
Abwasserentsorgung	5,5	4,8	158,1	2.016,9	12,8	60,3
Beseitigung von Umweltverschmutzungen und sonstige Entsorgung	5,5	4,7	148,5	2.024,5	13,6	55,1
Energieversorgung	4,6	4,3	149,2	1.688,7	11,3	58,3
Sammlung, Behandlung und Beseitigung von Abfällen, Rückgewinnung	7,0	5,9	175,9	2.559,3	14,6	62,4
Wasserversorgung	5,7	5,1	159,4	2.078,3	13,0	63,7
Bergbau und Gewinnung von Steinen und Erden	5,4	4,4	133,5	1.985,0	14,9	55,9
Branche insgesamt	**5,9**	**5,1**	**159,6**	**2.146,2**	**13,4**	**60,2**
Alle Branchen	**4,9**	**4,9**	**153,3**	**1.811,6**	**11,8**	**53,2**

*Krankenstand alters- und geschlechtsstandardisiert

Fehlzeiten-Report 2013

Tab. 29.5.4 Kennzahlen der Arbeitsunfähigkeit der AOK-Mitglieder nach ausgewählten Berufsgruppen in der Branche Energie, Wasser, Entsorgung und Bergbau im Jahr 2012

Tätigkeit	Kranken-stand in %	Arbeitsunfähig-keiten je 100 AOK-Mitglieder		Tage je Fall	AU-Quote in %	Anteil der Berufsgruppe an der Branche in %*
		Fälle	Tage			
Berufe im Metallbau	6,3	177,1	2.316,1	13,1	65,0	1,1
Berufe im Rohrleitungsbau	6,8	172,3	2.491,7	14,5	67,7	1,2
Berufe in der Abfallwirtschaft	6,8	195,3	2.474,6	12,7	63,7	1,6
Berufe in der Bauelektrik	5,1	154,2	1.861,0	12,1	62,6	3,1
Berufe in der elektrischen Betriebstechnik	3,9	167,8	1.413,0	8,4	59,8	1,9
Berufe in der Energie- u. Kraftwerkstechnik	4,4	126,2	1.615,3	12,8	56,8	2,4
Berufe in der Kraftfahrzeugtechnik	6,0	182,0	2.182,5	12,0	65,1	1,3
Berufe in der Lagerwirtschaft	6,3	168,0	2.307,3	13,7	60,5	4,9
Berufe in der Maschinenbau- u. Betriebstechnik	5,7	173,4	2.073,0	12,0	62,9	2,6
Berufe in der Naturstein- u. Mineralaufbereitung	6,3	153,5	2.323,1	15,1	62,4	1,5
Berufe in der Reinigung	7,1	164,9	2.602,6	15,8	60,3	1,8
Berufe in der Sanitär-, Heizungs- u. Klimatechnik	5,9	170,5	2.144,4	12,6	68,3	1,1
Berufe in der Ver- u. Entsorgung	8,3	211,4	3.045,0	14,4	67,1	8,8
Berufe in der Wasserversorgungs- u. Abwassertechnik	5,8	167,6	2.127,2	12,7	63,9	3,7
Berufskraftfahrer/innen (Güterverkehr/LKW)	7,1	161,4	2.613,2	16,2	62,7	14,8
Büro- u. Sekretariatskräfte	3,5	144,6	1.264,3	8,7	54,2	5,0
Führer/innen von Erdbewegungs- u. verwandten Maschinen	5,9	131,1	2.149,3	16,4	56,1	2,4
Kaufmännische u. technische Betriebswirtschaft	3,4	142,2	1.259,0	8,9	56,1	4,8
Maschinen- u. Anlagenführer/innen	6,2	150,8	2.272,5	15,1	59,7	2,3
Technische Servicekräfte in Wartung u. Instandhaltung	5,2	153,7	1.912,1	12,4	59,9	1,1
Branche insgesamt	**5,9**	**159,6**	**2.146,2**	**13,4**	**60,2**	**1,4****

* Anteil der AOK-Mitglieder in der Berufsgruppe an den in der Branche beschäftigten AOK-Mitgliedern insgesamt
**Anteil der AOK-Mitglieder in der Branche an allen AOK-Mitgliedern

Fehlzeiten-Report 2013

Tab. 29.5.5 Dauer der Arbeitsunfähigkeit der AOK-Mitglieder in der Branche Energie, Wasser, Entsorgung und Bergbau im Jahr 2012

Fallklasse	Branche hier		alle Branchen	
	Anteil Fälle in %	Anteil Tage in %	Anteil Fälle in %	Anteil Tage in %
1–3 Tage	33,4	4,8	36,3	6,1
4–7 Tage	28,1	10,5	30,4	13,0
8–14 Tage	18,3	14,3	16,9	14,9
15–21 Tage	7,3	9,5	6,1	9,0
22–28 Tage	3,6	6,7	2,9	6,1
29–42 Tage	3,9	10,2	3,1	9,0
Langzeit-AU (> 42 Tage)	5,3	44,1	4,4	42,0

Fehlzeiten-Report 2013

Tab. 29.5.6 Tage der Arbeitsunfähigkeit je AOK-Mitglied nach Wirtschaftsabteilung und Betriebsgröße in der Branche Energie, Wasser, Entsorgung und Bergbau im Jahr 2012

Wirtschaftsabteilungen	Betriebsgröße (Anzahl der AOK-Mitglieder)					
	10–49	50–99	100–199	200–499	500–999	≥ 1.000
Abwasserentsorgung	21,4	23,9	22,0	–	–	–
Beseitigung von Umweltverschmutzungen und sonstige Entsorgung	17,0	29,0	23,6	–	–	–
Energieversorgung	16,4	17,4	18,3	18,5	16,7	27,6
Sammlung, Behandlung und Beseitigung von Abfällen, Rückgewinnung	24,1	26,2	28,2	31,0	34,5	–
Wasserversorgung	21,1	21,2	23,1	19,3	–	–
Bergbau und Gewinnung von Steinen und Erden	20,8	20,2	15,4	19,5	–	–
Branche insgesamt	**21,3**	**22,3**	**22,6**	**24,7**	**23,9**	**27,6**
Alle Branchen	**18,7**	**20,4**	**20,5**	**20,5**	**20,6**	**19,5**

Fehlzeiten-Report 2013

Tab. 29.5.7 Krankenstand in Prozent nach Ausbildungsabschluss in der Branche Energie, Wasser, Entsorgung und Bergbau im Jahr 2012, AOK-Mitglieder

Wirtschaftsabteilung	Ausbildung						
	ohne Ausbildungsabschluss	mit Ausbildungsabschluss	Meister/Techniker	Bachelor	Diplom/Magister/Master/Staatsexamen	Promotion	unbekannt
Abwasserentsorgung	7,5	5,4	3,3	–	3,3	–	5,5
Beseitigung von Umweltverschmutzungen und sonstige Entsorgung	7,0	5,5	–	–	–	–	5,2
Energieversorgung	4,8	4,9	3,3	2,0	2,0	–	5,0
Sammlung, Behandlung und Beseitigung von Abfällen, Rückgewinnung	8,1	6,7	4,6	2,9	2,8	–	6,5
Wasserversorgung	6,9	5,8	3,7	–	2,6	–	6,5
Bergbau und Gewinnung von Steinen und Erden	6,4	5,3	3,8	1,6	1,7	1,5	5,5
Branche insgesamt	**7,1**	**5,8**	**3,6**	**2,1**	**2,2**	**1,4**	**6,1**
Alle Branchen	**5,7**	**4,9**	**3,7**	**2,0**	**2,4**	**1,8**	**4,8**

Fehlzeiten-Report 2013

Tab. 29.5.8 Tage der Arbeitsunfähigkeit je AOK-Mitglied nach Ausbildung in der Branche Energie, Wasser, Entsorgung und Bergbau im Jahr 2012

Wirtschaftsabteilung	Ausbildung						
	ohne Ausbildungsabschluss	mit Ausbildungsabschluss	Meister/ Techniker	Bachelor	Diplom/Magister/Master/Staatsexamen	Promotion	unbekannt
Abwasserentsorgung	27,5	19,7	12,2	–	12,1	–	20,0
Beseitigung von Umweltverschmutzungen und sonstige Entsorgung	25,7	20,1	–	–	–	–	19,0
Energieversorgung	17,5	18,1	12,1	7,1	7,3	–	18,3
Sammlung, Behandlung und Beseitigung von Abfällen, Rückgewinnung	29,8	24,5	16,7	10,8	10,4	–	23,8
Wasserversorgung	25,1	21,4	13,4	0,0	9,5	–	23,7
Bergbau und Gewinnung von Steinen und Erden	23,3	19,3	13,8	5,9	6,2	5,6	20,0
Branche insgesamt	**25,9**	**21,1**	**13,2**	**7,5**	**8,1**	**5,1**	**22,2**
Alle Branchen	**20,7**	**18,1**	**13,6**	**7,3**	**8,8**	**6,5**	**17,4**

Fehlzeiten-Report 2013

Tab. 29.5.9 Anteil der Arbeitsunfälle an den AU-Fällen und -Tagen in Prozent nach Wirtschaftsabteilungen in der Branche Energie, Wasser, Entsorgung und Bergbau im Jahr 2012, AOK-Mitglieder

Wirtschaftsabteilung	AU-Fälle in %	AU-Tage in %
Abwasserentsorgung	4,1	8,7
Beseitigung von Umweltverschmutzungen und sonstige Entsorgung	5,4	9,5
Energieversorgung	2,9	5,5
Sammlung, Behandlung und Beseitigung von Abfällen, Rückgewinnung	6,1	10,6
Wasserversorgung	3,3	5,9
Bergbau und Gewinnung von Steinen und Erden	5,7	11,2
Branche insgesamt	**4,8**	**9,0**
Alle Branchen	**3,7**	**6,7**

Fehlzeiten-Report 2013

◘ Tab. 29.5.10 Tage und Fälle der Arbeitsunfähigkeit durch Arbeitsunfälle nach Berufsgruppen in der Branche Energie, Wasser, Entsorgung und Bergbau im Jahr 2012, AOK-Mitglieder

Tätigkeit	Arbeitsunfähigkeit je 1.000 AOK-Mitglieder	
	AU-Tage	AU-Fälle
Berufe im Hochbau	3.493,8	158,5
Berufe in der Naturstein- u. Mineralaufbereitung	3.323,7	114,9
Berufskraftfahrer/innen (Güterverkehr/LKW)	3.135,9	113,7
Berufe im Metallbau	3.067,6	131,1
Berufe in der Abfallwirtschaft	3.048,7	128,7
Berufe in der Ver- u. Entsorgung	2.804,1	118,0
Führer/innen von Erdbewegungs- u. verwandten Maschinen	2.794,8	91,4
Berufe in der Lagerwirtschaft	2.718,5	111,5
Maschinen- u. Anlagenführer/innen	2.664,1	98,4
Berufe in der Kunststoff- u. Kautschukherstellung	2.490,5	128,5
Berufe in der Kraftfahrzeugtechnik	2.383,7	136,3
Berufe in der Maschinenbau- u. Betriebstechnik	1.960,3	89,8
Kranführer/innen, Aufzugsmaschinisten, Bedienung verwandter Hebeeinrichtungen	1.788,1	88,8
Berufe in der Wasserversorgungs- u. Abwassertechnik	1.788,0	77,2
Berufe in der Bauelektrik	1.687,0	69,0
Berufe im Gartenbau	1.670,6	91,9
Berufe im Rohrleitungsbau	1.622,8	75,8
Berufe in der Sanitär-, Heizungs- u. Klimatechnik	1.577,9	81,8
Technische Servicekräfte in Wartung u. Instandhaltung	1.542,9	77,4
Berufe in der elektrischen Betriebstechnik	1.207,5	54,0
Branche insgesamt	**1.940,5**	**77,2**
Alle Branchen	**1.214,6**	**56,6**

Fehlzeiten-Report 2013

Tab. 29.5.11 Tage und Fälle der Arbeitsunfähigkeit je 100 AOK-Mitglieder nach Krankheitsarten in der Branche Energie, Wasser, Entsorgung und Bergbau in den Jahren 1995 bis 2012

Jahr	Arbeitsunfähigkeiten je 100 AOK-Mitglieder											
	Psyche		Herz/Kreislauf		Atemwege		Verdauung		Muskel/Skelett		Verletzungen	
	Tage	Fälle	Tage	Fälle	Tage	Fälle	Tage	Fälle	Tage	Fälle	Tage	Fälle
1995	97,5	3,5	225,6	9,4	388,0	45,0	190,5	22,7	713,0	35,2	381,6	22,1
1996	95,0	3,4	208,2	8,5	345,8	40,8	168,6	21,0	664,2	32,2	339,2	19,3
1997	96,1	3,6	202,5	8,6	312,8	39,5	159,4	20,8	591,7	31,8	326,9	19,4
1998	100,6	3,9	199,5	8,9	314,8	40,6	156,4	20,8	637,4	34,3	315,3	19,4
1999	109,0	4,2	191,8	9,1	358,0	46,6	159,4	22,2	639,7	35,5	333,0	19,9
2000	117,1	4,7	185,3	8,4	305,5	40,2	140,8	18,6	681,8	37,5	354,0	20,5
2001	128,8	5,1	179,0	9,1	275,2	37,6	145,3	19,2	693,3	38,0	354,0	20,4
2002	123,5	5,5	176,2	9,2	262,8	36,7	144,0	20,2	678,0	38,3	343,6	19,6
2003	125,3	5,8	167,0	9,5	276,9	39,4	134,4	20,1	606,6	35,5	320,6	19,0
2004	136,6	5,7	179,8	8,9	241,9	33,9	143,2	20,2	583,5	34,5	301,5	17,7
2005	134,4	5,5	177,8	8,9	289,5	40,4	134,6	18,7	547,0	33,2	299,8	17,5
2006	131,5	5,6	180,1	8,9	232,2	33,7	131,8	19,3	540,1	32,9	294,5	17,7
2007	142,8	6,1	187,1	9,2	255,4	36,4	141,0	20,7	556,8	33,5	293,1	16,9
2008 (WZ03)	152,0	6,1	186,1	9,4	264,6	38,1	140,7	21,1	563,9	34,0	295,0	16,9
2008 (WZ08)*	161,5	6,7	212,6	10,5	293,0	39,4	167,2	23,3	674,7	40,3	361,8	20,4
2009	179,1	7,2	223,8	10,3	340,2	45,1	166,5	23,0	677,2	39,4	362,9	19,9
2010	186,4	7,7	216,5	10,5	303,4	40,9	156,5	21,5	735,2	42,5	406,8	21,8
2011	195,3	8,2	210,1	10,5	306,0	41,1	153,3	21,2	701,6	41,4	369,4	20,4
2012	218,5	8,4	230,6	10,5	300,0	40,6	162,7	21,4	723,8	40,9	378,3	19,6

*aufgrund der Revision der Wirtschaftszweigklassifikation in 2008 ist eine Vergleichbarkeit mit den Vorjahren nur bedingt möglich

Fehlzeiten-Report 2013

Tab. 29.5.12 Verteilung der Arbeitsunfähigkeitstage nach Krankheitsarten in Prozent in der Branche Energie, Wasser, Entsorgung und Bergbau im Jahr 2012, AOK-Mitglieder

Wirtschaftsabteilung	AU-Tage in %						
	Psyche	Herz/Kreislauf	Atemwege	Verdauung	Muskel/Skelett	Verletzungen	Sonstige
Abwasserentsorgung	6,8	7,6	10,4	5,5	25,0	13,2	31,4
Beseitigung von Umweltverschmutzungen und sonstige Entsorgung	8,0	7,3	9,8	4,3	24,5	14,3	31,9
Energieversorgung	9,3	6,9	12,3	6,0	22,4	11,7	31,5
Sammlung, Behandlung und Beseitigung von Abfällen, Rückgewinnung	7,2	8,1	9,9	5,4	26,3	13,7	29,4
Wasserversorgung	8,5	7,7	10,6	6,4	24,8	11,7	30,3
Bergbau und Gewinnung von Steinen und Erden	5,5	9,4	8,3	5,4	24,5	13,6	33,3
Branche insgesamt	7,5	8,0	10,3	5,6	25,0	13,0	30,6
Alle Branchen	10,1	6,6	11,4	5,5	22,9	11,8	31,7

Fehlzeiten-Report 2013

29.5 · Energie, Wasser, Entsorgung und Bergbau

Tab. 29.5.13 Verteilung der Arbeitsunfähigkeitsfälle nach Krankheitsarten in Prozent in der Branche Energie, Wasser, Entsorgung und Bergbau im Jahr 2012, AOK-Mitglieder

Wirtschaftsabteilung	AU-Fälle in %						
	Psyche	Herz/ Kreislauf	Atem- wege	Ver- dauung	Muskel/ Skelett	Verlet- zungen	Sons- tige
Abwasserentsorgung	3,6	4,7	19,4	10,6	19,9	9,2	32,4
Beseitigung von Umweltverschmutzungen und sonstige Entsorgung	3,9	6,7	17,7	10,2	21,0	10,4	30,2
Energieversorgung	4,5	4,5	22,8	10,7	16,8	8,2	32,7
Sammlung, Behandlung und Beseitigung von Abfällen, Rückgewinnung	4,1	5,3	18,3	10,1	21,5	10,3	30,4
Wasserversorgung	4,0	5,2	20,3	11,1	19,5	8,4	31,5
Bergbau und Gewinnung von Steinen und Erden	3,2	5,9	17,6	10,3	20,4	10,5	32,1
Branche insgesamt	**4,1**	**5,1**	**19,7**	**10,4**	**19,8**	**9,5**	**31,4**
Alle Branchen	**5,0**	**4,2**	**21,7**	**10,1**	**17,1**	**8,4**	**33,5**

Fehlzeiten-Report 2013

Tab. 29.5.14 Verteilung der Arbeitsunfähigkeitstage nach Krankheitsarten und ausgewählten Berufsgruppen in der Branche Energie, Wasser, Entsorgung und Bergbau im Jahr 2012, AOK-Mitglieder

Tätigkeit	AU-Tage in %						
	Psyche	Herz/ Kreislauf	Atem- wege	Ver- dauung	Muskel/ Skelett	Verlet- zungen	Sons- tige
Berufe im Rohrleitungsbau	6,5	9,4	9,4	6,8	23,7	11,8	32,6
Berufe in der Abfallwirtschaft	5,2	8,4	10,6	5,3	25,2	14,7	30,5
Berufe in der Bauelektrik	5,7	7,1	11,4	5,4	25,2	15,6	29,6
Berufe in der elektrischen Betriebstechnik	7,8	4,3	15,6	6,5	20,9	17,4	27,5
Berufe in der Energie- u. Kraftwerkstechnik	6,6	8,7	12,2	7,2	21,2	11,5	32,6
Berufe in der Kraftfahrzeugtechnik	5,7	6,4	10,5	5,7	27,8	15,1	28,8
Berufe in der Lagerwirtschaft	7,1	7,2	10,0	5,7	25,6	14,8	29,5
Berufe in der Maschinenbau- u. Betriebstechnik	5,8	7,0	9,8	5,5	25,8	15,9	30,2
Berufe in der Naturstein- u. Mineralaufbereitung	4,1	8,7	8,5	5,2	27,0	13,7	32,9
Berufe in der Reinigung	8,8	6,4	10,3	5,1	28,0	7,4	34,0
Berufe in der Sanitär-, Heizungs- u. Klimatechnik	7,1	5,6	10,8	6,3	29,1	13,9	27,2
Berufe in der Ver- u. Entsorgung	6,7	7,4	11,0	5,5	28,7	13,3	27,4
Berufe in der Wasserversorgungs- u. Abwassertechnik	7,7	7,6	10,0	5,8	24,8	14,8	29,4
Berufskraftfahrer/innen (Güterverkehr/LKW)	6,6	9,5	8,4	5,2	26,3	13,9	29,8
Büro- u. Sekretariatskräfte	13,4	6,3	16,4	6,0	14,0	9,0	34,9
Führer/innen von Erdbewegungs- u. verwandten Maschinen	5,6	9,3	7,8	5,9	25,0	14,2	32,1
Kaufmännische u. technische Betriebswirtschaft	13,4	5,4	15,0	7,1	14,8	7,9	36,4
Maschinen- u. Anlagenführer/innen	7,0	9,4	8,7	6,4	25,0	13,5	30,1
Branche insgesamt	**7,5**	**8,0**	**10,3**	**5,6**	**25,0**	**13,0**	**30,6**
Alle Branchen	**10,1**	**6,6**	**11,4**	**5,5**	**22,9**	**11,8**	**31,7**

Fehlzeiten-Report 2013

Tab. 29.5.15 Verteilung der Arbeitsunfähigkeitsfälle nach Krankheitsarten und ausgewählten Berufsgruppen in der Branche Energie, Wasser, Entsorgung und Bergbau im Jahr 2012, AOK-Mitglieder

Tätigkeit	AU-Fälle in %						
	Psyche	Herz/ Kreislauf	Atem- wege	Verdau- ung	Muskel/ Skelett	Verlet- zungen	Sons- tige
Berufe im Rohrleitungsbau	3,7	5,3	17,6	11,1	22,5	9,5	30,4
Berufe in der Abfallwirtschaft	3,8	4,7	19,1	10,1	22,3	11,1	28,9
Berufe in der Bauelektrik	3,1	4,6	21,0	10,6	19,6	10,4	30,7
Berufe in der elektrischen Betriebstechnik	3,1	3,0	26,7	10,7	14,4	10,6	31,4
Berufe in der Energie- u. Kraftwerkstechnik	4,3	5,7	20,8	11,7	18,3	7,8	31,3
Berufe in der Kraftfahrzeugtechnik	3,3	4,5	20,4	9,9	19,4	12,8	29,7
Berufe in der Lagerwirtschaft	4,0	5,2	17,7	10,5	21,7	11,0	30,0
Berufe in der Maschinenbau- u. Betriebstechnik	3,5	4,5	20,4	10,5	19,2	11,6	30,2
Berufe in der Naturstein- u. Mineralaufbereitung	2,8	5,4	17,0	10,2	21,5	10,8	32,2
Berufe in der Reinigung	5,2	5,2	18,9	10,2	21,8	5,8	32,9
Berufe in der Sanitär-, Heizungs- u. Klimatechnik	4,1	4,1	19,9	9,8	23,7	9,8	28,6
Berufe in der Ver- u. Entsorgung	4,0	5,0	18,6	9,6	23,5	10,2	29,1
Berufe in der Wasserversorgungs- u. Abwassertechnik	3,6	4,8	18,4	11,1	20,2	10,5	31,5
Berufskraftfahrer/innen (Güterverkehr/LKW)	3,9	6,3	15,8	10,1	22,6	10,8	30,5
Büro- u. Sekretariatskräfte	5,0	3,6	27,4	11,1	10,5	5,5	36,9
Führer/innen von Erdbewegungs- u. verwandten Maschinen	3,5	6,5	15,7	10,6	21,6	10,5	31,6
Kaufmännische u. technische Betriebswirtschaft	5,1	4,0	26,7	11,3	10,4	5,6	37,0
Maschinen- u. Anlagenführer/innen	4,0	5,6	17,4	10,5	22,0	10,5	30,0
Branche insgesamt	**4,1**	**5,1**	**19,7**	**10,4**	**19,8**	**9,5**	**31,4**
Alle Branchen	**5,0**	**4,2**	**21,7**	**10,1**	**17,1**	**8,4**	**33,5**

Fehlzeiten-Report 2013

◘ Tab. 29.5.16 Anteile der 40 häufigsten Einzeldiagnosen an den AU-Fällen und AU-Tagen in der Branche Energie, Wasser, Entsorgung und Bergbau im Jahr 2012, AOK-Mitglieder

ICD-10	Bezeichnung	AU-Fälle in %	AU-Tage in %
M54	Rückenschmerzen	7,5	6,8
J06	Akute Infektionen an mehreren oder nicht näher bezeichneten Lokalisationen der oberen Atemwege	6,4	2,7
A09	Sonstige und nicht näher bezeichnete Gastroenteritis und Kolitis infektiösen und nicht näher bezeichneten Ursprungs	3,1	1,0
K08	Sonstige Krankheiten der Zähne und des Zahnhalteapparates	2,6	0,4
J20	Akute Bronchitis	2,4	1,3
I10	Essentielle (primäre) Hypertonie	2,2	3,1
J40	Bronchitis, nicht als akut oder chronisch bezeichnet	2,0	1,0
K52	Sonstige nichtinfektiöse Gastroenteritis und Kolitis	2,0	0,7
T14	Verletzung an einer nicht näher bezeichneten Körperregion	1,5	1,4
K29	Gastritis und Duodenitis	1,3	0,6
B34	Viruskrankheit nicht näher bezeichneter Lokalisation	1,3	0,5
R10	Bauch- und Beckenschmerzen	1,2	0,5
M25	Sonstige Gelenkkrankheiten, anderenorts nicht klassifiziert	1,1	1,1
M51	Sonstige Bandscheibenschäden	1,1	2,2
M75	Schulterläsionen	1,0	2,0
M99	Biomechanische Funktionsstörungen, anderenorts nicht klassifiziert	1,0	0,7
J01	Akute Sinusitis	1,0	0,4
F32	Depressive Episode	0,9	2,1
J02	Akute Pharyngitis	0,9	0,4
M77	Sonstige Enthesopathien	0,9	1,0
J03	Akute Tonsillitis	0,9	0,4
J32	Chronische Sinusitis	0,9	0,5
M53	Sonstige Krankheiten der Wirbelsäule und des Rückens, anderenorts nicht klassifiziert	0,9	0,9
F43	Reaktionen auf schwere Belastungen und Anpassungsstörungen	0,8	1,2
M23	Binnenschädigung des Kniegelenkes [internal derangement]	0,8	1,4
S93	Luxation, Verstauchung und Zerrung der Gelenke und Bänder in Höhe des oberen Sprunggelenkes und des Fußes	0,7	0,8
R51	Kopfschmerz	0,7	0,3
M79	Sonstige Krankheiten des Weichteilgewebes, anderenorts nicht klassifiziert	0,7	0,5
M47	Spondylose	0,6	0,8
E11	Nicht primär insulinabhängiger Diabetes mellitus [Typ-2-Diabetes]	0,6	0,9
I25	Chronische ischämische Herzkrankheit	0,6	1,3
M17	Gonarthrose [Arthrose des Kniegelenkes]	0,6	1,2
A08	Virusbedingte und sonstige näher bezeichnete Darminfektionen	0,6	0,2
J00	Akute Rhinopharyngitis [Erkältungsschnupfen]	0,6	0,2
R11	Übelkeit und Erbrechen	0,5	0,3
E78	Störungen des Lipoproteinstoffwechsels und sonstige Lipidämien	0,5	0,8
R42	Schwindel und Taumel	0,5	0,4
F45	Somatoforme Störungen	0,5	0,7
J04	Akute Laryngitis und Tracheitis	0,5	0,2
S83	Luxation, Verstauchung und Zerrung des Kniegelenkes und von Bändern des Kniegelenkes	0,5	0,9
	Summe hier	54,4	43,8
	Restliche	45,6	56,2
	Gesamtsumme	100,0	100,0

Fehlzeiten-Report 2013

◘ Tab. 29.5.17 Anteile der 40 häufigsten Diagnoseuntergruppen an den AU-Fällen und AU-Tagen in der BrancheEnergie, Wasser, Entsorgung und Bergbau im Jahr 2012, AOK-Mitglieder

ICD-10	Bezeichnung	AU-Fälle in %	AU-Tage in %
J00–J06	Akute Infektionen der oberen Atemwege	10,4	4,4
M50–M54	Sonstige Krankheiten der Wirbelsäule und des Rückens	9,1	9,5
A00–A09	Infektiöse Darmkrankheiten	4,1	1,3
M70–M79	Sonstige Krankheiten des Weichteilgewebes	3,2	4,2
J40–J47	Chronische Krankheiten der unteren Atemwege	3,2	2,1
K00–K14	Krankheiten der Mundhöhle, der Speicheldrüsen und der Kiefer	3,2	0,7
J20–J22	Sonstige akute Infektionen der unteren Atemwege	2,8	1,5
I10–I15	Hypertonie [Hochdruckkrankheit]	2,5	3,6
R50–R69	Allgemeinsymptome	2,5	2,0
K50–K52	Nichtinfektiöse Enteritis und Kolitis	2,3	0,9
F40–F48	Neurotische, Belastungs- und somatoforme Störungen	2,0	3,0
K20–K31	Krankheiten des Ösophagus, des Magens und des Duodenums	2,0	1,1
R10–R19	Symptome, die das Verdauungssystem und das Abdomen betreffen	2,0	1,1
M20–M25	Sonstige Gelenkkrankheiten	1,9	2,8
T08–T14	Verletzungen nicht näher bezeichneter Teile des Rumpfes, der Extremitäten oder anderer Körperregionen	1,8	1,7
J30–J39	Sonstige Krankheiten der oberen Atemwege	1,4	0,9
B25–B34	Sonstige Viruskrankheiten	1,4	0,6
Z80–Z99	Personen mit potentiellen Gesundheitsrisiken aufgrund der Familien- oder Eigenanamnese und bestimmte Zustände, die den Gesundheitszustand beeinflussen	1,3	2,0
S60–S69	Verletzungen des Handgelenkes und der Hand	1,3	1,8
G40–G47	Episodische und paroxysmale Krankheiten des Nervensystems	1,3	1,2
F30–F39	Affektive Störungen	1,2	3,0
M15–M19	Arthrose	1,2	2,6
S80–S89	Verletzungen des Knies und des Unterschenkels	1,2	2,3
S90–S99	Verletzungen der Knöchelregion und des Fußes	1,2	1,6
R00–R09	Symptome, die das Kreislaufsystem und das Atmungssystem betreffen	1,2	0,8
E70–E90	Stoffwechselstörungen	1,1	1,5
M95–M99	Sonstige Krankheiten des Muskel-Skelett-Systems und des Bindegewebes	1,1	0,9
K55–K63	Sonstige Krankheiten des Darmes	0,9	0,8
M05–M14	Entzündliche Polyarthropathien	0,9	0,8
I20–I25	Ischämische Herzkrankheiten	0,8	1,7
E10–E14	Diabetes mellitus	0,8	1,2
I80–I89	Krankheiten der Venen, der Lymphgefäße und der Lymphknoten, anderenorts nicht klassifiziert	0,8	0,9
J09–J18	Grippe und Pneumonie	0,8	0,6
I30–I52	Sonstige Formen der Herzkrankheit	0,7	1,2
G50–G59	Krankheiten von Nerven, Nervenwurzeln und Nervenplexus	0,7	1,1
R40–R46	Symptome, die das Erkennungs- und Wahrnehmungsvermögen, die Stimmung und das Verhalten betreffen	0,7	0,6
S00–S09	Verletzungen des Kopfes	0,7	0,6
F10–F19	Psychische und Verhaltensstörungen durch psychotrope Substanzen	0,6	1,1
M45–M49	Spondylopathien	0,6	1,0
L00–L08	Infektionen der Haut und der Unterhaut	0,6	0,6
	Summe hier	77,5	71,3
	Restliche	22,5	28,7
	Gesamtsumme	100,0	100,0

Fehlzeiten-Report 2013

29.6 Erziehung und Unterricht

Tabelle 29.6.1	Entwicklung des Krankenstands der AOK-Mitglieder in der Branche Erziehung und Unterricht in den Jahren 1994 bis 2012	362
Tabelle 29.6.2	Arbeitsunfähigkeit der AOK-Mitglieder in der Branche Erziehung und Unterricht nach Bundesländern im Jahr 2012 im Vergleich zum Vorjahr	363
Tabelle 29.6.3	Arbeitsunfähigkeit der AOK-Mitglieder in der Branche Erziehung und Unterricht nach Wirtschaftsabteilungen im Jahr 2012	363
Tabelle 29.6.4	Kennzahlen der Arbeitsunfähigkeit der AOK-Mitglieder nach ausgewählten Berufsgruppen in der Branche Erziehung und Unterricht im Jahr 2012	364
Tabelle 29.6.5	Dauer der Arbeitsunfähigkeit der AOK-Mitglieder in der Branche Erziehung und Unterricht im Jahr 2012	364
Tabelle 20.6.6	Tage der Arbeitsunfähigkeit je AOK-Mitglied nach Wirtschaftsabteilung und Betriebsgröße in der Branche Erziehung und Unterricht im Jahr 2012	365
Tabelle 29.6.7	Krankenstand in Prozent nach Ausbildungsabschluss in der Branche Erziehung und Unterricht im Jahr 2012, AOK-Mitglieder	365
Tabelle 29.6.8	Tage der Arbeitsunfähigkeit je AOK-Mitglied nach Ausbildung in der Branche Erziehung und Unterricht im Jahr 2012	366
Tabelle 29.6.9	Anteil der Arbeitsunfälle an den AU-Fällen und -Tagen in Prozent nach Wirtschaftsabteilungen in der Branche Erziehung und Unterricht im Jahr 2012, AOK-Mitglieder	366
Tabelle 29.6.10	Tage und Fälle der Arbeitsunfähigkeit durch Arbeitsunfälle nach Berufsgruppen in der Branche Erziehung und Unterricht im Jahr 2012, AOK-Mitglieder	367
Tabelle 29.6.11	Tage und Fälle der Arbeitsunfähigkeit je 100 AOK-Mitglieder nach Krankheitsarten in der Branche Erziehung und Unterricht in den Jahren 2000 bis 2012	368
Tabelle 29.6.12	Verteilung der Arbeitsunfähigkeitstage nach Krankheitsarten in Prozent in der Branche Erziehung und Unterricht im Jahr 2012, AOK-Mitglieder	368
Tabelle 29.6.13	Verteilung der Arbeitsunfähigkeitsfälle nach Krankheitsarten in Prozent in der Branche Erziehung und Unterricht im Jahr 2012, AOK-Mitglieder	369
Tabelle 29.6.14	Verteilung der Arbeitsunfähigkeitstage nach Krankheitsarten und ausgewählten Berufsgruppen in der Branche Erziehung und Unterricht im Jahr 2012, AOK-Mitglieder	369
Tabelle 29.6.15	Verteilung der Arbeitsunfähigkeitsfälle nach Krankheitsarten und ausgewählten Berufsgruppen in der Branche Erziehung und Unterricht im Jahr 2012, AOK-Mitglieder	370
Tabelle 29.6.16	Anteile der 40 häufigsten Einzeldiagnosen an den AU-Fällen und AU-Tagen in der Branche Erziehung und Unterricht im Jahr 2012, AOK-Mitglieder	371
Tabelle 29.6.17	Anteile der 40 häufigsten Diagnoseuntergruppen an den AU-Fällen und AU-Tagen in der Branche Erziehung und Unterricht im Jahr 2012, AOK-Mitglieder	372

◘ **Tab. 29.6.1** Entwicklung des Krankenstands der AOK-Mitglieder in der Branche Erziehung und Unterricht in den Jahren 1994 bis 2012

Jahr	Krankenstand in %			AU-Fälle je 100 AOK-Mitglieder			Tage je Fall		
	West	Ost	Bund	West	Ost	Bund	West	Ost	Bund
1994	6,0	8,3	6,8	180,5	302,8	226,3	12,0	10,1	11,0
1995	6,1	9,8	7,5	193,8	352,2	253,3	11,5	10,2	10,8
1996	6,0	9,5	7,5	220,6	364,8	280,3	10,0	9,5	9,7
1997	5,8	8,9	7,0	226,2	373,6	280,6	9,4	8,7	9,0
1998	5,9	8,4	6,9	237,2	376,1	289,1	9,1	8,2	8,7
1999	6,1	9,3	7,3	265,2	434,8	326,8	8,4	7,8	8,1
2000	6,3	9,2	7,3	288,2	497,8	358,3	8,0	6,8	7,5
2001	6,1	8,9	7,1	281,6	495,1	352,8	7,9	6,6	7,3
2002	5,6	8,6	6,6	267,2	507,0	345,5	7,7	6,2	7,0
2003	5,3	7,7	6,1	259,4	477,4	332,4	7,4	5,9	6,7
2004	5,1	7,0	5,9	247,5	393,6	304,7	7,6	6,5	7,0
2005	4,6	6,6	5,4	227,8	387,2	292,1	7,4	6,2	6,8
2006	4,4	6,1	5,1	223,0	357,5	277,6	7,2	6,2	6,7
2007	4,7	6,1	5,3	251,4	357,2	291,0	6,9	6,2	6,6
2008 (WZ03)	5,0	6,2	5,4	278,0	349,8	303,4	6,6	6,4	6,6
2008 (WZ08)*	5,0	6,2	5,4	272,1	348,5	297,4	6,7	6,5	6,6
2009	5,2	6,5	5,6	278,2	345,3	297,9	6,8	6,9	6,9
2010	5,1	5,7	5,3	262,4	278,0	267,6	7,1	7,5	7,3
2011	4,6	5,1	4,7	212,9	247,4	220,9	7,8	7,5	7,8
2012	4,8	5,8	5,0	238,6	256,0	242,4	7,4	8,3	7,6

*aufgrund der Revision der Wirtschaftszweigklassifikation in 2008 ist eine Vergleichbarkeit mit den Vorjahren nur bedingt möglich

Fehlzeiten-Report 2013

29.6 · Erziehung und Unterricht

Tab. 29.6.2 Arbeitsunfähigkeit der AOK-Mitglieder in der Branche Erziehung und Unterricht nach Bundesländern im Jahr 2012 im Vergleich zum Vorjahr

Bundesland	Krankenstand in %	Arbeitsunfähigkeit je 100 AOK-Mitglieder				Tage je Fall	Veränd. z. Vorj. in %	AU-Quote in %
		AU-Fälle	Veränd. z. Vorj. in %	AU-Tage	Veränd. z. Vorj. in %			
Baden-Württemberg	4,0	187,7	13,8	1.449,1	6,4	7,7	-7,2	54,3
Bayern	3,5	146,0	-2,2	1.276,3	-3,7	8,7	-2,2	48,2
Berlin	7,5	407,5	-17,8	2.730,4	-13,6	6,7	4,7	61,2
Brandenburg	6,5	281,8	-13,7	2.363,2	0,2	8,4	16,7	61,4
Bremen	4,6	247,5	7,8	1.697,1	-14,2	6,9	-19,8	52,6
Hamburg	6,2	332,6	3,3	2.274,0	-1,9	6,8	-5,6	63,3
Hessen	5,9	336,2	26,7	2.159,6	2,6	6,4	-19,0	64,3
Mecklenburg-Vorpommern	5,3	247,0	-13,1	1.922,4	-8,0	7,8	6,8	55,9
Niedersachsen	5,0	252,7	-5,9	1.846,7	-4,4	7,3	1,4	58,0
Nordrhein-Westfalen	5,4	286,8	12,1	1.985,2	6,9	6,9	-5,5	61,8
Rheinland-Pfalz	5,9	310,2	37,6	2.171,0	17,8	7,0	-14,6	62,3
Saarland	5,9	257,8	2,9	2.162,4	1,8	8,4	-1,2	56,8
Sachsen	5,7	256,5	9,4	2.088,0	21,5	8,1	11,0	61,5
Sachsen-Anhalt	5,9	247,9	8,7	2.169,6	6,6	8,8	-1,1	53,0
Schleswig-Holstein	4,7	207,1	-5,4	1.702,3	-1,9	8,2	3,8	53,7
Thüringen	5,8	246,4	-4,8	2.139,3	10,5	8,7	16,0	57,2
West	**4,8**	**238,6**	**12,1**	**1.754,7**	**5,0**	**7,4**	**-5,1**	**56,5**
Ost	**5,8**	**256,0**	**3,5**	**2.122,2**	**13,9**	**8,3**	**10,7**	**59,0**
Bund	**5,0**	**242,4**	**9,7**	**1.835,4**	**7,0**	**7,6**	**-2,6**	**57,1**

Fehlzeiten-Report 2013

Tab. 29.6.3 Arbeitsunfähigkeit der AOK-Mitglieder in der Branche Erziehung und Unterricht nach Wirtschaftsabteilungen im Jahr 2012

Wirtschaftsabteilung	Krankenstand in %		Arbeitsunfähigkeiten je 100 AOK-Mitglieder		Tage je Fall	AU-Quote in %
	2012	2012 stand.*	Fälle	Tage		
Erbringung von Dienstleistungen für den Unterricht	3,5	3,4	214,3	1.286,0	6,0	58,9
Grundschulen	3,7	3,5	126,2	1.340,0	10,6	50,2
Kindergärten und Vorschulen	4,8	5,1	190,4	1.752,4	9,2	63,2
Sonstiger Unterricht	5,4	4,8	290,6	1.991,7	6,9	56,5
Tertiärer und post-sekundärer, nicht tertiärer Unterricht	3,8	4,1	160,1	1.395,8	8,7	45,1
Weiterführende Schulen	5,2	4,6	258,4	1.887,5	7,3	58,1
Branche insgesamt	**5,0**	**4,7**	**242,4**	**1.835,4**	**7,6**	**57,1**
Alle Branchen	**4,9**	**4,9**	**153,3**	**1.811,6**	**11,8**	**53,2**

*Krankenstand alters- und geschlechtsstandardisiert

Fehlzeiten-Report 2013

◘ Tab. 29.6.4 Kennzahlen der Arbeitsunfähigkeit der AOK-Mitglieder nach ausgewählten Berufsgruppen in der Branche Erziehung und Unterricht im Jahr 2012

Tätigkeit	Kranken-stand in %	Arbeitsunfähigkeiten je 100 AOK-Mitglieder		Tage je Fall	AU-Quote in %	Anteil der Berufsgruppe an der Branche in %*
		Fälle	Tage			
Berufe für Maler- u. Lackiererarbeiten	8,3	556,5	3.031,5	5,4	70,4	1,9
Berufe im Friseurgewerbe	6,7	514,9	2.448,0	4,8	70,0	1,4
Berufe im Metallbau	8,1	588,4	2.966,3	5,0	66,7	1,4
Berufe im Verkauf	7,3	532,8	2.671,8	5,0	69,8	6,5
Berufe in der betrieblichen Ausbildung & Betriebspädagogik	4,7	153,6	1.723,0	11,2	56,9	1,7
Berufe in der Erwachsenenbildung	3,8	129,2	1.385,5	10,7	47,6	1,3
Berufe in der Gebäudetechnik	5,6	123,7	2.045,4	16,5	51,3	1,4
Berufe in der Gesundheits- u. Krankenpflege	3,7	201,7	1.343,6	6,7	60,1	1,6
Berufe in der Hauswirtschaft	6,8	282,5	2.491,9	8,8	63,7	2,3
Berufe in der Hochschullehre u. -forschung	1,0	46,4	374,9	8,1	22,1	3,1
Berufe in der Kinderbetreuung u. -erziehung	4,4	200,7	1.612,6	8,0	64,4	17,4
Berufe in der Lagerwirtschaft	7,6	527,8	2.784,3	5,3	68,8	2,5
Berufe in der öffentlichen Verwaltung	3,8	133,8	1.378,2	10,3	50,2	1,5
Berufe in der Reinigung	6,1	153,9	2.238,2	14,5	58,4	4,1
Berufe in der Sozialarbeit u. Sozialpädagogik	4,1	154,3	1.513,9	9,8	54,8	2,3
Büro- u. Sekretariatskräfte	4,7	261,8	1.721,8	6,6	53,9	7,7
Fahrlehrer/innen	3,0	78,1	1.102,9	14,1	35,2	2,1
Köche/Köchinnen	6,5	267,2	2.376,2	8,9	61,7	3,1
Lehrkräfte in der Sekundarstufe	2,4	87,0	862,5	9,9	38,8	2,3
Lehrkräfte für berufsbildende Fächer	3,2	120,2	1.175,4	9,8	47,7	1,3
Branche insgesamt	**5,0**	**242,4**	**1.835,4**	**7,6**	**57,1**	**1,5****

* Anteil der AOK-Mitglieder in der Berufsgruppe an den in der Branche beschäftigten AOK-Mitgliedern insgesamt
**Anteil der AOK-Mitglieder in der Branche an allen AOK-Mitgliedern

Fehlzeiten-Report 2013

◘ Tab. 29.6.5 Dauer der Arbeitsunfähigkeit der AOK-Mitglieder in der Branche Erziehung und Unterricht im Jahr 2012

Fallklasse	Branche hier		alle Branchen	
	Anteil Fälle in %	Anteil Tage in %	Anteil Fälle in %	Anteil Tage in %
1–3 Tage	48,5	12,4	36,3	6,1
4–7 Tage	29,6	19,2	30,4	13,0
8–14 Tage	12,9	17,4	16,9	14,9
15–21 Tage	3,7	8,4	6,1	9,0
22–28 Tage	1,6	5,3	2,9	6,1
29–42 Tage	1,6	7,2	3,1	9,0
Langzeit-AU (> 42 Tage)	2,1	30,1	4,4	42,0

Fehlzeiten-Report 2013

29.6 · Erziehung und Unterricht

◘ Tab. 20.6.6 Tage der Arbeitsunfähigkeit je AOK-Mitglied nach Wirtschaftsabteilung und Betriebsgröße in der Branche Erziehung und Unterricht im Jahr 2012

Wirtschaftsabteilungen	Betriebsgröße (Anzahl der AOK-Mitglieder)					
	10–49	50–99	100–199	200–499	500–999	≥ 1.000
Erbringung von Dienstleistungen für den Unterricht	–	14,1	–	–	–	–
Grundschulen	15,5	14,9	14,4	12,3	–	–
Kindergärten und Vorschulen	17,6	19,3	22,9	24,0	24,2	–
Sonstiger Unterricht	20,5	23,8	24,8	24,9	25,9	18,5
Tertiärer und post-sekundärer, nicht tertiärer Unterricht	13,5	19,8	12,0	16,2	11,2	17,6
Weiterführende Schulen	17,5	21,2	23,9	19,3	27,1	–
Branche insgesamt	18,3	21,8	23,4	21,8	21,6	18,0
Alle Branchen	18,7	20,4	20,5	20,5	20,6	19,5

Fehlzeiten-Report 2013

◘ Tab. 29.6.7 Krankenstand in Prozent nach Ausbildungsabschluss in der Branche Erziehung und Unterricht im Jahr 2012, AOK-Mitglieder

Wirtschaftsabteilung	Ausbildung						
	ohne Ausbildungsabschluss	mit Ausbildungsabschluss	Meister/ Techniker	Bachelor	Diplom/Magister/Master/ Staatsexamen	Promotion	unbekannt
Erbringung von Dienstleistungen für den Unterricht	–	3,7	–	–	–	–	3,1
Grundschulen	4,8	3,9	3,6	–	2,5	–	3,6
Kindergärten und Vorschulen	5,7	4,7	4,9	3,7	3,7	–	5,2
Sonstiger Unterricht	7,3	4,5	4,3	2,4	2,8	1,9	5,0
Tertiärer und post-sekundärer, nicht tertiärer Unterricht	6,3	5,0	3,7	1,2	1,2	1,1	4,7
Weiterführende Schulen	7,2	4,5	4,2	2,7	2,6	1,6	5,5
Branche insgesamt	7,0	4,6	4,5	2,5	2,4	1,4	5,1
Alle Branchen	5,7	4,9	3,7	2,0	2,4	1,8	4,8

Fehlzeiten-Report 2013

◘ Tab. 29.6.8 Tage der Arbeitsunfähigkeit je AOK-Mitglied nach Ausbildung in der Branche Erziehung und Unterricht im Jahr 2012

Wirtschaftsabteilung	Ausbildung						
	ohne Ausbildungsabschluss	mit Ausbildungsabschluss	Meister/ Techniker	Bachelor	Diplom/Magister/Master/ Staatsexamen	Promotion	unbekannt
Erbringung von Dienstleistungen für den Unterricht	–	13,5	–	–	–	–	11,3
Grundschulen	17,6	14,3	13,1	–	9,1	–	13,1
Kindergärten und Vorschulen	20,7	17,1	18,1	13,6	13,4	–	18,9
Sonstiger Unterricht	26,5	16,5	15,7	8,9	10,3	6,9	18,4
Tertiärer und post-sekundärer, nicht tertiärer Unterricht	23,1	18,3	13,7	4,5	4,4	4,2	17,3
Weiterführende Schulen	26,5	16,5	15,2	9,8	9,4	5,8	20,0
Branche insgesamt	**25,7**	**16,8**	**16,3**	**9,3**	**8,7**	**5,1**	**18,7**
Alle Branchen	**20,7**	**18,1**	**13,6**	**7,3**	**8,8**	**6,5**	**17,4**

Fehlzeiten-Report 2013

◘ Tab. 29.6.9 Anteil der Arbeitsunfälle an den AU-Fällen und -Tagen in Prozent nach Wirtschaftsabteilungen in der Branche Erziehung und Unterricht im Jahr 2012, AOK-Mitglieder

Wirtschaftsabteilung	AU-Fälle in %	AU-Tage in %
Erbringung von Dienstleistungen für den Unterricht	7,9	7,8
Grundschulen	2,3	3,9
Kindergärten und Vorschulen	1,5	3,0
Sonstiger Unterricht	2,0	4,3
Tertiärer und post-sekundärer, nicht tertiärer Unterricht	1,6	3,1
Weiterführende Schulen	1,9	4,1
Branche insgesamt	**1,7**	**3,5**
Alle Branchen	**3,7**	**6,7**

Fehlzeiten-Report 2013

29.6 · Erziehung und Unterricht

Tab. 29.6.10 Tage und Fälle der Arbeitsunfähigkeit durch Arbeitsunfälle nach Berufsgruppen in der Branche Erziehung und Unterricht im Jahr 2012, AOK-Mitglieder

Tätigkeit	Arbeitsunfähigkeit je 1.000 AOK-Mitglieder	
	AU-Tage	AU-Fälle
Berufe im Holz-, Möbel- u. Innenausbau	2.208,5	175,1
Berufe im Garten-, Landschafts- u. Sportplatzbau	2.115,7	159,7
Berufe in der Metallbearbeitung	2.060,3	161,7
Berufe im Hochbau	2.040,4	150,7
Berufe im Gartenbau	1.792,8	102,9
Berufe im Metallbau	1.747,8	194,7
Berufe in der Lagerwirtschaft	1.630,7	131,0
Maschinen- u. Anlagenführer/innen	1.397,7	122,0
Berufe in der Gebäudetechnik	1.364,3	43,9
Berufe in der Maschinenbau- u. Betriebstechnik	1.348,4	104,9
Berufe im Gastronomieservice	1.225,3	76,2
Köche/Köchinnen	1.203,7	85,7
Berufe in der Kraftfahrzeugtechnik	1.181,1	115,7
Berufe für Maler- u. Lackiererarbeiten	1.080,6	105,4
Fahrlehrer/innen	856,6	39,7
Berufe in der Hauswirtschaft	788,5	54,3
Berufe im Verkauf	771,9	68,5
Berufe in der betrieblichen Ausbildung u. Betriebspädagogik	757,0	30,0
Berufe in der Reinigung	693,1	28,1
Berufe in der Kinderbetreuung u. -erziehung	453,5	27,0
Branche insgesamt	**706,7**	**45,4**
Alle Branchen	**1.214,6**	**56,6**

Fehlzeiten-Report 2013

Tab. 29.6.11 Tage und Fälle der Arbeitsunfähigkeit je 100 AOK-Mitglieder nach Krankheitsarten in der Branche Erziehung und Unterricht in den Jahren 2000 bis 2012

Jahr	Arbeitsunfähigkeiten je 100 AOK-Mitglieder											
	Psyche		Herz/Kreislauf		Atemwege		Verdauung		Muskel/Skelett		Verletzungen	
	Tage	Fälle	Tage	Fälle	Tage	Fälle	Tage	Fälle	Tage	Fälle	Tage	Fälle
2000	200,3	13,3	145,3	16,1	691,6	122,5	268,8	55,4	596,0	56,0	357,1	33,8
2001	199,2	13,9	140,8	16,1	681,8	125,5	265,8	55,8	591,4	56,8	342,0	32,9
2002	199,6	14,2	128,7	15,3	623,5	118,9	257,3	57,3	538,7	54,4	327,0	32,0
2003	185,4	13,5	120,7	14,8	596,5	116,7	239,2	55,5	470,6	48,9	296,4	30,0
2004	192,8	14,0	121,5	12,7	544,1	101,0	245,2	53,0	463,3	46,9	302,8	29,1
2005	179,7	12,5	102,4	11,0	557,4	104,0	216,9	49,3	388,1	40,2	281,7	27,7
2006	174,6	12,0	99,8	11,2	481,8	92,8	215,6	50,0	365,9	38,0	282,7	27,7
2007	191,0	12,9	97,1	10,5	503,6	97,6	229,8	52,9	366,9	38,5	278,0	27,1
2008 (WZ03)	201,0	13,5	96,2	10,5	506,8	99,1	237,3	55,8	387,0	40,8	282,0	27,9
2008 (WZ08)*	199,5	13,3	97,6	10,4	498,4	97,3	232,6	54,5	387,1	40,3	279,3	27,2
2009	226,5	14,7	102,7	9,9	557,5	103,5	223,7	50,2	382,8	39,2	265,2	24,7
2010	261,4	14,9	98,1	9,3	460,6	86,6	176,9	39,0	387,7	36,3	253,5	21,9
2011	263,0	13,7	99,1	8,0	394,8	72,3	146,3	30,0	351,0	30,0	205,5	16,1
2012	297,8	15,6	104,0	8,6	408,6	76,8	161,1	33,7	373,9	33,2	233,8	18,4

*aufgrund der Revision der Wirtschaftszweigklassifikation in 2008 ist eine Vergleichbarkeit mit den Vorjahren nur bedingt möglich

Fehlzeiten-Report 2013

Tab. 29.6.12 Verteilung der Arbeitsunfähigkeitstage nach Krankheitsarten in Prozent in der Branche Erziehung und Unterricht im Jahr 2012, AOK-Mitglieder

Wirtschaftsabteilung	AU-Tage in %						
	Psyche	Herz/Kreislauf	Atemwege	Verdauung	Muskel/Skelett	Verletzungen	Sonstige
Erbringung von Dienstleistungen für den Unterricht	11,9	2,4	26,2	8,1	12,9	9,5	28,9
Grundschulen	14,4	5,3	13,3	4,5	18,2	8,1	36,1
Kindergärten und Vorschulen	14,2	4,7	18,1	5,3	16,3	7,5	33,9
Sonstiger Unterricht	11,8	4,1	17,6	7,6	15,4	10,9	32,5
Tertiärer und post-sekundärer, nicht tertiärer Unterricht	14,0	5,4	16,1	6,5	17,6	9,4	30,9
Weiterführende Schulen	12,2	4,3	17,2	7,3	15,8	10,9	32,3
Branche insgesamt	**12,7**	**4,4**	**17,4**	**6,9**	**15,9**	**10,0**	**32,7**
Alle Branchen	**10,1**	**6,6**	**11,4**	**5,5**	**22,9**	**11,8**	**31,7**

Fehlzeiten-Report 2013

29.6 · Erziehung und Unterricht

Tab. 29.6.13 Verteilung der Arbeitsunfähigkeitsfälle nach Krankheitsarten in Prozent in der Branche Erziehung und Unterricht im Jahr 2012, AOK-Mitglieder

Wirtschaftsabteilung	AU-Fälle in %						
	Psyche	Herz/ Kreislauf	Atemwege	Verdauung	Muskel/ Skelett	Verletzungen	Sonstige
Erbringung von Dienstleistungen für den Unterricht	4,3	3,3	24,4	12,0	12,0	9,6	34,4
Grundschulen	5,9	4,6	25,8	9,5	13,3	6,3	34,6
Kindergärten und Vorschulen	5,4	2,9	30,4	9,8	10,6	4,7	36,3
Sonstiger Unterricht	5,1	2,8	24,8	11,9	11,4	6,7	37,3
Tertiärer und post-sekundärer, nicht tertiärer Unterricht	5,8	3,3	25,6	11,1	12,3	6,0	35,8
Weiterführende Schulen	5,3	2,9	25,3	12,1	11,2	6,6	36,5
Branche insgesamt	**5,3**	**2,9**	**26,1**	**11,4**	**11,3**	**6,2**	**36,8**
Alle Branchen	5,0	4,2	21,7	10,1	17,1	8,4	33,5

Fehlzeiten-Report 2013

Tab. 29.6.14 Verteilung der Arbeitsunfähigkeitstage nach Krankheitsarten und ausgewählten Berufsgruppen in der Branche Erziehung und Unterricht im Jahr 2012, AOK-Mitglieder

Tätigkeit	AU-Tage in %						
	Psyche	Herz/ Kreislauf	Atemwege	Verdauung	Muskel/ Skelett	Verletzungen	Sonstige
Berufe für Maler- u. Lackiererarbeiten	8,6	2,0	21,9	9,9	14,6	16,6	26,5
Berufe im Friseurgewerbe	14,8	1,7	21,8	9,0	10,0	7,1	35,5
Berufe im Gartenbau	9,2	5,8	15,3	7,0	22,8	14,1	25,8
Berufe im Gastronomieservice	14,6	3,1	17,5	7,9	17,2	8,4	31,4
Berufe im Metallbau	7,2	1,6	20,0	8,8	15,6	17,4	29,5
Berufe im Verkauf	11,0	2,5	22,3	10,0	11,0	9,6	33,7
Berufe in der betrieblichen Ausbildung u. Betriebspädagogik	16,0	8,1	13,1	6,3	15,8	9,9	30,8
Berufe in der Gesundheits- u. Krankenpflege	17,6	4,3	18,2	7,6	12,8	8,0	31,6
Berufe in der Hauswirtschaft	11,9	4,7	14,8	7,9	19,1	7,5	34,1
Berufe in der Hochschullehre u. -forschung	16,4	3,4	21,7	4,8	11,6	8,8	33,4
Berufe in der Kinderbetreuung u. -erziehung	16,2	3,5	21,1	5,5	13,2	7,1	33,4
Berufe in der Lagerwirtschaft	9,0	2,4	21,6	10,1	14,0	13,5	29,6
Berufe in der Reinigung	8,7	6,7	10,2	4,2	27,5	9,2	33,3
Berufe in der Sozialarbeit u. Sozialpädagogik	17,5	5,5	17,3	5,7	9,6	7,0	37,4
Büro- u. Sekretariatskräfte	14,6	3,9	17,5	7,7	13,1	7,2	36,1
Fahrlehrer/innen	9,1	8,1	9,0	5,2	19,0	14,2	35,4
Köche/Köchinnen	11,0	4,4	15,1	6,6	19,8	10,1	32,9
Lehrkräfte in der Sekundarstufe	18,0	5,9	14,7	5,4	7,7	6,6	41,7
Branche insgesamt	**12,7**	**4,4**	**17,4**	**6,9**	**15,9**	**10,0**	**32,7**
Alle Branchen	10,1	6,6	11,4	5,5	22,9	11,8	31,7

Fehlzeiten-Report 2013

Tab. 29.6.15 Verteilung der Arbeitsunfähigkeitsfälle nach Krankheitsarten und ausgewählten Berufsgruppen in der Branche Erziehung und Unterricht im Jahr 2012, AOK-Mitglieder

Tätigkeit	AU-Fälle in %						
	Psyche	Herz/ Kreislauf	Atem- wege	Verdau- ung	Muskel/ Skelett	Verlet- zungen	Sons- tige
Berufe für Maler- u. Lackiererarbeiten	4,3	1,9	25,8	13,9	11,4	8,4	34,3
Berufe im Friseurgewerbe	5,3	2,5	24,3	11,9	9,1	4,0	42,9
Berufe im Gartenbau	4,7	4,6	21,9	11,1	17,6	9,3	30,8
Berufe im Gastronomieservice	6,3	2,6	22,8	12,4	11,6	5,8	38,5
Berufe im Metallbau	3,4	1,3	25,6	12,6	13,2	10,0	33,9
Berufe im Verkauf	5,0	2,4	25,0	13,0	8,7	5,4	40,5
Berufe in der betrieblichen Ausbildung u. Betriebspädagogik	7,6	5,6	21,9	10,9	14,6	5,9	33,5
Berufe in der Gesundheits- u. Krankenpflege	6,0	3,3	26,2	11,9	9,2	5,2	38,1
Berufe in der Hauswirtschaft	5,8	3,3	22,8	11,8	12,2	5,6	38,5
Berufe in der Hochschullehre u. -forschung	6,2	2,6	35,0	8,3	8,4	5,6	33,8
Berufe in der Kinderbetreuung u. -erziehung	5,5	2,4	32,2	9,9	8,9	4,3	36,9
Berufe in der Lagerwirtschaft	3,7	1,9	25,4	13,4	11,6	7,6	36,5
Berufe in der Reinigung	5,6	5,5	19,3	9,1	20,4	6,2	33,9
Berufe in der Sozialarbeit u. Sozialpädagogik	7,3	3,5	29,2	9,8	9,2	4,8	36,1
Büro- u. Sekretariatskräfte	6,2	2,9	25,0	12,0	9,2	4,4	40,3
Fahrlehrer/innen	5,1	6,5	21,1	10,0	14,0	9,7	33,5
Köche/Köchinnen	4,9	3,2	23,3	12,6	12,7	7,7	35,6
Lehrkräfte in der Sekundarstufe	6,5	3,9	31,0	8,6	7,9	4,8	37,2
Branche insgesamt	**5,3**	**2,9**	**26,1**	**11,4**	**11,3**	**6,2**	**36,8**
Alle Branchen	**5,0**	**4,2**	**21,7**	**10,1**	**17,1**	**8,4**	**33,5**

Fehlzeiten-Report 2013

◘ Tab. 29.6.16 Anteile der 40 häufigsten Einzeldiagnosen an den AU-Fällen und AU-Tagen in der Branche Erziehung und Unterricht im Jahr 2012, AOK-Mitglieder

ICD-10	Bezeichnung	AU-Fälle in %	AU-Tage in %
J06	Akute Infektionen an mehreren oder nicht näher bezeichneten Lokalisationen der oberen Atemwege	9,5	5,4
A09	Sonstige und nicht näher bezeichnete Gastroenteritis und Kolitis infektiösen und nicht näher bezeichneten Ursprungs	5,8	2,6
M54	Rückenschmerzen	4,8	4,6
K52	Sonstige nichtinfektiöse Gastroenteritis und Kolitis	3,7	1,7
J20	Akute Bronchitis	2,6	1,8
K29	Gastritis und Duodenitis	2,5	1,2
R10	Bauch- und Beckenschmerzen	2,3	1,2
R51	Kopfschmerz	2,2	0,9
J40	Bronchitis, nicht als akut oder chronisch bezeichnet	2,1	1,5
B34	Viruskrankheit nicht näher bezeichneter Lokalisation	1,9	1,0
J03	Akute Tonsillitis	1,9	1,2
J02	Akute Pharyngitis	1,6	0,9
K08	Sonstige Krankheiten der Zähne und des Zahnhalteapparates	1,6	0,5
R11	Übelkeit und Erbrechen	1,5	0,7
J01	Akute Sinusitis	1,4	0,9
F32	Depressive Episode	1,3	4,0
J32	Chronische Sinusitis	1,3	0,8
F43	Reaktionen auf schwere Belastungen und Anpassungsstörungen	1,3	2,4
G43	Migräne	1,3	0,5
J00	Akute Rhinopharyngitis [Erkältungsschnupfen]	1,1	0,6
T14	Verletzung an einer nicht näher bezeichneten Körperregion	1,0	1,0
A08	Virusbedingte und sonstige näher bezeichnete Darminfektionen	0,9	0,4
J04	Akute Laryngitis und Tracheitis	0,9	0,6
I10	Essentielle (primäre) Hypertonie	0,9	1,6
F45	Somatoforme Störungen	0,8	1,3
M99	Biomechanische Funktionsstörungen, anderenorts nicht klassifiziert	0,7	0,6
J98	Sonstige Krankheiten der Atemwege	0,7	0,4
N39	Sonstige Krankheiten des Harnsystems	0,7	0,4
B99	Sonstige und nicht näher bezeichnete Infektionskrankheiten	0,7	0,4
R53	Unwohlsein und Ermüdung	0,7	0,6
M25	Sonstige Gelenkkrankheiten, anderenorts nicht klassifiziert	0,6	0,8
F48	Andere neurotische Störungen	0,6	1,0
R42	Schwindel und Taumel	0,6	0,5
M53	Sonstige Krankheiten der Wirbelsäule und des Rückens, anderenorts nicht klassifiziert	0,6	0,6
M79	Sonstige Krankheiten des Weichteilgewebes, anderenorts nicht klassifiziert	0,6	0,5
S93	Luxation, Verstauchung und Zerrung der Gelenke und Bänder in Höhe des oberen Sprunggelenkes und des Fußes	0,6	0,7
J11	Grippe, Viren nicht nachgewiesen	0,6	0,3
G44	Sonstige Kopfschmerzsyndrome	0,5	0,3
R50	Fieber sonstiger und unbekannter Ursache	0,5	0,3
J45	Asthma bronchiale	0,4	0,4
	Summe hier	65,3	47,1
	Restliche	34,7	52,9
	Gesamtsumme	100,0	100,0

Fehlzeiten-Report 2013

Tab. 29.6.17 Anteile der 40 häufigsten Diagnoseuntergruppen an den AU-Fällen und AU-Tagen in der Branche Erziehung und Unterricht im Jahr 2012, AOK-Mitglieder

ICD-10	Bezeichnung	AU-Fälle in %	AU-Tage in %
J00–J06	Akute Infektionen der oberen Atemwege	16,1	9,4
A00–A09	Infektiöse Darmkrankheiten	7,3	3,3
M50–M54	Sonstige Krankheiten der Wirbelsäule und des Rückens	5,7	6,1
R50–R69	Allgemeinsymptome	4,1	2,8
R10–R19	Symptome, die das Verdauungssystem und das Abdomen betreffen	4,1	2,2
K50–K52	Nichtinfektiöse Enteritis und Kolitis	4,1	2,1
J40–J47	Chronische Krankheiten der unteren Atemwege	3,3	2,6
K20–K31	Krankheiten des Ösophagus, des Magens und des Duodenums	3,2	1,7
F40–F48	Neurotische, Belastungs- und somatoforme Störungen	3,0	5,8
J20–J22	Sonstige akute Infektionen der unteren Atemwege	2,9	2,0
G40–G47	Episodische und paroxysmale Krankheiten des Nervensystems	2,3	1,5
B25–B34	Sonstige Viruskrankheiten	2,2	1,2
J30–J39	Sonstige Krankheiten der oberen Atemwege	2,0	1,4
K00–K14	Krankheiten der Mundhöhle, der Speicheldrüsen und der Kiefer	2,0	0,7
F30–F39	Affektive Störungen	1,7	5,5
M70–M79	Sonstige Krankheiten des Weichteilgewebes	1,5	2,3
T08–T14	Verletzungen nicht näher bezeichneter Teile des Rumpfes, der Extremitäten oder anderer Körperregionen	1,2	1,2
R00–R09	Symptome, die das Kreislaufsystem und das Atmungssystem betreffen	1,2	0,8
M20–M25	Sonstige Gelenkkrankheiten	1,1	2,1
N30–N39	Sonstige Krankheiten des Harnsystems	1,1	0,7
S90–S99	Verletzungen der Knöchelregion und des Fußes	1,0	1,4
I10–I15	Hypertonie [Hochdruckkrankheit]	0,9	1,7
S60–S69	Verletzungen des Handgelenkes und der Hand	0,9	1,4
N80–N98	Nichtentzündliche Krankheiten des weiblichen Genitaltraktes	0,8	0,7
J09–J18	Grippe und Pneumonie	0,8	0,7
R40–R46	Symptome, die das Erkennungs- und Wahrnehmungsvermögen, die Stimmung und das Verhalten betreffen	0,8	0,7
M95–M99	Sonstige Krankheiten des Muskel-Skelett-Systems und des Bindegewebes	0,8	0,7
I95–I99	Sonstige und nicht näher bezeichnete Krankheiten des Kreislaufsystems	0,8	0,5
J95–J99	Sonstige Krankheiten des Atmungssystems	0,8	0,5
S80–S89	Verletzungen des Knies und des Unterschenkels	0,7	1,7
B99–B99	Sonstige Infektionskrankheiten	0,7	0,4
Z80–Z99	Personen mit potentiellen Gesundheitsrisiken aufgrund der Familien- oder Eigenanamnese und bestimmte Zustände, die den Gesundheitszustand beeinflussen	0,6	1,6
K55–K63	Sonstige Krankheiten des Darmes	0,6	0,6
H65–H75	Krankheiten des Mittelohres und des Warzenfortsatzes	0,6	0,4
I80–I89	Krankheiten der Venen, der Lymphgefäße und der Lymphknoten, anderenorts nicht klassifiziert	0,5	0,7
S00–S09	Verletzungen des Kopfes	0,5	0,6
L00–L08	Infektionen der Haut und der Unterhaut	0,5	0,6
O20–O29	Sonstige Krankheiten der Mutter, die vorwiegend mit der Schwangerschaft verbunden sind	0,5	0,5
F10–F19	Psychische und Verhaltensstörungen durch psychotrope Substanzen	0,4	0,9
E70–E90	Stoffwechselstörungen	0,4	0,7
	Summe hier	83,7	72,4
	Restliche	16,3	27,6
	Gesamtsumme	100,0	100,0

Fehlzeiten-Report 2013

29.7 Handel

Tabelle 29.7.1	Entwicklung des Krankenstands der AOK-Mitglieder in der Branche Handel in den Jahren 1994 bis 2012	374
Tabelle 29.7.2	Arbeitsunfähigkeit der AOK-Mitglieder in der Branche Handel nach Bundesländern im Jahr 2012 im Vergleich zum Vorjahr	375
Tabelle 29.7.3	Arbeitsunfähigkeit der AOK-Mitglieder in der Branche Handel nach Wirtschaftsabteilungen im Jahr 2012	375
Tabelle 29.7.4	Kennzahlen der Arbeitsunfähigkeit der AOK-Mitglieder nach ausgewählten Berufsgruppen in der Branche Handel im Jahr 2012	376
Tabelle 29.7.5	Dauer der Arbeitsunfähigkeit der AOK-Mitglieder in der Branche Handel im Jahr 2012	376
Tabelle 29.7.6	Tage der Arbeitsunfähigkeit je AOK-Mitglied nach Wirtschaftsabteilung und Betriebsgröße in der Branche Handel im Jahr 2012	377
Tabelle 29.7.7	Krankenstand in Prozent nach Ausbildungsabschluss in der Branche Handel im Jahr 2012, AOK-Mitglieder	377
Tabelle 29.7.8	Tage der Arbeitsunfähigkeit je AOK-Mitglied nach Ausbildung in der Branche Handel im Jahr 2012	377
Tabelle 29.7.9	Anteil der Arbeitsunfälle an den AU-Fällen und -Tagen in Prozent nach Wirtschaftsabteilungen in der Branche Handel im Jahr 2012, AOK-Mitglieder	378
Tabelle 29.7.10	Tage und Fälle der Arbeitsunfähigkeit durch Arbeitsunfälle nach Berufsgruppen in der Branche Handel im Jahr 2012, AOK-Mitglieder	378
Tabelle 29.7.11	Tage und Fälle der Arbeitsunfähigkeit je 100 AOK-Mitglieder nach Krankheitsarten in der Branche Handel in den Jahren 1995 bis 2012	379
Tabelle 29.7.12	Verteilung der Arbeitsunfähigkeitstage nach Krankheitsarten in Prozent in der Branche Handel im Jahr 2012, AOK-Mitglieder	379
Tabelle 29.7.13	Verteilung der Arbeitsunfähigkeitsfälle nach Krankheitsarten in Prozent in der Branche Handel im Jahr 2012, AOK-Mitglieder	380
Tabelle 29.7.14	Verteilung der Arbeitsunfähigkeitstage nach Krankheitsarten und ausgewählten Berufsgruppen in der Branche Handel im Jahr 2012, AOK-Mitglieder	380
Tabelle 29.7.15	Verteilung der Arbeitsunfähigkeitsfälle nach Krankheitsarten und ausgewählten Berufsgruppen in der Branche Handel im Jahr 2012, AOK-Mitglieder	381
Tabelle 29.7.16	Anteile der 40 häufigsten Einzeldiagnosen an den AU-Fällen und AU-Tagen in der Branche Handel im Jahr 2012, AOK-Mitglieder	382
Tabelle 29.7.17	Anteile der 40 häufigsten Diagnoseuntergruppen an den AU-Fällen und AU-Tagen in der Branche Handel im Jahr 2012, AOK-Mitglieder	383

Tab. 29.7.1 Entwicklung des Krankenstands der AOK-Mitglieder in der Branche Handel in den Jahren 1994 bis 2012

Jahr	Krankenstand in %			AU-Fälle je 100 AOK-Mitglieder			Tage je Fall		
	West	Ost	Bund	West	Ost	Bund	West	Ost	Bund
1994	5,6	4,6	5,5	144,1	105,9	138,3	13,1	14,1	13,3
1995	5,2	4,4	5,1	149,7	116,2	144,7	12,8	14,1	13,0
1996	4,6	4,0	4,5	134,3	106,2	129,9	12,9	14,4	13,1
1997	4,5	3,8	4,4	131,3	100,7	126,9	12,3	13,9	12,5
1998	4,6	3,9	4,5	134,1	102,0	129,6	12,3	13,8	12,5
1999	4,6	4,2	4,5	142,7	113,4	138,9	11,9	13,6	12,1
2000	4,6	4,2	4,6	146,5	117,9	143,1	11,6	13,0	11,7
2001	4,6	4,2	4,5	145,4	113,2	141,8	11,5	13,5	11,7
2002	4,5	4,1	4,5	145,5	114,4	142,0	11,4	13,0	11,5
2003	4,2	3,7	4,2	140,5	110,7	136,8	11,0	12,4	11,2
2004	3,9	3,4	3,8	127,0	100,9	123,4	11,2	12,2	11,3
2005	3,8	3,3	3,7	127,9	100,7	123,9	10,9	12,1	11,0
2006	3,7	3,3	3,6	122,7	97,0	118,9	11,0	12,3	11,2
2007	3,9	3,6	3,9	132,4	106,6	128,6	10,9	12,2	11,0
2008 (WZ03)	4,1	3,8	4,0	140,4	112,0	136,2	10,6	12,3	10,8
2008 (WZ08)*	4,1	3,7	4,0	139,9	111,7	135,7	10,6	12,2	10,8
2009	4,2	4,1	4,2	146,4	122,1	142,8	10,5	12,2	10,7
2010	4,3	4,1	4,3	143,7	126,8	141,2	10,9	11,9	11,0
2011	4,4	3,9	4,3	149,1	131,0	146,5	10,8	11,0	10,8
2012	4,4	4,4	4,4	149,7	125,8	146,2	10,8	12,9	11,1

*aufgrund der Revision der Wirtschaftszweigklassifikation in 2008 ist eine Vergleichbarkeit mit den Vorjahren nur bedingt möglich

Fehlzeiten-Report 2013

29.7 · Handel

Tab. 29.7.2 Arbeitsunfähigkeit der AOK-Mitglieder in der Branche Handel nach Bundesländern im Jahr 2012 im Vergleich zum Vorjahr

Bundesland	Krankenstand in %	Arbeitsunfähigkeit je 100 AOK-Mitglieder				Tage je Fall	Veränd. z. Vorj. in %	AU-Quote in %
		AU-Fälle	Veränd. z. Vorj. in %	AU-Tage	Veränd. z. Vorj. in %			
Baden-Württemberg	4,3	154,5	-0,2	1.577,5	0,3	10,2	0,0	54,9
Bayern	3,9	130,7	-0,5	1.442,2	2,0	11,0	1,9	49,8
Berlin	4,2	139,0	5,0	1.523,2	1,1	11,0	-3,5	44,2
Brandenburg	4,8	132,1	3,0	1.751,4	7,2	13,3	4,7	50,6
Bremen	4,7	147,5	-2,7	1.735,3	-1,0	11,8	1,7	51,5
Hamburg	4,7	164,9	-4,6	1.735,2	-1,3	10,5	2,9	51,8
Hessen	4,9	167,2	-0,8	1.778,5	0,5	10,6	1,0	55,2
Mecklenburg-Vorpommern	4,4	123,0	1,3	1.620,6	3,6	13,2	2,3	48,2
Niedersachsen	4,6	151,2	2,8	1.670,4	2,5	11,0	-0,9	55,2
Nordrhein-Westfalen	4,7	157,7	1,0	1.733,1	0,9	11,0	0,0	54,8
Rheinland-Pfalz	4,8	168,5	2,4	1.772,4	-1,8	10,5	-4,5	57,1
Saarland	5,5	154,4	4,4	2.006,5	2,6	13,0	-1,5	55,9
Sachsen	4,2	121,1	-7,1	1.531,6	15,9	12,6	24,8	50,6
Sachsen-Anhalt	4,8	130,9	1,2	1.774,3	3,5	13,6	2,3	50,0
Schleswig-Holstein	4,6	148,4	-1,2	1.678,7	0,5	11,3	1,8	53,7
Thüringen	4,7	133,8	-3,8	1.709,7	16,2	12,8	20,8	52,0
West	4,4	149,7	0,4	1.619,0	1,0	10,8	0,0	53,4
Ost	4,4	125,8	-4,0	1.621,4	12,5	12,9	17,3	50,6
Bund	4,4	146,2	-0,2	1.619,4	2,5	11,1	2,8	53,0

Fehlzeiten-Report 2013

Tab. 29.7.3 Arbeitsunfähigkeit der AOK-Mitglieder in der Branche Handel nach Wirtschaftsabteilungen im Jahr 2012

Wirtschaftsabteilung	Krankenstand in %		Arbeitsunfähigkeiten je 100 AOK-Mitglieder		Tage je Fall	AU-Quote in %
	2012	2012 stand.*	Fälle	Tage		
Einzelhandel (ohne Handel mit Kraftfahrzeugen)	4,3	4,5	139,8	1.564,9	11,2	50,2
Großhandel (ohne Handel mit Kraftfahrzeugen)	4,7	4,7	149,2	1.735,3	11,6	55,5
Handel mit Kraftfahrzeugen, Instandhaltung und Reparatur von Kraftfahrzeugen	4,2	4,2	160,3	1.546,3	9,6	57,0
Branche insgesamt	4,4	4,6	146,2	1.619,4	11,1	53,0
Alle Branchen	4,9	4,9	153,3	1.811,6	11,8	53,2

*Krankenstand alters- und geschlechtsstandardisiert

Fehlzeiten-Report 2013

Tab. 29.7.4 Kennzahlen der Arbeitsunfähigkeit der AOK-Mitglieder nach ausgewählten Berufsgruppen in der Branche Handel im Jahr 2012

Tätigkeit	Kranken-stand in %	Arbeitsunfähigkeiten je 100 AOK-Mitglieder		Tage je Fall	AU-Quote in %	Anteil der Berufsgruppe an der Branche in %*
		Fälle	Tage			
Berufe im Verkauf	4,3	138,1	1.562,6	11,3	50,9	19,2
Berufe im Verkauf von Back- u. Konditoreiwaren	4,5	148,8	1.656,8	11,1	52,0	1,4
Berufe im Verkauf von Bekleidung, Sportartikeln, Lederwaren u. Schuhen	3,9	160,1	1.411,5	8,8	51,9	3,5
Berufe im Verkauf von drogerie- u. apothekenüblichen Waren	3,7	152,0	1.349,8	8,9	53,1	1,9
Berufe im Verkauf von Garten-, Heimwerker-, Haustier- u. Zoobedarf	4,5	151,6	1.632,4	10,8	59,0	1,1
Berufe im Verkauf von Kraftfahrzeugen, Zweirädern u. Zubehör	3,0	144,1	1.102,6	7,7	52,0	1,3
Berufe im Verkauf von Lebensmitteln	4,2	129,8	1.545,5	11,9	49,2	1,4
Berufe im Vertrieb	3,2	120,6	1.161,5	9,6	49,3	2,1
Berufe in der Kraftfahrzeugtechnik	4,5	184,6	1.634,3	8,9	63,3	5,9
Berufe in der Lagerwirtschaft	6,0	189,5	2.197,4	11,6	58,5	13,3
Berufskraftfahrer/innen (Güterverkehr/LKW)	6,0	130,7	2.208,6	16,9	55,6	3,3
Büro- u. Sekretariatskräfte	2,9	121,2	1.068,3	8,8	46,9	5,3
Kassierer/innen u. Kartenverkäufer/innen	5,1	144,7	1.861,8	12,9	54,3	1,9
Kaufleute im Groß- u. Außenhandel	2,9	178,8	1.078,2	6,0	60,4	2,0
kaufmännische u. technische Betriebswirtschaft	3,2	130,3	1.155,5	8,9	52,4	2,4
Branche insgesamt	**4,4**	**146,2**	**1.619,4**	**11,1**	**53,0**	**13,4****

* Anteil der AOK-Mitglieder in der Berufsgruppe an den in der Branche beschäftigten AOK-Mitgliedern insgesamt
**Anteil der AOK-Mitglieder in der Branche an allen AOK-Mitgliedern

Fehlzeiten-Report 2013

Tab. 29.7.5 Dauer der Arbeitsunfähigkeit der AOK-Mitglieder in der Branche Handel im Jahr 2012

Fallklasse	Branche hier		alle Branchen	
	Anteil Fälle in %	Anteil Tage in %	Anteil Fälle in %	Anteil Tage in %
1–3 Tage	38,9	7,1	36,3	6,1
4–7 Tage	30,6	14,0	30,4	13,0
8–14 Tage	15,5	14,6	16,9	14,9
15–21 Tage	5,5	8,6	6,1	9,0
22–28 Tage	2,6	5,8	2,9	6,1
29–42 Tage	2,8	8,7	3,1	9,0
Langzeit-AU (> 42 Tage)	4,0	41,1	4,4	42,0

Fehlzeiten-Report 2013

29.7 · Handel

Tab. 29.7.6 Tage der Arbeitsunfähigkeit je AOK-Mitglied nach Wirtschaftsabteilung und Betriebsgröße in der Branche Handel im Jahr 2012

Wirtschaftsabteilungen	Betriebsgröße (Anzahl der AOK-Mitglieder)					
	10–49	50–99	100–199	200–499	500–999	≥ 1.000
Einzelhandel (ohne Handel mit Kraftfahrzeugen)	15,7	17,8	18,4	18,7	19,8	19,3
Großhandel (ohne Handel mit Kraftfahrzeugen)	18,0	20,5	20,1	20,2	19,5	16,6
Handel mit Kraftfahrzeugen, Instandhaltung und Reparatur von Kraftfahrzeugen	16,0	16,0	18,0	18,6	23,0	–
Branche insgesamt	16,7	18,8	19,0	19,2	19,8	18,9
Alle Branchen	18,7	20,4	20,5	20,5	20,6	19,5

Fehlzeiten-Report 2013

Tab. 29.7.7 Krankenstand in Prozent nach Ausbildungsabschluss in der Branche Handel im Jahr 2012, AOK-Mitglieder

Wirtschaftsabteilung	Ausbildung						
	ohne Ausbildungsabschluss	mit Ausbildungsabschluss	Meister/ Techniker	Bachelor	Diplom/Magister/Master/ Staatsexamen	Promotion	unbekannt
Einzelhandel (ohne Handel mit Kraftfahrzeugen)	4,6	4,2	3,3	2,2	2,2	2,1	4,2
Großhandel (ohne Handel mit Kraftfahrzeugen)	5,5	4,6	3,7	1,8	2,2	2,2	4,7
Handel mit Kraftfahrzeugen, Instandhaltung und Reparatur von Kraftfahrzeugen	4,4	4,2	3,8	2,1	2,6	5,7	4,0
Branche insgesamt	4,9	4,3	3,6	2,0	2,2	2,4	4,3
Alle Branchen	5,7	4,9	3,7	2,0	2,4	1,8	4,8

Fehlzeiten-Report 2013

Tab. 29.7.8 Tage der Arbeitsunfähigkeit je AOK-Mitglied nach Ausbildung in der Branche Handel im Jahr 2012

Wirtschaftsabteilung	Ausbildung						
	ohne Ausbildungsabschluss	mit Ausbildungsabschluss	Meister/ Techniker	Bachelor	Diplom/Magister/Master/ Staatsexamen	Promotion	unbekannt
Einzelhandel (ohne Handel mit Kraftfahrzeugen)	16,9	15,4	12,0	8,0	8,0	7,8	15,4
Großhandel (ohne Handel mit Kraftfahrzeugen)	20,1	16,9	13,4	6,6	8,0	8,0	17,1
Handel mit Kraftfahrzeugen, Instandhaltung und Reparatur von Kraftfahrzeugen	16,2	15,3	13,7	7,9	9,4	20,9	14,7
Branche insgesamt	17,8	15,9	13,2	7,2	8,1	8,7	15,9
Alle Branchen	20,7	18,1	13,6	7,3	8,8	6,5	17,4

Fehlzeiten-Report 2013

◘ **Tab. 29.7.9** Anteil der Arbeitsunfälle an den AU-Fällen und -Tagen in Prozent nach Wirtschaftsabteilungen in der Branche Handel im Jahr 2012, AOK-Mitglieder

Wirtschaftsabteilung	AU-Fälle in %	AU-Tage in %
Einzelhandel (ohne Handel mit Kraftfahrzeugen)	2,8	4,8
Großhandel (ohne Handel mit Kraftfahrzeugen)	3,7	7,3
Handel mit Kraftfahrzeugen, Instandhaltung und Reparatur von Kraftfahrzeugen	4,2	7,0
Branche insgesamt	3,3	6,0
Alle Branchen	3,7	6,7

Fehlzeiten-Report 2013

◘ **Tab. 29.7.10** Tage und Fälle der Arbeitsunfähigkeit durch Arbeitsunfälle nach Berufsgruppen in der Branche Handel im Jahr 2012, AOK-Mitglieder

Tätigkeit	Arbeitsunfähigkeit je 1.000 AOK-Mitglieder	
	AU-Tage	AU-Fälle
Berufskraftfahrer/innen (Güterverkehr/LKW)	2.844,6	97,8
Berufe in der Land- u. Baumaschinentechnik	2.714,6	162,1
Berufe im Holz-, Möbel- u. Innenausbau	2.518,1	112,3
Berufe im Metallbau	2.450,5	130,3
Fahrzeugführer/innen im Straßenverkehr	2.182,2	83,8
Berufe in der Fleischverarbeitung	2.159,3	102,3
Berufe in der Maschinenbau- u. Betriebstechnik	1.675,7	86,0
Berufe in der Lagerwirtschaft	1.403,3	67,8
Berufe in der Kraftfahrzeugtechnik	1.400,1	102,0
Berufe im Verkauf von Fleischwaren	1.287,4	74,5
Berufe im Verkauf von Garten-, Heimwerker-, Haustier- u. Zoobedarf	893,6	51,9
Berufe im Verkauf von Back- u. Konditoreiwaren	692,7	44,0
Berufe im Verkauf von Lebensmitteln	655,1	43,4
Berufe im Verkauf	648,1	37,1
Kassierer/innen u. Kartenverkäufer/innen	496,6	25,8
Kaufleute im Groß- u. Außenhandel	408,0	25,8
Branche insgesamt	983,6	48,9
Alle Branchen	1.214,6	56,6

Fehlzeiten-Report 2013

29.7 · Handel

Tab. 29.7.11 Tage und Fälle der Arbeitsunfähigkeit je 100 AOK-Mitglieder nach Krankheitsarten in der Branche Handel in den Jahren 1995 bis 2012

Jahr	Arbeitsunfähigkeiten je 100 AOK-Mitglieder											
	Psyche		Herz/Kreislauf		Atemwege		Verdauung		Muskel/Skelett		Verletzungen	
	Tage	Fälle	Tage	Fälle	Tage	Fälle	Tage	Fälle	Tage	Fälle	Tage	Fälle
1995	101,3	4,1	175,6	8,5	347,2	43,8	183,5	22,6	592,8	31,9	345,0	21,1
1996	92,4	3,8	152,5	7,1	300,8	38,8	153,0	20,3	524,4	27,6	308,0	18,8
1997	89,6	4,0	142,2	7,4	268,9	37,5	143,7	20,2	463,5	26,9	293,2	18,4
1998	95,7	4,3	142,2	7,6	266,0	38,5	140,9	20,4	480,4	28,3	284,6	18,3
1999	100,4	4,7	139,6	7,8	301,5	44,0	142,3	21,7	499,5	30,0	280,8	18,5
2000	113,7	5,5	119,8	7,0	281,4	42,5	128,1	19,1	510,3	31,3	278,0	18,8
2001	126,1	6,3	124,0	7,6	266,0	41,9	128,9	19,8	523,9	32,5	270,3	18,7
2002	131,0	6,7	122,5	7,7	254,9	41,0	129,6	20,8	512,6	32,0	265,8	18,4
2003	127,0	6,6	114,6	7,6	252,1	41,5	121,3	19,8	459,2	29,4	250,8	17,4
2004	136,9	6,4	120,4	6,8	215,6	34,6	120,4	19,0	424,2	27,1	237,7	16,0
2005	135,8	6,2	118,1	6,6	245,8	39,4	113,5	17,6	399,1	25,9	230,5	15,5
2006	137,2	6,3	117,7	6,7	202,9	33,5	115,7	18,4	400,5	26,0	234,8	15,7
2007	151,2	6,8	120,3	6,8	231,0	37,9	122,6	20,0	426,0	27,1	234,3	15,4
2008 (WZ03)	159,5	7,1	124,1	7,0	244,6	40,6	127,6	21,3	439,2	28,2	238,9	15,8
2008 (WZ08)*	158,2	7,1	123,2	7,0	243,2	40,4	127,3	21,2	435,9	28,0	238,8	15,8
2009	168,3	7,6	122,3	6,9	284,1	46,6	126,0	20,8	428,8	27,4	241,8	15,7
2010	190,3	8,1	124,2	6,9	240,7	40,4	118,2	19,2	463,3	28,5	256,3	16,4
2011	209,1	9,0	119,3	6,9	253,8	42,0	119,2	19,3	451,2	28,8	248,1	16,0
2012	231,9	9,3	130,4	7,1	254,5	41,9	124,0	19,5	478,2	29,5	252,0	15,5

*aufgrund der Revision der Wirtschaftszweigklassifikation in 2008 ist eine Vergleichbarkeit mit den Vorjahren nur bedingt möglich

Fehlzeiten-Report 2013

Tab. 29.7.12 Verteilung der Arbeitsunfähigkeitstage nach Krankheitsarten in Prozent in der Branche Handel im Jahr 2012, AOK-Mitglieder

Wirtschaftsabteilung	AU-Tage in %						
	Psyche	Herz/Kreislauf	Atemwege	Verdauung	Muskel/Skelett	Verletzungen	Sonstige
Einzelhandel (ohne Handel mit Kraftfahrzeugen)	12,6	5,4	11,8	5,7	21,0	10,2	33,3
Großhandel (ohne Handel mit Kraftfahrzeugen)	9,2	7,0	11,2	5,6	23,6	12,1	31,3
Handel mit Kraftfahrzeugen, Instandhaltung und Reparatur von Kraftfahrzeugen	8,0	5,8	12,6	6,0	21,9	15,1	30,6
Branche insgesamt	10,7	6,0	11,7	5,7	22,1	11,6	32,2
Alle Branchen	10,1	6,6	11,4	5,5	22,9	11,8	31,7

Fehlzeiten-Report 2013

◘ Tab. 29.7.13 Verteilung der Arbeitsunfähigkeitsfälle nach Krankheitsarten in Prozent in der Branche Handel im Jahr 2012, AOK-Mitglieder

Wirtschaftsabteilung	AU-Fälle in %						
	Psyche	Herz/Kreislauf	Atemwege	Verdauung	Muskel/Skelett	Verletzungen	Sonstige
Einzelhandel (ohne Handel mit Kraftfahrzeugen)	5,8	3,7	22,4	10,4	14,5	7,4	35,9
Großhandel (ohne Handel mit Kraftfahrzeugen)	4,5	4,3	21,8	10,4	17,5	8,4	33,1
Handel mit Kraftfahrzeugen, Instandhaltung und Reparatur von Kraftfahrzeugen	3,6	3,2	23,6	10,7	16,0	10,8	32,1
Branche insgesamt	5,0	3,8	22,4	10,4	15,8	8,3	34,3
Alle Branchen	5,0	4,2	21,7	10,1	17,1	8,4	33,5

Fehlzeiten-Report 2013

◘ Tab. 29.7.14 Verteilung der Arbeitsunfähigkeitstage nach Krankheitsarten und ausgewählten Berufsgruppen in der Branche Handel im Jahr 2012, AOK-Mitglieder

Tätigkeit	AU-Tage in %						
	Psyche	Herz/Kreislauf	Atemwege	Verdauung	Muskel/Skelett	Verletzungen	Sonstige
Berufe im Verkauf	13,3	4,9	11,8	5,8	20,7	9,7	33,8
Berufe im Verkauf von Back- u. Konditoreiwaren	14,0	4,3	12,4	5,8	19,7	9,3	34,6
Berufe im Verkauf von Bekleidung, Sportartikeln, Lederwaren u. Schuhen	13,9	4,0	14,8	6,3	17,7	8,4	34,8
Berufe im Verkauf von drogerie- u. apothekenüblichen Waren	15,1	4,0	15,0	6,6	17,0	7,7	34,7
Berufe im Verkauf von Garten-, Heimwerker-, Haustier- u. Zoobedarf	12,9	4,7	12,8	5,9	21,4	12,0	30,2
Berufe im Verkauf von Kraftfahrzeugen, Zweirädern u. Zubehör	11,9	5,2	16,7	7,4	14,1	11,6	33,1
Berufe im Verkauf von Lebensmitteln	11,5	5,7	10,5	5,7	23,5	10,0	33,2
Berufe im Vertrieb	13,7	6,8	13,8	6,1	16,8	10,0	32,9
Berufe in der Kraftfahrzeugtechnik	6,0	4,9	13,4	6,1	23,2	18,6	27,8
Berufe in der Lagerwirtschaft	8,5	6,4	11,4	5,6	26,8	11,7	29,7
Berufe in der pharmazeutisch-technischen Assistenz	13,6	3,7	18,6	6,4	10,5	8,4	38,9
Berufskraftfahrer/innen (Güterverkehr/LKW)	6,2	9,6	7,8	5,2	26,2	14,9	30,1
Büro- u. Sekretariatskräfte	13,8	4,8	14,5	5,8	14,9	8,8	37,4
Kassierer/innen u. Kartenverkäufer/innen	13,8	5,7	11,7	5,2	20,9	7,7	35,1
Kaufleute im Groß- u. Außenhandel	10,2	3,5	20,0	8,3	12,7	12,1	33,2
Kaufmännische u. technische Betriebswirtschaft	13,9	5,0	15,4	6,6	16,7	7,8	34,7
Branche insgesamt	10,7	6,0	11,7	5,7	22,1	11,6	32,2
Alle Branchen	10,1	6,6	11,4	5,5	22,9	11,8	31,7

Fehlzeiten-Report 2013

◘ Tab. 29.7.15 Verteilung der Arbeitsunfähigkeitsfälle nach Krankheitsarten und ausgewählten Berufsgruppen in der Branche Handel im Jahr 2012, AOK-Mitglieder

Tätigkeit	AU-Fälle in %						
	Psyche	Herz/ Kreislauf	Atem- wege	Ver- dauung	Muskel/ Skelett	Verlet- zungen	Sons- tige
Berufe im Verkauf	6,1	3,5	22,3	10,4	13,7	7,3	36,7
Berufe im Verkauf von Back- u. Konditoreiwaren	7,1	3,4	21,0	10,5	12,2	7,2	38,5
Berufe im Verkauf von Bekleidung, Sportartikeln, Lederwaren u. Schuhen	5,8	3,1	24,7	10,5	11,8	5,6	38,5
Berufe im Verkauf von drogerie- u. apothekenüblichen Waren	6,9	3,1	24,7	11,1	10,5	5,2	38,5
Berufe im Verkauf von Fleischwaren	6,3	4,2	18,2	9,6	14,4	10,2	37,1
Berufe im Verkauf von Garten-, Heim- werker-, Haustier- u. Zoobedarf	5,2	3,4	22,8	11,1	15,1	8,6	33,8
Berufe im Verkauf von Kraftfahr- zeugen, Zweirädern u. Zubehör	4,5	3,0	27,5	11,9	9,9	7,2	35,9
Berufe im Verkauf von Lebensmitteln	5,8	3,8	19,8	10,7	15,2	8,1	36,6
Berufe im Vertrieb	5,5	4,1	25,4	10,6	12,9	6,5	34,9
Berufe in der Floristik	6,2	3,8	21,4	10,5	13,7	7,3	37,2
Berufe in der Kraftfahrzeugtechnik	2,6	2,7	24,1	10,5	16,5	13,2	30,5
Berufe in der Lagerwirtschaft	4,4	4,2	20,5	10,1	21,1	8,4	31,2
Berufe in der pharmazeutisch- technischen Assistenz	5,1	2,9	28,9	11,0	7,2	5,2	39,6
Berufskraftfahrer/innen (Güterverkehr/LKW)	3,7	6,2	15,6	10,0	22,3	11,5	30,7
Büro- u. Sekretariatskräfte	5,6	3,4	25,5	11,0	10,6	5,5	38,5
Kassierer/innen u. Kartenverkäufer/ innen	6,9	4,2	21,2	9,8	14,7	5,9	37,3
Kaufleute im Groß- u. Außenhandel	3,7	2,4	29,2	12,0	8,7	7,0	37,1
Kaufmännische u. technische Betriebswirtschaft	5,4	3,4	26,8	11,2	11,1	5,4	36,6
Branche insgesamt	5,0	3,8	22,4	10,4	15,8	8,3	34,3
Alle Branchen	5,0	4,2	21,7	10,1	17,1	8,4	33,5

Fehlzeiten-Report 2013

Tab. 29.7.16 Anteile der 40 häufigsten Einzeldiagnosen an den AU-Fällen und AU-Tagen in der Branche Handel im Jahr 2012, AOK-Mitglieder

ICD-10	Bezeichnung	AU-Fälle in %	AU-Tage in %
J06	Akute Infektionen an mehreren oder nicht näher bezeichneten Lokalisationen der oberen Atemwege	7,6	3,2
M54	Rückenschmerzen	6,2	5,8
A09	Sonstige und nicht näher bezeichnete Gastroenteritis und Kolitis infektiösen und nicht näher bezeichneten Ursprungs	4,2	1,4
K52	Sonstige nichtinfektiöse Gastroenteritis und Kolitis	2,5	0,9
J20	Akute Bronchitis	2,5	1,3
K08	Sonstige Krankheiten der Zähne und des Zahnhalteapparates	2,2	0,5
J40	Bronchitis, nicht als akut oder chronisch bezeichnet	2,1	1,1
R10	Bauch- und Beckenschmerzen	1,7	0,8
B34	Viruskrankheit nicht näher bezeichneter Lokalisation	1,6	0,7
K29	Gastritis und Duodenitis	1,6	0,8
T14	Verletzung an einer nicht näher bezeichneten Körperregion	1,3	1,2
J03	Akute Tonsillitis	1,3	0,6
I10	Essentielle (primäre) Hypertonie	1,3	2,2
J02	Akute Pharyngitis	1,3	0,5
F32	Depressive Episode	1,2	3,2
J01	Akute Sinusitis	1,2	0,6
J32	Chronische Sinusitis	1,1	0,6
F43	Reaktionen auf schwere Belastungen und Anpassungsstörungen	1,1	1,9
R51	Kopfschmerz	1,1	0,5
R11	Übelkeit und Erbrechen	0,9	0,5
M99	Biomechanische Funktionsstörungen, anderenorts nicht klassifiziert	0,9	0,7
M25	Sonstige Gelenkkrankheiten, anderenorts nicht klassifiziert	0,9	1,0
M51	Sonstige Bandscheibenschäden	0,8	2,0
M53	Sonstige Krankheiten der Wirbelsäule und des Rückens, anderenorts nicht klassifiziert	0,8	0,9
A08	Virusbedingte und sonstige näher bezeichnete Darminfektionen	0,8	0,3
M77	Sonstige Enthesopathien	0,7	0,9
M75	Schulterläsionen	0,7	1,5
J00	Akute Rhinopharyngitis [Erkältungsschnupfen]	0,7	0,3
G43	Migräne	0,7	0,2
M79	Sonstige Krankheiten des Weichteilgewebes, anderenorts nicht klassifiziert	0,7	0,6
F45	Somatoforme Störungen	0,7	1,0
S93	Luxation, Verstauchung und Zerrung der Gelenke und Bänder in Höhe des oberen Sprunggelenkes und des Fußes	0,7	0,7
J04	Akute Laryngitis und Tracheitis	0,7	0,3
M23	Binnenschädigung des Kniegelenkes [internal derangement]	0,6	1,3
R42	Schwindel und Taumel	0,6	0,4
F48	Andere neurotische Störungen	0,6	0,8
B99	Sonstige und nicht näher bezeichnete Infektionskrankheiten	0,6	0,3
N39	Sonstige Krankheiten des Harnsystems	0,6	0,4
J98	Sonstige Krankheiten der Atemwege	0,6	0,3
R53	Unwohlsein und Ermüdung	0,5	0,5
	Summe hier	57,9	42,7
	Restliche	42,1	57,3
	Gesamtsumme	100,0	100,0

Fehlzeiten-Report 2013

Tab. 29.7.17 Anteile der 40 häufigsten Diagnoseuntergruppen an den AU-Fällen und AU-Tagen in der Branche Handel im Jahr 2012, AOK-Mitglieder

ICD-10	Bezeichnung	AU-Fälle in %	AU-Tage in %
J00–J06	Akute Infektionen der oberen Atemwege	12,7	5,5
M50–M54	Sonstige Krankheiten der Wirbelsäule und des Rückens	7,4	8,3
A00–A09	Infektiöse Darmkrankheiten	5,4	1,9
J40–J47	Chronische Krankheiten der unteren Atemwege	3,2	2,1
R50–R69	Allgemeinsymptome	3,1	2,3
R10–R19	Symptome, die das Verdauungssystem und das Abdomen betreffen	2,9	1,6
J20–J22	Sonstige akute Infektionen der unteren Atemwege	2,9	1,5
K50–K52	Nichtinfektiöse Enteritis und Kolitis	2,9	1,2
F40–F48	Neurotische, Belastungs- und somatoforme Störungen	2,8	4,8
K00–K14	Krankheiten der Mundhöhle, der Speicheldrüsen und der Kiefer	2,7	0,7
M70–M79	Sonstige Krankheiten des Weichteilgewebes	2,5	3,6
K20–K31	Krankheiten des Ösophagus, des Magens und des Duodenums	2,2	1,1
J30–J39	Sonstige Krankheiten der oberen Atemwege	1,8	1,0
B25–B34	Sonstige Viruskrankheiten	1,8	0,8
F30–F39	Affektive Störungen	1,6	4,7
M20–M25	Sonstige Gelenkkrankheiten	1,6	2,8
T08–T14	Verletzungen nicht näher bezeichneter Teile des Rumpfes, der Extremitäten oder anderer Körperregionen	1,6	1,5
I10–I15	Hypertonie [Hochdruckkrankheit]	1,5	2,4
G40–G47	Episodische und paroxysmale Krankheiten des Nervensystems	1,5	1,2
S60–S69	Verletzungen des Handgelenkes und der Hand	1,2	1,7
R00–R09	Symptome, die das Kreislaufsystem und das Atmungssystem betreffen	1,2	0,8
S90–S99	Verletzungen der Knöchelregion und des Fußes	1,1	1,5
Z80–Z99	Personen mit potentiellen Gesundheitsrisiken aufgrund der Familien- oder Eigenanamnese und bestimmte Zustände, die den Gesundheitszustand beeinflussen	1,0	2,1
S80–S89	Verletzungen des Knies und des Unterschenkels	1,0	2,0
M95–M99	Sonstige Krankheiten des Muskel-Skelett-Systems und des Bindegewebes	1,0	0,8
N30–N39	Sonstige Krankheiten des Harnsystems	1,0	0,6
I80–I89	Krankheiten der Venen, der Lymphgefäße und der Lymphknoten, anderenorts nicht klassifiziert	0,8	0,8
R40–R46	Symptome, die das Erkennungs- und Wahrnehmungsvermögen, die Stimmung und das Verhalten betreffen	0,8	0,7
K55–K63	Sonstige Krankheiten des Darmes	0,8	0,7
J09–J18	Grippe und Pneumonie	0,8	0,6
M15–M19	Arthrose	0,7	2,1
G50–G59	Krankheiten von Nerven, Nervenwurzeln und Nervenplexus	0,7	1,2
E70–E90	Stoffwechselstörungen	0,7	1,1
M65–M68	Krankheiten der Synovialis und der Sehnen	0,7	1,0
J95–J99	Sonstige Krankheiten des Atmungssystems	0,7	0,5
S00–S09	Verletzungen des Kopfes	0,6	0,6
L00–L08	Infektionen der Haut und der Unterhaut	0,6	0,6
N80–N98	Nichtentzündliche Krankheiten des weiblichen Genitaltraktes	0,6	0,5
B99–B99	Sonstige Infektionskrankheiten	0,6	0,3
I95–I99	Sonstige und nicht näher bezeichnete Krankheiten des Kreislaufsystems	0,6	0,3
	Summe hier	79,3	69,5
	Restliche	20,7	30,5
	Gesamtsumme	100,0	100,0

Fehlzeiten-Report 2013

29.8 Land- und Forstwirtschaft

Tabelle 29.8.1	Entwicklung des Krankenstands der AOK-Mitglieder in der Branche Land- und Forstwirtschaft in den Jahren 1994 bis 2012	385
Tabelle 29.8.2	Arbeitsunfähigkeit der AOK-Mitglieder in der Branche Land- und Forstwirtschaft nach Bundesländern im Jahr 2012 im Vergleich zum Vorjahr	386
Tabelle 29.8.3	Arbeitsunfähigkeit der AOK-Mitglieder in der Branche Land- und Forstwirtschaft nach Wirtschaftsabteilungen im Jahr 2012	386
Tabelle 29.8.4	Kennzahlen der Arbeitsunfähigkeit der AOK-Mitglieder nach ausgewählten Berufsgruppen in der Branche Land- und Forstwirtschaft im Jahr 2012	387
Tabelle 29.8.5	Dauer der Arbeitsunfähigkeit der AOK-Mitglieder in der Branche Land- und Forstwirtschaft im Jahr 2012	387
Tabelle 29.8.6	Tage der Arbeitsunfähigkeit je AOK-Mitglied nach Wirtschaftsabteilung und Betriebsgröße in der Branche Land- und Forstwirtschaft im Jahr 2012	387
Tabelle 29.8.7	Krankenstand in Prozent nach Ausbildungsabschluss in der Branche Land- und Forstwirtschaft im Jahr 2012, AOK-Mitglieder	388
Tabelle 29.8.8	Tage der Arbeitsunfähigkeit je AOK-Mitglied nach Ausbildung in der Branche Land- und Forstwirtschaft im Jahr 2012	388
Tabelle 29.8.9	Anteil der Arbeitsunfälle an den AU-Fällen und -Tagen in Prozent nach Wirtschaftsabteilungen in der Branche Land- und Forstwirtschaft im Jahr 2012, AOK-Mitglieder	388
Tabelle 29.8.10	Tage und Fälle der Arbeitsunfähigkeit durch Arbeitsunfälle nach Berufsgruppen in der Branche Land- und Forstwirtschaft im Jahr 2012, AOK-Mitglieder	389
Tabelle 29.8.11	Tage und Fälle der Arbeitsunfähigkeit je 100 AOK-Mitglieder nach Krankheitsarten in der Branche Land- und Forstwirtschaft in den Jahren 1995 bis 2012	389
Tabelle 29.8.12	Verteilung der Arbeitsunfähigkeitstage nach Krankheitsarten in Prozent in der Branche Land- und Forstwirtschaft im Jahr 2012, AOK-Mitglieder	390
Tabelle 29.8.13	Verteilung der Arbeitsunfähigkeitsfälle nach Krankheitsarten in Prozent in der Branche Land- und Forstwirtschaft im Jahr 2012, AOK-Mitglieder	390
Tabelle 29.8.14	Verteilung der Arbeitsunfähigkeitstage nach Krankheitsarten und ausgewählten Berufsgruppen in der Branche Land- und Forstwirtschaft im Jahr 2012, AOK-Mitglieder	390
Tabelle 29.8.15	Verteilung der Arbeitsunfähigkeitsfälle nach Krankheitsarten und ausgewählten Berufsgruppen in der Branche Land- und Forstwirtschaft im Jahr 2012, AOK-Mitglieder	391
Tabelle 29.8.16	Anteile der 40 häufigsten Einzeldiagnosen an den AU-Fällen und AU-Tagen in der Branche Land- und Forstwirtschaft im Jahr 2012, AOK-Mitglieder	392
Tabelle 29.8.17	Anteile der 40 häufigsten Diagnoseuntergruppen an den AU-Fällen und AU-Tagen in der Branche Land- und Forstwirtschaft im Jahr 2012, AOK-Mitglieder	393

29.8 · Land- und Forstwirtschaft

Tab. 29.8.1 Entwicklung des Krankenstands der AOK-Mitglieder in der Branche Land- und Forstwirtschaft in den Jahren 1994 bis 2012

Jahr	Krankenstand in %			AU-Fälle je 100 AOK-Mitglieder			Tage je Fall		
	West	Ost	Bund	West	Ost	Bund	West	Ost	Bund
1994	5,7	5,5	5,6	132,0	114,0	122,7	15,7	15,4	15,5
1995	5,4	5,7	5,6	140,6	137,3	139,2	14,7	15,1	14,9
1996	4,6	5,5	5,1	137,3	125,0	132,3	12,9	16,3	14,2
1997	4,6	5,0	4,8	137,4	117,7	129,7	12,3	15,4	13,4
1998	4,8	4,9	4,8	143,1	121,4	135,1	12,1	14,9	13,0
1999	4,6	6,0	5,3	149,6	142,6	147,6	11,6	14,2	12,3
2000	4,6	5,5	5,0	145,7	139,7	142,7	11,6	14,3	12,9
2001	4,6	5,4	5,0	144,3	130,2	137,6	11,7	15,1	13,2
2002	4,5	5,2	4,8	142,4	126,5	135,0	11,4	15,1	13,0
2003	4,2	4,9	4,5	135,5	120,5	128,5	11,2	14,8	12,8
2004	3,8	4,3	4,0	121,5	109,1	115,6	11,4	14,6	12,8
2005	3,5	4,3	3,9	113,7	102,1	108,4	11,3	15,3	13,0
2006	3,3	4,1	3,7	110,2	96,5	104,3	11,0	15,4	12,8
2007	3,6	4,4	3,9	117,1	102,2	110,8	11,1	15,7	12,9
2008 (WZ03)	3,7	4,6	4,1	121,1	107,6	115,4	11,1	15,7	12,9
2008 (WZ08)*	3,1	4,6	3,9	101,5	101,6	101,6	11,3	16,5	13,9
2009	3,0	5,0	4,0	101,0	108,9	104,8	11,0	16,8	13,9
2010	3,3	5,1	4,2	99,6	112,5	105,6	12,2	16,7	14,4
2011	3,4	4,9	4,0	99,7	114,0	105,8	12,4	15,7	13,9
2012	3,2	5,4	4,1	91,0	110,2	99,2	12,9	17,8	15,2

*aufgrund der Revision der Wirtschaftszweigklassifikation in 2008 ist eine Vergleichbarkeit mit den Vorjahren nur bedingt möglich

Fehlzeiten-Report 2013

Tab. 29.8.2 Arbeitsunfähigkeit der AOK-Mitglieder in der Branche Land- und Forstwirtschaft nach Bundesländern im Jahr 2012 im Vergleich zum Vorjahr

Bundesland	Kranken-stand in %	Arbeitsunfähigkeit je 100 AOK-Mitglieder				Tage je Fall	Veränd. z. Vorj. in %	AU-Quote in %
		AU-Fälle	Veränd. z. Vorj. in %	AU-Tage	Veränd. z. Vorj. in %			
Baden-Württemberg	3,0	82,1	-10,7	1.104,3	-0,7	13,4	10,7	24,8
Bayern	2,8	79,2	-17,3	1.034,2	-14,2	13,1	4,0	26,9
Berlin	4,9	150,8	5,4	1.789,3	13,0	11,9	7,2	44,4
Brandenburg	5,4	106,3	-1,6	1.978,2	-0,3	18,6	1,1	43,8
Bremen	4,5	125,1	13,9	1.631,3	14,9	13,0	0,8	46,3
Hamburg	3,4	88,4	2,7	1.262,4	11,7	14,3	9,2	22,6
Hessen	3,6	97,0	-16,1	1.318,1	-12,3	13,6	4,6	29,5
Mecklenburg-Vorpommern	5,5	102,1	-1,1	2.008,5	-0,4	19,7	1,0	44,7
Niedersachsen	3,7	103,0	-3,1	1.345,8	-3,0	13,1	0,0	34,2
Nordrhein-Westfalen	3,1	93,1	-6,5	1.137,8	-1,0	12,2	6,1	26,6
Rheinland-Pfalz	2,8	80,2	-11,6	1.043,0	-7,1	13,0	4,8	17,2
Saarland	3,5	103,6	-25,5	1.297,7	-41,5	12,5	-21,9	35,8
Sachsen	5,2	112,1	-6,0	1.888,6	19,1	16,9	27,1	49,6
Sachsen-Anhalt	5,4	108,3	-1,6	1.979,5	5,1	18,3	7,0	44,8
Schleswig-Holstein	3,3	96,9	-3,0	1.211,4	-1,9	12,5	0,8	31,5
Thüringen	5,5	118,7	-2,9	2.014,2	18,3	17,0	22,3	48,8
West	3,2	91,0	-8,7	1.174,1	-5,2	12,9	4,0	27,8
Ost	5,4	110,2	-3,3	1.961,2	9,6	17,8	13,4	46,8
Bund	4,1	99,2	-6,2	1.508,3	2,2	15,2	9,4	34,4

Fehlzeiten-Report 2013

Tab. 29.8.3 Arbeitsunfähigkeit der AOK-Mitglieder in der Branche Land- und Forstwirtschaft nach Wirtschaftsabteilungen im Jahr 2012

Wirtschaftsabteilung	Krankenstand in %		Arbeitsunfähigkeiten je 100 AOK-Mitglieder		Tage je Fall	AU-Quote in %
	2012	2012 stand.*	Fälle	Tage		
Fischerei und Aquakultur	4,4	4,3	95,0	1.610,2	17,0	41,2
Forstwirtschaft und Holzeinschlag	5,4	4,8	132,1	1.988,9	15,1	44,9
Landwirtschaft, Jagd und damit verbundene Tätigkeiten	4,0	4,0	96,6	1.469,9	15,2	33,7
Branche insgesamt	4,1	4,1	99,2	1.508,3	15,2	34,4
Alle Branchen	4,9	4,9	153,3	1.811,6	11,8	53,2

*Krankenstand alters- und geschlechtsstandardisiert

Fehlzeiten-Report 2013

29.8 · Land- und Forstwirtschaft

Tab. 29.8.4 Kennzahlen der Arbeitsunfähigkeit der AOK-Mitglieder nach ausgewählten Berufsgruppen in der Branche Land- und Forstwirtschaft im Jahr 2012

Tätigkeit	Kranken-stand in %	Arbeitsunfähig-keiten je 100 AOK-Mitglieder		Tage je Fall	AU-Quote in %	Anteil der Berufsgruppe an der Branche in %*
		Fälle	Tage			
Berufe im Gartenbau	3,2	107,0	1.171,6	11,0	32,6	9,5
Berufe in Baumschule, Staudengärtnerei & Zierpflanzenbau	3,5	154,0	1.283,8	8,3	51,1	2,3
Berufe in der Floristik	2,9	110,9	1.052,7	9,5	49,6	1,4
Berufe in der Forstwirtschaft	5,7	141,7	2.073,9	14,6	44,6	4,2
Berufe in der Lagerwirtschaft	5,3	136,6	1.923,7	14,1	45,7	1,4
Berufe in der Landwirtschaft	3,0	76,1	1.100,6	14,5	22,9	46,1
Berufe in der Nutztierhaltung (außer Geflügelhaltung)	6,4	117,6	2.345,1	19,9	53,5	6,7
Berufe in der Pferdewirtschaft	3,7	95,1	1.368,9	14,4	33,4	1,7
Berufe in der Tierpflege	5,6	105,4	2.039,2	19,3	47,0	2,2
Führer/innen von land- u. forstwirtschaftlichen Maschinen	4,4	98,0	1.610,5	16,4	47,0	3,1
Branche insgesamt	**4,1**	**99,2**	**1.508,3**	**15,2**	**34,4**	**1,6****

* Anteil der AOK-Mitglieder in der Berufsgruppe an den in der Branche beschäftigten AOK-Mitgliedern insgesamt
**Anteil der AOK-Mitglieder in der Branche an allen AOK-Mitgliedern

Fehlzeiten-Report 2013

Tab. 29.8.5 Dauer der Arbeitsunfähigkeit der AOK-Mitglieder in der Branche Land- und Forstwirtschaft im Jahr 2012

Fallklasse	Branche hier		alle Branchen	
	Anteil Fälle in %	Anteil Tage in %	Anteil Fälle in %	Anteil Tage in %
1–3 Tage	31,9	4,1	36,3	6,1
4–7 Tage	27,6	9,3	30,4	13,0
8–14 Tage	18,5	12,8	16,9	14,9
15–21 Tage	7,5	8,6	6,1	9,0
22–28 Tage	3,7	6,0	2,9	6,1
29–42 Tage	4,1	9,4	3,1	9,0
Langzeit-AU (> 42 Tage)	6,7	49,8	4,4	42,0

Fehlzeiten-Report 2013

Tab. 29.8.6 Tage der Arbeitsunfähigkeit je AOK-Mitglied nach Wirtschaftsabteilung und Betriebsgröße in der Branche Land- und Forstwirtschaft im Jahr 2012

Wirtschaftsabteilungen	Betriebsgröße (Anzahl der AOK-Mitglieder)					
	10–49	50–99	100–199	200–499	500–999	≥ 1.000
Fischerei und Aquakultur	21,5	–	–	–	–	–
Forstwirtschaft und Holzeinschlag	19,3	22,5	23,9	–	27,9	–
Landwirtschaft, Jagd und damit verbundene Tätigkeiten	17,3	17,6	11,3	8,6	13,1	0,3
Branche insgesamt	**17,4**	**18,0**	**13,5**	**8,6**	**18,5**	**0,3**
Alle Branchen	18,7	20,4	20,5	20,5	20,6	19,5

Fehlzeiten-Report 2013

◻ **Tab. 29.8.7** Krankenstand in Prozent nach Ausbildungsabschluss in der Branche Land- und Forstwirtschaft im Jahr 2012, AOK-Mitglieder

Wirtschaftsabteilung	Ausbildung						
	ohne Ausbildungsabschluss	mit Ausbildungsabschluss	Meister/ Techniker	Bachelor	Diplom/Magister/Master/Staatsexamen	Promotion	unbekannt
Fischerei und Aquakultur	4,8	4,5	–	–	–	–	4,7
Forstwirtschaft und Holzeinschlag	5,9	6,0	3,1	–	2,3	–	4,1
Landwirtschaft, Jagd und damit verbundene Tätigkeiten	3,8	4,6	4,4	3,5	3,0	2,4	2,7
Branche insgesamt	3,9	4,7	4,3	3,5	3,0	2,7	2,8
Alle Branchen	5,7	4,9	3,7	2,0	2,4	1,8	4,8

Fehlzeiten-Report 2013

◻ **Tab. 29.8.8** Tage der Arbeitsunfähigkeit je AOK-Mitglied nach Ausbildung in der Branche Land- und Forstwirtschaft im Jahr 2012

Wirtschaftsabteilung	Ausbildung						
	ohne Ausbildungsabschluss	mit Ausbildungsabschluss	Meister/ Techniker	Bachelor	Diplom/Magister/Master/Staatsexamen	Promotion	unbekannt
Fischerei und Aquakultur	17,7	16,4	–	–	–	–	17,4
Forstwirtschaft und Holzeinschlag	21,7	21,8	11,3	–	8,6	–	15,2
Landwirtschaft, Jagd und damit verbundene Tätigkeiten	13,8	16,9	16,0	12,9	11,1	8,8	9,9
Branche insgesamt	14,3	17,3	15,7	13,0	10,8	10,0	10,3
Alle Branchen	20,7	18,1	13,6	7,3	8,8	6,5	17,4

Fehlzeiten-Report 2013

◻ **Tab. 29.8.9** Anteil der Arbeitsunfälle an den AU-Fällen und -Tagen in Prozent nach Wirtschaftsabteilungen in der Branche Land- und Forstwirtschaft im Jahr 2012, AOK-Mitglieder

Wirtschaftsabteilung	AU-Fälle in %	AU-Tage in %
Fischerei und Aquakultur	5,3	5,7
Forstwirtschaft und Holzeinschlag	9,5	18,3
Landwirtschaft, Jagd und damit verbundene Tätigkeiten	8,7	14,7
Branche insgesamt	8,6	15,0
Alle Branchen	3,7	6,7

Fehlzeiten-Report 2013

29.8 · Land- und Forstwirtschaft

Tab. 29.8.10 Tage und Fälle der Arbeitsunfähigkeit durch Arbeitsunfälle nach Berufsgruppen in der Branche Land- und Forstwirtschaft im Jahr 2012, AOK-Mitglieder

Tätigkeit	Arbeitsunfähigkeit je 1.000 AOK-Mitglieder	
	AU-Tage	AU-Fälle
Berufe in der Nutztierhaltung (außer Geflügelhaltung)	3.471,3	119,7
Berufe im Metallbau	3.299,0	136,4
Berufe in der Land- u. Baumaschinentechnik	2.991,3	115,4
Berufskraftfahrer/innen (Güterverkehr/LKW)	2.838,8	94,5
Berufe in der Lagerwirtschaft	2.376,0	78,4
Führer/innen von land- u. forstwirtschaftlichen Maschinen	2.141,2	90,2
Berufe im Garten-, Landschafts- u. Sportplatzbau	2.106,4	105,0
Berufe in der Landwirtschaft	1.966,2	82,5
Berufe im Gartenbau	1.309,5	55,6
Berufe in Baumschule, Staudengärtnerei u. Zierpflanzenbau	1.116,4	66,8
Branche insgesamt	2.266,7	86,5
Alle Branchen	1.214,6	56,6

Fehlzeiten-Report 2013

Tab. 29.8.11 Tage und Fälle der Arbeitsunfähigkeit je 100 AOK-Mitglieder nach Krankheitsarten in der Branche Land- und Forstwirtschaft in den Jahren 1995 bis 2012

Jahr	Arbeitsunfähigkeiten je 100 AOK-Mitglieder											
	Psyche		Herz/Kreislauf		Atemwege		Verdauung		Muskel/Skelett		Verletzungen	
	Tage	Fälle	Tage	Fälle	Tage	Fälle	Tage	Fälle	Tage	Fälle	Tage	Fälle
1995	126,9	4,2	219,6	9,1	368,7	39,5	205,3	20,5	627,2	30,8	415,2	22,9
1996	80,7	3,3	172,3	7,4	306,7	35,5	163,8	19,4	561,5	29,8	409,5	23,9
1997	75,0	3,4	150,6	7,4	270,0	34,3	150,6	19,3	511,1	29,7	390,3	23,9
1998	79,5	3,9	155,0	7,8	279,3	36,9	147,4	19,8	510,9	31,5	376,8	23,7
1999	89,4	4,5	150,6	8,2	309,1	42,0	152,1	21,7	537,3	34,0	366,8	23,7
2000	80,9	4,2	140,7	7,6	278,6	35,9	136,3	18,4	574,4	35,5	397,9	24,0
2001	85,2	4,7	149,4	8,2	262,5	35,1	136,2	18,7	587,8	36,4	390,1	23,6
2002	85,0	4,6	155,5	8,3	237,6	33,0	134,4	19,0	575,3	35,7	376,6	23,5
2003	82,8	4,6	143,9	8,0	233,8	33,1	123,7	17,8	512,0	32,5	368,5	22,5
2004	92,8	4,5	145,0	7,2	195,8	27,0	123,5	17,3	469,8	29,9	344,0	20,9
2005	90,1	4,1	142,3	6,7	208,7	28,6	111,3	14,7	429,7	26,8	336,2	19,7
2006	84,3	4,0	130,5	6,5	164,4	23,4	105,6	15,0	415,1	26,9	341,5	20,3
2007	90,2	4,1	143,8	6,6	187,2	26,9	112,5	16,2	451,4	28,1	347,5	20,0
2008 (WZ03)	94,9	4,5	153,2	7,0	195,6	27,8	119,6	17,3	472,0	29,2	350,9	19,9
2008 (WZ08)*	88,2	4,0	160,5	6,8	176,9	23,8	112,4	15,5	436,4	24,8	336,1	18,3
2009	95,9	4,2	155,5	6,9	207,5	27,5	107,1	15,0	427,5	24,1	337,9	18,2
2010	105,3	4,4	153,8	6,7	181,5	23,5	106,4	14,0	481,0	25,7	368,9	19,1
2011	112,7	4,7	154,0	6,7	174,8	23,5	106,5	13,9	461,2	25,5	353,2	18,9
2012	123,7	4,8	168,7	6,9	169,5	21,8	108,8	13,2	482,2	24,7	357,5	17,1

*aufgrund der Revision der Wirtschaftszweigklassifikation in 2008 ist eine Vergleichbarkeit mit den Vorjahren nur bedingt möglich

Fehlzeiten-Report 2013

◘ **Tab. 29.8.12** Verteilung der Arbeitsunfähigkeitstage nach Krankheitsarten in Prozent in der Branche Land- und Forstwirtschaft im Jahr 2012, AOK-Mitglieder

Wirtschaftsabteilung	AU-Tage in %						
	Psyche	Herz/ Kreislauf	Atem- wege	Ver- dauung	Muskel/ Skelett	Verlet- zungen	Sons- tige
Fischerei und Aquakultur	6,5	12,7	6,2	5,6	20,0	12,3	36,7
Forstwirtschaft und Holzeinschlag	5,1	7,6	8,3	4,8	24,9	20,7	28,7
Landwirtschaft, Jagd und damit verbundene Tätigkeiten	6,1	8,2	8,2	5,3	23,3	17,0	31,8
Branche insgesamt	6,0	8,2	8,2	5,3	23,4	17,3	31,6
Alle Branchen	10,1	6,6	11,4	5,5	22,9	11,8	31,7

Fehlzeiten-Report 2013

◘ **Tab. 29.8.13** Verteilung der Arbeitsunfähigkeitsfälle nach Krankheitsarten in Prozent in der Branche Land- und Forstwirtschaft im Jahr 2012, AOK-Mitglieder

Wirtschaftsabteilung	AU-Fälle in %						
	Psyche	Herz/ Kreislauf	Atem- wege	Ver- dauung	Muskel/ Skelett	Verlet- zungen	Sons- tige
Fischerei und Aquakultur	4,8	5,3	14,6	10,5	18,1	12,2	34,6
Forstwirtschaft und Holzeinschlag	3,2	5,0	17,1	9,7	22,1	14,5	28,4
Landwirtschaft, Jagd und damit verbundene Tätigkeiten	3,7	5,3	16,8	10,3	18,7	13,1	32,1
Branche insgesamt	3,7	5,3	16,8	10,2	19,0	13,2	31,8
Alle Branchen	5,0	4,2	21,7	10,1	17,1	8,4	33,5

Fehlzeiten-Report 2013

◘ **Tab. 29.8.14** Verteilung der Arbeitsunfähigkeitstage nach Krankheitsarten und ausgewählten Berufsgruppen in der Branche Land- und Forstwirtschaft im Jahr 2012, AOK-Mitglieder

Tätigkeit	AU-Tage in %						
	Psyche	Herz/ Kreislauf	Atem- wege	Ver- dauung	Muskel/ Skelett	Verlet- zungen	Sons- tige
Berufe im Gartenbau	6,3	6,5	9,7	6,0	27,0	15,3	29,2
Berufe in Baumschule, Staudengärtnerei u. Zierpflanzenbau	7,8	4,2	13,2	5,7	24,8	13,7	30,6
Berufe in der Floristik	10,3	5,5	13,7	6,6	16,3	10,2	37,4
Berufe in der Forstwirtschaft	4,3	6,4	8,4	4,4	26,5	23,7	26,2
Berufe in der Land- u. Baumaschinentechnik	3,7	10,1	7,5	6,3	21,5	19,8	31,1
Berufe in der Lagerwirtschaft	6,2	6,5	9,4	5,3	29,0	15,0	28,6
Berufe in der Nutztierhaltung (außer Geflügelhaltung)	6,3	8,3	7,5	4,8	26,2	16,6	30,3
Berufe in der Tierpflege	6,3	9,1	7,5	4,8	22,7	19,4	30,2
Berufskraftfahrer/innen (Güterverkehr/LKW)	5,4	11,0	7,6	4,4	24,0	14,9	32,6
Führer/innen von land- u. forstwirtschaftlichen Maschinen	5,0	10,2	8,1	6,4	22,9	16,5	30,8
Branche insgesamt	6,0	8,2	8,2	5,3	23,4	17,3	31,6
Alle Branchen	10,1	6,6	11,4	5,5	22,9	11,8	31,7

Fehlzeiten-Report 2013

29.8 · Land- und Forstwirtschaft

Tab. 29.8.15 Verteilung der Arbeitsunfähigkeitsfälle nach Krankheitsarten und ausgewählten Berufsgruppen in der Branche Land- und Forstwirtschaft im Jahr 2012, AOK-Mitglieder

Tätigkeit	AU-Fälle in %						
	Psyche	Herz/Kreislauf	Atemwege	Verdauung	Muskel/Skelett	Verletzungen	Sonstige
Berufe im Gartenbau	3,6	3,9	18,9	10,5	20,7	10,4	32,0
Berufe in Baumschule, Staudengärtnerei u. Zierpflanzenbau	4,1	3,1	21,9	10,2	17,2	8,8	34,7
Berufe in der Floristik	4,5	3,8	23,1	10,6	12,3	7,5	38,1
Berufe in der Forstwirtschaft	3,0	4,9	16,8	9,6	23,2	16,0	26,5
Berufe in der Land- u. Baumaschinentechnik	2,4	7,0	15,2	11,1	18,3	14,9	31,0
Berufe in der Landwirtschaft	3,1	5,1	16,7	10,4	17,9	15,3	31,5
Berufe in der Nutztierhaltung (außer Geflügelhaltung)	4,5	5,8	14,1	10,0	20,5	14,0	31,0
Berufe in der Tierpflege	4,7	6,5	14,1	9,7	20,3	14,5	30,3
Berufskraftfahrer/innen (Güterverkehr/LKW)	4,0	7,0	14,7	10,1	19,7	12,2	32,3
Führer/innen von land- u. forstwirtschaftlichen Maschinen	2,9	6,9	14,2	11,2	19,9	13,4	31,5
Branche insgesamt	**3,7**	**5,3**	**16,8**	**10,2**	**19,0**	**13,2**	**31,8**
Alle Branchen	**5,0**	**4,2**	**21,7**	**10,1**	**17,1**	**8,4**	**33,5**

Fehlzeiten-Report 2013

◘ Tab. 29.8.16 Anteile der 40 häufigsten Einzeldiagnosen an den AU-Fällen und AU-Tagen in der Branche Land- und Forstwirtschaft im Jahr 2012, AOK-Mitglieder

ICD-10	Bezeichnung	AU-Fälle in %	AU-Tage in %
M54	Rückenschmerzen	6,8	5,7
J06	Akute Infektionen an mehreren oder nicht näher bezeichneten Lokalisationen der oberen Atemwege	5,0	1,8
A09	Sonstige und nicht näher bezeichnete Gastroenteritis und Kolitis infektiösen und nicht näher bezeichneten Ursprungs	2,8	0,8
K08	Sonstige Krankheiten der Zähne und des Zahnhalteapparates	2,8	0,5
I10	Essentielle (primäre) Hypertonie	2,3	3,2
T14	Verletzung an einer nicht näher bezeichneten Körperregion	2,1	1,7
J20	Akute Bronchitis	2,1	1,0
K52	Sonstige nichtinfektiöse Gastroenteritis und Kolitis	1,8	0,6
J40	Bronchitis, nicht als akut oder chronisch bezeichnet	1,6	0,7
R10	Bauch- und Beckenschmerzen	1,3	0,6
K29	Gastritis und Duodenitis	1,2	0,5
B34	Viruskrankheit nicht näher bezeichneter Lokalisation	1,1	0,4
J03	Akute Tonsillitis	1,1	0,4
M25	Sonstige Gelenkkrankheiten, anderenorts nicht klassifiziert	1,1	1,1
M99	Biomechanische Funktionsstörungen, anderenorts nicht klassifiziert	1,0	0,6
M75	Schulterläsionen	0,9	1,6
M77	Sonstige Enthesopathien	0,9	0,9
S93	Luxation, Verstauchung und Zerrung der Gelenke und Bänder in Höhe des oberen Sprunggelenkes und des Fußes	0,9	0,9
M51	Sonstige Bandscheibenschäden	0,8	1,7
J02	Akute Pharyngitis	0,8	0,3
M53	Sonstige Krankheiten der Wirbelsäule und des Rückens, anderenorts nicht klassifiziert	0,8	0,8
M23	Binnenschädigung des Kniegelenkes [internal derangement]	0,8	1,4
F32	Depressive Episode	0,8	1,6
J01	Akute Sinusitis	0,7	0,3
J32	Chronische Sinusitis	0,7	0,3
F43	Reaktionen auf schwere Belastungen und Anpassungsstörungen	0,7	0,9
R51	Kopfschmerz	0,7	0,3
M79	Sonstige Krankheiten des Weichteilgewebes, anderenorts nicht klassifiziert	0,7	0,5
S61	Offene Wunde des Handgelenkes und der Hand	0,6	0,6
S60	Oberflächliche Verletzung des Handgelenkes und der Hand	0,6	0,4
E66	Adipositas	0,6	1,0
E11	Nicht primär insulinabhängiger Diabetes mellitus [Typ-2-Diabetes]	0,6	0,9
M65	Synovitis und Tenosynovitis	0,6	0,7
M17	Gonarthrose [Arthrose des Kniegelenkes]	0,6	1,4
R11	Übelkeit und Erbrechen	0,5	0,3
S83	Luxation, Verstauchung und Zerrung des Kniegelenkes und von Bändern des Kniegelenkes	0,5	1,0
M47	Spondylose	0,5	0,7
A08	Virusbedingte und sonstige näher bezeichnete Darminfektionen	0,5	0,1
E78	Störungen des Lipoproteinstoffwechsels und sonstige Lipidämien	0,5	0,7
R42	Schwindel und Taumel	0,5	0,3
	Summe hier	50,9	39,2
	Restliche	49,1	60,8
	Gesamtsumme	100,0	100,0

Fehlzeiten-Report 2013

29.8 · Land- und Forstwirtschaft

◘ Tab. 29.8.17 Anteile der 40 häufigsten Diagnoseuntergruppen an den AU-Fällen und AU-Tagen in der Branche Land- und Forstwirtschaft im Jahr 2012, AOK-Mitglieder

ICD-10	Bezeichnung	AU-Fälle in %	AU-Tage in %
J00–J06	Akute Infektionen der oberen Atemwege	8,7	3,2
M50–M54	Sonstige Krankheiten der Wirbelsäule und des Rückens	8,2	7,9
A00–A09	Infektiöse Darmkrankheiten	3,6	1,1
K00–K14	Krankheiten der Mundhöhle, der Speicheldrüsen und der Kiefer	3,5	0,7
M70–M79	Sonstige Krankheiten des Weichteilgewebes	3,0	3,7
I10–I15	Hypertonie [Hochdruckkrankheit]	2,7	3,8
J40–J47	Chronische Krankheiten der unteren Atemwege	2,7	1,7
T08–T14	Verletzungen nicht näher bezeichneter Teile des Rumpfes, der Extremitäten oder anderer Körperregionen	2,5	2,1
R50–R69	Allgemeinsymptome	2,4	1,8
J20–J22	Sonstige akute Infektionen der unteren Atemwege	2,4	1,2
S60–S69	Verletzungen des Handgelenkes und der Hand	2,1	2,5
R10–R19	Symptome, die das Verdauungssystem und das Abdomen betreffen	2,1	1,2
K50–K52	Nichtinfektiöse Enteritis und Kolitis	2,0	0,7
M20–M25	Sonstige Gelenkkrankheiten	1,9	2,8
K20–K31	Krankheiten des Ösophagus, des Magens und des Duodenums	1,8	1,0
F40–F48	Neurotische, Belastungs- und somatoforme Störungen	1,7	2,3
S80–S89	Verletzungen des Knies und des Unterschenkels	1,6	3,2
S90–S99	Verletzungen der Knöchelregion und des Fußes	1,6	1,9
Z80–Z99	Personen mit potentiellen Gesundheitsrisiken aufgrund der Familien- oder Eigenanamnese und bestimmte Zustände, die den Gesundheitszustand beeinflussen	1,3	2,7
B25–B34	Sonstige Viruskrankheiten	1,3	0,5
M15–M19	Arthrose	1,2	3,1
R00–R09	Symptome, die das Kreislaufsystem und das Atmungssystem betreffen	1,2	0,8
J30–J39	Sonstige Krankheiten der oberen Atemwege	1,2	0,6
E70–E90	Stoffwechselstörungen	1,1	1,5
S00–S09	Verletzungen des Kopfes	1,1	1,0
M95–M99	Sonstige Krankheiten des Muskel-Skelett-Systems und des Bindegewebes	1,1	0,7
F30–F39	Affektive Störungen	1,0	2,2
G40–G47	Episodische und paroxysmale Krankheiten des Nervensystems	1,0	0,8
G50–G59	Krankheiten von Nerven, Nervenwurzeln und Nervenplexus	0,9	1,3
M05–M14	Entzündliche Polyarthropathien	0,9	0,8
I30–I52	Sonstige Formen der Herzkrankheit	0,8	1,5
S20–S29	Verletzungen des Thorax	0,8	1,0
M65–M68	Krankheiten der Synovialis und der Sehnen	0,8	1,0
I80–I89	Krankheiten der Venen, der Lymphgefäße und der Lymphknoten, anderenorts nicht klassifiziert	0,8	0,9
J09–J18	Grippe und Pneumonie	0,8	0,6
E10–E14	Diabetes mellitus	0,7	1,2
F10–F19	Psychische und Verhaltensstörungen durch psychotrope Substanzen	0,7	1,0
L00–L08	Infektionen der Haut und der Unterhaut	0,7	0,8
K55–K63	Sonstige Krankheiten des Darmes	0,7	0,6
N30–N39	Sonstige Krankheiten des Harnsystems	0,7	0,5
	Summe hier	75,3	67,9
	Restliche	24,7	32,1
	Gesamtsumme	100,0	100,0

Fehlzeiten-Report 2013

29.9 Metallindustrie

Tabelle 29.9.1	Entwicklung des Krankenstands der AOK-Mitglieder in der Branche Metallindustrie in den Jahren 1994 bis 2012	395
Tabelle 29.9.2	Arbeitsunfähigkeit der AOK-Mitglieder in der Branche Metallindustrie nach Bundesländern im Jahr 2012 im Vergleich zum Vorjahr	396
Tabelle 29.9.3	Arbeitsunfähigkeit der AOK-Mitglieder in der Branche Metallindustrie nach Wirtschaftsabteilungen im Jahr 2012	396
Tabelle 29.9.4	Kennzahlen der Arbeitsunfähigkeit der AOK-Mitglieder nach ausgewählten Berufsgruppen in der Branche Metallindustrie im Jahr 2012	397
Tabelle 29.9.5	Dauer der Arbeitsunfähigkeit der AOK-Mitglieder in der Branche Metallindustrie im Jahr 2012	398
Tabelle 29.9.6	Tage der Arbeitsunfähigkeit je AOK-Mitglied nach Wirtschaftsabteilung und Betriebsgröße in der Branche Metallindustrie im Jahr 2012	398
Tabelle 29.9.7	Krankenstand in Prozent nach Ausbildungsabschluss in der Branche Metallindustrie im Jahr 2012, AOK-Mitglieder	399
Tabelle 29.9.8	Tage der Arbeitsunfähigkeit je AOK-Mitglied nach Ausbildung in der Branche Metallindustrie im Jahr 2012	399
Tabelle 29.9.9	Anteil der Arbeitsunfälle an den AU-Fällen und -Tagen in Prozent nach Wirtschaftsabteilungen in der Branche Metallindustrie im Jahr 2012, AOK-Mitglieder	400
Tabelle 29.9.10	Tage und Fälle der Arbeitsunfähigkeit durch Arbeitsunfälle nach Berufsgruppen in der Branche Metallindustrie im Jahr 2012, AOK-Mitglieder	400
Tabelle 29.9.11	Tage und Fälle der Arbeitsunfähigkeit je 100 AOK-Mitglieder nach Krankheitsarten in der Branche Metallindustrie in den Jahren 2000 bis 2012	401
Tabelle 29.9.12	Verteilung der Arbeitsunfähigkeitstage nach Krankheitsarten in Prozent in der Branche Metallindustrie im Jahr 2012, AOK-Mitglieder	401
Tabelle 29.9.13	Verteilung der Arbeitsunfähigkeitsfälle nach Krankheitsarten in Prozent in der Branche Metallindustrie im Jahr 2012, AOK-Mitglieder	402
Tabelle 29.9.14	Verteilung der Arbeitsunfähigkeitstage nach Krankheitsarten und ausgewählten Berufsgruppen in der Branche Metallindustrie im Jahr 2012, AOK-Mitglieder	403
Tabelle 29.9.15	Verteilung der Arbeitsunfähigkeitsfälle nach Krankheitsarten und ausgewählten Berufsgruppen in der Branche Metallindustrie im Jahr 2012, AOK-Mitglieder	404
Tabelle 29.9.16	Anteile der 40 häufigsten Einzeldiagnosen an den AU-Fällen und AU-Tagen in der Branche Metallindustrie im Jahr 2012, AOK-Mitglieder	405
Tabelle 29.9.17	Anteile der 40 häufigsten Diagnoseuntergruppen an den AU-Fällen und AU-Tagen in der Branche Metallindustrie im Jahr 2012, AOK-Mitglieder	406

29.9 · Metallindustrie

Tab. 29.9.1 Entwicklung des Krankenstands der AOK-Mitglieder in der Branche Metallindustrie in den Jahren 1994 bis 2012

Jahr	Krankenstand in %			AU-Fälle je 100 AOK-Mitglieder			Tage je Fall		
	West	Ost	Bund	West	Ost	Bund	West	Ost	Bund
1994	6,4	5,3	6,3	156,5	131,1	153,7	14,2	13,7	14,1
1995	6,0	5,1	5,9	165,7	141,1	163,1	13,6	13,7	13,6
1996	5,5	4,8	5,4	150,0	130,2	147,8	13,9	13,9	13,9
1997	5,3	4,5	5,2	146,7	123,7	144,4	13,1	13,4	13,2
1998	5,3	4,6	5,2	150,0	124,6	147,4	13,0	13,4	13,0
1999	5,6	5,0	5,6	160,5	137,8	158,3	12,8	13,4	12,8
2000	5,6	5,0	5,5	163,1	141,2	161,1	12,6	12,9	12,6
2001	5,5	5,1	5,5	162,6	140,1	160,6	12,4	13,2	12,5
2002	5,5	5,0	5,5	162,2	143,1	160,5	12,5	12,7	12,5
2003	5,2	4,6	5,1	157,1	138,6	155,2	12,0	12,2	12,0
2004	4,8	4,2	4,8	144,6	127,1	142,7	12,2	12,1	12,2
2005	4,8	4,1	4,7	148,0	127,8	145,6	11,9	11,8	11,9
2006	4,5	4,0	4,5	138,8	123,3	136,9	11,9	11,9	11,9
2007	4,8	4,3	4,8	151,2	134,0	149,0	11,7	11,7	11,7
2008 (WZ03)	5,0	4,5	4,9	159,9	142,2	157,5	11,4	11,5	11,4
2008 (WZ08)*	5,0	4,5	5,0	160,8	143,0	158,5	11,5	11,5	11,5
2009	4,9	4,7	4,9	151,1	142,1	149,9	11,9	12,2	11,9
2010	5,1	4,9	5,1	158,9	154,9	158,4	11,7	11,6	11,7
2011	5,2	4,8	5,2	167,8	164,9	167,4	11,4	10,6	11,3
2012	5,3	5,3	5,3	169,7	160,5	168,5	11,4	12,2	11,5

*aufgrund der Revision der Wirtschaftszweigklassifikation in 2008 ist eine Vergleichbarkeit mit den Vorjahren nur bedingt möglich

Fehlzeiten-Report 2013

◘ Tab. 29.9.2 Arbeitsunfähigkeit der AOK-Mitglieder in der Branche Metallindustrie nach Bundesländern im Jahr 2012 im Vergleich zum Vorjahr

Bundesland	Kranken-stand in %	Arbeitsunfähigkeit je 100 AOK-Mitglieder				Tage je Fall	Veränd. z. Vorj. in %	AU-Quote in %
		AU-Fälle	Veränd. z. Vorj. in %	AU-Tage	Veränd. z. Vorj. in %			
Baden-Württemberg	5,0	170,7	1,2	1.848,2	1,7	10,8	0,0	62,6
Bayern	4,6	152,4	0,0	1.687,1	1,4	11,1	1,8	58,5
Berlin	6,0	155,9	1,6	2.210,8	0,6	14,2	-0,7	56,3
Brandenburg	5,7	166,5	2,4	2.097,0	2,0	12,6	0,0	61,2
Bremen	5,3	168,0	-1,9	1.934,7	-0,9	11,5	0,9	58,0
Hamburg	6,0	173,9	-1,8	2.198,1	-0,7	12,6	0,8	56,8
Hessen	6,1	186,3	1,0	2.219,4	3,5	11,9	2,6	65,1
Mecklenburg-Vorpommern	5,9	170,4	1,2	2.154,4	-0,8	12,6	-2,3	59,1
Niedersachsen	5,2	174,7	2,2	1.919,0	0,3	11,0	-1,8	63,3
Nordrhein-Westfalen	6,0	180,9	2,1	2.207,3	2,5	12,2	0,0	66,1
Rheinland-Pfalz	6,0	182,4	1,2	2.182,1	-1,6	12,0	-2,4	64,6
Saarland	6,1	137,1	0,0	2.245,6	1,3	16,4	1,2	58,0
Sachsen	5,1	154,1	-4,9	1.853,9	15,8	12,0	21,2	61,3
Sachsen-Anhalt	5,7	162,9	1,7	2.093,0	0,6	12,9	-0,8	59,2
Schleswig-Holstein	5,4	166,2	-0,7	1.959,8	0,7	11,8	1,7	61,9
Thüringen	5,7	171,6	-1,3	2.078,0	15,8	12,1	17,5	64,0
West	5,3	169,7	1,1	1.940,1	1,6	11,4	0,0	62,5
Ost	5,3	160,5	-2,7	1.956,6	12,3	12,2	15,1	61,6
Bund	5,3	168,5	0,7	1.942,3	2,9	11,5	1,8	62,4

Fehlzeiten-Report 2013

◘ Tab. 29.9.3 Arbeitsunfähigkeit der AOK-Mitglieder in der Branche Metallindustrie nach Wirtschaftsabteilungen im Jahr 2012

Wirtschaftsabteilung	Krankenstand in %		Arbeitsunfähigkeiten je 100 AOK-Mitglieder		Tage je Fall	AU-Quote in %
	2012	2012 stand.*	Fälle	Tage		
Herstellung von Datenverarbeitungsgeräten, elektronischen und optischen Erzeugnissen	4,6	4,6	159,7	1.665,5	10,4	59,2
Herstellung von elektrischen Ausrüstungen	5,3	5,2	169,4	1.926,8	11,4	62,5
Herstellung von Kraftwagen und Kraftwagenteilen	5,6	5,7	165,6	2.045,0	12,3	62,3
Herstellung von Metallerzeugnissen	5,6	5,4	174,5	2.054,5	11,8	63,1
Maschinenbau	4,8	4,6	163,8	1.759,8	10,7	61,7
Metallerzeugung und -bearbeitung	6,2	5,6	176,6	2.259,2	12,8	66,1
Sonstiger Fahrzeugbau	5,1	5,0	163,4	1.858,2	11,4	59,1
Branche insgesamt	5,3	5,2	168,5	1.942,3	11,5	62,4
Alle Branchen	4,9	4,9	153,3	1.811,6	11,8	53,2

*Krankenstand alters- und geschlechtsstandardisiert

Fehlzeiten-Report 2013

◘ Tab. 29.9.4 Kennzahlen der Arbeitsunfähigkeit der AOK-Mitglieder nach ausgewählten Berufsgruppen in der Branche Metallindustrie im Jahr 2012

Tätigkeit	Kranken-stand in %	Arbeitsunfähig-keiten je 100 AOK-Mitglieder		Tage je Fall	AU-Quote in %	Anteil der Berufsgruppe an der Branche in %*
		Fälle	Tage			
Berufe im Metallbau	5,9	190,1	2.146,3	11,3	66,1	7,1
Berufe im Vertrieb	2,5	110,8	908,5	8,2	49,2	1,0
Berufe in der Elektrotechnik	6,0	185,8	2.199,4	11,8	65,3	3,2
Berufe in der industriellen Gießerei	7,6	211,2	2.790,6	13,2	71,3	1,4
Berufe in der Kunststoff- u. Kautschukherstellung	6,5	202,2	2.366,0	11,7	69,2	1,5
Berufe in der Lagerwirtschaft	6,1	175,8	2.229,6	12,7	65,5	5,6
Berufe in der Maschinenbau- u. Betriebstechnik	5,4	175,7	1.981,4	11,3	64,4	10,1
Berufe in der Metallbearbeitung	6,3	190,1	2.322,6	12,2	67,1	10,0
Berufe in der Metalloberflächenbehandlung	6,4	184,5	2.345,3	12,7	66,5	1,6
Berufe in der schleifenden Metallbearbeitung	6,0	185,8	2.178,8	11,7	66,8	1,1
Berufe in der Schweiß- u. Verbindungstechnik	6,7	196,8	2.445,5	12,4	68,2	2,3
Berufe in der spanenden Metallbearbeitung	5,0	180,9	1.814,9	10,0	66,3	6,0
Berufe in der technischen Produktionsplanung & -steuerung	3,5	120,8	1.286,7	10,7	53,6	1,8
Berufe in der technischen Qualitätssicherung	5,2	161,1	1.894,4	11,8	63,6	2,2
Berufe in der Werkzeugtechnik	4,3	169,4	1.574,3	9,3	64,2	2,1
Büro- u. Sekretariatskräfte	2,9	122,1	1.053,2	8,6	48,6	2,8
Kaufmännische u. technische Betriebswirtschaft	2,6	135,6	959,8	7,1	52,1	2,7
Maschinen- u. Anlagenführer/innen	6,2	190,1	2.276,5	12,0	68,1	3,4
Maschinen- u. Gerätezusammensetzer/innen	6,5	188,7	2.376,8	12,6	67,2	3,7
Technische Servicekräfte in Wartung u. Instandhaltung	4,6	141,3	1.699,6	12,0	59,3	1,5
Branche insgesamt	**5,3**	**168,5**	**1.942,3**	**11,5**	**62,4**	**11,5****

* Anteil der AOK-Mitglieder in der Berufsgruppe an den in der Branche beschäftigten AOK-Mitgliedern insgesamt
** Anteil der AOK-Mitglieder in der Branche an allen AOK-Mitgliedern

Fehlzeiten-Report 2013

Tab. 29.9.5 Dauer der Arbeitsunfähigkeit der AOK-Mitglieder in der Branche Metallindustrie im Jahr 2012

Fallklasse	Branche hier		alle Branchen	
	Anteil Fälle in %	Anteil Tage in %	Anteil Fälle in %	Anteil Tage in %
1–3 Tage	37,1	6,4	36,3	6,1
4–7 Tage	29,8	12,8	30,4	13,0
8–14 Tage	16,8	15,2	16,9	14,9
15–21 Tage	6,0	9,1	6,1	9,0
22–28 Tage	3,0	6,3	2,9	6,1
29–42 Tage	3,1	9,3	3,1	9,0
Langzeit-AU (> 42 Tage)	4,2	40,9	4,4	42,0

Fehlzeiten-Report 2013

Tab. 29.9.6 Tage der Arbeitsunfähigkeit je AOK-Mitglied nach Wirtschaftsabteilung und Betriebsgröße in der Branche Metallindustrie im Jahr 2012

Wirtschaftsabteilungen	Betriebsgröße (Anzahl der AOK-Mitglieder)					
	10–49	50–99	100–199	200–499	500–999	≥ 1.000
Herstellung von Datenverarbeitungsgeräten, elektronischen und optischen Erzeugnissen	16,2	18,0	19,2	18,1	16,7	13,7
Herstellung von elektrischen Ausrüstungen	18,5	20,4	19,3	21,5	20,4	18,5
Herstellung von Kraftwagen und Kraftwagenteilen	19,2	20,5	21,6	20,8	20,7	20,5
Herstellung von Metallerzeugnissen	20,9	21,3	21,1	21,6	21,7	18,3
Maschinenbau	17,7	17,9	18,3	17,6	17,2	18,0
Metallerzeugung und -bearbeitung	22,1	23,3	23,3	23,0	22,3	23,1
Sonstiger Fahrzeugbau	18,5	18,4	19,8	20,4	17,3	16,1
Branche insgesamt	**19,3**	**20,0**	**20,3**	**20,2**	**19,6**	**19,5**
Alle Branchen	**18,7**	**20,4**	**20,5**	**20,5**	**20,6**	**19,5**

Fehlzeiten-Report 2013

29.9 · Metallindustrie

Tab. 29.9.7 Krankenstand in Prozent nach Ausbildungsabschluss in der Branche Metallindustrie im Jahr 2012, AOK-Mitglieder

Wirtschaftsabteilung	Ausbildung						
	ohne Ausbildungsabschluss	mit Ausbildungsabschluss	Meister/ Techniker	Bachelor	Diplom/Magister/Master/ Staatsexamen	Promotion	unbekannt
Herstellung von Datenverarbeitungsgeräten, elektronischen und optischen Erzeugnissen	5,7	4,6	2,7	1,3	1,7	2,0	5,0
Herstellung von elektrischen Ausrüstungen	6,5	5,0	3,0	1,2	1,9	2,3	6,0
Herstellung von Kraftwagen und Kraftwagenteilen	6,5	5,5	3,5	1,3	1,6	1,6	6,0
Herstellung von Metallerzeugnissen	6,4	5,3	3,5	1,9	2,6	2,5	5,8
Maschinenbau	5,5	4,9	3,1	1,6	1,9	2,2	5,2
Metallerzeugung und -bearbeitung	7,0	5,7	3,9	3,0	2,4	–	6,9
Sonstiger Fahrzeugbau	5,2	5,4	3,4	0,9	2,1	–	4,7
Branche insgesamt	**6,2**	**5,2**	**3,3**	**1,5**	**1,9**	**2,0**	**5,8**
Alle Branchen	**5,7**	**4,9**	**3,7**	**2,0**	**2,4**	**1,8**	**4,8**

Fehlzeiten-Report 2013

Tab. 29.9.8 Tage der Arbeitsunfähigkeit je AOK-Mitglied nach Ausbildung in der Branche Metallindustrie im Jahr 2012

Wirtschaftsabteilung	Ausbildung						
	ohne Ausbildungsabschluss	mit Ausbildungsabschluss	Meister/ Techniker	Bachelor	Diplom/Magister/Master/ Staatsexamen	Promotion	unbekannt
Herstellung von Datenverarbeitungsgeräten, elektronischen und optischen Erzeugnissen	21,0	16,7	9,9	4,6	6,2	7,3	18,3
Herstellung von elektrischen Ausrüstungen	23,8	18,5	11,0	4,5	6,9	8,3	22,1
Herstellung von Kraftwagen und Kraftwagenteilen	23,7	20,2	12,9	4,6	5,9	5,8	22,0
Herstellung von Metallerzeugnissen	23,3	19,5	12,9	7,0	9,6	9,1	21,2
Maschinenbau	20,2	17,8	11,3	5,9	6,9	8,2	18,9
Metallerzeugung und -bearbeitung	25,6	21,0	14,1	10,8	8,9	–	25,4
Sonstiger Fahrzeugbau	19,1	19,8	12,3	3,4	7,5	–	17,1
Branche insgesamt	**22,8**	**18,9**	**11,9**	**5,5**	**7,1**	**7,4**	**21,1**
Alle Branchen	**20,7**	**18,1**	**13,6**	**7,3**	**8,8**	**6,5**	**17,4**

Fehlzeiten-Report 2013

◘ **Tab. 29.9.9** Anteil der Arbeitsunfälle an den AU-Fällen und -Tagen in Prozent nach Wirtschaftsabteilungen in der Branche Metallindustrie im Jahr 2012, AOK-Mitglieder

Wirtschaftsabteilung	AU-Fälle in %	AU-Tage in %
Herstellung von Datenverarbeitungsgeräten, elektronischen und optischen Erzeugnissen	1,8	3,5
Herstellung von elektrischen Ausrüstungen	2,5	4,2
Herstellung von Kraftwagen und Kraftwagenteilen	2,9	4,7
Herstellung von Metallerzeugnissen	5,2	8,4
Maschinenbau	4,1	6,8
Metallerzeugung und -bearbeitung	5,5	8,7
Sonstiger Fahrzeugbau	3,9	6,7
Branche insgesamt	**4,0**	**6,6**
Alle Branchen	**3,7**	**6,7**

Fehlzeiten-Report 2013

◘ **Tab. 29.9.10** Tage und Fälle der Arbeitsunfähigkeit durch Arbeitsunfälle nach Berufsgruppen in der Branche Metallindustrie im Jahr 2012, AOK-Mitglieder

Tätigkeit	Arbeitsunfähigkeit je 1.000 AOK-Mitglieder	
	AU-Tage	AU-Fälle
Berufe in der industriellen Gießerei	3.227,6	170,6
Berufe im Metallbau	2.562,9	147,1
Berufe in der Schweiß- u. Verbindungstechnik	1.993,1	127,4
Berufe in der Metallumformung	1.886,5	95,4
Berufe in der spanlosen Metallbearbeitung	1.852,2	94,1
Berufe in der Metalloberflächenbehandlung	1.688,1	88,7
Berufe in der schleifenden Metallbearbeitung	1.535,2	88,2
Berufe in der Kraftfahrzeugtechnik	1.534,4	88,2
Berufe in der Metallbearbeitung	1.505,8	78,7
Technische Servicekräfte in Wartung u. Instandhaltung	1.379,7	59,4
Maschinen- u. Anlagenführer/innen	1.295,1	69,4
Berufe in der Lagerwirtschaft	1.273,3	57,1
Berufe in der spanenden Metallbearbeitung	1.272,6	81,4
Berufe in der Maschinenbau- u. Betriebstechnik	1.268,3	72,0
Berufe in der Kunststoff- u. Kautschukherstellung	1.263,5	63,5
Berufe in der Werkzeugtechnik	1.204,2	80,0
Berufe in der Feinwerktechnik	1.131,0	84,0
Maschinen- u. Gerätezusammensetzer/innen	995,1	50,7
Berufe in der technischen Qualitätssicherung	662,7	30,1
Berufe in der Elektrotechnik	598,4	31,7
Branche insgesamt	**1.291,5**	**68,0**
Alle Branchen	**1.214,6**	**56,6**

Fehlzeiten-Report 2013

29.9 · Metallindustrie

Tab. 29.9.11 Tage und Fälle der Arbeitsunfähigkeit je 100 AOK-Mitglieder nach Krankheitsarten in der Branche Metallindustrie in den Jahren 2000 bis 2012

Jahr	Arbeitsunfähigkeiten je 100 AOK-Mitglieder											
	Psyche		Herz/Kreislauf		Atemwege		Verdauung		Muskel/Skelett		Verletzungen	
	Tage	Fälle	Tage	Fälle	Tage	Fälle	Tage	Fälle	Tage	Fälle	Tage	Fälle
2000	125,2	5,6	163,1	8,5	332,7	46,5	148,6	20,8	655,7	39,1	343,6	23,5
2001	134,9	6,4	165,4	9,1	310,6	45,6	149,9	21,6	672,0	40,8	338,9	23,4
2002	141,7	6,8	164,9	9,4	297,9	44,1	151,1	22,5	671,3	41,1	338,9	23,1
2003	134,5	6,7	156,5	9,3	296,8	45,1	142,2	21,5	601,3	37,9	314,5	21,7
2004	151,3	6,8	168,4	8,7	258,0	38,0	143,5	21,0	574,9	36,1	305,3	20,4
2005	150,7	6,6	166,7	8,7	300,6	44,4	136,0	19,6	553,4	35,3	301,1	19,9
2006	147,1	6,5	163,0	8,8	243,0	36,7	135,7	20,3	541,1	35,1	304,5	20,2
2007	154,4	6,9	164,0	8,8	275,3	42,1	142,2	21,8	560,3	36,0	303,9	20,2
2008 (WZ03)	162,9	7,1	168,5	9,2	287,2	44,6	148,4	23,3	580,4	37,9	308,6	20,7
2008 (WZ08)*	165,0	7,2	171,3	9,3	289,2	44,7	149,3	23,3	590,7	38,5	311,8	20,9
2009	170,6	7,2	173,4	8,7	303,3	46,3	137,9	19,0	558,2	34,1	307,9	19,0
2010	181,8	7,8	174,6	9,2	277,7	43,2	136,6	20,7	606,6	38,2	322,3	20,4
2011	187,5	8,2	168,1	9,2	291,4	45,4	136,8	21,1	595,5	38,9	317,8	20,5
2012	210,7	8,7	185,5	9,4	300,8	46,7	146,1	21,8	633,9	40,0	329,5	20,0

*aufgrund der Revision der Wirtschaftszweigklassifikation in 2008 ist eine Vergleichbarkeit mit den Vorjahren nur bedingt möglich

Fehlzeiten-Report 2013

Tab. 29.9.12 Verteilung der Arbeitsunfähigkeitstage nach Krankheitsarten in Prozent in der Branche Metallindustrie im Jahr 2012, AOK-Mitglieder

Wirtschaftsabteilung	AU-Tage in %						
	Psyche	Herz/Kreislauf	Atemwege	Verdauung	Muskel/Skelett	Verletzungen	Sonstige
Herstellung von Datenverarbeitungsgeräten, elektronischen und optischen Erzeugnissen	10,6	6,2	13,2	5,7	21,8	9,9	32,6
Herstellung von elektrischen Ausrüstungen	9,1	6,9	12,0	5,6	24,6	10,4	31,4
Herstellung von Kraftwagen und Kraftwagenteilen	8,6	6,9	11,6	5,5	26,2	11,2	29,9
Herstellung von Metallerzeugnissen	7,7	7,3	10,9	5,6	24,6	13,9	30,0
Maschinenbau	7,5	7,2	11,9	5,8	23,4	13,6	30,5
Metallerzeugung und -bearbeitung	7,2	7,8	11,0	5,5	25,4	13,5	29,5
Sonstiger Fahrzeugbau	8,2	7,4	12,3	5,7	24,8	12,7	28,9
Branche insgesamt	**8,1**	**7,1**	**11,6**	**5,6**	**24,4**	**12,7**	**30,4**
Alle Branchen	**10,1**	**6,6**	**11,4**	**5,5**	**22,9**	**11,8**	**31,7**

Fehlzeiten-Report 2013

◘ Tab. 29.9.13 Verteilung der Arbeitsunfähigkeitsfälle nach Krankheitsarten in Prozent in der Branche Metallindustrie im Jahr 2012, AOK-Mitglieder

Wirtschaftsabteilung	AU-Fälle in %						
	Psyche	Herz/ Kreislauf	Atem- wege	Ver- dauung	Muskel/ Skelett	Verlet- zungen	Sons- tige
Herstellung von Datenverarbeitungs-geräten, elektronischen und optischen Erzeugnissen	5,0	4,0	24,1	10,4	15,9	6,9	33,7
Herstellung von elektrischen Ausrüstungen	4,6	4,4	22,2	10,3	18,3	7,6	32,6
Herstellung von Kraftwagen und Kraftwagenteilen	4,5	4,6	21,4	9,9	20,5	8,1	31,1
Herstellung von Metallerzeugnissen	3,9	4,4	21,0	10,2	19,0	10,5	31,2
Maschinenbau	3,6	4,3	22,5	10,4	17,7	9,8	31,7
Metallerzeugung und -bearbeitung	3,8	4,9	20,5	9,8	20,3	10,3	30,4
Sonstiger Fahrzeugbau	3,9	4,4	22,8	10,1	18,5	9,2	31,1
Branche insgesamt	**4,1**	**4,4**	**21,8**	**10,2**	**18,7**	**9,3**	**31,5**
Alle Branchen	**5,0**	**4,2**	**21,7**	**10,1**	**17,1**	**8,4**	**33,5**

Fehlzeiten-Report 2013

Tab. 29.9.14 Verteilung der Arbeitsunfähigkeitstage nach Krankheitsarten und ausgewählten Berufsgruppen in der Branche Metallindustrie im Jahr 2012, AOK-Mitglieder

Tätigkeit	AU-Tage in %						
	Psyche	Herz/Kreislauf	Atemwege	Verdauung	Muskel/Skelett	Verletzungen	Sonstige
Berufe im Metallbau	5,8	7,2	10,7	5,5	25,0	18,0	27,8
Berufe in der Elektrotechnik	10,9	6,0	11,7	5,3	25,3	8,5	32,3
Berufe in der industriellen Gießerei	6,6	7,1	10,7	5,1	28,6	15,9	25,9
Berufe in der Kraftfahrzeugtechnik	7,9	6,6	11,5	5,7	24,2	16,7	27,5
Berufe in der Kunststoff- u. Kautschukherstellung	8,4	6,5	11,4	5,7	27,6	10,7	29,7
Berufe in der Lagerwirtschaft	8,6	7,3	11,2	5,6	26,1	11,3	30,0
Berufe in der Maschinenbau- u. Betriebstechnik	7,8	6,7	11,5	5,6	25,3	13,3	29,7
Berufe in der spanenden Metallbearbeitung	6,7	7,0	13,0	6,3	22,2	15,1	29,7
Berufe in der Metalloberflächenbehandlung	7,6	7,1	11,2	5,7	26,5	12,3	29,5
Berufe in der schleifenden Metallbearbeitung	6,8	7,8	11,3	5,9	25,1	12,8	30,3
Berufe in der Schweiß- u. Verbindungstechnik	6,2	7,6	11,3	5,2	27,1	13,9	28,7
Berufe in der spanenden Metallbearbeitung	6,7	7,0	13,0	6,3	22,2	15,1	29,7
Berufe in der technischen Produktionsplanung u. -steuerung	8,9	7,8	13,0	6,3	21,1	11,5	31,5
Berufe in der technischen Qualitätssicherung	9,1	7,8	11,9	5,7	23,3	9,3	33,0
Berufe in der Werkzeugtechnik	6,2	7,5	13,0	6,3	20,2	16,9	30,0
Büro- u. Sekretariatskräfte	13,2	5,0	15,1	5,9	15,7	8,1	37,0
Kaufmännische u. technische Betriebswirtschaft	12,4	4,7	18,5	6,6	14,2	10,1	33,6
Maschinen- u. Anlagenführer/innen	8,1	7,0	11,8	5,6	26,6	11,3	29,5
Maschinen- u. Gerätezusammensetzer/innen	9,1	6,5	11,4	5,3	26,9	10,6	30,1
Technische Servicekräfte in Wartung u. Instandhaltung	6,6	7,6	11,2	5,9	23,1	14,8	30,8
Branche insgesamt	8,1	7,1	11,6	5,6	24,4	12,7	30,4
Alle Branchen	10,1	6,6	11,4	5,5	22,9	11,8	31,7

Fehlzeiten-Report 2013

Tab. 29.9.15 Verteilung der Arbeitsunfähigkeitsfälle nach Krankheitsarten und ausgewählten Berufsgruppen in der Branche Metallindustrie im Jahr 2012, AOK-Mitglieder

Tätigkeit	AU-Fälle in %						
	Psyche	Herz/ Kreislauf	Atem- wege	Ver- dauung	Muskel/ Skelett	Verlet- zungen	Sons- tige
Berufe im Metallbau	3,0	4,1	20,5	10,2	19,2	13,8	29,3
Berufe in der Elektrotechnik	5,4	4,4	21,3	10,1	18,7	6,1	33,9
Berufe in der industriellen Gießerei	4,3	4,8	20,5	9,9	21,2	9,2	30,2
Berufe in der Kraftfahrzeugtechnik	3,5	3,6	22,1	10,2	18,7	11,8	29,9
Berufe in der Kunststoff- u. Kautschuk- herstellung	4,6	4,3	20,7	10,0	21,4	8,1	30,9
Berufe in der Lagerwirtschaft	4,5	4,9	20,3	10,3	20,6	8,0	31,4
Berufe in der Maschinenbau- u. Betriebstechnik	3,9	4,3	21,7	10,2	18,7	10,0	31,2
Berufe in der Metallbearbeitung	4,3	4,7	20,4	9,7	21,1	8,9	30,9
Berufe in der Metalloberflächenbe- handlung	4,1	4,8	19,8	9,7	21,8	9,4	30,4
Berufe in der schleifenden Metall- bearbeitung	3,8	4,6	20,8	10,2	20,8	9,9	30,0
Berufe in der Schweiß- u. Verbindungs- technik	3,3	3,7	20,6	10,6	18,9	14,5	28,3
Berufe in der spanenden Metall- bearbeitung	3,3	4,1	23,2	10,7	17,1	11,0	30,6
Berufe in der technischen Produktions- planung u. -steuerung	4,3	4,9	24,0	10,8	16,0	7,7	32,5
Berufe in der technischen Qualitäts- sicherung	4,3	4,7	21,2	10,1	19,4	10,0	30,3
Berufe in der Werkzeugtechnik	3,1	3,7	23,8	10,9	15,0	11,8	31,5
Büro- u. Sekretariatskräfte	5,2	3,6	26,4	11,0	10,7	5,3	37,8
Kaufmännische u. technische Betriebs- wirtschaft	4,3	3,2	28,9	11,1	9,4	5,9	37,3
Maschinen- u. Anlagenführer/innen	4,4	4,4	21,0	10,0	20,8	8,6	30,8
Maschinen- u. Gerätezusammensetzer/ innen	4,9	4,6	20,5	9,8	21,0	7,6	31,5
Technische Servicekräfte in Wartung u. Instandhaltung	3,5	4,9	21,7	10,6	18,9	9,9	30,6
Branche insgesamt	**4,1**	**4,4**	**21,8**	**10,2**	**18,7**	**9,3**	**31,5**
Alle Branchen	**5,0**	**4,2**	**21,7**	**10,1**	**17,1**	**8,4**	**33,5**

Fehlzeiten-Report 2013

29.9 · Metallindustrie

◘ **Tab. 29.9.16** Anteile der 40 häufigsten Einzeldiagnosen an den AU-Fällen und AU-Tagen in der Branche Metallindustrie im Jahr 2012, AOK-Mitglieder

ICD-10	Bezeichnung	AU-Fälle in %	AU-Tage in %
J06	Akute Infektionen an mehreren oder nicht näher bezeichneten Lokalisationen der oberen Atemwege	7,4	3,2
M54	Rückenschmerzen	7,2	6,5
A09	Sonstige und nicht näher bezeichnete Gastroenteritis und Kolitis infektiösen und nicht näher bezeichneten Ursprungs	3,5	1,1
J20	Akute Bronchitis	2,6	1,4
K08	Sonstige Krankheiten der Zähne und des Zahnhalteapparates	2,4	0,5
J40	Bronchitis, nicht als akut oder chronisch bezeichnet	2,1	1,1
K52	Sonstige nichtinfektiöse Gastroenteritis und Kolitis	2,1	0,7
I10	Essentielle (primäre) Hypertonie	1,7	2,7
T14	Verletzung an einer nicht näher bezeichneten Körperregion	1,6	1,4
B34	Viruskrankheit nicht näher bezeichneter Lokalisation	1,5	0,6
K29	Gastritis und Duodenitis	1,4	0,7
R10	Bauch- und Beckenschmerzen	1,3	0,6
J02	Akute Pharyngitis	1,1	0,5
J03	Akute Tonsillitis	1,1	0,5
J01	Akute Sinusitis	1,1	0,5
F32	Depressive Episode	1,1	2,5
J32	Chronische Sinusitis	1,0	0,5
M25	Sonstige Gelenkkrankheiten, anderenorts nicht klassifiziert	1,0	1,1
M99	Biomechanische Funktionsstörungen, anderenorts nicht klassifiziert	1,0	0,7
M77	Sonstige Enthesopathien	1,0	1,1
R51	Kopfschmerz	0,9	0,4
M53	Sonstige Krankheiten der Wirbelsäule und des Rückens, anderenorts nicht klassifiziert	0,9	1,0
M75	Schulterläsionen	0,9	1,9
M51	Sonstige Bandscheibenschäden	0,9	2,1
F43	Reaktionen auf schwere Belastungen und Anpassungsstörungen	0,8	1,1
M79	Sonstige Krankheiten des Weichteilgewebes, anderenorts nicht klassifiziert	0,7	0,6
M23	Binnenschädigung des Kniegelenkes [internal derangement]	0,7	1,4
R11	Übelkeit und Erbrechen	0,7	0,3
A08	Virusbedingte und sonstige näher bezeichnete Darminfektionen	0,7	0,2
J00	Akute Rhinopharyngitis [Erkältungsschnupfen]	0,6	0,3
S93	Luxation, Verstauchung und Zerrung der Gelenke und Bänder in Höhe des oberen Sprunggelenkes und des Fußes	0,6	0,6
R42	Schwindel und Taumel	0,6	0,4
J98	Sonstige Krankheiten der Atemwege	0,6	0,3
M47	Spondylose	0,6	0,8
B99	Sonstige und nicht näher bezeichnete Infektionskrankheiten	0,6	0,3
J11	Grippe, Viren nicht nachgewiesen	0,5	0,2
F45	Somatoforme Störungen	0,5	0,8
J04	Akute Laryngitis und Tracheitis	0,5	0,2
M65	Synovitis und Tenosynovitis	0,5	0,7
R53	Unwohlsein und Ermüdung	0,5	0,4
	Summe hier	**56,5**	**41,9**
	Restliche	43,5	58,1
	Gesamtsumme	**100,0**	**100,0**

Fehlzeiten-Report 2013

Tab. 29.9.17 Anteile der 40 häufigsten Diagnoseuntergruppen an den AU-Fällen und AU-Tagen in der Branche Metallindustrie im Jahr 2012, AOK-Mitglieder

ICD-10	Bezeichnung	AU-Fälle in %	AU-Tage in %
J00–J06	Akute Infektionen der oberen Atemwege	12,0	5,2
M50–M54	Sonstige Krankheiten der Wirbelsäule und des Rückens	8,7	9,2
A00–A09	Infektiöse Darmkrankheiten	4,6	1,5
J40–J47	Chronische Krankheiten der unteren Atemwege	3,4	2,3
M70–M79	Sonstige Krankheiten des Weichteilgewebes	3,1	4,4
J20–J22	Sonstige akute Infektionen der unteren Atemwege	3,1	1,6
K00–K14	Krankheiten der Mundhöhle, der Speicheldrüsen und der Kiefer	3,0	0,7
R50–R69	Allgemeinsymptome	2,9	2,1
K50–K52	Nichtinfektiöse Enteritis und Kolitis	2,4	0,9
R10–R19	Symptome, die das Verdauungssystem und das Abdomen betreffen	2,2	1,2
K20–K31	Krankheiten des Ösophagus, des Magens und des Duodenums	2,1	1,1
F40–F48	Neurotische, Belastungs- und somatoforme Störungen	2,0	3,2
I10–I15	Hypertonie [Hochdruckkrankheit]	2,0	3,0
T08–T14	Verletzungen nicht näher bezeichneter Teile des Rumpfes, der Extremitäten oder anderer Körperregionen	1,9	1,7
M20–M25	Sonstige Gelenkkrankheiten	1,8	2,8
B25–B34	Sonstige Viruskrankheiten	1,7	0,7
S60–S69	Verletzungen des Handgelenkes und der Hand	1,6	2,3
J30–J39	Sonstige Krankheiten der oberen Atemwege	1,6	1,0
F30–F39	Affektive Störungen	1,3	3,6
G40–G47	Episodische und paroxysmale Krankheiten des Nervensystems	1,3	1,1
R00–R09	Symptome, die das Kreislaufsystem und das Atmungssystem betreffen	1,3	0,9
Z80–Z99	Personen mit potentiellen Gesundheitsrisiken aufgrund der Familien- oder Eigenanamnese und bestimmte Zustände, die den Gesundheitszustand beeinflussen	1,1	2,1
S90–S99	Verletzungen der Knöchelregion und des Fußes	1,1	1,4
M95–M99	Sonstige Krankheiten des Muskel-Skelett-Systems und des Bindegewebes	1,1	0,9
M15–M19	Arthrose	1,0	2,4
S80–S89	Verletzungen des Knies und des Unterschenkels	1,0	2,0
J09–J18	Grippe und Pneumonie	0,9	0,6
E70–E90	Stoffwechselstörungen	0,8	1,4
I80–I89	Krankheiten der Venen, der Lymphgefäße und der Lymphknoten, anderenorts nicht klassifiziert	0,8	0,9
K55–K63	Sonstige Krankheiten des Darmes	0,8	0,8
R40–R46	Symptome, die das Erkennungs- und Wahrnehmungsvermögen, die Stimmung und das Verhalten betreffen	0,8	0,6
G50–G59	Krankheiten von Nerven, Nervenwurzeln und Nervenplexus	0,7	1,2
M65–M68	Krankheiten der Synovialis und der Sehnen	0,7	1,0
M05–M14	Entzündliche Polyarthropathien	0,7	0,7
J95–J99	Sonstige Krankheiten des Atmungssystems	0,7	0,5
I20–I25	Ischämische Herzkrankheiten	0,6	1,4
S00–S09	Verletzungen des Kopfes	0,6	0,6
L00–L08	Infektionen der Haut und der Unterhaut	0,6	0,6
N30–N39	Sonstige Krankheiten des Harnsystems	0,6	0,4
B99–B99	Sonstige Infektionskrankheiten	0,6	0,3
	Summe hier	79,2	70,3
	Restliche	20,8	29,7
	Gesamtsumme	100,0	100,0

Fehlzeiten-Report 2013

29.10 Öffentliche Verwaltung

Tabelle 29.10.1	Entwicklung des Krankenstands der AOK-Mitglieder in der Branche Öffentliche Verwaltung in den Jahren 1994 bis 2012	408
Tabelle 29.10.2	Arbeitsunfähigkeit der AOK-Mitglieder in der Branche Öffentliche Verwaltung nach Bundesländern im Jahr 2012 im Vergleich zum Vorjahr	409
Tabelle 29.10.3	Arbeitsunfähigkeit der AOK-Mitglieder in der Branche Öffentliche Verwaltung nach Wirtschaftsabteilungen im Jahr 2012	409
Tabelle 29.10.4	Kennzahlen der Arbeitsunfähigkeit der AOK-Mitglieder nach ausgewählten Berufsgruppen in der Branche Öffentliche Verwaltung im Jahr 2012	410
Tabelle 29.10.5	Dauer der Arbeitsunfähigkeit der AOK-Mitglieder in der Branche Öffentliche Verwaltung im Jahr 2012	410
Tabelle 29.10.6	Tage der Arbeitsunfähigkeit je AOK-Mitglied nach Wirtschaftsabteilung und Betriebsgröße in der Branche Öffentliche Verwaltung im Jahr 2012	411
Tabelle 29.10.7	Krankenstand in Prozent nach Ausbildungsabschluss in der Branche Öffentliche Verwaltung im Jahr 2012, AOK-Mitglieder	411
Tabelle 29.10.8	Tage der Arbeitsunfähigkeit je AOK-Mitglied nach Ausbildung in der Branche Öffentliche Verwaltung im Jahr 2012	411
Tabelle 29.10.9	Anteil der Arbeitsunfälle an den AU-Fällen und -Tagen in Prozent nach Wirtschaftsabteilungen in der Branche Öffentliche Verwaltung im Jahr 2012, AOK-Mitglieder	412
Tabelle 29.10.10	Tage und Fälle der Arbeitsunfähigkeit durch Arbeitsunfälle nach Berufsgruppen in der Branche Öffentliche Verwaltung im Jahr 2012, AOK-Mitglieder	412
Tabelle 29.10.11	Tage und Fälle der Arbeitsunfähigkeit je 100 AOK-Mitglieder nach Krankheitsarten in der Branche Öffentliche Verwaltung in den Jahren 1995 bis 2012	413
Tabelle 29.10.12	Verteilung der Arbeitsunfähigkeitstage nach Krankheitsarten in Prozent in der Branche Öffentliche Verwaltung im Jahr 2012, AOK-Mitglieder	413
Tabelle 29.10.13	Verteilung der Arbeitsunfähigkeitsfälle nach Krankheitsarten in Prozent in der Branche Öffentliche Verwaltung im Jahr 2012, AOK-Mitglieder	414
Tabelle 29.10.14	Verteilung der Arbeitsunfähigkeitstage nach Krankheitsarten und ausgewählten Berufsgruppen in der Branche Öffentliche Verwaltung im Jahr 2012, AOK-Mitglieder	414
Tabelle 29.10.15	Verteilung der Arbeitsunfähigkeitsfälle nach Krankheitsarten und ausgewählten Berufsgruppen in der Branche Öffentliche Verwaltung im Jahr 2012, AOK-Mitglieder	415
Tabelle 29.10.16	Anteile der 40 häufigsten Einzeldiagnosen an den AU-Fällen und AU-Tagen in der Branche Öffentliche Verwaltung im Jahr 2012, AOK-Mitglieder	416
Tabelle 29.10.17	Anteile der 40 häufigsten Diagnoseuntergruppen an den AU-Fällen und AU-Tagen der Branche Öffentliche Verwaltung im Jahr 2012, AOK-Mitglieder	417

Tab. 29.10.1 Entwicklung des Krankenstands der AOK-Mitglieder in der Branche Öffentliche Verwaltung in den Jahren 1994 bis 2012

Jahr	Krankenstand in %			AU-Fälle je 100 AOK-Mitglieder			Tage je Fall		
	West	Ost	Bund	West	Ost	Bund	West	Ost	Bund
1994	7,3	5,9	6,9	161,2	129,1	152,0	16,2	14,9	15,9
1995	6,9	6,3	6,8	166,7	156,3	164,1	15,6	14,9	15,4
1996	6,4	6,0	6,3	156,9	155,6	156,6	15,4	14,7	15,2
1997	6,2	5,8	6,1	158,4	148,8	156,3	14,4	14,1	14,3
1998	6,3	5,7	6,2	162,6	150,3	160,0	14,2	13,8	14,1
1999	6,6	6,2	6,5	170,7	163,7	169,3	13,8	13,6	13,8
2000	6,4	5,9	6,3	172,0	174,1	172,5	13,6	12,3	13,3
2001	6,1	5,9	6,1	165,8	161,1	164,9	13,5	13,3	13,5
2002	6,0	5,7	5,9	167,0	161,9	166,0	13,0	12,9	13,0
2003	5,7	5,3	5,6	167,3	158,8	165,7	12,4	12,2	12,3
2004	5,3	5,0	5,2	154,8	152,2	154,3	12,5	12,0	12,4
2005**	5,3	4,5	5,1	154,1	134,3	150,0	12,6	12,2	12,5
2006	5,1	4,7	5,0	148,7	144,7	147,9	12,5	11,8	12,3
2007	5,3	4,8	5,2	155,5	151,1	154,6	12,4	11,7	12,3
2008 (WZ03)	5,3	4,9	5,2	159,8	152,1	158,3	12,2	11,8	12,1
2008 (WZ08)*	5,3	4,9	5,2	159,9	152,2	158,4	12,1	11,8	12,1
2009	5,5	5,3	5,4	167,9	164,9	167,3	11,9	11,7	11,8
2010	5,5	5,7	5,5	164,8	184,6	168,2	12,2	11,3	12,0
2011	5,6	5,5	5,6	172,5	189,1	175,6	11,9	10,6	11,7
2012	5,5	5,5	5,5	163,9	164,4	164,0	12,2	12,2	12,2

*aufgrund der Revision der Wirtschaftszweigklassifikation in 2008 ist eine Vergleichbarkeit mit den Vorjahren nur bedingt möglich
**ohne Sozialversicherung/Arbeitsförderung

Fehlzeiten-Report 2013

29.10 · Öffentliche Verwaltung

Tab. 29.10.2 Arbeitsunfähigkeit der AOK-Mitglieder in der Branche Öffentliche Verwaltung nach Bundesländern im Jahr 2012 im Vergleich zum Vorjahr

Bundesland	Kranken-stand in %	Arbeitsunfähigkeit je 100 AOK-Mitglieder				Tage je Fall	Veränd. z. Vorj. in %	AU-Quote in %
		AU-Fälle	Veränd. z. Vorj. in %	AU-Tage	Veränd. z. Vorj. in %			
Baden-Württemberg	4,9	156,4	-5,7	1.793,5	-4,0	11,5	1,8	58,3
Bayern	4,9	140,0	-4,4	1.785,6	1,5	12,8	6,7	54,6
Berlin	6,3	199,8	1,7	2.308,6	-2,7	11,6	-4,1	59,6
Brandenburg	6,4	178,9	-1,0	2.343,8	3,1	13,1	4,0	64,5
Bremen	5,9	167,1	-10,2	2.174,7	-2,6	13,0	8,3	58,1
Hamburg	5,8	166,2	-14,7	2.106,9	-12,4	12,7	3,3	55,9
Hessen	6,3	188,6	-8,3	2.289,6	-0,8	12,1	8,0	62,5
Mecklenburg-Vorpommern	6,5	175,9	-3,6	2.364,4	1,4	13,4	4,7	61,9
Niedersachsen	5,8	174,0	-0,2	2.122,3	1,1	12,2	0,8	62,1
Nordrhein-Westfalen	6,2	182,2	-4,4	2.251,9	-4,3	12,4	0,0	61,8
Rheinland-Pfalz	6,1	183,2	-2,4	2.214,8	-5,8	12,1	-3,2	63,2
Saarland	6,8	174,0	0,9	2.499,7	3,1	14,4	2,1	62,0
Sachsen	5,1	157,9	-19,3	1.849,5	3,5	11,7	28,6	61,2
Sachsen-Anhalt	5,9	168,2	-3,7	2.158,7	-4,3	12,8	-0,8	60,9
Schleswig-Holstein	6,2	173,3	-2,5	2.262,2	0,9	13,1	4,0	61,7
Thüringen	5,5	168,5	-13,1	2.003,1	2,5	11,9	17,8	62,1
West	5,5	163,9	-5,0	2.004,1	-2,7	12,2	2,5	59,1
Ost	5,5	164,4	-13,1	2.004,4	0,4	12,2	15,1	61,7
Bund	5,5	164,0	-6,6	2.004,1	-2,1	12,2	4,3	59,6

Fehlzeiten-Report 2013

Tab. 29.10.3 Arbeitsunfähigkeit der AOK-Mitglieder in der Branche Öffentliche Verwaltung nach Wirtschaftsabteilungen im Jahr 2012

Wirtschaftsabteilung	Krankenstand in %		Arbeitsunfähigkeiten je 100 AOK-Mitglieder		Tage je Fall	AU-Quote in %
	2012	2012 stand.*	Fälle	Tage		
Exterritoriale Organisationen und Körperschaften	7,1	6,8	208,0	2.603,0	12,5	67,7
Öffentliche Verwaltung	5,5	4,9	174,3	2.011,9	11,5	62,2
Sozialversicherung	4,8	4,6	181,2	1.769,7	9,8	65,2
Branche insgesamt	5,5	5,0	164,0	2.004,1	12,2	59,6
Alle Branchen	4,9	4,9	153,3	1.811,6	11,8	53,2

*Krankenstand alters- und geschlechtsstandardisiert

Fehlzeiten-Report 2013

Tab. 29.10.4 Kennzahlen der Arbeitsunfähigkeit der AOK-Mitglieder nach ausgewählten Berufsgruppen in der Branche Öffentliche Verwaltung im Jahr 2012

Tätigkeit	Kranken-stand in %	Arbeitsunfähig-keiten je 100 AOK-Mitglieder		Tage je Fall	AU-Quote in %	Anteil der Berufs-gruppe an der Branche in %*
		Fälle	Tage			
Berufe im Gartenbau	8,4	239,1	3.056,9	12,8	71,1	2,1
Berufe im Objekt-, Werte- u. Personenschutz	6,8	163,4	2.505,6	15,3	61,0	1,3
Berufe in der Forstwirtschaft	7,6	212,8	2.785,2	13,1	71,0	1,3
Berufe in der Gebäudetechnik	5,4	122,6	1.975,3	16,1	53,7	2,7
Berufe in der Gesundheits- u. Krankenpflege	5,5	151,7	2.021,0	13,3	58,5	1,3
Berufe in der Hochschullehre u. -forschung	0,9	45,4	319,4	7,0	20,3	3,1
Berufe in der Kinderbetreuung u. -erziehung	4,9	203,7	1.777,4	8,7	67,8	7,7
Berufe in der öffentlichen Verwaltung	4,4	153,3	1.594,3	10,4	58,5	10,4
Berufe in der Reinigung	7,5	167,3	2.753,2	16,5	63,4	7,0
Berufe in der Sozialarbeit u. Sozialpädagogik	3,9	135,8	1.416,9	10,4	55,2	1,6
Berufe in der Sozialverwaltung u. -versicherung	4,6	166,0	1.687,1	10,2	63,7	8,3
Berufskraftfahrer/innen (Güterverkehr/LKW)	7,5	187,0	2.745,1	14,7	66,6	1,2
Büro- u. Sekretariatskräfte	5,1	167,3	1.860,8	11,1	60,5	8,6
Kaufmännische u. technische Betriebswirtschaft	5,3	169,5	1.942,4	11,5	62,7	1,1
Köche/Köchinnen	7,9	200,3	2.900,3	14,5	66,5	1,7
Lehrkräfte in der Sekundarstufe	3,3	120,9	1.198,6	9,9	48,1	2,9
Platz- u. Gerätewarte/-wartinnen	7,0	166,7	2.562,0	15,4	63,5	3,9
Straßen- u. Tunnelwärter/innen	6,9	200,4	2.528,6	12,6	70,4	1,9
Branche insgesamt	**5,5**	**164,0**	**2.004,1**	**12,2**	**59,6**	**5,9****

* Anteil der AOK-Mitglieder in der Berufsgruppe an den in der Branche beschäftigten AOK-Mitgliedern insgesamt
**Anteil der AOK-Mitglieder in der Branche an allen AOK-Mitgliedern

Fehlzeiten-Report 2013

Tab. 29.10.5 Dauer der Arbeitsunfähigkeit der AOK-Mitglieder in der Branche Öffentliche Verwaltung im Jahr 2012

Fallklasse	Branche hier		alle Branchen	
	Anteil Fälle in %	Anteil Tage in %	Anteil Fälle in %	Anteil Tage in %
1–3 Tage	37,4	6,5	36,3	6,1
4–7 Tage	27,8	12,1	30,4	13,0
8–14 Tage	17,7	16,2	16,9	14,9
15–21 Tage	6,4	9,8	6,1	9,0
22–28 Tage	3,3	7,1	2,9	6,1
29–42 Tage	3,4	10,3	3,1	9,0
Langzeit-AU (> 42 Tage)	4,0	37,9	4,4	42,0

Fehlzeiten-Report 2013

29.10 · Öffentliche Verwaltung

Tab. 29.10.6 Tage der Arbeitsunfähigkeit je AOK-Mitglied nach Wirtschaftsabteilung und Betriebsgröße in der Branche Öffentliche Verwaltung im Jahr 2012

Wirtschaftsabteilungen	Betriebsgröße (Anzahl der AOK-Mitglieder)					
	10–49	50–99	100–199	200–499	500–999	≥ 1.000
Exterritoriale Organisationen und Körperschaften	12,8	–	–	–	29,7	32,3
Öffentliche Verwaltung	18,7	20,6	20,5	21,9	24,4	19,0
Sozialversicherung	18,9	21,0	20,8	22,0	21,1	17,8
Branche insgesamt	18,8	20,8	20,7	22,1	24,4	19,2
Alle Branchen	18,7	20,4	20,5	20,5	20,6	19,5

Fehlzeiten-Report 2013

Tab. 29.10.7 Krankenstand in Prozent nach Ausbildungsabschluss in der Branche Öffentliche Verwaltung im Jahr 2012, AOK-Mitglieder

Wirtschaftsabteilung	Ausbildung						
	ohne Ausbildungsabschluss	mit Ausbildungsabschluss	Meister/Techniker	Bachelor	Diplom/Magister/Master/Staatsexamen	Promotion	unbekannt
Exterritoriale Organisationen und Körperschaften	5,7	4,5	–	–	2,8	–	8,1
Öffentliche Verwaltung	7,3	5,6	4,4	2,6	2,6	1,3	6,4
Sozialversicherung	5,0	5,1	4,2	2,2	3,8	3,5	6,1
Branche insgesamt	7,0	5,5	4,4	2,6	2,7	1,4	6,8
Alle Branchen	5,7	4,9	3,7	2,0	2,4	1,8	4,8

Fehlzeiten-Report 2013

Tab. 29.10.8 Tage der Arbeitsunfähigkeit je AOK-Mitglied nach Ausbildung in der Branche Öffentliche Verwaltung im Jahr 2012

Wirtschaftsabteilung	Ausbildung						
	ohne Ausbildungsabschluss	mit Ausbildungsabschluss	Meister/Techniker	Bachelor	Diplom/Magister/Master/Staatsexamen	Promotion	unbekannt
Exterritoriale Organisationen und Körperschaften	20,9	16,6	–	–	10,1	–	29,6
Öffentliche Verwaltung	26,7	20,4	16,2	9,6	9,4	4,6	23,6
Sozialversicherung	18,4	18,5	15,5	8,2	14,1	12,8	22,5
Branche insgesamt	25,8	20,2	16,2	9,4	9,8	5,2	24,8
Alle Branchen	20,7	18,1	13,6	7,3	8,8	6,5	17,4

Fehlzeiten-Report 2013

◘ Tab. 29.10.9 Anteil der Arbeitsunfälle an den AU-Fällen und -Tagen in Prozent nach Wirtschaftsabteilungen in der Branche Öffentliche Verwaltung im Jahr 2012, AOK-Mitglieder

Wirtschaftsabteilung	AU-Fälle in %	AU-Tage in %
Exterritoriale Organisationen und Körperschaften	2,8	4,2
Öffentliche Verwaltung	2,9	4,6
Sozialversicherung	0,9	1,5
Branche insgesamt	2,2	4,2
Alle Branchen	3,7	6,7

Fehlzeiten-Report 2013

◘ Tab. 29.10.10 Tage und Fälle der Arbeitsunfähigkeit durch Arbeitsunfälle nach Berufsgruppen in der Branche Öffentliche Verwaltung im Jahr 2012, AOK-Mitglieder

Tätigkeit	Arbeitsunfähigkeit je 1.000 AOK-Mitglieder	
	AU-Tage	AU-Fälle
Straßen- u. Tunnelwärter/innen	2.322,5	108,7
Berufe in der Ver- u. Entsorgung	2.288,2	94,1
Berufe im Straßen- u. Asphaltbau	2.237,9	101,5
Platz- u. Gerätewarte/-wartinnen	2.162,9	89,0
Berufe im Garten-, Landschafts- u. Sportplatzbau	2.146,7	102,2
Berufe im Gartenbau	2.025,3	103,9
Berufe in der Wasserversorgungs- u. Abwassertechnik	1.760,6	76,3
Berufskraftfahrer/innen (Güterverkehr/LKW)	1.721,7	59,2
Berufe in der Kraftfahrzeugtechnik	1.689,2	81,6
Berufe in der Lagerwirtschaft	1.442,1	59,4
Berufe in der Gebäudetechnik	1.167,5	46,3
Berufe im Objekt-, Werte- & Personenschutz	1.054,6	38,3
Köche/Köchinnen	922,6	47,8
Berufe in der Reinigung	823,4	30,2
Berufe in der Gesundheits- u. Krankenpflege	529,8	27,5
Büro- u. Sekretariatskräfte	427,3	16,6
Berufe in der Kinderbetreuung u. -erziehung	388,4	23,1
Berufe in der öffentlichen Verwaltung	360,3	16,6
Lehrkräfte in der Sekundarstufe	317,8	16,1
Berufe in der Sozialverwaltung u. -versicherung	289,7	14,2
Branche insgesamt	826,6	35,6
Alle Branchen	1.214,6	56,6

Fehlzeiten-Report 2013

29.10 · Öffentliche Verwaltung

Tab. 29.10.11 Tage und Fälle der Arbeitsunfähigkeit je 100 AOK-Mitglieder nach Krankheitsarten in der Branche Öffentliche Verwaltung in den Jahren 1995 bis 2012

Jahr	Arbeitsunfähigkeiten je 100 AOK-Mitglieder											
	Psyche		Herz/Kreislauf		Atemwege		Verdauung		Muskel/Skelett		Verletzungen	
	Tage	Fälle	Tage	Fälle	Tage	Fälle	Tage	Fälle	Tage	Fälle	Tage	Fälle
1995	168,1	4,2	272,1	9,1	472,7	39,5	226,4	20,5	847,3	30,8	327,6	22,9
1996	165,0	3,3	241,9	7,4	434,5	35,5	199,8	19,4	779,1	29,8	312,4	23,9
1997	156,7	3,4	225,2	7,4	395,1	34,3	184,0	19,3	711,5	29,7	299,8	23,9
1998	165,0	3,9	214,1	7,8	390,7	36,9	178,4	19,8	720,0	31,5	288,1	23,7
1999	176,0	4,5	207,0	8,2	427,8	42,0	179,1	21,7	733,3	34,0	290,5	23,7
2000	198,5	8,1	187,3	10,1	392,0	50,5	160,6	21,3	749,6	41,4	278,9	17,4
2001	208,7	8,9	188,4	10,8	362,4	48,7	157,4	21,7	745,4	41,8	272,9	17,1
2002	210,1	9,4	182,7	10,9	344,1	47,7	157,9	23,0	712,8	41,6	267,9	17,1
2003	203,2	9,4	170,5	11,1	355,1	50,5	151,5	22,8	644,3	39,3	257,9	16,5
2004	213,8	9,6	179,9	10,2	313,1	43,6	153,1	22,5	619,0	37,9	251,5	15,5
2005**	211,4	9,4	179,4	10,1	346,2	47,2	142,3	19,7	594,5	36,4	252,5	15,1
2006	217,8	9,4	175,5	10,2	297,4	42,0	142,8	21,3	585,5	35,9	248,5	15,0
2007	234,4	9,9	178,3	10,1	326,0	46,2	148,6	22,3	600,6	36,1	239,2	14,1
2008 (WZ03)	245,1	10,2	176,0	10,2	331,8	47,6	150,3	22,9	591,9	36,1	238,2	14,2
2008 (WZ08)*	245,2	10,3	175,9	10,2	332,0	47,7	150,4	22,9	591,5	36,2	238,0	14,2
2009	255,2	10,8	177,1	10,2	387,0	54,8	148,5	22,8	577,6	35,8	245,5	14,5
2010	278,4	11,3	177,0	10,1	337,6	49,3	142,8	21,4	618,1	37,5	261,2	15,3
2011	295,9	12,1	176,3	10,3	353,4	50,9	142,9	21,9	606,2	37,7	254,2	15,0
2012	315,8	11,9	177,2	9,6	337,8	48,5	139,1	20,5	587,4	35,0	243,6	13,6

*aufgrund der Revision der Wirtschaftszweigklassifikation in 2008 ist eine Vergleichbarkeit mit den Vorjahren nur bedingt möglich
**ohne Sozialversicherung/Arbeitsförderung

Fehlzeiten-Report 2013

Tab. 29.10.12 Verteilung der Arbeitsunfähigkeitstage nach Krankheitsarten in Prozent in der Branche Öffentliche Verwaltung im Jahr 2012, AOK-Mitglieder

Wirtschaftsabteilung	AU-Tage in %						
	Psyche	Herz/Kreislauf	Atemwege	Verdauung	Muskel/Skelett	Verletzungen	Sonstige
Exterritoriale Organisationen und Körperschaften	9,5	7,7	10,4	5,1	25,4	8,7	33,3
Öffentliche Verwaltung	11,3	6,8	12,4	5,1	22,3	9,4	32,7
Sozialversicherung	16,1	5,3	14,6	5,5	17,1	7,2	34,3
Branche insgesamt	**11,8**	**6,6**	**12,6**	**5,2**	**21,9**	**9,1**	**32,8**
Alle Branchen	**10,1**	**6,6**	**11,4**	**5,5**	**22,9**	**11,8**	**31,7**

Fehlzeiten-Report 2013

◘ **Tab. 29.10.13** Verteilung der Arbeitsunfähigkeitsfälle nach Krankheitsarten in Prozent in der Branche Öffentliche Verwaltung im Jahr 2012, AOK-Mitglieder

Wirtschaftsabteilung	AU-Fälle in %						
	Psyche	Herz/Kreislauf	Atemwege	Verdauung	Muskel/Skelett	Verletzungen	Sonstige
Exterritoriale Organisationen und Körperschaften	5,8	5,4	18,6	8,7	21,7	6,5	33,4
Öffentliche Verwaltung	5,5	4,6	22,9	9,7	16,9	6,7	33,6
Sozialversicherung	6,5	3,9	25,6	10,4	12,7	5,1	35,8
Branche insgesamt	5,7	4,6	23,0	9,7	16,6	6,5	33,8
Alle Branchen	5,0	4,2	21,7	10,1	17,1	8,4	33,5

Fehlzeiten-Report 2013

◘ **Tab. 29.10.14** Verteilung der Arbeitsunfähigkeitstage nach Krankheitsarten und ausgewählten Berufsgruppen in der Branche Öffentliche Verwaltung im Jahr 2012, AOK-Mitglieder

Tätigkeit	AU-Tage in %						
	Psyche	Herz/Kreislauf	Atemwege	Verdauung	Muskel/Skelett	Verletzungen	Sonstige
Berufe im Gartenbau	7,8	7,2	11,6	5,1	28,4	11,2	28,6
Berufe im Objekt-, Werte- u. Personenschutz	11,9	9,0	10,4	5,4	23,2	9,3	30,8
Berufe in der Forstwirtschaft	4,7	6,9	9,5	4,7	29,9	17,8	26,4
Berufe in der Gebäudetechnik	8,8	10,0	8,9	4,9	24,5	10,4	32,5
Berufe in der Gesundheits- & Krankenpflege	16,9	5,0	12,8	4,8	20,0	9,5	30,9
Berufe in der Hochschullehre u. -forschung	13,6	3,1	24,5	6,7	9,7	9,6	32,8
Berufe in der Kinderbetreuung u. -erziehung	16,0	3,8	20,1	5,6	14,1	7,1	33,3
Berufe in der öffentlichen Verwaltung	14,1	5,9	14,6	5,6	16,5	8,1	35,1
Berufe in der Reinigung	9,8	6,8	9,7	4,3	28,7	7,6	33,1
Berufe in der Sozialarbeit u. Sozialpädagogik	19,6	4,8	15,7	5,2	12,5	7,0	35,2
Berufe in der Sozialverwaltung u. -versicherung	15,8	4,9	15,8	5,7	16,1	7,1	34,6
Berufe in der Ver- u. Entsorgung	7,9	7,5	11,4	4,9	30,0	11,4	26,9
Berufskraftfahrer/innen (Güterverkehr/LKW)	6,9	7,9	11,0	5,4	29,4	10,2	29,2
Büro- u. Sekretariatskräfte	15,0	6,0	14,2	5,4	17,2	7,6	34,6
Kaufmännische u. technische Betriebswirtschaft	13,5	7,2	13,9	5,4	16,1	8,0	35,9
Köche/Köchinnen	11,6	6,8	10,4	4,8	26,7	7,4	32,3
Lehrkräfte in der Sekundarstufe	16,1	7,0	15,0	5,2	12,7	7,8	36,1
Platz- u. Gerätewarte/-wartinnen	5,5	9,3	8,8	5,1	27,2	12,0	32,0
Steno- u. Phonotypisten/-typistinnen	16,2	5,3	13,9	4,8	17,5	6,9	35,4
Straßen- & Tunnelwärter/innen	5,6	7,4	10,8	5,4	28,0	14,1	28,8
Branche insgesamt	11,8	6,6	12,6	5,2	21,9	9,1	32,8
Alle Branchen	10,1	6,6	11,4	5,5	22,9	11,8	31,7

Fehlzeiten-Report 2013

◘ Tab. 29.10.15 Verteilung der Arbeitsunfähigkeitsfälle nach Krankheitsarten und ausgewählten Berufsgruppen in der Branche Öffentliche Verwaltung im Jahr 2012, AOK-Mitglieder

Tätigkeit	AU-Fälle in %						
	Psyche	Herz/ Kreislauf	Atem- wege	Ver- dauung	Muskel/ Skelett	Verlet- zungen	Sons- tige
Berufe im Gartenbau	4,4	4,9	19,5	9,4	23,6	9,0	29,3
Berufe im Objekt-, Werte- u. Personenschutz	6,6	6,3	19,0	8,9	19,4	7,0	32,9
Berufe in der Forstwirtschaft	2,9	4,2	18,1	8,5	26,4	12,7	27,1
Berufe in der Gebäudetechnik	5,0	7,2	16,6	9,9	20,7	8,1	32,6
Berufe in der Gesundheits- u. Krankenpflege	7,3	4,1	23,4	8,9	15,2	6,8	34,4
Berufe in der Hochschullehre u. -forschung	5,0	2,6	33,7	9,8	7,8	6,0	35,3
Berufe in der Kinderbetreuung u. -erziehung	5,7	2,7	31,9	9,8	9,5	4,4	36,0
Berufe in der öffentlichen Verwaltung	6,2	4,2	25,2	10,4	12,6	5,4	36,0
Berufe in der Reinigung	6,0	5,5	18,1	9,1	21,9	5,8	33,6
Berufe in der Sozialarbeit u. Sozial- pädagogik	7,2	3,5	29,2	9,2	10,1	5,2	35,6
Berufe in der Sozialverwaltung u. -versicherung	6,1	3,8	26,4	10,6	12,0	5,0	36,2
Berufe in der Ver- u. Entsorgung	4,7	5,3	18,3	8,4	25,3	8,5	29,4
Berufskraftfahrer/innen (Güterverkehr/LKW)	4,7	5,8	17,8	9,6	24,6	7,5	30,1
Büro- u. Sekretariatskräfte	6,7	4,5	24,3	10,1	13,5	5,2	35,8
Kaufmännische u. technische Betriebs- wirtschaft	6,6	4,8	23,6	11,2	13,4	5,3	35,0
Köche/Köchinnen	6,3	5,0	18,9	9,2	20,7	6,2	33,7
Lehrkräfte in der Sekundarstufe	7,6	4,9	29,1	8,9	10,2	4,8	34,6
Platz- u. Gerätewarte/-wartinnen	0,0	0,0	0,0	0,0	0,0	0,0	0,0
Steno- u. Phonotypisten/-typistinnen	7,7	4,4	23,4	10,1	14,3	4,7	35,4
Straßen- u. Tunnelwärter/innen	3,2	4,6	19,3	9,5	23,9	10,7	28,7
Branche insgesamt	**5,7**	**4,6**	**23,0**	**9,7**	**16,6**	**6,5**	**33,8**
Alle Branchen	5,0	4,2	21,7	10,1	17,1	8,4	33,5

Fehlzeiten-Report 2013

Tab. 29.10.16 Anteile der 40 häufigsten Einzeldiagnosen an den AU-Fällen und AU-Tagen in der Branche Öffentliche Verwaltung im Jahr 2012, AOK-Mitglieder

ICD-10	Bezeichnung	AU-Fälle in %	AU-Tage in %
J06	Akute Infektionen an mehreren oder nicht näher bezeichneten Lokalisationen der oberen Atemwege	7,5	3,4
M54	Rückenschmerzen	6,0	5,6
A09	Sonstige und nicht näher bezeichnete Gastroenteritis und Kolitis infektiösen und nicht näher bezeichneten Ursprungs	3,0	1,0
J20	Akute Bronchitis	2,7	1,5
K08	Sonstige Krankheiten der Zähne und des Zahnhalteapparates	2,5	0,5
J40	Bronchitis, nicht als akut oder chronisch bezeichnet	2,1	1,1
I10	Essentielle (primäre) Hypertonie	1,9	2,7
K52	Sonstige nichtinfektiöse Gastroenteritis und Kolitis	1,8	0,7
B34	Viruskrankheit nicht näher bezeichneter Lokalisation	1,5	0,7
F32	Depressive Episode	1,5	3,6
R10	Bauch- und Beckenschmerzen	1,4	0,7
J01	Akute Sinusitis	1,4	0,6
K29	Gastritis und Duodenitis	1,2	0,6
J32	Chronische Sinusitis	1,2	0,6
F43	Reaktionen auf schwere Belastungen und Anpassungsstörungen	1,2	1,9
J02	Akute Pharyngitis	1,2	0,5
J03	Akute Tonsillitis	1,1	0,5
T14	Verletzung an einer nicht näher bezeichneten Körperregion	1,0	0,9
M53	Sonstige Krankheiten der Wirbelsäule und des Rückens, anderenorts nicht klassifiziert	0,9	0,9
M99	Biomechanische Funktionsstörungen, anderenorts nicht klassifiziert	0,9	0,6
M25	Sonstige Gelenkkrankheiten, anderenorts nicht klassifiziert	0,9	0,9
M51	Sonstige Bandscheibenschäden	0,9	1,8
M75	Schulterläsionen	0,8	1,6
R51	Kopfschmerz	0,8	0,4
J04	Akute Laryngitis und Tracheitis	0,8	0,4
M77	Sonstige Enthesopathien	0,8	0,9
F45	Somatoforme Störungen	0,7	1,2
G43	Migräne	0,7	0,3
M79	Sonstige Krankheiten des Weichteilgewebes, anderenorts nicht klassifiziert	0,7	0,7
N39	Sonstige Krankheiten des Harnsystems	0,7	0,4
F48	Andere neurotische Störungen	0,7	0,8
M23	Binnenschädigung des Kniegelenkes [internal derangement]	0,6	1,2
J00	Akute Rhinopharyngitis [Erkältungsschnupfen]	0,6	0,3
R11	Übelkeit und Erbrechen	0,6	0,4
R42	Schwindel und Taumel	0,6	0,4
J98	Sonstige Krankheiten der Atemwege	0,6	0,3
R53	Unwohlsein und Ermüdung	0,6	0,5
A08	Virusbedingte und sonstige näher bezeichnete Darminfektionen	0,6	0,2
M47	Spondylose	0,6	0,7
B99	Sonstige und nicht näher bezeichnete Infektionskrankheiten	0,5	0,3
	Summe hier	55,8	42,3
	Restliche	44,2	57,7
	Gesamtsumme	100,0	100,0

Fehlzeiten-Report 2013

Tab. 29.10.17 Anteile der 40 häufigsten Diagnoseuntergruppen an den AU-Fällen und AU-Tagen der Branche Öffentliche Verwaltung im Jahr 2012, AOK-Mitglieder

ICD-10	Bezeichnung	AU-Fälle in %	AU-Tage in %
J00–J06	Akute Infektionen der oberen Atemwege	12,8	5,8
M50–M54	Sonstige Krankheiten der Wirbelsäule und des Rückens	7,4	7,8
A00–A09	Infektiöse Darmkrankheiten	3,9	1,4
J40–J47	Chronische Krankheiten der unteren Atemwege	3,5	2,4
F40–F48	Neurotische, Belastungs- und somatoforme Störungen	3,1	5,0
J20–J22	Sonstige akute Infektionen der unteren Atemwege	3,1	1,7
K00–K14	Krankheiten der Mundhöhle, der Speicheldrüsen und der Kiefer	3,0	0,7
R50–R69	Allgemeinsymptome	2,9	2,3
M70–M79	Sonstige Krankheiten des Weichteilgewebes	2,7	3,7
R10–R19	Symptome, die das Verdauungssystem und das Abdomen betreffen	2,3	1,3
I10–I15	Hypertonie [Hochdruckkrankheit]	2,1	3,0
K50–K52	Nichtinfektiöse Enteritis und Kolitis	2,1	0,9
F30–F39	Affektive Störungen	2,0	5,6
K20–K31	Krankheiten des Ösophagus, des Magens und des Duodenums	1,9	1,0
J30–J39	Sonstige Krankheiten der oberen Atemwege	1,8	1,0
B25–B34	Sonstige Viruskrankheiten	1,8	0,8
M20–M25	Sonstige Gelenkkrankheiten	1,6	2,6
G40–G47	Episodische und paroxysmale Krankheiten des Nervensystems	1,6	1,2
Z80–Z99	Personen mit potentiellen Gesundheitsrisiken aufgrund der Familien- oder Eigenanamnese und bestimmte Zustände, die den Gesundheitszustand beeinflussen	1,3	2,4
T08–T14	Verletzungen nicht näher bezeichneter Teile des Rumpfes, der Extremitäten oder anderer Körperregionen	1,2	1,1
R00–R09	Symptome, die das Kreislaufsystem und das Atmungssystem betreffen	1,2	0,8
M15–M19	Arthrose	1,1	2,6
N30–N39	Sonstige Krankheiten des Harnsystems	1,1	0,6
M95–M99	Sonstige Krankheiten des Muskel-Skelett-Systems und des Bindegewebes	1,0	0,8
E70–E90	Stoffwechselstörungen	0,9	1,3
S90–S99	Verletzungen der Knöchelregion und des Fußes	0,9	1,1
K55–K63	Sonstige Krankheiten des Darmes	0,9	0,8
S80–S89	Verletzungen des Knies und des Unterschenkels	0,8	1,6
I80–I89	Krankheiten der Venen, der Lymphgefäße und der Lymphknoten, anderenorts nicht klassifiziert	0,8	0,8
J09–J18	Grippe und Pneumonie	0,8	0,6
R40–R46	Symptome, die das Erkennungs- und Wahrnehmungsvermögen, die Stimmung und das Verhalten betreffen	0,8	0,6
G50–G59	Krankheiten von Nerven, Nervenwurzeln und Nervenplexus	0,7	1,1
S60–S69	Verletzungen des Handgelenkes und der Hand	0,7	0,9
M05–M14	Entzündliche Polyarthropathien	0,7	0,7
N80–N98	Nichtentzündliche Krankheiten des weiblichen Genitaltraktes	0,7	0,6
D10–D36	Gutartige Neubildungen	0,7	0,6
J95–J99	Sonstige Krankheiten des Atmungssystems	0,7	0,5
C00–C75	Bösartige Neubildungen an genau bezeichneten Lokalisationen, als primär festgestellt oder vermutet, ausgenommen lymphatisches, blu	0,6	2,2
E10–E14	Diabetes mellitus	0,6	1,0
M65–M68	Krankheiten der Synovialis und der Sehnen	0,6	0,9
	Summe hier	**78,4**	**71,8**
	Restliche	21,6	28,2
	Gesamtsumme	**100,0**	**100,0**

Fehlzeiten-Report 2013

29.11 Verarbeitendes Gewerbe

Tabelle 29.11.1	Entwicklung des Krankenstands der AOK-Mitglieder in der Branche Verarbeitendes Gewerbe in den Jahren 1994 bis 2012	419
Tabelle 29.11.2	Arbeitsunfähigkeit der AOK-Mitglieder in der Branche Verarbeitendes Gewerbe nach Bundesländern im Jahr 2012 im Vergleich zum Vorjahr	420
Tabelle 29.11.3	Arbeitsunfähigkeit der AOK-Mitglieder in der Branche Verarbeitendes Gewerbe nach Wirtschaftsabteilungen im Jahr 2012	421
Tabelle 29.11.4	Kennzahlen der Arbeitsunfähigkeit der AOK-Mitglieder nach ausgewählten Berufsgruppen in der Branche Verarbeitendes Gewerbe im Jahr 2012	422
Tabelle 29.11.5	Dauer der Arbeitsunfähigkeit der AOK-Mitglieder in der Branche Verarbeitendes Gewerbe im Jahr 2012	422
Tabelle 29.11.6	Tage der Arbeitsunfähigkeit je AOK-Mitglied nach Wirtschaftsabteilung und Betriebsgröße in der Branche Verarbeitendes Gewerbe im Jahr 2012	423
Tabelle 29.11.7	Krankenstand in Prozent nach Ausbildungsabschluss in der Branche Verarbeitendes Gewerbe im Jahr 2012, AOK-Mitglieder	424
Tabelle 29.11.8	Tage der Arbeitsunfähigkeit je AOK-Mitglied nach Ausbildung in der Branche Verarbeitendes Gewerbe im Jahr 2012	425
Tabelle 29.11.9	Anteil der Arbeitsunfälle an den AU-Fällen und -Tagen in Prozent nach Wirtschaftsabteilungen in der Branche Verarbeitendes Gewerbe im Jahr 2012, AOK-Mitglieder	426
Tabelle 29.11.10	Tage und Fälle der Arbeitsunfähigkeit durch Arbeitsunfälle nach Berufsgruppen in der Branche Verarbeitendes Gewerbe im Jahr 2012, AOK-Mitglieder	427
Tabelle 29.11.11	Tage und Fälle der Arbeitsunfähigkeit je 100 AOK-Mitglieder nach Krankheitsarten in der Branche Verarbeitendes Gewerbe in den Jahren 1995 bis 2012	428
Tabelle 29.11.12	Verteilung der Arbeitsunfähigkeitstage nach Krankheitsarten in Prozent in der Branche Verarbeitendes Gewerbe im Jahr 2012, AOK-Mitglieder	429
Tabelle 29.11.13	Verteilung der Arbeitsunfähigkeitsfälle nach Krankheitsarten in Prozent in der Branche Verarbeitendes Gewerbe im Jahr 2012, AOK-Mitglieder	430
Tabelle 29.11.14	Verteilung der Arbeitsunfähigkeitstage nach Krankheitsarten und ausgewählten Berufsgruppen in der Branche Verarbeitendes Gewerbe im Jahr 2012, AOK-Mitglieder	431
Tabelle 29.11.15	Verteilung der Arbeitsunfähigkeitsfälle nach Krankheitsarten und ausgewählten Berufsgruppen in der Branche Verarbeitendes Gewerbe im Jahr 2012, AOK-Mitglieder	432
Tabelle 29.11.16	Anteile der 40 häufigsten Einzeldiagnosen an den AU-Fällen und AU-Tagen in der Branche Verarbeitendes Gewerbe im Jahr 2012, AOK-Mitglieder	433
Tabelle 29.11.17	Anteile der 40 häufigsten Diagnoseuntergruppen an den AU-Fällen und AU-Tagen in der Branche Verarbeitendes Gewerbe im Jahr 2012, AOK-Mitglieder	434

29.11 · Verarbeitendes Gewerbe

Tab. 29.11.1 Entwicklung des Krankenstands der AOK-Mitglieder in der Branche Verarbeitendes Gewerbe in den Jahren 1994 bis 2012

Jahr	Krankenstand in %			AU-Fälle je 100 AOK-Mitglieder			Tage je Fall		
	West	Ost	Bund	West	Ost	Bund	West	Ost	Bund
1994	6,3	5,5	6,2	151,4	123,7	148,0	14,9	15,3	14,9
1995	6,0	5,3	5,9	157,5	133,0	154,6	14,6	15,2	14,7
1996	5,4	5,9	5,3	141,8	122,4	139,5	14,7	15,2	14,8
1997	5,1	4,5	5,1	139,0	114,1	136,1	13,8	14,5	13,8
1998	5,3	4,6	5,2	142,9	118,8	140,1	13,7	14,5	13,8
1999	5,6	5,2	5,6	152,7	133,3	150,5	13,5	14,4	13,6
2000	5,7	5,2	5,6	157,6	140,6	155,7	13,2	13,6	13,3
2001	5,6	5,3	5,6	155,6	135,9	153,5	13,2	14,2	13,3
2002	5,5	5,2	5,5	154,7	136,9	152,7	13,0	13,8	13,1
2003	5,1	4,8	5,1	149,4	132,8	147,4	12,5	13,2	12,6
2004	4,8	4,4	4,7	136,5	120,2	134,4	12,8	13,3	12,8
2005	4,8	4,3	4,7	138,6	119,4	136,0	12,5	13,2	12,6
2006	4,6	4,2	4,5	132,9	115,4	130,5	12,6	13,1	12,7
2007	4,9	4,5	4,8	143,1	124,7	140,5	12,5	13,1	12,6
2008 (WZ03)	5,1	4,8	5,0	150,9	132,8	148,3	12,3	13,3	12,4
2008 (WZ08)*	5,0	4,8	5,0	151,7	132,9	148,9	12,2	13,1	12,3
2009	5,1	5,0	5,0	153,0	138,6	150,8	12,2	13,2	12,4
2010	5,3	5,2	5,2	153,7	149,0	153,0	12,5	12,7	12,6
2011	5,4	5,0	5,3	159,6	154,4	158,8	12,4	11,8	12,3
2012	5,5	5,6	5,5	159,4	149,6	157,9	12,5	13,8	12,7

*aufgrund der Revision der Wirtschaftszweigklassifikation in 2008 ist eine Vergleichbarkeit mit den Vorjahren nur bedingt möglich

Fehlzeiten-Report 2013

◘ **Tab. 29.11.2** Arbeitsunfähigkeit der AOK-Mitglieder in der Branche Verarbeitendes Gewerbe nach Bundesländern im Jahr 2012 im Vergleich zum Vorjahr

Bundesland	Kranken-stand in %	Arbeitsunfähigkeit je 100 AOK-Mitglieder				Tage je Fall	Veränd. z. Vorj. in %	AU-Quote in %
		AU-Fälle	Veränd. z. Vorj. in %	AU-Tage	Veränd. z. Vorj. in %			
Baden-Württemberg	5,3	167,0	-0,2	1.946,3	1,2	11,7	1,7	60,9
Bayern	4,8	140,4	-0,8	1.768,1	1,5	12,6	2,4	55,7
Berlin	5,8	146,3	-1,1	2.130,1	-3,0	14,6	-1,4	52,8
Brandenburg	6,0	154,8	1,5	2.183,0	5,0	14,1	3,7	58,8
Bremen	6,7	159,4	-5,0	2.453,4	0,9	15,4	6,2	59,8
Hamburg	5,9	175,9	-1,1	2.170,2	-6,3	12,3	-5,4	57,3
Hessen	6,2	170,1	0,4	2.252,7	2,1	13,2	1,5	62,3
Mecklenburg-Vorpommern	6,2	159,9	3,8	2.286,0	9,2	14,3	5,1	59,1
Niedersachsen	5,7	165,2	1,8	2.098,6	1,5	12,7	0,0	61,3
Nordrhein-Westfalen	6,0	170,7	-0,1	2.181,5	2,4	12,8	2,4	62,6
Rheinland-Pfalz	5,8	169,9	0,8	2.138,4	-0,6	12,6	-1,6	62,9
Saarland	6,6	147,3	5,8	2.427,5	4,4	16,5	-1,2	57,3
Sachsen	5,2	142,8	-5,7	1.899,7	16,4	13,3	23,1	58,6
Sachsen-Anhalt	5,8	150,9	2,0	2.137,6	3,5	14,2	1,4	58,8
Schleswig-Holstein	5,9	166,3	-2,0	2.170,9	-1,2	13,1	1,6	60,2
Thüringen	6,1	158,3	-3,7	2.236,1	18,2	14,1	22,6	61,5
West	5,5	159,4	-0,1	1.999,3	1,3	12,5	0,8	59,7
Ost	5,6	149,6	-3,1	2.056,7	13,4	13,8	16,9	59,4
Bund	5,5	157,9	-0,6	2.007,9	3,0	12,7	3,3	59,7

Fehlzeiten-Report 2013

29.11 · Verarbeitendes Gewerbe

Tab. 29.11.3 Arbeitsunfähigkeit der AOK-Mitglieder in der Branche Verarbeitendes Gewerbe nach Wirtschaftsabteilungen im Jahr 2012

Wirtschaftsabteilung	Krankenstand in %		Arbeitsunfähigkeiten je 100 AOK-Mitglieder		Tage je Fall	AU-Quote in %
	2012	2012 stand.*	Fälle	Tage		
Getränkeherstellung	5,9	4,9	144,4	2.142,6	14,8	59,1
Herstellung von Bekleidung	4,6	4,1	143,4	1.700,9	11,9	55,4
Herstellung von chemischen Erzeugnissen	5,4	5,2	168,2	1.990,5	11,8	62,6
Herstellung von Druckerzeugnissen, Vervielfältigung von bespielten Ton-, Bild- und Datenträgern	5,1	4,8	150,2	1.876,5	12,5	58,2
Herstellung von Glas und Glaswaren, Keramik, Verarbeitung von Steinen und Erden	5,9	5,3	155,6	2.165,6	13,9	61,5
Herstellung von Gummi- und Kunststoffwaren	5,8	5,6	171,1	2.111,5	12,3	63,6
Herstellung von Holz-, Flecht-, Korb- und Korkwaren (ohne Möbel)	5,4	5,0	154,0	1.987,2	12,9	59,9
Herstellung von Leder, Lederwaren und Schuhen	5,7	5,3	153,0	2.087,7	13,6	59,8
Herstellung von Möbeln	5,6	5,3	160,6	2.036,6	12,7	61,7
Herstellung von Nahrungs- und Futtermitteln	5,5	5,4	148,2	1.994,9	13,5	55,3
Herstellung von Papier, Pappe und Waren daraus	6,0	5,6	168,3	2.210,1	13,1	64,7
Herstellung von pharmazeutischen Erzeugnissen	5,1	5,2	179,1	1.883,2	10,5	62,1
Herstellung von sonstigen Waren	4,7	4,6	161,7	1.717,2	10,6	60,2
Herstellung von Textilien	5,8	5,3	154,4	2.124,8	13,8	61,1
Kokerei und Mineralölverarbeitung	4,2	4,3	137,0	1.533,4	11,2	57,9
Reparatur und Installation von Maschinen und Ausrüstungen	4,8	4,6	154,9	1.743,9	11,3	56,0
Tabakverarbeitung	6,1	5,8	166,5	2.238,2	13,4	61,6
Branche insgesamt	**5,5**	**5,2**	**157,9**	**2.007,9**	**12,7**	**59,7**
Alle Branchen	**4,9**	**4,9**	**153,3**	**1.811,6**	**11,8**	**53,2**

*Krankenstand alters- und geschlechtsstandardisiert

Fehlzeiten-Report 2013

Tab. 29.11.4 Kennzahlen der Arbeitsunfähigkeit der AOK-Mitglieder nach ausgewählten Berufsgruppen in der Branche Verarbeitendes Gewerbe im Jahr 2012

Tätigkeit	Kranken-stand in %	Arbeitsunfähig-keiten je 100 AOK-Mitglieder		Tage je Fall	AU-Quote in %	Anteil der Berufsgruppe an der Branche in %*
		Fälle	Tage			
Berufe im Holz-, Möbel- u. Innenausbau	4,7	159,9	1.721,0	10,8	62,1	2,6
Berufe im Verkauf	4,2	122,5	1.543,1	12,6	49,4	1,3
Berufe im Verkauf von Back- u. Konditoreiwaren	4,5	145,5	1.657,8	11,4	53,9	4,8
Berufe im Verkauf von Fleischwaren	4,1	112,6	1.493,5	13,3	49,6	1,7
Berufe in der Back- u. Konditoreiwarenherstellung	4,3	136,0	1.557,8	11,5	52,5	2,3
Berufe in der Bekleidungs-, Hut- u. Mützenherstellung	5,7	152,5	2.090,5	13,7	60,4	1,1
Berufe in der Chemie- u. Pharmatechnik	6,3	192,1	2.302,9	12,0	67,7	3,7
Berufe in der Drucktechnik	5,9	169,5	2.150,8	12,7	63,1	2,8
Berufe in der Fleischverarbeitung	5,9	151,5	2.168,0	14,3	55,3	2,1
Berufe in der Holzbe- u. -verarbeitung	6,3	167,8	2.313,0	13,8	63,2	2,1
Berufe in der Kunststoff- u. Kautschukherstellung	6,4	189,2	2.334,7	12,3	67,0	7,7
Berufe in der Lagerwirtschaft	6,4	176,3	2.341,4	13,3	63,2	8,1
Berufe in der Lebensmittelherstellung	6,8	179,5	2.486,3	13,8	60,9	4,5
Berufe in der Maschinenbau- u. Betriebstechnik	5,6	173,1	2.059,5	11,9	63,9	3,0
Berufe in der Metallbearbeitung	6,1	183,2	2.240,6	12,2	66,3	1,3
Berufe in der Papierverarbeitung u. Verpackungstechnik	6,5	189,8	2.384,7	12,6	70,2	1,3
Berufskraftfahrer/innen (Güterverkehr/LKW)	6,0	124,5	2.200,0	17,7	55,3	1,6
Büro- u. Sekretariatskräfte	2,8	114,1	1.039,3	9,1	47,5	2,7
Kaufmännische u. technische Betriebswirtschaft	2,5	130,3	932,6	7,2	52,5	2,5
Maschinen- u. Anlagenführer/innen	6,6	188,4	2.426,8	12,9	68,6	2,7
Branche insgesamt	**5,5**	**157,9**	**2.007,9**	**12,7**	**59,7**	**10,3****

* Anteil der AOK-Mitglieder in der Berufsgruppe an den in der Branche beschäftigten AOK-Mitgliedern insgesamt
**Anteil der AOK-Mitglieder in der Branche an allen AOK-Mitgliedern

Fehlzeiten-Report 2013

Tab. 29.11.5 Dauer der Arbeitsunfähigkeit der AOK-Mitglieder in der Branche Verarbeitendes Gewerbe im Jahr 2012

Fallklasse	Branche hier		alle Branchen	
	Anteil Fälle in %	Anteil Tage in %	Anteil Fälle in %	Anteil Tage in %
1–3 Tage	34,6	5,4	36,3	6,1
4–7 Tage	30,0	11,9	30,4	13,0
8–14 Tage	17,5	14,4	16,9	14,9
15–21 Tage	6,4	8,8	6,1	9,0
22–28 Tage	3,2	6,2	2,9	6,1
29–42 Tage	3,4	9,2	3,1	9,0
Langzeit-AU (> 42 Tage)	4,9	44,1	4,4	42,0

Fehlzeiten-Report 2013

29.11 · Verarbeitendes Gewerbe

Tab. 29.11.6 Tage der Arbeitsunfähigkeit je AOK-Mitglied nach Wirtschaftsabteilung und Betriebsgröße in der Branche Verarbeitendes Gewerbe im Jahr 2012

Wirtschaftsabteilungen	Betriebsgröße (Anzahl der AOK-Mitglieder)					
	10–49	50–99	100–199	200–499	500–999	≥ 1.000
Getränkeherstellung	21,3	22,1	22,0	20,8	26,7	–
Herstellung von Bekleidung	16,4	17,4	20,3	23,1	26,2	14,3
Herstellung von chemischen Erzeugnissen	20,5	21,8	20,9	19,2	23,1	16,4
Herstellung von Druckerzeugnissen, Vervielfältigung von bespielten Ton-, Bild- und Datenträgern	19,4	20,6	21,2	21,0	–	–
Herstellung von Glas und Glaswaren, Keramik, Verarbeitung von Steinen und Erden	22,7	21,8	22,4	22,4	17,8	–
Herstellung von Gummi- und Kunststoffwaren	21,2	21,6	22,3	20,6	21,4	21,1
Herstellung von Holz-, Flecht-, Korb- und Korkwaren (ohne Möbel)	20,6	22,9	21,6	20,4	21,1	–
Herstellung von Leder, Lederwaren und Schuhen	19,5	24,7	21,1	23,1	–	–
Herstellung von Möbeln	19,6	22,8	23,2	23,6	20,7	–
Herstellung von Nahrungs- und Futtermitteln	18,6	22,0	23,4	23,4	21,5	18,4
Herstellung von Papier, Pappe und Waren daraus	22,6	22,2	22,8	21,4	23,3	–
Herstellung von pharmazeutischen Erzeugnissen	17,5	21,2	19,1	22,2	14,9	23,3
Herstellung von sonstigen Waren	17,6	19,8	19,3	20,6	20,4	16,7
Herstellung von Textilien	21,1	23,0	22,9	21,9	23,5	–
Kokerei und Mineralölverarbeitung	16,3	17,0	17,6	12,3	13,4	–
Reparatur und Installation von Maschinen und Ausrüstungen	17,7	19,0	17,8	18,6	23,7	19,7
Tabakverarbeitung	17,6	23,8	26,2	25,9	19,9	–
Branche insgesamt	**20,0**	**21,7**	**22,2**	**21,7**	**21,0**	**18,6**
Alle Branchen	**18,7**	**20,4**	**20,5**	**20,5**	**20,6**	**19,5**

Fehlzeiten-Report 2013

◘ Tab. 29.11.7 Krankenstand in Prozent nach Ausbildungsabschluss in der Branche Verarbeitendes Gewerbe im Jahr 2012, AOK-Mitglieder

Wirtschaftsabteilung	Ausbildung						
	ohne Ausbildungsabschluss	mit Ausbildungsabschluss	Meister/ Techniker	Bachelor	Diplom/Magister/Master/ Staatsexamen	Promotion	unbekannt
Getränkeherstellung	6,5	5,6	3,3	1,7	2,2	–	6,5
Herstellung von Bekleidung	5,7	4,2	4,0	1,4	2,4	–	4,9
Herstellung von chemischen Erzeugnissen	6,5	5,3	3,0	1,5	2,1	0,7	6,0
Herstellung von Druckerzeugnissen, Vervielfältigung von bespielten Ton-, Bild- und Datenträgern	6,3	4,7	3,3	1,9	2,9	–	5,3
Herstellung von Glas und Glaswaren, Keramik, Verarbeitung von Steinen und Erden	6,9	5,6	4,2	3,0	2,5	–	6,1
Herstellung von Gummi- und Kunststoffwaren	6,5	5,3	3,5	2,0	2,6	–	6,2
Herstellung von Holz-, Flecht-, Korb- und Korkwaren (ohne Möbel)	6,3	5,1	3,3	2,2	2,0	–	5,6
Herstellung von Leder, Lederwaren und Schuhen	6,5	4,9	5,0	–	2,9	–	6,9
Herstellung von Möbeln	6,2	5,3	3,9	1,5	3,0	–	5,8
Herstellung von Nahrungs- und Futtermitteln	6,1	5,1	3,9	3,1	2,8	4,1	5,5
Herstellung von Papier, Pappe und Waren daraus	7,0	5,5	3,8	1,5	2,3	–	6,8
Herstellung von pharmazeutischen Erzeugnissen	6,3	5,3	3,7	1,6	1,9	1,3	5,0
Herstellung von sonstigen Waren	5,7	4,5	2,8	2,2	2,4	1,3	4,5
Herstellung von Textilien	6,7	5,4	4,3	1,1	2,7	–	5,9
Kokerei und Mineralölverarbeitung	4,8	4,5	2,7	–	1,2	–	4,0
Reparatur und Installation von Maschinen und Ausrüstungen	4,9	4,9	3,0	2,0	2,3	–	4,5
Tabakverarbeitung	7,5	5,7	3,8	–	–	–	6,6
Branche insgesamt	6,3	5,2	3,6	2,0	2,4	1,9	5,7
Alle Branchen	5,7	4,9	3,7	2,0	2,4	1,8	4,8

Fehlzeiten-Report 2013

29.11 · Verarbeitendes Gewerbe

Tab. 29.11.8 Tage der Arbeitsunfähigkeit je AOK-Mitglied nach Ausbildung in der Branche Verarbeitendes Gewerbe im Jahr 2012

Wirtschaftsabteilung	Ausbildung						
	ohne Ausbildungsabschluss	mit Ausbildungsabschluss	Meister/ Techniker	Bachelor	Diplom/Magister/Master/ Staatsexamen	Promotion	unbekannt
Getränkeherstellung	23,8	20,6	12,0	6,2	7,9	–	23,8
Herstellung von Bekleidung	20,9	15,4	14,5	5,0	8,8	–	17,8
Herstellung von chemischen Erzeugnissen	23,7	19,3	10,8	5,5	7,6	2,6	22,1
Herstellung von Druckerzeugnissen, Vervielfältigung von bespielten Ton-, Bild- und Datenträgern	22,9	17,4	12,0	7,0	10,5	–	19,6
Herstellung von Glas und Glaswaren, Keramik, Verarbeitung von Steinen und Erden	25,2	20,4	15,3	11,2	9,3	–	22,2
Herstellung von Gummi- und Kunststoffwaren	23,9	19,5	12,9	7,2	9,6	–	22,8
Herstellung von Holz-, Flecht-, Korb- und Korkwaren (ohne Möbel)	22,9	18,6	12,2	8,0	7,2	–	20,5
Herstellung von Leder, Lederwaren und Schuhen	23,9	17,8	18,3	–	10,5	–	25,3
Herstellung von Möbeln	22,8	19,4	14,2	5,5	10,8	–	21,4
Herstellung von Nahrungs- und Futtermitteln	22,5	18,8	14,3	11,5	10,4	15,0	20,0
Herstellung von Papier, Pappe und Waren daraus	25,8	20,1	14,1	5,4	8,4	–	25,0
Herstellung von pharmazeutischen Erzeugnissen	23,1	19,6	13,6	5,8	7,1	4,8	18,3
Herstellung von sonstigen Waren	21,0	16,6	10,4	8,0	8,8	4,8	16,5
Herstellung von Textilien	24,5	19,7	15,8	4,0	9,8	–	21,4
Kokerei und Mineralölverarbeitung	17,4	16,5	9,8	–	4,4	–	14,8
Reparatur und Installation von Maschinen und Ausrüstungen	17,9	18,0	11,1	7,4	8,4	–	16,4
Tabakverarbeitung	27,6	20,7	13,9	–	–	–	24,1
Branche insgesamt	**23,2**	**19,0**	**13,1**	**7,5**	**8,9**	**7,0**	**20,8**
Alle Branchen	**20,7**	**18,1**	**13,6**	**7,3**	**8,8**	**6,5**	**17,4**

Fehlzeiten-Report 2013

■ Tab. 29.11.9 Anteil der Arbeitsunfälle an den AU-Fällen und -Tagen in Prozent nach Wirtschaftsabteilungen in der Branche Verarbeitendes Gewerbe im Jahr 2012, AOK-Mitglieder

Wirtschaftsabteilung	AU-Fälle in %	AU-Tage in %
Getränkeherstellung	5,0	8,4
Herstellung von Bekleidung	1,6	3,0
Herstellung von chemischen Erzeugnissen	2,4	4,5
Herstellung von Druckerzeugnissen, Vervielfältigung von bespielten Ton-, Bild- und Datenträgern	2,9	5,1
Herstellung von Glas und Glaswaren, Keramik, Verarbeitung von Steinen und Erden	5,2	9,1
Herstellung von Gummi- und Kunststoffwaren	3,6	6,4
Herstellung von Holz-, Flecht-, Korb- und Korkwaren (ohne Möbel)	6,7	12,2
Herstellung von Leder, Lederwaren und Schuhen	2,5	4,1
Herstellung von Möbeln	5,0	8,3
Herstellung von Nahrungs- und Futtermitteln	4,5	7,0
Herstellung von Papier, Pappe und Waren daraus	3,6	6,4
Herstellung von pharmazeutischen Erzeugnissen	1,8	3,1
Herstellung von sonstigen Waren	2,3	4,1
Herstellung von Textilien	3,3	5,7
Kokerei und Mineralölverarbeitung	2,3	5,2
Reparatur und Installation von Maschinen und Ausrüstungen	5,8	9,9
Tabakverarbeitung	2,0	2,8
Branche insgesamt	**4,0**	**6,9**
Alle Branchen	**3,7**	**6,7**

Fehlzeiten-Report 2013

◘ Tab. 29.11.10 Tage und Fälle der Arbeitsunfähigkeit durch Arbeitsunfälle nach Berufsgruppen in der Branche Verarbeitendes Gewerbe im Jahr 2012, AOK-Mitglieder

Tätigkeit	Arbeitsunfähigkeit je 1.000 AOK-Mitglieder	
	AU-Tage	AU-Fälle
Berufe in der Bautischlerei	2.725,8	137,2
Berufskraftfahrer/innen (Güterverkehr/LKW)	2.680,0	87,9
Berufe in der Baustoffherstellung	2.616,2	110,1
Berufe in der Land- u. Baumaschinentechnik	2.612,3	164,2
Berufe in der Produktion von Holzwerkstoffen u. -bauteilen	2.595,8	114,9
Berufe in der Holzbe- u. -verarbeitung	2.580,3	109,8
Berufe in der Fleischverarbeitung	2.439,5	113,1
Berufe im Metallbau	2.407,6	124,0
Berufe im Holz-, Möbel- u. Innenausbau	2.093,7	111,2
Kranführer/innen, Aufzugsmaschinisten, Bedienung verwandter Hebeeinrichtungen	1.936,4	67,2
Berufe in der Lebensmittelherstellung	1.742,8	81,7
Maschinen- u. Anlagenführer/innen	1.714,8	74,8
Berufe in der Maschinenbau- u. Betriebstechnik	1.634,9	81,0
Berufe in der Metallbearbeitung	1.502,6	70,9
Berufe in der Papierverarbeitung u. Verpackungstechnik	1.455,5	70,7
Berufe in der Lagerwirtschaft	1.398,8	62,8
Berufe in der Kunststoff- u. Kautschukherstellung	1.378,7	67,5
Berufe in der Back- u. Konditoreiwarenherstellung	1.182,0	64,8
Berufe in der Drucktechnik	1.148,8	55,9
Branche insgesamt	**1.383,4**	**63,0**
Alle Branchen	**1.214,6**	**56,6**

Fehlzeiten-Report 2013

Tab. 29.11.11 Tage und Fälle der Arbeitsunfähigkeit je 100 AOK-Mitglieder nach Krankheitsarten in der Branche Verarbeitendes Gewerbe in den Jahren 1995 bis 2012

Jahr	Arbeitsunfähigkeiten je 100 AOK-Mitglieder											
	Psyche		Herz/Kreislauf		Atemwege		Verdauung		Muskel/Skelett		Verletzungen	
	Tage	Fälle	Tage	Fälle	Tage	Fälle	Tage	Fälle	Tage	Fälle	Tage	Fälle
1995	109,4	4,1	211,3	9,5	385,7	47,1	206,4	24,9	740,0	38,1	411,3	25,9
1996	102,2	3,8	189,6	8,1	342,8	42,4	177,6	22,5	658,4	33,2	375,3	23,3
1997	97,3	3,9	174,3	8,2	303,1	40,9	161,3	21,9	579,3	32,4	362,7	23,2
1998	101,2	4,3	171,4	8,5	300,9	42,0	158,4	22,2	593,0	34,3	353,8	23,2
1999	108,4	4,7	175,3	8,8	345,4	48,2	160,7	23,5	633,3	36,9	355,8	23,5
2000	130,6	5,8	161,8	8,4	314,5	43,1	148,5	20,0	695,1	39,6	340,4	21,3
2001	141,4	6,6	165,9	9,1	293,7	41,7	147,8	20,6	710,6	41,2	334,6	21,2
2002	144,0	7,0	162,7	9,2	278,0	40,2	147,5	21,4	696,1	40,8	329,1	20,8
2003	137,8	6,9	152,8	9,1	275,8	41,1	138,0	20,4	621,1	37,6	307,2	19,6
2004	154,2	6,9	164,5	8,4	236,7	34,1	138,9	19,8	587,9	35,5	297,7	18,3
2005	153,7	6,7	164,1	8,3	274,8	39,6	132,3	18,4	562,2	34,5	291,1	17,8
2006	153,0	6,7	162,3	8,5	226,0	33,1	133,6	19,3	561,3	34,7	298,5	18,2
2007	165,8	7,0	170,5	8,6	257,2	37,7	143,5	20,9	598,6	36,1	298,2	17,9
2008 (WZ03)	172,3	7,4	175,7	9,0	270,3	40,0	147,1	22,0	623,6	37,8	301,7	18,3
2008 (WZ08)*	170,6	7,3	173,9	9,0	270,0	40,3	146,9	22,2	619,5	37,7	300,4	18,4
2009	178,8	7,7	176,5	8,9	304,0	45,0	141,7	21,1	601,5	35,7	302,9	17,9
2010	198,5	8,1	179,8	9,0	265,0	39,7	139,0	20,4	655,5	38,3	324,5	19,0
2011	209,8	8,7	174,3	9,1	278,3	41,3	139,1	20,4	644,7	38,8	318,2	18,7
2012	235,1	9,1	194,6	9,4	281,1	41,3	145,5	20,6	687,0	39,3	327,4	18,2

*aufgrund der Revision der Wirtschaftszweigklassifikation in 2008 ist eine Vergleichbarkeit mit den Vorjahren nur bedingt möglich

Fehlzeiten-Report 2013

◘ Tab. 29.11.12 Verteilung der Arbeitsunfähigkeitstage nach Krankheitsarten in Prozent in der Branche Verarbeitendes Gewerbe im Jahr 2012, AOK-Mitglieder

Wirtschaftsabteilung	AU-Tage in %						
	Psyche	Herz/Kreislauf	Atemwege	Verdauung	Muskel/Skelett	Verletzungen	Sonstige
Getränkeherstellung	7,2	8,0	8,8	4,9	26,6	13,0	31,5
Herstellung von Bekleidung	10,7	6,8	10,7	4,9	23,2	8,5	35,2
Herstellung von Druckerzeugnissen, Vervielfältigung von bespielten Ton-, Bild- und Datenträgern	10,5	7,2	10,5	5,4	23,9	10,8	31,6
Herstellung von Glas und Glaswaren, Keramik, Verarbeitung von Steinen und Erden	7,1	8,1	9,2	5,0	26,4	13,8	30,4
Herstellung von Gummi- und Kunststoffwaren	8,2	7,2	10,6	5,5	26,2	11,6	30,7
Herstellung von Holz-, Flecht-, Korb- und Korkwaren (ohne Möbel)	6,7	7,6	9,2	5,0	25,0	16,6	29,9
Herstellung von Leder, Lederwaren und Schuhen	9,9	7,1	9,7	5,2	25,2	9,2	33,8
Herstellung von Möbeln	7,6	7,0	9,4	5,3	26,6	13,4	30,8
Herstellung von Nahrungs- und Futtermitteln	9,3	6,7	9,8	5,4	24,8	11,6	32,3
Herstellung von Papier, Pappe und Waren daraus	8,2	7,6	10,2	5,2	26,6	11,5	30,7
Herstellung von pharmazeutischen Erzeugnissen	11,7	5,5	13,8	5,4	22,2	9,4	32,0
Herstellung von sonstigen Waren	10,5	6,4	12,4	5,5	21,7	10,1	33,3
Herstellung von Textilien	9,0	7,5	9,3	4,9	25,9	11,0	32,3
Kokerei und Mineralölverarbeitung	7,6	6,9	11,4	7,1	22,2	12,5	32,2
Reparatur und Installation von Maschinen und Ausrüstungen	7,0	7,2	11,3	5,5	23,9	15,1	30,1
Tabakverarbeitung	10,9	6,3	11,1	5,1	24,4	10,2	31,9
Branche insgesamt	**8,6**	**7,1**	**10,3**	**5,3**	**25,2**	**12,0**	**31,5**
Alle Branchen	**10,1**	**6,6**	**11,4**	**5,5**	**22,9**	**11,8**	**31,7**

Fehlzeiten-Report 2013

Tab. 29.11.13 Verteilung der Arbeitsunfähigkeitsfälle nach Krankheitsarten in Prozent in der Branche Verarbeitendes Gewerbe im Jahr 2012, AOK-Mitglieder

Wirtschaftsabteilung	AU-Fälle in %						
	Psyche	Herz/ Kreislauf	Atem- wege	Ver- dauung	Muskel/ Skelett	Verlet- zungen	Sons- tige
Getränkeherstellung	4,0	5,2	18,6	9,4	20,8	10,1	31,9
Herstellung von Bekleidung	5,7	4,7	21,5	10,3	16,7	5,7	35,5
Herstellung von Druckerzeugnissen, Vervielfältigung von bespielten Ton-, Bild- und Datenträgern	5,1	4,5	20,9	10,4	18,4	7,8	32,9
Herstellung von Glas und Glaswaren, Keramik, Verarbeitung von Steinen und Erden	3,8	5,0	18,6	10,0	21,0	10,3	31,3
Herstellung von Gummi- und Kunststoffwaren	4,3	4,6	20,5	9,9	20,3	8,5	31,9
Herstellung von Holz-, Flecht-, Korb- und Korkwaren (ohne Möbel)	3,4	4,5	19,2	9,9	20,2	12,2	30,7
Herstellung von Leder, Lederwaren und Schuhen	4,7	5,1	19,1	9,7	19,0	7,2	35,0
Herstellung von Möbeln	3,8	4,4	19,7	10,1	20,7	10,2	31,1
Herstellung von Nahrungs- und Futtermitteln	4,9	4,5	19,1	10,0	18,3	9,0	34,1
Herstellung von Papier, Pappe und Waren daraus	4,5	4,8	20,0	9,9	20,9	8,6	31,3
Herstellung von pharmazeutischen Erzeugnissen	5,3	3,8	24,6	9,9	16,3	6,5	33,6
Herstellung von sonstigen Waren	4,8	4,3	22,8	10,6	15,9	7,1	34,5
Herstellung von Textilien	5,0	5,0	19,0	10,4	19,8	8,1	32,6
Kokerei und Mineralölverarbeitung	4,5	4,4	23,0	10,9	16,5	8,6	32,2
Reparatur und Installation von Maschinen und Ausrüstungen	3,5	4,3	21,4	10,2	18,1	11,2	31,3
Tabakverarbeitung	5,4	4,6	20,8	10,5	20,4	7,2	31,1
Branche insgesamt	**4,4**	**4,6**	**20,2**	**10,1**	**19,2**	**8,9**	**32,6**
Alle Branchen	**5,0**	**4,2**	**21,7**	**10,1**	**17,1**	**8,4**	**33,5**

Fehlzeiten-Report 2013

◼ Tab. 29.11.14 Verteilung der Arbeitsunfähigkeitstage nach Krankheitsarten und ausgewählten Berufsgruppen in der Branche Verarbeitendes Gewerbe im Jahr 2012, AOK-Mitglieder

Tätigkeit	AU-Tage in %						
	Psyche	Herz/ Kreislauf	Atem- wege	Ver- dauung	Muskel/ Skelett	Verlet- zungen	Sons- tige
Berufe im Holz-, Möbel- u. Innenausbau	6,4	5,7	9,7	5,3	25,5	19,3	28,1
Berufe im Verkauf	11,8	6,0	10,8	5,6	20,8	9,5	35,5
Berufe im Verkauf von Back- u. Konditoreiwaren	13,1	5,0	11,7	6,1	19,3	9,8	34,9
Berufe im Verkauf von Fleischwaren	11,8	5,7	8,9	5,4	20,1	11,7	36,3
Berufe in der Back- u. Konditorei- warenherstellung	8,8	5,7	11,0	6,5	21,7	15,5	30,7
Berufe in der Bekleidungs-, Hut- u. Mützenherstellung	10,4	6,6	9,5	4,4	25,5	9,1	34,5
Berufe in der Chemie- u. Pharma- technik	8,7	6,9	12,0	5,3	26,2	9,8	30,9
Berufe in der Drucktechnik	9,5	7,2	10,4	5,4	26,0	11,4	30,2
Berufe in der Fleischverarbeitung	6,2	6,9	8,4	5,2	27,6	15,8	29,9
Berufe in der Holzbe- u. -verarbeitung	6,2	7,5	8,4	5,1	27,3	15,5	29,9
Berufe in der Kunststoff- u. Kautschukherstellung	8,0	6,9	10,9	5,5	27,5	11,2	29,9
Berufe in der Lagerwirtschaft	8,1	7,3	10,3	5,4	27,1	10,8	31,0
Berufe in der Lebensmittelherstellung	7,9	6,8	10,0	5,2	28,7	11,0	30,5
Berufe in der Maschinenbau- u. Betriebstechnik	7,4	6,8	10,8	5,5	25,8	13,9	29,8
Berufe in der Metallbearbeitung	8,4	6,7	11,1	5,6	26,3	12,0	30,0
Berufe in der Papierverarbeitung u. Verpackungstechnik	8,0	7,0	10,9	5,3	27,9	11,6	29,2
Berufskraftfahrer/innen (Güterverkehr/LKW)	5,6	10,3	7,7	5,1	25,7	14,2	31,4
Büro- u. Sekretariatskräfte	13,4	5,7	13,2	5,9	15,5	9,5	36,7
Kaufmännische u. technische Betriebswirtschaft	12,8	4,8	17,0	6,4	13,2	9,8	35,9
Maschinen- u. Anlagenführer/innen	8,2	7,5	10,7	5,5	26,9	12,0	29,3
Branche insgesamt	**8,6**	**7,1**	**10,3**	**5,3**	**25,2**	**12,0**	**31,5**
Alle Branchen	**10,1**	**6,6**	**11,4**	**5,5**	**22,9**	**11,8**	**31,7**

Fehlzeiten-Report 2013

◘ Tab. 29.11.15 Verteilung der Arbeitsunfähigkeitsfälle nach Krankheitsarten und ausgewählten Berufsgruppen in der Branche Verarbeitendes Gewerbe im Jahr 2012, AOK-Mitglieder

Tätigkeit	AU-Fälle in %						
	Psyche	Herz/ Kreislauf	Atem- wege	Ver- dauung	Muskel/ Skelett	Verlet- zungen	Sons- tige
Berufe im Holz-, Möbel- u. Innenausbau	2,8	3,3	20,2	10,4	19,5	13,7	30,1
Berufe im Verkauf (ohne Produktspezialisierung)	6,0	4,2	20,5	10,5	14,1	7,5	37,2
Berufe im Verkauf von Back- u. Konditoreiwaren	6,4	3,6	20,9	11,1	12,3	7,5	38,3
Berufe im Verkauf von Fleischwaren	5,8	4,3	18,6	10,1	12,8	10,1	38,2
Berufe in der Back- u. Konditoreiwarenherstellung	4,3	3,6	19,6	11,3	14,7	11,5	35,0
Berufe in der Bekleidungs-, Hut- u. Mützenherstellung	5,7	5,1	19,4	10,0	18,6	5,9	35,2
Berufe in der Chemie- u. Pharmatechnik	4,4	4,5	21,9	9,7	20,9	7,4	31,3
Berufe in der Drucktechnik	4,7	4,4	20,3	10,2	20,4	8,2	31,7
Berufe in der Fleischverarbeitung	3,6	4,6	17,1	9,1	21,9	12,6	31,0
Berufe in der Holzbe- u. -verarbeitung	3,6	4,9	17,7	9,6	22,6	11,4	30,1
Berufe in der Kunststoff- u. Kautschukherstellung	4,3	4,6	20,0	9,7	21,7	8,4	31,2
Berufe in der Lagerwirtschaft	4,6	4,9	19,2	9,9	21,4	8,0	31,9
Berufe in der Lebensmittelherstellung	4,4	4,7	18,6	9,4	22,4	8,5	32,0
Berufe in der Maschinenbau- u. Betriebstechnik	3,7	4,4	20,6	10,2	19,7	10,3	31,1
Berufe in der Metallbearbeitung	4,1	4,9	20,8	10,0	20,3	8,8	31,2
Berufe in der Papierverarbeitung u. Verpackungstechnik	4,2	4,5	20,1	10,0	21,9	8,9	30,4
Berufskraftfahrer/innen (Güterverkehr/LKW)	3,6	6,8	15,0	9,8	22,3	10,6	32,0
Büro- u. Sekretariatskräfte	5,2	4,0	24,7	11,1	10,7	5,9	38,5
Kaufmännische u. technische Betriebswirtschaft	4,5	3,2	28,2	11,5	9,1	6,1	37,5
Maschinen- u. Anlagenführer/innen	4,7	4,8	19,9	9,9	21,6	8,7	30,5
Branche insgesamt	4,4	4,6	20,2	10,1	19,2	8,9	32,6
Alle Branchen	5,0	4,2	21,7	10,1	17,1	8,4	33,5

Fehlzeiten-Report 2013

29.11 · Verarbeitendes Gewerbe

◘ Tab. 29.11.16 Anteile der 40 häufigsten Einzeldiagnosen an den AU-Fällen und AU-Tagen in der Branche Verarbeitendes Gewerbe im Jahr 2012, AOK-Mitglieder

ICD-10	Bezeichnung	AU-Fälle in %	AU-Tage in %
M54	Rückenschmerzen	7,3	6,5
J06	Akute Infektionen an mehreren oder nicht näher bezeichneten Lokalisationen der oberen Atemwege	6,6	2,7
A09	Sonstige und nicht näher bezeichnete Gastroenteritis und Kolitis infektiösen und nicht näher bezeichneten Ursprungs	3,5	1,1
J20	Akute Bronchitis	2,5	1,2
K08	Sonstige Krankheiten der Zähne und des Zahnhalteapparates	2,3	0,4
K52	Sonstige nichtinfektiöse Gastroenteritis und Kolitis	2,1	0,7
J40	Bronchitis, nicht als akut oder chronisch bezeichnet	2,0	1,0
I10	Essentielle (primäre) Hypertonie	1,8	2,7
T14	Verletzung an einer nicht näher bezeichneten Körperregion	1,5	1,3
R10	Bauch- und Beckenschmerzen	1,4	0,7
B34	Viruskrankheit nicht näher bezeichneter Lokalisation	1,4	0,5
K29	Gastritis und Duodenitis	1,4	0,6
F32	Depressive Episode	1,2	2,7
J03	Akute Tonsillitis	1,1	0,4
M25	Sonstige Gelenkkrankheiten, anderenorts nicht klassifiziert	1,1	1,1
J02	Akute Pharyngitis	1,0	0,4
J01	Akute Sinusitis	1,0	0,4
M99	Biomechanische Funktionsstörungen, anderenorts nicht klassifiziert	1,0	0,7
M53	Sonstige Krankheiten der Wirbelsäule und des Rückens, anderenorts nicht klassifiziert	1,0	1,0
M75	Schulterläsionen	1,0	2,0
M77	Sonstige Enthesopathien	1,0	1,1
M51	Sonstige Bandscheibenschäden	1,0	2,2
J32	Chronische Sinusitis	1,0	0,5
F43	Reaktionen auf schwere Belastungen und Anpassungsstörungen	0,9	1,3
R51	Kopfschmerz	0,9	0,4
M79	Sonstige Krankheiten des Weichteilgewebes, anderenorts nicht klassifiziert	0,8	0,7
M23	Binnenschädigung des Kniegelenkes [internal derangement]	0,7	1,4
R11	Übelkeit und Erbrechen	0,7	0,4
A08	Virusbedingte und sonstige näher bezeichnete Darminfektionen	0,6	0,2
R42	Schwindel und Taumel	0,6	0,4
S93	Luxation, Verstauchung und Zerrung der Gelenke und Bänder in Höhe des oberen Sprunggelenkes und des Fußes	0,6	0,6
M47	Spondylose	0,6	0,8
F45	Somatoforme Störungen	0,6	0,9
M65	Synovitis und Tenosynovitis	0,6	0,8
J00	Akute Rhinopharyngitis [Erkältungsschnupfen]	0,6	0,2
J04	Akute Laryngitis und Tracheitis	0,5	0,2
B99	Sonstige und nicht näher bezeichnete Infektionskrankheiten	0,5	0,2
J98	Sonstige Krankheiten der Atemwege	0,5	0,2
G43	Migräne	0,5	0,2
F48	Andere neurotische Störungen	0,5	0,6
	Summe hier	55,9	41,4
	Restliche	44,1	58,6
	Gesamtsumme	100,0	100,0

Fehlzeiten-Report 2013

◘ **Tab. 29.11.17** Anteile der 40 häufigsten Diagnoseuntergruppen an den AU-Fällen und AU-Tagen in der Branche Verarbeitendes Gewerbe im Jahr 2012, AOK-Mitglieder

ICD-10	Bezeichnung	AU-Fälle in %	AU-Tage in %
J00–J06	Akute Infektionen der oberen Atemwege	10,9	4,5
M50–M54	Sonstige Krankheiten der Wirbelsäule und des Rückens	8,8	9,2
A00–A09	Infektiöse Darmkrankheiten	4,5	1,5
M70–M79	Sonstige Krankheiten des Weichteilgewebes	3,2	4,4
J40–J47	Chronische Krankheiten der unteren Atemwege	3,2	2,1
R50–R69	Allgemeinsymptome	2,9	2,3
J20–J22	Sonstige akute Infektionen der unteren Atemwege	2,9	1,4
K00–K14	Krankheiten der Mundhöhle, der Speicheldrüsen und der Kiefer	2,9	0,6
K50–K52	Nichtinfektiöse Enteritis und Kolitis	2,5	0,9
R10–R19	Symptome, die das Verdauungssystem und das Abdomen betreffen	2,4	1,3
F40–F48	Neurotische, Belastungs- und somatoforme Störungen	2,3	3,5
I10–I15	Hypertonie [Hochdruckkrankheit]	2,0	3,1
K20–K31	Krankheiten des Ösophagus, des Magens und des Duodenums	2,0	1,0
M20–M25	Sonstige Gelenkkrankheiten	1,9	2,9
T08–T14	Verletzungen nicht näher bezeichneter Teile des Rumpfes, der Extremitäten oder anderer Körperregionen	1,8	1,6
B25–B34	Sonstige Viruskrankheiten	1,6	0,6
F30–F39	Affektive Störungen	1,5	3,8
S60–S69	Verletzungen des Handgelenkes und der Hand	1,5	2,0
J30–J39	Sonstige Krankheiten der oberen Atemwege	1,5	0,9
G40–G47	Episodische und paroxysmale Krankheiten des Nervensystems	1,3	1,1
Z80–Z99	Personen mit potentiellen Gesundheitsrisiken aufgrund der Familien- oder Eigenanamnese und bestimmte Zustände, die den Gesundheitszustand beeinflussen	1,2	2,3
R00–R09	Symptome, die das Kreislaufsystem und das Atmungssystem betreffen	1,2	0,8
M15–M19	Arthrose	1,1	2,7
S90–S99	Verletzungen der Knöchelregion und des Fußes	1,1	1,4
M95–M99	Sonstige Krankheiten des Muskel-Skelett-Systems und des Bindegewebes	1,1	0,9
S80–S89	Verletzungen des Knies und des Unterschenkels	1,0	1,9
E70–E90	Stoffwechselstörungen	0,9	1,4
I80–I89	Krankheiten der Venen, der Lymphgefäße und der Lymphknoten, anderenorts nicht klassifiziert	0,9	1,0
G50–G59	Krankheiten von Nerven, Nervenwurzeln und Nervenplexus	0,8	1,3
M65–M68	Krankheiten der Synovialis und der Sehnen	0,8	1,1
R40–R46	Symptome, die das Erkennungs- und Wahrnehmungsvermögen, die Stimmung und das Verhalten betreffen	0,8	0,7
K55–K63	Sonstige Krankheiten des Darmes	0,8	0,7
J09–J18	Grippe und Pneumonie	0,8	0,6
N30–N39	Sonstige Krankheiten des Harnsystems	0,8	0,5
M05–M14	Entzündliche Polyarthropathien	0,7	0,7
I20–I25	Ischämische Herzkrankheiten	0,6	1,3
M45–M49	Spondylopathien	0,6	1,0
L00–L08	Infektionen der Haut und der Unterhaut	0,6	0,6
J95–J99	Sonstige Krankheiten des Atmungssystems	0,6	0,5
S00–S09	Verletzungen des Kopfes	0,6	0,5
	Summe hier	**67,7**	**66,1**
	Restliche	32,3	33,9
	Gesamtsumme	**100,0**	**100,0**

Fehlzeiten-Report 2013

29.12 Verkehr und Transport

Tabelle 29.12.1	Entwicklung des Krankenstands der AOK-Mitglieder in der Branche Verkehr und Transport in den Jahren 1994 bis 2012	436
Tabelle 29.12.2	Arbeitsunfähigkeit der AOK-Mitglieder in der Branche Verkehr und Transport nach Bundesländern im Jahr 2012 im Vergleich zum Vorjahr	437
Tabelle 29.12.3	Arbeitsunfähigkeit der AOK-Mitglieder in der Branche Verkehr und Transport nach Wirtschaftsabteilungen im Jahr 2012	437
Tabelle 29.12.4	Kennzahlen der Arbeitsunfähigkeit der AOK-Mitglieder nach ausgewählten Berufsgruppen in der Branche Verkehr und Transport im Jahr 2012	438
Tabelle 29.12.5	Dauer der Arbeitsunfähigkeit der AOK-Mitglieder in der Branche Verkehr und Transport im Jahr 2012	438
Tabelle 29.12.6	Tage der Arbeitsunfähigkeit je AOK-Mitglied nach Wirtschaftsabteilung und Betriebsgröße in der Branche Verkehr und Transport im Jahr 2012	439
Tabelle 29.12.7	Krankenstand in Prozent nach Ausbildungsabschluss in der Branche Verkehr und Transport im Jahr 2012, AOK-Mitglieder	439
Tabelle 29.12.8	Tage der Arbeitsunfähigkeit je AOK-Mitglied nach Ausbildung in der Branche Verkehr und Transport im Jahr 2012.	440
Tabelle 29.12.9	Anteil der Arbeitsunfälle an den AU-Fällen und -Tagen in Prozent nach Wirtschaftsabteilungen in der Branche Verkehr und Transport im Jahr 2012, AOK-Mitglieder	440
Tabelle 29.12.10	Tage und Fälle der Arbeitsunfähigkeit durch Arbeitsunfälle nach Berufsgruppen in der Branche Transport und Verkehr im Jahr 2012, AOK-Mitglieder	440
Tabelle 29.12.11	Tage und Fälle der Arbeitsunfähigkeit je 100 AOK-Mitglieder nach Krankheitsarten in der Branche Verkehr und Transport in den Jahren 1995 bis 2012	441
Tabelle 29.12.12	Verteilung der Arbeitsunfähigkeitstage nach Krankheitsarten in Prozent in der Branche Verkehr und Transport im Jahr 2012, AOK-Mitglieder	441
Tabelle 29.12.13	Verteilung der Arbeitsunfähigkeitsfälle nach Krankheitsarten in Prozent in der Branche Verkehr und Transport im Jahr 2012, AOK-Mitglieder	442
Tabelle 29.12.14	Verteilung der Arbeitsunfähigkeitstage nach Krankheitsarten und ausgewählten Berufsgruppen in der Branche Verkehr und Transport im Jahr 2012, AOK-Mitglieder	442
Tabelle 29.12.15	Verteilung der Arbeitsunfähigkeitsfälle nach Krankheitsarten und ausgewählten Berufsgruppen in der Branche Verkehr und Transport im Jahr 2012, AOK-Mitglieder	443
Tabelle 29.12.16	Anteile der 40 häufigsten Einzeldiagnosen an den AU-Fällen und AU-Tagen in der Branche Verkehr und Transport im Jahr 2012, AOK-Mitglieder	444
Tabelle 29.12.17	Anteile der 40 häufigsten Diagnoseuntergruppen an den AU-Fällen und AU-Tagen in der Branche Verkehr und Transport im Jahr 2012, AOK-Mitglieder	445

Tab. 29.12.1 Entwicklung des Krankenstands der AOK-Mitglieder in der Branche Verkehr und Transport in den Jahren 1994 bis 2012

Jahr	Krankenstand in %			AU-Fälle je 100 AOK-Mitglieder			Tage je Fall		
	West	Ost	Bund	West	Ost	Bund	West	Ost	Bund
1994	6,8	4,8	6,4	139,9	101,5	132,6	16,6	16,1	16,5
1995	4,7	4,7	5,9	144,2	109,3	137,6	16,1	16,1	16,1
1996	5,7	4,6	5,5	132,4	101,5	126,5	16,2	16,8	16,3
1997	5,3	4,4	5,2	128,3	96,4	122,5	15,1	16,6	15,3
1998	5,4	4,5	5,3	131,5	98,6	125,7	15,0	16,6	15,3
1999	5,6	4,8	5,5	139,4	107,4	134,1	14,6	16,4	14,8
2000	5,6	4,8	5,5	143,2	109,8	138,3	14,3	16,0	14,5
2001	5,6	4,9	5,5	144,1	108,7	139,3	14,2	16,5	14,4
2002	5,6	4,9	5,5	143,3	110,6	138,8	14,2	16,2	14,4
2003	5,3	4,5	5,2	138,7	105,8	133,8	14,0	15,4	14,1
2004	4,9	4,2	4,8	125,0	97,6	120,6	14,3	15,6	14,4
2005	4,8	4,2	4,7	126,3	99,0	121,8	14,0	15,4	14,2
2006	4,7	4,1	4,6	121,8	94,7	117,2	14,2	15,8	14,4
2007	4,9	4,3	4,8	128,8	101,5	124,1	14,0	15,5	14,2
2008 (WZ03)	5,1	4,5	4,9	135,4	106,7	130,5	13,6	15,3	13,9
2008 (WZ08)*	5,1	4,5	5,0	135,7	105,1	130,5	13,8	15,7	14,1
2009	5,3	5,0	5,3	139,7	114,2	135,4	13,9	16,0	14,2
2010	5,5	5,2	5,5	141,8	120,5	138,1	14,2	15,7	14,4
2011	5,5	4,8	5,4	145,0	121,9	141,1	13,9	14,4	13,9
2012	5,6	5,4	5,5	143,8	121,7	140,1	14,1	16,4	14,5

*aufgrund der Revision der Wirtschaftszweigklassifikation in 2008 ist eine Vergleichbarkeit mit den Vorjahren nur bedingt möglich

Fehlzeiten-Report 2013

29.12 · Verkehr und Transport

◻ Tab. 29.12.2 Arbeitsunfähigkeit der AOK-Mitglieder in der Branche Verkehr und Transport nach Bundesländern im Jahr 2012 im Vergleich zum Vorjahr

Bundesland	Kranken-stand in %	Arbeitsunfähigkeit je 100 AOK-Mitglieder				Tage je Fall	Veränd. z. Vorj. in %	AU-Quote in %
		AU-Fälle	Veränd. z. Vorj. in %	AU-Tage	Veränd. z. Vorj. in %			
Baden-Württemberg	5,4	149,7	-0,5	1.959,4	0,9	13,1	1,6	52,0
Bayern	4,8	120,9	-3,4	1.748,7	1,0	14,5	5,1	45,0
Berlin	5,6	140,2	1,4	2.050,8	0,3	14,6	-1,4	45,6
Brandenburg	5,9	136,9	9,1	2.156,7	7,5	15,8	-1,3	49,7
Bremen	6,8	176,2	-0,3	2.487,1	0,8	14,1	0,7	56,9
Hamburg	5,7	157,2	-4,4	2.084,1	-1,6	13,3	3,1	49,6
Hessen	6,0	166,3	-0,5	2.186,8	1,7	13,1	1,6	53,4
Mecklenburg-Vorpommern	5,5	118,1	3,2	2.007,0	5,3	17,0	1,8	47,0
Niedersachsen	5,6	144,6	2,2	2.043,2	0,3	14,1	-2,1	51,3
Nordrhein-Westfalen	6,0	147,3	-1,2	2.192,0	2,3	14,9	3,5	52,0
Rheinland-Pfalz	5,8	153,6	0,4	2.139,9	-0,6	13,9	-1,4	52,6
Saarland	6,7	134,7	0,7	2.434,3	1,1	18,1	0,6	50,4
Sachsen	5,3	120,4	-2,7	1.924,0	19,6	16,0	23,1	49,8
Sachsen-Anhalt	5,7	118,1	-0,5	2.093,7	2,9	17,7	3,5	47,1
Schleswig-Holstein	5,7	130,1	-0,5	2.083,6	1,2	16,0	1,9	47,8
Thüringen	5,4	119,6	-1,2	1.970,3	14,9	16,5	16,2	49,4
West	5,6	143,8	-0,8	2.033,5	1,2	14,1	1,4	50,3
Ost	5,4	121,7	-0,2	1.991,4	13,4	16,4	13,9	49,1
Bund	5,5	140,1	-0,7	2.026,5	3,1	14,5	4,3	50,1

Fehlzeiten-Report 2013

◻ Tab. 29.12.3 Arbeitsunfähigkeit der AOK-Mitglieder in der Branche Verkehr und Transport nach Wirtschaftsabteilungen im Jahr 2012

Wirtschaftsabteilung	Krankenstand in %		Arbeitsunfähigkeiten je 100 AOK-Mitglieder		Tage je Fall	AU-Quote in %
	2012	2012 stand.*	Fälle	Tage		
Lagerei sowie Erbringung von sonstigen Dienstleistungen für den Verkehr	5,8	5,6	154,9	2.110,2	13,6	54,6
Landverkehr und Transport in Rohrfernleitungen	5,4	5,1	122,8	1.979,4	16,1	46,2
Luftfahrt	4,8	5,1	175,4	1.765,7	10,1	59,3
Post-, Kurier- und Expressdienste	5,1	5,3	137,1	1.868,4	13,6	44,6
Schifffahrt	3,8	3,6	110,9	1.405,3	12,7	38,0
Branche insgesamt	**5,5**	**5,4**	**140,1**	**2.026,5**	**14,5**	**50,1**
Alle Branchen	**4,9**	**4,9**	**153,3**	**1.811,6**	**11,8**	**53,2**

*Krankenstand alters- und geschlechtsstandardisiert

Fehlzeiten-Report 2013

◘ Tab. 29.12.4 Kennzahlen der Arbeitsunfähigkeit der AOK-Mitglieder nach ausgewählten Berufsgruppen in der Branche Verkehr und Transport im Jahr 2012

Tätigkeit	Kranken-stand in %	Arbeitsunfähigkeiten je 100 AOK-Mitglieder		Tage je Fall	AU-Quote in %	Anteil der Berufsgruppe an der Branche in %*
		Fälle	Tage			
Berufe für Post- u. Zustelldienste	5,4	130,8	1.964,9	15,0	45,9	4,2
Berufe im Verkauf	5,0	157,4	1.834,2	11,7	58,7	1,5
Berufe in der Lagerwirtschaft	6,3	197,2	2.317,7	11,8	59,1	16,8
Berufskraftfahrer/innen (Güterverkehr/LKW)	5,5	113,0	2.031,2	18,0	45,9	34,3
Berufskraftfahrer/innen (Personentransport/PKW)	3,1	78,6	1.150,7	14,6	31,2	5,7
Büro- u. Sekretariatskräfte	3,3	114,0	1.221,0	10,7	44,5	3,3
Bus- u. Straßenbahnfahrer/innen	7,1	150,7	2.589,2	17,2	57,4	7,5
Fahrzeugführer/innen im Straßenverkehr	4,4	115,8	1.624,2	14,0	37,5	4,0
kaufmännische u. technische Betriebswirtschaft	3,9	139,0	1.410,1	10,1	52,6	1,4
Speditions- u. Logistikkaufleute	3,1	152,5	1.133,5	7,4	54,5	3,3
Branche insgesamt	**5,5**	**140,1**	**2.026,5**	**14,5**	**50,1**	**5,8****

* Anteil der AOK-Mitglieder in der Berufsgruppe an den in der Branche beschäftigten AOK-Mitgliedern insgesamt
**Anteil der AOK-Mitglieder in der Branche an allen AOK-Mitgliedern

Fehlzeiten-Report 2012

◘ Tab. 29.12.5 Dauer der Arbeitsunfähigkeit der AOK-Mitglieder in der Branche Verkehr und Transport im Jahr 2012

Fallklasse	Branche hier		alle Branchen	
	Anteil Fälle in %	Anteil Tage in %	Anteil Fälle in %	Anteil Tage in %
1–3 Tage	29,4	4,0	36,3	6,1
4–7 Tage	30,1	10,6	30,4	13,0
8–14 Tage	19,4	14,1	16,9	14,9
15–21 Tage	7,7	9,3	6,1	9,0
22–28 Tage	3,7	6,3	2,9	6,1
29–42 Tage	4,0	9,5	3,1	9,0
Langzeit-AU (> 42 Tage)	5,8	46,1	4,4	42,0

Fehlzeiten-Report 2013

29.12 · Verkehr und Transport

Tab. 29.12.6 Tage der Arbeitsunfähigkeit je AOK-Mitglied nach Wirtschaftsabteilung und Betriebsgröße in der Branche Verkehr und Transport im Jahr 2012

Wirtschaftsabteilungen	Betriebsgröße (Anzahl der AOK-Mitglieder)					
	10–49	50–99	100–199	200–499	500–999	≥ 1.000
Lagerei sowie Erbringung von sonstigen Dienstleistungen für den Verkehr	21,2	22,4	21,7	22,0	21,7	24,5
Landverkehr und Transport in Rohrfernleitungen	19,5	23,2	24,4	28,5	26,8	28,7
Luftfahrt	15,9	15,3	18,2	18,9	22,3	16,3
Post-, Kurier- und Expressdienste	18,2	20,1	20,8	20,5	24,6	19,2
Schifffahrt	15,3	24,1	6,4	16,3	–	–
Branche insgesamt	**20,2**	**22,4**	**22,3**	**23,9**	**23,6**	**23,7**
Alle Branchen	**18,7**	**20,4**	**20,5**	**20,5**	**20,6**	**19,5**

Fehlzeiten-Report 2013

Tab. 29.12.7 Krankenstand in Prozent nach Ausbildungsabschluss in der Branche Verkehr und Transport im Jahr 2012, AOK-Mitglieder

Wirtschaftsabteilung	Ausbildung						
	ohne Ausbildungsabschluss	mit Ausbildungsabschluss	Meister/ Techniker	Bachelor	Diplom/Magister/Master/ Staatsexamen	Promotion	unbekannt
Lagerei sowie Erbringung von sonstigen Dienstleistungen für den Verkehr	6,2	5,5	4,4	2,0	2,6	3,7	5,7
Landverkehr und Transport in Rohrfernleitungen	5,8	5,7	4,9	2,6	3,0	5,6	4,5
Luftfahrt	5,5	5,2	–	1,2	2,4	–	4,6
Post-, Kurier- und Expressdienste	5,0	5,2	4,8	2,5	2,9	–	4,9
Schifffahrt	4,9	4,2	–	–	1,8	–	2,7
Branche insgesamt	**5,9**	**5,6**	**4,6**	**2,1**	**2,7**	**4,4**	**5,1**
Alle Branchen	**5,7**	**4,9**	**3,7**	**2,0**	**2,4**	**1,8**	**4,8**

Fehlzeiten-Report 2013

◘ **Tab. 29.12.8** Tage der Arbeitsunfähigkeit je AOK-Mitglied nach Ausbildung in der Branche Verkehr und Transport im Jahr 2012

Wirtschaftsabteilung	Ausbildung						
	ohne Ausbildungsabschluss	mit Ausbildungsabschluss	Meister/ Techniker	Bachelor	Diplom/Magister/Master/ Staatsexamen	Promotion	unbekannt
Lagerei sowie Erbringung von sonstigen Dienstleistungen für den Verkehr	22,6	20,2	16,0	7,3	9,5	13,6	20,8
Landverkehr und Transport in Rohrfernleitungen	21,0	20,8	17,8	9,4	11,1	20,5	16,6
Luftfahrt	20,2	19,1	–	4,2	8,8	–	16,8
Post-, Kurier- und Expressdienste	18,4	19,2	17,7	9,2	10,7	–	18,1
Schifffahrt	18,0	15,3	–	–	6,5	–	10,1
Branche insgesamt	**21,7**	**20,3**	**16,8**	**7,6**	**10,0**	**16,0**	**18,6**
Alle Branchen	**20,7**	**18,1**	**13,6**	**7,3**	**8,8**	**6,5**	**17,4**

Fehlzeiten-Report 2013

◘ **Tab. 29.12.9** Anteil der Arbeitsunfälle an den AU-Fällen und -Tagen in Prozent nach Wirtschaftsabteilungen in der Branche Verkehr und Transport im Jahr 2012, AOK-Mitglieder

Wirtschaftsabteilung	AU-Fälle in %	AU-Tage in %
Lagerei sowie Erbringung von sonstigen Dienstleistungen für den Verkehr	5,1	10,1
Landverkehr und Transport in Rohrfernleitungen	5,3	9,5
Luftfahrt	1,5	3,0
Post-, Kurier- und Expressdienste	5,1	8,7
Schifffahrt	3,7	10,8
Branche insgesamt	**5,0**	**9,6**
Alle Branchen	**3,7**	**6,7**

Fehlzeiten-Report 2013

◘ **Tab. 29.12.10** Tage und Fälle der Arbeitsunfähigkeit durch Arbeitsunfälle nach Berufsgruppen in der Branche Transport und Verkehr im Jahr 2012, AOK-Mitglieder

Tätigkeit	Arbeitsunfähigkeit je 1.000 AOK-Mitglieder	
	AU-Tage	AU-Fälle
Berufskraftfahrer/innen (Güterverkehr/LKW)	2.768,1	88,4
Berufe in der Kraftfahrzeugtechnik	2.498,7	125,1
Kranführer/innen, Aufzugsmaschinisten, Bedienung verwandter Hebeeinrichtungen	2.184,7	76,9
Berufe im Güter- u. Warenumschlag	2.148,2	98,1
Berufe für Post- u. Zustelldienste	1.899,8	79,8
Berufe in der Lagerwirtschaft	1.891,4	90,9
Fahrzeugführer/innen im Straßenverkehr	1.863,0	82,2
Berufe im technischen Luftverkehrsbetrieb	1.800,8	99,2
Bus- u. Straßenbahnfahrer/innen	1.340,6	42,2
Branche insgesamt	**1.957,5**	**71,3**
Alle Branchen	**1.214,6**	**56,6**

Fehlzeiten-Report 2013

29.12 · Verkehr und Transport

◘ Tab. 29.12.11 Tage und Fälle der Arbeitsunfähigkeit je 100 AOK-Mitglieder nach Krankheitsarten in der Branche Verkehr und Transport in den Jahren 1995 bis 2012

Jahr	Arbeitsunfähigkeiten je 100 AOK-Mitglieder											
	Psyche		Herz/Kreislauf		Atemwege		Verdauung		Muskel/Skelett		Verletzungen	
	Tage	Fälle	Tage	Fälle	Tage	Fälle	Tage	Fälle	Tage	Fälle	Tage	Fälle
1995	94,1	3,5	233,0	9,0	359,1	33,4	205,9	21,0	741,6	35,7	452,7	24,0
1996	88,2	3,7	213,7	8,8	321,5	38,5	181,2	21,0	666,8	36,0	425,0	23,9
1997	83,9	3,4	195,5	7,7	281,8	34,8	163,6	19,4	574,0	32,1	411,4	22,0
1998	89,1	3,6	195,2	7,9	283,4	33,1	161,9	19,0	591,5	30,7	397,9	21,9
1999	95,3	3,8	192,9	8,1	311,9	34,5	160,8	19,2	621,2	32,5	396,8	21,7
2000	114,7	5,2	181,9	8,0	295,1	37,1	149,4	18,0	654,9	36,6	383,3	21,3
2001	124,3	6,1	183,1	8,6	282,2	36,8	152,3	18,9	680,6	38,6	372,8	21,0
2002	135,9	6,6	184,2	8,9	273,1	36,1	152,1	19,5	675,7	38,3	362,4	20,4
2003	136,0	6,7	182,0	9,1	271,5	36,4	144,2	18,7	615,9	35,6	345,2	19,3
2004	154,3	6,8	195,6	8,4	234,4	30,1	143,5	17,7	572,5	32,8	329,6	17,6
2005	159,5	6,7	193,5	8,4	268,8	34,7	136,2	16,6	546,5	31,8	327,1	17,3
2006	156,8	6,7	192,9	8,5	225,9	29,0	135,7	17,1	551,7	31,9	334,7	17,6
2007	166,1	7,0	204,2	8,7	249,9	32,6	143,6	18,4	575,2	32,8	331,1	17,0
2008 (WZ03)	172,5	7,3	205,5	9,1	260,0	34,6	149,0	19,2	584,3	34,3	332,0	17,1
2008 (WZ08)*	171,8	7,2	210,2	9,2	259,5	34,0	150,6	18,7	597,5	34,3	339,8	17,2
2009	190,8	7,8	223,2	9,3	297,4	38,1	149,0	18,7	607,7	34,3	341,0	17,2
2010	205,3	8,4	218,6	9,5	268,0	34,3	143,7	17,8	659,8	36,9	373,2	19,0
2011	215,5	8,9	209,0	9,4	272,0	35,7	141,8	17,9	625,3	36,6	350,1	18,1
2012	243,2	9,3	234,0	9,6	275,0	35,2	149,8	18,0	654,4	36,7	354,6	17,3

*aufgrund der Revision der Wirtschaftszweigklassifikation in 2008 ist eine Vergleichbarkeit mit den Vorjahren nur bedingt möglich

Fehlzeiten-Report 2013

◘ Tab. 29.12.12 Verteilung der Arbeitsunfähigkeitstage nach Krankheitsarten in Prozent in der Branche Verkehr und Transport im Jahr 2012, AOK-Mitglieder

Wirtschaftsabteilung	AU-Tage in %						
	Psyche	Herz/Kreislauf	Atemwege	Verdauung	Muskel/Skelett	Verletzungen	Sonstige
Lagerei sowie Erbringung von sonstigen Dienstleistungen für den Verkehr	8,3	8,0	10,1	5,4	24,2	13,1	30,9
Landverkehr und Transport in Rohrfernleitungen	9,2	9,4	9,3	5,4	22,9	12,3	31,5
Post-, Kurier- und Expressdienste	9,1	6,5	10,6	5,6	25,3	13,6	29,3
Schifffahrt	10,2	9,8	10,7	4,5	18,4	14,8	31,7
Branche insgesamt	**8,8**	**8,4**	**9,9**	**5,4**	**23,6**	**12,8**	**31,0**
Alle Branchen	**10,1**	**6,6**	**11,4**	**5,5**	**22,9**	**11,8**	**31,7**

Fehlzeiten-Report 2013

◘ Tab. 29.12.13 Verteilung der Arbeitsunfähigkeitsfälle nach Krankheitsarten in Prozent in der Branche Verkehr und Transport im Jahr 2012, AOK-Mitglieder

Wirtschaftsabteilung	AU-Fälle in %						
	Psyche	Herz/ Kreislauf	Atem- wege	Ver- dauung	Muskel/ Skelett	Verlet- zungen	Sons- tige
Lagerei sowie Erbringung von sonstigen Dienstleistungen für den Verkehr	4,7	4,8	19,4	9,8	20,1	9,4	31,9
Landverkehr und Transport in Rohrfernleitungen	5,4	6,1	17,5	9,7	19,5	9,2	32,6
Post-, Kurier- und Expressdienste	5,2	4,3	19,2	9,2	21,0	10,1	31,0
Schifffahrt	5,5	4,9	22,8	9,1	14,7	8,6	34,5
Branche insgesamt	**5,0**	**5,2**	**18,9**	**9,7**	**19,8**	**9,3**	**32,1**
Alle Branchen	**5,0**	**4,2**	**21,7**	**10,1**	**17,1**	**8,4**	**33,5**

Fehlzeiten-Report 2013

◘ Tab. 29.12.14 Verteilung der Arbeitsunfähigkeitstage nach Krankheitsarten und ausgewählten Berufsgruppen in der Branche Verkehr und Transport im Jahr 2012, AOK-Mitglieder

Tätigkeit	AU-Tage in %						
	Psyche	Herz/ Kreislauf	Atem- wege	Ver- dauung	Muskel/ Skelett	Verlet- zungen	Sons- tige
Berufe für Post- u. Zustelldienste	9,3	6,3	10,1	4,9	25,5	14,5	29,5
Berufe im Verkauf	13,5	3,3	11,5	5,2	22,4	10,0	34,1
Berufe in der Lagerwirtschaft	8,1	6,4	11,6	5,6	26,9	13,3	28,1
Berufskraftfahrer/innen (Güterverkehr/LKW)	6,5	10,5	7,7	5,3	23,9	14,6	31,5
Berufskraftfahrer/innen (Personentransport/PKW)	9,5	10,3	10,1	5,3	19,3	10,1	35,4
Büro- u. Sekretariatskräfte	14,3	5,8	12,7	5,7	16,6	9,1	35,7
Bus- u. Straßenbahnfahrer/innen	11,3	9,4	10,2	5,4	23,3	8,5	31,9
Fahrzeugführer/innen im Straßenverkehr	8,1	6,8	9,7	5,7	25,1	16,0	28,6
Kaufmännische u. technische Betriebswirtschaft	15,5	5,1	14,1	6,1	16,1	8,3	34,8
Speditions- u. Logistikkaufleute	11,8	5,0	17,1	6,5	15,6	10,4	33,6
Branche insgesamt	**8,8**	**8,4**	**9,9**	**5,4**	**23,6**	**12,8**	**31,0**
Alle Branchen	**10,1**	**6,6**	**11,4**	**5,5**	**22,9**	**11,8**	**31,7**

Fehlzeiten-Report 2013

29.12 · Verkehr und Transport

◘ Tab. 29.12.15 Verteilung der Arbeitsunfähigkeitsfälle nach Krankheitsarten und ausgewählten Berufsgruppen in der Branche Verkehr und Transport im Jahr 2012, AOK-Mitglieder

Tätigkeit	AU-Fälle in %						
	Psyche	Herz/ Kreislauf	Atem- wege	Ver- dauung	Muskel/ Skelett	Verlet- zungen	Sons- tige
Berufe für Post- u. Zustelldienste	5,5	4,5	18,2	8,7	20,9	11,0	31,3
Berufe im Verkauf	6,1	2,9	21,5	10,0	14,7	7,6	37,2
Berufe in der Lagerwirtschaft	4,4	3,9	20,4	9,6	22,5	9,5	29,8
Berufskraftfahrer/innen (Güterverkehr/LKW)	4,5	6,8	14,4	9,8	21,3	11,2	32,1
Berufskraftfahrer/innen (Personentransport/PKW)	5,5	6,8	18,4	9,3	16,2	7,7	36,0
Büro- u. Sekretariatskräfte	6,1	4,0	23,9	10,4	12,3	5,9	37,5
Bus- u. Straßenbahnfahrer/innen	6,4	6,6	18,1	9,7	19,5	6,5	33,2
Fahrzeugführer/innen im Straßenverkehr	5,0	4,7	16,6	9,6	22,5	12,0	29,6
Kaufmännische u. technische Betriebswirtschaft	6,0	3,6	25,2	10,7	12,2	5,9	36,5
Speditions- u. Logistikkaufleute	4,7	3,0	27,7	11,4	10,8	6,4	36,0
Branche insgesamt	5,0	5,2	18,9	9,7	19,8	9,3	32,1
Alle Branchen	5,0	4,2	21,7	10,1	17,1	8,4	33,5

Fehlzeiten-Report 2013

Tab. 29.12.16 Anteile der 40 häufigsten Einzeldiagnosen an den AU-Fällen und AU-Tagen in der Branche Verkehr und Transport im Jahr 2012, AOK-Mitglieder

ICD-10	Bezeichnung	AU-Fälle in %	AU-Tage in %
M54	Rückenschmerzen	8,1	7,0
J06	Akute Infektionen an mehreren oder nicht näher bezeichneten Lokalisationen der oberen Atemwege	5,9	2,3
A09	Sonstige und nicht näher bezeichnete Gastroenteritis und Kolitis infektiösen und nicht näher bezeichneten Ursprungs	3,1	1,0
J20	Akute Bronchitis	2,3	1,1
I10	Essentielle (primäre) Hypertonie	2,2	3,1
K08	Sonstige Krankheiten der Zähne und des Zahnhalteapparates	2,0	0,3
K52	Sonstige nichtinfektiöse Gastroenteritis und Kolitis	1,9	0,6
J40	Bronchitis, nicht als akut oder chronisch bezeichnet	1,8	0,9
K29	Gastritis und Duodenitis	1,4	0,7
T14	Verletzung an einer nicht näher bezeichneten Körperregion	1,3	1,2
R10	Bauch- und Beckenschmerzen	1,3	0,6
B34	Viruskrankheit nicht näher bezeichneter Lokalisation	1,2	0,5
F32	Depressive Episode	1,2	2,5
M51	Sonstige Bandscheibenschäden	1,1	2,3
M25	Sonstige Gelenkkrankheiten, anderenorts nicht klassifiziert	1,0	1,0
F43	Reaktionen auf schwere Belastungen und Anpassungsstörungen	1,0	1,4
M53	Sonstige Krankheiten der Wirbelsäule und des Rückens, anderenorts nicht klassifiziert	1,0	1,0
M75	Schulterläsionen	0,9	1,7
M99	Biomechanische Funktionsstörungen, anderenorts nicht klassifiziert	0,9	0,7
J03	Akute Tonsillitis	0,9	0,4
J01	Akute Sinusitis	0,9	0,4
J02	Akute Pharyngitis	0,9	0,3
R51	Kopfschmerz	0,8	0,4
J32	Chronische Sinusitis	0,8	0,4
M77	Sonstige Enthesopathien	0,8	0,8
S93	Luxation, Verstauchung und Zerrung der Gelenke und Bänder in Höhe des oberen Sprunggelenkes und des Fußes	0,8	0,8
M79	Sonstige Krankheiten des Weichteilgewebes, anderenorts nicht klassifiziert	0,7	0,5
M23	Binnenschädigung des Kniegelenkes [internal derangement]	0,7	1,2
I25	Chronische ischämische Herzkrankheit	0,7	1,5
E11	Nicht primär insulinabhängiger Diabetes mellitus [Typ-2-Diabetes]	0,6	1,1
M47	Spondylose	0,6	0,8
R42	Schwindel und Taumel	0,6	0,5
F45	Somatoforme Störungen	0,6	0,8
R11	Übelkeit und Erbrechen	0,6	0,3
F48	Andere neurotische Störungen	0,6	0,6
R53	Unwohlsein und Ermüdung	0,6	0,4
E78	Störungen des Lipoproteinstoffwechsels und sonstige Lipidämien	0,6	0,9
E66	Adipositas	0,6	0,9
G47	Schlafstörungen	0,6	0,7
J00	Akute Rhinopharyngitis [Erkältungsschnupfen]	0,5	0,2
	Summe hier	54,1	43,8
	Restliche	45,9	56,2
	Gesamtsumme	100,0	100,0

Fehlzeiten-Report 2013

29.12 · Verkehr und Transport

◘ Tab. 29.12.17 Anteile der 40 häufigsten Diagnoseuntergruppen an den AU-Fällen und AU-Tagen in der Branche Verkehr und Transport im Jahr 2012, AOK-Mitglieder

ICD-10	Bezeichnung	AU-Fälle in %	AU-Tage in %
M50–M54	Sonstige Krankheiten der Wirbelsäule und des Rückens	9,8	9,8
J00–J06	Akute Infektionen der oberen Atemwege	9,8	4,0
A00–A09	Infektiöse Darmkrankheiten	4,1	1,3
J40–J47	Chronische Krankheiten der unteren Atemwege	3,2	2,2
R50–R69	Allgemeinsymptome	3,0	2,2
M70–M79	Sonstige Krankheiten des Weichteilgewebes	2,9	3,7
J20–J22	Sonstige akute Infektionen der unteren Atemwege	2,7	1,3
F40–F48	Neurotische, Belastungs- und somatoforme Störungen	2,6	3,7
I10–I15	Hypertonie [Hochdruckkrankheit]	2,5	3,6
K00–K14	Krankheiten der Mundhöhle, der Speicheldrüsen und der Kiefer	2,5	0,5
K50–K52	Nichtinfektiöse Enteritis und Kolitis	2,3	0,9
R10–R19	Symptome, die das Verdauungssystem und das Abdomen betreffen	2,2	1,2
K20–K31	Krankheiten des Ösophagus, des Magens und des Duodenums	2,1	1,1
M20–M25	Sonstige Gelenkkrankheiten	1,8	2,5
T08–T14	Verletzungen nicht näher bezeichneter Teile des Rumpfes, der Extremitäten oder anderer Körperregionen	1,7	1,5
F30–F39	Affektive Störungen	1,5	3,5
S90–S99	Verletzungen der Knöchelregion und des Fußes	1,4	1,8
G40–G47	Episodische und paroxysmale Krankheiten des Nervensystems	1,4	1,4
J30–J39	Sonstige Krankheiten der oberen Atemwege	1,4	0,8
B25–B34	Sonstige Viruskrankheiten	1,4	0,6
R00–R09	Symptome, die das Kreislaufsystem und das Atmungssystem betreffen	1,3	0,9
S80–S89	Verletzungen des Knies und des Unterschenkels	1,2	2,2
Z80–Z99	Personen mit potentiellen Gesundheitsrisiken aufgrund der Familien- oder Eigenanamnese und bestimmte Zustände, die den Gesundheitszustand beeinflussen	1,2	2,2
S60–S69	Verletzungen des Handgelenkes und der Hand	1,2	1,5
E70–E90	Stoffwechselstörungen	1,1	1,6
M95–M99	Sonstige Krankheiten des Muskel-Skelett-Systems und des Bindegewebes	1,1	0,9
M15–M19	Arthrose	0,9	2,0
I20–I25	Ischämische Herzkrankheiten	0,9	2,0
K55–K63	Sonstige Krankheiten des Darmes	0,9	0,8
E10–E14	Diabetes mellitus	0,8	1,4
I80–I89	Krankheiten der Venen, der Lymphgefäße und der Lymphknoten, anderenorts nicht klassifiziert	0,8	0,8
R40–R46	Symptome, die das Erkennungs- und Wahrnehmungsvermögen, die Stimmung und das Verhalten betreffen	0,8	0,7
J09–J18	Grippe und Pneumonie	0,8	0,6
I30–I52	Sonstige Formen der Herzkrankheit	0,7	1,4
F10–F19	Psychische und Verhaltensstörungen durch psychotrope Substanzen	0,7	1,1
G50–G59	Krankheiten von Nerven, Nervenwurzeln und Nervenplexus	0,7	1,0
S00–S09	Verletzungen des Kopfes	0,7	0,6
M05–M14	Entzündliche Polyarthropathien	0,7	0,6
L00–L08	Infektionen der Haut und der Unterhaut	0,7	0,6
J95–J99	Sonstige Krankheiten des Atmungssystems	0,7	0,5
	Summe hier	78,2	71,0
	Restliche	21,8	29,0
	Gesamtsumme	100,0	100,0

Fehlzeiten-Report 2013

Die Arbeitsunfähigkeit in der Statistik der GKV

K. Busch

B. Badura et al. (Hrsg.) *Fehlzeiten-Report 2013*,
DOI 10.1007/978-3-642-37117-2_30, © Springer Verlag Berlin Heidelberg 2013

Zusammenfassung Der vorliegende Beitrag gibt anhand der Statistiken des Bundesministeriums für Gesundheit (BMG) einen Überblick über die Arbeitsunfähigkeitsdaten der gesetzlichen Krankenkassen (GKV). Zunächst werden die Arbeitsunfähigkeitsstatistiken der Krankenkassen und die Erfassung der Arbeitsunfähigkeit erläutert. Anschließend wird die Entwicklung der Fehlzeiten auf GKV-Ebene geschildert und Bezug auf die Unterschiede bei den Fehlzeiten zwischen den verschiedenen Kassen genommen. Am Schluss finden sich Daten der Krankheitsartenstatistik 2011.

30.1 Arbeitsunfähigkeitsstatistiken der Krankenkassen

Die Krankenkassen sind nach § 79 SGB IV verpflichtet, Übersichten über ihre Rechnungs- und Geschäftsergebnisse sowie sonstige Statistiken zu erstellen und über den GKV-Spitzenverband an das Bundesministerium für Gesundheit zu liefern. Bis zur Gründung des GKV-Spitzenverbandes war dies Aufgabe der Bundesverbände der einzelnen Kassenarten. Näheres hierzu wird in der Allgemeinen Verwaltungsvorschrift über die Statistik in der gesetzlichen Krankenversicherung (KSVwV) geregelt. Bezüglich der Arbeitsunfähigkeitsfälle finden sich Regelungen zu drei Statistiken:
- Krankenstand: Bestandteil der monatlichen Mitgliederstatistik KM1
- Arbeitsunfähigkeitsfälle und -tage: Bestandteil der Jahresstatistik KG2
- Arbeitsunfähigkeitsfälle und -tage nach Krankheitsarten: Jahresstatistik KG8

Am häufigsten wird in der allgemeinen Diskussion mit dem Krankenstand argumentiert, wobei dieser Begriff unterschiedlich definiert wird. Der Krankenstand in der amtlichen Statistik wird über eine Stichtagserhebung gewonnen, die zu jedem Ersten eines Monats durchgeführt wird. Die Krankenkasse ermittelt im Rahmen ihrer Mitgliederstatistik die zu diesem Zeitpunkt arbeitsunfähig kranken Pflicht- und freiwilligen Mitglieder mit einem Krankengeldanspruch. Vor dem Jahr 2007 bezog sich der Krankenstand auf die Pflichtmitglieder. Rentner, Studenten, Jugendliche und Behinderte, Künstler, Wehr-, Zivil- sowie Dienstleistende bei der Bundespolizei, landwirtschaftliche Unternehmer und Vorruhestandsgeldempfänger blieben jedoch unberücksichtigt, da für diese Gruppen in der Regel keine Arbeitsunfähigkeitsbescheinigungen von einem Arzt ausgestellt wurden. Seit dem Jahr 2005 bleiben auch die Arbeitslosengeld-II-Empfänger unberücksichtigt, da sie im Gegensatz zu den früheren Arbeitslosenhilfeempfängern keinen Anspruch auf Krankengeld haben und somit für diesen Mitgliederkreis nicht unbedingt AU-Bescheinigungen ausgestellt und den Krankenkassen übermittelt werden.

Die AU-Bescheinigungen werden vom behandelnden Arzt ausgestellt und unmittelbar an die Krankenkasse gesandt, die sie zur Ermittlung des Krankenstandes auszählt. Die Erhebung des Krankenstandes erfolgt monatlich im Rahmen der Mitgliederstatistik KM1, die auch unterjährig vom BMG im Internet veröffentlicht wird[1]. Aus den zwölf Stichtagswerten eines Jahres wird als arithmetisches Mittel ein jahresdurchschnittlicher Krankenstand errechnet. Dabei werden auch Korrekturen berücksichtigt, die z. B. wegen verspäteter Meldungen notwendig werden.

Eine Totalauszählung der Arbeitsunfähigkeitsfälle und -tage erfolgt in der Jahresstatistik KG2. Da in dieser Statistik nicht nur das AU-Geschehen an einem Stichtag erfasst, sondern jeder einzelne AU-Fall mit seinen dazugehörigen Tagen im Zeitraum eines Kalenderjahres berücksichtigt wird, ist die Aussagekraft hö-

---

[1] http://www.bmg.bund.de/krankenversicherung/zahlen-und-fakten-zur-krankenversicherung.html

her. Allerdings können die Auswertungen der einzelnen Krankenkassen auch erst nach Abschluss des Berichtsjahres beginnen und die Ergebnisse daher nur mit einer zeitlichen Verzögerung von mehr als einem halben Jahr vorgelegt werden. Auch die Ergebnisse dieser Statistik werden vom BMG im Internet veröffentlicht[2].

30.2 Erfassung von Arbeitsunfähigkeit

Informationsquelle für eine bestehende Arbeitsunfähigkeit der pflichtversicherten Arbeitnehmer bildet die Arbeitsunfähigkeitsbescheinigung des behandelnden Arztes. Nach § 5 EFZG bzw. § 3 LFZG ist der Arzt verpflichtet, dem Träger der gesetzlichen Krankenversicherung unverzüglich eine Bescheinigung über die Arbeitsunfähigkeit mit Angaben über den Befund und die voraussichtliche Dauer zuzuleiten; nach Ablauf der vermuteten Erkrankungsdauer stellt der Arzt bei Weiterbestehen der Arbeitsunfähigkeit eine Fortsetzungsbescheinigung aus. Das Vorliegen einer Krankheit allein ist für die statistische Erhebung nicht hinreichend – entscheidend ist die Feststellung des Arztes, dass der Arbeitnehmer aufgrund des konkret vorliegenden Krankheitsbildes daran gehindert ist, seine Arbeitsleistung zu erbringen (§ 3 EFZG). Der arbeitsunfähig schreibende Arzt einerseits und der ausgeübte Beruf andererseits spielen daher für Menge und Art der AU-Fälle eine nicht unbedeutende Rolle.

Voraussetzung für die statistische Erfassung eines AU-Falles ist somit im Normalfall, dass eine AU-Bescheinigung vorliegt. Zu berücksichtigen sind jedoch auch Fälle von Arbeitsunfähigkeit, die der Krankenkasse auf andere Weise als über die AU-Bescheinigung bekannt werden – beispielsweise Meldungen von Krankenhäusern über eine stationäre Behandlung. Nicht berücksichtigt werden solche AU-Fälle, für die die Krankenkasse nicht Kostenträger ist, aber auch Fälle mit einem Arbeitsunfall oder einer Berufskrankheit, für die der Träger der Unfallversicherung das Heilverfahren nicht übernommen hat. Ebenfalls nicht erfasst werden Fälle, bei denen eine andere Stelle wie z. B. die Rentenversicherung ein Heilverfahren ohne Kostenbeteiligung der Krankenkasse durchführt. Die Lohnfortzahlung durch den Arbeitgeber wird allerdings nicht als Fall mit anderem Kostenträger gewertet, sodass AU-Fälle sowohl den Zeitraum der Lohnfortzahlung als auch den Zeitraum umfassen, in dem der betroffene Arbeitnehmer Krankengeld bezogen hat.

Ein Fehlen am Arbeitsplatz während der Mutterschutzfristen ist kein Arbeitsunfähigkeitsfall im Sinne der Statistik, da Mutterschaft keine Krankheit ist. AU-Zeiten, die aus Komplikationen während einer Schwangerschaft oder bei der Geburt entstehen, werden jedoch berücksichtigt, soweit sich dadurch die Freistellungsphase um den Geburtstermin herum verlängert.

Der als »arbeitsunfähig« erfassbare Personenkreis ist begrenzt: In der Statistik werden nur die AU-Fälle von Pflicht- und freiwilligen Mitgliedern mit einem Krankengeldanspruch berücksichtigt. Mitversicherte Familienangehörige und Rentner sind definitionsgemäß nicht versicherungspflichtig beschäftigt, sie können somit im Sinne des Krankenversicherungsrechts nicht arbeitsunfähig krank sein.

Da die statistische Erfassung der Arbeitsunfähigkeit primär auf die AU-Bescheinigung des behandelnden Arztes abgestellt ist, können insbesondere bei den Kurzzeitarbeitsunfähigkeiten Untererfassungen auftreten. Falls dem Arbeitgeber während der ersten drei Tage eines Fernbleibens von der Arbeitsstelle wegen Krankheit (aufgrund gesetzlicher oder tarifvertraglicher Regelungen) keine AU-Bescheinigung vorgelegt werden muss, erhält die Krankenkasse nur in Ausnahmefällen Kenntnis von der Arbeitsunfähigkeit. Andererseits bescheinigt der Arzt nur die voraussichtliche Dauer der Arbeitsunfähigkeit; ist der Arbeitnehmer jedoch vorher wieder arbeitsfähig, erhält die Krankenkasse auch in diesen Fällen nur selten die Meldung, dass das Mitglied die Arbeit wieder aufgenommen hat. Gehen AU-Bescheinigungen bei den Krankenkassen nicht zeitgerecht ein, kann die statistische Erfassung und Meldung schon erfolgt sein; der betreffende Fall wird dann bei der Berechnung des Krankenstandes nicht berücksichtigt. Der Krankenstand wird in der Regel eine Woche nach dem Stichtag ermittelt; bei der Erfassung für den jahresdurchschnittlichen Krankenstand, die zu Beginn des Folgejahres stattfindet, werden diese zuvor unberücksichtigten AU-Fälle allerdings in die Berechnung einbezogen.

Der AU-Fall wird zeitlich in gleicher Weise abgegrenzt wie der Versicherungsfall im rechtlichen Sinn. Demnach sind mehrere mit Arbeitsunfähigkeit verbundene Erkrankungen, die als ein Versicherungsfall gelten, auch als ein AU-Fall zu zählen. Der Fall wird abgeschlossen, wenn ein anderer Kostenträger (z. B. die Rentenversicherung) ein Heilverfahren durchführt; besteht anschließend weiter Arbeitsunfähigkeit, wird ein neuer Leistungsfall gezählt. Der AU-Fall wird

---

2 http://www.bmg.bund.de/fileadmin/dateien/Downloads/Statistiken/GKV/Geschaeftsergebnisse/12_09_19_KG2_2011.pdf

30.3 Entwicklung des Krankenstandes

Der Krankenstand hat sich gegenüber den 1970er und 1980er Jahren deutlich reduziert. Er befindet sich derzeit auf einem Niveau, das seit Einführung der Lohnfortzahlung für Arbeiter im Jahr 1970 noch nie unterschritten wurde. Zeiten vor 1970 sind nur bedingt vergleichbar, da durch eine andere Rechtsgrundlage bezüglich der Lohnfortzahlung (z. B. Karenztage) und des Bezugs von Krankengeld auch andere Meldewege und Erfassungsmethoden angewandt wurden. Da der Krankenstand in Form der Stichtagsbetrachtung erhoben wird, kann er nur bedingt ein zutreffendes Ergebnis zur absoluten Höhe der Ausfallzeiten wegen Krankheit liefern. Die zwölf Monatsstichtage betrachten nur jeden 30. Kalendertag, sodass z. B. eine Grippewelle möglicherweise nur deswegen nicht erfasst wird, weil ihr Höhepunkt zufällig in den Zeitraum zwischen zwei Stichtage fällt. Saisonale Schwankungen ergeben sich nicht nur aus den Jahreszeiten heraus. Es ist auch zu berücksichtigen, dass Stichtage auf Sonn- und Feiertage fallen können, sodass eine beginnende Arbeitsunfähigkeit erst später, also zu Beginn des nächsten Arbeitstages festgestellt werden würde (◘ Abb. 30.1).

Die Krankenstände der einzelnen Kassenarten unterscheiden sich zum Teil erheblich. Die Ursachen dafür dürften in den unterschiedlichen Mitgliederkreisen bzw. deren Berufs- und Alters- sowie Geschlechtsstrukturen liegen. Ein anderes Berufsspektrum bei den Mitgliedern einer anderen Kassenart führt somit auch automatisch zu einem abweichenden Krankenstandsniveau bei gleichem individuellem, berufsbedingtem Krankheitsgeschehen der Mitglieder (◘ Abb. 30.2). Die weiteren Beiträge des vorliegenden Fehlzeiten-Reports gehen für die Mitglieder der AOKs ausführlich auf die unterschiedlichen Fehlzeitenniveaus der einzelnen Berufsgruppen und Branchen ein.

Durch Fusionen bei den Krankenkassen reduziert sich auch die Zahl der Verbände. So haben sich zuletzt die Verbände der Arbeiterersatzkassen und der Angestellten-Krankenkassen zum Verband der Ersatzkassen e. V. (VdEK) zusammengeschlossen. Fusionen finden auch über Kassenartengrenzen hinweg statt, wodurch sich das Berufsspektrum der Mitglieder verschiebt und sich hieraus auch der Krankenstand einer Kassenart verändert.

* Aufhebung der Rechtskreistrennung zum 1.1.2008
** ab 2005: ohne ALG-II-Empfänger; ab 2007: Mitglieder mit Krankengeldanspruch

Fehlzeiten-Report 2013

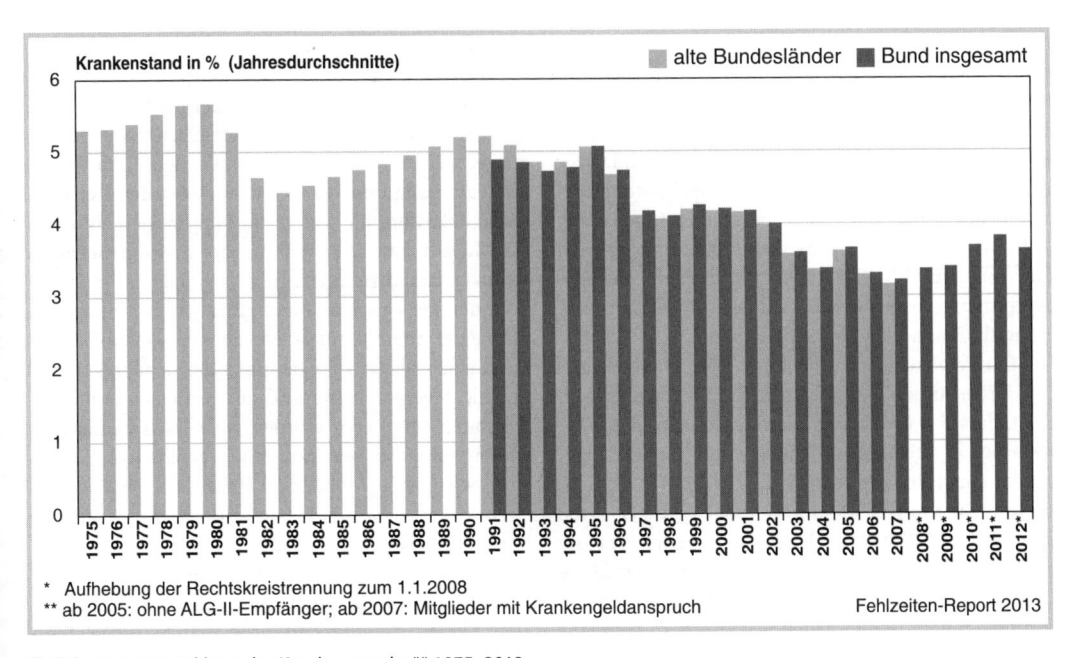

◘ Abb. 30.1 Entwicklung des Krankenstandes** 1975–2012

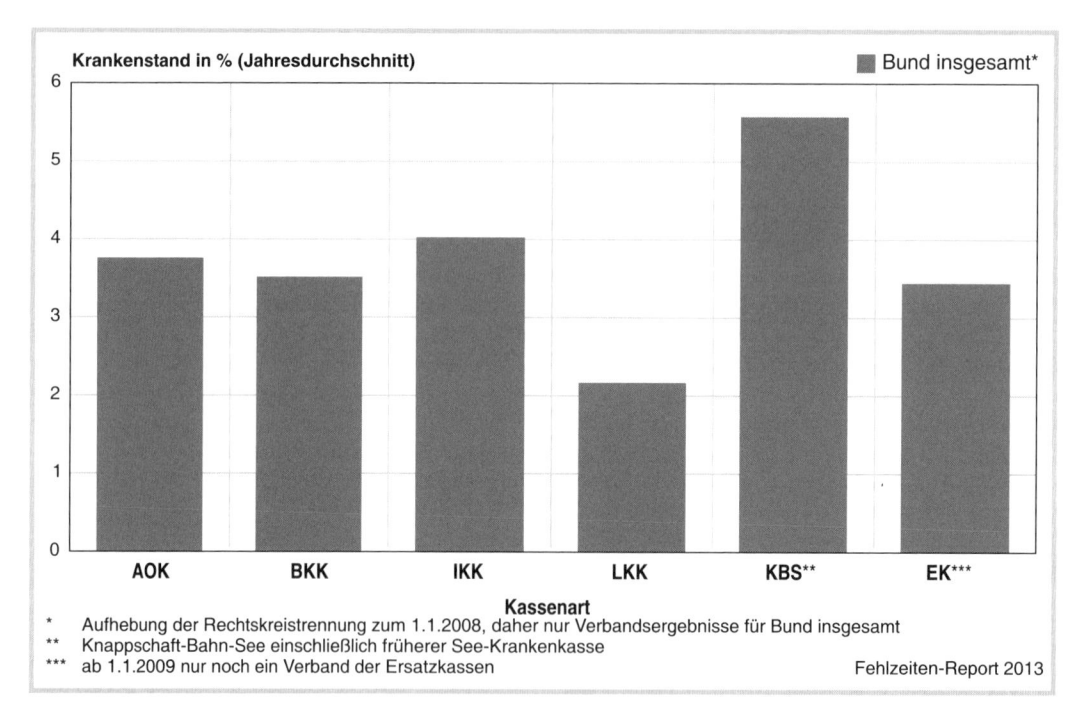

Abb. 30.2 Krankenstand nach Kassenarten 2012

30.4 Entwicklung der Arbeitsunfähigkeitsfälle

Durch die Totalauszählungen der Arbeitsunfähigkeitsfälle im Rahmen der GKV-Statistik KG2 werden die o. a. Mängel einer Stichtagserhebung vermieden. Allerdings kann eine Totalauszählung erst nach Abschluss des Beobachtungszeitraums, d. h. nach dem Jahresende vorgenommen werden. Die Meldewege und die Nachrangigkeit der statistischen Erhebung gegenüber dem Jahresrechnungsabschluss bringen es mit sich, dass der GKV-Spitzenverband die Ergebnisse der GKV-Statistik KG2 erst im August zu einem Bundesergebnis zusammenführen und dem Bundesministerium für Gesundheit übermitteln kann.

Ein Vergleich der Entwicklung von Krankenstand und Arbeitsunfähigkeitstagen je 100 Pflichtmitglieder zeigt, dass sich das Krankenstandsniveau und das Niveau der AU-Tage je 100 Pflichtmitglieder gleichgerichtet entwickeln, es jedoch eine leichte Unterzeichnung beim Krankenstand gegenüber den AU-Tagen gibt (Abb. 30.3). Hieraus lässt sich schließen, dass der Krankenstand als Frühindikator für die Entwicklung des AU-Geschehens genutzt werden kann. Zeitreihen für das gesamte Bundesgebiet liegen erst ab dem Jahr 1991 vor, da zu diesem Zeitpunkt auch in den neuen Bundesländern das Krankenversicherungsrecht aus den alten Bundesländern eingeführt wurde. Seit 1995 wird Berlin insgesamt den alten Bundesländern zugeordnet, zuvor gehörte der Ostteil Berlins zum Rechtskreis der neuen Bundesländer.

Der Vergleich der Entwicklung der Arbeitsunfähigkeitstage je 100 Pflichtmitglieder nach Kassenarten zeigt, dass es recht unterschiedliche Entwicklungen bei den einzelnen Kassenarten gab. Am deutlichsten wird der Rückgang des Krankenstandes bei den Betriebskrankenkassen, die durch die Wahlfreiheit zwischen den Kassen und die Öffnung der meisten Betriebskrankenkassen auch Mitgliedszugänge von betriebsfremden Personen mit einer günstigeren Risikostruktur verzeichnen konnten. Die günstigere Risikostruktur dürfte insbesondere damit zusammenhängen, dass mobile, wechselbereite und gut verdienende jüngere Personen Mitglieder wurden, aber auch damit, dass andere, weniger gesundheitlich gefährdete Berufsgruppen jetzt die Möglichkeit haben, sich bei Betriebskrankenkassen mit einem günstigen Beitragssatz zu versichern. Durch die Einführung des Gesundheitsfonds mit einem einheitlichen Beitragssatz für die GKV ist der Anreiz zum Kassenwechsel reduziert worden. Kassen, die aufgrund ihrer wirtschaftlichen Situation gezwungen waren, einen Zusatzbeitrag zu erhe-

30.4 · Entwicklung der Arbeitsunfähigkeitsfälle

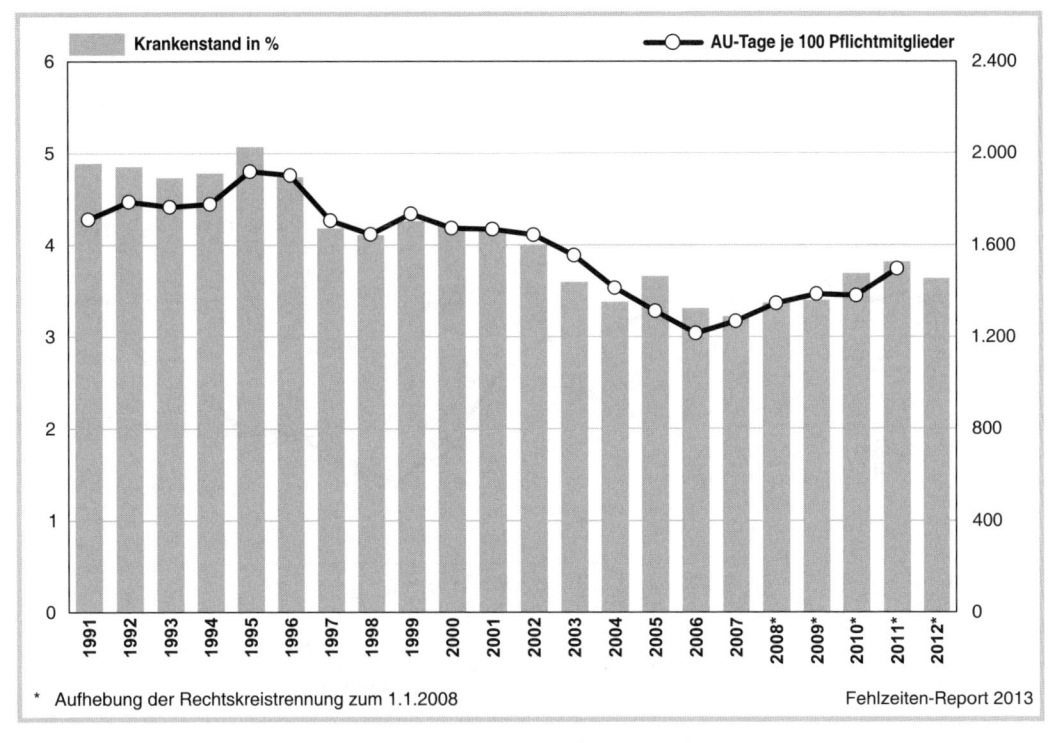

Abb. 30.3 Entwicklung von Krankenstand und AU-Tagen je 100 Pflichtmitglieder 1991–2012

* Aufhebung der Rechtskreistrennung zum 1.1.2008

Fehlzeiten-Report 2013

ben, hatten jedoch einen enormen Mitgliederschwund zu verzeichnen. Dies führte bei mehreren Kassen sogar zu einer Schließung.

Auch bei der IKK ging der Krankenstand zurück: Eine Innungskrankenkasse hatte aufgrund ihres günstigen Beitragssatzes in den Jahren von 2003 bis Ende 2008 einen Zuwachs von über 600.000 Mitgliedern zu verzeichnen, davon allein fast 511.000 Pflichtmitglieder mit einem Entgeltfortzahlungsanspruch von sechs Wochen. Diese Kasse wies im Zeitraum von 2004 bis 2008 stets einen jahresdurchschnittlichen Krankenstand von unter 2 Prozent aus. Da sie Ende 2008 in ihrer Kassenart über 17 Prozent der Pflichtmitglieder mit einem Entgeltfortzahlungsanspruch von sechs Wochen versicherte, reduzierte sich in diesem Zeitraum der Krankenstand der Innungskrankenkassen insgesamt deutlich. 2009 fusionierte diese Kasse in den Ersatzkassenbereich und der Krankenstand der Innungskrankenkasse nahm in der Folge wieder überproportional zu.

Am ungünstigsten verlief die Entwicklung bei den Angestelltenersatzkassen (EKAng), die jetzt nach der Fusion mit den Arbeiterersatzkassen den VdEK bilden. Nach einer Zwischenphase mit einer höheren Anzahl an AU-Tagen je 100 Pflichtmitglieder in den Jahren 2001 und 2002 ging die Zahl der AU-Tage bis 2006 zurück, stieg dann aber wieder bis 2011 auf das Niveau von 2001 (◘ Abb. 30.4).

Insgesamt hat sich die Bandbreite der gemeldeten AU-Tage je 100 Pflichtmitglieder zwischen den verschiedenen Kassenarten deutlich reduziert. Im Jahr 1991 wiesen die Betriebskrankenkassen noch 2.381 AU-Tage je 100 Pflichtmitglieder aus, während die Angestelltenersatzkassen nur 1.283 AU-Tage je 100 Pflichtmitglieder meldeten – dies ist eine Differenz von fast 1.100 AU-Tagen je 100 Pflichtmitglieder. Im Jahr 2011 hat sich diese Differenz zwischen der ungünstigsten und der günstigsten Kassenart auf rund 493 AU-Tage je 100 Pflichtmitglieder reduziert. Lässt man das Sondersystem KBS (Knappschaft-Bahn-See) unberücksichtigt, so reduziert sich die Differenz im Jahr 2011 zwischen den Betriebskrankenkassen mit 1.441 AU-Tagen je 100 Pflichtmitglieder und den Innungskrankenkassen mit 1.610 AU-Tagen je 100 Pflichtmitglieder auf gerade 168 AU-Tage je 100 Pflichtmitglieder und damit auf wenig mehr als 15 Prozent des Wertes von 1991.

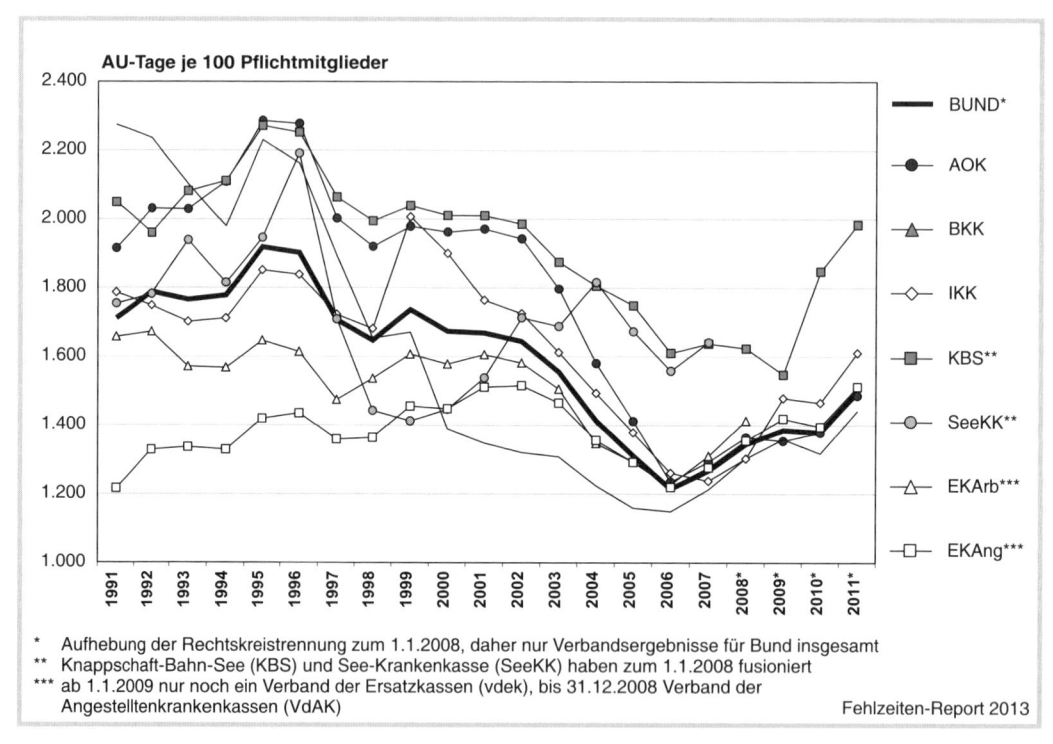

Abb. 30.4 Arbeitsunfähigkeitstage je 100 Pflichtmitglieder nach Kassenarten 1991–2011

* Aufhebung der Rechtskreistrennung zum 1.1.2008, daher nur Verbandsergebnisse für Bund insgesamt
** Knappschaft-Bahn-See (KBS) und See-Krankenkasse (SeeKK) haben zum 1.1.2008 fusioniert
*** ab 1.1.2009 nur noch ein Verband der Ersatzkassen (vdek), bis 31.12.2008 Verband der Angestelltenkrankenkassen (VdAK)

Fehlzeiten-Report 2013

30.5 Dauer der Arbeitsunfähigkeit

In der Statistik KG8 wird auch die Dauer der einzelnen Arbeitsunfähigkeitsfälle erfasst. Damit lässt sich aufzeigen, wie viele Arbeitsunfähigkeitsfälle und -tage im Lohnfortzahlungszeitraum von den ersten sechs Wochen abgeschlossen werden. Das Ergebnis wird in ◘ Tab. 30.1 dargestellt. 95,84 Prozent aller Arbeitsunfähigkeitsfälle werden innerhalb von sechs Wochen abgeschlossen, erreichen also nicht den Zeitraum, für den die Krankenkassen Krankengeld zahlen. Wie schwer das Gewicht der Langzeitfälle jedoch ist, wird dadurch deutlich, dass die Arbeitsunfähigkeitsfälle mit einer Dauer von sechs Wochen und weniger nur 54,07 Prozent der Arbeitsunfähigkeitstage bilden.

30.6 Altersabhängigkeit der Arbeitsunfähigkeit

Die Dauer der einzelnen Arbeitsunfähigkeitsfälle nach Altersgruppen wird ebenfalls erfasst. Damit lässt sich aufzeigen, wie viele Arbeitsunfähigkeitstage jede Altersgruppe jahresdurchschnittlich in Anspruch nimmt. Das Ergebnis wird in ◘ Tab. 30.2 dargestellt. Die wenigsten Arbeitsunfähigkeitstage je 10 Tsd. Pflichtmitglieder hat die Altersgruppe der 25- bis unter 30-Jährigen, nämlich rund 83 Tsd. AU-Tage im Jahr 2011. Die höchsten Werte sind bei der Altersgruppe 55 bis unter 65 Jahre zu beobachten, nämlich knapp über 224 Tsd. AU-Tage im Jahr 2011.

30.6 · Altersabhängigkeit der Arbeitsunfähigkeit

Tab. 30.1 Arbeitsunfähigkeitsfälle und -tage nach Falldauer, 2011 (Quelle: Eigene Darstellung)

Dauer der Arbeitsunfähigkeit in Tagen	Fälle		Tage		
	absolut	in v. H.	absolut	in v. H.	
1 bis 7	22.241.299	66,51 %	75.525.898	17,77 %	
8 bis 14	5.798.903	17,34 %	59.920.159	14,10 %	
15 bis 21	2.018.392	6,04 %	35.120.218	8,26 %	
22 bis 28	976.466	2,92 %	23.993.859	5,65 %	
29 bis 35	584.096	1,75 %	18.476.244	4,35 %	
36 bis 42	428.264	1,28 %	16.743.258	3,94 %	
1 bis 42	32.047.420	95,84 %	229.779.636	54,07 %	Ende Lohnfortzahlung
43 bis 49	208.749	0,62 %	9.514.543	2,24 %	
50 bis 56	133.550	0,40 %	7.078.481	1,67 %	
57 bis 63	109.480	0,33 %	6.562.761	1,54 %	
64 bis 70	85.418	0,26 %	5.727.233	1,35 %	
71 bis 77	72.378	0,22 %	5.358.235	1,26 %	
78 bis 84	60.836	0,18 %	4.933.386	1,16 %	
1 bis 84	32.717.831	97,85 %	268.954.275	63,29 %	12 Wochen
85 bis 91	55.824	0,17 %	4.918.009	1,16 %	
92 bis 98	47.534	0,14 %	4.518.440	1,06 %	
99 bis 105	41.282	0,12 %	4.214.214	0,99 %	
106 bis 112	37.050	0,11 %	4.041.667	0,95 %	
113 bis 119	33.276	0,10 %	3.863.668	0,91 %	
120 bis 126	30.433	0,09 %	3.744.731	0,88 %	
1 bis 126	32.963.230	98,58 %	294.255.004	69,24 %	18 Wochen
127 bis 133	26.911	0,08 %	3.500.863	0,82 %	
134 bis 140	24.665	0,07 %	3.381.550	0,80 %	
141 bis 147	22.384	0,07 %	3.225.198	0,76 %	
148 bis 154	21.398	0,06 %	3.232.283	0,76 %	
155 bis 161	18.642	0,06 %	2.946.972	0,69 %	
162 bis 168	17.266	0,05 %	2.850.588	0,67 %	
1 bis 168	33.094.496	98,97 %	313.392.458	73,74 %	24 Wochen
1 bis 210	33.178.838	99,23 %	329.278.935	77,48 %	30 Wochen
1 bis 252	33.236.045	99,40 %	342.459.888	80,59 %	36 Wochen
1 bis 294	33.277.674	99,52 %	353.817.091	83,26 %	42 Wochen
1 bis 336	33.310.457	99,64 %	364.139.116	85,69 %	48 Wochen
1 bis 364	33.328.957	99,68 %	370.621.657	87,21 %	52 Wochen (1 Jahr)
Insgesamt	33.441.654	100,00 %	425.012.330	100,00 %	78 Wochen

Fehlzeiten-Report 2013

Tab. 30.2 Arbeitsunfähigkeitsfälle und -tage nach Altersgruppen je 10.000 Pflichtmitglieder ohne Rentner, 2011 (Quelle: Eigene Darstellung)

Kassenart	Altersgruppe	Frauen			Männer			Zusammen		
		Fälle je 10.000 Pflichtmitgl. o. R. der Altersgruppe	Tage je 10.000 Pflichtmitgl. o. R. der Altersgruppe	Tage je Fall	Fälle je 10.000 Pflichtmitgl. o. R. der Altersgruppe	Tage je 10.000 Pflichtmitgl. o. R. der Altersgruppe	Tage je Fall	Fälle je 10.000 Pflichtmitgl. o. R. der Altersgruppe	Tage je 10.000 Pflichtmitgl. o. R. der Altersgruppe	Tage je Fall
AOK	bis unter 15	878	3.511	4,00	600	4.133	6,89	730	3.843	5,27
	15 bis unter 20	36.468	169.940	4,66	32.405	157.101	4,85	34.122	162.526	4,76
	20 bis unter 25	18.544	113.561	6,12	18.664	115.960	6,21	18.608	114.834	6,17
	25 bis unter 30	11.181	87.905	7,86	12.002	90.346	7,53	11.621	89.212	7,68
	30 bis unter 35	10.470	96.250	9,19	11.423	99.699	8,73	11.003	98.179	8,92
	35 bis unter 40	10.997	115.726	10,52	11.563	117.244	10,14	11.322	116.597	10,30
	40 bis unter 45	11.402	138.545	12,15	10.952	128.572	11,74	11.147	132.892	11,92
	45 bis unter 50	11.466	158.610	13,83	10.528	142.618	13,55	10.936	149.579	13,68
	50 bis unter 55	11.636	180.441	15,51	10.403	161.276	15,50	10.948	169.744	15,51
	55 bis unter 60	11.685	207.012	17,72	10.879	202.422	18,61	11.236	204.454	18,20
	60 bis unter 65	8.128	179.611	22,10	8.803	211.833	24,06	8.535	199.046	23,32
	65 bis unter 70	1.299	46.470	35,78	1.515	57.241	37,77	1.439	53.432	37,13
	70 bis unter 75	671	9.655	14,40	929	11.138	11,99	854	10.709	12,53
	75 bis unter 80	1.034	13.241	12,80	1.010	13.578	13,44	1.019	13.460	13,21
	80 und älter	1.184	17.632	14,89	1.197	16.169	13,51	1.191	16.866	14,16
	Zusammen	12.391	140.582	11,35	12.057	137.986	11,44	12.204	139.128	11,40
BKK	bis unter 15	169	593	3,50	82	1.270	15,50	125	938	7,50
	15 bis unter 20	25.732	118.863	4,62	22.100	106.582	4,82	23.502	111.323	4,74
	20 bis unter 25	14.657	95.634	6,52	13.330	90.674	6,80	13.941	92.958	6,67
	25 bis unter 30	9.807	83.484	8,51	8.587	74.264	8,65	9.183	78.770	8,58
	30 bis unter 35	9.742	95.056	9,76	9.246	88.902	9,62	9.498	92.026	9,69
	35 bis unter 40	9.947	109.079	10,97	10.425	114.230	10,96	10.189	111.689	10,96
	40 bis unter 45	10.728	136.235	12,70	10.905	137.848	12,64	10.819	137.070	12,67
	45 bis unter 50	11.482	164.742	14,35	11.303	164.749	14,58	11.389	164.745	14,46
	50 bis unter 55	12.377	203.418	16,44	12.196	205.317	16,83	12.283	204.405	16,64
	55 bis unter 60	13.273	246.011	18,53	13.141	255.563	19,45	13.201	251.171	19,03
	60 bis unter 65	9.970	239.178	23,99	9.715	249.202	25,65	9.815	245.243	24,99
	65 bis unter 70	5.607	162.752	29,03	5.056	175.923	34,80	5.264	170.950	32,48
	70 bis unter 75	1.920	19.881	10,35	1.133	15.123	13,35	1.358	16.485	12,14
	75 bis unter 80	967	13.400	13,86	840	14.006	16,67	881	13.808	15,67
	80 und älter	352	3.700	10,50	1.006	15.472	15,38	622	8.549	13,75
	Zusammen	11.398	142.324	12,49	11.149	144.947	13,00	11.268	143.695	12,75

30.6 · Altersabhängigkeit der Arbeitsunfähigkeit

Tab. 30.2 (Fortsetzung)

Kassen-art	Altersgruppe	Frauen			Männer			Zusammen		
		Fälle je 10.000 Pflicht-mitgl. o. R. der Altersgruppe	Tage je 10.000 Pflicht-mitgl. o. R. der Altersgruppe	Tage je Fall	Fälle je 10.000 Pflicht-mitgl. o. R. der Altersgruppe	Tage je 10.000 Pflicht-mitgl. o. R. der Altersgruppe	Tage je Fall	Fälle je 10.000 Pflicht-mitgl. o. R. der Altersgruppe	Tage je 10.000 Pflicht-mitgl. o. R. der Altersgruppe	Tage je Fall
IKK	bis unter 15	127	253	2,00	105	737	7,00	115	517	4,50
	15 bis unter 20	14.274	67.706	4,74	13.310	68.801	5,17	13.657	68.407	5,01
	20 bis unter 25	15.185	97.607	6,43	15.918	111.349	7,00	15.596	105.311	6,75
	25 bis unter 30	11.216	94.443	8,42	11.133	99.473	8,93	11.171	97.209	8,70
	30 bis unter 35	10.911	108.672	9,96	10.887	111.692	10,26	10.896	110.493	10,14
	35 bis unter 40	10.963	124.554	11,36	11.405	133.692	11,72	11.238	130.233	11,59
	40 bis unter 45	10.341	136.311	13,18	10.582	145.433	13,74	10.486	141.813	13,52
	45 bis unter 50	11.165	164.928	14,77	10.676	165.506	15,50	10.881	165.263	15,19
	50 bis unter 55	12.377	206.155	16,66	11.353	208.408	18,36	11.789	207.449	17,60
	55 bis unter 60	12.466	236.037	18,93	11.648	253.400	21,75	12.000	245.935	20,50
	60 bis unter 65	13.045	330.219	25,31	13.285	398.655	30,01	13.194	372.591	28,24
	65 bis unter 70	12.564	382.688	30,46	13.763	600.921	43,66	13.334	522.884	39,21
	70 bis unter 75	2.410	39.386	16,34	1.817	28.285	15,56	1.987	31.457	15,83
	75 bis unter 80	1.411	25.075	17,77	1.336	23.283	17,43	1.358	23.810	17,53
	80 und älter	272	4.082	15,00	534	16.832	31,50	440	12.249	27,83
	Zusammen	11.779	149.453	12,69	11.617	160.171	13,79	11.684	155.746	13,33
LKK	bis unter 15									
	15 bis unter 20	7.717	41.304	5,35	2.420	23.392	9,66	3.097	25.681	8,29
	20 bis unter 25	2.015	29.087	14,43	1.290	19.846	15,38	1.400	21.244	15,18
	25 bis unter 30	1.080	16.180	14,99	833	13.585	16,31	885	14.132	15,97
	30 bis unter 35	1.617	21.662	13,39	736	9.592	13,03	861	11.304	13,13
	35 bis unter 40	1.584	30.704	19,38	694	7.176	10,34	811	10.265	12,66
	40 bis unter 45	1.244	22.496	18,09	772	7.125	9,23	836	9.206	11,01
	45 bis unter 50	1.491	25.513	17,12	898	7.988	8,90	970	10.118	10,43
	50 bis unter 55	1.567	36.960	23,58	1.206	11.100	9,21	1.247	14.088	11,29
	55 bis unter 60	1.731	43.061	24,88	1.546	13.431	8,68	1.566	16.560	10,57
	60 bis unter 65	1.818	51.046	28,08	1.999	20.710	10,36	1.981	23.792	12,01
	65 bis unter 70	1.699	23.595	13,88	2.533	23.910	9,44	2.425	23.869	9,84
	70 bis unter 75	3.007	35.011	11,64	3.192	33.171	10,39	3.157	33.521	10,62
	75 bis unter 80	4.430	42.412	9,57	4.275	40.222	9,41	4.310	40.725	9,45
	80 und älter	5.838	64.467	11,04	5.829	61.436	10,54	5.832	62.504	10,72
	Zusammen	1.641	31.704	19,32	1.262	12.572	9,96	1.311	15.007	11,45

Tab. 30.2 (Fortsetzung)

Kassenart	Altersgruppe	Frauen			Männer			Zusammen		
		Fälle je 10.000 Pflichtmitgl. o. R. der Altersgruppe	Tage je 10.000 Pflichtmitgl. o. R. der Altersgruppe	Tage je Fall	Fälle je 10.000 Pflichtmitgl. o. R. der Altersgruppe	Tage je 10.000 Pflichtmitgl. o. R. der Altersgruppe	Tage je Fall	Fälle je 10.000 Pflichtmitgl. o. R. der Altersgruppe	Tage je 10.000 Pflichtmitgl. o. R. der Altersgruppe	Tage je Fall
KBS	bis unter 15									
	15 bis unter 20	29.078	149.097	5,13	25.496	133.824	5,25	26.867	139.672	5,20
	20 bis unter 25	17.991	121.963	6,78	17.021	120.247	7,06	17.468	121.037	6,93
	25 bis unter 30	11.163	102.913	9,22	9.799	97.381	9,94	10.411	99.864	9,59
	30 bis unter 35	11.512	126.881	11,02	9.952	112.213	11,27	10.618	118.474	11,16
	35 bis unter 40	11.818	153.842	13,02	10.576	153.710	14,53	11.079	153.764	13,88
	40 bis unter 45	11.490	177.691	15,46	10.162	174.326	17,16	10.669	175.610	16,46
	45 bis unter 50	11.786	203.642	17,28	10.207	205.589	20,14	10.779	204.884	19,01
	50 bis unter 55	12.498	242.499	19,40	10.893	234.267	21,51	11.526	237.514	20,61
	55 bis unter 60	12.880	272.858	21,19	11.355	276.250	24,33	11.965	274.892	22,97
	60 bis unter 65	9.970	297.094	29,80	10.069	343.574	34,12	10.034	327.070	32,60
	65 bis unter 70	4.713	254.235	53,94	4.552	166.088	36,49	4.593	188.539	41,05
	70 bis unter 75	2.990	35.052	11,72	2.294	34.409	15,00	2.397	34.504	14,39
	75 bis unter 80	1.628	29.186	17,93	2.356	34.089	14,47	2.154	32.733	15,19
	80 und älter			,00	1.475	22.131	15,00	928	13.918	15,00
	Zusammen	12.732	190.049	14,93	11.196	195.707	17,48	11.809	193.450	16,38
VdEK	bis unter 15	53	53	1,00	51	462	9,00	52	262	5,00
	15 bis unter 20	29.029	149.668	5,16	24.787	135.444	5,46	26.534	141.302	5,33
	20 bis unter 25	14.303	101.267	7,08	12.597	95.494	7,58	13.453	98.392	7,31
	25 bis unter 30	9.401	85.002	9,04	7.294	68.860	9,44	8.382	77.197	9,21
	30 bis unter 35	9.882	104.050	10,53	8.039	83.841	10,43	9.014	94.533	10,49
	35 bis unter 40	10.267	126.193	12,29	9.139	108.568	11,88	9.782	118.619	12,13
	40 bis unter 45	10.614	145.583	13,72	9.573	131.787	13,77	10.204	140.149	13,73
	45 bis unter 50	10.876	165.806	15,24	9.643	150.601	15,62	10.415	160.113	15,37
	50 bis unter 55	11.511	199.443	17,33	10.124	182.212	18,00	10.999	193.082	17,56
	55 bis unter 60	11.959	233.119	19,49	10.744	226.445	21,08	11.497	230.583	20,06
	60 bis unter 65	8.725	215.627	24,71	8.338	217.674	26,10	8.551	216.546	25,32
	65 bis unter 70	3.296	98.958	30,02	2.969	93.119	31,36	3.126	95.916	30,68
	70 bis unter 75	1.480	23.220	15,69	1.193	22.803	19,11	1.301	22.960	17,64
	75 bis unter 80	861	13.784	16,01	1.048	22.355	21,33	979	19.186	19,60
	80 und älter	572	11.699	20,46	847	17.406	20,54	719	14.741	20,51
	Zusammen	10.980	152.645	13,90	9.627	131.677	13,68	10.402	143.693	13,81

30.7 · Arbeitsunfähigkeit nach Krankheitsarten

Tab. 30.2 (Fortsetzung)

Kassenart	Altersgruppe	Frauen			Männer			Zusammen		
		Fälle je 10.000 Pflichtmitgl. o. R. der Altersgruppe	Tage je 10.000 Pflichtmitgl. o. R. der Altersgruppe	Tage je Fall	Fälle je 10.000 Pflichtmitgl. o. R. der Altersgruppe	Tage je 10.000 Pflichtmitgl. o. R. der Altersgruppe	Tage je Fall	Fälle je 10.000 Pflichtmitgl. o. R. der Altersgruppe	Tage je 10.000 Pflichtmitgl. o. R. der Altersgruppe	Tage je Fall
GKV insgesamt	bis unter 15	377	1.416	3,76	261	2.028	7,77	316	1.736	5,49
	15 bis unter 20	30.483	146.267	4,80	26.208	131.817	5,03	27.943	137.682	4,93
	20 bis unter 25	16.109	104.923	6,51	15.474	104.409	6,75	15.775	104.653	6,63
	25 bis unter 30	10.219	86.614	8,48	9.572	80.639	8,42	9.886	83.541	8,45
	30 bis unter 35	10.118	100.438	9,93	9.743	93.621	9,61	9.923	96.896	9,76
	35 bis unter 40	10.459	119.343	11,41	10.515	115.876	11,02	10.488	117.550	11,21
	40 bis unter 45	10.834	141.009	13,02	10.408	132.958	12,77	10.619	136.948	12,90
	45 bis unter 50	11.178	163.665	14,64	10.333	151.386	14,65	10.760	157.582	14,65
	50 bis unter 55	11.756	195.101	16,60	10.639	179.432	16,87	11.208	187.416	16,72
	55 bis unter 60	12.106	227.385	18,78	11.172	221.983	19,87	11.643	224.707	19,30
	60 bis unter 65	8.947	214.477	23,97	9.028	232.947	25,80	8.992	224.682	24,99
	65 bis unter 70	3.390	105.307	31,06	3.367	120.979	35,94	3.376	114.768	34,00
	70 bis unter 75	1.326	19.367	14,60	1.280	18.716	14,62	1.294	18.919	14,62
	75 bis unter 80	1.143	15.688	13,72	1.311	19.717	15,04	1.254	18.335	14,63
	80 und älter	1.130	16.515	14,62	1.465	21.051	14,37	1.310	18.960	14,47
	Zusammen	11.564	146.999	12,71	10.987	139.608	12,71	11.269	143.216	12,71

Fehlzeiten-Report 2013

Auch wird in der Tabelle dargestellt, dass die Falldauer sukzessive mit dem Alter zunimmt. Den geringsten Wert weist hier die Altersgruppe 15 bis unter 20 auf (4,93 Tage je Fall). Die Altersgruppe 60 bis unter 65 Jahre kommt auf 24,99 Tage je Fall, also etwa den fünffachen Wert. Die beiden jüngsten Altersgruppen verursachen trotz der geringen Dauer der AU-Fälle mehr AU-Tage je Pflichtmitglied als die Altersgruppe der 25- bis unter 30-Jährigen. Dies hängt damit zusammen, dass die unter 25-Jährigen zwar nicht so lange krank sind, dafür aber wesentlich häufiger.

Mit den Daten zur Altersabhängigkeit der Arbeitsunfähigkeit lässt sich modellhaft überprüfen, ob der kontinuierliche Anstieg des Krankenstandes seit dem Jahr 2007 seine Ursache in der demografischen Entwicklung hat. Durch die demografische Entwicklung einerseits und die Anhebung des Renteneintrittsalters andererseits wird die Altersgruppe 60 bis unter 65 in Zukunft vermehrt erwerbstätig sein, sodass zu befürchten ist, dass allein schon wegen der altersspezifischen Häufigkeit der Arbeitsunfähigkeitstage in dieser Gruppe der Krankenstand steigen wird.

30.7 Arbeitsunfähigkeit nach Krankheitsarten

Abschließend soll noch ein Blick auf die Verteilung der Arbeitsunfähigkeitsfälle nach Krankheitsarten geworfen werden. Die Rasterung erfolgt zwar nur grob nach Krankheitsartengruppen, dennoch wird deutlich, dass die psychischen und Verhaltensstörungen durch ihre lange Dauer von durchschnittlich fast 36 Tagen je Fall ein Volumen von mehr als 21 Tsd. Arbeitsunfähigkeitstagen bilden. Sie liegen damit zwar noch deutlich hinter den Krankheiten des Muskel-Skelett-Systems und des Bindegewebes mit fast 39 Tsd. Tagen, aber schon vor den Krankheiten des Atmungssystems mehr als 20 Tsd. Tagen. Die Zahlen sind Tab. 30.3 zu entnehmen.

Tab. 30.3 Arbeitsunfähigkeitsfälle und -tage der Pflichtmitglieder ohne Rentner nach Krankheitsartengruppen (Quelle: Eigene Darstellung.)

Krankheitsartengruppe	Frauen			Männer			Zusammen		
	Fälle je 10.000 Pflichtmitgl. o. R. der Altersgruppe	Tage	Tage je Fall	Fälle je 10.000 Pflichtmitgl. o. R. der Altersgruppe	Tage	Tage je Fall	Fälle je 10.000 Pflichtmitgl. o. R. der Altersgruppe	Tage	Tage je Fall
I. Bestimmte infektiöse und parasitäre Krankheiten	1.092,63	6.162,68	5,64	1.102,00	6.064,32	5,50	1.097,43	6.112,33	5,57
II. Neubildungen	189,51	7.621,58	40,22	134,86	4.311,10	31,97	161,54	5.927,02	36,69
III. Krankheiten des Blutes und der blutbildenden Organe sowie bestimmte Störungen mit Beteiligung des Immunsystems	17,15	333,02	19,42	9,80	241,66	24,65	13,39	286,25	21,38
IV. Endokrine, Ernährungs- und Stoffwechsel-krankheiten	67,82	1.328,51	19,59	59,57	1.298,39	21,80	63,60	1.313,09	20,65
V. Psychische und Verhaltensstörungen	760,41	27.652,83	36,37	448,10	15.533,97	34,67	600,54	21.449,47	35,72
VI. Krankheiten des Nervensystems	327,45	4.505,58	13,76	212,64	3.546,86	16,68	268,68	4.014,83	14,94
VII. Krankheiten des Auges und der Augenanhangsgebilde	119,40	932,24	7,81	124,26	1.049,06	8,44	121,89	992,04	8,14
VIII. Krankheiten des Ohres und des Warzenfortsatzes	146,59	1.361,51	9,29	126,23	1.193,68	9,46	136,17	1.275,60	9,37
IX. Krankheiten des Kreislaufsystems	320,37	5.245,59	16,37	354,09	8.418,88	23,78	337,63	6.869,93	20,35
X. Krankheiten des Atmungssystems	3.375,71	22.327,69	6,61	2.904,30	19.182,99	6,61	3.134,41	20.717,99	6,61
XI. Krankheiten des Verdauungssystems	1.275,59	7.636,38	5,99	1.313,64	8.789,51	6,69	1.295,07	8.226,64	6,35
XII. Krankheiten der Haut und der Unterhaut	143,95	1.635,60	11,36	185,86	2.479,40	13,34	165,40	2.067,52	12,50
XIII. Krankheiten des Muskel-Skelett-Systems und des Bindegewebes	1.712,85	35.033,97	20,45	2.289,24	42.155,22	18,41	2.007,89	38.679,17	19,26
XIV. Krankheiten des Urogenitalsystems	432,19	4.047,51	9,37	135,27	1.647,20	12,18	280,20	2.818,85	10,06
XV. Schwangerschaft, Geburt und Wochenbett	202,72	2.424,55	11,96	–	–	–	–	–	–
XVI. Bestimmte Zustände, die ihren Ursprung in der Perinatalperiode haben	1,01	13,25	13,13	0,30	4,85	15,93	0,65	8,95	13,80
XVII. Angeborene Fehlbildungen, Deformitäten und Chromosomenanomalien	15,63	372,78	23,86	12,65	259,24	20,50	14,10	314,66	22,31
XVIII. Symptome und abnorme klinische und Laborbefunde, die anderenorts nicht klassifiziert sind	774,40	7.182,65	9,28	600,02	5.679,21	9,47	685,14	6.413,07	9,36
XIX. Verletzungen, Vergiftungen und bestimmte andere Folgen äußerer Ursachen	588,76	11.181,52	18,99	974,37	17.752,82	18,22	786,14	14.545,22	18,50
Insgesamt (I. bis XIX. zus.) absolut	16.751.445	212.938.944	12,71	16.690.209	212.073.386	12,71	33.441.654	425.012.330	12,71

Fehlzeiten-Report 2013

Betriebliches Gesundheitsmanagement und krankheitsbedingte Fehlzeiten in der Bundesverwaltung

R. Hathaway

B. Badura et al. (Hrsg.) *Fehlzeiten-Report 2013*,
DOI 10.1007/978-3-642-37117-2_31, © Springer Verlag Berlin Heidelberg 2013

Zusammenfassung Der nachfolgende Beitrag fasst die Aussagen des Gesundheitsförderungsberichts der unmittelbaren Bundesverwaltung 2011 zusammen. Im ersten Teil werden Handlungsmöglichkeiten aufgezeigt, wie sich die Bundesverwaltung aus Sicht des Betrieblichen Gesundheitsmanagements den Herausforderungen des demografischen Wandels stellen kann. Der zweite Teil gibt einen Überblick über die Entwicklung der krankheitsbedingten Abwesenheitszeiten der Beschäftigten der unmittelbaren Bundesverwaltung im Jahr 2011.

31.1 Einleitung

Der öffentliche Dienst steht unter den Bedingungen des demografischen Wandels vor neuen Herausforderungen. Das Personal stellt eine der wesentlichen Ressourcen des öffentlichen Dienstes dar. Derzeit ist mehr als ein Drittel der Beschäftigten in der Bundesverwaltung über 50 Jahre alt, bis 2020 wird der Anteil auf 42 Prozent steigen (Prognos AG 2009, S. 17). Der Gesundheitsförderungsbericht 2011 (Bundesministerium des Innern 2012) fasst die Fakten zusammen und zeigt Möglichkeiten auf, wie die Verwaltung durch Maßnahmen des Betrieblichen Gesundheitsmanagements – eingebettet in die Personalentwicklung – den neuen Herausforderungen entgegentreten kann. Die Ergebnisse der Fehlzeitenstatistik für das Jahr 2011 können nur ansatzweise zu einer differenzierteren Ursachenanalyse in den jeweiligen Ressorts beitragen, lassen jedoch klare Handlungsfelder erkennen. Das Betriebliche Gesundheitsmanagement muss langfristig in einem ganzheitlichen Ansatz die Beschäftigten in jeder Lebensphase berücksichtigen und kurzfristig zu einer besseren Integration älterer Mitarbeiter in das Arbeitsleben führen.

31.2 Herausforderungen an ein Betriebliches Gesundheitsmanagement in der Bundesverwaltung

Für das Personalmanagement im öffentlichen Dienst stellen sich infolge der demografischen Entwicklung drei Aufgaben:
- Mithilfe differenzierter Analysen der Alters-, Gesundheits- und Personalstruktur in den einzelnen Einheiten muss ein detaillierteres Bild der Situation gewonnen und bei den Verantwortlichen ein Bewusstsein für den Handlungsbedarf geschaffen werden.
- Es müssen Maßnahmen einer alters- und altersgerechten Personalpolitik entwickelt werden, um die älteren Mitarbeiter langfristig beschäftigungsfähig und motiviert zu halten.
- Die Personalgewinnung ist darauf einzustellen, dass es einen wieder ansteigenden Bedarf an Neueinstellungen bei einem gleichzeitig wachsenden Wettbewerb um qualifiziertes Personal gibt.

Damit die Arbeitsfähigkeit der Verwaltung insgesamt und auf Dauer erhalten bleibt und sogar ausgebaut werden kann, führen nur nachhaltige Konzepte zu einer Lösung. Dazu ist ein ganzheitlicher Ansatz in den Handlungsfeldern Gesundheit, Qualifizierung, Weiterbildung und lebenslanges Lernen, Unternehmenskultur und Führungsverhalten sowie Arbeitsgestaltung erforderlich.

31.2.1 Handlungsfeld Gesundheit

Ein präventives Gesundheitsmanagement sichert die Leistungsfähigkeit des Personals bis ins hohe Alter. Maßnahmen im Bereich der klassischen Prävention sollten unter Einbindung der betroffenen Beschäftigten mit einer Analyse der Belastungen durch eine Arbeitsplatz- bzw. Gefährdungsbeurteilung beginnen. Eine weitere Möglichkeit ist das Angebot von regelmäßigen Gesundheitschecks für alle Beschäftigten. So können frühzeitig gesundheitliche Beeinträchtigungen und Erkrankungen erkannt und präventive Maßnahmen ergriffen werden Die Verwaltung könnte ihren Mitarbeitern gesundheitsfördernde Leistungen anbieten. Dazu gehören z. B. Grippeschutzimpfungen, Massagen am Arbeitsplatz sowie zusätzliche Vorsorgeuntersuchungen. In Form von Gesundheitscoachings können den Beschäftigten die negativen Auswirkungen von bspw. falscher Ernährung oder mangelnder Bewegung vermittelt werden. Flankierend zum Gesundheitscheck und zum Gesundheitscoaching kann die körperliche (und damit einhergehend auch die geistige) Konstitution der Beschäftigten durch ein breites Betriebssportangebot deutlich verbessert werden. Die Planung gesunder Erwerbsverläufe ermöglicht es, mit Hilfe der Beschäftigten eine alternsorientierte Laufbahngestaltung zu entwickeln. Darunter ist bspw. zu verstehen, dass Tätigkeitswechsel, die den altersbedingten Veränderungen der Leistungsfähigkeit gerecht werden, aber auch begleitende Qualifizierungsmaßnahmen vorausschauend geplant werden. Weiterhin könnten die Leistungsanforderungen an ältere Mitarbeiter mit ärztlich diagnostizierten Gesundheitsbeeinträchtigungen angepasst werden. Im Wege des Wiedereingliederungsmanagements werden Mitarbeiter bei der Wiederaufnahme der Arbeit nach längeren krankheitsbedingten Arbeitsausfällen professionell durch Führungskräfte und Mediziner begleitet. Das Ziel ist, diese Beschäftigten an ihre ursprüngliche Aufgabe heranzuführen bzw. diese bedarfsgerecht zu verändern. Dadurch sollen unnötige Überlastungen beim Arbeitsbeginn vermieden und übermäßiger Leistungsdruck abgebaut werden (Prognos AG 2009, S. 84 f). Eine weitere wichtige Voraussetzung, um passgenaue Modelle alternsgerechter Arbeit in der Verwaltung zu entwickeln, ist die Erfassung der Arbeitsfähigkeit gegebenenfalls verbunden mit den persönlichen Wünschen der Beschäftigten.

31.2.2 Arbeitsorganisation und Arbeitsbedingungen

Ein nicht zu unterschätzender Faktor für die Gesundheit und das Wohlbefinden von Beschäftigten ist eine befriedigende Arbeitsaufgabe, die sie angemessen fordert und die Entwicklung des Einzelnen fördert. Entscheidend für den Grad der Arbeitszufriedenheit ist die Arbeitsorganisation. Eine alters- und alternsgerechte Arbeitsorganisation passt sich den individuellen Anforderungen der Mitarbeiter flexibel an (z. B. über Arbeitszeit- und Arbeitsplatzgestaltung). Sie stellt sicher, dass Arbeitseinsatz und -umfeld über die gesamte Karriere hinweg der individuellen Leistungsfähigkeit der Beschäftigten entsprechen. Damit eine hohe Arbeitsmotivation erhalten bleibt, sollten gerade bei älteren Beschäftigten die Arbeitsabläufe so strukturiert werden, dass möglichst weitgehende Autonomie bei der Wahl der Arbeitsmittel, der Arbeitsweise, der Arbeitsplanung, der Arbeitszeit sowie der Arbeitsgeschwindigkeit gewährt wird (Prognos AG 2009, S. 76 f). Eine zentrale Aufgabe der Arbeitsorganisation ist, eine angemessene »**Work-Life-Balance**« für die Beschäftigten zu sichern. Ziel ist es, ihnen neben dem hohen zeitlichen Einsatz im Beruf Zeit für die Entfaltung individueller Lebensentwürfe zu geben (Familie, Hobby, Vereine etc.). Eine Möglichkeit bietet hierfür die **zeitliche Flexibilisierung der Arbeit.** Flexibler gestaltet werden können sowohl die Arbeitszeit (Gleitzeit, Kernarbeitszeit, Flexzeit etc.) als auch der Ort der Arbeit (Telearbeit, bürofreie Arbeit etc.). Als Modell bietet sich hier auch die **Teilzeitarbeit** z. B. im Rahmen von »Jobsharing« an. Eine Variante, um langsam den Weg in den Ruhestand vorzubereiten, ist darüber hinaus die sukzessive Verkürzung der Arbeitszeit. Mit Hilfe von **Arbeitszeitkonten** haben Mitarbeiter die Möglichkeit, erbrachte Arbeitsstunden auf Konten zu sammeln und diese in Abstimmung mit dem Vorgesetzten abzubauen. Der Zeitraum, für den diese Arbeitszeitkonten erfasst werden, ist variabel und kann von Jahreskonten bis Lebenskonten reichen. Die Arbeit sollte darüber hinaus **inhaltlich** so **flexibel** gestaltet sein, dass sowohl wechselnde Körperhaltungen und -bewegungen als auch vielfältig wechselnde psychische bzw. kognitive Anforderungen zur Bewältigung der Arbeitsaufgabe notwendig sind. Zudem sollten sich kreative mit problemlösenden und Routinetätigkeiten abwechseln. Es gibt verschiedene Varianten, wie Formen von Mischarbeit gestaltet werden können, wie der **Arbeitsplatzwechsel**, die **Arbeitserweiterung**, **Gruppenarbeit**, **Tandembildung**, **Arbeitsanreicherung** sowie **Mentoring**. Neben der geistigen ist auch die körperliche Bewegung für die Gesunderhaltung unerlässlich. Mit einer guten ergonomischen

Gestaltung des Arbeitsplatzes und der Arbeitsinhalte lassen sich altersbedingte Leistungsveränderungen auffangen und über die Lebenserfahrung oft auch vollständig kompensieren oder sogar in einen Vorteil für das Arbeitsteam umwandeln. Die **Verteilung von Verantwortung** für eigene wie auch für fremde Aktivitäten hat einen wesentlichen Einfluss auf die Motivation und Ergebnisorientierung im Arbeitsprozess. Eine klare Zuweisung von Verantwortung für bestimmte Arbeitsabläufe und -ergebnisse gibt Mitarbeitern mehr Souveränität über ihr eigenes Handeln und unterstützt die persönliche Identifikation mit dem Arbeitsergebnis. Im Rahmen einer **Personaleinsatzmatrix** wird eine detaillierte Übersicht über die einzelnen Mitarbeiter, ihre Tätigkeit und Qualifikationen erstellt sowie Schulungsbedarf festgestellt. Im Ergebnis gewinnt die öffentliche Verwaltung so einen umfassenden Überblick über die Mitarbeiter, deren Tätigkeiten, ihr Potenzial, ihre Belastung und ihren Schulungsbedarf. Mit Blick auf die zunehmende Lebensarbeitszeit ist es in Zukunft erforderlich, die Arbeit zeitlich so zu organisieren, dass Mitarbeiter ihr auch mit fortschreitendem Alter weiter gerecht werden können. Konkret bedeutet dies, dass für ältere Beschäftigte z. B. längere Regenerationsphasen (Seniorenpausen/Seniorenurlaub) geschaffen oder die Beschäftigten durch gezielte Arbeitszeitverkürzung entlastet werden. Eine Aufgabe im Bereich der Arbeitsorganisation besteht auch darin, beim Aufgabenzuschnitt darauf zu achten, altersgerechte Tätigkeiten zu erhalten oder gegebenenfalls zu schaffen, denen ältere Beschäftigte hinsichtlich der physischen und psychischen Belastung gerecht werden können. Durch die strategische Entscheidung, die Arbeit in altersgemischten Teams zu organisieren, gibt die öffentliche Verwaltung den jüngeren und älteren Beschäftigten die Möglichkeit, von den Stärken der jeweils anderen Gruppe zu profitieren. Sie unterstützt damit den Wissenstransfer in beide Richtungen und kann so die Qualität der Arbeitsergebnisse verbessern (Prognos AG 2009, S. 78 f).

31.2.3 Führung

Wichtigster Aspekt für die Erhaltung und Verbesserung der Arbeitsfähigkeit ist ein gutes Führungsverhalten der Vorgesetzten. Flache Hierarchien ermöglichen den Vorgesetzten, die Leistungsfähigkeit des Einzelnen besser kennenzulernen und entsprechend zu unterstützen. Beim **konsultativen Führungsstil** unterrichtet die Führungskraft ihre Mitarbeiter über geplante Entscheidungen. Nach deren Rückmeldungen trifft sie dann ihre endgültige Entscheidung. Im Rahmen des **kooperativen Führungsstils** entscheidet der Vorgesetzte zusammen mit den Beschäftigten (Bundesministerium für Arbeit und Soziales 2010, S. 80). Gerade mit Blick auf ältere Beschäftigte werden Führungsstile empfohlen, die größere Freiräume ermöglichen. Eine weitere Möglichkeit bietet der **delegative Führungsstil**. Die Beschäftigten bestimmen weitgehend eigenverantwortlich, was wann wie umgesetzt wird. Der Vorgesetzte übernimmt hier lediglich eine moderierende Funktion. Eine gute Arbeitskultur setzt zudem eine **Kommunikationskultur** in der Organisation voraus. Nur mit Hilfe von Gesprächen erfährt die Führungskraft von bestehenden Problemen und Überforderungen, kann loben oder konstruktive Kritik üben.

31.2.4 Fort- und Weiterbildung

Ein weiterer wichtiger Aspekt für die Erhaltung der Arbeitsfähigkeit der Beschäftigten und damit auch für die Gesundheit ist eine über die gesamte Berufsphase fortdauernde Weiterbildung. Angesichts von Verwaltungen, die zukünftig komplexer werdende Aufgaben mit weniger, dafür aber älterem Personal bewältigen müssen, gewinnt die kontinuierliche Fort- und Weiterbildung des Personals erheblich an Bedeutung. Die verstärkte Einbeziehung von Älteren in die betriebliche Kompetenzentwicklung hat Konsequenzen für Form und Inhalt der Weiterbildungsmaßnahmen. Die Veranstalter von Qualifizierungsmaßnahmen sollten deshalb in ihren Planungen bewährten Anforderungen einer Erwachsenenbildung Rechnung tragen, die die Selbstständigkeit ihrer Teilnehmer als Voraussetzung, Weg und Ziel begreift. So werden insbesondere die älteren Lernenden zu Mitgestaltern von Bildungsmaßnahmen (Bundesamt für Arbeitsschutz und Arbeitsmedizin 2006, S. 43).

31.3 Überblick über die krankheitsbedingten Fehlzeiten im Jahr 2011

31.3.1 Methodik der Datenerfassung

Die krankheitsbedingten Abwesenheitszeiten der Beschäftigten in der unmittelbaren Bundesverwaltung werden seit 1997 auf der Grundlage eines Kabinettbeschlusses vom Bundesministerium des Innern erhoben und veröffentlicht. In der Fehlzeitenstatistik der unmittelbaren Bundesverwaltung werden sämtliche Tage erfasst, an denen die Beschäftigten des Bundes (Beamte einschließlich Richter, Anwärter sowie Tarifbeschäftigte einschließlich Auszubildende mit Dienstsitz in Deutschland) im Laufe eines Jahres aufgrund einer Er-

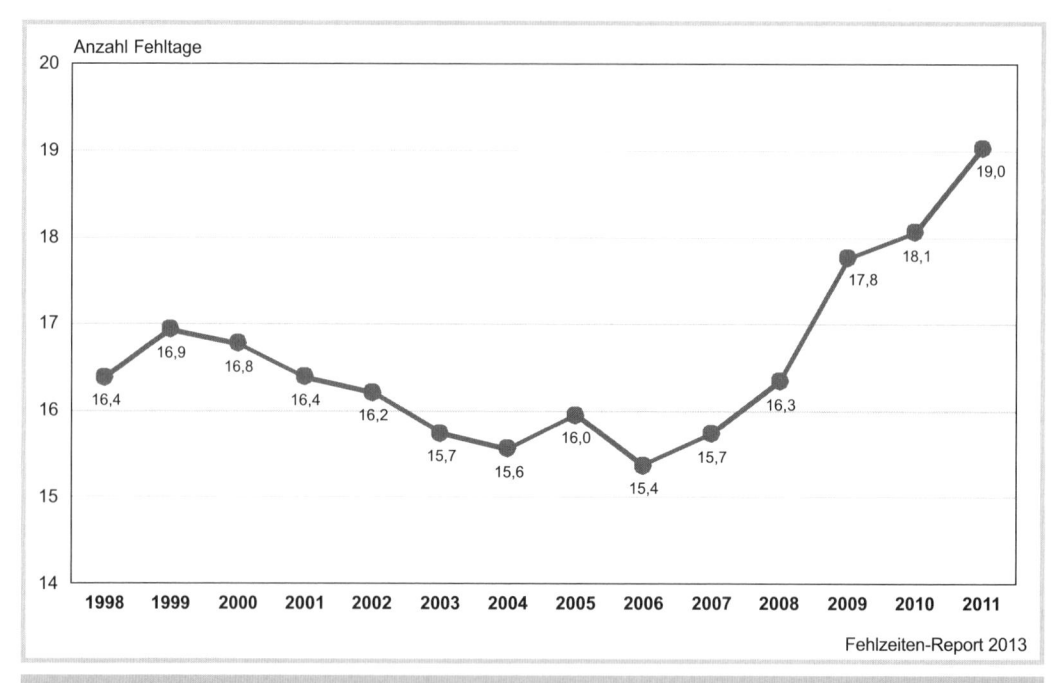

Abb. 31.1 Entwicklung der Fehltage je Beschäftigtem in der unmittelbaren Bundesverwaltung von 1998 bis 2011

krankung, eines Unfalls oder einer Rehabilitationsmaßnahme arbeitsunfähig waren. Krankheitstage, die auf Wochenenden oder Feiertage fallen, sowie Abwesenheiten durch Elternzeit, Fortbildungen oder Urlaub werden nicht berücksichtigt. Die Anzahl der Krankheitsfälle wird nicht erhoben. Ebenso können keine Aussagen über Krankheitsursachen gemacht werden, da die Diagnosen auf den Arbeitsunfähigkeitsbescheinigungen nur den Krankenkassen, nicht aber dem Arbeitgeber bzw. Dienstherrn zugänglich sind. Die Datensätze wurden nach den Merkmalen Dauer der Erkrankung (Kurzzeiterkrankungen bis zu drei Arbeitstagen, längere Erkrankungen von 4 bis zu 30 Tagen, Langzeiterkrankungen über 30 Tage und Rehabilitationsmaßnahmen), Laufbahn-, Status- und Behördengruppen sowie Geschlecht und Alter systematisch aufbereitet.

31.3.2 Allgemeine Fehlzeitenentwicklung

Im Jahr 2011 wurden die krankheitsbedingten Fehlzeiten von insgesamt 256.783 Beschäftigten der unmittelbaren Bundesverwaltung gemeldet. Davon arbeiteten ca. 9,2 Prozent in den 22 obersten Bundesbehörden und 90,8 Prozent in den Geschäftsbereichsbehörden. Der Entwicklungstrend mit einer Steigerung der krankheitsbedingten Fehlzeiten in der Bundesverwaltung hat sich fortgesetzt. Durchschnittlich fehlten die Beschäftigten an 19,03 Arbeitstagen. Gegenüber 2010 sind die krankheitsbedingten Fehltage um 0,97 Arbeitstage gestiegen. **◘** Abb. 31.1 stellt die Entwicklung der Fehltage je Beschäftigten in der unmittelbaren Bundesverwaltung von 1998 bis 2011 dar. In diesem Zeitraum bewegt sich die Zahl der krankheitsbedingten Fehltage zwischen 15,37 und 19,03 Tagen. Von 1999 bis 2004 ging die Anzahl der krankheitsbedingten Fehltage kontinuierlich zurück. Nach einem leichten Anstieg im Jahr 2005 erreichte der Krankenstand 2006 seinen Tiefststand. Seitdem steigen die Fehltage je Beschäftigten stetig an.

31.3.3 Dauer der Erkrankung

Der Anstieg der Fehlzeiten in der unmittelbaren Bundesverwaltung geht – wie im Jahr 2010 – auf die Zunahme von Fehltagen durch Langzeiterkrankungen zurück. Mit 6,77 Fehltagen pro Beschäftigten ist hier die höchste Steigerung zu verzeichnen. Langzeiterkrankungen haben einen Anteil von 35,6 Prozent an den gesamten krankheitsbedingten Fehlzeiten und sind um 0,6 Tage gestiegen, was u. a. auf das zunehmende Alter der Beschäftigten zurückzuführen ist.

31.3 · Überblick über die krankheitsbedingten Fehlzeiten im Jahr 2011

		2007	2008	2009	2010	2011
■	Reha-Maßnahmen	2,0	2,1	1,8	1,7	1,7
■	Langzeiterkrankungen	30,8	31,8	32,7	34,1	35,6
■	Längere Erkrankungen	51,2	49,9	49,7	47,9	46,7
■	Kurzzeiterkrankungen	16,0	16,2	15,7	16,2	16,1

Fehlzeiten-Report 2013

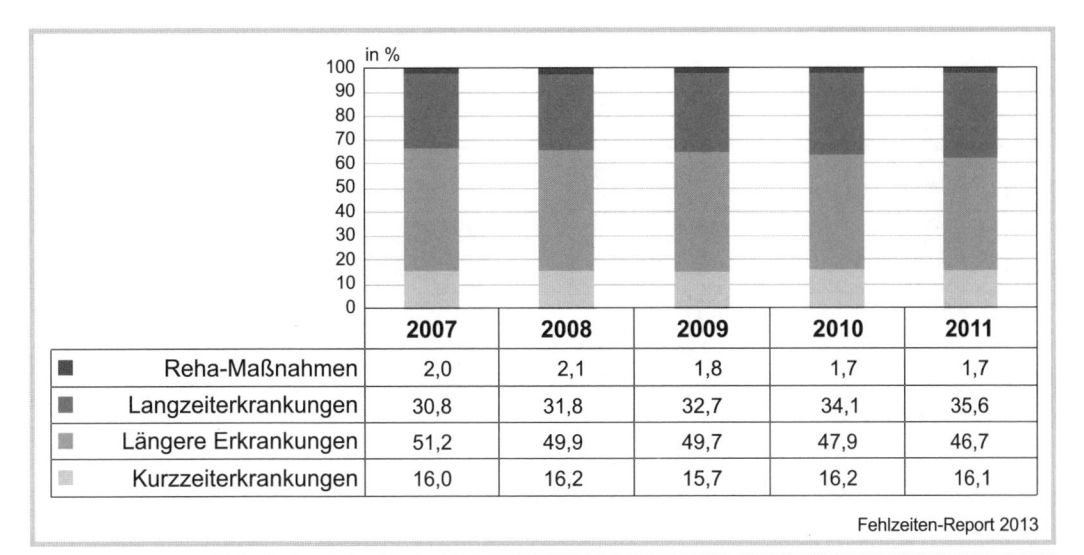

◘ **Abb. 31.2** Entwicklung der Krankheitsdauer von 2007 bis 2011 in Prozent

Längere Erkrankungen haben einen Anteil von 46,7 Prozent und sind im Vergleich zum Vorjahr um 0,23 Tage gesunken. Den geringsten Anteil an den Fehlzeiten haben Kurzzeiterkrankungen mit 16,1 Prozent sowie Rehabilitationsmaßnahmen (Kuren) mit 1,7 Prozent aller Fehltage im Jahr 2011 (◘ Abb. 31.2). Die folgende Abbildung macht ebenfalls deutlich, dass sich das Verhältnis zwischen Kurzzeiterkrankungen, längeren Erkrankungen, Langzeiterkrankungen und Rehabilitationsmaßnahmen im Zeitverlauf nicht wesentlich verändert hat.

31.3.4 Fehltage nach Laufbahngruppen

Bezogen auf die verschiedenen Laufbahngruppen waren im Jahr 2011 9,2 Prozent aller Beschäftigten im einfachen Dienst, 49,1 Prozent im mittleren Dienst, 25,3 Prozent im gehobenen Dienst und 10,7 Prozent im höheren Dienst tätig. Die Tarifbeschäftigten wurden hierzu den ihren Entgeltgruppen vergleichbaren Besoldungsgruppen und den entsprechenden Laufbahngruppen zugeordnet. Wie schon in den vergangenen Jahren sinkt die Anzahl der krankheitsbedingten Fehltage mit zunehmender beruflicher Qualifikation der Beschäftigten. Je höher die Laufbahngruppe, desto niedriger sind die Fehlzeiten. Zwischen den einzelnen Laufbahngruppen bestehen dabei erhebliche Unterschiede. Durchschnittlich fehlten die Beschäftigten der Bundesverwaltung im einfachen Dienst an 25,19, im mittleren Dienst an 22,38, im gehobenen Dienst an 16,55 und im höheren Dienst an 9,16 Arbeitstagen. Der Krankenstand im einfachen Dienst ist damit genau 2,75 mal so hoch wie im höheren Dienst. Diese Entwicklung ist sowohl in den obersten Bundesbehörden als auch in den Geschäftsbereichsbehörden zu beobachten.

31.3.5 Fehltage nach Statusgruppen

Das Personal der Bundesverwaltung unterteilt sich statusrechtlich in 112.665 Beamte, 106.960 Tarifbeschäftigte sowie 13.609 Auszubildende und Anwärter. Bei den Beamten der Bundesverwaltung ist der mittlere Dienst mit 46,6 Prozent am stärksten präsent. Im einfachen Dienst sind 1,8 Prozent, im gehobenen Dienst 36,6 Prozent und im höheren Dienst 15,0 Prozent der Beamten tätig. Die Tarifbeschäftigten der Bundesverwaltung arbeiten ebenfalls größtenteils mit 57,9 Prozent im mittleren Dienst. Im einfachen Dienst waren 18,3 Prozent, im gehobenen Dienst 16,4 Prozent und im höheren Dienst 7,4 Prozent der Tarifbeschäftigten tätig. Mit Blick auf die Statusgruppen sind die Fehltage der Beamten mit 19,69 Tagen etwas höher als die der Tarifbeschäftigten mit 19,48 Tagen. In den obersten Bundesbehörden haben Beamte sowie Tarifbeschäftigte durchschnittlich weniger Fehltage als in den Geschäftsbereichsbehörden. Im Gegensatz zu den Geschäftsbereichsbehörden, wo sich die Fehlzeiten beider Statusgruppen ähnlich gestalten, sind in den obersten Bundesbehörden Tarifbeschäftigte im Durchschnitt 3,3 Tage länger krank als Beamte (◘ Abb. 31.4).

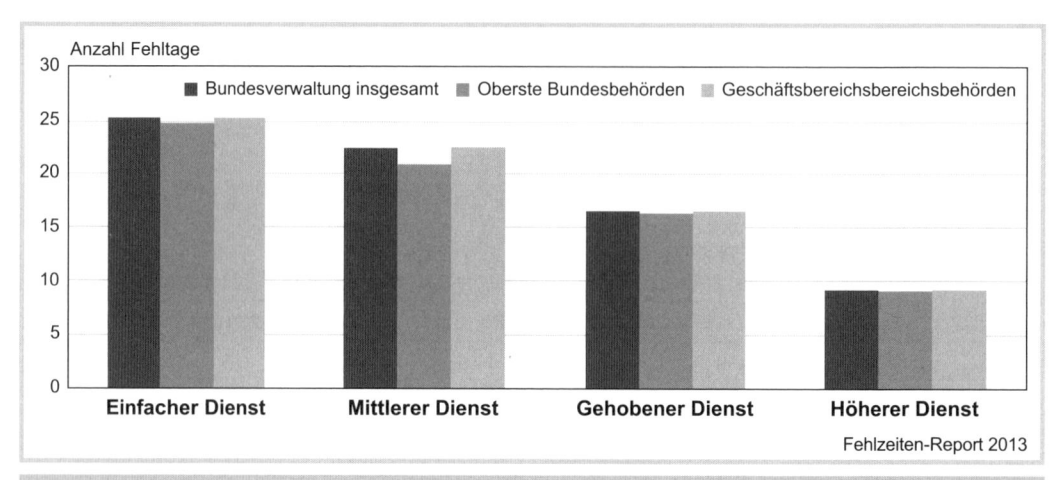

Abb. 31.3 Fehltage je Beschäftigten nach Laufbahngruppen im Jahr 2011

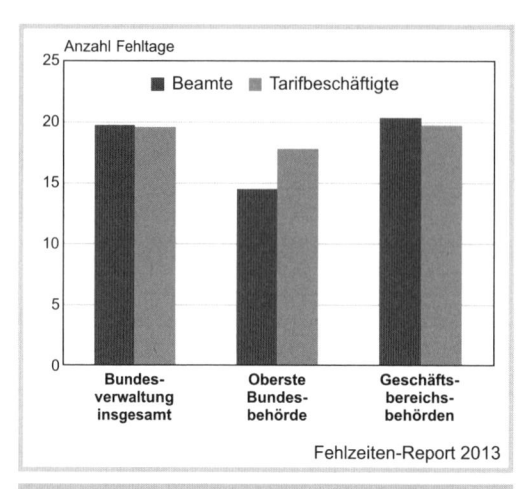

Abb. 31.4 Fehltage nach Statusgruppen in der Bundesverwaltung 2011

31.3.6 Fehltage nach Behördengruppen

Seit Beginn der Fehlzeitenstatistik der unmittelbaren Bundesverwaltung ist die Zahl der durchschnittlichen Fehltage der Beschäftigten in den Geschäftsbereichsbehörden höher als in den obersten Bundesbehörden. Im Jahr 2011 ist diese Differenz weiter gestiegen. Die durchschnittliche Anzahl der krankheitsbedingten Fehltage je Beschäftigten in den obersten Bundesbehörden liegt bei 15,68 und in den Geschäftsbereichsbehörden bei 19,36 Fehltagen (◘ Abb. 31.5). Damit waren im Jahr 2011 die Beschäftigten in den Geschäftsbereichsbehörden 3,68 Tage länger arbeitsunfähig krankgeschrieben als die Beschäftigten der obersten Bundesbehörden.

31.3.7 Fehltage nach Geschlecht

64 Prozent aller Beschäftigten waren Männer, 36 Prozent Frauen. Die krankheitsbedingten Fehlzeiten von Beschäftigten der Bundesverwaltung waren im Jahr 2011 bei den Frauen mit durchschnittlich 20,36 Fehltagen um 2,09 Tage länger als bei den Männern mit 18,27 Fehltagen. Beide Geschlechter sind im Krankheitsfall überwiegend zwischen 4 und 30 Tagen arbeitsunfähig. ◘ Abb. 31.6 zeigt, dass der Anstieg der krankheitsbedingten Fehlzeiten in den vergangenen Jahren unabhängig von der Geschlechtszugehörigkeit ist.

31.3.8 Fehltage nach Alter

Die Beschäftigten der Bundesverwaltung waren im Jahr 2011 im Durchschnitt 45,02 Jahre alt. Das durchschnittliche Alter lag bei den Beamten bei 44,4 Jahren und bei den Tarifbeschäftigten unverändert zum Vorjahr bei 46,1 Jahren. Wie ◘ Abb. 31.7 zeigt, ist das Durchschnittsalter der Beschäftigten im Bundesdienst seit 1993 um 3,08 Jahre gestiegen.

◘ Abb. 31.7 lässt deutlich erkennen, dass die krankheitsbedingten Fehltage der Beschäftigten der unmittelbaren Bundesverwaltung mit zunehmendem Alter ansteigen. Der Anstieg ist bei Frauen und Männern in etwa gleich. Ursächlich für diese Entwicklung ist, dass ältere Beschäftigte bei einer Erkrankung wesentlich länger ausfallen als ihre jüngeren Kollegen. Der Anstieg der Krankheitsdauer hat zur Folge, dass der Krankenstand trotz der Abnahme der Krankmeldungen mit zunehmendem Alter deutlich ansteigt. Hinzu kommt, dass ältere Beschäftigte häufiger von mehreren Erkran-

31.3 · Überblick über die krankheitsbedingten Fehlzeiten im Jahr 2011

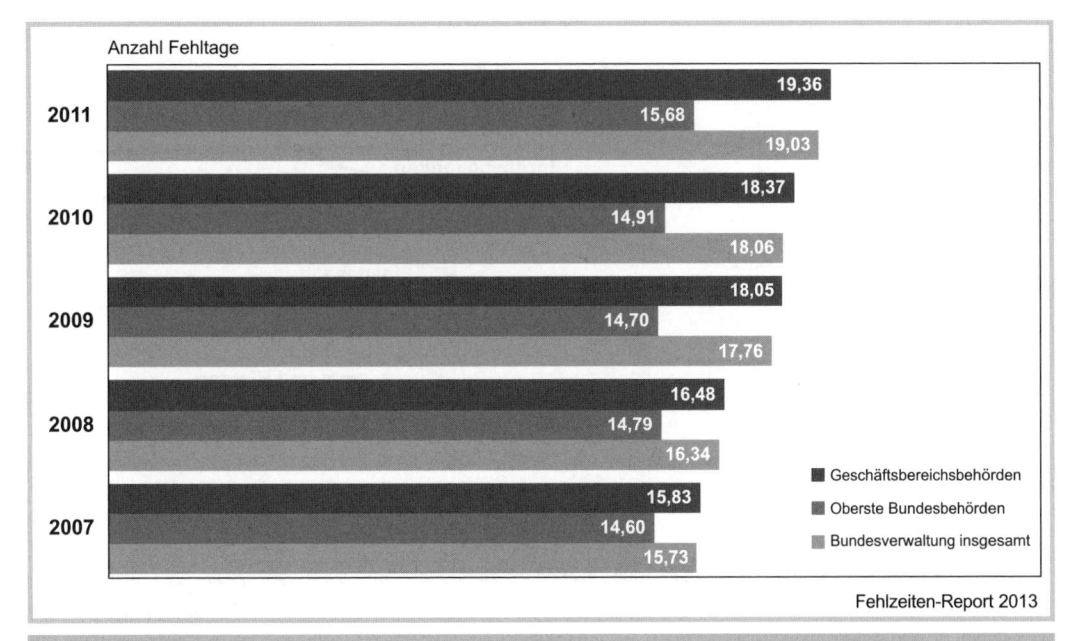

Abb. 31.5 Fehltage je Beschäftigten nach Behördengruppen 2011

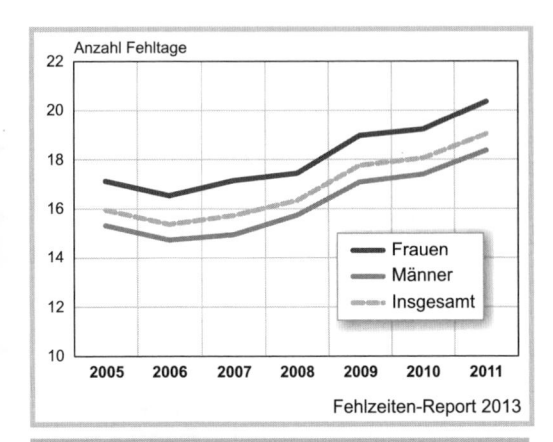

(Werte 2011: Geschäftsbereichsbehörden 19,36; Oberste Bundesbehörden 15,68; Bundesverwaltung insgesamt 19,03.
2010: 18,37; 14,91; 18,06.
2009: 18,05; 14,70; 17,76.
2008: 16,48; 14,79; 16,34.
2007: 15,83; 14,60; 15,73.
Quelle: Fehlzeiten-Report 2013)

Abb. 31.6 Entwicklung der Fehlzeiten nach Geschlecht von 2005 bis 2011

kungen gleichzeitig betroffen sind. Auch dies kann längere Ausfallzeiten mit sich bringen. Erst in der Altersgruppe der über 60-Jährigen kehrt sich dieser Trend um. Diese Verringerung der Fehltage steht im Zusammenhang mit dem Healthy-Worker-Effekt. Gesundheitlich stark beeinträchtigte ältere Beschäftigte scheiden über Frühverrentungsangebote oftmals vorzeitig aus der analysierten Gruppe aus. Zusätzlich sind die besonderen Altersgrenzen beim Eintritt in den Ruhestand, z. B. bei der Bundespolizei, zu berücksichtigen. Im Jahr 2011 fehlten Beschäftigte der unmittelbaren Bundesverwaltung im Alter zwischen 55 und 59 Jahren durchschnittlich an 24,63 Tagen. Sie sind damit mehr als doppelt so lange krank wie Beschäftigte im Alter zwischen 25 und 29 Jahren (11,75 Tage). Die krankheitsbedingten Abwesenheiten steigen in allen Laufbahngruppen mit zunehmendem Alter kontinuierlich an (◘ Abb. 31.8). Der größte Unterschied zwischen den einzelnen Laufbahngruppen besteht bei den 45- bis 49-Jährigen. In dieser Altersgruppe haben die Beschäftigten im höheren Dienst durchschnittlich 8,96 Fehltage und die Beschäftigten des einfachen Dienstes 25,76 Fehltage. Dies ergibt eine Differenz von 16,8 Tagen. Eine ähnlich hohe Differenz gibt es mit 16,59 Fehltagen bei den 40- bis 44-Jährigen.

31.3.9 Gegenüberstellung mit den Fehlzeiten der AOK

Für eine Gegenüberstellung der krankheitsbedingten Abwesenheiten der unmittelbaren Bundesverwaltung mit dem Fehlzeiten-Report der AOK werden die Fehlzeiten der AOK gesamt und des AOK-Bereichs »Öffentliche Verwaltung« herangezogen. Vergleichswerte sind die Fehlzeiten von 10,8 Millionen erwerbstätigen AOK-Versicherten (Badura et al. 2012, S. 291 ff). Die krankheitsbedingten Fehlzeiten der unmittelbaren

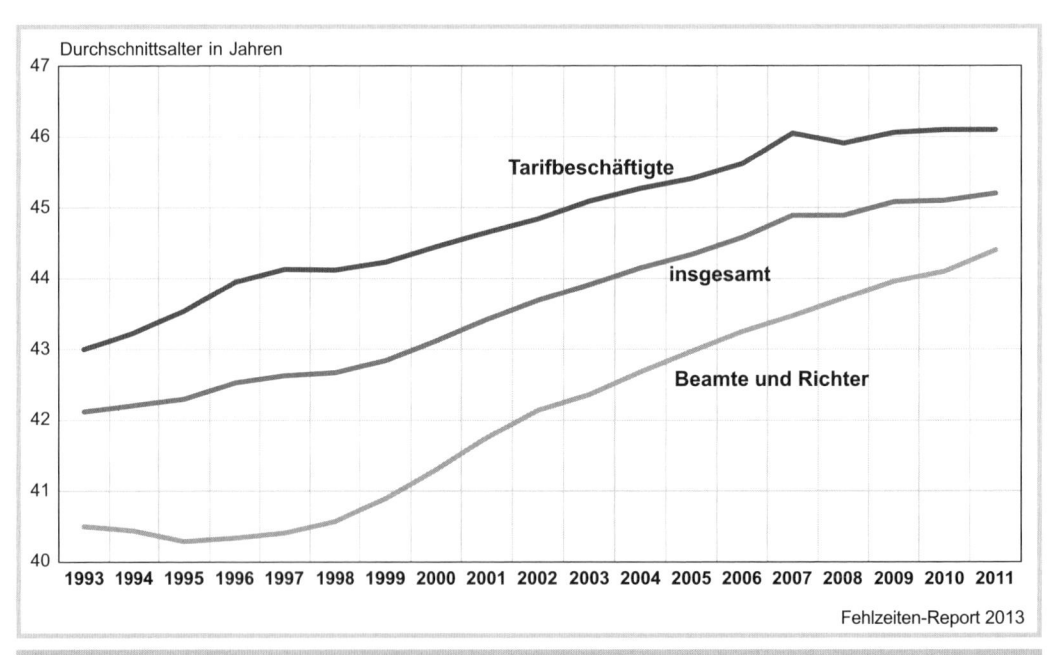

Abb. 31.7 Durchschnittsalter der Beschäftigten des Bundes

*Die Abbildung berücksichtigt ca. 68 Prozent der Beschäftigten der unmittelbaren Bundesverwaltung (nicht berücksichtigt: Geschäftsbereich des BMVg).

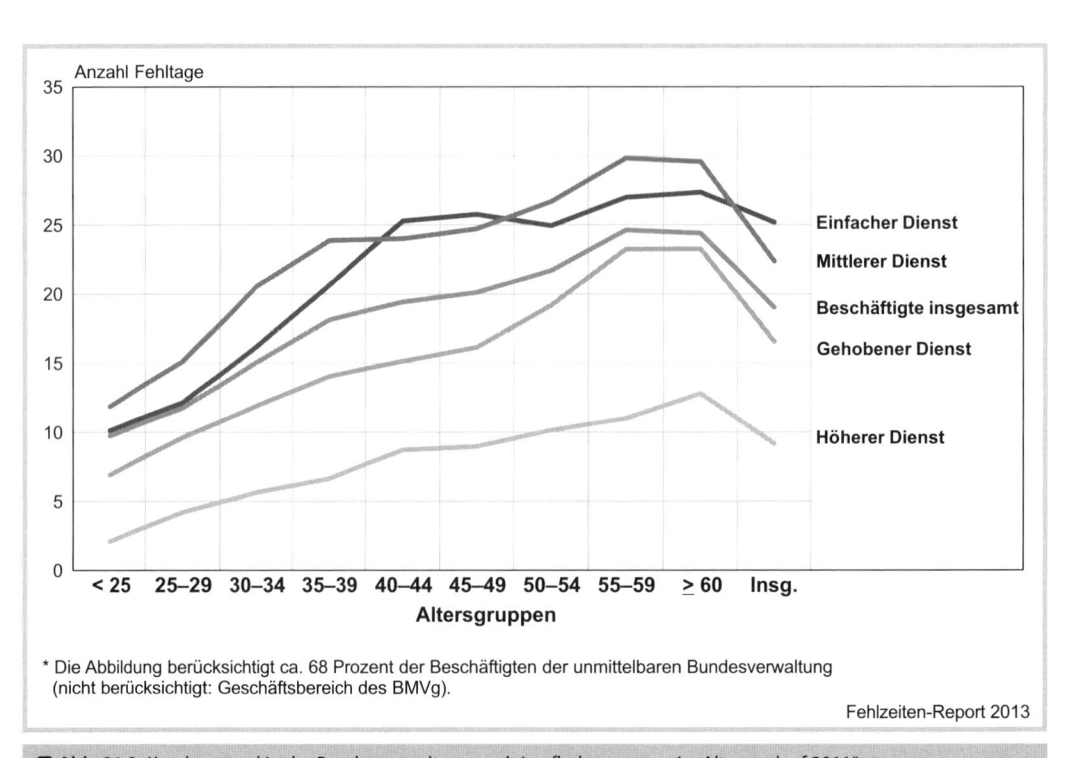

Abb. 31.8 Krankenstand in der Bundesverwaltung nach Laufbahngruppen im Altersverlauf 2011*

Bundesverwaltung wurden ansatzweise bereinigt und standardisiert. Dazu wurden die unterschiedlichen Altersstrukturen der Bundesverwaltung und der Erwerbsbevölkerung soweit möglich rechnerisch ausgeblendet (sog. Altersstandardisierung) und die Parameter der Fehlzeitenerhebung in Grundzügen angeglichen. Für eine Gegenüberstellung der Daten der unmittelbaren Bundesverwaltung mit denen der AOK wurde außerdem berücksichtigt, dass die AOK die Fehlzeiten aufgrund von Rehabilitationsmaßnahmen nicht erfasst. Auch ein Teil der Kurzzeiterkrankungen ist im AOK-Fehlzeiten-Report nicht berücksichtigt. Um dies statistisch anzugleichen, werden von den durchschnittlichen 19,03 Fehltagen der Beschäftigten der unmittelbaren Bundesverwaltung im Jahr 2011 Fehlzeiten aufgrund von Rehabilitationsmaßnahmen (0,32 Fehltage für 2011) und pauschal 50 Prozent der Kurzzeiterkrankungen (1,53 Fehltage für 2011) abgezogen. Die auf dieser Basis bereinigte Fehlzeitenquote des Bundes beträgt 6,84 Prozent (17,18 Arbeitstage pro Beschäftigten). Nach Standardisierung ergibt sich eine Fehlzeitenquote für den Bund in Höhe von 6,41 Prozent (16,09 Arbeitstage). Im Jahr 2011 lag die Fehlzeitenquote aller erwerbstätigen AOK-Versicherten bei 4,7 Prozent. Die Fehlzeiten von AOK-versicherten Erwerbstätigen in der öffentlichen Verwaltung und Sozialversicherung lagen mit 5,5 Prozent höher. Damit liegt der Bund 0,91 Prozentpunkte über der Fehlzeitenquote der AOK im Bereich der öffentlichen Verwaltung und 1,71 Prozentpunkte über dem Krankenstand aller erwerbstätigen AOK-Versicherten. ◘ Abb. 31.9 zeigt die Entwicklung der bereinigten und standardisierten Fehlzeitenquote der unmittelbaren Bundesverwaltung und des Krankenstands der erwerbstätigen AOK-Versicherten. Bei aller Unzulänglichkeit selbst der bereinigten und standardisierten Fehlzeiten lässt sich dabei jedenfalls feststellen, dass der Krankenstand der AOK-Versicherten in den letzten drei Jahren im Gegensatz zu dem der Beschäftigten der unmittelbaren Bundesverwaltung stagnierte.

Bei einem Vergleich der Fehlzeiten der Bundesverwaltung mit denen der Wirtschaft ist immer zu berücksichtigen, dass sich die Standards der Fehlzeitenerhebungen systembedingt ganz erheblich voneinander unterscheiden. Die Krankenstandserhebungen unterliegen keinen einheitlichen Standards für die Ermittlung von Fehlzeiten, deren Erfassungsmethodik sowie deren Auswertung. Ein weiterer erheblicher Unterschied liegt in den Strukturen der Beschäftigtengruppen, wodurch bekannte Einflussgrößen wie Alter, Geschlecht und Tätigkeit sich unterschiedlich auswirken und zu Verzerrungen führen. So ist der Anteil älterer Beschäftigter in der unmittelbaren Bundesverwaltung deutlich höher als in der gesamten Erwerbsbevölkerung. Im Jahr 2011 waren 58,4 Prozent der Beschäftigten der unmittelbaren Bundesverwaltung 45 Jahre und älter. In der übrigen Erwerbsbevölkerung in Deutschland liegt demgegenüber der Anteil der über 45-Jährigen bei 45 Prozent. Damit ist die Altersgruppe der über 45-Jährigen im Bundesdienst um ein Viertel größer als in der Erwerbsbevölkerung. Die 25- bis 44-Jährigen, die in der gesamten Erwerbsbevölkerung mit 43,8 Prozent die stärkste Altersgruppe bilden, machen im Bundesdienst nur 34,8 Prozent aus (Statistisches Bundesamt 2004 bis 2011).

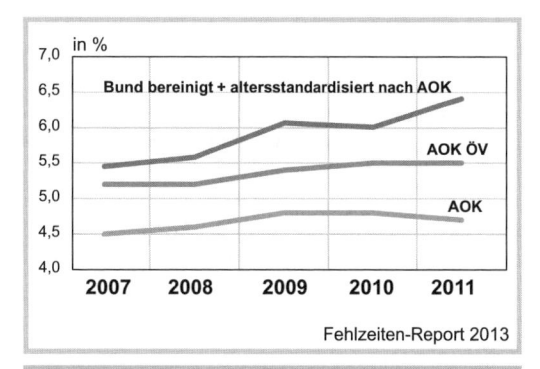

◘ **Abb. 31.9** Entwicklung der Fehlzeitenquote der Beschäftigten der Bundesverwaltung und der erwerbstätigen AOK-Versicherten (inkl. Bereich der öffentlichen Verwaltung/Sozialversicherung) von 2007 bis 2011 in Prozent

31.4 Fazit

Der Trend der steigenden krankheitsbedingten Fehlzeiten in der Bundesverwaltung hat sich fortgesetzt. Die demografischen Rahmenbedingungen lassen auch für die Zukunft keine Trendwende erwarten. Der gestiegene Anteil von Langzeitarbeitsunfähigkeiten lässt sich durch den steigenden Anteil älterer Beschäftigter im Bundesdienst zumindest teilweise erklären. Zugleich wird dadurch unterstrichen, dass betriebliche Prävention und Gesundheitsförderung sowie Rehabilitationsmaßnahmen und Wiedereingliederungsmanagement erforderlich sind. Unbenommen bleibt eine langfristig angelegte Unterstützung der Beschäftigten bei einer gesundheitsförderlichen Lebensführung. Mit innovativen Modellen und durch eine bessere Integration der Beschäftigten in die Arbeit können krankheitsbedingte Fehlzeiten reduziert werden. Mithilfe einer entsprechenden Organisationskultur und Personalführung lassen sich innerhalb einer Behörde die Voraussetzungen dafür schaffen, dass einzelne Personalmanagementmaßnahmen umgesetzt werden. Nur durch die Unterstützung jeder einzelnen Behördenleitung können Personal- und Gesundheitsmanagement kurzfristig an die demografischen Herausforderungen angepasst werden. Bereits zum jetzigen Zeitpunkt widmen sich viele Ressorts verstärkt diesem Thema und bauen ihre Kapazitäten aus. Ein Erfolg der Maßnahmen wird sich jedoch erst mittel- bis langfristig einstellen.

Literatur

Badura B, Ducki A, Schröder H, Klose J, Meyer M (2012) Fehlzeiten-Report 2012 – Gesundheit in der flexiblen Arbeitswelt: Chancen nutzen-Risiken minimieren. Springer, Berlin

Bundesamt für Arbeitsschutz und Arbeitsmedizin (Hrsg) (2006) Alles grau in grau? Ältere Arbeitnehmer und Büroarbeit. Bautzen

Bundesministerium des Innern (Hrsg) (2012) Gesundheitsförderungsbericht 2011 der unmittelbaren Bundesverwaltung – einschließlich Fehlzeitenstatistik. Berlin

Bundesministerium für Arbeit und Soziales (Hrsg) (2010) Aufbruch in die altersgerechte Arbeitswelt Bericht der Bundesregierung gemäß § 154 Abs. 4 Sechstes Buch Sozialgesetzbuch zur Anhebung der Regelaltersgrenze auf 67 Jahre. Berlin

Prognos AG, Robert Bosch Stiftung (Hrsg) (2009) Demographieorientierte Personalpolitik in der öffentlichen Verwaltung. Studie in der Reihe »Alter und Demographie«. Stuttgart

Statistisches Bundesamt (Hrsg) (2009) Bevölkerung Deutschlands bis 2060. 12. koordinierte Bevölkerungsvorausberechnung. Wiesbaden

Statistisches Bundesamt (Hrsg) Mikrozensus 2004 bis 2011

Anhang

A1   Internationale Statistische Klassifikation der Krankheiten
      und verwandter Gesundheitsprobleme
      (10. Revision, Version 2012, German Modification)   – 471

A2   Branchen in der deutschen Wirtschaft basierend
      auf der Klassifikation der Wirtschaftszweige
      (Ausgabe 2008/NACE)   – 479

Die Autorinnen und Autoren   – 483

Stichwortverzeichnis   – 499

Anhang 1

Internationale Statistische Klassifikation der Krankheiten und verwandter Gesundheitsprobleme (10. Revision, Version 2012, German Modification)

I.	Bestimmte infektiöse und parasitäre Krankheiten (A00-B99)
A00-A09	Infektiöse Darmkrankheiten
A15-A19	Tuberkulose
A20-A28	Bestimmte bakterielle Zoonosen
A30-A49	Sonstige bakterielle Krankheiten
A50-A64	Infektionen, die vorwiegend durch Geschlechtsverkehr übertragen werden
A65-A69	Sonstige Spirochätenkrankheiten
A70-A74	Sonstige Krankheiten durch Chlamydien
A75-A79	Rickettsiosen
A80-A89	Virusinfektionen des Zentralnervensystems
A90-A99	Durch Arthropoden übertragene Viruskrankheiten und virale hämorrhagische Fieber
B00-B09	Virusinfektionen, die durch Haut- und Schleimhautläsionen gekennzeichnet sind
B15-B19	Virushepatitis
B20-B24	HIV-Krankheit [Humane Immundefizienz-Viruskrankheit]
B25-B34	Sonstige Viruskrankheiten
B35-B49	Mykosen
B50-B64	Protozoenkrankheiten
B65-B83	Helminthosen
B85-B89	Pedikulose [Läusebefall], Akarinose [Milbenbefall] und sonstiger Parasitenbefall der Haut
B90-B94	Folgezustände von infektiösen und parasitären Krankheiten
B95-B98	Bakterien, Viren und sonstige Infektionserreger als Ursache von Krankheiten, die in anderen Kapiteln klassifiziert sind
B99	Sonstige Infektionskrankheiten

II.	**Neubildungen (C00-D48)**	
C00-C75	Bösartige Neubildungen an genau bezeichneten Lokalisationen, als primär festgestellt oder vermutet, ausgenommen lymphatisches, blutbildendes und verwandtes Gewebe	
C76-C80	Bösartige Neubildungen ungenau bezeichneter, sekundärer und nicht näher bezeichneter Lokalisationen	
C81-C96	Bösartige Neubildungen des lymphatischen, blutbildenden und verwandten Gewebes, als primär festgestellt und vermutet	
C97	Bösartige Neubildungen als Primärtumoren an mehreren Lokalisationen	
D00-D09	In-situ-Neubildungen	
D10-D36	Gutartige Neubildungen	
D37-D48	Neubildungen unsicheren oder unbekannten Verhaltens	

III.	**Krankheiten des Blutes und der blutbildenden Organe sowie bestimmte Störungen mit Beteiligung des Immunsystems (D50-D90)**	
D50-D53	Alimentäre Anämien	
D55-D59	Hämolytische Anämien	
D60-D64	Aplastische und sonstige Anämien	
D65-D69	Koagulopathien, Purpura und sonstige hämorrhagische Diathesen	
D70-D77	Sonstige Krankheiten des Blutes und der blutbildenden Organe	
D80-D90	Bestimmte Störungen mit Beteiligung des Immunsystems	

IV.	**Endokrine, Ernährungs- und Stoffwechselkrankheiten (E00-E90)**	
E00-E07	Krankheiten der Schilddrüse	
E10-E14	Diabetes mellitus	
E15-E16	Sonstige Störungen der Blutglukose-Regulation und der inneren Sekretion des Pankreas	
E20-E35	Krankheiten sonstiger endokriner Drüsen	
E40-E46	Mangelernährung	
E50-E64	Sonstige alimentäre Mangelzustände	
E65-E68	Adipositas und sonstige Überernährung	
E70-E90	Stoffwechselstörungen	

V.	**Psychische und Verhaltensstörungen (F00-F99)**	
F00-F09	Organische, einschließlich symptomatischer psychischer Störungen	
F10-F19	Psychische und Verhaltensstörungen durch psychotrope Substanzen	
F20-F29	Schizophrenie, schizotype und wahnhafte Störungen	
F30-F39	Affektive Störungen	
F40-F48	Neurotische, Belastungs- und somatoforme Störungen	
F50-F59	Verhaltensauffälligkeiten mit körperlichen Störungen und Faktoren	
F60-F69	Persönlichkeits- und Verhaltensstörungen	
F70-F79	Intelligenzstörung	
F80-F89	Entwicklungsstörungen	
F90-F98	Verhaltens- und emotionale Störungen mit Beginn in der Kindheit und Jugend	
F99	Nicht näher bezeichnete psychische Störungen	

VI. Krankheiten des Nervensystems (G00-G99)

G00-G09	Entzündliche Krankheiten des Zentralnervensystems
G10-G14	Systematrophien, die vorwiegend das Zentralnervensystem betreffen
G20-G26	Extrapyramidale Krankheiten und Bewegungsstörungen
G30-G32	Sonstige degenerative Krankheiten des Nervensystems
G35-G37	Demyelinisierende Krankheiten des Zentralnervensystems
G40-G47	Episodische und paroxysmale Krankheiten des Nervensystems
G50-G59	Krankheiten von Nerven, Nervenwurzeln und Nervenplexus
G60-G64	Polyneuroapathien und sonstige Krankheiten des peripheren Nervensystems
G70-G73	Krankheiten im Bereich der neuromuskulären Synapse und des Muskels
G80-G83	Zerebrale Lähmung und sonstige Lähmungssyndrome
G90-G99	Sonstige Krankheiten des Nervensystems

VII. Krankheiten des Auges und der Augenanhangsgebilde (H00-H59)

H00-H06	Affektionen des Augenlides, des Tränenapparates und der Orbita
H10-H13	Affektionen der Konjunktiva
H15-H22	Affektionen der Sklera, der Hornhaut, der Iris und des Ziliarkörpers
H25-H28	Affektionen der Linse
H30-H36	Affektionen der Aderhaut und der Netzhaut
H40-H42	Glaukom
H43-H45	Affektionen des Glaskörpers und des Augapfels
H46-H48	Affektionen des N. opticus und der Sehbahn
H49-H52	Affektionen der Augenmuskeln, Störungen der Blickbewegungen sowie Akkommodationsstörungen und Refraktionsfehler
H53-H54	Sehstörungen und Blindheit
H55-H59	Sonstige Affektionen des Auges und Augenanhangsgebilde

VIII. Krankheiten des Ohres und des Warzenfortsatzes (H60-H95)

H60-H62	Krankheiten des äußeren Ohres
H65-H75	Krankheiten des Mittelohres und des Warzenfortsatzes
H80-H83	Krankheiten des Innenohres
H90-H95	Sonstige Krankheiten des Ohres

IX. Krankheiten des Kreislaufsystems (I00-I99)

I00-I02	Akutes rheumatisches Fieber
I05-I09	Chronische rheumatische Herzkrankheiten
I10-I15	Hypertonie [Hochdruckkrankheit]
I20-I25	Ischämische Herzkrankheiten
I26-I28	Pulmonale Herzkrankheit und Krankheiten des Lungenkreislaufs
I30-I52	Sonstige Formen der Herzkrankheit
I60-I69	Zerebrovaskuläre Krankheiten
I70-I79	Krankheiten der Arterien, Arteriolen, und Kapillaren
I80-I89	Krankheiten der Venen, der Lymphgefäße und de Lymphknoten, anderenorts nicht klassifiziert
I95-I99	Sonstige und nicht näher bezeichnete Krankheiten des Kreislaufsystems

X.	Krankheiten des Atmungssystems (J00-J99)
J00-J06	Akute Infektionen der oberen Atemwege
J09-J18	Grippe und Pneumonie
J20-J22	Sonstige akute Infektionen der unteren Atemwege
J30-J39	Sonstige Krankheiten der oberen Atemwege
J40-J47	Chronische Krankheiten oder unteren Atemwege
J60-J70	Lungenkrankheiten durch exogene Substanzen
J80-J84	Sonstige Krankheiten der Atmungsorgane, die hauptsächlich das Interstitium betreffen
J85-J86	Purulente und nekrotisierende Krankheitszustände der unteren Atemwege
J90-J94	Sonstige Krankheiten der Pleura
J95-J99	Sonstige Krankheiten des Atmungssystems

XI.	Krankheiten des Verdauungssystems (K00-K93)
K00-K14	Krankheiten der Mundhöhle, der Speicheldrüsen und der Kiefer
K20-K31	Krankheiten des Ösophagus, des Magens und des Duodenums
K35-K38	Krankheiten des Appendix
K40-K46	Hernien
K50-K52	Nichtinfektiöse Enteritis und Kolitis
K55-K63	Sonstige Krankheiten des Darms
K65-K67	Krankheiten des Peritoneums
K70-K77	Krankheiten der Leber
K80-K87	Krankheiten der Gallenblase, der Gallenwege und des Pankreas
K90-K93	Sonstige Krankheiten des Verdauungssystems

XII.	Krankheiten der Haut und der Unterhaut (L00-L99)
L00-L08	Infektionen der Haut und der Unterhaut
L10-L14	Bullöse Dermatosen
L20-L30	Dermatitis und Ekzem
L40-L45	Papulosquamöse Hautkrankheiten
L50-L54	Urtikaria und Erythem
L55-L59	Krankheiten der Haut und der Unterhaut durch Strahleneinwirkung
L60-L75	Krankheiten der Hautanhangsgebilde
L80-L99	Sonstige Krankheiten der Haut und der Unterhaut

XIII.	Krankheiten des Muskel-Skelett-Systems und des Bindegewebes (M00-M99)
M00-M25	Arthropathien
M30-M36	Systemkrankheiten des Bindegewebes
M40-M54	Krankheiten der Wirbelsäule und des Rückens
M60-M79	Krankheiten der Weichteilgewebe
M80-M94	Osteopathien und Chondropathien
M95-M99	Sonstige Krankheiten des Muskel-Skelett-Systems und des Bindegewebes

XIV.	Krankheiten des Urogenitalsystems (N00-N99)
N00-N08	Glomeruläre Krankheiten
N10-N16	Tubulointerstitielle Nierenkrankheiten
N17-N19	Niereninsuffizienz
N20-N23	Urolithiasis
N25-N29	Sonstige Krankheiten der Niere und des Ureters
N30-N39	Sonstige Krankheiten des Harnsystems
N40-N51	Krankheiten der männlichen Genitalorgane
N60-N64	Krankheiten der Mamma [Brustdrüse]
N70-N77	Entzündliche Krankheiten der weiblichen Beckenorgane
N80-N98	Nichtentzündliche Krankheiten des weiblichen Genitaltraktes
N99	Sonstige Krankheiten des Urogenitalsystems

XV.	Schwangerschaft, Geburt und Wochenbett (O00-O99)
O00-O08	Schwangerschaft mit abortivem Ausgang
O09	Schwangerschaftsdauer
O10-O16	Ödeme, Proteinurie und Hypertonie während der Schwangerschaft, der Geburt und des Wochenbettes
O20-O29	Sonstige Krankheiten der Mutter, die vorwiegend mit der Schwangerschaft verbunden sind
O30-O48	Betreuung der Mutter im Hinblick auf den Feten und die Amnionhöhle sowie mögliche Entbindungskomplikationen
O60-O75	Komplikation bei Wehentätigkeit und Entbindung
O80-O82	Entbindung
O85-O92	Komplikationen, die vorwiegend im Wochenbett auftreten
O95-O99	Sonstige Krankheitszustände während der Gestationsperiode, die anderenorts nicht klassifiziert sind.

XVI.	Bestimmte Zustände, die ihren Ursprung in der Perinatalperiode haben (P00-P96)
P00-P04	Schädigung des Feten und Neugeborenen durch mütterliche Faktoren und durch Komplikationen bei Schwangerschaft, Wehentätigkeit und Entbindung
P05-P08	Störungen im Zusammenhang mit der Schwangerschaftsdauer und dem fetalen Wachstum
P10-P15	Geburtstrauma
P20-P29	Krankheiten des Atmungs- und Herz-Kreislaufsystems, die für die Perinatalperiode spezifisch sind
P35-P39	Infektionen, die für die Perinatalperiode spezifisch sind
P50-P61	Hämorrhagische und hämatologische Krankheiten beim Feten und Neugeborenen
P70-P74	Transitorische endokrine und Stoffwechselstörungen, die für Feten und das Neugeborene spezifisch sind
P75-P78	Krankheiten des Verdauungssystems beim Feten und Neugeborenen
P80-P83	Krankheitszustände mit Beteiligung der Haut und der Temperaturregulation beim Feten und Neugeborenen
P90-P96	Sonstige Störungen, die ihren Ursprung in der Perinatalperiode haben

XVII.	Angeborene Fehlbildungen, Deformitäten und Chromosomenanomalien (Q00-Q99)
Q00-Q07	Angeborene Fehlbildungen des Nervensystems
Q10-Q18	Angeborene Fehlbildungen des Auges, des Ohres, des Gesichts und des Halses
Q20-Q28	Angeborene Fehlbildungen des Kreislaufsystems
Q30-Q34	Angeborene Fehlbildungen des Atmungssystems
Q35-Q37	Lippen-, Kiefer- und Gaumenspalte
Q38-Q45	Sonstige angeborene Fehlbildungen des Verdauungssystems
Q50-Q56	Angeborene Fehlbildungen der Genitalorgane
Q60-Q64	Angeboren Fehlbildungen des Harnsystems
Q65-Q79	Angeborene Fehlbildungen und Deformitäten des Muskel-Skelett-Systems
Q80-Q89	Sonstige angeborene Fehlbildungen
Q90-Q99	Chromosomenanomalien, anderenorts nicht klassifiziert

XVIII.	Symptome und abnorme klinische und Laborbefunde, die anderenorts nicht klassifiziert sind (R00-R99)
R00-R09	Symptome, die das Kreislaufsystem und Atmungssystem betreffen
R10-R19	Symptome, die das Verdauungssystem und das Abdomen betreffen
R20-R23	Symptome, die die Haut und das Unterhautgewebe betreffen
R25-R29	Symptome, die das Nervensystem und Muskel-Skelett-System betreffen
R30-R39	Symptome, die das Harnsystem betreffen
R40-R46	Symptome, die das Erkennungs- und Wahrnehmungsvermögen, die Stimmung und das Verhalten betreffen
R47-R49	Symptome, die die Sprache und die Stimme betreffen
R50-R69	Allgemeinsymptome
R70-R79	Abnorme Blutuntersuchungsbefunde ohne Vorliegen einer Diagnose
R80-R82	Abnorme Urinuntersuchungsbefunde ohne Vorliegen einer Diagnose
R83-R89	Abnorme Befunde ohne Vorliegen einer Diagnose bei der Untersuchung anderer Körperflüssigkeiten, Substanzen und Gewebe
R90-R94	Abnorme Befunde ohne Vorliegen einer Diagnose bei bildgebender Diagnostik und Funktionsprüfungen
R95-R99	Ungenau bezeichnete und unbekannte Todesursachen

XIX.	Verletzungen, Vergiftungen und bestimmte andere Folgen äußerer Ursachen (S00-T98)
S00-S09	Verletzungen des Kopfes
S10-S19	Verletzungen des Halses
S20-S29	Verletzungen des Thorax
S30-S39	Verletzungen des Abdomens, der Lumbosakralgegend, der Lendenwirbelsäule und des Beckens
S40-S49	Verletzungen der Schulter und des Oberarms
S50-S59	Verletzungen des Ellenbogens und des Unterarms
S60-S69	Verletzungen des Handgelenks und der Hand
S70-S79	Verletzungen der Hüfte und des Oberschenkels
S80-S89	Verletzungen des Knies und des Unterschenkels
S90-S99	Verletzungen der Knöchelregion und des Fußes
T00-T07	Verletzung mit Beteiligung mehrerer Körperregionen
T08-T14	Verletzungen nicht näher bezeichneter Teile des Rumpfes, der Extremitäten oder anderer Körperregionen
T15-T19	Folgen des Eindringens eines Fremdkörpers durch eine natürliche Körperöffnung
T20-T25	Verbrennungen oder Verätzungen der äußeren Körperoberfläche, Lokalisation bezeichnet
T26-T28	Verbrennungen oder Verätzungen, die auf das Auge und auf innere Organe begrenzt sind
T33-T35	Erfrierungen
T36-T50	Vergiftungen durch Arzneimittel, Drogen und biologisch aktive Substanzen
T51-T65	Toxische Wirkungen von vorwiegend nicht medizinisch verwendeten Substanzen
T66-T78	Sonstige nicht näher bezeichnete Schäden durch äußere Ursachen

Int. Statistische Klassifikation der Krankheiten und verwandter Gesundheitsprobleme

XIX.	Verletzungen, Vergiftungen und bestimmte andere Folgen äußerer Ursachen (S00-T98)
T79	Bestimmte Frühkomplikationen eines Traumas
T80-T88	Komplikationen bei chirurgischen Eingriffen und medizinischer Behandlung, anderenorts nicht klassifiziert
T89	Sonstige Komplikationen eines Traumas, anderenorts nicht klassifiziert
T90-T98	Folgen von Verletzung, Vergiftungen und sonstigen Auswirkungen äußerer Ursachen

XX.	Äußere Ursachen von Morbidität und Mortalität (V01-Y84)
V01-X59	Unfälle
X60-X84	Vorsätzliche Selbstbeschädigung
X85-Y09	Tätlicher Angriff
Y10-Y34	Ereignis, dessen nähere Umstände unbestimmt sind
Y35-Y36	Gesetzliche Maßnahmen und Kriegshandlungen
Y40-Y84	Komplikationen bei der medizinischen und chirurgischen Behandlung

XXI.	Faktoren, die den Gesundheitszustand beeinflussen und zur Inanspruchnahme des Gesundheitswesen führen (Z00-Z99)
Z00-Z13	Personen, die das Gesundheitswesen zur Untersuchung und Abklärung in Anspruch nehmen
Z20-Z29	Personen mit potentiellen Gesundheitsrisiken hinsichtlich übertragbarer Krankheiten
Z30-Z39	Personen, die das Gesundheitswesen im Zusammenhang mit Problemen der Reproduktion in Anspruch nehmen
Z40-Z54	Personen, die das Gesundheitswesen zum Zwecke spezifischer Maßnahmen und zur medizinischen Betreuung in Anspruch nehmen
Z55-Z65	Personen mit potenziellen Gesundheitsrisiken aufgrund sozioökonomischer oder psychosozialer Umstände
Z70-Z76	Personen, die das Gesundheitswesen aus sonstigen Gründen in Anspruch nehmen
Z80-Z99	Personen mit potentiellen Gesundheitsrisiken aufgrund der Familien- oder Eigenanamnese und bestimmte Zustände, die den Gesundheitszustand beeinflussen

XXII.	Schlüssel für besondere Zwecke (U00-U99)
U00-U49	Vorläufige Zuordnungen für Krankheiten mit unklarer Ätiologie
U50-U52	Funktionseinschränkung
U55	Erfolgte Registrierung zur Organtransplantation
U60-U61	Stadieneinteilung der HIV-Infektion
U69-U69	Sonstige sekundäre Schlüsselnummern für besondere Zwecke
U80-U85	Infektionserreger mit Resistenzen gegen bestimmte Antibiotika oder Chemotherapeutika
U99-U99	Nicht belegte Schlüsselnummern

Anhang 2

Branchen in der deutschen Wirtschaft basierend auf der Klassifikation der Wirtschaftszweige (Ausgabe 2008/NACE)

Banken und Versicherungen		
K	Erbringung von Finanz- und Versicherungsdienstleistungen	
	64	Erbringung von Finanzdienstleistungen
	65	Versicherungen, Rückversicherungen und Pensionskassen (ohne Sozialversicherung)
	66	Mit Finanz- und Versicherungsdienstleistungen verbundene Tätigkeiten
Baugewerbe		
F	**Baugewerbe**	
	41	Hochbau
	42	Tiefbau
	43	Vorbereitende Baustellenarbeiten, Bauinstallation und sonstiges Ausbaugewerbe
Dienstleistungen		
I	Gastgewerbe	
	55	Beherbergung
	56	Gastronomie
J	Information und Kommunikation	
	58	Verlagswesen
	59	Herstellung, Verleih und Vertrieb von Filmen und Fernsehprogrammen; Kinos; Tonstudios und Verlegen von Musik
	60	Rundfunkveranstalter
	61	Telekommunikation
	62	Erbringung von Dienstleistungen der Informationstechnologie
	63	Informationsdienstleistungen
L	**Grundstücks- und Wohnungswesen**	
	68	Grundstücks- und Wohnungswesen
M	**Erbringung von freiberuflichen, wissenschaftlichen und technischen Dienstleistungen**	
	69	Rechts- und Steuerberatung, Wirtschaftsprüfung
	70	Verwaltung und Führung von Unternehmen und Betrieben; Unternehmensberatung
	71	Architektur- und Ingenieurbüros; technische, physikalische und chemische Untersuchung
	72	Forschung und Entwicklung
	73	Werbung und Marktforschung
	74	Sonstige freiberufliche, wissenschaftliche und technische Tätigkeiten
	75	Veterinärwesen

N	Erbringung von sonstigen wirtschaftlichen Dienstleistungen
77	Vermietung von beweglichen Sachen
78	Vermittlung und Überlassung von Arbeitskräften
79	Reisebüros, Reiseveranstalter und Erbringung sonstiger Reservierungsdienstleistungen
80	Wach- und Sicherheitsdienste sowie Detekteien
81	Gebäudebetreuung; Garten- und Landschaftsbau
82	Erbringung von wirtschaftlichen Dienstleistungen für Unternehmen und Privatpersonen a. n. g.
Q	**Gesundheits- und Sozialwesen**
86	Gesundheitswesen
87	Heime (ohne Erholungs- und Ferienheime)
88	Sozialwesen (ohne Heime)
R	**Kunst, Unterhaltung und Erholung**
90	Kreative, künstlerische und unterhaltende Tätigkeiten
91	Bibliotheken, Archive, Museen, botanische und zoologische Gärten
92	Spiel-, Wett- und Lotteriewesen
93	Erbringung von Dienstleistungen des Sports, der Unterhaltung und der Erholung
S	**Erbringung von sonstigen Dienstleistungen**
94	Interessenvertretungen sowie kirchliche und sonstige religiöse Vereinigungen (ohne Sozialwesen und Sport)
95	Reparatur von Datenverarbeitungsgeräten und Gebrauchsgütern
96	Erbringung von sonstigen überwiegend persönlichen Dienstleistungen
T	**Private Haushalte mit Hauspersonal; Herstellung von Waren und Erbringung von Dienstleistungen durch private Haushalte für den Eigenbedarf**
97	Private Haushalte mit Hauspersonal
98	Herstellung von Waren und Erbringung von Dienstleistungen durch private Haushalte für den Eigenbedarf ohne ausgeprägten Schwerpunkt

Energie, Wasser, Entsorgung und Bergbau

B	Bergbau und Gewinnung von Steinen und Erden
5	Kohlenbergbau
6	Gewinnung von Erdöl und Erdgas
7	Erzbergbau
8	Gewinnung von Steinen und Erden, sonstiger Bergbau
9	Erbringung von Dienstleistungen für den Bergbau und für die Gewinnung von Steinen und Erden
D	**Energieversorgung**
35	Energieversorgung
E	**Wasserversorgung; Abwasser- und Abfallentsorgung und Beseitigung von Umweltverschmutzungen**
36	Wasserversorgung
37	Abwasserentsorgung
38	Sammlung, Behandlung und Beseitigung von Abfällen; Rückgewinnung
39	Beseitigung von Umweltverschmutzungen und sonstige Entsorgung

Erziehung und Unterricht

P	Erziehung und Unterricht
85	Erziehung und Unterricht

Handel

G	Handel; Instandhaltung und Reparatur von Kraftfahrzeugen
45	Handel mit Kraftfahrzeugen; Instandhaltung und Reparatur von Kraftfahrzeugen
46	Großhandel (ohne Handel mit Kraftfahrzeugen)
47	Einzelhandel (ohne Handel mit Kraftfahrzeugen)

Branchen in der deutschen Wirtschaft (Ausgabe 2008/NACE)

	Land- und Forstwirtschaft	
A	Land- und Forstwirtschaft, Fischerei	
	1	Landwirtschaft, Jagd und damit verbundene Tätigkeiten
	2	Forstwirtschaft und Holzeinschlag
	3	Fischerei und Aquakultur
Metallindustrie		
C	Verarbeitendes Gewerbe	
	24	Metallerzeugung und -bearbeitung
	25	Herstellung von Metallerzeugnissen
	26	Herstellung von Datenverarbeitungsgeräten, elektronischen und optischen Erzeugnissen
	27	Herstellung von elektrischen Ausrüstungen
	28	Maschinenbau
	29	Herstellung von Kraftwagen und Kraftwagenteilen
	30	Sonstiger Fahrzeugbau
Öffentliche Verwaltung		
O	Öffentliche Verwaltung, Verteidigung; Sozialversicherung	
	84	Öffentliche Verwaltung, Verteidigung; Sozialversicherung
U	Exterritoriale Organisationen und Körperschaften	
	99	Exterritoriale Organisationen und Körperschaften
Verarbeitendes Gewerbe		
C	Verarbeitendes Gewerbe	
	10	Herstellung von Nahrungs- und Futtermitteln
	11	Getränkeherstellung
	12	Tabakverarbeitung
	13	Herstellung von Textilien
	14	Herstellung von Bekleidung
	15	Herstellung von Leder, Lederwaren und Schuhen
	16	Herstellung von Holz-, Flecht-, Korb- und Korkwaren (ohne Möbel)
	17	Herstellung von Papier, Pappe und Waren daraus
	18	Herstellung von Druckerzeugnissen; Vervielfältigung von bespielten Ton-, Bild- und Datenträgern
	19	Kokerei und Mineralölverarbeitung
	20	Herstellung von chemischen Erzeugnissen
	21	Herstellung von pharmazeutischen Erzeugnissen
	22	Herstellung von Gummi- und Kunststoffwaren
	23	Herstellung von Glas und Glaswaren, Keramik, Verarbeitung von Steinen und Erden
	31	Herstellung von Möbeln
	32	Herstellung von sonstigen Waren
	33	Reparatur und Installation von Maschinen und Ausrüstungen
Verkehr und Transport		
H	Verkehr und Lagerei	
	49	Landverkehr und Transport in Rohrfernleitungen
	50	Schifffahrt
	51	Luftfahrt
	52	Lagerei sowie Erbringung von sonstigen Dienstleistungen für den Verkehr
	53	Post-, Kurier- und Expressdienste

Die Autorinnen und Autoren

Johannes Abeler

c/o Asklepios Klinik Barmbek
Rübenkamp 220
22291 Hamburg

Jahrgang 1957. Seit 1992 in der betrieblichen Suchtprävention und -beratung im Allgemeinen Krankenhaus Barmbek (Hamburg) tätig. Dort beteiligte er sich an der Ausarbeitung der ersten Dienstvereinbarung für suchtauffällige und -abhängige Beschäftigte in einem Allgemeinen Krankenhaus in Hamburg. 2006 machte er den Abschluss mit Zertifizierung am Institut für interdisziplinäre Arbeitswissenschaften an der Universität Hannover in der Sequenz Suchtprävention im Gesundheitsmanagement. Mit Gründung des Landesbetriebs Krankenhäuser (Hamburg) betreute er ab 2002 auch das Allgemeine Krankenhaus Wandsbek und zeitweilig die Allgemeinen Krankenhäuser Harburg, St. Georg und Eilbek. Seit 2008 berät er freiberuflich die Asklepios-Kliniken Barmbek, Wandsbek und Harburg.

Frank Achilles

Heisse Kursawe Eversheds
Rechtsanwälte Patentanwälte Partnerschaft
Maximiliansplatz 5
80333 München

Leiter des internationalen Arbeitsrechtsteams der Kanzlei Heisse Kursawe Eversheds. Spezialist für Fragen des Individual- und Kollektivarbeitsrechts und schwerpunktmäßig Beratung von Unternehmen in allen Bereichen des Arbeitsrechts. Arbeitsschwerpunkte: Planung und Begleitung von Um- und Restrukturierungsmaßnahmen sowie Übertragung von Betrieben und Betriebsteilen. In diesem Zusammenhang Führung zahlreicher Interessenausgleichs- und Sozialplanverhandlungen und Beisitzer in Einigungsstellen.

… Die Autorinnen und Autoren

Prof. Dr. Bernhard Badura

Universität Bielefeld
Fakultät für Gesundheitswissenschaften
Postfach 10 01 31
33501 Bielefeld

Geboren 1943. Studium der Soziologie, Philosophie und Politikwissenschaften in Tübingen, Freiburg, Konstanz, Harvard/Mass. Seit dem 7. März 2008 Emeritus der Fakultät für Gesundheitswissenschaften der Universität Bielefeld.

Gabriele Bartsch

Deutsche Hauptstelle für Suchtfragen (DHS) e. V.
Westenwall 4
59065 Hamm

Lateinamerikanistin und Gesundheitswissenschaftlerin (MA, MPH). 1986–1995 als Projektkoordinatorin und Consultant in Lateinamerika für Regierungs- und Nicht-Regierungsorganisationen tätig. 1998–2005 Koordinatorin der »Drogennotfallprophylaxe« in Berlin. 2004–2005 Wissenschaftliche Koordinatorin des Bereichs »Good Practice« im Kooperationsprojekt »Gesundheitsförderung bei sozial Benachteiligten« (BzgA, Gesundheit Berlin, Landesarbeitsgemeinschaften für Gesundheitsförderung, BKK u. a.). 2006–2009 Referentin für Internationale Zusammenarbeit in der DHS. Seit März 2009 Referentin für Grundsatzfragen und stellvertretende Geschäftsführerin der DHS.

Klaus Busch

Bundesministerium für Gesundheit
Rochusstraße 1
53123 Bonn

Studium der Elektrotechnik/Nachrichtentechnik an der FH Lippe, Abschluss: Diplom-Ingenieur. Studium der Volkswirtschaftslehre mit dem Schwerpunkt Sozialpolitik an der Universität Hamburg, Abschluss: Diplom-Volkswirt. Referent in der Grundsatz- und Planungsabteilung des Bundesministeriums für Arbeit und Sozialordnung (BMA) für das Rechnungswesen und die Statistik in der Sozialversicherung. Referent in der Abteilung »Krankenversicherung« des Bundesministeriums für Gesundheit (BMG) für ökonomische Fragen der zahnmedizinischen Versorgung und für Heil- und Hilfsmittel. Derzeit Referent in der Abteilung »Grundsatzfragen der Gesundheitspolitik, Pflegesicherung, Prävention« des BMG im Referat »Grundsatzfragen der Gesundheitspolitik, Gesamtwirtschaftliche und steuerliche Fragen, Statistik des Gesundheitswesens«. Vertreter des BMG im Statistischen Beirat des Statistischen Bundesamtes.

Sabria David

Slow Media Institut
Forschung und Beratung zum Medienwandel
Vorgebirgsstraße 1
53111 Bonn

Studium der Germanistik und Linguistik in Bonn. Parallel zur Laufbahn in einer Kommunikationsagentur forschte sie im Literaturarchiv in Marbach zu Paul Celan, Textgenese und Poetologie. 2000 Gründung der Kommunikations-Agentur TEXT-RAUM, die für Unternehmen Markennamen, neue Erzählformen und Digitalstrategien entwickelt. 2010 mit Benedikt Köhler und Jörg Blumtritt Veröffentlichung des Slow Media Manifests, das in zahlreiche Sprachen übersetzt wurde. 2011 Gründung und Leitung des Slow Media Instituts, das zu den Potenzialen und Auswirkungen des digitalen Wandels forscht und berät. Ausgehend von ihren Forschungsergebnissen entwickelte sie auf Basis des Slow-Media-Ansatzes ein Konzept zum digitalen Arbeitsschutz. Schwerpunkte: Digitaler Wandel, Mündlichkeit/Schriftlichkeit, Genese offener Werke, Kollaboration, Entschleunigung, Burnout-Prävention, Arbeit der Zukunft.

Prof. Dr. Antje Ducki

Beuth Hochschule für Technik Berlin
Fachbereich I: Wirtschafts- und Gesellschaftswissenschaften
Luxemburger Straße 10
13353 Berlin

Geboren 1960. Nach Abschluss des Studiums der Psychologie an der Freien Universität Berlin als wissenschaftliche Mitarbeiterin an der TU Berlin tätig. Betriebliche Gesundheitsförderung für die AOK Berlin über die Gesellschaft für Betriebliche Gesundheitsförderung, Mitarbeiterin am Bremer Institut für Präventionsforschung und Sozialmedizin, Hochschulassistentin an der Universität Hamburg. 1998 Promotion in Leipzig. Seit 2002 Professorin für Arbeits- und Organisationspsychologie an der Beuth Hochschule für Technik Berlin. Arbeitsschwerpunkte: Arbeit und Gesundheit, Gender und Gesundheit, Mobilität und Gesundheit, Stressmanagement, betriebliche Gesundheitsförderung.

Ingra Freigang-Bauer

RKW Kompetenzzentrum
Düsseldorfer Straße 40A
65760 Eschborn

Diplomsoziologin. Im RKW Kompetenzzentrum für den Bereich betrieblicher Arbeits- und Gesundheitsschutz zuständig. Die Themen betriebliches Gesundheits- und Eingliederungsmanagement, psychische Belastungen und Erkrankungen in der Arbeitswelt und flexible Arbeitszeitgestaltung waren in den letzten Jahren besonders bedeutsame Arbeitsfelder.

Zentrale Aufgabe des RKW Kompetenzzentrums ist es, betriebsbezogene Konzepte und Handlungshilfen – insbesondere für die Führungskräfte und Mitarbeiter von kleinen und mittleren Unternehmen – zu entwickeln und ihre Umsetzung zu fördern.

Irina Glushanok

Wissenschaftliches Institut der AOK (WIdO)
Rosenthaler Straße 31
10178 Berlin

Geboren 1973. Ausbildung zur IT-System-Kauffrau. Studentin der Informatik an der Humboldt-Universität zu Berlin. Seit 2012 Studentische Hilfskraft bei der AOK Consult GmbH. Einsatzstelle: Forschungsbereich Betriebliche Gesundheitsförderung im Wissenschaftlichen Institut der AOK.

Dr. Christian Gravert

Deutsche Bahn AG
Potsdamer Platz 2
10785 Berlin

Leitender Arzt der Deutschen Bahn und seit 2003 für das Gesundheitsmanagement für die annähernd 300.000 Mitarbeiter des Konzerns verantwortlich. Arzt für Allgemein- und Arbeitsmedizin und Hygienesachverständiger. Arbeitsschwerpunkte sind neben der klassischen Gesundheitsprävention auch die psychische Gesundheit, Arbeitsplatzergonomie und die Eignungsfeststellung der Bahnmitarbeiter. Vor seiner Tätigkeit bei der DB Mitglied der Geschäftsleitung von medlive TV, einem medizinischen Fortbildungskanal im Internet und digitalen Fernsehen. 1996–2000 medizinischer Verbindungsoffizier zu den amerikanischen Streitkräften in Washington D.C.

Dr. habil. Birgit Greiner

Dep. of Epidemiology & Public Health
University College Cork
Western Road
Cork, Irland

Senior Lecturer in Public Health am University College Cork in Irland. Aufbau und Leitung eines Masters-Studiengangs in Occupational Health. Nach ihrer Ausbildung zur Diplom-Psychologin mit dem Schwerpunkt Arbeits- und Organisationspsychologie an der TU Berlin und Forschung im Bereich Arbeit und Gesundheit erwarb sie an der School of Public Health in Berkeley, USA, die Abschlüsse Master in Public Health und PhD in Epidemiology. Sie habilitierte an der Universität Greifswald. Forschungsschwerpunkte liegen insbesondere in den Bereichen psychische Arbeitsanalyse, Arbeit, Gesundheit und gesundheitsbezogenes Handeln und Evaluation des Nichtraucherschutzgesetzes in Irland.

Dr. Ferdinand Gröben

Karlsruher Institut für Technologie (KIT)
Institut für Sport und Sportwissenschaft
Kaiserstraße 12
76131 Karlsruhe

Studium der Politikwissenschaft, Sportwissenschaft. Forschung, Lehre und Beratung im Bereich betrieblicher Gesundheitsförderung.

Gabriele Gusia

RKW Kompetenzzentrum
Düsseldorfer Straße 40A
65760 Eschborn

Studium der Gesundheitswissenschaften in Bremen und Bielefeld. Seit 2010 als wissenschaftliche Mitarbeiterin beim RKW Kompetenzzentrum im Schwerpunkt betrieblicher Arbeits- und Gesundheitsschutz tätig. Arbeitsschwerpunkte sind die Themen Arbeitszeitgestaltung in kleinen und mittleren Unternehmen, betriebliches Gesundheitsmanagement sowie betriebliche Suchtprävention.

Die Autorinnen und Autoren

Dr. Julia Hapkemeyer

StatEval GmbH – Gesellschaft für Statistik
und Evaluation
Charitéstraße 5
10117 Berlin

Diplom-Psychologin und (beim Bund Deutscher Psychologinnen und Psychologen) ausgebildeter Coach. 2006–2010 Forschungs- und Lehrtätigkeit an der Freien Universität Berlin. Seit 2010 Geschäftsführerin der Gesellschaft für Statistik und Evaluation. Tätigkeitsfelder: Evaluation und Mitarbeiterbefragungen; Organisationsentwicklung im Bereich betriebliches Gesundheitsmanagement und gesunde Führung. Diverse Publikationen zu den Themen Gesundheit und Evaluation.

Rabea Hathaway

Bundesministerium des Innern
Alt-Moabit 101D
10559 Berlin

Jahrgang 1977. Studium der Rechtswissenschaften an der Universität Rostock und der Coventry University. Referentin im Bundesministerium des Innern beim Ärztlichen und Sozialen Dienst, zuständig für die Umsetzung des betrieblichen Gesundheitsmanagements in der unmittelbaren Bundesverwaltung sowie für die Erstellung des Gesundheitsförderungsberichts für die unmittelbare Bundesverwaltung.

Miriam-Maleika Höltgen

Wissenschaftliches Institut der AOK (WIdO)
Rosenthaler Straße 31
10178 Berlin

Geboren 1972, Studium der Germanistik, Geschichte und Politikwissenschaften an der Friedrich-Schiller-Universität Jena; hier bis 2001 wissenschaftliche Mitarbeiterin am Institut für Literaturwissenschaft. 2001–2005 freiberuflich und angestellt tätig in den Bereichen Redaktion, Lektorat, Layout und Herstellung. Seit 2005 im AOK-Bundesverband; Mitarbeiterin des Wissenschaftlichen Instituts der AOK (WIdO) u. a. im Forschungsbereich Betriebliche Gesundheitsförderung.

Dr. Rüdiger Holzbach

LWL-Klinik Warstein
Psychiatrie – Psychotherapie – Psychosomatik
Franz-Hegemann-Straße 23
59581 Warstein

Jahrgang 1962. Medizinstudium an der LMU München und Facharztausbildung zum Psychiater und Psychotherapeuten an den psychiatrischen Kliniken der LMU München und dem UKE Hamburg. 2001–2004 Leitung des Suchtbereichs der Klinik für Psychiatrie und Psychotherapie am Universitätsklinikum Hamburg. Seit 2004 an den LWL-Kliniken Warstein und Lippstadt tätig. Im Rahmen des Zentrums für interdisziplinäre Suchtforschung der Universität Hamburg Betreuung verschiedener Forschungsprojekte, u. a. zur Epidemiologie und zum Verlauf von Medikamentenabhängigkeit.

Prof. Dr. Gerald Hüther

Klinik für Psychiatrie und Psychotherapie
Georg-August-Universität
von-Siebold-Straße 5
37075 Göttingen

Professor für Neurobiologe an der Universität Göttingen. Wissenschaftlich befasst er sich mit dem Einfluss früher Erfahrungen auf die Hirnentwicklung, mit den Auswirkungen von Angst und Stress und der Bedeutung emotionaler Reaktionen. Autor zahlreicher wissenschaftlicher Publikationen und populärwissenschaftlicher Darstellungen. Weiteres unter www.gerald-huether.de.

Christoph Jaehrling

AOK-Bundesverband
Rosenthaler Straße 31
10178 Berlin

Geboren 1986. Masterstudium der Statistik in Berlin. Bachelor in Sozialwissenschaften. 2012 und 2013 studentische Hilfskraft im Wissenschaftlichen Institut der AOK (WIdO). Arbeitsschwerpunkte: Fragebogenkonstruktionen und Datenanalysen zu gesundheitsrelevanten Fragestellungen. Seit 2013 Trainee im AOK-Bundesverband.

Angela Janecke

Berliner Stadtreinigungsbetriebe
Ringbahnstraße 96
12103 Berlin

Industrie- und Fachkauffrau für Einkauf und Materialwirtschaft. Seit 1996 bei der Berliner Stadtreinigung. 2002 Wechsel zur Gesundheits- und Sozialberatung, deren Leitung ab 2012. Ausbildung der nebenamtlichen Präventionskräfte, Durchführung von individueller Sucht-, Gesundheits-, Ernährungs- und psycho-sozialer Beratung und Organisationsberatung sowie von Gesundheits- und Führungskräfteworkshops und suchtpräventiven, Entspannungs- und Achtsamkeitsseminaren. Berufsbegleitendes Studium der Arbeitswissenschaft an der Leibniz Universität Hannover. 2002 Ausbildung zur Kollegialen Beraterin in der Suchtprävention (IBS Berlin). 2003 Ausbildung zur ganzheitlichen Ernährungsberaterin (Paracelsusschule Berlin), 2005 Ausbildung zur Kursleiterin für Progressive Muskelrelaxation (Hartig Seminare, Leipzig). 2013 Abschluss als Therapeutin der integrativen Gestalttherapie (Gestaltinstitut Hamburg).

Kerstin Jüngling

Fachstelle für Suchtprävention im Land Berlin/pad e. V.
Mainzer Straße 23
10247 Berlin

Geboren 1961. Diplom-Sozialpädagogin und zertifizierte Change-Managerin. Zehn Jahre Beratungs- und Leitungstätigkeit in der ambulanten Suchthilfe und seit 2003 Lehrtätigkeit an der ASH Berlin zu den Themen Krankheit, Gesundheit, Sucht, Kriminalität und Kommunikation. Seit 2005 Aufbau und Leitung der Fachstelle für Suchtprävention im Land Berlin/pad e. V. Diverse Publikationen zu den Themen ambulante Drogen- und Suchtberatung von jungen Menschen, kultursensible, diversity- und gendergerechte Suchtprävention in Betrieben und in Schulen.

Joachim Klose

Wissenschaftliches Institut der AOK (WIdO)
Rosenthaler Straße 31
10178 Berlin

Geboren 1958. Diplom-Soziologe. Nach Abschluss des Studiums der Soziologie an der Universität Bamberg (Schwerpunkt Sozialpolitik und Sozialplanung) wissenschaftlicher Mitarbeiter im Rahmen der Berufsbildungsforschung an der Universität Duisburg. Seit 1993 wissenschaftlicher Mitarbeiter im Wissenschaftlichen Institut der AOK (WIdO) im AOK-Bundesverband; Leiter des Forschungsbereichs Ärztliche Versorgung, Betriebliche Gesundheitsförderung und Heilmittel.

Dr. Joachim Köhler

Deutsche Rentenversicherung Bund
Geschäftsbereich Sozialmedizin und Rehabilitation
Ruhrstraße 2
10704 Berlin

Geboren 1957. 1977–1984 Studium der Medizin in Köln, Marburg, Paris und Göttingen. 1984–1986 Assistenzarzt in der psychosomatischen Rehabilitation. 1986–1995 Assistenzarzt im stationären, teilstationären und ambulanten Bereich der Psychiatrie und Neurologie in Bremen. 1987 Zusatzbezeichnung Psychotherapie, 1994 Facharzt für Psychiatrie. 1995–1997 Public-Health-Studium an der TU Berlin mit Abschluss Magister. Seit 1995 halbtags freiberuflicher psychiatrischer Gutachter für Gerichte in Berlin und Brandenburg, vorwiegend in Betreuungsverfahren, seit 1999 halbtags ärztlicher Referent im Grundsatz- und Querschnittbereich der Bundesversicherungsanstalt für Angestellte/Deutsche Rentenversicherung Bund Berlin. 2001 Zusatzbezeichnung Sozialmedizin, 2005 Dissertation an der LMU München.

Heinz Kowalski

Kowalski Consulting Health
Wallstraße 16
51702 Bergneustadt

Jahrgang 1946. Ausbildung zum Sozialversicherungsfachangestellten bei der AOK, erste und zweite Verwaltungsprüfung sowie Ausbildereignungsprüfung. Berufsbegleitendes Studium der Betriebswirtschaft. Verschiedene Führungsposition bis zum stellv. Geschäftsführer bzw. Regionaldirektor bei der AOK Rheinland/Hamburg. Seit 1975 in der betrieblichen Gesundheitsförderung aktiv und seit 1996 geschäftsführender Direktor des BGF-Instituts der AOK Rheinland bis zur Pensionierung am 30.9.2011. Mitglied verschiedener wissenschaftlicher Vereinigungen wie der GfA und DGAUM sowie mehrerer Jurys für BGF-Preise. Mitglied der AG BGF beim BMAS.

Daniela Kunze

Beuth Hochschule für Technik Berlin
Luxemburger Straße 10
13353 Berlin

Diplom-Psychologin mit dem Schwerpunkt in Arbeits- und Organisationspsychologie, gelernte Krankenschwester, Diplomstudiengang Psychologie in Potsdam. Seit 2002 in unterschiedlichen Forschungsprojekten der Universität Potsdam, bei komega e. V. sowie der Beuth Hochschule für Technik in Berlin tätig. Arbeitsschwerpunkte: Arbeitsbelastung, Arbeitsbeanspruchung, Beanspruchungsfolgen, betriebliches Gesundheitsmanagement, Training und Interventionen. Begleitend zur Forschungstätigkeit Arbeit als Beraterin und Verhaltenstrainerin im Bereich Kommunikation, Konfliktmanagement und Führungskräftecoaching sowie Gastlehraufträge an der Humboldt-Universität zu Berlin.

Jutta Künzel

IFT Institut für Therapieforschung
Gemeinnützige Gesellschaft mbH
Arbeitsgruppe Therapie- und Versorgungsforschung
Parzivalstraße 25
80804 München

Diplom-Psychologin. Studium der Psychologie an der Ludwig-Maximilians-Universität München. Seit 1990 Wissenschaftliche Mitarbeiterin am IFT Institut für Therapieforschung, seit 2010 in der Arbeitsgruppe Therapie- und Versorgungsforschung.

Dr. habil. Thomas Lampert

Robert Koch-Institut
Abt. für Epidemiologie und Gesundheitsmonitoring
General-Pape-Straße 62–66
12101 Berlin

Geboren 1970. Studium der Soziologie, Psychologie und Statistik an der Freien Universität Berlin. Promotion an der Technischen Universität Berlin. Habilitation an der Universität Leipzig. Tätigkeiten als wissenschaftlicher Mitarbeiter am Max-Planck-Institut für Bildungsforschung und an der Technischen Universität Berlin. Seit 2002 wissenschaftlicher Mitarbeiter am Robert Koch-Institut, aktuell Leiter des Fachgebiets Gesundheitsberichterstattung. Arbeitsschwerpunkte: Soziale und gesundheitliche Ungleichheit, Lebensstil und Gesundheit, Kinder- und Jugendgesundheit.

PD Dr. Johannes Lindenmeyer

salus klinik Lindow
Straße nach Gühlen 10
16835 Lindow

Geboren 1954. Studium der Psychologie an der Universität Heidelberg. 1996 Promotion am Fachbereich Psychologie der Universität Marburg. 2012 Habilitation an der Fakultät für Human- und Sozialwissenschaften der Technischen Universität Chemnitz. Psychologischer Psychotherapeut. Seit 1981 in der stationären Behandlung von Suchtmittelabhängigkeit und psychosomatischen Störungen tätig. Seit 1996 Direktor der salus klinik Lindow. Autor von über 85 Fachartikeln und zehn Büchern. Trainer und Supervisor für Verhaltenstherapie an Ausbildungsinstituten im In- und Ausland. Vorstandsvorsitzender der Sucht-

Die Autorinnen und Autoren

akademie Berlin-Brandenburg und des Deutschen Netzwerks rauchfreier Krankenhäuser. Vorstandsmitglied der Deutschen Gesellschaft für Suchtforschung und Suchttherapie (DG-Sucht). Redakteur der Zeitschrift SUCHT und des Journal of Groups in Addiction and Recovery.

Linda Matthey

Diplom-Journalistin. Für ihre Abschlussarbeit am Institut für Journalistik in Dortmund untersuchte sie, in welchem Ausmaß Arbeitssucht in ihrer Berufsgruppe auftritt und was mögliche Ursachen sein könnten. Linda Matthey ist als freiberufliche Journalistin tätig und lebt in Mainz.

Dr. Bernhard Mäulen

Vöhrenbacher Straße 4
78050 Villingen

Nach dem Studium der Humanmedizin in Aachen bis 1984 Tätigkeit als Co-Therapeut von Frau Dr. Elisabeth Kübler-Ross, USA. Gruppenarbeit mit Schwerkranken, Sterbenden und Menschen in helfenden Berufen. 1990 Abschluss der Facharztausbildung im PLK Weißenau. 1992–1996 Chefarzt einer Privatklinik für Patienten mit Burnout, Suchterkrankungen, psychosomatischen Erkrankungen. Seit 1996 in eigener Praxis tätig mit Schwerpunkt Kollegen/innen mit Burnout, Sucht-, Depression und Angsterkrankungen sowie Partnerschaftsproblemen. Seit 2000 Gründung und Leitung des Instituts für Ärztegesundheit. Bis 2012 Ausbildung in Paar- und Familientherapie in Taos, New Mexico, USA. Ca. 200 Publikationen zu den Themen Depression, Sucht und Psychohygiene in den helfenden Berufen. Umfangreiche Vortragstätigkeit im In- und Ausland.

Christa Merfert-Diete

Deutsche Hauptstelle für Suchtfragen (DHS) e. V.
Westenwall 4
59065 Hamm

Diplom-Sozialpädagogin (FH). 1974–1981 verschiedene Tätigkeiten in Einrichtungen der Jugend- und Erwachsenenbildung. 1981–1998 Referentin für Prävention und Beratung in der Deutschen Hauptstelle für Suchtfragen (DHS). Seit 1998 Referentin für Öffentlichkeitsarbeit und Prävention der DHS.

Markus Meyer

Wissenschaftliches Institut der AOK (WIdO)
Rosenthaler Straße 31
10178 Berlin

Geboren 1970. Diplom-Sozialwissenschaftler. Nach dem Studium an der Universität Duisburg-Essen Mitarbeiter im Bereich Betriebliche Gesundheitsförderung beim Team Gesundheit der Gesellschaft für Gesundheitsmanagement mbH in Essen. 2001–2010 Tätigkeiten beim BKK Bundesverband und der spectrum|K GmbH in den Bereichen Datenanalyse, Datenmanagement und -organisation. Seit 2010 wissenschaftlicher Mitarbeiter im Wissenschaftlichen Institut der AOK (WIdO) im AOK-Bundesverband, Forschungsbereich Betriebliche Gesundheitsförderung. Arbeitsschwerpunkte: Fehlzeitenanalysen, betriebliche und branchenbezogene Gesundheitsberichterstattung.

Ulla Mielke

Wissenschaftliches Institut der AOK (WIdO)
Rosenthaler Straße 31
10178 Berlin

Geboren 1965. 1981 Ausbildung zur Apothekenhelferin. Anschließend zwei Jahre als Apothekenhelferin tätig. 1985 Ausbildung zur Bürokauffrau im AOK-Bundesverband. Ab 1987 Mitarbeiterin im damaligen Selbstverwaltungsbüro des AOK-Bundesverbandes. Seit 1991 Mitarbeiterin des Wissenschaftlichen Instituts der AOK (WIdO) im AOK-Bundesverband im Bereich Mediengestaltung. Verantwortlich für die grafische Gestaltung des Fehlzeiten-Reports.

Paskalia Mpairaktari

Wissenschaftliches Institut der AOK (WIdO)
Rosenthaler Straße 31
10178 Berlin

Geboren in Köln. Studentin der Gesundheitsökonomie an der Universität zu Köln mit Schwerpunkt Evidenzbasierte Medizin. Seit 2013 Praktikantin im Wissenschaftlichen Institut der AOK (WIdO) im AOK-Bundesverband im Forschungsbereich Betriebliche Gesundheitsförderung.

Dr. Tim Pfeiffer-Gerschel

IFT Institut für Therapieforschung
Gemeinnützige Gesellschaft mbH
Arbeitsgruppe Therapie- und Versorgungsforschung
Parzivalstraße 25
80804 München

Geboren 1971. Studium der Psychologie an der Julius-Maximilians-Universität Würzburg (Diplom 1998). Promotion 2007 an der Ludwigs-Maximilians-Universität München. Nach Tätigkeiten als wissenschaftlicher Mitarbeiter am IFT Institut für Therapieforschung, München, und an der Psychiatrischen Universitätsklinik der LMU München (Kompetenznetz Depression, Suizidalität) seit 2007 Leiter der Deutschen Beobachtungsstelle für Drogen und Drogensucht (DBDD) und der Arbeitsgruppe Klinische Epidemiologie und Monitoring am IFT München.

Dr. Stefan Poppelreuter

TÜV Rheinland Personal GmbH
Römerstraße 45–47
53111 Bonn

Geboren 1964. Diplom-Psychologe. Leiter HR Development Services für die TÜV Rheinland Personal GmbH in den Bereichen empirische Sozialforschung sowie Personal- und Organisationsentwicklung. Arbeitsschwerpunkte sind der Bereich Führungskräfteentwicklung sowie das weite Feld Arbeit und Gesundheit. Ausgewiesener Experte in den Bereichen stoffungebundene Süchte und stoffgebundene Abhängigkeiten. Bis 2001 als Wissenschaftlicher Mitarbeiter in der Abteilung für Wirtschafts- und Organisationspsychologie des Psychologischen Instituts der Universität Bonn tätig. Dort Promotion im Jahr 1996 mit einer Dissertation zum Thema Arbeitssucht.

Nicole Scheibner

StatEval GmbH
Charitéstraße 5
10117 Berlin

Diplom-Psychologin und (beim Bund Deutscher Psychologinnen und Psychologen) ausgebildeter Coach. Vier Jahre Forschungs- und Lehrtätigkeit an der Freien Universität Berlin. Seit 2010 Geschäftsführerin der Gesellschaft für Statistik und Evaluation. Tätigkeitsfelder: Organisationsentwicklung im Bereich betriebliches Gesundheitsmanagement und gesunde Führung; Evaluation und statistische Datenanalysen. Diverse Publikationen zu den Themen innere Kündigung, gesunde Führung und Evaluation.

Anke Schmidt

Fachstelle für Suchtprävention im Land Berlin/pad e.V.
Mainzer Straße 23
10247 Berlin

Geboren 1964. Diplompädagogin und Organisationsmanagerin. Referentin der Fachstelle für Suchtprävention im Land Berlin und Koordinatorin des Bundesmodellprojekts Prev@WORK. Langjährige Berufstätigkeit in der Sucht- und Drogenhilfe. Mitautorin diverser Veröffentlichungen der Fachstelle für Suchtprävention zu Alkohol im Jugendalter, Suchtprävention in der Ausbildung sowie gender- und Diversity-gerechte Suchtprävention.

Dr. Bernd Schneider

AHG Gesundheitsdienste Koblenz
Schloßstraße 43–45
56068 Koblenz

Psychologischer Psychotherapeut. Studium der Psychologie in Trier und Lancaster (England); langjähriger Mitarbeiter und Leitender Psychologe der Fachklinik Tönisstein (Medizinische Rehabilitation bei Abhängigkeitserkrankungen). Seit 2007 Leiter der AHG Gesundheitsdienste in Koblenz und Köln mit den Arbeitsschwerpunkten Konzept und Strukturentwicklung im Bereich der ambulanten Rehabilitation und Psychotherapie, Schnittstelle Gesundheitssystem und betriebliches Gesundheitsmanagement, Prävention und Beratung. Vortrags- und Seminartätigkeit für Akteure des betrieblichen Gesundheits- und Personalwesens sowie Dozent und Supervisor beim Eifeler Verhaltenstherapie Institut (EVI) Daun und der Katholischen Hochschule Köln im Studiengang Master of Science in Addiction Prevention and Treatment.

Helmut Schröder

Wissenschaftliches Institut der AOK (WIdO)
Rosenthaler Straße 31
10178 Berlin

Geboren 1965. Nach dem Abschluss als Diplom-Soziologe an der Universität Mannheim als wissenschaftlicher Mitarbeiter im Wissenschaftszentrum Berlin für Sozialforschung (WZB), dem Zentrum für Umfragen, Methoden und Analysen e. V. (ZUMA) in Mannheim sowie dem Institut für Sozialforschung der Universität Stuttgart tätig. Seit 1996 wissenschaftlicher Mitarbeiter im Wissenschaftlichen Institut der AOK (WIdO) im AOK-Bundesverband und dort insbesondere in den Bereichen Arzneimittel, Heilmittel, Betriebliche Gesundheitsförderung sowie Evaluation tätig; stellvertretender Geschäftsführer des WIdO.

Dr. Stefanie Seele

Berliner Stadtreinigungsbetriebe
Ringbahnstraße 96
12103 Berlin

1995 Abschluss des Studiums der Humanmedizin an der Freien Universität Berlin. 1998, 2001 und 2002 Zusatzqualifikationen zur Fachärztin für Allgemeinmedizin und Arbeitsmedizin sowie Rettungsmedizin. Seit 2002 Leiterin des Betriebsärztlichen Dienstes der Berliner Stadtreinigung. Seit 2012 Koordinatorin des Bereichs der betrieblichen Gesundheitsförderung. Promotion 2012 mit einer retrospektiven Analyse einer betrieblichen Gesundheitsaktion zur Früherkennung der chronisch obstruktiven Lungenerkrankung. Weiterbildungsbefugt für das Fachgebiet Arbeitsmedizin, als Lehrbeauftragte für die Charité tätig und für die Ärztekammer Berlin als Prüferin für das Fachgebiet Arbeitsmedizin aktiv.

Susanne Sollmann

Wissenschaftliches Institut der AOK (WIdO)
Rosenthaler Straße 31
10178 Berlin

Studium der Anglistik und Kunsterziehung an der Rheinischen Friedrich-Wilhelms-Universität Bonn und am Goldsmiths College, University of London. 1986–1988 wissenschaftliche Hilfskraft am Institut für Informatik der Universität Bonn. Seit 1989 Mitarbeiterin des Wissenschaftlichen Instituts der AOK (WIdO) im AOK-Bundesverband, u. a. im Projekt Krankenhausbetriebsvergleich und im Forschungsbereich Krankenhaus. Verantwortlich für das Lektorat des Fehlzeiten-Reports.

Prof. Dr. Hasso Spode

TU Berlin
Zentrum Technik und Gesellschaft
Hardenbergstraße 16–18
10623 Berlin

Geboren 1951. Historiker und Soziologe an der Leibniz-Universität Hannover und der Technischen Universität Berlin; Vorstandmitglied der Alcohol and Drugs History Society und der International Sociological Association. Seit den 80er Jahren Forschung und Lehre zu Alkohol- und Suchtfragen sowie zu anderen Themenfeldern. Rund 200 wissenschaftliche Veröffentlichungen, als Buch zuletzt »Ressource Zukunft. Die sieben Entscheidungsfelder der Reform«; eine Neuauflage des Klassikers »Die Macht der Trunkenheit« ist in Vorbereitung.

Foto: Dörfler

Martin Steppan

IFT Institut für Therapieforschung
Gemeinnützige Gesellschaft mbH
Arbeitsgruppe Therapie- und Versorgungsforschung
Parzivalstraße 25
80804 München

Studium der Psychologie an der Universität Innsbruck. Seit 2009 wissenschaftlicher Mitarbeiter am IFT Institut für Therapieforschung in München, Arbeitsgruppe Therapie- und Versorgungsforschung. Seit 2009 Lehrbeauftragter an der Universität Innsbruck im Bereich psychologische Methodenlehre. Arbeitsschwerpunkte: Psychologische Diagnostik und Epidemiologie.

Die Autorinnen und Autoren

Prof. Dr. Karl-Ludwig Täschner

Institut für psychiatrische Begutachtung
Kirchstraße 6
70173 Stuttgart

Geboren 1942. Studium der Medizin in Frankfurt am Main bis 1969. Ausbildung zum Nervenarzt an der Universitätsnervenklinik Frankfurt am Main, bis 1982 Oberarzt und kommissarischer Abteilungsleiter. Leiter der Psychiatrischen Klinik des Bürgerhospitals in Stuttgart. Ausbau und Modernisierung der Klinik bis 2008, seither Leiter des Instituts für psychiatrische Begutachtung in Stuttgart. Mitglied des Nationalen Drogenrats der Bundesregierung, Beratung der Bundesregierung und anderer Gremien im Hinblick auf den Umgang mit und die Bekämpfung von Drogen. Seit 1987 Professor für Psychiatrie an der Universität Tübingen. Forschungs- und Publikationstätigkeit vor allem auf dem Gebiet der Suchtkrankheiten, u.a. die Bücher »Cannabis«, Ärzteverlag 2005; »Rauschmittel«, Thieme Verlag; »Therapie der Drogenabhängigkeit« (zusammen mit Mitarbeitern), Kohlhammer 2010 und zusammen mit Rothenhäusler »Kompendium Praktische Psychiatrie«, Springer 2013.

Prof. Dr. Knut Tielking

Hochschule Emden/Leer
Fachbereich Soziale Arbeit und Gesundheit
Constantiaplatz 4
26723 Emden

Geboren 1967. Seit 2010 Professor für Soziale Arbeit an der Hochschule Emden/Leer. 2007–2010 Professur für Versorgungsforschung an der Fachhochschule Oldenburg/Ostfriesland/Wilhelmshaven, 2006–2007 Lektor für Gesundheits- und Pflegemanagement und seit 2007 Angehöriger des Instituts Public Health und Pflegeforschung (IPP) an der Universität Bremen. 2005–2010 Privatdozent an der Universität Oldenburg, 1996–2007 Mitarbeiter (stellvertr. Leiter) der AG Devianz. Seit 2011 am Institut für Sozial- und Gesundheitswissenschaften (ISGE) und seit 2009 Sprecher und Mitbegründer des Instituts Selbsthilfe- und Patientenakademie (SPA) an der Hochschule Emden/Leer. Seit 2004 Gastdozent und Associated Professor an der Universität Cluj-Napoca/Rumänien. 2005 Habilitation, 2000 Promotion. Arbeitsschwerpunkte: Gesundheits- und Qualitätsmanagement in der Sucht- und Sozialarbeit, Sucht- und Drogenhilfe/-forschung, Gesundheitsmanagement, betriebliche Suchtprävention, Gesundheitsbildung.

Prof. Dr. Martin Wallroth

Ostfalia Hochschule für angewandte Wissenschaften
(Hochschule Braunschweig/Wolfenbüttel)
Fakultät Handel und Soziale Arbeit
Herbert-Meyer-Straße 7
29556 Suderburg

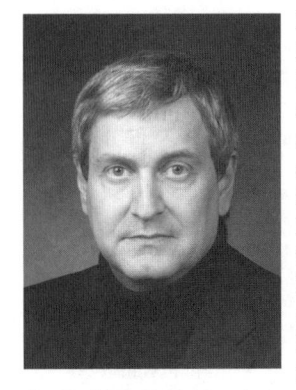

Dr. phil., Dipl.-Psych., MA Phil. Studium der Psychologie und Philosophie in Trier; wissenschaftlicher Mitarbeiter an der Forschungsstelle für aktuelle Fragen der Ethik an der Universität Trier. Anschließend langjährige Tätigkeit in der stationären Suchtrehabilitation, zuletzt als Leitender Psychologe der Fachklinik Tönisstein sowie Mitwirkung am Studiengang Master of Science in Addiction Prevention and Treatment an der Katholischen Hochschule Köln. Seit 2010 Professor für klinische Sozialarbeit/Schwerpunkt Sucht sowie philosophische und ethische Grundlagen der Sozialen Arbeit an der Ostfalia HAW; zur Zeit dort Aufbau eines Masterstudiengangs Psychosoziale Beratung im Betrieb mit Schwerpunkt Förderung psychischer Gesundheit und Suchtprävention.

Anja Wartmann

Gesundheitswesen Braunschweig
VOLKSWAGEN AG
Brieffach 3594
38112 Braunschweig

Gesundheitswissenschaftlerin (M. Sc. Public Health) in Braunschweig mit den Forschungs- und Arbeitsschwerpunkten betriebliches Gesundheitsmanagement und betriebliche Suchtprävention. Bis 2011 wissenschaftliche Mitarbeiterin im Institut für interdisziplinäre Arbeitswissenschaft an der Leibniz Universität Hannover in Projekten zu geschlechtsspezifischer Suchtprävention, Einführung von betrieblichem Gesundheitsmanagement sowie zur beteiligungsorientierten Gefährdungsbeurteilung psychischer Belastungen.

Henriette Weirauch

Wissenschaftliches Institut der AOK (WIdO)
Rosenthaler Straße 31
10178 Berlin

Geboren 1985. Master of Science in Arbeits- und Organisationspsychologie mit dem Schwerpunkt Psychologie für Arbeit und Gesundheit. 2006–2010 Studium der Psychologie an der Universiteit van Amsterdam. 2010 Praktikantin und anschließend Mitarbeiterin in der Bundesanstalt für Arbeitsschutz und Arbeitsmedizin. 2011 und 2012 Praktikantin im Wissenschaftlichen Institut der AOK (WIdO) im AOK-Bundesverband im Forschungsbereich Betriebliche Gesundheitsförderung. Von Oktober 2012 bis Mai 2013 im Backoffice des WIdO, seitdem im Forschungsbereich Arzneimittelinformationssysteme und Analysen tätig.

Dr. Elisabeth Wienemann

Institut für interdisziplinäre Arbeitswissenschaft (iAW)
Leibniz Universität Hannover
Schlosswender Straße 5
30159 Hannover

Diplom-Soziologin, Dozentin am Institut für interdisziplinäre Arbeitswissenschaft an der Leibniz Universität Hannover, Schwerpunkt betriebliches Gesundheitsmanagement. Qualifizierung betrieblicher Fach- und Führungskräfte. Zusammenarbeit mit der Deutschen Hauptstelle und den Landesstellen für Suchtfragen zum Arbeitsfeld betriebliche Suchtprävention. Begleitung von Unternehmen und Verwaltungen bei der Entwicklung betrieblicher Präventionsprogramme (Suchtgefährdung, psychische Belastungen, BEM) und der Gestaltung gesundheitsförderlicher Arbeitsbedingungen.

Jens Wohlfeil

AOK Nordost – Die Gesundheitskasse
10781 Berlin

Jahrgang 1964. Sozialversicherungsfachangestellter. Seit 1989 Mitarbeiter der heutigen AOK Nordost (vormals AOK Berlin und AOK Berlin-Brandenburg). Mit wenigen Unterbrechungen seit 1994 Koordinator für betriebliches Gesundheitsmanagement. Arbeitsschwerpunkte sind die Beratung von Unternehmen zum Themenfeld BGM sowie die Entwicklung, Weiterentwicklung von Produkten und Dienstleistungen in diesem Feld.

Klaus Zok

Wissenschaftliches Institut der AOK
Rosenthaler Straße 31
10178 Berlin

Geboren 1962 in Moers. Diplom-Sozialwissenschaftler, seit 1992 wissenschaftlicher Mitarbeiter im Wissenschaftlichen Institut der AOK im AOK-Bundesverband. Arbeitsschwerpunkt Sozialforschung: Erstellung von Transparenz-Studien in einzelnen Teilmärkten des Gesundheitssystems (z. B. Zahnersatz, Hörgeräte, IGeL); Arbeit an strategischen und unternehmensbezogenen Erhebungen und Analysen im GKV-Markt anhand von Versicherten- und Patientenbefragungen.

Stichwortverzeichnis

A

Abhängigkeit 22, 24, 103, 146
- Kriterien 22
- psychische 103
- Therapie 146

Abmahnung 195
Absentismus 202
Abstinenz 147
Abstinenzunfähigkeit 104
Alkohol 11–14, 23, 24, 43, 64, 67–70, 128, 136, 173, 174, 191, 243, 244, 253
- Alkoholiker 14
- Alkoholismus 13
- alkoholsüchtig 12
- Alkoholverbot 191
- Alkoholverbrauch 12
- Anonyme Alkoholiker 15
- Kosten 128
- Missbrauch 243
- Schwangerschaft 69

Alkoholabhängigkeit 67, 68, 109, 139
Alkoholismus 4
Alkoholkonsum 55, 173, 174, 178, 179, 204, 223, 258
- riskanter 173

Alkoholmissbrauch 4
Alkoholsucht 3
Alkoholtest 258
Alkohol- und Drogentests 249
Alkoholverbot 211, 253
Alkoholvergiftung 69
AMA-Studie 144
Amotivationales Syndrom (AMS) 94
Amphetamin 76, 96
Angstbewältigung 36, 37
Antidepressiva 32, 79
Arbeitsbedingungen 5

Arbeitsorganisation 460
Arbeitsplatz 55
- gesundheitliche Beschwerden 55

Arbeitsschutz 220
Arbeitssicherheit 202
Arbeitsstättenordnung 91
Arbeitssucht 4, 7, 53, 54, 56, 102, 103, 106, 161–163, 165, 185
- Arbeitsbedingungen 165
- Arbeitseifer 56, 57
- Folgen 168
- Getriebenheit 57
- innere Getriebenheit 56
- Journalisten 164
- Mentzels Phasenmodell 104
- Präventionsmaßnahmen 169
- Selbsthilfe 169
- Skala 162
- Studie 162
- Ursachen 165, 167, 168
- Vielarbeit 164
- Zeiteinteilung 167

Arbeitstypen 57–59
- Arbeitssüchtige 57, 60
- Desillusionierte 57, 60
- Enthusiasten 57, 60
- Entspannte 57, 60
- gesundheitliche Beschwerden 61
- psychosomatische Beschwerden 61

Arbeitsunfähigkeit 448
- Kosten 126

Arbeitsunfähigkeitsfälle 452
- nach Altersgruppen 452

Arbeitsunfall 126, 286
Arbeitswelt 33
Arzneimittelkonsum 54

Arzneiverordnungen 28
Ärzte 143
– Alkohol 144
– BTM-Substanzen 144
– Medikamente 144
– Nikotin 145
Ärztekammern 146
AU-Fall 266, 448
Aufsichtspflicht 202
AU-Tage 266

B
BEM 205
Benzodiazepine 77
Beratung 245, 254
Berentungen verminderter Erwerbsfähigkeit 137
betriebliche Gesundheit 235
betriebliche Gesundheitsförderung 33, 159, 212, 252
betriebliches Eingliederungsmanagement (BEM) 194, 205
betriebliches Gesundheitsmanagement (BGM) 111, 119, 125
betriebliche Sozialberatung 247
betriebliche Suchtkrankenhelfer 247
betriebliche Suchtprävention (BSP) 125, 201, 203, 215
– in Kleinst- und Kleinunternehmen 215
Betriebsarzt 257, 258
Betriebsvereinbarung 26, 192, 191, 206
– Konzernbetriebsvereinbarung 244
Bewältigungsstrategie 6, 37, 174, 179
Bier 12
Binge Drinking 68
BSP 126, 131
– Kosten-Nutzen-Faktoren 130
– Kostenstellen 128
– Nutzenbewertung 129
– Qualitätsstandard 127
– Wirtschaftlichkeit 130
Bullying 220
Burnout 183–185, 307
– AVEM 184
– Interventionen 189
– Risikofaktoren 184
– Symptome 183–184
– Ursache 184
Burnout-Typen 187

C
Cannabis 44, 93, 94
Chronisches Müdigkeitssyndrom (CFS) 184
Coaching 180
Compulsive Internet Use Scale (CIUS) 115
Crack 97

D
DAK-Gesundheitsreport 29
Depressionen 79
Deutsche Hauptstelle für Suchtfragen (DHS) e. V. 32, 71, 235, 248
Deutsche Hauptstelle für Suchtgefahren 209
Deutsche Suchthilfestatistik (DSHS) 41, 42
– Hauptdiagnose ambulant 43
– Hauptdiagnose stationär 43
DGB-Index Gute Arbeit 101, 107
Dienst- oder Betriebsvereinbarungen 159
Dienstvereinbarung 253, 258
digitale Kultur 115
Digitaler Arbeitsschutz 119
Doping 28, 205
– am Arbeitsplatz 28
DSHS 46
– Erwerbstätige und Arbeitslose 46
Dutch Work Addiction Scale (DUWAS) 56
Dynaxität 102

E
Ecstasy 95
Entwöhnungsbehandlungen 136
– ambulante 136
Entzugserscheinungen 104
Erkrankungen 263
– Atemwege 295
– Herz- und Kreislauf 299
– Muskel- und Skelett 294, 310
– psychische 138, 263, 300, 307, 310
– Verdauungsorgane 299

F
Fehlzeiten 462
– Laufbahngruppen 463
– nach Behördengruppen 465
– nach Geschlecht 465
– nach Laufbahngruppen 464
– nach Statusgruppen 464
Folgeschäden 21
– körperliche 21
– psychische 22
– soziale 22
Frühe Neuzeit 12
Führung 120
Führungskräfte 174, 206, 246, 254
Führungsstile 461
– delegative 461
– konsultative 461
– kooperative 461

Stichwortverzeichnis

G
Gastronomie 218
GEDA-Studie 84, 85, 86
genetischer Determinismus 35
Geschlechterstereotype 175
Gesundheit 54
Gesundheitsdaten 194
Gewohnheit 24

H
Halluzinogene 95
HBSC-Jugendgesundheitsstudie 224
Healthy-Worker-Effekt 465
Heavy drinking/starkes Trinken 68
Heroin 98
Hirndoping 27, 32, 76
- Antidementiva 80
HISBUS-Panel 30

I
illegale Drogen 6
Interaktionsmodell Digitaler Arbeitsschutz (IDA) 119
Internet 116
Internetabhängigkeit 116
Interventionsgespräch 194

J
Jugendliche 23

K
Kinder 23
Kindheit 23
Kleinst- und Kleinbetriebe (KKU) 210
Koffein 11
Kokain 45, 97
KOLIBRI-Studie 29, 30
Komorbidität 148
konstruktivistischer Ansatz 17
Konsum 22, 26
- risikoarmer 26
- riskanter 22
- schädlicher 22
Konsummuster 21
Kontrollverlust 103, 104
Kopfschmerzen 76
- Werbung 76
Kosten-Nutzen-Analysen 126, 127
Kosten-Nutzen-Relationen 129
Krankenhaus 151
Krankenpflegereport 2000 154
Krankenstand 263, 266, 269, 447, 449, 451
- Alter und Geschlecht 274
- Branchen 271-272
- Bundesländer 278
- nach Ausbildungsabschluss 282
- nach Kassenarten 449, 450
- nach Vertragsart 282
Krankheitsbegriff 16
Krankmeldeverhalten 54
Kulturwandel 38
Kündigung 195, 248
- außerordentliche 196
- suchtbedingte 196
- verhaltens- oder personenbedingte 195
Kurzzeitarbeitsunfähigkeit 448
Kurzzeiterkrankungen 266, 270

L
Langzeiterkrankungen 263, 266, 462
Leistungssteigerung 77
Lohnkürzung 195
LSD 95

M
Medikamente 76
- Lernvorgänge 76
Medikamentenabhängigkeit 78
- Drei-Phasen-Modell 78
- Entzug 79
Mitarbeiterbefragung 210, 234
Mittelalter 12
Modell 23
- biopsychosoziales 23
Monotasking 119
Morphin 98

N
Nachsorge 137
Neuroenhancement 6, 27, 28, 63, 205
Neuroenhancer 30, 32
Neuroleptika 79
Nichtraucherprojekt 236
Nichtraucherschutz 211, 235
Nichtraucherschutzgesetze 219
Nutzenmaximierung 125

O
Onlinespielsucht 116
Opioide 44

P
Passivrauchen 217, 218
pathologisches Glücksspiel 43, 45
Personaleinsatzmatrix 461
Persönlichkeit 23

Pflege 152
Pflege-Thermometer 2012 154
Pilze 95
PINTA-Studie 116
Präsentismus 5, 54, 62, 63, 71, 202
Präsenzkultur 117
Prävention 181, 225, 256, 460
– Primär-, Sekundär und Tertiärprävention 254
– verhaltensbezogene 181, 225
– zielgruppenorientierte 256
– zielgruppenspezifische 225
Prev@WORK 223, 230
Prev@WORK-Seminare 227
– Evaluation 228
Prohibition 15
Protestantismus 12
Psychopharmaka 75
Punktnüchternheit 203
Punkt-Schluss-Methode 236

R

Rauchen 83, 145, 217, 219, 235, 237
– Aufhörquote 86
– Datengrundlage 83
– Erkrankungen 84
– geschlechtsspezifischer Unterschied 85
– Kosten 83
– Prävalenz 85
– Rückfallprophylaxe 238
– Rückgang 91
– statusspezifische Unterschiede 86, 87
– zeitliche Entwicklungen 89
Rauchquoten 88, 90
– EU-15 90
Rauchverbot 218, 219
Rauchverhalten 85, 87
Rehabilitation 7
Rehabilitationen 135
Ressourcen 177
Retribalisierung 117
Revierstress 117, 120
Risikokompetenz 225
Ritalin® 76
– Legende 30
Robert Koch-Institut 30

S

SHAPE-Studie 177
Slow Media 7
Slow-Media-Ansatz 118
Slow Media Manifest 118
Solo-Selbstständigkeit 166
sozioökonomischer Status (SoS) 68

Spontanremission 16
stationäre Pflege 152
– Arbeitsunfälle 155
– Arbeitszeiten 154
– Krankenstand 153, 156
– psychische Belastungen 154
– Rahmenbedingungen 153
Stereotypen 255
Sterilisierung 14
Stimulanzien 45
Stress 29
Stressbewältigung 4, 179
Stressreport 2012 140
Studierende 30
Substanzabhängigkeit 224
– Einflussfaktoren 224
– Risikofaktoren 224
– Schutzfaktoren 224
Substitutionsregister 41
Sucht 3, 12, 75, 102, 103, 128, 147, 254
– berufliche Integration 47, 48, 49
– Erwerbstätigkeit 50
– Kosten 128
– Medikamente 75
– Modellprojekte 50
– Nebendiagnose 42
– stoffgebundene 3, 102
– stoffungebundene 102
– Suchtbegriff 18
– Suchtforschung 18
– Suchtkarriere 16
– Suchtkrankenhelfer 254
– Suchtmodell 12, 17
– Suchtparadigma 13
– Suchttherapie 147
Suchterkrankungen 3
– Nebendiagnose 42
Suchtgedächtnis 25
Sucht im Betrieb 214
Suchtkrankenhelfer 26
Suchtmittel 213, 253
Suchtmittelabhängigkeit 21, 24
Suchtmittelverbot 244
Suchtprävention 180, 202, 215, 225, 244, 259
– Auszubildende 227
– Berufsorientierung 226
– geschlechtersensible 180
suchtpsychiatrische Einrichtungen 42

T

Tabakabhängigkeit 233
Tabakkonsum 204
Tabakkontrollpolitik 91

Stichwortverzeichnis

Tabakprävention 220
Tauglichkeitsuntersuchungen 249
Team 252

V
Vererbung 23
Verhältnisprävention 148
verminderte Erwerbsfähigkeit 138
– psychische Erkrankungen 138
volkswirtschaftliche Kosten 70
Vorgesetzte 192, 461
Vorurteil 22

W
Wein 12
Weiterbildung 461
Wiedereingliederung 26
Workability-Index-Skala 189
Workaholic 161. *Siehe* Workaholism
Workaholism 53, 102
Work-Family-Balance 178
Work-Life-Balance 110, 460

Z
Z-Drugs 77